Math	Lucas	Iohann
i	xiiii	i
i	xiiii	iii
i	xiiii	v
vii	vi	ii
vii	vi	xx
lviiii	lxiii	cxvi
lxiiii	lxv	xxxvii
xc	lviii	cxviii
xc	lviii	cxxxviiii
xcvii	ccxi	cv
cxi	cxviiii	cxlviii
cxi	cxviiii	xxx
cxi	cxviiii	cxiiii
cxii	cxviiii	lxxxvii
cxii	cxviiii	xliiii
cxii	cxviiii	lxi
cxii	cxviiii	viii
cxii	cxviiii	lxxvi
cxii	cxviiii	xc
cxii	cxviiii	cliiii
cxii	cxviiii	cxlii
cxlvi	xcii	xlvii

FINIT CANON· TERTIUS
IN QUO TRES
INCIPIT CAN̄·IIII· INQUO·III·

OTTO DER GROSSE
Magdeburg und Europa

Band II · Katalog

magdeburger museen

... nobilissime maritali ... quam sponse n̄re dilecti-
sime THEOPHANU n̄risq: heredibus auri optimi libras mille.

Quod ut uerius credatur diligentiusque in tempora futura seruetur. manu propria roborari. et anuli n̄ri impressione subter iussimus insigniri.

SIGNU INUICTISSIMORUM DOMNI MAGNI ET PACIFICI

ITEM SIGNU DOMNI PERENNITER AUGUSTORUM

Uuilligisus cancellarius ad uicem Ruotperti archicapellani recognoui.
Data XVIII kl mai. Anno dominicę incarnationis DCCCCLXXII. Indictione X.
Imperii scissimi genitoris n̄ri OTTONIS XI. n̄ri uero V. actum rome ad scōs aptos
feliciter

OTTO DER GROSSE
Magdeburg und Europa

herausgegeben von Matthias Puhle

Band II · Katalog

VERLAG PHILIPP VON ZABERN · GEGRÜNDET 1785 · MAINZ

OTTO DER GROSSE,
MAGDEBURG UND EUROPA

Eine Ausstellung im Kulturhistorischen Museum Magdeburg vom 27. August – 2. Dezember 2001

Träger der Ausstellung

Förderer

Gefördert von der Kulturstiftung der Länder
aus Mitteln des Beauftragten der Bundesregierung für Angelegenheiten der Kultur und der Medien

Sponsoren

Medienpartner

Katalog der 27. Ausstellung des Europarates und Landesausstellung Sachsen-Anhalt

Band I:
XXIV, 584 Seiten mit 272 Farb- und 122 Schwarzweißabbildungen

Band II:
VIII, 616 Seiten mit 454 Farb- und 68 Schwarzweißabbildungen

Redaktion: Susanne Beatrix Hohmann

Umschlag: Kat.Nr. V.35 a
Vorsatz: Kat.Nr. IV.17, fol. 9v–10r
Frontispiz: Kat.Nr. III.16
Umschlag Rückseite: Kat.Nr. IV.18, fol 18v (Detail)

Zwischentitel Kap. I: Kat.Nr. I.5, fol. 78v
Zwischentitel Kap. II: Kat.Nr. II.28 c
Zwischentitel Kap. III: Kat.Nr. III.13, fol. 164v
Zwischentitel Kap. IV: Kat.Nr. IV.9, fol. 157r
Zwischentitel Kap. V: Kat.Nr. V.28
Zwischentitel Kap. VI: Kat.Nr. VI.64

*Kat.-Nrn.:
Die mit einem * markierten Objekte konnten aus konservatorischen Gründen leider nicht ausgeliehen werden: I.6, III.21, VI.9, VI.25, VI.50, VI.69, VI.84

Die Deutsche Bibliothek – CIP-Einheitsaufnahme

Otto der Große, Magdeburg und Europa :
[eine Ausstellung im Kulturhistorischen Museum Magdeburg vom 27. August – 2. Dezember 2001 ; Katalog der 27. Ausstellung des Europarates und Landesausstellung Sachsen-Anhalt] / hrsg. von Matthias Puhle. – Mainz : von Zabern

ISBN 3-8053-2616-5
ISBN 3-8053-2797-8 (Museumsausgabe)

ISBN 3-8053-2616-5
ISBN 3-8053-2797-8 (Museumsausgabe)

Katalogproduktion:
Verlag Philipp von Zabern, Mainz am Rhein
Satz und Gestaltung: Klaus Rob und Lothar Bache, Verlag Philipp von Zabern
Lithos: Scan Comp GmbH, Wiesbaden

Printed in Germany by Aumüller Druck KG, Regensburg
Printed on fade resistant and archival quality paper (PH 7 neutral) · tcf

Inhaltsverzeichnis

SCS
IOHANNES

Autorensiglen

Gert Böttcher	G.B.
Antje Bosselmann	A.B.
Frank Both	F.B.
Stefan Breitling	St.B.
Gudrun Bühl	G.B.
Ralf Busch	R.B.
Wolfgang Brockner	W.B.
Fabrizio Crivello	F.C.
Toni Diederich	T.D.
Klaus Düwel	K.D.
Arne Effenberger	A.E.
Heide Eilbracht	H.E.
Władyslaw Filipowiak	W.F.
Hermann Fillitz	H.F.
Ingo Gabriel	I.G.
Alfred Gawlik	A.G.
Almut v. Gladiss	A.v.G.
Gerhard Gosch	G.G.
Klaus Grebe	K.G.
Alice Gudera	A.Gu.
Martina Hartmann	M.H.
Gabriel Hefele	G.H.
Hartmut Hoffmann	H.H.
Wolfgang Huschner	W.H.
Dörthe Jakobs	D.J.
Kenneth Jonsson	K.J.
Theo Jülich	Th.J.
Rainer Kahsnitz	R.K.
Gerhard Karpp	G.K.
Holger Kempkens	H.K.
Thomas Kind	Th.K.
Lothar Klappauf	L.K.
Sunhild Kleingärtner	S.K.
Bernd Kluge	B.K.
Clemens Kosch	C.K.
Jens Kröger	J.K.
Antje Krug	A.Kr.
Andrej Krzyszowski	A.K.
Thomas Labusiak	Th.L.
Rolf Lauer	R.L.
Gerhard Leopold	G.L.
Rosamond McKitterick	R.McK.
Cord Meckseper	C.M.
Michael Peter	M.P.
Heike Pöppelmann	H.P.
Thomas Pöpper	Th.P.
Lumír Polácek	L.P.
Jarmila Princová-Justová	J.P.-J.
Reinhard Probst	R.P.
László Révész	L.R.
Edgar Ring	E.R.
Regula Schorta	R.S.
Erik Szameit	E.S.
Ariane Walsdorf	A.W.
Leslie Webster	L.W.
Hiltrud Westermann-Angerhausen	H.W.-A.
Herbert Westphal	H.W.

Otto · i ·
teuton
arius.

KAPITEL I

Geschichte und Überlieferung

OTTONISCHE HISTORIOGRAPHIE

Novum inchoatur saeculum, quod [...] inopia scriptorum appellari consuevit obscurum („Es begann ein neues Zeitalter, das man wegen der Armut an Geschichtsschreibern das dunkle zu nennen pflegt."). Mit diesen Worten charakterisierte der katholische Kirchengeschichtsschreiber Caesar Baronius (1538–1607) am Beginn des 17. Jahrhunderts das 10. Jahrhundert. Sein Verdikt hatte lange Gültigkeit. Erst in den letzten beiden Jahrzehnten ist es der Forschung gelungen, ein differenzierteres Bild der ottonischen Epoche zu zeichnen, das dem Eindruck eines „dunklen Zeitalters", gerade auch im Hinblick auf die Historiographie, widerspricht.

Unbestreitbar ist, daß die literarische Produktion in allen Gattungen der Geschichtsschreibung nach der Auflösung des Karolingerreichs fast zum Erliegen kam und im gesamten 10. Jahrhundert nicht mehr die Fülle des 9. oder die des 11. und 12. Jahrhunderts erreichte. Andererseits sind gerade in dieser Zeit berühmte Quellen entstanden, die einen hohen Rang in der gesamten mittellateinischen Literatur einnehmen; bedeutende Werke des 11. und 12. Jahrhunderts, wie die Chronik Thietmars von Merseburg (Kat.Nr. III.20) oder die Hamburgische Kirchengeschichte des Adam von Bremen (Kat.Nr. I.4), verdanken auch viel der ottonischen Historiographie.

Während im ostfränkischen Reich die karolingische Tradition der Annalistik zunächst ganz abbrach, erlebte sie im Westfrankenreich mit Flodoard von Reims eine neue Blüte (Kat.Nr. I.2). Allerdings zeigen seine Annalen, daß sich hier der Gesichtskreis ganz auf das westfränkische Reich, das noch bis weit ins 10. Jahrhundert an der karolingischen Herrscherdynastie festhielt, verengt hatte. Dies gilt aber nicht allein für Flodoard; auch sonst bieten die Geschichtsschreiber nur Nachrichten über das Teilreich, in dem sie leben. Flodoard wurde mit seinem zweiten wichtigen Werk, der Reimser Kirchengeschichte, in der Gattung der Bistums- und Klostergeschichtsschreibung Vorbild für spätere Autoren. Richer von Reims verfaßte Ende des 10. Jahrhunderts die vier Bücher der 'Historia', in der er die Geschichte des westfränkisch-französischen Reichs darlegt (Kat.Nr. VI.36). Das Werk gehört zu den wichtigsten Quellen des französischen Königtums im späten 10. Jahrhundert.

Die Historiographie des ostfränkischen Reichs hat ihren Schwerpunkt eindeutig in Sachsen, wobei unterschiedliche Werke der einzelnen Gattungen letztlich zur Dynastiegeschichtsschreibung werden und Reichsgeschichte aus der Perspektive des sächsischen Stammes schildern. Die 'Sachsengeschichte' ('Res gestae Saxonicae') Widukinds von Corvey ist dabei der einzige Versuch einer Volks- und Stammesgeschichte (Kat.Nr. I.1).

In der Gattung der Herrscher-Gesta ist neben der 'Historia Ottonis' des Liutprand von Cremona die 'Gesta Oddonis', das Lobgedicht auf Otto I., aus der Feder der Nonne Hrotsvith von Gandersheim zu nennen, die zudem eine Gründungsgeschichte des liudolfingischen Hausklosters Gandersheim ('Primordia') und mehrere Heiligenlegenden verfaßt hat (Kat.Nr. V.32). Auch für die anonyme ältere Mathildenvita (Kat.Nr. *I.6) oder die 'Annales Quedlinburgenses' ist von der neueren Forschung eine Frau als Verfasserin vermutet worden – angesichts der bedeutenden Rolle, die die Frauen des sächsischen Königshauses und die sächsischen Klöster für die Memoria der Ottonen gespielt haben, und angesichts des hohen Bildungsniveaus dort, ist dies keine abwegige Vermutung.

Wiederbelebt und mit neuen Inhalten gefüllt wird im 10. Jahrhundert auch die Hagiographie: In den wenigen Biographien adliger Laien, wie in der älteren Vita der Königin Mathilde und dem Epitaph auf die Kaiserin Adelheid aus der Feder Abt Odilos von Cluny (Kat.Nr. VI.1), wird aber nicht die säkularisierte Biographie im Stile der 'Vita Karoli Magni' Einhards wiederaufgenommen, sondern das gottgefällige Leben der „neuen ottonischen Heiligen" geschildert. Hierzu gehört auch die bedeutende Lebensbeschreibung des Grafen Gerald von Aurillac, die Abt Odo von Cluny schrieb. Ruotgers 'Vita Brunonis' ist der politischen Hagiographie zuzuordnen. Brun, Bruder Ottos I. und seit dem Jahr 953 Erzbischof von Köln, wird hierin als Idealtypus des ottonischen Reichsbischofs beschrieben (Kat. Nr. I.3).

Daß sich im 10. Jahrhundert die Perspektive der Geschichtsschreibung nicht nur verengte, sondern andererseits auch erweiterte, belegen die Vita des Johannes von Gorze mit ihrer ersten Schilderung einer Gesandtschaft nach Cordoba (Kat.Nr. VI.59) und das Werk des Liutprand von Cremona, der in seinem Hauptwerk 'Liber Antapodosis', dem 'Buch der Vergeltung' die Geschichte Italiens unter Einbeziehung Burgunds, Byzanz' sowie des ostfränkischen Reichs darlegt (Kat.Nr. VI.42) und in einem Gesandtschaftsbericht, der 'Relatio de legatione

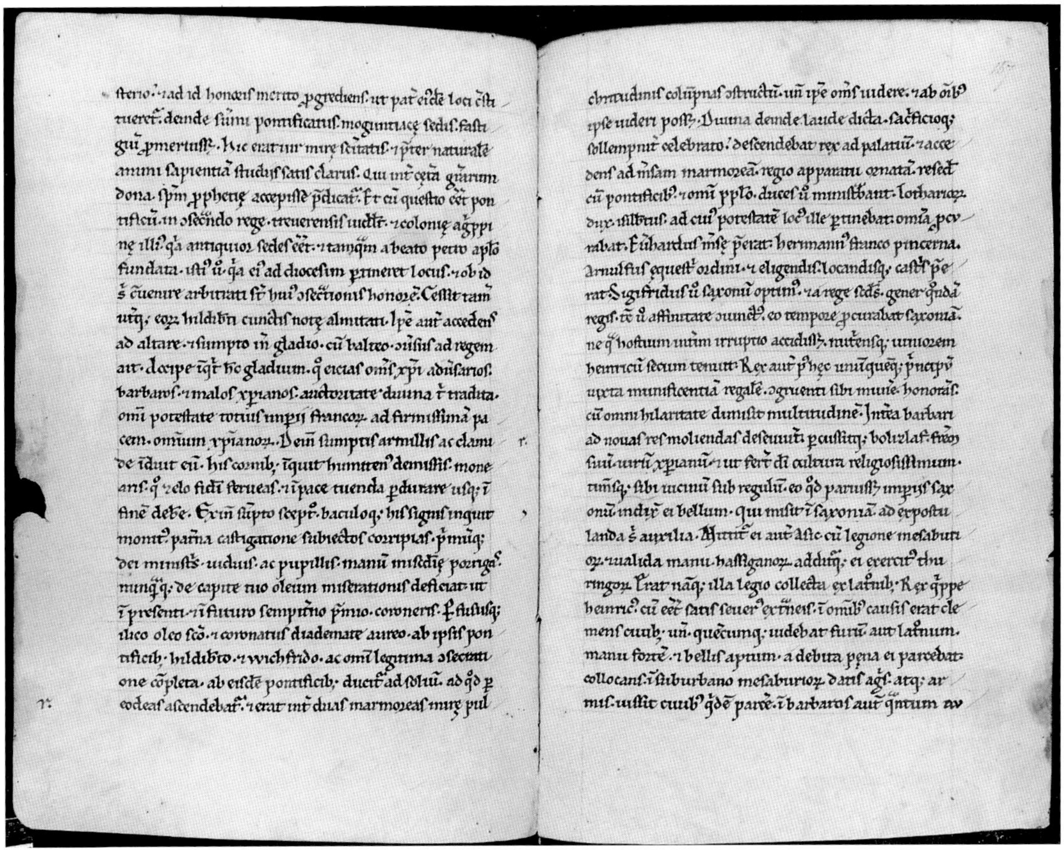

I. 1, fol. 156v/157r

Constantinopolitana', seine Reise nach Konstantinopel beschreibt.

So wird man dem negativen Urteil des Baronius über das 10. Jahrhundert nicht zustimmen können, denn die Originalität und Eigenwilligkeit der einzelnen historiographischen Werke des 10. Jahrhunderts verleihen der ottonischen Literatur einen besonderen Charakter.

M.H.

I. 1
Widukind von Corvey, Sachsengeschichte

Wohl Stablo, Mitte 12. Jahrhundert
Pergament, 184 Blätter. – H. 21, 5 cm, B. 13 cm.
London, The British Library, Add. Ms. 21109, fol. 138v–181v

Widukind († nach 973) trat um 941/42 in das Kloster Corvey ein; er war sicher sächsischer Herkunft, umstritten ist in der Forschung aber, ob er aus der Familie des Sachsenführers Widukind stammt. Neben hagiographischen Werken, die verloren sind, schrieb er um 967/68 die Sachsengeschichte, die 'Res gestae Saxonicae', deren erstes Buch über die Frühgeschichte des sächsischen Stammes bis zum Tod Heinrichs I. (936) berichtet, während das zweite die Ereignisse von der Königserhebung Ottos I. bis zum Tod seiner ersten Gemahlin Edgith (946) schildert; das dritte Buch reichte ursprünglich nur bis in das Jahr 967 und endete zunächst wohl mit Kapitel 69, wurde dann aber von Widukind noch bis zum Tod Ottos I. (7. Mai 973) fortgeführt. Knapp zwei Drittel des Werkes behandeln die Regierungszeit Ottos I.

Widukinds 'Sachsengeschichte' ist eine der wichtigsten Quellen zur frühen Ottonenzeit, gleichzeitig aber auch die am meisten diskutierte, denn der Autor verwendet anekdotische Erzählungen sowie Rededuelle und Reden (z. B. die König Konrads I. auf dem Sterbebett zum Übergang der Königsherrschaft von den Franken auf die Sachsen). So ist bis heute umstritten, ob „in der Sachsengeschichte Vergangenheit phantasievoll mit Inhalten gefüllt worden ist" (Althoff) oder eine „wohldurchdachte Gesamtkonzeption" (Keller) vorliegt.

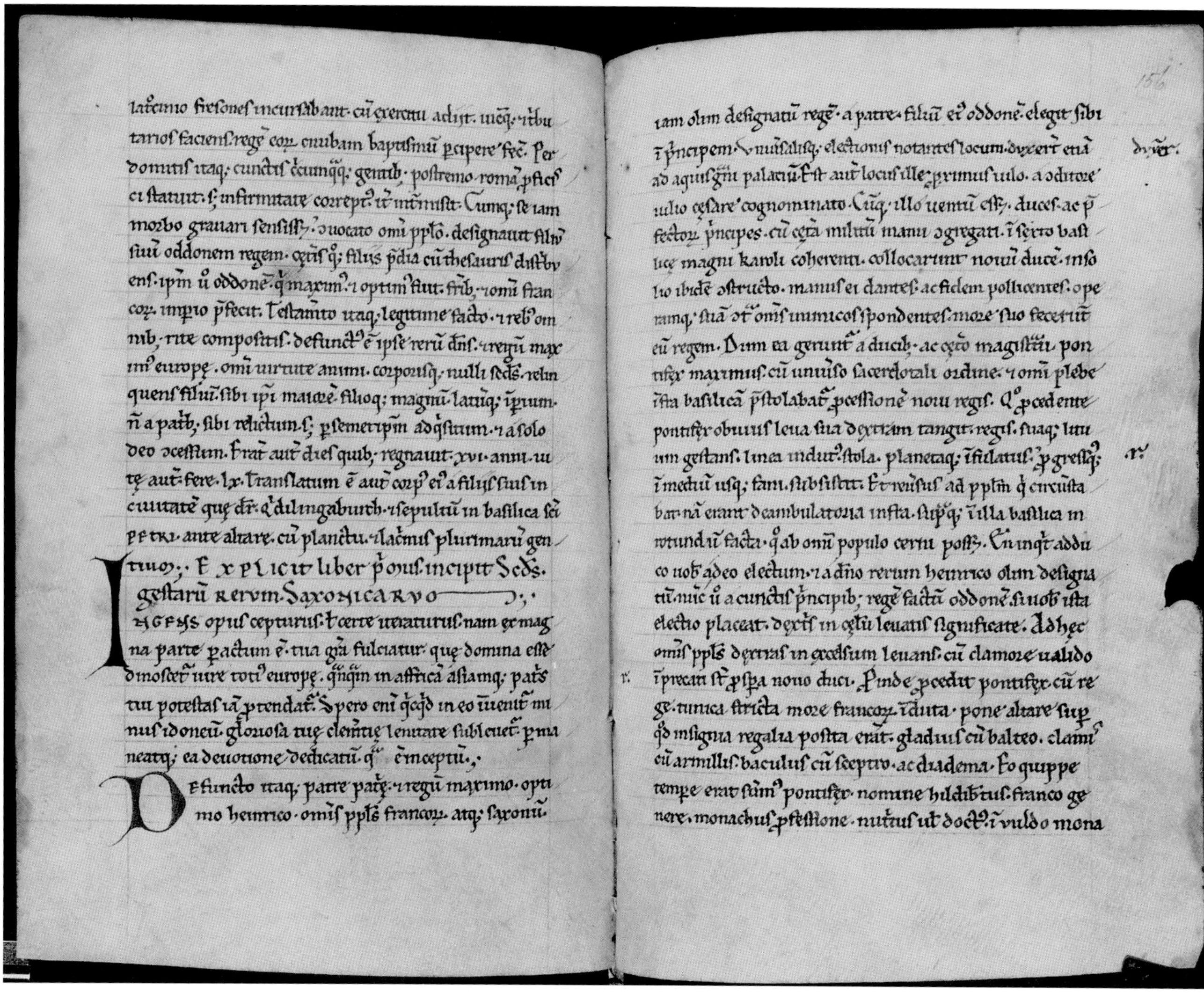

I. 1, fol. 155v–156r

Der Autor wollte mit seinem Werk seinen Stamm und seinen Stand ehren und widmete es Mathilde, der 955 geborenen Tochter Ottos I. Diese, von 966 bis 999 Äbtissin von Quedlinburg, war nach dem Tod der Königin Mathilde (968) für die Memoria, das Totengedenken, der ottonischen Familie verantwortlich. Widukinds Absicht war es zu zeigen, daß Gott die ottonischen Könige leitet, um so ihre Herrschaft zu legitimieren.

Eine der am häufigsten untersuchten Schilderungen der 'Res gestae' ist Widukinds Bericht über die Königserhebung Ottos I. 936 (Abb.). Auch hier ist die Forschung uneins, ob seine Darstellung überwiegend authentisch und glaubwürdig ist oder idealtypisch, d. h. die Probleme, die es bei der Nachfolge Heinrichs I. zwischen Otto und seinem jüngeren Bruder Heinrich gegeben hat, verdecken sollte.

Widukinds Werk ist in fünf Handschriften des 11. bis 16. Jahrhunderts überliefert und wurde bereits im 10. Jahrhundert und auch später von zahlreichen Geschichtsschreibern rezipiert. Außerdem haben wir Kenntnis von fünf verlorenen Codices.

Die hier ausgestellte Handschrift stammt wohl aus Stablo und wurde über Abt Wibald von Stablo vermittelt, der von 1146 an auch Abt von Corvey war. Sie enthält außerdem bedeutende Quellen aus dem 9. Jahrhundert wie Einhards 'Vita Karoli Magni' und die beiden Lebensbeschreibungen Ludwigs des Frommen. Im Spätmittelalter gelangte der Codex in das Kloster Steinfeld / Eifel und 1855 nach London.

Zu einer weiteren Abbildung der Handschrift vgl. Beitrag Althoff, Geschichtsschreibung, Abb. 2

Widukind von Corvey, Sachsengeschichte.

Tremp, Vita Hludowici, S. 56–58. – Keller, Widukinds Bericht. – Althoff, Art. Widukind. – Nass, Art. Widukind.

M.H.

I. 2
Flodoard von Reims, Annalen

Verdun, 11. Jahrhundert
Pergament, 333 Blätter. – H. 25, 5 cm, B. 17 cm.
Montpellier, Bibliothèque Interuniversitaire Section Médecine, Ms. H 151, fol. 27r–88r

Der Reimser Kanoniker, Priester und Archivar Flodoard († 966) aus einer im Reimser Gebiet ansässigen Familie erwarb sich eine einflußreiche Position im Kathedralklerus und nahm nicht nur an Feldzügen der Erzbischöfe teil, sondern leitete auch politische Legationen, etwa 936/37 nach Rom, wo dem Papst die Wahlanzeige Ludwigs IV. von Westfranken überbracht wurde, oder 951 nach Aachen zu Otto I. Flodoard wurde auch in die im Reimser Gebiet stattfindenden Kämpfe um die Königsherrschaft über das westfränkische Reich sowie in das damit zusammenhängende, langdauernde Reimser Schisma, die Spaltung der Bischofsfolge zwischen Hugo und Arthold, hineingezogen.

Von 919 bis zu seinem Tod im Jahre 966 führte der Archivar wohl zeitgleich zu den Ereignissen im Stil der fränkischen Reichsannalen zuverlässige und für unsere Kenntnis der westfränkischen Geschichte höchst wertvolle Annalen. Die Jahresberichte für 920 bis 948 rezipierte er dann auch (mit gelegentlichen deutlichen Akzentverschiebungen) in seinem zweiten Hauptwerk, der wohl zwischen 948 und 954 verfaßten 'Historia Remensis ecclesiae', der Geschichte des Reimser Bistums.

Flodoards Annalen liefern uns auch wichtige Informationen über die Situation in Lothringen und die Auseinandersetzung zwischen Ludwig IV. von Frankreich (939–954), der 939 Ottos I. Schwester Gerberga heiratete, und Hugo von Franzien, der die zweite Schwester Ottos I., Hadwig, zur Frau genommen hatte. Den Konflikt zwischen dem Karolinger Ludwig und dem Kapetinger Hugo verfolgte Flodoard ebenso minutiös wie Gerbergas Kampf um die Krone für ihren minderjährigen Sohn Lothar.

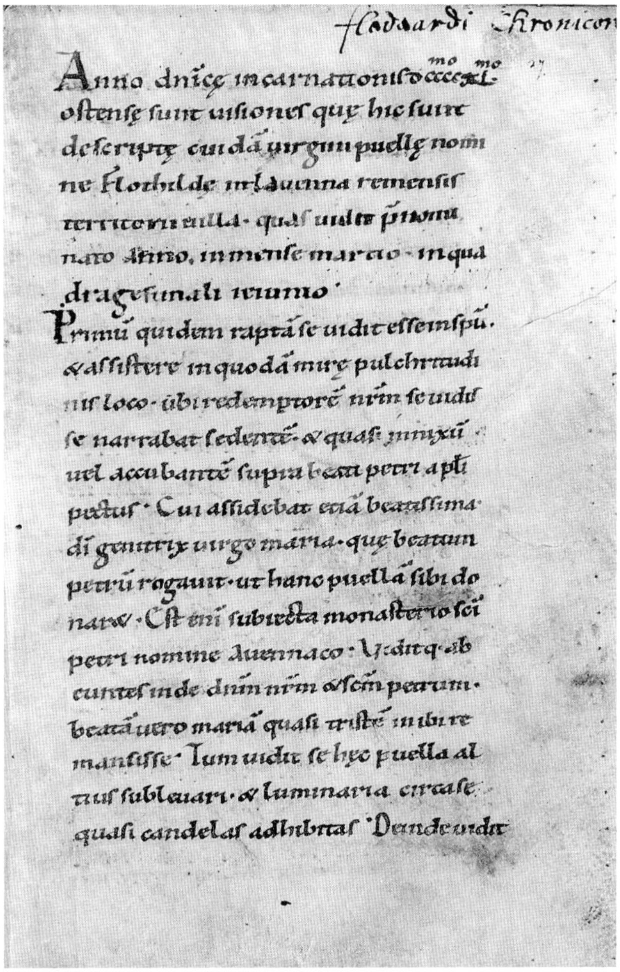

I. 2, fol. 27r

Die heute in Montpellier befindliche, ursprünglich wohl aus Verdun stammende Handschrift gelangte im 16. Jahrhundert aus St-Bénigne in Dijon in den Besitz der bekannten französischen Handschriftensammler Pierre (1539–1596) und François Pithou (1543–1621). Letzerer verkaufte sie den Oratorianern von Troyes, und von dort kam sie Anfang des 19. Jahrhunderts nach Montpellier, war aber eigentlich für die Bibliothèque Royale in Paris bestimmt. Die Handschrift gilt als die zuverlässigste von insgesamt fünf Textzeugen und zeichnet sich durch persönliche Zusätze Flodoards aus (zu 939 und 941).

Flodoard von Reims, Annales. – Flodoard von Reims, Historia.

Dumas, L'Église de Reims. – Jacobsen, Flodoard von Reims. – Sot, Flodoard de Reims.

M.H.

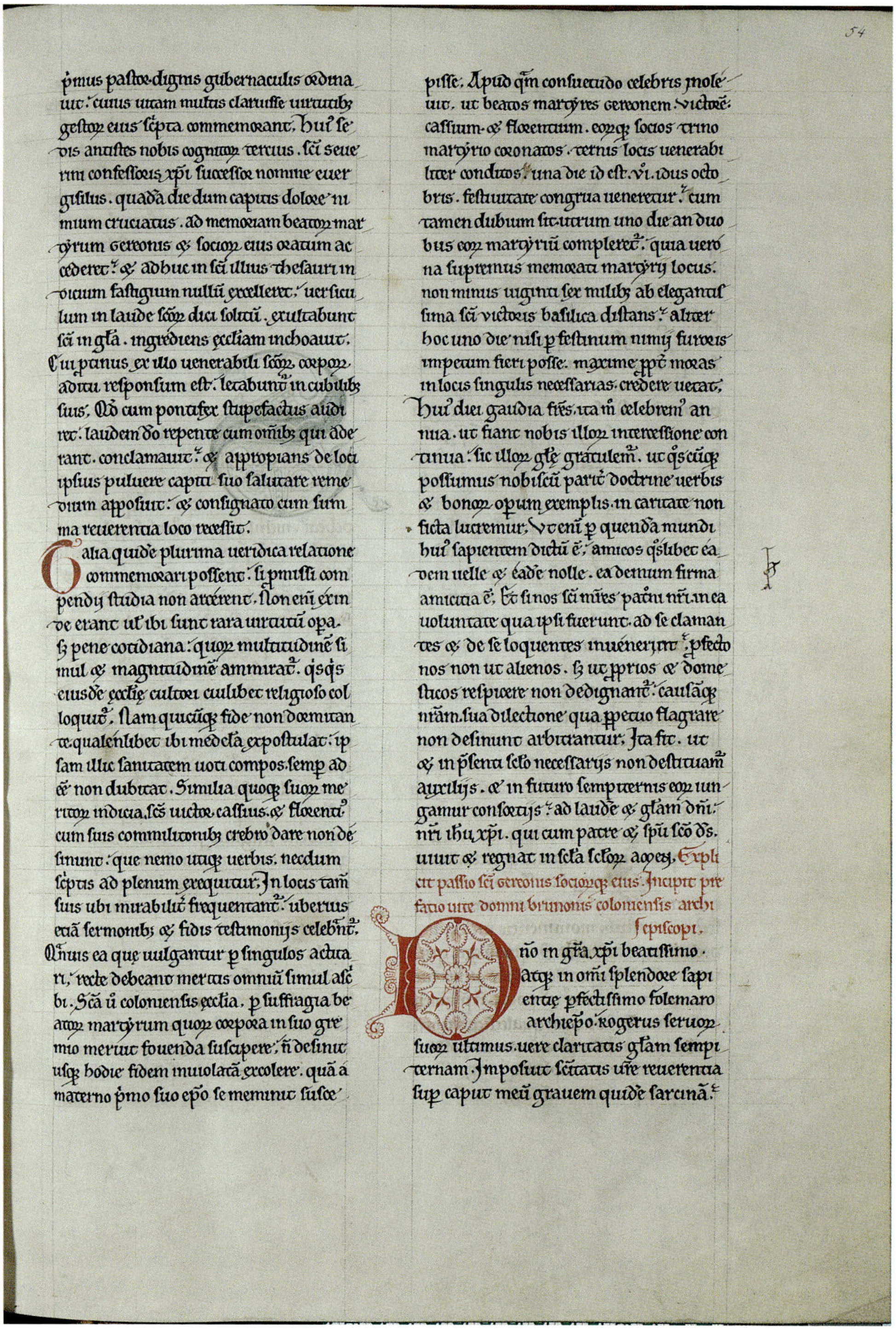

I. 3, fol. 54r

I. 3
Ruotger von Köln, Vita Brunonis

Köln, St. Pantaleon, 13. Jahrhundert
Pergament, 170 Blätter. – H. 48 cm, B. 34 cm.
Brüssel, Bibliothèque Royale de Belgique, Ms. 7460, Bd. 1, fol. 54r–65v

Wie sich aus dem Widmungsbrief ergibt, verfaßte Ruotger die 'Vita Brunonis', die Lebensbeschreibung des Erzbischofs Brun von Köln (953–965), im Auftrag Erzbischof Folkmars von Köln, der am 18. November 969 starb. Begonnen hat er mit der Arbeit wohl nach dem Tod der Königin Mathilde am 14. März 968, so daß die Niederschrift etwas mehr als ein Jahr beanspruchte. Über den Autor wissen wir so gut wie nichts; aus seinem Werk läßt sich lediglich die Vermutung ableiten, daß Ruotger lothringischer oder rheinfränkischer Herkunft war und als Mönch in dem im Jahre 964 von Brun gegründeten Kloster St. Pantaleon in Köln lebte. Die Vita läßt außerdem erkennen, daß Ruotger Brun wiederholt begegnet ist, aber nicht zu dessen engerer Umgebung gehörte. Mehr ist nicht über ihn bekannt.

Die an der Martinsvita des Sulpicius Severus orientierte Vita Bruns folgt zwar dem gängigen biographischen Schema: Abstammung und Jugend des 925 geborenen jüngeren Bruders Ottos des Großen (c. 2–10), seine Amtsführung als Kölner *archiepiscopus* (seit 953) und lothringischer *archidux* (c. 11–42), Krankheit, Tod (am 11. Oktober 965 in Reims) und Bestattung (in St. Pantaleon) (c. 43–48) sowie Testament (c. 49). Wunderberichte, wie es eigentlich hagiographischen Quellen entspricht, finden sich aber nicht. Der Autor legt vielmehr Wert darauf, in Brun den Idealtypus des neuen ottonischen Reichsbischofs zu beschreiben, für dessen Amtsverständnis er den Begriff *regale sacerdotium* („königliches Priestertum") verwendet (c. 20). Der König, Otto der Große, wird als *christus domini* („Gesalbter des Herrn") dargestellt. Daneben bietet Ruotger eine Vielzahl von Einzelnachrichten, die er vermutlich Erzbischof Folkmar verdankte, da sich keine schriftlichen Vorlagen dafür haben ermitteln lassen.

Die von Erzbischof Arnold II. von Köln um 1151/52 in Auftrag gegebene, zweite Vita Bruns fußt auf dem Werk Ruotgers, dessen Verbreitung auf Niederlothringen beschränkt blieb. Benutzt wurde es durch Folkwin von Lobbes, der ein Exemplar erhielt, und Sigebert von Gembloux.

Die heute in Brüssel befindliche Handschrift des 13. Jahrhunderts enthält außerdem ein Passionale mit den Heiligen der Monate Oktober, November und Dezember. Sie ist zwar flüchtig geschrieben, steht aber dem Archetyp nahe.

Ruotger, Vita Brunonis.

Lotter, Vita Brunonis. – Schieffer, Art. Ruotger. – Schwenk, Brun von Köln.

M. H.

I. 4
Adam von Bremen, Geschichte der Hamburger Kirche

Salzburg, um 1200
Pergament, 83 Blätter. – H. 24 cm, B. 17,3 cm.
Wien, Österreichische Nationalbibliothek, Cod. 521

Adam von Bremen, dessen Vornamen wir nur durch die Slawenchronik Helmolds von Bosau († nach 1177) kennen und über den wir auch sonst recht wenig wissen, besuchte etwa gleichzeitig mit Lampert von Hersfeld die Bamberger Domschule, von wo ihn Erzbischof Adalbert von Hamburg-Bremen, der nach Bamberg intensive Kontakte unterhielt, 1066/1067 in sein Bistum holte. Bald unternahm Adam eine Reise nach Dänemark, wo er intensive Gespräche mit König Sven Estridsen führte. 1069 wurde Adam Leiter der Bremer Domschule. Aus Dankbarkeit stellte er seine Kräfte in den Dienst der Bremer Mission in den nördlichen Ländern, die seit den Missionsreisen Ansgars in der Mitte des 9. Jahrhunderts in Bremen Tradition hatte, aber nicht ohne Rückschläge vonstatten ging. Im 10. Jahrhundert betrieb erst Erzbischof Unni wieder die Mission, nachdem Heinrich I. 934 die Dänen besiegt hatte. Adam faßte die Absicht, die 300jährige Geschichte des Bistums Bremen zu schreiben, obgleich ihm dafür wenig Vorarbeiten und Quellen zur Verfügung standen. Als sein Förderer Adalbert 1072 starb, hatte er erst eine Stoffsammlung zusammengebracht, konnte aber bereits 1076 sein Werk Adalberts Nachfolger Liemar überreichen. Dennoch arbeitete er an dem Handexemplar seiner Gesta bis 1080/81 weiter. Adam verstarb an einem 12. Oktober, vor dem Jahr 1085.

Die 'Gesta Hammaburgensis ecclesiae pontificum' umfaßt die Zeit von 755 bis 1072 und ist in eine Präfatio (Abb.) und vier Bücher eingeteilt: Das erste behandelt die Zeit von 755 bis 936 (Tod Erzbischof Unnis), das zweite reicht vom Pontifikat Adaldags bis zum Amtsantritt Adalberts (937–1043) und das dritte hat ausschließlich Adalberts Amtszeit zum Thema, also die teilweise von Adam selbst miterlebte Zeit. Das vierte Buch fällt aus dem Rahmen, denn es enthält eine landeskundliche Beschreibung Skandinaviens ('Descriptio insularum aquilonis'), dem Ziel der hamburgisch-bremischen Missionsbemühungen. Viele geographische und landeskundliche Informationen dürfte Adam seinen Gesprächen mit König Sven Estridsen verdanken. Adam wollte in seinem Werk zeigen, wie durch das Wirken der Bischöfe von

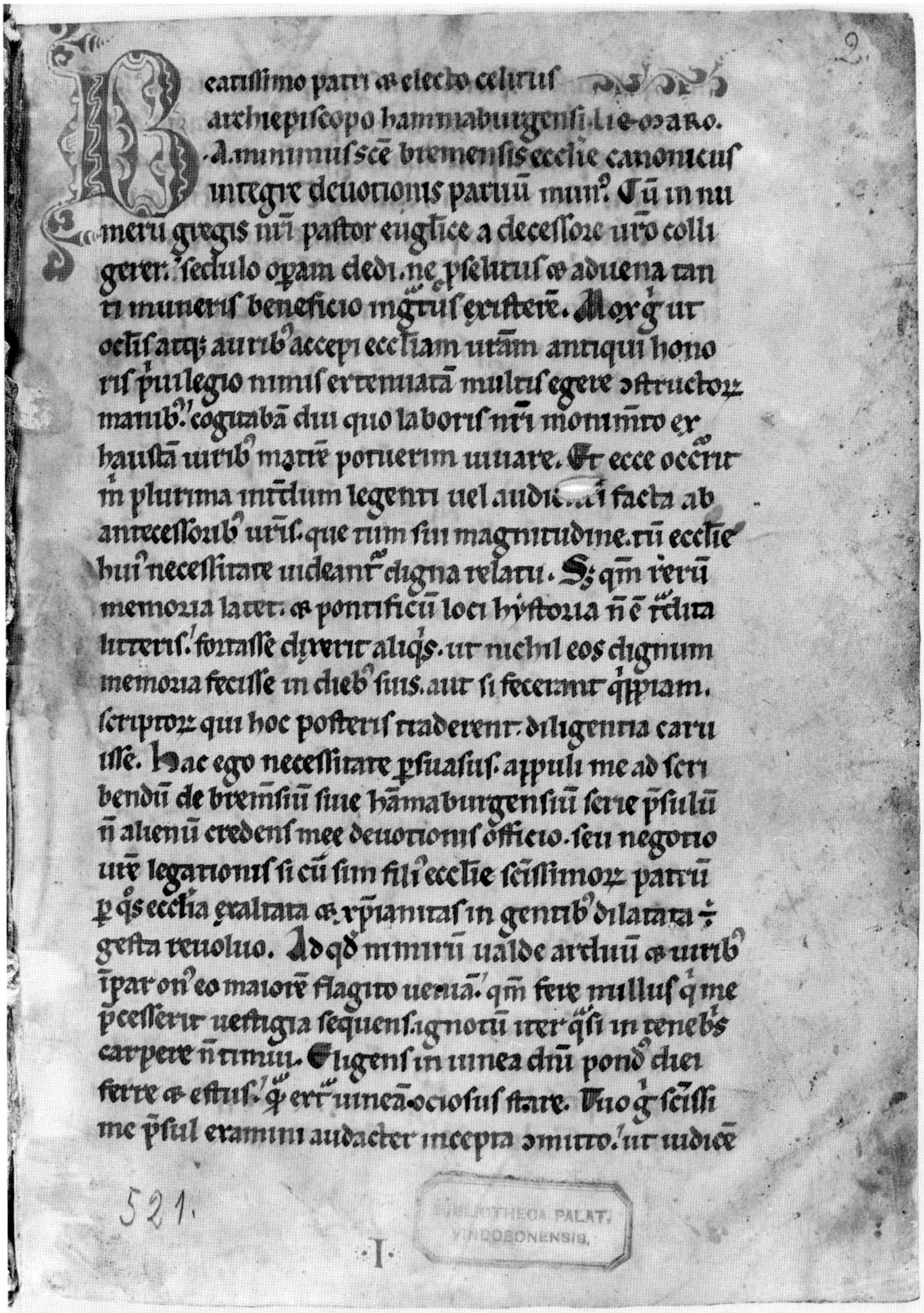

I. 4, fol. 1r

Hamburg-Bremen das Christentum unter den Heiden verbreitet wurde, und außerdem den Anspruch Erzbischof Adalberts auf einen Patriarchat über die Bistümer der nordischen Länder unterstützen, der sich aber nicht verwirklichen ließ.

Allein die aus Salzburg stammende Wiener Handschrift (sodann auch eine vatikanische Abschrift aus dem Jahre 1451) überliefert die Erstfassung von Adams Werk, dessen 22 Textzeugen sich in drei Klassen unterteilen lassen. Die Rezeption des Werkes war im Mittelalter fast völlig auf den Raum Hamburg-Bremen beschränkt, die Mehrzahl der Abschriften gehört dem 15. und 16. Jahrhundert an.

Adam von Bremen, Gesta Hammaburgensis ecclesiae. – Adam von Bremen, Bischofsgeschichte.

Schmale, Adam von Bremen. – Janson, Templum nobilissimum.

M.H.

I. 5
Otto von Freising, Weltchronik

Südwestdeutschland, zwischen 1177 und 1185; Kloster Neuburg (Elsaß), 13. Jahrhundert
Pergament, 155 Blätter. – H. 24, 5 cm, B. 16, 5 cm.
Jena, Thüringer Universitäts- und Landesbibliothek, Ms. Bos q. 6

Der Geschichtsschreiber Bischof Otto von Freising (Bischof seit 1138) wurde um das Jahr 1122 als Sohn des Markgrafen Leopold III. von Österreich und der Salierin Agnes geboren; der Staufer König Konrad III. war sein Halbbruder, Kaiser Friedrich Barbarossa, dessen Taten er in den 'Gesta Frederici' (Buch I und II entstanden 1157/58; Buch III und IV von seinem Schüler Rahewin) beschrieb, sein Neffe. In seinen Werken ist zwar Stolz auf die Zugehörigkeit zu den ersten Familien des Reichs spürbar, doch verschweigt Otto seine Verwandtschaft mit ihnen im Werk und schildert ihre Verdienste zurückhaltend. Als bedeutender Reichsbischof nahm er auch am Zweiten Kreuzzug teil, nachdem er kurz zuvor die Chronik in einer ersten Fassung abgeschlossen hatte. 1157 übersandte er Friedrich Barbarossa eine etwas überarbeitete Version. Otto starb bereits ein Jahr später auf dem Weg nach Cîteaux zum Generalkapitel seines Zisterzienserordens in seinem Profeßkloster Morimond, in das er 1132 eingetreten war.

Ottos Hauptwerk, die von ihm als *Historia* bezeichnete Weltchronik, ist der augustinischen *civitas*-Lehre verpflichtet, d. h. der vom Kirchenvater Augustinus vertretene Lehre von der *civitas dei*, der Kirche, und der *civitas terrena*, dem Staat, die sich annähern müssen. Sie schildert in acht Büchern die Entwicklung von der Schöpfung bis zum Weltgericht. Die Schilderung der Ereignisgeschichte endet mit dem Jahr 1146 – vor dem Desaster des Zweiten Kreuzzugs – mit dem Schluß des siebten Buchs. Das umfangreiche achte Buch ist ganz endzeitlicher Thematik gewidmet.

Otto hat zahlreiche Vorlagen verarbeitet, unter anderem die Chronik Frutolfs vom Michelsberg († 1103), der er auch hauptsächlich die Geschichte Ottos I. entnahm, die im sechsten Buch geschildert wird. Da der Freisinger Geschichtsschreiber nicht nur das heilsgeschichtliche Voranschreiten der Welt beschreiben wollte, sondern auch die Geschichte der Weltreiche und der *translatio imperii*, der Übertragung des Kaisertums auf den deutschen König, fanden besonders die Ereignisse des 10. Jahrhunderts in Italien, d. h. der Kampf um die Kaiserkrone, seine Aufmerksamkeit (Abb.). Ottos Werk war im süddeutschen Raum bis ins 13. Jahrhundert weit verbreitet, wurde allerdings dann erst wieder von den Humanisten des 15. Jahrhunderts entdeckt, allen voran von Enea Silvio Piccolomini, dem späteren Papst Pius II. († 1464). Wir besitzen 31 vollständige sowie zwölf fragmentarische Abschriften und haben Kenntnis von zwölf verlorenen Codices.

Die hier ausgestellte, wegen ihres Bilderzyklus berühmte Handschrift enthält die Chronik (fol. 1–122) in der Friedrich Barbarossa übersandten Fassung, wobei die Bücher I–VII zwischen 1177 und 1185 kopiert wurden, das achte Buch aber von einem anderen Schreiber erst im 13. Jahrhundert in Kloster Neuburg (Elsaß) angefügt wurde, genau wie die ebenfalls erhaltenen Marbacher Annalen.

M.H.

Zwei illustrierte Handschriften sind erhalten, die ausgestellte und ein Codex der Biblioteca Ambrosiana in Mailand, Ms. F. 129 sup – beide mit Federzeichnungen, wobei die Mailänder Handschrift im 2. Viertel des 13. Jahrhunderts den Text der Jenaer kopiert und auch den Bildzyklus mit nur unbedeutenden Veränderungen übernommen hat. Eine dritte, nur geringfügig jüngere Ausgabe in der Biblioteca Casanatense in Rom, ms. 372, war zwar für Illustrationen eingerichtet. Die entsprechenden Zeichnungen sind jedoch nicht ausgeführt worden.

Der Bildzyklus der Jenaer Handschrift umfaßt 14 ganz- oder annähernd halbseitige gerahmte Federzeichnungen, wobei jedoch in der Regel mehrere Szenen in zwei oder drei Bildstreifen zusammengefaßt sind. Sie beziehen sich auf die sieben ersten Bücher des älteren Bestands der Handschrift; das achte, in den vierziger Jahren des 13. Jahrhunderts als Ersatz eines älteren, damals getilgten hinzugefügte Buch hat keine Illustration mehr erhalten.

Die Bildfolge scheint erst für die Jenaer Handschrift geschaffen worden zu sein. Das für Kaiser

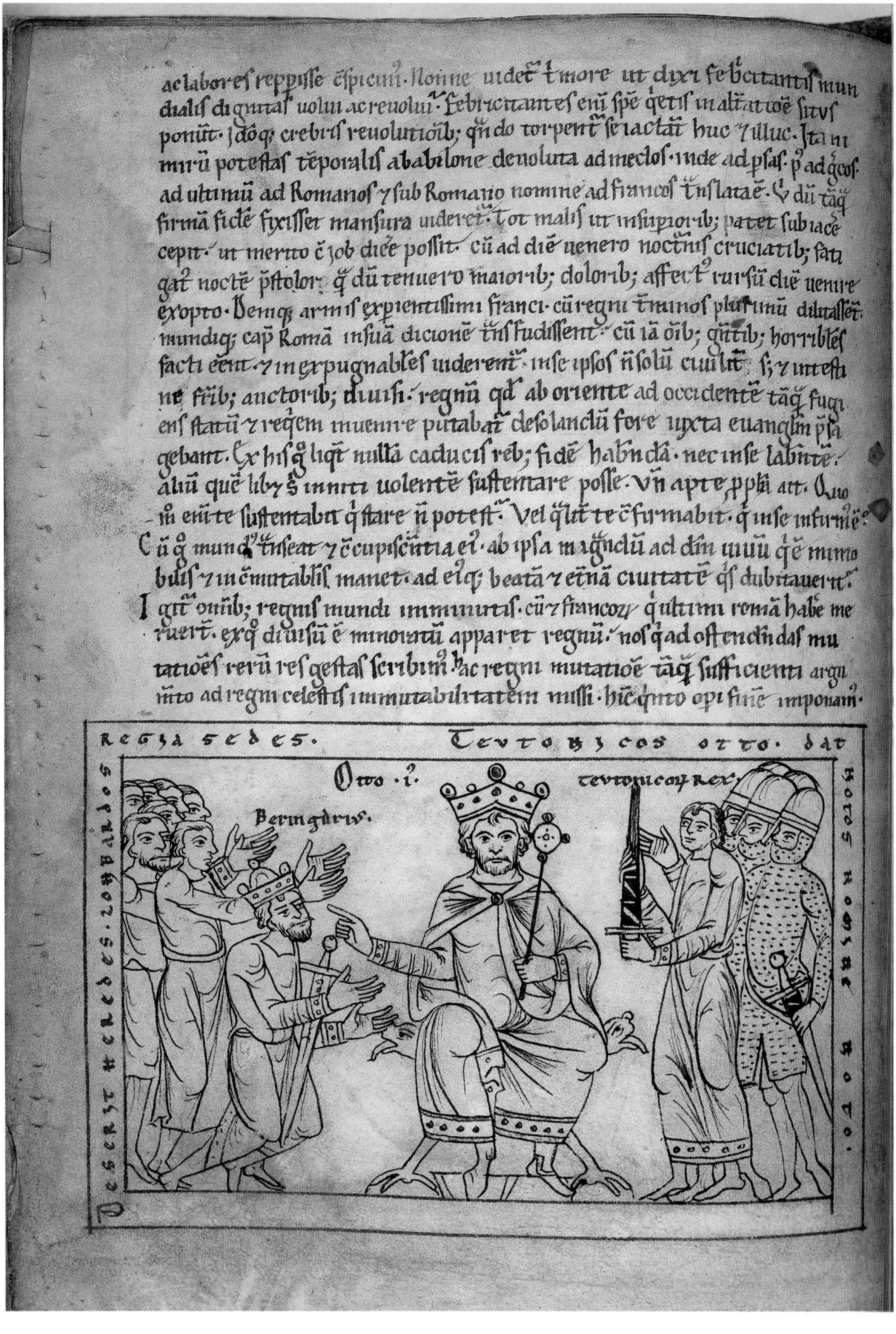
REGIA SEDES.
TEVTONICOS OTTO DAT
Otto .I.
Beringarius
teutonicorum rex

I. 5, *fol. 78v*

Friedrich Barbarossa bestimmte Widmungsexemplar von 1157 war offenbar nicht illustriert, weil in der Bildfolge kein Widmungsbild vorhanden ist. Ein solches wäre ohne Zweifel in alle illustrierten Kopien übernommen worden, wie ja auch der Widmungsbrief in allen späteren Handschriften beibehalten wurde. Der Bildzyklus enthält vorwiegend historische Ereignisse, etwa vom Aufstieg und Fall des Babylonischen und Römischen Reichs. Die im Text zentrale Thematik der Auseinandersetzung zwischen der *civitas terrena* und der *civitas Dei* wird kaum aufgegriffen. Das Papsttum ist ausgesprochen unterrepräsentiert. Man hat deshalb an einen kaiserlichen Parteigänger als Adressaten oder Auftraggeber gedacht.

Ursula Nilgen hat auf die Schwierigkeiten hingewiesen, die sich für einen Zeichner des ausgehenden 12. Jahrhunderts bei der Illustrierung eines neuen, damals modernen Textes ergeben mußten, wenn keine geeigneten Bildvorlagen existierten. Feste ikonographische Traditionen bestanden für die biblischen Ereignisse wie die Erschaffung von Adam und Eva, die Vertreibung aus dem Paradies, die Arche Noah und die Geburt Christi. Gewisse Bildformeln gab es für traditionelle Schlachtendarstellungen oder die Erstürmung und Zerstörung von Städten in den wenigen damals existierenden profanen, aber auch in manchen biblischen Büchern. Hinzu kam die Tradition der weltlichen Wandmalerei, über die wir freilich nur literarisch unterrichtet sind, da sämtliche Werke zugrunde gegangen sind. Der Zeichner kombiniert erkennbar solche Szenen in Variationen desselben Bildschemas mit repräsentativen Darstellungen thronender Herrscher (Abb.), wie sie durch Siegelbilder im allgemeinen Bildverständnis vorgegeben waren. Details der Bewaffnung paßt er naturgemäß dem Zeitgeschmack und der neuesten Mode an.

Die Auswahl der illustrierten Szenen und die Gewichtung bestimmter Vorgänge innerhalb dieser in den Bildzyklus aufgenommenen Ereignisse korrespondiert nicht immer mit dem Text, sondern ist offensichtlich auch durch die Zugänglichkeit vorgeprägter Bildformeln mitbestimmt.

Die Handschrift wurde früher allgemein nach Bayern lokalisiert. Nach der umfassenden Bearbeitung der Buchmalerei des Bistums Freising und der sonstigen bayerischen Skriptorien konnte Elisabeth Klemm eine Herkunft aus bayerischen Werkstätten jedoch eindeutig ausschließen. Da die Handschrift im zweiten Viertel des 13. Jahrhunderts jedenfalls im Zisterzienserkloster Neuburg im Elsaß lag, ist neuerdings die Frage aufgeworfen worden, ob nicht auch der ältere Teil der Handschrift im südwestdeutschen Reichsgebiet entstanden sein könnte – am ehesten im Auftrag eines fürstlichen weltlichen Auftraggebers, der primär an den im Text genannten historischen Ereignissen und weniger an der eschatologischen Thematik des 8. Buches interessiert war.

R.K.

Otto von Freising, Chronica.

Lammers, Bilderkreis, pass. – Rothe, Buchmalerei, S. 242 u. 291f., Taf. 23. – Ausst.kat. Stuttgart 1977, Bd. 1, Nr. 335 u. 336 (Wolfgang Irtenkauf), Abb. 164 (Mailand). – Klemm, Handschriften, S. 21 u. 101 zu Nr. 134. – Goetz, Otto von Freising. – Schürmann, Rezeption. – Nilgen, Weltchronik, pass. mit Abb. – Deutiger, Rahewin, S. 57–61.

M.H./R.K.

*I. 6
Ältere Mathildenvita

Quedlinburg oder Nordhausen, letztes Drittel 12. Jahrhundert
Pergament, 110 Blätter. – H. 33,2 cm, B. 22 cm.
Oxford, Bodleian Library, Laud. misc. 633, fol. 66r–69r

Die zwischen 973 und 980 verfaßte ältere Vita der Königin Mathilde († 968), der Mutter Ottos I., ist ihrem jungen Enkel Kaiser Otto II. gewidmet, wie aus dem Prolog hervorgeht. Als Verfasser bzw. Verfasserin kommt entweder eine Kanonisse des von der Königin Mathilde gegründeten Stiftes Quedlinburg, eine Nonne des ebenfalls auf ihre Initiative zurückgehenden Klosters Nordhausen oder ein Geistlicher, der in dem einen oder anderen Konvent die priesterlichen Pflichten versah, in Frage. Als Thema der Quelle wird im Prolog von einer *vita* der sächsischen Königin, einer *vita parentum* Ottos II. gesprochen und im weiteren Verlauf des Textes von den *gesta* der Mathilde. Man könnte den Inhalt auch mit „Familiengeschichte, Reichsgeschichte und Lebensbeschreibung" (Schütte, S. 10) charakterisieren. Der Bogen wird gespannt von den Vorfahren Heinrichs I. und Mathildes, über ihre Jugend, die Ehe mit Heinrich I., dem ersten König aus sächsischem Haus, die Regierungszeit Ottos I., ihren Tod in Quedlinburg 968 bis zum Tod Ottos und den

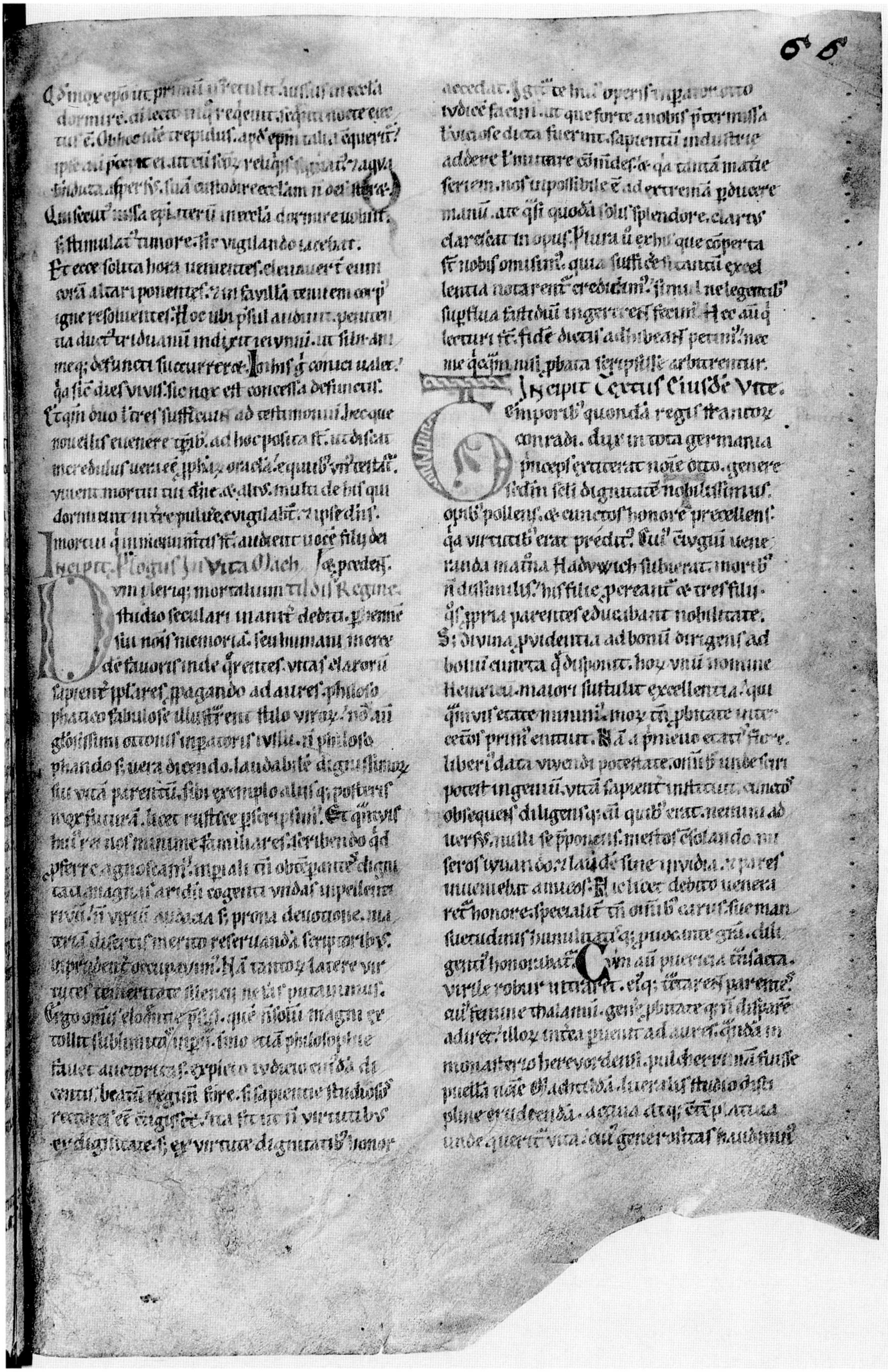

I. 6, fol. 66r

Regierungsantritt seines Sohnes Ottos II. Außerdem sind Kapitel über Mathildes Kloster- und Stiftsgründungen (Quedlinburg, Pöhlde und Nordhausen) und ihre frommen Werke eingeschoben. Aufgrund der Eigenart des Verfassers, reichs- und familiengeschichtliche Ereignisse zu einem thematischen Komplex zu verknüpfen, kommt es mitunter zu verzerrenden Darstellungen und Deutungen, die den Quellenwert beeinträchtigen. Dennoch ist die Ältere Mathildenvita ('Vita Mathildis antiquor') eine wichtige Quelle für die frühe Ottonenzeit, nicht zuletzt für den Konflikt zwischen der Königin und ihren Söhnen König Otto I. und Herzog Heinrich, denn in der Nachfolgefrage favorisierte Mathilde den jüngeren Heinrich und stritt mit Otto um die Nutzung ihrer *dos*, ihrer Mitgift, zur Gründung geistlicher Gemeinschaften und Pflege der Memoria, des Totengedenkens, der Familie.

Um 1002/03 nahm ein Autor wohl aus der Umgebung König Heinrichs II. (und nicht aus Nordhausen) die 'Vita Mathildis antiquior' als Grundlage einer Neufassung, der 'Vita Mathildis posterior' (der jüngeren Mathildenvita), um die Legitimation der Herrschaft Heinrichs II. zu stärken. Diese bietet gegenüber der älteren Vita manche neuen, aber auch singuläre Nachrichten, deren Authentizität teilweise schwer zu überprüfen ist.

Die Oxforder Handschrift überliefert die 'Vita Mathildis antiquior' im Rahmen der 'Pöhlder Annalen' ('Annales Palidenses') und war „zumindest im Besitz der Pöhlder Prämonstratenser" (Lebensbeschreibungen, S. 25), die das Kloster im 12. Jahrhundert übernommen hatten.

Lebensbeschreibungen der Königin Mathilde.

Schütte, Untersuchungen.

M.H.

KAPITEL II

Die ottonische Königslandschaft in Sachsen

PFALZEN

II. 1
Modell der Marienkirche Memleben

Zustand des 10. Jahrhunderts
Ausführung: Wolfgang Hannemann, Modellbau für Architektur und Industrie, Oldenburg 2000/2001
Kunststoff. – H. 650 mm, B. 1650 mm, T. 790 mm
Fundamente H. 50 mm, Maßstab 1:50.
Magdeburg, Kulturhistorisches Museum

Den Höhepunkt seiner Geschichte erlebte Memleben im 10. Jahrhundert, als hier eine königliche Pfalz bestand. Hier starb am 2. Juli 936 der greise König Heinrich I. Sein Sohn und Nachfolger, der spätere Kaiser Otto der Große, hat Memleben nicht nur mehrfach besucht, sondern dort wahrscheinlich schon 942 eine zweite Kirche gestiftet. 973 weilte der Kaiser hier zum letzen Mal, und am Mittwoch vor Pfingsten desselben Jahres ist auch er hier verstorben. Während sein Leichnam einbalsamiert und in den Magdeburger Dom überführt wurde, bestattete man seine Eingeweide in der Marienkirche bei der Memlebener Pfalz.

Auch sein Sohn, Kaiser Otto II., hat Memleben mehrfach aufgesucht. Er gründete dort im Jahre 979 bei der Marienkirche ein Benediktinerkloster, das er mit überaus umfangreichen Besitztümern ausstattete. Der Papst stellte es sogar den beiden mächtigsten Klöstern des Reichs, Fulda und der Reichenau im Bodensee, rechtlich gleich. Doch 36 Jahre später, im Jahre 1015, hob Kaiser Heinrich II. das Kloster auf, um mit dessen Besitz das von ihm gegründete Bistum Bamberg auszustatten.

Memleben birgt noch heute bedeutende Reste seiner großen Vergangenheit. Westlich der viel besuchten Kirchenruine des 13. Jahrhunderts sind an der Landstraße nach Nebra Teile der ottonischen Marienkirche zu erkennen. Die Südwand ihres ehemaligen Langhauses steht noch in voller Länge aufrecht, wenn auch nur in halber Höhe. An ihrem Westende erreicht die Wand jedoch mit der hier erhaltenen westlichen Hälfte eines Fensters ihre volle Höhe und mündet dann in den noch höher aufragenden Mauerblock mit rundbogigem Tor, der vom ehemaligen Südarm des westlichen Querhauses erhalten ist. Zu den Überresten der ottonischen Marienkapelle gehört auch der weiter nördlich gelegene einzelne Mauerklotz, an dem einst die Westapsis der Kirche ansetzte. An seiner Nordostecke zeugen die Ausbruchspur und der im Boden erhaltene Unterbau von seinen ehemals nach Norden und Osten gerichteten Vorlagen. Wann dieser mächtige Sakralbau im 10. Jahrhundert errichtet wurde, bald nach 942 oder erst um 979, ist umstritten, denn zu diesem Zeitpunkt gründete Kaiser Otto II. hier das schon genannte Benediktinerkloster. Es gibt aber gewichtige Argumente dafür, daß die Errichtung der Marienkirche schon von Otto dem Großen veranlaßt wurde.

Das Modell vermittelt einen Eindruck von der gewaltigen Größe des Baus und von seiner differenzierten, annähernd symmetrischen Ausbildung. In der Mitte des für das 10. Jahrhundert in jedem Falle einzigartigen Gotteshauses erhob sich sein als Basilika ausgebildetes Langhaus, dessen geräumiges Mittelschiff im Norden und Süden von niedrigeren und etwa halb so hohen Seitenschiffen begleitet wurde. Alle drei Schiffe waren gegeneinander unter einer Arkadenfolge auf Säulen oder Pfeilern geöffnet, deren Ausbildung jedoch nicht bekannt ist, da sich nur ihre Fundamente im Boden erhalten haben. Auf den Arkaden erhoben sich die beiden Seitenwände des Mittelschiffs. Sie endeten über den beiderseits anstoßenden Pultdächern der Seitenschiffe als Obergarden mit einer Fensterreihe, die dem Mittelschiff Licht zuführte. Die Schiffe schlossen oben jeweils mit einer Flachdecke ab.

An der Ost- und der Westseite des Langhauses führten sowohl vom Mittelschiff als auch von den Seitenschiffen aus breite Durchgänge in die beiderseits angrenzenden, weiter ausladenden und ebenfalls flach gedeckten Querhäuser. Diese öffneten sich in der Mitte jeweils gegen eine leicht gestelzte und außen mit Wandvorlagen versehene, weite Chorapsis. Das östliche Querhaus besaß beiderseits Nebenapsiden, während im westlichen Querhaus neben der Mittelapsis ein Portal in einen im Westen anschließenden Raum führte. Wahrscheinlich begann hier ein ausgedehntes Atrium, wie es etwa von den Domen in Magdeburg und Köln bekannt ist.

In beiden Querhäusern war ihr Mittelschiff durch vier Bögen auf darunter eingebauten, etwa 1,3 m breiten Wandvorlagen als „Vierung" abgeteilt. Auf diesen Unterbauten erhoben sich mächtige Türme. Da die Umfassungswände etwa 2,3 m dick waren, traten, anders als im Modell dargestellt, die Turmwände möglicherweise gegenüber den Außenfluchten um etwa 1 m zurück.

II. 1

zu II. 1

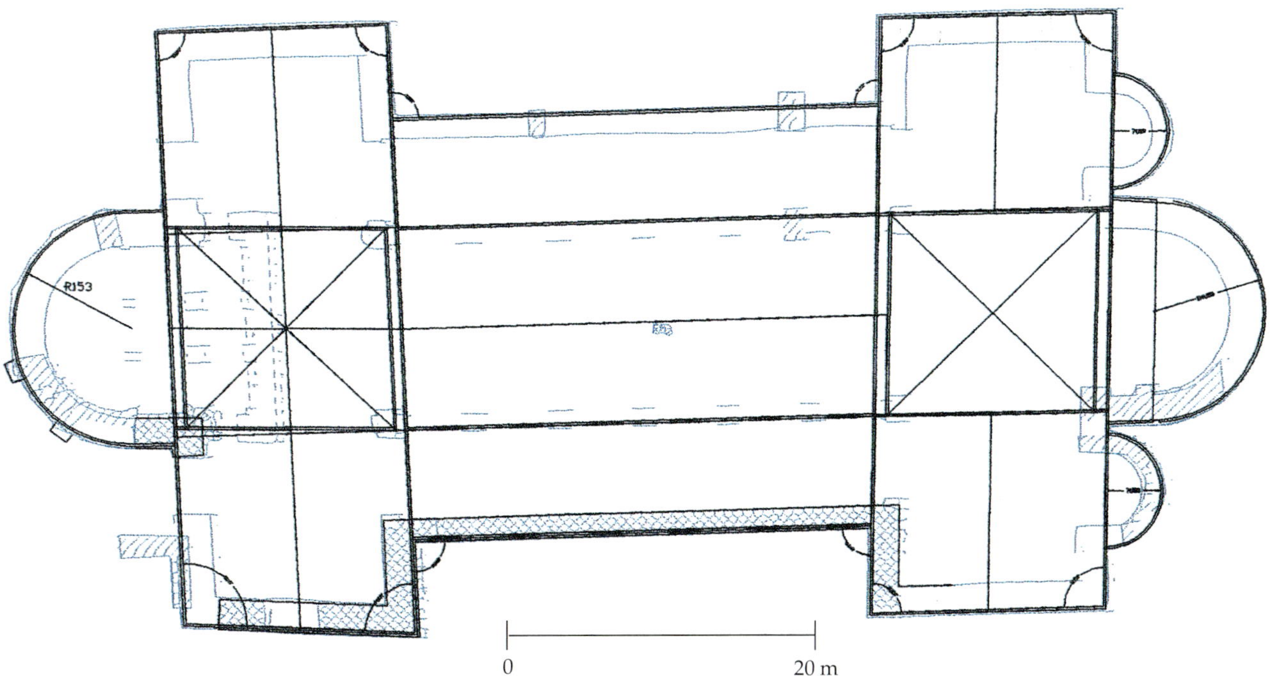

Von der ehemaligen Klausur der Geistlichen der Marienkirche konnte man bisher keine Spuren nachweisen. Zu vermuten ist, daß sie sich auf der Nordseite unmittelbar an die Kirche anschloß. Für die Lage der in der Nähe der Kirche zu erwartenden königlichen Pfalz fehlen bisher jegliche Anzeichen.

Schubert, Magdeburg. – Vorroman. Kirchenbauten, Nachtragsbd., S. 273 (Werner Jacobsen). – Leopold/Schubert, Memleben. – Leopold, Ausgrabungen, bes. S. 40 f. – Leopold, Memleben (Lit.).

G.L.

Die Pfalz Werla

Die archäologische Erforschung der Pfalz Werla (Ldkr. Wolfenbüttel) begann im Jahre 1875. Aber erst in den 30er Jahren des 20. Jahrhunderts setzten große Grabungskampagnen ein. Mit der Gründung der Werla-Kommission im Jahre 1933 war der Grundstein für eine interdisziplinäre Erforschung gelegt. Unterbrochen durch den Zweiten Weltkrieg konnten 1957/58, 1959/60 und 1962–1964 die Ausgrabungen fortgesetzt werden. Sie beschränkten sich auf die Hauptburgen und die Tore der Vorburgen. Das weitläufige Areal der beiden Vorburgen ist nach wie vor unerforscht. Die runde Hauptburg von ca. 140 m Durchmesser ist vollständig ergraben (vgl. Beitrag Jacobsen / Lobbedey / v. Winterfeld, Abb. 4). Sie war mit einer Ringmauer mit Türmen, zwei Toren und Gräben befestigt. Am Südrand befand sich ein rund 30 m langes Gebäude mit einer *caminata* (beheizbares Gemach) im Erdgeschoß, die mittels einer Heißluftheizung erwärmt werden konnte (Kat.Nr. II.2–3), und einer *aula* (Saal) im Obergeschoß. Östlich schloß sich ein Rundbau an, vermutlich eine doppelgeschossige Rundkapelle. Im Zentrum der Hauptburg stand eine kreuzförmige Kirche.

Bevor die Pfalz im 10. Jahrhundert auf einem Geländesporn an der Oker erbaut wurde, befand sich an dieser exponierten Stelle im späten 8. und 9. Jahrhundert bereits ein befestigter Hof. Die Pfalz Werla wird 926 erstmals genannt. Nach Widukind von Corvey zog König Heinrich I. in jenem Jahr sein Heer während des Ungarneinfalls in die sichere Burg Werla zurück. Bis Anfang des 11. Jahrhunderts gehörte sie zu den wichtigsten Pfalzen der ottonischen Könige und Kaiser in Sachsen. Im 10. und frühen 11. Jahrhundert fanden hier die sächsischen Stammeslandtage statt.

Der immer mehr an Bedeutung gewinnende Silberbergbau am Rammelsberg bei Goslar bewog Kaiser Heinrich II. vor 1017, Goslar zur Pfalz auszubauen und die Pfalzfunktion von Werla dorthin zu verlegen.

Seebach, Werla. – Heinemeyer, Art. Werla. – Ring, Königspfalz Werla.

E.R.

II. 2
Heißluft-Auslaßstein

10. Jahrhundert
Pfalz Werla, Ldkr. Wolfenbüttel
Muschelkalk. – H. 17 cm, L. 38–40 cm, Dm. der Öffnung 18 cm, Dm. der Aussparung 28 cm, T. 6–7 cm.
Schladen, Heimathaus Alte Mühle, Inv.Nr. 734

Im südlichen Bereich der Hauptburg der Pfalz Werla wurde ein Steinfundamentbau (12 x 9 m) mit östlich anschließendem Rundbau freigelegt. In den Fußboden des Gebäudes, auf dessen Steinplatten ein Estrich lag, war ein Steinoval mit einer Abzweigung integriert. Plattige Steine deckten ca. 25 cm weite Kanäle ab. Das Oval umschloß eine 6 x 1,60 m große, ca. 1,90 m in den Boden eingetiefte Kammer, die zum Teil ursprünglich überwölbt war. An vermutlich sieben Stellen der Kanäle waren Lochsteine im Fußboden des Gebäudes eingebaut. Vier dieser Steine waren erhalten. Ein Exemplar ist auf der Unterseite mit einer eingemeißelten kleinen Figur versehen. Der nördliche Bereich der Kammer ist als Brennkammer einer Heißluftheizung anzusehen, der südlich angrenzende Vorraum war von außen zu erreichen.

Heißluftheizungen stellen ein im Mittelalter weit verbreitetes Heizsystem dar. Während in der Brennkammer ein Feuer entfacht wurde, schloß man die Lochsteine. Nach dem Verlöschen des Feuers und dem Abzug der Rauchgase zog durch die geöffneten Lochsteine heiße Luft in den Raum. Durch gezieltes Öffnen und Schließen der Lochsteine erfolgte die Temperierung, so daß ein Raum weitgehend rauchfrei erwärmt werden konnte.

Bei dem Gebäude mit dem beheizbaren Raum handelt es sich mit großer Wahrscheinlichkeit um

II. 2

die von Thietmar von Merseburg genannte *magna domus* (Thietmar V, c. 4). In dieser *magna domus* befand sich zusätzlich eine *caminata*, die auch für die Pfalzen Merseburg, Magdeburg, Pöhlde und Grona bei Thietmar genannt wird (Chronik VI, c. 61; II, c. 30; V, c. 6; VI, c. 66).

Ring, Heißluftheizungen. – Ring, Heißluftheizungen in Heideklöstern. – Schniek, Warmluftheizungen.

E.R.

II. 3
Heißluft-Auslaßsteinfragment

10. Jahrhundert
Pfalz Werla, Ldkr. Wolfenbüttel
Muschelkalk. – H. 17 cm, L. 38–40 cm, T. 20 cm.
Schladen, Heimathaus Alte Mühle, Inv.Nr. 734

Ring, Heißluftheizungen. – Ring, Heißluftheizungen in Heideklöstern.

E.R.

II. 3

II. 3 (Detail)

II. 4

II. 5

II. 4
Kugeltopf

10. Jahrhundert
Pfalz Werla, Ldkr. Wolfenbüttel
Irdenware, uneinheitlich, überwiegend reduzierend gebrannt. H. 20 cm, Rdm. 21 cm.

Wolfenbüttel, Braunschweigisches Landesmuseum, Abt. Vor- und Frühgeschichte, Inv.Nr. 63:106/24:0514

Ring, Königspfalz Werla, Taf. 5.1.

E.R.

II. 5
Flachbodengefäß

9./10. Jahrhundert
Pfalz Werla, Ldkr. Wolfenbüttel
Irdenware, uneinheitlich gebrannt. – H. 22 cm, Rdm. 18 cm.

Wolfenbüttel, Braunschweigisches Landesmuseum, Abt. Vor- und Frühgeschichte, Inv.Nr. 63:116/03:0462

Ring, Königspfalz Werla, Taf. 2.10.

E.R.

II. 6
Beschlag (?)

um 900
Pfalz Werla, Ldkr. Wolfenbüttel
Bronze, gegossen, vergoldet. – L. 3,5 cm, B. 2,8 cm.

Wolfenbüttel, Braunschweigisches Landesmuseum, Abt. Vor- und Frühgeschichte, Inv.Nr. 63:116/17:92

Das Objekt, von dem an einer Längsseite ein Stück abgekniffen wurde, ist in seiner Funktion nicht genau zu bestimmen. Auf der flachen Rückseite sind keinerlei Spuren einer Befestigung zu erkennen. Im Zentrum der kerbschnittartig gestalteten Vorderseite befindet sich ein Kreuz. Der Zweck der kleinen Vertiefung im Zentrum dieses Kreuzes ist unklar. Zwischen den Kreuzbalken liegen, jeweils von den vier Ecken des Objektes ausgehend, die Spitzen eines mehrteiligen, palmettenartigen Blattes. Die Vorderseite ist vergoldet.

Lennartsson, Metallarbeiten.

E.R.

II. 7
Riemenzunge

9. Jahrhundert (?)
Pfalz Werla, Ldkr. Wolfenbüttel
Bronze, graviert, geputzt. – L. 6,2 cm, B. 1,9 cm.
Wolfenbüttel, Braunschweigisches Landesmuseum, Abt. Vor- und Frühgeschichte, Inv.Nr. 64:1391

Die U-förmige Riemenzunge ziert auf der Vorderseite ein graviertes Flechtband. An seinem breiten Ende sind kleine Dreiecke eingepunzt. Das doppelt gelegte, dünne Bronzeblech wird durch drei Niete zusammengehalten. Sein rückwärtiges Ende ist gezahnt eingeschnitten. Der Riemen ist nicht erhalten.

Capelle, Schouwen.

E.R.

II. 8
Pektoralkreuz

Ende 10. Jahrhundert
Pfalz Werla, Ldkr. Wolfenbüttel
Bronze, gegossen, gefeilt. – H. 2,9 cm, B. 2,1 cm.
Wolfenbüttel, Braunschweigisches Landesmuseum, Abt. Vor- und Frühgeschichte

Das bei den Ausgrabungen des Jahres 1962 südlich des Nordtores der Hauptburg gefundene Pektoralkreuz gehört zu einer Gruppe von kleinen Kruzifixen, die in der starken Schematisierung des Christusbildes übereinstimmen (vgl. Kat.Nr. II.36 d, II.37, II.73 u. II.74). Das Pektoralkreuz der Pfalz Werla stellt Christus mit gerade ausgestreckten Armen dar, die mit den Kreuzbalken nahezu verschmolzen sind. Drei scharfe Rillen markieren die extrem großen Hände. Korpus und Beine sind flach, aber scharfkantig hervorgehoben. Die Seiten des dreieckig gestalteten Kopfes wurden gefeilt, anschließend die Augen graviert. Viele feine Feilfacetten belegen, daß das gegossene Bronzekreuz kräftig mit einer Feile überarbeitet wurde.

Auffällig ist der tief angesetzte Kopf, der wie auf die Brust herabhängend wirkt. Ingo Gabriel sieht in dieser Darstellung den toten Christus am Kreuz, die neue Auffassung des Kreuzigungsbildes, wie sie das Kölner Gerokreuz (um 970) propagiert. Ikonographisch schließen sich das goldene Reliquienkreuzchen, das unter dem obersten Bergkristall des Hildesheimer Bernwardkreuzes als Reliquie gebor-

II. 6

II. 7

II. 8

gen ist, das Ringelheimer Kruzifix und das Kreuzchen am Vorderdeckel des sog. Kostbaren Evangeliars sowie weitere Exemplare aus unterschiedlichen Materialien an.

Zum Pektoralkreuz der Pfalz Werla waren bisher zwei Parallelen bekannt, das etwas größere Kreuz vom Burgwall Starigard/Oldenburg (Kat.Nr. II.74) und das kleinere, abstrakter gearbeitete der Wikingersiedlung Haithabu. Neue Funde im Bereich des Hellwegs zwischen Paderborn und Höxter belegen, daß diese kleinen bronzenen Pektoralkreuze anscheinend dezentral und in durchaus großer Stückzahl produziert wurden. Sie sind Belegstücke für die breite Rezeption des neuen Kreuzigungsbildes auch auf bescheidenem Qualitätsniveau.

Legner, Annozeit. – Ausst.kat. Hildesheim 1993, Bd. 2, Nr. VI-13 (Ingo Gabriel). – Staecker, Kruzifixanhänger, S. 148–150. – Ausst.kat. Unna 2000/01, Nr. 34 (Andreas Ernst). – Ausst.kat. Kiel 2000, Nr. 1.15 a (Christian Radtke). – Ausst.kat. Budapest/Berlin [u. a.] 2000/02, Nr. 07.06.17 (Ingo Gabriel).

E.R.

ADEL

II. 9
Modell der Damenstiftskirche Gernrode

Zustand Anfang des 11. Jahrhunderts
Ausführung: Wolfgang Hannemann, Modellbau für Architektur und Industrie, Oldenburg 2000/2001
Kunststoff. – H. 715 mm, B. 920 mm, T. 460 mm; Maßstab 1:50.
Magdeburg, Kulturhistorisches Museum

Der sächsische Markgraf Gero (937–965) war nach dem frühen Tod seiner beiden Söhne ohne männliche Erben, weshalb er 959 seine am Nordrand des Harzes gelegene Burg (erstmals 961 als *urbs Geronisroth* bezeugt) in ein edelfreies Kanonissenstift mit 24 Präbenden umwandelte. Als erste Äbtissin amtierte seine verwitwete Schwiegertochter Hathui († 1014). Der neugegründete Konvent unterstand direkt dem Papst, ebenso verlieh ihm Otto I. Königsschutz (vgl. Kat.Nr. II.10). Sogleich begonnene Bauarbeiten an Stiftskirche und zugehöriger Klausur waren wohl vor der Jahrtausendwende beendet. Das Gotteshaus wurde Maria, Petrus und als Hauptpatron dem hl. Märtyrer Cyriakus geweiht, dessen Armreliquie der Markgraf auf einer Romreise 961 erwerben konnte. In der Nähe des Reliquiengrabes ließ sich Gero später beisetzen.

Den noch weitgehend erhaltenen bzw. rekonstruierbaren ottonischen Gründungsbau errichtete man von Ost nach West mit schiefwinklig (infolge eines Meßfehlers?) verzogenem Grundriß als flachgedeckte Basilika, bestehend aus Sanctuarium, östlichem Querschiff mit Nebenapsiden, emporengefülltem Langhaus und dreitürmigem Westwerk (vgl. auch Beitrag Jacobsen/Lobbedey/v. Winterfeld). Das längsrechteckige Sanctuariumsjoch besitzt in den Seitenwänden pyramidenförmig angeordnete Dreifensterguppen und schließt mit einer Apsis, die außen von strebepfeilerähnlichen Lisenen und einem hochliegenden Gesims gegliedert wird; ihr heute vermauertes Scheitelfenster hat man sekundär vergrößert. Darunter liegt eine Hallenkrypta mit vier quadratischen Pfeilern, die Gewölbe aus einander durchdringenden Tonnen tragen. Die westliche Stirnwand trat podiumartig etwas ins Querschiff vor und barg zwischen den seitlichen Treppenabgängen eine axiale Confessio mit Grabkammer für die Cyriakusreliquie. Zum Krypteninneren hin ist ein Gitter- oder Türverschluß durch entsprechende Rahmenabdrücke nachgewiesen (vgl. Beitrag Kosch, Abb. 2); nach Westen stellte einst gewiß eine Fenestella die ideelle Raumverbindung zur Grablege Geros in der Vierung her.

Jüngeren Untersuchungen zufolge (Voigtländer, Restaurierung) war die Vierung allseitig durch Bögen ausgeschieden, wobei die Longitudinalbögen um Mauerstärke seitlich verschoben neben den Fluchten des Altarhauses ansetzten und mit ihren Scheiteln etwas höher hinaufreichten; sie wurden bereits wieder beseitigt, als man im 12. Jahrhundert nachträglich Querschiffemporen einfügte. Ob dies als Hinweis auf die Existenz eines ottonischen Vierungsturmes zu werten ist, bleibt (ebenso wie bei der Abteikirche Memleben, Kat.Nr. II.1) in der Forschung umstritten. Am Modell wurde ein solcher nach dem Vorbild der wenig jüngeren Hildesheimer Michaeliskirche realisiert und dadurch vermieden, daß Mittelschiff, Kreuzarme und Sanctuarium mit ihren unterschiedlichen First- und Traufhöhen sowie Dachneigungen direkt aufeinandertreffen. In den Ostwänden der Querschiffarme sitzen über

II. 9

Ill. 9

den Nebenapsiden wieder die charakteristischen Dreifenstergruppen, desgleichen an ihren Giebelseiten. Darunter öffnet sich im Norden eine hochgelegene vierteilige Arkatur, die innenseitig wahrscheinlich durch einen hölzernen Treppeneinbau erreichbar war. In der südlichen Stirnwand ließ sich in Obergeschoßhöhe eine später zugesetzte Rundbogentür feststellen, durch die man offenbar aus einem dort angebauten Klausurtrakt (Dormitorium der Stiftsdamen?) über mehrere Stufen in den Konventchor hinabsteigen konnte.

Westlich an die Vierung schließt – bei gleicher Traufhöhe wie im Querhaus – das nochmals um Wandstärke verbreiterte, wegen seiner geringen Länge kompakt wirkende Mittelschiff an. Es wird von zweigeschossigen Nebenschiffen begleitet, deren Außenmauern heute keine ottonische Bausubstanz mehr aufweisen. Jedoch haben sich in der südlichen Seitenschiffwand Überreste einer vorromanischen Arkosolnische erhalten, deren Leibung noch Spuren aufstuckierter Engel erkennen läßt: Es handelt sich um die Wächter eines älteren Heiligen Grabes, das der bestehenden Zweikammer-Anlage des 11. Jahrhunderts vorausging. Die Grabesnische war bereits durch ein (im 12. Jahrhundert verändertes) Fensterchen mit dem außen angrenzenden Klausurbereich verbunden. Im Aufriß bestehen die Hauptschiffwände des Langhauses aus je vier großen Erdgeschoßarkaden, die auf quadratischen Mittelpfeilern und seitlich davon auf je einer Säule ruhen. Deren Kapitelle – in vergröbernd korinthisierender Form – überflügeln leicht die Höhe der Pfeilerkämpfer und bringen so, zusammen mit dreieckigen Aussparungen der Bogenanfänger, optisch eine gewisse Dynamik in das Stützensystem. Darüber liegt die Zone der kleinteiligen Emporenöffnungen in durchlaufender Säulenreihung, von ebenfalls mittig angeordneten Pfeilern in je zwei Sechsergruppen zusammengefaßt und mittels Blendbögen als aneinandergekoppelte Doppelarkaden gekennzeichnet. Je sieben kleine Obergadenfenster dicht unter der Mauerkrone sind davon unabhängig in der Wandfläche verteilt und verzichten auf jeden Vertikalbezug.

Ein das Langhaus abschließender Westbau der Gründungszeit wurde um 1130 zum apsidialen Gegenchor mit bühnenartigem Altarraum über einer Hallenkrypta umgestaltet. Davon unberührt blieben lediglich die zu Beginn des 20. Jahrhunderts korrekt erneuerten seitlichen Rundtürme, deren Außenhaut als charakteristische Reliefierung eine obere Zone flacher Blendarkaden mit gerundeten und spitzgiebeligen Verbindungsgliedern aufweist. Die Wendelstiegen der Seitentürme ermöglichten einst den Aufgang zur hölzernen Empore des abgebrochenen quadratischen Mittelturmes. Gleichfalls zweigeschossige Flankenräume stellten die Verbindung zu den anstoßenden Nebenschiffemporen her. Dieser Bautypus ist aus der vorromanischen Sakralarchitektur Sachsens und Westfalens wohlbekannt und kann mit hinreichender Gewißheit auf Gernrode übertragen, also dort gedanklich wiederhergestellt werden – etwa anhand des noch aufrechtstehenden, ungefähr zeitgleichen Westbaus der Kanonissenkirche von Freckenhorst, dem das Modell in freier (entsprechend farblich abgesetzter) Rekonstruktion weitgehend folgt. Danach haben wir mit einem niedrigen Untergeschoß zu rechnen, das durch ein axiales Westportal zugänglich und mit dem Kirchenschiff wahrscheinlich durch einen Doppelbogen verbunden war. Darüber dürfte sich die Westbauempore nach Osten ebenfalls in zwei großen, vielleicht mit eingestellten Säulen versehenen Arkaden geöffnet haben, deren Proportionen von der Vierbogenstellung in der Stirnwand des Nordquerschiffs übernommen sind. Den oberen Abschluß des viereckigen Kernbaus bildete die niedrige Glockenstube, bekrönt von einem verhältnismäßig steilen Pyramidendach.

Zeller, Kirchenbauten, S. 47–61. – Broadley, Gernrode. – Oswald, Gernrode u. Frose. – Schulze, Stift Gernrode. – Vorroman. Kirchenbauten, S. 98–100 (Friedrich Oswald). – Nickel, Gernrode. – Voigtländer, Restaurierung. – Erdmann/Jacobsen/Kosch/von Winterfeld, Gernrode. – Beumann, Art. Gernrode. – Voigtländer, Stiftskirche zu Quedlinburg. – Voigtländer, Westbau in Gernrode. – Vorroman. Kirchenbauten, Nachtragsbd., S. 143f. (Werner Jacobsen). – Voigtländer, Westbau. – Lehmann, Cyriakuskirche. – Zomer, Women's Gallery, S. 300ff.

C.K.

II. 10
Diplom König Ottos I. für das Kanonissenstift Gernrode

Siptenfelde, 961 Juli 17
Pergament. – H. 41,5 cm, B. 55 cm.
Oranienbaum, Landeshauptarchiv Sachsen-Anhalt, Abt. Oranienbaum, U 1 I Nr. 6

Mit dem Diplom (DO I 229) wurden die Gründung des Kanonissenstifts Gernrode (959) durch den Markgrafen Gero und seinen Sohn Siegfried, die Übereignung ihres gesamten Erbgutes an das Stift und die Erhebung der Witwe Siegfrieds, Hathui, zur Äbtissin durch König Otto I. bestätigt. Außerdem stellte der Herrscher Gernrode unter seinen königlichen Schutz und verlieh den Kanonissen das Recht, nach dem Tode der Hathui eine neue Äbtissin frei zu wählen. Überdies enthält die Urkunde einen Passus über die Wahl des Vogtes. Das Diplom dokumentiert damit die Statusveränderung des Stifts von einem adligen bzw. markgräflichen zu einem königlichen Kloster.

Anders als heute bestand der Hauptzweck von Urkunden im 10. Jahrhundert nicht in der schriftlichen Niederlegung von Vereinbarungen. In der damaligen Gesellschaft stellten Oralität und nonverbale Zeichen die dominierenden Formen der Kommunikation zwischen dem Herrscher und den Großen des Reichs dar, denen auch die Königsurkunden (Diplome) dienten. Durch öffentliches Vortragen ihres Wortlauts am Herrscherhof und am Empfängersitz wurden sie in die üblichen Kommunikationsformen integriert. Die Notare überführten mündliche Beschlüsse in die Schriftform, damit sie später erneut zu Gehör gebracht werden konnten. Die gelehrten Notare gestalteten die Diplome daher in Form einer latenten Rede, in die sie häufig

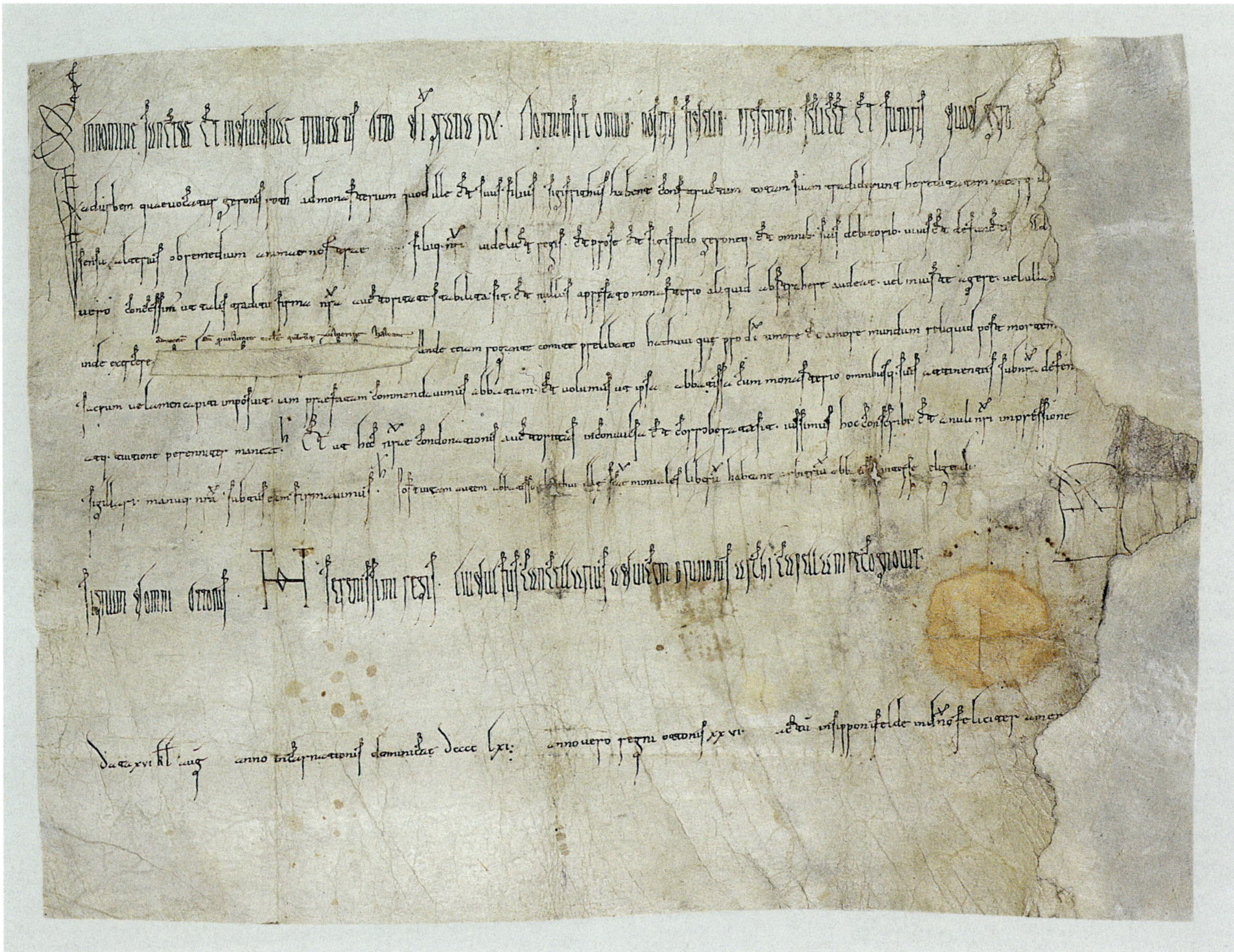

II. 10

Reime, Rhythmen und andere rhetorische Figuren einfließen ließen. Sie übertrugen die zumeist in Altsächsisch, der Muttersprache Heinrichs I. und Ottos I., getroffenen Vereinbarungen außerdem ins Lateinische. Das ermöglichte eine besonders feierliche Vortragsform der Diplome und legitimierte diese zusätzlich, denn an das Latein waren sowohl die Geistlichen als auch die Laien als Liturgiesprache gewöhnt.

Im 10. Jahrhundert konnten in der Regel nur die Geistlichen lesen und schreiben. Sie verkörperten die Bildungselite des liudolfingisch-ottonischen Reichs. In den Regierungszeiten Heinrichs I., Ottos I. und Ottos II. übernahmen häufig Hofkapläne, zeitweilig am Herrscherhof wirkende Geistliche, die inhaltliche und graphische Gestaltung von Diplomen. Außerdem wurden Diplome teilweise oder vollständig – bis auf das Siegel – von der Empfängerseite vorbereitet. Hochrangige Diplomnotare – unter ihnen befanden sich Erzbischöfe, Bischöfe, Priester, Diakone und Äbte – sorgten im 10. Jahrhundert für die christliche Durchdringung der Herrscherurkunden, die deren Autorität und Wirkung erhöhten.

Der Notar benutzte die obere Hälfte des im Querformat beschriebenen Pergaments für das Eingangsprotokoll und den Kontext, die untere für das Schlußprotokoll. Den linken Rand hielt er bis zur Datierungszeile ziemlich gerade ein. Der rechte Rand des Pergaments ist zerstört, was teilweise einen Textverlust zur Folge hat. Eröffnet wird das Diplom durch ein relativ großes und verziertes Chrismon (symbolische Anrufung Gottes; vgl. Kat. Nr. III.9), dessen Unterlänge bis zur vierten Zeile reicht. Die erste Zeile schrieb der Notar mit Hilfe vorgezeichneter stumpfer Linien relativ gleichmäßig in verlängerter Schrift. In der Mitte kennzeichnete er das Ende des Eingangsprotokolls (*rex*) und den Beginn des Kontextes (*Notum sit*) durch einen größeren Zwischenraum und die graphische Hervorhebung des Anfangsbuchstaben von *Notum*. Sowohl in der verlängerten Schrift als auch in der diplomatischen Minuskel (Zeile 2 bis 8) verwendete der Notar bei den Oberlängen von *f* und *s* sowie bei den Aufsätzen von *c* und *e* eine Verzierungsform, die einem *B* ähnelt. Sie ist in den Diplomen Ottos I. wahrscheinlich singulär. Der Kontext weist eine ganze Reihe von Korrekturen und Ergänzungen auf. In der dritten Zeile stehen der letzte Buchstabe des vierten und das fünfte Wort von links (*animae nostrae*) auf Rasur. Nach einer Lücke von etwa 2,5 cm folgen *filiq.* und wiederum auf Rasur *nostri* in abgekürzter Form. In der fünften Zeile ist der ursprüngliche Text nach dem zweiten Wort von links (*exercere*) mit einem Pergamentstreifen überklebt worden, der etwa 12,5 cm breit und 1,5 cm hoch ist. Von dem früheren Wortlaut sind nur noch vier Oberlängen oder Aufsätze mit dem charakteristischen Verzierungsmerkmal und zwei unverzierte Schäfte sowie fünf Unterlängen sichtbar. Er läßt sich deshalb nicht mehr vollständig rekonstruieren. Ein spätmittelalterlicher Schreiber ergänzte über der Zeile den Passus *advocatum autem pro utilitate ecclesie quemcumque voluerint habeant*, den er bis auf zwei Änderungen wörtlich aus einem Diplom Ottos II. für Gernrode (DO II 3) übernahm. Er beinhaltet die Verleihung des Rechts, den Vogt frei zu wählen. In der siebten Zeile trug der Notar nach dem vierten Wort von links (*maneat*) über der Zeile ein *h* ein, das am Schaft mit einem Abkürzungszeichen versehen und mit *hic* (hier) aufzulösen ist. Er kennzeichnete damit jene Stelle im Kontext, an die der Satz gehört, der in der achten Zeile als letzter (*Post vitam … eligendi*) ergänzt und eingangs wieder durch ein erhöhtes *hic* markiert wurde.

Die Form des Herrschermonogramms mit nur einem *o*, das zudem auf die waagerechte Verbindung zwischen den beiden *T* gezeichnet wurde, kommt in den Diplomen Ottos I. nur vereinzelt vor. Am rechten Rand sind die Umrisse eines Rekognitionszeichens zu sehen. Der darunter erkennbare Kreuzschnitt im Pergament diente zur Befestigung des Wachssiegels, das hier fehlt. In die Datierung nahm der Notar außer dem Ausstellungstag und -monat nur das Inkarnationsjahr und das Königsjahr Ottos I. auf, die sonst übliche Angabe der Indiktionszahl hingegen nicht.

Die graphische Ausführung des vorliegenden Diploms sowie die darin enthaltenen Ergänzungen und Korrekturen werfen Fragen und Probleme auf, die weitere Untersuchungen erforderlich machen.

MGH DO I 229. – Lübke, Regesten, Tl. II, Nr. 114 a.

Stengel, Immunitäts-Privilegien, S. 159–163. – Schulze, Stift Gernrode (Lit.). – Beumann, Art. Gernrode.

W.H.

II. 11
Modell der Stiftskirche Walbeck

Zustand 943–964
Entwurf: Stefan Breitling, Johannes Cramer,
Ausführung: Wolfgang Hannemann, Modellbau für Architektur und Industrie, Oldenburg 2000/2001
Kunststoff. – H. 280 mm, B. 640 mm, T. 390 mm, Maßstab 1:50.
Magdeburg, Kulturhistorisches Museum

Das Modell zeigt die Stiftskirche Walbeck, wie sie wahrscheinlich zwischen 943 und 964 errichtet wurde. Nach dem Bericht des Chronisten Thietmar, von 1009 bis 1118 Bischof von Merseburg, ließ sein Großvater, Graf Lothar II., auf der Burg zu Walbeck ein Chorherrenstift errichten als Sühne für die Teilnahme an einer Verschwörung gegen Kaiser Otto, die 941 aufgedeckt worden war (Chronik VI, c. 43). Sicherlich war die Kirche, die Maria und den hl. Pankratius und Anna geweiht war, auch als Hauskapelle und Grablege der Familie des Stifters gedacht. Die Stiftskirche muß vor dem Tod Lothars 964 vollendet gewesen sein. An prominenter Stelle in der Vierung der Kirche fand man bei Ausgrabungen ein Grab, das man als dasjenige des Stifters erkannt hat (vgl. Kat.Nr. II.12 u. Beitrag Kosch, Abb. 14). Die reich ornamentierte Deckplatte des Grabes aus bemaltem Stuck wird heute in der Pfarrkirche des Ortes aufbewahrt.

Im Modell sind die heute noch vorhandenen Teile des Ursprungsbaus weiß gehalten, während die Ergänzungen und Rekonstruktionen grau angelegt wurden. Selbstverständlich war das Äußere und Innere des Gebäudes verputzt und sicherlich farbig gefaßt. Im Modell ist dagegen das Fugenbild des Mauerwerks als Ritzlinie dargestellt.

Il. 11

Die von Lothar errichtete Kirche war eine flachgedeckte, kreuzförmige Saalkirche von rund 31 Metern Länge mit durchlaufendem, sog. römischem Querhaus ohne ausgeschiedene Vierung. Zwischen das Querhaus und die etwas gestelzte Apsis ist ein schmales Vorchorjoch eingeschoben. Das Bauwerk besitzt keine seitlichen Nebenapsiden. Ob der Eingang wirklich an der Westseite lag, ist nicht gesichert. Er kann ebensogut seitlich in das Langhaus geführt haben. Durch einen weiteren Zugang konnte man von Süden in das Querhaus gelangen. Der Fußboden des Langhauses lag höher als heute, so daß wohl nur der Apsisbereich mit dem Hauptaltar gegenüber Schiff und Querhaus um eine Stufe erhöht war.

Die Langhauswände besaßen je eine Reihe von vier rundbogigen Fenstern mit schräg zulaufenden Gewänden, in denen starke Holzrahmen saßen. Die Fenster sind mit einer lichten Öffnungsbreite von 90 cm und einer Höhe von 1,75 m sehr groß. Sie lagen ungewöhnlich niedrig, wohl um Platz zu lassen für die versetzt angeordneten, dicht unter der Mauerkrone angebrachten Rundfenster (Oculi). Das Dachwerk hatte eine Spannweite von 8 m. Die verhältnismäßig flache Dachneigung von 34 Grad entspricht in etwa derjenigen, die für Gernrode nachgewiesen wurde. Da die Vierung nicht ausgeschieden ist, ist es sehr wahrscheinlich, daß die Gespärre des Dachwerks über dem Querhaus durchliefen. Die gleiche Breite von Querhaus und Langhaus deutet auf eine gleiche Firsthöhe der Dächer hin.

Im Vergleich mit den in der Ausstellung gezeigten Modellen von Memleben und Gernrode handelt es sich bei Walbeck um eine kleine Anlage. Die verhältnismäßig bescheidenen Dimensionen der Kirche sind Ausdruck ihrer geringeren Bedeutung und des gesellschaftlichen Ranges ihres Bauherrn. In der Gesamtanlage, im Verhältnis des Kirchenschiffes zu Querhaus und Chor und auch in bautechnischen Details weisen die drei Bauten allerdings interessante Ähnlichkeiten auf. So ist beispielsweise die Spannweite der großen Gurtbögen in Walbeck (5,73 m) derjenigen der Bögen von Gernrode (6,40 m) sehr vergleichbar. Erst die zusätzlichen Gebäudeteile, die Seitenschiffe, die Nebenapsiden und das Westwerk, machen Gernrode zu einem größeren Bauwerk. Das Mauerwerk der Kirchen in Memleben und in Walbeck besteht aus unterschiedlichem Steinmaterial. In beiden Fällen aber handelt es sich um ein zweischaliges Mauerwerk, bei dem die äußeren Blöcke, die in einem dicken Mörtelbett verlegt wurden, unterschiedliche Größen aufweisen. Die Steinschichten wurden nicht horizontal abgeglichen, so daß sich ein uneinheitliches Fugenbild ergab. Die Bauteilkanten werden bei allen drei Bauten durch große, plattenartig aufrecht stehende Blöcke gebildet.

Einen interessanten Vergleich bieten auch die Fenster, deren Größe, Verteilung und Konstruktion bei den unterschiedlich großen Bauten dennoch ähnlich sind. Die Anordnung großer rundbogiger Fenster, auch übereinander oder versetzt, widerspricht in Walbeck wie in Gernrode der Vorstellung, ottonische Kirchen wären nur notdürftig durch kleine Fensteröffnungen belichtet gewesen. Die Modelle vermitteln einen guten Eindruck, wie hell die Innenräume gewesen sein müssen.

Der Typus der kreuzförmigen Saalkirche ist nicht sehr verbreitet. In ottonischer Zeit gehörten die Bauten von St. Patrokli in Soest und St. Pantaleon in Köln dazu (vgl. Beitrag Jacobsen / Lobbedey / v. Winterfeld). Aufgrund ihrer gewaltigen Abmessungen bilden sie allerdings eine eigene Gruppe. Ähnlichkeiten zu der wesentlich kleineren Kirche in Walbeck sind die jeweils gleichen Breiten von Quer- und Langhaus in Köln und ähnliche Proportionen und das schmale Vorchorjoch in Soest. Unter St. Kastor in Koblenz befinden sich die Grundmauern einer weiteren kreuzförmigen Saalkirche, deren Größe derjenigen von Walbeck gleicht. Der Typus scheint für die Zeit vor 1000 eigentümlich zu sein, denn schon kurze Zeit später verschwindet er ganz. Auch die Stiftskirche in Walbeck wurde bald nach dem Jahr 1000 zunächst um ein Joch nach Westen erweitert und nach 1011 durch das Anfügen von niedrigen Seitenschiffen zu einer dreischiffigen Basilika umgebaut. Um den Seitenschiffdächern Platz zu lassen, mußten die Rundbogenfenster im Langhaus nach oben verschoben und die kleinen Rundfenster geschlossen werden. Um 1100 wurde im Westen ein Querbau mit Empore hinzugefügt. 1219 wurde die Burg Walbeck zerstört, und 1224 übernahm das Domkapitel von Havelberg das Stift. Seit dem 18. Jahrhundert geriet die Kirche in Verfall. Um 1900 und 1934 fanden Sicherungsmaßnahmen und Grabungen statt; eine umfassende bauhistorische Bearbeitung legte 1937 Hans Feldtkeller vor.

zu II. 11: Südliche Langhauswand mit vermauertem Oculus

Im Grenzgebiet gelegen, blieb die Stiftskirche Walbeck viele Jahrzehnte weitgehend unbeachtet. Eine Instandsetzung bot 1998 den Anlaß, die Ruine detailliert mit modernen Vermessungsmethoden aufzunehmen und zu untersuchen. Überraschend große Bereiche des aufgehenden Mauerwerks konnten dem Ursprungsbau zugewiesen werden. Die Stiftskirche in Walbeck ist damit eines der wenigen gut erhaltenen Baudenkmale aus ottonischer Zeit.

BKD Kreis Gardelegen, S. 153–177. – Feldtkeller, Stiftergrab, S. 34 u. 48–58. – Feldtkeller, Stiftskirche. – Vorroman. Kirchenbauten, S. 365–367 (Leo Schäfer). – Findeisen, Denkmalpflege, S. 257f.

St.B.

II. 12
Drei Kugeltöpfe aus der Stiftskirche Walbeck

10. Jahrhundert (nach 942)
Stiftskirche Walbeck, Ohrekreis

a) Kugeltopf: Irdenware, graubraun, teilweise rötlich, im Kern reduzierend gebrannt, aus Fragmenten zusammengesetzt, ergänzt. – Rand ausbiegend, kantig abgesetzt, an einer Stelle eingedellt, Randabschluß gerundet, nach außen verdickt und schräg abgestrichen, Kugelboden. – Oberfläche geglättet mit heraustretenden Magerungspartikeln (Granitgrus), schräge Glättspuren, am Rand dünne parallele Überarbeitungsspuren. H. 29,2 cm, Rdm. 24,4 cm, max. Dm. 30 cm.

b) Kugeltopf: Irdenware, braun, teilweise rötlich, im Kern reduzierend gebrannt, Bruch zerklüftet, aus Fragmenten

II. 12 b, c, a

zusammengesetzt, ergänzt. – Randabschluß nicht erhalten, Rand kantig abgesetzt, schwach ausbiegend, Kugelboden. – Oberfläche geglättet mit heraustretenden Magerungspartikeln (Granitgrus), vertikale Überarbeitungsspuren. – H. 24,7 cm, Rdm. 15 cm, max. Dm. 27,4 cm.

c) Topf mit Flachboden: Irdenware, schwarzbraun, Oberfläche stark abgesprengt, Bruch außen oxidierend gebrannt, aus Fragmenten zusammengesetzt, ergänzt. – Rand schwach ausbiegend, Randabschluß gerundet, Flachboden mit unregelmäßigen strichartigen Liniengruppen. – Oberfläche geglättet mit heraustretenden Magerungspartikeln (Granitgrus). H. 19 cm, Rdm. 19 cm, max. Dm. 22.8 cm.

Halle (Saale), Landesamt für Archäologie Sachsen-Anhalt, Landesmuseum für Vorgeschichte, Inv.Nr. 33:226a (a), 33:226c (b), 33:226b (c).

Die Kugeltöpfe von Walbeck sind seit ihrer Entdeckung 1933 durch Hans Feldtkeller ein „prominentes" Fundensemble, da sie durch ihre Verbindung mit dem Stiftergrab Lothars II. († 964) zu den wenigen archäologischen Objekten des 10. Jahrhunderts mit absolutchronologischem Ansatz gehören und ihnen eine Schlüsselstellung in der Entwicklung vom Flachbodengefäß zum Kugeltopf zugewiesen wurde. Nach derzeitigem Forschungsstand taucht sächsische Kugeltopfkeramik in Mitteldeutschland nicht erst im 10., sondern bereits zu Beginn des 9. Jahrhunderts auf. Wie auch im Walbecker Ensemble werden neben Kugeltöpfen weiterhin Gefäße mit Flachböden hergestellt. Ware und Form der schmucklosen Walbecker Töpfe erlauben eine generelle Datierung in das 9. bis frühe 11. Jahrhundert.

Graf Lothar II. ließ die Kirche von Walbeck nach 942 errichten (vgl. Kat.Nr. II.11). Seiner Stellung als Stifter angemessen, wurde er nach seinem Tod im Jahre 964 im Kapitelchor beigesetzt, um möglichst nahe am Altar ad sanctos, also „bei den Heiligen", bestattet zu sein. In der Mittelachse des Querschiffes östlich der Chorschranke war seine Gruft (1,25 m x 2,60 m) in den anstehenden Felsen gehauen, von der ihrerseits ein stollenartiger, insgesamt 9,53 m langer Graben nach Norden und Süden entlang der Mittelachse des Querhauses führt (Abb.). Die Wände waren mit gipsvermörtelten Bruchsteinen ausgekleidet, in der Gruft und in einer seitlichen Nische sind die Böden zusätzlich mit Gips verputzt. Die Sohle des Grabens liegt ca. 0,60 m unter der Oberfläche, diejenige der Grabkammer bei 1,20 m. Zwischen Bauschutt und dem zerbrochenen Grabaufsatz lagen Skelettreste, für die Feldtkeller ausschloß, daß es sich um diejenigen des Stifters handelt. Er deutete sie als eine spätere Nachbestattung. Anhand seiner Beschreibung ist eine Interpretation des Befundes in dieser oder jener Hinsicht kaum möglich.

Sowohl im nördlichen wie im südlichen Teil des Grabens standen in Mörtelbetten mehrere (mindestens vier) Tongefäße, von denen heute noch drei erhalten sind. Am Südende des Grabens fand sich eine Abdeckplatte aus Sandstein. Somit besaß der Innenraum des Grabens eine lichte Höhe und Breite von ca. 0,35 m und 0,47–0,48 m. Nach Angaben Feldtkellers wies die 0,60 x 1,00 m große Platte eine mit Mörtel verstrichene ca. 1 cm große Öffnung in einer rechteckigen Vertiefung auf, vielleicht als Fassung für einen eingetieften Gegenstand. Die Rückseite war „vom Rauch geschwärzt und der Sandstein durch die Einwirkung des Feuers schichtenweise gesprungen" (Feldtkeller).

Der Bau der Gruft erfolgte offensichtlich spätestens, als Graf Lothar 964 verstarb, wenn er als Stifter nicht bereits vor seinem Ableben – vielleicht zu Baubeginn der Kirche nach 942 – die notwendigen Arbeiten veranlaßte. Auch wenn Feldtkeller schreibt, daß der Graben mittig von der Grabkammer geschnitten wird, bleibt ungeklärt, ob erst der Graben und dann die Gruft oder beide gleichzeitig angelegt wurden. In mittelalterlichen Kirchen fanden sich seit der Karolingerzeit mehrfach in den Boden eingetiefte runde, rechteckige oder kreuzförmige Gruben. Teilweise standen in den Eintiefungen Gefäße, die wie in Walbeck mit einem Lochstein abgedeckt waren, womit die Gruben zugänglich blieben. Wie der Ausgräber Feldtkeller bereits annahm, könnte die Schwärzung auf der Rückseite der Abdeckplatte von Räucherwerk stammen. Diese Gruben im Kirchenboden haben im Kult unterschiedliche Aufgaben erfüllt, wie z. B. die Aufnahme von Reliquienbehältern oder als Abfallgrube für Reste von Kultgegenständen (*piscina sacra*) (Binding). Da also eine kultische Nutzung des Grabens auch ohne Gruft denkbar ist, kann das „Reliquiengrab" mit den Tongefäßen bereits mit dem Kirchenbau in die Zeit nach 942 datiert werden. Die vielleicht erst später angelegte Gruft Lothars II. an dieser prominenten Stelle hebt die Bedeutung des Stifters noch hervor, für dessen Bestattung möglicherweise

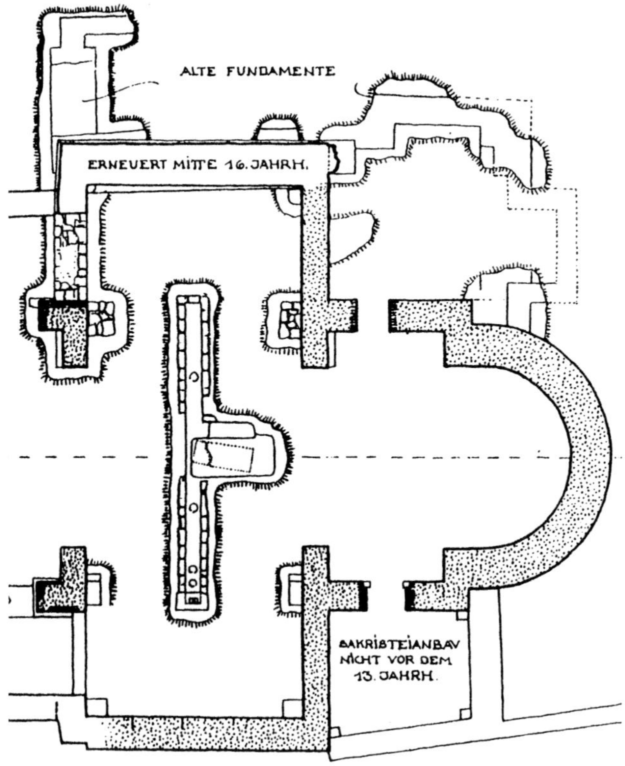

zu II. 12: Grundriß der Stiftskirche (Ausschnitt)

der Graben – auch wenn er bereits früher eingetieft war – Bestandteil des Totenkultes während der Grablegung war.

Neben den Resten des Holzsarges fand sich im Bauschutt der Gruft eine zerbrochene, aus Gipsstuck gegossene Tumba, die sich nach einer Chronik des 18. Jahrhunderts über dem Stiftergrab erhob. Die massive Tumba enthielt ursprünglich Alabasterplatten, eingefaßt von einem Randstreifen mit Rankenmuster. Mit dem berühmten Bronzegrabmal für Rudolf von Rheinfelden in Merseburg begegnet im späten 11. Jahrhundert erstmals der Typus der Grabtumba. Anders als beim Grabmal Lothars in Walbeck ist die Darstellung auf der Platte in Merseburg ganz auf die Figur des Verstorbenen angelegt. Auf den ältesten erhaltenen Deckplatten in Quedlinburg, den berühmten Äbtissinnen-Grabsteinen, vermutlich aus der Mitte des 12. Jahrhunderts sind die Figuren ebenfalls von einem Rahmenstreifen umgeben. In dieser Zeit tritt auch die figurlose Deckplatte auf. Soweit bekannt ist, findet sich für die ottonische Zeit kein mit so reichem Schmuck versehenes, aus dem Boden erhobenes Grabdenkmal (vgl. Beiträge Kosch u. Schubert/Lobbedey). Daher ist es durchaus denkbar, daß

II. 13

in Walbeck das ursprüngliche Grabmal Lothars II. zu einem späteren Zeitpunkt, vielleicht im Zuge baulicher Veränderungen (vgl. Kat.Nr. II.11), ersetzt wurde. Ausgehend von der Rankenornamentik des Randstreifens wurde bereits eine Entstehung der Tumba in der ersten Hälfte des 11. Jahrhunderts vorgeschlagen und mit den baulichen Veränderungen nach 1011 verknüpft (Arenhövel). – Diese kritischen Anmerkungen mögen eine archäologische und kunsthistorische Neubewertung der Grabanlage und der Tumba aus der Walbecker Stiftskirche anstoßen.

Grimm, Mittelalterliche Keramik, S. 1–3. – Feldtkeller, Stiftergrab. – Feldtkeller, Stiftskirche, S. 43–50, Taf. 2. – Grimm, Entwicklung der Keramik, S. 76 Abb. 3. – Corpus archäologischer Quellen, 1. Lfg., Nr. 25/29. – Arenhövel, Hezilo-Radleuchter, S. 75f., Abb. 110–113. – Binding, Reliquiengräber, S. 44f. – Both, Düna, S. 54ff. u. 94f. – Krüger, Sterben, S. 51f. – Frdl. Hinweise von Dr. Bernd Päffgen, Rheinisches Amt für Bodendenkmalpflege, Bonn.

H.P.

II. 13
Kästchen aus Wunstorf

Niedersachsen, Ende 10. Jahrhundert
Knochenplatten, graviert; Kupferblech, vergoldet; Bronzebeschläge, Schloß, zwei Silbermünzen. – Holzkern und Befestigung der Knochenplatten erneuert. – L. 18,2 cm, B. 12,5 cm, H. 7,2 cm.

Hannover, Kestner-Museum, Inv.Nr. WM XXI, 18

Unter den mittelalterlichen Beinkassetten mit geritztem Dekor nimmt das Wunstorfer Kästchen durch die beiden eingefügten Münzen auf dem Deckel, aber auch durch die wohldurchdachte Planung und die Sorgfalt der Ausstattung eine besondere Stellung ein. Die umlaufenden Rahmenleisten sind mit aneinandergereihten Doppelkreisen verziert, in die jeweils vier Kreis-Punkt-Ornamente axial eingesetzt sind. Den Schmuck der Binnenfelder dagegen bilden große, durchbrochen gearbeitete Radmotive, die von Punktkreisen gerahmt und mit Kupferblechplatten hinterlegt sind. Sie sind auf dem größeren Binnenfeld des Deckels durch Halbmonde mit dicht gedrängten Zirkelschlagmotiven zu Ellipsen erweitert. Die Mitte nehmen zwei kleinere Kreise ein, die durch die eingelegten Münzen hervorgehoben sind.

Die Verwendung von Münzen als Schmuckelement begegnet in der Kunst des frühen Mittelalters nicht sehr häufig. Neben Darstellungen von Münzen in der karolingischen und ottonischen Buchmalerei finden sich echte Münzen oder Münzabschläge auf den langobardischen Goldblattkreuzen sowie auf der merowingischen Zierscheibe des Andreas-Tragaltars Erzbischof Egberts von Trier (977–993), der eine Goldmünze Kaiser Justinians (527–565) enthält. In dieselbe Tradition gehört ein spätkarolingischer Buchdeckel eines Evangelistars aus der Abtei Morienval, heute im Schatz der Kathedrale von Noyon, in den ursprünglich je eine Münze Kaiser Karls des Großen und Kaiser Lothars I. (817–855) eingelassen war. Die Beispiele zeigen, daß sowohl zeitgenössische als auch ältere Münzen als „Spolien" wiederverwendet wurden.

Bei den beiden Münzen, von denen jeweils nur eine Seite sichtbar ist, handelt es sich um zwei sog. Sachsenpfennige, von denen das Stück mit dem linksläufigen Namenszug ODDO unter dem Kirchengiebel wohl in die Zeit Ottos I. zu datieren ist (vgl. Kat.Nr. V.5 f). Das andere Stück mit dem Kreuz ist jünger und dürfte in die dem Magadeburg-Typ (vgl. Kat.Nr. V.6) etwa zeitgleichen Gruppe anonymer Pfennige (Dannenberg, Münzen, Bd. 1, Nr. 1331) und damit in die Zeit Ottos III. (983–1002) gehören. Leider ist die Vorderseite, die sicheren Aufschluß bringen könnte, nicht sichtbar. Beide Münzen datieren das Kästchen in das Ende des 10. Jahrhunderts, wenn sie denn zum ursprünglichen Bestand gehören. Es verwundert, daß anonyme, bildlich und ästhetisch so anspruchslose Münzen, die in gar keiner Weise als Zimelien gelten können, für eine solche herausgehobene Verwendung ausgewählt wurden. Man hätte dafür eigentlich repräsentativere Stücke erwartet. Wenn dies nicht als Beraubung des ursprünglichen Münzschmucks oder als Indiz für Alltagskunst erklärt werden kann (dagegen spricht die übrige aufwendige Dekoration des Kästchens), kann die dahinter stehende Absicht eigentlich nur die Betonung der Entstehung *in Saxonia* durch Künstler oder Auftraggeber sein.

Das Kästchen stammt aus dem Kanonissenstift St. Peter, später St. Cosmas und Damian in Wunstorf, westlich von Hannover, das um 865 durch Bischof Dietrich I. von Minden (853–880), einem Angehörigen des sächsischen Adels, gegründet und auf Dauer dem Bistum Minden unterstellt wurde. Um 1862 gelangte es als Geschenk des Kirchenvorstands an das königliche Welfen-Museum in Hannover, im Rahmen eines Sammlungstausches 1958 vom Landesmuseum Hannover an das Kestner-Museum.

II. 13 (Detail)

Goldschmidt, Elfenbeinskulpturen, Bd. 4, Nr. 303 – Fillitz, Relief, S. 22f. – Drögereit, Wunstorf. – Stuttmann, Mittelalter, Nr. 102. – Elbern, Beinkästchen, S. 93f. – Ausst.kat. Speyer 1992, S. 350f. Nr. 1 (Mechthild Schulze-Dörrlamm). – Elbern, Reliquienkästchen, S. 163f. – Ausst.kat. Hildesheim 1993, Bd. 2, Nr. VI-88 (Rainer Kahsnitz).

B.K./M.P.

II. 14
Münze Herzog Bernhards I. von Sachsen

Lüneburg?, Denar (Pfennig), ab 990/95
Vs.: Kopf nach links. BERNHARDVS DVX.
Rs.: Kleines Kreuz. IN NOMINI D[omi]NI AMEN
(„Im Namen des Herrn Amen").
Silber. – Gew. 1,62 g, Dm. 18,7 mm.

Berlin, Münzkabinett SMPK, Inv.Nr. 1896/1870 (ID 1235), aus dem Fund von Leissower Mühle 1894

II. 14

Hermann Billung († 973), der Vertraute Ottos I., dem er schon im Jahre seines Regierungsantritts 936 die militärische Kommandogewalt im slawischen Grenzraum an der unteren Elbe übertrug und den er wiederholt mit Stellvertreteraufgaben in Sachsen während seiner Abwesenheit betraute, hat trotz seiner Königsnähe noch keine Münzrechte ausgeübt. Dies geschah erst unter seinem Sohn Bernhard I. (973–1011). Während die Quellen für Hermann im allgemeinen den Herzogstitel vermeiden – er wird überwiegend als Markgraf (*marchio*) oder Graf (*comes*) bezeichnet – nennt sich Bernhard Herzog (*dux*) und führt diesen Titel auch auf seinen Münzen. Die Rechtsgrundlage für seine Münzprägung ist das Herzogsamt, alle Herzöge in ottonischer Zeit übten Münzrechte aus. Daß Hermann Billung nicht durch Münzzeugnisse belegt ist, kann als Indiz für seine noch nicht vollamtliche Herzogsstellung gewertet werden. Die Münzen Herzog Bernhards hängen mit der Neustrukturierung des sächsischen Münzwesens nach dem Tod Ottos II. (983) zusammen (vgl. Beitrag Kluge). Sie setzen um 990/95 ein. Als die auf den Münzen selbst nicht genannte Münzstätte gilt Lüneburg. Der Bardengau mit Lüneburg als Hauptort ist die Kernlandschaft der Billunger.

Dannenberg, Münzen, Bd. 1, Nr. 585. – Kluge, Münzgeschichte, Nr. 236. – Brahme, Münzprägung.

B.K.

II. 15
Lampe

Ägypten (?), 11.–12. Jahrhundert (?)
Bergkristall, schnitt-/schliffdekoriert und poliert.
Ein Sprung sowie mehrere Ausbrüche an der oberen Wandung und um die Rippe des Zapfens.
H. 10,1 cm, oberer Dm. 8,4 cm.

Hannover, Kestner-Museum, Inv.Nr. WM XXI a, 28a

Die kleine Lampe gelangte auf bis heute unbekanntem Wege aus dem Orient nach Deutschland. Sie gehörte zum „Schatz der Goldenen Tafel" im Altar des St. Michaelisklosters in Lüneburg. Ursprünglich als Lampe eines Leuchters produziert, darf vermutet werden, daß sie später als Behältnis für eine kostbare Reliquie aus dem Heiligen Land nach Lüneburg kam und dort durch eine Goldschmiedefassung hervorgehoben wurde. Die Reliquie hat sich nicht erhalten, und den Quellen zufolge ging die Fassung im Jahr 1792 verloren.

Die Lampe besteht aus einem konischen Becher mit dreifachen Rippen und breitem, reliefdekorierten Palmettenfries. Am Becherboden sitzt ein massiver zylindrischer Zapfen mit Rippe. Die Form führt einen seit spätantiker Zeit bekannten Lampentypus fort. Der Zapfen war zum Einsetzen in einem metallenen Scheibenleuchter bestimmt. Zu einem solchen Leuchter gehörten in der Regel mehrere in der Form identische Lampen. Ein Leuchter mit zahlreichen Bergkristallampen war etwas ganz Besonderes und wurde deshalb nur in fürstlichen Kreisen benutzt.

Die Lampe galt lange Zeit als Glasgefäß. Der Grund wird darin zu suchen sein, daß farbloses Glas und Bergkristall schwer zu unterscheiden sind. Eine in der Form identische Lampe aus Bergkristall ist aus dem islamischen Kulturkreis nicht überliefert. Dagegen ist eine vergleichbare Form aus einfachem Glas durchaus bekannt. Ursprünglich wurde eine solche Lampe mit Wasser gefüllt. Auf dem Wasser befand sich eine Ölschicht, die die Flamme des Dochtes, der von einem Dochthalter getragen wurde, speiste.

Der die Lampe schmückende Palmettenfries besteht aus zwei alternierend angeordneten Palmettenkompositionen. Große, hängende herzförmige Palmetten sind nur in den Umrissen profiliert. Sie sind mit kleineren, mit Halbpalmetten besetzten Ranken verbunden. Den Zwischenraum zweier benachbarter Palmettenkompositionen füllen klei-

II. 15

nere, stehende, ebenfalls mit Ranken verbundene Palmettenblätter aus, deren Blattrippen durch gerade Schnitte betont sind. Das Besondere an diesem Fries ist, daß es sich nur scheinbar um zwei fortlaufende Palmettenranken handelt. Diese stehen in der Tat unverbunden nebeneinander. Die Schlichtheit des dekorativen Frieses ist überraschend und fügt sich nicht ohne weiteres in das ornamentale Repertoire der übrigen islamischen Bergkristalle der gleichen Zeit ein. Die verwendeten Blattformen entsprechen aber Stilisierungen auf islamischem Glas.

Die summarische Behandlung der Blattformen könnte auch damit erklärt werden, daß eine größere Zahl identischer Lampen hergestellt werden mußte. Bedingt durch die Verwendung in einem hängenden Scheibenleuchter, waren die einzelnen Lampen ohnehin nur aus großer Entfernung zu sehen, so daß eine Ausarbeitung in einem kleinteiligeren Ornamentstil nicht nötig war.

Die Lampe gehört in die Gruppe jener Bergkristallgefäße, die ursprünglich für einen profanen Zweck in der islamischen Welt hergestellt, in zweiter Verwendung als Reliquienbehälter in Europa genutzt wurden und so die Zeit überstanden. Der farblose und durchsichtige Bergkristall dieser Lampe war für letzteren Zweck besonders gut geeignet. Im Unterschied zu der Flasche aus Gandersheim (Kat.Nr. III.28), die nur eine röhrenförmige Ausbohrung hat, eignete sich die Lampe auch für eine größere, besonders kostbare Reliquie.

Als Stifter kann eine bedeutende Persönlichkeit angenommen werden. Ferdinand Stuttmann vermutete 1937, die Lüneburger Lampe könnte als Schenkung Heinrichs des Löwen im Anschluß an seine Pilgerreise 1170–1172 in das Heilige Land nach Lüneburg gelangt sein. Eine so exakte Zuweisung ist allerdings schwer zu beweisen, da eine Inschrift, wie sie ein fischförmiges Bergkristallgefäß mit Reliquie trägt, das Kaiser Otto III. im Jahre 1000 an das Quedlinburger Stift gab (vgl. Beitrag Effenberger, Abb. 9), fehlt. Insofern muß nicht nur die Provenienz dieser Lampe offenbleiben, sondern auch ihre Überlieferungsgeschichte.

Stuttmann, Reliquienschatz, S. 38f. Nr. 2. – Marth, Goldene Tafel, S. 16f., Nr. 18. – Shalem, Fountains, S. 1 Anm. 2. – Shalem, Islam Christianized, S. 220 Nr. 68. – Zum Quedlinburger Bergkristallgefäß vgl.: Ausst.kat. Berlin 1992/93, Nr. 11 (Dietrich Kötzsche).

J.K.

II. 16
Elfenbeinrelief mit Kreuzigung und Kreuzabnahme

Konstantinopel, Mitte 10. Jahrhundert
Elfenbein, linker Flügel eines Diptychons, in der Außenkante des rechten Rands Einschnitte für Scharniere.
H. 22,6 cm, B. 12,2 cm.
Hannover, Kestner-Museum, Inv.Nr. WM XXI a, 44 b

Die Elfenbeintafel ist der linke Flügel eines Klappaltars, dessen rechter sich im Grünen Gewölbe in Dresden befindet. Beide stimmen in Größe, Rahmenbreite, Relieftiefe, in den Ausschnitten für die ehemals vorhandenen Scharniere, in der Gestaltung des Rahmens und im Stil der Figuren überein. Der Kreuzigung und der Kreuzabnahme entsprechen auf der Dresdner Tafel, in derselben Weise durch eine Querleiste mit Astragal getrennt, zwei Osterszenen: Christus erscheint im byzantinischen Bildtyp der Chairete am Ostermorgen den beiden Marien, die sich im Garten vor ihm niederwerfen (Mt 28,9–10), und Christus steigt in die Unterwelt

Il. 16

herab, tritt den gefesselten Hades nieder und befreit die Gerechten des Alten Bundes. Der Abstieg zur Unterwelt ist das zentrale Osterbild der Ostkirche und wird Anastasis (Auferstehung) genannt. Das Elfenbein-Diptychon, ursprünglich bestimmt zur privaten Andacht, vereinigt so die wichtigsten Heilstatsachen der Kreuzigung und Auferstehung. Die Rückseite beider Flügel zeigt ein besonders edel geformtes Kreuz als christliches und kaiserliches Siegeszeichen mit Blüten an den Enden und einer Aufschrift mit dem zentralen Ausruf aus den Kaiserlaudes: IC XC NIKA (Ἰησοῦς Χριστὸς νικᾷ; „Jesus Christus siegt"; vgl. auch Kat.Nr. VI.49).

Auf der linken, hier allein gezeigten Tafel, steht Christus mit waagerecht ausgestreckten Armen und erhobenem Kopf am Kreuz, die Füße von einem großen Fußbrett gehalten. Wie in der byzantinischen Kunst üblich, ist er mit geschlossenen Augen, also tot, dargestellt, doch wird das Zusammenbrechen des Leichnams hier nicht thematisiert. Von links nähert sich die Gottesmutter dem Kreuz, mit der linken Hand führt sie das Ende des Maphorions an ihre Wange, um ihre Tränen zu trocknen. Johannes steht mit schmerzlich verzogenem Gesicht und erhobener rechter Hand auf der anderen Seite des Kreuzes. Das Buch in der Linken bezeichnet ihn als Evangelisten. Im Grund des Elfenbeins sind die Worte eingegraben, die der sterbende Christus an seine Mutter und seinen Jünger richtete: IΔE O YC COY IΔOY H MP COY (ἴδε ὁ υἱός σου ἰδοὺ ἡ μήτερ σοῦ, „Siehe, da dein Sohn – Siehe, da deine Mutter"). Über dem Kreuz erscheinen mit akklamierenden Gesten die Halbfiguren zweier Engel, bezeichnet als Michael und Gabriel: MIXAHΛ ΓABPIHΛ (Μιχαήλ Γαβριήλ).

Auf dem unteren Bildfeld ist der Leib Christi von dem großen im Hintergrund stehenden Kreuz bereits weitgehend abgenommen. Der bärtige Joseph von Arimathäa hält mit Händen und Knien den Oberkörper des Herrn. Maria umfaßt Arme und Schulter des Sohnes und schmiegt ihre Wange liebkosend an sein Haupt. Auf der linken Seite ist Nikodemus damit beschäftigt, mit einer großen, heute weitgehend ausgebrochenen Zange die Nägel aus den Füßen Christi zu ziehen. Hinter ihm biegt sich Johannes mit trauernd an die Wange gelegter Hand weit herab. Alle Personen sind durch einen Nimbus ausgezeichnet, das Kreuz Christi zeigt über dem Querbalken die große als Tabula ansata ausgebildete Inschrifttafel. In den Grund ist in griechischen Buchstaben die Bezeichnung der dargestellten Szene eingeschnitten: H AΠOKAΘHΛωCIC (ἡ ἀποκαθήλωσις, „Die Abnahme").

Die Figuren stehen in sanft gerundetem Relief und sorgfältig geglätteter Modellierung von Köpfen und Händen vor dem flachen Grund, der in der Elfenbeinplatte ungewöhnlich stark eingetieft ist. Sie bewegen sich edel und gemessen. Die Faltengebung der Gewänder ist sparsam; in feiner Differenzierung werden senkrechte und leicht schräg verlaufende Vertikallinien variiert. Zwischen den Personen ist viel Platz frei gelassen. Emotionen werden angedeutet – besonders in der Zuwendung Marias zu ihrem toten Sohn –, was die ältere byzantinische wie auch die westliche Kunst nicht gekannt hatte. Doch bleiben alle Gefühlsäußerungen von der verhaltenen Dezenz, die für die byzantinische Kunst generell, besonders aber im 10. Jahrhunderts bezeichnend ist. Die Gestalt Christi erscheint dementsprechend fast unberührt von seinem Leiden. Das Elfenbeinrelief ist einem Kreuzigungstriptychon im Cabinet des médailles in Paris stilistisch eng verwandt, auf dem sich auch dieselben Inschriften finden, und gehört zu einer durch besondere Noblesse der Formensprache ausgezeichneten Gruppe von Schnitzereien, die in der Mitte des 10. Jahrhunderts in Konstantinopel entstanden sind. Nach einer Darstellung der Krönung Kaiser Romanos II. und seiner Gemahlin Eudokia durch Christus, ebenfalls im Cabinet des médailles in Paris, werden diese Elfenbeinreliefs als Romanos-Gruppe bezeichnet.

Wann das Diptychon in den Westen gelangt ist und wann seine beiden Flügel getrennt worden sind, ist nicht bekannt; es muß aber im Mittelalter geschehen sein. Die ausgestellte Tafel stammt aus dem Schatz der Goldenen Tafel in St. Michael in Lüneburg, das heißt, aus dem dortigen Hochaltar. In dem um 1400 geschaffenen Altaraufsatz waren um ein goldenes Antependium zahlreiche Reliquiare und Schatzkammerstücke gruppiert. Das Relief, das auf einem Kupferstich von 1761 an Ort und Stelle erkennbar ist (Stuttmann, Reliquienschatz, Taf. 10 u. 20), diente damals als Deckel eines hölzernen Reliquienkastens, von dem es erst im 20. Jahrhundert gelöst worden ist. Die Identifizierung des Stückes auf einer Darstellung des 15. Jahrhunderts bleibt dagegen unsicher. Über die mittelalterliche Provenienz des Dresdner Flügels ist nichts bekannt. Er wird im Inventar des Grünen Gewölbes bereits 1678 genannt; er dürfte nicht aus Lüneburg stammen. 1792 gelangte die Lüneburger Tafel mit den

Resten des Schatzes der Goldenen Tafel in das damals gegründete Museum der Ritterakademie in Lüneburg, 1852 in die Schloßkapelle zu Hannover und 1861 in das neugegründete Welfenmuseum, das später im Provinzialmuseum Hannover aufging.

Goldschmidt/Weitzmann, Byz. Elfenbeinskulpturen, Bd. 2, Nr. 40, Taf. XVII. – Stuttmann, Reliquienschatz, Nr. 1, S. 35–38 (Lit.), Taf. 10, 20 u. 42. – Stuttmann, Mittelalter, Nr. 98, Abb. S. 182 u. 183. – Cutler, Hand of the Master, S. 104f., 205f. u. öfter (S. 290, Reg.), Abb. 223. – Ausst.kat. Braunschweig 1995, Bd. 1, Nr. D 66 (Regine Marth) mit Farbabb. – Ausst.kat. New York 1997, Nr. 92 (Sarah Taft) mit Farbabb. – Ausst.kat. Hildesheim 1998, Nr. 25 mit Farbabb. 59 a, 60 b.

R.K.

II. 17

BISTÜMER

II. 17
Siegel Bischof Gerdags von Hildesheim

Hildesheim (?), 990–992
Weißes Wachs mit leichten Einfärbungen, durch Fettentzug von spröder Konsistenz, in drei Teilen (unvollständig) erhalten.
Stempelabdruck: Dm. ca. 30 mm; Siegel mit Wulst: Dm. ca. 46–47 mm.
Hildesheim, Dom-Museum, Inv.Nr. D 1997–6

Im Schrein der Dompatrone (sog. Epiphanius-Schrein) des Hildesheimer Doms aus dem dritten oder vierten Jahrzehnt des 12. Jahrhunderts befand sich bis vor kurzem ein heute zerbrochenes Siegel des Hildesheimer Bischofs Gerdag. Bei früheren Öffnungen des Schreins – solche sind für 1865, 1875 und 1960 bezeugt – war das Siegel offenbar nicht weiter beachtet und in den Schrein zurückgelegt worden. Erst als der Schrein 1997 erneut geöffnet wurde, hat man die Siegelteile entnommen und dem Dom-Museum zugewiesen.

Fügt man die beiden größeren Teile passend aneinander, so zeigt der schwache Abdruck das Brustbild eines Bischofs mit flacher Kopfbedeckung. Er ist nach links (heraldisch rechts) schauend im Profil dargestellt. Den Krummstab hält er schräg vor der Brust; die nach unten geöffnete Krümme ragt in den Freiraum zwischen Hals und Siegellegende. In dem kleinen Siegel besitzt die Bischofsfigur eine starke Präsenz. Die Umschrift, die nur etwas mehr als ein Viertel des Siegelrandes beansprucht, lautet: GERDAG. Die in relativ schlanken Buchstaben mit Sporen, Schaftspaltungen und eckigen Formen ausgeführte Schrift steht in der Tradition der (spät)antiken Capitalis.

Größe, Stoff, Farbe, Verfärbungen, Bildmotiv und Umschrift des Siegels sind über jeden Fälschungsverdacht erhaben. Die Überlieferungsumstände – das Siegel des Bischofs diente hier zur Beglaubigung der Echtheit von Reliquien – stützen die Echtheitsvermutung. Das Siegel ist wohl auf dem Stoff, in dem früher Reliquien des Diakons und Märtyrers Habundius eingehüllt waren, befestigt gewesen, weist seine Rückseite doch Stoffabformungen auf. Als Siegelführer läßt sich eindeutig Bischof Gerdag, der einzige Hildesheimer Bischof dieses Namens, bestimmen; die Datierung auf dessen kurze Amtszeit (990–992) ist also sicher, die Entstehung des Typars in Hildesheim wahrscheinlich.

Das Siegel Gerdags ist von immenser Bedeutung. Angesichts der Fülle gefälschter Bischofssiegel hat es als eines der wenigen echten Beweisstücke für die frühe Siegelführung der Bischöfe zu gelten. Die älteren schriftlichen Belege deuten darauf hin, daß einzelne Bischöfe zunächst ein Ringsiegel zum Verschließen von Briefen besaßen. Spätestens ab 888 wurden bischöfliche Siegel auch für Reliquienauthentiken und zur Urkundenbeglaubigung benutzt. Älteste Belege sind das erhaltene Siegel des Paderborner Bischofs Liuthard (862–888) gefunden in Neuenheerse, bzw. ehemals besiegelte Urkunden der Erzbischöfe Liutbert von Mainz (888), und Wicfried von Köln (941 und 950). Das Paderborner Siegel verwendet nach dem Beispiel der Merowingerkönige eine Gemme; für Liutbert ist dies zu vermuten. Die nachfolgenden erhaltenen Urkundensiegel der Erzbischöfe Heinrich I. von Trier (959) und Brun I. von Köln (962) sind größer; sie zeigen das Brustbild des Bischofs en face. Demgegenüber ist das ihnen folgende Gerdag-Siegel trotz seiner geringen Größe eine bemerkenswerte Bildschöpfung, nur älteren Siegeln der sächsischen Könige verpflichtet. Die Siegelführung der Reichsbischöfe, der ersten nichtköniglichen Siegelführer im Abendland, belegt deren hohe Stellung im sog. ottonisch-salischen Reichskirchensystem.

Schorta, Textiles found.

T.D.

II. 18
Urkunde Bischof Bernhards von Halberstadt

965 Juli (?)
Pergament. – H. 34,5 cm, B. 47 cm.
Magdeburg, Landeshauptarchiv Sachsen-Anhalt, Rep. U 5, IX, Nr. 1a

Nachdem Kaiser Otto I. Anfang 965 aus Italien in das nordalpine Reich zurückgekehrt war, forcierte er die Vorbereitungen für die Gründung einer erzbischöflichen Kirche in Magdeburg (vgl. Beitrag Althoff, Erzbistum). Ende Juni / Anfang Juli 965 beriet er in Magdeburg mit geistlichen Großen über diese Angelegenheit. Unter ihnen war Bischof Bernhard von Halberstadt, der hartnäckig seine Zustimmung verweigerte. Er akzeptierte lediglich einen Tausch zugunsten des Magdeburger Mauritius-Klosters, der allerdings nicht dauerhaft, sondern nur Zeit seines Lebens Geltung besitzen sollte. Bischof Bernhard trat den gesamten Zehnt in den Dörfern Olvenstedt, Ebendorf und Groß-Ammensleben an St. Mauritius ab. Von Kaiser Otto I. erhielt er dafür den Hof, den der im Mai 965 verstorbene Markgraf Gero in Magdeburg erbaut hatte, und die von diesem zu Ehren des hl. Cyriacus errichtete Kirche, beides ebenfalls auf Lebenszeit. Die Urkunde Bischof Bernhards dokumentiert diesen Tausch. Sie hält zudem fest, daß diese Übereinkunft in Anwesenheit des Kaisers sowie der Erzbischöfe von Mainz und Hamburg-Bremen, der Bischöfe von Minden, Verden, Worms sowie des Missionsbischofs Adalbert getroffen wurde.

Die Größe des Pergaments und die Raumaufteilung der bischöflichen Urkunde sind mit einem ottonischen Diplom vergleichbar. Für das Eingangsprotokoll und den Kontext verwendete der Notar die obere Hälfte der Urkunde, die Datierung plazierte er am unteren Rand. In dem großen Freiraum dazwischen wurde nur das Siegel Bischof Bernhards angebracht, das so besonders zur Geltung kam. Die Urkunde wurde in Buchschrift ausgeführt, die in der Tendenz aber einige Merkmale der diplomatischen Minuskel aufweist. Dazu gehören die Oberlängen der Schäfte von *b, d, h, l* und einige Unterlängen (*f, p, q*) sowie die weit nach oben geführte *st*-Ligatur (vgl. z. B. Zeile 2, sechstes Wort von links: *augustus*). Für die graphische Hervorhebung des Urkundenbeginns (*In*) und neuer Abschnitte (vgl. z. B. Zeile 8, drittes Wort von links: *Et*) verwendete der Notar Majuskeln als Anfangsbuchstaben. In der Mitte der ersten Zeile steht das *R* von *Rogo* auf Rasur. Den Beginn der Datierungszeile sowie der Angabe des Königs- und Kaiserjahres Ottos I. kennzeichnete der Notar durch die markanten Initialen *F* (*Facta*) und *A* (*Anno*). Außerdem ließ er den Herrschernamen *Otto* (Zeile 2, viertes Wort von links) mit einer Majuskel anfangen, was er bei den Namen der bischöflichen Zeugen (Zeilen 4 u. 5) unterließ. Zu den Charakteristika des Schriftbildes gehören die oben verstärkten Schäfte von *b, d, h, l* und die Ausführung des *g*-Bogens. Das relativ gut erhaltene Wachssiegel Bernhards weist außen einen Durchmesser von ca. 7,5 cm und innen von ca. 4,5 cm auf. Es zeigt ein Brustbild des Bischofs, der in der linken Hand ein Buch hält und mit der rechten segnet (vgl. Beitrag Althoff, Erzbistum, Abb. 2). Die Siegelumschrift lautet BERNHARDVS EP(iscopu)S. Am Ende der Datierungszeile ließ Bernhard demonstrativ die Anzahl seiner Amtsjahre (43) eintragen. Keiner der als Handlungszeugen aufgeführten Erzbischöfe und Bischöfe konnte auf eine so lange Amtszeit zurückblicken.

II. 18

UB Hochst. Halberstadt, Nr. 35. – UB Erzst. Magdeburg, Tl. I, Nr. 45. – Lübke, Regesten, Tl. II, Nr. 134.

Chroust, Schreibkunst, Nr. 2. – Beumann, Urkundenwesen, S. 36f. – Jäschke, Bischofschronik, S. 201–206. – Claude, Erzbist. Magdeburg, Bd. 1, S. 81–85. – Althoff, Magdeburg.

W.H.

II. 19
Historische Sammelhandschrift

Halberstadt, 996–1023
Pergament, 351 Blätter, zweispaltig. – H. 38 cm, B. 29,8 cm.
Bamberg, Staatsbibliothek, Msc. Hist. 3

Über die Entstehung des Codex geben die beiden Hexameter, die als Kolophon auf fol. 351v stehen, die folgende Auskunft: *Codicis hanc partem Pauli conscripserat Igi/Presulis Arnulfi promtus pia iussa secutus* („Diesen Teil des Codex des Paulus hat Igi geschrieben, der bereitwillig die frommen Befehle des Bischofs Arnulf befolgt hat"). Der *presul Arnulfus* läßt sich als Bischof Arnulf von Halberstadt (996–1023) identifizieren; Igi ist auch aus anderen Halberstädter Codices bekannt (Kat.Nr. II.20). Die Namen verraten uns also, daß die Handschrift zwischen 996 und 1023 in Halberstadt geschrieben worden ist. Von dort kam sie vermutlich bald durch Vermittlung Kaiser Heinrichs II. in die Bamberger Dombibliothek. In der ersten Hälfte des 13. Jahrhunderts ist sie in Bamberg nachzuweisen (fol.

351v: *M. dei gratia decanus maioris Babenbergensis ecclesie*; der „Bamberger Domdekan M[arquard]", der hier anscheinend gemeint ist, hat 1227 eine Urkunde für Kloster Banz ausgestellt).

In dem Codex sind mehrere, wichtige Geschichtswerke der Spätantike und des frühen Mittelalters vereinigt, darunter vor allem die 'Epitome de Caesaribus' (des Aurelius Victor), die 'Historia Romana' und die 'Historia Langobardorum' des Paulus Diaconus, die Gotengeschichte des Jordanes und Bedas 'Historia ecclesiastica gentis Anglorum'. Gewisse orthographische Eigentümlichkeiten lassen vermuten, daß die Vorlage des Halberstädter Codex aus Italien stammte. Er wäre damit ein Zeuge einerseits des Interesses, das man in ottonischer Zeit an der älteren, historischen Überlieferung nahm, und andererseits für den Bücherimport, der von jenseits der Alpen nach Deutschland kam.

Der Codex, der nicht von Igi allein, sondern von insgesamt acht Händen geschrieben worden ist und ein anspruchsvoll-stattliches Format hat, war kein gewöhnliches Schulbuch. Die Schrift erreicht zwar nicht geradezu kalligraphisches Niveau, ist jedoch

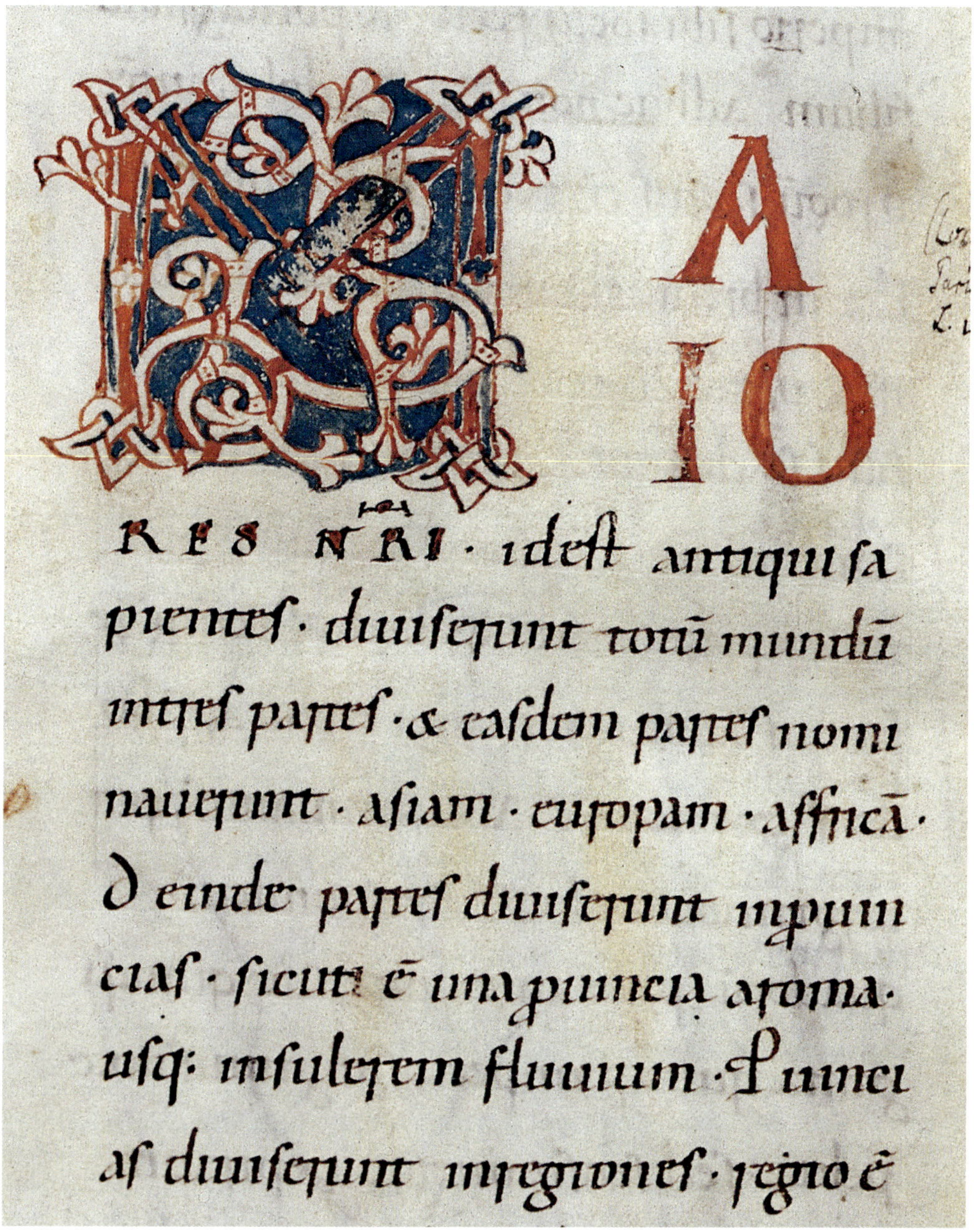

II. 19, fol. 17v (Ausschnitt)

II. 20, fol. 6r (Ausschnitt)

großenteils sauber und sorgfältig. Mehrere, farbige Initialen, die aus Ranken gebildet oder mit Ranken gefüllt sind, dienen als Schmuckelemente. Auf das sonst leere Blatt 192r hat eine zeitgenössische Hand eine männliche Figur mit Heiligenschein (Christus trotz fehlendem Kreuzesnimbus?) gezeichnet, die in der linken Hand ein Buch hält und in drei konzentrische Kreise gestellt ist – wahrscheinlich keine originale Komposition, sondern Kopie nach unbekannter Vorlage. Auf fol. 17v leitet ein größeres M den folgenden Text ein (Abb.): *Maiores nostri, id est antiqui sapientes, diuiserunt totum mundum in tres partes et easdem partes nominauerunt Asiam, Europam, Affricam* („Unsere Vorfahren, die alten Weisen, haben die ganze Welt in drei Teile eingeteilt und diese Teile Asien, Europa und Afrika genannt"; vgl. Isidor von Sevilla, Etymologiae XIV 2,1). Solche geographischen Einleitungen oder Exkurse sind seit der Antike oft mit historischen Darstellungen verbunden gewesen; die Einteilung der Welt in drei Kontinente gehörte im Mittelalter zum Standardwissen.

Waitz, Bamberger Handschrift. – Handschriften Bamberg, Bd. 1,2, S. 119–127; Bd. 1,3, S. 47. – Hoffmann, Igi v. Halberstadt, S. 83–96. – Hoffmann, Bamberger Handschriften, S. 137. – Zur Urkunde von 1227: Oesterreicher, Herrschaft Banz, S. LXIIf.

H.H.

II. 20
Hrabanus Maurus, De institutione clericorum

Halberstadt, um 1000
Pergament, 17 Blätter. – H. 20,5 cm, B. 15 cm (unregelmäßig).
Wolfenbüttel, Herzog August Bibliothek, Cod. Guelf. 676.2 Novi

Die weitgehend ruinierten Blätter, die in der frühen Neuzeit anscheinend als Einbandmaterial gedient haben, hat man willkürlich zusammengebunden, ohne daß die Textabfolge dabei gewahrt worden wäre. Der Codex, von dem sich diese Reste erhalten haben, begann ursprünglich unten auf der Rückseite des ersten Blatts (heute fol. 6r, Abb.) in roter Capitalis rustica mit den Worten INCIPIT LIBER PRIMUS DE UNA DEI ECCLESIA CATHOLICA. IGI PECCATOR SEQUENTIS LIBELLI EXTITIT SCRIPTOR („Es beginnt das erste Buch über die eine katholische Kirche Gottes. Der Sünder Igi ist der Schreiber des folgenden Büchleins gewesen.“). Der „Sünder Igi“ war auch an dem Codex Hist. 3 der Staatsbibliothek Bamberg beteiligt (Kat.Nr. II.19); dadurch lassen sich die Wolfenbüttler Fragmente in die Zeit um die Jahrtausendwende datieren und nach Halberstadt lokalisieren. Über den Verbleib des ursprünglichen Codex im Mittelalter ist nichts bekannt. In der frühen Neuzeit tauchen die Fragmente (als Einbandmaterial?) in Büchern der Universitätsbibliothek Helmstedt auf; von dort sind sie in die Herzog August Bibliothek in Wolfenbüttel gekommen.

Die Schrift des Hrabanus Maurus († 856) ‘De institutione clericorum’ („Über die Klerikerbildung“) – sie läuft in dem Wolfenbüttler Fragment unter dem Titel ‘De una dei ecclesia catholica’ – wurde in der karolingischen Zeit und im hohen Mittelalter ziemlich oft abgeschrieben. Wie viele Werke des Hrabanus Maurus fußt sie in beträchtlichem Maß auf älteren Autoritäten, namentlich auf Augustin und Cassiodor. An diese anknüpfend hat Hrabanus darin die Lektüre und das Studium der (nichtchristlichen) Autoren der Antike befürwortet, soweit deren Kenntnis für die christliche Kultur nützlich war. Das Halberstädter Fragment bietet das Werk anscheinend in einer stark verkürzten Bearbeitung (Redaktion „F“).

Nachträglich hat dieselbe Hand, die ‘De una dei ecclesia catholica’ geschrieben hat, einen kleinen, bislang nicht identifizierten Traktat über biblische Speisevorschriften in 41 Kapiteln (von denen sich aber nur die vier letzten erhalten haben) auf fol. 6v und 6r (in dieser Reihenfolge) sowie auf weiteren, verlorengegangenen Seiten vorgeschaltet.

Hrabanus Maurus, De institutione, S. 229f.

Butzmann, Handschriften, S. 367f. – Hoffmann, Igi v. Halberstadt, S. 83–88.

H.H.

II. 21
Evangeliar

Halberstadt, Ende 10. Jahrhundert
Pergament, 194 Blätter. – H. 23,5 cm, B. 16 cm.
Schaffhausen, Stadtbibliothek, Ministerialbibliothek, Min. 8

Das Evangeliar wurde im letzten Drittel des 10. Jahrhunderts in Halberstadt geschrieben, in der Hauptsache von einer Hand; andere, ungefähr gleichzeitige Hände auf fol. 5r / v, 19r (Zeile 22) und 177v (ab Zeile 12). Der Codex ist im 13. Jahrhundert (fol. 1r unten: *Ecclesie de scafhusen*; „[gehört] der Kirche von Schaffhausen“) und auch 1357 im Allerheiligenkloster zu Schaffhausen nachgewiesen.

Vor den Evangelien befinden sich wie üblich die Kanontafeln, die die synoptische Orientierung ermöglichen (fol. 6r–13v). Sie sind in ziemlich einfache, rot gezeichnete Arkaden eingefaßt, deren Säulen wenig ausgearbeitete Basen und Kapitelle aufweisen. An den Anfängen der Evangelien ist

II. 21, fol. 63v

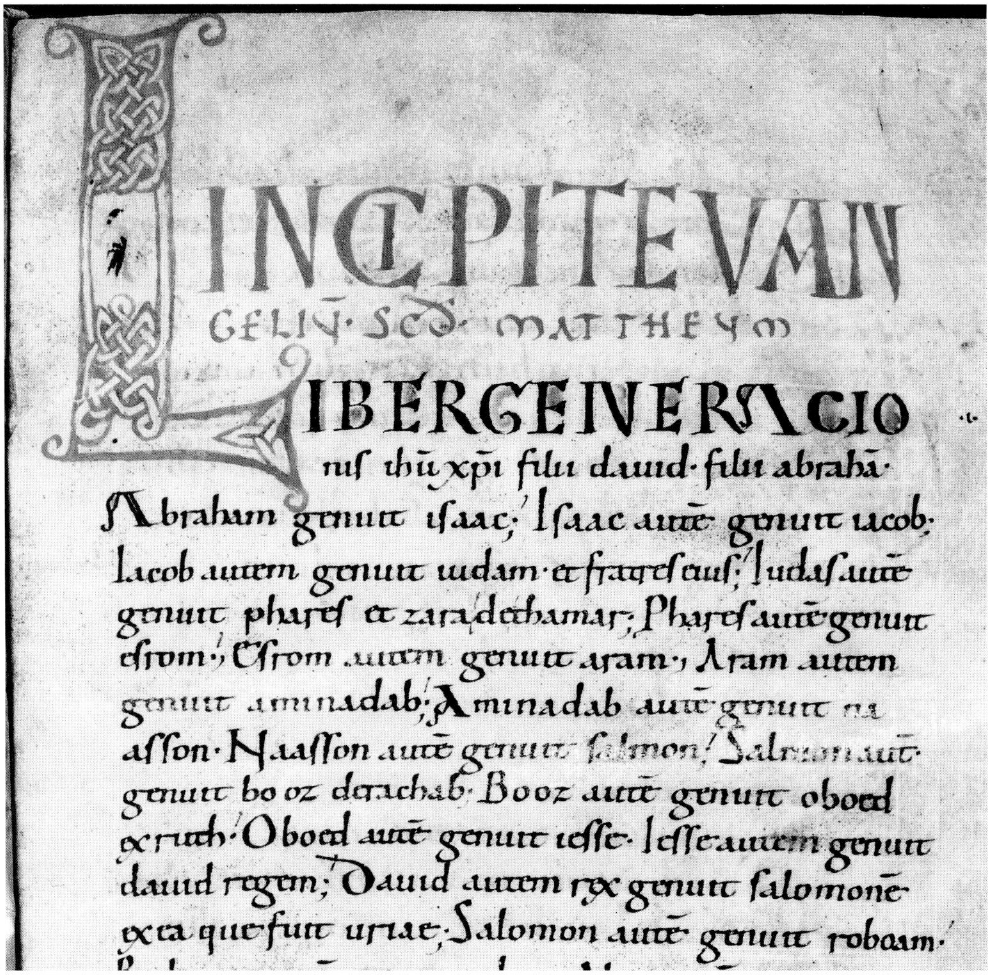

II. 21, fol. 18r (Ausschnitt)

jeweils ein ganzseitiges Evangelistenbild vorangestellt (fol. 17v, 63v, 96v, 144v); es handelt sich dabei um Zeichnungen in brauner Tinte. Der nimbierte Evangelist sitzt in einer Arkade auf einer gepolsterten Bank, in der Hand das aufgeschlagene Buch, die Füße auf einer Unterlage. Über oder hinter dem nimbierten Kopf zieht sich zwischen den Arkadenkapitellen ein Schriftband hin, auf dem in roter Tinte der einschlägige Evangelistenvers aus dem 'Carmen paschale' des Sedulius steht; darüber jeweils das zugehörige Evangelistensymbol, so auf fol. 63v (Abb.) über Marcus der Löwe mit dem Evangelium in den Vordertatzen und rechts und links vom Heiligenschein der Hexameter *Marcus ut alta fremit vox per deserta leonis* („Marcus brüllt wie die laute Stimme des Löwen durch die Wüste"). Auf fol. 18r (Abb.) beginnt das Matthäus-Evangelium mit Zierschrift und einer größeren L-Initiale, die mit einfachen Bänderverknotungen geschmückt ist.

Die beschriebene, künstlerische Ausstattung ist von eher grobschlächtiger Machart, doch ist der Codex wichtig, weil sich von der Halberstädter Buchmalerei der Ottonenzeit sonst wenig erhalten hat. Die Kreuzigung der Halberstädter Domhandschrift 153 (fol. 13v) ist von besserer Qualität und zeigt mit dem Schaffhausener Evangeliar nur wenige Berührungspunkte (man vergleiche jedoch die Augenpartien oder die gepunkteten Ornamentlinien). Daß die Evangelisten nur gezeichnet und nicht farbig angelegt sind, entspricht einer allgemein norddeutschen Kunstübung, wie sie sich auch in Corvey, in dem sächsisch-thüringischen Skriptorium, aus dem die Evangeliare von Kopenhagen (Kongelige Bibliotek, Gl. Kgl. S. 1325 4°) und Pommersfelden (Schönborn'sche Schloßbibliothek, Hs. 94 [2795]) hervorgegangen sind, oder in der eben genannten Halberstädter Handschrift 153 findet. Die Schaffhausener Evangelisten ahmen eine Vorlage nach, doch ist diese

II. 22, fol. 10r

von dem Zeichner teilweise wohl nicht richtig verstanden und jedenfalls nur unvollkommen wiedergegeben worden. Die großen, rundlich gefaßten, leeren Gewandpartien kommen ähnlich auf dem Salvatorbild des Abdinghofer Evangeliars in Kassel (Landesbibliothek, 2° theol. 60) vor, das dem Corveyer Kreis zugeordnet wird. Vielleicht darf man mit Anregungen aus dieser Richtung rechnen.

Hoffmann, Igi v. Halberstadt, S. 92. – Gamper/Knoch-Mund/Stähli, Handschriften in Schaffhausen, S. 87–89.

H.H.

II. 22
Evangeliar

Norddeutschland/Corvey, zweite Hälfte 10. Jahrhundert
Pergament, 200 Blätter. – H. 27,5 cm, B. 23,5 cm.
Stuttgart, Württembergische Landesbibliothek, Cod. bibl. 4° 1

Der Codex beginnt, wenn wir von späteren Zusätzen auf fol. 1r absehen, mit den Kanontafeln auf fol. 1v–8v. Auf ihnen sind wie üblich die synoptischen Zahlenkolumnen in Arkaden eingefaßt; diese sind rot (mennigfarben) gezeichnet und ziemlich einfach (die Kanonbögen auf fol. 6r–7r, teilweise auch auf fol. 7v und 8r sind später überarbeitet worden). Fol. 8v ist leer. Fol. 9 und 10 sind Einzelblätter; auf fol. 9r und 10r zwei sitzende Schreiberfiguren (Abb.), in denen man wohl Evangelisten sehen darf. Da die beiden Seiten weder Schrift noch Evangelistensymbole aufweisen, läßt sich nicht sagen, wer von den vier Evangelisten dargestellt ist. Die Figuren stecken in einem rechteckigen Rahmen, der mit mennig- und ockerfarbenem Blattwerk gefüllt ist. Sie waren ursprünglich wohl nur mit brauner Tinte gezeichnet, die Gestalt des Evangelisten auf fol. 9r wurde nachträglich (wann?) mit Farbe ausgemalt. Es folgen die normalen Vorstücke zu den Evangelien, dann diese selbst. Am Schluß steht ein Capitulare evangeliorum (fol. 187v–196v).

Das Evangeliar wurde in der zweiten Hälfte des 10. Jahrhunderts von fünf Händen geschrieben. Diejenige, die die Kanontafeln und teilweise auch das Capitulare evangeliorum (fol. 187v–189v, außerdem die roten Rubriken auf fol. 191v, Zeile 16 – fol. 192r, Zeile 22) übernommen hat, stammt aus der Corveyer Schule, die übrigen vier dürften in einem anderen sächsischen Skriptorium beheimatet gewesen sein. Der Maler der Evangelistenbilder gehört ebenfalls in den Corveyer Umkreis, erreicht jedoch nicht das höchste Niveau der dort entstandenen Buchillustration; vergleichbar ist etwa das Abdinghofer Evangeliar in Kassel (Landesbibliothek 2° theol. 60). Auf fol. 9v und 11r finden sich zwei größere Initialen in franko-sächsischer Tradition. Im 11. Jahrhundert ist der Text mehrfach korrigiert und ergänzt worden. Bemerkenswert sind darunter zwei Hände, die auf den Seitenrändern griechischen Evangelientext mit lateinischer Übersetzung und einige Bemerkungen über Unterschiede zwischen der griechischen und der lateinischen Fassung hinzugefügt haben (fol. 107r, 108r, 109r, 124r, 132v, 152r, 181v, 185v). Etwa um 1100 haben dann drei weitere Schreiber den Codex umgestaltet, indem sie größere Partien auf Rasur schrieben und neue Blätter einfügten (hierher gehören die Zierseiten fol. 23r, 72r und wohl auch das TE [igitur] auf fol. 1r); die erwähnte Umarbeitung der Kanonbögen könnte damit zusammenhängen, desgleichen die Aussonderung der Evangelistenbilder, die man ja eigentlich an den Evangelienanfängen erwarten würde.

Im 15. Jahrhundert befand sich das Evangeliar laut eines Besitzvermerks (fol. 1r *Liber sancte Marie in Huysborch*) in dem Benediktinerkloster Huysburg bei Halberstadt. Da dieses erst gegen Ende des 11. Jahrhunderts gegründet worden ist, kann der Codex nicht dort entstanden sein. Wie er nach Stuttgart gekommen ist, ist unbekannt.

Bauer, Corvey, Bd. 1, S. XXIIIf. Nr. 34. – Ausst.kat. Hildesheim 1993, Bd. 2, Nr. VI-75 (Ulrich Kuder).

H.H.

WIRTSCHAFT UND HANDEL

II. 23
Das Werdener Urbar „A"

Werden, Ende 9./Anfang 10. Jahrhundert mit Nachträgen
Pergament, 17 kleine Zettel und 40 Blätter. – H. 15/18, 5 cm, B. 24 cm.

Düsseldorf, Nordrhein-Westfälisches Hauptstaatsarchiv, Abtei Werden, Akten IX a 1a

Das 799 vom hl. Liudger gegründete Kloster Werden entwickelte sich, nicht zuletzt aufgrund des Königsschutzes, in den es 877 aufgenommen wurde, zu einem bedeutenden Reichskloster. Im agrarisch geprägten Ruhrgebiet war Werden zugleich eine der größten Grundherrschaften, und seine Quellen bieten einen präzisen Einblick in den Güterbesitz eines Klosters vom 8. bis zum 12. Jahrhundert. Es lassen sich fünf Phasen der Entwicklung des Werdener Besitzstandes erkennen: Während wir die erste Phase bis zur Mitte des 9. Jahrhunderts durch Schenkungsurkunden dokumentiert finden, haben sich für die folgenden Jahrhunderte insgesamt vier Urbarien (althochdt. *urberan* = Ertrag bringen) erhalten, also Aufzeichnungen des Güterbesitzes, der daran hängenden Nutzungen und Rechte sowie der Einkünfte. Daß man solche entweder stärker den Besitz oder die Erträge inventarisierenden Verzeichnisse meist dann anlegte, wenn man die Verwaltung neu zu ordnen und sich einen Überblick verschaffen mußte, illustriert ein Teil des ältesten Werdener Urbars, denn er wurde begonnen, nachdem die Abtei in den Königsschutz aufgenommen worden war und die Normanneneinfälle abgeebbt waren.

Das Werdener Urbar „A" gehört zu den ältesten überlieferten Exemplaren dieser Quellengattung. Es ist das „Grundbuch des Klosters für Franken,

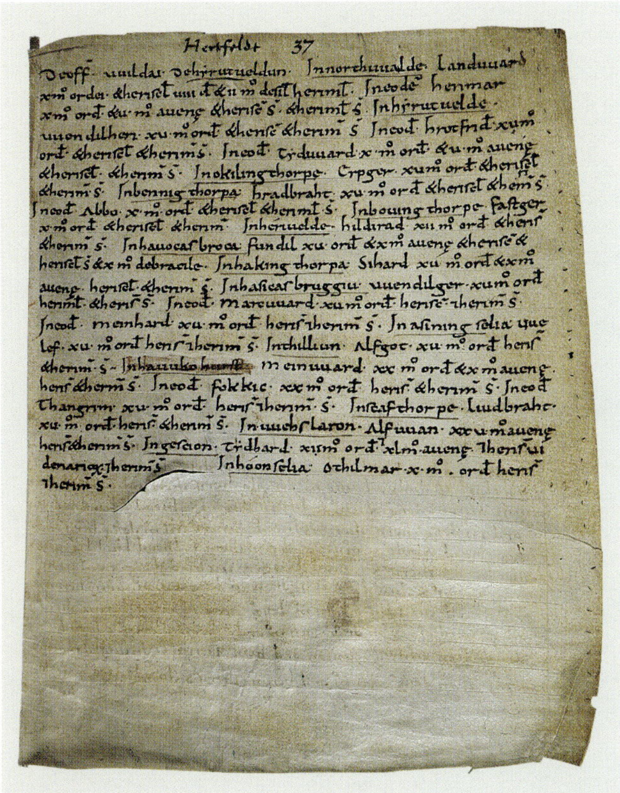

II. 23, fol. 37a

Westfalen und Friesland aus der Zeit der ersten Äbte" (Kötzschke), wobei der älteste Teil aus der Zeit um 900 stammt. Vereinzelt enthält es auch Abschriften von Urkunden. Erkennbar ist an einigen Stellen der Versuch, das Urbar aktuell zu halten. Nachdem man von etwa dem Jahr 1000 an bis 1050 versucht hatte, Urbar „A" zu ergänzen und zu vervollständigen, legte man dann ein neues Urbar an (Urbar „B").

Kötzschke, Rheinische Urbare, S. 4–87 u. S. 88–131. – Ausst.-kat. Essen 1990/91, Bd. 1, Nr. 64 (Norbert Andernach), Abb. S. 73. – Goetz, Grundherrschaft. – Ausst.kat. Essen 1999, Nr. 255 u. 256 (Hans-Jürgen Hübner), Abb. S. 450f.

M.H.

II. 24
Diplom König Ottos I. für das Kloster St. Michael in Lüneburg

Magdeburg, 956 August 13
Pergament. – B. 53 cm, H. 46 cm.
Hannover, Niedersächsisches Hauptstaatsarchiv, Celle, Or. 100, Lüneburg St. Michael Nr. 2

Als sich der Herrscherhof Mitte August 956 in Magdeburg aufhielt, erwirkte Markgraf Hermann Billung († 973) von Otto I. die Übertragung des Salzzolls in Lüneburg an das dortige Kloster St. Michael, das von seiner Familie gegründet worden war. Der Markgraf unterhielt enge Beziehungen zum König, der ihn in Abwesenheit häufig als seinen Stellvertreter in Sachsen fungieren ließ.

Das Zollprivileg (DO I 183) wurde von Liudolf F zu Pergament gebracht, der wahrscheinlich erstmals eine Königsurkunde anfertigte und sich zunächst an der Arbeit von anderen Notaren orientierte. Das betraf auch das Chrismon (symbolische Anrufung Gottes; vgl. Kat.Nr. III.9), das er wahrscheinlich nach dem Vorbild von Urkunden Ottos I. für die bischöfliche Kirche von Chur (DO I 175 u. 182) zeichnete, die er im August 956 am Herrscherhof gesehen hatte. Für einen „Anfänger" führte Liudolf F die erste Zeile gut in verlängerter Schrift aus, wobei er sogar eigene graphische Varianten (z. B. die Verbindung von *e* und *x* beim Königstitel *rex)* einfließen ließ. Die folgenden drei Zeilen lassen erkennen, daß Liudolf F bis dahin nur ein Bücherschreiber war. Sie weisen vor allem Merkmale der Buch- und nur wenige der Urkundenschrift auf. Gleichwohl entwickelte sich Liudolf F, der ein hochgebildeter und vielfältig interessierter Geistlicher war, im Laufe von drei bis vier Jahren zum führenden Diplomverfasser und -schreiber am Königshof (vgl. Kat.Nr. III.10 u. V.8). Er begleitete Otto I. 961/62 zur Kaiserkrönung nach Italien und schrieb dort die ersten Kaiserurkunden für nord- und südalpine Empfänger (vgl. Kat.Nr. III.11).

Im Bereich des Schlußprotokolls des DO I 183 fällt dem Betrachter neben dem recht groß ausgeführten Herrschermonogramm (vgl. Kat.Nr. V.25) vor allem die architektonische Skizze am rechten unteren Rand auf. Nachdem das Rekognitionszeichen seit etwa 950 nicht mehr in Verbindung mit der Rekognitionszeile (Nennung des Kanzlers und Erzkapellans), sondern räumlich getrennt von dieser in die Diplome eingetragen wurde, wichen einige Notare auch von der traditionellen Form des Signums („Bienenkorb" oder „Glocke") ab. Sie fertigten statt dessen Skizzen nach Vorbildern aus der Kirchenarchitektur an. Die von den Zeitgenossen mit dem Rekognitionszeichen verbundene Vorstellung vom Haus Gottes bzw. vom Himmelstor (vgl. Kat.Nr. VI.69) konnte hierdurch noch prägnanter ausgedrückt werden.

II. 24

Im Unterschied zu anderen Notaren wechselte Liudolf F (bis 960) die Motive und interessierte sich ebenfalls für originelle architektonische Lösungen bei „weltlichen" Bauten. Während Liudolf F seine Kirchenzeichnungen in der Regel mit Kreuzen (vgl. Kat.Nr. III.10) versah, skizzierte er hier den Aufriß eines zweistöckigen Gebäudes ohne Hinzufügung eines Kreuzes. Es ist im unteren Geschoß in zwei-, im oberen dagegen in dreidimensionaler Form, einer Kombination von Vorder- und Seitenansicht, dargestellt. Wahrscheinlich verdanken wir Liudolf F damit die einzige überlieferte zeitgenössische Darstellung vom Palatium der Magdeburger Königspfalz. Die bisherigen Rekonstruktionsversuche des Gebäudes basierten auf einer Zuweisung von Ernst Nickel, der die 1965 im Südosten des Magdeburger Domplatzes entdeckten Fundament- und Mauerzüge als Überreste vom Palatium Ottos I. ansah. Durch die gegenwärtig laufenden Untersuchungen, welche auf eine umfassende Auswertung der Ausgrabungsergebnisse von 1959 bis 1968 und deren Dokumentation zielen, wurde die bisher übliche Verbindung der im Südosten des Domplatzes aufgefundenen Baustrukturen mit dem Palatium (Repräsentationsgebäude der Pfalz) Ottos I. jedoch grundsätzlich in Frage gestellt (vgl. Beitrag Ludowici). Über die genaue Lage des Magdeburger Pfalzpalastes Ottos I., der in den schriftlichen Quellen wiederholt bezeugt ist, muß daher weiter diskutiert und geforscht werden.

Analysiert man die Skizze des Zeitgenossen Liudolf F (vgl. Beitrag Ludowici, Abb. 7), dann könnte das Palatium folgendes Aussehen gehabt haben: An der Vorderseite gab es im Erdgeschoß eine durchgehende Außenmauer, die mit Quadermauerwerk erstellt oder verkleidet war. In deren Mitte öffnete sich ein großes Portal. Liudolf F hatte sein besonderes Augenmerk allerdings auf das Obergeschoß gerichtet. Der sich dort befindende Raum wurde mit drei Tür- bzw. Fensteröffnungen und einer flach gedeckten Holzbalkendecke skizziert. Die Öffnung zur Blickachse des Zeichners war größer angelegt als das Portal im Erdgeschoß und vermutlich als Rundbogen gemauert. Bei diesem Raum im Obergeschoß könnte es sich um eine stilisierte Darstellung der Königshalle oder um deren Vorraum mit einer außergewöhnlichen Funktion, z. B. einer Herrscherempore als Bindeglied zwischen Vorplatz und Empfangssaal, handeln. Für die Königshalle im Obergeschoß würde sich damit ein apsidenloser rechteckiger Grundriß ergeben. Die flach gedeckte Holzbalkendecke ermöglichte einen stützenlosen imposanten Saal, der die ihm zugedachte repräsentative Funktion für die Herrschaft König Ottos I. in der Mitte des 10. Jahrhunderts zweifellos erfüllen konnte.

MGH DO I 183. – Böhmer, Reg. Imp., Bd. II,1, Nr. 250.

Schlesinger, Königspfalz. – Nickel, Magdeburg. – Schulze, Monasterium. – Ludowici, Pfalz Ottos I.

W.H.

II. 25
Schatzfund von Haddien

Norddeutschland, 10. Jahrhundert
Haddien, Gem. Wangerland, Ldkr. Friesland
Gold.
a) Dm. 4 cm, b) Dm. 3,2 cm, c) H. 2,6 cm, B. 3,3 cm.
Hamburg, Helms-Museum, Inv.Nr. Vk 1896/104–106

Der Fundort des Schmucks liegt auf der Wurt Haddien nordöstlich von Waddewarden, wo sich die Burg der Häuptlinge von Haddien befand, die im späten 14. Jahrhundert zerstört wurde. Die Begründungszeit der Burg ist nicht bekannt, doch darf man vermuten, daß dieser Fund dem Besitz einer Angehörigen dieses Geschlechts entstammt.

Die Objekte des Fundes stehen in Zeit und Raum einmalig da. Sie lassen sich keinem Werkstattkreis zuordnen, schon gar nicht einer regionalen Werkstatt im Fundgebiet, in dem derartige kunsthandwerkliche Arbeiten sonst nicht bekannt sind. Man muß davon ausgehen, daß die Schmuckstücke in einer Werkstatt weitab entstanden und als „Import“ in die Region gelangten.

Der Schatzfund besteht aus vier Ohrringen. Zwei sind als Paar gearbeitet und typologisch von den Beerenohrringen abzuleiten. Ein kleinerer gehört ebenfalls dieser Form an. Der vierte Ohrring ist lunulaförmig, der Bügel ist abgebrochen. In dieser Kombination handelt sich nicht um eine Trachtausstattung, sondern um einen gesammelten Schatzfund. Die Einbeulungen der Perlen und die Verbiegungen mögen durch die Einlagerung bedingt sein, hingegen zeigen die Objekte auch Abnutzungen, die nur durch eine lange Tragezeit bedingt sein können, so daß Entstehungszeit und Vergrabungszeitpunkt weit auseinanderliegen.

Unsere Vorstellung vom Schmuck der Ottonenzeit wird durch den sog. Kaiserinnenschmuck aus Mainz geprägt (Kat.Nr. III.18), dessen Datierung in den letzten Jahren heftig diskutiert worden ist. Gegenüber diesen hochrangigen, von hochgestellten Persönlichkeiten aus dem Umkreis der ottonischen Familie in Auftrag gegebenen Werken nimmt der Goldschmuck aus Haddien eine in der Ausführung einfachere, im repräsentativen Anspruch deutlich reduzierte Stellung ein, wie etwa ein Vergleich der beiden größeren Ohrrringe ergibt. Diese sind als Pendants gedacht, weichen aber in ihrer Ausführung stark voneinander ab. Schon der Draht der Ringe ist unterschiedlich, nämlich in einem Falle doppelt so stark wie der andere, woraus sich erhebliche Gewichtsabweichungen ergeben. Die auf ihnen aufgereihten Perlen sind Hohlkörper mit Drahtauflagen, während der einzelne Ohrring körbchenförmige Perlen aufweist.

Beide Formen gehen auf Ohrringe mit brombeerförmigen Aufschiebern aus Bronze oder Silber zurück, deren Zwischenräume häufig mit Drahtumwicklungen als Abstandhalter gebildet waren, wie es rudimentär auch bei einem Ohrring aus Haddien erkennbar bleibt. Die Ohrringformen datieren in den Zeitraum von ca. 800 bis in das 10. Jahrhundert, wie der silberne Ohrring aus Warburg belegt. In entlegeneren Gebieten sind sie dagegen noch in der ersten Hälfte des 11. Jahrhundert bekannt. Auch lunulaförmige Ohrringe treten in diesem Zeitraum auf, wenn man Beispiele aus der Stufe Köttlach II (ca. 950–1050) heranzieht.

Mechthild Schulze-Dörrlamm datiert den Fund von Haddien erst in den späteren Verlauf des 11. Jahrhunderts. Die unterschiedliche zeitliche Einordnung muß vorerst offenbleiben, da geeignete Vergleichsfunde aus dem norddeutschen Raum fehlen. Die beiden Schatzfunde aus Klein-Roscharden (Ldkr. Cloppenburg) sind hingegen bemerkenswert, da sie in ihrer Zusammensetzung einen regionalen Charakter aufwiesen, und immerhin findet sich hier ein Paar Ohrringe mit vier aufgeschobenen Blechperlen mit wulstigen Rändern, datiert durch Münzen um das Jahr 1000 (vgl. Kat.Nr. II.27–28). Hand-

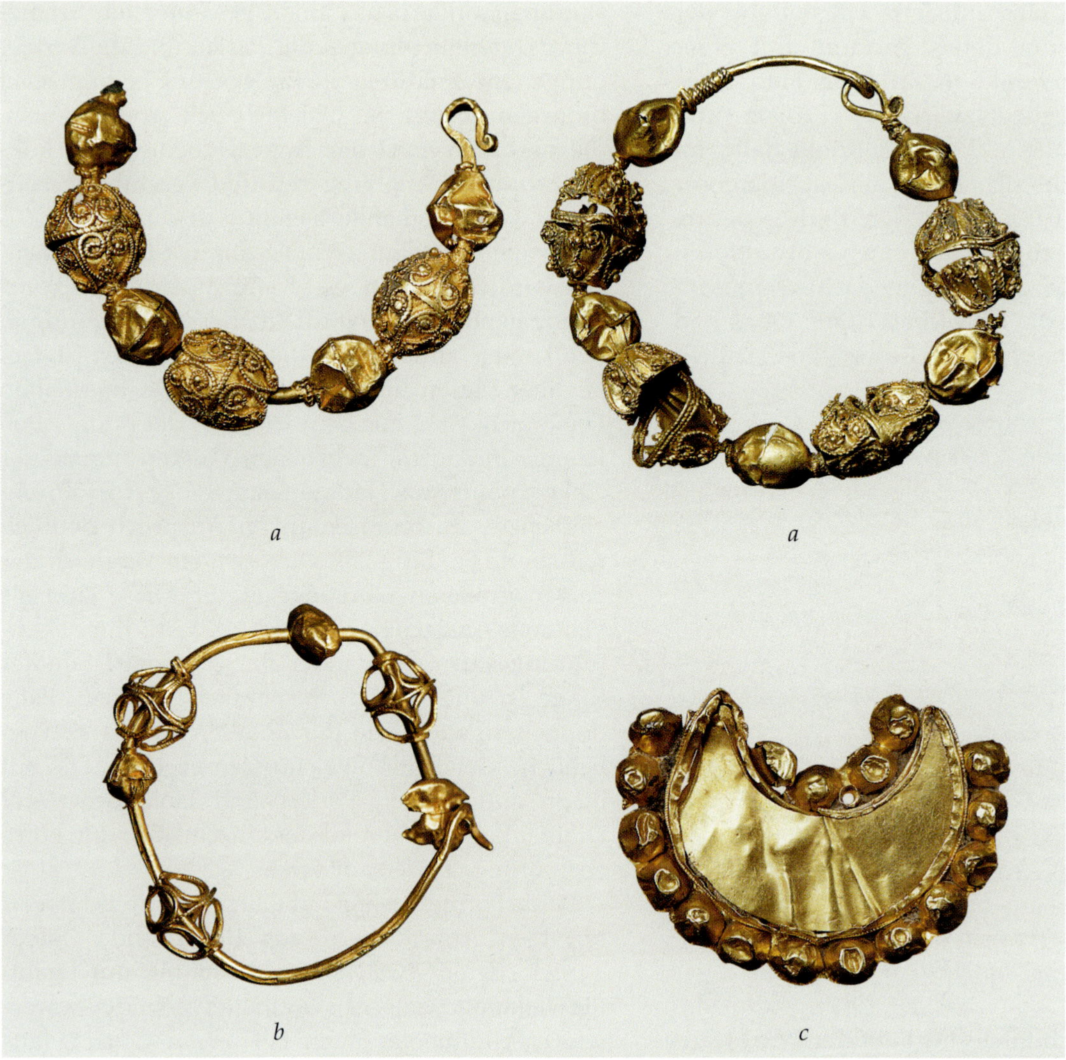

II. 25 *a–c*

werklich sind die Stücke von Haddien hingegen kunstvoller gearbeitet, so daß wir ihr Entstehen in dem Fundgebiet nicht annehmen können. Die Einmaligkeit des Fundes verhindert derzeit eine Zuweisung zu einer Werkstatt. Hingegen belegt er den regen Handel in die Region wohl aus dem ottonischen Kerngebiet.

Der Schatzfund wurde im Jahre 1896 durch das Museum für Völkerkunde in Hamburg erworben, von dort gelangten diese Objekte 1972 in das Helms-Museum.

Först, Goldschmuck. – Schulze-Dörrlamm, Reichskleinodien, S. 705 f. – Busch, Schatzfund.

R.B.

II. 26
Trichterbecher

Westeuropäisch, 9. Jahrhundert
Haithabu, Gem. Busdorf, Schleswig-Holstein: Bootkammergrab
Hohlglas, grünlich durchsichtig, zahlreiche Luftblasen.
Fast vollständig aus Scherben zusammengesetzt, am Boden Heftnarbe.
H. 16,3 cm, Mündungsdm. 10,6 cm, Wandungsdicke: Boden 0,4 cm, Körper 0,1 cm, Rand 0,3 cm.
Schleswig, Stiftung Schleswig-Holsteinische Landesmuseen, Archäologisches Landesmuseum

Das fragile, frei geblasene Glasgefäß ist ein sog. Trichterbecher. Diese Gefäßform ist typisch für das

9. und 10. Jahrhundert und geht auf verwandte Formen des 6. bis 8. Jahrhunderts zurück. Der Becher besitzt einen spitzen Boden und eine weite Mündung mit leicht verdicktem Rand. Bilddarstellungen dieser Zeit zeigen, daß solche Becher zum Trinkgeschirr sozial hochstehender Personen gehörten. Da sie keinen Standboden besitzen, mußten sie nach dem Ausleeren gestürzt und auf die Mündung gestellt werden. Andere Darstellungen belegen, daß man die Trichterbecher ebenfalls als Lampen verwendete. Sie wurden im unteren Teil mit Wasser gefüllt, um ihr Zerspringen zu verhindern; im oberen Teil befand sich der Brennstoff samt Docht.

Glasgefäße dieser Art waren im frühen Mittelalter Luxusgüter. Sie wurden im karolingischen und ottonischen Reichsgebiet gefertigt und gelangten als Importe an verschiedene skandinavische Fundorte. Die größte Zahl von Trichterbechern stammt aus Gräbern des Handelsplatzes Birka im Mälarseegebiet, in der Nähe des heutigen Stockholm. Darunter sind neben unverzierten Stücken, wie etwa dem Glas aus Haithabu, auch aufwendig mit Glasfäden dekorierte Stücke zu finden.

In Haithabu wurden mehrere hundert Bruchstücke von Hohl- und Flachgläsern entdeckt. Das Glas aus dem Bootkammergrab ist jedoch das einzige vollständig erhaltene. In dem reich ausgestatteten Grab waren in zwei Kammerteilen insgesamt drei Tote beerdigt. Der einzelne Tote im linken Kammerteil B besaß neben dem Glas eine Waffen- und Reitausrüstung, Gefäße aus Holz und Bronze sowie mehrere Kleingegenstände. Auch im rechten Kammerteil A gab es zahlreiche Beifunde. Die Forschung interpretiert das Grab als Bestattung eines dänischen Adligen mit zwei seiner Gefolgsleute. Unter den Beigaben waren mehrere Objekte, die aus dem fränkischen Reich stammen. Sie dokumentieren möglicherweise enge politische Beziehungen der Toten zum karolingischen Adel: Die Grabbeigaben könnten zum einen Geschenke an die dänische Führung darstellen und zum anderen die Nachahmung höfischer Rituale (Trinksitten) belegen.

Dekówna, Glasbecher, Abb. 29. – Wamers, Bootkammergrab, S. 30, Abb. 4 u. 25. – Ausst.kat. Paderborn 1999, Bd. 1, Nr. III.73 (Sveva Gai).

H.E.

II. 27
Schatzfund I von Klein-Roscharden

10. Jahrhundert, vergraben nach 1002
Klein-Roscharden, Gem. Lastrup, Ldkr. Cloppenburg

a) Buckelfibel: Silber. – Gegossener Buckel in Blechfassung, Teile nicht erhalten. – Fassung mit breitem Rand aus tordierten Drähten zwischen zwei Perldrähten, auf dem Mittelbuckel vier verschlungene Ringe mit Dreiblattpalmetten in den Zwickeln, tremolierstichverzierter Hintergrund. – Dm. 7,3 cm.

II. 26

b) Buckelfibel: Silber. – Gegossener Buckel in Blechfassung. Fassung mit breitem Rand aus zwei Perl- und zwölf tordierten Drähten, Mittelbuckel graviert mit Vierpaßknotenornament, konturiert mit Tremolierstich. – Dm. 6 cm.

c) Buckelfibel: Silber. – Gegossener Buckel in Blechfassung. Fassung mit tordiertem Draht und Perldrahtrand, Mittelbuckel mit einem doppelten Knotenornament ziseliert. Dm. 4,6 cm.

d) Buckelfibel: Silber. – Gegossener Buckel in Blechfassung. Fassung mit Rand aus doppeltem Perlstab, beschädigt. Mittelbuckel mit gleicharmigem Kreuz und zentralem Vierpaßblatt, in dessen Zwickel Ringpalmetten sitzen, Hintergrund aus blauem Grubenschmelz. – Dm. 3,5 cm.

e) Buckelfibel mit verschlungener Tierornamentik: Silberblech. Gewölbte Deckplatte auf Grundplatte, kleinere Fehlstellen am Rand und auf der Unterseite. – Gelöteter Blechkorpus mit untergelöteter Nadel- und Kettenhalterung aus gerieften Blechstreifen, Rand mit Filigrandraht. – Auf der Deckplatte mit Model das Muster eingepreßt, Filigran als Musterdekor, Granulation zum Ausfüllen der Flächen. – Vier kreuzradial geordnete Tierleiber in Flechtbandverschlingung, Augen als Filigranringe, Schnauze aus einem Draht, Körper als Filigranbrezel, Deckblech zwischen den Musterelementen ausgeschnitten; auf der Unterseite der Grundplatte Filigranspiralen. Dm. 3,7 cm.

f) Ovaler Silberanhänger mit Almandineinlage: Silber. – Teile der Grundplatte und Fassung fehlen. – Grundplatte mit angelöteter Öse. – Fassung als Blechstreifen, auf Grundplatte gelötet, gezackt, mugelige Almandineinlage, dreifacher Perlrand. – H. 2,7 cm.

g) Silberarmreif: Silberblech, bandförmig mit Haken-Ösen-Verschluß. – Außen flächendeckende Gravierung mit Ringkette, abwechselnd mit Palmetten und Tremolierstich gefüllt, Enden laufen in Palmetten aus, Kette außen mit Tremolierstich konturiert. – H. 1,7 cm, Dm. 6,9 x 7,5 cm.

h) Fragment eines Anhängers: Silber, vergoldet, fragmentiert. Dosenförmig, innen mit Blechstreifen gefüllt, außen eingefaßt mit Filigran, Oberseite mit zwei Spiralen, auf der Seitenwand Filigran in Form eines Wellenbandes, Oberseite mit bandförmiger Öse, ursprünglich vielleicht mit Steineinlage. L. 1,8 cm, H. 0,7 cm.

i) Zwei Silberfingerringe: Silber, achtkantig facettiert mit zugespitzten Enden. – Dm. 2,4/2,8 cm.

j) Goldfingerring: Gold, polierter Reif mit Tragespuren. Plastische Ornamente, vermutlich vegetabil dargestellt; feine Dreieckpunzierung. – Dm. 2,4 cm.

k) Schrötling: Gold, flache, runde, glatte Scheibe. Dm. 1,6 cm, D. 0,03 cm.

l) Zwei Barren: Silberblech. – Zusammengebogen, der eine mit gerundeten Ecken, der andere mit gerade abgeschnittenen Enden. – B. 1 cm, Gew. 18,05 g u. 13,48 g.

m) Vier stabförmige Silberbarren: Silber. – Gußhaut- und Hammerspuren, zu den Enden hin sich verjüngend, davon einer mit einem abgeschlagenen Ende. – L. 3,8–6,5 cm, B. 0,9–1,0 cm; Gew. 17,25 g, 14,96 g, 23,20 g, 13,82 g.

n) Grapengefäß: Irdenware, graubraun, sieben Scherben. – Randabschluß ausbiegend, nach außen verdickt, kantig abgestrichen, Grapenfuß.

Oldenburg, Landesmuseum für Natur und Mensch, Inv.Nr. 1383 (a), 1384 (b), 1385 (c), 1386 (d), 1387 (e), 1388 (f), 1389 (g), 1390 (h), 1391–92 (i), 1395 (j), 1396 (k), 1393–1394 (l), 1397–1400 (m), 1382 (n)

1883 wurde der sog. Schatz I auf einem Acker bei Klein-Roscharden in einem heute zerbrochenen Grapen (Dreifußgefäß) entdeckt, der mit einem flachen Stein zugedeckt war. In dem Tongefäß lagen zwei Ringbarren, vier Stabbarren, fünf Fibeln, fünf Schmuckstücke, ein Schrötling und 73 Münzen, nach deren jüngsten Münzprägungen der Schatz nach 1002 vergraben wurde (vgl. Kat.Nr. II.28). Die Münzen dieses Schatzfundes sind heute verschollen. In nur 15 m Entfernung konnte 1886 der zweite Schatz (Kat.Nr. II.28) geborgen werden, der nach 996 in den Boden gelangte. Beide Depotfunde wurden offensichtlich von einem einzigen Eigentümer vergraben, wobei unklar bleibt (Wamers), ob dies kurz hintereinander oder gleichzeitig geschah (Schulze-Dörrlamm).

Aus der Zeit zwischen 800 und 1100 fanden sich zahlreiche kostbare Silberschätze vor allem in den Ländern rings um die Ostsee, aber auch in Irland und auf den britischen Inseln (vgl. Kat.Nr. VI.83). Die absichtlich zerbrochenen und zerhackten Silbergegenstände – Münzen, Schmuck, Barren, Bleche – führten zur Bezeichnung der Depots als Hacksilber, obwohl auch unversehrte Stücke einen großen Anteil ausmachen und einige Objekte wie in Klein-Roscharden aus Gold gefertigt sind. Bedeutsam sind die beiden nordwestdeutschen Fundorte, da nur wenige Depotfunde der ottonischen und salischen Zeit auf Reichsgebiet westlich der Elbe entdeckt wurden.

Hacksilberfunde spiegeln nicht nur Raub und Plünderung wider, die ihre Besitzer zum Verstecken des Edelmetalls zwangen, sondern auch den Zustand einer Übergangszeit von Gewichtsgeld- zur Münzwirtschaft. Die absichtliche Zerstückelung scheint nach bestimmten Gewichtsnormen erfolgt zu sein, so daß sie meist als Depots für Zahlungsmittel im „internationalen Handelsverkehr" gedeutet werden. „Der Warentausch basierte auf Gewichtsgeldwirtschaft, in der sowohl Münzen als auch Schmuck und Barren nach dem Realwertprinzip be-

II. 27

rechnet werden." (Wiechmann). Bei den Schatzfunden von Klein-Roscharden wird angenommen, daß sie als Rohstoffdepot eines Feinschmiedes für Schmuckproduktion gedient haben (Wamers) oder Eigentum einer höherstehenden, vermutlich adligen Familie waren (Schulze-Dörrlamm).

Wie auch in schleswig-holsteinischen Fundkomplexen aus der Zeit zwischen 980 und 1050 ist das Münzmaterial des Schatzfundes Klein-Roscharden I westlich geprägt (vgl. Kat.Nr. II.28). Die fünf Buckelfibeln repräsentieren charakteristischen Schmuck der Ottonen- und frühen Salierzeit. Im Gegensatz zu den flachen Scheibenfibeln des 8. und 9. Jahrhunderts zeichnen sich die Exemplare des 10. und 11. Jahrhunderts durch einen dreidimensionalen Aufbau aus, wie bei den Fibeln aus Klein-Roscharden durch einen Mittelbuckel. Das plateauförmig bzw. buckelförmig erhobene Zierfeld setzt sich deutlich von einem meist schräg abfallenden Rand ab. Nach münzdatierenden Schatzfunden Nordwestdeutschlands und Südskandinaviens lassen sich Buckelscheibenfibeln in das späte 10. und in die ersten Hälfte des 11. Jahrhunderts einordnen. Aufgrund ihres Vorkommens in Edelmetalldepots sowie deutlicher Gebrauchsspuren kommen die Buckelfibeln schon früher, in der Mitte des 10. Jahrhunderts, auf (Frick, Wamers).

Unter den ca. 90 bekannten Exemplaren ist die ganze Spannweite zwischen Prunkfibeln der Hofkunst bis zu einfachen Guß- und Blechformen ver-

II. 27 a, d, e

treten. Das Aufgreifen von Zierelementen qualitätvollerer Exemplare setzt sich bis zu den einfachen Stücken fort. So imitiert der Mittelbuckel anscheinend den zentralen Cabochon von Prunkfibeln. Die Perl- und Filigranleisten der Fibeln von Klein-Roscharden werden bei denjenigen aus Blei, Zinn oder Buntmetall durch eingeritzte oder mitgegossene Leiter-, Fischgrät- und Zickzackbänder nachgebildet.

II. 28 a

II. 28 b

Die Buckelverzierung der Fibeln aus Klein-Roscharden präsentiert ottonische Zierkunst mit geometrischen Flechtbandknoten und vegetabilen Elementen. Seltener ist das Kreuzmotiv mit emaillierten Palmetten (Kat.Nr. II.27 d). Die Fibel mit verschlungener Tierornamentik (Kat.Nr. II.27 e) gehört zu einer kleinen Gruppe von Scheibenfibeln, die bisher den skandinavischen Fibeln vom Typ Terslev zugeordnet waren. Anhänger und Fibeln dieses Typs schmückt ein kontinental beeinflußtes Muster aus verschlungenem Doppelbrezelmuster, das in einer Raute eingebunden ist (vgl. Kat.Nr. VI.81). In einer detaillierten Analyse skandinavischer Filigran- und Granulationskunst konnte Heidemarie Eilbracht jedoch verdeutlichen, daß die Fibelgruppe zwar auch ein symmetrisches Knotenmuster trägt, jedoch durch die stilisierten Tierköpfe eine eigene Variante bildet. Mit Ausnahme ihres prägnantesten Vertreters aus Klein-Roscharden (Kat.Nr. II.27 e) treten die Exemplare in dänischen und südschwedischen Landschaften auf.

Berghaus, Klein-Roscharden. – Gandert, Klein-Roscharden. – Schulze-Dörrlamm, Schmuck, S. 110–112 Vitrine 1, A 1–9. – Frick, Scheibenfibeln, S. 399. – Ausst.kat. Hildesheim 1993, Bd. 2, Nr. VI-40 (Egon Wamers). – Wamers, Lesefunde, S. 98 u. 102 Abb. 65.1–4, S. 230 Liste 22.4–7. – Wiechmann, Edelmetalldepots. – Wiechmann, „Ringbrecher". – Eilbracht, Filigrankunst, S. 58, 144 u. 208 Nr. 229, S. 238 Karte 9, Taf. 19.

H.P.

II. 28
Schatzfund II von Klein Roscharden

10. Jahrhundert, vergraben nach 996
Klein-Roscharden, Gem. Lastrup, Ldkr. Cloppenburg

a) Silberscheibenfibel mit einem Mittelplateau und breitem Rand aus geflochtenen Filigrandrähten, der von einem äußeren Perlstab umgeben ist. Auf dem Mittelplateau ein stark stilisiertes Herrscherbrustbild mit Krone (Diadem) nach rechts, davor ein Kreuz, das Ganze von einem Perlkreis umgeben.
Silber. – Gew. 10,86 g, Dm. 42 mm, Bilddm. 23 mm.

Berlin, Münzkabinett SMPK, Inv.Nr. 204/1887

b) Zwei Silberscheibenfibeln mit einem Mittelbuckel und breitem Rand aus geflochtenen Filigrandrähten, der von einem äußeren Perlstab umgeben ist. Mittelbuckel mit graviertem und linear emailliertem Vierpaß-Flechtbandknoten („Zauberknoten") verziert. – Silber. – Dm. 38 mm, Mittelbuckel 21 mm.

Berlin, Staatliche Museen zu Berlin – Preußischer Kulturbesitz, Museum für Vor- und Frühgeschichte, Inv.Nr. IIa 23 a u. b

c) 60 Münzen, darunter Sachsenpfennige [a], Otto-Adelheid-Pfennige [b], Magdeburg [c], Herzog Bernhard, Lüneburg? [d], Dortmund [e], Deventer [f], Köln [g], England [h].

Berlin, Münzkabinett SMPK, Inv.Nr. 174–202/1887

Der 1886 geborgene Schatz II von Klein-Roscharden (Kr. Cloppenburg, Oldenburg) enthielt neben verschiedenen Silbergegenständen und 693 Münzen zwei gleichartig gearbeitete silberne Schmuckstücke (Fibeln?), die in der Mitte einen sog. Schmuckbrakteaten (einseitig geprägtes Silberblech) mit einem Herrscherbildnis aufweisen. Während das eine Bildnis durch die Umschrift HEGINRIC REX deutlich auf König Heinrich I. weist (Kat.Nr. III.2), zeigt das andere eine fast insektenähnliche Stilisierung eines Herrscherbildes und ist ohne Inschrift (b). Die Darstellung erinnert an nordische Goldbrakteaten oder Münzimitationen der Völkerwanderungszeit. Aufgrund der breiten Einfassung aus geflochtenen Filigrandrähten und äußerem Perlstab ist es in das letzte Drittel des 10. Jahrhunderts

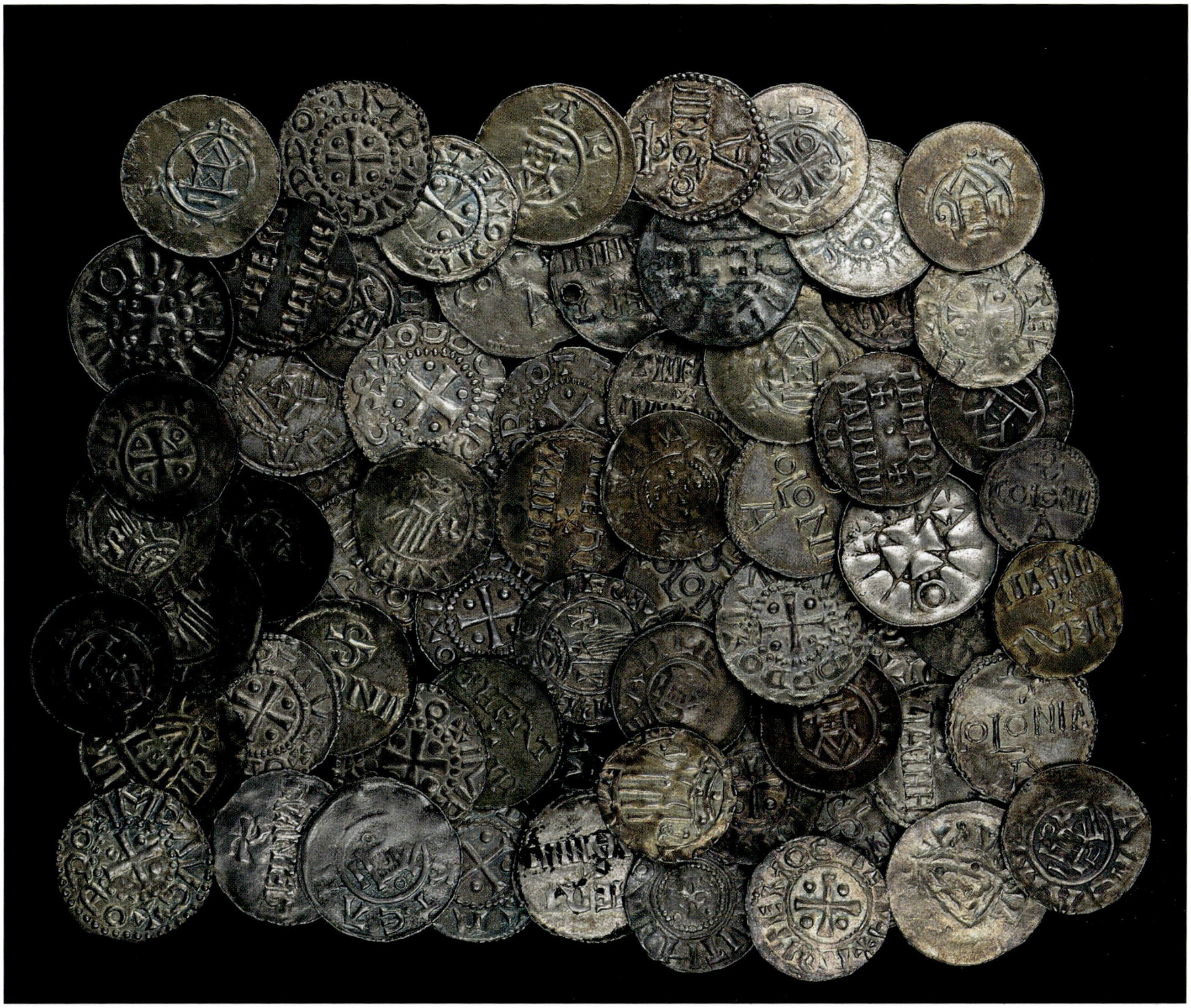

II. 28 c

datiert worden (Schulze-Dörrlamm). Möglicherweise ist es aber älter und nur die Fassung im späten 10. Jahrhundert entstanden. In gleicher Weise gefaßt sind zwei gravierte silberne Buckelscheibenfibeln des Fundes [a].

Mit 693 Münzen ist das Depot Klein-Roscharden II einer der bedeutendsten Münzschätze aus dem Ende des 10. Jahrhunderts, zugleich einer der wenigen, der innerhalb der Reichsgrenze niedergelegt worden ist. Er zeigt nicht so sehr die weiträumige Durchmischung der skandinavischen Funde, sondern neben Kölner Pfennigen (199 Ex.; [g]) sowie den Pfennigen aus Münzstätten der Umgebung (187 Ex., hauptsächlich Deventer; [f]) eine starke Konzentration auf sächsische Münzen (306 Ex). Außer 209 Otto-Adelheid-Pfennigtypen [b] und 35 Sachsenpfennigen [a] kamen 51 Ex. der unter Otto III. ins Leben gerufenen Dortmunder Münzstätte [e], 7 Pfennige Herzog Bernhards I. (II.14 u. II.29 [o]), 2 Münzen aus Mundburg sowie 2 Exemplare der Magdeburger Münzen nach dem Vorbild der Otto-Adelheid-Pfennige vor ([c], vgl. Kat.Nr. V.6 b–d). Den Rest bilden übrige deutsche (3 Ex.), englische (4 Ex.; [h]), französische (1 Ex.) und arabische Münzen (3 Ex.).

Das kleinere Depot I von 1883 mit 73 Münzen weist die gleiche Struktur auf (Kat.Nr. II.27): Köln (26 Ex.), Friesland/Deventer (15 Ex.), Sachsen (29 Ex.), sonstige deutsche (1 Ex.) und englische Münzen (2 Ex.). Die Münzen des Depots I sind komplett verschollen, vom Depot II sind 193 Exemplare erhalten, die 1887 in das Münzkabinett Berlin gelangten und hier in einer Auswahl gezeigt werden. Da die beiden Funde von Klein-Roscharden in unmittelbarer Nähe vergraben worden sind, ist auch ein zusammengehöriges, in zwei Gefäßen und geringer Entfernung niedergelegtes Depot vermutet worden (Berghaus). Depot I schließt mit Münzen aus der Königszeit Heinrichs II. (nach 1002), Depot II mit solchen aus der Kaiserzeit Ottos III. (nach 996). Die Münzen zeigen eine relativ kurze Akkumulationsphase von knapp 15 Jahren.

Die insbesondere durch ihren weitgehend unversehrten Silberschmuck (Fibeln) auffallenden Schätze von Klein Roscharden sind als Eigentum einer wohlhabenden, vermutlich adligen Person oder Familie (Schulze-Dörrlamm) bzw. als Metalldepot eines Feinschmieds (Wamers) gedeutet worden.

Berghaus, Klein-Roscharden, S. 196–206. – Gandert, Klein-Roscharden, S. 151–195. – Schramm, Kaiser u. Könige, S. 185 f. Nr. 80 (Peter Berghaus). – Ausst.kat. Speyer 1992, Vitrine 1 A 1–12 S. 110–112 (Mechthild Schulze-Dörrlamm). – Kat. Hildesheim 1993, Bd. 2, Nr. VI-40 (Egon Wamers).

B.K.

II. 29
Otto-Adelheid-Pfennige

Sachsen, ab ca. 984
Königliche Münzstätten

Gruppe mit O-T-T-O in den Kreuzwinkeln (Hatz, Typ II; Kluge, Otto-Adelheid-Pfennige)

a) *Vs.:* Kreuz, in den Winkeln O-T-T-O. +DI GR-A +REX AMEN. – *Rs.:* Kirchengebäude, darin Kreuz aus fünf Punkten A+THALHET.
Silber. – Gew. 1,70 g, Dm. 20,3 mm.

Berlin, Münzkabinett SMPK, Inv.Nr. 1887/174 aus Fund Klein-Roscharden (ID 1306)

Dannenberg, Münzen, Bd. 1, Nr. 1166. – Menadier, Hochzeitspfennig, S. 152 Nr. 5. – Hatz, Otto-Adelheid-Pfennige, Typ II, 2 c. – Kluge, Otto-Adelheid-Pfennige, Typ B:5/c:1. – Kluge, Münzgeschichte, Nr. 43.

b) *Vs.:* Kreuz, in den Winkeln O-T-T-O. +DI GR-A +REX AMEN (rückläufig). – *Rs.:* Kirchengebäude, darin Kreuz. ATHALHET+.
Silber. – Gew. 1,66 g, Dm. 21,2 mm.

Berlin, Münkabinett SMPK, Inv.Nr. 1887/174 aus Fund Klein-Roscharden (ID 1308)

Dannenberg, Münzen, Bd. 1, Nr. 1166. – Menadier, Hochzeitspfennig, S. 153 Nr. 10. – Kluge, Otto-Adelheid-Pfennige, Typ D:1/a:1. – Kluge, Münzgeschichte, Nr. 43.

c) *Vs.:* Kreuz, in den Winkeln O-T-T-O. +DI GR-A +REX. – *Rs.:* Kirchengebäude, darin Schrägkreuz. Zu Seiten der Kirche zwei Punkte. AMEN.
Silber. – Gew. 1,25 g, Dm. 19,4 mm.

Berlin, Münzkabinett SMPK, Inv.Nr. 1887/174 aus Fund Klein-Roscharden (ID 1333)

Dannenberg, Münzen, Bd. 1, Nr. 1171. – Menadier, Hochzeitspfennig, S. 173 Nr. 1 – Kluge, Otto-Adelheid-Pfennige, Typ C:13/e:1. – Kluge, Münzgeschichte, Nr. 45.

Gruppe mit O-D-D-O in den Kreuzwinkeln Holzkirche ohne und mit Beizeichen, standardisiertes ATEAHLHT / ATEAHLT (Hatz, Typ III und IV)

d) *Vs.:* Kreuz, in den Winkeln O-D-D-O. +DI GR-A+ REX. – *Rs.:* Holzkirche ohne Beizeichen. ATEAHLHT.
Silber. – Gew. 1,45 g, Dm. 20,6 mm.

Berlin, Münzkabinett SMPK, Inv.Nr. 1821 Adler (ID 1312)

Dannenberg, Münzen, Bd. 1, Nr. 1167. – Hatz, Otto-Adelheid-Pfennige, Typ III, 7 a. – Kluge, Münzgeschichte, Nr. 44. – Kluge, ADELDEIDA, Nr. 1.

e) Obol (halber Pfennig) *Vs.:* Kreuz, in den Winkeln O-D-D-O. +DI GR-A +REX. – *Rs.:* Holzkirche ohne Beizeichen. ATEALHT.
Silber. – Gew. 0,73 g, Dm. 15,5.

Berlin, Münzkabinett SMPK, o. Inv.Nr. (ID 1321)

Dannenberg, Münzen, Bd. 1, Nr. 1169. – Menadier, Hochzeitspfennig, S. 160 Nr. 66. – Hatz, Otto-Adelheid-Pfennige, Typ III, 6 b.

f) *Vs.:* Kreuz, in den Winkeln O-D-D-O. +DI GR-A +REX. – *Rs.:* Holzkirche, beiderseits ein liegendes D. ATEAHLHT.
Silber. – Gew. 1,56 g, Dm. 19,7 mm.

Berlin, Münzkabinett SMPK, Inv.Nr. 1887/174 aus Fund Klein-Roscharden (ID 1317)

Dannenberg, Münzen, Bd. 1, Nr. 1167. – Menadier, Hochzeitspfennig, S. 156 Nr. 30. – Hatz, Otto-Adelheid-Pfennige, Typ IV, 15 i. – Kluge, ADELDEIDA, Nr. 3.

g) *Vs.:* Kreuz, in den Winkeln O-D-D-O. +DI GR-A+REX. – *Rs.:* Holzkirche, links L, rechts Krummstab. ATEAHLHT.
Silber. – Gew. 1,16 g, Dm. 18,7 mm.

Berlin, Münzkabinett SMPK, Inv.Nr. 1887/174 aus Fund Klein-Roscharden (ID 1319)

Dannenberg, Münzen, Bd. 1, Nr. 1167 c. – Menadier, Hochzeitspfennig, S. 159 Nr. 57. – Hatz, Otto-Adelheid-Pfennige, Typ IV, 11 e. – Kluge, ADELDEIDA, Nr. 2.

a

b

c

d

e

f

g

h

i

j

k

l

m

n

o

II. 29 a–o

h) *Vs.:* Kreuz, in den Winkeln O-D-D-O. +DI GR-A +REX. – *Rs.:* Holzkirche mit vertikalen Balken. ATEAHLHT.
Silber. – Gew. 1,28 g, Dm. 20,6 mm.

Berlin, Münzkabinett SMPK, Inv.Nr. 1887/174 aus Fund Klein-Roscharden (ID 1323)

Dannenberg, Münzen, Bd. 1, Nr. 1167. – Menadier, Hochzeitspfennig, S. 160 Nr. 69. – Hatz, Otto-Adelheid-Pfennige, Typ III, 11 a.

Gruppe mit Königskopf
(Hatz, Typ I; Kluge, Stempeluntersuchung)

i) *Vs.:* Kreuz, in den Winkeln O-D-D-O. +DI GR-A REX. – *Rs.:* Kopf mit Diadem nach links. OTTO ADELDEIDA REX.
Silber. – Gew. 1,43 g, Dm. 19,3 mm.

Berlin, Münzkabinett SMPK, Inv.Nr. 1896/1270 aus Fund Leissow (ID 1327)

Dannenberg, Münzen, Bd. 1, Nr. 1164. – Menadier, Hochzeitspfennig, S. 162 Nr. 78. – Hatz, Otto-Adelheid-Pfennige, Typ I, 2 c. – Kluge, Stempeluntersuchung, 80. – Kluge, Münzgeschichte, Nr. 46. – Kluge, ADELDEIDA, Nr. 6.

j) *Vs.:* Kreuz, in den Winkeln O-D-D-O. +DI GR-A REX. – *Rs.:* Kopf mit Diadem nach links. +ADELDEIDA.
Silber. – Gew. 1,27 g, Dm. 19,1 mm.

Berlin, Münzkabinett SMPK, Inv.Nr. 1899/186 aus Fund Leissow (ID 1329)

Dannenberg, Münzen, Bd. 3, Nr. 1937. – Hatz, Otto-Adelheid-Pfennige, Typ I, 4 b. – Kluge, Stempeluntersuchung, 141. – Kluge, ADELDEIDA, Nr. 7.

Otto-Adelheid-Pfennige aus nichtköniglichen Münzstätten

k) Anonym
Vs.: Kreuz, in den Winkeln O-D-D-O. +DI GR-A REX. – *Rs.:* Kirchengebäude, darin Winkel. EILART.
Silber. – Gew. 1,43 g, Dm. 20,1 mm.

Berlin, Münzkabinett SMPK, Inv.Nr. 1887/174 aus Fund Klein-Roscharden (ID 1334)

Dannenberg, Münzen, Bd. 1, Nr. 1174. – Menadier, Hochzeitspfennig, S. 174 Nr. 3. – Kluge, Münzgeschichte, Nr. 47. – Kluge, ADELDEIDA, Nr. 11.

l) Stift Quedlinburg
Vs.: Kreuz mit O-D-D-O in den Winkeln. +DI GR-A REX. – *Rs.:* Holzkirche, beiderseits T. SERVAEIVS.
Silber. – Gew. 1,60 g, Dm. 19,0 mm.

Berlin, Münzkabinett SMPK, Inv.Nr. 1892 Dannenberg (ID 1343)

Dannenberg, Münzen, Bd. 1, Nr. 613 a. – Menadier, Hochzeitspfennig, S. 174 Nr. 1. – Kluge, Münzgeschichte, Nr. 439. – Kluge, ADELDEIDA, Nr. 13.

m) Hildesheim
Vs.: Kreuz mit O-D-D-O in den Winkeln.. +DI GR-A REX. – *Rs.:* Holzkirche. SCA MARIA.
Silber. – Gew. 1,46 g, Dm. 19,4 mm.

Berlin, Münzkabinett SMPK, Inv.Nr. 1878/950 aus Fund Witzmitz (ID 1344)

Dannenberg, Münzen, Bd. 1, Nr. 706. – Kluge, Münzgeschichte, Nr. 417. – Kluge, ADELDEIDA, Nr. 12.

n) Halberstadt, Bischof Arnulf (996–1023)
Vs.: Kopf nach links. ARNOLFVS EPS. – *Rs.:* Holzkirche. ATHEAHLT.
Silber. – Gew. 1,52 g, Dm. 18,8 mm.

Berlin, Münzkabinett SMPK, Inv.Nr. 1892 Dannenberg (ID 1336)

Dannenberg, Münzen, Bd. 1, Nr. 624. – Kluge, ADELDEIDA, Nr. 14.

o) Herzog Bernhard I. von Sachsen (973–1011)
Vs.: Kopf nach rechts. BERNHARDVS DVX. – *Rs.:* Kreuz mit O-D-D-O in den Winkeln. DI GRA //////.
Silber. – Gew. 1,38 g, Dm. 19,6 mm.

Berlin, Münzkabinett SMPK, Inv.Nr. 1892/394 aus dem Fund Lodejnoe Pole I (ID 1236)

Dannenberg, Münzen, Bd. 2, Nr. 1557. – Kluge, Münzgeschichte, Nr. 235. – Kluge, ADELDEIDA, Nr. 16.

Als Otto-Adelheid-Pfennige bezeichnet man Münzen, die auf der einen Seite ein Kreuz mit dem Namen ODDO bzw. OTTO in den Winkeln und die Umschrift DI GR-A REX (Dei Gratia Rex; „König durch Gottes Gnade"), auf der anderen Seite ein kastenförmiges Kirchengebäude („Holzkirche") und die Umschrift ATEAHLHT (ATHALHET o.ä) zeigen. Das Otto der einen Münzseite sorgt für den ersten, das ATEAHLHT/ATHALHET auf der anderen Seite für den zweiten Bestandteil des Namens.

Der Grundtyp Kreuz – Holzkirche (d) wird nur wenig verändert durch wechselnde Beizeichen zu seiten der Holzkirche bzw. durch Punkte und andere kleine Zeichen beim ODDO in den Kreuzwinkeln (f–h). Das ODDO selbst wird in Stellung und Form der Buchstaben variiert. Zu den ganzen Pfennigen existieren auch bildgleiche halbe Pfennige, Obole, mit entsprechend geringerem Durchmesser und Gewicht (e).Während die Holzkirchenpfennige mit ODDO (d, f–h) die Norm bilden, kommen die Pfennige mit OTTO (a–c) wesentlich seltener vor. Daneben gibt es noch eine Gruppe mit Königskopf anstelle der Holzkirche, wobei in der Umschrift Otto und Adelheid gemeinsam genannt sind (i). Auf einem nur in zwei Exemplaren bekannten Typ erscheint der Name der Adelheid allein (j).

An den Holzkirchen-Haupttyp der Otto-Adelheid-Pfennige schließen sich verschiedene spätere kleinere Serien an, auf denen das ATEAHLHT durch andere Legenden ersetzt oder ergänzt ist. Davon lassen sich einige auf Grund dieser Legenden bestimmte Orten wie Magdeburg (Kat.Nr. V.5), Quedlinburg (l), Hildesheim (m) und Halberstadt (n) oder Personen wie Herzog Bernhard I. von Sachsen zuweisen (o).

Über die Datierung der Otto-Adelheid-Pfennige sind unter den Numismatikern erbitterte Kontroversen geführt worden. Otto heiratete Adelheid, die Erbin des italischen Königreichs, Ende 951. Da er auf den Münzen als *Rex* („König") bezeichnet wird, müßte die Ausprägung vor der Kaiserkrönung Ottos I. zwischen 952 und 962 begonnen worden sein. Gegen die historisch an sich plausible Entstehung der Otto-Adelheid-Pfennige unter Otto I. sprechen allerdings die Münzfunde. Die Otto-Adelheid-Pfennige kommen zu Tausenden in den skandinavischen und slawischen Schatzfunden vor (vgl. Kat.Nr. II.28 u. VI.83). Bisher hat sich aber kein einziger dieser Funde mit Sicherheit in die Zeit vor 983 datieren lassen. Die Forschung nimmt daher mehrheitlich an, daß die Otto-Adelheid-Pfennige aus der Zeit Ottos III. (983–1002) stammen müssen und verbindet sie mit dem Jahr 991. Mitte 991 übernahm die Altkaiserin Adelheid nach dem Tode ihrer Schwiegertochter Theophanu die Regentschaft für ihren unmündigen Enkel Otto III. Demgegenüber ist die Entstehung der Otto-Adelheid-Pfennige im Zusammenhang mit der Neuordnung der sächsischen Verhältnisse nach dem Slawenaufstand und den Thronwirren von 983/84 vorgetragen worden (vgl. Beitrag Kluge).

Dannenberg, Münzen, bes. Bd. 2, S. 701–717; Bd. 4, S. 958–966 (Datierung auf 991, Vormundschaftsmünzen der Adelheid). – Menadier, Hochzeitspfennig, S. 138–204 u. Menadier, Otto-Adelheid-Pfennige (Datierung auf Otto I., Prägung ab 952). – Jammer, Münzprägung, S. 17f. (Lit.) u. S. 61–64 (Datierung zu Otto III.). – Hatz, Otto-Adelheid-Pfennige (Zitiergrundlage der Typen und Varianten). – Kraume/Hatz, Otto-Adelheid-Pfennige (Metallanalysen). – Kluge, Stempeluntersuchung (Stempeluntersuchung Kopftyp, Prägung ab 995). – Kluge, Otto-Adelheid-Pfennige (Stempeluntersuchung OTTO-Typen; Prägung ab 984). – Hatz/Zwicker/Gale, Otto-Adelheid-Pfennige, S. 9–24 (Problem und Forschungsstand; Bekräftigung der Datierung ab 991), S. 59–146 (Metallanalysen). – Kluge, Münzgeschichte. – Jörn, Westharzer Bergbau (Datierung auf Otto I. ab 951). – Kluge, ADELDEIDA (Gesamtdarstellung; im Druck).

B.K.

II. 30
Klappwaage

10. Jahrhundert
Haithabu, Kr. Schleswig-Flensburg
Messing.
a) Klappbalken: L. 11,0 cm, H. 0,30 cm, T. 0,35 cm;
b) Gabel: H. 4,5 cm, B. 0,34, T. 0,85; c) Waagschale: H. 2,4 cm, Dm. 7,3 cm, T. des Randes 0,17 cm.
Schleswig, Stiftung Schleswig-Holsteinische Landesmuseen, Archäologisches Landesmuseum

Drei Bestandteile einer Klappwaage: a) Klappbalken zur Waage mit feiner Zickzackgravur (Tremolierstich), in der Mittelzone achtkantig facettiert, Balkenenden mit sechs Rippen verziert, am Ende jeweils ein kleiner Ring in der Öse; Zunge (Zeiger) aus Stahl jedoch aus dem geschlitzten Mittelstück ausgefallen; b) Gabel mit leicht hochgezogenen Schultern, Griffklammer profiliert, zwei Rippen unterhalb der Öse, darin kleiner Ring für die Halteschnur bzw. Handhabe; c) Einzelne Waagschale mit feinen Treibspuren, im Zentrum der Innenseite ein doppelter Zirkelschlag eingerissen, auf dem umgelegten Rand und auf der Vorderseite dicht unterhalb des Randes zahlreiche, kleine Kreisaugen sowie vier Lochungen für die Aufhängeschnürchen.

Um den genauen Wert von Zahlungsmitteln, insbesondere von beliebig zerstückeltem Silber, errechnen zu können, war es zunächst erforderlich, dessen Gewicht festzustellen. Dazu verwendete man Feinwaagen, die nach dem Balanceprinzip arbeiteten, und kleinteilige Gewichte. Die traditionellen Waagen des frühen Mittelalters hatten noch starre Balken. Das änderte sich gegen Ende des 9. Jahrhunderts als mit dem Zustrom orientalischer Silbermünzen nach Osteuropa auch die genormte Klappwaage als neues Präzisionsinstrument den nordeuropäischen Wirtschaftsraum erreichte und zwischen Itil und Bulgar an der Wolga sowie Norwegen und Haithabu schlagartig die Welt des Handels und der Märkte bestimmte.

Das hier vertretene Exemplar zeigt den ältesten Typ 3 (nach Steuer), die Hauptform des 10. Jahrhunderts.

Steuer, Feinwaagen. – Steuer, Gewichtsgeldwirtschaften. – Steuer, Waagen.

I.G.

II. 30, 31

II. 31
Gewichte

10. Jahrhundert
Haithabu, Kr. Schleswig-Flensburg

a) Kubooktaeder-Gewichte: Messing. – Quadratflächen jeweils mit 1 Punkt gekennzeichnet: B./H./T. 0,55–0,58 cm, Gew. 1,17 g. – Mit 2 Punkten in Perlrahmung: B./H./T. 0,61 cm, Gew. 1,59 g; mit 4 Punkten in Perlrahmung: B./H./T. 0,75–0,80 cm, Gew. 2,81 g; mit 6 regelmäßig angeordneten Punkten in Perlrahmung: B./H./T. 0,80–0,83 cm, Gew. 4,10 g; mit 6 unregelmäßig angeordneten Punkten in Perlrahmung: B./H./T. 0,85–0,90 cm, Gew. 4,36 g.

b) Kugelzonen-Gewichte verschiedener Größe, auf den Polflächen jeweils ein Einzelpunkt im Perlkreis. – H. 1,1 cm, Dm. 1,3 cm, Gew. 6,59 g; H. 1,3 cm, Dm. 1,5 cm, Gew. 9,12 g.

Schleswig, Stiftung Schleswig-Holsteinische Landesmuseen, Archäologisches Landesmuseum

Zur Feststellung des genauen Gewichts dienten genormte Gewichtssätze mit Wertangaben, bestehend aus Kubooktaedern für Goldwägung und Kugelzonen-Gewichten vornehmlich für Silberstückelungen in höheren Werten.

Lit.: Vgl. Kat.Nr. II.30.

I.G.

II. 32
Fesselschlösser von Gefangenen- bzw. Sklavenfesseln

10./11. Jahrhundert
Haithabu, Kr. Schleswig-Flensburg
Eisen.
Fessel a): L. 10,5 cm, H. 8,7 cm, größter Dm. (Hülse) 3,3 cm; Fessel b): L. 15,5 cm, H. 6,2 cm, größter Dm. (Hülse) 2,8 cm.

Schleswig, Stiftung Schleswig-Holsteinische Landesmuseen, Archäologisches Landesmuseum, Hb. Hafen, Inv.Nr. 185, Inv.Nr. 231

Die röhrenförmige Schloßhülse ist an einem Ende zu einer Öse ausgeschmiedet, in die der massive, halbkreisförmige Schließbügel beweglich eingehängt ist. Dessen gegenüberliegendes Ende ist abgeplattet und durchlocht, so daß es passend in einen Schlitz am anderen Ende der Hülse eingesteckt und dann von außen mittels eines Zapfens mit vierfacher Spreizfeder arretiert werden konnte. Das Fesselschloß gehörte zu einer mehrgliederigen Fußgelenkfessel, wie sie außer in Haithabu auch im nordwestslawischen Siedlungsgebiet mehrfach, jedoch niemals so vollständig wie in Breest, Kr. Demmin, gefunden worden ist (vgl. Beitrag Steuer, Abb. 8). Sie besteht aus einer fünfgliederigen Kette mit halbkreisförmigen Fußfesselteilen an den Enden, das eine mit untereinander verschränkbaren Kettengliedern, durch welche die Schloßhülse vom anderen hindurchgeführt und mit dem Schließzapfen versperrt werden konnte. Auf dieselbe Weise ließen sich freilich auch mehrere Fesseln untereinander verbinden. Das Schloß war mit einem Steckschlüssel zu öffnen, dessen paßgenaue Aussparungen dafür sorgten, daß die Spreizfedern angedrückt und der Schließzapfen herausgezogen werden konnte.

Mehrteilige eiserne Gelenkfesseln eines spätantiken Typs sind archäologisch seit dem 10. Jahrhundert in den nördlichen Einflußgebieten des byzantinischen Reichs, aber auch zweimal in Haithabu nachweisbar (Fessel b). Die nachfolgenden, vornehmlich ins 11. und 12. Jahrhundert gehörigen Formen (Fessel a) konzentrieren sich im mittleren Donauraum und an der nordwestslawischen Ostseeküste. Bis ins mittlere 10. Jahrhundert bezeugen arabische und byzantinische Schriftquellen die Bedeutung der osteuropäischen Fernhandelsrouten für den Sklavenhandel nach Mittelasien und über Byzanz in den Mittelmeerraum. Später wird der byzantinische Zwischenhandel zunehmend über den mittleren Donauraum mit Sklaven und anderen Waren des Nordostens wie Pelzen, Wachs und Honig beliefert. Der Reisende Ibrāhīm ibn Ya^{c}qūb aus Tortosa schreibt über seinen Besuch in der Stadt Prag um 962: „Sie ist die reichste der Handelsstädte. Dorthin kommen aus der Stadt Krakau die Rus' und die Slawen mit [ihren] Waren und aus den Ländern der Ungarn kommen Muslime, Juden und Ungarn gleichfalls mit Waren und mit handelsüblichen Münzgewichten. Und sie exportieren [aus Prag] Sklaven, Zinn und verschiedenartige Felle." Eine bedeutende Ausfuhrroute ins muslimische Andalusien führte nach Westen über Koblenz, wo jüdische Händler für jeden Sklaven „nach altem Recht" vier Pfennige Zoll zu entrichten hatten.

Der heutige deutsche Begriff „Sklave" geht auf das Volk der Sklavenen (slověne) zurück, das im 6. Jahrhundert an der unteren Donau und auf dem Balkan ansässig geworden war. Die griechischen Begriffe „sklabēnos" und „sklábos" erscheinen bereits im 8. Jahrhundert in der Bedeutung „Unfreier" und werden als „sclavīnus" und „sclavus" an das Lateinische und als „ṣaqāliba" an das Arabische weitergegeben. Zugleich wird durch den Einfluß der Byzantiner der Volksname „slověne" auf die gesamte Völkergruppe der Slawen angewendet, die ihn im 9. Jahrhundert zur umfassenden Selbstbezeichnung übernimmt.

Die erzählenden Quellen des 9. bis 12. Jahrhunderts lassen mit aller Deutlichkeit erkennen: Die ständigen Kriegszüge zwischen Sachsen, Slawen und Dänen sollten vor allem Beute einbringen, desgleichen Gefangene, die man verkaufen konnte. Der Erlös für einen Sklaven konnte so hoch sein wie für ein Pferd, nämlich 300 Gramm Silber. Menschenraub und Sklavenhandel betrieben aber nicht allein die heidnischen „Barbaren". Auch die christliche Seite und nicht zuletzt der Adel waren durchaus beteiligt oder profitierten jedenfalls davon. Eklatante Fälle wurden freilich mit besonderem Abscheu vermerkt, wenn etwa christliche Gefan-

II. 32

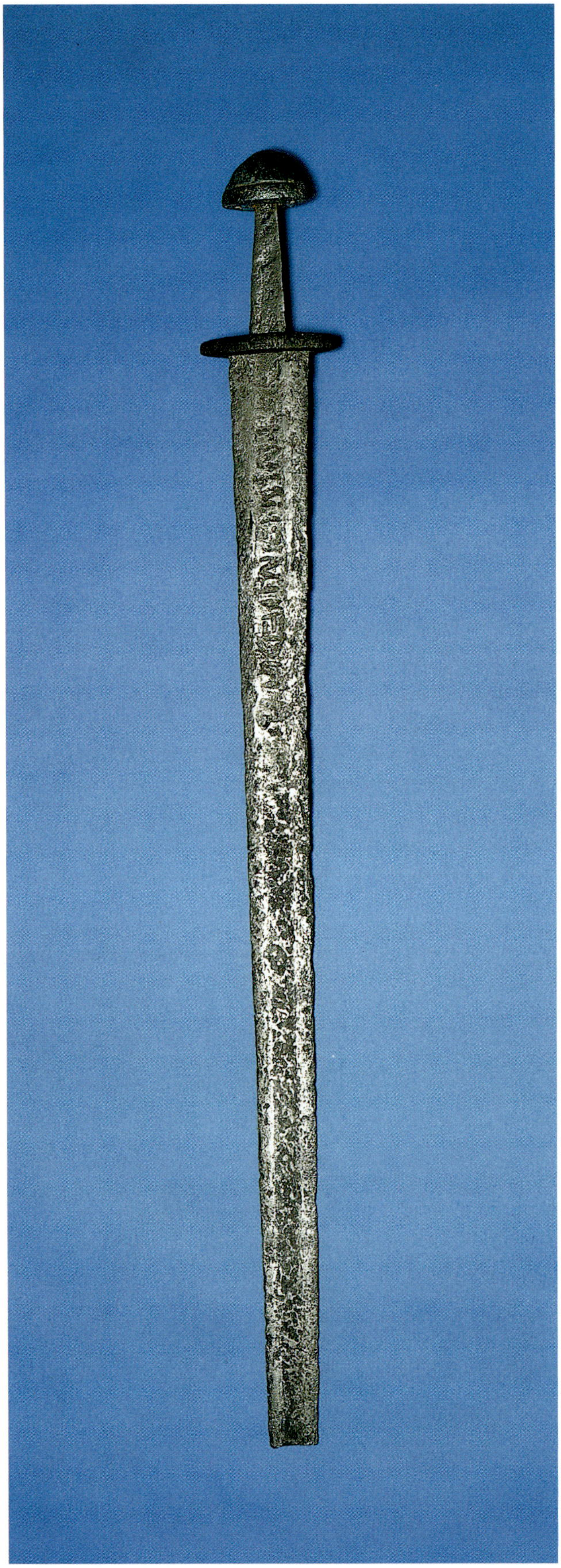

II. 33

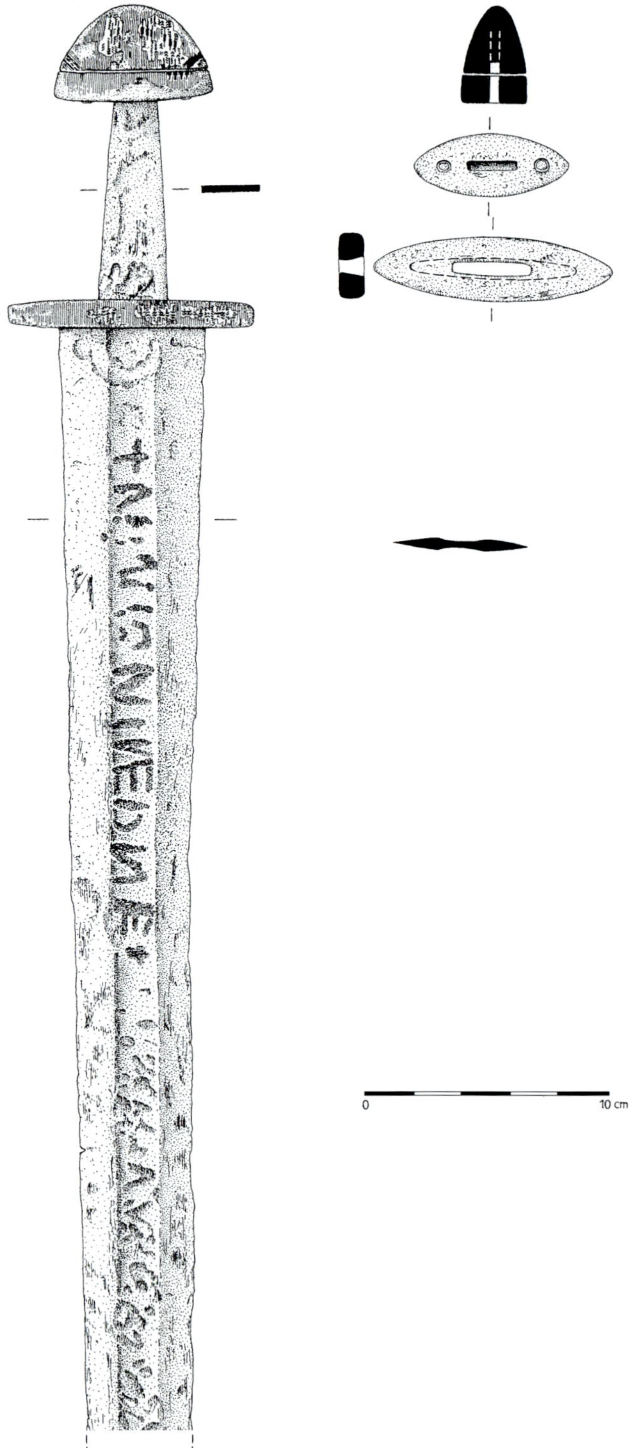

zu II. 33: Umzeichnung

gene, die aus „Barbarenländern" fliehen konnten, von den christlichen nordelbischen Sachsen wiederum festgenommen, gefesselt und erneut an Heiden und Christen verkauft wurden, oder wenn nach verheerenden Feldzügen gegen das Abodritenland die Überlebenden aus Hungersnot zu den Pommern und Dänen flüchteten, von diesen aber ergriffen und an Polen, Sorben und Böhmen verkauft wurden.

Adam von Bremen, Bischofsgeschichte III, c. 22. – Helmold von Bosau, Slawenchronik I, c. 37, 49, 52 u. 84; II, c. 101 u. 109. – Rimbert, Leben Ansgars c. 8, 15, 36 u. 38.

Schoknecht, Fundberichte, S. 290, Taf. 44 b (Fundplatz Breest). – Engels, Reisebericht (zu Ibrāhīm ibn Yaʿqūb). – Henning, Gefangenenfesseln. – Ausst.kat. Hildesheim 1993, Bd. 2, Nr. VI-34 (Petra Westphalen). – Lotter, Juden.

I.G.

II. 33
Schwert

Zweite Hälfte 9. Jahrhundert
Einzelfund, 1893 aus der Peene bei Demmin
Eisen/Stahl. – Kräftige Korrosion der erhaltenen Teile.
L. noch 89,5 cm, Blattbreite max. 5,7 cm,
Parierstangenlänge 9,5 cm, Gew. 939,5 g.
Stralsund, Kulturhistorisches Museum, Inv.Nr. 1962:143

Das Schwert besteht aus vier metallenen Konstruktionsteilen, nämlich Klinge, Parierstange, Knaufstange und Knauf. Die Klingenschultern sind in eine Aussparung der Parierstange eingelassen. Die Ortpartie des Blattes fehlt, so daß die ursprüngliche Gesamtlänge der Waffe nicht zu beziffern ist. Entlang der Mittellinie des Blattes verläuft beidseitig eine flache Kehle von etwa 16 mm Breite. In der Kehle sind beidseitig Buchstaben aus tordiertem Damast-Material verschweißt. Auf einer der Blattseiten erkennt man in gleicher Technik gearbeitete Zeichen (Kreuze), welche die Inschrift einrahmen. Ursprüngliche Verhältnisse der Gegenseite sind zustandsbedingt ungeklärt. Entgegen einer bisher vertretenen Anschauung liegt keine Ausführung mit damaszierten Bahnen vor. Die Waffe zählt zur umfangreichen Gruppe der Inschriftschwerter (vgl. Kat. Nr. II.58) und zeigt eine stark verfremdete, wohl auch ursprünglich nicht klar lesbare Buchstabenfolge.

Die Hilze, das ursprünglich aus organischen Materialien bestehende eigentliche Griffstück, fehlt heute. Die Klingenangel ist über der Knaufstange vernietet. Zwei seitlich eingesetzte eiserne Niete fixieren den separat hergestellten, hohl gearbeiteten Knauf auf der Knaufstange. Röntgenaufnahmen zeigen die Fixierung der Nietschäfte in schwalbenschwanzförmigen Vertiefungen des Knaufs. Parierstange, Knaufstange und Knauf tragen eine polychrome, fragmentarisch erhaltene Streifentauschierung von Silber und Kupfer. Die vorgefundenen Merkmale der Schmiedetechnik, der Konstruktion und der Dekoration stehen in der Tradition fränkisch-karolingischer Vorbilder.

Müller-Wille, Ulfberht-Schwert, Abb. 5, Typ N. – Herfert, Schwerter, S. 248. – Westphal, Schwert. – Geibig, Schwert, S. 127 f., Kombinationstyp 8 S. 143. – Ausst.kat. Güstrow 1995, Nr. 1.3 (Reinhard Gaudig). – Westphal, Waffen.

H.W.

II. 34
Bernsteinrohlinge

9.–12. Jahrhundert
Wolin, Stadt und Vorstädte
Bernsteinerzeugnisse.
Wolin, Pracownia Archeologiczna, Instytutu Archeologii i Etnologii PAN

Während der seit 1952 durchgeführten Ausgrabungen in der Stadt Wolin (Wollin) sind auf 1300 km ca. 1050 Siedlungsbefunde, Burgwälle und Gräberfelder der frühmittelalterlichen Handelsmetropole aus dem 7. bis 12. Jahrhundert entdeckt worden. Dank der verkehrsgünstigen Lage an der Ostsee erlangte die Ansiedlung am Ufer des Flußes Dievenov (Dziwna) seit dem 8. Jahrhundert eine enorme wirtschaftliche Bedeutung im Fernhandel. Zur Zeit ihrer größten Blüte im 10. Jahrhundert zog sich die Besiedlung mit städtischem Zentrum, Vorstädten und mehreren Hafenanlagen etwa 3 km entlang der Dziwna.

In allen Ansiedlungen fand sich in Massen Bernstein als Produktionsabfall, Halbfabrikat (Kat.Nr. II.35) und Endprodukt (über 27 000 Fundstücke). Schwerpunkte der Produktion sind in den Werkstätten der Hauptsiedlung und der nördlichen Vorstadt Silberberg zu lokalisieren. Seit dem ausgehenden 9. Jahrhundert steigerte sich die Verarbeitung

II. 34, 35

von Bernstein deutlich bis zu ihrem Höhepunkt im dritten Viertel des 10. Jahrhunderts. Erst während der ersten Hälfte des 11. Jahrhunderts setzte eine rückläufige Entwicklung ein. Die Herstellung konzentrierte sich hauptsächlich auf polygone und runde Perlen sowie auf unterschiedliche Anhänger, Amulette, Kreuze, kleine Tierfiguren und Spinnwirtel. Die Handwerker richteten ihr Warenangebot nach den Bedürfnissen des Marktes aus, wobei eine unterschiedliche Produktpalette für den Lokal- und Fernhandel entstand.

Ein Anhänger in Form eines Halbmondes war vermutlich für den orientalischen Markt gedacht, wohin wahrscheinlich große Mengen von Perlen zur Herstellung von islamischen Gebetsketten (masbaḥa) exportiert wurden. Ein Thorshammer weist nach Skandinavien, während ein Anhänger mit drei Pferdeköpfen wahrscheinlich für den heimischen Gebrauch gefertigt wurde. Einige Erzeugnisse können als Meisterstücke der Bernsteinverarbeitung gelten.

Wojtasik, Bursztynowe. – Wojtasik, Bursztynowe w Wolinie. – Filipowiak/Gundlach, Wolin-Vineta, S. 63f. u. 68f.

W.F.

II. 35
Bernsteinhalbfabrikate

9.–12. Jahrhundert
Wolin, Stadt und Vorstädte
Bernstein. – Produktionsabfälle und Halbfabrikate
Wolin, Pracownia Archeologiczna, Instytutu Archeologii i Etnologii PAN

Wojtasik, Bursztynowe. – Wojtasik, Bursztynowe w Wolinie. – Filipowiak/Gundlach, Wolin-Vineta, S. 63f. u. 68f.

W.F.

II. 36
Beinschnitzerwerkstatt

Die in ihrer Kernanlage 1,5 ha große, zweitorige Kansteinburg liegt im Zentrum einer regionalen Ansammlung königlicher und privater Landgüter. Vor dem Hintergrund der an Königshöfen insgesamt reichen Landschaft des nördlichen Harzvorlandes mißt man der Kansteinburg unter möglichen Schutz- und Repräsentationsaspekten lediglich lokalen Rang bei. Um so bemerkenswerter ist deswegen die durchaus überregionale Bedeutung von Abfallspuren einer Beinschnitzerwerkstatt, die auf der Grabensohle eines separat umwehrten steinernen Saalbaus (*palas*) von 19,3 x 10,4 m Größe gefunden wurden. Rohmaterialien, Vorarbeiten, Abfälle und verworfene Produkte belegen, daß Elfenbeinmaterial vom Pottwal, Rothirschgeweih und Knochen verarbeitet wurden. Als Produkte sind Spielsteine, Pektoralkreuze und Kämme zu identifizieren.

Zum Fundverband gehören ein unbearbeiteter Pottwalzahn (a), zwei Schachspielsteine aus demselben Material (b, c) und zwei werkstattneue Kruzifixanhänger (Pektoralkreuze) aus Knochen (d u. Kat.Nr. II.37). Außer diesen hier ausgestellten Objekten gibt es weitere Funde, die im Hinblick auf eine abgerundete Gesamteinschätzung nicht unerwähnt bleiben können: ein Trictrac-Spielstein (Dm. 2,1 cm) mit sehr einfacher, kerbschnittartiger Vogeldarstellung, die stilistisch und handwerklich den Christusdarstellungen der Pektoralkreuze gleicht; ein scheibenförmiger Spinnwirtel mit Ringaugenzier (Dm. 3,8 cm); ein Dreilagenkamm mit Schraffenzier, stark fragmentiert und abgenutzt; alles aus Rothirschgeweih hergestellt. 37 Funde sind Vorarbeiten und Abfallstücke der Geweih- und Knochenbearbeitung, wahrscheinlich von der Kammherstellung: 7 Geweih- und 2 Knochenplättchen (L. 3,1–7,1 cm, B. 2,1–2,7 cm), rechteckig und einigermaßen plan als Rohformen für Zinkenplättchen von Dreilagenkämmen zugerichtet; 25 abgebeilte Knochenspäne von der Oberflächenzurichtung; ein Geweihtrennstück. Der gesamte, bei Ausgrabungen geborgene Tierknochenabfall ist im Hinblick auf Verarbeitungsreste gesichtet worden. Deswegen sei betont, daß außer den genannten Stücken kein Zahn- oder Knochenmaterial vom Wal oder vom Walroß gefunden wurde.

Griep, Knochenkruzifixe. – Tode, Untersuchungen, S. 234. – Busch, Funde, S. 77–81. – Tode, Burg „Kanstein“. – Weidemann, Burg, S. 12–18. – Linke, Kanstein. – Heine, Burgen, S. 50–52.

I.G.

II. 36 a
Zahn vom Pottwal

Zweite Hälfte 10. Jahrhundert
Langelsheim, Burg auf dem Kanstein, Kr. Goslar
Zahnbein (Elfenbein), unbearbeitet. – Vollständig erhalten.
H. 11,5 cm, Dm. 3,0 x 5,0 cm, T. der Pulpa 6,5 cm.
Wolfenbüttel, Braunschweigisches Landesmuseum, Abt. Vor- und Frühgeschichte

Die regelmäßige Beschaffenheit in Form und Material (Qualität) lassen die Pottwalzähne für die kunsthandwerkliche Verwendung und Verarbeitung als besonders geeignet erscheinen.

Die Relevanz der Nutzung von Pottwal-Elfenbein in ottonischer Zeit blieb bislang unentdeckt. Herkunft und Handelswege sind einstweilen nur ungenau zu bestimmen: Da die erwachsenen männlichen Tiere während des Sommers den Nordatlantik durchstreifen, kann man davon ausgehen, daß sie genau dort harpuniert oder im Falle ihrer Strandung verwertet wurden, wo die Jagd auf Seesäuger bereits Tradition hatte, nämlich im nördlichen Norwegen oder in den während der Wikingerzeit von Norwegern besiedelten Küsten der nordatlantischen Inseln Schottlands, Islands und Grönlands. Dort wurde während des 10. Jahrhunderts Walroß-Elfenbein erbeutet. Die Nutzung nordatlantischen Elfenbeins sollte seit dem 9. Jahrhundert den im Kunsthandwerk Mitteleuropas zunehmend spürbaren Mangel an Elefanten-Elfenbein kompensieren. Der nächstgelegene Einfuhrhafen dürfte

II. 36 a

Il. 36 b, c

Haithabu/Schleswig gewesen sein, wo jedenfalls im 11. Jahrhundert substanzvolle Überreste von zerlegten Wal- und Walroßschädelknochen nachweisbar sind. Das zugehörige Zahnmaterial ist folglich dem ansässigen Kunsthandwerk oder dem weiterreichenden Export zugeführt worden.

Unveröffentlicht (Autopsie des Materials: Ingo Gabriel, März 1999). – Vgl. Penniman, Pictures, S. 27f., Taf. 10 u. 20.1. – Ulbricht, Knochen, S. 14f. – MacGregor, Skeletal Materials, S. 31f. u. 40f. – Heinrich, Skelettreste, S. 79–82 u. 101–103.

I.G.

II. 36 b
Schachstein (Springer)

Zweite Hälfte 10. Jahrhundert
Langelsheim, Burg auf dem Kanstein, Kr. Goslar
Zahnbein (Elfenbein) vom Pottwal, vorgedrechselt (?) und geschnitzt. – Vollständig erhalten.
H. 3,5 cm, Dm. 2,6 x 2,8 cm.
Wolfenbüttel, Braunschweigisches Landesmuseum, Abt. Vor- und Frühgeschichte

Bauchiger, nach oben abgerundeter Kegel mit einer von der Spitze gerade nach vorn abgehenden Verdickung von ungefähr dreieckigem Querschnitt. Nach den in der Standfläche sichtbaren Wachstumslinien ist das Rohmaterialklötzchen unmittelbar seitlich der Zahnachse gewonnen worden, so daß die Herstellung von wenigstens vier Steinen aus einem einzigen, aber dementsprechend größeren Zahn erschließbar ist.

Der Spielstein ist gänzlich unverziert. Seine Formgebung folgt den abstrakten orientalischen Vorbildern. Zu einem Satz gehören der Schah (König) als kurzer, dicker Zylinder mit einem Knopf obenauf und abgesenktem, halbkuppelförmigen Vorbau; der Wesir (die Dame) in gleicher Formgebung, aber von kleinerem Format; der Kriegselefant (Läufer) als kurzer, eher bauchiger Kegel mit zwei nach vorn abgehenden Buckeln; der berittene Krieger (Springer), gleichartig, aber mit nur einer abgehenden Verdickung; der Streitwagen (Turm) als rechteckiger Klotz mit V-förmigem Einschnitt von zinnenartigem Aussehen und der Krieger zu Fuß (Bauer) als kleinerer, eher schlanker Kegel mit gerundeter Spitze.

Neben zwei in Lund ausgegrabenen orientalischen Importfiguren sind in Mitteleuropa nur wenige, gleichfalls unverzierte Stücke aus rund sieben Orten dem Fund vom Kanstein an die Seite zu stellen. Die handwerkliche Rezeption der abstrakten Formen verbindet sich nämlich bereits im 11. Jahrhundert auf breiter Linie mit einem mehr oder weniger stark naturalisierenden Umformungsvorgang, bei dem die Buckel und Knöpfchen orientalischer Figuren zu Gesichtern und Köpfchen ausgearbeitet werden.

Die besondere Bedeutung der vom Kanstein vorliegenden Schachspielsteine orientalischen Typs liegt erstens darin, daß sie aus Pottwal-Elfenbein bestehen, einem von weither beschafften Rohmaterial, dem wertvollsten, was der Anschluß an den nordeuropäischen Wirtschaftsraum erbringen konnte. Bedeutend ist zweitens deren Datierung in die zweite Hälfte des 10. Jahrhunderts. Damit handelt es sich um den ältesten hinreichend abgesicherten Nachweis von Schachspielrezeption in Mitteleuropa; denn bei den kostbaren, ins 10. Jahrhundert datierten Spielsteinen aus Bergkristall, die sich in Kirchenbesitz erhalten haben (außer in Spanien in den Domschätzen von Osnabrück, Hildesheim und Halberstadt), bleibt unklar, wann sie als diplomatische Geschenke oder als Brautgut exotischer Heiratsverbindungen nach Mitteleuropa gekommen sind. Allein die Spielsteine aus Achat und Chalzedon, die König Heinrich II. zum Schmuck der Kanzel des Aachener Doms (vgl. Beitrag Kosch, Abb. 6) stiftete. Diese müssen folglich vor 1014 in seinem Besitz gewesen sein, wobei mit Blick auf die historischen Begleitumstände seiner Aneignung der Reichsinsignien sowie des Privatschatzes Ottos III. und dessen Mutter Theophanu ist sicherlich zu Recht geltend gemacht worden, daß die fraglichen Preziosen schon 972 aus dem fernen Byzanz mitgebracht worden sein könnten.

Für die Bewertung der Kanstein-Werkstatt ist hervorzuheben, daß es sich bei den Schachfiguren um prestigeträchtige Erzeugnisse von seinerzeit höchster Aktualität handelt, die zweifellos einem hofnahem Milieu zuzuordnen sind.

Goldschmidt, Elfenbeinskulpturen, Bd. 4, S. 4 Abb. 1–5. – Busch, Funde, Nr. 119. – Kluge-Pinsker, Schach, Nr. A 36.

I.G.

II. 36 c
Schachstein (Bauer)

Zweite Hälfte 10. Jahrhundert
Langelsheim, Burg auf dem Kanstein, Kr. Goslar
Zahnbein (Elfenbein) vom Pottwal, gedrechselt. – Knapp die Hälfte ist vertikal abgesplittert und jetzt ergänzt.
H. 2,7 cm, Dm. 1,9 x 2,1 cm.
Wolfenbüttel, Braunschweigisches Landesmuseum, Abt. Vor- und Frühgeschichte

Kleiner, schlanker Kegel mit gerundeter Spitze, auf der ein kräftiges Grübchen vom Einsatz in die Drehbankhalterung zeugt. Auf der Unterseite zeigen Sägespuren, daß mindestens zwei Figuren aus einem einzigen Werkstück gearbeitet (gedreht) worden sind. Auf der Mantelfläche gibt es feine Drehspuren und zwei tiefere, umlaufend eingedrehte Rillen im oberen Drittel sowie eine einzelne Rille dicht oberhalb der Basiskante. Nach der Bearbeitung ist der Stein halb durchgesplittert und muß deswegen als Werkstattausschuß gelten.

Umlaufend eingedrehte bzw. eigens fehlende Rillen scheinen wie beim vollständig erhaltenen Spiel von Sandomierz (Polen) einzelne Parteien zu kennzeichnen. Ansonsten ist der Spielstein gänzlich unverziert. Seine Formgebung folgt den abstrakten orientalischen Vorbildern. Nach Machart und Format sollte er mit dem vorher besprochenen Springer zum selben Spielsatz gehören.

Unveröffentlicht (Autopsie des Materials: Ingo Gabriel, 1999).

I.G.

II. 36 d
Unvollendetes Pektoralkreuz mit Christus in der Ärmeltunika

Zweite Hälfte 10. Jahrhundert
Langelsheim, Burg auf dem Kanstein, Kr. Goslar
Knochen/Rothirschgeweih, geschnitzt. – Gesicht in der unvollendeten Durchbohrung abgesplittert.
H. 3,2 cm, B. 2,2 cm, D. 0,8 cm.
Wolfenbüttel, Braunschweigisches Landesmuseum, Abt. Vor- und Frühgeschichte, Fundjahr 1961

II. 36 d

II. 37

Das Brustkreuz wurde 1961 zehn Jahre nach einem ganz gleichartigen Stück (Kat.Nr. II.37) unweit derselben Stelle gefunden. Beide sind werkstattfrisch und unterscheiden sich nur minimal voneinander.

Das Kreuz ist vom zuerst gefundenen durch seinen Erhaltungszustand abgehoben, der eine weiterführende Schlußfolgerung erlaubt: Das Antlitz des Gekreuzigten ist in der von beiden Seiten angesetzten, unvollendet gebliebenen Durchbohrung der Aufhängelochung abgesplittert. Es handelt sich demnach um ein bei der Werkstattherstellung am Orte „verunglücktes" und deswegen verworfenes Produkt. Die Form des Kreuzes ist mit einer Säge aus dem Werkstoff herausgetrennt, der Korpus durch schematische Feil- und Schnitzarbeit nur minimal vom Kreuzhintergrund abgehoben. Das Bild des Gekreuzigten erscheint in höchst einfacher Formgebung mit gerade ausgestreckten Armen und hocherhobenem Haupt. Finger und Füße sowie V-förmige Gewandfalten sind jeweils durch Kerben markiert. Zwar fehlen die an den Vergleichsstücken sichtbaren Kerben der Ärmelabschlüsse, gleichwohl ist klar zu erkennen, daß der Typus „Christus in der Ärmeltunika" gemeint ist. Dieser Typus wird aus der frühbyzantinischen Kunst weitergegeben und nach gewissen Umformungen während der ottonischen Zeit auch in Sachsen geläufig.

Die am Kanstein gefundenen Werkstattprodukte stimmen nicht allein im Typus, sondern trotz größter Abstraktion in allen Details handwerklicher Ausführung mit den in Hamburg und Starigard / Oldenburg gefundenen Kreuzchen überein (Kat.Nr. II.73–74) Selbst wenn man eigentlich nicht an Erzeugnisse aus ein und derselben Hand glauben, sondern mit mehreren oder sogar vielen Werkstätten rechnen möchte, die alle nach demselben Konzept gearbeitet haben, müssen doch Konsens und Abstimmung untereinander beträchtlich gewesen sein. Trotz aller Bescheidenheit im Qualitätsniveau muß es sich demnach um Produkte handeln, die einen Bedarf von überregionaler Bedeutung bedienten; das ergibt sich deutlich aus dem missionspolitischen und gesellschaftlichen Stellenwert des Oldenburger Kreuzchens, das einem Mitglied der slawischen Fürstenfamilie als Schutzamulett (Phylakterion) übergeben und letztlich gegen 980 mit einem Kleinkind innerhalb der Kirche am wenige Jahre zuvor errichteten Bistumssitz bestattet worden ist.

Griep, Knochenkruzifixe, Taf. 8.2. – Busch, Funde, Nr. 117. – Tode, Burg „Kanstein", Abb. 7.2.

I.G.

II. 37
Pektoralkreuz mit Christus in der Ärmeltunika

Zweite Hälfte 10. Jahrhundert
Langelsheim, Burg auf dem Kanstein, Kr. Goslar
Knochen/Rothirschgeweih, geschnitzt. – Vollständig und werkstattfrisch erhalten.
H. 2,7 cm, B. 2,3 cm, D. 0,8 cm.
Goslar, Goslarer Museum, Fundjahr 1951

An dem Fundplatz Langelsheim kam 1951 und nochmals zehn Jahre später je ein kleines Brustkreuz zutage (vgl. Kat.Nr. II.36 d). Beide sind werkstattfrisch und möglicherweise in einigen Details unfertig. Sie unterscheiden sich nur minimal voneinander.

Das vollständig erhaltene Kreuz ist mit einer Säge aus dem Werkstoff herausgetrennt, der Korpus durch schematische Feil- und Schnitzarbeit minimal vom Kreuzhintergrund abgehoben. Das Bild des Gekreuzigten erscheint in kantigen Konturlinien von höchst einfacher Formgebung mit gerade ausgestreckten Armen und hocherhobenem Haupt. Augen, Mund, Finger und Füße sind jeweils durch einfache Kerben markiert. Zwei Z-förmige Gewandfalten über der Brust und je zwei Kerben als Ärmelabschlüsse lassen klar erkennen, daß der Typus des „Christus in der Ärmeltunika" gemeint ist.

Der bekleidete Kruzifixus wird aus der frühbyzantinischen Kunst zunächst nur mit dem Kolobium (ärmelloses, langes Gewand) tradiert. Nach Umformungen des Typs in der irisch-angelsächsischen Kunst sowie auf der Reichenau und in Echternach wird der Gekreuzigte in der Tunika mit langem Ärmel ausgeformt und während der ottonischen Zeit auch in Sachsen geläufig, jedoch bereits in der Mitte des 11. Jahrhunderts fast völlig zugunsten seiner Darstellung im Lendenschurz aufgegeben.

Die am Kanstein gefundenen Werkstattprodukte stimmen nicht allein im Typus, sondern trotz größter Abstaktion in allen Details handwerklicher Ausführung mit den in Hamburg und Starigard/Oldenburg gefundenen Kreuzchen überein (Kat.Nr. II. 73–74). Trotz aller Bescheidenheit in der Darstellung handelt es sich demnach um Erzeugnisse von überregionaler Bedeutung, bedienten sie doch anscheinend den Fundus wohlfeiler diplomatischer „Werbegeschenke" für das missionspolitische Wirken hofnaher Kreise in den nordelbischen Randgebieten Sachsens, insbesondere bei den slawischen Abodriten. Für die Beurteilung des durchaus hohen gesellschaftlichen Stellenwertes der fraglichen Kreuze als mächtige, dem siegreichen „sächsischen Gott" verpflichtete Schutzamulette (Phylakteria) ist auf das zugleich präziser datierte Stück aus dem 972 errichteten Bistumssitz von Starigard/Oldenburg zu verweisen (Kat.Nr. II.74).

Korth, Kruzifixfund, Taf. 18. – Haussherr, Bronzekruzifix. – Griep, Knochenkruzifixe, Taf. 8.1. – Busch, Funde, Nr. 116. – Tode, Burg „Kanstein", Abb. 7.1. – Staecker, Kruzifixanhänger, S. 43–66 u. 148–150 Abb. 87. – Elbern, Phylakterion.

I.G.

BERGBAU

Seit der Münzreform in der Zeit der Karolinger erlebte das Bergbau- und Hüttenwesen im damaligen fränkischen Reich einen enormen Aufschwung. Weltweit wurde Silber anstelle des Goldes zum gebräuchlichen Währungsmetall, das den neuen wirtschaftlichen Anforderungen gerecht wurde. Die Erschließung neuer Silbervorkommen und die verstärkte Nutzung bekannter Lagerstätten führte auch im Harz zu einer Intensivierung des Montanwesens. Bisher fälschlicherweise als Beginn des Harzer Bergbaus interpretiert, zeichnete sich im 10. Jahrhundert lediglich ein Aufschwung des seit der Bronzezeit nachweisbaren Harzer Montanwesens ab, der sich im archäologischen Quellenmaterial besser ablesen läßt, als er aus der schriftlichen Überlieferung erschließbar wird.

Bis in das 8. Jahrhundert konzentrierten sich die archäologischen Relikte der Verhüttung im wesentlichen im Vorland und waren mit Siedlungen gekoppelt. Mit der Verlagerung der Schmelzhütten in das Gebirge ging eine Ausweitung der Ackerflächen im Vorland einher, verursacht durch den Bevölkerungsanstieg. Seit dieser Zeit beginnen die schriftlichen Quellen vor allem für das Harzvorland ergiebiger zu werden. Allerdings schweigen sie sich über das Montanwesen aus, das den archäologischen Zeugnissen nach einen Aufschwung erfuhr.

Bei den nun im Harz nachweisbaren Schmelzhütten handelte es sich um kleine Betriebe, die sicherlich nur saisonal betrieben wurden und den Holzvorräten folgten. Sie lagen zunächst am Oberlauf kleiner Bäche, bevorzugt auch an deren Quellmulden. Ausgehend von Wegen, die den Höhen folgen, erklärt sich diese Lage auch durch die Wassernähe als besonders verkehrsgünstig. Deutlich unterscheiden sich die Hütten, an denen im 10. Jahrhundert aus Rammelsbergerz Kupfer gewonnen wurde, von denen, die aus Oberharzer Gangerz Blei und Silber produzierten. Sie unterscheiden sich auch in ihrem Schlackenabfall und in ihrer räumlichen Verbreitung. Dies legt die Vermutung nahe, daß die Verhüttung nicht willkürlich und ungeregelt verlief, sondern daß dahinter eine Organisation zu suchen ist, die letztlich in der Hand des Königs oder Kaisers gelegen haben muß. Inwieweit sich bereits in dieser Zeit Strukturen nachweisen lassen, wie sie für das Hochmittelalter durch historische Studien greifbar werden, bleibt abzuwarten. Deutlich werden technische Änderungen in den Schmelzprozessen, wobei davon auszugehen ist, daß an den Hütten die jeweils modernste Technik angewandt wurde.

Während sich im Harz durch die Bergbau- und vor allem die Hüttentätigkeit eine wahre Destruktion der Wälder abzeichnete, gleichzeitig aber auch durch die Kontamination der Umwelt organische Funde bis hin zu den Speiseresten der Hüttenleute oder die originalen Waldschichten einmalig konserviert wurden (Kat.Nr. II.39 i–k), entwickelten sich im Vorland die für die Montanwirtschaft notwendigen Infrastrukturen. Von hier nahm der Hüttenmann seine Vorräte mit, oder er wurde damit versorgt. Hierher brachte er sein Produkt, Kupfer und Blei / Silber, zur weiteren Raffination oder als unraffiniertes Handelsprodukt. Für Handel und Absatzmärkte haben sich durch die neuen historischen Untersuchungen wichtige Aspekte ergeben, die es zu untermauern gilt. Besonders die Rolle der Friesen, und damit zusammenhängend die Verkehrsverbindungen zu Wasser und zu Land, verspricht noch weitere Überraschungen. Sicherlich darf man von dem gewonnenen Silber annehmen, daß es zum Teil in die nahen Münzstätten – Goslar im Norden oder Gittelde im Süden – verbracht wurde und dort geprägt wurde, jedoch steht die akribische analytische Untersuchung der Münzen, vor allem auch in den Fundzentren, noch aus.

Änderungen im Fundgut, einhergehend mit im Gelände erkennbaren Veränderungen vor allem in der Lage der Schmelzhütten, weisen auf tiefgreifende Änderungen in der Schmelztechnik hin. Immer noch fehlen die Schriftzeugnisse, aber die Verlagerung der Hütten an größere, wassersichere Bäche läßt darauf schließen, daß Wasser eine wichtige Rolle im Schmelzprozeß spielte, vielleicht bereits zum Antrieb von Blasebälgen. In den Hütten wurde Kupfer aus Rammelsberger Erz und Blei / Silber aus Oberharzer Gangerzen gewonnen. Dabei scheinen die Hütten nicht mehr auf einen Prozeß spezialisiert gewesen zu sein. Den Schlackenmengen zufolge war der Erzdurchsatz größer als früher, aber die Hütten existierten nun auch länger an einem Ort. Die ersten festen Siedlungen entstanden seit dem 12. Jahrhundert im Harzgebirge. Es lassen sich Frauen und Kinder in diesen Siedlungen nachweisen. Dies bedingt eine recht ausgereifte Infrastruktur, die zum einen den Absatz der gewonnenen Metalle, zum andern die Versorgung mit Material und Nahrungsmitteln sicherte. Das Kloster Cella in Zellerfeld ist kurz nach 1200 gegründet worden, sicherlich nicht nur, um sich um das Seelenheil der Berg- und Hüttenleute zu kümmern, sondern, wie regional auftretende Geschlechter auch, um geordnete Strukturen für das Montanwesen aufzubauen. Diese Zersplitterung wurde möglich und gefördert durch die in dieser Zeit immer mehr an direktem Einfluß einbüßende zentrale Reichsgewalt, die das regionale Unternehmertum erstarken ließ.

L.K.

II. 38
Ottonische Buntmetallgewinnung im Harz: Blei / Silberstraße

Die polymetallischen Lagerstätten des Harzes sind seit der Bronzezeit wichtige Rohstofflieferanten für die Gewinnung von Blei / Silber und Kupfer. Wie weit die Ausbeutung der außerdem im Harz vorhandenen verschiedenen Eisenerzlagerstätten zurückreicht, ist beim derzeitigen Forschungsstand noch nicht zu entscheiden. Ihre Bedeutung läßt sich anhand der archäologischen Befunde bisher nur erahnen.

Aufgrund verschiedener Prospektions- und Grabungsbefunde, stets kombiniert mit vielfältigen naturwissenschaftlichen Untersuchungen, kann zu den verschiedenen Prozessen der Buntmetallgewinnung in der ottonischen Zeit ein recht detailliertes Bild skizziert werden. Es ist sogar möglich, die Wechselwirkungen zwischen Mensch und Natur in der vom Berg- und Hüttenwesen geprägten Landschaft Harz zu fassen, die als „Schatzkammer des Kaisers" eine prägende Rolle in dieser Zeit spielte.

Die beiden wichtigsten Lagerstättentypen im Westharz – das Alte Lager im Rammelsberg und die Oberharzer Gangerzlagerstätten – unterscheiden sich in ihrer Entstehung ebenso wie in ihrem Mineralbestand. Das Rammelsbergerz (Kat.Nr. II.39 a) ist aufgrund seiner Entstehung als Sediment feinst verwachsen und enthält neben vielen anderen Mineralen vor allem Blei- und Kupferverbindungen. Silber ist nur in verhältnismäßig geringer Konzentration enthalten. Bis in das späte Mittelalter wurde Rammelsbergerz vor allem als Kupfererz geschätzt. Das in den Oberharzer Gängen aus hydrothermaler Lösung ausgefällte Erz (a) dagegen ist derbkristallin und wichtigster Lieferant für Blei. Sein Silbergehalt ist gegenüber dem Rammelsbergerz 10 bis 100fach höher und erreicht Konzentrationen von 0,1% bis zu mehreren Prozenten. Während das feinverwachsene Rammelsbergerz sich der mechanischen Aufbereitung entzieht, können die Oberharzer Erze auf Unterlegsteinen (b) gepocht und von Hand die für die Verhüttung geeigneten, etwa nußgroßen Stücke aussortiert werden. Die Rammelsbergerze wurden gerade in ottonischer Zeit über weite Strecken zu den Verhüttungsplätzen transportiert. Für die Gewinnung von Blei / Silber aus dem Oberharzer Erz reicht in der Regel als Brennmaterial Holz aus, da für den angewendeten Röstreaktionsprozeß Temperaturen weit unter 1000 °C genügen. In diesem Verhüttungsprozeß wird der natürliche, im Erz vorhandene Sulfidschwefel unter Verwendung von Handblasebälgen zusätzlich als „Brennstoff" genutzt. Produkt des Schmelzvorgangs in dem muldenförmigen Ofen ist das Werkblei (d), in dem sich das Silber konzentriert hat. Abfall ist die „Schlacke" (c), in diesem Fall ein zusammengebackenes Konglomerat der eingesetzten, thermisch veränderten Grundstoffe. Die oftmals noch metallhaltigen Abfälle, die „Schlacke", lohnen die Wiederaufbereitung, diese Grusschlacke könnte wieder in den Verhüttungsvorgang eingebracht werden. Das Werkblei gelangt in einfache Treibherde, in denen es in besonders hergestellten Tiegeln bei etwa 800 °C geschmolzen wird. Dabei wird das Blei zu Bleiglätte (e) oxidiert und das reine Silber verbleibt (Blicksilber). Die Bleiglätte wird im zähflüssigen Zustand auf Holzstöckchen gewickelt. Die beiden Produkte dieses Treibprozesses standen nun zur Weiterverarbeitung zur Verfügung. Das entsilberte Blei kann wieder zur Entsilberung eingesetzt werden, aber auch zur Herstellung von Gewichten (f), Schmuck, Dachdeckung u.v.m. Die Bleiglätte kann mit Holzkohle leicht wieder in Blei überführt werden. Das Silber (g) kann in den Münzstätten zu Münzen geschlagen werden.

Lit.: Vgl. Kat.Nr. II.39.

L.K. / W.B.

II. 38 a
Oberharzer Gangerz

Oberharz, 170–180 Mio. Jahre
Grobkristalliner, silberhaltiger Bleiglanz (PbS) aus den Hydrothermalgängen des Oberharzes mit Beimengung u. a. von Schwerspat ($BaSO_4$), Quarz (SiO_2) und Zinkblende (ZnS)

Goslar, Niedersächsisches Landesamt für Denkmalpflege, Arbeitsstelle Montanarchäologie

Bis in das hohe Mittelalter bevorzugtes Ausgangsmaterial für die Gewinnung von Blei / Silber, in ottonischer Zeit nach dem einstufigen Röstreaktionsprozeß $3\ PbS(Ag) + 3\ O_2 \rightarrow 3\ Pb(Ag) + 3\ SO_2$.

Deicke, Erzlagerstätten.

L.K.

II. 38 b
Unterlegstein

10.–13. Jahrhundert
Clausthal-Zellerfeld, Grabung Johanneser Kurhaus
Grauwacke

Wolfenbüttel, Braunschweigisches Landesmuseum, Abt. Vor- und Frühgeschichte, F.Nr. 223

Die grobkristallinen Erze der Oberharzer Gänge eigneten sich zur mechanischen Aufbereitung. Auf einer Unterlage aus hartem Gestein wurden sie in etwa nußgroße Stücke zertrümmert. Dadurch konnten die zur Verhüttung geeigneten Fragmente vom tauben Begleitmaterial getrennt und ausgeklaubt werden. Auf dem Unterlegstein bildeten sich mit zunehmendem Gebrauch näpfchenartige Vertiefungen.

Klappauf, Spuren deuten.

L.K.

II. 38 c
Sinterschlacke

10./11. Jahrhundert
Dietrichsberg, SatzNr. 2621
Zusammengebackenes Gangmaterial, hauptsächlich Schwerspat, Quarz, Kalkspat und vereinzelt Bleiträpfchen.

Goslar, Niedersächsisches Landesamt für Denkmalpflege, Arbeitsstelle Montanarchäologie

Bei der Verhüttung Oberharzer Gangerze auf Blei/Silber im einstufigen Röstreaktionsverfahren wird aus dem Bleiglanz bei ca. 900° C das Blei ausgeschmolzen. Übrig bleibt die zusammengebackene, im Schmelzprozeß nicht verflüssigte Gangart. In diesen „Sinterschlacken" findet sich immer noch Blei, dessen die spätere Wiederaufbereitung lohnte.

Klappauf/Linke, Montanarchäologie im Harz.

L.K.

II. 38 d
Werkblei

10.–13. Jahrhundert
Clausthal-Zellerfeld, Grabung Johanneser Kurhaus
Silberhaltiges Blei als Ergebnis des Schmelzens Oberharzer Bleiglanzes im Röstreaktionsverfahren
Goslar, Niedersächsisches Landesamt für Denkmalpflege, Arbeitsstelle Montanarchäologie, F.Nr. 2149

Mit Silber angereichertes Blei aus dem Schmelzprozeß, der in ottonischer Zeit im Harzgebirge in waldreichen Regionen in saisonal betriebenen, kleinen Schmelzhütten durchgeführt wird.

Brockner, Silbergewinnung.

L.K.

II. 38 e
Bleiglätte

10.–13. Jahrhundert
Clausthal-Zellerfeld, Grabung Johanneser Kurhaus
Bleioxid (PbO) als Nebenprodukt des Treibprozesses (Kupellation) $2\ Pb(Ag) + O_2 \rightarrow 2\ PbO + (Ag)$.
Wolfenbüttel, Braunschweigisches Landesmuseum, Abt. Vor- und Frühgeschichte, F.Nr. 2149

Das mit Silber angereicherte Werkblei aus dem Schmelzprozeß wird in spezialisierten Hütten im Treibherd verflüssigt, dabei trennen sich Blei und Silber. Durch Sauerstoffzufuhr entsteht Bleioxid, die sog. Bleiglätte, die abgezogen werden kann, bis nur noch das nicht oxidierbare Silber übrigbleibt (Blicksilber).

Rehren/Klappauf, Bleiglätte.

L.K.

II. 38 f
Bleigewicht(e?)

12./13. Jahrhundert
Clausthal-Zellerfeld, Grabung Johanneser Kurhaus
Bleischeibe(n), vermutlich Gewicht(e)
Wolfenbüttel, Braunschweigisches Landesmuseum, Abt. Vor- und Frühgeschichte, F.Nr. 973, 1090

Das als Abfall im Treibprozeß entstandene Bleioxid kann wieder aufbereitet werden und erneut im Kupellationsprozeß eingesetzt werden. Ebenso eignet es sich zum Gießen weitverbreiteter Produkte wie Gewichte, Dachdeckung, Schmuck u. a.m.

Witthöft, Metalle.

L.K.

II. 38 g
Otto-Adelheid-Pfennig

Sachsen, ab ca. 984
Gew. 1,160 g, Dm. 18–18,2 mm.
Magdeburg, Kulturhistorisches Museum

Bingener, Blei- u. Vitriolhandel.

L.K.

II. 39
Ottonische Buntmetallherstellung: Kupferstraße

Für die Gewinnung von Kupfer aus dem komplexen Rammelsbergerz (a), das zu weit über den Harz und das Vorland gestreuten Hüttenplätzen transportiert wurde, waren Temperaturen über 1200° C notwendig. Diese konnten nur mit Holzkohle (b) erreicht werden, die in den Harzwäldern zunächst in Grubenmeilern aus Buche, nach deren stetigem Rückgang aufgrund des Raubbaus aus minderwertigen Holzarten gewonnen wurde. In den recht kompliziert gebauten Schmelzöfen wurde im halbpyritischen Schmelzverfahren wieder der im Erz vorhandene sulfidische Schwefel als Energielieferant ausgenutzt. Abfall des Schmelzvorgangs waren Schlacken, in der Kombination von Fließ- und Plattenschlacken (c) ein typischer Indikator für diesen zeitlich und räumlich eng auf das 10./11. Jahrhundert eingrenzbaren Prozeß. Die aus dem Verhüttungsvorgang herrührende Kontamination der

zu II. 38/39, Schema Bergbau

II. 38 b

II. 38 e

Umgebung mit Schwermetallen, besonders Kupfer, sowie die aus den Öfen stammenden Flugfunken (h) sind dafür verantwortlich, daß sich an den Schmelzhütten organische Überreste der natürlichen Vegetation wie Buchenblätter (k) und Fichtenzapfen (i), ebenso die Nahrungsreste der Hüttenleute wie Haselnüsse (l) und Obstkerne (j) hervorragend erhalten haben. Produkt des Schmelzvorgangs war Schwarzkupfer (e), ein angereichertes, immer noch kupfersulfidhaltiges Metall, das nach der Raffination in besonderen Herden als verarbeitbares Kupfer in den Handel und die Werkstätten gelangte. Durch Zulegierung vor allem von Zinn konnten dort die uns überlieferten Bronzen (g) gegossen werden; durch das Verschmelzen im Tiegel mit Zinkoxid oder -carbonat, zu dem das „Goslarer Galmei" den Rohstoff lieferte, stellte man das Messing (f) her, aus dem viele oft fälschlicherweise als Bronzen angesprochene Gegenstände fabriziert wurden.

Klappauf/Linke/Brockner, Montanarchäologie. – Brockner, Buntmetallgewinnung. – Bachmann, Erz. – Ausst.kat. Hannover 1994. – Segers-Glocke, Industrielandschaft. – Klappauf, Montanwirtschaft.

L.K./W.B.

II. 39 a
Rammelsberger Erz

ca. 370 Mio. Jahre
u. a. Grabung Am Stoben, Stadt Goslar
Anschliff eines Erzes aus dem Alten Lager des Rammelsberges mit Pyrit (FeS_2), Kupferkies ($CuFeS_2$), Bleiglanz (PbS), Zinkblende (ZnS) und Tonschiefer.
Goslar, Niedersächsisches Landesamt für Denkmalpflege, Arbeitsstelle Montanarchäologie, F.Nr. 890

Das aufgrund der submarin-synsedimentär-exhalativen Entstehung (tektonisch überprägtes Meeressediment) fein verwachsene Erz war nicht mechanisch aufzubereiten und bedurfte ausgeklügelter Verhüttungsmethoden. Das Erz wurde über weite Strecken zu Hütten transportiert, an denen genügend Energie in Form von Holz/Holzkohle zur Verfügung stand.

Bis in das hohe Mittelalter war das Erz aus dem Rammelsberg der wichtigste Rohstoff für die Gewinnung von Kupfer, während im späten Mittelalter das Blei aus der Lagerstätte begehrt war. $2\ CuFeS_2 + 5{,}5\ O_2 + SiO_2 + C \rightarrow 2\ Cu + Fe_2SiO_4 + 4\ SO_2 + CO$.

Deicke, Erzlagerstätten.

L.K.

II. 39 a

II. 39 d

II. 39 e

II. 39 k

II. 39 b
Holzkohle

10./11. Jahrhundert
Rabental, Forst Bad Grund
Holzkohlestücke, vor allem aus Fichte hergestellt.
Goslar, Niedersächsisches Landesamt für Denkmalpflege, Arbeitsstelle Montanarchäologie

Das für die Holzkohleherstellung am besten geeignete Buchenholz wurde aufgrund jahrhundertelanger Nutzung, u. a. für die Energieversorgung der Schmelzhütten, schon im frühen Mittelalter immer mehr durch schnell nachwachsende Holzarten wie Haselnuß oder Fichte ersetzt.

Hillebrecht, Berg- u. Hüttenwesen.

L.K.

II. 39 c
Plattenschlacke

10. Jahrhundert
Grabung Kunzenloch, Forst Bad Grund
Aus vielen Bruchstücken zusammengesetzte, scheibenförmig fayalitische Schlacke.
Wolfenbüttel, Braunschweigisches Landesmuseum, Abt. Vor- und Frühgeschichte, F.Nr. 94

Plattenschlacke ist kombiniert mit Fließschlacke ein sicherer Indikator für die Gewinnung von Kupfer aus Rammelsberger Erz im 10./11. Jahrhundert. Das Vorkommen dieses Schlackentyps läßt sich regional und zeitlich eng eingrenzen. Typisch sind die milchhautartigen Strukturen auf der vermutlichen Unterseite und eine rauhe Oberseite mit zahlreichen Gasblasen.

Linke, Kunzenloch, S. 60.

L.K.

II. 39 d
Fließschlacke

10.–13. Jahrhundert
Grabung Johanneser, Clausthal-Zellerfeld, F,Nr. 45
Fayalitische Schlacke mit lavaartigen Fließstrukturen der Kupfergewinnung.
Goslar, Niedersächsisches Landesamt für Denkmalpflege, Arbeitsstelle Montanarchäologie

Für die Kupferhütten des 10./11. Jahrhunderts ist das gemeinsame Vorkommen von Fließ- und Plattenschlacken auffallend. Dies wird einem Schmelzprozeß zugeschrieben, der noch nicht bis in alle Einzelheiten geklärt ist. Sicher deuten die Fließschlacken auf einen Abstich des Ofens hin, während die Plattenschlacken möglicherweise auf dem gewonnenen Kupfer als letzte Schlackenhaut verblieben und im halb erstarrten Zustand von dem Metallkuchen getrennt wurden.

Hegerhorst, Verhüttungsrelikte.

L.K.

II. 39 e
Schwarzkupfer

10./11. Jahrhundert
Grabung Obere Schildau, Forst Seesen
Vorläufiges Endprodukt der Kupfergewinnung aus etwa 90–95% Kupfer
Wolfenbüttel, Braunschweigisches Landesmuseum, Abt. Vor- und Frühgeschichte, F.Nr. 251

Der im Verhüttungsprozeß gewonnene Kupferstein wurde in besonderen Raffinationsherden, deren Tiegel mit einer besonderen Auskleidung isoliert waren, aufbereitet, bis eine den Ansprüchen des Endabnehmers genügende Reinheit des Kupfers erreicht war. Das Schwarzkupfer konnte nach eventuell notwendigen nochmaligen speziellen Reinigungsprozessen in die Endverarbeitung zu Schmuck, sakralen Gegenständen oder aber zur Messinggewinnung gelangen.

Bachmann, Metallerzeugung im Harz.

L.K.

II. 39 f
Scheibenfibel

9./10. Jahrhundert
Osterode am Harz, Grabung Düna
Messinggrundkörper mit Grubenschmelz.
Wolfenbüttel, Braunschweigisches Landesmuseum, Abt. Vor- und Frühgeschichte, F.Nr. 5658

Die kreuzförmige Darstellung findet Parallelen u. a. in einem Halbfertigfabrikat, das aus der gleichen

Fundschicht in Düna stammt und die lokale Produktion dieser Fibeln aus Harzer Metallen wahrscheinlich macht. Die Messinggewinnung im geschlossenen Tiegel ist im Mittelalter sehr weit verbreitet und stellt einen wesentlichen Handwerkszweig auch in städtischen Siedlungen dar. Die dazu notwendigen Grundstoffe, Kupfer und Galmei, werden weithin verhandelt:
$Cu + ZnO / ZnCO_3 + C -> Cu / Zn + Co / CO_2$

Brockner/Klappauf, Spätantike Metallgewinnung.

L.K.

II. 39 g
Griff eines Messers (?)

10. Jahrhundert (?)
Magdeburg, Domplatz, Pfalzbereich
Bronze, Eisen, Holz. – Verzierte Bronze-Ummantelung eines Griffes mit Resten des Holzgriffes und der flachstäbigen Griffangel; auf dem Deckblech 13 eingeritzte Leiterbänder. L. 7,7 cm.
Magdeburg, Kulturhistorisches Museum, F.Nr. D/N91,00/O32,00/54,20,11–14

Matthies, Metallfunde, S. 65 u. 201, Nr. 0780, Abb. 34.1.

H.P.

II. 39 h
Flugfunken

10. Jahrhundert
Obere Schildau, Forst Seesen, Sediment
Kügelchen mit einem Dm. von < 0,01 1 mm; überwiegend glatte Oberflächen, innen blasiges bis schwammiges Gefüge; glasige Matrix, fadenartige Fortsätze; überwiegend Silicium, Aluminium und Eisen, daneben Kalium und Calcium
Goslar, Niedersächsisches Landesamt für Denkmalpflege, Arbeitsstelle Montanarchäologie

Die im Umfeld früher Verhüttung zu findenden kleinen Kügelchen können analytisch als Flugfunken oder Flugaschen aus Hochtemperaturprozessen wie z. B. der Verhüttung bestimmt werden. Sie können im Einzelfall datierten Schmelzöfen zugeordnet werden und stellen deren unmittelbar überlieferte Emission dar.

Deicke/Ruppert, Frühe Metallgewinnung.

L.K.

II. 39 i
Fichtenzapfen

10. Jahrhundert
Clausthal-Zellerfeld, Grabung Johanneser Kurhaus
Fichtenzapfen (Picea abies).
Wolfenbüttel, Braunschweigisches Landesmuseum, Abt. Vor- und Frühgeschichte (Leihgabe im Stadtmuseum Goslar), F.Nr. 36812

Der am Johanneser Kurhaus durch Überlagerung mit Bergbau- und Verhüttungshalden erhaltene ursprüngliche Waldhorizont enthält neben Hinweisen auf Laubwald bereits Spuren der Ausbreitung der Fichte in einem vom Menschen durch seine Bergbau- und Hüttentätigkeit geschädigten Wald, wie er sich u. a. in Pollenprofilen aus Harzer Mooren schon für die Zeit um 600 n. Chr. andeutet.

Willerding, Umweltrekonstruktion. – Frenzel/Kempter, Erzbergbau u. Erzverhüttung. – Paläo-ethnobotanische Bestimmung durch Ulrich Willerding, Göttingen.

L.K.

II. 39 j
Obstkerne

10. Jahrhundert
Grabung Schnapsweg, Lautenthal Forst
Apfelsamen (Malus sylvestris) *und Pflaumensteine* (Prunus unsititia).
Goslar, Niedersächsisches Landesamt für Denkmalpflege, Arbeitsstelle Montanarchäologie, F.Nr. 78, 80, 86, 125, 189

Aufgrund der Kontamination mit Schwermetallionen konnte sich unverkohltes Material aus den Nutzungsschichten des Schmelzplatzes zur Kupfergewinnung aus Rammelsbergerz erhalten. Es handelt sich um Nahrungsmittel, die aus dem Harzvorland antransportiert werden mußten.

Willerding, Ernährung. – Paläo-ethnobotanische Bestimmung durch Ulrich Willerding, Göttingen.

L.K.

II. 39 k
Buchenblätter

10. Jahrhundert
Grabung Kötental, Forst Seesen
Blätter der Rotbuche (Fagus sylvatica).
Goslar, Niedersächsisches Landesamt für Denkmalpflege, Arbeitsstelle Montanarchäologie, F.Nr. 62

Die Blätter stammen aus dem von der Schlackenhalde des Schmelzplatzes für Kupfer aus Rammelsbergerz überdeckten und aufgrund der Kontamination mit Schwermetallionen original erhaltenen Waldhorizont. Sie bieten Hinweise auf die ursprüngliche Bewaldung im heute von Fichten dominierten Forst.

Unveröffentlicht. – Paläo-ethnobotanische Bestimmung durch Ulrich Willerding, Göttingen.

L.K.

II. 39 l
Haselnußschalen

10. Jahrhundert
Grabung Schnapsweg, Forst Lautenthal
Aufgeknackte Schalen der Haselnuß (Corylus avellana).
Goslar, Niedersächsisches Landesamt für Denkmalpflege, Arbeitsstelle Montanarchäologie, F.Nr. 87

Die auf dem orginalen Laufhorizont des frühen Kupferschmelzplatzes gefundenen Haselnußschalen sind aufgrund ihrer starken Kontamination konserviert. Mit ihnen sind Nahrungsreste des 10. Jahrhunderts erhalten, die die Hüttenarbeiter vor Ort sammeln konnten.

Willerding, Ernährung. – Paläo-ethnobotanische Bestimmung durch Ulrich Willerding, Göttingen.

L.K.

SACHSEN UND SLAWEN

II. 40
Bartaxt

11. Jahrhundert
Brandenburg-Altstadt, aus der Havel
Eisen, Silber- und Kupfereinlagen.
Axt mit langem, schmalem Blatt, oben in einer Schneidenspitze, unten in einem abgestumpften Bart auslaufend. Langer und schmaler Schneidenhals mit Resten bichromer Tauschierung bzw. Plattierung mit Silber und Kupfer, spitzovales Schaftloch mit dreieckigen Schaftlochlappen, gerades Hammerende.
Blatt-L. 20,5 cm, Blatt-B. 3 cm.
Brandenburg, Museum im Frey-Haus, Inv.Nr. 486.

II. 40

Die Bartaxt mit langausgezogenem Blatt aus der Havel gehört zu einer Gruppe verzierter mittelalterlicher Streitäxte, die sich vor allem im Ostseeraum und in Nordosteuropa feststellen lassen.

Paulsen, Axt u. Kreuz. – Theune-Großkopf, Streitäxte.

E.S.

II. 41
Steigbügel

11. Jahrhundert
Pritzerbe, Kr. Potsdam-Mittelmark
Steigbügel: Eisen, geschmiedet; Verzierung mit Silber, Kupfer, Messing; Steiglederbeschlag: Eisen, geschmiedet; Messing. Lederriemen ergänzt (Originalfragment verloren).
H. 13 cm, B. 13,7 cm, D. 4,6 cm.
Brandenburg, Museum im Frey-Haus, Inv.Nr. 2822

Bei Ausschachtungen für Brückenbauarbeiten wurde 1939 am Abfluß des Pritzerber Sees in die Havel als Einzelfund ein Steigbügel entdeckt. Der Fundpunkt gehört zu einem Komplex, der sich 12 km nördlich von Brandenburg befindet und mit der in der Schriftquellen zum Jahre 948 genannten *civitas cum omnibus suis appenditiis Pricerui* und dem 1161 sowie 1186 erwähnten *burgwardium Pritzerewi* zu identifizieren ist. Der Burgwall „Mühlenberg" bzw. „Bischofshügel" befindet sich im Winkel zwischen dem genannten Seeabfluß und der Havel und hat nach aufgelesenen Keramikscherben im 10.–13/

14. Jahrhundert bestanden. Etwas mehr als 1 km entfernt liegt eine offene Siedlung des 10. und 11. Jahrhunderts, die durch den Fund einer Trense und eines Sporns des 10. Jahrhunderts auffällt.

Der Fund besteht aus zwei Teilen, dem Steigbügel und dem Steiglederbeschlag, die bei der Auffindung noch mit dem Rest des Lederriemens verbunden waren. Der Steigbügel besitzt eine abgerundet dreieckige Grundform. Seine Verzierung ist von außerordentlicher Pracht. Zur Aufbringung verschiedener Buntmetalle wurden die dafür vorgesehenen Flächen mit einem Meißel aufgerauht, dann die Drähte und Blechstreifen aus Silber, Kupfer und Messing aufgelegt und mit dem Hammer eingeschmiedet. Danach wurde die Oberfläche poliert und das Eisen durch Erhitzen brüniert. Die Verzierung besteht aus einer reichen Silber- und Kupferstreifenplattierung, die an einigen Stellen durch Messing ergänzt wird. Auf dem Bügel sitzt ein Winkelmuster aus neun Silber- und acht Kupferstreifen. In Aussparungen der Kupferstreifen befinden sich silberne Drähte, die ein Tannenzweigmuster ergeben. In derselben Technik sind das Unterteil der Öse, die verdickten Knöpfe an den Bügelabschlüssen und die Trittplattansätze verziert. An den Schmalseiten der Öse sitzt je ein dreieckiges Zierfeld und auf der Oberseite jedes der auffällig großen stollenartigen Knöpfe je ein kupfern gefaßtes silbernes Kreuz. Alle Konturen, so die Schmalseiten von Bügel und Trittplatte und die Schmalseiten der Ösenplatte, sind mit silbernem Tannenzweigmuster der bekannten Art verziert.

Der runde, durchbrochen gearbeitete Steiglederbeschlag ist mit einem durch die Öse gezogenen Fortsatz mit dem Steigbügel verbunden. Das ursprünglich auf der Rückseite der Platte angenietete Ende fehlt, der zugehörige Niet sitzt zentral auf der Beschlagplatte. Vom runden Mittelteil gehen vier

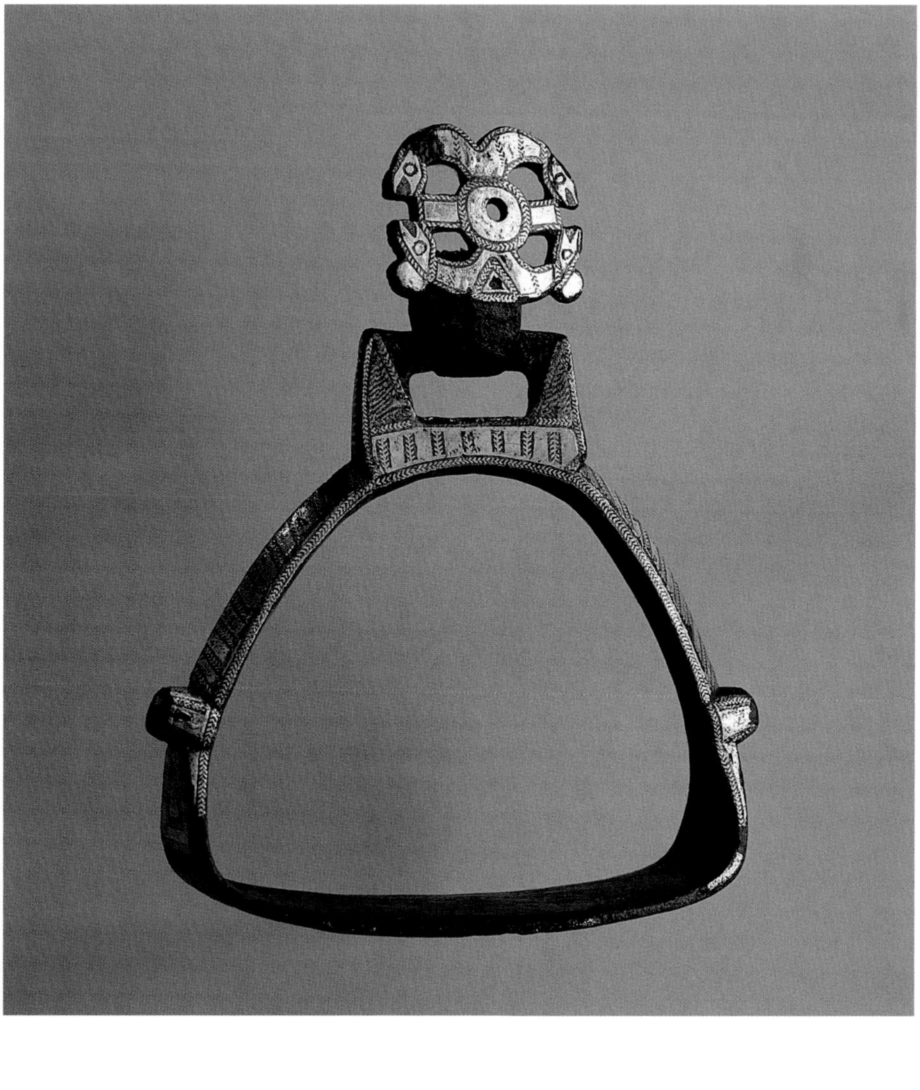

II. 41

auf einem langen Hals sitzende Tierköpfe aus, von denen je zwei durch eine gemeinsame Wurzel ober- und unterhalb des Mittelteils zusammengefaßt sind. Der Beschlag ist flächig silbern plattiert, der zentrale Niet dagegen mit Messing. Auch am Steiglederbeschlag sind die Konturen des runden Mittelteils, der Querarme, der Tierhälse und der Tierköpfe durch ein silbernes Tannenzweigmuster auf kupfernem Grund betont worden.

Grundlegend für die Einordnung des Pritzerber Steigbügels ist die mit drei Buntmetallen ausgeführte Verzierung. Diese Zierweise ist auch an Waffen und anderen Teilen der Reitausrüstung des 10.–11. Jahrhunderts in allen ostseeangrenzenden Gebieten bekannt. Ähnliche, z.T. motividentische Verzierungen sind von den Steigbügeln aus einem Grab von Ciepłe (woj. pomorskie), vom Burgwall von Kalisz (woj. wielkopolskie), aus dem Lednica-See bei Ostrów Lednickie und aus Schugsten (Samland, heute Wüstung im Oblast Kaliningrad) bekannt. In der Form entspricht er denen aus den Gräbern 2/40, 3 und 6 von Lutomiersk bei Łódź (woj. lódzkie) und aus dem Grab 1 von Irzekapinis (Samland, Oblast Kaliningrad). An letzterem ist auch die einzige gut erhaltene Parallele für den Steiglederbeschlag zu finden.

Der Steigbügel von Pritzerbe wurde im 11. Jahrhundert hergestellt, wobei nach derzeitigem Fundbestand das östliche Ostseegebiet als wahrscheinlicher Herstellungsraum angenommen werden kann. Am Ende der Ottonen- und in der frühen Salierzeit existierte damit im nördlichen und östlichen Vorfeld des Reichs und im Grenzsaum des Piastenstaats eine Einflußströmung aus dem Ostseeraum. Ethnisch kann es sich dabei um Personen skandinavischer, baltischer oder slawischer Herkunft gehandelt haben. Hinsichtlich der Form und Verzierungstechnik sind zweifellos Beziehungen zum skandinavischen Material des 10. Jahrhunderts gegeben. Die Kreuzdarstellung auf dem Steigbügel kann einen Bezug auf das Christentum besitzen, dies ist jedoch nicht zwingend.

Knorr, Steigbügel, Taf. 16–18. – Herrmann, Burgwälle, S. 135 Nr. 72. – Corpus archäologischer Quellen, 3. Lfg., Nr. 79/58, Taf. 79/58.1. – Vogt, Museum, S. 78 u. 117 Abb. 107. – Herrmann, Westslawen, S. 210, Taf. 5. – Herrmann, Rügenslawen, S. 307, Abb. 320. – Herrmann, Slawen. – Herrmann, Kultur, S. 298, Taf. 59 b. – Košnar, Vikinským, S. 58f., Abb. 5.4. – Ausst.kat. Speyer 1992, S. 89 Nr. 4 Vitrine 15.4 (Barbara Theune-Großkopf).

Th.K.

Brandenburg (Havel)

Auf der Dominsel in der Havel existierte seit Ende des 7. Jahrhunderts eine slawische Siedlung, aus der im 8. Jahrhundert eine Burg mit Vorsiedlung entstand, die sich bis zum Anfang des 10. Jahrhunderts zum Fürstensitz der Heveller entwickelte. Deren Fürstenfamilie war seit 907 durch eine Heirat mit Vratislaw von Böhmen verbunden. Die runde Hauptburg mit 0,5 ha Innenfläche, einem ca. 20 m breitem Befestigungssystem und einem 18 m breiten und 2 m tiefen Wassergraben besaß eine nordöstlich gelegene, durch einen Graben geschützte Vorburg und eine zweite südliche Vorburg, gesichert durch einen Graben und eine Befestigung, die 886 aus einer Palisade bestand.

Die schon einmal durch König Heinrich I. 928/29 eroberte Burg geriet 940 durch den Verrat des Hevellerfürsten Tugumir unter ostfränkisch-deutsche Herrschaft. Otto der Große gründete 948 das Bistum Brandenburg, dem er die nordöstliche Vorburg als Sitz zueignete. Im Slawenaufstand von 983 erkämpften die Heveller ihre Unabhängigkeit, zerstörten den bischöflichen Teil der Burg und erbauten eine 2–3 ha große, dichtbesiedelte stadtähnliche Siedlung, die von Süden bis Norden durch einen 20 m breiten Graben, im Osten durch das befestigte Havelufer gesichert war.

Die Burg entwickelte sich zum Produktions- und Handelszentrum am wichtigen Handelsweg Magdeburg – Lebus – Posen und erreichte ihre wirtschaftliche Blüte unter dem christlichen Hevellerfürsten Pribislaw-Heinrich. Dieser setzte den deutschen Markgrafen Albrecht den Bären zum Erben ein, so daß 1153/57 die Burg und ihr Herrschaftsgebiet in deutschen Besitz kamen. Das Bistum erhielt seinen Besitz im nördlichen Teil der Burg zurück. Ab 1165 entstanden Dom und Klausurgebäude, wobei die slawische Burg grundlegend umgestaltet wurde.

In den Jahren 1961–1975 wurden umfangreiche Ausgrabungen durch Klaus Grebe vom Museum für Ur- und Frühgeschichte Potsdam durchgeführt. Seit 1991 erfolgen weitere, baubegleitende Grabungen unter der Leitung von Stefan Dalitz von der unteren Denkmalschutzbehörde der Stadt Brandenburg.

Corpus archäologischer Quellen, 3. Lfg., S. 229–234. – Grebe, Brandenburger Dominsel. – Grebe, Ergebnisse (Lit.).

K.G.

II. 42
Doppelkonisches Gefäß mit Ringelstichverzierung

10. Jahrhundert
Brandenburg, Hauptburg
Einheimische slawische Keramik. – H. 10,5 cm, Rdm. 12,5 cm.
Wünsdorf, Brandenburgisches Landesamt für Denkmalpflege und Archäologisches Landesmuseum, Inv.Nr. 1964: 21/8/10

Grebe, Brandenburg, Abb. 40.2.

K.G.

II. 42

II. 43
Kammstrichverziertes Gefäß

Letztes Viertel 10. Jahrhundert
Brandenburg, südlicher Vorburgbereich
Einheimische slawische Keramik. – H. 18,5 cm, Rdm. 17,5 cm.
Wünsdorf, Brandenburgisches Landesamt für Denkmalpflege und Archäologisches Landesmuseum, Inv.Nr. 1964: 21/3/10

Grebe, Importkeramik, S. 230, Abb. 5.20. – Grebe, Brandenburg, Abb. 40.1.

K.G.

II. 43

II. 44

II. 44
Slawisches Gefäß

Ende 10./Anfang 11. Jahrhundert
Keramik mit einzeiliger Arkadenverzierung; Import aus Gebieten sorbischer Stämme. – H. 22 cm, Rdm 19 cm.
Wünsdorf, Brandenburgisches Landesamt für Denkmalpflege und Archäologisches Landesmuseum, Inv.Nr. 1964 : 21/X/6/1

Grebe, Importkeramik, Abb. 12.7. – Grebe, Brandenburg, Abb. 40.3. – Grebe, Körperbestattung, S. 466.

K.G.

II. 45
Bruchstück einer gedrechselten Schale

Ende 10. Jahrhundert
Brandenburg, nordöstliche Vorburg
Holz, verkohlt. – H. 2,5 cm, Dm. 18 cm.
Wünsdorf, Brandenburgisches Landesamt für Denkmalpflege und Archäologisches Landesmuseum, Inv.Nr. 1964: 21/VII/7/2

II. 45. 46

II. 47

Die Fundstücke Kat.Nr. II.45, II.46 und II.51 stammen aus einem Grubenhaus mit Resten zahlreicher verkohlter Gegenstände, Gewebe, Nahrungsmittel und Gefäße. Es handelt sich um einen bedeutenden Befund zur Erforschung slawischer Sachkultur und Lebensweise.

Grebe, Brandenburg, S. 28.

K.G.

II. 46
Randbruchstück eines gedrechselten Tellers

Ende 10. Jahrhundert
Brandenburg, nordöstliche Vorburg
Holz, verkohlt. – H. 1 cm, Dm. 14 cm.
Wünsdorf, Brandenburgisches Landesamt für Denkmalpflege und Archäologisches Landesmuseum, Inv.Nr. 1964: 21/VII/7/1

Die Fundstücke Kat.Nr. II.45, II.46 und II.51 stammen aus einem Grubenhaus mit Resten zahlreicher verkohlter Gegenstände, Gewebe, Nahrungsmittel und Gefäße. Es handelt sich um einen bedeutenden Befund zur Erforschung slawischer Sachkultur und Lebensweise.

Grebe, Brandenburg, S. 28.

K.G.

II. 47
Hölzerner Quirl

Ende 10. Jahrhundert
Brandenburg, aus einem Flechtwerkhaus
Holz. – L. 33,6 cm.
Wünsdorf, Brandenburgisches Landesamt für Denkmalpflege und Archäologisches Landesmuseum, Inv.Nr. 1964: 21/1/1311

Kat.Nr. II.47–49 stammen aus einem Flechtwerkhaus mit weiterem Holzgerät, magischem Weidenrutenring, Keramik, Nüssen und Getreide.

Grebe, Brandenburg, S. 68. – Grebe, Brandenburger Dominsel, S. 12, Abb. 11.

K.G.

II. 48
Mulde mit gekerbten Ecken

Letztes Viertel 10. Jahrhundert
Brandenburg, aus einem Flechtwerkhaus
Holz. – L. 42 cm, B. 19 cm.
Wünsdorf, Brandenburgisches Landesamt für Denkmalpflege und Archäologisches Landesmuseum, Inv.Nr. 1964: 21/1/1310

Bei diesem Holzgerät könnte es sich um eine Arbeitsmulde (Backmulde?) handeln.

Grebe, Importkeramik, S. 226, Abb. 3.

K.G.

II. 48

II. 49
Spindel

Letztes Viertel 10. Jahrhundert
Brandenburg, aus einem Flechtwerkhaus
Holz. – L. 24,4 cm.

Wünsdorf, Brandenburgisches Landesamt für Denkmalpflege und Archäologisches Landesmuseum, Inv.Nr. 1964: 21/1/1317

Grebe, Brandenburg, Abb. 49 links.

K.G.

II. 49–51

II. 52

II. 53

II. 50
Zwei weißtonige Spinnwirtel

Ende 10. Jahrhundert (a), Ende 10./Anfang 11. Jahrhundert (b)
Keramik. – a) Dm. 2,1 cm; b) Dm. 2,6 cm.
Wünsdorf, Brandenburgisches Landesamt für Denkmalpflege und Archäologisches Landesmuseum, Inv.Nr. 1964: 21/18/1 (a), Inv.Nr. 1964: 21/X/4/1 (b)

Es handelt sich um einen Import aus sorbischen oder deutschen Gebieten. Spinnwirtel (a) stammt aus einer Abfallgrube mit Keramik, verkohlten Bruchstücken von Gegenständen und Getreide.

Grebe, Brandenburg, S. 35, Abb. 49 Mitte rechts.

K.G.

II. 51
Köpergewebe mit Saum

Ende 10. Jahrhundert
Brandenburg
Textil, verkohlt. – L. noch 16 cm, B. noch 9,5 cm.
Wünsdorf, Brandenburgisches Landesamt für Denkmalpflege und Archäologisches Landesmuseum, Inv.Nr. 1964: 21/VII/7/3

Die Fundstücke Kat.Nr. II.45–46 und II.51 stammen aus einem Grubenhaus mit Resten zahlreicher verkohlter Gegenstände, Gewebe, Nahrungsmittel und Gefäße.

Grebe, Brandenburg, Abb. 48.

K.G.

II. 52
Dreilagenkamm

Ende 10. – Mitte 11. Jahrhundert
Brandenburg
Hirschgeweih. – L. 18,2 cm.
Wünsdorf, Brandenburgisches Landesamt für Denkmalpflege und Archäologisches Landesmuseum, Inv.Nr. 1964: 21/2/2

Grebe, Brandenburg, Abb. 45 oben.

K.G.

II. 53
Schuhsohle, Schuhoberteil und Nadel

Letztes Viertel 10. Jahrhundert
a) Schuhsohle: Brandenburg, aus einem Flechtwerkhaus. Leder, mit Flickstelle. – L. 22 cm.
b) Schuhoberteil (ohne Abb.): Brandenburg, aus einem Flechtwerkhaus. – Leder, punktverziert und mit Schlitzen für den Schuhriemen.
c) Nadel (ohne Abb.): Brandenburg, aus der Hauptburg. Knochen. – L. 7,5 cm.
Wünsdorf, Brandenburgisches Landesamt für Denkmalpflege und Archäologisches Landesmuseum, Inv.Nr. 1964: 21/13/130 (a); Inv.Nr. 1964: 21/1/1471 (b); Inv.Nr. 1964: 21/14/100 (c)

Die Nadel diente zum Einziehen der Lederschnüre in die Schlitze der Bundschuhe.

Grebe, Brandenburg, Abb. 43 Mitte, Abb. 44. – Grebe, Brandenburger Dominsel, S. 11, Abb. 8.

K.G.

Wiesenau

In der Kette der Oderburgen zwischen den Städten Frankfurt a.d. Oder und Eisenhüttenstadt liegt etwa 2,3 km südöstlich des Ortes Wiesenau (Ldkr. Oder-

Spree) in der Oderniederung, hier „Ziltendorfer Niederung" genannt, der Burgwall „Grodisch". Am „Pottack", wahrscheinlich ein Altarm der Oder, wurde hier auf einer Anhöhe von Slawen ein kleiner Burgwall von 65 x 50 m Durchmesser und 1,5 m Höhe errichtet. In den Jahren 1969–1976 wurde dieser und die sich südlich anschließende, spätslawische Siedlung teilweise ausgegraben.

Der kleine Burgwall vom sog. Tornower Typ überraschte die Ausgräber durch die hervorragende Erhaltung der freigelegten Hölzer. Die unterste Lage der Kastenkonstruktion der Wallanlage, verstürzte Teile der Wallkonstruktion, zahlreiche Pfosten und eine bisher beispiellose Anzahl von Holzgerätschaften der verschiedensten Funktion zeichnen den Fundort aus. Der Rohling eines aus einer Astgabel gefertigten Hakenpfluges, zahlreiche hölzerne Stielpflugschare und Pflanzstöcke belegen den Ackerbau. Das Fundspektrum umfaßt Gerätschaften für den täglichen Gebrauch (hölzerne Schöpfkellen, Holzdaubenbrettchen), aber auch Drechselabfälle und sogar Kinderspielzeug.

Neben Konstruktionsteilen der Befestigungsanlage, so Teilen einer Flechtwerkwand als Brustwehr und ein Teil von einer hölzernen Verriegelung mit zwei Holznägeln, sind eine umfangreiche Keramikkollektion, Haus- und Wildtierknochen und einige Metallfunde hervorzuheben.

Unter der Befestigungsanlage wurden Fundschichten einer slawischen Siedlung des 7.–8. Jahrhunderts angetroffen, auf welchem dann der Burgwall im 9. und 10. Jahrhundert errichtet und ausgebaut wurde. Die Dendrodaten zeigen ein Fälldatum der Bäume für verschiedene Holzkonstruktionsteile der Burg zwischen 892 bis 939 und liegen damit nach Karl-Uwe Heußler und Torsten Westphal im 10. Jahrhundert. In der 2. Hälfte des 10. Jahrhunderts wurde die Befestigungsanlage aufgegeben. Die Siedlung südlich der Burg reicht zeitlich noch bis in das 12. Jahrhundert.

Heußler/Westphal, Untersuchungen.

R.P.

II. 54
Hölzener Pflanzstock

Abb. S. 86

10. Jahrhundert
Wiesenau, Ldkr. Oder-Spree
Holz (wahrscheinlich Eiche). – Im Feuer gehärtete Spitze. Kerbe 1,5 cm unter dem Knauf, Knauf leicht beschädigt.
L. 21,6 cm, gr. Dm. 2,3 cm.
Wünsdorf, Brandenburgisches Landesdenkmalamt und Archäologisches Landesmuseum, Inv.Nr. 1971:50/1001

Unveröffentlicht. – Vgl.: Vogt, Produktionsinstrumente, S. 499 Abb. 4.2.

R.P.

II. 55

II. 55
Hölzerne Schöpfkelle

10. Jahrhundert
Wiesenau, Ldkr. Oder-Spree
Holz. – Dünnwandig, mit Gebrauchsspuren, am Rand und Stiel beschädigt, geklebt.
L. 25,3 cm, B. 13,4 cm, H.9,2 cm.
Wünsdorf, Brandenburgisches Landesdenkmalamt und Archäologisches Landesmuseum, Inv.Nr. 1971:50/420

Unveröffentlicht.

R.P.

II. 56
Hölzerner Riegel

Abb. S. 86

10. Jahrhundert
Wiesenau, Ldkr. Oder-Spree
Eiche mit Austrocknungsspuren. – Grob bearbeitet, mit Beil- und Feuerspuren. Zwei verschieden große, quadratische, durchgehende Öffnungen a) 2,6 cm, b) 2,3 cm und eine rechteckige, durchgehende Öffnung von 4,0 x 1,5 cm; zwei Holznägel zur Befestigung der Schließvorrichtung.
H. 5,5 cm, B. 7,4 cm, L. 36,7 cm; Holznägel: L. 10,5 cm u. L. 6,2 cm.

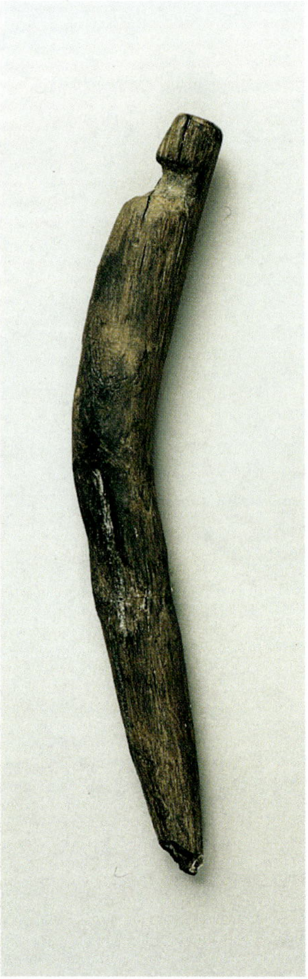

II. 54

II. 57

Wünsdorf, Brandenburgisches Landesdenkmalamt und Archäologisches Landesmuseum, Inv.Nr. 1971:50/1000

Unveröffentlicht. – Vgl.: Geisler, Wiesenau, S. 162 Abb. 6 a–h.

R.P.

II. 57
Hölzerne Pflugschar

10. Jahrhundert
Wiesenau, Ldkr. Oder-Spree
Holz (wahrscheinlich Eiche). – Im Schaft geklebt.
L. 45,4 cm, B.7,2 cm, D.1,7 cm.

Wünsdorf, Brandenburgisches Landesdenkmalamt und Archäologisches Landesmuseum, Inv.Nr. 1971:50/354

Die Spitze der Pflugschar wurde im Feuer gehärtet, sie zeigt deutliche Gebrauchsspuren.

Geisler, Wiesenau, Taf. 20. – Vogt, Wiesenau, S. 212, Abb. 1.

R.P.

II. 58
Schwert

10. Jahrhundert
Alt Galow, Ldkr. Uckermark, Einzelfund aus einem Oderarm
Eisen/Stahl. – Starke Korrosion der erhaltenen Teile.
L. 90,5 cm, Blattbreite max. 5,7 cm,
Parierstangenlänge 12,1 cm, Gew. 1103 g.

Wünsdorf, Brandenburgisches Landesamt für Denkmalpflege und Archäologisches Landesmuseum, Inv.Nr. 1993:633

Die Waffe besteht aus drei metallenen Konstruktionsteilen, nämlich Klinge, Parierstange und Knauf. Eine Aussparung der Parierstange schließt die Klingenschultern ein. Eine beidseitige, flache Kehle in der Mittellinie des Blattes markiert nicht wie in anderen Fällen längslaufende Bahnen von Torsionsdamast, sondern eine fortgeschrittene Damastvariante. In der Nähe des Schulterbereichs ist auf einer Blattseite eine damaszierte Klingeninschrift +VLFBERH+T von 20,5 cm Länge verschweißt. Die Gegenseite des Blattes trägt eine Markenfolge von 9 cm Länge in gleicher Technik. Sie bildet ein Rautenmotiv, welchem drei Stäbe voran- und zwei nachgestellt sind. Der Korrosionszustand, auf den auch das Fehlen einiger Damastzeichen zurückzuführen ist, erschwert die Beurteilung im Detail. Vorhandene Fragmente zeigen jedoch Torsionsstruktur, so ist von einer solchen sowohl für die Schriftzeichen als auch für die Marken auszugehen. Das gemeinsame Auftreten dieser Namensinschrift und einer derartigen Marke kann als idealtypisch gelten, wenngleich das Rautenmotiv zumeist aufwendiger gestaltet ist und in derartigen Fällen als Abfolge von Andreaskreuzen oder Scherengitter beschrieben wird.

Die Klingenangel ist über dem Knauf vernietet. Eine ursprüngliche, aus organischen Materialien bestehende Hilze, das eigentliche Griffstück, fehlt

II. 56

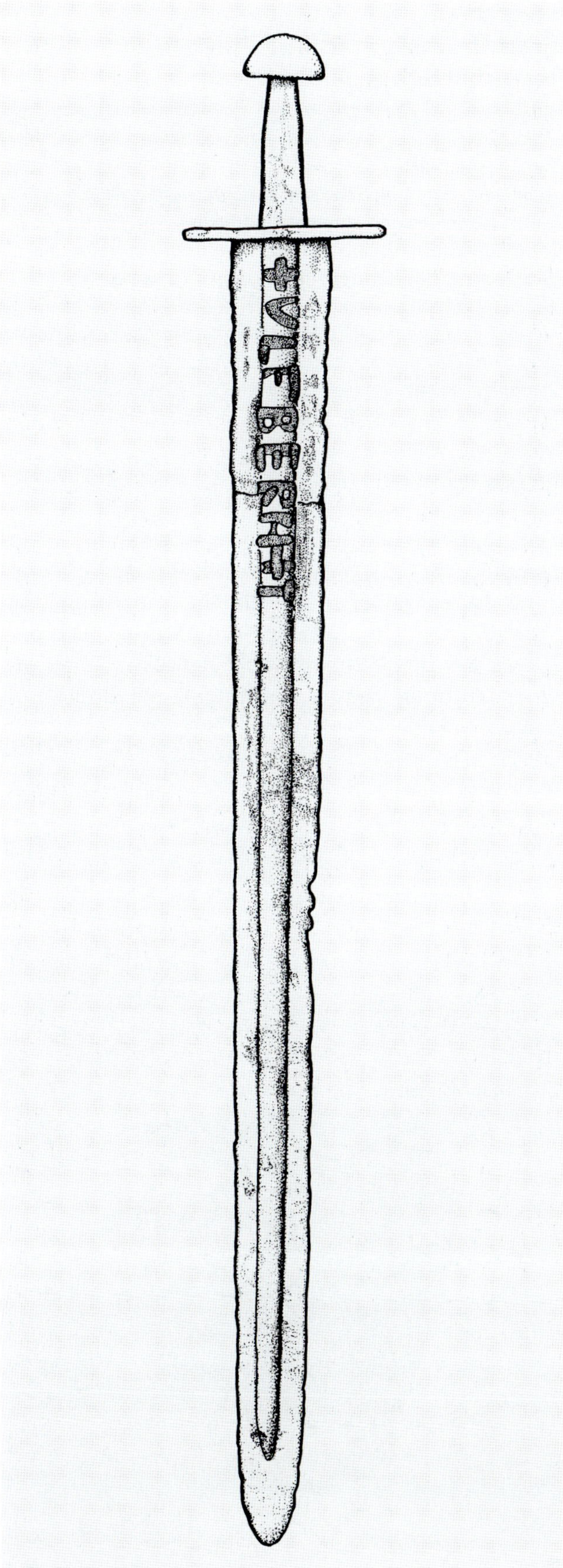

zu II. 58: Umzeichnung

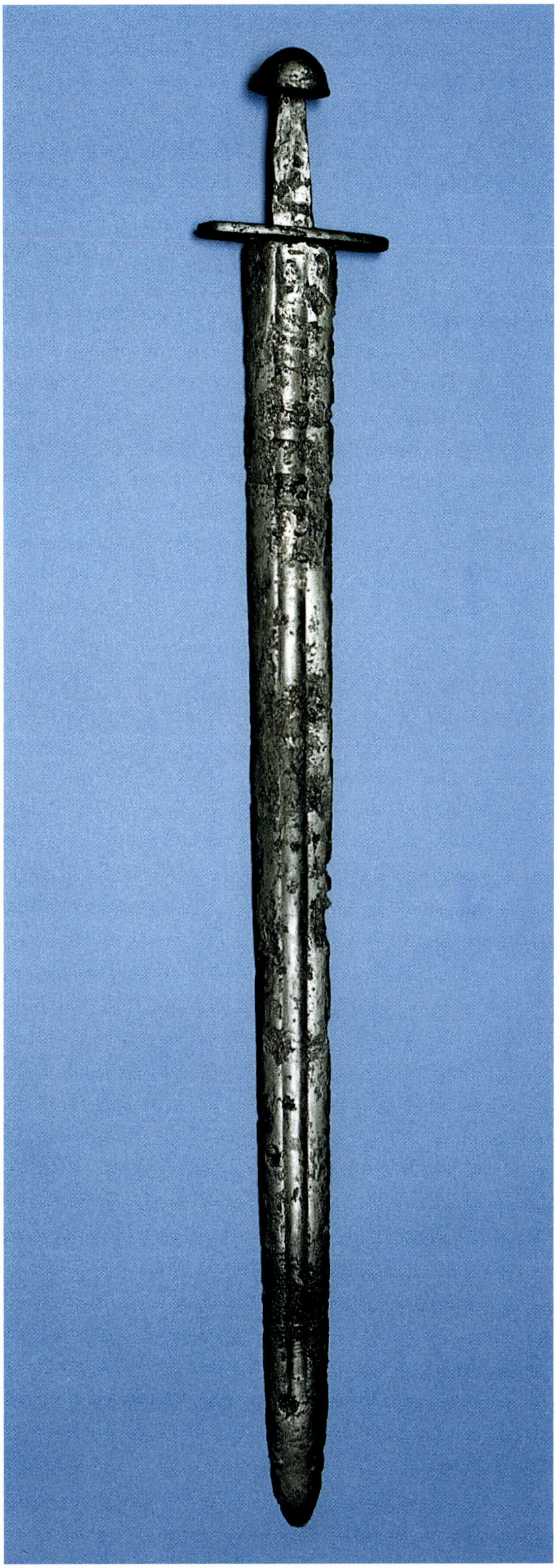

II. 58

heute. Wenngleich der Knauf dem des Schwertes von Scharstorf (Kat.Nr. IV.48) entspricht, weist doch die größere Länge der Parierstange auf einen weiter fortgeschrittenen Entwicklungsstand hin. Der Erhaltungszustand gibt die ursprüngliche Proportion von Klingenlänge zur Breite zuverlässig wieder.

Mit der Kennzeichnung VLFBERHT ist uns die Signatur eines Klingenschmiedes überliefert, dessen Arbeiten gegen Ende des 8. Jahrhunderts erstmals zu belegen sind und dessen Werkstatt wohl in den fränkischen Rheinlanden zu lokalisieren ist. Nur wenige bekannt gewordene Klingen zeigen seinen Namenszug in unverfälschter, ursprünglicher Form. Offenbar entwickelt sich die Kennzeichnung zum Symbol für hohe Qualität, denn sie taucht über etwa drei Jahrhunderte an zweischneidigen Schwertern auf, welche wiederholt auch durch weitere Merkmale als besonders aufwendige, kostbare Arbeiten ausgewiesen sind. Etwa 130 derartige Waffen wurden in Europa, vor allem in Skandinavien, gefunden. Zumeist ist daran nur in Kenntnis des Vorbilds eine Entschlüsselung der verfremdeten Inschrift möglich (Kat.Nr. II.33). Insoweit stellt die vorliegende Form eine der klar lesbaren Varianten dar, obwohl sie zeitlich etwa ein Jahrhundert vom Ursprung entfernt anzunehmen ist. Sie zeigt eine geradezu regelhafte, nicht seltene Abweichung, die in mehr als 20 Fällen bekannt ist. Lediglich das ursprünglich nachgestellte Kreuz ist dabei an die Stelle des T getreten – ein Lapsus, der dem in der Regel des Lesens unkundigen Benutzer jener Zeit entgangen sein dürfte.

Wie im Falle des Scharstorfer Schwerts handelt es sich um einen klassischen Typ der Wikingerzeit. In morphologischer Hinsicht ist die Waffe dem Scharstorfer Schwert eng verwandt, zeigt jedoch exemplarisch Merkmale jüngerer Entwicklungen: die größere Breite des sich stark verjüngenden Blattes sowie die größere Länge der Parierstange.

Seitz, Blankwaffen, Bd. 1, S. 108, Abb. 65 c. – Müller-Wille, Ulfberht-Schwert, S. 65f., Abb. 5–10. – Menghin, Inschriftschwerter, S. 250. – Geibig, Schwert, S. 117, Kombinationstyp 12, Variante I. – Szameit, VLFBERHT-Schwert, S. 215. – Schmidt, Schwert, S. 68f. – Westphal, Waffen.

Ich danke der Direktion des Brandenburgischen Landesamtes f. Denkmalpflege, Wünstorf, bes. Stephan Brather, für die Unterstützung bei der Untersuchung und weitere Informationen zu den Schwertern von Alt Galow und Stralsund.

H.W.

II. 59
Standbodengefäß mit Kammstrichverzierung

9.–11. Jahrhundert
Burg, Grünstraße
Irdenware, rotbraun, Scherben, zusammengesetzt, ergänzt. Oberfläche rauhwandig, umlaufendene Riefe mit Tannenzweigmuster aus Kammstrichlinien im Schulterbereich, innen dünne, parallele Überarbeitungsspuren im Rand- und Schulterbereich, innen umlaufende Riefen. – Rand schwach ausbiegend, Randabschluß gerundet und nach außen abgestrichen, hohe Schulter mit scharfem Umbruch, einschwingende Oberwand, Flachboden mit Achsenabdruck der Töpferscheibe.
H. 20,5 cm, Rdm. 18 cm, max. Dm. 21 cm.
Magdeburg, Kulturhistorisches Museum,
Inv.Nr. Burg III/45/579.

Die doppelkonische Gefäßform mit hohem Schulterumbruch und horizontaler Kammstrichverzierung ist charakteristisch für die mittelslawische Ware der sog. Ützer Gruppe (vgl. Kat.Nr. II.67 und V.2 e). Bei dem Burger Gefäß handelt es sich um einen Altfund, dessen Fundumstände unbekannt sind.

Brachmann, Stämme, S. 303 Nr. 23,6. – Corpus archäologischer Quellen, 1. Lfg., Nr. 36/6 Burg.

H.P.

II. 59

II. 60
Gefäß mit Flachboden

Ende 10./Anfang 11. Jahrhundert
Düna, Ldkr. Osterode/Harz
Irdenware, schwarz, sekundär gebrannt. – Oberfläche rauhwandig, im Halsbereich dünne parallele Überarbeitungsspuren, im Rand eingebohrte Lochungen. – Rand ausbiegend, Randabschluß gerundet, schräg nach außen abgestrichen, Flachboden mit leichtem Quellrand.
H. 16 cm, Randdm. 15,5 cm.
Wolfenbüttel, Braunschweigisches Landesmuseum, Abt. Vor- und Frühgeschichte, Inv.Nr. (Düna) 140/2

Both, Düna, S. 53–56 u. 145, Taf. 9, 12.6

F.B.

II. 61
Kugeltopf

Ende 10./Anfang 11. Jahrhundert
Düna, Ldkr. Osterode/Harz
Irdenware, hellgelbbraun, sekundär gebrannt. – Oberfläche rauhwandig, im Halsbereich dünner, parallele Überarbeitungsspuren. – Rand stark ausbiegend, Randabschluß gerundet, Kugelboden.
H. 16 cm, Randdm. 16,5 cm.
Wolfenbüttel, Braunschweigisches Landesmuseum, Abt. Vor- und Frühgeschichte, Inv.Nr. (Düna) 140/1

In den Jahren 1981 bis 1985 wurde in Düna, ca. 5 km südwestlich der Stadt Osterode am Harz, etwa ein Viertel einer Siedlung von ehemals 20 000m² Gesamtfläche ergraben. Mit Hilfe archäologischer und naturwissenschaftlicher Untersuchungen konnte eine Besiedlung nachgewiesen werden, die in der römischen Kaiserzeit einsetzte und bis in das 14. Jahrhundert fortbestand.

Eine überregionale politische und wirtschaftliche Bedeutung erlangte das südwestliche Harzvorland vor allem im 10. und 11. Jahrhundert als sog. Stammland der ottonischen Herrscher seit König Heinrich I. (918–936). In das 10. Jahrhundert fällt in Düna der Bau eines Steingebäudes mit repräsentativem Charakter. Topographisch angebunden an eine Fernstraße muß die Wüstung in einem Atemzug mit befestigten Siedlungen oder Pfalzen wie Werla, Pöhlde, Grone, Derenburg oder Tilleda genannt werden.

Die Keramik dieser Zeit ist schmucklos multifunktional. Sie ist reduzierend gebrannt, von brauner oder dunkelgrauer, seltener auch hellbrauner Färbung. Dünnschliffanalysen an Dünaer Exemplaren lassen auf eine lokale Produktion schließen, da die Magerungsbestandteile im Harz bzw. im südwestlichen Harzvorland zu finden sind. Vereinzelte kalkgemagerte Gefäße deuten ebenfalls eine heimische Produktion an. Formenkundlich kommen überwiegend Kugeltöpfe vor, aber auch Gefäße mit

II. 60. 61

Flachboden, die in der Tradition vorheriger Keramikproduktion standen, sind vertreten.

Stratigraphische und statistische Erhebungen verschiedener Fundorte im südlichen Niedersachsen lassen das Aufkommen und Abflauen dieser sächsischen Keramik erkennen, die sich in der Verbreitung von der sog. frühdeutschen Keramik Westthüringens und der slawischen Keramik abgrenzt.

Der Übergang vom Standbodengefäß zum Kugeltopf hat sich über eine längere Zeit hingezogen. Frühe Kugeltöpfe oder Gefäße mit sog. Wackelboden als Übergangsform datieren im südlichen Niedersachsen bereits in das 9. Jahrhundert. Standbodengefäße gleicher Machart waren daneben noch bis zum Anfang des 11. Jahrhunderts in den Haushalten im Gebrauch. Damit ist auch die Laufzeit dieser Warenart umrissen: Sie reichte vom beginnenden 9. Jahrhundert bis in das 11. Jahrhundert hinein, wobei das 10. Jahrhundert wohl als Blütezeit zu sehen ist. Die beiden Gefäße aus Düna (Kat.Nr. II.60–61) gehören stratigraphisch (Befundnr. 45) in die ausgehende Phase II dieser Siedlung, womit eine Datierung in das späte 10. bis frühe 11. Jahrhundert möglich ist und die Endphase der Fundvergesellschaftung von Standbodengefäß und Kugeltopf zeigt.

Klappauf/Linke, Düna. – Klappauf, Harz. – Spiong, Wüstung Mechelmeshusen. – Both, Düna, S. 53–56 u. 145, Taf. 9, 12.7.

F.B.

II. 62

II. 62
Standbodengefäß

9./10. Jahrhundert
Magdeburg-Altstadt, Große Klosterstraße 17
Irdenware. – Stark ergänztes rotbraunes Gefäß mit hochliegender gewölbter Schulter. Kurzer, leicht ausladender Rand, stellenweise eine untergriffige Lippe.
H. 19,5 cm, Rdm. 16,5 cm, max. Dm. 18,7 cm, Bdm. 8,5 cm.
Magdeburg, Kulturhistorisches Museum, Inv.Nr. 01:1

Am 14. April 1948 erfolgte in Magdeburg die Gründung einer Arbeitsgemeinschaft zur Erforschung der Vor- und Frühgeschichte Magdeburgs. Zu ihren interdisziplinären Vorhaben gehörten die archäologischen Untersuchungen in der 1945 zu 85% zerstörten Magdeburger Altstadt. Weitere Ziele waren die Aufnahme der durch die Zerstörung zugänglich gewordenen mittelalterlichen Baureste. Die schriftlichen Quellen sollten mit den archäologischen und bauhistorischen Befunden in Beziehung gesetzt werden. Die archäologischen Untersuchungen wurden von der Akademie der Wissenschaften zu Berlin unter der wissenschaftlichen Leitung von Prof. Wilhelm Unverzagt durchgeführt. Sie folgten dem Verlauf der Enttrümmerung und der innerstädtischen Bebauung mit ihren großflächigen Erdaufschlüssen.

Zur Klärung bestimmter stadtgeschichtlicher Fragen wurden gezielte Ausgrabungen wie z. B. auf dem Alten Markt und dem Johanniskirchhof, an der Stephans- und Spiegelbrücke, Am alten Brücktor und zuletzt auf dem Domplatz vorgenommen.

Unter der örtlichen Grabungsleitung von Ernst Nickel sind von 1948 bis 1968 über 6000 qm Fläche ergraben und über 110 000 qm Baugrubenfläche untersucht worden. Dabei kamen Befestigungsgräben, Straßenplaster, Bohlenwege, Uferbefestigungen, Grundmauern von Häusern, Brunnen, Fäkalien- und Abfallgruben sowie Bestattungen zutage. Insgesamt wurden während der zwanzigjährigen Stadtkerngrabung etwa 1000 Gefäße und über 100 000 Keramik- und Glasscherben, Holz- und Lederteile, Metallgegenstände, Tierknochen und botanische Reste aus dem 9. bis 19. Jahrhundert geborgen. Hinzu kommen noch einige Funde aus der urgeschichtlichen Zeit.

Das unverzierte, in der Randzone angeschmauchte Standbodengefäß gehört zum Formenkreis der mittelslawischen Keramik der im Elbe-Saale-Raum siedelnden slawischen Bevölkerung.

Nickel, Hallenbau. – Nickel, „Alter Markt". – Corpus archäologischer Quellen, 1. Lfg., Nr. 27/58, Abb. 1. – Brachmann, Stämme.

G.G.

II. 63
Standbodengefäß mit Wellenlinienverzierung

10. Jahrhundert
Magdeburg-Salbke, Kieswerk am Unterhorstweg
Irdenware. – Hochschultriges doppelkonisches Gefäß mit gewölbter Schulter und leicht ausladendem kantig profilierten Rand. Auf der Schulter nicht ganz umlaufendes Linienband. Darüber bis unterhalb des Randes mit fünf zwei- bis dreilinigen Wellenbändern verziert. Ton hellgraubraun bis braunrot gefärbt.
H. 18,1 cm, Rdm. 16,5 cm, max. Dm. 19,2 cm, Bdm. 8,8 cm.
Magdeburg, Kulturhistorisches Museum, Inv.Nr. 62:21

Das Gefäß gehört zu einer Gruppe von wellenbandverzierter Keramik, die vor allem westelbisch zwischen Havelmündung und unterer Saale auftritt und sich von der gleichzeitigen slawischen Tonware (Kat.Nr. II.57 u. II.67) unterscheidet. Die Gefäßform ist eiförmig. Der Rand ist wenig ausladend, oft glatt nach außen schräg abgestrichen oder zusätzlich profiliert. Die Häufung dieser Gefäße in Magdeburg und in seiner westlichen Umgebung kennzeichnen sie als „Magdeburger Typ". Im 10. Jahrhundert weist die sorgfältige Bearbeitung mit meist sehr gutem Brand sowie die gute Oberflächenbehandlung (sammetartig) auf eine Herstellung in Werkstätten hin, zumal die zunächst handgeformte Keramik dann Spuren der Bearbeitung mit der Töpferscheibe zeigt.

Im heutigen Stadtgebiet von Magdeburg wurde an mehreren Stellen im Bereich der Elbaue Kies abgebaut. Dabei wurden auch Funde aus fast allen Abschnitten der vor- und frühgeschichtlichen Zeit geborgen. Bedingt durch die Ausbaggerung des Kieses unter den Grundwasserspiegel konnten keine Beobachtungen zu den Fundverhältnissen gemacht werden.

II. 63

Lies, Baggerfunde, Abb. 8 b. – Nickel, „Alter Markt", S. 106–115. – Brachmann, Stämme, S. 129–135. – Schneider, Magdeburger Domgrabung.

G.B.

II. 64
Drei Gefäße von der Stephansbrücke

9./10. Jahrhundert
Magdeburg-Altstadt, Stephansbrücke 26
a) Standbodengefäß mit Kammstrichverzierung: Irdenware. Gedrungenes Gefäß mit einem leicht gewölbten Gefäßkörper und Quellboden. Unter dem kurzausladenen Rand im stark ergänzten Oberteil eine nach unten hin abgegrenzte Verzierung aus sich kreuzenden Kammstrichen. Grob gearbeitete rotbraune Keramikoberfläche mit zahlreichen Quarzkörnern.
H. 13,4 cm, Rdm. 15,5 cm, max. Dm. 16,5 cm, Bdm. 11 cm.
b) Kugeltopf: Irdenware. – Kleiner graubrauner Topf mit gestrecktem kugeligen Gefäßkörper. Unter dem leicht nach außen geschwungenem Rand am Schulteransatz kleiner Absatz. Das stark ergänzte Bodenteil erhielt bei der Restaurierung eine kleine Standfläche.
H. 14,2 cm, Rdm. 12,0 cm, max. Dm. 14,5 cm.
c) Kugeltopf: Irdenware. – Hohes, zum Teil angeschmauchtes graubraunes Gefäß mit kurzem schrägen Hals und trichterförmigem Rand mit kleiner Kehlung an der Innenseite. An die Randzone fügt sich ein nur wenig gewölbtes, bald tonnenförmiges Mittelteil mit einer unregelmäßig gearbeiteten Oberfläche an. Vertikale Wischspuren deuten darauf hin, daß das

II. 64 a

II. 64 b

II. 64 c

Gefäß nicht auf der Töpferscheibe hergestellt wurde. Die Rekonstruktion des stark zerscherbten Gefäßes ergab für den unteren Abschluß einen leicht gewölbten Boden, der jedoch keinen sicheren Stand gewährleistet.
H. 33,0 cm, Rdm. 19,0 cm, max. Dm. 28,5 cm.

Magdeburg, Kulturhistorisches Museum,
Stbr. 26/1/54,85/43 (a);
Stbr. 26/17/52,25/45 (b);
Stbr. 26/1/54,15/42 (c)

Der Form und Verzierung nach läßt sich das mittelslawische Gefäß (a) der sog. Ützer Gruppe (vgl. Kat.Nr. II.67) zuordnen. – Die Kugeltöpfe (b, c) stellten eine Übergangsform von der Standbodenkeramik zur echten Kugeltopfware dar. Bereits im 9. Jahrhundert vollzog sich im südlichen niedersächsischen Raum der Übergang vom Standbodengefäß zum Kugeltopf. Aus der bauchigen Gefäßform mit einem leicht gewölbten Boden entwickelte sich ein kugelbauchiges Gefäß mit einer nach außen stehenden Randlippe. Während die Ränder der frühen Kugeltöpfe noch freihändig hergestellt wurden, begann man im 12. Jahrhundert die Randzonen mit einem „Formholz" auf der Drehscheibe zu modellieren. Im Fundus der Magdeburger Stadtkerngrabung (1948–1968) ist der Kugeltopf unter der Keramik des 11. bis 13./14. Jahrhunderts am häufigsten vertreten. – Der Topf (c) stellt eine Übergangsform vom Standbodengefäß zum Kugeltopf dar.

Corpus archäologischer Quellen, 1. Lfg., Nr. 27/134, Abb. 11 (c), 12 (b) u. 21 (a). – Brachmann, Stämme. – Both, Düna.

G.G.

II. 65
Zwei Gefäße von der Spiegelbrücke

10. Jahrhundert
Magdeburg-Altstadt, Spiegelbrücke 9–14/15

a) Kugeltopf: Irdenware. – Schwarzgrauer Kugeltopf mit einem leicht gewölbten Boden. Nach außen gebogener Rand mit leicht abgerundeter Lippe. Hals an zwei Stellen durchbohrt (zum Aufhängen des Gefäßes oder infolge von Reparaturarbeiten?).
H. 15,3 cm, Rdm. 15,2 cm, max. Dm. 17,5 cm.

b) Standbodengefäß mit Wellenverzierung: Irdenware. Hochschultriges Gefäß mit schräg nach außen geneigtem Rand mit kantiger Lippe. Am Hals beginnend, bedecken schwach eingeritzte, unregelmäßig angeordnete Wellenbänder den rot-

II. 65 a

II. 65 b

bis graubraunen Gefäßkörper, in 9 cm H. durch waagerechte Kammstrichlinien begrenzt, Boden ein wenig eingezogen. Vertikale Eindellungen geben dem dünnwandigen Gefäß eine unebene Oberfläche.
Nicht auf der Drehscheibe hergestellt.
H. 15,6 cm, Rdm. 14,3 cm, max. Dm. 15,5 cm, Bdm. 6,8 cm.

Magdeburg, Kulturhistorisches Museum, Spbr. 9–14/15/12/53,85/1 (a), Spbr. 9–14/15/12/53,85/2 (b)

Der Topf (a) stellt eine Übergangsform vom Standbodengefäß zum Kugeltopf dar. Es stammt aus einer Abfallgrube mit multikulturellen Funden. Sie enthielt weitere Keramikfragmente von Kugeltöpfen und Standbodengefäßen.

Ein Standbodengefäß (b) ließ sich wieder zusammensetzen. Unter den Scherben befanden sich auch Exemplare mit slawischen Verzierungselementen. Sie weisen auf die Verflechtung und den Handel mit der im Elbe-Saale-Gebiet siedelnden slawischen Bevölkerung hin. Ein ebenfalls in der Siedlungsgrube gefundener vergoldeter Bronzebeschlag (Kat.Nr. VI.35) läßt aufgrund seiner Form und künstlerischen Darstellung sogar stilistische Verbindungen zu England erkennen.

Nickel Abfallgrube, Abb. 1 u. 2. – Corpus archäologischer Quellen, 1. Lfg., Nr. 27/78, Abb. 13 (a).

G.G.

II. 66
Zwei Schöpfkellen

Abb. S. 94

9./10. Jahrhundert
Magdeburg-Nord, Kieswerk Neustadt (Neustädter See)

a) Holz. – Griff abgebrochen. Aus einem Stück gearbeitet mit abgerundetem Boden, innen versintert, Wandung zum Rande zu verjüngend. – L. 16,5 cm, H. 13,5 cm, max. B. 18,0 cm.

b) Holz. – Aus einem Wurzelknollen mit ausgearbeitetem Griff. – L. 14,7 cm, H. 5,5 cm, B. 7,5 cm.

Magdeburg, Kulturhistorisches Museum, Inv.Nr. 77:399 (a), 81:393 (b)

Beide Objekte wurden zu verschiedenen Zeiten im Kieswerk unter dem heutigen Grundwasserspiegel ausgebaggert. Obwohl uns damit die konkreten Fundumstände verborgen blieben, hat der Betriebsleiter des Kieswerkes, angeregt durch das interessante Fundmaterial von der Altsteinzeit bis zum Mittelalter, die flächenmäßige Verteilung der Objekte festgehalten und zu zwei alten, bei den Baggerarbeiten erkennbaren Flußläufen in Beziehung gesetzt. Dabei wird deutlich, daß slawische Funde sich im westlichen Bereich konzentrieren, wo auf dem erhöhten Rand der Elbaue auch slawische Siedlungsplätze vorhanden sind.

Lange, Bodendenkmalpflege.

G.B.

Il. 66

Religionen und Volksfrömmigkeit einer Übergangszeit

Nordwestslawische Stammesgruppen lebten in unmittelbarer Nachbarschaft der Sachsen. Ihr Siedlungsgebiet jenseits der mittleren und unteren Elbe trat im Jahre 780 ins Blickfeld der fränkischen Geschichtsschreibung. Seitdem berichteten die Annalen von der Allianz Karls des Großen mit der abodritischen Führungsspitze und von der Pflege dementsprechend enger diplomatischer Verbindungen. Es war dies eine Epoche ständiger kultureller Einwirkung, eine Zeit der Kulturfaszination, die zumindest bis zum Jahre 840 andauerte. Die Bedeutung des Einflusses zeigt sich vor allem bei der Hofkultur, aber auch bei der Ausformung von Ansätzen einer imperialen Verfassungsstruktur. Gleichwohl kann von Christianisierung in diesem Zusammenhang keine Rede sein.

Grundlegende Bedeutung hatte in dieser Hinsicht erst eine für 934 überlieferte doppelte Königstaufe: die des dänischen Königs Gnupa und eines namentlich nicht genannten Königs der Abodriten durch König Heinrich I. in Haithabu. Für den Prozeß der Christianisierung war nämlich das Bemühen der Fürsten ausschlaggebend, ihren nach alteuropäischem Verständnis sakral legitimierten Führungsauftrag zwar zeitgemäß mit neuen Zeichen des Königsheils, aber doch eigenständig, mutmaßlich synkretistisch darzustellen, um so ihre Herrschaft in ein neues Zeitalter hinüberzuleiten. Während des Übergangs von der heidnischen Stammesgesellschaft zum christlichen Herrschaftsstaat war also die Aneignung des Christentums eher ein Bestandteil selbständiger Nachbildung imperialer Herrschaftsrepräsentation als das Ergebnis von außen herangetragener Missionsarbeit. In diesem Sinne war die Patronatstaufe von 934 ein hochwillkommenes Ereignis von unerhört prestigeträchtiger Bedeutung.

Gleichwohl findet man noch für rund zweihundert Jahre die Auffassung vom Wesen der Stammesreligion, wonach für die Wohlfahrt des Volkes allein die eigene Gottheit zuständig sei. Bei den großen Jahresfesten erflehte die Gemeinde unter Vorsitz des Fürsten göttlichen Segen und dankte für die Erträge fruchtbaren Wachstums. Der Gottheit geweihte Schlachtopfer, Feldfrüchte, Honigkuchen und Met wurden in Kommunion mit ihr anläßlich großer Kultgelage verzehrt. Plätze besonderer naturräumlicher Ausstattung oder Orte künstlerischer Gestaltung mochte die Gottheit zum Aufenthalt nehmen und durch ihre Gegenwart heiligen. Das konnten allgemein „Götterberge", heilige Haine und Quellbezirke sein, näherhin auch die zumeist reich beschnitzte und farbig gefaßte atriumartige Einfriedung, der überdachte Tempel oder dessen durch Vorhänge abgeteilter Innenraum mit dem Kultbild. Hier war auch der Ort für Landesversammlung und Rechtsprechung, wo Orakel befragt und über Krieg und Frieden beraten wurden. Inzwischen hat die archäologische Forschung auch sakrale Einrichtungen und Gegenstände entdeckt, die dem 9. und 10. Jahrhundert angehören. Die zeitgenössische Überlieferung berichtet von überlebensgroßen Standbildern als Kultbilder, außerdem spricht sie von größeren und kleineren Idolen, die im Freien aufgestellt sind, ferner von handlichen Statuetten solcher Idole, und es wird dabei ausdrücklich betont, daß sie alle die gleiche religiöse Verbindlichkeit besitzen. An mehreren Ausgrabungsorten des 9. bis 11. Jahrhunderts sind nun durchaus lebensgroße Figuren sowie Kleinfiguren entdeckt worden, die man als Miniaturausgaben der offiziellen Standbilder, teils als Idole häuslicher Kultpraxis, teils als „Taschengötter" anzusehen hat (Kat.Nr. II.71–72). Vom reichen Bildschmuck der Tempelwände, Einfriedungen und Pforten, die in zeitgenössischen Schilderungen angeführt werden, ist außer den seltsam eintönigen Kopfplanken von Groß Raden noch nichts zutage gekommen.

Zur Akzeptanz und Wirkung des Christentums in dieser Epoche läßt sich dank archäologischer Forschung für Starigard / Oldenburg ein genaueres Bild gewinnen. Anscheinend wurde es schon im Vorfeld seiner Bistumsgründung vom Schleswiger Bischof Marko (952–972) zeitweilig mitbetreut. Noch 967 wurde hier aber ein bedeutendes Götterbild, ein „aus Bronze gegossener Saturn" erbeutet. Man hatte daher immer gemeint, daß sich erst nach diesem Zeitpunkt christliche Einwirkung habe entfalten können. Nun zeigt sich jedoch, daß vermeintlich „heidnische" und „christliche" Elemente keineswegs einander so schroff gegenübergestanden haben können, wie es sich aus der Perspektive zeitgenössischer Geschichtsschreibung darstellt; denn es sind Befunde zutage gekommen, die bereits als Wirkung der Königstaufe von 934 gelten dürfen: Über den drei nacheinander errichteten Fürstenhallen der karolingischen Epoche folgt an derselben Stelle, aber deutlich vor der Bistumsgründung, ein Pfostengroßbau, der als Hofkirche anzusprechen ist. Fürstliche Körpergräber von christlichem Zuschnitt begleiten die Südseite des Bauwerks. An fünf Stellen sind sie mit Grabhäusern (Memorien) überbaut. Unter den Beigaben fallen vor allem Rangkennzeichen ins Gewicht, etwa Reitersporen und Prunktextilien. Aber schon Goldblechperlen und andere amulettartige Objekte von Reliquienstatus, Gürtel mit Gleitverschluß und ein Taschenbeschlag mit Schlingkreuzmotiv gehören zur eminent christlichen Bedeutungsebene. Die nachfolgende Hofkirche ist in die erste historisch bezeugte Periode des Oldenburger Bistums (972–983) zu datieren. Die allermeisten Gräber liegen jetzt im Innern. Zwei Kinder haben Eisenkreuze auf dem Sarg. Eines besitzt ein aus Knochen geschnitztes Kruzifix als Brustkreuz (Kat.Nr. II.74). Die zwei nach Größe, Plazierung und Repräsentation herausragendsten Fürstenbestattungen liegen in Baumsärgen von ganz außergewöhnlicher Größe direkt vor dem Altar.

Beim Lutizenaufstand von 983 gingen auch das Oldenburger Bistum und seine Bebauung in einer Brandkatastrophe unter. Darüber entstand im Zuge heidnischer Reaktion als Zeichen ihres Triumphes ein kleiner Sakralbezirk. Exakt am Standort des vormals christlichen Altars wurde ein quadratischer Steinsockel für ein Kultbild errichtet. Im weiteren Umkreis gab es zahlreiche rituell deponierte Pferdeschädel und Pferdebeine, das sind ausgewählte Schlachtopferstücke, sog. Götterteile. Die zugehörigen Festmahlzeiten wurden demnach in der Nähe abgehalten. Alles deutet auf eine Phase intensiver Hinwendung zum traditionellen Opferbrauchtum; denn Opfer und Festmahl sind gemeinschaftstiftende Handlungen vorchristlicher Stammesreligion, die starke Integrationskraft besitzen. Sie dienten zur Stärkung kultureller Identität und damit zur Sicherung politischer Eigenständigkeit. Vom Lutizenbund vorgezeichnet, leitete nämlich die heidnische Priesterschaft als neu formierte Führungsschicht eine erfolgreiche Periode des Widerstands gegen den Machtausgriff von Kirche und Reichsgewalt sowie gegen die mit ihnen vermeintlich oder tatsächlich verbündeten christlichen Fürsten. In der nahen Umgebung Oldenburgs blieb bis 1156 außerdem das große Heiligtum des Landes erhalten. Dort standen heilige Eichen innerhalb einer sorgfältig aus Holz gefügten Einzäunung, die mit zwei prächtig geschnitzten Pforten ausgestattet war.

Kahl, Wendentum. – Angenendt, Kaiserherrschaft, S. 1–66, 215–218 u. 277–280. – Herrmann, Religion. – Gabriel, Christentum. – Váňa, Mythologie. – Gabriel, Stammesreligion. – Gabriel, Alte Götter. – von Padberg, Christentum.

I.G.

II. 67
Zwei Gefäße

9./10. Jahrhundert
Magdeburg-Nord, Kannenstieg

a) Irdenware, hellbraun bis dunkelbraungrau. – Kleines Gefäß mit trichterförmig ausladendem Rand, unterhalb des Randes durch drei Reihen tiefe Einstiche und nach unten abschließend mit einer kräftigen gekerbten Leiste verziert. Randzone beschädigt.
H. 12,0 cm, Rdm. 11,0 cm, max. Dm. 13,5 cm, Bdm. 8,0 cm.

b) Irdenware, außen braungrau und innen hellbraun. Kleineres Standbodengefäß mit leicht einschwingendem Hals, umlaufend mit offenen, dreizinkigen, senkrechten Kammstrichen verziert. Ergänzt.
H. 11,5 cm, Rdm. 12,5 cm, Bdm. 6,5 cm.

Magdeburg, Kulturhistorisches Museum, Inv.Nr. 81:4 a (a); Inv.Nr. 81:3 c (b)

Beide Gefäße gehörten zu einem slawischen Gräberfeld (a: Grab 12, b: im Bereich der Gräber 6–12). Dieses muß über einen längeren Zeitraum belegt worden sein, weil zumindest in einem Fall die Störung eines Grabes durch eine spätere Bestattung beobachtet wurde. Das Gräberfeld wurde nicht ausgegraben, nur die Verfärbungen in einem Kabelgraben dokumentiert sowie das zum Teil schon auf dem Aushub befindliche Skelett- und Keramikmaterial geborgen. Es handelt sich vermutlich um 16 Gräber.

II. 67 a, b

Im unmittelbar anschließenden Bereich, am Abfall des Geländes zur Großen Sülzeniederung, wird die Wüstung Bernsdorf lokalisiert, die erst 1229 urkundlich erwähnt wird. Oberflächenfunde zeigen aber neben der zu erwartenden Keramik des 13. bis 15. Jahrhunderts auch Scherbenmaterial aus der früheren Zeit. Somit könnte ein Zusammenhang zwischen der Wüstung oder einer Vorgängersiedlung und diesem Gräberfeld bestehen.

Die Gefäße sind typische Vertreter einer regionalen Ausprägung mittelslawischer Keramik, der sog. Ützer Gruppe (vgl. Kat.Nr. II.64). Sie ist benannt nach einen Siedlungsplatz bei Ütz, Kreis Stendal. Ihre Verbreitung reicht vom Elbehavelwinkel und der östlichen Altmark über das Mittelelbegebiet bis in den Bereich der unteren Saale. Die Keramik ist meistens braun bis rotbraun gefärbt und mäßig hart gebrannt. Schlanke hohe Töpfe mit weicher Profilierung und steilem oder einfach ausladendem Rand sowie doppelkonische Schalen mit gerundetem, häufig gekerbtem bzw. mit einer Kerbleiste verziertem Umbruch sind die charakteristischen Gefäßformen. Verzierungen sind auf ein waagerechtes Linienband aufgesetzte bzw. durch Linienbänder gerahmte Kammstriche als senkrechte Gruppen, Winkelbänder oder Gittermuster sowie einfache Punkte bzw. Einstiche.

Unveröffentlicht. – Brachmann, Stämme, S. 27–57.

G.B.

II. 68
Männerkopf als Knauf eines Amtsstabes

Zweite Hälfte 10. Jahrhundert
Merseburg, Stecknersberg, Kr. Merseburg-Querfurt
Hirschgeweih, geschnitzt. – Leichte Oberflächenbeschädigung im Gesicht, kleine Fehlstellen an der Basiskante.
H. 6,4 cm, B. (Kopf) 3,5 cm, T. 4,2 cm, Basis-Dm. 2,8 x 3,0 cm; zylindrische Aushöhlung: H. 4,3 cm, Dm. 1,8 x 2,2 cm.

Halle (Saale), Landesamt für Archäologie Sachsen-Anhalt, Landesmuseum für Vorgeschichte, Inv.Nr. HK 65

Der Knauf ist ein bärtiges Männerköpfchen mit ausgehöhltem Hals. Das plastisch geschnitzte Werk aus Hirschgeweih nutzt die Kompakta der Rose für den Kopf, den Abgangsbereich der Augsprosse für das Gesicht und die Höhlung der Stange als Einstecktülle für den entsprechend geformten Zapfen des zugehörigen Holzstabes. Das Gesichtsrelief ist in der Mitte wegen der dort bereits vorhandenen

Spongiosa (schwammartiges Innengewebe der Knochen) beschädigt. Das im Umriß dreieckig wirkende Gesicht zeigt plastisch herausgearbeitet mandelförmige Augen und Reste eines Schnauzbartes. Der Mund ist eingekerbt, der Kinnbart dreieckig. Eine in Stirnhöhe umlaufend eingeschnittene Linie bezeichnet die Unterkante einer kalottenförmigen Kopfbedeckung, ob Helm, Hut, Kappe oder Mütze bleibt unsicher.

Es könnte sich um die Darstellung eines Gottes- oder Herrscherbildes handeln. Das belegen die in Duktus und Ausstattung vergleichbaren größeren Götterbilder, die man im nordwestslawischen Bereich gefunden hat, so die Holzfiguren von Altfriesack und Behren-Lübchin, das zweiköpfige Götterbild von der Fischerinsel bei Neubrandenburg, der vierköpfige Taschen-Svantevit von Wolin (Kat.Nr. II.72), das Fürstenbildnis auf der sog. Svantevit-Platte von Altenkirchen auf Rügen und nicht zuletzt die detailreiche Sitzfigur mit Einstecktülle als bronzene Bekrönung eines Ritualstabes aus Gatschow, Kreis Demmin.

Der tiefere Sinn derartiger Ausgestaltung eines Amtsstabes ist es, die ihm innewohnende Kraft sichtbar zu machen. Das bedeutet, sie verleiht dem Träger des Stabes Charisma und Würde. Der Amtsstab ist sichtbares Zeichen sakraler Legitimation, wofür Bischof Thietmar von Merseburg zum Jahre 1017 ein aus seiner Sicht beklagenswertes Beispiel aus der Nähe seines Kathedralsitzes, einer Gegend gleich jenseits der Saale, bietet. Von den dortigen Bewohnern sagt er: „Sie verehren ihre eigenen Hausgötter, vertrauen fest auf ihre Hilfe und opfern ihnen." (Thietmar, Chronik VII, c. 69). Ein von Haus zu Haus herumgetragener Hirtenstab, am Ende zu einer Hand ausgearbeitet, die einen Ring hält, wird jeweils mit dem Ausruf: *Vigilia, Hennil, vigilia*! präsentiert, wobei dieses Ritual anscheinend im Zusammenhang mit einer bestimmten Festveranstaltung steht. Schon Jacob Grimm hat hierzu verschiedene Varianten sprachlicher und volkskundlicher Belege aus Estland, Polen und der Slowakei beigebracht, die dahin zu deuten sind, daß der Ausruf eigentlich verkündet: „Die Morgenröte ist angebrochen!"

In Nowgorod haben die Ausgrabungen eine reichhaltige Serie von Stäben zutage gebracht, deren Knäufe gleichfalls als Köpfe geschnitzt sind. Im 10. Jahrhundert sind es stets bärtige Männerköpfe, im 11.–12. Jahrhundert zur Hälfte auch verschiedenartige Vogelköpfe. Die rituelle Bedeutung sieht man in Verbindung mit dem altrussischen Rusalija, einem von den Südslawen übernommenen heidnischen Frühlingsfest (*pascha rosarum*), dessen Teilnehmer bei ekstatischen Tänzen den Flug zum Himmel darstellend, mit Hilfe dieser Stäbe möglichst hoch springen wollten. Von daher kann zu Recht vermutet werden, daß die als Männerköpfe geformten Knäufe den Himmelsgott repräsentieren, bei den Ostslawen also Perun, bei den Westslawen Svarog.

II. 68

Lampe, Entstehung Merseburgs, S. 66–68, Taf. 19.1. – Brachmann, Stämme, S. 203 Abb. 70 j. – Rybakov, Nowgorod, S. 249 f. Abb. 267. – Kolčin/Janin/Jamščikov, Novgorod, Nr. 165–172 u. 204–209. – Váňa, Mythologie, S. 209 f., 219–225 u. 237–241, Abb. 12. – Filipowiak, Wolin/Jomsborg, S. 34 Abb. 53. – Filipowiak/Gundlach, Wolin-Vineta, S. 118 Abb. 3. – Schoknecht, Götterfigur, S. 129 f. Abb. 1. – Ausst.kat. Budapest/Berlin [u. a.] 2000/02 , Nr. 05.01.05 (Ingo Gabriel).

I.G.

II. 69

II. 69
Zauberpuppe

Zweite Hälfte 10. Jahrhundert (um 980)
Oldenburg, Burgwall Starigard, Kr. Ostholstein
Töpferton, mit Feinsand gemagert, freihändig grob zurechtgeknetet. – Linker Arm und rechtes Bein abgebrochen.
H. 11,7 cm, B. über Armen und Beinen ursprünglich 6,0 cm, D. 3,9 cm.

Schleswig, Stiftung Schleswig-Holsteinische Landesmuseen, Archäologisches Landesmuseum, F.Nr. Old. 21.05 031

Die kleine Tonfigur fand sich auf dem Fußboden in der Mitte eines im Zuge des Slawenaufstands von 983 abgebrannten Standardhauses neben dem Ofen. Für die Funktionsdeutung ist aus dem Befundzusammenhang der Hinweis wichtig, daß an der südwestlichen Außenwand des Hauses zwei neugeborene Kinder, mutmaßlich Zwillinge, und eine Frühgeburt unter Bodenmatten „bestattet" lagen.

Die Figur ist massiv aus Töpferton gearbeitet. Ihr hart gebrannter Zustand mag der erwähnten Brandkatastrophe zuzuschreiben sein. Sie ist freihändig grob zurechtgeknetet und nicht geglättet, so daß an vielen Stellen der Oberfläche noch tiefe Fingerabdrücke sichtbar sind. Der Körper hat ungefähr die Form einer Walze. Eine seichte Riefe setzt den rundlich gestalteten Kopf von Schulter und Nacken ab. Zwei Fingereindrücke bezeichnen die Augen. Die länglich herausgekniffene Nase ist scharf nach unten abgesetzt und deutet auf diese Weise zugleich den Mund an. Der ganz erhaltene rechte Arm ist aus dem vollen Material herausgekniffen. Er reicht eng am Körper anliegend bogenförmig bis in die Brustgegend, wo ein stummelartiges Ende als Hand hervorsteht. Der linke Arm dürfte ebenso geformt gewesen sein. Die Beine sind als kurze, rundliche Zapfen herausgearbeitet. In gespreizter Haltung weisen die Schenkel schräg nach vorne, so daß die Figur weder stehen noch sitzen kann. Der abgeplattete Rücken macht deutlich, daß die Figur liegend konzipiert ist. Kennzeichen des Geschlechtes sind nicht vorhanden, ebensowenig ist Bekleidung angedeutet. Diese wird aber ursprünglich als echte Textileinhüllung vorhanden gewesen sein.

Anscheinend handelt es sich um eine echte Gelegenheitsarbeit, entstanden aus besonderem Anlaß, der es rechtfertigte, durch Erschaffung eines „Bildwerkes" die ihm innewohnende Wirksamkeit zu nutzen und damit gleichsam zu vergegenwärtigen. Ein solcher Anlaß könnte die Zwillingsgeburt gewesen sein, eine Angelegenheit, die als mysteriös empfunden worden sein dürfte. Die Säuglingssterblichkeit war aber nach weiteren Befunden in Oldenburg ohnehin hoch und muß ein bedrohliches Alltagsproblem gewesen sein. Man hat jedenfalls reichlich Veranlassung gehabt, schadenstiftende Mächte zu besänftigen, heilbringende Gottheiten und Schutzgeister zu stärken sowie auf dem Wege des Analogiezaubers gesunden Nachwuchs herbeizuwünschen. Hierfür war es üblich, Puppen zu verwenden, und zwar vornehmlich in Gestalt von Wickelkindern. Derartige magisch-religiöse Praktiken sind zwar einerseits im heidnischen Brauchtum verwurzelt, erscheinen andererseits aber durchgängig in christlicher Umdeutung: Das Wickelkind in seiner Interpretation als Jesuskind wäre eine solche Analogieform, von der nach Motiven christlicher Volksfrömmigkeit ein mächtiger Heilungssegen ausgeht.

Pfister, Art. Analogiezauber, Sp. 389. – Pfister, Art. Bildzauber, Sp. 1293 u. 1295. – Webinger, Art. Puppe, Sp. 390–396. – Gabriel, Tonfigur. – Gabriel, Starigard, Kap. Siedlungsbestattungen.

I.G.

II. 70
Patrize für Pektoralkruzifixe

Zweite Hälfte 10. Jahrhundert
Haithabu, Kr. Schleswig-Flensburg
Bronze, gegossen. – Vollständig erhalten.
H. 3,24 cm, B. 2,61 cm, D. 0,49 cm, Gew. 7,3 g.
Schleswig, Stiftung Schleswig-Holsteinische Landesmuseen, Archäologisches Landesmuseum, F.Nr. Hb. 69 N 21,4/O 101,9/IV

II. 70

Massiv gegossene Patrize zur Herstellung von Abpressungen grob vorgeformter Figürchen aus Silber- oder Goldblech, die dann als Oberseiten von Pektoralkreuzen auf deren Bodenplatten gelötet wurden. Vorgesehen waren Prunkversionen, deren Binnenzeichnung durch zusätzliche Filigranauflagen erreicht wurde. Die Figur zeigt den Gekreuzigten mit gerade ausgebreiteten Armen, ganz bekleidet und die Füße jeweils nach außen gewendet. Das hoch aufgerichtete Haupt hat eine rundliche Form. Augen, Nase, Schnauzbart und spitzer Kinnbart treten im Relief deutlich hervor.

Nicht allein im Typus, in Armhaltung und Gewandung entspricht die Figur derjenigen von der Christusseite des großen Jellingsteins, sondern auch in wesentlichen Details. Entsprechung findet man bei der auffälligen Doppelkontur der Gewandung, in Gesichts- und Bartdarstellung, vielleicht auch im Auslassen der Kreuzbalken. Freilich mag beabsichtigt gewesen sein, das Kreuz erst beim Blechausschnitt zu berücksichtigen, wie es die einzigen erhaltenen Beispiele aus Birka (Grab 660) und aus Trondheim zeigen. Wegen der runden Kopfform läßt sich mit Blick auf Jelling auch ein Nimbus vermuten, der jedoch erst später in Filigrantechnik aufgelegt werden sollte.

Der große Bildstein am Königshof zu Jelling mit der ersten monumentalen Christusdarstellung des Nordens, von König Harald Blauzahn anläßlich seiner Taufe (um 965) als repräsentatives „Staatsdenkmal“ errichtet, gilt zu Recht als Kulminationspunkt frühchristlicher Rezeptionsleistung in Dänemark (vgl. Abb. S. 509). Propagiert wird der siegreich Auferstandene, der den Tod überwunden, das Kreuz zur Lebensbaumranke gewandelt hat und dort im Zentrum der Welt den Erdkreis umfaßt. Der Jellingstein als großes und insbesondere öffentliches Werk dürfte beträchtliche Wirkung entfaltet haben, namentlich auch wegen der skandinavisch umgesetzten Note seines Kreuzigungsbildes. Das belegt nicht zuletzt die Patrize von Haithabu, ein Werkzeug des Feinschmieds für die Herstellung anspruchsvoller, hochaktueller Pektoralkreuze. Die zugehörigen Originalschmuckstücke konnte noch nicht gefunden werden. Das Ausmaß ihrer missions- und sozialpolitischen Relevanz ist deswegen schwer abschätzbar.

Horn-Fuglesang, Crucifixion iconography, S. 87–89, Abb. 3, 4 u. 21. – Horn-Fuglesang, Runensteine, S. 185 u. 207. – Elsner, Wikinger Museum, S. 85 Abb. 2. – Olsen, Jelling Stone, Nr. 79. – Ausst.kat. Hildesheim 1993, Bd. 2, Nr. VI-29 (Egon Wamers). – Staecker, Kruzifixanhänger, S. 124–127, Nr. 21 u. 28 b. – Wamers, Jellingstein.

I.G.

II. 71

II. 71
Taschen-Svantevit

Ende 9. Jahrhundert
Wolin, Altstadt
Eibenholz (Taxus), geschnitzt. – Flacher Griff mit rechteckigem Querschnitt, unten abgerundet; auf dem Handgriff Teerspuren.
H. 9,3 cm, Kopf: H. 1,7–1,9 cm, Griff: B. 0,9 cm.
Wolin, Pracownia Archeologiczna, Instytutu Archeologii i Etnologii PAN, Inv.Nr. Wolin 5193/73

Das Kopfende des kleinen Stabes trägt vier identisch gearbeitete bärtige Gesichter. Auf der Breitseite des Griffes sind untereinander versetzt rechteckige Ritzmuster angebracht, wobei die Innenflächen abwechselnd schraffiert sind. Die Schmalseiten zeigen, ebenfalls schräg angeordnet, ovale Muster. Möglicherweise besaß die bisher nicht deutbare Verzierung einen rein dekorativen Charakter.

Das Holzidol wurde 1973 in der Tenne einer abgebrannten Hütte entdeckt, die sich in der Nähe eines heidnischen Tempels aus dem Ende des 9. Jahrhunderts befand. Im Tempelbezirk lag ein weiteres phallusförmiges Idol, das als Hinweis für eine lokalen Fruchtbarkeits- und Wohlstandskult gelten kann. Das Idol mit den vier Gesichtern knüpft dagegen an die Figur des Svantevits aus Arkona auf Rügen an. In der Beschreibung des Saxo Grammaticus aus dem Jahre 1168 wird eine mächtige Figur aus Holz mit vier Gesichtern erwähnt, die in einer Hand ein Füllhorn für Prophezeiungen gehalten haben soll. Ihr zu Ehren fanden jedes Jahr nach der Ernte Feierlichkeiten statt, um einen reichen Ertrag im kommenden Jahr zu erbitten. Neben dem Tempel in Arkona befand sich ein kunstvoll gestaltetes und mit Malerei verziertes, heiliges Pferd, welches als Orakel vor geplanten Kriegszügen ebenso wie bei anderen politischen Entscheidungen befragt wurde. Wie Helmold von Bosau (1120–1177) in seiner 'Chronica Slavorum' zu berichten weiß, galt die Verehrung dem „Gott der Götter" Svantevit, also dem wichtigsten aller Gottheiten sämtlicher slawischer Stämme (c. 52 u. 108). Arkona auf Rügen war vom 9. Jahrhundert an bis zu seiner Zerstörung 1168 durch die Dänen nicht allein das Zentrum des Svantevit-Kultes, sondern auch das politische Zentrum des slawischen Stammes der Ranen. Doch nicht nur die slawischen Nachbarstämme zahlten Abgaben und Tribute für den Tempelunterhalt und die Befragung des Orakels. Der Svantevit-Kult reichte über die slawische Welt hinaus, so brachte z. B. der Dänenkönig Sven 1156/57 dem Tempel einen reich verzierten Becher dar, was Saxo Grammaticus als eine für einen christlichen Herrscher ungehörige Tat erwähnte. Ein weiteres in das 12. Jahrhundert zu datierendes Holzexemplar mit vier Gesichtern (Juniperus sp.) aus Svendborg (Dänemark) bezeugt die weite Verbreitung und Langlebigkeit des Svantevit-Kultes. Dazu gehört auch eine Steinstatue des vierköpfigen Svantevit, die im 19. Jahrhundert aus dem Fluß Zbrucz bei Husiattyn in der Ukraine geborgen wurde.

Das „Taschenformat" der Woliner Figur deutet auf einen persönlichen Gebrauch des Idols, der entweder am Körper getragen (Wolin) oder in „Hausaltären" aufgestellt wurde (Svandborg). Aus Schriftquellen wissen wir, daß die Slawen während ritueller Feiern „persönliche Taschenidole" verehrten.

Herrman, Arkona. – Filipowiak, Kulturproblematik. – Jansen, Svantevit-Figur. – Ausst.kat. Hildesheim 1993, Bd. 2, Nr. VI-4 (Ingo Gabriel). – Leciejewicz, Funktion, S. 315.

W.F.

II. 72
Kleinidol

Ende 10. Jahrhundert
Wolin, Vorstadtgärten
Holz. – H. 7,5 cm, Figur H. 6,2 cm, B. 2,5 cm.
Wolin, Pracownia Archeologiczna, Instytut Archeologii i Etnologii PAN, Inv.Nr. 463/00

Erst im Jahre 2000 ist das kleine Idol im Bereich der Woliner Handwerker- und Händlersiedlung des 9.–12. Jahrhunderts ausgegraben worden (vgl. Kat.Nr. II.34), die nach den Baubefunden in das 10. Jahrhundert datiert werden kann. Die Gesichtsdarstellung ist schematisiert, das spitz zulaufende Köpfchen erinnert an eine Mütze. Am unteren Ende befindet sich eine Öse (0,8 x 0,4 cm) mit deutlichen Gebrauchsspuren eines Lederriemens, so daß die Figur als Amulett um den Hals getragen worden sein könnte. Aus Wolin sind noch weitere Amulette entdeckt worden, wie ein Pferdeköpfchen aus Bernstein und aufklappbare Kaptorgen aus Holz und Silber, in denen man kleine persönliche Dinge aufbewahren konnte.

Im Bereich eines Tempels fand sich ebenfalls ein Idol des 10. und 11. Jahrhunderts mit nur einem Gesicht, das auf einem Griff saß. Der Fundort im Tempel legt nahe, daß dieses Idol nicht nur als „Taschengott" diente, sondern daß neben Svantevit, der gesamtslawischen Gottheit (vgl. Kat.Nr. II.71), auch lokale Gottheiten eine allgemeine Verehrung fanden. Der Name des „eingesichtigen" Gottes ist uns im Gegensatz zum vierköpfigen Svantevit nicht bekannt. Aus den Schriftquellen des 12. Jahrhunderts wissen wir, daß in fast jeder größeren Siedlung der Odermündung eine eigene Gottheit verehrt wurde, so Triglaff in Stettin (Szczecin) oder Gerovit-Jarovit in Wolgast. Der Name der Gottheit von Gützkow a.d. Peene, dessen neuerrichteter Tempel bei der Mission durch Otto von Bamberg zerstört wurde, ist nicht überliefert.

So waren die lokalen Gottheiten der einzelnen slawischen Stämme bzw. Siedlungen, die neben der Hauptgottheit Svantevit Verehrung fanden, wichtige Symbole ihrer Identitätsstiftung und Unabhängigkeitsbestrebungen. Obwohl diese weitverbreiteten Kulte nach der Christianisierung Pommerns im 12. Jahrhundert vergingen, haben sich einige Elemente in der Volkskultur erhalten.

Herrmann, Tempelstätten. – Filipowiak, Kulturproblematik. – Filipowiak/Gundlach, Wolin-Vineta, S. 102–121.

W.F.

II. 72

II. 73

II. 73
Pektoralkreuz mit Christus in der Ärmeltunika

Zweite Hälfte 10. Jahrhundert
Hamburg, Grundstück Große Reichenstraße 7–9
Knochen, geschnitzt. – Starke Abnutzungsspuren mit Gebrauchsglätte, Fußende abgeplatzt; in Öse Rest der ursprünglichen Trageschnur aus unversponnenem Pflanzenfasermaterial erhalten (L. noch ca. 10 cm).
H. 2,03 cm, B. 1,40 cm, D. 0,45 cm.

Hamburg, Museum für Hamburgische Geschichte, Münzkabinett, F.Nr. 1954

Das Hamburger Brustkreuzchen entspricht ikonographisch weitgehend den werkstattfrischen Exemplaren vom Kanstein, insbesondere aber dem reichlich getragenen Kreuzchen von Starigard/Oldenburg (Kat.Nr. II.72). Es ist jedoch besonders stark abgenutzt, so daß die Kreuzkontur gerundet erscheint und viele Details wie Mund-, Finger- und Ärmelkerben nicht mehr sichtbar sind. Im Unterschied zu den unfertigen Stücken vom Kanstein, aber in Übereinstimmung mit dem von Oldenburg, sind abwärtsgerichtete, winkelförmige Gewandfalten erkennbar, die wiederum verdeutlichen, daß hier der Typus „Christus in der Ärmeltunika" gemeint ist. Die Fundschichtdatierung ist heute durchaus einzuengen und das Kreuzchen wegen seiner langen Nutzungszeit eher gegen Mitte des 10. Jahrhunderts anzusetzen.

Im Hinblick auf Fundspektrum und Stadttopographie wird ein gehobenes Handwerker- und Kaufleutemilieu als Sozialhintergrund für den erforschten Bebauungsausschnitt geltend gemacht. Das muß im Zusammenhang mit den anderen Fundplätzen derartiger Kreuzchen berücksichtigt werden.

Steffens, Ausgrabungen, S. 114f., Abb. 1.4. – Schindler, Ausgrabungen, S. 55, Taf. 34. – Busch, Mittelalter, Nr. 106. – Ausst.kat. Hamburg 1999/2000, Bd. Aufsätze/Katalog, Nr. 82 (Ralf Wiechmann).

I.G.

II. 74
Pektoralkreuz mit Christus in der Ärmeltunika

Drittes Viertel 10. Jahrhundert
Oldenburg, Burgwall Starigard, Kr. Ostholstein
Knochen, geschnitzt. – Vollständig erhalten, beträchtliche Gebrauchsglätte.
H. 2,3 cm, B. 1,8 cm, D. 0,6 cm.

Schleswig, Stiftung Schleswig-Holsteinische Landesmuseen, Archäologisches Landesmuseum, F.Nr. Old. 09 12 042

II. 74

Das vollständig erhaltene Brustkreuzchen ist vergleichsweise nachlässig mit einer Säge aus dem Werkstoff herausgetrennt worden. Das zeigen die Absätze in den Winkeln der Kreuzarme. Mit geschwungenen Konturlinien, die der Formgebung beim Hamburger Kreuzchen entsprechen (Kat.Nr. II.73), ist der Korpus durch schematische Schnitzarbeit minimal vom Kreuzhintergrund abgehoben. Das Bild des Gekreuzigten ist insgesamt von höchst einfacher Darstellung: Die Arme sind gerade ausgestreckt, das hocherhobene Haupt abgesetzt, dessen Form langoval. Augen, Nase, Mund, Finger und Füße sind jeweils durch einfache Kerben markiert. Weitere Linien über Brust und Armen sowie eine Schar abwärtsgerichteter, winkelförmiger Kerben an den Körperseiten sind ikonographisch bedeutsame Faltenandeutungen, die wiederum klar erkennen lassen, daß der Typus „Christus in der Ärmeltunika" gemeint ist (vgl. Kat.Nr. II.37 u. II.73).

Das Kreuzchen fand sich im Halsbereich eines knapp einjährigen Kindes, das gegen 980, in den Anfangsjahren des Oldenburger Bistums, innerhalb der Kirche in einer kleinen Truhe neben weiteren Mitgliedern einer slawischen Fürstenfamilie bestattet worden ist. Wegen seiner beträchtlichen Gebrauchsglätte ist eine längere Verwendungszeit als Schutzamulett (Phylakterion) zu vermuten und die Herstellungszeit dementsprechend näher zur Jahrhundertmitte hin, wahrscheinlich im Vorfeld der Bistumsgründung während der Betreuungszeit durch den Schleswiger Bischof Marko (952–972), anzusetzen.

Die Brustkreuzchen aus Oldenburg, Hamburg (Kat.Nr. II.73) und von der Kansteinburg (Kat.Nr. II.37) sind Belegstücke einer Serie, deren Herstellung auf dem Kanstein zu lokalisieren ist. Freilich mögen darüber hinaus auch andere Wirkungsstätten des Hofhandwerks im Nordharzvorland oder an anderen Orten im Herzogtum Sachsen nach demselben Konzept gearbeitet haben, denn die handwerklichen Details belegen eine hohe Abstimmung der Werkstätten untereinander. Der Typus war zugleich Grundlage rühriger Rezeptionsbemühungen in Dänemark, die sich in der skandinavisch umgesetzten Form einer Kruzifix-Patrize in Haithabu (Kat.Nr. II.70) und letztlich in der ersten monumentalen Christusdarstellung des Nordens ausdrückt, die am Königshof zu Jelling als „Staatsdenkmal" anläßlich der Taufe von König Harald Blauzahn (um 965) geschaffen worden ist (vgl. Abb. S. 509).

Haussherr, Bronzekruzifix. – Gabriel, Sakralkultur, S. 147, Abb. 16.5. – Gabriel, Christentum, S. 276 Abb. 25; S. 279–281 Abb. 1.5. – Ausst.kat. Hildesheim 1993, Bd. 2, Nr. VI-14 (Ingo Gabriel). – Staecker, Kruzifixanhänger, S. 124–127 u. 148–150 (Typenfassungen jedoch unzulässig heterogen). – Elbern, Phylakterion.

I.G.

IOHANNES

KAPITEL III

Otto der Grosse und seine Familie

HERRSCHAFTSREPRÄSENTATION DER OTTONISCHEN FAMILIE

III. 1

III. 1
Siegel König Heinrichs I.

Sachsen (?), 919–922
Braunes Wachs in Wachswanne mit Abdruck des Metallrandes der Siegelplatte und der Handhabe. – Dm. 4,3 cm.
Münster, Nordrhein-Westfälisches Staatsarchiv, Kaiserurkunden Nr. 31, ehemals Corvey 25 B: 922, April 22

Umschrift: HEINRICVS REX
Das Siegel zeigt den König als Halbfigur, den Oberkörper fast frontal, den Kopf nach (heraldisch) links ins Profil gewandt. Auf dem Haupt trägt er eine Krone, deren Reif mit zwei Reihen kleiner Kreise Edelsteinbesatz andeutet und über dem vier Lilienaufsätze hoch aufragen; einen Kronbügel gibt es nicht. Nase und Kinn sind spitz, der Mund ist zwischen den Lippen deutlich geöffnet; für das Auge sind eine runde Pupille und ein linsenförmiges Oval in das Siegel geschnitten. Die Binnenformen des Gesichtes sind an der Profillinie zusammengezogen. Der Kopf erstreckt sich jedoch weit nach hinten. Das strähnig angedeutete Haar reicht nicht in den Nacken herab. Über linker Schulter und Oberkörper liegt der Mantel, der auf der rechten Seite durch eine runde Fibel geschlossen ist. Die Rechte, mit dem Ellenbogen bis zum äußersten Siegelrand kraftvoll zurückgestoßen, hält eine Lanze, die das ganze Bildfeld einschließlich der Umschrift durchschneidet. Mit der linken Hand hält der König einen Schild vor der Brust, dessen Kante ähnlich wie das Kreuz mit runden Kreisen verziert ist und dessen gewölbte Vorderseite in kurviger Form die Verzierung des Schildbuckels andeutet.

Die Figur ist geschickt im unteren Teil des Siegelrundes angeordnet. Die Schrägen von Lanze und Schildrand rahmen und erhöhen zugleich das Haupt des Königs. Die Umschrift umgibt das Bild nur in den oberen beiden Dritteln, was ebenfalls zur Steigerung der Erscheinung des Siegelführers beiträgt.

Der Siegelstempel Heinrichs I. ist seit 922 durch Wachsabdrücke an Urkunden belegt und blieb bis zum Ende der Regierungszeit 936 in Gebrauch. Im Jahre 920 und nochmals 925 begegnen insgesamt zweimal Abdrücke einer anderen, wohl antiken Kopfgemme, die offenbar als provisorisches Siegel zunächst Verwendung gefunden hat; weitere sind nicht erhalten. Das ausgestellte Siegel wird in den Jahren 919–922 am Hofe Heinrichs, und damit wohl in seinem zentralen Herrschergebiet, entstanden sein.

Die Abdrücke zeigen eindeutig, daß die Siegelplatte in einen Metallrand gefaßt war, also selbst aus Bergkristall oder einem vergleichbaren Stein bestanden haben muß. Als Werk der Steinschneidekunst steht das Siegel als eine der spätesten Arbeiten in der Tradition des in spätkarolingischer Zeit zu höchster Blüte entwickelten Bergkristallschnitts; entsprechende Werke sind vor allem aus Metz bekannt. Der erhaltene Siegelstempel Erzbischof Radpods von Trier (883–915, Kat.Nr. IV.67) ist einer der letzten erhaltenen Kristallschnitte dieser Art und vermag einen Eindruck vom Aussehen eines solchen Siegelstempels zu vermitteln. Wer in der ersten Hälfte des 10. Jahrhunderts in Deutschland eine solche Arbeit ausführen konnte oder woher ein solcher Künstler gekommen sein könnte, entzieht sich unserer Kenntnis. Über Steinschneidekunst in frühottonischer ist im Gegensatz zur karolingischen Zeit nichts bekannt.

Das Siegel folgt in Bild und Umschrift dem von Heinrichs Vorgänger König Konrad I. (911–918), übertrifft in der künstlerischen Qualität das ältere Werk allerdings beträchtlich. Zuvor hatte sich schon König Ludwig IV. das Kind (900–911) mit Kronreif, Lanze und Schild in Halbfigur auf einem Siegel in ähnlicher Weise darstellen lassen. Hatten Karl der Große und die älteren Karolinger durchweg noch antike Gemmen mit bloßer Kopfdarstellung als eigenes Bildsiegel adaptiert, gelegentlich auch karolingische Nachschnitte solcher antiker Gemmen verwandt, so entstanden ab 902 Königssiegel in stärker mittelalterlicher Form. Sie zeigen den Herrscher in Halb- oder Dreiviertelfigur mit den mittelalterlichen Insignien von Kronreif, Lanze und Schild, wobei die scharfe Profilwendung des Kopfes als Erbe der antiken Gemmenbilder beibehalten wurde. Die spezielle Form des Büstenabschnittes legt einen unmittelbaren Rückgriff auf das Siegel seines Vorgängers Konrads I. nahe; künstlerisch steht das Siegel Heinrichs I. dem Ludwigs IV. jedoch näher.

Für das Verständnis des Königtums ist es vor allem wichtig, daß die Herrscher der ersten Hälfte des 10. Jahrhunderts sich mit Lanze und Schild primär als Krieger darstellen ließen.

MGH DH I 3.

Posse, Siegel, Bd. 1, Taf. 6 u. 7; Bd. 5, S. 11. – Hiebaum, Gemmensiegel, S. 25 f., Nr. 36. – Schramm, Kaiser u. Könige, S. 185, Nr. 79 mit Abb. – Keller, Neues Bild, S. 193 mit Abb. 3.

R.K.

III. 2

III. 2
Heginric-Medaillon

10. Jahrhundert
Fund von Klein-Roscharden II (1886), Kr. Cloppenburg (Oldenburg)
Silber. – Scheibenfibel mit Mittelplateau und breitem Rand aus geflochtenen Filigrandrähten, von einem äußeren Perlstab umgeben. Auf dem Mittelplateau ein nach rechts gewendetes Herrscherbrustbild mit Diadem und Mantel, umgeben von rückläufiger Umschrift: HEGINRIC REX.
Gew. 13,30 g, Dm. 50 mm (Bilddurchmesser 24,5 mm).
Berlin, Münzkabinett SMPK, Inv. 203/1887

Aus dem 1886 geborgenen zweiten Schatzfund von Klein-Roscharden in Oldenburg (vgl. Kat.Nr. II.28) stammt die neben den Siegeln (Kat.Nr. III.1) einzige zeitnahe Bildnisdarstellung König Heinrichs I. Es handelt sich um ein medaillonartiges einseitiges Silberrelief im Durchmesser von 24,5 mm. Es ist durch Prägung hergestellt worden. Man hat das Silberblech in einen Stempel getrieben bzw. diesen Stempel in Silberblech abgedrückt. Technisch ist dieser Vorgang dem Münzprägen sehr verwandt, weshalb man dieses und andere in gleicher Weise hergestellte Silberreliefs auch als Münzfibeln, Schmuckmünzen oder – in Anlehnung an die einseitigen silbernen Brakteatenmünzen des 12. Jahrhunderts – als Schmuckbrakteaten bezeichnet hat. Ein direkter Zusammenhang mit Münzen besteht allerdings nicht. Das Silberrelief ist anschließend in eine Fassung eingebettet und mit einem breiten Rand aus geflochtenem Filigrandraht umgeben worden. Die Qualität des Reliefs und die aufwendige Fassung zeigen, daß wir es mit einem herausgehobenen Schmuckstück und keiner gewöhnlichen Fibel (Gewandspange) zu tun haben und das Stück auch nicht unbedingt als Frauenschmuck aufgefaßt werden muß. Es ist sogar eine durch König Heinrich I. selbst veranlaßte Auftragsarbeit vermutet worden (Menadier).

Wo und wann das Heginric-Medaillon entstanden ist, wissen wir nicht. Der Schatz von Klein-Roscharden II ist durch seinen Münzanteil in die letzten Jahre des 10. Jahrhunderts datiert. Es ist angenommen worden, daß alle im Schatz Klein-Roscharden enthaltenen Schmuckstücke zu dieser

III. 3

Zeit schon aus der Mode gekommen waren und nur noch wegen ihres Metallwertes gehortet wurden (Wamers). Obwohl die Heginric-Fibel sehr gut erhalten ist und wenige Gebrauchsspuren zeigt, die Fassung sogar erst frühestens in das letzte Drittel des 10. Jahrhunderts gesetzt worden ist (Schulze-Dörrlamm), muß das Bildnis Heinrichs I. nicht so spät entstanden sein. Der Fund von Klein-Roscharden enthielt noch drei weitere in gleicher Art gefaßte Fibeln, von denen zwei Buckelfibeln mit ornamentaler Verzierung sind, während die dritte ein stark stilisiertes Herrscherbild zeigt, das an nordische Goldbrakteaten und Münznachahmungen der Völkerwanderungszeit erinnert (Kat.Nr. 28 b). Es wäre also nicht ausgeschlossen, daß zwei ältere Schmuckstücke in der gleichen Werkstatt wie die Buckelfibeln in der zweiten Hälfte des 10. Jahrhunderts neu gefaßt worden sind.

Eine posthume Entstehung des Heginric-Medaillons würde den Wert nicht schmälern, im Gegenteil: Es wäre ein Beweis dafür, wie sehr Person und Leistung des ersten Königs aus sächsischem Haus auch nach seinem Tode noch im Gedächtnis des 10. Jahrhunderts verwurzelt waren. Bei der Darstellung Heinrichs, der im Stile eines römischen Imperators mit Diadem und Paludamentum (Kaisermantel) ins Bild gesetzt ist, fühlt man sich an Bildnismünzen Karls des Großen erinnert. Die rückläufige (von rechts nach links zu lesende) Inschrift nennt Heinrich ausdrücklich *Rex* (König). Ein in der Literatur erwogener Bezug auf König Heinrich II. (1002–1024) (Berghaus; Schulze-Dörrlamm) ist wenig wahrscheinlich.

Menadier, Brakteatenstempel, S. 37f. – Gandert, Klein-Roscharden, bes. S. 162–169. – Schramm, Kaiser u. Könige, S. 185f., Nr. 80.2 (Peter Berghaus), Abb. 80.2 S. 332. – Ausst.kat. Speyer 1992, S. 111 Nr. 11 (Mechthild Schulze-Dörrlamm). – Ausst.kat. Hildesheim 1993, Bd. 2, Nr. VI-40 (Egon Wamers), S. 367 Nr. 3 Abb. 3.

B.K.

III. 3
Siegel König Ottos I.

Deutschland, 936
Hellbraunes Wachs in Wachswanne mit Abdruck des Zackenrandes der Fassung. – Dm. 5,2 cm.
Marburg, Hessisches Staatsarchiv, Urkunde R I a Stift Fulda: 936 Oktober 14

Umschrift: + OTTO D(e)I GR(ati)A REX.
Der König erscheint auf dem Siegel als Dreiviertelfigur, den Oberkörper fast frontal, den Kopf nach (heraldisch) links ins Profil gewandt. Im Haar erkennt man einen einfachen Kronreif. Das kurze Haupthaar liegt als dichte Masse auf dem Hinterkopf. Das Gesicht wird von einem großen Auge unter plastisch hervortretendem Jochbogen beherrscht. Die Nase ist spitz, das offenbar bartlose Kinn ebenfalls, aber auffallend schwach ausgeprägt, so daß es auf vielen Wachsabdrücken kaum zu erkennen ist. Der im Umriß fast rechteckige Oberkörper ist von den schwingenden Kurven des reich gegliederten Mantels bedeckt, der durch eine Fibel auf der rechten Schulter geschlossen wird. Der linke Arm, im Ellenbogen abgewinkelt, wird weit zurückgestoßen und hält schräg über die Schulter eine dünne Lanze, an der oben ein kleines Fahnentuch befestigt ist. Die andere, nicht sichtbare Hand trägt vor dem Leib einen gebuckelten Schild mit reichen Beschlägen.

Der Siegelstempel Ottos des Großen, der in seiner gesamten Königszeit (936–961) in Gebrauch blieb, bestand wie die seiner Vorgänger aus einer Bergkristall- oder Steinplatte, die zunächst in einen metallenen Zackenrand gefaßt war, der sich bei den Wachssiegeln auch deutlich abgedrückt hat. Später à jour gefaßt, wurde er, nachdem die Platte im Herbst 956 der Länge nach gesprungen war, wieder durch einen gezackten Metallrand zusammengehalten. Als Werk der Steinschneidekunst steht das Siegel wie das seines Vaters (Kat.Nr. III.1) in der Tradition des in spätkarolingischer Zeit zu höchster Blüte entwickelten Bergkristallschnitts.

MGH DO I 2.

Posse, Siegel, Bd. 1, Taf. 7.1; Bd. 5, S. 11f., Nr. 1. – Hiebaum, Gemmensiegel, S. 26, Nr. 37. – Schramm, Kaiser u. Könige, S. 187, Nr. 81 mit Abb. – Ausst.kat. Hildesheim 1993, Bd. 2, Nr. II-1 (Rainer Kahsnitz) mit Abb. – Keller, Ottonische Herrschersiegel, pass. mit Abb. 1. – Keller, Neues Bild, S. 190f. mit Abb. 5.

R.K.

III. 4

III. 4
Siegel Kaiser Ottos I., sog. 3. Kaisersiegel

Deutschland, um 965
Dunkelbraunes Wachs in Wachswanne. – Dm. 6,5 cm.
Magdeburg, Landeshauptarchiv Sachsen-Anhalt, Rep. U I, Tit. I, Nr. 23: 966 August 24

Umschrift: + OTTO IMP(erator) AVG(ustus)
Gegenüber Ottos I. Königssiegel zeigt das kaiserliche eine entschiedene Abwandlung, der für die Zukunft der deutschen Königs- und Kaisersiegel größte Bedeutung zukommen sollte. Der Herrscher wird nicht mehr als Krieger mit Schild und Lanze, sondern ausschließlich im Schmuck der königlich-kaiserlichen Insignien mit Krone, Kreuzszepter und Reichsapfel dargestellt. Sein Bild erscheint nicht im Profil, sondern frontal.

Nach zwei künstlerisch wenig bedeutenden Vorläufern mit kleiner, frontaler Kaiserbüste, die in den Jahren 962–965 in Gebrauch waren, ließ Otto der Große um 965 einen wesentlich größeren und anspruchsvolleren Stempel anfertigen, der mit kleinen Varianten in drei Exemplaren in seiner gesamten Kaiserzeit und teilweise sogar noch unter Otto II. Verwendung finden sollte.

Die Kaiserbüste füllt das Siegelrund aus, die Umschrift legt sich nur oben um das Haupt. Kopf und Schultern, Hand und Globus treten plastisch hervor. Gegen den unteren Rand nimmt das Volumen des Oberkörpers ab, um schließlich ganz im zweifach gerahmten, punzierten, dünnen Siegelrand zu verschwinden. Die um Schulter und Oberkörper kurvig geführten Mantelfalten unterstreichen die Form des Brustbildes und dienen zugleich der Steigerung der monumentalen Erscheinung. Über der Büste, auf deren rechter Schulter der Knoten des Mantels und eine Fibel sichtbar werden, erhebt sich das Haupt, nach unten durch den Bart zugespitzt, nach oben von einer Plattenkrone mit Perlenaufsätzen gerahmt. Es ist die aus zwei perlenbesetzten, schräg gegeneinandergestellten Rechtecken bestehende Krone, die wir auch aus den späteren ottonischen Kaiserbildern der Handschriften kennen. Seitlich werden die Arme steil und V-förmig erhoben, halten ein hohes Stabszepter und den Globus, auf dem sich ein Kreuz erhebt.

Zu Recht hat Wilhelm Messerer darauf hingewiesen, daß mit diesem Siegel Ottos des Großen aus dem Jahre 965 zum ersten Mal jenes Würde, Hoheit und Majestät ausstrahlende frontale Herrscherbildnis geschaffen wurde, das in der Reichenauer Buchmalerei um die Jahrtausendwende die Erscheinung des ottonischen Kaisers prägen sollte. Es hat auch die folgenden deutschen Herrschersiegel bestimmt, bis Otto III. durch die Einführung der stehenden Ganzfigur und schließlich des thronenden Herrschers die Steigerung weiter vorangetrieben hat. Ohne Zweifel muß die Einführung dieses neuen Bildtyps gegenüber dem ins Profil gewandten Kriegersiegel als ein politisch bewußter Akt, parallel der Aufnahme des römischen Kaisertitels, verstanden werden.

Man hat diesen Wandel oft mit einer Nachahmung byzantinischer Vorbilder in Verbindung bringen wollen. Die historische Wahrscheinlichkeit spricht eher dagegen. Zwar erscheint auf vielen Münzen die kaiserliche Büste frontal mit Krone, hochgehaltenem Globus und Kreuzszepter. Doch bleiben die Münzen in Anspruch, Größe und meist auch in der künstlerischen Form weit hinter dem ottonischen Siegel zurück. Wachssiegel waren in Byzanz nicht üblich. Die kaiserlichen Bleibullen waren meist noch bescheidener als die Goldmünzen. Kaiserliche Goldbullen, wie sie dem Rang der Urkundenempfänger entsprechend nach Größe und Gewicht gestaffelt im byzantinischen Reich vor allem für offizielle Auslandsschreiben verwandt wurden, haben sich aus ottonischen und älteren Zeiten nicht erhalten, wie wir denn auch die gelegentlich erwähnten Goldbullen der ottonischen Kaiser nicht kennen. Die ältesten bekanntgewordenen byzantinischen stammen erst aus der Zeit nach der Mitte des 11. Jahrhunderts. Sie unterscheiden sich in ihrem bildlichen Aussehen nicht von den zeitgenössischen Bleibullen. Doch wird man nicht völlig ausschließen können, daß mit einer offiziellen Urkunde oder einem diplomatischen Brief aufwendigere byzantinische Goldbullen in den Westen gelangt sein könnten.

Jedenfalls bleibt die künstlerische Ausformung im einzelnen das Werk des westlichen Siegelschneiders, der um 965 das Kaiserbild – jetzt in eine Metallplatte und nicht mehr in einen Bergkristall oder Edelstein – geschnitten hat. Die frühe Entstehung – lange vor den übrigen uns bekannten vergleichbaren ottonischen Kunstwerken – und der hohe, dem politischen Anspruch des Auftraggebers entsprechende künstlerische Rang verleihen dem Kaisersiegel von 965 auch in der Geschichte der Kunst eine herausragende Position.

MGH DO I 331.

Posse, Siegel, Bd. 1, Taf. 7.5; Bd. 5, S. 112, Nr. 4. – Messerer, Byzantinische Frage, S. 41–43. – Schramm, Kaiser u. Könige, S. 187, Nr. 82 u. 83. – Ausst.kat. Hildesheim 1993, Bd. 2, Nr. II-2 (Rainer Kahsnitz) mit Abb. – Keller, Ottonische Herrschersiegel, pass. mit Abb. 3. – Keller, Neues Bild, pass. mit Abb. 9.

R.K.

III. 5

III. 5
Siegel Kaiser Ottos II., sog. 1. Kaisersiegel

Deutschland, 967/68
Dunkelbraunes Wachs mit Wachswulst; Gesicht des Kaisers beschädigt. – Dm. ca. 4,5 cm.
Magdeburg, Landeshauptarchiv Sachsen Anhalt, Rep. U I, Tit. I, Nr. 28: 968 Oktober 3

Umschrift: OTTO IMP(erator) AVG(ustus)
Offenbar unmittelbar nach der römischen Kaiserkrönung Ottos II. am Weihnachtstage 967 entstanden, hat der in Metall gegrabene Stempel zu Lebzeiten des Vaters († 973) Verwendung gefunden. Es war bekanntlich der einzige Zeitraum der deutschen Geschichte, in der es zwei legitime Kaiser – Vater und Sohn – gegeben hat. Als König hatte Otto II. noch ein Siegel geführt, dessen Platte aus Bergkristall oder Stein bestand und mit einem Metallrand gefaßt war.

Das Kaisersiegel ist deutlich kleiner als das des Vaters, zeigt aber den Sohn ebenfalls mit Globus und Szepter. Eindrucksvoll ist die Plastizität. Die gesamte Siegelfläche ist konvex, die Binnenformen zwischen den einzelnen, wie einschnürend eingegrabenen Faltenlinien des Mantels wölben sich stark hervor: die linke Schulter, die Muskeln am rechten Oberarm, auch der erhobene Globus, dessen Vorderfläche ein Kreuz ziert. Zwar erkennt man die den Apfel haltenden Finger, für den tragenden Arm ist aber zwischen den sich aufwölbenden Rundformen von Schultern und Reichsapfel kein Platz geblieben. Die Büste ist auch unten vorzüglich in das Rund der Siegelfläche eingefügt, wobei der querliegende rechte Unterarm der Komposition nutzbar gemacht ist, was gewiß nicht ohne direkte künstlerische Auseinandersetzung mit dem väterlichen Siegel geschehen ist. Wir können sie als selbstverständlich voraussetzen; sie ist aber auch in der Anordnung am unteren Teil des Siegels ablesbar. Das außerordentlich dünne und lange, in einer zierlichen Blüte endende Szepter wird schräg über die Schulter gehalten, dies ist der auffallendste Unterschied zum väterlichen Kaisersiegel.

Zur Abbildung der Urkunde vgl. Beitrag Althoff, Erzbistum, Abb. 3.

MGH DO II 18.

Posse, Siegel, Bd. 1, Taf. 8.3; Bd. 5, S. 13, Nr. 2. – Schramm, Kaiser u. Könige, S. 193, Nr. 88 mit Abb. – Ausst.kat. Hildesheim 1993, Bd. 2, Nr. II-4 (Rainer Kahsnitz) mit Abb. – Keller, Ottonische Herrschersiegel, S. 12 mit Abb. 4.

R.K.

III. 6
Siegel Kaiser Ottos II., sog. 4. Kaisersiegel

Deutschland, 974
Dunkelbraunes Wachs mit besonders dickem Wachsrand.
Dm. 6,5 cm.
Magdeburg, Landeshauptarchiv Sachsen Anhalt, Rep. U9, Tit. A I a, Nr. 16: 974 Mai 13.

Umschrift: + OTTO IMP(erator) AVG(ustus)
Das Siegel ist seit Mai 974 an Urkunden belegt und auch im folgenden Jahr verwandt worden. Es unterscheidet sich nur in wenigen, künstlerisch völlig unbedeutenden Details vom Typar (Siegelstempel) des Kaisersiegels Ottos des Großen, das der Sohn nach dem Tode des Vaters während seiner gesamten Alleinregierungszeit (973–983) als reguläres Kaisersiegel weiterbenutzte. Der Stempel des ausgestellten Siegels ist aber wegen kleiner Unterschiede, wie der Ausdehnung der Abkürzungsstriche über den Buchstaben in der Umschrift etc., von dem übernommenen zu unterscheiden. Warum

III. 6

sich die Notwendigkeit ergab, ein zweites Typar anfertigen zu lassen, können wir – wie meistens in solchen Fällen – nicht erkennen.

Die Qualität des Abdrucks und der singulär gute Erhaltungszustand des gezeigten Wachssiegels lassen besser als jedes Exemplar sonst die außerordentliche Schönheit der Siegelschöpfung von 965 deutlich werden, mag die Oberfläche durch Reinigen auch geringfügig verschliffen sein. Gewiß ist der Stempel von 974 eine Replik des älteren von 965 (Kat.Nr. III.4). Ob noch derselbe Goldschmied fast zehn Jahre später die Kopie angefertigt hat, wissen wir nicht. Doch hat der Stempelschneider es jedenfalls verstanden, den künstlerischen Rang der älteren Komposition und die präzise Ausformung im einzelnen kongenial zu wiederholen – ein Vorgang, der bei notwendig werdender Duplizierung von Siegelstempeln nicht ohne Parallele im Mittelalter geblieben ist, mag eine solche Vorstellung unserem Bild von der Schaffung eines Kunstwerks auch wenig entsprechen.

MGH DO II 78.

Posse, Siegel, Bd. 1, Taf. 8.6; Bd. 5, S. 14, Nr. 5. – Beck/Unger, Brief, S. 26f. mit Abb. – Schramm, Kaiser u. Könige, S. 193, Nr. 89 mit Abb. – Ausst.kat. Hildesheim 1993, Bd. 2, Nr. II-5 (Rainer Kahsnitz) mit Abb. – Keller, Ottonische Herrschersiegel, S. 10 mit Abb. 5. – Keller, Neues Bild, Abb. 14.

R.K.

III. 7

III. 7
Münze Herzog Heinrichs von Bayern

Heinrich (919/22–955), jüngerer Bruder Ottos I., seit 948 Herzog von Bayern
Regensburg, Denar (Pfennig), 948–955
Vs.: Kreuz mit einer Kugel in drei Winkeln. HEIMRICVS DVX. – Rs.: Kirchengebäude mit zwei Stufen (Letternkirche), in der Kirche abgekürzter Münzmeistername VVO. Äußere Umschrift REGINA CIVITAS [„Regensburg"].
Silber. – Gew. 1,76 g, Dm. 22 mm.

Berlin, Münzkabinett SMPK, Inv. 1870 Dannenberg (ID 1226)

Dannenberg, Münzen, Bd. 1, Nr. 1057 m. – Hahn, Bayerns Münzprägung, Nr. 10 m2. – Kluge, Münzgeschichte, Nr. 262.

B.K.

III. 8 a

III. 8 b

III. 8
Zwei Münzen Liudolfs von Schwaben

a) Liudolf (930–957), ältester Sohn Ottos I., 949–954 Herzog von Schwaben, 953/54 auch Herzog von Bayern (?), als Herzog von Schwaben (949–954)

Breisach, Denar (Pfennig), 949–954
Vs.: Kreuz in der Mitte von einem Ring durchbrochen. OTTO LIVTOLF D[VX]. – Rs.: PRISACHA um ein Kreuz, so daß die Buchstaben R, S, A, H an die Kreuzarme angehängt sind.
Silber. – Gew. 1,52 g, Dm. 21 mm.

Stuttgart, Württembergisches Landesmuseum, Münzkabinett, Inv.Nr. MK 16042

Dannenberg, Münzen, Bd. 1, Nr. 895. – Maurer, Herzog, S. 342, Nr. 15.

b) Aufstand Liudolfs 953–954

Regensburg, Denar (Pfennig), 953/54
Vs.: Kreuz mit Kugel in jedem Winkel. LIVTOLFVS DVX. Rs.: Letternkirche mit zwei Stufen, in der Kirche abgekürzter Münzmeistername ADAL. Äußere Umschrift REGINA CIVITAS [Regensburg].
Silber. – Gew. 1,74 g, Dm. 23 mm.

Berlin, Münzkabinett SMPK, Inv. 1892 Dannenberg (ID 1228)

Dannenberg 1876, Bd. 2, Nr. 1704. – Hahn, Bayerns Münzprägung, Nr. 12a1. – Kluge, Münzgeschichte, Nr. 263.

Alle männlichen Mitglieder der königlichen Familie haben höchste Führungspositionen im Reich Ottos innegehabt. Seinen jüngeren Bruder Heinrich erhob der König 948 zum Herzog von Bayern, den zum geistlichen Stand bestimmten Brun 953 zum Erzbischof von Köln und Herzog von Lothringen. Liudolf, sein Sohn aus erster Ehe mit Edgith, übertrug er 949 das Herzogtum Schwaben. Wilhelm, der älteste, unehelich geborene Sohn Ottos, wurde 954 Erzbischof von Mainz. Otto II., einziger überlebender Sohn aus der zweiten Ehe mit Adelheid, wurde 961 zum Mitkönig und 967 zum Mitkaiser gekrönt.

Auf der anderen Seite sind die größten innenpolitischen Krisen, die Otto zu bewältigen hatte, von seinem Bruder Heinrich (939) und seinem Sohn Liudolf (953) angeführt worden. Beide sind aufgrund ihrer Position als Herzöge mit eigenen Münzen hervorgetreten (Kat.Nr. III.7 u. III.8). Das gleiche gilt für Erzbischof Brun von Köln (Kat.Nr. IV.80), eben wegen seiner gleichzeitigen Stellung als Herzog von Lothringen (*archidux*), da die gleichzeitige Metropolitenstellung Wilhelms in Mainz nicht mit dem Münzrecht verbunden war.

Liudolf und Heinrich waren die eigentlichen Kontrahenten im Liudolfingischen Aufstand 953, der im numismatischen Material erstaunlich gut dokumentiert ist (Hahn, Große Rebellion). Die Münzen zeigen, daß Liudolf seinen Onkel Herzog Heinrich aus Bayern vertrieben hatte und über dessen Hauptstadt und Münzstätte Regensburg verfügte (Kat.Nr. III.8 b). Möglicherweise ist Liudolf durch die bayerischen aufständischen Großen 953 sogar zum Herzog von Bayern gewählt worden. Der vertriebene Herzog Heinrich schloß sich mit Bischof Ulrich von Augsburg zu einer Koalition gegen Liudolf zusammen, die durch gemeinsame Münzprägungen in Augsburg unter Beweis gestellt ist (Hahn, Stempelcorpus; vgl. auch Kat.Nr. IV.63). Liudolf unterwarf sich Otto Ende 954 und verlor damit seine Herzogswürde. Das Herzogtum Schwaben wurde dem Hunfridinger Burchard II. übertragen, dessen Einvernehmen mit Otto I. wiederum durch Münzen belegt ist (vgl. Kat.Nr. IV.5 n–o).

Dannenberg, Münzen, Bd. 1. – Hahn, Bayerns Münzprägung. – Maurer, Herzog. – Hahn, Stempelcorpus. – Hahn, Große Rebellion. – Kluge, Münzgeschichte.

B.K.

III. 9
Diplom König Heinrichs I. für seine Gemahlin Mathilde

Quedlinburg, 929 September 16
Pergament. – H. 57 cm, B. 70 cm.
Magdeburg, Landeshauptarchiv Sachsen-Anhalt, Rep. U 9, A I a, Nr. 2

Mitte September 929 fand in Quedlinburg eine Versammlung König Heinrichs I. mit vielen geistlichen und weltlichen Großen seines Reichs statt. Im Einvernehmen mit ihnen regelte der Herrscher hier die Ausstattung seiner Gemahlin Mathilde und die Thronfolge. Der Relevanz dieser Festlegungen entsprach der dafür gewählte Versammlungsort: Die königliche Pfalz in Quedlinburg war in der Regierungszeit Heinrichs I. die wichtigste Stätte für die Repräsentation der Königsherrschaft und die Kommunikation zwischen dem Herrscher und den Großen. Das in Quedlinburg ausgestellte Diplom (DH I 20) dokumentiert die endgültige Wittumszuweisung an die Königin Mathilde. Mit der erklärten Absicht, sein Haus mit Gottes Hilfe zu ordnen – wie es in der Königsurkunde heißt – übertrug Heinrich I. seiner Gemahlin die Pfalzen bzw. Königshöfe in Quedlinburg, Pöhlde, Nordhausen, Grone und Duderstadt mit allen dazugehörigen Burgen, Besitzungen und den darauf ansässigen Hörigen und Dienstleuten zur Nutzung. Wahrscheinlich wurde das an erster Stelle aufgeführte Quedlinburg schon damals zur künftigen Begräbnisstätte des Königspaares auserkoren. Die Wittumszuweisung erfolgte in Anwesenheit der königlichen Getreuen (*asstantibus fidelibus nostris*) und auf Bitte von namentlich nicht genannten geistlichen und weltlichen Großen (*episcoporum, proecerumque et comitum peticione*). Besonders hervorgehoben wurde aber die Zustimmung des Königssohnes Otto (Zeile 3: *cum consensu et astipulatione filii nostri Ottonis*), was zusammen mit anderen Quellennachrichten darauf schließen läßt, daß Heinrich I. diesen Sohn im Rahmen seiner „Hausordnung“ von 929 zum alleinigen Thronfolger bestimmt hat. Die Individualsukzession bedeutete eine Abkehr vom bisherigen Brauch, die Herrschaft im Reich unter den erbberechtigten Königssöhnen aufzuteilen.

Die Urkunde Heinrichs I. für seine Gemahlin Mathilde ist wie alle Diplome des frühen und hohen Mittelalters auf Pergament geschrieben. Da die Diplome auch repräsentative Funktionen erfüllen sollten, wählte man für deren Anfertigung besonders große Pergamentstücke aus. Königsurkunden waren daher durch ihre Größe, ihre spezielle graphische Gestaltung und das Siegel sofort erkennbar. Für ihre Beschriftung nutzte man verschiedene Formate (vgl. Kat.Nr. VI.69).

Das Diplom wurde mit einem verzierten Symbol für die Anrufung Gottes, dem Chrismon, eröffnet. Die dem Buchstaben C gleichende Grundform deutete man traditionell als Anfangsbuchstaben von Christus. Nach neueren Forschungen könnte das Chrismon auch auf ein *d* zurückzuführen sein, das aus einer Verkürzung von *in dei* oder *in domini nomine* („im Namen Gottes bzw. des Herrn“) entstand. Die erste Zeile beginnt mit dem Eingangsprotokoll. Dazu gehören eine verbale Anrufung Gottes bzw. der Heiligen Dreifaltigkeit (*in nomine sanctae et individuae trinitatis*) und die Vorstellung des als Aussteller fungierenden Herrschers mit Namen (*Heinricus*), christlicher Legitimationsformel (*divina favente clementia*) und Königstitel (*rex*). Man führte die erste Zeile regelmäßig in verlängerter Schrift (*litterae elongatae*), der ranghöchsten Urkundenschrift, aus. Mit

III. 9

der zweiten Zeile setzt eine kleinere Schriftart ein, die man als diplomatische Minuskel bezeichnet. Man verwendete sie für den Kontext, den zweiten Hauptteil eines Diploms, in dem u. a. die rechtsverbindlichen Bestimmungen sowie jene Personen aufgeführt wurden, die an den vorausgehenden Beratungen und Beschlüssen mitgewirkt hatten. Das Eingangsprotokoll und der Kontext wurden von einem Geistlichen angefertigt, der darin noch keine große Übung besaß. Das Schlußprotokoll, der dritte Hauptteil eines Diploms, stammt hingegen von einem versierten Urkundenschreiber. Er führte die königliche Signum- und die etwas darunter angeordnete Rekognitionszeile elegant in der dafür vorgesehenen verlängerten Schrift aus. Das markante Herrschermonogramm mit dem *H* als Grundgerüst plazierte er in der Mitte der Signumzeile (Beglaubigung). Am Beginn der folgenden Zeile stellte er sich als *Simon notarius* vor, der seit 906 an der Herstellung von Urkunden beteiligt war und das Diplom in Vertretung des Erzkaplans Hildbert rekognosziert (gegengezeichnet) hat. Durch die große Konjunktion *et* (und) verband er das Ende der Rekognitionszeile mit dem Rekognitionszeichen (vgl. Kat.Nr. VI.69), das in fünf Etagen untergliedert ist. In die zweite trug er tachygraphische Zeichen (Kurzschriftzeichen) ein, die sich mit *Simon notarius scripsi et subscripsi* („Ich, der Notar Simon, habe geschrieben und subskribiert") auflösen lassen. Mit Hilfe des Siegels, das ein Brustbild des Königs im Profil zeigt, versuchte Simon, das vom ersten Schreiber eingetragene Rekognitionszeichen möglichst zu verdecken. Den Beginn der Datierungszeile am unteren Rand des Diploms kennzeichnete Simon mit einem großen und schwungvoll geformten *d* als Anfangsbuchstaben von *data* („gegeben"). Die Angabe des Ausstellungstages und -monats erfolgte – wie in allen anderen Diplomen auch – nach den Regeln des römischen Kalenders (*XVI. kl. octob.*). Das Ausstellungsjahr wurde dreifach gekennzeichnet: durch das Jahr nach der Geburt (Inkarnation) Christi (*DCCCCXXVIIII*), die Indiktionszahl (*II*), einen Zyklus von jeweils fünfzehn Jahren, und durch das jeweilige Jahr der Königsherrschaft bzw. Regierungsjahr (*X*).

Simon trug nicht nur das Schlußprotokoll ein, sondern nahm besonders im Kontext, der von dem noch ungeübten Urkundenschreiber stammt, zahlreiche graphische Ergänzungen bzw. Korrekturen vor, die dessen Schriftbild verändern sollten. So verlängerte er viele Schäfte der Buchstaben *b, d, h, l* und *i* nach oben und ließ sie mit einem nach rechts geführten Strich oder Bogen im freien Raum zwischen den Zeilen auslaufen. Diese graphischen Korrekturen Simons belegen, daß für die Zeitgenossen nicht nur der vorzutragende Inhalt, sondern auch die optische Wirkung einer Königsurkunde gleichermaßen wichtig war. Die in lateinischer Sprache geschriebenen Diplome wurden bei der Übergabe am Herrscherhof sowie am Empfängersitz, häufig während der Messe im Kirchenraum, den versammelten geistlichen und weltlichen Großen gezeigt und vorgetragen. Zusammen mit der lateinischen Liturgiesprache verliehen die verschiedenen Schriftarten und die graphischen Symbole den Diplomen eine audiovisuelle und sakrale Ausstrahlung.

MGH DH I 20. – Böhmer, Reg. Imp., Bd. II,1, Nr. 23 u. 24.

Stengel, Immunitäts-Privilegien, S. 133f. – Fleckenstein, Hofkapelle, Tl. 2. – Rück, Pergamentforschung. – Wenzel, Hören. – Eisenlohr, Urkunden. – Ehlers, Heinrich I. (Lit.). – Koch, Urkunde.

W.H.

III. 10
Diplom König Ottos I. für das Kloster St. Peter in Quedlinburg

Quedlinburg, 956 August 24
Pergament. – H. 49 cm, B. 62 cm.
Magdeburg, Landeshauptarchiv Sachsen Anhalt, Rep. U 9, A I a, Nr. 9

Elf Tage nach dem in Magdeburg ausgestellten Diplom DO I 183 (Kat.Nr. II.24) schrieb der Notar Liudolf F in Quedlinburg die nächste Urkunde Ottos I. (DO I 184). Sie dokumentiert die Schenkung von sechs Dörfern für den Unterhalt der 955 geborenen Königstochter Mathilde († 999) an das Quedlinburger Kanonissenstift. Mathilde wurde 966 Äbtissin in Quedlinburg. Sie setzte nach dem Tod der Königin Mathilde († 968), der Witwe Heinrichs I. (vgl. Kat.Nr. III.9), deren Lebensaufgabe, für die Memoria der liudolfingisch-ottonischen Königsfamilie zu sorgen, fort.

Das Chrismon (symbolische Anrufung Gottes; vgl. Kat.Nr. III.9) und die erste Zeile gestaltete Liudolf F ähnlich wie im DO I 183. Im Unterschied dazu weist die Kontextschrift in der vorliegenden Urkunde (DO I 184) bereits viele charakteristische Merkmale der diplomatischen Minuskel auf. Dazu zählen u. a. die Verzierung der Oberlängen von *f* und *s* durch Schleifen sowie die Verwendung von Zierschleifen beim *c*. Die Schäfte der Buchstaben *b, d, h, k* und *l* ließ Liudolf F teils in einem Bogen, teils in einem Zierstrich von etwa 45 Grad nach rechts auslaufen. Das diplomatische Abkürzungszeichen verwendete er nun auch für die Zeilen des Kontextes. Das Schlußprotokoll gestaltete der Notar nach seinen eigenen Maßstäben, die sich von jenen seiner „Kollegen" unterschieden. Dazu gehörte die graphische Differenzierung zwischen der königlichen Signum- und der Rekognitionszeile (Beglaubigung, Nennung des Kanzlers und des Erzkapellans), die in unterschiedlich großer verlängerter Schrift ausgeführt wurden.

Datiert wurde das Diplom nach dem römischen Kalender auf den 24. August, den Festtag des Apostels Bartholomäus, der 956 zugleich ein Sonntag war. Die korrekte Angabe des Inkarnationsjahres (*DCCC L VI*) und die richtige Berechnung der Indiktionszahl (*XIIII*) waren für Liudolf F kein Problem. Das Regierungsjahr Ottos I. als König (*XXII*) setzte er allerdings um eins zu hoch an. Liudolf F beließ es aber nicht bei den üblichen Datierungsmerkmalen der Diplome. Durch das korrekt hinzugefügte Mondalter des Ausstellungstages (*Luna XIIII*) stellte er seine Rechenkünste eindrucksvoll unter Beweis. Diese Angabe des Mondalters, die Zahl der seit dem letzten Neumond vergangenen Tage, ist in den liudolfingisch-ottonischen Herrscherurkunden singulär.

Da Liudolf F die Urkunde wiederum mit einer interessanten und großen Zeichnung versah (vgl. Kat.Nr. II.24), brachte man das königliche Siegel an ungewöhnlicher Stelle, im Freiraum zwischen

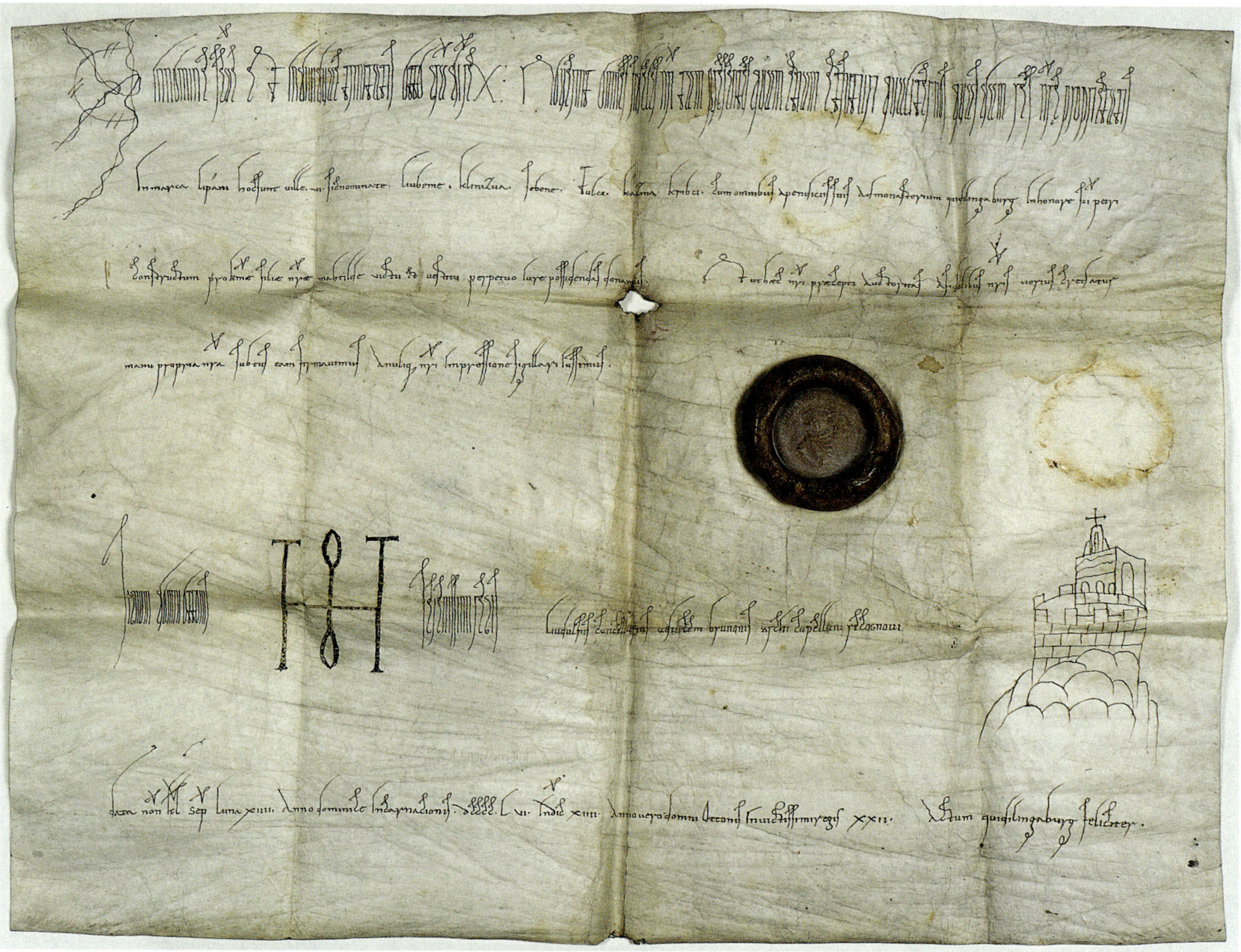

III. 10

Kontext und Schlußprotokoll, an. Die Zeichnung am rechten unteren Rand weist eine Höhe von etwa 14 cm auf, die Breite bewegt sich zwischen etwa 6 und 10 cm. Dargestellt ist ein felsiger Berg mit Befestigungsanlagen auf dessen Kuppe, die der Anlage Burgcharakter verleihen. Liudolf F skizzierte Mauerwerk, Umfriedungen und ein Eingangstor, das zum oberen Bereich des befestigten Berges führte. Auf dessen Spitze erhebt sich eine Kirche, die mit einem aufgesetzten Kreuz versehen ist (vgl. Beitrag Salewsky, Abb. 8). Das in Vorderansicht dargestellte Gotteshaus besitzt ein hohes Mittelschiff und zwei kleinere Seitenschiffe. Der architektonisch interessierte Notar hat uns damit eine zeitgenössische Ansicht vom Quedlinburger Burgberg mit dem von der Königin Mathilde geleiteten Kanonissenstift hinterlassen. Die Kombination aus natürlichen und künstlichen Verteidigungsanlagen, die dem Gotteshaus auf der Spitze des Berges ein außerordentliches Maß an Schutz gewährte, scheint den Geistlichen Liudolf F sehr beeindruckt zu haben. Er bannte dasselbe Motiv, jedoch aus anderer Perspektive, in einem anderen Diplom von 956 (DO I 186) nochmals aufs Pergament. Die von Liudolf F 956 angefertigten Skizzen von dieser Kirche bieten Anhaltspunkte für die Forschungen von Archäologen, Architektur- und über Bauabschnitte und -gestalt der ersten Quedlinburger Stiftskirche. In erster Linie zeugen diese Zeichnungen von der Beobachtungsgabe eines Geistlichen aus der Mitte des 10. Jahrhunderts, der sich für ungewöhnliche architektonische Lösungen interessierte.

MGH DO I 184. – Lübke, Regesten, Tl. II, Nr. 104.

Glocker, Verwandte, S. 201–206 u. 280f. – Leopold, Stiftskirche. – Leopold, Ausgrabungen, S. 33–47. – Huschner, Kommunikation, Kap. 3.3.1.

W.H.

III. 11
Diplom Kaiser Ottos I. für S. Salvatore am Monte Amiata

Rigiano (Rignano sull'Arno?), 962 Februar 21
Pergament. – H. 64 cm, B. 43 cm.
Siena, Archivio di Stato, Diplomatico, S. Salvatore di Monte Amiata, L.1

Das Diplom Ottos I. für das um 750 gegründete Benediktinerkloster San Salvatore am Monte Amiata (Toskana, Prov. Grosseto) gehört zu den ersten drei Urkunden, die nach der Kaiserkrönung des Herrschers am 2. Februar 962 aus Italien überliefert sind. Es wurde während der Reise des Kaiserhofes auf der sog. Frankenstraße (Via Francigena) von Rom nach Lucca an einem Ort in der heutigen

III. 11

Toskana ausgestellt. Der Abt von San Salvatore hatte sich an den Herrscherhof begeben, um sich die Besitzungen und Rechte seines Klosters vom Kaiser bestätigen zu lassen. Zur Begründung seines Anspruchs wies er dort eine frühere Urkunde der Könige Hugo und Lothar aus dem Jahre 937 vor, die der am Herrscherhof wirkende Notar Liudolf F (vgl. Kat.Nr. II.24) als inhaltliche Vorlage für die Anfertigung der neuen Urkunde (DO I 237) verwendete. Im Kontext (Zeile 2–23) wiederholte er bis auf wenige Ausnahmen den Wortlaut der Königsurkunde von 937. So wurden die Mönche von San Salvatore beispielsweise nicht nur zum Gebet für den (kaiserlichen) Aussteller, sondern auch für dessen Gemahlin Adelheid und dessen Sohn, König Otto (II.), verpflichtet. Ein späterer Schreiber hat einige Worte des Kontextes mit dunklerer Tinte nachgezogen und im Rahmen der Besitzliste einen anderen Ortsnamen (*uibugnano*) eingesetzt (Zeile 13), womit möglicherweise eine Fälschung beabsichtigt war.

In graphischer Hinsicht gestaltete der Hofgeistliche Liudolf F die Kaiserurkunde nach seinen eigenen Maßstäben (vgl. Kat.Nr. II. 24, III.10 u. V.8). Die erste Zeile leitete er mit seinem speziellen graphischen Symbol für die Anrufung Gottes (Chrismon) ein und führte sie vollständig in verlängerter Schrift aus. Die optisch so hervorgehobene Zeile enthält u. a. das Eingangsprotokoll, in dem der als Aussteller fungierende Otto I. entsprechend seiner Rangerhöhung nun den kaiserlichen Titel *imperator augustus* erhielt. Die Präsentation eines Kaisers am Beginn der Urkunde erfolgte seit karolingischer Zeit meistens in der Form: Herrschername, Legitimationsformel (*divina favente clementia, imperator augustus*). Man verwendete sie fortan auch in den Diplomen Ottos I. Der Kontext der Urkunde wurde in der üblichen diplomatischen Minuskel geschrieben. Im Schlußprotokoll (Zeile 24 bis 27) wurden die Signumzeile (Beglaubigung; Zeile 24) mit dem Herrschermonogramm und die sich darunter befindende Rekognitionszeile wiederum durch verlängerte Schrift hervorgehoben. In der Signumzeile wählte der Notar im Unterschied zur ersten Zeile *imperator invictissimus* (Superlativ von „unbezwingbarer Kaiser") als würdigende Bezeichnung für Otto I. Die Datierung gestaltete Liudolf F als Neuerung in Form von zwei Zeilen untereinander (Zeile 26 u. 27). In die obere trug er alle chronologischen Datierungselemente ein, in die untere nur den Ausstellungsort und den Segenswunsch, mit dem die Urkunde endet.

Im Hinblick auf die formale Einrichtung handelt es sich beim vorliegenden Diplom um eine „Mischform" zwischen nord- und südalpiner Urkundengestaltung. So stellte Liudolf F die Kaiserin Adelheid darin nur als Gemahlin Ottos I. vor; bereits zwei Monate später verwendete er dafür die in Italien traditionell übliche Bezeichnung als Teilhaberin an der Königs- bzw. Kaiserherrschaft (*consors regni* bzw. *imperii*). Der Notar fügte nach dem Muster der Vorurkunde am Ende des Kontextes (Zeile 21 bis 22) eine weltliche Strafandrohung (Zahlung von je 50 Pfund Goldes an die kaiserliche Kammer und an das Kloster) für den Fall eines Verstoßes gegen die Bestimmungen der Urkunde ein, die man in der Regel nur in Italien benutzte. Die Rekognition (Zeile 25) schrieb Liudolf F teilweise ebenfalls nach südalpinem Vorbild. Andererseits zeichnete er anschließend sein individuelles, in mehrere Etagen gegliedertes Rekognitionszeichen ein (vgl. Kat.Nr. V.8), was nur nördlich der Alpen üblich war. In den nächsten Kaiserurkunden, die Liudolf F in Italien herstellte, ließ er es dann wegfallen. Liudolf F nahm außerdem die Angabe des Kaiserjahres (*primo*) in die Datierung des DO I 237 auf. Damit erhielt diese nach Inkarnationsjahr (*DCCCCLXII*), Indiktion (*V*) und Königsjahr (*XXVII*) noch ein viertes Jahresmerkmal. Da die Diplomnotare aus Italien das Königsjahr aber nicht aufführten und nur eine dreifache Jahresbezeichnung verwendeten, hielt es Liudolf F bald ebenso. Die Öffnung am unteren rechten Rand des Pergaments markiert jene Stelle, wo sich das heute verlorene kaiserliche Siegel befand.

MGH DO I 237. – UB Abtei S. Salvatore am Montamiata, Bd. 2, Nr. 200.

Kurze, Monastero al Monte Amiata.

W.H.

III. 12
Evangeliar aus Gandersheim

Metz (Jüngere Metzer Schule), um 860/70 (Elfenbeintafel); Metz, um 860 (Handschrift)
a) Buchdeckel: Elfenbein, eingelassen in einen Holzdeckel mit vergoldeten Silberleisten aus dem Jahr 1555. – H. 22 cm, B. 15,5 cm.
b) Handschrift (nicht ausgestellt): Pergament, 168 Blätter. – Deckfarben und Gold. – H. 31,5 cm, B. 23,5 cm.
Coburg, Kunstsammlungen der Veste Coburg, Ms. Nr. 1

III. 12 a

III. 12 b, fol. 11r

Die Elfenbeinplatte ist in den Deckel eines Evangeliars eingelassen, das unter Erzbischof Adventius von Metz (858–875) wahrscheinlich am Beginn seiner Amtszeit geschrieben wurde (s.u.). Die Tafel mit der Darstellung der Himmelfahrt Christi und ihrem Akanthusblattrahmen wird von einer breiteren Leiste mit Blattranken, in denen Vögel sitzen und Früchte aus den Ranken picken, gerahmt. Für die Art, eine Elfenbeinplatte mit breiten Ornamentleisten zu umfangen, ist auf die Beispiele aus der älteren Metzer Schule, die Codices Paris, Bibliothèque nationale, lat. 9388 und lat. 9393 zu verweisen.

H.F.

Die Handschrift beginnt mit einem Capitulare evangeliorum, also einem Verzeichnis der an den verschiedenen Sonn- und Festtagen zu lesenden Evangelienperikopen. Den Hauptinhalt bilden die vier Evangelien, jeweils mit Vorrede und Kapitelverzeichnis, darunter auch eine sonst seltene Vita des hl. Markus und zwei allgemeine Vorreden zum Evangeliar. Auf dem vorletzten Blatt ist Anfang des 12. Jahrhunderts ein Verzeichnis des Kirchenschatzes des Stiftes Gandersheim eingetragen worden (fol. 167v), auf dem letzten findet sich eine Besitzbestätigung Bischof Bernwards von Hildesheim für Gandersheim vom Anfang des 11. Jahrhunderts und am unteren Rand der Seite in angelsächsischer Schrift der Eintrag: + EADGIFU REGINA AETHELSTAN REX ANGULSAXONUM ET MERCIANORUM („Königin Eadgifu, Aethelstan, König der Angelsachsen und Mercien"; vgl. Beitrag Ehlers, Abb. 5).

Der Codex muß also im 10. Jahrhundert in England gewesen sein und ist wahrscheinlich als Geschenk König Aethelstans (924–941) und seiner (Stief-)Mutter oder Schwester, beide mit dem Namen Eadgifu, an seinen Schwager König Otto den Großen nach Deutschland gelangt. Otto war seit 929/30 in erster Ehe mit Edgith († 946), einer Halbschwester Aethelstans, verheiratet. Aus dem Besitz des ottonischen Herrscherhauses mag das Evangeliar dann noch im 10. oder frühen 11. Jahrhundert nach Gandersheim gelangt sein, dessen Äbtissinnen aus dem liudolfingisch-ottonischen Hause stammten.

Der Buchschmuck besteht im wesentlichen aus zwölf Kanontafeln. Auf einer profilierten Basisplatte, die auf einigen Seiten von Atlanten getragen und von Tieren belebt wird, erheben sich marmorierte oder mit Ranken verzierte Säulen mit Blattkapitellen; auch der Architrav ist mit Blättern belegt und mit Ornamenten verziert. Auf den Giebelschrägen finden sich Stauden, springende Hunde, nackte speertragende Männlein oder Fabelwesen; besonders eindrucksvoll sind die Tiere auf fol. 11r (Abb.): Mit dem Oberkörper eines Löwen verbinden sich geringelte Drachenleiber und -schwänze, die in einem Blatt auslaufen; Flügel und ein Geweih vervollständigen die phantastischen Mischwesen zu denkbar prächtiger Architekturzier. Die Kanontafeln folgen nicht den in Metz zur Zeit Erzbischof Drogos (834–855) entstandenen Evangeliaren, sondern Vorbildern der karolingischen Reimser Buchmalerei. Von 830 bis etwa 870 sind dort eine Reihe reich ausgestatteter Evangeliare geschaffen worden, die bei den Kanontafeln eine ähnlich antikische Architektur mit phantastischem Dachschmuck, Vögeln, Menschen oder ähnlichen Drachen verbanden.

Schrift und Ornamentik der Initialen, bei denen sich Ranken spalierartig um das Gerüst goldener Buchstabenleisten winden, belegen jedoch die Entstehung des Evangeliars in Metz. Dort waren unter Erzbischof Drogo, der ein Sohn Karls des Großen war, künstlerisch besonders anspruchsvolle illuminierte Handschriften entstanden. Doch war das Skriptorium offenbar ganz von den künstlerischen Ansprüchen und den Aufträgen des Erzbischofs abhängig. Das Gandersheimer Evangeliar ist das letzte aus dieser Schule hervorgegangene Werk, wegen der vielen Abweichungen dürfte es schon in den ersten Jahren von Drogos Nachfolger Adventius (858–875) entstanden sein.

Verschiedene Nachträge in der Handschrift beweisen, daß sie sich bis zum 18. Jahrhundert im Besitz des Kanonissenstiftes Gandersheim befand. Bei der Aufhebung des Stiftes wurde sie 1810 der letzten Dechantin, Prinzessin Caroline von Sachsen-Coburg-Saalfeld († 1829), zugeteilt und gelangte so an das Herzogshaus von Sachsen-Coburg-Gotha. Seit 1919 ist sie Eigentum der Coburger Landesstiftung.

R.K.

Goldschmidt, Elfenbeinskulpturen, Bd. 1, Nr. 87. – Koehler, Karolingische Miniaturen, Bd. 3, Textbd., S. 106f. u. 163–167; Tafelbd. S. 92–96. – Hubay, Gandersheimer Evangeliar, pass. – Hubay, Handschrift, Nr. 1 mit Farbtaf. – Schramm/Mütherich, Denkmale, Nr. 63 mit Abb. – Bischoff, Schatzverzeichnisse, Nr. 26. – Bischoff, Festländische Handschriften, Nr. 930.

H.F. / R.K.

III. 13
Evangeliar, sog. Coronation Gospels

Lobbes (Maasgebiet), um 900
Pergament, 219 Blätter. – Deckfarben mit Gold und Silber. Einband des 19./20. Jahrhunderts. – H. 24 cm, B. 18 cm.
London, The British Library, Cotton Ms. Tiberius A. II

Die Handschrift enthält außer einer Reihe in England seit dem frühen 12. Jahrhundert vorgenommener Eintragungen den Text der vier Evangelien mit Vorreden und Kapitelverzeichnissen, die vier allgemeinen Vorreden zum Evangeliar und am Ende ein Capitulare evangeliorum.

Auf der weitgehend leeren Seite fol. 24r ist unter dem goldenen Incipittitel zum Matthäus-Evangelium in sehr kantiger Capitalis-Schrift, nach Meinung von Keynes in England, in brauner Tinte eingetragen: + ODDA REX /+ MIHTHILD MATER REGIS (Abb.). Gemeint sind Otto I. und seine Mutter Mathilde, die Witwe König Heinrichs I.; das A

III. 13, fol. 24r

im Königsnamen steht auf radiertem Grund und weicht auch in der Form der Tinte geringfügig ab, mag also ein ursprüngliches O ersetzen. Offenbar hat Otto der Große (König ab 936) zusammen mit seiner Mutter seinem Schwager Aethelstan († 939) die Handschrift geschenkt, was in den Jahren 936–939 geschehen sein muß, vielleicht als Gegengabe für die Metzer Handschrift (Kat.Nr. III.12). Ältere Eintragungen, die eine Verwendung der Handschrift als Schwurbuch englischer Könige bei ihren Krönungen belegen könnten, gibt es nicht. Die entsprechende, in der Literatur vielfach erwähnte Tradition scheint erst auf eine Hypothese oder romantische Erfindung des früheren Besitzers Sir Robert Cotton (1571–1631) zurückzugehen.

Der Buchschmuck besteht aus den Bildern der vier Evangelisten und jeweils gegenüberstehenden Initial-Zierseiten; zwei weitere Seiten mit Goldschrift folgen; nur bei Matthäus sind die ersten Seiten gerahmt und stehen auf Purpurgrund. Initiale und Goldschrift stehen bei den übrigen drei Evangelien auf hellem Pergamentgrund; hinzu kommen 16 relativ einfache Kanontafeln.

III. 13, fol. 24v

Die Evangelistenbilder stammen von zwei verschiedenen Malern, das Matthäusbild unterscheidet sich stark von den übrigen (Abb. Titelbild zu Kap. III). Der Evangelist sitzt in großer Gestalt frontal unter einer Arkade mit zurückgeschlagenen Vorhängen. In der Rechten hält er die Feder vor der Brust, mit der Linken greift er nach dem aufgeschlagenen, auf einem hohen Pult neben ihm liegenden Buch. Der mit Blumen bewachsene Grund ist durch Wellenlinien und Farbwechsel gegliedert. Die übrigen Bilder zeigen die sehr viel kleineren Evangelisten in heftiger Bewegung zwischen Schreiben und Lauschen auf die ihnen durch die Symbole zuteil werdende göttliche Inspiration in einer Atmosphäre von blauem und weißem Gewölk. Markus und Lukas sitzen zwischen Säulen, die einen Dreieckgiebel tragen, Johannes unter einem Rundbogen mit bekrönendem Architrav (Abb. S. 104). Die Gestaltung ist ausgesprochen malerisch, die weißen Gewänder sind mit wenig Gold gehöht. Die zeichnerische Konstruktion dieser Figuren bleibt sorglos, ganz dem malerischen Charakter und dem Bewegungsreichtum der Gestalten angepaßt. Die drei letzten Evangelisten folgen offenbar Vorbildern nach Art des Aachener Schatzkammerevangeliars aus der Zeit Karls des Großen (Kat.Nr. IV.2), möglicherweise vermittelt durch Reimser Nachfolgewerke. Die Reimser Buchmalerei hat freilich, wenn sie auch vielfach an diese Handschriften aus der Zeit Karls des Großen angeknüpft hat, deren malerischen Stil auf Dauer nicht bewahrt. Auf ihren Evangelistenbildern treten jedoch die Symbole als Halbfiguren in ähnlicher Weise aus dem Gewölk hervor; auch für die Rahmungen mit Architrav und Dreieckgiebel gibt es entsprechende Vorbilder. Reimser Kunst des 9. Jahrhunderts sind auch die Initial-Kompositionen auf den Zierseiten vom Markus- bis zum Johannes-Evangelium verpflichtet. Die Handschrift wird in der Forschung allgemein nach Lobbes in der Diözese Lüttich lokalisiert. Ähnliche, letztlich von Reimser Vorlagen bestimmte Evangelistenbilder haben auch Lütticher Handschriften der zweiten Hälfte des 10. Jahrhunderts zum Vorbild gedient.

Das Matthäusbild ist bereits um die Mitte des 10. Jahrhunderts in einem englischen Evangeliar kopiert worden (Oxford, St. John's College, Ms. 194).

Wie der Codex in den Besitz Ottos des Großen gelangt ist, ist nicht erkennbar. Er wurde von König Aethelstan (924–939) noch zu Lebzeiten der Christ Church in Canterbury, also der dortigen Kathedrale, geschenkt, wo im 12. Jahrhundert mehrere Eintragungen gemacht wurden. Im 16. Jahrhundert war er dort noch vorhanden. 1621, möglicherweise bereits seit 1612, befand er sich in der Bibliothek des berühmten Gelehrten Sir Robert Cotton (1571–1631) und gelangte mit dessen Handschriften 1753 in das Britische Museum.

Wormald, Coronation Oathbooks, pass. – Boutémy, Manuscrits pré-romans, S. 64–68, Taf. VI, 13–16. – Swarzenski, Monuments, S. 38 mit Abb. 12. – Schramm/Mütherich, Denkmale, Nr. 64 mit Abb. – Temple, Manuscripts, S. 41 bei Nr. 12. – Keynes, Aethelstan's Books, S. 147–153, Taf. II-IV. – Smeyers, Buchmalerei, S. 44 mit Farbtaf. 33.

R.K.

III. 14
Beda, Leben des heiligen Cuthbert

Südengland (Winchester), kurz nach 934
Pergament, 96 Blätter. – Deckfarben und oxydiertes Silber. Einband modern. – H. 29,3 cm, B. 19,1 cm.
Cambridge, Corpus Christi College, Parker Library, Ms. 183

Die Handschrift enthält die Vita des hl. Cuthbert, Bischofs von Lindisfarne (685–687), die Beda Venerabilis († 735) in Versen und wahrscheinlich kurz vor 721 auch in Prosa verfaßt hatte. Cuthbert wurde zuerst in Lindisfarne begraben, nach verschiedenen Irrfahrten und der Flucht vor den Wikingern dann aber in Chester-le-Street, wo König Aethelstan 934 sein Grab besuchte. 995 wurden die Gebeine nach Durham überführt, das seitdem Hauptkultort des in England hochverehrten Heiligen wurde. Auf die Prosa- und Versvita des Heiligen folgen zwei Kapitel aus Bedas 'Kirchengeschichte des englischen Volkes' mit Berichten über posthume Wunder sowie Hymnen und Gebete zu Ehren des Heiligen.

Von besonderem Interesse sind die in der Handschrift enthaltenen Listen von Päpsten, englischen Bischöfen und Königen, zusammen mit einer Reihe Genealogien, eingeordnet unmittelbar vor der 'Vita metrica' (fol. 59r – 67r). Von den Bischofslisten sind nur die aus Wessex bis in die Entstehungszeit der Handschrift fortgeführt; als letzte werden Aelfheah von Winchester und Athelgar von Credition genannt, die beide zwischen Juni und Dezember 934 Bischöfe wurden, so daß die Handschrift offenbar in Wessex, wahrscheinlich in Winchester, und nach diesem Datum geschrieben worden sein muß.

III. 14, fol. 1v

Die Handschrift ist als Geschenk König Aethelstans an die Grabeskirche des hl. Cuthbert im Zusammenhang mit seinem Besuch 934, wahrscheinlich unmittelbar danach geschaffen worden. Mit übrigen Geschenken des Königs, darunter einem Missale, zwei Evangeliaren in Gold und Silber und kostbaren Textilien wird sie in der 'Historia de sancto Cuthberto' aufgeführt.

Auf dem Titelbild übergibt der König in kurzem Gewand, aber mit Krone, dem in priesterlichen Gewändern vor dem Eingang einer Kirche stehenden Heiligen das in seinem Auftrag geschaffene Buch (Abb.). Es ist das älteste Widmungsbild der englischen Kunst und eines der frühesten Zeugnisse der figürlichen angelsächsischen Malerei im 10. Jahrhundert. Auch eines der Evangeliare, das Aethelstan gleichzeitig überreichte, die Handschrift Cotton Otho B IX, die 1731 verbrannte, enthielt ein Bild, in dem der Krone und Szepter tragende, jetzt aber kniende Aethelstan dem thronenden hl. Cuthbert das Buch dedizierte. Die Formenwelt des Rahmens mit ihrer weiß aus dem rotbraunen Grund ausgesparten Ranke in Form einer Kandelabergroteske oder einer gegenläufigen Spirale mit charakteristisch trichterförmig aufgesteckten Endblüten, kleinen Blättern und Schnallen, die von Vögeln und kleinen Löwen belebt wird, findet ihre genaue Entsprechung in der Ornamentik der gleichzeitig vom König geschenkten Textilien, vor allem dem Manipel, und ebenso in der zeitgenössischen englischen Elfenbeinkunst.

Die Beda-Handschrift weist außer dem Titelblatt eine große Anzahl von Initialen auf, im vorderen Teil zu jedem Kapitelanfang, in denen karolingische Anregungen, namentlich aus dem Motivschatz der Schule von Tours, mit angelsächsischen Formen wechseln.

In der Handschrift ist im späten 11. Jahrhundert ein Schatzverzeichnis von Durham eingetragen worden. Sie gelangte 1575 als Geschenk Erzbischofs Matthew Parker von Canterbury in das Corpus Christi College.

James, Catalogue, Bd. 1, S. 426–441. – Deshman, Anglo-Saxon Art, S. 195 u. 197, Abb. 45 u. 46. – Temple, Manuscripts, Nr. 6 mit Abb. 18, 19 u. 29. – Ausst.kat. London 1984, Nr. 6 mit Abb. – Wilson, Anglo-Saxon Art, S. 156f. mit Abb. 192 u. 193, Farbabb. 203. – Keynes, Aethelstan's Books, pass. – Bonner, St. Cuthbert, S. 390f. – Rollason, St. Cuthbert, pass., bes. S. 420–422.

R.K.

III. 15
Maiestas Domini mit huldigender kaiserlicher Familie

Mailand, 983/84
Elfenbein. – H. 14 cm, B. 9,5 cm.
Mailand, Civiche Raccolte d'Arte Applicata, Castello Sforzesco, Inv.Nr. A 15

Dargestellt ist der thronende Christus, flankiert von zwei Engeln mit velierten (verhüllten) Händen, ihm zur Seite die hl. Maria und der hl. Mauritius, die das unten kniende Kaiserpaar präsentieren. Der Kaiser berührt den rechten Fuß Christi mit der Hand und küßt ihn, die Kaiserin hält den kleinen, ebenfalls gekrönten Sohn in den Händen, der sich anschickt, dem Beispiel seines Vaters folgend Christus den Fußkuß zu leisten. Das Kaiserpaar kniet auf einem hohen Sockel mit der monumentalen Inschrift: OTTO IMPERATOR. Die Tafel kommt aus derselben Werkstatt wie die Situla des Mailänder Erzbischofs Gotfredus, die dieser für das Kommen Kaiser Ottos II. im Jahre 980 vorbereitet hatte (vgl. Beitrag Elbern, Abb. 14). Möglicherweise ist sie das Werk desselben Schnitzers.

Die Szene des Kaiserpaares mit dem kleinen, schon gekrönten Sohn könnte man auf Otto I. und seine Gemahlin Adelheid beziehen, die allerdings niemals gekrönt wurde und daher eigentlich ohne Krone dargestellt werden sollte – zu vergleichen wäre dazu die Darstellung der Kaiserin auf dem Ciborium in S. Ambrogio in Mailand – mit ihrem 961 zum König gekrönten Sohn Otto II. oder auf Kaiser Otto II. mit seiner Gemahlin Theophanu und ihrem 983 gekrönten Sohn Otto III. Otto II. war, als er 961 zum König gekrönt wurde, sechs Jahre alt, Otto III. 983 drei Jahre alt. Die Art der Darstellung würde eher für die kaiserliche Familie Ottos II., das aber heißt eher für die Zeit um 983 sprechen. Dazu würde auch der stilistische Befund passen. Otto III. wurde Ende Mai 983 auf dem Reichstag in Verona zum König gewählt und von dort von Erzbischof Willigis von Mainz nach Aachen gebracht, wo er am Weihnachtsfest desselben Jahres gekrönt wurde. Otto II. war zu diesem Zeitpunkt bereits tot: Er war am 7. Dezember 983 in Rom an den Folgen einer Malaria-Erkrankung gestorben. Es käme zunächst also nur der kurze Zeitraum zwischen Mai und Dezember 983 für die Herstellung der Elfenbeintafel in Frage, wobei man auch bedenken muß, daß sich das Kaiserpaar von Verona direkt nach Süditalien begab, wo Unruhen die Anwesenheit des Kaisers erforderten. Es ist daher fraglich, ob in dieser kurzen Phase in Abwesenheit des Kaiserpaares die Tafel in Mailand geschnitzt wurde, die doch offensichtlich, wie vor allem die große Inschriftleiste erweist, politische Bedeutung hatte. Die singuläre Szene, daß der Kaiser den Fuß Christi mit der Hand berührt, um ihn zu küssen, und vielleicht auch die Engel mit den velierten Händen, die vor allem, wenngleich nicht ausschließlich, im Zusammenhang der Übernahme der Seele eines Verstorbenen so gezeigt werden, könnten Hinweise sein, daß die Tafel von Theophanu nach dem Tod Ottos II. in Auftrag gegeben wurde, um den Rechtsanspruch des Sohnes auf die Nachfolge im Kaisertum zu betonen, in einer Zeit, als der Bayernherzog Heinrich

III. 15

der Zänker selbst den Anspruch auf die Nachfolge nach Otto II. erhob und zunächst eine für Theophanu und ihren unmündigen königlichen Sohn kritische politische Situation schuf.

Die Tafel hat Mailand wahrscheinlich niemals verlassen. Im Gegensatz zu einer früher geäußerten Meinung, daß Maria und der hl. Mauritius auf das Patrozinium des schweizerischen Klosters Einsiedeln hinweisen, ist das viel eher auf das Kloster San Maurizio in Mailand als Bestimmungsort zu beziehen, das sich in mehrfacher Hinsicht der Förderung durch die kaiserliche Familie erfreuen konnte.

Mitte des 18. Jahrhunderts im Besitz des Abtes Don Carlo Trivulzio.

Goldschmidt, Elfenbeinskulpturen, Bd. 2, Nr. 2. – Peroni, Plastica nel S. Ambrogio, S. 95–104. – Little, Magdeburg Ivories, S. 448. – Little, Avori milanesi, S. 84–88. – Ausst.kat. Hildesheim 1993, Bd. 2, Nr. II-25 (Hermann Fillitz).

H.F.

III. 16
Heiratsurkunde der Theophanu

Deutschland (?), 972
Pergament, aus drei Stücken zusammengeklebt. – Krapplack und Indigo, schwarze Federzeichnung und Goldschrift.
L. 144,5 cm, B. 39,5 cm.
Wolfenbüttel, Niedersächsisches Staatsarchiv, 6 Urk 11

In dem Dokument wird nicht, wie der Name vermuten läßt, die Heirat Kaiser Ottos II. mit der byzantinischen Prinzessin Theophanu beurkundet; Otto II. überträgt vielmehr anläßlich seiner Hochzeit am 14. April 972 in Rom unter Mitwirkung seines Vaters, Kaiser Ottos I., seiner Gemahlin eine Morgengabe als Witwengut und zwar u. a. ganz Istrien, Walchern, die Abtei Nivelles, fünf Königsgüter und 14000 Hufen Land. Vorangestellt sind Ausführungen über das Wesen der christlichen Ehe. Ob es sich um eine originale, rechtsgültige Urkunde oder um eine nachträgliche angefertigte Prunkausfertigung ohne Rechtskraft handelt, ist in der For-

III. 16 (Ausschnitt)

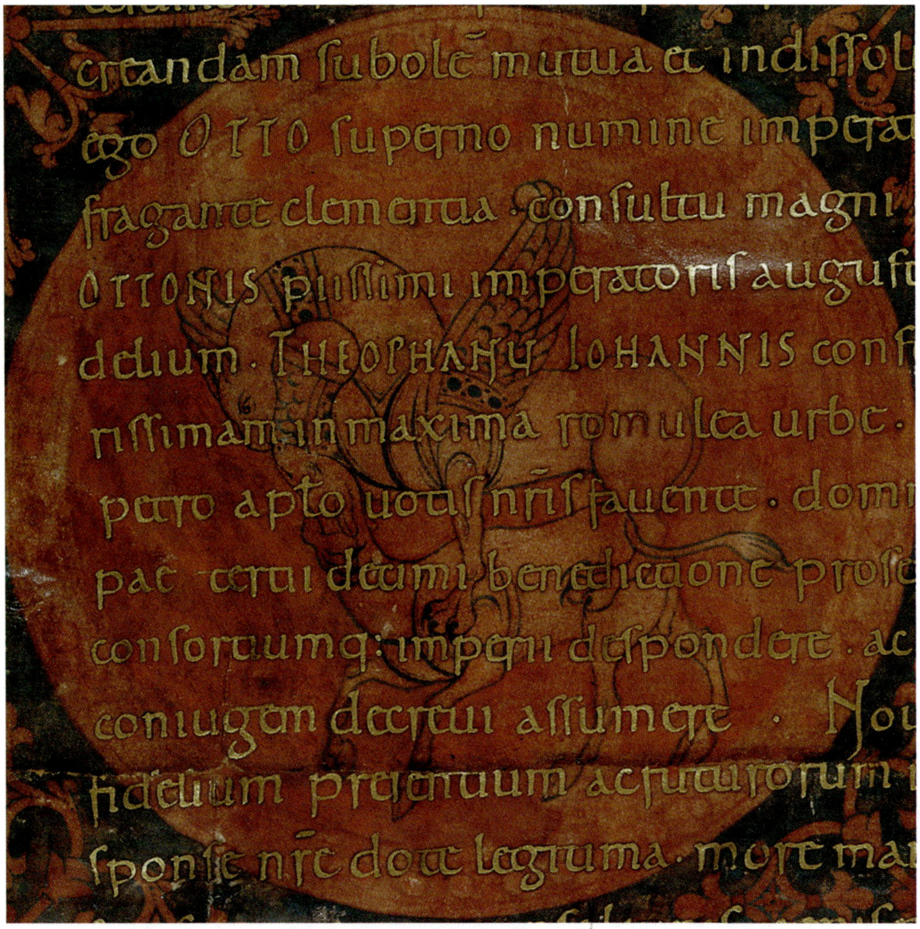

III. 16 (Ausschnitt)

schung seit langem umstritten. Im ersten Fall müßte man annehmen, daß der Rotulus mit einer Schnur zusammengehalten wurde, an der sich eine Goldbulle Ottos II. befand, wie dies im byzantinischen Rechtswesen bei großformatigen Urkunden und in früher Zeit auch im Westen gelegentlich üblich war.

Der Text der Urkunde ist in Goldschrift geschrieben, nach Meinung Hartmut Hoffmanns von einer Fuldaer Hand. Er betont jedoch selbst, daß die Goldschrift die Eigenheiten des Schreibstils verwische und eine genaue Bestimmung erschwere. Der Text liegt über reich gemustertem Purpurgrund. Das Pergament ist jedoch nicht, wie das bei spätantiken Purpurhandschriften der Fall war, mit echtem Purpur, also dem Sekret der Purpurschnecke, getränkt worden, Vorder- und Rückseite sind vielmehr mit einer Lasur aus Krapplack versehen, auf der Vorderseite zusätzlich über einer Menniglage. Das Blau der Zwickel ist mit Indigo übermalt, wobei die Rankenmotive ausgespart sind.

In 14 ganzen und zwei halben Medaillons, die fast die ganze Breite der Urkunde einnehmen, sind in blauschwarzer Zeichnung Tierkampfgruppen dargestellt, und zwar wechselnd, jeweils nach außen gewandt, ein Löwe, der ein Reh und ein Greif, der eine Hindin schlägt. Die gesamte Urkunde wird von einem schmalen Zierrahmen eingefaßt, der an drei Seiten aus Akanthusblattwerk besteht. Die etwas breitere, aber schlecht erhaltene obere Zierleiste zeigt in sieben Medaillons Brustbilder Christi zwischen Maria und Johannes sowie von vier Aposteln oder Propheten; dazwischen gibt es gegenständige Pfauen, die aus einem Kantharos trinken, und traubenfressende kleine Löwen.

Urkunden auf Purpurgrund hat es im Westen wie im Osten gelegentlich gegeben. Die wichtigste ist das sog. Ottonianum, ein Privileg Ottos I. von 962 für die römische Kirche, die auch einen schmalen, mit Goldornamenten verzierten Rahmen besitzt (Kat.Nr. *VI.25). Sog. Auslandsschreiben byzantinischer Kaiser zeigen zwar reiche goldene Ornamentverzierungen, aber, soweit Beispiele erhalten sind, keinen Purpurgrund. Ohne jede Parallele ist die Musterung des Grundes mit großen

Tierkampfdarstellungen. Die Motive als solche, wie die Art der Darstellung, gehen auf orientalische, möglicherweise durch byzantinische Seidenstoffe vermittelte Vorbilder zurück. Dort finden sich auch Medaillons mit großen, farbig abgesetzten Punkten auf dem Rahmen. Seidenstoffe, die zu den begehrtesten aus Byzanz importierten Luxusgütern der ottonischen Zeit gehörten, haben verschiedentlich Buchmaler zur Gestaltung von Zierseiten in illuminierten Handschriften angeregt. Entsprechende Muster begegnen in der Corveyer Buchmalerei seit der Mitte des 10. Jahrhunderts, in Ansätzen schon in der ersten Hälfte (vgl. Kat.Nr. IV.10 u. IV.8), auf der Reichenau seit etwa 970/80 (Kat.Nr. IV.33–35), später, seit etwa 1030, vor allem in Echternach. In der Regel handelt es sich um geometrische oder pflanzliche Motive, gelegentlich, vor allem in Echternach, auch um die Darstellung von Tieren in Medaillons. Doch gibt es weder Tierkampfgruppen, noch wird die künstlerische Qualität der Zeichnung der Urkunde in diesen Handschriften jemals erreicht.

Hartmut Hoffmann hat die Malerei der Urkunde dem Meister des 'Registrum Gregorii', dem führenden Maler in Trier aus der Zeit Erzbischof Egberts, zuschreiben wollen. Wesentliches Argument war dabei, daß die Trierer ottonische Buchmalerei Motive karolingischer Handschriften aus Tours in vielfacher Weise rezipiert und verarbeitet habe, wie Hoffmann sie in den Pfauen der Zierleiste und in anderen Motiven der Urkunde glaubt wiedererkennen zu können (vgl. auch Kat.Nr. IV.71–73). Ähnliche Formen begegnen freilich auch andernorts (z. B. in den Kanontafeln von Kat.Nr. IV.76). Die Kunst des Gregor-Meisters kennzeichnet die Fähigkeit zu feiner plastischer Modellierung und zur Wiedergabe atmosphärischer Werte, die er dank seiner in ottonischer Zeit ganz ungewöhnlichen Empfindsamkeit für die Werte spätantiker Malerei ausgebildet hat. Präzision und Schärfe der Zeichnung, wie sie die Wiedergabe der Stierkampfgruppen bestimmt, können nur als äußerster Gegensatz zu seiner Kunst verstanden werden. Die extreme Stilisierung der Naturformen gemahnt eher an die formale Schärfe sassanidischer Silberschalen denn an die malerischen Qualitäten antiker Buchmalerei, an der sich die Kunst des Gregor-Meisters geschult hatte. Zwar gibt es großartige Initialen von seiner Hand, doch steht der gesamte ornamentale Charakter der Urkunde seiner Gestaltungsweise fern. Die stärker mit malerischen Mitteln gestalteten Medaillons der oberen Zierleiste vermögen, soweit ihr schlechter Erhaltungszustand überhaupt noch ein Urteil zuläßt, diesen entscheidenden Unterschied nicht aufzuheben.

Man wird davon auszugehen haben, daß die Urkunde in Rom übergeben und vielleicht auch hergestellt worden ist. Schreiber und Künstler können mit dem kaiserlichen Hof nach Rom gekommen sein. Irgendwelche Verbindungen zu den wenigen erhaltenen Werken italienischer Kunst dieser Zeit sind jedenfalls nirgends erkennbar. Man wird sich mit der Einsicht begnügen müssen, daß ein außerordentlicher Künstler, wie wir sie zu Beginn der ottonischen Zeit an verschiedenen Orten auftreten sehen, den wir nicht kennen und auch nicht einordnen können, in besonderem kaiserlichen Auftrag zu einem einmaligen Ereignis von großer historischer Bedeutung ein außerordentliches Meisterwerk geschaffen hat.

Die Urkunde ist möglicherweise schon im 10. Jahrhundert, spätestens nach dem Tode der Theophanu, in das Damenstift Gandersheim gelangt, wo ihre Tochter Sophia seit 975 erzogen wurde, später als Kanonissin und von 1002 bis 1039 als Äbtissin wirkte. Nach der Säkularisation gelangte sie über Göttingen 1815 in das Archiv des Herzogtums Braunschweig.

Zu einer Abbildung der gesamten Urkunde vgl. Beitrag Körntgen, Abb. 5.

MGH DO II 21.

Schramm/Mütherich, Denkmale, Nr. 72 mit Abb. – Goetting/Kühn, Heiratsurkunde, pass. – Ausst.kat. Wolfenbüttel 1972, Nr. 28 (Wolfgang Mathes) mit Abb. – Brühl, Purpururkunden, S. 12 u. 18. – Mathes, Faksimile Ausgabe. – Hoffmann, Buchkunst, S. 103–116 u. 176f. – von Euw, Heiratsurkunde, pass. mit Abb. – Georgi, Heiratsurkunde, pass. mit Abb. – Gussone, Trauung, pass. – Mayr-Harting, Buchmalerei, S. 52–54 Abb. 37. – Ausst.kat. Hildesheim 1993, Bd. 2, Nr. II-23 (Hartmut Hoffmann). – Kresten, Chrysographie, S. 144f.

R.K.

III. 17
Elfenbeinrelief mit Otto II. und Theophanu

Süditalien (?), 972–983, eventuell 982/83 (?)
Elfenbein; grobe Befestigungslöcher, z.T. ausgebrochen.
H. 18,5 cm, B. 10,6 cm.

Paris, Musée National du Moyen Age, thermes & hôtel de Cluny, Inv.Nr. Cl. 392

Ill. 17

Unter einem von dünnen Säulen getragenen Baldachin steht in der Mitte die übergroße Gestalt Christi in üblicher antikischer Gewandung und krönt die ebenfalls auf durchbrochenen Fußschemeln neben ihm stehenden, aber deutlich kleineren Figuren Ottos II. und der Theophanu. Zahlreiche Inschriften, teils in griechischen, teils in lateinischen Buchstaben, bezeichnen die Dargestellten: I̅C̅ X̅C̅ (Ἰησοῦς Χριστός – „Jesus Christus“). Der Kaiser wird OTTO IMP(erator) AV(gustu)C PmάN (Ῥωμαίων oder ROMANORUM) „Otto der erhabene Kaiser der Römer“, seine Gemahlin ΘΕΟΦάνω IMP(eratrix) AV(gustu)C genannt. Bei der Abkürzung AVC bleibt es unsicher, ob die lateinische Bezeichnung AVGVSTVS oder der seltene griechische Titel ΑΥΓΟΥϹΤΟϹ gemeint ist, jedenfalls ist Theophanu als *Augustus* und nicht in der zu erwartenden weiblichen Form als *Augusta* bezeichnet. Die vertikale griechische Inschrift zwischen Christus und Otto bezieht sich auf den unter dem Kaiser in tiefer Proskynese auf dem Boden liegenden und den Fußschemel Christi ergreifenden Stifter der Tafel: ΚΕ ΒΟΗΘΙ Τ C ΔΟΥΛ Ιω ΑΧ (?) αΜΕΝ (κύριε βοήθει τῷ σῷ δούλῳ Ἰωάννῃ αχ (?) αμεμ („Herr, hilf deinem Diener Johannes [. . .] Amen“). Solche Stifterdarstellungen sind auf byzantinischen Elfenbeinreliefs überaus selten. Eine sehr ähnliche Figur gibt es vor der stehenden Muttergottes auf einem Elfenbeinrelief im Bayerischen Nationalmuseum in München, die sich auch stilistisch mit der Kaisertafel verbinden läßt. Man hat in dem Knienden, der einen Mantel mit Sternenmuster trägt, den Griechen Johannes Philagathos sehen wollen, der am ottonischen Hof als Lehrer Ottos III. und als Notar der Theophanu zeitweilig eine besondere Rolle spielte, es später sogar zum kaiserlichen Kanzler für Italien, 988 zum Erzbischof von Piacenza und schließlich zum Gegenpapst brachte († 1001).

Aus der Inschrift folgt ein Entstehungsdatum des Reliefs zwischen der Heirat Ottos mit Theophanu am 14. April 972 und dem Tod Ottos II. am 7. Dezember 983. Da der Titel Imperator Romanorum von der kaiserlichen Kanzlei für Otto II. erst ab 982 benutzt wurde, kämen möglicherweise nur die beiden letzten Jahre dieses Zeitabschnitts in Frage.

Die Gewänder des Kaiserpaares sind reich bestickt und mit Edelsteinen besetzt, entsprechen aber im einzelnen nur wenig byzantinischer Tracht. Beide tragen Kronen mit seitlich lang herabhängenden Pendilien, wie sie in Konstantinopel und in kürzerer Form wohl auch im Westen üblich waren. Theophanu ist zusätzlich durch einen Juwelenkragen ausgezeichnet, wie ihn die byzantinischen Kaiserinnen zu tragen pflegten. Über ihr Kleid hängt vor dem Körper ein glatt herabfallendes, edelsteinbesetztes Gewandstück herab, das an den Loros der byzantinischen Kaiser erinnert, aber in dieser Form nicht von Frauen getragen wurde; auch bei den Männern wird der Loros in der Regel durch ein schräg über den Leib gezogenes Stück des langen stolaförmigen Zeremonialgewandes überschnitten. Otto trägt einen Mantel eindeutig westlichen Schnittes, der mit einer Fibel auf der rechten Schulter geschlossen ist; auch von ihr hängen Edelsteinschnüre herab. Er ist aber nach byzantinischer Manier von Goldstickerei und Edelsteinschmuck völlig bedeckt; auch der Saum der Tunika ist in derselben Weise verziert. In einer undeutlichen Bewegung faßt der Kaiser sich an die Brust. Es ist nicht eindeutig erkennbar, ob er einen (herzförmigen) Gegenstand hält oder ob unter der Hand nur die Steine des Edelsteinbesatzes des Gewandes sichtbar werden.

Der Bildtyp – Christus krönt das als kleine Figuren neben ihm stehende Kaiserpaar; gelegentlich auch interpretiert als bloßes segnendes Handauflegen – läßt sich im Westen und Osten belegen. Aus der byzantinischen Elfenbeinkunst bietet die Tafel mit der Krönung des jugendlichen Romanos II. und seiner Gemahlin Eudokia von etwa 945 das prominenteste Beispiel (Paris, Cabinet des médailles). Im Westen gab es eine ähnliche Darstellung in dem verlorenen Psalter der westfränkischen Königin Hemma, um 980 in Reims entstanden (vgl. Beitrag Schneidmüller, Abb. 8). Die bekannteste Parallele bietet das etwas spätere Perikopenbuch Heinrichs II., eine Reichenauer Handschrift von 1007 oder 1012 (vgl. Beitrag Mayr-Harting, Abb. 11). Seit der Spätantike war das Bildschema für die Krönung von Heiligen durch Christus mit der Krone des ewigen Lebens geläufig.

Das Relief kann wegen der fehlerhaften griechischen Buchstaben, der Ungereimtheiten der Inschriften sowie der inkorrekten Kaisertracht nicht in Konstantinopel entstanden sein. Man hat deshalb an ein byzantinisch/lateinisches Randgebiet, also Italien, am ehesten Unteritalien, gedacht, woher jedoch keine vergleichbaren byzantinisierenden Elfenbeinarbeiten bekannt sind. Auch ist nicht zu verstehen, daß der gebürtige Grieche Johannes Philagathos, der für kurze Zeit Griechischlehrer Ottos III. war, bei einem von ihm in Auftrag gegebenen Elfenbeinwerk nicht für eine korrekte Inschrift hätte sorgen können, wenn er wirklich der Stifter der Tafel war. Im Hinblick auf diese schwer zu erklärenden Mängel der Schrift, der Titulatur, der Kleidung der Dargestellten und die geringe künstlerische Qualität des Stückes mit den klobigen Kaiserfiguren und den völlig unplastisch geschnitzten Gesichtern sind Zweifel an der Authentizität des Reliefs niemals verstummt; neuerdings hat Jean-Pierre Caillet sie noch einmal mit besonderem Nachdruck vorgetragen.

Mit der Sammlung Alexandre du Sommerards († 19. August 1842) 1843 vom französischen Staat erworben und noch im selben Jahr inventarisiert.

du Sommerard, Les arts au moyen-âge, Album V^e^ série, Taf. XI.5. – Goldschmidt/Weitzmann, Byz. Elfenbeinskulpturen, Bd. 2, Nr. 85 (Lit.), Taf. XXXIV. – Schramm/Mütherich, Denkmale, Nr. 73 mit Abb. – Kalavrezou-Maxeiner, Eudokia, S. 315 f. u. 322 f. mit Abb. – Caillet, Musée de Cluny, Nr. 64 (Lit.) mit Abb. – Ausst.kat. Paris 1992/93, Nr. 160 (Danielle Gaborit-Chopin) mit Abb. – Ausst.kat. Hildesheim 1993, Bd. 2, Nr. II-24 (Arne Effenberger) mit Farbabb. – Caillet, L'ivoire d'Otton, pass. mit Abb. 13. – Cutler, Hand of the Master, S. 215 f. u. 273 Anm. 19, Abb. 233. – Ausst.kat. New York 1997, Nr. 337 (Charles T. Little) mit Farbabb. – Ott, Krone u. Krönung, Nr. 92 u. öfter (S. 377, Reg.), Taf. XXV.

R.K.

III. 18
Teile des sog. Kaiserinnenschmucks

Mainz (?), um 980
a) Brustschmuck: Gold, Filigran, Granulation, Perlen, Steinschmuck, antike Gemmen. – Ein Teil der Perlen und Steine durch Brand am Kriegsende zerstört. – L. 34 cm, B. 11,5 cm.
b) Halsschmuck: Gold, Filigran, Granulation, Zellenschmelz, Perlen, Steinschmuck, antike Gemmen, Sardonyx-Kameo (zweites Drittel 1. Jahrhundert v. Chr). – Verlorene Steine und Fassungen bei einer Restaurierung nach dem Krieg durch leere Goldzargen ersetzt; Farben der Steine und Emails durch Hitzeeinwirkung verändert. – L. 64,5 cm.
c) Ohrringpaar: Gold, Filigran, Granulation, Perlen, Steinschmuck. – Ein Teil der Perlen und Steine durch Brand am Kriegsende zerstört. – B. 4,6 cm.
Berlin, Staatliche Museen zu Berlin, Kunstgewerbemuseum, Inv.Nr. O-1961,45; O-1961,44; O-1961,47

Im Jahre 1880 wurde bei Kanalarbeiten in der Mainzer Innenstadt ein Schmuckkomplex gefunden, von dessen Teilen zunächst nur eine große Adlerfibel mit Email bekannt wurde, und der noch im gleichen Jahr vom Mainzer Altertumsmuseum erworben werden konnte (von Falke, Nr. 3). Sechs Jahre später, 1886, tauchte in Wiesbaden ein teilweise verwandter Goldschmuck auf, der ebenfalls in der Mainzer Gegend, aber wohl an anderer Stelle gefunden worden war. Zu diesem zweiten Fund gehörten ein Paar großer Buckelfibeln, zwei einzelne kleinere Buckelfibeln, eine kleine Buckelfibel mit Email sowie sechs Fingerringe (von Falke, Nr. 6, 7, 8, 11, 12, 13, 17, 18 u. 19). Schließlich kamen 1887 in Wiesbaden in kurzem Abstand nacheinander noch zwei weitere, vielleicht zusammengehörige Schmuckkomplexe in den Handel, deren Umfang und Zugehörigkeit zum ersten oder zweiten Fund nur zu vermuten ist. Darunter befanden sich mit Sicherheit das große Edelsteingehänge (a), ein Ohrringpaar mit Email sowie eine Stecknadel mit Fili-

III. 18 a

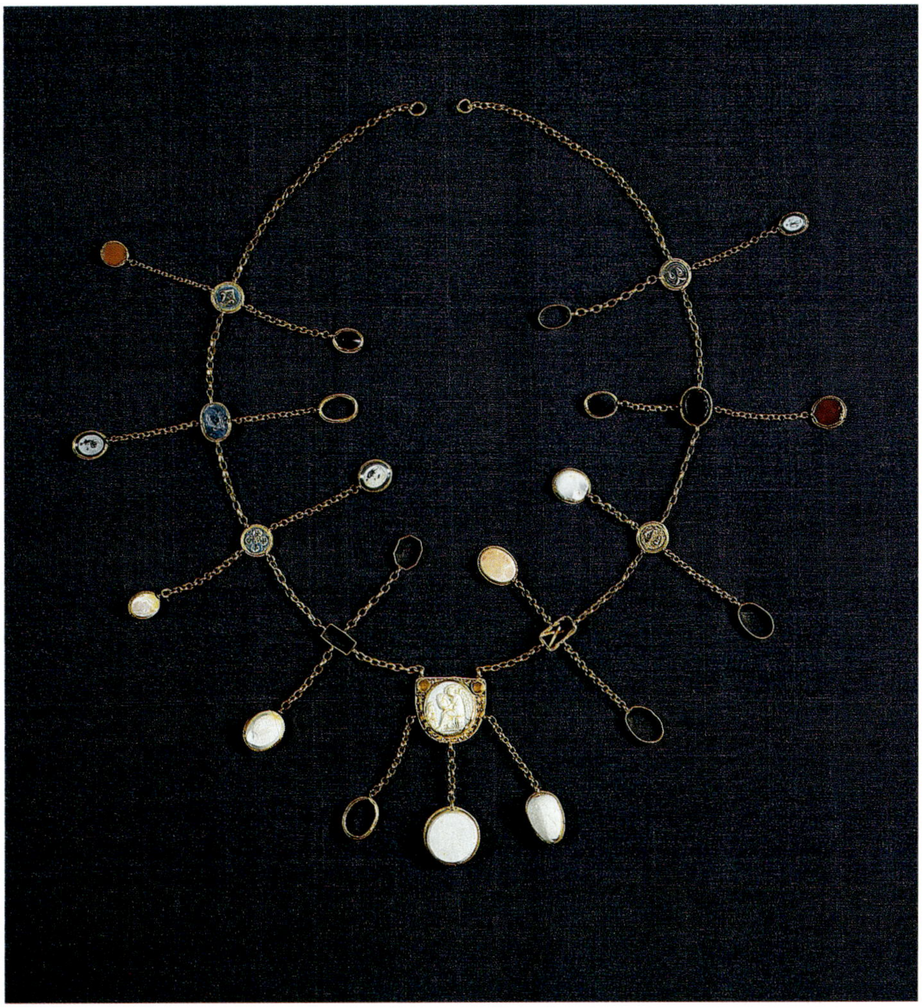

III. 18 b

granverzierung (von Falke, Nr. 20 u. 22), möglicherweise auch das kleine Edelsteingehänge (b). Die Schatzfunde gelangten in den Besitz des Barons von Heyl in Darmstadt, in dessen Sammlung sich bereits ein Teil des 1880 in Mainz gefundenen Schmucks befand, darunter wohl zumindest noch ein zweites Ohrringpaar (c) und eine große Buckelfibel (von Falke, Nr. 15). 1912 wurde der gesamte Schmuckkomplex als Geschenk privater Stifter Kaiser Wilhelm II. überreicht, der ihn dem Berliner Kunstgewerbemuseum schenkte.

Unter den erhaltenen Werken der Mainzer Funde nehmen die beiden Edelsteingehänge und das große Ohrringpaar als die wohl ältesten, auch künstlerisch zusammengehörigen Teile eine besondere Stellung ein. Der Brustschmuck (a) besteht aus fünf senkrecht verlaufenden Goldketten, die durch sechs Querglieder miteinander verbunden sind, an denen wiederum kleinere Ketten hängen. Die Schnittpunkte und Enden der Ketten werden jeweils durch kostbaren Steinschmuck und Perlen hervorgehoben. Die unterste Reihe trägt ein mondsichelförmiges Schmuckstück (Lunula) mit einem großen Bergkristall im Zentrum, der von kleineren Steinen, Perlen und Filigrankegeln in offenen Filigranfassungen umgeben ist. Der Halsschmuck (b) besteht aus zwei gleichlangen Goldketten, die vorn in einer schildförmigen Schmuckplatte zusammenlaufen. Beide Ketten sind in regelmäßigen Abständen durch eingefügte Zellenschmelzscheiben, Glasflüsse und erlesene Steine in Kastenfassungen unterbrochen. Von ihnen zweigen nach beiden Seiten wiederum kleinere Ketten ab, die an den Enden mit Steinen besetzt sind. Drei ähnliche, aber etwas größere Anhänger sind am unteren Rand der Mittelplatte befestigt. Diese zeigt vorn einen großen antiken Sardonyx-Kameo mit Darstellung der Victoria, die Rückseite ist mit Rankenfiligran verziert.

III. 18 c

Die beiden Ohrgehänge (c) haben eine einfache Mondsichelform und tragen am oberen Rand einen scheibenförmigen Aufsatz für Perlen. Die Vorderseite ist reich mit Filigran, Granulation, Wellenbändern, Perlen und Steinschmuck verziert; die Rückseite weist einfache Filigranranken auf.

Eine Reihe goldschmiedetechnischer Details wie die offenen Filigranfassungen aus freitragenden Granalien zwischen zwei Perldrähten, die Drahtbügelfassungen der durchbohrten Perlen und die Krallenfassungen einzelner Steine haben ihre nächsten Vorbilder und Voraussetzungen an den Platten der Reichskrone in Wien, die wohl noch zur Zeit Ottos des Großen entstand und möglicherweise für die Mitkaiserkrönung seines Sohnes, Ottos II., im Jahre 967 in Rom bestimmt war. In eng verwandter Form finden sich diese Elemente auch an einem Ohrring des Mainzer Landesmuseums, der 1896 nicht weit entfernt von der Stelle des ersten Mainzer Fundes zutage kam, sowie an zwei sternförmigen Fibeln im Hessischen Landesmuseum in Darmstadt, die 1896 in einer alten Schuttgrube am Westchor des Mainzer Doms gefunden wurden. Auch andere Einzelheiten wie die kleinen Filigrandrahtkegel oder die Schlaufen- und durchbrochenen Palmettenfassungen an der Lunula des Brustschmucks, der enge Versatz der Edelsteine und Perlen oder die dichte, den Goldgrund überdeckende Verzierung mit Einzelgranalien und Filigran an den Ohrgehängen kehren hier wieder.

Die ungewöhnliche Form der beiden Edelsteingehänge läßt sich wohl am ehesten durch das Vorbild des byzantinischen Kaiserinnenornats erklären, der aus einem über Brust und Schulter führenden Juwelenkragen und dem sog. Loros bestand: einer langen, aus Goldstoff gefertigten und mehrfach um den Körper gelegten Schärpe, die mit Edelsteinen und Perlen besetzt war. Ein Vergleich mit den zahlreichen Darstellungen des Loros in der byzantinischen Kunst sowie mit den beiden erhaltenen byzantinischen Juwelenkragen aus Assiut (Oberägypten) und Preslav (vgl. Kat.Nr. VI.58 a) lassen jedoch deutlich erkennen, daß hier nur bestimmte Elemente aus byzantinischen Vorbildern übernommen sind, während sich Größe, Form und Trageweise erheblich von ihnen unterscheiden. Der Abstand wird noch größer, wenn man die ganz unbyzantinische Ausstattung mit antiken geschnittenen Steinen einbezieht. Die ursprünglich mehr als ein halbes Hundert zählenden Gemmen des Schmucks stellen alles in den Schatten, was die Kunst des 10. Jahrhunderts an Vergleichbarem aufzubieten hat. Sie entsprechen dem Repräsentationsbedürfnis und den Wertvorstellungen einer hochrangigen Trägerin im Westen, während die Wiederverwendung antiker Gemmen in der byzantinischen Kunst keine Rolle spielte.

Die eigentümliche Art der Aufnahme und Abwandlung byzantinischer Vorbilder zu neuen, eigenständigen Formen findet sich in der zweiten Hälfte des 10. Jahrhunderts auch an anderen Stellen wieder. Dies gilt etwa für Nachahmungen byzantinischer Seidenstoffe in den Zierseiten ottonischer Handschriften, die den unendlichen Rapport des Stoffs mit dem festen Schema einer gerahmten Initialseite verbinden, dies gilt aber auch für Werke wie die Elfenbeintafel mit der Krönung Ottos II. und Theophanus durch Christus in Paris (Kat.Nr. III.17) oder die berühmte Heiratsurkunde der Theophanu in Wolfenbüttel (Kat.Nr. III.16). Sie sind Zeugnisse eines gesteigerten Repräsentationsbedürfnisses, das nach der Kaiserkrönung Ottos des Großen und der Ankunft Theophanus im ottonischen Reich Einzug hielt und mit der das ottonische Kaisertum seine Ebenbürtigkeit mit dem byzantinischen unter Beweis stellen wollte.

von Falke, Goldschmuck, S. 2–6, 6–11 u. 16f., Nr. 1, 2 u. 5. – Fillitz, Reichskrone, S. 32–34. – Flügel, Giselaschmuck. – Schulze-Dörrlamm, Mainzer Schatz, S. 19–28, 91–96, 96–104, 123 Nr. 1, 131f. Nr. 24 u. 25. – Westermann-Angerhausen, Theophanu, bes. S. 216f. – Ausst.kat. Speyer 1992, S. 268–270 u. 271f. (Mechthild Schulze-Dörrlamm). – Ausst.kat. Hildesheim 1993, Bd. 2, Nr. II-26 (Hermann Fillitz). – Krug, Gemmen, bes. S. 171. – Krug, Aulos-Kameo. – Schulze-Dörrlamm, „Juwelenkragen", S. 107–110. – Ausst.kat. New York 1997, Nr. 341 (Charles T. Little). – Krug, Mainzer Goldschmuck.

M.P.

III. 19
Fuldaer Totenannalen

Fulda, 9. und 10. Jahrhundert
Pergament, 32 Blätter. – H. 22,5, B. 16,5 cm.
Fulda, Hessische Landesbibliothek, Hs. B 1

Der Codex, von dem ein paar Blätter anscheinend verlorengegangen sind, besteht aus mehreren Teilen. Fol. 1 und 32 sind, von wenigen, späteren Zusätzen abgesehen, leer; sie dienen als eine Art Umschlag, bilden allerdings kein Doppelblatt. Teil I umfaßte zunächst wohl nur eine Fuldaer Konventsliste mit Abt Haicho (917–923) an der Spitze (fol. 3r–3v), einen Abtskatalog, der ursprünglich mit dem 916 verstorbenen Abt Helmfrid endete (fol. 4r–5r), und Totenannalen von 779–920 (fol. 6r–17v). Dieser Teil wurde um 920 von drei Händen geschrieben, wobei die Hand der Haicho-Liste auch die Totenannalen von 779–910 (bis fol. 16v) übernommen hat. Später kamen Nachträge hinzu, so etwa im zweiten Drittel des 10. Jahrhunderts auf

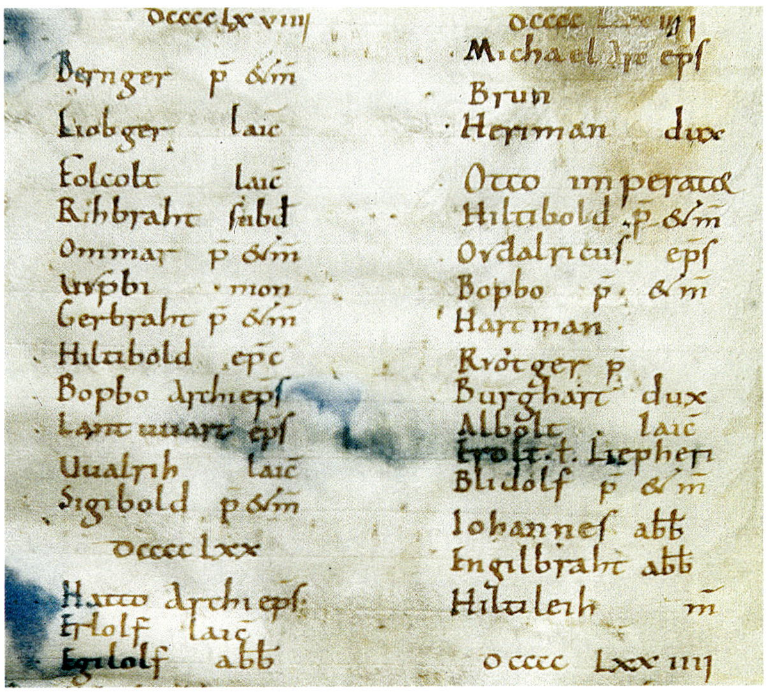

III. 19, fol. 23v (Ausschnitt)

fol. 2r die Abschrift einer Gebetsverbrüderung von 863, auf fol. 5v ein zweiter Abtskatalog, der bis Abt Erkanbald († 1021) reicht, und auf fol. 18v–19r eine Liste des Fuldaer Konvents unter Abt Hadamar von ca. 935, die auch um diese Zeit geschrieben worden sein dürfte. Teil II enthält Totenannalen für die Jahre 967–996, eingetragen am Ende des 10. Jahrhunderts von einer Hand, die zunächst das in Teil I freigebliebene fol. 18r nutzte und dann auf fol. 20r–21rb Zeile 24 (*Uuarmunt ī*) weiterschrieb (zum Schluß auf fol. 21r/v Nachträge zu 997). Auf fol. 21v wurden zu Beginn des 11. Jahrhunderts zwei Traditionsnotizen von einer groben Hand hinzugefügt. Teil III (fol. 22–24) bringt Totenannalen von 946–976; sie wurden zunächst wohl 975 in einem Zug von einer Hand bis fol. 24r Zeile elf geschrieben, danach von einem anderen Schreiber 976 mit wenigen Namen fortgesetzt. Teil IV (fol. 26r) bietet eine Fuldaer Mönchsliste von 822; sie wird auch um diese Zeit geschrieben worden sein. Teil V (fol. 28r–30r) enthält Listen der Mönche der Fuldaer Nebenklöster Hameln, Großburschla, Sancti Bonifatii Cella (Brunshausen), Rasdorf, Hünfeld und Holzkirchen, geschrieben von drei oder vier Händen gegen Ende des 9. Jahrhunderts. Auf fol. 31v steht der Teil eines Fuldaer Bücherkataloges, dessen Schrift in die Zeit um 900 weist (womöglich handelt es sich bei fol. 30–31 um ein verworfenes Doppelblatt, das dann für den Schluß der fuldischen Nebenklöster – auf fol. 30r sind nur noch sechs Zeilen beschrieben – verwendet wurde).

Die verschiedenen Teile des Codex sind alle (ausgenommen das Bücherverzeichnis) in mehr oder weniger engem Zusammenhang mit dem liturgischen Gedächtniswesen zu sehen. Fulda ist das einzige Kloster, aus dem umfangreiche Totenannalen des frühen Mittelalters überliefert sind, d. h. Listen, in denen die verstorbenen Mönche und Verbrüderten des Klosters nicht gruppenweise, sondern annalistisch entsprechend ihrem Sterbedatum unter dem betreffenden Jahr eingetragen worden sind. Nicht zuletzt kann man die Reichweite der Beziehungen des Klosters an ihnen ablesen. Die Totenannalen liegen in mehreren Exemplaren vor, wie sich ja auch in dem Codex B 1 die Liste von 967–996 (Teil II) mit der von 946–976 (Teil III) überschneidet. Auf fol. 23v steht der Jahreseintrag für 973 und hier an vierter Stelle *Otto imperator* (Abb.). Kaiser Otto der Große war am 7. Mai dieses Jahres gestorben, er ist in dem Eintrag durch größere Schrift hervorgehoben. Unter den anderen Namen des Jahres finden sich Bischof Michael von Regensburg († 23. September 972, hier falsch eingeordnet), Herzog Hermann von Sachsen († 27. März 973), Bischof Ulrich von Augsburg († 4. Juli 973), Herzog Burchard II. von Schwaben († 11. oder 12. November 973) sowie zwei Äbte namens Johannes und Engilbraht, deren Identifizierung nicht sicher ist.

Der Codex B 1 wurde immer in Fulda verwahrt, im Mittelalter und in der frühen Neuzeit wahrscheinlich in der Sakristei zusammen mit anderen liturgischen Büchern. Bei der Säkularisation kam er in die heutige Hessische Landesbibliothek Fulda.

Oexle, Totenannalen, S. 467–474. – Schmid, Klostergemeinschaft, Bd. 1, Abb. 25–50. – Schrimpf, Bücherverzeichnisse, S. 85–89. – Gugel, Handschriften Fulda, S. 69. – Bischoff, Festländische Handschriften, Tl. 1, Nr. 1331.

H.H.

III. 20
Thietmar von Merseburg, Chronik

Merseburg, 1012–1018
Pergament, ursprünglich 207 bzw. 192 Blätter. – H. 22 cm, B. 18,5 cm.
Dresden, Sächsische Landesbibliothek, Staats- und Universitätsbibliothek, Msc. Dresd. R 147

Die Handschrift gehört zu den ältesten Autographen der abendländischen Literaturgeschichte. Sie wurde zwischen 1012 und 1018 von acht Schreibern des Merseburger Domskriptoriums geschrieben, doch wirkte Thietmar auch selber mit, indem er kleinere Stücke übernahm und Korrekturen und Ergänzungen anbrachte. Der Codex befand sich im Mittelalter in Merseburg, seit dem Ende des 11. Jahrhunderts im dortigen Peterskloster. Im 16. Jahrhundert lag er vorübergehend in der Dombibliothek und kam um 1570 nach Dresden ins kurfürstliche Archiv. 1832 wurde die Handschrift der königlichen Bibliothek (der heutigen Landesbibliothek) in Dresden überwiesen. Als die Stadt 1945 bombardiert wurde, erlitt der Codex schwere Schäden, so daß heute nur noch wenige Seiten (vor allem fol. 1r–6v) einigermaßen unversehrt und lesbar sind. Ein vorzügliches Faksimile, das bereits 1905 angefertigt wurde, kann bis zu einem gewissen Grad Ersatz für den Verlust bieten.

Bischof Thietmar von Merseburg wollte in seiner Chronik zunächst die Vergangenheit seiner Bi-

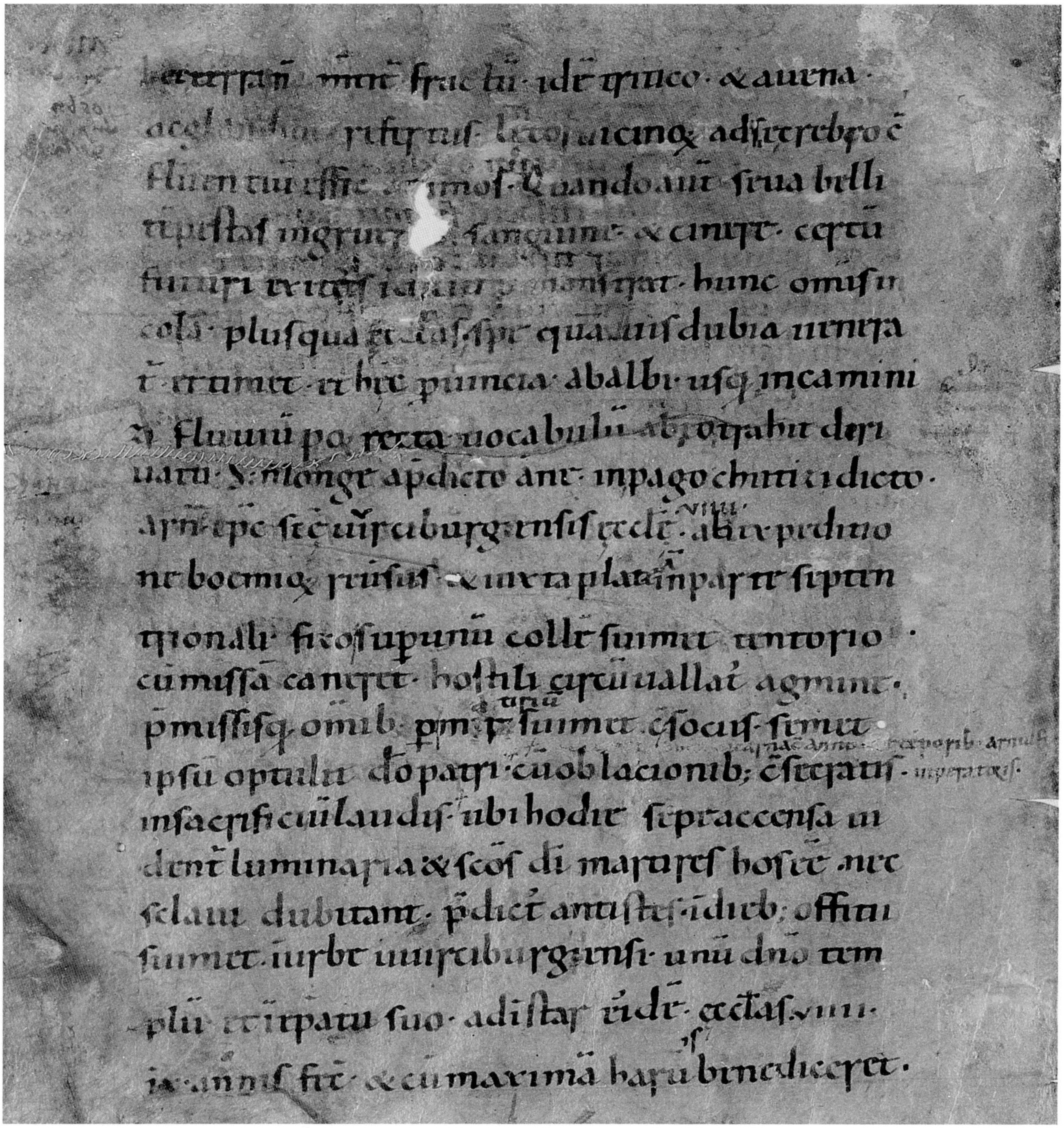

III. 20, Bogen 4a (Ausschnitt)

schofsstadt erzählen, dann aber weitete sich ihm sein Werk zu einer Geschichte der Ottonen, des sächsischen Adels und zumal seiner eigenen Zeit aus. Durchwirkt ist das Ganze von dem Gedanken der Memoria; Thietmar bittet den Leser, er solle sich seiner im Gebet erinnern, und in diesem Sinn erwähnt er auch seine verstorbenen Verwandten und Freunde. Für die Geschichte der Kaiser Otto III. und Heinrich II. ist seine Chronik die wichtigste Quelle. Die weiter zurückliegenden Ereignisse stellte Thietmar aufgrund von mündlichen Informationen dar, außerdem schöpfte er aus der Sachsengeschichte Widukinds von Corvey (Kat.Nr. I.1) und anderen Schriftquellen. Beginnen wollte er mit den Begebenheiten unter König Heinrich I., doch erwähnte er zunächst den Mythos vom römischen Ursprung der

III. 20, Bogen 1a,b

Stadt (oder Burg) Merseburg, sprach dann von der slawischen Besiedlung der Gegend und erzählte, daß Bischof Arn von Würzburg 892 von einem Böhmenfeldzug zurückkehrend hier von (slawischen) Feinden überfallen worden sei und das Martyrium erlitten habe (I 4 = fol. 1v) (Abb.). Nachdem einer seiner Schreiber diesen Bericht (nach Diktat oder nach einer Kladde) aufgezeichnet hatte, griff Thietmar selbst verändernd ein und fügte z. B. zwischen den Zeilen die Jahresangabe *DCCCXCIIo dom(inicae) incarnat(ionis) anno* („im Jahr der Fleischwerdung des Herrn 892") und am Rand die Erläuterung *temporibus Arnulfi inperatoris* („zu Zeiten des Kaisers Arnulfs") hinzu – eine Nachricht, die er vielleicht den 'Annales Quedlinburgenses' oder einer ähnlichen Quelle entnommen hat.

Zu einer weiteren Abbildung der Handschrift vgl. Beitrag Salewsky, Abb. 3.

Thietmar von Merseburg, Chronik. – Faksimile der Dresdner Handschrift.

Schnorr von Carolsfeld/Schmidt, Katalog, Bd. 3, S. 340f. – Beumann, Art. Thietmar. – Naß, Annalista Saxo, S. 143–178 u. 429–437. – Althoff, Art. Thietmar.

H.H.

DIE HAUSKLÖSTER

*III. 21
Prunkschwert mit Scheide

Zweites Viertel bis Mitte 10. Jahrhundert (Schwert); Niederrhein, um 1000 (Griff- und Scheidenbeschläge); Essen, Ende 15. Jahrhundert (Mundblech und Ortstück)
Eisen/Stahl (Schwert); Goldblech, Filigran, Zellenschmelz, Steinschmuck (Griffbeschläge); Obstbaumholz (Scheidenbretter); Goldblech, getrieben (Scheidenbeschläge); Silberblech, graviert (Mundblech und Ortstück). – Leichte Korrosion der Eisenteile, Goldverkleidung der Griffzunge teilweise ergänzt, Steinschmuck des Knaufs weitgehend verloren, auf der Vorderseite ein Zellenschmelzplättchen der Parierstange ausgefallen; Goldbeschläge der Scheide teilweise gerissen und verdrückt, kleinere Fehlstellen ausgebessert, der rückseitige Beschlag am Scheidenmund verkürzt. – Schwert: L. 93,6 cm, Blattbreite maximal 5,9 cm, Parierstangenlänge 14,2 cm; Gewicht der eisernen Konstruktionsteile: 1317 g; Scheide: L. 82 cm.

Essen, Hohe Domkirche, Domschatzkammer

Zu den bekanntesten historischen Waffen Westeuropas zählt das Zeremonialschwert der Essener

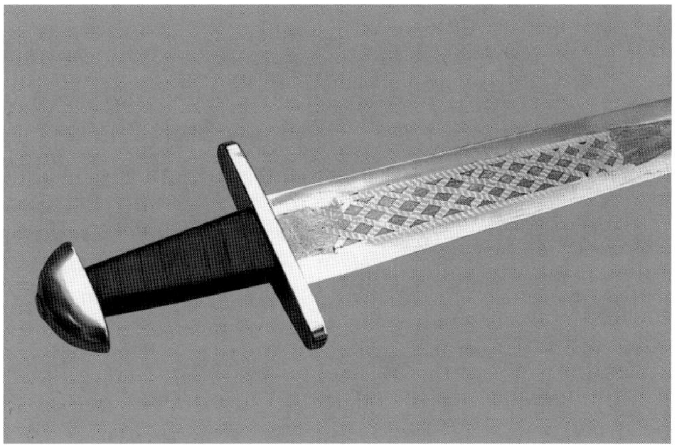

zu III. 21: schmiedegerechte Rekonstruktion

Äbtissinnen. Es gelangte vermutlich zur Zeit der Äbtissin Mathilde (973–1011), einer Enkelin Ottos des Großen, in den Kirchenschatz, der Überlieferung zufolge als Schenkung Ottos III. Das Schwert gehört zu den wenigen Schwertern des Mittelalters, die nicht als Bodenfund zutage kamen, sondern in einer traditionsreichen Schatzkammer bis in unsere Zeit bewahrt blieben.

Jüngste Untersuchungen zur Morphologie, zur Schmiedetechnik und zum Gebrauch des Schwertes haben die seit langem bestehende Vermutung bestätigt, daß das Schwert älter ist als die Goldschmiedearbeiten, mit denen Gefäß und Scheide verkleidet sind. So wurde u. a. festgestellt, daß das Klingenblatt durch gebrauchsbedingtes Nachschärfen um etwa 6 mm an Breite einbüßte. Auch der schmiedetechnische Befund, die Materialanalyse der Klinge und die erhaltenen Teile des Gefäßes belegen den ursprünglichen Charakter der Waffe als wertvolles, für den Kampf bestimmtes Schwert.

Eine einzigartige Stellung in bezug auf Rang und Anspruch nimmt die Ausführung der Damaszierung im gefäßnahen Klingendrittel ein (vgl. Abbildung Rekonstruktion). Weder für fertigungstechnische Details noch für die Komplexität des Musters sind Parallelen bekannt. Das Grundmotiv, ein modifiziertes Scherengitter, kommt, wenngleich in schlichterer Form, dagegen durchaus häufiger vor (vgl. Kat.Nr. II.58). So steht die Waffe zwar in den schmiedetechnischen Traditionen Westeuropas, doch stellt sie zweifellos einen ihrer Höhepunkte dar – was die Annahme ihrer Fertigung für einen hochrangigen Auftraggeber nahelegt.

Für die Aufnahme in den Kirchenschatz wurde das Schwert verändert: Die Verbindung von Klinge und Knauf wurde gelöst, die Hilze entfernt; Parier-

III. 21

stange, Klingenangel und Knauf wurden mit Goldblech verkleidet und mit Filigran, Zellenschmelz und Steinschmuck verziert. Seither läßt das Fehlen einer Hilze die Handhabung als Waffe nicht mehr zu, die Befestigung der Parierstange bietet keinen wirksamen Schutz mehr, und auch der Verzicht auf eine erneute Vernietung der Klingenangel über dem Knauf schließt den Gebrauch als Waffe aus.

Die neuen Befunde belegen die Herstellung des Schwertes gegen Mitte des 10. Jahrhunderts. Später entzog man das Schwert ganz bewußt dem profanen Gebrauch. Seine aufwendige Ausstattung läßt vermuten, daß ihm besondere Bedeutung beigemessen wurde. Sie legt die Vermutung nahe, daß es sich um jenes Schwert handelt, das Otto der Große in der Ungarnschlacht führte.

H.W.

Dem herausragenden Rang der Waffe selbst entspricht der hohe künstlerische Anspruch, der in der nachträglichen Goldschmiedeverkleidung von Griff und Scheide zum Ausdruck kommt. Steinschmuck und Filigranornamentik der Griffteile finden ihre nächsten Parallelen unter den anderen Goldschmiedearbeiten des Essener Münsterschatzes, so etwa am Älteren Mathildenkreuz aus der Zeit zwischen 971 und 982 und am Kreuz der Äbtissin Theophanu (1039–1058; vgl. Beitrag Effenberger, Abb. 11), an dem teilweise ältere Beschläge wiederverwendet wurden. Dagegen bleiben die Zellenschmelzarbeiten der Griffteile unter den Essener Werken ohne Vergleich. Muster und Motive schließen eng an byzantinische Vorbilder an, wie sie etwa in den Emailplättchen auf dem Goldenen Buchdeckel im Aachener Domschatz oder den Emails im Innern der Staurothek im Limburger Domschatz begegnen.

Die getriebenen Reliefs der Scheide zeigen regelmäßige Spiralranken, die von Löwen, verschiedenartigen Vögeln sowie drachenartigen Mischwesen bewohnt sind. Form und Typus der Ranke, wie auch eine Reihe charakteristischer Einzelheiten, kehren eng verwandt in den Rankenfeldern des siebenarmigen Bronzeleuchters im Essener Münster wieder, einer Stiftung der Äbtissin Mathilde (973–1011). Ähnliche Blatt- und Rankenmotive, stilistisch vielleicht sogar noch näherstehend, finden sich an den Braunfirnisplatten am Ambo Heinrichs II. im Aachener Münster, der noch in der Königszeit Heinrichs II. zwischen 1002 und 1014 entstand (vgl. Beitrag Kosch, Abb. 6). Man wird die Goldschmiedearbeiten des Essener Schwertes daher wohl in die Zeit um die Jahrtausendwende und damit in die Regierungszeit der Äbtissin Mathilde, der Enkelin Ottos des Großen, einordnen dürfen.

M.P.

Bloch, Essener Leuchter, S. 538, 544 u. 547. – Swarzenski, Monuments, S. 45, Abb. 100. – Arenhövel, Hezilo-Radleuchter, S. 75f. u. 230 Anm. 293. – Ausst.kat. Hildesheim 1993, Bd. 2, Nr. VI-54 (Hermann Fillitz). – Pothmann, Zeremonialschwert. – Westermann-Angerhausen, Essener Schwert. – Westphal, Münsterschatzschwert, S. 83f.

H.W. / M.P.

III. 22
Sakramentar aus Essen

Essen, drittes Viertel 10. Jahrhundert (nach 962)
Pergament, 236 Blätter. – Zeichnung in brauner Tinte; wenig, nicht deckende Farbe. – Ledereinband von 1912. – H. 27,5 cm, B. 19,5 cm.
Düsseldorf, Universitäts- und Landesbibliothek, Ms. D 2

Die Handschrift enthält im Hauptteil ein Sakramentar mit Canon und Meßformularen, beginnend mit Weihnachten und endend mit den Adventssonntagen, ein Commune sanctorum, Totenmessen, eine Allerheiligenlitanei und verschiedene Benediktionen (fol. 27–232). Vorgebunden sind Nachträge mit Meßtexten weiterer Feste und fol. 11v–18v ein Kalender nebst Computus.

Nach den Untersuchungen von Hartmut Hoffmann sind der Hauptteil des Sakramentars und auch der nicht wesentlich jüngere Kalender in Essen entstanden. Die Schrift unterscheide sich deutlich von der im benachbarten Benediktiner-Männerkloster Werden üblichen. In Handschriften aus Essen träten zwei Richtungen der Schreibweise auf, eine der Werdener ähnliche, die man also wohl für die von dort stammenden Priester in Anspruch nehmen dürfe, die für den Gottesdienst der Kanonissen in Essen sorgten (vgl. Kat.Nr. III.23). Eine stark abweichende, in Essener Handschriften aber über längere Zeit im 10. Jahrhundert zu beobachtende und von verschiedenen Händen gepflegte Schreibweise möchte Hoffmann den Stiftsdamen selbst zuschreiben. Daß Kanonissen im 10. Jahrhundert Bücher geschrieben haben, ist auch aus anderen Stiften bekannt, eine gewisse Schultradition in Essen auch sonst verfolgbar.

Zahlreiche Nachträge des 10. und 11. Jahrhunderts sind ebenfalls in Essen eingetragen worden. Im Kalender gibt es verschiedene auf die lokalen Verhältnisse Bezug nehmende Notizen, Essener Heilige und auch Weihedaten von Essener Kapellen; eingetragen sind auch die Todesdaten von Essener Äbtissinnen. In der Litanei nehmen die Essener Patrone Cosmas und Damian den Platz sofort nach dem Erzmärtyrer Stephanus ein. Bei den Fürbitten für den Herrscher gibt es fol. 68v ein Gebet *pro christiano imperatore*; sonst ist siebenmal, und zwar sehr auffallend, auch in einem Nachtrag des 10. Jahrhunderts zum Karfreitag von *rex noster* die Rede, so daß die Texte wohl nach dem Tode Ottos II. 983 und vor der Kaiserkrönung Ottos III. 996 eingetragen worden sind. Besonderes Interesse haben seit langem die altsächsischen Glossen und eine griechische Messe gefunden, die freilich recht fehlerhaft in lateinischen Buchstaben geschrieben ist. Viele Texte sind mit Neumen (Zeichen für den liturgischen Gesang) versehen, einige folgen der sog. deutschen oder St. Galler Notation; Ewald Jammers hat jedoch in dieser und in den verwandten Handschriften Düsseldorf D 1 und D 3 einen in Essen offenbar längerfristig benutzten, sonst sehr seltenen Typ der Neumenschrift entdecken können. Auch die griechische Messe ist mit Neumen versehen. Diese griechische Messe, die offenbar einem Schreiber diktiert worden ist, der selbst des Griechischen unkundig war, ist oft mit griechischen Hofdamen in Verbindung gebracht worden, die nach dem Tode der Kaiserin Theophanu († 991) in das Stift eingetreten sein könnten. Doch sind griechische Messen auch aus anderen ottonischen Zentren bekannt.

Als Buchschmuck gibt es zu Beginn des Sakramentars (fol. 26v) eine kleine Zeichnung, die die Autoren des Sakramentars, die Päpste Gregor und Gelasius, mit einem in Form einer Windrose geschriebenen achtstrahligen Text zeigen: ISTI SVNT DVO VIRI QVI ASISTVNT ANTE MISERECORDIE N(ostru)M D(eu)M („Dies sind die Männer, die vor unserem Gott der Barmherzigkeit stehen"). Die in den Figuren recht unsicher wirkende Zeichnung kopiert offensichtlich die Titelkomposition eines Fuldaer Sakramentars; dieselbe Komposition des strahlenförmig angeordneten Textes und die stehenden Päpste begegnen auf einem Fuldaer Einzelblatt (Berlin, Staatsbibliothek, Ms. theol. lat. fol. 192 Fragm.) aus dem Ende des 10. Jahrhunderts. Sitzend erscheinen die beiden Autoren auch auf den

III. 22, fol. 27v (Ausschnitt)

Titelbildern der Fuldaer Sakramentare in Göttingen (Kat.Nr. IV.20) und in Bamberg. Die Zeichnung ist so eng mit der Schrift auf der Seite verbunden, daß man sie mit Recht als Erzeugnis des Schreibers oder eben der Schreiberin anzusehen hat.

Zum Canon zeigt fol. 27v unter einer farbig gefüllten einfachen V-D-Initiale zur Präfation noch ein kleines, ebenfalls farbiges Kreuzigungsbild zum Te igitur (Abb.). Im Handschriftenteil mit den Nachträgen, die von verschiedenen Händen eingetragen sind, gibt es auf fol. 19r sechs leere Kreismedaillons aus Doppellinien. Offenbar wollte man eine Zierseite mit Medaillons nach Art der niedersächsischen, vor allem Corveyer Buchmalerei des 10. Jahrhunderts herstellen.

Die Handschrift trägt auf fol. 1r einen Besitzervermerk des 17. Jahrhunderts: *Bibl: D: D: Can: Essende*; gemeint ist das seit dem Mittelalter in Abhängigkeit vom Damenstift bestehende Kanonikerstift in Essen, in dessen Obhut sich damals wohl die liturgischen Handschriften befanden. Nach der Säkularisation wurde der Codex 1820 von Essen in die Königliche Landesbibliothek Düsseldorf verbracht.

Jammers, Neumenhandschriften, S. 17–22 (Lit.), Taf. 8 u. 9. – Kahsnitz, Svanhild, S. 29 (Lit.). – Karpp, Essen, S. 175. – Hoffmann, Essen, S. 119f., 122 u. 124, Abb. 1 u. 18. – Schilp, Männerkloster, S. 76.

R.K.

III. 23
Sakramentar mit Lektionar und Graduale aus Essen

Werden, zweites Drittel 10. Jahrhundert
Pergament, 309 Blätter. – Federzeichnung in brauner Tinte.
Ledereinband von 1912. – H. 32 cm, B. 25 cm.
Düsseldorf, Universitäts- und Landesbibliothek, Ms. D 3

Die Handschrift enthält Orationen und Lektionen für die Messen des Kirchenjahres von der Weihnachtsvigil bis zu den fünf Adventssonntagen, Votiv- und Totenmessen und verschiedene Benediktionen. Am Anfang steht ein Kalender; ihm folgen noch vor dem Meßkanon die Präfationen des Kirchenjahres. Gradualtexte mit Neumen sind großteils von der ersten Hand auf die Seitenränder im Anschluß an den Text geschrieben worden. Hartmut Hoffmann hat die Schrift des Hauptteils als von einer Werdener Hand stammend, also wohl die eines Werdener Mönches, bestimmen können. Wie in den anderen Essener Handschriften gibt es zahlreiche Nachträge; die verschiedenen Schreiber- oder Schreiberinnenhände lassen sich in Essener Handschriften wiederfinden.

Im Exultet hat eine Hand des 10. Jahrhunderts die Fürbitte für den Herrscher zwischen den Zeilen nachgetragen *gloriosisimo* [sic] *imperatori nostro*; dies müßte nach 962 geschehen sein. Auch der Tod Erzbischof Bruns von Köln 965 ist nachgetragen worden. Der Hauptteil der Handschrift könnte also schon vor 965 geschrieben worden sein, wofür auch Schrift und Stil der Zeichnung sprechen.

Auf Essener Herkunft weist auch das Dedikationsbild auf fol. 17v / 18r, auf dem ein Geistlicher im Meßgewand den Essener Patronen Cosmas und Damian das Buch darbringt (Abb.). Man wird also in der Annahme nicht fehlgehen, einer der Werdener Mönche, die den Gottesdienst im nahe gelegenen Damenstift Essen versahen, habe die Handschrift für Essen schreiben lassen oder – wahrscheinlich – selbst geschrieben und mit dem entsprechenden Widmungsbild versehen. Die Zeichnungen des Dedikationsbildes standen zunächst vor Beginn der gleichbleibenden Meßteile auf fol. 19v auf zwei leeren Seiten (fol. 17v–18r). Voran gingen der Kalender und die Präfationen des Kirchenjahres, freilich nur bis zum Kirchweihfest (fol. 1–3 und 4–16). Die fehlenden Präfationen der Sonntage nach Pfingsten hat ein späterer Schreiber in kleinerer Schrift und in einer in der Farbe deutlich abweichenden Tinte auf die bis dahin leeren Doppelblätter 17–18 geschrieben und dafür auch den freien Raum der Dedikationsbilder verwandt. Der Meßtext beginnt erst auf fol. 19v mit einer großen V-D-Initiale aus Flechtwerk. Es besteht aber kein Grund, an der ursprünglichen Zugehörigkeit der Zeichnungen zur Handschrift zu zweifeln.

Die Heiligen tragen weltliche Gewandung, Krone und Palmzweige als Zeichen ihres Martyriums, der Geistliche ein Meßgewand; in den verhüllten Händen hält er das Buch empor, dessen Einband mit Edelsteinen geschmückt ist. Die schwingenden Körper der Märtyrer und die Säume ihrer hochwirbelnden Gewänder lassen eine bemerkenswerte Kraft der Linienführung erkennen – eindrucksvoll vor allem der frontal stehendende Heilige – der freilich manche unintegrierten, die gemeinten Motive nur schematisch bezeichnenden Winkelzüge im Inneren der Gewänder gegenüberstehen. Routiniert sind auch die Bodenwellen mit den kleinen dort wachsenden Blüten gezeichnet.

Auch bei der Kreuzigung zum Te igitur (fol. 20r) lassen sich Differenzen beobachten. Christus hängt lebend mit offenen Augen in langem Gewand am Kreuz, Schatten bezeichnen die Verwerfungen in dem sich zusammenschiebenden Stoff seines Gewandes. Über seinem Haupt erscheint in einer auf spätantike und karolingische Vorbilder zurückgehenden Tradition die Hand des Vaters mit einem Siegeskranz. Die Gestalten von Maria und Johannes, die keinen Bodengrund haben, sondern frei auf dem Pergament stehen, wirken demgegenüber schematisch, stellenweise auch ausgesprochen ungeschickt, so daß man annehmen möchte, sie seien von einem anderen Zeichner hinzugefügt worden, der freilich aus demselben Skriptorium hervorgegangen sein müßte.

Der Codex gelangte nach der Säkularisation 1820 aus Essen an die Königliche Landesbibliothek Düsseldorf.

Prochno, Schreiberbild, Nr. 68 mit Abb. – Jammers, Neumenhandschriften, S. 23–29 (Lit.), Taf. 10–15. – Kahsnitz, Svanhild, S. 29f. – Opelt, Missa graeca, pass. – Karpp, Essen, S. 175. – Hoffmann, Essen, S. 120 u. 122, Abb. 3 u. 17. – Boewe-Koop, Antiphonar, pass. – Ausst.kat. Essen 1999, S. 75 mit Farbabb. 24.

R.K.

III. 23, fol. 18r

III. 24 a

III. 24
Vier Tafeln mit Passionsszenen

Lothringen (?), Mitte 10. Jahrhundert

a) Letztes Abendmahl u. Jesus am Ölberg
Elfenbein. – H. 11,6 cm, B. 9,15 cm (Abendmahl); H. 11,75 cm, B. 9,15 cm (Ölberg).

London, The British Museum, Inv.Nr. MLA 1978,5–2,9 u. MLA 1978,5–2,8

b) Kreuzigung u. Frauen am Grabe
Elfenbein. – H. 11,9 cm, B. 9,1 cm (Kreuzigung); H. 11,9 cm, B. 9,1 cm (Frauen am Grabe).

Essen, Hohe Domkirche, Domschatzkammer

Schon Adolph Goldschmidt erkannte die Zusammengehörigkeit der beiden Tafeln mit Passionsszenen im Essener Münsterschatz mit den beiden Platten, damals in der Wernher Collection, heute im British Museum in London. Keines der Elfenbeinreliefs zeigt Spuren einer Befestigung auf einem Träger, so daß sie wohl mit einer leicht überlappenden Metallfassung auf einem Evangelienbuch oder, wahrscheinlicher, auf einem Reliquienkasten angebracht waren. Ebenfalls möglich ist, daß sie Teile eines ehemals umfangreicheren christologischen Zyklus gewesen sind.

Die Platten zeigen das Letzte Abendmahl, Jesus am Ölberg, die Kreuzigung und die Frauen am Grabe. Das Relief ist geprägt von einem tief ausgehobenen Hintergrund, vor den, vermittelt nur durch wenig Plastizität, das Rahmenornament und die Darstellungsebene gelegt sind. Die zur Verfügung stehende Fläche ist jeweils mit reichen Ornamenten und ikonographisch dichten Darstellungen eng gefüllt. Das Letzte Abendmahl zeigt Jesus und die Jünger um einen halbkreisförmigen Tisch, der von Jesus zum Teil verdeckt wird. Es ist der Moment dargestellt, in dem Judas mit dem Geld, das hier in einer Falte des Gewandes eingeschlagen ist, die Tafel verläßt (Io 13,27–30), während Jesus

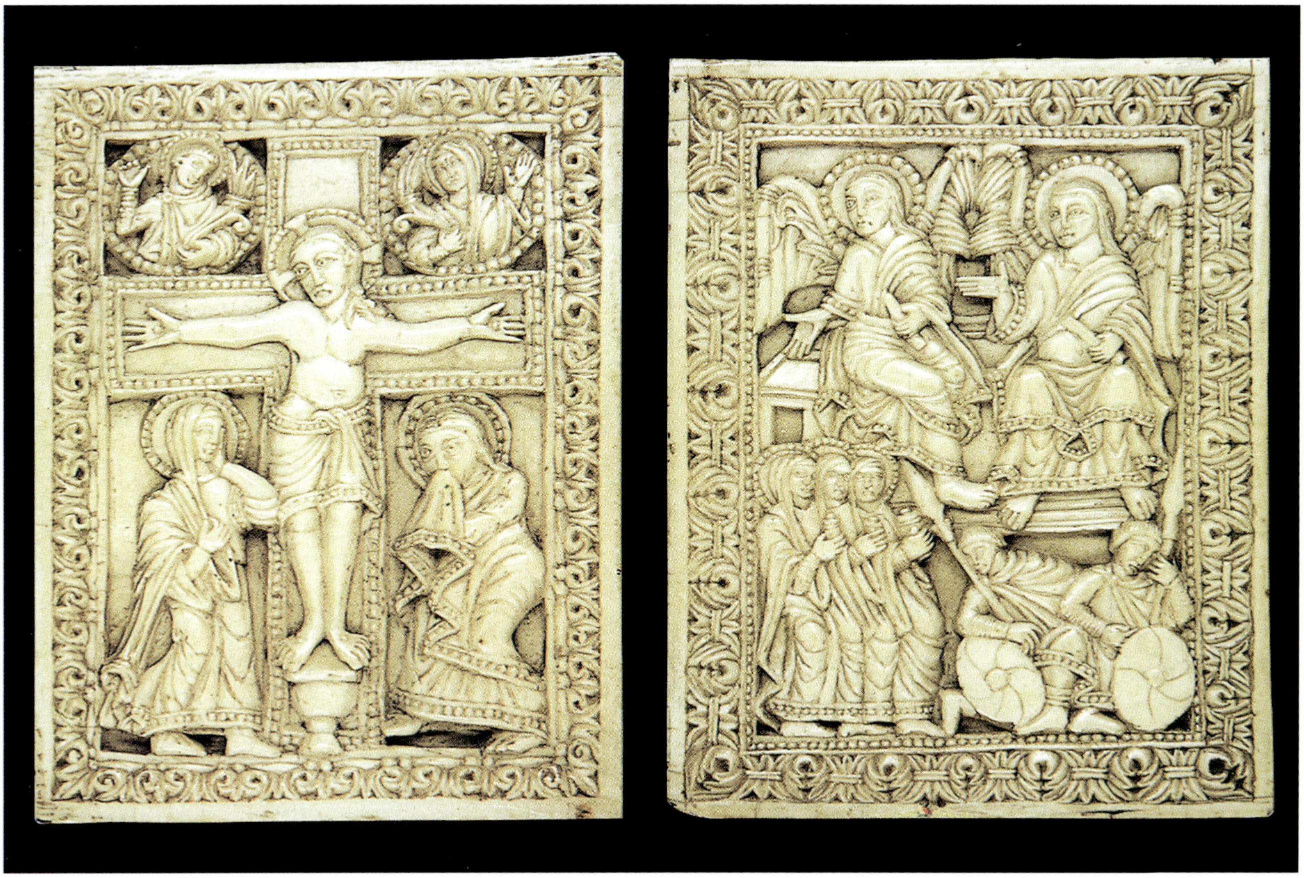

III. 24 b

die Speisen segnet. In der Ölbergszene weckt Jesus die schlafenden Jünger, indem er den vordersten, Petrus, berührt. Darüber ist das Gebet Jesu dargestellt, dem jedoch nicht, wie sonst üblich, ein Kelch und ein Engel, sondern ein Altar und die Hand Gottes erscheinen. Auf der Tafel mit Jesus am Kreuz sind die klagende Maria mit an die Wange erhobener Hand und Johannes, der seinen Mund mit einem Gewandzipfel bedeckt, sowie die fackeltragenden Personifikationen von Sonne und Mond und ein Kelch unter dem Suppedaneum (Fußschemel) hinzugefügt. Die Frauen am Grabe erwarten zwei auf dem Sarkophag sitzende Engel, wie es bei Lukas und Johannes geschildert, aber selten dargestellt wird. Hinzugefügt sind zwei schlafende Wächter.

Diese Fülle an dichtgedrängten, ikonographischen Details führt zwar zu manchen kompositorischen Problemen, zeigt aber das Interesse des Schnitzers, die bildliche oder textliche Vorlage möglichst vollständig zu übertragen oder sogar noch zu ergänzen. Dem entspricht die Vielfalt der verwendeten Ornamente. Vier verschiedene Palmetten- und Akanthusrahmen, drei verschiedene Eierstäbe und ein Perlstab fassen die Darstellungen ein; Nimben, Gewandsäume, das Kreuz und die Außenlinien von Clipei, Altar, Tisch und Hügel sind mit Perlstäben verziert. Auch hierbei gibt es Variationen: das Kreuz im Nimbus Christi ist einmal verziert, zweimal nicht, der Nimbus des Johannes bei der Kreuzigung ist anders gestaltet als der Mariens, und die Flügelkanten der Engel sind mit Reifen geschmückt. Obwohl die Gestalten im Faltenwurf und in ihrer Anordung zueinander durch dieses Prinzip der Ornamentalisierung steif und gedrückt wirken, verrät sich die Bewegtheit der Gestalten eines möglichen Vorbilds noch an vielen Stellen. Dies wird deutlich an der sich drehenden Gestalt des Jesus beim Abendmahl, dem der sich ebenfalls umwendende Judas kompositorisch antwortet. In ähnlicher Drehung sind der schlafende Petrus am Ölberg und der linke Engel am Grab dargestellt. Während sich bei Jesus beim Abendmahl noch ein Teil der Eleganz eines möglichen Vorbilds zeigt, ist aus einem sich wohl trauernd unter dem Kreuz verneigenden Johannes eine seltsam verkrümmte, eher tanzend anmutende Gestalt geworden. Solche mißglückten oder falsch verstandenen Übernahmen von Vorbildern stellen auch die Armüberlappung von Jesus und Johannes beim letzten Abendmahl, die Beinverschränkung der schlafenden Jünger am Ölberg und die zu einem Monolithen verschmolzenen Drei Marien am Grabe dar.

Auf die Abhängigkeit des Formenrepertoires der Tafeln von Vorbildern aus der Hofschule Karls des Großen und der Jüngeren Metzer Gruppe ist in der Literatur mehrfach hingewiesen worden. So steht die Kreuzigung in einer entfernten Tradition zu der verbrannten Kreuzigungstafel in Berlin (Goldschmidt, Bd. 1, Nr. 8) oder zu der Tafel in Narbonne (ebd., Nr. 31), deren Kreuze ebenfalls mit einem Perlrand verziert sind. Die Randgestaltung mit Akanthus und Eierstab nimmt Formen der Jüngeren Metzer Gruppe auf, besonders nah ist z. T. auch in der Figurengestaltung das Braunschweiger Elfenbeinkästchen (Kat.Nr. III.27). Die Medaillons mit fackeltragenden Personifikationen von Sonne und Mond, die sich um die Achse wendenden Figuren, einzelne Faltenkaskaden und wehende Gewandenden sowie die leichte Überschneidung des inneren Rahmens durch die Figuren zeigen deutlich diese Abhängigkeit. Rainer Kahsnitz hat auf den Stuttgarter Psalter (Nordfrankreich, um 820/30) hingewiesen, in dem die Ölbergszene vergleichbar dargestellt ist. Von solchen Vorbildern sind die Passionstafeln durch ihre formale und inhaltliche Dichte und die Flächigkeit des Reliefs vor einem tieferen Hintergrund unterschieden. Dabei kommt es zu einer deutlichen Vergröberung und Erstarrung der Einzelelemente, wodurch aber teilweise auch ein höheres Maß an Expressivität erreicht wird. Kahsnitz hat bereits darauf aufmerksam gemacht, daß sich die Einordnung der Täfelchen in die ottonische Kunst durch den Mangel an direkt vergleichbaren Stücken als schwierig darstellt. Er wies die von Victor H. Elbern anhand von Vergleichen mit der Buchmalerei vorgeschlagene Beziehung zur niedersächsischen Kunst des frühen 11. Jahrhunderts zu Recht zurück. Diese Vergleiche beschränken sich auf einzelne formale Elemente, die aus denselben Quellen schöpfen wie die vier Passionstäfelchen, letztere aber mit deutlich geringerem zeitlichen Abstand. Auch lehnte Kahsnitz bereits die wenig hilfreichen Vergleiche mit südfranzösischer Tympanonplastik ab. Jedoch zeigt der Vergleich mit den qualitätvolleren, in Oberitalien im 10. Jahrhundert entstandenen Reliefs mit Christusszenen auf dem sog. Reliquienkasten Heinrichs I. in Quedlinburg (vgl. Beitrag Effenberger, Abb. 4), daß in der Rezeption karolingischer Vorbilder an verschiedenen Orten neben deutlichen Unterschieden auch Parallelen auszumachen sind. So sind die enge Bildfüllung, die Zweischichtigkeit des Reliefs und eine gewisse Erstarrung der Gestalten beiden Arbeiten gemein. Die Essener und Londoner Tafeln sind jedoch enger in der Tradition der Jüngeren Metzer Schule zu sehen. Vermutlich ist dies auch auf eine räumliche Tradition zu beziehen. Damit wären die Tafeln als eine Art Verbindungsglied zwischen den Ausläufern der Metzer Gruppe im frühen 10. Jahrhundert und den Trierer Arbeiten am Ende dieses Jahrhunderts anzusprechen. Wenn auch deren Plastizität, Ausdruckskraft und Eleganz hier nicht im entferntesten erreicht wird, so ist die Tendenz in der Art der Umformung karolingischer Vorbilder doch bereits angelegt.

Humann, Münsterkirche zu Essen, S. 92–95. – Goldschmidt, Elfenbeinskulpturen, Bd. 2, Nr. 87–90 (Lit.). – Ausst.kat. Essen 1956, Nr. 495 (Victor H. Elbern). – Elbern, Erstes Jahrtausend, Tafelbd., Nr. 386. – Elbern, Passionsdiptychon. – Küppers/Mikat, Münsterschatz, S. 70–72. – Ausst.kat. Hildesheim 1993, Bd. 2, Nr. VI-58 (Rainer Kahsnitz) (Lit.).

Th.J.

III. 25
Relieffragment mit Verkündigung an Maria

Norddeutschland, drittes Viertel 10. Jahrhundert
Kupferblech, getrieben und vergoldet. – Links ein großer Teil der Darstellung abgerissen, oben, unten und rechts die ursprünglichen Kanten erhalten geblieben; Vergoldung abgegriffen; zahlreiche Spuren älterer Befestigungen.
H. 14,6 cm, Unterkante B. 9,5 cm, Oberkante B. 8,5 cm.
Essen, Hohe Domkirche, Domschatzkammer

Das Relief zeigt Maria sitzend auf einem kastenförmigen Thron, der mit einem Kissen bedeckt und mit Arkaden verziert ist. Maria hat den Kopf nach links gewandt, die linke Hand deutet auf ein offenes Buch auf einem Pult an ihrer Seite. Sie trägt Schuhe und ist mit der klassischen Frauentracht der Antike, der Palla, bekleidet, die vom linken Arm hochgerafft schleierartig über den Kopf gezogen und über beide Knie gelegt ist.

Die Darstellung der sitzenden Frontalfigur mit Stehpult und Buch an der Seite ist in der kunsthistorischen Literatur verschiedentlich als Evangelistenbild gedeutet worden. Doch kann es sich, wie Hermann Schnitzler bereits 1965 nachgewiesen hat, aufgrund von Typus, Tracht und Ikonographie nur um das Fragment eines Verkündigungsbildes handeln, dessen linker Teil mit der Darstellung des Engels verloren ist. Das Relief dürfte demnach ursprünglich ein querrechteckiges Format gehabt und etwa das Dreifache der heutigen Breite gemessen haben. Als ursprünglicher Verwendungszweck käme etwa der Schmuck eines Altar-Antependiums oder eines Reliquienschreins mit einem Bildzyklus zum Leben Jesu in Frage.

Das Motiv der lesenden, von einem Buch aufschauenden Maria hat seine literarischen Wurzeln in den apokryphen Berichten des Neuen Testaments. Die bildliche Überlieferung setzt jedoch erst in karolingischer Zeit ein. Das älteste erhaltene Beispiel ist die Verkündigungsdarstellung auf einem karolingischen Elfenbeinkästchen der Jüngeren Metzer Gruppe in Braunschweig (Kat.Nr. III.27), wo das Buchpult jedoch zwischen die thronende Maria und den Engel gerückt ist. Ikonographisch enger verwandt sind die Verkündigungsdarstellungen zweier angelsächsischer Handschriften des späten 10. Jahrhunderts, deren Bildzyklen jedoch ebenfalls auf karolingische Vorbilder aus dem Umkreis der sog. Jüngeren Metzer Gruppe zurückgehen. Verbunden mit dem Typus der stehenden Maria kehrt das Motiv dann auch in dem im Jahre 999 entstandenen Odbert-Psalter aus der Abtei St. Bertin sowie in einer Reihe von Fuldaer Handschriften des späten 10. und frühen 11. Jahrhunderts wieder.

Wie die Ikonographie, so läßt auch der Stil der Platte deutlich erkennen, daß es karolingische Vorbilder waren, die ihr zugrunde lagen. Gesamtform, Typus und Einzelheiten, vor allem der unruhige Umriß und der lebhafte Duktus der Binnenzeichnung, gehen eindeutig auf Vorbilder aus Reims und aus der Hofschule Karls des Kahlen zurück, wie sie in frühottonischer Zeit vor allem in Fulda und Corvey in vielfältiger Weise verarbeitet wurden. Beide Zentren sind daher auch mehrfach als Entstehungsorte des Reliefs genannt worden. Doch sind die Übereinstimmungen wohl vor allem durch die gemeinsamen Vorbilder bedingt. Unmittelbare Beziehungen sind dagegen nicht festzustellen. Vielmehr scheint das Verkündigungsrelief in seinen dichten, parallel geführten Linien und konzentrischen Schwüngen den karolingischen Vorbildern noch erheblich näher zu stehen als die Corveyer und Fuldaer Miniaturen. Man wird den Entstehungsort des Reliefs daher an einer anderen Stelle zu suchen haben, an der die karolingische Überlieferung bewahrt und wiederaufgenommen worden war.

III. 25

Humann, Münsterkirche zu Essen, S. 170. – Ausst.kat. Essen 1956, S. 221 (Hermann Schnitzler), Nr. 497 (Victor H. Elbern). – Elbern, Kunst der Ottonenzeit, bes. S. 1035, Abb. 14. – Elbern, Passionsdiptychon, bes. S. 1091 f. – Schnitzler, Nachträge, S. 99–103, Abb. 1. – Storm, Bronzetüren,

III. 26

S. 109. – Buddensieg, Ottonische Buchmalerei, S. 105 u. 113 Anm. 74. – Schnitzler, Frühottonisches Kunstwerk, S. 115. – Bauer, Corvey, Bd. 1, S. LII Nr. 70. – Elbern, Bernwardinische Kunst, S. 23, Abb. 7. – Ausst.kat. Hildesheim 1993, Bd. 2, S. 393 zu Nr. VI-57 (Hermann Fillitz).

M.P.

III. 26
Relieffragment mit Himmelfahrt Christi

Norddeutschland, letztes Viertel 10. Jahrhundert
Holzunterlage; Kupferblech, getrieben und vergoldet.
Die Reliefdarstellungen vielfach verdrückt, Vergoldung teilweise abgerieben; kleinere Ausbesserungen am rechten Rand.
H. 23 cm, Oberkante: B. 11,7 cm, Unterkante: B. 2,7 cm.
Essen, Hohe Domkirche, Domschatzkammer

Die Himmelfahrtsdarstellung ist nur noch zu etwa einem Drittel ihrer ursprünglichen Gestalt erhalten. Links ist mehr als die Hälfte des Reliefs verloren; oben, unten und am rechten Rand fehlt jeweils ein schmaler Streifen. Von der Figur des auffahrenden Christus sind nur Kopf und Oberkörper erhalten geblieben. Christus ist von einer Strahlenmandorla umgeben und durch einen Kreuznimbus ausgezeichnet. Er hat den Kreuzstab geschultert, die Rechte weist zum Himmel, wo aus züngelnden Wolken ein jugendlicher Kopf mit Kreuznimbus erscheint, offenbar eine Darstellung des bereits erhöhten Christus. Der auffahrende Christus wird rechts von einem Engel begleitet, dem ursprünglich wohl ein zweiter Engel auf der Gegenseite entsprach. Er hat die Rechte zu Christus erhoben und weist mit der Linken nach unten, wo von der Gruppe der versammelten Jünger nur wenig mehr als eine ganze Figur und zwei Köpfe erhalten sind.

Die Ikonographie der Darstellung folgt einem Typus, der seit karolingischer Zeit im Westen geläufig war. Er zeigt Christus in der Mandorla zum Himmel schreitend, an den Seiten begleitet von Engeln, darunter in der Mitte Maria sowie rechts und links Gruppen von Aposteln, die das Geschehen mit heftig bewegten und erstaunten Gesten verfolgen. In dieser Form begegnet die Szene bereits auf einer karolingischen Elfenbeintafel im Schatz der Kathedrale von Narbonne, die in die Nachfolge der Hofschule Karls des Großen gehört (Goldschmidt, Elfenbeinskulpturen, Bd. 1, Nr. 31), sowie, noch vollständiger ausgeprägt, auf einem spätkarolingischen Elfenbeinrelief im Mindener Domschatz, das wohl im weiteren Umkreis des Hofes Karls des Kahlen entstanden ist (ebd., Nr. 65). In ottonischer Zeit kehrt das Bildschema dann unter anderem in einer Reihe von Fuldaer Handschriften sowie im Benediktionale des hl. Aethelwold aus Winchester (London, British Library, Add. 49598) wieder – alles Werke, die ihrerseits stark von karolingischen Vorbildern geprägt sind.

Der Stil der Figuren verbindet das Relief mit einer Gruppe von Handschriften, die gegen Ende des 10. Jahrhunderts in Corvey und im weiteren Umkreis der Corveyer Buchmalerei entstanden sind und sich ikonographisch wie stilistisch eng an Vorbildern der Hofschule Karls des Kahlen orientieren. Hierzu gehören die Handschriften der Corveyer Federzeichnungsgruppe (vgl. Kat.Nr. IV.15) und das Corveyer Perikopenbuch in New York (Public Library, Ms. Astor 1, vgl. Beitrag Kahsnitz, Abb.

III. 27

4–8), aber auch Werke wie das Evangeliar aus dem Mauritius-Kloster in Magdeburg (Krakau, Biblioteca Jagiellonska, ehem. Berlin, theol. lat. qu. 5, vgl. Beitrag Kahsnitz, Abb. 9), das – ähnlich dem Halberstädter Evangeliar in Schaffhausen (Kat.Nr. II.21) – wohl im ostsächsischen Ausstrahlungsgebiet der Corveyer Buchmalerei entstanden ist. In den gleichen stilistischen Zusammenhang gehörte wohl ein verlorenes Relief mit der Darstellung der drei Magier im Anblick des Sterns, das sich ursprünglich ebenfalls im Essener Münsterschatz befand und im Jahre 1904 nach einem damals offenbar noch vorhandenen Gipsabguß von Georg Humann veröffentlicht wurde.

Beide Reliefs, deren ursprüngliche Bestimmung und Verwendung nicht bekannt ist, sind bedeutende Zeugnisse für die Ausstattung der Essener Stiftskirche gegen Ende des 10. Jahrhunderts, als mit der Äbtissin Mathilde eine Enkelin Ottos des Großen die Leitung des Stiftes innehatte.

Humann, Münsterkirche zu Essen, S. 170. – Ausst.kat. Essen 1956, S. 221 (Hermann Schnitzler), Nr. 496 (Victor H. Elbern). – Rensing, Essener Münsterschatz, S. 54–58, Abb. 35. – Elbern, Passionsdiptychon, S. 1091 f. – Schnitzler, Nachträge, S. 103–107, Abb. 4. – Storm, Bronzetüren, S. 108. – Bauer, Corvey, Bd. 1, S. XXIX Nr. 40.

M.P.

III. 27
Kästchen mit Szenen aus dem Leben Christi

Metz (Jüngere Metzer Schule), drittes Viertel 9. Jahrhundert
Elfenbein, Holzkern. Die Bodenplatte – eingeritzt ist die Zahl 1345 – ist jüngeren Datums. Von den Füllungen der Randornamentik aus Goldfolie und farbigen Pasten sind nur noch wenige erhalten; jüngere Metallbeschläge, Ergänzungen von ausgefallenen Elfenbeinleisten. – H. 15 cm, B. 22 cm, T. 11 cm.

Braunschweig, Herzog Anton Ulrich-Museum, Inv.Nr. MA 59

Auf den Seitenwandungen sind die Verkündigung Mariä und die Geburt Christi dargestellt, auf den Längsseiten die Taufe und die Kreuzigung. Die Reliefs der Dachschrägen gehören zu den Bildern der Längsseiten: Die Taube mit zwei Ampullen, begleitet von acht Engeln, vier mit velierten (verhüllten) Händen, die anderen offenbar mit Gegenständen, die zum Gebrauch beim Taufritus gehörten – genauer erkennbar ist bei einem ein Objekt, das vielleicht als Aspergile zu deuten ist. Über der Kreuzigung die Hand Gottes mit dem Siegeskranz, begleitet von zwei Engeln, links und rechts davon Sol und Luna im Pferde- bzw. im Ochsenwagen.

Bei der Kreuzigung Christi ist die aktive Haltung von Longinus und Stephaton in der Kunst der Zeit singulär: Während im allgemeinen Longinus die Seite Christi mit der Lanze durchsticht und Stephaton ihm den Schwamm mit Essig reicht, wendet sich Longinus hier redend den heiligen Frauen zu, und Stephaton diskutiert mit dem gläubigen Hauptmann; neben diesem Johannes, neben Longinus die Personifikation der Ekklesia, die das Blut Christi im Kelch auffängt. Für Longinus ist eine Vorstufe in der Kreuzigungsdarstellung in London, Victoria and Albert Museum (Goldschmidt, Nr. 88), ebenfalls aus der Jüngeren Metzer Schule, zu sehen: Longinus und Stephaton blicken, ohne zu agieren, zum Gekreuzigten auf, Longinus streckt dabei die Hand aus, eine Geste, die sich wohl auf das Glaubensbekenntnis des Hauptmannes bezieht (Mt 27,54; Mc 15,38; Lc 23,47). Auf dem Braunschweiger Kästchen ist das zu einer Szene erweitert; der gläubige Hauptmann kommt sonst in dieser Zeit nirgends vor. Die Darstellung von Sol und Luna im Wagen, der von Pferden bzw. von Ochsen gezogen wird, in dieser Epoche auch auf der Kreuzigungstafel des Einbandes des Perikopenbuches Heinrichs II. (München, Bayerische Staatsbibliothek, Clm. 4452; Goldschmidt, Nr. 41). Die Rahmenleisten, deren Ornamente mit Goldfolien und farbigen Pasten gefüllt waren, lassen sich mit gleichartigen auf mehreren Reliquienkästchen, einem liturgischen Kamm und schließlich den Herkules-Platten der Cathedra S. Petri in St. Peter, Rom vergleichen (Goldschmidt, Nr. 58 u. 63; Schramm / Mütherich, S. 475 Nr. V). Für die Herkules-Platten besteht hinsichtlich ihrer Lokalisierung und genauen Datierung noch keine Sicherheit; alle anderen sind gleichzeitig mit dem Braunschweiger Kästchen entstanden, sie gehören aber zu der sog. Liuthard-Gruppe. Insofern ist der Braunschweiger Kasten auch ein wichtiger Beleg für die gelegentliche Berührung, vielleicht auch Zusammenarbeit der Werkstätten, deren Hauptwerke für den Hof Kaiser Karls des Kahlen geschaffen wurden.

Die Frontseite des Kästchens ist die mit der Taufe Christi: Es mag das Kästchen daher eher zur Aufbewahrung der bei der Taufe verwendeten heiligen Öle bestimmt gewesen sein als zur Aufbewahrung von Reliquien; auch in den beiden Ampullen, welche die Taube im Schnabel trägt, kann ein Hinweis auf eine derartige Bestimmung des Kästchens gesehen werden.

Ob das Kästchen mit einem im Schatzverzeichnis des Stiftes Gandersheim aus dem 12. Jahrhundert genannten *scrinium auro et ebone ponendo* gleichzusetzen ist, ist fraglich. 1798 ist es im herzoglichen Museum in Braunschweig nachweisbar.

Goldschmidt, Elfenbeinskulpturen, Bd. 1, Nr. 96. – Elbern, Elfenbeinkästen, S. 11–16. – Ausst.kat. Hildesheim 1993, Bd. 2, Nr. VI-63 (Rainer Kahsnitz). – Zu den Vergleichsstücken: Goldschmidt, Elfenbeinskulpturen, Bd. 1, Nr. 41, 58, 63 u. 88.

H.F.

III. 28
Bergkristallflakon

Ägypten, um 1000
Bergkristall, schnitt-/schliffdekoriert und poliert. Konischer Fuß und Rippen für Montagen (?) abgearbeitet; zahlreiche Ausbrüche und Bestoßungen. – H. 11,2 cm.

Bad Gandersheim, Ev.-Luth. Stiftskirchengemeinde St. Anastasius, Inv.Nr. 79 t

Wahrscheinlich um das Jahr 1000 entstand dieses Fläschchen in einer Kairoer Werkstatt in Ägypten. Zu einem späteren Zeitpunkt gelangte es als kostbares Behältnis für eine Heilig-Blut-Reliquie aus dem Heiligen Land nach Gandersheim.

Das Gefäß hat eine zylindrische Form mit konisch abgearbeitetem, nicht poliertem Fußteil. Den Körper ziert ein breiter Fries. An der Schulter setzt ein durch zweifache Rippen profilierter, sich konisch weitender zylindrischer Hals an, der zur Mündung hin durch eine Rippe ausgeweitet ist. Das Innere ist röhrenförmig fast bis zum unteren Ende ausgebohrt und damit zur Aufnahme einer Reliquie geeignet. Der Reliefdekor des Frieses besteht aus einer fortlaufenden Palmettenranke mit zwei unterschiedlichen, alternierend angeordneten Palmettenkompositionen, die untereinander durch Halbpalmetten verbunden sind.

Die Gefäßform, vor allem aber der Reliefdekor sind entscheidende Kriterien für eine Einordnung des Gefäßes. Vergleichbare Flaschenformen aus Bergkristall lassen sich nach Ägypten lokalisieren, wo sie während der Herrschaft der Fatimiden in Kairoer Hofwerkstätten nach 973 entstanden. Mehrere in der Form sehr verwandte Flaschen, von denen die aus Gandersheim eine der größten ist, lassen erkennen, daß das konisch zulaufende Fußende ursprünglich in einer flachen Fußplatte auslief, so daß die Flasche aufrecht stehen konnte.

Die fatimidischen Herrscher sammelten in einem Schatzhaus in Kairo kostbare Kunstwerke, darunter auch zahlreiche Bergkristallgefäße. Dieser Schatz wurde in den Jahren 1061–1069 aufgelöst. Es wird daher angenommen, daß die Mehrzahl der Kunstwerke aus Bergkristall vor diesem Datum entstanden sind. Die schematische Stilisierung der Palmetten auf dieser Flasche spricht für eine relativ späte Entstehung innerhalb der Gruppe der Bergkristalle, so daß ein Datum um 1000, in jedem Fall aber vor der Mitte des 11. Jahrhunderts am wahrscheinlichsten sein wird.

Ein Inventar der Stiftskirche in Gandersheim aus dem 12. Jahrhundert erwähnt mehrere Flaschen aus Bergkristall. Es ist anzunehmen, daß die hier besprochene Flasche dazugehörte. Sie enthielt eine Heilig-Blut-Reliquie und wurde spätestens nach dem Eintreffen in Gandersheim mit einer kostbaren, heute verlorenen Fassung versehen. Dies war typisch für Gefäße, die als Reliquienträger Verwendung fanden. Möglicherweise wurde bereits um 1697 die alte Fassung entfernt.

III. 28

Hans Wentzel nahm an, daß die Flasche zu einer Toilettengarnitur der byzantinischen Prinzessin Theophanu gehört habe, die diese anläßlich ihrer Vermählung 972 mit Otto II. nach Deutschland gebracht haben könnte. Theophanus Tochter Sophie trat 979 in das Stift Gandersheim als Nonne ein, und auf diesem Wege wäre die Flasche dann nach Gandersheim gelangt. Regine Marth hat darauf hingewiesen, daß diese Überlieferung wegen fehlender Quellen nicht bewiesen werden kann. Zudem ist durch die Forschungen von Avinoam Shalem deutlich geworden, daß die kostbaren fatimidischen Bergkristallgefäße nach ihrer Entfernung aus dem Schatz der Fatimiden weniger profanen Zwecken dienten, als vielmehr dazu verwendet wurden, die von den Gläubigen hochverehrten Reliquien aus dem Heiligen Lande nach Europa

III. 29 a, c, b

zu bringen. Zu den besonders verehrungswürdigen Reliquien gehörte zweifellos eine Heilig-Blut-Reliquie mit Christi Blut. Nur hochstehende Personen werden Zugang zu einer solchen Reliquie gehabt haben, und ein entsprechend kostbares Gefäß wurde dafür gewählt, weil Bergkristall durch die Dicke der Wandung nicht nur Sicherheit garantierte, sondern auch besonders dazu geeignet war, daß die Gläubigen die Reliquie gut sehen konnten. Für die Gläubigen stellte bereits das exotische Aussehen des kostbaren Bergkristallbehältnisses eine Gewähr für die Herkunft der Reliquie aus dem Heiligen Land dar.

Die hier erwogene Entstehung um 1000 legt es nahe, daß die Flasche nach der Mitte des 11. Jahrhunderts auf einem heute noch unbekannten Wege nach Gandersheim gelangt sein wird.

Erdmann, Bergkristalle, S. 201 f., Taf. 1 Abb. 1. – Wentzel, Brautschatz, S. 22 Abb. 7 f. – Ausst.kat. Berlin 1989, Nr. 4/6 (Regine Marth). – Shalem, Islam Christianized, S. 177 f., Nr. 2, Abb. 1.

J.K.

III. 29
Putzfragmente aus Brunshausen

Ende 8. bis Mitte 9. Jahrhundert
Brunshausen, Klosterkirche, aus der Gebäudestruktur der vorromanischen Vorgängerbauten, Aufschüttungsschicht unterhalb der Haupt- und Nebenapsis der romanischen Choranlage.
Kalkputz mit eingeritzten Inschriften.
a) Fragment 5: H. 7,6 cm, B. 5,5 cm, T. 2–2,5 cm
b) Fragment 3: H. 8,7 cm, B. 9,3 cm, T. 2,5–3 cm
c) Fragment 4: H. 10 cm, B. 8,6 cm, T. 0,2–4 cm.
Wolfenbüttel, Braunschweigisches Landesmuseum, Abt. Vor- u. Frühgeschichte

In das Blickfeld der Forschung rückte das Kloster Brunshausen durch die Untersuchungen des Historikers Hans Goetting, der dessen Gründung früh auf 785 datierte und es damit als ältestes Missionskloster Niedersachsens zur Diskussion stellte (Goetting; vgl. Naß u. Fried). In der Sachsenbekehrung spielte das von Bonifatius 774 gegründete Kloster Fulda eine herausragende Rolle; von dort aus wurde vermutlich Brunshausen, veranlaßt durch eine Schenkung der Liudolfingischen Herzogsfamilie, als Außenkloster eingerichtet. Zwei urkundliche

Quellen werden dafür zur Interpretation herangezogen:

1. Die Ineinssetzung des Klosters Brunshausen mit einer dem St. Bonifatius geweihten Gründungszelle, dem *coenobium quod uocatur sancti Bonifatii cella*, in einer 875/78 verzeichneten Liste von Außenklöstern des Klosters Fulda.

2. Die Identifizierung des in der sog. Älteren Gründungsurkunde des Gandersheimer Reichsstifts von 845 angesprochenen *coenobium* mit dem Kloster Brunshausen. Die Nennung steht in Verbindung mit einer an die Päpstliche Kurie gerichteten Bitte des sächsischen Grafenpaares Liudolf und Oda um Reliquien für das bereits vom Großvater und Vater des Grafen Liudolf gegründete Missionskloster (Goetting, Gandersheim, S. 22).

Bei Grabungen (1961–1969) konnten innerhalb der ehemaligen Klosterkirche die Bau- und Fundamentreste von insgesamt vier Vorgängerbauten (Bau I–IV) ermittelt werden (Keibel-Maier, S. 92). Dabei wurden auch die sieben mit Inschriften und buchstabenähnlichen Zeichen beritzten Putzbrocken freigelegt, die von einer Wand von Bau I (Gründungsbau) oder Bau II stammen. Mindestens zwei verschiedene Ritzarten lassen sich unterscheiden: Typ I: feine schmale Einritzungen (Fragment 3); Typ II: tiefe, z.T. breite Einritzungen, auch beide Typen nebeneinander (Fragment 4 und 5). Die Ritzungen wurden wohl mit Bronzegriffeln ausgeführt.

a) Inschriften: A?VNICẠ (Zeile I), N??/Ṃ (Zeile II), keine buchstabenähnlichen Zeichen in Zeile III, AVA/??A (Zeile IV).
Die bisher an dieses Fragment geknüpftende Vermutung, daß die Frühdatierung der Klostergründung mit Hilfe paläographischer (Runenzeichen?) oder sprachlicher (gotisch?) Hinweise gesichert werden kann, konnte sich nach genauer Untersuchung (Düwel) nicht bestätigen. Die alte Lesung von Wolfgang Krause lautete in Zeile I: /// A RVNICA. Er ergänzte den nach seiner Meinung fehlenden Teil vor dem Adjektiv RVNICA „runisch, Runen-" als [LIT(t)ER]A oder [LIT(t)ERATVR]A, also zu „Runenbuchstabe" oder „Runenschrift". Diese Deutung sah er als Hinweis auf eine Lesung des vierten Zeichens als einer thorn-Rune in Zeile IV:

V A I þ I A, das er als gotisches Wort 'waiþja' „Jäger, Waidmann" erklärte. Das so interpretierte Zeichen ist jedoch weder als lateinischer Buchstabe noch als Rune eindeutig zu identifizieren; ferner ist auch das R aus Zeile I unklar, so daß eine sichere Lesung nicht zu erreichen ist. Bei Krause stützen sich die þ-Rune in Zeile IV und die im Beginn ergänzte Zeile I gegenseitig. Fällt die RUNICA-Lesung, wird ein þ obsolet – läßt sich das þ nicht halten, bleibt Zeile I beziehungslos. Die Lesung ist zu unsicher, als daß sich die These einer gotischer Sprachform und damit Kenntnis des Gotischen in Brunshausen halten ließe (Düwel).

b) Inschrift: BR.
Die Deutung der in Capitalis doppelstrichig eingeritzten Buchstaben ist nicht sicher. Geht man von weiteren umgebenden Buchstaben aus, könnten Namen, z. B. ADALBRAHT oder BRVN, vorliegen, wie sie in Mönchs- und Schülerlisten auftauchen (Schmid, S. 222, Nr. 22). Auch an eine Einritzung des Ortsnamens, BR[VNI(oder E)STESHVSI], so die älteste Form vom Jahre 1007 (Tiefenbach, S. 20), ist zu denken. Wenn nur BR vorhanden wäre, könnte es sich um eine Namensinitiale oder Abkürzung handeln. Hier käme wiederum der Personenname BRVN oder der Ortsname in Betracht.

c) Inschrift: C E (Zeile 1), DEBITA (Zeile 2), I I I (Zeile 3).
Die Deutungsversuche gehen vom les- und verstehbaren DEBITA aus, sind aber nicht sicher. Das Partizipium Praeteriti *debitus, -a, -um* bezeichnet „was man schuldig ist". *Debita* allein kann als Neutrum Pluralis von *debitum* (*debitum* oder *debita solvere* „Schuld(en) bezahlen") aufgefaßt werden. Vielleicht liegt ein Schuldeneintrag vor (Geldschulden?), hierbei könnten die Zeichen der Zeile III als Zahlzeichen verstanden werden.

Auf eine andere und eher zutreffende Möglichkeit weist der Gebrauch von *debita* bei mehreren Kirchenvätern, die diesen Ausdruck aus der fünften Bitte des Paternoster mit *peccata* – „Sünden" – erläutern. Bei dieser Erklärungsmöglichkeit wären Sünden (die eigenen oder die eines anderen) genannt, im Blick auf das vermutete Zahlzeichen derer drei.

Goetting, Brunshausen. – Krause, Runica-Inschrift. – Goetting, Gandersheim, S. 1–81. – Schmid, Klostergemeinschaft. – Goetting, Art. Brunshausen. – Tiefenbach, Art. Brunshausen. – Keibel-Maier, Baugeschichte Brunshausen. – Naß, Fulda u. Brunshausen. – Fried, Fulda. – Düwel, Brunshausen.

K.D./A.W.

III. 30
Sog. Kana-Krug

Alexandria oder Rom, Anfang 1. Jahrhundert n. Chr.
Sog. Onyxalabaster (Kalksinter). – Ein Henkel und ein größeres Stück des Fußes abgebrochen.
H. 46,5 cm, Dm. 39,5 cm.
Quedlinburg, Ev. St. Servatii Domgemeinde, Schatzkammer

Steingefäße als wertvolle und dauerhafte Behälter haben eine lange Tradition. Die frühen Hochkulturen in Ägypten und Mesopotamien schätzten sie als Beispiele hervorragenden Kunsthandwerks. Auch die Griechen fertigten seit früher Zeit kleine Dosen und Flaschen für kosmetische Zwecke an und bevorzugten dafür den weißleuchtenden, kristallinen Marmor und den lebhafter gefärbten, gebänderten Alabaster (Kalksinter), der den kleinen Salbölfläschchen, den Alabastra, den Namen gab. Etwa seit hellenistischer Zeit wurden auch größere Gefäße, wie sie im Haushalt und bei Gelagen für Wein oder Wasser gebraucht wurden und die eigentlich aus Ton oder Bronze bestanden, aus Stein hergestellt. Solche Amphoren und Hydrien, Kratere, Stamnoi und Becken konnten in Häusern und Gärten als Brunnen- oder Schmuckgefäße aufgestellt werden, denn für eine Verwendung im ursprünglichen Sinn als Tisch- und Haushaltsgefäß waren sie wegen ihres großen Gewichts nicht geeignet. Aber wie die Amphoren, Mischkessel und Kannen aus Ton und Bronze wurden sie auch dazu benutzt, der Asche eines Verstorbenen ein würdiges Behältnis zu geben. Damit setzten sie die Tradition fort, als Aschenurne eine kostbare Truhe oder ein Gefäß zu nehmen, das den gesellschaftlichen Status und die Bedeutung des Toten unterstrich. Mit der Einbeziehung Ägyptens in die hellenistische Welt wurden für diesen Zweck auch Gefäße aus dem honigfarbenen Alabaster oder dem sehr harten, purpurfarbenen Porphyr aus diesem Land beliebt.

Der Quedlinburger Kana-Krug schließt sich mit der bauchigen Form, den kräftig profilierten Teilen von Fuß und Mündung und dem Henkelpaar unmittelbar an die traditionellen griechischen Gefäße für Wasser und Wein an. Die Mündung war ursprünglich, wie der Falz an der Innenseite zeigt, mit einem Deckel geschlossen. Die Henkel stellen stark stilisierte Rebzweige dar, die miteinander verschnürt und dann zum Griff auseinandergebogen sind. Die als knospenartige Mohnkapseln gebildeten Enden liegen auf der Mündung auf, die unteren Enden setzen blattförmig an der breitesten Ausladung des Gefäßes an. Derartige als Zweige stilisierte Henkel kommen an silbernen Trinkgefäßen der frühen römischen Kaiserzeit, etwa aus dem Hildesheimer Silberschatz, vor oder an dem hellenistischen Achatkantharos in Paris, der als 'Coupe des Ptolémées' bekannt ist. Aber auch einfachere hellenistische Henkelbecher aus Keramik, die der unteritalischen Gnathia-Gattung angehören, haben diese grazile Henkelform, die ihre Herkunft aus der Toreutik nicht verleugnet, wie es später noch Bronzelampen aus Pompeji zeigen. Die Form des Krugs ist aber weder eindeutig eine Amphore noch ein Mischgefäß, da er ja nicht für den realen Gebrauch etwa bei einem festlichen Gelage, sondern als Aschenurne gedacht war.

Die natürliche Bänderung des Alabasters unterstreicht harmonisch die Gefäßform und weist ebenso wie die technische Meisterschaft, mit der die Zweighenkel zusammen mit dem bauchigen Körper aus einem Steinblock herausgearbeitet sind, auf eine geübte Werkstatt in Ägypten oder Italien hin, die für eine anspruchsvolle Kundschaft arbeitete. In Rom sind mehrfach vergleichbare Alabasterurnen gefunden worden, die zu vornehmen und reichen Bestattungen der frühen Kaiserzeit gehörten. Eine enthielt die Asche der Livilla († 41 n. Chr.), der Tochter des Germanicus. Auch der Quedlinburger Kana-Krug wird zu einem solchen Grab einer hochstehenden Person in Rom oder andernorts gehört haben.

A.Kr.

Nach neutestamentlicher Überlieferung ließ Christus bei der Hochzeit zu Kana in Galiläa, als der Festgesellschaft der Wein ausgegangen war, sechs große steinerne Wassergefäße mit Wasser füllen, das er in Wein verwandelte (Io 2, 1–11). Mit dem Wunder in Kana offenbarte Christus erstmals seine Göttlichkeit. Es wurde bereits von den Kirchenvätern typologisch auf das Verhältnis von Altem Bund (Wasser) und Neuen Bund (Wein) bezogen.

Seit der ältesten Erwähnung des Quedlinburger Alabastergefäßes aus dem 16. Jahrhundert wird dieses als einer der Krüge des Kana-Wunders bezeichnet. Reliquienverzeichnisse und andere historische Nachrichten bezeugen sog. Kana-Krüge im Abendland seit dem 10. Jahrhundert. Es hat sie an vielen, zumeist historisch bedeutenden Orten gege-

III. 30

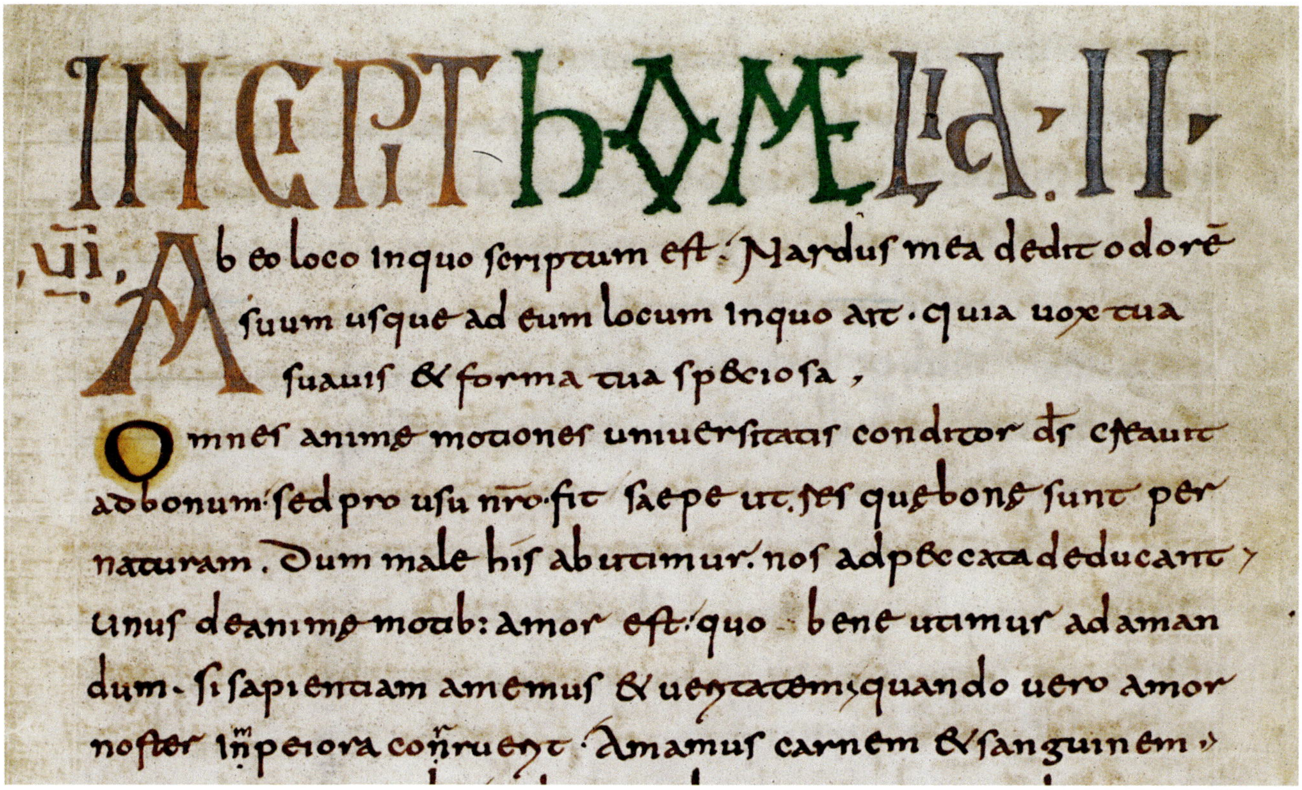
INCIPIT HOMELIA · II ·

,ui, Ab eo loco inquo scriptum est: Nardus mea dedit odore(m)
suum usque ad eum locum inquo ait. quia uox tua
suauis & forma tua speciosa,
Omnes animae motiones uniuersitatis conditor ds creauit
ad bonum: sed pro usu nro fit saepe ut res quae bonae sunt per
naturam. Dum male his abutimur. nos ad peccata deducant,
unus de animae motib: amor est: quo bene utimur ad aman
dum. si sapientiam amemus & ueritatem; quando uero amor
noster inferiora corruerit. Amamus carnem & sanguinem

Ill. 31, fol 10r (Ausschnitt)

ben, so etwa auf der Reichenau, in Aachen, Bamberg, Hildesheim, Köln und Magdeburg. Kana-Krüge gehörten wie andere Gegenstände, die man unmittelbar mit Christus in Verbindung brachte, zu den Herrenreliquien. In ihrem Besitz zu sein, war eine Auszeichnung, entsprach repräsentativen Ansprüchen und galt als Unterpfand von Herrschaft, der sie Schutz und Gnade verliehen.

Gefäße wie das Quedlinburger konnten zu glaubhaften Zeugnisssen des Wunders in Kana werden, wenn sie in Entsprechung zum Johannes-Evangelium aus Stein gearbeitet waren und ein großes Fassungsvermögen besaßen. Da im Mittelalter die Herstellung von derartigen Steingefäßen nördlich der Alpen keine Tradition hatte und Onyxalabaster hier weitgehend unbekannt war, mag man an der angeblichen Herkunft aus dem Heiligen Land kaum gezweifelt haben. Material, kunstvolle Bearbeitung, Größe und Form des Gefäßes verbürgten, gleichsam als Authentik, die Echtheit der Reliquie. So werden Kana-Krüge zu den herausragenden Heiltümern gehört haben, denn sie waren zugleich hochrangige Reliquien und begehrte Kostbarkeiten.

Aus dem Mittelalter haben sich zumeist keine Nachrichten erhalten, die mitteilen, wann und unter welchen Umständen Kana-Krüge in Kirchenschätze gelangt sind. Erst in nachmittelalterlicher Zeit gibt es Bemerkungen, die viele von ihnen als Schenkungen bedeutender Persönlichkeiten bezeichnen. Der Quedlinburger Kana-Krug ist in einer Erwähnung des 18. Jahrhunderts mit Kaiser Otto I. in Verbindung gebracht worden: Dieser habe vier Krüge der Hochzeit zu Kana von Italien aus nach Magdeburg geschickt und bei seiner Rückkehr im Jahre 973 jeweils einen nach Hildesheim, Köln und Quedlinburg geschenkt; einer sei in Magdeburg verblieben. In diesen neuzeitlichen Mitteilungen spiegelt sich wider, was aus mittelalterlichen Quellen allgemein bekannt ist: Sie berichten von zahlreichen Reliquien, mit denen Otto der Große das Stift in Quedlinburg bedachte, und von kostbarem und seltenem Material, das er aus Italien mitbrachte. Daneben ist von Gesandtschaften die Rede, die dem

Kaiser erlesene Geschenke, darunter kunstreiche Gefäße, übergaben. So liegt der Gedanke nicht fern, daß auch der Quedlinburger Kana-Krug zu Zeiten des ottonischen Herrscherhauses in das Stift gekommen ist.

A.Gu.

Voigtländer, Stiftskirche zu Quedlinburg, S. 168, 171 u. 198f. Nr. 399–416. – Ausst.kat. Berlin 1992/93, Nr. 1 (Antje Krug u. Dietrich Kötzsche) (Lit.). – Ausst.kat. Hildesheim 1993, Bd. 2, Nr. VI-49 (Arne Effenberger).

A.Kr. / A.Gu.

III. 31
Hieronymus, Schriften

Frankreich (nördlich der Loire), um 800
Pergament, 417 Blätter. – H. 32,5 cm, B. 21 cm.
Halle (Saale), Universitäts- und Landesbibliothek Sachsen-Anhalt, Qu. Cod. 74

Der Codex, der vor allem die Korrespondenz des Kirchenvaters Hieronymus († 419/20) enthält, wurde um 800 fast ganz von einer Hand geschrieben (weitere Hände auf fol. 11r, 70r–72r, 285v, 395v). - Bischoff hat erkannt, daß er aus demselben Skriptorium hervorgegangen ist wie ein dreibändiger Psalmenkommentar des Kirchenvaters Augustin in der Kölner Dombibliothek (Hss. 63, 65, 67). In diesem nennen sich zehn Frauen als Schreiberinnen, außerdem heißt es dort (in den Hss. 63 und 67), daß sie unter Erzbischof Hildebald von Köln (ca. 787–818) geschrieben worden seien. Damit ist auch die Entstehungszeit des Hallenser Codex fixiert. Bischoff hat das Frauenskriptorium in dem vornehmen Damenkonvent Chelles (östlich von Paris) gesucht – eine ansprechende Hypothese, die freilich nicht stringent bewiesen ist.

Der Codex zeigt eine gut geformte Schrift, die bereits den Geist der karolingischen Reform atmet; im übrigen ist er schmucklos, wenn man von den Überschriften in charaktervoller Unziale und ein paar Zeilen Zierschrift auf fol. 10r, 11r und 12r absieht. Das Buch befand sich bis zur Säkularisierung in Quedlinburg; wie es dorthin gekommen ist, ist unbekannt. Eine Textergänzung auf fol. 368v scheint von einer Quedlinburger Hand des frühen 12. Jahrhunderts zu stammen; andere deutsche (und vielleicht quedlinburgische) Hände haben im 10. und im 11. Jahrhundert Marginalien und Korrekturen eingetragen (fol. 83v, 89v, 102r usw.). Auf fol. 150r der sächsische Frauenname *Hathuuui* von einer Hand des 10. Jahrhunderts.

Die Werke des Hieronymus waren im Mittelalter weit verbreitet. Seine Briefe, die nicht selten an Frauen gerichtet sind und diese zu frommem Lebenswandel ermahnen, dürften auch bei den Quedlinburger Stiftsdamen auf Interesse gestoßen sein. Auf fol. 10r (Abb.) fängt des Hieronymus Übersetzung der zweiten Hoheliedspredigt des Origenes an: INCIPIT HOMELIA II (diese Zeile in kraftvoller, leicht verschnörkelter Ziercapitalis).

CLA IX.1352.

Bischoff, Nonnenhandschriften. – Fliege, Handschriften Quedlinburg, S. 33–38. – Bischoff, Festländische Handschriften, Nr. 1483. – Hoffmann, B. Bischoff, S. 563. – Zu den Vergleichshandschriften: Ausst.kat. Köln 1998, Nr. 3.

H.H.

III. 32
Leben des heiligen Martin

Tours, um 830
Pergament, 188 Blätter. – Farbe mit Gold.
Originaler (?), jedenfalls mittelalterlicher Holzdeckeleinband.
H. 23 cm, B. 16,4 cm.
Halle (Saale), Universitäts- und Landesbibliothek Sachsen-Anhalt, Qu Cod. 79

Die Handschrift enthält die Lebensbeschreibung des hl. Martin (316/17–397), Bischofs von Tours und Patrons der in karolingischer Zeit bedeutenden Abtei Tours, der im Frankenbereich allseits große Verehrung genoß; angefügt ist die kurze Vita des hl. Bricius (fol. 185v–188).

Ein Schreibervermerk auf fol. 183v in roter Unziale nennt Schreiber und Herstellungszeit: *Ego indignus presbyter Adalbaldus hunc libellum ex iussione domino meo Fredegiso manu propria scripsi.* Der Priester Adalbald, der sich in insgesamt vier Handschriften als Schreiber nennt – über den sonst aber nichts bekannt ist, der aber sicherlich Mönch in Tours war –, hat die Handschrift also auf Befehl

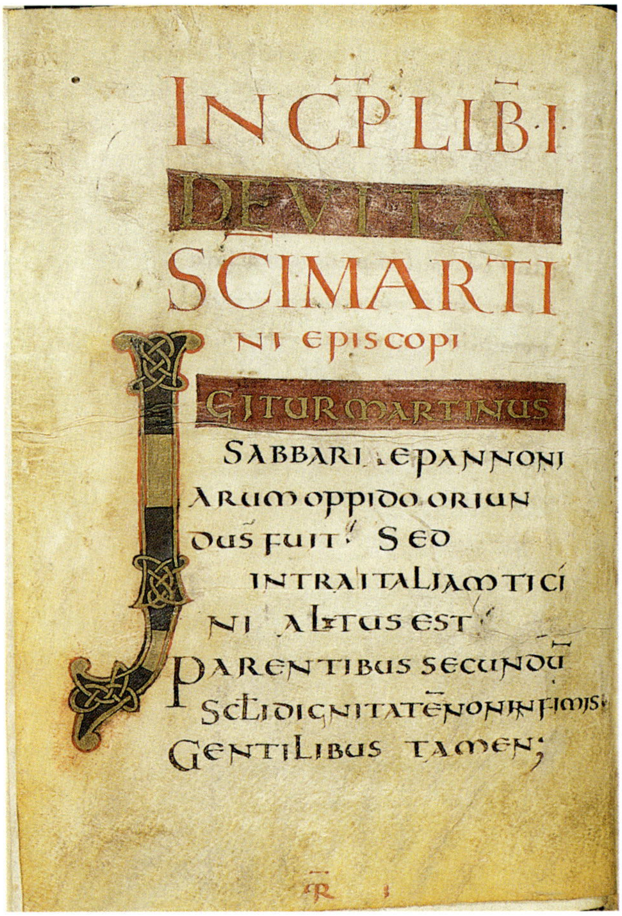

III. 32, fol. 8v

seines Abtes Fridugisus, also in den Jahren 807–834, geschrieben, wahrscheinlich in den letzten Jahren.

Der Buchschmuck ist bescheiden. Zum Prolog gibt es auf fol. 1r zwei in Gold auf Purpurstreifen geschriebene Anfangszeilen und eine kleine, typisch touronische Initiale, zum eigentlichen Textbeginn eine Zierseite mit zwei Zeilen in Goldschrift auf Purpurgrund und einen weiteren mit Gold und Silber gefüllten und mit goldenen Flechtwerkformen verzierten Zierbuchstaben.

Die Handschrift, die gewiß seit dem hohen Mittelalter zur Bibliothek des Kanonissenstiftes Quedlinburg gehörte, ist ein wichtiges Zeugnis der Kenntnis westlicher Literatur und Buchkunst im ottonischen Sachsen. Im Quedlinburger Handschriftenkatalog von 1727 wird sie beschrieben. Sie gelangte nach der 1803 erfolgten Aufhebung des Stiftes 1813 zunächst in die Universitätsbibliothek Göttingen und von dort 1833 in die Quedlinburger Gymnasialbibliothek. 1938 wurde sie mit den dortigen Beständen in die Universitätsbibliothek Halle verbracht.

Eckhard, Codices, Nr. X, S. 13–15 (ältere Lit.). – Koehler, Karolingische Miniaturen, Bd. 1,1, S. 37f., 45, 91f., 94–96, 162f., 174 u. 379; Tafelbd., Taf. 31 a-c. – Rothe, Buchmalerei, S. 238, Farbtaf. 12. – Fliege, Handschriften Quedlinburg, S. 53–56. – Bischoff, Festländische Handschriften, Tl. 1, S. 309 Nr. 1484.

R.K.

III. 33
Frankosächsisches Evangeliar aus Quedlinburg

Nordfrankreich (Saint-Amand), um 860–870
Pergament, I + 192 Blätter. – Deckfarbenmalerei mit Gold und Silber. – H. 32,5 cm, B. 24 cm.
Halle (Saale), Universitäts- und Landesbibliothek Sachsen-Anhalt, Qu. Cod. 83

Die Handschrift enthält die vier Evangelien mit Vorreden (fol. 2r–4v), zwölf Kanontafeln (fol. 6v–12r) und am Ende das Capitulare evangeliorum (fol. 182–191r). Sie wurde wohl von mehreren Händen in brauner Minuskel geschrieben, Überschriften, Incipit und Explicit in roter Rustica. Mit Schmuck ausgestattet sind die Kanontafeln und die Anfänge der vier Evangelien, wo gerahmte Incipit- und Initialseiten (fol. 12v–13r, 60v–61r, 92v–93r, 144v–145r; Abb.) sich gegenüberstehen. Die Incipitseiten sind in goldener und silberner Capitalis, die Initialseiten in goldener Unziale geschrieben. Rahmen und Initialen sind aus rot gerandetem Gold- und Silberband gebildet, das bei den Initialen in farbig unterlegte Geflechte ausläuft, während die Innenfelder braunes Flechtwerk aufweisen.

Die Handschrift gehört zu der Hauptgruppe der frankosächsischen Schule (Koehler), die sich seit der Mitte des 9. Jahrhunderts in Nordfrankreich entwickelte und heute meist nach Saint-Amand lokalisiert wird (Niver; Boutémy). Mit der Zweiten Bibel Karls des Kahlen (Paris, Bibliothèque nationale, lat. 2) erreicht sie zwischen 871 und 873 ihren Höhepunkt. Die aus Quedlinburg stammende Handschrift ist älter, in der Entwicklung des Buchschmucks steht sie dem Evangeliar aus Jouarre (Meaux, Bibliothèque Diocésaine, Dauerleihgabe in Jouarre – Dép. Seine-et-Marne, Abbaye de Notre-Dame) nahe, während die Capitalisform der nebeneinanderstehenden Initialen L und I des Matthäus-Evangeliums (fol. 13r) aus einer noch früheren Phase der Schule stammen, die von dem Evangeliar lat. 11956 der Bibliothèque nationale (fol. 13r) und

III. 33, fol. 144v–145r

dem der ehem. Sammlung Zoude (heute in Privatbesitz, fol. 12r) vertreten wird.

Das Evangeliar war im 15. Jahrhundert im Besitz der Kirche St. Servatius in Quedlinburg, wie der Eintrag auf fol. 1v: *Istud corpus evangelicum pertinet dominabus urbis Quedelinburg ecclesie sancti servacii episcopi* („Dieses Evangeliar gehört den Damen der Kirche des hl. Bischofs Servatius in der Stadt Quedlinburg") zeigt. Es dürfte jedoch schon im 10. Jahrhundert in das Quedlinburger Damenstift gelangt sein, wohl durch Angehörige des ottonischen Herrscherhauses. 1833 wurde es in die Bibliothek des Gymnasiums zu Quedlinburg überführt, seit 1938/39 wird es in der heutigen Universitäts- und Landesbibliothek Sachsen-Anhalt in Halle aufbewahrt.

Niver, Franco-Saxon School. – Boutémy, Style de Saint-Amand. – Boutémy, Style franco-saxon. – Rothe, Buchmalerei, S. 189 u. 238f. Taf. 13. – Koehler, Buchmalerei, S. 171–176. – Fliege, Handschriften Quedlinburg, S. 59–61. – Fischer, Lateinische Evangelien, S. 28 (Qq). – Ausst.kat. Hildesheim 1993, Bd. 2, Nr. VI-50 (Ulrich Kuder). – Bischoff, Festländische Handschriften, Nr. 1485.*

F.C.

INXPI SCI
NOMI EVAN
NE·INI GELII·
CIVM SDIOH

Kapitel IV

Herrschaft und Reich

AACHEN

IV. 1
Zwei Säulen aus dem Aachener Münster

Mittelmeerisch, spätantik
Bronze, grüner Porphyr, Marmor.
Basen: H. 20 cm, Dm. 40 cm; Schäfte: H. 233 cm, Dm. 30–33 cm; Kapitelle: H. 47 cm, B. 56 cm, T. 56 cm.
Aachen, Dom

Die Säulen gehörten der im Laufe der zweiten Hälfte des 8. Jahrhunderts errichteten Aachener Pfalzkapelle Karls des Großen an und waren Bestandteil der Säulengitter ihrer Empore. Dort steht im Westen noch heute jener Thron, auf dem Otto der Große 936 nach seiner Krönung zum ostfränkischen König Platz genommen hatte. 1794–1795 nach Paris verschleppt, wurden die meisten Säulen 1815 zurückverbracht und seit 1843 mit einigen Ausnahmen (wie den beiden ausgestellten) wieder eingebaut. Die Säulen sind teils römisch-antiken Ursprungs, teils hervorragende Nachbildungen aus karolingischer Zeit. Bei mehreren Säulen ist die Entstehungszeit ihrer Bestandteile (Basen, Schäfte, Kapitelle) umstritten. Eine Untersuchung aller Aachener Säulen bezüglich ihrer formgeschichtlichen Einordnung und ihres Materials bzw. ihrer Herkunft (mittelmeerisch oder regional) hat bislang erst teilweise stattgefunden (Meyer; Peacock).

Zur Herkuft der Säulen schreibt der Biograph Karls des Großen Einhard, da der fränkische König Säulen und Marmor[kapitelle] für seine Pfalzkapelle nicht woanders herbekommen konnte, habe er sie aus Rom und Ravenna heranfahren lassen (*Ad cuius structuram cum columnas et marmor aliunde habere non posset, Roma atque Ravenna devehenda curavit*; Vita Karoli Magni, c. 26).

Die häufig geäußerte Vermutung, Karl der Große habe sich mit den antiken Spolien seiner Pfalzkapelle programmatisch in politische Traditionen stellen wollen – seien es die Theoderichs des Großen oder die der römischen Kaiser, allen voran Konstantins des Großen – findet sich in den zeitgenössischen Quellen nicht bezeugt. Sie stellen vielmehr die Schönheit und besondere Größe der Pfalzkapelle heraus. Karl der Große hatte auf seinen Italienzügen die langobardische Architektur kennengelernt, die gerade in neuer Blüte stand, und in der ebenfalls antik-römischen Spolien und Nachschöpfungen antiker Vorbilder verwendet wurden. Damit deutet sich ein hochrangiges Konkurrenzfeld an, dem die fränkischen Welt selbst offenbar nur wenig entgegenstellen konnte und mit dem sich Karl daher auseinandersetzen mußte.

Mit guten Gründen kann vermutet werden, daß die antiken Säulen der Aachener Pfalzkapelle Otto den Großen zur Spolienausstattung des von ihm in seiner Pfalz Magdeburg gegründeten Doms angeregt hatten.

Faymonville, Münster zu Aachen. – Meyer, Kapitelle u. Kämpfer. – Peacock, Black stones. – Ausst.kat. Paderborn 1999, Nr. II.69 (Cord Meckseper).

C.M.

IV. 2
Aachener Schatzkammerevangeliar

Aachen, Anfang 9. Jahrhundert
Pergament, 280 Blätter. – Deckfarbenmalerei und Gold.
Goldener Buchdeckel als Vorderdeckel 1972 abgenommen, silberner Rückdeckel 1870 entfernt. – H. 30,5 cm, B. 24 cm.
Aachen, Domschatzkammer, Inv.Nr. 4

Die Handschrift enthält den Text der vier Evangelien mit Vorreden, Kapitelverzeichnissen, zwei der vier allgemeinen Vorreden zum Evangeliar und am Ende ein Capitulare evangeliorum. Der Buchschmuck besteht aus 12 Kanontafeln, unmittelbar im Anschluß daran einem Bild der vier Evangelisten und einer Titelseite zum Matthäus-Evangelium. Künstlerisch gestaltete Initialen kennt die Handschrift nicht.

Die ersten Kanontafeln zeigen ein Architekturgerüst, das unmittelbar an antike Bauformen erinnert. Auf plastisch profilierten Postamenten erheben sich über attischen Basen Porphyrsäulen mit ionischen Kapitellen. Darauf liegt ein Gebälk aus Architrav und Sima. Über den einzelnen Interkolumnien sind oberhalb des Gebälks Dreieck- und Rundgiebel angeordnet. Auf die sonst beliebte Bereicherung der Kanontafeln durch Pflanzen oder Vögel ist verzichtet worden. Das System der Säulenarchitektur ist so sehr antiken Prinzipien ver-

IV. 1

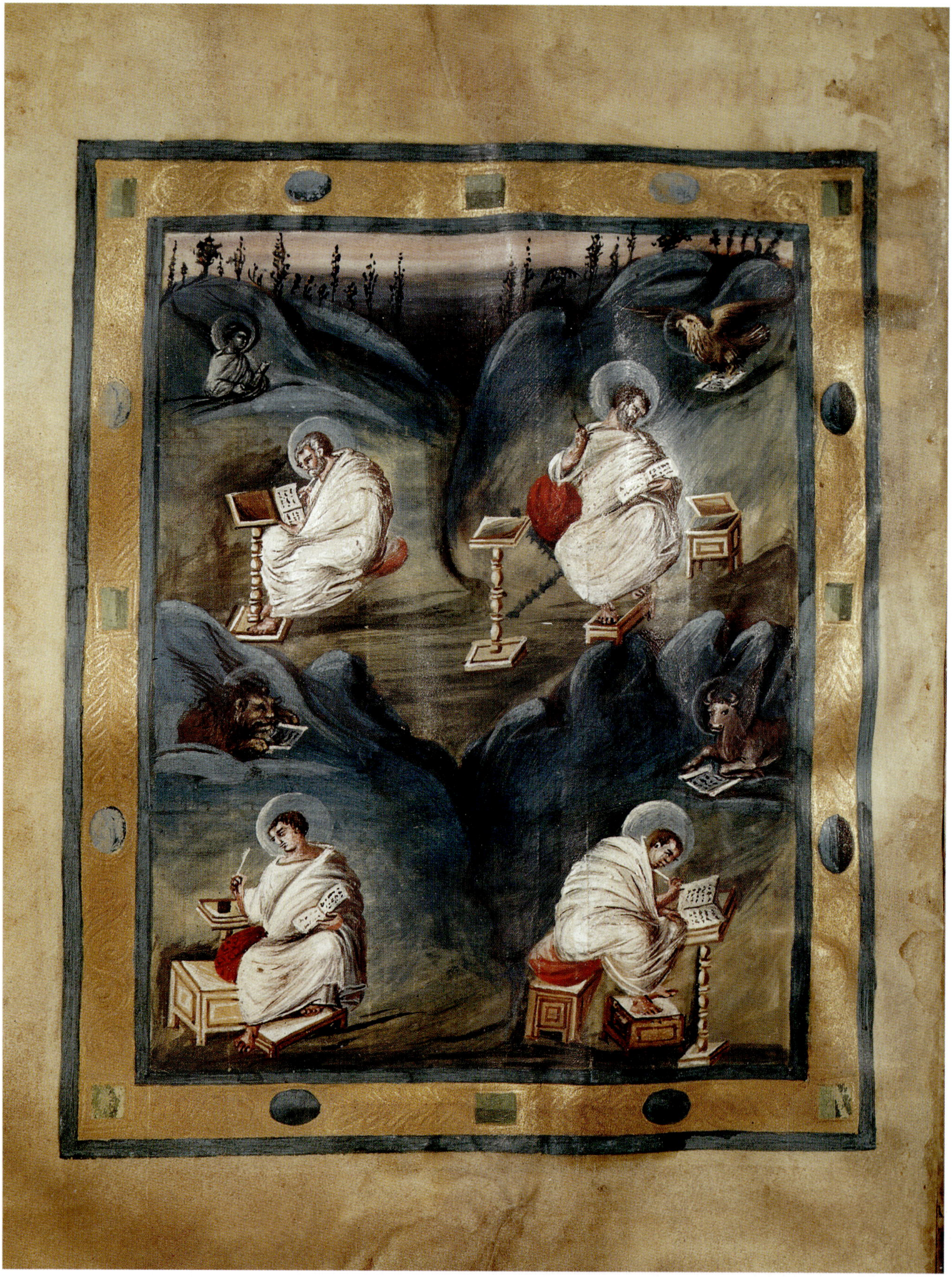

IV. 2, fol. 14v

pflichtet, daß dem Maler eine spätantike Vorlage zugänglich gewesen sein muß, die nach den Feststellungen von Carl Nordenfalk nicht später als in der Zeit um 400 entstanden sein kann. Bei den folgenden Kanontafeln werden die antiken Formen fortgeführt, aber im einzelnen variiert, ihre Elemente zunehmend vereinfachend verschliffen. Doch bleibt der antike Geist wie kaum in einer mittelalterlichen Handschrift für das Erscheinungsbild des Evangeliars bestimmend.

Am stärksten gilt das für das Bild der vier Evangelisten (Abb.). In einer Atmosphäre von blauem Gewölk mit tiefen Schatten sitzen die vier Schreiber wie antike Philosophen in weißen Gewändern in verschiedenen Positionen über ihre Arbeit gebeugt. Nur im Bereich ihrer Throne mit den auffallenden roten Kissen treten die Wolkenmassen zurück, wird ein wenig bräunlich-grüner Grund, also wohl Erdboden, sichtbar. Aus dem Dunkel über ihnen kommen die Halbfiguren der Symbole hervor. Ein schmaler Streifen rosigen Himmels, in den kleine Bäumchen hineinragen, schließt die phantastisch anmutende Szenerie nach oben ab. Ein breiter, goldener Rahmen mit feiner Fiederung und mit aufgesetzten blauen Edelsteinen umgibt das Bild.

Es ist ein Meisterwerk illusionistischer Malerei, wie es die Spätantike gekannt hatte und wie sie im Mittelalter in solcher Unmittelbarkeit nur in wenigen Werken karolingischer Zeit rezipiert worden ist. Das Evangeliar gehört zu einer kleinen Gruppe von vier Evangelienhandschriften, die neben den Werken der Hofschule Karls des Großen am Hof in Aachen zur Regierungszeit des Kaisers († 814) oder wenig später entstanden sein müssen, wie vor allem die Übereinstimmungen ihrer Texte mit einer bestimmten, damals am Hofe erarbeiteten Redaktion der lateinischen Evangelienfassung beweist. Dabei entspricht der Text des Schatzkammerevangeliars der Hofschul-Handschrift aus Soissons, die um 800 datiert wird (Paris, Bibliothèque nationale, lat. 8850). Die Gruppe wird benannt nach einem wenig älteren Evangeliar in der Wiener Schatzkammer, das zu den Reichskleinodien gehört. In ihrer Antikennähe, zu der auch der Verzicht auf die im Mittelalter sonst so wichtige Initial- und Rahmenornamentik gehört, sind auch die Malereien dieser Evangelien-Handschriften ein charakteristisches Produkt von Hofkunst. Ihre historische Bedeutung liegt in der Vermittlung der Werte antiker Malerei an das Mittelalter. Wir dürfen annehmen, daß ihre ungewöhnlich malerischen Qualitäten auch später Bewunderung gefunden haben, etwa als Otto der Große mit seinem Gefolge 936 zur Krönung in Aachen weilte. Die hohe Wertschätzung der Handschrift in ottonischer Zeit beweist nicht zuletzt der kostbare goldene, elfenbeingeschmückte Buchdeckel, mit dem der Codex in ottonischer Zeit ausgezeichnet wurde.

Der Goldene Buchdeckel der Zeit um 1000 zeigt außer den Evangelistensymbolen vier Szenen aus dem Leben Christi als getriebene Reliefs und ein eingelassenes byzantinisches Elfenbeinrelief mit der Halbfigur Mariens mit Kind (vgl. Kat.Nr. IV.15). Dazu gehört ein silberner Rückdeckel mit Darstellungen der vier Evangelisten und zweier stehender Engel; das Zentrum füllen die zugehörigen Elfenbeinflügel desselben byzantinischen Triptychons mit Halbfiguren von Heiligen.

Das Evangeliar ist in Aachen entstanden und seit dem 19. Jahrhundert dort im Münsterschatz vielfach belegt. Die Wahrscheinlichkeit ist groß, daß es von Anfang an für die Aachener Pfalzkapelle Karls des Großen bestimmt war und dort die Jahrhunderte überdauert hat.

Nordenfalk, Kanontafeln, Textbd., S. 195–207; Tafelbd., Taf. 162 u. 163. – Koehler, Karolingische Miniaturen, Bd. 3, Textbd., S. 72–80; Tafelbd., Taf. 28–36. – Schramm/Mütherich, Denkmale, Nr. 14 (Lit.) mit Abb. – Ausst.kat. Utrecht 1996, Nr. 4 (Wilhelmina C. M. Wüstefeld) mit Farbtaf. – Bischoff, Festländische Handschriften, Nr. 1. – Ausst.kat. Paderborn 1999, Bd. 2, Nr. X.12 (Katharina Bierbrauer) mit Farbabb. – Mütherich, Erneuerung, S. 564 u. 568, Farbtaf. 31 u. 32. – Zum ursprünglichen Einband: Steenbock, Prachteinband, Nr. 51 u. 52 mit Abb.

R.K.

IV. 3
Pontifikale Romano-Germanicum

Lucca, 2. Hälfte 10. Jahrhundert (um 962/64?)
Pergament, 174 Blätter. – H. 30,5 cm, B. 21,5 cm.
Lucca, Biblioteca Capitolare, Ms. 607

Der Buchtyp des Pontifikales, der um 800 im Frankenreich entstand, beinhaltet Zusammenstellungen von Texten und Ordnungen der spezifisch bischöflichen Liturgiefeiern und diente somit dem Bischof im Frühmittelalter zur Leitung liturgischer Versammlungen. In den Sakramentaren der frühen Karolingerzeit sind bereits Pontifikalriten aufgenom-

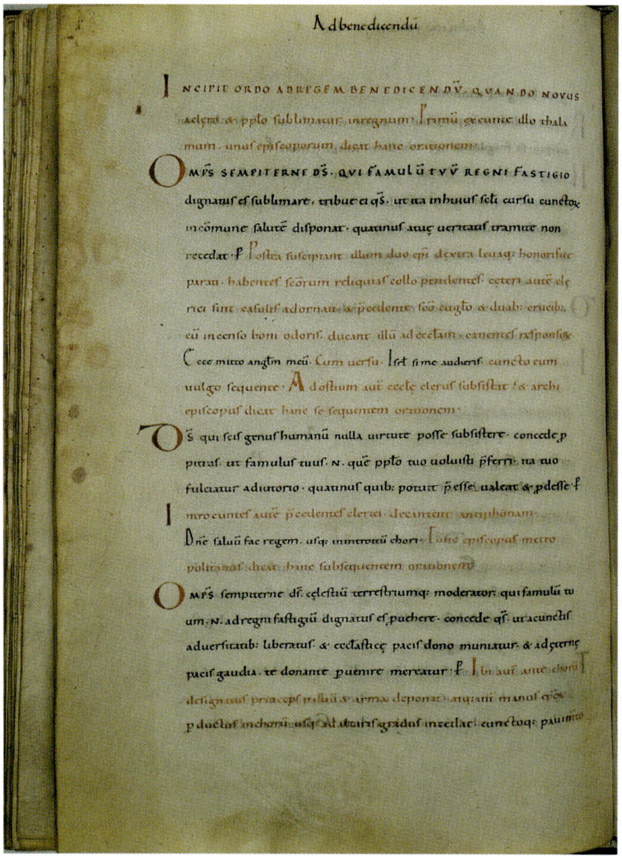

IV. 3, fol. 86v

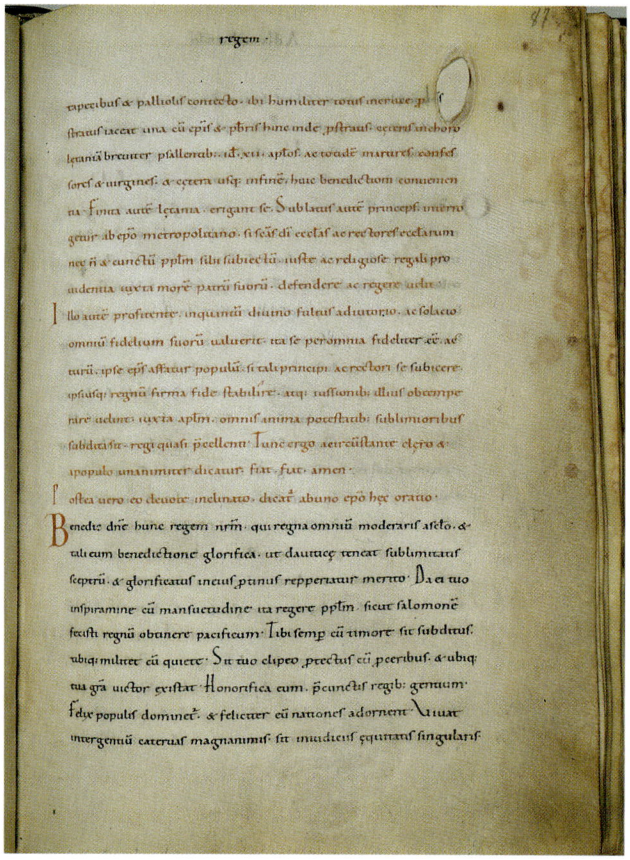

IV. 3, fol. 87r

men. Alle bekannten Pontifikalien aus dem 9. und der ersten Hälfte des 10. Jahrhunderts sind Einzelstücke mit einer großen Variationsbreite der Textzusammenstellungen. Erst das um 950–961/63 entstandene sog. Pontifikale Romano-Germanicum erlebte eine große Verbreitung mit über 50 erhaltenen Handschriften in ganz Europa. Es ist in der Abtei St. Alban in Mainz entstanden und prägte die weitere Entwicklung dieses liturgischen Buchtyps, da die späteren Pontifikalien in den einzelnen Diözesen zwar verschieden waren, in ihrem Grundbestand aber auf diesem Pontifikale beruhten, auch die römischen.

An der Spitze des Erzbistums Mainz, zu dem die 796 gegründete bedeutende Abtei St. Alban gehörte, stand seit 954 Wilhelm, der illegitime, hochgebildete Sohn Ottos I., der 961 Wahl und Krönung Ottos II. leitete, den Romzug Ottos des Großen mit vorbereitete und 967 als Reichsverweser fungierte. In St. Alban entstand auch der Krönungsordo, der in das 'Pontifikale Romano-Germanicum' aufgenommen wurde und in Europa große Wirkung entfaltete. Als man im Frühmittelalter begann, den äußeren Ablauf liturgischer Handlungen schriftlich festzuhalten – diese Texte bezeichnet man als *Ordines* – wurden auch die liturgisch-rechtlichen Akte der Königserhebung (Salbung, Krönung, Szepterübergabe) in ihrer Abfolge schriftlich fixiert. Der Krönungsordo des 'Pontifikale Romano-Germanicum' weist westfränkischen Einfluß auf sowie Übernahmen aus dem ostfränkischen Ordo vom Anfang des 10. Jahrhunderts.

Bei dem Pontifikale aus Lucca handelt es sich um die getreueste Abschrift der ersten Fassung des 'Pontifikale Romano-Germanicum', wahrscheinlich geschrieben in Lucca nach einem Original aus Mainz. Aus diesem Grund hat man in der Forschung vermutet, daß der Codex vielleicht während eines Aufenthaltes Ottos I. in Lucca angefertigt worden ist. Dies wäre entweder im März 962 oder im Juli/August 964 möglich gewesen.

Für Ottos I. Bemühungen um eine Reform der Liturgie in seinem Reich bildet das 'Pontifikale Romano-Germanicum' ein wichtiges Zeugnis.

Andrieu, Ordines Romani, S. 156–165. – Vogel/Elze, Le pontifical romano-germanique, Bd. 3, S. 16 u. 19. – Anton, Art. Ordo. – Palazzo, Livres liturgiques, S. 212 u. 214.

M.H.

IV. 4
Diplom König Ottos I. für Cambrai

Aachen, 948 (?) April 30
Pergament, H. 30 cm, B. 45 cm.
Lille, Archives Départementales du Nord, Inv.Nr. 3 G 7/69

Die vorliegende Urkunde (DO I 100) dokumentiert die Schenkung der Abtei St-Géry mit allen dazu gehörigen Besitzungen und Rechten sowie die Verleihung der Immunität an die bischöfliche Kirche von Cambrai unter Bischof Fulbert († 956). Nicht nur der Empfänger der Schenkung, sondern auch die im Diplom genannten Intervenienten, Erzbischof Friedrich von Mainz († 954), Ottos Bruder Brun, die Herzöge Konrad von Lothringen († 955) und Hermann I. von Schwaben († 949) lassen darauf schließen, daß die Übertragung des Klosters an Bischof Fulbert von Cambrai zum Dank für die geleistete Unterstützung bei den Kämpfen gegen Herzog Hugo von Franzien († 956) und dessen Anhänger im westfränkisch-französischen Reich erfolgte. So bildete Cambrai 946 den Ausgangs- und Endpunkt eines Feldzuges Ottos I. nach Westfranken/Frankreich, an dem Erzbischof Friedrich und Herzog Hermann führend beteiligt waren. Angesichts der unterschiedlichen kirchlichen und politischen Einbindung des Bistums Cambrai mußten die ottonischen Herrscher stets auf enge Beziehungen zum dortigen Bischof achten. Kirchlich war Cambrai ein Bistum der Kirchenprovinz Reims,

IV. 4

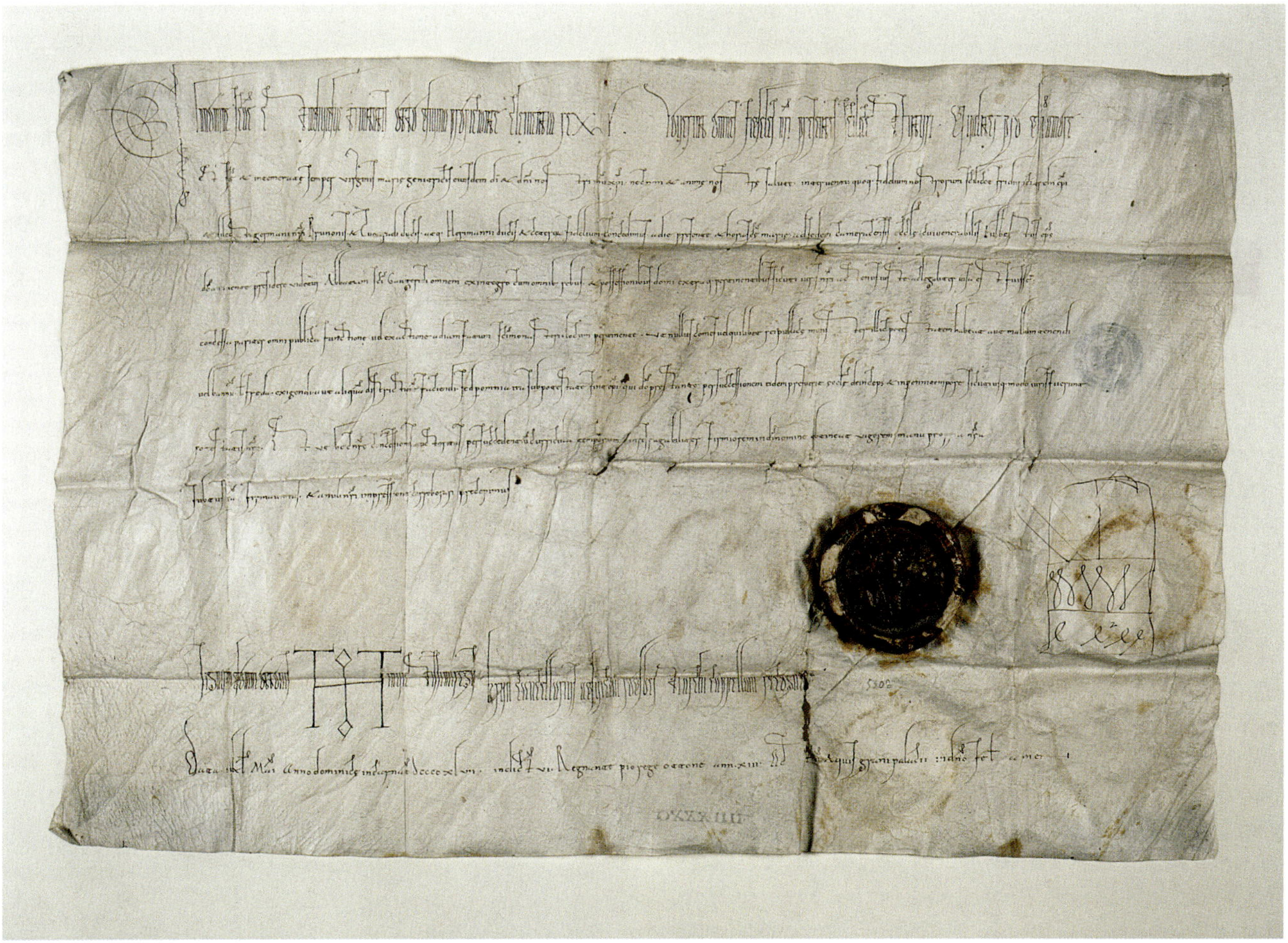

deren Großteil sich geographisch im westfränkisch-französischen Reich befand, politisch gehörte das Gebiet von Cambrai hingegen zum ottonischen Reich.

Das Diplom wurde von dem Notar mit der Sigle Brun A geschrieben, der von 940 oder 941 bis 953 an der inhaltlichen und graphischen Herstellung von Königsurkunden mitwirkte. Etwa die Hälfte des im Querformat beschriebenen Pergaments verwendete der Notar für das Eingangsprotokoll und den Kontext. Das verzierte Chrismon (symbolische Anrufung Gottes; vgl. Kat.Nr. III.9) am linken oberen Rand, dessen Wirkung durch die ausschließlich rechts davon angeordneten Schriftzeilen noch erhöht wurde, stellt die gesamte Urkunde gleichsam unter göttlichen Schutz. Die erste Zeile leitete Brun A mit einer Initiale (*I*) ein und schrieb sie in verlängerter Schrift. In deren Mitte kennzeichnete er mit dem besonders breit und hoch ausgeführten *n* als Anfangsbuchstaben von *noverint* das Ende des Eingangsprotokolls (*rex*) und den Beginn des Kontextes. Die folgenden sieben Zeilen wurden in diplomatischer Minuskel und mit regelmäßigen Abständen ausgeführt. In der dritten Zeile hob der Notar die Namen der Fürsprecher Brun, Konrad und Hermann mit Hilfe von Majuskeln als Anfangsbuchstaben graphisch hervor. Das Schriftbild von Brun A ist besonders durch die Form der Zierschleifen bei den Buchstaben *c, f, s* sowie durch die teils gebrochenen, teils bogenförmig auslaufenden Oberlängen von *b, d, h, k, l* charakterisiert.

Im relativ großen Freiraum zwischen dem Ende des Kontextes und der wiederum in verlängerter Schrift gestalteten Signum- und Rekognitionszeile (Beglaubigung, Nennung des Kanzlers und des Erzkapellans) wurde das Siegel König Ottos I. angebracht. Rechts davon skizzierte Brun A sein Rekognitionszeichen, für das er in früheren Urkunden noch etwas mehr Sorgfalt verwandt hatte. Er trug darin keine tironischen Noten (Kurzschriftzeichen; vgl. Kat.Nr. VI.69) mehr ein und berücksichtigte auch dessen ursprünglich enge Verbindung zur Rekognitionszeile nicht mehr (vgl. Kat.Nr. IV.66 u. VI.69). Diese ist hier etwas unterhalb von der Signumzeile, in die man üblicherweise das Herrschermonogramm integrierte, angeordnet. Außer Brun als Kanzler führte der Notar nicht den als Intervenienten fungierenden Erzbischof Friedrich von Mainz, sondern den Metropoliten Ruodbert von Trier namentlich als Erzkaplan in der Rekognition auf. In Abhängigkeit von der geographischen Lage der Empfängersitze bzw. von den Gebieten des Reichs, auf die sich die Beurkundungen bezogen, nannte man die Erzbischöfe von Köln, Mainz, Salzburg und Trier wechselweise als Erzkapläne (vgl. Kat.Nr. IV.66). Im Hinblick auf die Bestimmung des Ausstellungsjahres ist das Diplom uneinheitlich datiert. Als Inkarnationsjahr ist 947 angegeben, während die Indiktionszahl (*VI*) auf 948 und das eingetragene Regierungsjahr Ottos I. als König (*XIII*) auf 948 oder 949 weisen. Die Editoren der Diplome Ottos I. entschieden sich für eine Einreihung des DO I 100 in das Jahr 948.

MGH DO I 100. – Böhmer, Reg. Imp., Bd. II,1, Nr. 141 i u. 164.

Stengel, Immunitäts-Privilegien, S. 147–149 u. 153–156.

W.H.

MÜNZPRÄGUNG OTTOS DES GROSSEN

IV. 5
Münzen Ottos des Großen

ZU SACHSEN vgl. Kat.Nr. V.5

LOTHRINGEN

a) Trier, Denar, 936–962

Vs.: Kreuz mit Kugel in jedem Winkel. +OTTO REX.
Rs.: Stilisiertes Gebäude und Stadtname TR/EV-ER/IS.
Silber. – Gew. 1,48 g, Dm. 20,0 mm.

Berlin, Münzkabinett SMPK, Inv.Nr. Slg. Bohl (ID 392)

Dannenberg, Münzen, Bd. 1, Nr. 459; Bd. 4, Nr. 2012. – Weiller, Münzen, 37,2. – Kluge, Münzgeschichte, Nr. 15. – Conspectus Nummorum Germaniae Medii Aevi, Nr. 17.06. – Kluge, Münzprägung, Nr. 24.

a

b

c

d

e

f

g

h

i

j

IV. 5 a–j

b) Köln, Denar, 936–962

Vs.: Kreuz mit einer Kugel in jedem Winkel. +OTTO REX. *Rs.:* Dreizeilige Inschrift. S/COLONIA/A [Sancta Colonia Agrippina].
Silber. – Gew. 1,60 g, Dm. 19,4 mm.

Berlin, Münzkabinett SMPK, Inv.Nr. 1870 Dannenberg (ID 1280)

Dannenberg, Münzen, Bd. 1, Nr. 329. – Hävernick, Münzen, Nr. 29.

c) Köln, Denar, 962–973

Vs.: Kreuz mit einer Kugel in jedem Winkel. +ODDO IMP(erator) AVG(ustu)S. – *Rs.:* Dreizeilige Inschrift. S/COLONIA/A [Sancta Colonia Agrippina].
Silber. – Gew. 1,37 g, Dm. 20,7 mm.

Berlin, Münzkabinett SMPK, Inv.Nr. 1887/179, aus Fund Klein-Roscharden (ID 1282)

Dannenberg, Münzen, Bd. 1, Nr. 334 a. – Hävernick, Münzen, Nr. 64 a-d. – Kluge, Münzgeschichte, Nr. 19. – Kluge, Münzprägung, Nr. 6.

d) Huy, Denar, 962–973

Vs.: Kopf nach links. OTTO REX IMPER(ator).
Rs.: Schleife/Dreispitz (Trinitätssymbol). +HOIO MONETA [„Münze von Huy"].
Silber. – Gew. 1,22 g, Dm. 18,7 mm.

Berlin, Münzkabinett SMPK, Inv.Nr. 1892 Dannenberg (ID 1279)

Dannenberg, Münzen, Bd. 1, Nr. 222. – Kluge, Münzgeschichte, Nr. 24. – Kluge, Münzprägung, Nr. 5.

Franken

e) Mainz, Denar, 962–973

Vs.: Kreuz mit einer Kugel in jedem Winkel. +OTTO IMP AVICIC [Otto Imperator Augustus].
Rs.: Kirchengebäude mit Kreuz in der Mitte. MOGONCIA CIVIT(as) [Mainz].
Silber. – Gew. 1,74 g, Dm. 18,9 mm.

Berlin, Münzkabinett SMPK, Inv.Nr. 1921/969 (ID 1283)

Dannenberg, Münzen, Bd. 1, Nr. 777. – Stoess, Mainzer(?) Prägungen, Abb. 8. – Kluge, Münzgeschichte, Nr. 31.

Schwaben

Otto der Grosse allein

f) Straßburg, Denar, 936–962

Vs.: Brustbild mit Diadem nach links. +OTTO REX PACIFICVS [„Otto friedensbringender König"].
Rs.: Turmartiges Gebäude, darauf Lilie. +ARGENTINA CIVITAS [Straßburg].
Silber. – Gew. 1,55 g, Dm. 20,1 mm.

Berlin, Münzkabinett SMPK, Inv.Nr. 1915/288 (ID 1289)

Dannenberg, Münzen, Bd. 1, Nr. 906. – Schramm, Kaiser u. Könige, S. 188 Nr. 84.2 c (Peter Berghaus). – Baron, Münzprägung, S. 15. – Kluge, Münzgeschichte, Nr. 37.

g) Straßburg, Denar, 936–962

Vs.: Brustbild mit Diadem nach links. +OTTO REX PACIFICVS. PACIFICVS [„Otto friedensbringender König"].
Rs.: Turmartiges Gebäude, darauf Lilie. +ARGENTINA CIVITAS [Straßburg].
Silber. – Gew. 1,17 g, Dm. 20,1 mm.

Berlin, Münzkabinett SMPK, Inv.Nr. 1886/81 (ID 1290)

Dannenberg, Münzen, Bd. 1, Nr. 906. – Schramm, Kaiser u. Könige, S. 188 Nr. 84.2 a (Peter Berghaus). – Baron, Münzprägung, S. 15. – Kluge, Münzgeschichte, Nr. 37. – Kluge, Münzprägung, Nr. 20.

h) Straßburg, Denar, 936–973

Vs.: Gekröntes Brustbild nach links. OTTO MAGNVS [„Otto der Große"]. – *Rs.:* Kreuz. +S(an)C(t)A MARIA.
Silber. – Gew. 1,23 g, Dm. 20,1 mm.

Berlin, Münzkabinett SMPK, aus Fund Obrzycko (ID 1291)

Dannenberg, Münzen, Bd. 1, Nr. 908. – Schramm, Kaiser u. Könige, S. 188 Nr. 84.4 (Peter Berghaus). – Baron, Münzprägung, S. 16.

i) Konstanz, Denar, 936–962

Vs.: Kreuz mit Kugeln in den Winkeln. +OTTO REX.
Rs.: Kirchengebäude. +CONAIA [Konstanz].
Silber. – Gew. 1,57 g, Dm. 22,6 mm.

Berlin, Münzkabinett SMPK, Inv.Nr. 1924/414 (ID 1285)

Dannenberg, Bd. 2, Nr. 1683. – Klein, Konstanzer Münzprägung, S. 9f.

j) Zürich, Denar, 962–973

Vs.: Kleines Kreuz. +OTTO IMPERAT(or).
Rs.: Szepterartige Figur mit aufgelegter Schriftleiste TVREC(um) [Zürich].
Silber. – Gew. 1,23 g, Dm. 19,2 mm.

Zürich, Schweizerisches Landesmuseum, Inv.Nr. AZ 3569

Dannenberg, Münzen, Bd. 1, Nr. 998. – Hürlimann, Münzgeschichte, S. 12. – Kluge, Münzgeschichte, Nr. 41.

k) Chur, Denar, 962–973

Vs.: Kreuz. +OTTO CAESAR.
Rs.: Turmartiges Gebäude, zu Seiten CV – RA.
Silber. – Gew. 1,41 g, Dm. 23 mm.

k

l

m

n

o

p

q

r

s

t

IV. 5 k–t

Zürich, Schweizerisches Landesmuseum, Inv.Nr. LM 1718

Dannenberg, Münzen, Bd. 1, Nr. 983. – Kluge, Münzgeschichte, Nr. 42. – Klein, Churer Münzprägung, S. 118–120, Abb. 5.

Mit Herzog Hermann I. (926–949)

l) Breisach, Denar, 936–949

Vs.: Kreuz im Perlkreis. +OTTO PIVS REX [„Otto frommer König"].
Rs.: Dreizeilige Inschrift um zepterartiges Gebilde. P(ri)S(a)C(ha) / H(e)RIMA / N(u)S [Breisach / Hermann].
Silber. – Gew. 1,64 g, Dm. 20,5 mm.

Berlin, Münzkabinett SMPK, Inv.Nr. 1912 / 1005 (ID 1277)

Dannenberg, Münzen, Bd. 1, Nr. 891. – Maurer, Herzog, S. 341, Nr. 11. – Kluge, Münzprägung, Nr. 2.

m) Breisach, Denar, 936–949

Vs.: Brustbild mit Krone nach rechts. OTTO PIVS REX.
Rs.: Ranken und kreuzförmig angeordneter Schriftzug aus waagerecht H(e)RMANN(us) und senkrecht PRIS(a)C(ha).
Silber. – Gew. 1,40 g, Dm. 20,86 mm

Zürich, Schweizerisches Landesmuseum, Inv.Nr. DMG 1942 / 63

Dannenberg, Münzen, Bd. 1, Nr. 890. – Maurer, Herzog, S. 341, Nr. 10. – Kluge, Münzgeschichte, Nr. 247.

Mit Herzog Liudolf (949–954), vgl. Kat.Nr. III.8

Mit Herzog Burchard II. (954–973)

n) Breisach, Denar, 954–973

Vs.: Kleines Kreuz. +BVRCHARD DVX [Burchard Herzog].
Rs.: Dreizeilige Inschrift. PRI / OTTO / SACH [Breisach / Otto].
Silber. – Gew. 1,32 g, Dm. 24,0 mm.

Berlin, Münzkabinett SMPK, Inv.Nr. 28914 (ID 1278)

Dannenberg, Münzen, Bd. 1, Nr. 898. – Kluge, Münzgeschichte, Nr. 253. – Klein, Münzprägung, S. 100, Nr. 3.

o) Breisach (oder Zürich), Denar, 962–973

Vs.: Kopf mit Strahlenkrone nach rechts. OTTO IMP(er)A(tor).
Rs.: Kreuz. +DVRCHARD DV.
Silber. – Gew. 1,31 g, Dm. 23,2 mm.

Stuttgart, Württembergisches Landesmuseum, Münzkabinett, Inv.Nr. 1977 / 1 (ID 1356), Einzelfund aus St. Margarete in Eberhardzell, Kr. Biberach 1968

Nau, Kaiser Otto I. – Maurer, Herzog, Nr. 17. – Klein, Münzprägung, S. 99, Abb. 1 u. 2.

Mit Bischof Udo von Strassburg (950–965)

p) Straßburg, Denar, 950–962

Vs.: Kreuz. OTTO REX PACIFICVS.
Rs.: Vierzeilige Inschrift. VOTO / ARGENT(i) / NA CIVI / TAS [Udo / Straßburg].
Silber. – Gew. 1,35 g, Dm. 20,1 mm.

Berlin, Münzkabinett SMPK, Inv.Nr. 1932 / 211 (ID 1300)

Baron, Münzprägung, Nr. 42. – Kluge, Münzgeschichte, Nr. 477.

q) Straßburg, Denar, 950–962

Vs.: Brustbild mit Diadem nach links. OTTO REX PACIFICVS.
Rs.: Kirchengebäude, auf dem Dach eine Lilie. ARGENTINA VOTO [Straßburg Udo].
Silber. – Gew. 1,78 g, Dm. 22,1 mm.

Berlin, Münzkabinett SMPK, Inv.Nr. 1892 Dannenberg (ID 1297)

Dannenberg, Münzen, Bd. 1, Nr. 929. – Schramm, Kaiser u. Könige, S. 188 Nr. 84.1 (Peter Berghaus). – Baron, Münzprägung, Nr. 43. – Kluge, Münzgeschichte, Nr. 478.

Mit Bischof Erchanbald von Strassburg (965–990)

r) Straßburg, Denar, 965–973

Vs.: Gekröntes Brustbild nach links. +OTTO IMP(erator) AVG(ustus).
Rs.: Kirchengebäude, auf dem Dach eine Lilie. +ERKAMBALD EP(iscopu)S [Erkambald Bischof].
Silber. – Gew. 1,43 g, Dm. 22,5 mm.

Berlin, Münzkabinett SMPK, Inv.Nr. 1892 Dannenberg (ID 1302)

Dannenberg, Münzen, Bd. 1, Nr. 930. – Schramm, Kaiser u. Könige, S. 188 Nr. 84.3 (Peter Berghaus). – Baron, Münzprägung, Nr. 44.

s) Straßburg, Denar, 965–973

Vs.: Gekröntes Brustbild nach links. +OTTO IMP AVG.
Rs.: Kirchengebäude, auf dem Dach eine Lilie. +ERKAMBALD EPS.
Silber. – Gew. 1,65 g, Dm. 22,2 mm.

Berlin, Münzkabinett SMPK, Inv.Nr. 1881 / 409 aus Fund Paretz (ID 1303)

Dannenberg, Münzen, Bd. 1, Nr. 930. – Schramm, Kaiser u. Könige, S. 188 Nr. 84.3 (Peter Berghaus). – Baron, Münzprägung, Nr. 44.

t) Straßburg, Denar, 965–973

Vs.: Gekröntes Brustbild nach links. +OTTO IMP AVG. – *Rs.:* Kirchengebäude, auf dem Dach eine Lilie. +ERKAMBALD EPS.
Silber. – Gew. 1,66 g, Dm. 22,1 mm.

Berlin, Münzkabinett SMPK, Inv.Nr. 1889/13 (ID 1304)

Dannenberg, Münzen, Bd. 1, Nr. 930. – Schramm, Kaiser u. Könige, S. 188 Nr. 84.3 (Peter Berghaus). – Baron, Münzprägung, Nr. 44.

Der Aufschwung des Reichs und des Königtums unter Otto dem Großen zeigt sich augenfällig in der Münzprägung. Während zwischen 900 und 936 die Münztätigkeit im ostfränkisch-deutschen Reich äußerst gering war, steigt sie in der Zeit Ottos deutlich an (vgl. Beitrag Kluge, Abb. 1). Zugleich dokumentieren die Münzen einen wesentlich größeren und stärker kontrollierten Herrschaftsbereich als unter seinen Vorgängern. Von Konrad I. (911–918) kennen wir Münzen nur aus Mainz und Regensburg, von Heinrich I. (919–936) aus Mainz, Straßburg, Metz und Verdun, von Otto I. dagegen aus nicht weniger als 12 (15) Orten: Breisach (l-o), Chur (k), Huy (?) (d), Köln (b–c), Konstanz (i), Magdeburg (Kat.Nr. V.5), Mainz (e), Metz, Speyer (?), Straßburg (f–h, p–t), Toul, Trier (a), Worms (?), Würzburg, Zürich (j). Zu diesen namentlich bekannten Münzstätten gibt es noch einige weitere, die sich wegen der Anonymität der Gepräge nicht identifizieren lassen. Mit Ausnahme Bayerns hat Otto I. in allen Herzogtümern Münzen mit seinem Namen ausgegeben. Die Fortsetzung der unter König Heinrich I. sanktionierten Sonderrolle des bayerischen Herzogtums, an der sich auch nichts änderte, als 948 mit Ottos jüngerem Bruder Heinrich ein Angehöriger des ottonischen Hauses das Herzogsamt übernahm, wird durch die Münzen ebenso dokumentiert wie die betonte Einbeziehung Lothringens in den ottonischen Reichsverband.

Neben dem König treten unter Otto I. allein die Herzöge von Lothringen, Schwaben und Bayern mit eigenen Münzen hervor. Das unterstreicht sowohl die bedeutende Stellung der Herzöge als auch die ansonsten recht strikte Durchsetzung der königlichen Münzhoheit. Das Münzrecht stand zur Zeit Ottos I. allein dem König und den Herzögen zu. Es gibt nur drei Ausnahmen von diesem Prinzip. Sie betreffen Erzbischof Brun von Köln, *archidux* und Bruder des Königs (Kat.Nr. IV.80), Bischof Ulrich von Augsburg (Kat.Nr. IV.63) sowie die Bischöfe Udo und Erchanbald von Straßburg (p–t).

Die interessantesten Münzen Ottos I. stammen aus Schwaben. Hier hat der König in Straßburg, Konstanz, Breisach, Zürich und Chur gemünzt, teils allein, teils in Gemeinschaft mit den schwäbischen Herzögen und den Bischöfen von Straßburg. Diese „Gemeinschaftsprägungen" beweisen einerseits ein besonderes Einvernehmen Ottos mit den Herzögen und den Straßburger Bischöfen, andererseits die Anerkennung karolingischer Rechtsnormen durch Otto, indem er das aus karolingischer Zeit stammende bischöfliche Münzrecht in Straßburg ohne weiteres akzeptierte. Die Straßburger Münzen sind wegen des ansonsten in dieser Zeit noch kaum verwendeten Münzporträts zugleich sehr bemerkenswerte Zeugnisse zum Bildnis Ottos I. (f–h, q–t; vgl. dazu Berghaus). Außer in Straßburg kommen Münzbildnisse Ottos I. nur noch in Breisach (m, o) und im niederlothringischen Huy vor (d), wobei es bei letzterem Typ fraglich ist, ob er nicht vielleicht erst Otto II. oder Otto III. zuzuordnen ist. Neben den Bildnissen sind auch die Inschriften der schwäbischen Münzen von hohem Interesse. Otto wird dort als *rex pacificus* („friedensbringender König"; f–g, p–q), *pius rex* („frommer König"; l–m), *caesar* (anstelle des üblichen *imperator* für Kaiser; k) oder auch bereits als *Otto magnus* („Otto der Große"; h) bezeichnet.

Die numismatische Abgrenzung der drei aufeinanderfolgenden Ottos ist in vielen Fällen noch ungelöst. Otto I., Otto II., Otto III. geben sich uns leider nicht als *primus, secundus, tertius* oder mit den entsprechenden Ordnungszahlen zu erkennen, sondern kommen einfach nur als OTTO oder ODDO auf den Münzen vor. Lediglich der – nicht immer – hinzugesetzte Titel REX („König") oder IMP(erator) („Kaiser") macht einen Unterschied und kann zur chronologischen Aufgliederung verwertet werden. Da unsere Hauptquelle für die Münzen der ottonischen Zeit, die Schatzfunde in Skandinavien und im slawischen Raum, erst im letzten Jahrzehnt des 10. Jahrhunderts in größerem Umfang einsetzt, sind Otto I. und Otto II. etwa gegenüber Otto III. numismatisch noch sehr lückenhaft dokumentiert.

Dannenberg, Münzen, Bd. 1. – Hävernick, Münzen. – Hürlimann, Münzgeschichte. – Nau, Kaiser Otto I. – Maurer, Herzog. – Schramm, Kaiser u. Könige, S. 188 u. 334 (Peter Berghaus mit Abb.). – Baron, Münzprägung. – Baron, „Otto". – Klein, Konstanzer Münzprägung. – Stoess, Mainzer(?) Prägungen. – Kluge, Münzgeschichte. – Klein, Münzprägung. – Klein, Churer Münzprägung. – Kluge, Münzprägung.

B.K.

CORVEY

IV. 6
Diplom König Ottos I. für Corvey

Werla, 936 Oktober 17
Pergament. – H. 51,5 cm, B. 60,5 cm.
Münster, Nordrhein-Westfälisches Staatsarchiv, Kaiserurkunden Nr. 35 (ehemals Corvey 35 c)

Im Oktober 936 begab sich Abt Folkmar von Corvey (917–942) an den Hof Ottos I. in der Königspfalz Werla, um sich u. a. das Recht der freien Abtwahl, der Einforderung des Zehnten, sowie die Verleihung der Immunität (vgl. Kat.Nr. V.25) bestätigen zu lassen. Um eine solche Bestätigungsurkunde hatte Folkmar bereits zu Ostern 922 in Quedlinburg bei König Heinrich I. (919–936) mit Erfolg nachgesucht; ebenso hatte es auch sein Vorgänger im Februar 913 bei König Konrad I. (911–918) gehalten. Um ihre Ansprüche zu rechtfertigen, brachten die Äbte und Bischöfe jedesmal die entsprechenden Diplome von früheren Herrschern (Vorurkunden) mit an den Königshof, so auch Abt Folkmar von Corvey im Oktober 936, der außerdem die Fürsprache der Königin Edgith und des Königssohnes Liudolf für sein Begehren gewann.

Die Aufgabe, das Diplom Ottos I. für das Kloster Corvey zu verfassen und wohl auch zu schreiben, übernahm ein Notar, der schon unter König Heinrich I. zu den Hofgeistlichen gehört hatte. Am Beginn der vorletzten Zeile der Urkunde wird er in verlängerter Schrift als *Adaldag notarius* vorgestellt. Er war zuvor u. a. an der Anfertigung eines Diploms Ottos I. für das neue königliche Kanonissenstift auf dem Quedlinburger Burgberg, dem Bestattungsort Heinrichs I., und einer Urkunde für das Kloster Fulda (vgl. DO I 1 u. 2) maßgeblich beteiligt. Am Hof Heinrichs I. besaß er das besondere Vertrauen der Königin Mathilde, die sich bei ihrem Sohn Otto I. dafür eingesetzt haben soll, daß Adaldag 937 zum Erzbischof von Hamburg-Bremen erhoben wurde. Fortan sorgte er u. a. für die korrekte inhaltliche Gestaltung von Königsurkunden, die seiner erzbischöflichen Kirche zugedacht waren (vgl. Kat.Nr. VI.69).

Der Notar orientierte sich sowohl inhaltlich als auch graphisch an mehreren der von Abt Folkmar eingereichten Vorurkunden, insbesondere aus den Regierungszeiten Heinrichs I. und Konrads I. So findet sich eine sehr ähnliche Form des graphischen Zeichens, das am Beginn die Anrufung Gottes symbolisiert (Chrismon; vgl. Kat.Nr. III.9), bereits im Diplom Konrads I. für das Kloster Corvey vom 3. Februar 913. Das Chrismon in der vorliegenden Urkunde ist aber deutlich größer gestaltet und stellt die gesamte Urkunde – für die Betrachter deutlich sichtbar – unter göttlichen Schutz. Die untere Vertikale am Chrismon versah der Notar mit der verzierten griechischen Initiale *X*, die als Abkürzung für Christus gebräuchlich war. Für die Betrachter ergab sich auf diese Weise das griechische Monogramm für Jesus Christus (*I* = IESUS und *X* = CHRISTUS). Beide Initialen sollten vielleicht auch das Eingangsprotokoll mit der verbalen Anrufung der hl. Dreifaltigkeit (*In nomine sanctae et individuae trinitatis*) und die Präsentation des Urkundenausstellers mit Namen, göttlicher Legitimationsformel und Titel (*Otto divina largiente clementia rex*) einrahmen. Mit dem verlängerten Anfangsbuchstaben von *In* und dem markanten *X* als letztem Buchstaben von *rex* würde sich wiederum die Lesung *I* und *X* ergeben.

Wie die Schreiber der Vorurkunden achtete auch der Notar des DO I 3 auf ein angemessenes Layout. Beide Ränder sind ziemlich gerade eingehalten. Zwei Drittel des Pergaments verwendete der Notar für die Eröffnung des Diploms und den Kontext (Zeile 2 bis 7). Das untere Drittel benutzte er für die repräsentative Anordnung des Schlußprotokolls mit den dazu gehörigen graphischen Zeichen und dem Siegel König Ottos I. Die Abstände zwischen den Zeilen 1 bis 8 sind sehr regelmäßig. In die Freiräume zwischen ihnen ragen die markanten Oberlängen der Buchstaben *b, d, h, l* hinein, die (vom Betrachter aus) mit hart nach rechts geführten Strichen auslaufen, während *f* und *s* mit einer Zierschleife versehenen sind. Die Unterlängen von *f, g, p, q, r* und *s* die am Ende in der Regel nach links gebrochen wurden, füllen ebenfalls die Freiräume. Für Hervorhebungen im Schriftbild des Kontextes benutzte der Notar die verlängerte Schrift. Das betrifft besonders die Namen der beiden Märtyrer Stephan (*Stephano*) und Veit (*Uito*), der Hauptpatrone des Klosters Corvey.

Das Schlußprotokoll beginnt mit der wiederum in verlängerter Schrift ausgeführten königlichen Signumzeile (Beglaubigung; *Signum domni Ottonis serenissmi regis*). Unmittelbar unter dem Herrschermonogramm ist ebenfalls in der ranghöchsten Urkundenschrift die Rekognitionszeile angeordnet. Darin erscheint der Notar Adaldag, der in Vertre-

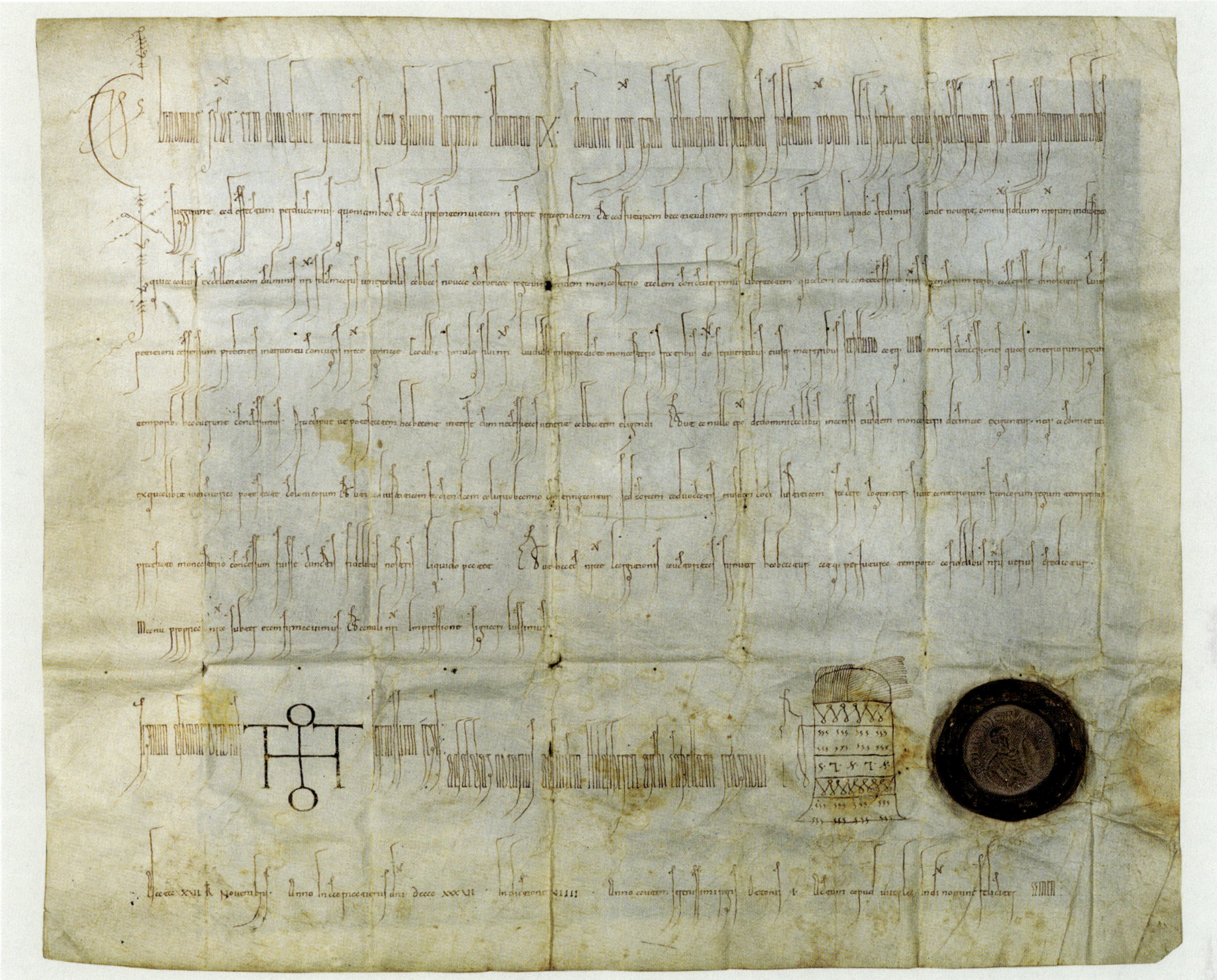

IV. 6

tung des Erzkaplans Hildbert, des Erzbischofs von Mainz, rekognoszierte (*Adaldag notarius advicem Hildibertti archicapellani recognovi*). Durch die überdimensional geformte Konjunktion *et* wird anschließend die Verbindung zum Rekognitionszeichen (vgl. Kat.Nr. VI.69) hergestellt. Es ist in sechs Etagen untergliedert. Die dritte Etage enthält tachygraphische Zeichen (Kurzschriftzeichen), die sich an die früheren tironischen Noten anlehnen (vgl. Kat.Nr. VI.69). Da der Notar mit dieser Kurzschrift nicht vertraut war, ahmte er die Zeichen aus einer Vorurkunde (Diplom Heinrichs I.) nach, die sich auf den damaligen Notar Simon bezogen. Neben dem Rekognitionszeichen wurde das Siegel plaziert, das einen Durchmesser von etwas mehr als fünf Zentimetern aufweist. Es zeigt den König als Dreiviertelfigur mit einem (vom Betrachter aus) nach rechts (heraldisch links) gewendeten Kopf mit einem Kronreif. Er trägt einen geschwungenen Mantel und hält Lanze und Schild. Die Siegelumschrift lautet *OTTO D(e)I GR(ati)A REX* (vgl. Kat.Nr. III.3). In der Datierungszeile kennzeichnete der Notar den Beginn der verschiedenen Abschnitte mit den Angaben von Tag und Monat der Ausstellung, Inkarnationsjahr, Indiktionszahl, Königsjahr Ottos I. und Ausstellungsort jeweils durch Anfangsbuchstaben in verlängerter Schrift. Die Datierungszeile und das Diplom enden mit dem üblichen Segenswunsch (*in dei nomine feliciter amen*), dessen letztes Wort (*amen*) vollständig in verlängerter Schrift ausgeführt wurde.

MGH DO I 3. – Böhmer, Reg. Imp., Bd. II,1, Nr. 59.

Stengel, Immunitäts-Privilegien, S. 139–142. – Glaeske, Erzbischöfe, S. 5–25. – Ausst.kat. Hildesheim 1993, Bd. 2, Nr. II-1 (Rainer Kahsnitz).

W.H.

IV. 7, fol. 2r

IV. 7
Fragment eines Evangeliars

Nordfrankreich oder Corvey, um 900
Pergament, 112 Blätter.
Zeichnung mit Farbe, Gold und Silber. – H. 28 cm, B. 18,5 cm.
London, The British Library, Egerton Ms. 768

Erhalten hat sich nur die zweite Hälfte eines Evangeliars mit den Evangelien nach Lukas und Johannes, jeweils mit Vorreden und Kapitelverzeichnissen und am Ende der Handschrift ein freilich unvollständiges Capitulare. Jedes Evangelium beginnt mit einer Incipit- und Initial-Zierseite in goldener und silberner Schrift. Die Ornamentik der Zierbuchstaben und der Rahmung entspricht aufs engste nordfranzösischen Handschriften der sog. frankosächsischen Gruppe, einer in karolingischer Zeit in mehreren nordfranzösischen Klöstern im dritten Viertel des 9. Jahrhunderts gepflegten Tradition stark ornamentaler, unfigürlicher Buchmalerei (vgl. Kat.Nr. III.33). Die großen Zierseiten mit den Anfangsworten der Evangelien auf fol. 2r (Abb.) und 63r sind aus dichten Flechtwerkeinsätzen gebildet. Auch die Stämme der Initialbuchstaben sind weitgehend mit drahtartigem Flechtwerk gefüllt, das weiß aus dem dunklen Grund ausgespart ist. An den Enden der Buchstabenbalken gibt es größere und losere, geometrisch geordnete Bandverschlingungen, in die auch die für die frankosächsische Kunst charakteristischen hunde- oder vogelartigen Drachenköpfe eingefügt sind. Während die Initial-Ligatur IN (principio) zum Johannes-Evangelium mit der offenbar im 10. Jahrhundert in Corvey vorhandenen frankosächsischen Handschrift cim. 2 der Bibliothek des Metropolitankapitels in Prag weitgehend übereinstimmt, hat der Entwerfer der Zierseite zum Lukas-Evangelium sich für ein kleines unziales q(*uoniam quidem*) entschieden. Alle späteren Corveyer und auch die frankosächsischen Handschriften haben dagegen das große Q bevorzugt, das sich, der Kreisform angenähert, überzeugender zum Zentrum der Komposition einer großen Zierseite machen ließ. Das gilt auch für die früheste für Corvey gesicherte Handschrift im Münsterschatz zu Essen aus der ersten Hälfte des 10. Jahrhunderts. Die Wahl des unzialen q auf fol. 2r muß in jedem Falle als altertümlich angesehen werden.

Die Handschrift gehört nach Motiv und Stil zu den Ausläufern der frankosächsischen Gruppe. Eine Verbindung mit Corvey hat zuerst Arthur Haseloff 1905 vorgeschlagen, eine Zuschreibung an das Weserkloster mit paläographischen Argumenten Bernhard Bischoff in einer mündlichen Äußerung für möglich gehalten (mitgeteilt bei Mütherich).

Der Codex wurde 1840 vom Britischen Museum aus Mitteln des Testamentes Francis Henry Egertons erworben; über eine ältere Provenienz ist nichts bekannt.

Haseloff, Meisterwerke, S. 89f. – British Museum, Reproductions, Taf. 18 (fol. 63r). – Micheli, L'enluminure, S. 142, Abb. 222 (fol. 63r). – Mütherich, Ottonian Art, S. 31. – Ausst.kat. Corvey 1966, Bd. 1, Nr. 159 (Hermann Usener). – Bauer, Corvey, Bd. 1, S. 178 u. öfter; Bd. 2, S. 16–21 (Lit). – Mayr-Harting, Buchmalerei, S. 347, Abb. 262.

R.K.

IV. 8
Evangeliar in Leipzig

Corvey, erste Hälfte 10. Jahrhundert
Pergament, 224 Blätter. – Farbe, Gold und Silber.
Die meisten Zierseiten infolge Oxydation des Silbers schwer beschädigt (am besten erhalten die Kanontafeln).
Die Handschrift hat noch ihren ursprünglichen Holzdeckel; zahlreiche Nagelspuren weisen auf ehemaligen Edelmetallbeschlag, keine Vertiefung für ein Elfenbeinrelief.
H. 28 cm, B. 22 cm; Buchblock beschnitten.
Leipzig, Universitätsbibliothek „Bibliotheca Albertina", Ms. 76

Das Evangeliar enthält die Texte der vier Evangelien mit den jeweils zugehörigen Vorreden und Kapitelverzeichnissen sowie am Ende ein Capitulare evangeliorum; die allgemeinen Vorreden zum Evangeliar fehlen. Die Handschrift besitzt auf fol. 2v-8v 15 Kanontafeln, zu jedem Evangelium Initium- und Initial-Zierseiten sowie eine oder mehrere Seiten mit goldener oder silberner Unzialschrift auf extrem dunkelblauem oder purpurfarbenem Grund; weitere ungerahmte Textseiten mit Unzialschrift auf Pergamentgrund folgen zu Beginn der Evangelien.

Auf den Kanontafeln sind die ganz unarchitektonisch verstandenen Säulen wie flache Zierbänder mit Flechtwerk, Ornamenten und Blättern gefüllt. Für die Gestaltung der oberen Partie der Bogenarchitektur gibt es zwei Systeme, die von Doppelseite zu Doppelseite wechseln, so daß die gegenüberstehenden Blätter einander entsprechen. In der Hälfte aller Kanontafeln sind die Bogenläufe der kleinen und der übergreifenden Arkaden mit farbig hinterlegtem, dichtem drahtartigem, weiß aus dunklem Grund ausgesparten Flechtwerk gefüllt. Auf den Ecken wachsen große goldene, akroter-artige Stauden, das Tympanon ist in extrem dunklem Purpurgrund mit schwarzem Blattmuster gefüllt, der Kanontitel steht frei in diesem Purpurfeld. Bei der anderen Gruppe ist ein dunkler Streifen mit dem Kanontitel architrav-artig über die kleinen Arkaden gelegt. Die Bogenläufe bestehen nur aus schmalen Gold-Silber-Leisten. Darüber entfaltet sich im verbleibenden flachen Rest des Tympanons auf dem Pergamentgrund eine symmetrische Komposition aus goldenem und silbernem Rankenwerk in Form einer Staude oder eines breit gelagerten Rankengewächses. In den Zwickeln außerhalb des großen Bogens biegen sich goldene Rankenleisten, die von der Deckplatte der äußeren Kapitelle aufsteigen,

IV. 8, fol 178r

aber kaum noch an Pflanzen erinnern, zum Scheitelpunkt des Bogens, so die Gesamtkomposition in phantasievoller freier Weise einem oben offenen Rechteck annähernd. Innerhalb ihres goldenen Rahmens sind diese Zwickelformen auf dunkelgrünem Grund mit schwarz konturiertem Blattwerk gefüllt. Einen vergleichbaren Wechsel des Dekorationssystems hatte schon das sog. kleine Evangeliar im Münsterschatz in Essen aus der ersten Hälfte des 10. Jahrhunderts gekannt, wenn auch in sehr viel gröberer Form. Diesen Wechsel gab es in dem als Vorbild für die Corveyer Schule wichtigen Evangeliar cim. 2 der Bibliothek des Metropolitan-Kapitels in Prag nicht. Die wenigsten Motive der Kanontafeln der Leipziger Handschrift finden dort Entsprechungen. Doch dürften die zuletzt beschriebenen Zwickelformen trotzdem aus frankosächsischen Anregungen entwickelt worden sein.

Bei den Zierseiten zum Beginn der Evangelien mit ihren Flechtwerkfüllungen im Rahmen und auffallenden Eckquadraten oder Eckmedaillons ist die Nähe zur Prager Handschrift größer (vgl. Beitrag Kahsnitz, Abb. 1–3). Die Gestaltung der Incipitseite durch bloße goldene Majuskelschrift entspricht dem Johannesblatt im Prager Evangeliar. Auch die großen Initial-Zierbuchstaben zum Markus- und Johannes- Evangelium (Abb.) setzen wohl diese Vorlage voraus. Das Liber- und das mit dem

Essener Evangeliar in Grundzügen übereinstimmende Quoniam-Blatt entfernen sich in ihrer Kleinteiligkeit wieder stärker von der Prager Handschrift, lassen aber ebenfalls eine grundsätzliche Abhängigkeit von frankosächsischen Buchstaben-Kompositionen erkennen. Die Blattranke, die neben dem I im Initium-Blatt zum Markus-Evangelium liegt, begegnet allenthalben auch zwischen den Buchstabenreihen der älteren Handschrift. Es scheint, daß man in Corvey über Kenntnisse noch anderer frankosächsischer Zierformen verfügte, die nicht alle durch das Prager Evangeliar vermittelt worden sein können.

Die Herkunft der Handschrift ist unbekannt; sie erscheint nicht im Katalog der Leipziger Universitätsbibliothek von J. Feller aus dem Jahre 1686, ist offenbar erst später erworben worden, gehört aber zum alten Bestand der Universitätsbibliothek.

Bruck, Handschriften, S. 1–4, Abb. 1–3. – Helssig, Katalog Leipzig, S. 77f. – Ausst.kat. Corvey 1966, Bd. 1, Nr. 161 (Karl Hermann Usener), Abb. 158 b. – Rothe, Buchmalerei, S. 239f., Farbtaf. 16. – Bauer, Corvey, Bd. 1 pass.; Bd. 2, S. 89–99 (Lit.). – Lülfing/Teitge, Handschriften, S. 105 mit Farbabb. – Debes, Zimelien, Farbtaf. 18 u. 19. – Ausst.kat. Hildesheim 1993, Bd. 2, Nr. VI-70 (Ulrich Kuder) mit Abb.

R.K.

IV. 9
Quedlinburger Evangeliar

Corvey, um 960/70
Pergament, 201 Blätter. – Deckfarben und Gold.
Lederbezogener Holzdeckeleinband des 16. Jahrhunderts.
H. 35 cm, B. 26 cm.
New York, The Pierpont Morgan Library, M. 755

Die Handschrift enthält die vier Evangelien mit Vorreden und Kapitelverzeichnissen sowie drei der vier allgemeinen Vorreden; ein Capitulare evangeliorum fehlt. Die durch ihre Größe, Pracht der Ausstattung und die zweispaltige Anlage des Textes einen besonderen Rang im Rahmen der Corveyer Schule einnehmende Handschrift hat 16 Kanontafeln und 17 Zierseiten zu Beginn der Evangelien, durchweg mit Goldschrift auf Purpurgrund; nur die Initium- und Initial-Zierseite zum Johannes-Evangelium haben blauen Grund. Hinzu kommt eine gerahmte B-Initiale zur Vorrede Beatissimo Papae Damaso.

Alle Kanontafeln haben seitlich goldene Akroterstauden. In den Tympana der großen Arkadenbögen gibt es bei fünf Tafeln goldene Blatt- oder Staudenkompositionen auf Pergamentgrund; die übrigen haben Purpurgrund, teils mit schwarzen Blattmustern, überwiegend aber mit goldenen Pflanzen oder goldenen Transennenmustern. Es ist offensichtlich, daß die strenge Ordnung der Leipziger Kanontafeln (Kat.Nr. IV.8) mit den zwei abwechselnden Dekorationssystemen nicht mehr als verbindlich angesehen wurde. Tiere als Schmuck der Arkaden, wie in Prag oder in der Reimser Handschrift (Kat.Nr. IV.10), begegnen hier nicht.

Von den fünf Zierseiten zum Matthäus-Evangelium weisen zwei aufwendige Initial-Kompositionen auf: ein goldenes I mit Flechtwerk im Buchstabenkörper zur Initiumseite und eine Liber-Komposition zum eigentlichen Textbeginn. Die erste dieser Zierseiten (fol. 16v) ist mit schwarzem Blattwerk im Purpurgrund hinterlegt; es folgt eine gerahmte Purpurseite mit drei Zeilen goldener Kapitalbuchstaben, dann die sehr aufwendige Komposition des Liber-Blattes mit goldenen, von Pflanzen durchwachsenen Buchstaben und einer Füllung des Grundes durch das schon von den Kanontafeln her bekannte Transennen-Motiv (fol. 17v, Abb.). Bei den folgenden zweispaltig angelegten Seiten mit dem in Goldschrift geschriebenen Textbeginn ist der Grund mit purpurfarbenen und goldenen Wellen hinterlegt (fol. 18r). Bei der letzten Zierseite windet sich ein grüner Fluß wie eine Schlange zwischen den beiden goldenen Textspalten auf Purpurgrund (fol. 18v). Die übrigen Evangelien haben nur vier Zierseiten und variieren die bei Matthäus vorgegebenen purpurbesetzten Gründe und die schweren Blüten- und Blatt- oder Stoffmuster (fol. 99v, Abb.). Bei Johannes gibt es im Initium-Blatt einen blauen Wellenwirbel unter der Goldschrift (fol. 157r, Abb. S. 160), eine besonders reich verflochtene Komposition zum In principio (fol. 157v) und rosafarbene Vasenformen im grünen Grund sowie große goldene Palmetten im Purpurgrund als Hintergrund des in Goldschrift geschriebenen ersten Textkapitels (fol. 158r–v).

Das aus frankosächsischem Erbe stammende enge drahtartige Flechtwerk spielt kaum noch eine Rolle, begegnet nur gelegentlich und fast nur als Rahmenfüllung. Die großen goldenen Pflanzen im Purpurgrund werden wichtiger als in den Handschriften der Jahrhundertmitte. Auch die Rahmen-

IV. 9, fol. 17v

IV. 9, fol. 99v

IV. 10, fol. 11v

ornamente wie die Transennenformen der Gründe werden jetzt in Gold konturiert. Die verwendeten Motive sind allgemein größer, das künstlerische Erscheinungsbild wird im wesentlichen durch das freie Spiel der Gründe mit ihrer Farbigkeit von Purpur, Rosa, Grün, Blau und Gold erzielt. Es ist offenkundig, daß das Skriptorium eine größere Freiheit von der frankosächsischen Vorlage nach Art des Evangeliars in Prag, cim. 2, erreicht hat, wenn auch einzelne Motive noch nachwirken. Die traditionelle Datierung der Handschrift um die Mitte des 10. Jahrhunderts wird dem künstlerischen Abstand gegenüber den Evangeliaren in Leipzig und Reims (Kat.Nr. IV.8 u. IV.10) nicht gerecht; das Quedlinburger Evangeliar dürfte mit deutlichem Abstand zu den älteren Schulwerken entstanden sein. Wenn, wie oft vermutet worden ist, das Evangeliar ein Geschenk des ottonischen Hauses oder gar Ottos des Großen selbst an das mit der Familie aufs engste verbundene Damenstift Quedlinburg gewesen ist, möchte man die Überreichung eines solch reich ausgestatteten Evangeliars gern noch in die Lebenszeit der Mutter des Kaisers, Mathilde, datieren, die bis zu ihrem Tod 968 als Königswitwe das Stift leitete. Ihr folgte als erste Äbtissin (966–999) ihre Enkelin, ebenfalls mit dem Namen Mathilde, eine Schwester Ottos II. Auch ihre Weihe zur Äbtissin wäre freilich ein Anlaß für ein kostbares Geschenk nach Quedlinburg gewesen.

Die Handschrift stammt mit großer Wahrscheinlichkeit aus dem Damenstift Quedlinburg. Der Quedlinburger Oberhofprediger und Konsistorialrat Friedrich Eberhard Boysen schenkte sie 1763 dem Prinzen Christian Stolberg zu Wernigerode; in der Stolberger Bibliothek hatte sie die Signatur Za 36. 1929 wurde sie durch die Pierpont Morgan Library erworben.

Haseloff, Meisterwerke, S. 89f., Taf. 102–104. – Harrsen, Pierpont Morgan Library, S. VI, 12f. u. 83, Taf. 15–17 u. 81. – Schramm/Mütherich, Denkmale, Nr. 69 mit Abb. – Mütherich, Ottonian Art, S. 32, 34 u. 37, Taf. IX.3, XI.7 u. XII.11. – Ausst.kat. Corvey 1966, Bd. 2, Nr. 162 (Karl Hermann Usener), Farbtaf. H u. Abb. 159f. – Eckhardt, Alte Kunst, S. 118, Farbtaf. III, Abb. 9 u. 10. – Bauer, Corvey, Bd. 1, pass.; Bd. 2, S. 41–49. – Ausst.kat. Köln 1991, Nr. 10 (Gerd Bauer), Farbtaf. 43 u. 44. – Ausst.kat. Hildesheim 1993, Bd. 2, Nr. VI-51 (Ulrich Kuder) mit Farbabb.

R.K.

IV. 10
Evangeliar in Reims

Corvey, Mitte 10. Jahrhundert
Pergament, heute 174, ursprünglich 182 Blätter; 8 Blätter verloren. – Farbe, Gold und Silber.
Der ursprüngliche Holzdeckel mit Nagellöchern des alten Metallbeschlags und einer Vertiefung für ein Elfenbeinrelief noch vorhanden. – H. 31,4 cm, B. 24,1 cm.
Reims, Bibliothèque municipale, Ms. 10

Die Handschrift enthält die vier Evangelien mit den zugehörigen Vorreden und Kapitelverzeichnissen, drei der allgemeinen Vorreden und am Ende ein Capitulare evangeliorum. Die Folge von 15 Kanontafeln nimmt fol. 6v–13v ein (Abb. 1 u. 2). In Gold, Silber und farbiger Malerei, in Purpur, Blau und Grün, erheben sich über einer Sockelplatte die bunt gemusterten Säulen für die kleinen Arkaden und den großen, die gesamte Architektur überwölbenden Rundbogen. Im Tympanon stehen in der Mitte baumartige Stauden, von denen einige wohl als Palmen mit Früchten zu deuten sind. Hinter ihnen liegt auf drei Farbstreifen ein Kanontitel. Auf den großen Bögen stehen außen gänseartige Vögel; auf den Deckplatten der äußeren Kapitelle wachsen auf einem Teil der Seiten goldene Stauden. Die Architektur der Kanontafeln und ihre Schmuckmotive sind bis in Einzelheiten aus der frankosächsischen Handschrift cim. 2 der Bibliothek des Metropolitan-Kapitels in Prag übernommen, die zahlreiche Spuren in der ottonischen Corveyer Buchmalerei hinterlassen hat und sich offenbar spätestens vom frühen 10. Jahrhundert ab im Besitz der Abtei befunden haben muß (vgl. Beitrag Kahsnitz, Abb. 1–3).

Die Reimser Handschrift hatte ursprünglich zu Beginn eines jeden Evangeliums eine reich dekorierte Initium- und eine Initialseite sowie eine ebenfalls gerahmte erste Textseite, sämtlich auf Purpurgrund, die im 19. oder frühen 20. Jahrhundert entfernt worden sein müssen. Die Doppelblätter zu Lukas und Johannes befinden sich heute in der Walters Art Gallery in Baltimore, W. 751; die beiden anderen sind offenbar verloren. Die Rahmen mit Flechtbandeinsätzen und quadratischen oder runden Eckmotiven folgen ebenfalls dem Vorbild frankosächsischer Handschriften. Die Initiumseiten weisen im Mittelfeld vier Medaillons mit Blättern oder orientalisierenden Vogeldarstellungen auf, die auch an den Ecken wiederkehren. Die große Initiale zu den Anfangsworten der Evangelien Quoniam quidem und In principio wirken wie einfachere Varianten der reicheren Kompositionen im Quedlinburger Evangeliar (Kat.Nr. IV.9).

Das Evangeliar ist 1707 in der Bibliothek des Kathedralkapitels Reims erwähnt; damals waren noch alle Zierseiten vorhanden. Über eine ältere Geschichte ist nichts bekannt. Seit der französischen Revolution befindet es sich in der Bibliothèque municipale.

Nordenfalk, Karolingisches Sakramentar, S. 234. – Mütherich, Ottonian Art, S. 33 f., Abb. X0.4–6. – Ausst.kat. Corvey 1966, Bd. 2, Nr. 163 u. 164 (Karl Hermann Usener), Farbtaf. K, Abb. 162. – Eckhardt, Alte Kunst, S. 118, Farbtaf. IV, Abb. 11 u. 12. – Bauer, Corvey, Bd. 1, pass.; Bd. 2, S. 32–40 (Lit.). – Ausst.kat. Hildesheim 1993, Bd. 2, Nr. VI-69 (Ulrich Kuder) mit Farbabb. (die gesamte Lit. seit Mütherich auch zu den Fragmenten in Baltimore).

R.K.

IV. 10, fol. 6v–7r

IV. 11, fol. 132v

IV. 11
Evangeliar aus Klus

Corvey, Mitte 10. Jahrhundert
Pergament, 254 Blätter. – Farbe und Gold.
Einband von 1560. – H. 26,5 cm, B. 20,7 cm.
Wolfenbüttel, Herzog August Bibliothek, Cod. Guelf. 84. 3 Aug. 2°

Die Handschrift enthält den Text der vier Evangelien mit Vorreden und Kapitelverzeichnissen, drei der vier allgemeinen Vorreden und am Ende ein Capitulare evangeliorum. Der Buchschmuck beschränkt sich auf 13 Kanontafeln und je eine Initial-Zierseite zu den Anfängen der Evangelien.

Die Ausstattung der sehr bunt wirkenden Kanontafeln (fol. 7r–13r) ist gegenüber den anderen Handschriften der Wesergruppe stark reduziert. Das Gerüst der Architektur besteht aus Goldleisten mit roten Konturen, die Lünetten weisen einfache Rankengebilde auf. Neben großformigen Blattstauden als Akroteraufsätzen begegnen wie in Reims (Kat.Nr. IV.10) und in Prag, cim. 2 (vgl. Beitrag Kahsnitz, Abb. 1–3), auf zwei Doppelseiten auch Tiere, und zwar Hirsch und Hirschkuh, dann ein Vogelpaar (Pfauen und Störche). Ab fol. 11v weisen die Tafeln nur noch zwei Arkaden auf, die jeweils zwei Textspalten übergreifen. Einige haben zusätzlich einfache Rechteckrahmen.

Die Initial-Zierseiten haben Rahmen mit drahtartig verwobenen Flechtwerkeinsätzen und Eckmotiven. Auf schwach gemustertem Purpurgrund stehen die Buchstaben aus weiß konturierten goldenen Leisten; auch in ihrem Stamm bilden blau und grün hinterlegte Flechtwerkfelder das Hauptfüllmotiv; an den Schaftecken und Gelenkstellen gibt es weitmaschige goldene Verknüpfungen schmaler Goldleisten, beim In principio-Blatt auch zwei Vogel-Drachen-Köpfe (Abb.). Die Cauda des sonst kreisrunden Q ist wie bei den Handschriften in Reims/Baltimore und im Quedlinburger Evangeliar in New York als spitzer Keil zur Seite gebogen und reicht fast bis in die untere Ecke des Blattrahmens (Abb.). Die Verwandtschaft mit den aus dem Reimser Evangeliar stammenden Zierseiten in Baltimore scheint enger als die Gemeinsamkeiten mit dem Evangeliar in Leipzig. Eine Entstehung um die Mitte des 10. Jahrhunderts ist wahrscheinlich.

Das Evangeliar ist vielfach mit Corvey verbunden. Das Capitulare verzeichnet Perikopen zu den Festen der Corveyer Patrone Vitus und Justinus, und zwar bezeichnet als *natale* und *adventus*, gemeint ist die Reliquientranslation nach Corvey; außerdem gibt es eine Lesung *in dedicatione basilicae sti Stephani*; dem Erzmärtyrer war ursprünglich die Corveyer Abteikirche, und zwar im Jahre 844, geweiht worden. Nach den Feststellungen Bernhard Bischoffs begegnet einer der Schreiber auch im Evangeliar aus Reims (Kat.Nr. IV.10; dazu Mütherich). Noch wichtiger ist die Identität einer Schreiberhand mit dem Abschreiber, der in die Corveyer Urkundensammlung eine Urkunde von 946 eingetragen hat (Münster, Nordrhein-Westfälisches Staatsarchiv, Ms. VII 5201, fol. 301).

Nach einer Notiz auf fol. 1r wurde das Evangeliar 1637 für die Bibliothek Herzog Augusts d. J. von Braunschweig-Lüneburg-Wolfenbüttel erworben. Nach seiner eigenhändigen Eintragung im Wolfenbütteler 'Bücherrad-Katalog' stammte sie aus Klus. Das Benediktinerkloster Klus war ein im 12. Jahrhundert gegründetes Eigenkloster des Damenstif-

IV. 11, fol. 197v

IV. 12

tes Gandersheim, so daß man annehmen darf, das Evangeliar des 10. Jahrhunderts habe zunächst diesem Stift gehört. Die genannten Perikopen und die im Vergleich zu den übrigen Handschriften der Wesergruppe als bescheiden einzustufende Ausstattung legen freilich die Vermutung nahe, daß der Codex ursprünglich zur Benutzung in der Abtei Corvey selbst bestimmt war.

Haseloff, Meisterwerke, S. 89. – Mütherich, Ottonian Art, S. 32f., Taf. IX.1. – Ausst.kat. Corvey 1966, Bd. 2, Nr. 165 (Karl Hermann Usener), Abb. 161. – Eckhardt, Alte Kunst, S. 121, Abb. 13. – Milde, Handschriften, Nr. 22 mit Abb. – Bauer, Corvey, Bd. 1, pass.; Bd. 2, S. 50–63. – Bischoff, Heliand, S. 119. – Mayr-Harting, Buchmalerei, S. 347f. Abb. 263, 266 (dort falsch beschriftet).

R.K.

IV. 12
Berufung des Evangelisten Matthäus

Corvey, viertes Viertel 10. Jahrhundert
Pergament, Einzelblatt. – Deckfarben und Gold. – Rückseite leer.
H. 40 cm, B. 24 cm; an der linken Kante und wohl auch rechts beschnitten, ursprüngliche B. etwa 30–32 cm; Miniatur heute H. 27 cm, B. 22 cm, ursprüngliche B. ca. 23 cm.
Helsinki, Suomen Kansallismuseo, Inv.Nr. NM 53131

Der das Bildfeld durchschneidende dunkle Querstreifen bezeichnet die dargestellte Szene: HIC A TELONEI MATHEUS SORTE VOCATOR („hier wird Matthäus vom Zollamt weg berufen"). Es ist die Szene aus Mt 9,9, in der Christus einen Zöllner mit der Aufforderung „Folge mir nach" zu seinem Jünger beruft. Christus steht rechts mit einer Buchrolle im Arm und hat seine Hand gegen Matthäus ausgestreckt. Beide sind durch goldenes Pallium und Nimbus ausgezeichnet. Matthäus hat alles, was ihn mit seiner bisherigen Tätigkeit verbindet, von sich geworfen; die an der Zollstätte eingenommenen Münzen und ein Schwert liegen auf dem Boden. Er breitet seine Hände aus, um dem Herrn zu folgen. Ein schmaler rötlicher Bodenstreifen mit weißen Blumen bezeichnet ihre Standfläche. Der untere Teil des Bildfeldes ist durch große, goldene Blattformen gefüllt, die an die Blattgründe der Purpurfelder der Corveyer Buchmalerei erinnern, der Grund darüber ist blaugrün. Über der Schriftzeile sieht man im goldenen Gewölk eine halbrundförmige Darstellung des offenen Himmels: zwischen Gestirnen zwei sich verehrend zum Zentrum hinneigende Engel. Der Vers der Umschrift lautet: HIC CHORUS ANGELICUS D(omi)N(u)M REVERENT(ER) ADORAT („Der Chor der Engel betet hier ehrerbietig den Herrn an").

Das Blatt, das links seitlich angefügte schmale Rahmenfragment von einer anderen doppelseitig bemalten Seite und das Bild des Evangelisten Lukas in Leipzig (Kat.Nr. IV.13) gehören zu einer ungewöhnlich großen Evangelienhandschrift. Diese hat offenbar weitgehend die Bildkompositionen jenes nordfranzösischen Evangeliars von etwa 870 übernommen, das zahlreiche Spuren in den Handschriften der Wesergruppe hinterlassen hat, im 10. Jahrhundert offensichtlich in Corvey lag und heute in der Bibliothek des Metropolitan-Kapitels in Prag als cim. 2 verwahrt wird. Dieses frankosächsische Evangeliar hatte, einer sehr alten, sonst nur in karolingischen, in spanischen und wenigen byzantinischen Handschriften überlieferten Tradition entsprechend, doppelseitige Evangelistenbilder: Dem traditionellen Bild der Evangelisten bei der Niederschrift seines Evangeliums war auf der vorausgehenden linken Seite ein Bild seiner Berufung gegenübergestellt, bei Matthäus und Johannes durch Christus selbst; bei den Apostelschülern Markus und Lukas war der ihnen von den Apostelfürsten Petrus und Paulus erteilte Auftrag zur Abfassung ihrer Evangelienberichte dargestellt. Die Prager Handschrift zeigt in einem stärker atmosphärisch bestimmten Ambiente dieselbe Szene mit dem weggehenden Christus, der sich noch einmal zu Matthäus umwendet, um ihn zur Nachfolge aufzufordern. Dieser folgt Christus, indem er die Münzen von sich wirft, das Schwert liegt bereits am Boden (vgl. Beitrag Kahsnitz, Abb. 1). Auch das Himmelssegment und die Inschriften sind aus der Prager Handschrift übernommen. Dem karolingischen Stilidiom entsprechend war das ältere Bild malerisch, der blumenbedeckte Boden ausführlicher wiedergegeben, die Bewegung der Figuren freier und transitorisch.

Wie auf dem Lukasbild hat der ottonische Maler die atmosphärische Umgebung und die natürlichere Bewegung weitgehend getilgt, die blumenbestandene Landschaft durch abstrakte goldene Hintergrund-Blattformen ersetzt, die den Grund eher vergittern als in seiner Tiefe aufschließen, beide Gestalten fast ganz in die Bildebene gewendet, ihre farbigen Mäntel in Gold ausgeführt und so den erzählerischen Charakter des älteren Bildes auf eine stärker hieratisch geprägte Ebene emporgehoben. Der damit verbundene Verlust an natürlicher Lebendigkeit kam seinen Intentionen zur Betonung des Vorrangs der Fläche und größeren Strenge ohne Zweifel entgegen. Zugleich hat er das Format der Handschrift und der einzelnen Bilder zu ungewöhnlicher Größe gesteigert. Die Corveyer Handschrift übertrifft mit einer Höhe von wenigstens 40 cm noch die monumentalen Evangeliare der Hofschule Karls des Großen; das Prager Evangeliar mißt ähnlich wie die großen karolingischen Handschriften 34,8 x 25,5 cm.

Wir dürfen annehmen, daß diese aufwendigste Handschrift der Wesergruppe, die wir wenigstens noch aus Fragmenten kennen, auch bei den übrigen Bildern und ihren Zierseiten dem Prager Vorbild gefolgt ist, jedenfalls in der künstlerischen Ausstattung nicht hinter ihr zurückblieb, also insgesamt acht Bilder der Evangelisten, eine Folge von wahrscheinlich ebenfalls 15 Kanontafeln enthielt und zumindest 16, vielleicht noch mehr Zierseiten aufwies. Die einzelnen Ornamentmotive entsprachen freilich nicht unbedingt genau dem Prager Vorbild, wie wir aus dem einzig erhaltenen Beispiel, der Rückseite des Lukas-Bildes in Leipzig (Kat.Nr. IV.13), ersehen können. In fünf Reihen von je vier Medaillons umspielen zierliche goldene Ranken die goldenen Anfangsworte des Incipit zum Lukas-Evangelium; Reste frankosächsischer Ornamentik finden sich weder in diesen Kreisen noch in den Blattfüllungen der Zwickel zwischen ihnen; nur in der Mitte der Längstrahmen-Leiste begegnen noch einmal vereinzelte Knotenverschlingungen.

Das Blatt und das kleine links daneben gezeigte Fragment eines weiteren doppelseitig bemalten Blattes mit dem Teil einer Randleiste (H. 24,3 cm, B. 6,7–6,9 cm) wurden zu einem unbekannten Zeitpunkt als Bucheinband eines Exemplars des 'Catalogus testium veritatis' des Matthias Flacius Illyricus (Frankfurt 1672) verwandt, das aus dem Nachlaß des Malers Thorsten Waenerberg (1887–1914) in das Nationalmuseum in Helsinki gelangt ist. Wo er das Exemplar erworben hatte und wann genau es in den Besitz des finnischen Nationalmuseums kam, ist unbekannt. Die Miniatur wurde von Carl Axel Nordman vor dem Zweiten Weltkrieg entdeckt und 1953, nach näherer Bestimmung durch Carl Nordenfalk, erstmals veröffentlicht.

Nordman, Ottonische Miniatur, pass. mit Abb. – Ausst.kat. Corvey 1966, Bd. 2, Nr. 169 (Karl Hermann Usener), Abb. 172. – Bauer, Corvey, Bd. 1, S. 277–280; Bd. 2, S. 183. – Ausst.kat. Stockholm 1987/88, Nr. 2 mit Farbabb. – Mayr-Harting, Buchmalerei, S. 124, Abb. 94. – Ausst.kat. Hildesheim 1993, Bd. 2, Nr. VI-73 (Ulrich Kuder) mit Farbabb. – Kahsnitz, Kostbares Evangeliar, S. 22, Abb. 3. – Kahsnitz, Berufung der Evangelisten, S. 173 (dort auch allgemein zur Tradition der Berufungsbilder).

R.K.

IV. 13
Der Evangelist Lukas

Corvey, letztes Viertel 10. Jahrhundert
Pergament, Einzelblatt (beschnitten) – Deckfarben u. Gold.
Verglasung u. Kassette von 1920/30
H. 33,5–34 cm, B. 24–24,5 cm.
Leipzig, Universitätsbibliothek „Bibliotheca Albertina", Ms. Rep. I. 57a

Aus der Blütezeit des Corveyer Skriptoriums blieben weltweit zehn bis zwölf Prachtevangeliare erhalten. Das Abschreiben und Illuminieren des Vier-Evange-

IV. 13 recto

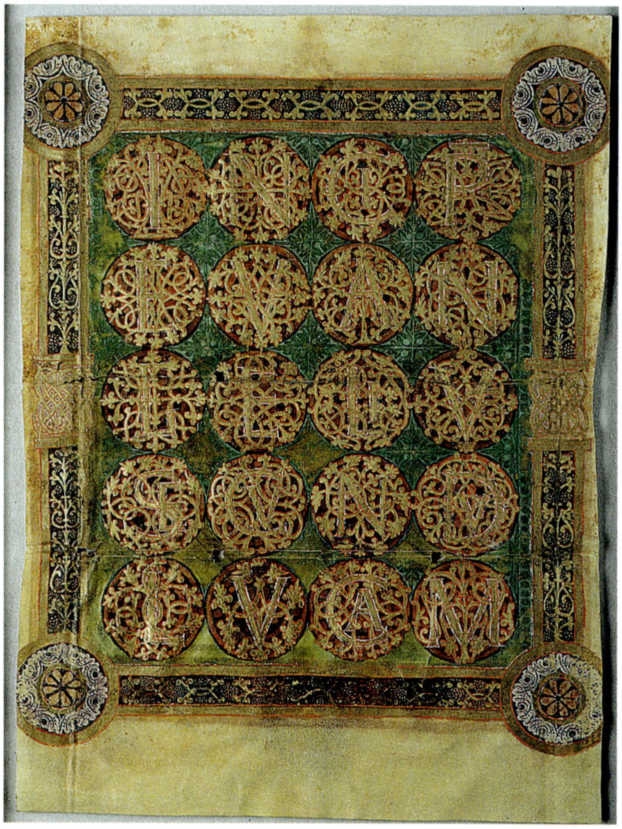

IV. 13 verso

lien-Buches war Schwerpunkt der Handschriftenherstellung in der Weserabtei.

Die Vorderseite des Fragments (Abb.) zeigt ein Evangelistenbild, dessen Rahmen – gefüllt mit feinem, auf Gold gemaltem Flechtwerk – eine zweiteilige Miniatur umfaßt, beiderseits bezogen auf die versartige Schriftleiste (mit Anspielung auf Lc 15,23 u. 30): LUCAS P(er) VITULUM XPI (Christi) FERT PONTIFICAT(um) („Lukas [über]bringt [verkündet] durch den Stier [Symbol des Opfertodes] das Priesteramt Christi").

Im Mittelpunkt der unteren beiden Drittel der Miniatur sitzt Lukas als Schreiber seines Evangeliums auf einem Kastenthron vor dem Schreibpult, links ein Dutzend Buchrollen in einem Buchkasten, dessen Deckel in den Bildrahmen hineinragt; den Hintergrund bildet ein schachbrettartiges Muster mit Vierblattrosetten. Im oberen Drittel präsentiert der geflügelte Stier – das Symboltier des Lukas – unter dem von zwei Säulen gestützten Giebel eines dreischiffigen Kirchengebäudes mit den Vorderbeinen ein aufgeschlagenes Buch.

Die Rückseite (Abb.) enthält die zugehörende Titelzierseite mit der Überschrift des Evangeliums; in prächtig ornamentiertem Rahmen ergeben fünf Reihen mit je vier kunstvoll variierten Medaillons: INCIP(it)/EVAN/GELIV(m)/SECVNDV(m)/LVCAM („Es beginnt das Evangelium nach Lukas").

Als Vorlage hat man ein nordfranzösisches Evangeliar aus der zweiten Hälfte des 9. Jahrhunderts ausmachen können, das in Corvey die Traditionen des frankosächsischen Stils wachhielt (Prag, Bibliothek des Metropolitankapitels, cim. 2; vgl. Beitrag Kahsnitz, Abb. 1–3). Dieser Codex war ebenso Vorlage für ein weiteres Fragment, das heute in Helsinki liegt und als Evangelistenbild die Berufung des Matthäus zeigt (Kat.Nr. IV.12).

Diese beiden Fragmente sind Überreste eines ottonischen Prachtevangeliars aus Corvey, das anscheinend bis in die Neuzeit existiert hat; denn die Einzelblätter haben beide als Einbandhüllen für neuzeitliche Drucke gedient: das aus Helsinki für einen Band mit drei Drucken (Frankfurt a.M. 1672), während der unbekannte Leipziger Trägerband (Rücken 20 x 7 cm) 1943 mit der Bibliothek verbrannte. Von ihm war das Blatt um 1850 abgelöst und 1855 bekanntgemacht worden (Naumann), doch erscheint es im „Zuwachs-Verzeichnis der

Leipziger Stadtbibliothek" (Nr. 349) erst 1928, eingetragen vom Bibliotheksdirektor Johannes Hofmann mit der Bemerkung: „Lag uneingestellt da!".

1962 wurde es mit der Handschriften- und Inkunabelsammlung an die Leipziger Universitätsbibliothek gegeben.

Naumann, Handschriften in Leipzig, S. 1f. – Bruck, Handschriften, Nr. 3 (übernimmt den Text von Robert Naumann). – Nordman, Ottonische Miniatur. – Ausst.kat. Corvey 1966, Bd. 2, Nr. 170 (Karl Hermann Usener), Abb. 173. – Rothe, Buchmalerei, S. 190 u. 240 Farbtaf. 17. – Bauer, Corvey, Bd. 2, S. 180–182 (Nr. XXI A). – Ausst.kat. Hildesheim 1993, Bd. 2, Nr. VI-73 (Ulrich Kuder); vgl. Bd. 1, S. 194. – Kahsnitz, Kostbares Evangeliar, S. 21–24 Abb. 1–4. – Kahsnitz, Berufung der Evangelisten, S. 173 u. 175, Abb. 5–8.

G.K.

IV. 14
Evangeliar aus Helmstedt

Corvey (?), Ende 10. Jahrhundert
a) Buchdeckel: Holzkern; Elfenbein, geschnitzt; Hornplatten, Kupferblech, getrieben, punziert und vergoldet. – Die rechte obere Ecke der Elfenbeintafel ausgebrochen, weitere Fehlstellen am Rahmen und im Reliefgrund, Nagelung modern; Vergoldung des Rückdeckels stellenweise abgerieben.
H. 28,8 cm, B. 20,8 cm; Elfenbeinrelief: H. 11 cm, B. 8 cm.
b) Handschrift: Pergament, 173 Blätter. – Deckfarben, Gold und Silber. – H. 28 cm, B. 20 cm.

Wolfenbüttel, Herzog August Bibliothek, Cod. Guelf. 426 Helmst.

Vorder- und Rückseite des Einbandes weisen jeweils eine fünfteilige Gliederung mit rechteckigem Mittelfeld und trapezförmigen Rahmenflächen auf. Die Mitte des Vorderdeckels nimmt ein Elfenbeinrelief mit Darstellung der Kreuzigung Christi ein. Es wird von schmalen, separat gearbeiteten Randleisten mit Blattstabornament gerahmt, von denen ein Teil verloren ist. Die äußeren Rahmenflächen sind mit Hornplatten bedeckt, die an den Rändern und den Gehrungsfugen von schmalen Zierleisten aus gebuckelten Kupferblechstreifen eingefaßt werden.

Auf dem in Treibarbeit verzierten Rückdeckel (Abb.) wird die Deckelfläche durch breite, diagonal verlaufende Bänder mit punzierten Rautenmustern in Trapeze unterteilt, die mit großen getriebenen Blattornamenten gefüllt sind. Sie umschließen ein quadratisches Mittelfeld, das mit einer liegenden Kreuzpalmette auf punziertem Grund verziert ist. Den äußeren Rahmen bildet eine umlaufende Zierleiste mit getriebenem Perlstabmuster.

Ein Teil der geometrischen und vegetabilen Ornamentformen des Rückdeckels kehrt eng verwandt in den Text- und Initial-Zierseiten der zugehörigen Evangelienhandschrift sowie in den damit verbundenen Werken der Corveyer Buchmalerei des ausgehenden 10. Jahrhunderts wieder. Dies gilt etwa für die punzierten Gründe und Konturlinien, die in den Punktlinien und punktierten Gründen der Initialen Entsprechungen finden. Es gilt jedoch ebenso für die übereck gestellten Quadrate der Diagonalen, die umlaufenden Halbkreisreihen der Ornamentfelder, das Perlstabmuster des äußeren Rahmens und das Palmettenkreuz des Mittelquadrats. Dagegen bleiben die großen symmetrischen Blattkompositionen der Trapezfelder unter den Corveyer Werken des 10. Jahrhunderts ohne Vergleich. Ihre füllhornartigen, perspektivisch gesehenen Blatttrichter mit gekerbten Rändern und palmettenförmigen Enden, aus denen neue Schößlinge und Fruchtfäden wachsen, finden ihre nächsten Parallelen in den Blatt- und Palmettenfüllungen an den Lichttellern des siebenarmigen Leuchters im Essener Münster, der sich seinerseits wieder mit Werken wie dem Essener Schwert (Kat.Nr. *III.21) und – in etwas weiterem Abstand – den Braunfirnisranken am Ambo Heinrichs II. im Aachener Münster verbinden läßt (vgl. Beitrag Kosch, Abb. 6). Man wird die künstlerischen Voraussetzungen dieser neuen, aus der älteren, weitgehend flächenhaften niedersächsischen Ornamenttradition kaum erklärbaren Formenwelt des Deckels daher in den großen Kunstzentren im Westen, vor allem im Rheinland suchen müssen. Diese Vorbilder wurden aber nicht nur aufgenommen und verarbeitet, sondern sie wurden zugleich mit der eigenen Corveyer Überlieferung verbunden, die sich in einer Reihe von Einzelformen und Motiven sowie in der Vorliebe für reich strukturierte, punzierte und ziselierte Oberflächen bemerkbar macht.

M.P.

Die Handschrift enthält den Text der vier Evangelien mit den üblichen Vorreden und Kapitelverzeichnissen, am Anfang die vier allgemeinen Prologe zum Evangeliar und am Ende ein Capitulare evangeliorum. Sie hat keinen figürlichen Bildschmuck, aber eine Folge von 12 Kanontafeln (fol. 1v–6r) und je drei Zierseiten zu Beginn der einzelnen Evangelien. Auf eine Seite mit der Ankündigung des Evangeliums *Initium sci Evangelii sicut Matheum* etc. folgt eine Komposition aus dem An-

IV. 14 b, fol. 18r

fangswort des Evangeliums und eine dritte Zierseite mit der Fortsetzung des Textes.

Die Kanontafeln unterscheiden sich deutlich von denen der älteren Corveyer Buchmalerei. Die dort eingehaltene strenge Struktur der Bogenstellung mit präziser Unterscheidung von Säule, Basis, Kapitell, kleiner und übergreifende Arkade und Tympanonfeld wird verwischt. Die Säulenschäfte sind bandartig gestaltet und mit zum Teil senkrecht verlaufenden Ornamenten besetzt; auf halber Höhe gehen die begrenzenden goldenen und silbernen Bandstreifen in Flechtwerkknoten über. Die Basen sind zum Teil als umgestürzte Kapitelle aus Blattwerk geformt. Die auffallend flachen übergreifenden Bogenfelder, an deren Stelle bei den vier letzten Tafeln Dreieckgiebel treten, sind zusammen mit den kleinen Arkaden über den einzelnen Zahlenreihen durch dichtes schwarzes Blattwerk oder geometrische Ornamente auf Purpurgrund gefüllt, wobei die Purpurfarbe von dunklen bis hellen Tönen variiert und durch viel Weiß aufgehellt wird. Die kleinen Arkadenbögen verlieren, da sie den Purpurfeldern zugeschlagen werden, an Eigenwert, was noch dadurch verstärkt wird, daß sie oft von dem großen Bogenlauf überschnitten werden. Die Bögen selbst und die Giebelschrägen sind mit Blattwerk belegt. Mehrfach knickt der Bogenlauf seitlich zu waagerechten Architrav-Eckstücken über den äußeren Säulen um. Solche gleichförmige, teppichartige Füllung der Tympana durch schwarzgemusterte Purpurfelder war der älteren Corveyer Buchmalerei fremd, fand sich aber zum erstenmal bereits bei drei der Kanontafeln des Quedlinburger Evangeliars (Kat.Nr. IV.9), dort allerdings bei deutlicher Beschränkung auf das Tympanonfeld des übergreifenden Bogens. Die drei letzten Tafeln haben über den Giebelschrägen großformige Rankengebilde, ein Überbleibsel der alten Akroterstauden, wie es als goldene Staude ein einziges Mal in der Handschrift auf fol. 3r auftaucht.

Auch die zwölf Zierseiten haben gemusterte Purpurgründe, auf denen sich die goldenen und silbernen Buchstaben stark abzeichnen, da sie vielfach durch weiße Linien oder durch weiße Punktreihen konturiert sind. Pflanzliche Motive, gezackte Blätter, von Kreisen umgebene Rosetten wechseln mit stärker geometrischen Mustern. Bei der Initiumseite zu Matthäus (fol. 17v) besteht der Grund aus sechs Medaillons mit je einem hundeartigen Tier, gemeint ist wohl ein Löwe. Bei der Quoniam-Seite zum Lukas-Evangelium (fol. 87r, Abb.) bildet eine Schlange mit Köpfen an beiden Enden das kreisrunde Q. Die ins Innere des Kreises verlegte Cauda besteht aus den beiden sich ineinander verwickelnden Hälsen und Köpfen des Tieres. Das M darüber wird aus zwei kopfüber angeordneten, mit ihren Hälsen ähnlich verwickelten Vögeln gebildet, darüber liegt der Abkürzungsstrich, da von dem Wort *Quoniam* nur die Buchstaben Q und M in bildlicher Umsetzung erscheinen. Das zweite Wort *quidem* wird durch Buchstaben in Blattform in der oberen und unteren Leiste der Seite wiedergegeben.

Die sonore, vielfach abgestufte und variierte Farbigkeit verleiht den Seiten im Zusammenhang mit den goldenen Buchstaben und den quer über die Blätter gelegten weißen Ornamentleisten und Linien den Eindruck dunklen Prunkes; die Assoziation an die Kostbarkeit byzantinischer oder orientalischer Seidenstoffe wird offensichtlich gesucht, auch wenn die in dieser Handschrift bevorzugten geometrischen Formen bei Textilien keine Entsprechung finden.

Gerade diese geometrischen Formen – vor allem beim Liber-Blatt (fol. 18r, Abb.) – verbindet die Handschrift indessen mit späterer Hildesheimer Buchmalerei; sie taucht etwa im Bernward-Evan-

IV. 14 a

IV. 14 b, fol. 87r

IV. 14 b, fol. 129v

geliar um 1015 als Hintergrundgestaltung auf, wenn auch in sehr viel gröberer Form. Die Helmstedter Handschrift ist deshalb gelegentlich nach Hildesheim lokalisiert worden. Doch gibt es keinen Zweifel, daß ihr Buchschmuck nach Motiven und ihrer stilistischen Verwendung aus der älteren Corveyer Buchmalerei hervorgegangen ist, in der neben dem Ornamentschatz der frankosächsischen Handschriftengruppe seit den Zierseiten des Evangeliars in Reims (Kat.Nr. IV.10) auch textilartig gemusterte Purpurgründe bekannt waren. Wie sehr diese Motive in denkbar größter Freiheit variiert werden konnten, zeigten bereits die Seiten des Quedlinburger Evangeliars.

Die Handschrift stammt nach Ausweis des Helmstedter Kataloges von 1644 aus dem Liudgeri-Kloster in Helmstedt und gelangte über die Helmstedter Universitätsbibliothek 1815 nach Wolfenbüttel. Ein auf fol. 171v eingetragenes Schatzverzeichnis aus dem 10. Jahrhunderts hat man auf das mit Hildesheim eng verbundene Kanonissenstift Lamspringe bezogen.

R.K

Haseloff, Meisterwerke, S. 89. – Goldschmidt, Elfenbeinskulpturen, Bd. 2, Nr. 93, Taf. 30. – Goldschmidt, Sächsischer Buchdeckel. – Bloch, Essener Leuchter, S. 544 u. 547. – Steenbock, Prachteinband, Nr. 48. – Ausst.kat. Corvey 1966, Bd. 2, Nr. 176 (Karl Hermann Usener), Abb. 168. – Eckhardt, Alte Kunst, S. 122, Abb. 19 u. 20. – Storm, Bronzetüren, S. 109. – Bischoff, Schatzverzeichnisse, Nr. 40. – Milde, Handschriften, Nr. 37 mit Abb. – Arenhövel, Hezilo-Radleuchter, S. 69–72. – Bauer, Corvey, Bd. 1, pass.; Bd. 2, S. 145–159. – Mayr-Harting, Buchmalerei, S. 350, Abb. 267 u. 268, Farbabb. 279 u. 280. – Ausst.kat. Hildesheim 1993, Bd. 2, Nr. VI-71 (Ulrich Kuder) mit Farbabb. – Ausst.kat. Essen 1999, Nr. 63 (Rainer Kahsnitz) mit Farbabb.

M.P. / R.K.

IV. 15
Evangelistar und Sakramentarfragment

Elfenbeinrelief: Konstantinopel, Mitte oder drittes Viertel 10. Jahrhundert; Handschrift: Reichenau, um 970, Fragment Corvey, Ende 10. Jahrhundert
Pergament, 5 + 206 Blätter. – Deckfarbenmalerei und Gold. Originaler Holzdeckel mit Elfenbeinrelief. – H. 30,5 cm, B. 22,5 cm; Elfenbeinrelief: H. 15,3 cm, B. 11,6 cm.
Leipzig, Universitätsbibliothek „Bibliotheca Albertina", Ms. Rep. I 57 (olim Stadtbibliothek, cod. CXC)

Der Buchdeckel (Abb.): Das Goldblech und wahrscheinlich auch Edelsteine, die ursprünglich die Vorderseite des Buchdeckels schmückten, sind restlos verloren; nur die Nagelspuren im Holz zeugen davon. Im Vorderdeckel eingelassen ist ein byzantinisches Elfenbeinrelief. Es zeigt zwischen durchbrochen gearbeiteten Säulen, die ursprünglich einen ähnlichen, heute weitgehend ausgebrochenen Baldachin trugen, die Halbfigur der Gottesmutter mit dem Jesuskind auf dem linken Arm im byzantinischen Bildtyp der Hodegetria. Er geht auf ein hochverehrtes Gnadenbild in der Kirche des Klosters der Hodegon (Wegführer) in Konstantinopel zurück. Halbfigurenbilder Mariens in dieser Art gehörten zu den beliebtesten Themen der byzantinischen Elfenbeinkunst des 10. Jahrhunderts und sind offenbar früh und in nicht geringer Anzahl auch in den Westen gelangt. Etwa 25 dieser kleinen, ursprünglich der privaten Andacht dienenden Elfenbeinikonen haben sich erhalten. Alle Platten waren offenbar Mittelstücke kleiner Klappaltärchen. Da man im Westen Ikonen dieser Art oder überhaupt bewegliche Bilder für private Andacht nicht kannte, hat man die byzantinischen Triptychen in der Regel auseinandergenommen und zum Schmuck von Buchdeckeln verwandt.

Fünf solcher Elfenbeinreliefs mit der Halbfigur der Gottesmutter sind motivisch und stilistisch so ähnlich, daß ihre Entstehung im engstem räumlichen und zeitlichen Zusammenhang angenommen werden muß: ein Triptychon in der Sammlung der Fürsten Oettingen-Wallerstein, seit kurzem in der Dumbarton Oaks Collection in Washington D.C., eine Tafel in der Sammlung Thyssen in Castagnola, eine im Historischen Museum in Bamberg, die aus einer Bamberger Kirche stammen soll, und ein weiteres Relief, das in den ottonischen, um 1000 zu datierenden goldenen Deckel eines Evangeliars im Aachener Domschatz eingefügt ist (vgl. Kat.Nr. IV.2); auch die zugehörigen seitlichen Flügel mit Büsten von Heiligen haben sich dort auf dem ursprünglichen Rückdeckel erhalten. Ein stilistisch geringfügig abweichendes, motivisch aber sehr ähnliches Relief schmückt den Deckel des Poussay-Evangelistars, einer Reichenauer Handschrift der Zeit um 980 (Paris, Bibliothèque nationale, lat. 10 514).

Alle Reliefs zeigen Maria jugendlich, das Haupt vom Maphorion bedeckt, den Knaben relativ groß und schwer. Mariens Gestalt weicht auf ihrer linken Seite in den Grund zurück, um das Jesuskind weit-

IV. 15, Deckel

gehend frontal präsentieren zu können. Nur Kopf und Oberkörper des Kindes antworten in ihrer Schrägstellung der Haltung der Gottesmutter. Maria hält ihre rechte Hand, auf das Kind weisend, leicht gebogen vor der Brust. Mutter und Kind schauen einander nicht an, sondern blicken aus dem Bild heraus. Das Jesuskind, in Tunika und Pallium gekleidet, macht mit der rechten, aus dem Gewandbausch herausragenden Hand vor der Brust der Mutter einen Segensgestus; in der Linken hält es eine Schriftrolle. Das weit vorgestreckte rechte Bein schwebt mit der Sandale über der unteren Rahmenleiste des Reliefs. Das rechte Bein ist angezogen; Maria stützt es mit ihrer Hand, wobei der Daumen in charakteristischer Weise durch eine Gewandschlaufe gesteckt wird, ein Motiv, das sich bei allen fünf Reliefs wiederholt. Beide Gestalten sind in schwere Gewänder gehüllt, die in dichter Folge von Falten durchzogen werden. Es sind weitgehend nur eingekerbte Linien; sie werden nicht hinterschnitten und gewinnen selbst kaum Plastizität, am stärksten noch bei der Leipziger Tafel. Die

IV. 15, fol. 1v

Figuren erheben sich nur in flachem Relief aus dem Hintergrund, die Gesichter sind sanft und gerundet, die Lippen auffallend schmal. Haltung und Gesten der heiligen Gestalten sind von jener charakteristischen Dezenz und Zurückhaltung, die ein Kennzeichen der von aristokratischen Idealen bestimmten byzantinischen Kunst des 10. Jahrhunderts sind.

Innerhalb dieser sehr eng zusammengehörigen Gruppe von fünf Reliefs ragt die Leipziger Tafel durch eine stärker organische Verbindung von Mutter und Kind und durch die zierliche Neigung des

IV. 15, fol. 2r

auffallend kleinen Kopfes Mariens heraus. Nur bei diesem Relief finden sich auch die à jour gearbeiteten Säulen. Die Vergoldung des Nimbus, der Armmanschette Mariens, der Basen und Kapitelle der Säulen und wohl auch des Baldachins sind sicher mittelalterlich, stammen wahrscheinlich von dem Zustand, wie er in Byzanz um die Mitte des 10. Jahrhunderts oder kurz darauf geschaffen worden ist.

Das Sakramentarfragment: Erhalten haben sich nur ein Einzelblatt und zwei Doppelblätter (fol. 1–5); fol. 1r ist bis auf zwei nachträglich eingetragene Gebete leer, fol. 1v zeigt die Kreuzigung Christi, fol. 2r den heiligen Papst Gregor als Verfasser des Sakramentars. Die folgenden Seiten enthalten den Beginn der Gebete des zentralen Hauptteils der Messe von der Präfation bis zum Gedenken der Heiligen (*Communicantes*); noch vor den Wandlungsworten bricht das Fragment ab. Dabei sind der Beginn der Präfation (fol. 3r: *Vere dignum*) und das Gebet, mit dem der Canon beginnt (fol. 4v: *Te igitur*) durch große Initial-Kompositionen ausgezeichnet. Die restlichen Texte stehen in Silberschrift mit großen Goldbuchstaben auf ungewöhnlich dunkelblauen, fast schwarzen, mit Goldleisten gerahmten Purpurfeldern, wobei die Silberschrift offenbar schon im Mittelalter durch Oxydation fast unlesbar geworden war, weshalb man am unteren Rand der Seite den Text bereits im 13. Jahrhundert wiederholt hat (fol. 5r); fol. 5v ist abwechselnd in roten und braunen Unzialen geschrieben.

Die Kreuzigung Christi wird in Sakramentaren oft zu den Wandlungsworten der Messe dargestellt, steht hier aber am Anfang der Handschrift (Abb.). Christus hängt tot am Kreuzbalken, sein Haupt ist tief auf die Schulter herabgefallen, die Hände hängen kraftlos herab. Das Kreuz selbst ist mit Astansätzen nach alter christlicher Tradition als heil- und lebensbringender Stamm charakterisiert (vgl. Kat.Nr. IV.60). Um das Fußende ringelt sich die Schlange, Bild des durch die Erlösungstat Christi überwundenen Teufels. Maria und Johannes stehen im Bildfeld ohne Bodengrund; die Gottesmutter hat ihr Gewand ans Gesicht gezogen, um ihre Tränen zu trocknen; Johannes schreitet mit ausgebreiteten Armen auf Christus zu. Umfangreiche Inschriften in Versform erläutern den heilsgeschichtlichen Gehalt des Bildes: auf der oberen und unteren Rahmenleiste ANNUAT HOC AGNUS MUNDI PRO PESTE PEREMPTUS („Dies gibt zu verstehen, wie das Lamm für das Verderben der Welt getötet worden ist"). Im Bildfeld: IN CRUCE XP(ist)E TUA CONFIGE NOCENTIA CUNCTA („An dein Kreuz, Christus, hefte all unsere Schuld"). Hinter der Gottesmutter im äußeren Rahmen liest man: FVLGIDA STELLA MARIS PRO CUNCTIS POSCE MISELLIS, hinter Johannes: ET TU IUNGE PRECES CU(m) UIRGINE UIRGO JOHANNES („Leuchtender Meeresstern, bitte für alle Elenden – und du verbinde deine Bitten mit der Jungfrau, jungfräulicher Johannes"). Die Bezeichnung *stella maris* für Maria und *virgo Johannes* für den Lieblingsjünger Christi werden im Bildfeld wiederholt. Die Bezeichnung des Evangelisten Johannes als jungfräulich beruht auf alter christlicher Legendentradition.

Der in seiner Plastizität und Schwere erfaßte Leib Christi wird nur durch die Aussparung aus dem Pergamentgrund umrissen. Binnenzeichnung gibt es nur beim Haupt und beim Lendentuch. Der Körper Christi wird in auffallender, an karolingische Christusfiguren erinnernder Weise als weich und fleischig charakterisiert. Auf seiner linken Seite biegt der Leib in einer einzigen flachen Kurve aus, rechts tritt nur die Hüfte aus der schwingenden Kontur heraus. Das Knochengerüst und die Funktion der Gelenke werden nicht angedeutet.

Auf der Seite gegenüber erscheint der heilige Papst Gregor vor einem durch ein eigentümliches grauweißes Gittermuster belebten Purpurgrund (Abb.). Im Gestus tiefen Nachdenkens hat er die linke Hand an die Wange gelegt und faßt mit der rechten gedankenverloren nach dem Buch, das auf dem hohen Pult vor ihm liegt. Der Heilige Geist beugt sich vom Kopf des Heiligen zu seinem Mund herab, um ihm in göttlicher Inspiration seine Worte einzugeben. Die Inschrift im Rahmen erklärt den Bildgehalt, wobei die erste Zeile senkrecht, die übrigen waagerecht, geteilt nach den beiden Buchseiten, geschrieben sind: SCRIBIT GREGORIUS DICTAT QVAE SP(iritu)S ALMUS („Es schreibt Gregor, was der segenspendende [nährende] Geist diktiert").

Auch die Gestalt des thronenden Papstes ist aus dem Purpurgrund ausgespart. Die Binnenzeichnung ist hellbraun, mit der Feder gezeichnete Linien werden von lavierendem Pinselstrich begleitet. Wie beim Kreuzigungsbild arbeitet der Zeichner mit großen leeren, oft runden oder blasenförmigen Binnenformen, die er mit Linien und Lavierungen umspielt, vor allem aber mit dem Gegensatz zwischen den betont glatten und leeren Partien zu solchen, die von dichten Gewandfalten relativ kleinteilig gefüllt sind. Die Zeichenweise der Kreuzigung hat etwas Zufälliges, Beliebiges, die Lavierung wirkt stellenweise geradezu unsauber – vor allem beim Gewand der beiden Assistenzfiguren –, das Flattern des Gewandes bei Johannes an den Beinen und an der Hüfte ist ziemlich unmotiviert. Bei grundsätzlich ähnlichen künstlerischen Mitteln ist die Zeichnung des hl. Gregor von äußerster Präzision, die Lavierung fein und vertrieben, besonders subtil beim Bartschatten des Heiligen. Ein Liniengefüge von großer Strenge und rigoroser Stilisierung prägt die Figur, die trotz des hochgestellten linken

Knies ganz durch die V-förmige Stellung der Beine und das Gesamtgerüst der geistlichen Kleidung bestimmt wird. Flatternde Gewandfalten und zufällige Bewegung gibt es hier nicht. Man betrachte nur die beiden Kreise über den Knien und die von braunen Linien und Pinselstrichen umgebene spitzovale Form der Kasel, die vom linken Ellenbogen des Heiligen herabreicht und bis zur scharfen Spitze der Kasel zwischen den Beinen die Binnenzeichnung beherrscht, seitlich und auf dem Leib des Heiligen von kleinen runden Halbkreisen oder Dreieckfalten begleitet. Auch das Gesicht ist viel sorgfältiger als bei den Figuren der Kreuzigung wiedergegeben, die intensiv blickenden Augen und die Brauen vermitteln den Eindruck ernsten Schauens und tiefer Nachdenklichkeit, wie es dem Thema der Darstellung entspricht. Nur die Haare sind in derselben schematischen Strichführung gegeben wie beim Kreuzigungsbild. Selten sind in einer mittelalterlichen Handschrift die künstlerischen Individualitäten verschiedener Zeichner so deutlich unterscheidbar wie hier; kein Zweifel, daß wir es mit zwei Künstlern zu tun haben, die freilich aus demselben künstlerischen Milieu hervorgegangen sind und im selben Skriptorium unmittelbar nebeneinander arbeiteten.

Die beiden Initial-Zierseiten auf Purpurgrund sind wie ein dichtes Gitter ganz von Buchstabenkombinationen gefüllt. Die relativ schwachen Schäfte sind mit kleinen, drahtartigen Flechtwerkfeldern besetzt. An den Enden und Gelenken der Buchstabenschäfte sind sie durch spiralig geführte Goldlinien verbunden und miteinander verflochten; an einer Stelle zeigen sich Vogelköpfe. Ganz vereinzelt wachsen aus diesen Vogelköpfen und den Buchstabenenden kleine Blättchen hervor. Der große Rahmen der Seite besteht nur aus schmalen Goldleisten. Dieselbe Anlage von gitterartig gefüllten Buchstaben-Zierseiten begegnen im Corveyer Evangelistar in New York, Public Library, Ms. Astor 1, am ähnlichsten auf der Zierseite zum Karsamstag (vgl. Beitrag Kahsnitz Abb. 8). Sie unterscheiden sich in der Schmalheit der Buchstabenschäfte und in der relativ gleichmäßigen Füllung des großen Rechtecks der Seite durch nebeneinandergesetzte Buchstaben von den älteren, stärker durch frankosächsische Traditionen bestimmten Corveyer Kompositionen.

Das Evangelistar: Der Hauptteil der Handschrift (fol. 6r–221v), dem die erste Lage mit dem Fragment eines Sakramentars vorgeheftet worden ist, bildet ein auf der Reichenau entstandenes Evangelistar, dessen Perikopenauswahl bis auf geringfügige Abweichungen dem Gero-Codex (Kat.Nr. IV.32) entspricht. Das Kirchenjahr beginnt mit der Vigil von Weihnachten und endet mit dem 4. Adventsonntag. Temporale und Sanctorale sind wie üblich gemischt. Es folgen die Messen für besondere Anlässe, am Schluß stehen die Evangelien der Totenmessen.

Bis auf die vier Evangelistensymbole im Rahmen des Titelblattes (fol. 7v) und die Hand Gottes zum Ostersonntag besitzt das Evangelistar keine bildlichen Darstellungen, aber Zierseiten und eine Fülle von künstlerisch aufwendigen Initialen. Acht Zierseiten – meist in Form gegenüberstehender Seiten mit großen Incipit- und Initial-Kompositionen – zeichnen die Vigil von Weihnachten, das Oster- und Pfingstfest aus, jeweils eine einzelne Zierseite in Form einer Doppelarkade den Beginn der dritten Weihnachtsmesse und das Fest des hl. Petrus. Besonders große Initialen gibt es zu Christi Himmelfahrt, zum Fest Johannes d.T., zu Mariä Geburt, Matthäus, zu Michael und zum ersten Adventsonntag. Alle Perikopen sind entweder durch eine Zierseite oder durch einen reich ausgestatteten Anfangsbuchstaben ausgezeichnet. Insgesamt sind es fünf solche Initial-Zierseiten und 247 Initialen unter reichlicher Verwendung von Gold und Silber. Dichtes, mit dem Buchstabenstamm verknotetes, aus goldenen und silbernen Bändern verflochtenes Rankenwerk füllt die Buchstabenkörper. Die Füllung ist gleichmäßig, das Bandgeflecht abstrakt, nur wenige kleine Blätter oder gar Blüten sind eingefügt; noch seltener begegnen kleine goldene Tierköpfe. Zweimal bilden ein stehender Reiher mit eingerolltem Kopf, einmal mit Schlange in Schnabel und Fängen ein I (fol. 25r, 205v). Pfeilspitzblätter und die unruhige, energiegeladene Biegung der Ranken, wie sie für die spätere Reichenauer Buchmalerei charakteristisch werden sollten, begegnen noch nicht. Es ist der Stil der sog. Anno-Gruppe, wie ihn auch die Initialen des Gero-Codex (Kat.Nr. IV.32) zeigen.

Stimmen auch Texte, das System der Zierseiten und der besonders großen Initialen zu einzelnen Festen überein, so sind die Initialen zu den einzelnen Perikopen doch verschieden. Die Pracht der Zierseiten und die künstlerische Komposition vieler Initialen der Leipziger Handschrift übertrifft die des Perikopenbuchs für Gero, den Kölner Domkustos, noch. Freilich ist die Qualität nicht immer gleichbleibend, es sind offenbar nicht alle Initialen von derselben Hand entworfen und ausgeführt worden. Ab fol. 118v fehlt durchweg die Farbfüllung der Zierbuchstaben. Zunehmend wird nur noch das I der Anfangsfloskel *In illo tempore* als Initiale in einfacherer Form ausgeschmückt. Ein solches Nachlassen des künstlerischen Aufwands gegen Ende ist in mittelalterlichen Handschriften nicht selten zu beobachten und mag im einzelnen durch Zeitdruck des Auftraggebers oder Ermüdung der Ausführenden verursacht worden sein.

Die mittelalterliche Provenienz der beiden Handschriftenteile ist ebensowenig bekannt wie das Erwerbungsdatum der Stadtbibliothek Leipzig. Im Jahre 1743 beschrieb Johannes Heinrich Leich zum erstenmal den Buchdeckel mit dem Elfenbein und die Purpurblätter des Sakramentars als im selben Codex im Besitz der Stadt befindlich. Da der Buchdeckel mit dem Elfenbeinschmuck zum Reichenauer Evangelistar gehört, muß die Verbindung der beiden Handschriftenteile vor 1743 erfolgt sein. Sie kann jedoch erst aus nachmittelalterlicher Zeit stammen, als die Handschrift nicht mehr im liturgischen Gebrauch stand, weil die Texte nichts miteinander zu tun haben und der unvollständige Teil des Meßkanons in der Liturgie ohnehin nicht verwendbar war. Der Buchblock, der in der Größe mit dem Holzdeckel nach mittelalterlichen Vorstellungen genau übereinstimmt, also nicht kleiner als der Buchdeckel ist, weist einen Farbschnitt auf, der bei den Corveyer Blättern offenbar fehlt. Wahrscheinlich hat man die losen Blätter des Corveyer Sakramentars, um sie zu erhalten und zu schützen, in das annähernd gleich große Reichenauer Evangelistar eingebunden, entweder erst in Leipzig oder anläßlich des Verkaufes des Codex an die Stadt Leipzig, für deren Bibliothek im 18. Jahrhundert mehrfach mittelalterliche Handschriften ihres Altertums- oder künstlerischen Wertes wegen erworben wurden. Das auf fol. 1r eingetragene Gebet an den hl. Pelagius muß nicht als Hinweis darauf gedeutet werden, daß sich die erste Lage mit den Corveyer Bild- und Zierseiten im 11. Jahrhundert in der Diözese Konstanz befunden habe, wie die Literatur angenommen hat, auch wenn Pelagius dort besonders verehrt wurde. Hartmut Hoffmann hat die Schrift einer Corveyer Hand des 10. Jahrhunderts zugewiesen.

Leich, De diptychis, S. 39. – Naumann, Catalogus, S. 57f., Taf. XV. – Bruck, Handschriften, S. 10–14, Abb. 11–14. – Schmidt, Reichenauer Evangelistar, pass. – Reimann/Büttner, Volksdemokratische Länder, S. 34f., Farbtaf. 1–5. – Ausst.kat. Corvey 1966, Bd. 2, Nr. 171 (Karl Hermann Usener), Abb. 163 u. 164. – Rothe, Buchmalerei, S. 239–241, Farbtaf. 14 u. 20. – Bauer, Corvey, Bd. 1, S. 189–191, 274–277 u. öfter; Bd. 2, S. 108–113 (Lit.). – Lülfing/Teitge, Handschriften, S. 104 mit Farbabb. – Hoffmann, Buchkunst, S. 329f. – Debes, Zimelien, S. 2, Farbtaf. 20 u. 21. – Ausst.kat. Köln 1991, Nr. 34 (Anton von Euw u. Gerd Bauer) mit Farbabb. 8–11 u. 101–104. – von Euw, Gero-Codex, S. 204–210 u. 219–224, Farbabb. 10–16. – Ausst.kat. Hildesheim 1993, Bd. 2, Nr. VI-68 (Ulrich Kuder) mit Farbabb. – Zum Elfenbeinrelief: Goldschmidt/Weitzmann, Byz. Elfenbeinskulpturen, Bd. 2, Nr. 133 mit Abb. – Cutler, Hand of the Master, S. 181f., Abb. 204. – Ausst.kat. München 1998/99, Nr. 47 (Rainer Kahsnitz).

R.K.

FULDA

IV. 16
Karolingisches Evangeliar aus Fulda

Fulda, zweites Viertel 9. Jahrhundert
Pergament, 132 Blätter. – Deckfarbenmalerei und Gold.
Mittelalterlicher Holzdeckel mit zwei eingelassenen byzantinischen Elfenbeinreliefs des frühen 11. Jahrhunderts.
H. 46 cm, B. 31,5 cm.
Erlangen, Universitätsbibliothek Erlangen-Nürnberg, Ms. 9 (olim 141)

Die Handschrift enthält den Text der vier Evangelien. Die Schrift ist bis zum Beginn des Markus-Evangeliums angelsächsisch, danach folgt karolingische Minuskel. Der Buchschmuck besteht aus 14 Kanontafeln, den Bildern der vier Evangelisten und gegenüberstehenden gerahmten Zierseiten mit einer Initiale zum Textbeginn; diese sind bei Markus und Lukas ganzseitig, bei Matthäus und Johannes nur einspaltig, innerhalb eines vereinheitlichenden Zierrahmens steht daneben rechts bereits die erste Textspalte.

Dem ungewöhnlich großen Format der Handschrift entsprechen die ganzseitigen monumentalen Evangelistenbilder (Abb.). Mächtige Gestalten mit ernsten, furchendurchzogenen Gesichtern in schweren, reich drapierten Gewändern sitzen auf breiten Thronen, auf denen große Kissen liegen; die gestaffelten Thronlehnen sind mit Tüchern bedeckt. Die Autoren halten ein Buch im Arm oder auf dem Pult, schreiben darin oder greifen mit

IV. 16, fol. 19v

großer Gebärde mit der Feder zum Pult, auf dem das Tintenfaß steht. Eine halbkreisförmige Exedra oder kantig gebrochene Mauern, in denen mehrere Reihen tiefschattender Fensteröffnungen übereinander angeordnet sind, hinterfangen als Würdeform ihre Gestalten. Darüber erscheinen die Symbole, meist mit einem Schriftband, das die Namen des Evangelisten verkündet. Die Tiere sind in ganzer Figur wiedergegeben, nur beim Matthäus-Evangelium hält die Halbfigur eines Menschen, merkwürdigerweise ohne Flügel, frontal das ausgebreitete Schriftband vor sich. Ein den Himmel bezeichnender Rundhorizont hinterfängt beim Johannesbild Mensch und Adler, der zudem noch durch eine Aureole ausgezeichnet ist. Marmorierte Säulen mit recht ungewöhnlichen Basen und fleischigen Blattkapitellen begrenzen seitlich den Blick in die Architektur und tragen einen ornamentierten rechteckigen Rahmen als oberen Abschluß des Bildfeldes.

IV. 16, fol. 101v

Die anspruchsvollen Evangelistenbilder folgen im Figurentyp, in der Hintergrundgestaltung, in der Anordnung der Throne und zahlreichen Einzelmotiven bis hin zu den kantig gebrochenen Rüschen ihrer Gewänder einer Handschrift aus der Hofschule Karls des Großen, die sich im Besitz der Abtei Fulda befunden haben muß und auch für spätere Fuldaer Werke maßstabsetzend und anregend gewirkt hat (noch in karolingischer Zeit für Würzburg, Universitätsbibliothek, M. p. th. f. 66 und aus ottonischer Zeit für den Codex Wittekindeus; Kat.Nr. IV.17). Das karolingische Evangeliar ist nicht erhalten, läßt sich aber in die Folge der überlieferten Arbeiten des in Aachen zu Lebzeiten Karls des Großen für den Kaiser und einige wenige Großen des Reichs tätigen Skriptoriums einordnen. Es muß dem um 800 entstandenen Evangeliar aus Soissons (Paris, Bibliothèque nationale, lat. 8850) besonders nahe gestanden haben. Die Monumentalität der Evangelistenbilder findet ihre engsten Parallelen in den nur wenig jüngeren Darstellungen der Ada-Handschrift in Trier (Stadtbibliothek, Cod. 22). Nur die spitzen, eingerollten Haarlocken des Matthäus dürften ihre Form angelsächsischer Ornamentlust und dekorativer Stilisierungstendenz verdanken. Möglicherweise stammen auch die in der Hofschule sonst nicht belegten rechteckigen, von Säulen gestützten Rahmen anstelle von Arkaden und die ganzfigurigen Evangelistensymbole zu Markus (vgl. Beitrag Kahsnitz, Abb. 10) und Lukas aus der verlorenen karolingischen Evangelienhandschrift. Wohl in Nachahmung der Gemmen auf karolingischen Bilderrahmen erscheinen in der rechteckigen Umrahmung des Matthäus- und Johannesbildes kleine Bildfelder mit Büsten, bei Johannes zusätzlich zwei mit einem Lamm.

Auch die Kanontafeln folgen demselben Vorbild: marmorierte Säulen mit den in ihrer architektonischen Funktion deutlich wiedergegebenen Basen und Kapitellen, die kleinen Arkaden von einem großen Rundbogen überwölbt, seitliche Akroterpflanzen, auf denen Vögel sitzen. Im Tympanon weisen die Evangelistensymbole das aufgeschlagene Evangelienbuch vor oder breiten eine Schriftrolle aus, auf der der jeweilige Titel des entsprechenden Kanons verzeichnet ist. Es ist dies eine höchst merkwürdige, in der Hofschule Karls des Großen entwickelte Bilderwelt, die sich nicht über die karolingische Zeit zurückverfolgen läßt und offenbar nur in wenigen Handschriften Verwendung gefunden hat. Ein kurz vor 800 entstandenes Evangeliar aus Centula (Abbeville, Bibliothèque municipale, lat. 4) zeigt noch die einzelnen Symboltiere, die sich im Tympanon der Arkade mit ihren Büchern in den Klauen einem zentralen Kreuz verehrend nähern. Für die Darstellung von Symbolen in den Kanontafeln über den ihren Evangelien entsprechenden Zahlenreihen gibt es gewisse Vorstufen in der älteren Buchmalerei. Im schon genannten Soissons-Evangeliar um 800 entfalten die lebhaft bewegten Tiere in ständig wechselnden Variationen zum erstenmal Bücher und Rollen. Es ist das einzige erhaltene Beispiel der Hofschule mit dieser Ikonographie; die Kanontafeln der Ada-Handschrift selbst stammen aus älterer Zeit. Im Lorscher Evangeliar, das als letztes Werk der Hofschule um 810 zu gelten hat, treten bereits Engel an ihre Stelle, die in der Tradition fliegender antiker Genien die Schriftbänder halten. Doch hat die mittelalterliche Vorliebe für eine ornamentale Verwendung von Tiergestalten an diesen skurrilen Motiven der Symbole mit den Büchern und Rollen in ihren Klauen offenbar Gefallen gefunden und ihnen in ottonischer Zeit ein längeres Nachleben gesichert (Kat.Nr. IV.17 u. IV.18). Auch die schon genannte Fuldaer Handschrift in Würzburg und ihre wohl in Würzburg entstandenen Nachfolgewerke (z. B. Universitätsbibliothek, M. p. th. q. 4) haben es weiter verbreitet.

Sind Evangelistenbilder und Kanontafeln bis auf kleine Details dem Vorbild der Hofschule Karls des Großen verpflichtet, so folgen die Ornamente der vier Zierseiten mit ihren Mäander- und Pelta-Motiven des Rahmens ebenfalls ähnlichen Vorbildern. Die Initialbuchstaben selbst sind jedoch mit ihren Verknotungen und engen Flechtbandeinsätzen ganz dem angelsächsischen Erbe der älteren Fuldaer Kunst verpflichtet, wie auch die Schrift des Evangeliars noch weitgehend angelsächsisch ist.

Die Handschrift stammt aus dem im 11. Jahrhundert gegründeten Gumbertus-Stift in Ansbach in Mittelfranken, dem jedoch seit der Mitte des 8. Jahrhunderts ein älteres Benediktinerkloster vorausgegangen war, das dem Bistum Würzburg inkorporiert war. Ab 1607 wird das Evangeliar in der Konsistorialbibliothek, ab 1733 in der Schloßbibliothek zu Ansbach verwahrt, seit 1805 in der Universitätsbibliothek Erlangen.

Zimmermann, Fulda, S. 66–72, Abb. 27–29, Taf. VIII u. IX. – Lutze, Bilderhandschriften, S. 169–172, Abb. 84, Taf. 10–14. – Boeckler, Codex Wittekindeus, pass. u. Taf. XXVIII a, XXIX b. – Mütherich, Hrabanus Maurus, S. 102–104, 107f. u. 121, Abb. 18, 20–21, 24, 26–27 u. 29. – Ausst.kat. Fulda 1982, S. 29f. u. 58f., Nr. 31 u. 62–67 (Winfried Böhne), Farbabb. auf dem Rückdeckel. – Ausst.kat. Erlangen 1993, Nr. 9 (Hans-Otto Keunecke) mit Abb. – Bischoff, Festländische Handschriften, Nr. 1184. – Zum Einband: Ausst.kat. München 1998/99, Nr. 48 (Rainer Kahsnitz) mit Abb.

R.K.

IV. 17
Codex Wittekindeus

Fulda, um 970
Pergament, 128 Blätter (ausgestellt Einzelblatt mit Evangelist Matthäus, fol. 14v und zwei Kanontafeln, fol. 9v-10r). Deckfarbenmalerei mit Gold und Silber. – Einband von etwa 1820 mit vier Elfenbeinreliefs vom Einband des 11. Jahrhunderts; vgl. Kat.Nr. V.35 b–e. – H. 39,5 cm, B. 29,5 cm.
Berlin, Staatsbibliothek zu Berlin – Preußischer Kulturbesitz, Ms. theol. lat. fol. 1

IV. 17, fol. 10r

Die Handschrift enthält den Text der vier Evangelien mit Prologen, Kapitelverzeichnissen und zwei der allgemeinen Vorreden Novum opus und Plures fuisse; ein Capitulare evangeliorum fehlt. Der Buchschmuck besteht aus 16 Kanontafeln, vier Evangelistenbildern und je einer gegenüberstehenden Zierseite mit großer Initiale und Goldschrift auf Purpurgrund.

Die Evangelistenbilder und Kanontafeln folgen einem in Fulda vorhandenen karolingischen Evangeliar aus der Hofschule Karls des Großen, das Fuldaer Malern schon in karolingischer Zeit als Vorbild gedient hatte (vgl. Kat.Nr. IV.16). Bei den Evangelistenbildern erheben sich über einer mit Blattwerk belegten Sockelplatte ornamentierte Säulen, die reiche Blattwerkkapitelle tragen und wie in der Erlanger Handschrift mit einem rechteckigen Rahmen abschließen. Vier kleine Quadratfelder mit den Symbolen der drei übrigen Evangelisten sind ihm aufgelegt, so daß in jedem Bild die Vierzahl der Evangelien dokumentiert wird. Vor Purpurgrund sitzen die Evangelisten auf reichen, mit Zierleisten und Kissen geschmückten Thronen, die Rücklehne ist mit Tüchern belegt (Abb., vgl. auch Beitrag Kahsnitz, Abb. 11). Der hinterfangende Architekturgrund ist auf einen schmalen Streifen zusammengedrängt, die starke räumliche Wirkung der karolingischen Bilder dadurch gedämpft. Die großen Gesten der schreibenden Autoren, die Fülle der mit den Rüschenkaskaden der Säume gekräuselten Gewänder sind aus dem Vorbild übernommen, wohl auch die oberhalb des Architekturstreifens erscheinenden Symbole. Am stärksten wirkt das karolingische Vorbild beim hl. Matthäus nach, dessen Bild durch das von der Rückseite durchschlagende Silber der dort stehenden Kanontafel in seiner Lesbarkeit freilich beeinträchtigt ist (Abb.). Die mächtige Gestalt, die zur Steigerung seiner Erscheinung dienende Häufung der Mantelfalten mit den charakteristischen Treppensäumen sind ein Erbe der Hofschulhandschrift. Das Blattwerk auf der Sockelplatte und dem Rahmen und die fleischigen Blüten der Kapitelle sind dagegen genuine Motive der Fuldaer Buchmalerei ottonischer Zeit. Deutlich wird die ottonische Umwandlung des Vorbilds in der Farbigkeit mit ihrer Vorliebe für helle Töne, für Rosa und Grün, stark nach Weiß oder Hellgrau aufgelichtetes Purpur, für grelles Mennig, wie es im Futter des Untergewandes des Heiligen hervortritt. Das Lukas- und in abgewandelter Form auch das Johannesbild zeigen auch die insgesamt weichere Formbildung, wie sie für die Fuldaer Buchmalerei des ausgehenden 10. Jahrhunderts charakteristisch ist.

Denkbar größte Prachtentfaltung findet sich bei den Kanontafeln. Auch sie stehen auf Postamenten, die mit farbigem Blattwerk belegt sind. Ihre ornamentierten oder silbernen Säulenschäfte sind mit goldenen Fensteröffnungen oder Blüten belegt, die Kapitelle bestehen aus gefiederten, freischwingenden Blättern in Rosa und Blau. Auch die kleinen Arkaden und der große Bogenlauf sind mit farbig abschattiertem, weiß konturiertem Blattwerk belegt und von goldenen und silbernen Leisten eingefaßt. Akroterstauden, Pflanzen und Vögel in den Eckzwickeln gibt es im Gegensatz zu der älteren karolingischen Handschrift nicht. Im Tympanon breiten die Symbole der Evangelisten, deren Parallelstellen in den Interkolumnien darunter erscheinen, ein Schriftband aus. Darauf liest man den Titel, etwa CANON SECVNDUS, IN QUO TRES (d. h. Matthäus, Markus und Lukas) und CANON TERTIUS, IN QUO TRES (d. h. Matthäus, Lukas und Johannes, Abb.). Es ist dies eine spielerisch dekorative

IV. 17, fol. 14v

Verbindung von Bildtitel und Symboldarstellung, die in phantasievollen Variationen die Kanontafeln belebt. Die Motive waren in der Hofschule Karls des Großen entwickelt worden und zeigten sich voll ausgebildet in der um 800 in Aachen entstandenen Evangelienhandschrift aus Soissons (Paris, Bibliothèque nationale, lat. 8850). Auch die verlorene karolingische Handschrift, die als kostbarer Besitz der Abtei Fulda gehörte, muß solche Kanonbilder besessen haben, wie schon die Kopie aus karolingischer Zeit beweist (Kat.Nr. IV.16). Zum 6. und 7. Kanon (fol. 12r) werden die Evangelisten selbst schreibend bei ihrer Arbeit gezeigt, zwischen ihnen steht ein zweistöckiger, weitgehend offener Rundbau mit Arkadenstellungen, offensichtlich eine Reminiszenz an den im Soissons-Evangeliar dargestellten Lebensbrunnen.

Sind Evangelistenbilder und Kanontafeln im Gegenständlichen und in vielen Einzelheiten der karolingischen Hofschulhandschrift verpflichtet, so folgen die Zierseiten zu den Anfängen der Evangelien ganz Fuldaer Schultradition. Die relativ kleinen Zierbuchstaben haben auf ihren Schäften rechteckige Einsätze aus weißen, aus der umgebenden

IV. 17, fol. 102v

Farbigkeit ausgesparten Flechtwerkknoten, ihre goldenen Enden sind lose verflochten. Abstraktes Bandwerk, das keine Assoziation an vegetabilisches Rankenwerk aufkommen läßt, füllt auf farbigem Grund die Buchstabenkörper. Dort finden sich auch die winzigen, typisch Fuldaer, auf dünnen Stengeln wie Staubgefäße sich schlängelnden Blüten aus weißen Punkten und zentraler roter Mitte. In der Zierseite zum Markus-Evangelium begegnet darüber hinaus die charakteristische Fuldaer Art, den Rahmen in halber Höhe zu unterbrechen und durch Verschlingungen der goldenen Rahmenleisten miteinander zu verknoten. Ähnliche Initialen und Rahmenformen begegnen allenthalben im Göttinger Sakramentar (Kat.Nr. IV.20).

Das Evangelienbuch stammt aus dem Dom in Magdeburg, wo es im dritten Viertel des 11. Jahrhunderts einen neuen prächtigen Einband erhielt, von dem freilich nur noch die vier ursprünglich vom sog. Magdeburger Antependium stammenden Elfenbeinreliefs erhalten sind (Kat.Nr. V.35 b–e). Auf den ursprünglich zugehörigen Metallreliefs war Erzbischof Engilhard von Magdeburg (1052–1063) als Stifter kniend vor dem hl. Mauritius dargestellt.

Später in das Dionysius-Stift in Enger bei Herford gelangt, galt der Codex dort als Taufgeschenk Karls des Großen an Herzog Widukind von Sachsen, woraus sich sein traditioneller Name ableitet. Nach 1647 gelangte er als Huldigungsgeschenk der Stadt Herford an den Großen Kurfürsten Friedrich Wilhelm nach Berlin. Im Handschriftenkatalog der Kurfürstlichen Bibliothek von 1688 wird er bereits als besondere Kostbarkeit erwähnt.

Zimmermann, Fulda, S. 58–65, Abb. 24–26, Taf. VI–VII. – Boeckler, Schöne Handschriften, Nr. 16 (Lit.). – Boeckler, Codex Wittekindeus, pass. mit Abb. – Reimann/Büttner, Volksdemokratische Länder, S. 15f., Farbtaf. 6–9. – Rothe, Buchmalerei, S. 188f., Taf. 15. – Mütherich, Hrabanus Maurus, S. 102f. u. 108. – Lülfing/Teitge, Handschriften, S. 108f. mit Farbabb. – Hoffmann, Buchkunst, S. 142. – Teitge/Stelzer, Staatsbibliothek, Nr. 6 mit Farbtaf. – Ausst.kat. Köln 1991, Nr. 16 (Ursula Winter) (Lit.) mit Farbabb. 54 u. 55. – Mayr-Harting, Buchmalerei, S. 41–48, Abb. 35, Farbabb. 40.

R.K.

IV. 18, fol. 18v

IV. 18
Fuldaer Evangeliar aus Füssen

Fulda, um 970/80
Pergament, 206 Blätter. – Deckfarbenmalerei und Gold.
Alter Einband aus lederbezogenen Holztafeln mit Metallbuckeln. – H. 24,2 cm, B. 18,3 cm.
Augsburg, Diözesanmuseum St. Afra, DMA 1002 (olim Ms. 6, DM I 2)

IV. 18, fol. 19r

Die Handschrift besteht aus zwei Teilen; das eigentliche Evangeliar (fol. 26–205) ist im 9. Jahrhundert in Fulda geschrieben und im 10. und vielleicht auch noch im 11. Jahrhundert in großem Umfang mit Glossen versehen worden, darunter auch solchen in althochdeutscher Sprache. Diesem Teil wurden im 10. Jahrhundert, ebenfalls in Fulda, das offenbar bis dahin fehlende Capitulare evangeliorum (fol. 1r–17r) und eine Folge von 14 Kanontafeln (fol. 18r–24v) vorgeheftet. Die Kanontafeln bilden den einzigen Buchschmuck.

Die Organisation der Architektur und des Schmuckes der Tympanonfelder mit den Evangelistensymbolen, die in unterschiedlicher Form ein Schriftband ausbreiten oder Bücher halten, folgt demselben System, wie es der Codex Wittekindeus und das ältere karolingische Evangeliar nach der Vorlage einer in Fulda liegenden Evangelienhandschrift der Hofschule Karls des Großen aufweisen (Abb., vgl. Kat.Nr. IV.16 u. IV.17). Die Tätigkeit der Symbole entspricht zwar nicht in allen Details den Darstellungen im Erlanger Evangeliar oder im Wittekindeus, variiert aber dieselbe Thematik. Löwe, Stier und Adler stehen gelegentlich nur neben dem vom Engel gehaltenen Band. Mehrfach wird der Engel, merkwürdigerweise gelegentlich auch ohne Flügel, schreibend dargestellt. Buchrollenbehälter und Ständer für Tintenfässer bereichern die Szene. Der Kanontitel steht nicht wie im Codex Wittekindeus auf dem von den Tieren ausgebreiteten Band, sondern erscheint außerhalb des Bogenfeldes. Wie im Wittekindeus gibt es keine Akroterstauden. Im einzelnen ist die Ausführung einfacher. Die Verwendung von Gold beschränkt sich auf die Rahmenleisten von Postamenten und Bogenläufen; die Ornamentik der Säulenschäfte ist weniger fein, die Ausführung der bunten, weiß konturierten Blätterkapitelle schematischer.

Besitzvermerke des 15. Jahrhunderts auf dem inneren Deckblatt des Vorderdeckels und auf fol. 1r belegen die Herkunft aus der Benediktinerabtei St. Mang in Füssen. Abschriften von auf Füssen bezüglicher Urkunden aus dem 12. und 13. Jahrhundert sichern, daß die Handschrift sich schon damals dort befand. Das belegt auch ein Schatzverzeichnis aus der zweiten Hälfte des 12. Jahrhunderts (fol. 205v–206r). Doch ist die Handschrift, wie die Glossen und Nachträge zeigen, offenbar zunächst längere Zeit in Fulda benutzt worden, bevor sie nach Füssen gelangt ist. Seit 1822 wird sie in der Ordinariatsbibliothek Augsburg, neuerdings im Diözesanmuseum St. Afra verwahrt.

Kraft, Ordinariatsbibliothek, Nr. 3 mit Abb. 2–4. – Ausst.kat. Augsburg 1973, Nr. 162 (Florentine Mütherich), Abb. 151. – Bischoff, Schatzverzeichnisse, Nr. 25. – Hoffmann, Buchkunst, S. 138.

R.K.

IV. 19
Fuldaer Evangeliar aus Werden

Fulda, viertes Viertel des 10. Jahrhunderts
Pergament, 121 Blätter. – Deckfarben und Gold.
Moderner Halbledereinband von 1961. – H. 28 cm, B. 19,5 cm.
Berlin, Staatsbibliothek zu Berlin – Preußischer Kulturbesitz, Ms. theol. lat. fol. 359

Die Handschrift enthält den Text der vier Evangelien mit den vier allgemeinen Vorreden, den Prologen und Kapitelverzeichnissen zu den einzelnen Evangelien und ein Capitulare evangeliorum, aber keine Kanontafeln. Der Buchschmuck beschränkt sich auf eine Purpurzierleiste mit Goldbuchstaben zur Vorrede Novum opus und je eine Bild-Zierseite zu Beginn der einzelnen Evangelien. Dort werden jeweils ein Vers über den Evangelisten, die Incipit-Ankündigung und die Anfangsinitiale, der Textbeginn und eine kleines in die rechte obere Ecke gerücktes Bildfeld mit dem Evangelisten auf einer gerahmten Seite kombiniert. Bei Matthäus und Johannes füllt die Komposition nur die obere Hälfte der Seite; die untere mit fortlaufend geschriebenem Text ist nur durch eine schmale farbige Randleiste mit dem Zierfeld verbunden. Markus- und Lukas-Evangelien beginnen mit einer ganzen Zierseite. Zierfelder und Zierseiten haben Purpurgrund, die kleinen Bildfelder sind bei Markus und Johannes grün, bei Matthäus und Lukas haben sie Goldgrund.

Die Evangelisten sitzen auf architektonisch gegliederten Thronen ohne Lehnen, halten ihr Buch vor sich und blicken zu den als Halbfiguren über ihnen erscheinenden Symbolen auf. Sie zeigen den typischen Stil der ottonischen Fuldaer Buchmalerei. Dazu gehört ein flüchtiger Farbauftrag mit viel Weißhöhungen und eine Gestaltung der Figuren aus reich gegliederten Gewändern mit farbigen, oft weißgehöhten Faltenkämmen. Die Malweise ist karolingischen Vorbildern vor allem aus der Hofschule Karls des Kahlen verpflichtet, woher auch die Evangelistentypen stammen dürften. Die Initialen zeigen ausgesparte Flechtwerkeinsätze in Buchstaben und lose Flechtwerkknoten an den Enden, wie sie aus vorkarolingischem Erbe noch allenthalben in der ottonischen Buchmalerei Fuldas begegnen. Besonders reich ist das Q zum Lukas-Evangelium ausgestaltet (Abb.). Seiner Kreisform mit schmalen Flechtwerkeinsätzen ist eine grüne Raute einbeschrieben, die von losem goldenen Blatt-Ranken-Werk durchzogen wird. Ein in Grau und Weiß sorgfältig modellierter Drachen, dessen Leib dreifach geringelt ist und dessen Schwanz dreiblattförmig endet, bildet die Cauda.

Das Evangeliar wird traditionell mit einem Fuldaer Sakramentar in München, Clm 10077, das für Kloster Corvey bestimmt war, als in besonders engem Zusammenhang entstanden angesehen. Es mag in Fulda von Anfang an zur Benutzung in Wer-

IV. 19, fol. 58r

den angefertigt worden sein, in dessen eigener Buchproduktion im 11. Jahrhundert Fuldaer Vorbilder eine nicht unbeträchtliche Rolle spielten.

Der Codex stammt nach einem Besitzeintrag der Zeit um 1500 aus der Benediktiner-Abtei St. Liudger in Werden bei Essen und gelangte nach der Säkularisation über die Bibliotheca Paulina (Universitäts-Bibliothek) in Münster 1823 in die Königliche Bibliothek zu Berlin.

Zimmermann, Fulda, S. 37–39 mit Abb. 21. – Boeckler, Schöne Handschriften, Nr. 17 mit Farbtaf. – Boeckler, Codex Wittekindeus, S. 20f., Taf. XXXc, XXXIc. – Ausst.kat. Berlin 1975/76, Nr. 33 (Tilo Brandis) mit Abb. – Kahsnitz, Werdener Psalter, S. 35, 250 u. öfter, Abb. 391–394. – Hoffmann, Buchkunst, S. 144. – Fingernagel, Handschriften Berlin, Nr. 100 (Lit.), Abb. 323–325, Farbabb. V. – Ausst.kat. Hildesheim 1993, Bd. 2, Nr. V-55 (Ulrich Kuder) mit Farbabb. – Ausst.kat. Essen 1999, Nr. 61 (Rainer Kahsnitz) mit Farbabb.

R.K.

IV. 20
Fuldaer Sakramentar in Göttingen

Fulda, um 975
Pergament, 256 Blätter. – Deckfarben, Gold und Silber. Moderner Einband von 1956; der Helmstedter Einband aus dem 18. Jahrhundert noch vorhanden. – H. 34 cm, B. 27 cm.
Göttingen, Niedersächsische Staats- und Universitätsbibliothek, 2° Cod. Theol. 231 Cim

Die Handschrift vertritt den Sakramentartyp des Gregorianum mit spezifischen Eigenheiten, die auch in anderen Fuldaer Sakramentaren auftauchen. Sie enthält für das Kirchenjahr einschließlich der Heiligenfeste 300 Meßtexte, wobei Temporale und Sanctorale vermischt sind, dazu 190 Messen für besondere Anlässe und 40 Texte zur sonstigen Sakramentenspendung und Benediktionen. Den Abschluß bildet ein Kalendar. Die Fuldaer Herkunft ergibt sich aus der Nennung des hl. Bonifatius im Meßkanon, der Hervorhebung seines Festes mit Vigil, ebenso des Festes der hl. Lioba, der Feier des Kirchweihfestes der Fuldaer Salvatorkirche (mit ganzseitiger Zierseite) sowie den Weihedaten mehrerer Fuldaer Kapellen und anderer spezifisch auf Fulda bezüglichen Eintragungen im Kalender.

Der Buchschmuck besteht aus 30 Bildfeldern, die meist mehrere Szenen vereinen, einer Anzahl Zierseiten, darunter einer Folge dunkler Purpurseiten mit Goldschrift zum Canon (fol. 2r–9r), und rund 500 Initialen. Fast jedes Meßformular ist durch eine Initiale ausgezeichnet, die aus goldenen Bandranken besteht und hell- oder schwarzblau, gelegentlich auch grün gefüllt ist. Zu den großen Festen sind streifenförmige Bildfelder mit großen Initialen durch einen einheitlichen Rahmen zu einer ganzseitigen Komposition zusammengezogen, gelegentlich werden auch mehrere Bildstreifen zu einem ganzseitigen Bild kombiniert. Für die Handschrift und die ottonische Buchmalerei Fuldas charakteristisch ist die Verbindung eines mit einfachen Gold- oder Farbleisten gerahmten Bildfeldes, das von zwei Säulen getragen wird, zwischen denen sich ein Purpurfeld mit einer Initiale befindet (Abb.). Auch mehrere Bildfelder können so verbunden werden. Basen und Kapitelle bestehen aus stark farbigem, weiß konturiertem, fiedrigem Blattwerk. Auch das Sockelpostament, auf dem die Säulen stehen, ist wie mancher Rahmen einzelner Bildfelder mit Blattwerk belegt.

13 Bilder zeigen insgesamt 19 Szenen aus dem Leben Christi von der Geburt über Ostern (Abb.) bis zu Pfingsten. Acht sind den Heiligenfesten gewidmet, dargestellt ist meist ihr Martyrium; gelegentlich begegnen noch weitere Szenen, wie zum Fest des hl. Bonifatius seine Missionstätigkeit durch Erteilung der Taufe; in der zweiten Bildhälfte folgt dann sein Martyrium. Hinzu kommt ein großes Bild zum Allerheiligenfest. Eine Titelkomposition zeigt zu Beginn der Handschrift die Autoren des Sakramentars Gregorius und Gelasius, die auf den Canon bezogenen alttestamentlichen Szenen des Opfers Kains und Abels und des Opfers Abrahams sowie liturgische Szenen (fol. 1v). Ein Bild der das Blut des Lammes auffangenden Ekklesia gehört zum Agnus Dei und beendet die Folge der Zierseiten zum Canon. Den zweiten Teil der Handschrift mit den Votiv-Messen eröffnet eine Komposition des in einer Mandorla stehenden und von Engeln verehrten Christus (fol. 136r). Zu den Texten der - Sakramentenspendung gibt es vier Bildstreifen mit den in ottonischer Zeit völlig ungewöhnlichen Bildthemen des Krankenbesuches, der Beichte, der Letzten Ölung und der Vorbereitung der Taufe (*denuntiatio scrutinii*). Dem Kalender ist eine gelehrte Rundkomposition mit der Personifikation des Annus zugeordnet, der die Büsten von Sonne und Mond in den Armen hält, umgeben von einem inneren Kreis mit den Büsten der vier Elemente und einem zweiten äußeren mit den Büsten der vier Jahreszeiten und der zwölf Monate (fol. 250v, Abb.).

Die Herkunft dieser Bilderfolgen, von denen viele Szenen auch in anderen Fuldaer Sakramentaren, vor allem in dem etwa gleichzeitig entstandenen in Udine (Archivio capitolare, ms. 2) auftauchen, ist komplexer Natur. Man hat darauf hingewiesen, daß in karolingischer Zeit immerhin das Drogo-Sakramentar (Paris, Bibliothèque nationale, lat. 9428), in Metz um 850/55 entstanden, eine Folge kleiner christologischer Bilder, auch Darstellungen zum Canon und zu den Heiligenfesten kannte, obwohl christologische Szenen sonst in der karolingischen Buchmalerei kaum begegnen. Daß die in Fulda zur Verfügung stehenden Vorlagen offenbar kleine Figuren und Szenen zeigten, ist offensichtlich; allenthalben kann man beobachten, wie die Maler bemüht waren, die Komposition der Szenen für ihre breiten Bildstreifen zu dehnen, die Figuren auf der Fläche in größeren Abständen zu verteilen und durch Versatzstücke, wie durch Stadtkulissen, die Bilder zu füllen. Neben solchen Über-

IV. 20, fol. 65v

IV. 20, fol. 250v

nahmen stehen offenbar in beträchtlicher Anzahl Fuldaer Neuschöpfungen. Das betrifft sicher das Allerheiligenbild, die Ekklesia mit dem Blut des Lammes, die in fast allen Fuldaer Handschriften begegnet (vgl. Beitrag Kahsnitz, Abb. 13), und das ebenso für die Fuldaer Buchmalerei typische Kalenderbild mit der Personifikation des Jahres und seiner Teile (Abb.).

Das karolingische Erbe, vor allem wohl das der Handschriften der Hofschule Karls des Kahlen, ist in der zuweilen recht sorglosen Figurenzeichnung, in der flüchtigen Höhung der farbigen Gewänder, in den schwarzen Konturen, vor allem aber in der lebendigen, wenn auch etwas beliebigen Beweglichkeit der Figuren zu spüren. Man hat vier beteiligte Maler unterscheiden wollen. Qualitätsunterschiede in der Zeichnung und in der Wahl der Farbigkeit sind unübersehbar. Trotz gelegentlich greller Töne gibt es eindrucksvolle Farbkompositionen, die ganz von verschiedenen Violett-Tönen, blau-grauer Schieferfarbe, Türkis, leuchtendem Mennig und Sandgelb beherrscht werden. Zum Eindruck äußerster Prachtentfaltung der Handschrift tragen neben der außerordentlich großen Zahl der Bilder vor allen die eindrucksvollen Zierseiten mit Goldschrift auf dunklem Purpurgrund und die unermeßliche Anzahl der Initialen aus Goldranken bei, von der sich oft mehrere auf einer Seite befinden. Die Handschrift enthält einen der frühesten christologischen Zyklen der ottonischen Malerei, ein Thema, das gegen das Ende des Jahrhunderts in mehreren ottonischen Skriptorien, allen voran der Reichenau, zur vorrangigen künstlerischen Aufgabe werden sollte.

Das Fuldaer Sakramentar muß nach seinem Inhalt für den Gebrauch in der eigenen Klosterkirche geschaffen worden sein. Es gehörte im 16. Jahrhundert dem lutherischen Theologen Matthias Flacius Illyricus (1520–1575) und gelangte um 1600 in die Universitätsbibliothek Helmstedt, 1809 dann nach Göttingen.

Zimmermann, Fulda, S. 2–16, Abb. 2–10, Taf. I–IIIa. – Richter/Schönfelder, Sacramentarium Fuldense (vollständige Publikation des gesamten Textes und der meisten Bilder). – Opfermann, Fuldaer Sakramentar, pass. – Opfermann, Inhalt, passim – Mütherich, Malerei der Ottonenzeit, S. 113. – Hoffmann, Buchkunst, S. 150 u. öfter. – Ausst.kat. Köln 1991, Nr. 18 (Helmuth Rohlfing), Farbabb. 61–66. – Mayr-Harting, Buchmalerei, S. 145, 311–327 u. 344, Abb. 111, 238–240, Farbabb. 244–254 u. Abb. 250, 260. – Ausst.kat. Hildesheim 1993, Bd. 2, Nr. V-51 (Ulrich Kuder) mit Abb. – Palazzo, Sacramentaires, pass. mit Abb. – Ausst.kat. Budapest/Berlin [u. a.], 2000/02 Nr. 21.01.08 (Irmgard Siede) mit Farbabb.

R.K.

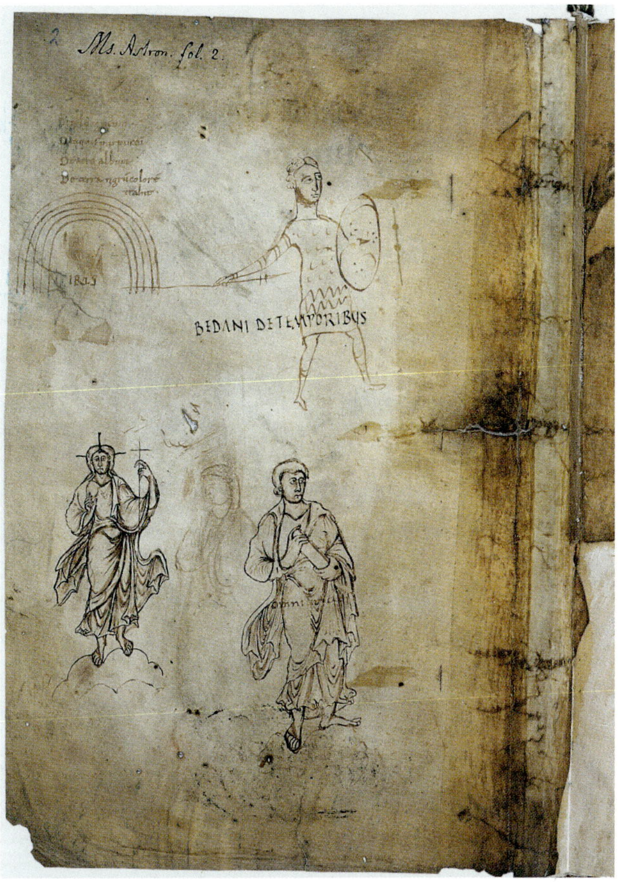

IV. 21

IV. 21
Christus und jugendlicher Apostel

Fulda, zweite Hälfte 10. Jahrhundert
Federzeichnung mit schattierenden Pinselstrichen auf der Innenseite des ehemaligen Buchumschlages, heute als fol. 1 in die zugehörige Handschrift eingebunden.*
Figur Christi: H. 8 cm; Apostel: H. 10,3 cm.
Handschrift: Pergament, 83 Blätter + 2 des ehemaligen Umschlags. – Moderner Einband mit Wildleder über Holzdeckeln. – H. 32 cm, B. 21 cm.
Kassel, Universitätsbibliothek, Landesbibliothek und Murhardsche Bibliothek, 2° Ms. astron. 2

Die Handschrift enthält auf fol. 1–8 Ostertafeln mit Angaben der Festdaten für die Jahre 532–1063 mit annalistischen Marginalien, den sog. Annales Fuldenses antiquissimae, und im Hauptteil (fol. 10r-84) die Schrift 'De ratione temporum' des Beda Venerabilis († 735), ein umfassendes Handbuch der Zeitrechnung, das im Mittelalter zur Berechnung des Osterfestes große Bedeutung hatte. Die Handschrift ist in Fulda wohl im zweiten Jahrzehnt des 9. Jahrhunderts, jedenfalls vor 822, geschrieben worden, und zwar unter Beteiligung des damals dort als Lehrer tätigen Hrabanus Maurus (780–856), der einige Nachträge, Korrekturen und schwierige Passagen selbst geschrieben hat, während der größte Teil der Texte offenbar von einem seiner Schüler in einer Phase geschrieben wurde, als man in Fulda von der angelsächsischen Schrift zur karolingischen Minuskel überging. Als Einband dienten in mittelalterlicher Zeit nur zwei starke Pergamentblätter, deren in der Ausstellung aufgeschlagene Innenseiten ein eindrucksvolles Bild der Geschichte und Benutzung des Codex in früher Zeit bieten. Neben verschiedenen Texteinträgen und Federproben, vor allem auf der Innenseite des Rückumschlags – unter anderem auch zwei Zeilen in griechischen Buchstaben –, stehen auf der Innenseite des Vorderdeckels Zeichnungen.

Oben links gibt es eine Zeichnung mit offenbar alchimistischem Hintergrund. Die Bögen bedeuten den Regenbogen; der Name Iris nennt nicht nur die antike Götterbotin, sondern auch die Göttin des

Regenbogens. In anderer Bedeutung meint Iris den unter dem Regenbogen entstandenen Regenbogen-Edelstein. In den vier zugehörigen Textzeilen darüber ist von Farben die Rede, die aus Metallen gewonnen werden. Der dilettantisch gezeichnete Krieger mit Schild und einem mit der Spitze auf ihn selbst gerichteten Speer dürfte damit kaum in Verbindung stehen. Über seine Figur hat jemand den Titel des Buches geschrieben.

Im interessanteren unteren Teil der Seite war zunächst eine weibliche Figur dargestellt; sie trug einen Schleier und hatte ihre rechte Hand vor die Brust gelegt. Man erkennt noch den Ellenbogen und die Hand, die in den halbrunden Kragen des Gewandes faßt; die linke ist nicht mehr zu sehen. Die Figur wurde ausradiert, bevor die beiden männlichen Gestalten gezeichnet wurden. Auch unter der rechten Figur ist ein größeres Formgebilde entfernt worden, das sich nicht mehr identifizieren läßt. Aber es diente der Figur als Standfläche, wie die Stellung der Füße erkennen läßt. Beide Gestalten – Christus und ein jugendlicher Apostel mit Schriftrolle – sind trotz ihrer Größenunterschiede ohne Zweifel gleichzeitig, vom selben Zeichner und mit gleicher Tinte und modellierenden Pinselzügen aufgetragen worden.

Christus steht mit vor der Brust erhobener rechter Segenshand auf einer Bergkuppe. Ein Kreuz umgibt sein Haupt, mit der hocherhobenen linken Hand faßt er ein langes Kreuzszepter. Links wird sein Gewand wie vom Winde hochgeweht, wie es in ottonischer Zeit häufig dargestellt ist. Auf seiner rechten Seite ragt von der Hüfte ein schräges Mantelstück starr in den freien Raum. Die Gestalt ist überaus fein modelliert. Mächtig wölben sich unter dem Mantel rechter Oberschenkel und Leib, während das Untergewand über dem linken Bein und der hochwehende Mantelbausch stärker durch ineinandergefügte Dreieckformen flächig konzipiert sind. Wie eine weiche Masse liegt das Haar auf dem Schädel. Überall sind Schatten angegeben: im Gesicht, beim Ansatz des Haares, unten am Kinn, am Halsausschnitt und in den Tiefen des Gewandes, am stärksten dort, wo das Gewand sich unter den Mantelbausch vor dem linken Ellenbogen schiebt. Diese mit dem Pinsel ausgeführte Modellierung ist wesentliche Voraussetzung für die körperlich plastische Erscheinung der Figur; die dunkler und dichter werdenden Vertiefungen entwickeln sich kontinuierlich, ohne daß das Ansetzen des Pinsels erkennbar wäre.

Während die Gestalt Christi trotz der körperlich plastischen Wiedergabe streng axial konzipiert und mit ihren Bewegungen in der Fläche entwickelt ist, verblüfft bei der jugendlichen Figur der ausgeprägte Kontrapost. Die Füße, vor allem der linke, stehen wirklich auf dem Boden; der Oberkörper ist zur Seite zurückgelehnt, durch das Einknicken im Knie und die Wendung des Kopfes noch verstärkt. Seine Körperhaltung, der natürliche Griff an die Buchrolle, der lebhafte Blick haben für eine frühmittelalterliche Figur etwas auffallend Transitorisches.

Beide Zeichnungen dürften Kopien und nicht etwa Entwürfe sein; der vorsichtig und stockend geführte Strich an der rechten Körperseite, an den Konturen der Oberarme, in den langen Linien der Oberschenkel und im Gewand über den Beinen legen das nah. Beim Apostel könnte der abflatternde Gewandzipfel eine Zutat des Kopisten sein. Er ist in Umriß und Binnenzeichnung viel freier, unbekümmerter und schneller als alles Übrige gezeichnet – zugleich aber starrer als die natürlich sich rundende Gestalt. Die bewegte Figur dürfte einem antiken, sicherlich spätantiken Vorbild entstammen; der Kopist hat versucht, sie durch ein angesetztes Gewandstück stärker in die Fläche einzubinden und sie so zu einer mittelalterlichen Figur zu machen.

Die Handschrift ist in Fulda in karolingischer Zeit geschrieben worden; sie ist aus der Fuldaer Bibliothek nach Kassel gelangt. Es spricht alles dafür, daß die Zeichnung in Fulda angefertigt worden ist, wo im frühen Mittelalter viele antike Handschriften vorhanden waren.

Die zeitgenössische Fuldaer Buchmalerei zeigt, stark karolingischem Erbe verpflichtet, durchaus körperlich-plastisch aufgefaßte Figuren. Doch ist die Faltenbildung der gemalten Gewänder in den uns erhaltenen Handschriften durch weiße, höhende Linien und schwarze Konturen vergleichsweise grob und schematisch (vgl. Kat.Nr. IV.20). Es ist kaum anzunehmen, daß die darunterliegenden Vorzeichnungen wesentlich differenzierter, in der Modellierung kontinuierlicher, vertreibend gewesen sind. Nun ist bekannt, daß die Fuldaer Malerei gelegentlich Zeichnungen und Figuren aus Handschriften der Wesergruppe rezipiert hat, wie sie in den Evangeliaren Wolfenbüttel, Cod. guelf. 16.1. Aug. fol. und Kassel, Ms. theol. fol. 60 vorliegen. Sie sind differenzierter als die Werke des Fuldaer Skriptoriums, wirken aber in ihrem komplizierten Wechselspiel von dichten, flächigen Gewandformationen und großen, plastisch hervortretenden leeren Flächen auch künstlicher, manierierter, so daß man wohl ausschließen möchte, der Zeichner der beiden Figuren habe sie einer aus Corvey stammenden Vorlage entnommen. Seine subtile Art der Modellierung, die feine Schattenmalerei der so natürlich bewegten Figuren konnte er auch dort kaum finden. Die Möglichkeit eines unmittelbaren Zugriffs auf eine antike Vorlage dürfte den für solche Werte offenbar empfänglichen Meister zu seinen ungewöhnlich schönen Zeichnungen angeregt haben.

Dieser Fuldaer Zeichner hat die beiden Figuren wie in einem Skizzenbuch an beliebiger Stelle auf dem Innendeckel einer Handschrift festgehalten, um sie bei einer sich bietenden Gelegenheit in einer von ihm zu schaffenden eigenen größeren Komposition verwenden zu können. Seine Quellen dürften kaum in einer szenischen Darstellung – in Frage käme bei der schwebenden Fußstellung Christi über dem Berg überhaupt nur die Verklärung oder Himmelfahrt Christi –, sondern eher in einer repräsentativen Darstellung gelegen haben: ein Christus auf dem Paradiesberg stehend, umgeben von einigen seiner Jünger, wobei der Apostel selbstverständlich seinen Standort links von Christus gehabt haben muß. Letztlich dürfte dahinter eine spätantike oder karolingische Apsis-Komposition gestanden haben; die unmittelbare Quelle könnte aber angesichts der Kleinteiligkeit und Zierlichkeit seiner Figuren durchaus eine Buchillumination gewesen sein, die ihrerseits ein monumentales Thema in kleinem Format bei Bewahrung ihrer klassisch-antikischen Züge überlieferte.

Die Handschrift stammt aus der Klosterbibliothek in Fulda, wo sie im 16. Jahrhundert noch belegt ist, und gelangte mit einem Teil der Fuldaer Bibliothek 1632 nach Kassel, nachdem Gustav Adolf nach der Einnahme Fuldas Landgraf Wilhelm V. von Hessen zum Administrator der Abtei bestellt hatte.

Zur Zeichnung: Boeckler, Codex Wittekindeus, S. 23, Taf. XX–XIII c. – Bauer, Corvey, Bd. 1, S. XXXV, Nr. 49. – Alexander, Illuminators, S. 85, Abb. 133. – Zur Handschrift: Christ, Kloster Fulda, S. 240f. – Christ, Karolingische Bucheinbände, S. 85. – Spilling, Fuldaer Skriptorium, S. 172. – Ausst.kat. Marburg/Eisenach 1992, Nr. 127 (Konrad Wiedemann). – Gugel, Handschriften Fulda, S. 32. – Spilling, Karolingische Minuskel, S. 259–261, 274–276 u. öfter. – Bischoff, Festländische Handschriften, Nr. 1790.

R.K.

IV. 22
Fuldaer Sakramentar aus dem Kölner Dom

Fulda, drittes Viertel 10. Jahrhundert
Pergament, 179 Blätter. – Deckfarben mit Gold.
Pergamenteinband über Pappe des 18. Jahrhunderts.
H. 27,6 cm, B. 23 cm.
Köln, Erzbischöfliche Diözesan- und Dombibliothek, Dom Hs. 88

Die Handschrift enthält ein Kalendar, eine Litanei und verschiedene Ergänzungen sowie auf fol. 26v–171 den Text des eigentlichen Sakramentars. Kalendar und Sakramentar sind nach Hartmut Hoffmann von einer Fuldaer Hand geschrieben worden. Kalendar und Litanei sind zur Benutzung in Köln eingerichtet; neben typischen Kölner Heiligen gibt es das Kirchweihfest des 870 geweihten karolingischen Kölner Doms – *dedicatio ecclesiae sancti Petri in Colonia* –, am 27. September, in der Litanei eine Anrufung für Klerus und Volk des hl. Petrus. In nicht eindeutig zu klärender Weise finden sich im ältesten Teil und in einzelnen Nachträgen auch liturgische Hinweise auf Trier und Mainz, als sei die Handschrift zeitweilig für den Gebrauch dort bestimmt gewesen, daneben auch Eintragungen Trierer Schreiber. Die Handschrift muß jedoch ihrer ursprünglichen Bestimmung entsprechend früh nach Köln gelangt sein, wie zahlreiche Benutzungsspuren späterer Jahrhunderte und die Tilgung der spezifisch Mainzer Heiligen noch im Mittelalter nahelegen.

Für die Datierung ist von Bedeutung, daß in der Missa pro rege zunächst von *regibus nostris* die Rede war, was noch in ottonischer Zeit in die Bitte um *servo tuo imperatori nostro N triumphum* abgeändert wurde. Die erste Formulierung, hält man sie für absolut korrekt, war nur in der kurzen Zeit der Königsherrschaft Ottos des Großen und seines Sohnes Ottos II. angebracht, also von der Königskrönung des jungen Otto II. bis zur Kaiserkrönung des Vaters (26. Mai 961 – 2. Februar 962). Die Korrektur dürfte dann nach 973 erfolgt sein, als nach dem Tode Ottos des Großen nur noch ein Kaiser – Otto II. – regierte. Der Buchschmuck hat jedenfalls wie die Schrift des Hauptteils fuldaischen Charakter.

Zwei große Zierseiten stehen sich zur Präfation und zum Beginn des Canon gegenüber (fol. 25v–26r). Grüne Säulen mit typisch fuldaischen

IV. 22, fol. 25v

IV. 22, fol. 26r

Blattkapitellen tragen einen mit Blattwerk belegten Architrav, der auf der zweiten Seite sich in der Mitte nach oben aufwölbt und dort von einer Akroterpalmette bekrönt wird. Auf Purpurgrund stehen die großen goldenen Initialen mit aus dunklem Grund ausgesparten drahtartigen Flechtwerkeinschlüssen und lose geführten goldenen Bandrankenknoten beim T (Abb.); das V ist durch ein Rankengebilde gefüllt, das in goldene Blätter ausläuft (Abb.). Außer diesen Zierseiten gibt es ein kleines Zierfeld zu Ostern, das von seitlichen Säulen und einem in der Mitte sich aufwölbenden Architrav gerahmt wird und eine goldene Initiale auf Purpurgrund umschließt, goldene Initialen auf einfacheren farbig gerahmten Zierfeldern außerdem zu Weihnachten, Epiphanie und Lichtmeß. Alle Zierformen lassen sich aus Fuldaer Schultradition erklären. Die in der Literatur anzutreffende Ableitung aus der Buchmalerei St. Gallens oder der sog. St. Galler Zweigschule in Mainz (vgl. Kat.Nr. IV.74–76) erscheint überflüssig.

Die Handschrift war für einen Kölner Empfänger bestimmt und ist nach einigen Irrwegen über Trier und möglicherweise auch über Mainz noch im früheren Mittelalter in die Kölner Dombibliothek gelangt.

Bloch, Col. Metr. 88, pass. mit Abb. 64–67. – Ausst.kat. Köln 1985, Bd. 1, Nr. C 18 (Anton von Euw, Lit.) mit Farbabb. – Hoffmann, Buchkunst, S. 156–158. – Böhne, Erzbischof Egbert, pass. – Mayr-Harting, Buchmalerei, S. 309, Abb. 237. – Ausst.kat. Hildesheim 1993, Bd. 2, Nr. V-52 (Ulrich Kuder) mit Farbabb. – Palazzo, Sacramentaires, S. 224f. – Ausst.kat. Köln 1998, Nr. 82 (Andreas Odenthal u. Ulrike Surmann, Lit.) mit Farbabb.

R.K.

IV. 23
Steinkopffragment

Fulda, letztes Viertel 10. Jahrhundert
Sandstein. – Nase abgebrochen, kleinere Abstoßungen, besonders am Mund und am rechten Auge.
H. 8,4 cm, B. 6,4 cm, T. 4,2 cm.
Fulda, Dommuseum

Das kleine Sandsteinköpfchen wurde bei Grabungen nach dem Ersten Weltkrieg im Füllschutt der Ostkrypta des Fuldaer Doms gefunden. Es stammt offenbar von einem größeren Relief. Hinter dem linken Ohr ist noch ein schmaler Grat sichtbar, der wohl den Ansatz des Reliefgrunds bezeichnet.

Der Kopf hat eine etwas fliehende, kahle Stirn und regelmäßige, weit gewölbte Stirnbeinbögen, die über großen, mandelförmigen Augen sitzen. Weitere charakteristische Merkmale sind die große, flächige Oberlippenpartie, die kleine, gewölbte Unterlippe mit scharf herabgezogenen Mundwinkeln und ein kräftig vorstoßendes, kugelförmiges Kinn. Die Wangen sind durch zwei flache Gruben gegliedert, die von breiten Nasenflügeln ausgehen. Der niedrig ansetzende Haarkranz der Tonsur legt sich kappenartig um den Schädel. Eine Reihe leichter Asymmetrien in der Behandlung von Wangen, Mund und Augen sprechen dafür, daß der Kopf nicht für die Frontalansicht bestimmt, sondern leicht im Profil nach rechts gewandt war.

Unter den erhaltenen Werken ottonischer Steinskulptur läßt sich das Fuldaer Köpfchen am ehesten mit den Figurenkapitellen der Stiftskirche St. Martin in Zyfflich (Niederrhein) vergleichen, die aus einem älteren Bau stammen und im ersten Jahrzehnt des 11. Jahrhunderts für die neu errichtete Kirche wiederverwendet wurden. Das starke, fast vollplastische Relief, die weiche Modellierung des Gesichts, aber auch Einzelheiten wie der Schnitt von Augen, Mund und Nase lassen eine ähnliche künstlerische Auffassung erkennen. In deutlich weiterem künstlerischen Abstand dazu stehen die wohl etwas früher entstandenen Köpfe am südwestlichen Langhauskapitell der Stiftskirche zu Gernrode, die zum ursprünglichen Bestand der 959 gegründeten Kirche gehören.

Über den ursprünglichen Zusammenhang des Köpfchens ist nichts weiter bekannt. Es könnte, ähnlich wie die Köpfe in Zyfflich und Gernrode, zu einem Figurenkapitell gehört haben. Doch scheint die Tonsur und die hohe Stirn auf die Darstellung eines Geistlichen hinzuweisen. Daher ist auch die Herkunft von einer steinernen Chor- oder Altarschranke oder einem Altarvorsatz erwogen worden.

Ausst.kat. Marburg 1928, Nr. 2 (Hermann Deckert), Taf. 3. – Buddensieg, Steinkopf. – Storm, Bronzetüren, S. 124. – Wesenberg, Steinkopffragment. – Wesenberg, Bildwerke, S. 20f. – Bauer, Corvey, Bd. 1, S. LI–LII Nr. 69.

M.P.

IV. 23

ST. GALLEN

IV. 24
Diplom König Ottos I. für St. Gallen

Magdeburg, 947 Juni 12
Pergament. – H. 49 cm, B. 54,5 cm.
St. Gallen, Stiftsarchiv, X2 A1

Im Juni 947 empfing König Otto I. in der Magdeburger Pfalz Herzog Hermann von Schwaben (926–949) und Abt Craloh von St. Gallen. Bei dieser Zusammenkunft verlieh Otto I. auf Fürsprache (Intervention) des Herzogs und auf Bitte (Petition) des Abtes dem Kloster St. Gallen das Markt- und das Münzrecht in Rorschach. Dieser am Bodensee gelegene Ort, der dem Kloster gehörte, war aufgrund seiner verkehrsgeographischen Lage von Bedeutung. In der ausgestellten Urkunde (DO I 90) wurde deshalb ausdrücklich vermerkt, daß Rorschach mit seinem Markt künftig all jenen zur Verfügung stehen sollte, die nach Italien oder Rom reisten.

Der Notar des Diploms ist namentlich nicht bekannt. Da er außerdem an der graphischen Herstellung von zwei früheren Urkunden Ottos I. (DO I 74a u. 75) beteiligt war, die ebenfalls in Magde-

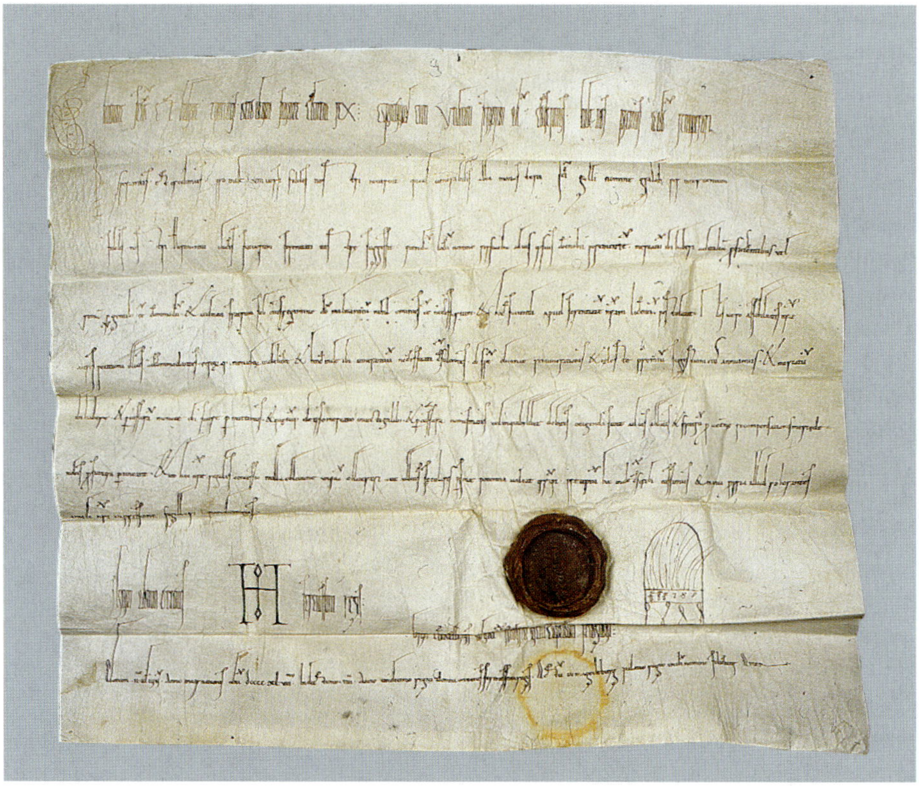

IV. 24

burg ausgestellt wurden, könnte er ein Mönch aus St. Mauritius zu Magdeburg gewesen sein. Das Chrismon (symbolische Anrufung Gottes; vgl. Kat.Nr. III.9) gestaltete der Notar ähnlich dem im DO I 74a. Er trug aber zusätzlich Kurzschriftzeichen ein, die sich wahrscheinlich auf die ausgeschriebene Anrufung Gottes bzw. der hl. Dreifaltigkeit am Beginn der ersten Zeile (*In nomine sanctae et individuae trinitatis*) beziehen. Über *individuae* sowie über *clementia* in der anschließenden Intitulatio (*Otto divina favente clementia rex)* vergaß der Notar, das diplomatische Abkürzungszeichen anzubringen, so daß sich bei diesen beiden Wörtern nur die Lesung *induae* und *clentia* ergibt. Das Eingangsprotokoll endet mit einem markanten *x* beim Königstitel (*rex*) und den unmittelbar danach folgenden vier Punkten. Das als Initiale gestaltete *I* am Beginn (*In*) und das *X* am Ende des Eingangsprotokolls ermöglichen die Assoziation zum Namen von Jesus Christus (vgl. Kat.Nr. V.25). Nach einem etwas größeren Zwischenraum ließ der Notar eine Arenga folgen. Darin wird die Erwartung ausgedrückt, daß der König für die Unterstützung der Diener Gottes dereinst auf himmlischen Lohn hoffen dürfe. Im Schriftbild des in diplomatischer Minuskel ausgeführten Kontextes (Zeile 2 bis 8) fallen u. a. die lang gezogenen *st*-Ligaturen bei *nostri* bzw. *nostrae* (Zeilen 2 u. 3) sowie das groß gestaltete *N* bei *Nos* (Zeile 4, viertes Wort von rechts) auf. Außerdem formte der Notar eine teilweise hoch in den freien Raum hinein ragende *&*-Ligatur (besonders Zeilen 4 u. 6). Den Namen des Herzogs (Hermann) hob der Notar durch eine Majuskel als Anfangsbuchstaben graphisch hervor (Zeile 3, drittes Wort von links).

Die Signumzeile (Beglaubigung; *Signum domni Ottonis serenissimi regis*) ist elegant in verlängerter Schrift ausgeführt. Das *i* in *signum* und den Schaft des *d* in *domni*, führte der Notar besonders hoch aus. Die waagerechte Verbindung zwischen den beiden *T* im Herrschermonogramm („Vollziehungsstrich“, vgl. Kat.Nr. VI.69) wurde wahrscheinlich von Otto I. persönlich eingetragen. Rechts von der Signumzeile befindet sich das königliche Siegel aus Wachs. Der darunter sichtbare Abdruck des Siegelrandes resultiert aus der Aufbewahrung des Diploms in mehrfach gefalteter Form. Unter dem Siegel ist die Rekognitionszeile (Nennung des Notars und Erzkapellans) plaziert. Das Rekognitionszeichen wurde ohne die früher übliche *et*-Verbindung und damit separat von der Rekognitionszeile dargestellt. Die kleinere mittlere Etage enthält Abkürzungen bzw. Kurzschriftzeichen, die sich mit

Brun cancellarius recognovi et subscripsi auflösen lassen. Die Datierungszeile beginnt mit einem *d* (*datum*) in verlängerter Schrift und der Angabe des Ausstellungstages nach dem römischen Kalender. Sie endet mit der Nennung der Königspfalz in Magdeburg als Ausstellungsort (*Actum in magedeburg palatio regio*) und dem abschließenden Segenswunsch.

MGH DO I 90. – Böhmer, Reg. Imp., Bd. II,1, Nr. 152.

Vogler, Stiftsarchiv St. Gallen, S. 30 f.

W.H.

IV. 25
Elfenbeintafel mit einem Adler (?)

Oberitalien (?), um 900
Elfenbein. – H. 23,5 cm, B. 9,8 cm.
Nürnberg, Germanisches Nationalmuseum, Inv.Nr. Pl. O. 311

Das dreigeteilte Bildfeld zeigt im mittleren Sektor in einem Tondo einen Adler (?), die beiden anderen sind mit vierteiligem Blattwerk gefüllt. Nicht sicher zu deuten ist der Vogel des Medaillons. Adolph Goldschmidt schwankte zwischen Taube und Adler, d. h. zwischen Taube des Heiligen Geistes oder Symbol des Evangelisten Johannes, gab aber schließlich dem Adler-Symbol den Vorzug. Die Tafel hat genau dieselben Maße wie eine Platte im Budapester Nationalmuseum mit der Darstellung der Kreuzigung Christi und der heiligen Frauen am Grabe (Goldschmidt, Nr. 165). Goldschmidt sieht in den beiden sonst sehr verschiedenartig gestalteten Tafeln stilistische Gemeinsamkeiten, vor allem das Blattwerk und die Terraingestaltung im mittleren Medaillon betreffend. Seiner Überzeugung zufolge stehen beide Tafeln den gesicherten Werken aus und in St. Gallen nahe (St. Gallen, Stiftsbibliothek cod. 53 u. 60; Goldschmidt, Nr. 163 a, b u. 164 a, b): Freilich ist seinem konkreten Vergleich der Nürnberger Tafel mit dem Elfenbein des Vorderdeckels von cod. 60 (Goldschmidt, Nr. 164 b) nur schwer zu folgen. Nicht zuletzt steht das sehr flache Relief der betonten Dreidimensionalität des Rankenwerks auf dem St. Gallener Codex sehr konträr gegenüber. Eher scheinen die Blattformen, ihr zartes Relief und die teppichartig dichte Füllung der Flächen mit dem Diptychon mit König David und dem hl. Gregor (Kat.Nr. VI.8) vergleichbar zu sein. Marguerite

IV. 25

Menz-von der Mühll sieht dagegen im Codex Aureus Karls des Kahlen (München, Bayerische Staatsbibliothek, Clm 14000) Anhaltspunkte für eine Lokalisierung der Tafel nach Nordfrankreich.

Goldschmidt, Elfenbeinskulpturen, Bd. 1, Nr. 167 u. 165. – Ausst.kat. Augsburg 1973, Nr. 60. – Menz-von der Mühll, St. Galler Elfenbeine, S. 422–47

H.F.

IV. 26, fol. 9r

IV. 26, fol. 16r

IV. 26, fol. 22r

IV. 26
Erstes Buch der Makkabäer

St. Gallen, um 925 und Reichenau, um 970
Pergament, 149 Blätter. – Federzeichnung in Tinte und Mennig, teilweise koloriert; Initialen nachträglich mit Gold, Silber- und Deckfarbenmalerei bereichert. – Schweinsledereinband des späten 16. Jahrhunderts, wohl von 1578.
H. 25,2 cm, B. 18,5 cm.

Leiden, Universiteitsbibliotheek, Ms. Periz. F 17

Der Codex enthält das alttestamentliche Buch I der Makkabäer, in dem von dem heldenhaften Kampf der Israeliten unter Mattathias und seinen fünf Söhnen gegen die Angriffe des griechischen Königs Antiochus IV. berichtet wird (fol. 1–65). Es folgt der militärtechnische Text des Flavius Vegetius, 'Epitome institutorum rei militaris' aus der Zeit um 400 (fol. 66–149). Das im allgemeinen Bewußtsein wenig rezipierte alttestamentliche Buch der Makkabäer fand offensichtlich vom 8. bis 10. Jahrhundert wegen seines kriegerischen Inhalts besondere Beachtung, nachdem Hrabanus Maurus um 840 ihm einen Kommentar gewidmet hatte. Vor allem galten die alttestamentlichen Helden als Vorbilder mittelalterlicher Heerführer und Könige, wie nicht zuletzt im Bericht des sächsischen Geschichtsschreibers Widukind über Schlacht und Sieg Ottos des Großen über die Ungarn auf dem Lechfeld bei Augsburg im Jahre 955 deutlich wird (Keller). Angebunden an diesen ältesten Teil ist eine Handschrift des 15./16. Jahrhunderts mit den 'Strategemata' des römischen Konsuls des ersten nachchristlichen Jahrhunderts Sextus Julius Frontius (fol. 150r–211r).

Der Bildschmuck besteht aus 30 ganzseitigen Federzeichnungen zum Buch der Makkabäer; hinzu kommen drei gerahmte Initial-Zierseiten und zahlreiche Initialen, sowohl zum Makkabäer- wie zum Vegetius-Teil. Diese Texte sind in St. Gallen geschrieben worden; auch die Federzeichnungen stammen von dort. Dem Inhalt des illuminierten Buches entsprechend zeigen sie überwiegend Schlachtendarstellungen, vor allem Reiterkämpfe

(Abb.) und die Belagerung und Erstürmung von Städten (Abb.). Ohne Rahmen und keineswegs immer auf der Seite zentriert oder wenigstens auf ihr rechteckiges Format bezogen, füllen die kraftvoll gezeichneten Reitergruppen mit ihren kühn, schnell und weit ausgreifenden Pferden die Blätter der Handschrift, vereinzelt nimmt sogar eine Szene zwei gegenüberstehende Seiten ein. Offenbar beschränkte sich die Zeichnung zunächst auf braune Tinten-Federzüge, die gelegentlich mit Mennige verstärkt wurden. Erst nachträglich sind die Schilde der Krieger mit Rot, Grün, Gelb und Blau, die Helme und einzelne andere Rüstungsteile partiell mit Silber koloriert worden. Doch blieb diese Art der farblichen Bereicherung zufällig. Szenen ohne Gerüstete, wie Tod und Begräbnis des Antiochus, blieben ganz davon ausgespart.

26 Blätter zeigen einen völlig einheitlichen Stil und sind das Werk eines einzigen Zeichners, der aus der St. Galler Tradition der Federzeichnungen des frühen 10. Jahrhunderts hervorgegangen ist. Er gründet letztlich in der Kunst des wohl gegen Ende der Abtszeit Hartmuts (872–883) entstandenen Goldenen Psalters (St. Gallen, Stiftsbibliothek, cod. 22), der freilich durch die Farbigkeit seiner Zeichnung und die reiche Verwendung von Gold – nicht zuletzt für den Text – ein höheres künstlerisches Anspruchsniveau verrät. Auch in dieser Handschrift begegnen zahlreiche Kampfdarstellungen, zeigen die Figuren und Pferde jene schnelle Beweglichkeit, die für die Makkabäer-Handschrift bezeichnend ist. Auch dort bleiben die – farbigen – Zeichnungen in der Regel ungerahmt, ist den Figuren jedoch stets eine Bodenfläche oder -welle beigegeben, während sie in der Makkabäer-Handschrift ohne solchen Grund frei auf das Pergament gezeichnet sind. Die Sicherheit der Bewegung und die sorglose Unbekümmertheit, mit der die Szenen auf den Seiten verteilt sind, sind ein untrügliches Anzeichen dafür, daß der Zeichner die Bildfolge aus einem spätantiken illuminierten Buch der Makkabäer kopiert hat, wie denn in St. Gallen im 9. und frühen 10. Jahrhundert auch andere spätantike Handschriften wie die 'Phainomena' des Aratos kopiert wurden (St. Gallen, Stiftsbibliothek, cod. 250). In dieser antiken Vorlage waren die Illustrationen offenbar streifenförmig angeordnet, wenn es sich nicht sogar noch um eine Buchrolle gehandelt hat; jedenfalls waren es nicht ganzseitige Kompositionen. Das erklärt die lebendige Flüchtigkeit der Szenen, aber auch die geringe Rücksichtnahme auf das Format der Seite und auf die Notwendigkeit einer ausgewogenen Komposition.

Die in St. Gallen gefertigte Kopie ist die älteste erhaltene Handschrift des alttestamentlichen Buches der Makkabäer mit Illustrationen; ähnliche Vorlagen sollten noch für Bibelhandschriften des 12. Jahrhunderts Bedeutung gewinnen.

Die vier letzten ausgeführten Federzeichnungen (fol. 52v–53r, 56v–57r) zeigen einen stark abweichenden Stil mit völlig anderer, wesentlich festerer Organisation des Bildfeldes, ruhigeren Figuren und einem Gewandstil mit charakteristischen Doppellinien als Konturen und Falten. Man hat in dem Zeichner oft einen Künstler des späten 10. oder gar des 11. Jahrhunderts vermutet; freilich ist bei allen individuellen Unterschieden und ohne Zweifel auch zeitlichem Abstand die Nähe zur St. Galler Zeichnungstradition größer als zur Buchmalerei irgendeines anderen Skriptoriums des 10. und 11. Jahrhunderts. Die charakteristische Wiedergabe der Köpfe ist nur aus St. Galler Tradition zu erklären. Hartmut Hoffmann hat zwar die Schrift auf den Rückseiten dieser Zeichnungen eindeutig nach St. Gallen zu lokalisieren und dem Hauptschreiber des Makkabäer-Textes zuzuordnen vermocht. Doch sind die Bildseiten offenbar längere Zeit leer geblieben, bis ein späterer Künstler einen Versuch zur Fortsetzung der Bildfolge unternahm. Die beiden für Bilder vorgesehenen letzten Seiten sind bis heute frei geblieben (fol. 62v–63r).

Anders ist die Situation bei den Initial-Zierseiten und vielen Initialen der Handschrift. Von älteren Beobachtungen Adolf Mertons ausgehend, hat Anton von Euw die komplizierte Geschichte der Handschrift neuerdings überzeugend deuten können. Das Titelblatt des Makkabäer-Textes (fol. 3v), die Zierseiten zum ersten und dritten Buch der 'Epitome rei militaris' des Vegetius (fol. 67r u. 101v) wurden jeweils zusammen mit den zugehörigen Hälften der entsprechenden Doppelblätter (fol. 4, 72, 102) zu einem späteren Zeitpunkt ausgetauscht, die Texte von anderer Hand nachgetragen und die Anfänge der entsprechenden Bücher durch prachtvolle, gerahmte Initial-Zierseiten ausgezeichnet. Zu Beginn des Makkabäer-Textes liegt vor einem Purpurgrund, der mit sich diagonal kreuzenden Balken, Rosetten und Vierpässen gemustert ist, ein in Silber und Gold reich verknoteter und mit pflanzlichen Ranken gefüllter Zierbuchstabe E, der Initial-Kompositionen der frühottonischen Reichenauer Buchmalerei, etwa im Gero-Codex oder im Leipziger Evangelistar (Kat.Nr. IV.32 u. IV.15), genau entspricht. Ähnliches gilt für die Zierseiten fol. 67r und 101v. Den Rahmen der A-Komposition füllt feingefiedertes Akanthus-Blattwerk in Gold und Silber, wie es in Reichenauer Handschriften der Ruodprecht-Gruppe, insbesondere im Egbert-Psalter in Cividale von etwa 980, begegnen wird. Bei derselben Gelegenheit, als man die Zierblätter einfügte, hat man die großen Initialen zum zweiten und vierten Buch des Vegetius-Textes (fol. 85r und 133v) und einige weitere, kleinere des Makkabäer-Textes, die bisher nur in mennigfarbiger Federzeichnung ausgeführt waren, mit Gold und Silber übermalt und ihnen farbige Gründe gegeben. Dies muß etwa um 970 auf der Reichenau geschehen sein.

Aus dem Bericht Ekkeharts IV. von St. Gallen wissen wir, daß Abt Engilbert im Jahre 925 vor dem drohenden Einfall der Ungarn, die am 1. Mai 926 das Kloster verwüsten sollten, die Bibliothek auf die Reichenau bringen ließ und daß von dort später zwar die richtige Zahl der Bücher, aber nicht alle Titel zurückgegeben wurden. Offenbar ist der Makkabäer-Codex auf der Reichenau verblieben und dort rund fünfzig Jahre später, als das Reichenauer Skriptorium seine ersten illuminierten Meisterwerke zu schaffen begann, durch Hinzufügung von Initial-Zierseiten und Übermalung von Initialen mit Gold und Silber bereichert worden.

Hagen Keller hat zu erwägen gegeben, ob die Handschrift mit ihrer kostbaren Ausstattung und ihrem kriegerischen Inhalt, nicht zuletzt auch mit dem Kriegs-Handbuch des Vegetius, nicht für einen König bestimmt gewesen sein sollte. Ihre Entstehung um 925 ist häufig mit den Ungarneinfällen der Zeit in Verbindung gebracht worden.

Die Handschrift ist offenbar noch im 11. Jahrhundert von der Reichenau in eine weiter nördlich gelegene Benediktinerabtei – vielleicht Werden bei Essen – gelangt, wo einige altsächsische Glossen eingefügt wurden. Um 1580 gehörte sie dem Münsterstift zu Bonn, später Franciscus Modinus (1556–1597) und um 1701 Johannes de Wit. Im Jahre 1715 gelangte sie aus dem Nachlaß des Leidener Gelehrten Jacob Perizonus (1661–1715) in die Universitätsbibliothek Leiden.

Merton, St. Gallen, S. 64–66 u. 83, Taf. 55–61. – Ausst.kat. Augsburg 1973, Nr. 158 (Florentine Mütherich) mit Abb. 147. – Pächt, Buchmalerei, S. 30 mit Abb. 25 u. 26. – Hoffmann, Buchkunst, S. 382. – Ausst.kat. Leiden 1987/88, Nr. 106 mit Abb. S. 167 u. 172. – von Euw, Cod. 121, S. 12 u. 14–15, Abb. 18, 20, 22, 24 u. 40. – Keller, Machabaeorum pugnae, S. 433–435 u. pass. – Ausst.kat. Utrecht 1996, Nr. 25 (Wilhelmina C. M. Wüstenfeld) mit Farbabb. – von Euw, St. Galler Kunst, S. 190f. mit Farbabb. 90. – von Euw, Leiden Perizonus Fol. 17, pass. mit Abb.

R.K.

IV. 27
St. Galler Evangeliar aus Einsiedeln

St. Gallen, um 900
Pergament, 384 Blätter. – Federzeichnung in Mennig, Silber und Gold. – Mittelalterlicher Holzdeckel-Einband, mit Wildleder überzogen. – Viele Bild- und Zierseiten infolge Durchschlagens des oxydierten Silbers von der Rückseite stark beeinträchtigt; am besten erhalten die Seiten zu Beginn des Markus-Evangeliums. – H. 28,3 cm, B. 19,5 cm.
Einsiedeln, Stiftsbibliothek, Cod. 17 (405)

Die Handschrift enthält den Text der vier Evangelien nebst zugehörigen Vorreden, bei Markus einen zweiten, Beda Venerabilis zugeschriebenen Prolog, aber keine Kapitelverzeichnisse. Am Anfang des Codex steht das Fragment eines Hieronymus zugeschriebenen Prologs zu Matthäus und Markus, das wohl nachträglich dort eingefügt ist. Die Handschrift hat von den vier allgemeinen Vorreden die Texte Novum opus und Sciendum etiam. Am Ende gibt es ein ausführliches Capitulare evangeliorum. Auf pag. 382–383 ist von einer Hand des 10. Jahrhunderts ein Reliquienverzeichnis der Abteikirche Einsiedeln eingetragen, geordnet nach den Altären der Kirche, in denen sich Reliquien befanden (Abb.). Eine andere Hand hat die Reliquien nachgetragen, die sich in einem edelsteinbesetzten kleinen Goldkreuz befanden.

Der Buchschmuck besteht aus einem Widmungsbild (pag. 23), Bildern der vier Evangelisten (pag. 24, 126, 185 u. 285), ganzseitigen, aber ungerahmten Initial-Kompositionen zu Beginn der vier Evangelien, wobei diese bei Matthäus und Markus dem Evangelistenbild gegenüberstehen, bei Lukas und Johannes ihm auf der Rückseite folgen. Eine einzelne größere Initiale gibt es außerdem zur Markusvita des Beda Venerabilis (pag. 123). Hinzu kommen zwölf Kanontafeln.

Alle Bildseiten, die Kanontafeln und Zierbuchstaben sind nur mit Mennig, Gold und Silber gestaltet. Dabei hat der Illuminator die Figuren und weitgehend auch die Binnenzeichnung zunächst mit der Feder in Mennig gezeichnet und anschließend Umriß, Binnenzeichnung, gelegentlich auch zusätzliche

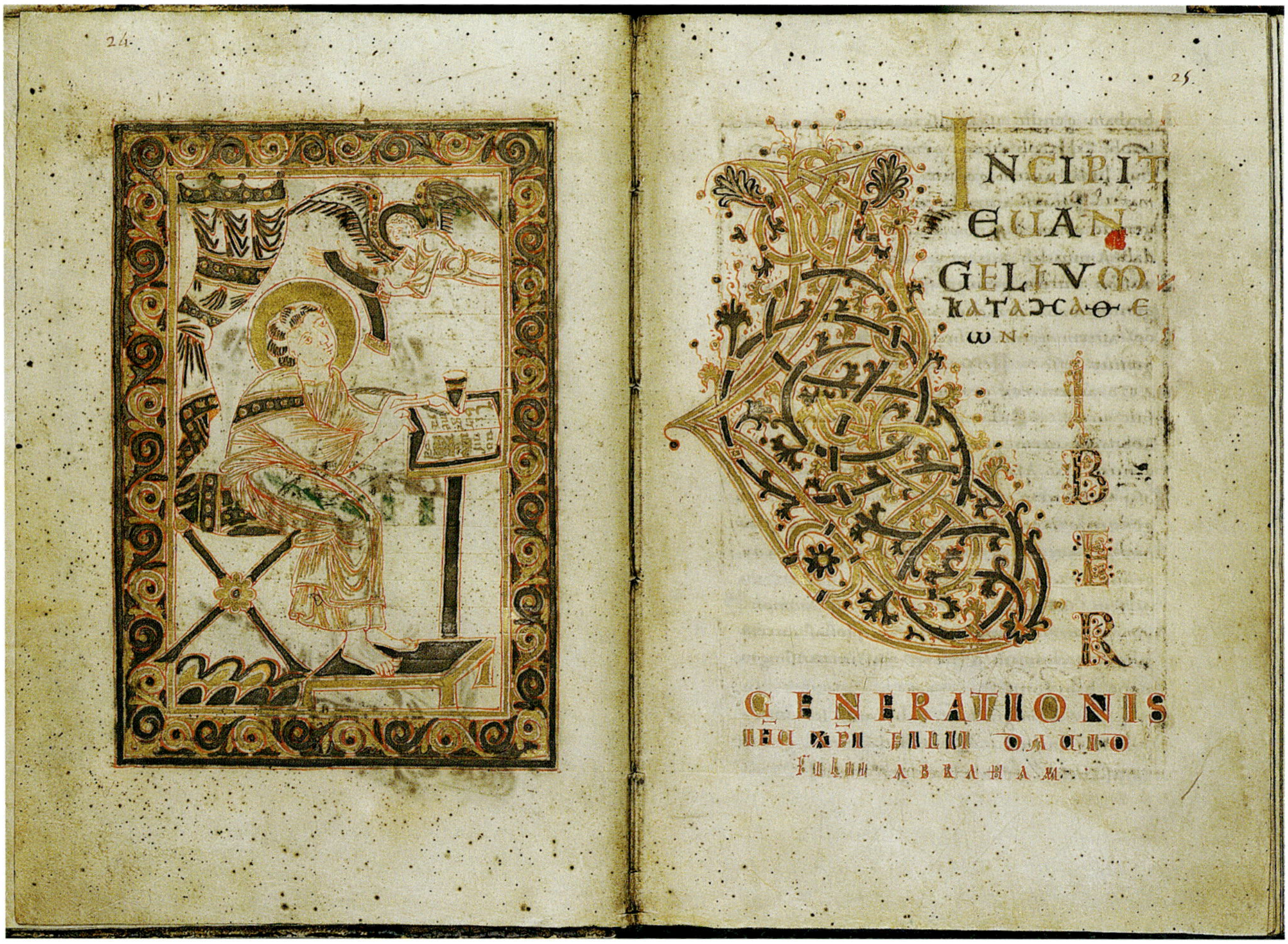

IV. 27, fol. 24v–25r

Striche in etwas breiteren Gold- und Silberlinien nachgezogen. Nur ganz geringe Partien, etwa an den Thronen, Pulten, Kissen, Nimben oder in den Rahmen, sind mit Metall gefüllt, so daß die Bilder in sehr ausgeprägter Form den Charakter von Zeichnungen bewahrt haben. Auf dem Widmungsbild hat der Illuminator die beiden Wolken rechts und links des Hauptes Christi, die Oberfläche seines Fußschemels und vier kleine Thronstützen grün gefärbt. Sonst ist in der ganzen Handschrift keine Farbe verwandt worden.

Das Widmungsbild zeigt den am Himmel thronenden Christus zwischen den beiden kleinen, mit Sternen besetzten grünen Wolken, ein silbernes Buch in der Rechten, die Linke offen vor der Brust dem Betrachter zugewandt: Unten kniet in Proskynese, aber unter Benutzung eines aufwendigen Betschemels ein Stifter und bringt das in der Hand gehaltene, in Goldschrift als *Liber evangeliorum* bezeichnete Buch Christus dar. Durch Kukulle und Tonsur ist er als Mönch kenntlich gemacht; eine Namensbeschriftung fehlt, so daß eine nähere Identifizierung nicht möglich ist. Über und zusätzlich zu der Mennig-Zeichnung ist das Gewand Christi durch goldene, das des Mönchs durch silberne Pinsellinien gehöht. Nur die Tonsur des Mönches ist golden, was wohl keine Willkür des Malers war, bezeichnet die Tonsur doch in besonderer Weise den Status des der Welt entsagenden und dem Dienst Gottes verpflichteten und damit der göttlichen Sphäre verbundenen Mönches.

Die Evangelisten sitzen überwiegend frontal auf gestängehaften, mit Kissen belegten Thronen ohne Lehnen, haben ein Pult mit einem aufgeschlagenen Evangelienbuch neben sich, in dem die Anfangsworte ihres Berichtes verzeichnet sind. Einige greifen nach den Büchern oder nach einem Tintenfaß; Matthäus ist bei der Arbeit des Schreibens zu sehen (Abb.). Alle blicken zu ihren Symbolen auf, die als kleine Figuren in der oberen Bildecke rechts erscheinen. Die Tiere halten Rollen, die sie den Evangelisten vorweisen als Zeichen, daß sie ihnen die

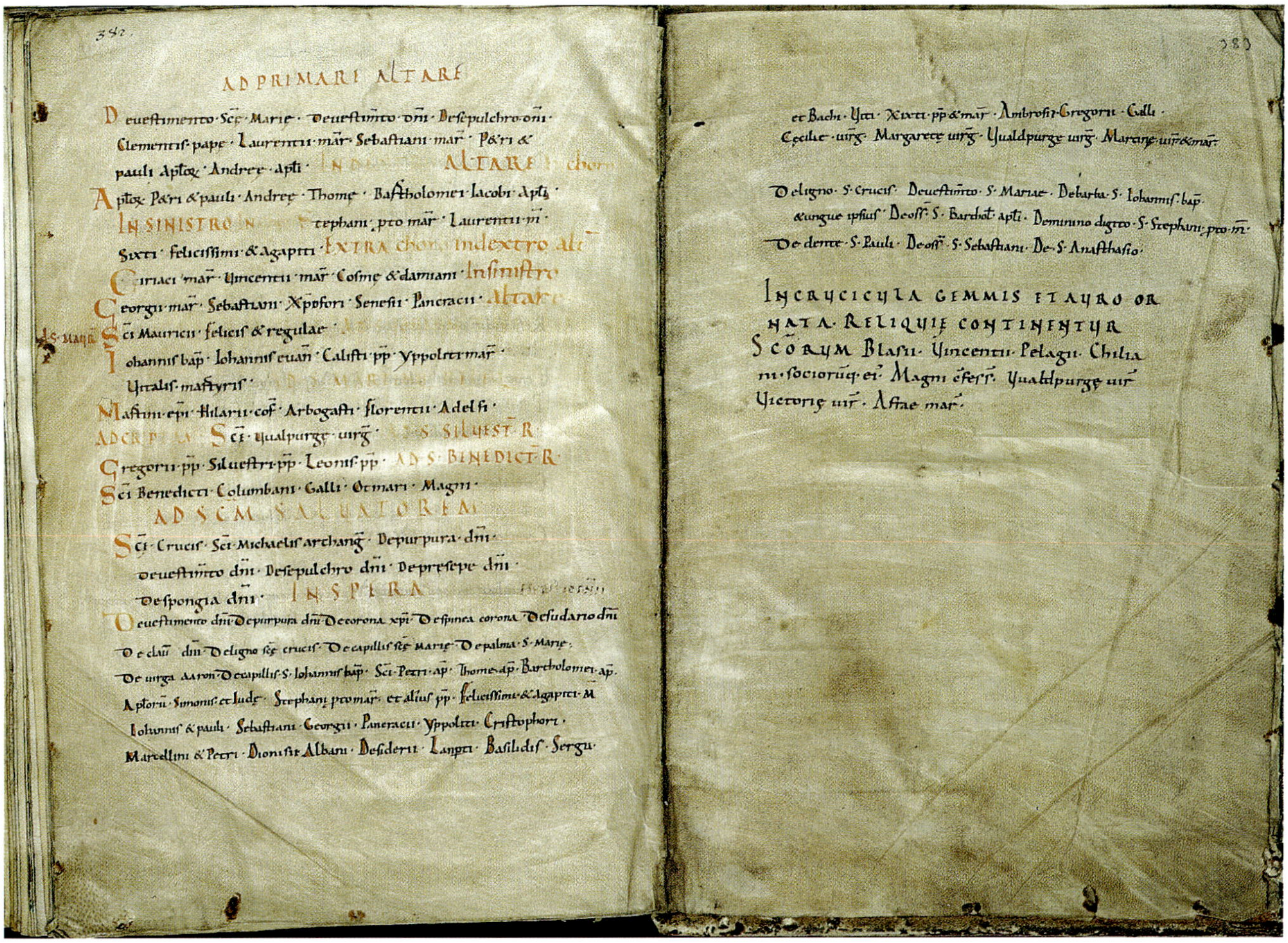

IV. 27, fol. 382v–383r

göttliche Offenbarung zur Niederschrift der Evangelien vermitteln. Alle Symbole haben silberne Flügel, hinter denen schmale goldene Flügel mit silbernen Augen sichtbar werden. Daß die Flügel mit Augen bedeckt sind, geht auf den Visionsbericht der Apokalypse 4,8 über die Vision der Vier Lebenden Wesen zurück, ist aber im Rahmen von Evangelistenbildern nur selten dargestellt worden. Ein hochgeraffter und geknoteter Vorhang ist als kompositionelle Entsprechung in der linken Bildecke, wie häufig in der mittelalterlichen Buchmalerei, unmittelbar am Bildrahmen befestigt. Auch er gehört in den Motiv- und Bedeutungskreis von Erhöhung und Enthüllung. In ihren Figurentypen folgen die Evangelisten bis auf Matthäus weitgehend dem Vorbild der Schule von Reims; besonders deutlich ist das bei dem greisen Johannes, der mit beiden Händen vor dem Leib ein großes Schriftband entrollt. Die in ungewöhnlicher Harmonie sich entfaltende Gestalt des hl. Markus entspricht in Körperhaltung und Gestik weitgehend der des hl. Lukas in der Handschrift in München (Kat.Nr. IV.75), wenn auch der strenge Zeichenstil sich grundlegend von der weichen Malerei dort unterscheidet.

Relativ einfach sind die Kanontafeln mit dünnen Säulen, Hufeisenbögen über den einzelnen Kolumnen, aber ohne übergreifende Arkaden oder Gebälkarchitektur gestaltet, wie alles in der Handschrift nur aus Mennig, Gold und Silber. Aus den Bogenzwickeln sprießen dünne Pflanzen mit Gold- und Silberblüten; gelegentlich gibt es auf den Bogenläufen Pfauen, auf pag. 15–16 je zwei Heiligenbüsten mit großen Nimben. Die beiden auf pag. 16 tragen Helme, sind also wohl Kriegerheilige. Man hat an Mauritius und seine Gefährten gedacht, da die Abtei Einsiedeln Mauritiusreliquien besaß.

Die Initialen zu Beginn des Matthäus-Evangeliums bestehen aus abstraktem, gleichmäßig verflochtenem Rankenwerk, wobei Silberbänder in reizvollem Wechsel das goldene Geflecht durchschneiden oder beim I des Markus- und Johannes-Evangeliums die äußeren goldenen Rahmenstableisten wie ein Spalier umspielen. Der ursprüngliche Gegensatz der beiden Metalle ist durch die Oxydation des Silbers heute zu einem Wechselspiel von Gold und Schwarz verstärkt. Nur selten bilden die Bandranken wie auf pag. 127 größere Endblätter aus; meist sind es kleine goldene Blättchen; Knospen wie in den Handschriften der sog. St. Galler Zweigschule (vgl. Kat.Nr. IV.74–76) gibt es ebenso wenig wie die dort vagierenden kleinen Herzblättchen.

Die Handschrift stammt aus dem Skriptorium von St. Gallen. In der Ornamentik setzt sie den Stil des Goldenen Psalters, eines der Hauptwerke der St. Galler Buchmalerei aus dem Ende der Amtszeit Abt Hartmuts (872–883), fort (St. Gallen, Stiftsbibliothek, Cod. 22). Verwandte Initialen gibt es vor allem in den Handschriften der Sintram-Gruppe, deren wichtiges Werk das 'Evangelium longum' ist, das nach der Chronik Ekkehards IV. von St. Gallen von einem gewissen Sintram geschaffen wurde (St. Gallen, Stiftsbibliothek, cod. 52; vgl. auch Kat.-Nr. IV.29).

Der völlige Verzicht auf Farbigkeit zugunsten goldener und silberner Linien über und neben der Mennig-Zeichnung, und zwar auch bei den in St. Galler Handschriften nicht häufigen figürlichen Darstellungen, ist nur aus diesem Evangeliar bekannt. Freilich prägt eine auffallende Beschränkung den Einsatz von Farbe und eine Vorliebe für strichelnde Goldlinien zur Verdeutlichung etwa der Plastizität der Figuren oder zur Binnenzeichnung schon große Partien des Goldenen Psalters, gilt die Beschränkung auf Metall und Mennig in der gesamten Sintram-Gruppe ohnehin für alles dekorative Zierwerk. Die für viele Erzeugnisse des St. Gallener Skriptoriums charakteristische weiche Zeichenweise (vgl. Kat.Nr. IV.28) ist im Evangeliar dagegen einer sehr bestimmten und präzisen, fast energiegeladenen Linienführung gewichen. Das gilt für die Konturen ebenso wie für die Führung der Mantelfalten über Schoß und Knien der Evangelisten. Die Figuren im Evangeliar sind kräftig; auffallend rundlich und breit erscheinen ihre Köpfe.

Die Handschrift ist schon im 10. Jahrhundert nach Einsiedeln gelangt, wie das wohl um die Mitte des Jahrhunderts eingetragene Reliquienverzeichnis der Abtei beweist. Vielfach wird angenommen, sie habe zur Grundausstattung des 934 gegründeten Benediktinerklosters gehört oder sei durch den hl. Bischof Ulrich von Augsburg (923–973), der einer der berühmtesten Schüler St. Gallens und ein besonderer Förderer der jungen Abtei Einsiedeln war, zusammen mit den Reliquien des hl. Mauritius um 940 übergeben worden. Doch gibt es offenbar keine historische Belege für diese Vermutung. Der zu Füßen des thronenden Christus dargestellte Stifter der Handschrift kann jedenfalls nicht Ulrich von Augsburg sein, da er deutlich als Mönch charakterisiert ist.

Meier, Catalogus, Nr. 17. – Ringholz, Reliquien, pass. – Landsberger, Folchart-Psalter, S. 21, Abb. 16 u. 17b. – Merton, St. Gallen, S. 45, 55 u. 59, Taf. 33–36. – Prochno, Schreiberbild, Nr. 19 mit Abb. – Bruckner, Scriptoria, Bd. 5, S. 22, 49 u. 88. – Boeckler, Fragmente, S. 40. – Plotzek, Initialmalerei, S. 109 mit Abb. 13. – Beer, Prudentius-Codex, S. 34. – Eggenberger, Codex 17, pass. mit Abb. – Eggenberger, Psalterium aureum, S. 52, 183 u. öfter, Abb. 54 u. 197–198. – von Euw, Einsiedler Buchmalerei, S. 184. – von Euw, St. Galler Kunst, S. 187f., Abb. 86.

R.K.

IV. 28
Homiliar aus St. Gallen

St. Gallen, um 900
Pergament, 114 Blätter. – Braune Pinsel- u. Federzeichnung.
Glatter Halbleder-Holzdeckel-Einband, wohl spätmittelalterlich; Lederrücken modern erneuert.
H. 28,2 cm, B. 23 cm.
Basel, Öffentliche Bibliothek der Universität, Mscr. B. IV. 26

Die Handschrift enthält 26 Homilien, also Predigten der Kirchenväter oder frühmittelalterlicher Theologen, die bei der Matutin im Chorgebet der Mönche gelesen wurden, und zwar für die Zeit von der Vigil des Weihnachtsfestes bis zum zweiten Sonntag nach Pfingsten. Der Bildschmuck besteht aus zwei ganzseitigen Federzeichnungen zu Weihnachten und zu Ostern (fol. 6r u. 68v); eine dritte könnte mit dem Textanfang zum Pfingstfest verloren gegangen sein (zwischen fol. 106 und 107). Hinzu kommen drei relativ einfache, in rotem Mennig gezeichnete Zierbuchstaben auf dem Titelblatt, zu Weihnachten und zu Ostern (fol. 6v, 7r, 69r).

Die Darstellungen zu Weihnachten und Ostern sind ungerahmt, aber bildhaft aufgefaßt. Das Weihnachtsbild ist mit braunen Pinselstrichen gezeichnet; nur wenige Details, wie die Haare der Engel im Himmel, sind mit Feder schwärzlich überzeichnet. Demgegenüber ist das Osterbild überwiegend als Federzeichnung ausgeführt; nur wenige Linien,

IV. 28, fol. 6r

etwa bei den Frauen und den Wächtern, sind durch Pinselzüge verstärkt. Eine Höhung mit Farbe oder gar mit Gold oder Silber war offensichtlich nicht geplant.

Beide Themen, die in den älteren St. Galler Handschriften nicht belegt sind, erscheinen in sehr ungewöhnlicher ikonographischer Formulierung. Maria und Joseph sitzen auf steinernen Thronen mit großen Kissen rechts und links der Krippe einander gegenüber (Abb.). Die Gottesmutter weist mit ihrer linken Hand auf das Kind und hat ihre Rechte, im Gewand verborgen, vor die Brust gelegt. Joseph greift mit der Rechten nach dem Jesuskind und hält die Linke – staunend oder verehrend – weit vom Körper entfernt empor. Über der gemauerten Krippe mit dem gewickelten Kind neigen sich, wie üblich, die Köpfe von Ochs und Esel. Auffallend viele Hirten sind anwesend. Sie stehen mit ihren Stäben vor und hinter der Krippe und geben mit heftigen Gesten ihrem Erstaunen und ihrer Verehrung Ausdruck. Am Himmel erscheinen sieben Engel als Halbfiguren.

Die meisten spätantiken, früh- und hochmittelalterlichen Darstellungen zeigen dagegen die Gottesmutter, von der Geburt ermattet, auf einem Polster auf dem Boden liegend und Joseph, oft mit an die Wange gelegter Hand und aufgestütztem Kopf, zweifelnd in tiefem Nachdenken über das Wunder der jungfräulichen Geburt, nicht selten weit vom Bildgeschehen abgerückt. Doch hat es in der Spätantike auch eine Bildformulierung des Geburtsbildes gegeben, bei der Maria und Joseph rechts und links der Krippe einander gegenübersaßen. Ein Elfenbeinrelief der Zeit um 400 im Dom zu Mailand bietet das bedeutendste Beispiel (Volbach, Elfenbeinarbeiten, Nr. 119). Eine dünne Traditionslinie läßt sich von diesem Stück bis ins Mittelalter verfolgen; als wichtigstes Werk ist ein Elfenbeinrelief der Hofschule Karls des Großen um 800, das sog. Harrachsche Diptychon im Schnütgen-Museum in Köln, zu nennen (Goldschmidt, Elfenbeinskulpturen, Bd. 1, Nr. 18). Auch bei solcher mit der Gottesmutter gleichberechtigter Stellung bleibt die besonders repräsentative Gestaltung des thronenden hl. Joseph ebenso ungewöhnlich wie sein jugendliches Aussehen, das der Figur des Hirten links hinter der Krippe genau entspricht. Auch die Anwesenheit der Hirten unmittelbar an der Krippe und nicht in der üblicherweise beigefügten Szene der Verkündigung durch Engel, dürfte letztlich auf eine spätantike Bildvorlage verweisen, die der Zeichner jedoch durch betont kantige Ausbildung seiner Architektur, der Ränder der Krippe, der Throne mit ihren Stufen sowie die Hinzufügung der großen Schar der am Himmel erscheinenden Engel tiefgreifend umgestaltet hat.

Ungewöhnlich ist auch das Osterbild mit den Frauen, die am Ostermorgen zum Grabe des Herrn kommen und dort dem Engel begegnen, der ihnen die Botschaft von der Auferstehung Christi verkündet. Das Zentrum der Komposition bildet der im Johannes-Evangelium erwähnte Garten, der allseits von einer Mauer umgeben ist. Vorn rechts steht der Sarkophag; die darauf liegenden Tücher – wie üblich das zusammengewickelte Schweißtuch getrennt von den übrigen Leichentüchern (Io 20,7) – sind offenbar von späterer Hand nachgetragen; das größere Tuch ist inzwischen weitgehend wieder ausradiert worden. Nach vorn stürzen die drei Wächter mit ihren großen Schilden und Lanzen erschreckt und wie betäubt zu Boden, wie das Matthäus-Evangelium berichtet. Oben sitzt auf einer großen Platte, die nach der Bildtradition nur als abgehobener Sarkophagdeckel zu interpretieren ist, der Engel mit riesigen ausgebreiteten Flügeln und spricht zu den mit Salbgefäßen herbeieilenden beiden Frauen, die sich jedoch noch außerhalb der Gartenmauer befinden.

Die Begegnung der Frauen mit dem Engel am Ostermorgen ist im ersten Jahrtausend das übliche Osterbild der christlichen Kunst; der Vorgang der Auferstehung selbst, von dem auch die Evangelien nicht berichten, ist erst seit dem 12. Jahrhundert dargestellt worden. Der Garten wird nur gelegentlich durch Bäume angedeutet, bildet aber sonst niemals in dieser Weise das Zentrum der Komposition. Ihm zuliebe hat der Künstler die Figuren gleichsam in die Ecken der Komposition ausgelagert. Die perspektivische Wiedergabe der Gartenmauer und die komplizierte, aber glaubhaft wiedergegebene körperliche Bewegung der niederstürzenden Wächter, vor allem des noch stehenden, nach rückwärts taumelnden Wächters rechts, machen es auch hier wahrscheinlich, daß der Zeichner – unmittelbar oder vermittelt durch karolingische Zwischenglieder hohen künstlerischen Ranges – aus spätantiken Vorbildern schöpfen konnte. Selten ist den Wächtern so viel Raum und ihren Gestalten so große künstlerische Bemühung zuteil geworden.

Dem Einfluß solcher Vorlagen mag man es auch zuschreiben, daß sich die Zeichnungen des Homiliars nur schwer mit anderen St. Galler Handschriften verbinden lassen; nur für die Köpfe der Hirten und Wächter mit ihrem charakteristischen Profil und der spitzen Nase gibt es Entsprechungen etwa bei den spottenden Juden in den Paulusbriefen aus der Zeit um 900 (St. Gallen, Stiftsbibliothek, cod. 64). Albert Boeckler hat für die lockere, auffallend weiche Zeichenweise auf Reimser Vorbilder, vor allem in der für Karl den Kahlen um 870 geschaffenen Bibel in Rom, S. Paolo fuori le mura hingewiesen. Die Herkunft des Homiliars aus St. Gallen wird in erster Linie durch die eindeutige Bestimmung der diesem Kloster angehörenden Schreiber erwiesen.

Der Codex stammt aus der Bibliothek der Basler Kartause, die ihn nach einer Eintragung des 15. Jahrhunderts von einem Magister Petrus de la Trilline, dem späteren Bischof von Lodève bei Montpellier (1430–1441), als Geschenk erhielt. Von Magister Petrus ist bekannt, daß er vielfache Funktionen beim Konzil von Basel wahrnahm. Mit der Bibliothek der Kartause kam das Manuskript nach deren Auflösung 1590 in die Universitätsbibliothek.

Escher, Basler Bibliotheken, S. 35 mit Abb. – Merton, St. Gallen, S. 62 f., Taf. 53 u. 54.1. – Ausst.kat. Bern 1949, Nr. 73 (Otto Homburger). – Boeckler, Fragmente, S. 41, Abb. 8. – Meyer/Burckhardt, Universitätsbibliothek Basel, S. 395–399. – Ausst.kat. Augsburg 1973, Nr. 157 (Florentine Mütherich), Abb. 146. – Hoffmann, Buchkunst, S. 371 f.

R.K.

IV. 29, fol. 8r

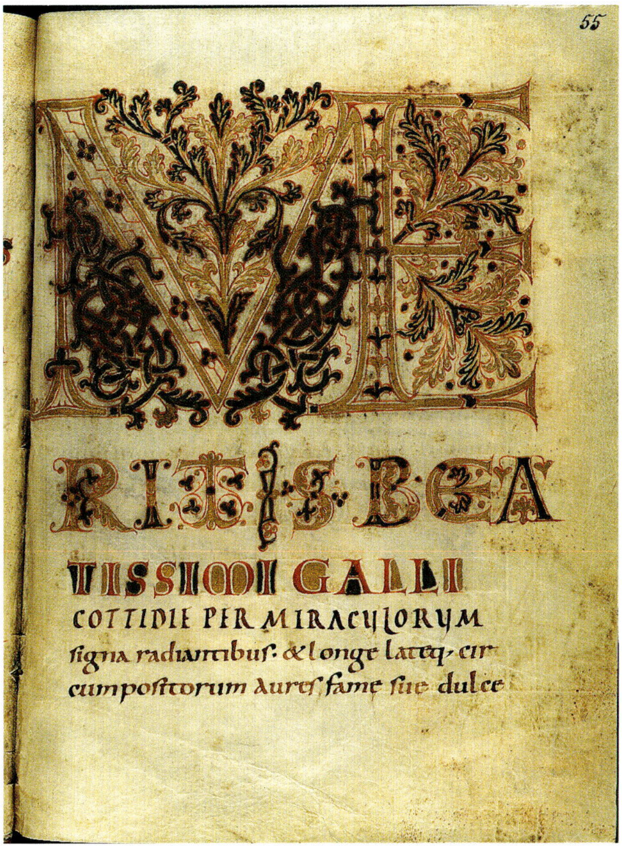

IV. 29, fol. 55r

IV. 29
Walafried Strabo, Vita der heiligen Gallus und Otmar

St. Gallen, Anfang 10. Jahrhundert
Pergament, 140 Blätter. – Gold, Silber und Mennig.
Nachmittelalterlicher Einband aus rotem Leder über Holzdeckeln, Buchblock beschnitten. – H. 21,5 cm, B. 16 cm.
Wolfenbüttel, Herzog August Bibliothek,
Cod. Guelf. 17.5 Aug. 4°

Die Handschrift hagiographischer Texte zu den St. Galler Gründern und Patronen Gallus († vor 650) und Otmar (erster Abt um 744–759) enthält als Hauptteil den von dem karolingischen Reichenauer Dichter Walafried Strabo (808/09–849) auf Bitten Abt Gozberts von St. Gallen um 833/34 verfaßte Lebensbeschreibung des Gallus. Außerdem enthält sie eine Zusammenstellung der Wunder des hl. Gallus von dem Diakon Gozbert, die von Walafried Strabo bearbeitet und herausgegeben wurde, sowie Hymnen zu Ehren des hl. Gallus; hinzu kommen Walafried Strabos in den Jahren 834/38 verfaßte Vita des hl. Otmar und ein längeres Buch über die Wunder des hl. Otmar, das der St. Galler Klosterlehrer Iso nach 867 verfaßt hatte. Diese Texte mit den wichtigsten Quellen zu den St. Galler Hauptheiligen erscheinen in mittelalterlichen Handschriften typischerweise vereint; von der bekanntesten Gallus-Vita des Walafried Strabo sind rund 70 Handschriften erhalten.

Der Buchschmuck besteht aus einer gerahmten Zierseite zum Beginn der Gallus-Vita (fol. 8r, Abb.), fünf ganzseitigen und drei ungefähr halbseitigen ungerahmten Incipit-Kompositionen mit Zierbuchstaben und mehreren Zeilen goldener oder goldgefüllter Capitalis-Buchstaben zu Prolog und Textbeginn der Gallus-Vita (fol. 1v, 7v), zum von Walafried redigierten Gozbertschen Mirakelbuch (fol. 54v), zum Prolog von Walafrieds Otmar-Vita (fol. 108v) und mit etwas kleinerer Initiale zum Prolog der von Iso beschriebenen Wundertaten Otmars (fol. 118v). Ungefähr halbseitig sind die Incipit-Kompositionen zu Prolog und Textbeginn der Otmar-Vita (fol. 109v, 110v) und zur Vorrede von Isos Mirakelbuch (fol. 116v). Fünf große, oft eine halbe Seite oder bei I-Buchstaben die ganze Seitenhöhe füllende Initialen aus Gold und Silber bilden außerdem den Anfangsbuchstaben der Vorreden zur Gozbert-Vita (fol. 2r), besonders aufwendig zum Textbeginn der Gallus-Wundertaten (fol. 55r, Abb.), zur Vorrede und zum Text von Walafrieds Otmar-Vita (fol. 109r, 111r) und zur Vorrede von Isos Mirakelbuch (fol. 117r). Sie stehen oft den großen Incipit-Kompositionen gegenüber, so daß zwei Zierseiten die entsprechenden wichtigsten Texte der Handschrift eröffnen. Die größten, modernsten und anspruchsvollsten Initalen der Art sind das ME auf fol. 55r und das die ganze Seitenhöhe einnehmende F auf fol. 109r. Hinzu kommen zwei kleine Initialen zu Isos drittem Teil des Mirakelbuches (fol. 133v, 134v).

Alles Zierwerk besteht nur aus Gold, Silber und Mennig, wobei Mennig nur für Buchstaben, zur seitlichen Rahmung der Gold- und Silberlinien sowie für kleine fadendünne Ranken- oder Blütenstengel, fast niemals aber zur Füllung des Grundes eingesetzt ist. Farbe wird sonst nicht verwandt. Buchstaben und sonstige Dekorationsformen stehen immer auf Pergamentgrund. Eine Füllung mit roter Farbe oder auch mit Gold und Silber gibt es nur bei ungeschmückten Buchstaben, nicht aber bei Initialen.

In der Regel bestehen die Buchstaben aus goldenen Riemen oder äußeren Leisten, die nur am Ende kleine Blätter oder Blüten entwickeln, manchmal auch staubgefäßartige rote Linien aussenden, die am Ende mit winzigen Blüten oder Beeren geschmückt sind. In der Mitte der seitenhohen Zierbuchstaben oder auch sonst, wenn sich die rahmenden Goldlinien der Buchstaben weit voneinander entfernen, werden die beiden Bänder miteinander verknotet; doch bestimmt solches Knotenwerk nur auf wenigen Seiten das dekorative Bild. Wesentlich wichtiger sind die silbernen Ranken, die das goldene Gerüst der Buchstaben, besonders der großen mehrfach auftretenden I-Initialen spalierartig umwuchern oder in dichten Windungen den Hohlraum eines C oder h füllen, dann üblicherweise in enger Verflechtung mit goldenen Ranken. Als zoomorphe Elemente gibt es nur einen einzigen goldenen Drachenkopf (fol. 1v).

Ein sehr ähnliches mit gold-silbernen Ranken gefülltes C wie auf der gerahmten Zierseite (fol. 8r) findet sich in der etwas älteren, vielleicht noch vor 900 entstandenen Handschrift mit Gallus-Vita, die sich bis heute in St. Gallen selbst erhalten hat (Stiftsbibliothek, cod. 562). Große Übereinstimmung im Ornamentschmuck zeigt auch eine dritte Handschrift mit denselben Texten, an denen auch einer der Schreiber des Wolfenbüttler Codex mitgewirkt hat. Sie stammt aus der mittelalterlichen Bibliothek der Abtei Corvey und befindet sich heute in London (British Library, Add. Ms. 21170). Für die Einordnung in den Entwicklungsgang der St. Galler Buchornamentik und damit für die Datierung der Handschrift dürften die großen goldenen und silbernen, gefiederten Blätter wichtig sein, die das nach oben offene Dreieck des M und das beigestellte große E auf fol. 55r (Abb.) völlig füllen. Spalierranken, Knotenwerk und ebenfalls Blätter werden auch bei dem gegenüberstehenden I ausgebildet, das eine senkrecht vom unteren Blattrand aufwachsende Hand wie einen Blumenzweig emporhält (fol. 54v). Von besonderem Reiz sind die kleinen, meist silbernen Rankenblätter und -blüten, die an roten dünnen Linien die Goldcapitalis-Buchstaben der Incipit-Kompositionen umspielen, vor allem auf fol. 7v, wo solche feinen Rankentriebe etwa über die Querbalken des T im Wort INCIPIT gehängt sind und kleine Blüten herabhängen lassen. Eine Freiheit und spielerische Leichtigkeit im Umgang mit Ornamentformen wird hier deutlich, die über die Evangelienhandschrift Einsiedeln, Cod. 17 (Kat.Nr. IV.27) oder die Werke der St. Gallener Zweigschule in Mainz (Kat.Nr. IV.74–76) noch hinausgehen.

Die Wolfenbüttler Vitenhandschrift schließt sich in der Ornamentik der sog. Sintram-Gruppe an, der sie mehrfach zugerechnet worden ist. Hauptwerk dieser Gruppe ist das um 900 entstandene 'Evangelium longum' (St. Gallen, Stiftsbibliothek, cod. 52), dessen Buchschmuck nach der Chronik Ekkehards IV. von St. Gallen ein gewisser, sonst nicht weiter bekannter Sintram geschaffen haben soll. Diese Handschriften zeichnen sich durch konsequente Beschränkung der Farbigkeit auf Gold, Silber und Mennig sowie Verzicht auf farbige Gründe der Zierfelder und Buchstaben aus. Vorrang haben meist goldene Metallbuchstaben, die spalierartig von silbernen Ranken umgeben werden. Konturlinien aus rotem Mennig begleiten die Metalleisten, von denen sich Menniglinien auch in Form fadendünner Stengel entfernen können, um kleine goldene und silberne Blüten oder Beeren zu tragen. Die Ornamentik des 'Evangelium longum' wird fortgeführt und weiterentwickelt in der Evangelienhandschrift in Einsiedeln (Kat.Nr. IV.27), die mit den strengen Figurenbildern jedoch eine Son-

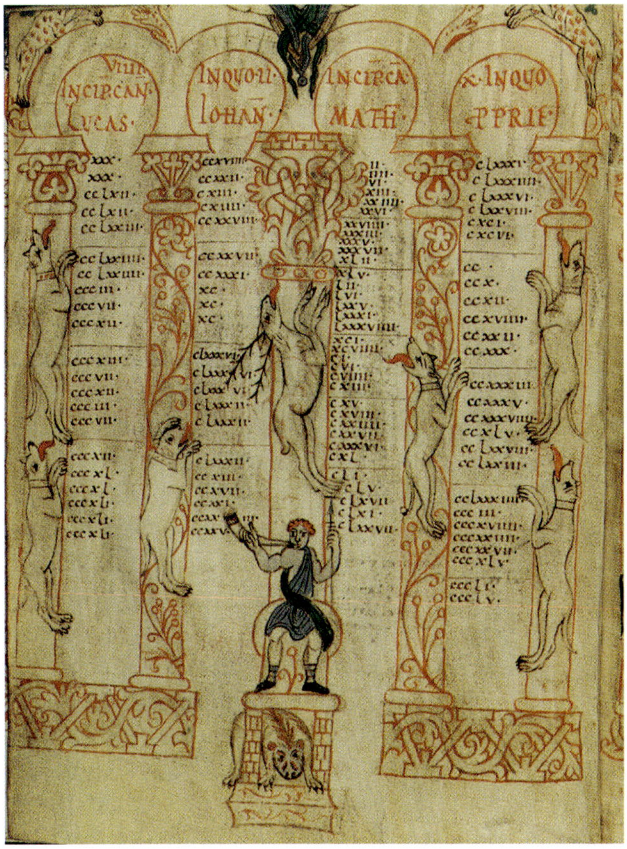

IV. 30, fol. 8v

IV. 30, fol. 13r

derstellung einnimmt, einem Evangelistar in Mühlhausen im Elsaß und einem aus Kloster Windberg stammenden Evangeliar in München (Clm 22311). Die Zierbuchstaben dieser Handschriften entwickeln das Rankenwerk mit den in allen Richtungen ausschweifenden kleinen Blüten zu formensprühendem Reichtum, der auch die Initial-Komposition der Wolfenbüttler Handschriften prägt, hier freilich noch bereichert durch die großen Blätter der ME-Initiale.

Die mittelalterliche Provenienz der Handschrift ist nicht bekannt. Sie wurde von Herzog August d.J. von Braunschweig-Lüneburg-Wolfenbüttel 1652/1653, wie auf der Innenseite des Buchdeckels vermerkt ist, für 12 Taler für seine Bibliothek in Wolfenbüttel erworben.

Heinemann, Wolfenbüttel, S. 205 f., Nr. 3095. – Landsberger, Folchart-Psalter, S. 21 f. u. 33, Abb. 15 a, c u. 16 b. – Merton, St. Gallen, S. 89 u. 92. – Beer, Prudentius-Codex, S. 34. – Hoffmann, Buchkunst, S. 397, s. auch S. 383. – Arlt, Liturgischer Gesang, S. 144 u. 254 Anm. 29.

R.K.

IV. 30
Evangeliar

St. Gallen (?), Mitte 10. Jahrhundert
Pergament, 243 Blätter. – Federzeichnungen, partiell koloriert. Einband aus Holzdeckel mit Lederbezug des 15. Jahrhunderts, Rücken 1895 erneuert. – H. 21 cm, B. 15,5 cm.
Trier, Bibliothek des Bischöflichen Priesterseminars, Hs. 106

Die im Format auffallend kleine Handschrift enthält die vier Evangelien mit Kapitelverzeichnissen und Vorreden sowie zwei der allgemeinen Vorreden zum Evangeliar, mehrere Nachträge des 10. und 11. Jahrhunderts sowie ein Schatzverzeichnis der Abtei St. Eucharius in Trier sowie weitere auf dieses Kloster bezügliche Texte aus dem 11. oder frühen 12. Jahrhundert.

Der Buchschmuck besteht aus zwölf Kanontafeln und fünf Zierseiten und zwar Incipit- und Initial-Zierseiten zu Matthäus und Markus sowie einer Initial-Komposition zu Lukas. Offenbar waren auch Evangelistenbilder vorgesehen; die freigebliebenen Seiten und das Blatt für die Incipit-Zierseite zum

Lukas-Evangelium sind erst später mit Texten beschrieben worden. Das Johannes-Evangelium, von einer anderen Hand, nach Meinung Hartmut Hoffmanns eines Würzburger Schreibers, geschrieben, hat keine Zierseiten.

Die Initium-Zierseiten haben nur rote Schriftzeilen und einfache Rahmenleisten, die Initial-Zierseiten (Abb.) aber aus Bandranken mit Blattknospen dicht verwobene Zierbuchstaben, die gelegentlich in Tierköpfen enden. St. Galler Handschriften des frühen 10. Jahrhunderts wie das Homiliar der Stiftsbibliothek (cod. 433) zeigen – wenn auch durchweg auf höherem künstlerischen Niveau, in dichterer Füllung und lebendigerer Rankenführung – die engsten Parallelen und bilden offenbar die Vorbilder dieser Handschrift.

Besonderes Interesse haben die Kanontafeln gefunden. Hier verbindet sich denkbar größte Unbekümmertheit um den architektonischen Charakter der Säulenordnung mit einer die Grenzen des Barbarischen nicht scheuenden Vorliebe für Motivfülle und -variation. Zahlreiche Formen der karolingischen oder vorkarolingischen Kunst werden rezipiert. Bandartige Säulen, die mit Ranken, Blättern, Kanelluren, Treppenmotiven und geometrischen Formen aller Art belegt sind, tragen Hufeisenbögen, zwischen denen Blätter und Ranken sprießen. Kapitelle und Basen werden abwechselnd durch Blätter, Spiralranken, Tierköpfe ersetzt, benachbarte Basen durch Ranken oder Flechtwerk miteinander verschlungen. Der Löwe, dessen Vorderteil das Kapitell und dessen Krallen die Basis der Mittelsäule auf fol. 8r bilden, ist ebenso wie die als Kapitell eingesetzten drei aneinandergebunden Spiralen dem Formenrepertoire des Folchart-Psalters entnommen, eines der großen Meisterwerke der St. Galler Buchmalerei aus der Zeit um 870 (St. Gallen, Stiftsbibliothek, cod. 23). Auch dort handelte es sich schon um außerordentlich altertümliche Motive; Spiralranken dieser Art stammen aus der insularen Kunst des 7./8. Jahrhunderts und älterer keltischer Zeit. Die Hufeisenbögen und zahlreiche der Ornamente, mit denen die Säulen belegt sind, finden sich auch im 'Liber viventium' der Abtei Pfäfers von etwa 820/30 (St. Gallen, Stiftsarchiv). Auch das Evangeliar cod. 17 in Einsiedeln (Kat.Nr. IV.27) kennt noch im 10. Jahrhundert diese altertümliche Architekturform des Hufeisenbogens.

Auf fol. 8v hat der Zeichner eine ganze Hirschjagd auf die senkrechten Säulenschäfte verteilt (Abb.). Auf der mittleren Basis, durch die sich ein Löwe hindurchzwängt, steht ein Jäger mit Lanze und bläst ein gewaltiges Horn. Über ihm flieht ein Hirsch mit lechzender Zunge. Die ihm nachjagende Meute der Hunde findet sich auf den übrigen Säulenschäften. Kein Zweifel, daß der Zeichner die Hirschjagd – vielleicht als Kalenderbild – in einer antiken oder eine antike Darstellung kopierenden Handschrift der Stiftsbibliothek gefunden und in seiner Tendenz zur alles übertreffenden Fülle unbekümmert auf das senkrecht konzipierte architektonische Gerüst der Kanontafeln übertragen hat.

Die drei ersten Evangelien der Handschrift sind nach Hartmut Hoffmann in der Mitte des 10. Jahrhunderts von mehreren Schreibern in St. Gallen geschrieben worden. Noch im 10. Jahrhunderts muß die Handschrift nach Würzburg gelangt sein, wo im wesentlichen das Johannes-Evangelium und sonstige Texte hinzugefügt wurden. Im 11. Jahrhundert war sie bereits in St. Eucharius/Matthias in Trier, wie das dort eingetragene Schatzverzeichnis und weitere Texte beweisen. Nach der Säkularisation ist sie mit dem Restbestand der Bibliothek aus St. Matthias in die Bibliothek des Priesterseminars gelangt.

Marx, Seminar-Bibliothek, S. 81f. – Bischoff, Schatzverzeichnisse, Nr. 92. – Plotzek, Initialmalerei, S. 106–110, Abb. 7–10. – Hoffmann, Buchkunst, S. 392f. – von Euw, Liber viventium, S. 136, Abb. 89. – Ausst.kat. Köln 1991, Nr. 25 (Anton von Euw) mit Abb. 80–82. – von Euw, St. Galler Kunst, S. 192. – von Euw, Figurenkapitelle, S. 24f., Abb. 6 u. 7.

R.K.

REICHENAU

IV. 31
Reichenauer Homiliar

Reichenau, zweites Drittel 10. Jahrhundert
Pergament, 286 Blätter. – Deckfarben mit Gold. – Älterer Holzdeckel mit Schaflederbezug. – H. 43,1 cm, B. 32,1 cm.
Karlsruhe, Badische Landesbibliothek, Ms Aug. perg. 16

Die Handschrift enthält 88 Homilien, also Festpredigten von Kirchenvätern und mittelalterlichen Theologen, die beim morgendlichen Breviergebet der Mönche Verwendung fanden, und zwar geordnet in der Reihenfolge des Kirchenjahres, beginnend mit der Vigil von Weihnachten und endend mit Homilien für gemeinsame Heiligenfeste, also solche eines Apostels, mehrerer Märtyrer usw.; einige sind im 10. und 11. Jahrhundert nachgetragen worden.

IV. 31, fol. 9r

IV. 31, fol. 32r

84 Initialen schmücken die Anfänge der einzelnen Texte, oft verbunden mit der ersten Zeile in goldenen Buchstaben, zuweilen sogar auf Purpurgrund (Abb.). Die Autoren der Lesungen und die Titel der Feste sind in roten Unzial-Buchstaben vorangestellt. Vor blauem oder purpurfarbenem Fond oder auch auf dem hellen Pergamentgrund stehen die goldenen Zierbuchstaben. Der Stamm der meisten Buchstaben wird aus schmalen goldenen Randleisten gebildet; zwischen ihnen entfalten sich Räume, die durch geometrische Ornamente, meist aber durch farbiges Blattwerk gefüllt werden. An den Enden gehen die goldenen Leisten in Blätter oder Ranken über, in der Mitte werden sie miteinander verknotet, meist da, wo sie sich am weitesten voneinander entfernen. An den Knotenstellen und an den Buchstabenenden entlassen sie oft an dünnen, roten oder auch goldenen Stengeln silberne oder blaue Blüten. Bilden die Buchstaben selbst große Hohlräume wie ein h oder ein p, so werden diese durch lose Ranken oder Blattgeflecht gefüllt. Nur zweimal tauchen Tiere auf: Zum Fest des hl. Stephanus bildet die Haste des h ein stehender Reiher mit eingerolltem Hals (fol. 32r, Abb.), zum Fest Johannes d.Ev. ein Schwan ein L; ein großes Blatt liegt auf seinem Hals und seinem Kopf (fol. 38r).

Die meisten Motive entstammen St. Galler Handschriften, wobei sich die engsten Übereinstimmungen weniger in der wuchernden Initialornamentik der dortigen Buchmalerei des 10. Jahrhunderts (z. B. Kat.Nr. IV.27), als etwa im Folchart-Psalter finden, der zwischen 872 und 883 geschaffen wurde (St. Gallen, Stiftsbibliothek, cod. 23). Dort ist freilich mehr Silber verwandt worden, das im Reichenauer Homiliar kaum eine Rolle spielt. Der entscheidende Unterschied besteht vor allem in der Füllung der Buchstabenstämme mit fortlaufendem, meist grauviolettem oder goldgehöhtem Blattwerk; so etwas kennt die St. Galler Buchmalerei nicht.

Das Homiliar ist die früheste auf der Reichenau entstandene ottonische Handschrift mit anspruchsvollem Buchschmuck. Man hat ihre Entstehung oft mit der Flüchtung der St. Galler Bibliothek vor den drohenden Ungarn-Einfällen 925/26 auf die

Reichenau in Verbindung gebracht, die den Reichenauer Mönchen ein intensives Studium der zahlreichen St. Galler Prachthandschriften aus spätkarolingischer Zeit ermöglicht habe und sie so zu eigener künstlerischer Tätigkeit angeregt haben könnte. Das mag so sein; auch andere Wege der Rezeption sind denkbar. Daß die frühe Reichenauer Buchmalerei dem Vorbild St. Galler Initialkunst verpflichtet war, ist jedenfalls unverkennbar. Ein unmittelbarer Vergleich, selbst mit solch bedeutenden Kunstwerken wie dem Folchart-Psalter, zeigt freilich auch, wie in den ausgewogenen Kompositionen der Zierbuchstaben und der freien, aber klaren Rhythmisierung aller ihrer Teile im Homiliar eine durchweg höhere künstlerische Kraft der die Initialen entwerfenden und ausführenden Künstler am Werk war. Nur wenige Ausnahmen, wie die oft verglichenen Buchstaben q (Folchart-Psalter, pag. 175) und p (Homiliar, fol. 166r), vermögen diesen grundsätzlichen Rangunterschied nicht zu widerlegen. Die hier entwickelte Ornamentik sollte für die gesamte ottonische Reichenauer Buchmalerei der folgenden Jahrzehnte bestimmend werden.

Die Handschrift trägt auf fol. 1r noch den alten Besitzereintrag der Reichenau aus dem 11. Jahrhundert: *liber monasterii Augie maioris*. Sie gelangte 1805 im Zuge der Säkularisation mit den Resten der Reichenauer Bibliothek nach Karlsruhe. Sie ist die einzige künstlerisch aufwendig gestaltete Handschrift dieses Skriptoriums, die sich offenbar bis zuletzt in der Bibliothek des Inselklosters erhalten hatte.

Boeckler, Reichenauer Buchmalerei, S. 962–966, Abb. IV u. V. – Dodwell/Turner, Reichenau, S. 64–68, Abb. 11 a–d. – Engelmann, Buchmalerei, pass. mit Farbabb. – Ausst.kat. Augsburg 1973, Nr. 159 (Florentine Mütherich), Abb. 148. – Berschin, Homiliar, S. 234–237. – Hoffmann, Buchkunst, S. 322 f. – Ausst.kat. Köln 1991, Nr. 30 (Anton von Euw) mit Farbabb. 3 u. 91. – von Euw, Gero-Codex, S. 197, Abb. 4. – Mayr-Harting, Buchmalerei, S. 65 mit Abb. 49.

R.K.

IV. 32
Gero-Codex

Reichenau, vor 969

Pergament, 176 Blätter. – Deckfarbenmalerei, Silber und Gold. – Wohl originale Holzdeckel mit neuerem Lederüberzug; im Vorderdeckel Vertiefung für ein ursprünglich dort angebrachtes Elfenbeinrelief. – H. 29,5 cm, B. 22,2 cm.

Darmstadt, Hessische Landes- und Hochschulbibliothek, Hs. 1948

Der Gero-Codex ist ein Evangelistar; er enthält 298 Evangelienlesungen für das gesamte Kirchenjahr, wobei die Hauptfeste des Sanctorale in das Temporale eingefügt sind. Für 43 Heiligenfeste wird am Schluß der Handschrift in Form eines Breviariums auf das Commune sanctorum und auf Evangelien anderer Feste verwiesen.

Der Buchschmuck besteht aus sieben Bildern, und zwar der vier Evangelisten (fol. 1v–4v), der Maiestas Domini (fol. 5v) und zwei Widmungsdarstellungen (fol. 6v und 7v); jeweils gegenüberstehende Zierseiten zeigen in Goldschrift Verse auf Purpurgrund. Eine Bild-/Zierseite gibt es zu Ostern, vier weitere gerahmte ganzseitige Initial-Kompositionen auf Purpurgrund zur Vigil von Weihnachten, zu Weihnachten (Abb.), Pfingsten und zum Fest des hl. Petrus. Diesen geht jeweils noch eine einfachere Zierseite mit der Ankündigung des Festes voraus. Das Evangelium der zweiten Weihnachtsmesse, der sog. Hirtenmesse, ist durch einen gemusterten Seitenrahmen hervorgehoben (fol. 12v). Hinzu kommt eine Fülle von Initialen zu allen Perikopenanfängen.

Die beiden Widmungsbilder und die begleitenden Verse geben Aufschluß über Entstehung und Auftraggeber der Handschrift. Auf der zweiten Darstellung überreicht Anno, der sich im begleitenden Gedicht zweimal als Schreiber der Handschrift – *scriptor* – und einmal als *auctor* nennt, in kurzem Mönchsgewand, dem sitzenden Gero, der als *basilicae Petri custos* bezeichnet wird, das von ihm hergestellte Buch (Abb.). Gero reicht es in priesterlichem Gewand auf dem ersten Widmungsbild dem in riesiger Gestalt in einem Kirchengebäude thronenden hl. Petrus weiter und verbindet damit die Bitte an den Apostelfürsten als Beschließer des Himmels, daß das Himmelstor ihm dereinst offenstehen möge (Abb.). Der Auftraggeber wird mit dem späteren Kölner Erzbischof Gero (969–976) identifiziert, der die kostbar ausgestattete Handschrift für den dem hl. Petrus geweihten Dom in Köln auf der Reichenau habe anfertigen lassen. Zwar könnte die Bezeichnung als Hüter der Basilika des hl. Petrus in der gehobenen Sprache der Verse vielleicht auch einen Bischof bezeichnen; da Gero aber auf dem Widmungsbild über dem Meßgewand noch nicht das erzbischöfliche Pallium trägt, muß die Übergabe vor 969 erfolgt sein, die Bezeichnung *custos* sich wohl auf eine andere Funktion beziehen. Gero stammte mütterlicherseits aus der Familie des sächsischen Markgrafen Gero; 972 führte er die

IV. 32, fol. 1v

IV. 32, fol. 6v

IV. 32, fol. 7v

IV. 32, fol. 11r

Gesandtschaft nach Konstantinopel an, die Theophanu zur Hochzeit mit Otto II. nach Rom geleitete. Im Kölner Dom ist als seine Stiftung ein großer Holzkruzifixus erhalten, der als eine der ältesten erhaltenen mittelalterlichen Skulpturen gilt (vgl. Beitrag Kosch, Abb. 10).

Der Gero-Codex ist die älteste ottonische Reichenauer Handschrift mit figürlichen Darstellungen. Die Bilder der vier Evangelisten (Abb.), die wie oft in Evangelistaren am Anfang der Handschrift zusammengefaßt sind, und die Darstellung des thronenden Herrn in der Glorie zwischen Evangelistensymbolen folgen dem Vorbild eines Evangeliars der Hofschule Karls des Großen, und zwar offensichtlich dem um 810 in Aachen geschaffenen Codex, der damals im Kloster Lorsch am Mittelrhein lag (heute Bukarest, Nationalbibliothek Ms. R II, 1 u. Vatikanische Bibliothek, Pal. lat. 50; vgl. Beitrag Kahsnitz, Abb. 14). Der ottonische Maler hatte offenbar unmittelbar Zugang zu dem karolingischen Codex; er hat die fünf Bilder daraus kopiert. Dabei wurden jedoch die in den karolingischen Vorlagen noch vorhandenen räumlichen Werte zurückgedrängt, die Hintergründe vereinfacht, die Gestalten im Verhältnis zu ihrer Umgebung und zur rahmenden Architektur vergrößert. Die charakteristische ottonische Vorliebe für helle, milchige Farben, graulila, rosafarbene und hellgrüne Töne veränderte das Erscheinungsbild nachhaltig. Am stärksten sind die Abwandlungen beim Bild des thronenden Christus (vgl. Beitrag Kahsnitz, Abb. 15). Der prunkvolle Rahmen des älteren Bildes ist weitgehend aufgegeben worden. Die kreisförmige Aureole ist jetzt einfacher gestaltet, aber größer; die ganz auf Gold und Purpur gestellte dunkle Farbigkeit ist durch Stahlblau, Grün, Hellviolett und scharfes Mennig ersetzt. Vor allem war es dem Maler offenbar wichtig, die Gestalt des thronenden Herrn größer und mächtiger in Erscheinung treten zu lassen. Die Bildstruktur ist klarer geworden, aber auch einfacher.

Hellere Farbigkeit bestimmt auch die Zierseiten. In ihren Rahmen begegnen zwar noch die charakteristischen karolingischen, stark perspektivischen Mäanderformen, werden aber zunehmend durch ottonisches Blattwerk ersetzt. Die großen, die gesamten Seiten einnehmenden Zierbuchstaben bestehen aus goldenen Rankenleisten, häufig mit farbiger Blattwerkfüllung, und silbernen Ranken im Inneren der Buchstaben. Die Enden der Buchstabenstämme werden in charakteristischer Weise mit den Rahmen verknotet, ein Motiv, das für die Reichenauer Buchmalerei charakteristisch werden sollte. Dem M zum Evangelium der Osternacht ist eine figürliche Darstellung eingefügt: die Begegnung der Frauen am Ostermorgen mit dem Engel am Grabe Christi (fol. 86r).

Außer den ganzseitigen Initial-Kompositionen zu den Hochfesten des Kirchenjahres werden alle übrigen Perikopenanfänge durch aufwendige Gold-Silber-Rankeninitialen auf farbigem Grund angezeigt. Sie haben durchweg die Höhe von fünf Textzeilen; bedeutendere Feste, namentlich im Osterfestkreis, aber auch der Tag Johannes d.T., sind durch besonders große Zierbuchstaben ausgezeichnet; oft finden sich mehrere auf einer Seite. Ihre große Zahl und die aufwendige Ausgestaltung als goldenes Buchstabengerüst mit silberner Rankenfüllung auf rotem, blauem oder auch lilafarbigem Grund verleihen dem Evangelistar den Charakter einer Luxushandschrift höchsten Ranges. Gegen Ende der Handschriften werden die Initialen wie in vielen mittelalterlichen Manuskripten einfacher. Ob das mit dem von Gero verursachten Zeitdruck zusammenhängt, auf den Anno in seinem

Widmungsgedicht mit der Formulierung *saepius optatum (libellum)* anzuspielen scheint, mag dahinstehen. Nur zweimal begegnen Tierdarstellungen: eine silberne Schlange, die sich um einen goldenen Buchstaben rankt (fol. 97v), und zum Makkabäerfest ein stehender Reiher mit eingerolltem Hals und einer Schlange in den Krallen als Schaft des L; es ist dasselbe Motiv, das schon das Reichenauer Homiliar (Kat.Nr. IV.31) verwandt hatte und das auch im Leipziger Evangelistar (Kat.Nr. IV.15) begegnet. Davon abgesehen entsprechen auch Zierseiten und Initialen aufs engste dem in denselben Jahren entstandenen Leipziger Manuskript, das freilich keine Bilder besitzt. Auch in der Auswahl der Perikopen gibt es die denkbar größten Übereinstimmungen mit dem Gero-Codex.

Gero muß die Handschrift für den Kölner Dom haben anfertigen lassen. Wie lange sie sich dort befunden hat, ist unbekannt. Im Zuge der Säkularisation gelangte sie aus einem westfälischen Kloster, wahrscheinlich aus Wedinghausen, 1803 in die Großherzogliche Bibliothek nach Darmstadt.

Schmidt, Gero-Codex, pass. mit Farbtaf. – Boeckler, Reichenauer Buchmalerei, S. 958–962, Taf. I u. II. – Schmidt, Reichenauer Evangelistar, pass. – Eizenhöfer/Knaus, Liturgische Handschriften, Nr. 29 (Lit.). – Ausst.kat. Augsburg 1973, Nr. 160 (Florentine Mütherich) mit Abb. 149. – Zimmermann/Staub, Buchkunst, Nr. 4 mit Abb. – Hoffmann, Buchkunst, S. 316f. – Ausst.kat. Köln 1991, Nr. 31 (Anton von Euw) mit Farbabb. 92–96. – von Euw, Gero-Codex, S. 195f. u. 219, Farbabb. 1 u. 5–9. – Mayr-Harting, Buchmalerei, S. 41–48 mit Abb. 24, 26 u. 29, Farbabb. 33, 39 u. 44–45.

R.K.

IV. 33
Sakramentar aus Petershausen

Reichenau, 970–980
Pergament, 266 Blätter. – Deckfarben mit Gold und Silber.
Originaler Eichenholzdeckel mit Schaflederbezug.
H. 24 cm, B. 18,5 cm.

Heidelberg, Universitätsbibliothek, Cod. Sal. IX b

Die Handschrift enthält ein Kalendar und ein Sakramentar sowie verschiedene spätere Zusätze. Der größte Teil des Sakramentars ist nach den Feststellungen Hartmut Hoffmanns von Anno, dem Autor des Gero-Codex (Kat.Nr. IV.32), geschrieben worden, andere Partien von Personen, die als seine Schüler bezeichnet werden können.

Der Buchschmuck besteht aus zwei Bildern der Maiestas Domini und der thronenden Maria (fol. 40v–41r), acht Zierseiten zum Canon der Messe (fol. 41v–45r) und jeweils zwei Zierseiten zu Weihnachten und zu Ostern (fol. 54v-55r und 105v–106r); davon sind fünf besonders aufwendige ganzseitige Initial-Kompositionen auf Purpurgrund. Hinzu kommen 152 kleine Initialen aus Gold und Silber mit farbigem Grund zu den einzelnen Messen der Sonn- und Festtage, unter denen einige, wie die Messe zu Mariä Himmelfahrt (fol. 113r), durch ihre Größe nochmals besonders hervorgehoben werden.

Das Bild des thronenden Christus (Beitrag Kahsnitz, Abb. 16; vgl. auch Abb. 14–15) folgt der Maiestas Domini im Gero-Codex (Kat.Nr. IV.32); die schon dort erkennbare Tendenz zur Steigerung der Größe und zum Zurückdrängen schmückender Details des Rahmens und der kreisrunden Aureole setzt sich fort. Daß der Künstler vom Bild des Gero-Codex und wohl nicht von dessen karolingischem Vorbild ausgegangen sein muß, ist unmittelbar erkennbar. Die Größe Christi und der Aureole ist jetzt noch einmal gesteigert. Der rechteckige Rahmen ist ganz weggelassen. Was wie ein Rest dieses Rahmens aussieht, sind nur die von der rückseitigen Zierseite durchgeschlagenen Silberleisten.

Dem Bild des thronenden Christus gegenüber findet sich die ungewöhnliche Darstellung der Gottesmutter als Ekklesia mit Krone, Nimbus, Juwelenkragen, mit reich geschmücktem Mantel und einem mit Edelsteinen besetzten Kreuzszepter und Evangelienbuch in den Händen (Abb.). Der kreisrunde Scheibenkranz entspricht dem des Christusbildes. Die Gegenüberstellung des thronenden Christus und der Gottesmutter ist von spätantiken Elfenbeinreliefs bekannt, in dieser Form in mittelalterlichen Handschriften freilich ohne Parallele. Die Ausstattung der Gottesmutter mit kaiserlichen Insignien, vor allem Krone und Juwelenkragen, findet sich auf Ikonen des 8. Jahrhunderts in Rom, das Kreuzszepter begegnet schon im 5. bis 6. Jahrhundert bei Darstellungen, in denen Maria zugleich als triumphierende Ekklesia verstanden wird. Die Miniatur des Sakramentars setzt die Kenntnis eines solchen politisch zu verstehenden Kultbildes römischer Herkunft voraus.

Die Zierseiten zeigen teilweise bereits in Purpur gemusterte Gründe, wie sie bei den nachträglich eingehefteten Zierseiten im Leidener Makkabäer-Codex (Kat.Nr. IV.26) und später in den Hand-

IV. 33, fol. 40v

schriften der Reichenauer Ruodprecht-Gruppe vorkommen. Wie oft wird der höchste Aufwand bei den Zierseiten zu Beginn der Präfation Vere Dignum (Abb.) und zum Beginn des Canons im engeren Sinne Te (igitur) entfaltet. Die Buchstaben bestehen aus Goldleisten mit dichtem goldenen Knotenwerk an den Enden; V und D sind mit silbernen Ranken gefüllt, wie eine Staude umgeben sie das T. Das mit Mäander eingefaßte erste Zierfeld hat einen mit Kreuzen und Rosetten in Purpur gerahmtem Grund. Das T, an dem der Gekreuzigte nicht, wie sonst oft, dargestellt ist (vgl. Kat.Nr. IV.60 u. IV.74), wird von einer Doppelarkade überfangen und hat einen farbigen Streifengrund. Die Initialen der meisten Zierseiten sind mit dem Rahmen verbunden; zierliche goldene und silberne Ranken mit kleinen Blüten durchdringen sich im Innern der Buchstaben. Die Initialornamentik sowie die Ornamentmotive in den Rahmen – Mäander und Pelta- oder Amazonenschildmotive – entsprechen im ersten Teil der Handschrift ganz dem Zierwerk des Gero-Codex (Kat.Nr. IV.32) und verbleiben damit im künstlerischen Umfeld der übrigen Werke der sog. Anno-Gruppe. Ein charakteristischer Wechsel läßt sich freilich nach fol. 103v beobachten, was auffallen-

IV. 33, fol. 43r

derweise mit dem Wechsel der Schreiber übereinstimmt. Vor allem die Initial-Zierseite zu Ostern (fol. 106r) zeigt bereits jenen wuchernden Rankenstil, der für die Ruodprecht-Gruppe der Reichenauer Buchmalerei charakteristisch werden sollte. Das Sakramentar in Florenz (Kat.Nr. IV.34) bietet die engsten Parallelen.

Die Handschrift ist nach ihrem Kalender offenbar zunächst zur Benutzung auf der Reichenau bestimmt gewesen, aber offenbar schon im 10. Jahrhundert in das 983 gegründete Kloster Petershausen bei Konstanz gelangt, wo vom 11. bis 13. Jahrhundert umfangreiche Nachträge eingeheftet wurden. Im Zusammenhang der Säkularisation der Abtei 1803 kam sie über Salem 1826 in die Universitätsbibliothek Heidelberg.

von Oechelhäuser, Heidelberg, S. 4–55, Taf. 1–8. – Boeckler, Reichenauer Buchmalerei, S. 966–969. – Dodwell/Turner, Reichenau, S. 38–51, 56–60 u. öfter mit Taf. 6 u. 9–10. – Ausst.kat. Augsburg 1973, Nr. 161 (Florentine Mütherich), Abb. 150. – von Euw, Sakramentar, S. 365–378 u. öfter mit Abb. 44, 49 u. 50. – Werner, Cimelia, S. 10–13 mit Abb. – Schuba, Texttradition, pass. – Hoffmann, Buchkunst, S. 320. – Ausst.kat. Köln 1991, Nr. 32 mit Farbabb. 97 u. 98. – von Euw, Gero-Codex, S. 224f. u. öfter mit Farbabb. 20 u. 22.

R.K.

IV. 34
Reichenauer Sakramentar

Reichenau, um 980
Pergament, 274 Blätter – Deckfarben, Gold und Silber.
Neuzeitlicher Einband; Buchblock beschnitten.
H. 21,4 cm, B. 15,5 cm.
Florenz, Biblioteca Nazionale Centrale, Cod. Banco Rari 231 (olim cod. Magl. CLXXXVI.13)

Die Handschrift enthält den Text des Sakramentars in der üblichen Form des sog. römischen Hadrianums mit dem in karolingischer Zeit hinzugefügten Aachener Nachtrag sowie eine Litanei und verschiedene Gebete zu besonderen Anlässen. Inhalt und Aufbau des Textes stimmen mit den Sakramentaren von Petershausen (Kat.Nr. IV.33) und dem aus St. Blasien im Schwarzwald stammenden, heute in St. Paul im Lavantal befindlichen gleichzeitigen Manuskript so sehr überein, daß alle drei Handschriften aus demselben Skriptorium hervorgegangen sein müssen. Bei den altertümlichen zwölf Prophetien der Osternacht und dem sonst nicht überlieferten Text zum Fest des im 10. Jahrhundert auf der Reichenau nach Entdeckung seiner Gebeine besonders verehrten hl. Markus handelt es sich um liturgisches Reichenauer Eigengut, wie die Untersuchungen von Ludwig Schuba gezeigt haben. Die Handschrift in Florenz ist unter allen frühen Reichenauer Handschriften, insbesondere unter denen der Ruodprecht-Gruppe, dasjenige Manuskript, das mit der größten Sicherheit auf die Reichenau lokalisiert werden kann. Die Gruppe wird nach dem Mönch Ruodprecht benannt, der in dem für Erzbischof Egbert von Trier (977–993) wohl um 980 geschaffenen Psalter genannt und dargestellt ist (heute in Cividale). Auch der in der Handschrift enthaltene Kalender weist mit seinen Heiligenfesten auf die Reichenau.

Im Exultet gibt es eine Bitte für Kaiser Otto und seinen Nachkommen (*gloriosissimo imperatore Ottone eiusque nobilissimo prole*). Auch die Litanei enthält eine Anrufung für *domnum ottonem imperatorem*. Eine genaue Datierung kann daraus kaum abgeleitet werden, zumal solche Gebete oft schematisch von einer Handschrift in die andere übertragen wurden. Hartmut Hoffmann hat die Schrift noch der Reichenauer Anno-Gruppe und den Buchschmuck der Ruodprecht-Gruppe zugeordnet und daraus auf eine Datierung in die Jahre 970 bis 980 geschlossen. Bis 973 wäre also Otto I. mit seinem freilich schon 967 zum Kaiser gekrönten Sohn Otto II. gemeint, ab 973 müßte es sich um Otto II. handeln, dessen erstes Kind 978 geboren wurde. Die Bitte setzt nicht unbedingt voraus, daß der Kaiser bereits einen Sohn hatte, sondern kann auch den Wunsch nach der Geburt eines Kindes mitumfaßt haben. Der Stand der Entwicklung der Initialornamentik in der Handschrift entspricht der späten Stufe des Petershausener Sakramentars (Kat.Nr. IV.33). Im Verhältnis zum Evangelistar in London (Kat.Nr. IV.35) ist das Sakramentar die spätere Handschrift, bei der die Eigenheiten des voll entwickelten Stils der Ruodprecht-Gruppe stärker ausgeprägt sind.

Der Buchschmuck besteht aus Zierseiten und Initialen; Bilder gibt es nicht. Am Anfang stehen drei in verschiedenen Purpurtönen gemalte Zierseiten, die beiden ersten (fol. 1v–2r) mit großen staudenartigen Pflanzen, in deren Windungen drachenartige Tiere in hellem Purpur aus dunklem Grund ausgespart sind. Die Seiten sind rein dekorativ, enthalten keine Texte und sind nicht mit Gold und Silber, sondern nur in unterschiedlichen Purpurtönen gestaltet. Eine dritte, purpurfarbene Zierseite zeigt im oberen Teil ein aus Quadraten zusammengesetztes Muster, im unteren den Beginn der üblichen Eingangsfloskel der Sakramentare *Per omnia saecula saeculorum* (fol. 2v).

Diese drei Seiten unterscheiden sich grundsätzlich von den übrigen zehn Initial-Zierseiten, auf denen unter denkbar reicher Verwendung von Gold- und Silberranken in rechteckigen Rahmen oder unter Arkaden Initial-Kompositionen auf gemusterten Purpurgründen erscheinen. Diese Zierbuchstaben bestehen nicht, wie in den meisten zeitgenössischen Handschriften, aus dem ersten Buchstaben oder allenfalls aus Ligaturen mit zwei Lettern, sondern fügen die Buchstaben, oft des ganzen ersten Wortes, zu kunstvollen Kompositionen monogrammartig zusammen. Besonders auffallend sind die kantigen Capitalis-Formen beim Te igitur (fol. 4r) oder auf den Zierseiten zu Lichtmeß und Christi Himmelfahrt (fol. 27v und 113v).

Die Buchstabenkörper selbst bestehen meist nur aus doppelten Goldleisten, die aber in vielen silbernen, dichten, riemenartigen Verknotungen aneinander oder an den Rahmen gekettet sind. Dieses dichte, sehr abstrakte Geflecht entwickelt sich in seinen Ausläufern zu Ranken, oft von züngelnder und heftiger Bewegung mit goldenen Endblüten, Knospen oder auch kleinen Blättern. Auch Pfeilspit-

IV. 34, fol. 92r

zen kommen vor. Die Rahmenleisten werden durch Gold und Silber mischendes federartiges Akanthuswerk gefüllt; einige sind auch einheitlich blau gefärbt.

Solche Zierseiten, die zu den schönsten und reichsten Initial-Kompositionen der Reichenauer Buchmalerei gehören, gibt es zu den am Anfang der Handschrift stehenden festen Meßgebeten, der Präfation (*Vere Dignum*) und zum Beginn des Canons, also dem Te igitur (fol. 3r und 4r). Weiterhin sind in ähnlicher Weise die großen Feste ausgezeichnet: Weihnachten, Lichtmeß, Karsamstag – hier sogar mit einer zweiten vorausgehenden Purpurseite ohne Text (fol. 91v–92r) – Ostersonntag (Abb.), Christi Himmelfahrt, Pfingsten, Mariä Himmelfahrt und Allerheiligen. Das Fest Mariä Geburt hat ein entsprechendes halbseitiges gemaltes Zierfeld erhalten.

Insgesamt 340 Initialen schmücken die Textanfänge der einzelnen Meßformulare und sonstigen Gebete, oft durch Rankenausläufer miteinander verbunden, wenn zwei Zierbuchstaben auf einer Seite zu stehen kommen. Auch bei ihnen bestehen die Buchstabenstämme selbst aus Gold. Dichtes Rankenwerk aus Silber füllt die Höhlungen der Buchstaben und umspielt ihren Stamm. Einzelne, vor allem ein kreisrundes O, werden gelegentlich auch ohne Ranken nur durch silberne und goldene

IV. 35, fol. 2r

IV. 35, fol. 4v

gefiederte Blätter gefüllt. Sie entsprechen dem Rahmenschmuck der großen Zierseiten, wirken aber in der Folge der Initialen wie aus einer anderen Welt stammend.

Über die mittelalterliche Provenienz der Handschrift ist nichts bekannt. Nach dem Kalender müßte sie zunächst für den Gebrauch auf der Reichenau bestimmt gewesen sein. Sie scheint aber, nach gewissen mittelalterlichen Nachträgen zu urteilen, schon im 11., spätestens im 12. Jahrhundert in Italien gewesen zu sein. In die Nationalbibliothek in Florenz gelangte sie 1861 mit der Bibliothek des Antonio Magliabechi († 1714); in der von ihm hinterlassenen Bibliothek wurde sie bereits im Jahre 1741 erwähnt.

Ebner, Missale, S. 42–45. – Sauerland/Haseloff, Egbert-Psalter, S. 115–119 u. 193, Taf. 59 u. 60. – Merton, St. Gallen, S. 87, Taf. 93. – Boeckler, Reichenauer Buchmalerei, S. 976f. – Dodwell/Turner, Reichenau, S. 70–86, Taf. 12 c. – von Euw, Sakramentar, S. 366–378 u. öfter. – Schuba, Texttradition, S. 125–138. – Hoffmann, Buchkunst, S. 318. – Berschin, Eremus, S. 12, 59 u. 133, Taf. 12. – Biblioteca nazionale, S. 28, Taf. I–III. – Kuder, Freisinger Buchmalerei, S. 50, Abb. 2.

R.K. / Th.L.

IV. 35
Reichenauer Evangelistar

Reichenau, um 970/80
Pergament, 207 Blätter – Deckfarben, Gold und Silber.
Neuzeitlicher Ledereinband mit ovalem Elfenbeinrelief des hl. Bernhard aus dem 17./18. Jahrhundert;
Buchblock beschnitten. – H. 26 cm, B. 18–18,5 cm.
London, The British Library, Add. Ms. 20692

Die Handschrift enthält die Meßperikopen, beginnend mit der Vigil von Weihnachten. Einer der Schreiber ist nach den Feststellungen von Hartmut Hoffmann identisch mit dem wichtigsten Schreiber des Egbert-Psalters in Cividale, dem namengebenden Hauptwerk der Ruodprecht-Gruppe innerhalb der frühen Reichenauer Buchmalerei; Ruodprecht ist der Schreiber oder Stifter des Psalters.

Die Handschrift enthält drei gerahmte Zierseiten zu Beginn: fol. 1v mit dem Titel IN VIGILIA NATALIS D(omi)NI S(e)C(un)D(u)M; es folgen zwei Seiten mit von Ranken durchzogenen großen Zierbuchstaben zu den Evangelientexten der Vigil- und der dritten Weihnachtsmesse (fol. 2r u. 4v, Abb.). 23 größere, farbig in Blau und Grün hinterlegte goldene Zierbuchstaben mit silbernen Ranken zeichnen die Hochfeste des Kirchenjahres einschließlich aller als Festtage verstandener Tage der Osterwoche aus, darüber hinaus die Gedenktage für Johannes d.T., den Apostel Petrus und Allerheiligen. Die übrigen Texte werden nur durch rote Anfangsbuchstaben eingeleitet.

Neben rechteckigen Rahmen begegnen wie im Petershausener und im Florentiner Sakramentar (Kat.Nr. IV.33 u. 34) auch Arkadenformen, die durch seitliche Akroterstauden auf den Bogenläufen und farbige Fonds im oberen Teil einer Rechteckform angenähert werden. Die Rahmen der Zierseiten werden hier durch geometrische Formen aus Kreisen, Treppenmustern und Blütenrosetten gefüllt, wie sie vereinzelt auch im Petershausener Sakramentar auftreten. Die meisten Reichenauer Handschriften verwenden jedoch als Rahmenfüllung Akanthusblätter.

In den Zierbuchstaben begegnen komplexe und unterschiedliche Formen. Die Buchstabenkörper selbst bestehen aus Goldleisten, die Ranken aus Silber, die im allgemeinen in vegetabilen Windungen die Flächen durchwachsen, sich vielfach aufspalten und in kleine Knollen, Blüten und gelegentlich auch in Pfeilspitzen enden. Generell ist ihre Bewegung weniger heftig, die riemenartigen Verknotungen mit dem Rahmen sind weniger dicht, die Kompositionen ruhiger und eher symmetrisch ausgeglichen als im Florentiner Sakramentar (Kat.Nr. IV.34). Das könnte für eine größere Nähe zur Kunst der Anno-Gruppe um den Gero-Codex (Kat.Nr. IV.32) und damit für eine geringfügig frühere Entstehungszeit des Evangelistars sprechen.

Sauerland/Haseloff, Egbert-Psalter, S. 115. – Merton, St. Gallen, S. 87, Taf. 94. – Boeckler, Reichenauer Buchmalerei, S. 976. – Dodwell/Turner, Reichenau, S. 82 u. 84. – von Euw, Sakramentar, S. 384. – Hoffmann, Buchkunst, S. 331. – Ausst.kat. Budapest/Berlin [u. a.]2000/02 Nr. 24.02.11 (Irmgard Siede) mit Abb.

R.K. / Th.L.

IV. 36
Reichenauer Wandmalereifragment

Reichenau, zweite Hälfte 10. Jahrhundert
Reichenau-Oberzell, St. Georg, ehem. Chorfenster
Zweischichtiger Mörtelaufbau; auf der Deckmörtelschicht ornamentale Kalksecco-Malerei. – Die teils pastose Malerei in gutem Erhaltungszustand, Fixierung (Kasein?) nach Auffindung und Bergung 1951, dadurch Sporenbildung und Verbräunung; Abnahme des Überzugs Dezember 2000 bis Februar 2001.
Max. H. 19,5 cm, max. B. 34 cm, max. T. 8 cm.
Stuttgart, Landesdenkmalamt Baden-Württemberg, ROZ 21/5

Das Fragment war Bestandteil einer Chorfensterlaibung der um 896 erbauten Kirche St. Georg auf der Insel Reichenau und gelangte als Abbruchmaterial – vermutlich bereits im 14. Jahrhundert – in den Schutt für die Vermauerung eines weiteren, heute noch in situ erhaltenen Fensters in der Chornordwand des gleichen Bauwerks. Hier wurde es 1951 beim Ausräumen der Zumauerung von Konrad Hecht zusammen mit weiteren, heute verschollenen Wandmalereifragmenten entdeckt.

Die bruchstückhaft erhaltenen, weißen und ockergelben Blattornamente sind von einem ehemals dunkelgrauen Grund hinterfangen (Kalk und Holzkohle) und weisen schwarze, virtuos gezeichnete Binnenschattierungen entlang der Mittelstiele sowie gegenläufig gesetzte, knappe strichartige Weißhöhungen auf. Analog zu verdeckten Befunden an dem heute noch erhaltenen Fenster wurden die Ornamente parallel zu Laibungskante, Lichtöffnung und Fensterschräge von drei, jeweils leicht nach innen versetzten, ca. 5 cm breiten und mit weißen Linien konturierten, verschiedenfarbigen Bändern gerahmt. Im vorliegenden Fragment ist hiervon ein Abschnitt eines ockerroten Begleitbandes mit Weißkonturen erhalten, dem sich nach links ein Band im Grundton der Ornamentrücklage anschließt. Hecht rekonstruierte die bruchstückhaft erhaltenen Blattornamente zu einer fortlaufenden, sich volutenartig einrollenden und mehrfach teilenden Blattranke aus einem Stamm.

Das Wandmalereifragment gehört maltechnisch und stilistisch in den Kontext der umfassenden Ausmalung von St. Georg. Der einzigartige Malereizyklus mit je vier monumentalen Bildszenen auf den Hochschiffwänden hat als bedeutendstes Dokument ottonischer Wandmalerei nördlich der Alpen die Forschungen zur frühmittelalterlichen Wandmalerei und der gleichzeitigen Rei-

IV. 36

chenauer Handschriftenproduktion maßgeblich mitbestimmt. Mit zahlreichen Argumenten konnte in den letzten Jahren die von der baulichen Entwicklung um 896 unabhängige Entstehung der Ausmalung von St. Georg in der zweiten Hälfte des 10. Jahrhunderts begründet werden. Von besonderer Bedeutung für eine stilistische Datierung sind die überlieferten Ornamentfriese, deren Erhaltungszustand angesichts der komplexen Restaurierungsgeschichte sehr unterschiedlich zu bewerten ist. Gerade deshalb nimmt das in seiner formalen Gestaltung unbeeinträchtigte Wandmalereifragment eine besondere Stellung ein.

zu IV. 36

Trotz der vielfach diskutierten Gattungsunterschiede gelangt man bei der Suche nach Vergleichen mit der Oberzeller Wandmalerei immer wieder zu den Darstellungen aus der Reichenauer Buchmalerei der zweiten Hälfte des 10. Jahrhunderts. Bringt man Ausschnitte aus Wand- und Buchmalerei auf vergleichbare Größe, so fallen neben motivischen Parallelen in Elementen der Bildauffassung vor allem Übereinstimmungen in der Behandlung ornamentaler Details ins Auge. Die im Verhältnis von Rücklage, Ornament und den sehr sicher ausgeführten Binnenzeichnungen sowie Lichthöhungen lassen erkennen, daß die künstlerischen Produktionen von Wand- und Buchmalerei auf der Reichenau untrennbar miteinander verknüpft sind. Als Beleg lassen sich insbesondere Details aus dem Widmungsblatt des Codex Egberti (Stadtbibliothek Trier, Ms 24) anführen, die für die Annahme einer annähernd gleichzeitigen Entstehung an einem Ort sprechen dürften.

Hecht, Wandmalerei, Bd. 1, S. 71–73. – Jakobs, Wandmalereien in Reichenau, Abb. 260 u. 261. – Jakobs, Reichenau-Oberzell, Bd. 1, S. 96f. u. 293, Abb. 303–306; Bd. 2, S. 482f., Abb. 623.

D.J.

DIE SCHLACHT AUF DEM LECHFELD

Ungarische Reiter der Landnahmezeit

Mit ersten kriegerischen Aktionen im Laufe des zweiten und dritten Drittels des 9. Jahrhunderts im Dienste europäischer Großer rückten die Ungarn in das Licht der Geschichte. Am Ende des 9. Jahrhunderts erfolgte die Landnahme im Karpatenbecken, und von hier aus eigenständige Streifzüge durch Europa, die die Chronisten und Militärtheoretiker veranlaßten, sich mit der für ihre Verhältnisse unkonventionellen, aber wirkungsvollen Kriegstechnik der Steppenreiter auseinanderzusetzen.

Der byzantinische Kaiser Leo VI. der Weise († 912) berichtet im XVIII. Kapitel seiner 'Tactica', daß die Bewaffnung der Türken (Ungarn) aus dem Schwert, dem Bogen, dem Spieß und dem Lederhemd (Panzer) bestand. Sie trugen den Spieß auf der Schulter, den Bogen in der Hand und bedienten sich ihrer im Kampf je nach Bedarf. In der Schlacht wurde die direkte Konfrontation weitgehend vermieden. Heeresgruppen starteten Blitzangriffe, machten aber kurz vor der feindlichen Armee kehrt und täuschten einen Rückzug vor. Die nachsetzenden, aus ihrer Formation gerissenen Gegner wurden dann von den Scheinrückzug flankierenden Einheiten durch Pfeilbeschuß zermürbt.

Ähnliches beschreibt auch der arabische Geograph al-Mas^cūdī anhand eines Treffens einer byzantinisch-bulgarischen mit einer petschenegisch-türkischen (d. h. ungarischen) Armee im Jahre 934. Demnach wurde das Heer der Byzantiner in der Dämmerung von zwei ungarischen Reitereinheiten flankiert, die unter ständigem Platzwechsel, einem Mühlrad gleich, den Gegner umkreisten und mit Pfeilen beschossen. Nachdem die Byzantiner und ihre Verbündeten, bereits demoralisiert, einen Ausfall wagten, wurden sie von der bis zu diesem Zeitpunkt untätig gebliebenen Hauptmacht der Reiterkrieger attackiert und in die Flucht getrieben. Erst jetzt machten die Ungarn von den Nahkampfwaffen Gebrauch und zogen die Schwerter (Säbel).

Auf den Streifzügen ritt man in Kolonnen, die sich, wenn das Zielgebiet erreicht war, in kleinere Gruppen aufsplitterten und die Gegend plünderten. Wenn feindliche Kräfte in der Nähe festgestellt wurden, vereinigte man sich wieder. Nach dem arabischen Geographen Ibn Rusta, der die chazarische Streitmacht beschrieb, bestand diese aus 20 000 Mann, die in zwei *tumen* zu 10 000 Mann gegliedert war. Die weitere Aufteilung erfolgte in Tausend- bzw. in Hundertschaften, die ihrerseits in Gruppen zu zehn / zwölf Mann zerfielen. Im Troß wurden für die Krieger Reservepferde mitgeführt. Während die Reittiere der einfachen Krieger klein und stämmig waren, ritten die Anführer größere Rassen.

Anders als im fränkischen Westen, spiegeln im Karpatenbecken des 10. Jahrhunderts auch die Grabfunde die Kriegsführung wider. Sie bestätigen weitgehend das von Leo entworfene Bild und lassen somit eine Idealrekonstruktion des magyarischen Kriegers zu, wobei die Funde der 1. Hälfte des Jahrhunderts ein relativ homogenes Bild zeigen. In gut ausgestatteten Gräbern treten uns die Beinbeschläge asymmetrischer Reflexbögen, eine typische reiternomadische Fernwaffe, entgegen (Kat.Nr. IV.41–42). Ihre geringe Länge (rund 111 cm) und das leichte Zuggewicht prädestinierten sie zum Einsatz vom Pferderücken aus. Ihre Effektivität resultiert aus der komplexen Bauweise. Auf einem Trägermaterial (Holz) werden Hornschichten und Sehnenbündel aufgeleimt, die im Gegenspiel auf Zug und Druck reagieren. Die Bogenohren fungieren zusätzlich als Hebel.

An den Bogen knüpft sich noch eine hohe Anzahl an Zubehör. Im Kampf wird er in gespanntem Zustand in einem Bogenköcher *(gorythos)* transportiert, der häufig mit reichen Metallbeschlägen versehen ist. Die aus Schilfrohr, Birke, Pappel oder Weide gefertigten Pfeile stecken in einem sanduhrförmigen Köcher aus Leder oder Birkenrinde, dessen Eisen- und Beinversteifungen in einer Vielzahl von Gräbern auf uns gekommen sind.

Die typische Nahkampfwaffe ist der Säbel (Kat.Nr. IV.37–38), der sich grundlegend von den vorangegangenen awarischen Exemplaren unterscheidet. Die mit einem hohlen Knauf versehene Handhabe ist zur Schneide hin abgewinkelt und an ihrem unteren Ende durch eine kurze Parierstange abgeschlossen. Die Klinge besitzt im Normalfall im unteren Drittel eine Rückenschneide (*Elman*) und ist mit einem Hohlschliff versehen, der die Stabilität der Klinge bei gleichzeitiger Gewichtsreduzierung erhöht. Über die Herkunft dieses Säbeltyps existieren viele Theorien, die allerdings nicht mit letzter Sicherheit zu verifizieren sind. Zweifellos betraten die Ungarn aber schon mit der voll entwickelten Waffe das Karpatenbecken.

Die bei Leo dem Weisen genannten Lanzen (Kat.Nr. IV.40) stellen durch die geringe Zahl an

Funden ein gewisses Problem dar. Der Großteil der aus gesicherten Zusammenhängen stammenden Spitzen weist auf westliche Formen hin (Flügellanzen, weiden- und lorbeerblattförmige Exemplare). Dem osteuropäischen Kulturraum sind „panzerbrechende" Stücke mit vierkantigem oder kreuzförmigem Querschnitt zuzuordnen. Eine Erklärung für die wenigen Belegexemplare könnte eine Beobachtung Ibn Faḍlāns bei den Wolgabulgaren bieten, nach der Lanzen als Rangabzeichen in der Füllerde der Gräber gesteckt wurden.

Streitäxte sind im Fundmaterial etwas häufiger (Kat.Nr. IV.39). Neben Typen, bei denen nicht immer zwischen Waffe und Arbeitsgerät unterschieden werden kann, dominieren hier Schmaläxte (Fokosch) mit ausgeprägtem Nackendorn oder stark ausgezogenem Hammernacken.

Im Zusammenhang mit den behandelten Angriffswaffen bleibt die Frage nach den Schutzwaffen offen. Zwar bieten die von Leo dem Weisen erwähnten Lederhemden (Lederpanzer?) einen kleinen Hinweis, aber Panzermaterial, wie es im Westen geläufig war, ist im landnahmezeitlichen Karpatenbecken fremd. Es bleibt also fraglich, ob es nur Körperpanzerung aus vergänglichen Materialien, wie Leder, Filz, gestepptem Textilien oder gar Horn, gegeben hat. Wahrscheinlicher ist aber, daß die kostbaren Schutzwaffen von der Grabbeigabe ausgenommen waren.

Auch einige andere Gegenstände sind aus dem Erscheinungsbild landnahmezeitlicher ungarischer Krieger nicht wegzudenken. Als Statussymbole fungieren die Waffengürtel und Taschenbeschläge (Kat.Nr. IV.43 u. IV.45). Das Wehrgehänge, an dem der Reiterkrieger seine Waffen befestigte, läßt sich in Form eines Koppels mit eigens angebrachter Riemenlasche und reichen Zierelementen rekonstruieren. Der Hauptriemen besitzt nur schmükkende Funktion. In den Gürteltaschen wurde das Feuerzeug und kleinere Gegenstände des täglichen Bedarfs aufbewahrt. Reich ornamentierte Taschenbleche (zumeist aus vergoldetem Silber) weisen auf einen hohen militärischen Rang des Bestatteten hin.

Häufig deponierte man auch Teilbestattungen von Pferden im Grab (Schädel, untere Extremitäten), auf denen meist das komplette Reitzubehör abgelegt wurde. Neben den birnenförmigen Steigbügeln (Kat.Nr. IV.46) und den Trensen (Kat.Nr. IV.47) sind auch Sattel- und Zaumzeugbeschläge zu finden.

Nach der Mitte des 10. Jahrhunderts kam es wahrscheinlich auf Grund schwerer militärischer Niederlagen zu einem Wechsel in der Richtung der Kriegszüge, aber auch in der Bewaffnung. Nach der Niederlage am Lechfeld bei Augsburg (955) stellte der neue Großfürst Taksony (955–971/72) Unternehmungen nach dem Westen ein und richtete sich nach Süden und Südost. Fünfzehn Jahre später, 970, endete auch diese Phase mit der Niederlage vor Arkadiopolis gegen ein byzantinisches Heer unter Kaiser Johannes Tzimiskes.

Auffällig ist in der zweiten Hälfte des 10. Jahrhunderts das vermehrte Auftreten von westlichen Schwertern im Karpatenbecken. Bisher wurde vermutet, daß es sich bei den Trägern dieser Waffen, die nun nicht mehr in „Soldatenfriedhöfen", sondern in neu angelegten Dorffriedhöfen bestattet werden, um die *milites* der nach westlichem Vorbild organisierten Gefolgschaften Gézas (972–997) und Stephans I. (997–1038) handelt. Wahrscheinlicher, und durch Münzdatierung gestützt, ist aber eine frühere Übernahme westlicher Schwerttypen vor und um die Mitte des Jahrhunderts. Durch die vielen Kriegszüge waren fränkische Schwerter sicher bekannt und auch in Verwendung; gesicherte Funde fehlen allerdings. Lediglich ein byzantinisches Schwert aus Kunágota deutet auf eine frühere Verwendungszeit hin. Der zuvor genannten Datierung schließen sich auch etwa ein Dutzend Schwerter mit Säbelgriff an, eine Hybridform, die eher unbedeutend geblieben sein dürfte.

Das Erscheinen neuer Steigbügelformen (Sporen fehlen!) und Lanzentypen kann ebenfalls als Anpassungsprozeß an die westliche Kriegsführung gesehen werden. Dieser schritt mit der Ansiedlung fränkischer Krieger zur Reorganisation des Heeres am Ende des 10. und im frühen 11. Jahrhundert rasch voran. Trotzdem blieben aber die ungarischen Reiter lange Zeit vor allem berittene Bogenschützen.

Bálint, Ungarn, S. 195ff. – Ausst.kat. Budapest 1996. – Gyula, Magyars. – Bóna, Ungarische Kampftechnik.

E.S.

IV. 37
Säbel

10. Jahrhundert
Sárospatak-Baksahomok, Ungarn: Grab 10
Eisen, korrodiert. – L. 84,5 cm, B. max. 3 cm.
Budapest, Magyar Nemzeti Múzeum, Inv.Nr. 62. 61. 4. A

Der Griffdorn des schmiedeeisernen Säbels biegt sich zur Klingenschneide hin und besitzt ein Loch zur Befestigung der hölzernen Griffplatten. Die Balken der kahnförmigen Parierstange biegen sich ebenfalls zur Klinge hin und enden in Knöpfen. Auf der rechten Seite der Parierstange sitzt eine rhombisch erhabene Verzierung. Die einschneidige Klinge ist schwach gebogen. Auf beiden Seiten der Klinge finden sich Spuren von Blutrinnen.

Der Säbel mit schwach gebogener und im unteren Drittel häufig zweischneidig geschliffener Klinge, dessen Griff sich zur langen Schneide hin neigt, war eine typische Waffe der Ungarn der ersten Hälfte des 10. Jahrhunderts. Sie war zum Hieb und Stich gleicherweise geeignet. Ein großer Teil der etwa 140 Säbel, die aus Gräbern der Landnahmezeit geborgen wurden, stammen aus nordostungarischen Gräberfeldern. Die geringe Zahl der Fundstücke wird in der Forschung darauf zurückgeführt, daß nur die Führer der Gemeinschaft Säbel trugen. Diese Waffe kommt in Nordostungarn aber auch bei einfachen Kämpfern vor, die vielleicht die Leibwächter eines Stammes- oder Sippenoberhauptes waren.

Im durch Sandbaggerung gestörten Gräberfeld von Sárospatak deutet sich der Reichtum der freigelegten zehn Gräber durch die Tatsache an, daß fast jedes von ihnen eine Reiterbestattung war. Die Männer waren alle mit Bogenausrüstung und drei von ihnen mit Säbel bestattet worden. In ihren Gräbern lagen arabische Dirham aus den ersten beiden Jahrzehnten des 10. Jahrhunderts. Die Frauen waren gleichermaßen reich mit Schmuck versehen. Aufgrund des Fundmaterials des Gräberfeldes gehört dieser Fundort zu den sicher in die erste Hälfte des 10. Jahrhunderts datierbaren reichen Fundorten Nordostungarns und ist als Hinterlassenschaft eines Militärgefolges zu betrachten.

Unveröffentlicht.

L.R.

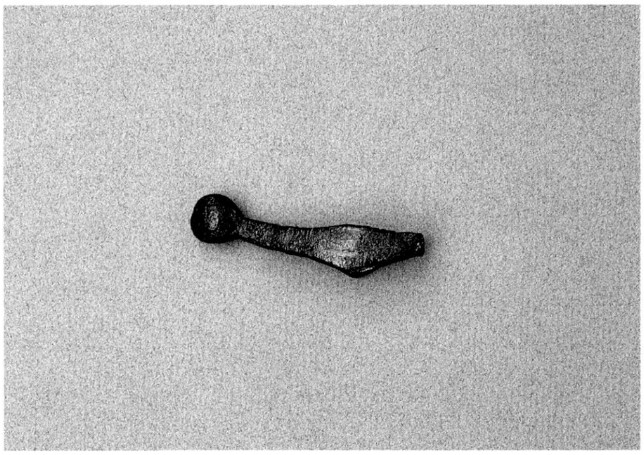

IV. 38

IV. 38
Parierstange eines ungarischen Säbels

10. Jahrhundert
Eislingen, Kr. Göppingen
Bronze. – Erh. L. 5,4 cm, B. 1,8 cm.
Göppingen, Städtisches Naturkundliches Museum, Inv.Nr. 119

Parierstangenbruchstück (Querstück) eines ungarischen Säbels aus Bronze mit kugelig geformten Enden und flachem, pyramidenförmigem Zierniet auf der Schauseite.

Rick, Sirgensteinfelsen, S. 33, Taf. 43 B 1. – Schulze, Kriegergrab, S. 473–514.

E.S.

IV. 39

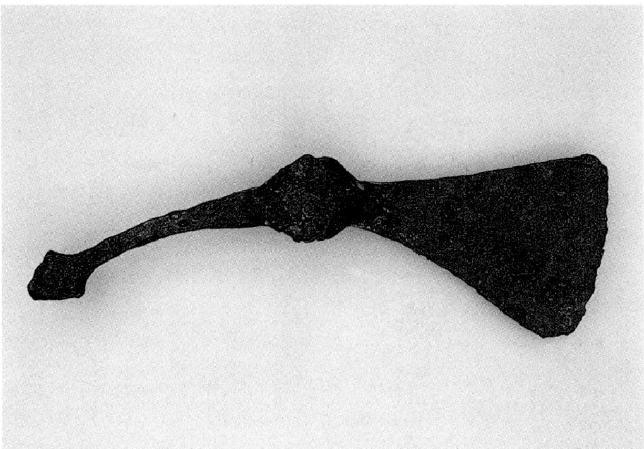

IV. 39
Streitaxt

10. Jahrhundert
Tiszaeszlár-Bashalom, Ungarn: Gräberfeld I, Grab 16
Eisen. – L. 17,3 cm, B. max. 5,7 cm.
Budapest, Magyar Nemzeti Múzeum, Inv.Nr. 60. 9. A

Auf einer Seite der den Schaft aufnehmenden runden Tülle befindet sich die sich zur Schneide hin verbreiternde Klinge, die Schneide ist gebogen. Auf der anderen Tüllenseite wurde ein etwas gebogener, schmaler, flachschäftiger Ausläufer ausgebildet, der in einer kegelförmigen Spitze endet. Die beiden Seitenblätter der Tülle sind kreisförmig gestaltet.

Von ihrer Form her sind die in ungarischen Gräbern des 10. und 11. Jahrhunderts gefundenen Äxte außerordentlich variantenreich, es sind elf Typen zu unterscheiden. Am häufigsten sind die dem hiesigen Exemplar ähnelnden Äxte, mit deren dreieckiger Klinge man schneiden und mit derem quadratischen Rücken man zertrümmern konnte. In der Hand eines geschickten Mannes konnten sie sogar eine gegen Helm und Panzerhemd wirksame Waffe sein. Von den praktischen, für verschiedene Zwecke verwendbaren Äxten wurden relativ wenige in die Gräber gelegt. Sie hatten keine ranganzeigende Funktion, denn sie kommen bei Männern mit Taschendeckplatten ebenso vor wie bei solchen, deren einzige Waffe sie waren. Ähnlich wie in anderen nordostungarischen Gräberfeldern der Landnahmezeit liegen auch in der Gemarkung von Tiszaeszlár zwei reiche Gräberfelder unmittelbar nebeneinander. Die Mehrheit der 24 Gräber des Gräberfeldes I, das hauptsächlich mit Männern belegt ist, ist in einer Reihe angeordnet. In der Mitte liegen die beiden Führer der Gemeinschaft, links von ihnen in abnehmender Rangfolge die Männer und rechts die Frauen. Das Gesinde und die Kinder wurden östlich oder westlich der Gräberreihe bestattet. Es gibt einzelne Hypothesen, die davon ausgehen, daß diese Anordnung die Sitzordnung in der Jurte widerspiegelt, wo jeder seinen ranggemäßen festen Platz hatte. 200 m südlich vom Gräberfeld I liegt ein weiteres mit 13 Bestattungen, die reichere Beigaben führen. Hier sind aber die Männer-, Frauen und Kindergräber nicht wie im Gräberfeld I voneinander getrennt. In beiden Gräberfeldern ruhten stark bewaffnete und mit Würdeinsignien wohlversehene Männer und reich geschmückte Frauen.

Wahrscheinlich gehörten auch die dort Bestatteten zu den Führern des Fürstengefolges.

Beide Gräberfelder waren gleichzeitig in den ersten zwei Dritteln des 10. Jahrhunderts in Gebrauch.

Unveröffentlicht.

L.R.

IV. 40
Lanzenspitze

10. Jahrhundert
Esztergom, Ungarn
Eisen. – L. 22,8 cm, B. max. 3,1 cm.
Budapest, Magyar Nemzeti Múzeum, Inv.Nr. 39/1902. 6

Die Esztergomer Lanzenspitze gehört mit ihrer schmalen, langen Klinge mit rhombischem Querschnitt und vier Schneiden zu den charakteristischen östlichen Lanzentypen (Piken). Die kegelförmige Tülle und die eigentliche Spitze werden von einem Hals mit drei Rippen miteinander verbunden. An der Tülle sind unten drei umlaufende Rippen sowie zwei Nagellöcher zu erkennen, die der Befestigung am Schaft dienten. Ursprünglich mag der Holzschaft ca. 2 m lang gewesen sein, der Gegner wurde mit der Lanze vom Pferd aus niedergestochen. In ungarischen Gräbern der Landnahmezeit kommt diese Waffe außerordentlich selten vor. Ein Grund dafür mag der eingeschränkte Gebrauch sein. Andere sehen in den Lanzen keine Grabbeigaben, weil sie, in den Grabhügel gesteckt und mit Fähnchen oder Bändern verziert, lediglich als Grabzeichen dienten.

Die Esztergomer Lanze stammt aus einem Reitergrab (weitere Beigaben: Steigbügelpaar, Trense, zwei Armbänder, Haarring, Silberplättchen), dessen Funde das Ungarische Nationalmuseum von einem Antiquitätenhändler ankaufte.

Hampel, Alterthümer, Bd. 2, S. 859f.

L.R.

IV. 41
Griffstücke aus Bein

Abb. S. 250

10. Jahrhundert
Tiszaeszlár-Bashalom, Ungarn: Gräberfeld II, Grab 3
Bein. – L: 12,8 cm, B: 3,1 cm.
Budapest, Magyar Nemzeti Múzeum, Inv.Nr. 7/1948. 22

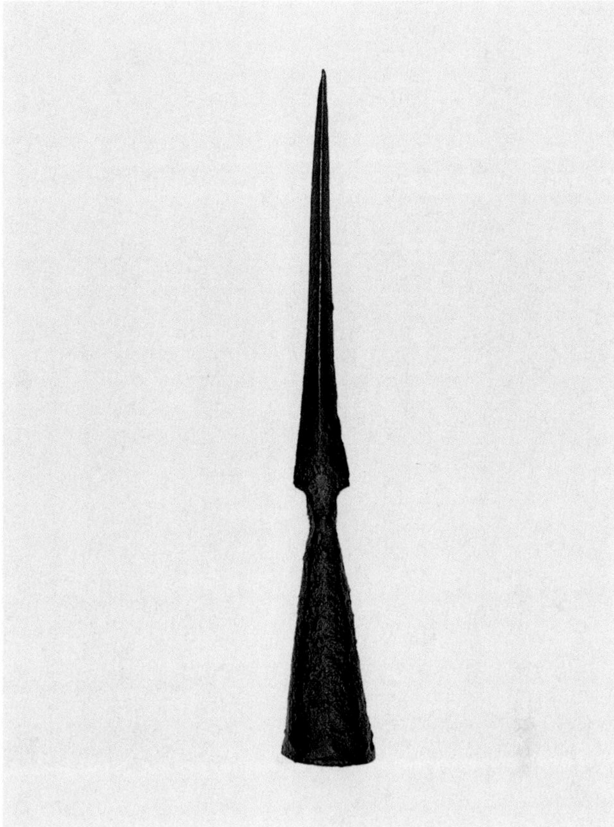

IV. 40

Die an den Bogengriff beidseitig angeklebten Beinstücke sind gestreckt oval. Ihre beiden Enden und die ganze Rückseite sind dicht eingeritzt. Die Ritzungen erleichterten das Ankleben an den hölzernen Bogengriff.

Unveröffentlicht.

L.R.

IV. 42
Bogenenden aus Bein

10. Jahrhundert
Tiszanána-Cseh tanya, Ungarn: Grab 5
Bein. – L: 27,5 cm, B: 2 cm.
Budapest, Magyar Nemzeti Múzeum, Inv.Nr. 62. 25. 3b. A

Die ursprünglich beidseitig an den Bogenenden angebrachten Beinplatten sind leicht gebogen und haben eine gewölbte Oberfläche. Ihr oberes Ende

IV. 41–42

schließt in einer abgerundeten Spitze, im oberen Drittel der Platten befindet sich der halbkreisförmige Ausschnitt zum Einhängen der Sehne. Zum unteren Ende hin verbreitern sich die Beinplatten gleichmäßig. Ihr unteres Ende, die gesamte Rückseite und der schmale, zum Ziel hin gerichtete Rand sind dicht eingeritzt, was das Ankleben am Bogen erleichtert.

Das wichtigste Element der Bewaffnung der landnehmenden Ungarn war die Bogenausrüstung. Ihre sog. Reflexbogen hatten in entspanntem Zustand eine schwache C-Form, in gespanntem Zustand mochte die Sehnenlänge etwa 110 cm betragen haben. Die elastischen Bogenschenkel waren meist aus Ahorn, auf ihre vordere Seite (zum Ziel hin) wurden Hirschsehnenbündel und auf die Rückseite Hornplatten mit Fischleim geklebt. Der starre Griff und die Bogenenden wurden zweiseitig mit Hartholz- oder Beinplatten bedeckt (vgl. auch Kat.Nr. IV.41). Die Reichweite der ungarischen Bögen betrug 200–250 m, gezielte Schüsse konnten auf 60–70 m Entfernung abgegeben werden. Infolge ihrer Kampfesweise wurde aber gar nicht so sehr der tödliche Treffer beabsichtigt, sondern der Gegner sollte durch die in dichter Folge abgegebenen Pfeilschüsse kampfunfähig gemacht werden. Der Bogen war im 10. bis 11. Jahrhundert in weiten Schichten der Gesellschaft verbreitet. Die Gruppe der 32 Gräber im Gräberfeld von Tiszanána, in der die Bogenenden gefunden wurden, war die Ruhestätte einer begüterten Familie der Sippenaristokratie. In den Männergräbern wurden Taschendeckplatten und mit Beinplatten belegte Bogen und Köcher sowie Pferdegeschirre freigelegt. Vom Reichtum der Frauentracht zeugt der Schmuck (Ohrringe, Armringe, silberbeschlagene Stiefel). Neben der führenden Familie der Gemeinschaft war ihr Dienstvolk mit bescheidenen Schmuckstücken bestattet.

Die Gräber sind in die ersten zwei Drittel des 10. Jahrhunderts zu datieren.

Unveröffentlicht.

L.R.

IV. 43
Bogentaschenbeschläge

10. Jahrhundert
Kenézlő-Fazekaszug, Ungarn: Gräberfeld II, Grab 39
Bein. – L. 20,5 cm, B. max. 6,7 cm.
Budapest, Magyar Nemzeti Múzeum, Inv.Nr. 55. 10. 1. A

Das aus einem Hirschgeweih geschnitzte Plattenpaar verbreitert sich an einem Ende und schließt hier in einem Ausläufer, während das andere Ende abgerundet ist. Sie sind in der Nähe des oberen und unteren Endes jeweils durchbohrt. Auf der Oberfläche ist ein verwaschenes Muster des ursprünglichen Motivs zu erkennen, das aus rhythmischen Wiederholungen von auseinander herauswachsenden, dreiblättrigen Palmettensträußen besteht. Die Innenseite des Randes wird durch ein Punkt-Komma-Muster verziert, während die Außenseite dichte Blätter aufweist, die aus einer sich windenden Ranke herauswachsen. Die Abnutzung der Verzierung weist auf einen langen Gebrauch des Gegenstandes hin.

Im 10. Jahrhundert trugen die Ungarn ihre Bögen, wenn sie nicht gebraucht wurden, in Ruhelage in einem gebogenen Leder- oder Rindenbehälter, um die wertvolle Waffe gegen Nässe zu schützen. Das beinerne Plattenpaar war am Behälterende befestigt, der Behälter wurde mittels einer Schnur geschlossen, die durch die Löcher der Platte gezogen wurde. In Kenézlő wurden in der ersten Hälfte des 20. Jahrhunderts, 150 m voneinander entfernt, zwei landnahmezeitliche Gräberfelder freigelegt. Beide enthielten je 25 Gräber, die im Gräberfeld I in fünf Reihen, im Gräberfeld II jedoch in einer einzigen langen Reihe angeordnet sind. Der Anteil von Männergräbern übertrifft in beiden Gräberfeldern den der Frauen- und Kindergräber beträchtlich. Die Hälfte der Verstorbenen ist mit Pferd und Pferdegeschirr bestattet worden. Die in den Gräbern gefundenen westeuropäischen und arabischen Münzen wurden zwischen 888 und 945 geprägt. Auch die Untersuchung der sonstigen Funde aus den Gräberfeldern weisen darauf hin, daß beide unmittelbar nach der ungarischen Landnahme (895) angelegt wurden und auch die letzten Gräber aus den 950er Jahren stammen. Auf beiden Gräberfeldern wurden die Führer des fürstlichen Militärgefolges mit Familienmitgliedern, Gesinde und Kämpfern des Gefolges bestattet. Auch die Verteilung der ranghohen Männer ist gleichmäßig: Im Gräberfeld I hatten zwei der Bestatteten Taschendeckplatten, sechs Gürtelgarnituren und vier hatten Säbel. Eine Bogenschützenausrüstung lag in fast allen Männergräbern. Im Gräberfeld II wurden eine Taschendeckplatte, sechs beschlagene Gürtel und ein Säbel gefunden. Die gesellschaftlichen Unterschiede dürften aber in der Gemeinschaft von Gräberfeld I größer gewesen sein, worauf die neun beigabenlosen und fünf mit armseligen Beigaben versehenen Bestattungen im Vergleich zu den fünf ärmeren Gräbern aus dem Gräberfeld II hinweisen.

Fettich, Landnahmezeit, S. 92. – Gyula, Bogenköcher.

L.R.

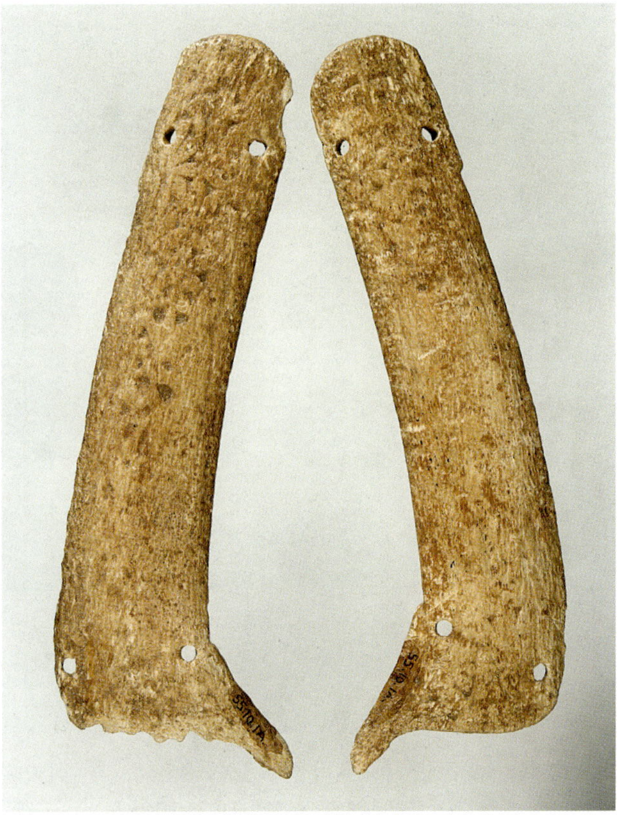

IV. 43

IV. 44

IV. 44
Zwei rhombische Pfeilspitzen

Vermutlich 10. Jahrhundert
Bad Urach, „Runder Berg"
Eisen. – L . 6,2 cm, B. 2,5 cm bzw. L. 7,6 cm, B. 1,8 cm.
Stuttgart, Württembergisches Landesmuseum

Rhombisch geformte Pfeilspitzen mit flachem Blatt, die mittels Schaftdorn mit dem Pfeilschaft verbunden sind, lassen sich in großer Anzahl und Variantenvielfalt in den landnahmezeitlichen Reitergrä-

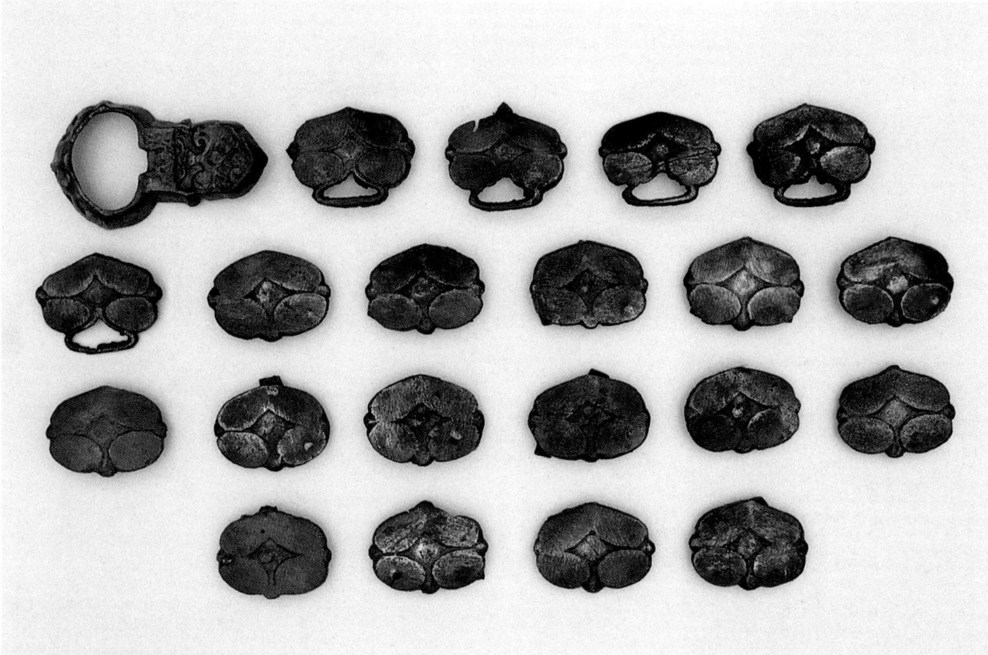

IV. 45

bern der Ungarn im Karpatenbecken nachweisen. Das Auftreten derartiger eiserner Pfeilbewehrungen in Fundverbänden des 10. Jahrhunderts in Mitteleuropa kann daher zu Recht mit den Aktivitäten ungarischer Krieger in Verbindung gebracht werden.

Koch, Metallfunde. – Schulze, Kriegergrab.

E.S.

IV. 45
Gürtelbeschläge

10. Jahrhundert
Ungarn, unbekannter Fundort
Bronze. – Schnalle: L. 4,7 cm, B. 2,8 cm;
durchbrochene Gürtelbeschläge: B. 2,7 cm, H. 2,2 cm;
breite Gürtelbeschläge: B. 2,7 cm, H. 2,9 cm.
Budapest, Magyar Nemzeti Múzeum, Inv.Nr. 61. 23. A, 62. 12. 1–2. A

Die bronzegegossene, große ovale Schnalle ist an den Beschlag mit breitem, abgebogenem Rand angesetzt. Zweiteilige Palmetten mit umgebogenen Blättern zieren den breiten Bogen der Schnalle. Der fünfeckige Beschlag zeigt die Darstellung eines Palmettenstraußes. Auf der Rückseite befinden sich zwei Niete zur Befestigung. Die Gürtelbeschläge schmückt ein stilisierter Blattstrauß, der oben aus einem umgekehrt herzförmigen Motiv und unten aus je einer ovalen Form auf beiden Seiten besteht. In der Mitte der Gürtelbeschläge sitzt ein rhombisch eingetieftes Feld mit einem Buckel in der Mitte. An den Ausläufern des Feldes finden sich an den Rändern insgesamt drei kleine, tropfenförmige Verzierungen. Auf der Rückseite sind drei Niete angelötet. Schnalle und Gürtelbeschläge sind sehr abgenutzt, was auf lange Nutzung hinweist.

Der Waffengürtel, der mit Beschlägen aus Silber (vgl. Kat.Nr. VI.91), selten aus Bronze und in Ausnahmefällen aus Gold verziert war, sowie die Gesamtheit der daran hängenden Waffen und Gebrauchsgegenstände waren Ausdruck der Rangstellung der landnahmezeitlichen ungarischen Männer. Die berittenen Kämpfer der östlichen Steppen befestigten ihre Waffen und Gebrauchsgegenstände am Gürtel, um im Kampf oder auf der Jagd durch nichts an der freien Bewegung im Sattel behindert zu werden. Ihre Gesellschaft war nach strengen Regeln gegliedert, nach denen man solche rangbezeichnenden Gegenstände nur gemäß der Stellung in der Stammes- und Sippenhierarchie oder des Ranges im Militärgefolge der Fürsten und Großen benutzen durfte.

Unveröffentlicht.

L.R.

IV. 46
Steigbügelpaar

10. Jahrhundert
Schlat, Kr. Göppingen
Eisen, geschmiedet. – Ein Exemplar an der Öse beschädigt, Oberfläche korrodiert.
H. 15,1 cm bzw. 13,5 cm, B. 13,1 cm bzw. 13,0 cm.
Göppingen, Städtisches Naturkundliches Museum, Inv.Nr. 125

Beide Steigbügel sind im Heimatmuseum Göppingen überliefert, ohne daß Näheres zu den Fundumständen bekannt ist. Unter den benachbarten Inventarnummern 123 und 124 finden sich ein kleines Fragment eines eisernen Beschlags mit Bronzenieten und ein Trensenknebel aus tordiertem Eisen. Möglicherweise handelt es sich um die Reste eines Grabkomplexes mit Pferdebeigabe. Die Steigbügel haben einen spitzovalen Umriß. Die Bügelarme besitzen einen rechteckigen Querschnitt; sie gehen im unteren Drittel in die flache Trittplatte über. Auf dem Scheitel des Bügels sitzt eine querrechteckige Öse. Verzierungen sind nicht erhalten und waren wahrscheinlich nie vorhanden.

In Westeuropa fällt die hier beschriebene Steigbügelform aus dem Rahmen des Üblichen, sie ist jedoch in den Gräbern des 10. Jahrhunderts im Karpatenbecken in großer Zahl zu finden. Aufgrund der Schriftquellen, die für die Zeit um 900 von der Einwanderung der aus Osteuropa kommenden Ungarn in diesen Raum berichten, kann angenommen werden, daß diese Gräber mit Bevölkerungsteilen der landnehmenden Ungarn zu verbinden sind. Daher liegt die Vermutung nahe, die im westlichen Mitteleuropa auftretenden Streufunde dieses Steigbügeltyps (aus Schlat und von der Hünenburg bei Todenmann, Kr. Schaumburg sowie aus Cividale) mit den ebenfalls in der schriftlichen Überlieferung bezeugten Kriegszügen der Ungarn nach Mittel-, West- und Südeuropa zu verbinden. Vertreter dieses Typs sind außerdem auch aus nicht von den Ungarn besiedelten Gebieten in Osteuropa, so aus Litauen, bekannt sind. Für den Bereich nördlich der Schwäbischen Alb kommen die bezeugten Züge von 909, 910, 917, 926, 937 und 954 in Frage.

Fundschau, Alemannisch-fränkische Zeit S. 250, Taf. 134.14,15. – Schulze, Kriegergrab, S. 486 u. 508, Abb. 13, Fundliste zu Abb. 13.1. – Mesterházy, Landnahme. – Györffy, Landnahme. – Kind, Reitausrüstung.

Th.K.

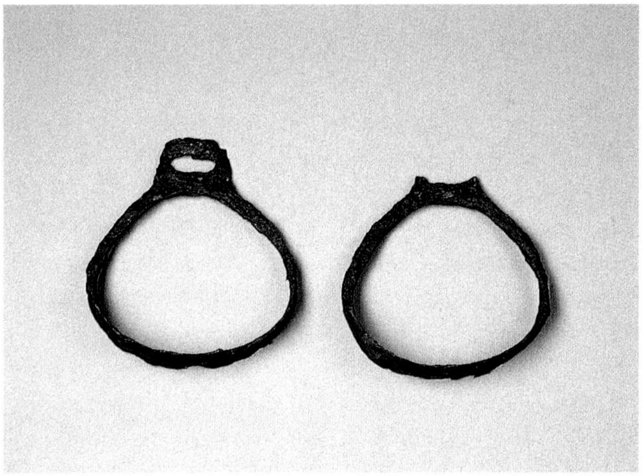

IV. 46

IV. 47
Trense

10. Jahrhundert
Neszmély-Melegeshegy, Ungarn
Eisen. – L. 25 cm, B. 15 cm.
Budapest, Magyar Nemzeti Múzeum, Inv.Nr. 91/1877. 2

Die Gebißstangen der geschmiedeten Eisentrense haben einen quadratischen Querschnitt und sind gelenkig miteinander verbunden. In das Loch an ihrem äußeren Ende wurden die bucklig gearbeiteten Seitenstangen eingepaßt. Sie endeten in einer Schlaufe, in die ein Eisenring gehängt wurde. In diese Ringe wurden die Zaumriemen gezogen. In den rechteckigen Ösen an den Seitenstangen wurden die Zügel zur Lenkung des Pferdes befestigt.

IV. 47

Die Ungarn verwendeten im 10. Jahrhundert am häufigsten die sog. Ringtrensen mit gelenkigen Gebißstangen und einem oder zwei Ringen an den Enden. Form und Maße der Trense richteten sich nach dem Geschlecht und Lebensalter und den physiologischen Eigenarten des Pferdes, manchmal auch dem Rang des Reiters, so daß sich aus ihrem Studium viele kleine Momente des damaligen Alltagslebens ablesen lassen. Die sog. weichen Trensen, also solche mit dicken, abgerundeten Gebißstangen, wurden für Pferde mit empfindlichem Maul verwendet. Eigenwillige, störrische Reitpferde wurden mit schmalen, sog. harten Trensen gelenkt, aber man benutzte diese auch, wenn das Pferd auf geringste Zügelbewegungen reagieren mußte. Die störrischen, schwer zu lenkenden Pferde zwang man mit Gebißstangen mit knolligen oder kammförmigen Kanten bzw. manchmal aus Ketten zum Gehorsam. Bestandteil der Reiterausrüstung der Kämpfer war die Trense mit asymmetrischen Gebißstangen. Die Reiter lenkten das Pferd mit einer Hand, wobei das Pferd ohne Gebißstange wegen der ungleichen Spannwirkung seitlich abgebogen wäre. Das wurde durch die unterschiedlich lang bemessenen Gebißstangenhälften verhindert. Frauen und Männer von Rang benutzten mit Vorliebe Trensen mit Seitenstangen. Die in die Öffnung am Ende der Gebißstange eingesetzte Seitenstange sollte verhindern, daß die Trense im Falle des starken Reißens in das Pferdemaul rutscht und das Pferd dadurch unlenkbar wird. Die Trense von Neszmély war im Besitz eines Mannes von Rang, in dessen Grab Münzen König Berengars I. von Italien (915–924) gefunden wurden. Auf Grund des Befundes kann das Grab in das zweite Drittel des 10. Jahrhunderts datiert werden.

Hampel, Alterthümer, Bd. 2, S. 467–478.

L.R.

Fränkische Reiter des 10. Jahrhunderts

Nur wenige zeitgenössische Schrift- und Bildquellen oder archäologische Funde geben uns Auskunft über die Ausrüstung der fränkischen Krieger in der Zeit Ottos des Großen. Eine Zusammenschau der Funde und Quellen ermöglicht es aber dennoch, ein Bild der fränkischen Reiter des 10. Jahrhunderts zu zeichnen.

Das fränkische Heer im späten Frühmittelalter orientierte sich nach dem Vorbild des spätrömischen Bewegungsheeres. Es bestand im Kern aus universell einsetzbaren, mobilen Reiterverbänden, unter denen gepanzerte Kontingente hervorstachen. Fußtruppen für verschiedenste Hilfstätigkeiten wurden meist aus lokalen Aufgeboten rekrutiert. Die Panzerreiter waren im Heer zahlenmäßig beschränkt, da der Aufwand für Ausrüstung und Pferde ein Vermögen verschlang. Nach der 'Lex Ribuaria' kosteten in der Karolingerzeit Streitpferd, Rüstung und Waffen im Schnitt soviel wie 6 bis 15 Arbeitspferde oder bis zu 45 Kühe. Sie repräsentierten den Gegenwert eines großen Bauerngutes. Daher bildete der Besitz von 12 Mansen oder Hufen (landwirtschaftliche Betriebe mit ca. 12 bis 30 ha Boden) damals die Untergrenze, ab der ein gepanzerter Reiter zu stellen war. Dies entsprach dem Ertrag wirtschaftlich genutzter Flächen im Ausmaß von etwa 150 bis 300 Hektar. Es verwundert nicht weiter, daß die Panzerreiter weitgehend nur von den großen Grundbesitzern im Lande, darunter Kirchen und Klöster, und den sozialen Eliten gestellt wurden. So stellte etwa das Kloster Reichenau im 10. Jahrhundert für einen Kriegszug 60 Panzerreiter, St. Gallen 40 und das Reichskloster Ellwangen 30, weltliche Herren hingegen nur zwischen 40 und 10 Mann (vgl. Kat.Nr. VI.2). Da die Heere im Kriegsfall oft monatelang im Felde bleiben mußten, war ein nach römischem Vorbild gestaltetes Versorgungswesen und ein aufwendiger Troßapparat notwendig. Verständlich wird dieser Aufwand, wenn wir uns vor Augen führen, daß der Panzerreiter regelhaft von ein bis zwei ebenfalls berittenen und bewaffneten Knappen oder Dienern begleitet wurde. Neben ein bis zwei Reisepferden für den Marsch waren für jeden Kämpfer auch noch ein oder zwei „Streitrösser" notwendig. Leichtes Gepäck wurde auf Packpferden mitgeführt, die notwendigen Vorräte an Waffen, Gerät und Verpflegung erforderten aber den Einsatz bespannter Karren und Wagen mit Pferdeknechten und Fuhrleuten.

Die Panzerreiter der ottonischen Zeit unterscheiden sich kaum von den karolingischen Reiterkriegern. Schon unter Karl dem Großen war für „schwere" Reiter neben den Angriffswaffen die Ausstattung mit Schild, Helm und Brünne verlangt worden. Ein technischer oder materieller Rückschritt bei Ausrüstung und Waffen ist mit Sicherheit auszuschließen, führt doch die Entwicklung von der römischen Kavallerie in ungebrochener

Entwicklung weiter zu den auf dem Teppich von Bayeux dargestellten Reitern des 11. Jahrhunderts. Verschiedene Anregungen, wie der von den Awaren übernommene Steigbügel aus Metall, entstammen reiternomadischem Vorbild.

Kennzeichnend für den fränkischen Reiter des 10. Jahrhunderts war der Körperschutz aus Panzerhemd (Brünne, Haubert), Helm und Schild. Schwert und Sporen galten als Standeszeichen. Die wichtigste und vorherrschende Panzerform war im 10. Jahrhundert das meist knielange, kurzärmelige Kettenhemd aus Eisenringen. Dieser Panzer schmiegt sich dem Körper gleich einer zweiten Haut an und ermöglicht eine ausreichende Ventilation des Körpers. Abgesehen vom Gewicht, behindert er in keiner Weise die Bewegungen seiner Träger. Daneben gab es auch Schuppenpanzer, mit Eisen-, Bronze- oder Hornplättchen besetzte Leder- oder Leinenhemden. Ein offener Helm aus Leder oder Eisen schützte den Kopf. Als bewegliche Wehr wurde ein oft mit Metallbuckel und Beschlägen versehener runder Holzschild mitgeführt. Diese seit der Karolingerzeit fast normierte Ausstattung konnte durch weitere Rüstungsteile wie Panzerhauben, Arm- und Beinpanzer, gelegentlich auch schon durch über der Brünne getragene Rumpfpanzer aus Leder und/oder Eisen (Thorax, Klibanion) ergänzt werden, ohne daß dabei das Aussehen der hoch- bzw. spätmittelalterlichen Rüstungen erreicht wurde.

Panzer und Helme dieser Zeit sind extrem selten erhalten. Ausgrabungen bringen, falls überhaupt, meist nur bescheidene Einzelreste zu Tage. Als bedeutend ist daher der Fund eines Ringpanzers (Kat.Nr. IV.51) und eines Helmes mit runder Kalotte aus einem Grab in Gjermundbu (Norwegen) anzusehen. Mit dem (Kegel-)Helm und Panzerhemd des hl. Wenzel aus dem Domschatz zu Prag liegen mit hoher Wahrscheinlichkeit zwei weitere Originale aus der Zeit vor. Der Panzer wurde über der täglichen Kleidung aus Hemd, Hose, Wams, Gürtel und Schuhen getragen. Wie Gräber des 10. Jahrhunderts aus den Randgebieten im Osten des Frankenreichs zeigen, führten Krieger neben dem alltäglichen Messer gelegentlich auch eine Tasche oder Beutel am Leibriemen mit, die allerlei nützliches persönliches Zubehör enthalten konnte (Feuerstahl, Feuerstein, Zunder, Klappmesser, Schleifstein und Ahlen bzw. Nadeln; vgl. Kat.Nr. IV.52). Der Schwertgurt konnte mit Gürtelschnalle und Riemenzunge aus Metall versehen sein. Zwischen Kleidung und Rüstung wurde oft ein gepolstertes Gewand aus Leder oder gestepptem Leinen angelegt, später „Gambeson" genannt. Dieses Rüststück trug zum bequemeren Sitz des Panzers bei und schonte die Unterkleidung vor Verschmutzung durch Eisenabrieb, Rost und Fett. Gleichzeitig diente es bei Treffern als Polsterung und sekundäre Schutzschicht.

Die Angriffswaffen der Reiter beschränkten sich meist auf eine Stoßlanze und ein langes, zweischneidiges Hiebschwert für den Nahkampf. Wurfspieße, Äxte, Keulen, Messer, aber auch Pfeil und Bogen wurden als Zusatzwaffen mitgeführt, doch galten sie später nicht mehr als „ritterliche" Waffen.

In der Literatur werden die gepanzerten fränkischen Reiter oft als „schwere Kavallerie" bezeichnet. Diese Bezeichnung ist für das 10. Jahrhundert irreführend, waren doch die Reiter nur leicht gepanzert und ihre Pferde meist ungeschützt. Die drei wichtigsten Schutzwaffen, Panzer, Helm und Schild wogen zusammen nur zwischen 12 bis 20 kg, wobei auf den Panzer, je nach Ausführung, etwa 7–12 kg, auf den Helm 1 bis 2,5 kg und den Schild etwa 3,5–5,5 kg entfielen. Es war den Kämpfern offensichtlich wichtig, durch die Rüstung nicht behindert zu werden. Die Panzerhemden bildeten einen guten Kompromiß zwischen Schutz und Beweglichkeit. Durch die leichte Rüstung hatte sich auch die später angewandte Angriffsweise, das Anrennen des Gegners mit eingelegter Lanze, noch nicht durchgesetzt. Die Panzerreiter waren als Elite des fränkischen Heeres ausgesuchte, trainierte Berufssoldaten. Sie beherrschten gleichermaßen den Kampf zu Fuß und zu Pferde und wußten wohl auch mit dem Bogen umzugehen. Ihre Waffen waren universell für Angriff und Verteidigung ausgelegt. Das vergleichsweise geringe Gewicht der Ausrüstung sicherte eine hohe Mobilität zu Pferde und erlaubte es, auch in schwierigem Gelände oder abgesessen zu kämpfen.

Entscheidend für den Einsatz als Reiter waren aber die vorhandene Pferde. Es kann nicht daran gezweifelt werden, daß den Franken ausdauernde und kräftige Pferde zur Verfügung standen, die mit den aufgebürdeten Lasten fertig wurden und ausreichend schnell waren. Geeignete Pferde wurden schon in der Zeit Karls des Großen in Gestüten gezüchtet. Es gibt daher keinen Grund anzunehmen, daß die fränkischen Reiter des 10. Jahrhunderts im Kampf langsamer oder unbeweglicher waren, als etwa ihre ungarischen Gegenspieler. Die panzer-

IV. 48

bedingte Gewichtsdifferenz scheint zu gering, um wirklich von Ausschlag gewesen zu sein. Das wiederholt gezeichnete Bild der Unterlegenheit der fränkischen Reiter gegenüber den Ungarn ist kaum zutreffend. Gelegentliche Niederlagen fränkischer Heere gegen die unkonventionell agierenden, den Kampf mit Pfeil und Bogen bevorzugenden Ungarn sind eher auf mangelnde taktische Einstellung als auf eine Unterlegenheit von Pferden und Waffen zurückzuführen.

Leyser, Battle. – Gamber, Normannenreiter. – Last, Bewaffnung. – Verbruggen, Warefare. – Leyser, Germany. – Wolfram, Mitteleuropa. – Coupland, Carolingian arms. – Junkelmann, Reiter Roms, Tl. 2. – Junkelmann, Reiter Roms, Tl. 3. – Hyland, Horses. – Steuer, Kriegsführung.

E.S.

IV. 48
Schwert

Zweite Hälfte 9. Jahrhundert/10. Jahrhundert
Einzelfund aus dem Schaarsee bei Scharstorf, Gem. Schellhorn, Kr. Plön
Eisen/Stahl. – Kräftige Korrosion der erhaltenen Teile.
L. 90,3 cm, Blattbreite noch max. 5,1 cm, Parierstangenlänge 11,2 cm.
Schleswig, Stiftung Schleswig-Holsteinische Landesmuseen, Archäologisches Landesmuseum Inv.Nr. KS 23626

Das Schwert besteht aus drei metallenen Konstruktionsteilen, nämlich Klinge, Parierstange und Knauf. Die winkligen Schultern des Klingenblattes sind in die Parierstange eingelassen. Da die Breite der Aussparung über die heute vorliegende Blattbreite hinausgeht, ist eine ursprüngliche von etwa 5,5 cm und damit von der Abbildung abweichende Proportionen anzunehmen. Zum Ort (Schwertspitze) hin verjüngt sich das Blatt. Auf seiner Mittellinie verläuft beidseitig eine flache, etwa 2,2 cm breite Kehle, darin ein je zweibahniger, furnierter Torsionsdamast (Winkeldamast). Die Klingenangel zeigt deutliche Spuren einer Hammerfinne und ist über dem Knauf vernietet. Mit einer Länge von mehr als 10 cm repräsentiert die Parierstange einen Entwicklungsstand, der auf einen verbesserten Schutz der Schwerthand ausgerichtet ist. Eine ursprüngliche, aus organischen Materialien bestehende Hilze, das eigentliche Griffstück, fehlt heute. Mit der Parierstangenlänge korrespondiert der einteilige, schlichte Knauf von halbkreisförmigem Profil.

Derartige Knauftypen setzen sich im Verlauf des 9. Jahrhunderts durch und lösen schließlich die in karolingischer Tradition stehenden zweiteiligen Konstruktionen mit z.T. aufwendigen Dekorationen ab (Kat.Nr. II.33). Auch die vorgefundene Schmiedetechnik des Blattes orientiert sich nicht an karolingisch-fränkischen Vorbildern. Die Ausstattung mit furnierten Bahnen von Torsionsdamast verliert dort während des 8. Jahrhunderts zunehmend an Bedeutung, während sie nördlich des Karolingerreichs an Beliebtheit gewinnt und sogar auf weitere Waffengruppen ausgedehnt wird. Der Befund spricht für eine Entstehung des Schwertes nördlich der fränkisch geprägten Territorien.

Mit der Waffe liegt ein weit verbreiteter, klassischer Schwerttyp der Wikingerzeit vor, welcher vor allem von skandinavischen und baltischen Fundplätzen bekannt ist.

Seitz, Blankwaffen, Bd. 1, S. 108, Abb. 65 c. – Müller-Wille, Ulfberht-Schwert. – Geibig, Schwert, Nr. 323, Kombinationstyp 12, Variante I. – Ausst.kat. Hildesheim 1993, Bd. 2, Nr. VI-9 (Ingo Gabriel). – Westphal, Waffen.

H.W.

IV. 49
Flügellanzenspitze

Zweite Hälfte 9./Anfang 10. Jahrhundert
Einzelfund (aus dem Rhein?)
Eisen/Stahl. – Korrosion mit Narbenbildung, jedoch weitgehend erhaltene und heute sichtbare metallische Substanz.
L. 54,7 cm, Blattbreite max. 4,4 cm, Flügelweite 9,2 cm, Gew. 700 g.
Düsseldorf, Stadtmuseum, Inv.Nr. ZV 2582

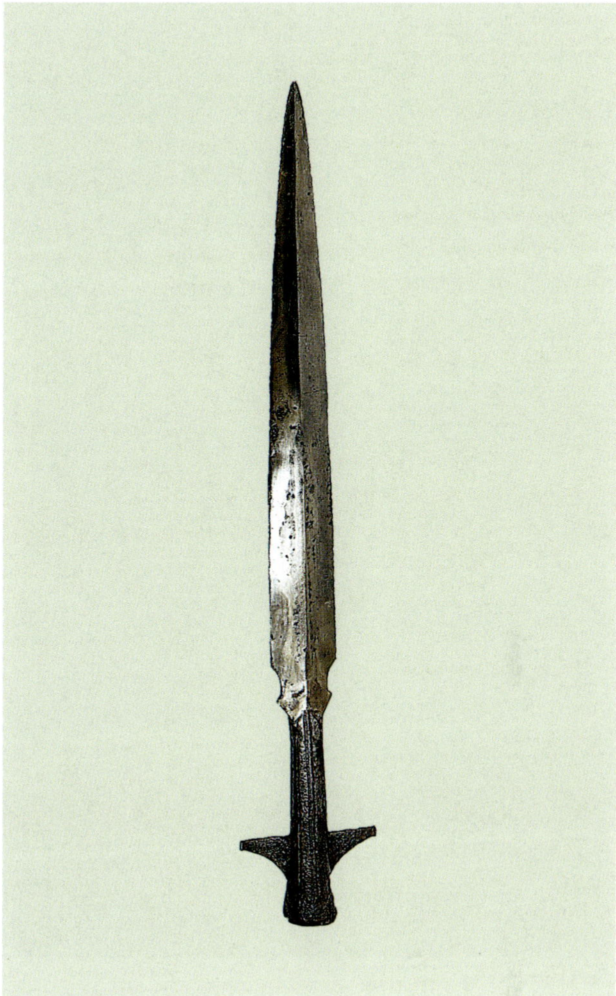

IV. 49

Das 415 mm lange Blatt zeigt seine größte Breite im Bereich der scharf gegliederten Klingenschultern. Seine Schneiden verlaufen zunächst kaum merklich, erst im unteren Klingendrittel stärker verjüngt aufeinander zu. Ein Mittelgrat betont den rhombischen Blattquerschnitt. Im Schulterbereich beginnen beidseitig je drei Bahnen furnierten Torsionsdamasts, welche auf der halben Blattlänge zu einer Spitze zusammenlaufen. Aufwendige, kräftig geschnittene Riefendekorationen zieren die 132 mm lange Tülle; auch die Flügel tragen Riefen.

Um die Wende zum 8. Jahrhundert tritt in Kriegerbestattungen des Merowingerreichs ein Lanzentyp auf, der sich von seinen Vorgängern durch zwei an seiner Tülle angeschweißte Knebel („Flügel") unterscheidet. Ihre Spannweite reicht erheblich über die max. Breite des Blattes hinaus und verhindert so das tiefere Eindringen in einen getroffenen Körper. Mit ihrer wachsenden Beliebtheit und weiten Verbreitung während der Karolingerzeit erfährt die Flügellanze neben Veränderungen der Gestalt und Dekoration eine schmiedetechnische Ausstattung, welche sie gleichrangig neben das zweischneidige Schwert stellt.

Morphologische wie schmiedetechnische Befunde des vorliegenden Einzelfundes erlauben eine Zuweisung zu einer der jüngeren Entwicklungsstufen der Flügellanzen (Typ IV). Sie ist gekennzeichnet durch das lange, schlanke Blatt mit scharf gegliederter Schulterpartie, die Riefendekoration der Tülle wie der Flügel und den aufwendigen Torsionsdamast. Diese Merkmalkombination ist von archäologisch datierten Exemplaren der späten

IV. 50

Merowingerzeit sowie der gesamten Karolingerzeit nicht bekannt. Auch in Kriegerbestattungen des Kontinents aus der ersten Hälfte des 9. Jahrhunderts treten derartige Klingen nicht auf.

Es hat den Anschein, als entwickelte sich die Flügellanze von einer ursprünglich für den Kampf bestimmten Lanze zunehmend zu einer Repräsentations- bzw. Zeremonialwaffe. Dafür sprechen sowohl der Aufwand ihrer schmiedetechnische Ausstattung mit mehrbahnigem, furniertem Torsionsdamast, welcher für die mechanischen Eigenschaften keinerlei Rolle spielt, als auch zunehmend reichere Dekorationen. Eine entscheidende Rolle spielt jedoch die wachsende Länge des Blattes. Sie führt nämlich zu einem Gewicht, das 1 kg weit übersteigt und die Waffe schwer handhabbar macht.

Mittelalterliche Darstellungen zeigen Flügellanzen in repräsentativer Funktion, etwa in den Händen von Thronwachen, die die Lanze anstelle zweischneidiger Schwerter tragen (vgl. Beitrag Mayr-Harting, Abb. 9). In einem solchen Zusammenhang kann man sich auch das Düsseldorfer Exemplar vorstellen.

Ypey, Flügellanzen. – Sachse, Stahl, S. 25–27. – Westphal, Waffen, Tabelle 3.4. c.

H.W.

IV. 50
Helm von Chamoson

10.–12. Jahrhundert
Chamoson, Kt. Unterwallis, Schweiz
Eisen, Messing. – H. 17,5 cm, L. 20 cm, B. 18 cm, Gew. ca. 1,5 kg.
Zürich, Schweizerisches Landesmuseum, Inv.Nr. 17483.

Der als zufälliger Einzelfund zutage getretene rundglockige Helm von Chamoson besteht aus einer, aus einem Stück getriebenen Kalotte aus Eisen. Diese ist mit einem am unteren Rand angenieteten Stirnreif und drei schmalen, kreuzförmig angeordneten Helmspangen aus Buntmetall (Messing?) versehen. Der breite Stirnreif trägt zwei parallele Reihen umlaufender, zapfenförmiger Niete und ist mit einem eingepunzten Rankendekor verziert, wobei die obere Nietreihe den Stirnreif mit der Kalotte fixiert, die untere dient lediglich dekorativen Zwecken. Am unteren Rand des Stirnreifs befindet sich eine umlaufende Reihe kleiner Rundlöcher zur Befestigung des Helmfutters. Die Kalotte ist mit einer von vorn nach hinten durchgeführten und zwei seitlich aufgenieteten bandförmigen Helmspangen verziert, die alle gleich dem Stirnreif dekoriert sind.

Der Helm wurde nach seiner Auffindung 1928 zunächst als „sarazenisch" eingestuft und dem 10. Jahrhundert zugeordnet. Der Fund eines sehr ähnlichen Helmes aus der Burgstelle von Niederrealta, Kanton Graubünden, im Jahre 1961 erlaubt jetzt eine Datierung dieser ursprünglich wohl in Norditalien beheimateten Helmform in das 12. und 13. Jahrhundert. Hierzu ist aber festzuhalten, daß über zeitgenössische europäische Darstellungen und den Helm von Gjermundbu rundglockige Helmformen auch für das 10. Jahrhundert nachgewiesen werden können.

Gessler, Helm. – Schneider, Helm.

E.S.

IV. 51
Ringpanzerfragment

10. Jahrhundert
Gjermundbu, Ringerike, Buskerud, Norwegen: Grab I
Eisen. – Ringe von ca. 0,8 cm Außen- u. ca. 0,5 cm Innendm.
Oslo, Universitets kulturhistoriske Museer, Oldsaksamlingen
Inv.Nr. C. 27317

Das in einem Hügel eingebrachte Brandgrab I von Gjermundbu zeichnet sich durch die seltene Beigabe von Helm und Ringpanzerhemd aus. Der rundglockige Helm ist mehrteilig aufgebaut und mit Brillennasal versehen. Helm und Panzerhemd sind nur fragmentarisch erhalten.

IV. 51 (Detail)

Das vorliegende Ringpanzerfragment aus dem Grab I des wikingerzeitlichen Hügelgrabes besteht aus abwechselnden Reihen ganzer (geschlossener) und an den Enden vernieteter Ringe von ca. 0,8 cm Außen- und ca. 0,5 cm Innendurchmesser (Abb. Detail). Es handelt sich um ein vergleichsweise dichtes und schweres Geflecht. Die vernieteten Ringe sind aus Runddraht gefertigt, die geschlossenen Ringe bestehen aus vierkantigem, im Querschnitt annähernd quadratischem Draht (Mitteilung von Dr. Heid Resi, Oslo). Geschlossene, ganze Ringe wurden meist durch Verschweißung der Enden erzeugt, gelegentlich gibt es aber auch Hinweise auf ausgestanzte Blechringe.

Ringpanzer, die aus einem Geflecht von geschlossenen und genieteten Ringen zusammengesetzt sind, treten in europäischen Fundverbänden spätestens seit der frühen römischen Kaiserzeit auf. Sie wurden hier in dieser Form regelhaft bis in das 15. Jahrhundert erzeugt, danach wurden sie durch

IV. 51

IV. 52

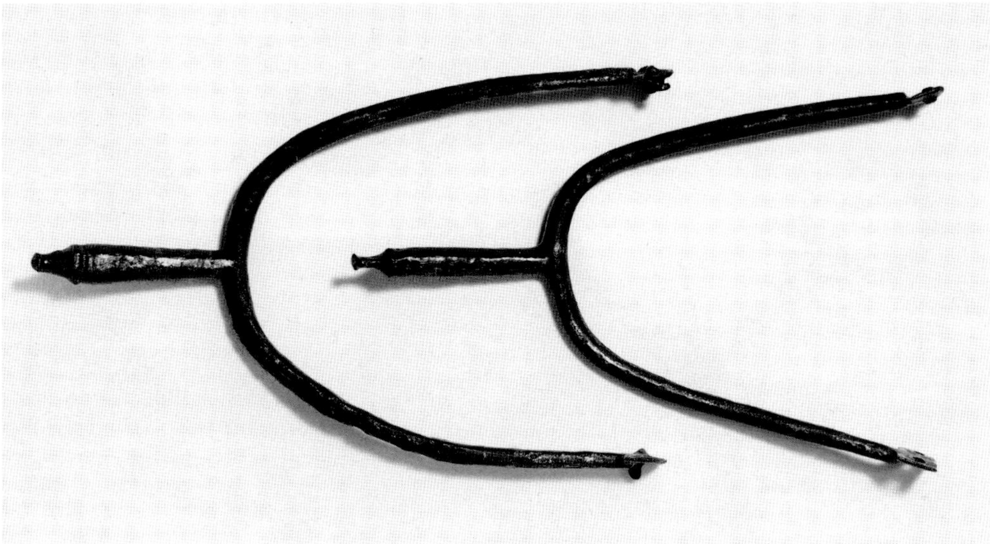

IV. 53

ausschließlich genietete Ringpanzer abgelöst. Im Orient ist die ältere Fertigungstechnik mit geschweißten Ringen bis in das 18. Jahrhundert belegt. Es kann nicht mit Sicherheit gesagt werden, ob es sich beim Fund von Gjermundbu um ein fränkisches oder ein aus dem Orient importiertes Exemplar handelt.

Grieg, Gjermundbu-funnet. – Tweedle, Anglian Helmet. – Vike, Brynjevev-metallografisk.

E.S.

IV. 52
Grabbeigaben eines ostfränkischen Kriegers

Erste Hälfte 10. Jahrhundert
Holzwiese auf dem Schanzberg, KG Thunau, MG Gars am Kamp, Niederösterreich: Grab 130
a) Messer: Eisen. – L. 22,2 cm, B. 1,8 cm.
b) Gürtelschnalle: Eisen. – L. 4,7 cm, B. 3 cm.
c) Riemenendbeschlag: Silber. – L. 3,6 cm, B. 3,5 cm, H. 1,3 cm, Gew. 44 g.
d) Klappmesser (Rekonstruktion unter Einbeziehung der erh. Originalteile): Eisen. – L. 9,8 cm, B. 2,4 cm.
e) Feuerschläger: Eisen. – L. 6,4 cm, H. 3,2 cm.
f) Schleifstein: Grauer Schiefer. – L. 10,5 cm, B. 1,2 cm.
Wien, Institut für Ur- und Frühgeschichte der Universität, Inv.Nr. 36030 – 36035

Das vorliegende Inventar zeigt Gürtelzubehör und Inhalt einer Tasche mit den persönlichen Gebrauchsgegenständen eines ostfränkischen Kriegers des 10. Jahrhunderts. Im Grab war auch ein Schwert vom Typus Y nach J. Petersen beigelegt. Folgende Gegenstände haben sich erhalten:

Trapezförmige Gürtelschnalle (b) mit eingezogenen Seiten und mit Resten eines beweglichen Beschlägs aus dünnem Blech. Massiver Riemenbeschlag aus Silber (c), bestehend aus einer gegossenen Hülse, die riemenseitig in zwei ausgezogenen, profilierten Knöpfen (stilisierten Tierköpfen) endet und von einer aus drei Teilen zusammengesetzten Hülsenkappe abgeschlossen wird. Geringe Lederreste des Gürtels. Langschmaler Schleifstein (f) mit Resten einer Bohrung 0,5 Zentimeter unterhalb des gebrochenen Endes, sowie Messer (a), Klappmesser (d) und Feuerschläger (e)

Unveröffentlicht.

E.S.

IV. 53
Zwei Sporen

10. Jahrhundert/erste Hälfte 11. Jahrhundert
Bad Urach, „Runder Berg“
a) Eisen, geschmiedet. – Oberflächlich korrodiert, Schenkel leicht verbogen, ein Niet fehlt.
L. 15,6 cm, B. 9,5 cm; Stachel: L. 4,9 cm.
b) Eisen, geschmiedet. – Leicht korrodiert, ein Niet fehlt.
L. 13,0 cm, B. 10,2 cm; Stachel: L. 4,2 cm.
Stuttgart, Württembergisches Landesmuseum

IV. 54

Der Sporn (a) entspricht weitgehend dem zweiten Sporn vom „Runden Berg" (b). Der Bügel ist U-förmig und leicht asymmetrisch. Er besitzt einen rundlichen, auf der Innenseite abgeflachten Querschnitt. Das Unterteil des Stimulus hat einen runden Querschnitt. Zur Spitze hin verdickt es sich geringfügig. Auf einem kegelstumpfförmigen Zwischenstück sitzt eine kleine Kugel. Die Stachelbasis wird durch zwei kräftige Rippen abgeschlossen, die auch die einzigen Verzierungen des Stückes darstellen. An den Enden sitzen kleine querrechteckige Nietplatten mit je zwei Nieten. Genau wie bei den beiden anderen Sporen mit langem Stachel in der Ausstellung (Kat.Nr. V.23) ist auch der hier besprochene aus einem Stück geschmiedet.

Der unverzierte Sporn (b) besteht aus einem gerade gestreckten, U-förmigen Bügel und einem dazu 20° schräg gestellten Stachel. Der Stachel hat einen rautenförmigen Querschnitt, wie er typischerweise bei vielen Sporen mit langem Stachel auftritt. Er ist weniger kräftig als bei dem Exemplar (a). An den Bügelenden sitzen kleine, querrechteckige Platten mit je zwei Nieten mit flachkugligem Kopf, die Gegenbeschlagplatten fehlen heute. Die kleine Nietplatte mit nur noch zwei Nieten stellt den Endpunkt einer Reduktion der Nietplatten dar, da noch in der Karolingerzeit bis zu zwölf Nieten vorhanden sein konnten. Typologisch ältere Stücke, die bereits einen langen Stachel besitzen, können noch diese großen Nietplatten haben. Die beiden Exemplare der hier vertretende Form gehören zu den häufigen in der Ottonenzeit. Parallelen zu den Stücken finden sich sowohl in Mitteleuropa als auch in Westskandinavien, vereinzelt auch in West-, Ost- und Südeuropa. Sowohl die Form der Nietplatten als auch die Stellung des Stachels spricht für eine späte Datierung unserer Stücke in das fortgeschrittene 10. bzw. das frühe 11. Jahrhundert (Kind).

Die beiden hier behandelten Sporen vom „Runden Berg" gehören sicherlich zu der Ausrüstung der schweren ottonischen Reiterei, die auch durch weitere Sporen, zahlreiche Hufeisen und Beschläge vom Zaumzeug in der Ausstellung vertreten ist (Kat.Nr. V.54–56, V.23). Andere Funde von diesem Platz, die auf luxuriösen Lebensstil und Verwaltungstätigkeit hinweisen, widersprechen jedoch wie bei ähnlichen Anlagen der Interpretation als reine Fluchtburg zur Zeit der Ungarneinfälle.

Koch, Metallfunde, S. 88f., 98 u. 206, Taf. 11.1–2, Karte 15. – Koch, Perioden, S. 116, Abb. 55.9–10. – Kind, Reitausrüstung.

Th.K.

IV. 54
Trense

9.–12. Jahrhundert
Mittenwalde, Kr. Teltow, „Pennigsberg"
Eisen, geschmiedet. – Oberfläche korrodiert.
L. 22,2 cm, Dm. der Ringe 4,6 und 4,8 cm.
Berlin, Staatliche Museen zu Berlin, Museum für Vor- und Frühgeschichte, Inv.Nr. MM II 27135

Auf dem „Pennigsberg" bei Mittenwalde ist bei mehreren Untersuchungen im Laufe der letzten 100 Jahre ein Siedlungsplatz ergraben worden, der bereits im 8./9. Jahrhundert bewohnt war und im 10. Jahrhundert durch einen Burgwall befestigt wurde. Zu welcher Bauphase die Trense aus den Altgrabungen der 1920er und 1930er Jahre stammt, ist nicht mehr sicher zu ermitteln. Die Datierung des Siedlungsplatzes beruht auf einer Riemenzunge und zwei Reitersporen des späten 8. und frühen 9. Jahrhunderts sowie der Keramik. Andere Siedlungsfunde sind chronologisch ebenso unempfindlich wie die Trense auch. Unter den Funden ist ein weiteres Trensenfragment belegt.

Die Trense besteht aus einer zweiteiligen, „gebrochenen" Gebißstange und zwei Ringen. Beide Teile der Gebißstange haben einen abgerundet quadratischen Querschnitt, der nach außen an Stärke deutlich zunimmt. Beide Außenenden der Stangen sind flachgehämmert; alle Enden sind zu einer Öse umgebogen. Charakteristischerweise liegen die Ösen der einen Stange in einer Ebene, während sie bei der zweiten rechtwinklig zueinander stehen. Die nahezu gleichgroßen Ringe sind einfach und glatt, ihr Querschnitt ist rund.

Diese einfache Gebrauchsform wird heute als „Wassertrense" bezeichnet. In der Ottonenzeit stellte sie die am weitesten verbreitete Trensengattung dar, die im nordwestslawischen Siedlungsraum deutlich dominierte. Das entspricht den Relationen im wikingerzeitlichen Material Norwegens und Schwedens, aber auch in den zeitgleichen landnahmezeitlichen Gräbern der Ungarn im Karpatenbecken. In den Reitergräbern Altdänemarks des 10. Jahrhunderts finden sich dagegen fast ausschließlich Trensen mit geraden Seitenstangen bzw. abgeflachten Backenplatten. Zu dieser Gruppe gehören auch alle drei Trensen aus Thumby-Bienebek. Sehr ähnliche und zeitgleiche Stücke wie in Mittenwalde liegen z. B. vom Burgwall Burg im Spreewald und vom Burgwall Teterow in Mecklenburg vor. Bei der hier beschriebenen Trense handelt es sich wahrscheinlich um ein örtliches Erzeugnis.

Krüger, Pennigsberg, S. 52. – Corpus archäologischer Quellen, 3. Lfg., Nr. 87/8, Taf. 87/8, 3. – Frey, Pennigsberg, Abb. 46.

Th.K.

IV. 55
Steigbügelpaar

Mitte 10. Jahrhundert
Thumby-Bienebek, Kr. Rendsburg-Eckernförde: Kammergrab 73 a
Eisen, geschmiedet; plattiert mit Silber und Kupfer sowie Leder. – Oberflächlich korrodiert, Verzierung stellenweise beschädigt.
Exemplar (a) unter der Öse gebrochen;
Exemplar (b) Riemenöse beschädigt.
a) H. 29,5 cm, B. 11,0 cm, B. der Lederreste 7,2 cm (heute noch 5 cm); b) H. noch 28,2 cm, B. 11,0 cm.
Schleswig, Stiftung Schleswig-Holsteinische Landesmuseen

Das Steigbügelpaar fand sich zusammen mit anderem Reitzubehör, nämlich den Resten eines Sattels, zweier Trensen mit geraden Seitenstangen, einem Sporenpaar mit langem, abgeknicktem Stachel und zahlreichem Riemenzubehör, und der Bewaffnung des Toten im nördlichen Bereich der Grabkammer 73 a. Zu den Beigaben zählten daneben eine Lanzenspitze (Typ I nach Jan Petersen), eine Axt (Typ K nach Jan Petersen), ein Holzeimer, die Beschläge eines Spielbrettes, eine bronzene Ringnadel, ein Messer, ein eiserner Stift sowie ein Keramikgefäß.

IV. 55

Die Steigbügel mit ihrer dreieckigen bzw. spitzbogenartigen Grundform lassen sich dem Typ Stengade aus der Ladby-Gruppe zuordnen. Sie wurden aus einem Stab mit D-förmigem Querschnitt geschmiedet. Die eigentliche Trittplatte ist gerade und von rechteckiger Form, durch Umbiegung ist sie leicht erhöht. Die Öse ist flach, breit und querrechteckig. Die Außenseiten des Bügels, die stollenartigen Verdickungen, die Verdickung unter der Öse sowie die Vorderseiten von Schmal- und Unterseite der Öse sind mit einer bichromen Silber-Kupfer-Plattierung verziert, wobei auf dem Bügel ein Flechtband-Knotenringmotiv vorherrscht. Das viersträhnige Flechtband bildet dabei je acht Ovale. Auf den Bügelstollen sitzen schraffierte Flächen und Rauten, auf den Außenseiten der Trittflächenansätze je ein niedriges Dreieck in derselben Technik. Der verdickte Halsbereich zwischen Öse und Bügelcorpus trägt acht in derselben Technik ausgeführte waagerechte Linien, die durch eine darüber gelegte silberne Zickzacklinie gestört werden. Auf den Trittflächenansätzen und auf der Vorderseite der Öse sitzt ein Kettendekor auf schraffiertem Hintergrund. Die Steigbügel hingen durch eine dreigliedrige Kette und einen breiten ledernen Riemen verbunden am Sattel. Unter dem Kettenansatz saß ein trapezförmiger Beschlag, darunter auf dem Riemen zehn Zierknöpfe in Dreiecksanordnung. Die Längeneinstellung des Riemens erfolgte mit Hilfe je einer eisernen Schnalle. Der Riementeil, der durch die Öse geführt wurde, war mit einem T-förmigen Beschlag befestigt und verstärkt. Das Konstruktionsprinzip entspricht dem des Beschlags am jüngeren Pritzerber Steigbügel (Kat.Nr. II.41). Die Vorderteile der Beschläge sind mit silbernen Preßblechauflagen, die einen quergerippten Rand und tannenzweigartig profilierte Zöpfe bilden, verziert.

Die gerade Trittform des Steigbügelpaares unterscheidet sich deutlich von den gewölbten Tritten der meisten osteuropäisch-asiatischen Formen und der karolingerzeitlichen Typen in West- und Mitteleuropa. Möglicherweise wird hierin der Wechsel von Schuhen mit biegsamer Sohle zu solchen mit härteren, dickeren Sohlen reflektiert. Ein Zusammenhang mit der Entwicklung der schweren, mit der Lanze kämpfenden Reiterei ist anzunehmen. Dieser Steigbügeltyp ist besonders aus den südskandinavischen Kammergräbern gut bekannt. Die engsten Parallelen zum vorliegenden Steigbügelpaar stammen naheliegenderweise aus dem altdänischen Gebiet, zu dem auch Thumby-Bienebek selbst gehört. Die Steigbügel der sog. Ladby-Gruppe sind oft reich verziert. Die Wirkung beruht stets auf der Kombination silberner Plattierung und mehrfarbiger Tauschierung (Drahteinlagen) in den davon ausgesparten Bereichen. Geometrische Motive in rhythmischer Wiederholung dominieren. Das Steigbügelpaar von Thumby-Bienebek gehört somit zu einer vor allem in Südskandinavien belegten Materialgruppe des 10. Jahrhunderts. Eine engere Datierung des Grabes ist durch die Verzierung des Zaumzeuges möglich, die eine Mischung der Komponenten von Jelling- und von Mammenstil darstellt, und daher in die Mitte des 10. Jahrhunderts zu setzen ist.

Der Fund von Waffen und Reitausrüstung ist in den Kammergräbern des altdänischen Bereichs häufig. Die Ursache für die im Grabbau und seiner Ausstattung deutlich werdende Demonstration von Reichtum und Macht wird in dem sozialen Druck zwischen erstarkendem dänischen Königtum und zunehmendem Einfluß aus dem ottonischen Reich vermutet. Das Christentum spielte dabei wohl nur eine untergeordnete Rolle, ein Teil der in den reichen Kammergräbern Bestatteten waren vermutlich bereits Christen. Sicherlich nicht zufällig spielen im Ausstattungsmuster dieser Gräber die Insignien des Reiterkriegers eine nicht unwesentliche Rolle. Hierin kann eine Reflektion auf die Ausstattung des Adels im ottonischen Reich vermutet werden. Die überaus prächtige Verzierung spiegelt jedoch wenigstens z.T. das Repräsentationsbedürfnis der genannten sozialen Schicht in Dänemark wieder.

Müller-Wille, Gräberfeld, Tl. 2, S. 43f. u. 98–100, Abb. 4, Taf. 36, 72, 73 u. 98–100. – Eisenschmidt, Kammergräber, S. 51f. u. 105 Nr. 39. – Pedersen, Viking-age burials. – Kind, Reitausrüstung.

Th.K.

IV. 56
Hufeisen

10./erste Hälfte 11. Jahrhundert
Bad Urach, „Runder Berg"
Eisen, geschmiedet. – L. 10,6 cm, B. 11,0 cm.
Stuttgart, Württembergisches Landesmuseum

Vom „Runden Berg" stammt eine auffallend große Anzahl von Hufeisen, die fast alle zu einer leichten

Form mit glattem Rand gehören. Die Ruten sind gleichbleibend breit. Zu dieser Gruppe gehört auch das ausgestellte Stück, das aber im Vergleich zu jüngeren Hufeisen sehr klein ist. Regelhaft besitzen sie sechs Nagellöcher. Stollen oder Griffe sind nicht vorhanden. Deren Fehlen und das geringe Gewicht der Eisen sind die wichtigsten Datierungskriterien des ausgestellten Stücks, das grob dem 10.–13. Jahrhundert zugeordnet werden kann. Eine genauere zeitliche Einordnung kann aufgrund der geringen Zahl eng zu datierender Parallelen nur anhand des Fundkontextes vorgenommen werden (Kat.Nr. IV.53). Da sich auf dem „Runden Berg" keine Hinweise auf eine Besiedlung in der zweiten Hälfte des 11. Jahrhunderts oder während des 12. Jahrhunderts finden lassen, dürfte das vorgestellte Stück in die spätkarolingische oder ottonische Zeit gehören. Es ist daher zu den ältesten Nachweisen für genagelte Hufbeschläge überhaupt zu zählen. Die zahlreichen angeblich römischen Nachweise haben der Überprüfung nicht standgehalten. Die Römer kannten nur Hipposandalen, die überwiegend therapeutischen Zwecken dienten. Genagelte Hufeisen verhindern starken Abrieb bei anhaltend schlechtem rauhem Boden, besonders bei weiten Strecken und schweren Lasten. Nasse Böden weichen das Horn der Hufe zusätzlich auf, daher ist die Entwicklung des Hufbeschlags im nordalpinen Bereich wahrscheinlicher. Sie bewirkt sowohl eine stärkere Zugfähigkeit von Wagenpferden als auch bessere Sprung- und Wendefähigkeit von Reitpferden. Zeitlich ist das Aufkommen der Hufeisen mit der Entwicklung der schweren Reiterei verbunden, so daß hier ein Zusammenhang vermutet werden kann. Wahrscheinlich spielt hier vor allem die Standfähigkeit im Moment des Stoßes mit der schweren Lanze eine Rolle. Die bemerkenswerte Zahl der Hufeisen auf dem „Runden Berg" deutet darauf hin, daß zumindest an diesen besonderen Fundplätzen in Höhenlage viele Pferde beschlagen wurden. Ab dem 12. Jahrhundert erscheinen Hufeisen dann noch häufiger und auch in Osteuropa. Bei den Reiternomaden der Steppenzone waren sie nicht üblich. Zeitgleich zu den ältesten Funden, zu denen auch das gezeigte Stück zählt, erscheinen die ältesten literarischen Nennungen. Die älteste Erwähnung stammt aus dem Walthari-Lied (Vers 1203), dessen Datierung innerhalb des frühen 9. bis zur Mitte 10. Jahrhundert kontrovers diskutiert wird. Aus derselben Zeit stammt die erste Nennung für den byzantinischen Bereich in den 'Tactica' Kaiser Leos VI. (886–911). Zum Jahr 973 wird der Hufbeschlag als Reisevorbereitung in den 'Miracula s. Udalrici' erwähnt. Im späten 11. Jahrhundert waren Hufeisen offensichtlich weit verbreitet, da Eduard der Bekenner († 1066) allein aus Hereford von sechs Schmieden unter anderem je 120 Hufeisen pro Jahr erhob.

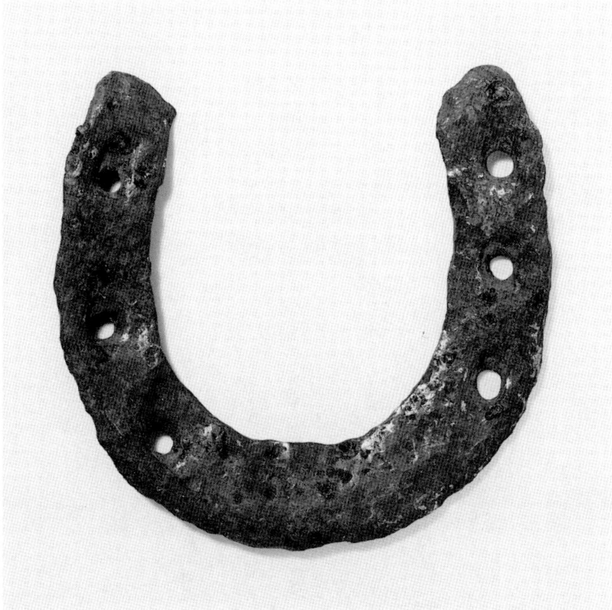

IV. 56

Koch, Metallfunde, S. 96f., Taf. 14.1, Karte 16. – Koch, Perioden, S. 117, Abb. 55.12. – von Müller, Reitausrüstung, S. 34 u. 40, Abb. 9.3.

Th.K.

EINSIEDELN

IV. 57
Gregor der Große, Kommentar zum Buch Ezechiel

Einsiedeln, 970–980
Pergament, 446 gezählte, insgesamt 450 Seiten.
Deckfarben bei den Bildern, rote Federzeichnung bei den Initialen. – Mittelalterlicher Einband mit Holzdeckeln, mit Wildleder überzogen; Buchblock oben beschnitten.
H. 32,1 cm, B. 24 cm.
Einsiedeln, Stiftsbibliothek, Cod. 156 (239)

IV. 57, fol. 1v

Die Handschrift enthält die 22 Homilien, also Predigten, über das Buch Ezechiel, die Papst Gregor der Große (590–604) im Jahre 593 in der Lateranbasilika gehalten, dem Diakon Petrus diktiert und 601 veröffentlicht hat. Neben den 'Moralia in Job' (vgl. Kat.Nr. IV.73) stellen sie sein umfangreichstes, im Mittelalter viel beachtetes Hauptwerk moralisch-theologischer und allegorischer Schriftexegese dar. Die Handschrift, als Homiliarium bezeichnet, beginnt mit einem Inhaltsverzeichnis und einer Vorrede Papst Gregors (pag. 1–6). Auf pag. 6–446 folgen das erste und zweite Buch der Homilien. Der schwere Band ist von ungewöhnlich vielen Schreiberhänden in auffallend unterschiedlicher Schrift erstellt worden. Der Buchschmuck besteht aus zwei Bildern auf dem ersten, der Handschrift vorgehefteten Blatt und vier kleinen Zierbuchstaben, davon zwei in roter Federzeichnung und zwei in gelber Farbe mit einigen angefügten purpurfarbenen Zeilen. Auf dem zweiten Bild und bei den Farbzeilen sind einzelne Worte in Gold und Silber geschrieben; sonst ist in der Handschrift kein Metall verwandt.

Die erste, leider stark beschädigte und verschmutzte Seite (Abb.) zeigt unter einer Arkade den thronenden Christus und vor ihm, auf dem Boden liegend, den Propheten Ezechiel, der, geblendet vom Glanz der Vision Gottes, auf sein Angesicht gefallen ist und sich die Hände vor das Gesicht schlägt (Ez 1, 28). Im Purpurfeld wird er namentlich bezeichnet: EZECHIEL P(ro)P(het)A. Vor dunklem Purpurgrund thront der Herr auf einem mit roten Edelsteinen geschmückten und mit einem roten Kissen belegten Thron, die rechte Hand im Segensgestus vor der Brust erhoben, mit der Linken stützt er ein offenes Buch auf sein Knie. Er trägt einen purpurfarbenen Mantel, der in kurvigen Bewegungen quer über Leib und Knie geführt wird. Weiße und graue, zum Teil gezähnte Linien beleben die Kämme der Faltenrücken. Im grünen Untergewand werden die Faltentäler mit Purpur modelliert, das unterhalb des Mantels fast schwarz wirkt. In dem großen gelben Nimbus ist ein rotbraunes Kreuz mit weißen Kreisen eingeschrieben; ein grüner Rand umgibt ihn. Zwei Sterne erscheinen unter dem abgekürzten Namen IHC XPC („Jesus Christus") im Purpurgrund. Reich ist die Farbigkeit im Gesicht. Über Gelb liegen rote Flecken. Der Nasenrücken ist auf Christi linker Seite rot, auf der rechten, wohl als abgewandt zu denkenden, dunkel. Rote Kreise umgeben die Augenhöhlen unter den schwarzen Augenbögen. Die Augen sind mandelförmig, die Oberlider auffallend geschwungen, der „Kirschmund" ganz klein zusammengezogen. Braunes Haar fällt lang auf die Schultern herab, unterhalb des Kinns sind einzelne grau-braune Bartzotteln angedeutet.

Die kleine Figur des Ezechiel ist im grünen und purpurfarbenen Stoff ihres Gewandes ganz zusammengekauert und kaum zu erkennen; nur die nackten Füße ragen aus dem zackenförmigen Saum seines grünen, menniggefütterten Untergewandes heraus. Zwei schwere graugrüne Säulen tragen mit wucherndem, grünem, mit viel Weiß gehöhtem Blattwerk belegte Kapitelle; purpurfarben mit weiß sind auch die Akanthusblätter, die auf dunklem Purpurgrund zwischen roten Randstreifen den Bogenlauf füllen.

Auf der Rückseite befindet sich das Autorenbild mit der Darstellung des thronenden Papstes Gregor, der sein Werk dem Diakon Peter diktiert (Abb.). Vor unterschiedlich dunklem Purpurgrund sitzen die beiden, durch runden und eckigen gelben Nimbus in ihrem Rang unterschieden, auf

IV. 57, fol. 1r

kissenbelegten Thronen unter Arkaden, aus deren Zwickeln große Blätter herauswachsen. Die Säulen sind schmutzig grau-schwarz, werden aber durch recht unregelmäßig aufgespritzte, kleine, gelbe und rote Flecken als marmoriert gekennzeichnet. Papst Gregor trägt eine kräftig grüne Kasel über gelber Dalmatik, deren Binnenzeichnung durch hellgrüne kurvige Linien mit der charakteristischen weißen Zähnung angedeutet wird. Über seinen Füßen wird eine hellviolette Tunika sichtbar. Er hat beide Arme ausgebreitet; die Linke, zu Petrus gewandt, verdeutlicht das Diktat. Die Rechte greift nach dem Tintenhörnchen, das an der äußeren Säule befestigt ist, als wolle er selbst schreiben. In denselben Zusammenhang weist auch das in seinem Rücken stehende, aufgeschlagene große Buch.

Auf seiner Schulter hat sich der Heilige Geist in Gestalt einer Taube niedergelassen und flüstert ihm, ihn so inspirierend, die wahre Lehre ins Ohr. Die mittelalterliche Buchmalerei hat die Inspiration des hl. Gregor durch die Taube des Heiligen Geistes oft dargestellt, meist jedoch in der legendenhaften Überlieferung, daß der vom Heiligen durch einen Vorhang getrennte Schreiber, wegen des Verstummens des Papstes neugierig geworden, mit seiner Feder oder seinem Stilus ein Loch in den

Stoff bohrt und so den Heiligen Geist belauscht, der sich auf der Schulter oder dem Kopf des Heiligen niedergelassen hatte. Hier sitzt Petrus in der Gewandung eines Diakons ebenfalls auf einem Thron, wenn auch auffallend schräge und verquält; er stützt seinen Arm auf das Buch, in dem er schreiben sollte, und scheint auf den Fortgang des Diktates zu warten. In der rechten Hand hält er eine Feder, mit der linken ein Messer, mit dem er die Seiten des Pergamentes niederhält. Sein Pult hat eine Stütze in Gestalt eines aufrechtstehenden Fisches, wie es, auf der Form antiker Möbel basierend, in Evangelistenbildern des frühen Mittelalters gelegentlich dargestellt wird. Mit Recht hat man darauf hingewiesen, daß dem Maler die übliche Tradition des Gregorbildes wohl nicht bekannt war und er seine Darstellung nach dem Vorbild zweier Evangelistenbilder – eines frontal Thronenden und eines über sein Buch gebeugt Arbeitenden – zusammengefügt hat. Das könnte auch den unmotivierten Griff Gregors nach der Tinte, das Buch in seinem Rücken und die dem Thema wenig entsprechende gleichrangige Anordnung beider Figuren auf Thronen erklären.

Wie unbekümmert um alle Gesetze von Harmonie der Maler Gegenstände und Personen zueinanderordnet, zeigen die perspektivische Wiedergabe von Thron und Buch des Diakons innerhalb der Arkade ebenso wie die unglückliche Figur des Ezechiel im Christusbild, für den er im Gegensatz zur Darstellung des thronenden Herrn anscheinend keine geeignete Vorlage finden konnte. Offenkundig war er bemüht, seine Figuren und Formen groß und mächtig erscheinen zu lassen, was ihm bei der Gestalt des thronenden Christus und dem Blattwerk der Kapitelle vorzüglich gelingt. Er liebt starke, überwiegend dunkle Farben, in die er in deutlich abweichenden Tönen die Binnenzeichnung einträgt: Weiß im Purpurmantel und Purpurfarben im grünen Untergewand Christi, Hellgrün im schmutzigen Gelb der Dalmatik. Das Kinn ist mit dunkler Farbe umgeben, der kleine rote Mund ist in ähnlicher Weise wie bei Christus geformt. Die rot- und grüngefärbten Nasen, die riesigen grünen oder auch roten Schatten um die Augen, die grünen Ränder der Wangen haben sich längst von aller illusionistischen Zweckbestimmung, belichtete und verschattete Partien im Gesicht zu unterscheiden, gelöst und werden nur noch zur Steigerung von Bedeutung und Ausdruck der Gesichter eingesetzt. Doch ist solcher Farbwechsel nicht willkürlich, sondern Traditionen verhaftet, die lediglich durch lange Entwicklung und gewandelte künstlerische Präferenzen einer späteren Zeit ihre ursprüngliche Bedeutung verloren hatten.

Es ist offenbar, daß unser Maler im Einflußbereich der Reichenauer Ruodprecht-Gruppe arbeitet. So wie die goldenen Binnenlinien im Purpurgewand des Egbert-Psalters in Cividale, auf der Reichenau um 980 entstanden, sich in blasenförmigen Kurven über Knie und Unterschenkel des thronenden Erzbischofs legen und die gezähnten Striche das über die Faltenhöhen gleitende Licht zu einem verhärteten Ornament umdeuten, so ordnet der Einsiedler Maler die Gewandung seiner sitzenden Figuren, wenn er auch von der Kultiviertheit und Formdisziplin Ruodprechts bzw. des Malers des Egbert-Psalters weit entfernt ist. Es scheint nicht so, daß er die ungefähr gleichzeitig auf der Reichenau entstandenen Werke der Ruodprecht-Gruppe selbst als Vorbild nutzen konnte; dafür ist der Abstand der malerischen Kultur zu groß. Er dürfte aber demselben oberitalienischen Kunstkreis verpflichtet gewesen sein, der in den Jahren um 970/80 auch hinter der künstlerischen Entwicklung der Reichenau gestanden haben muß. Zu Recht hat Anton von Euw auf Werke wie die Fresken in S. Nazaro e Celso in Verona aus dem 10. Jahrhundert und die oberitalienische Tradition der karolingischen Malerei hingewiesen, wo die verhärtete und ornamentalisierte Lichtmalerei auf den Gewändern, die charakteristische Zweifarbigkeit der Nasen und die übergroßen farbigen Ränder um die Augen in derselben abstrahierten und allen Illusionismus überwindenden Buntheit begegnen.

Die Entstehung der Handschrift muß im Zusammenhang mit Bestrebungen des noch relativ jungen Klosters Einsiedeln gesehen werden, im letzten Viertel des 10. Jahrhunderts eine Serie großer Kirchenväter-Codices zu schaffen und mit Autorenbildern zu versehen (vgl. auch Kat.Nr. IV.58). Eine Reihe solcher Handschriften hat sich in der Stiftsbibliothek selbst erhalten, einige sind nach St. Gallen gelangt. Für die gewaltige, damit verbundene Schreibleistung hat man offenbar alle verfügbaren Kräfte, darunter auch auswärtige Schüler, herangezogen, wofür der Gregor-Codex mit seinem abrupten Wechsel der Schriften ein eindrucksvolles Zeugnis ablegen kann. Dieses für das Kloster wichtige bildungspolitische Unternehmen wird mit dem Wirken des aus England stammenden Abtes Gregor (964–996) in Verbindung gebracht. Doch gab es in

Einsiedeln bereits um die Mitte des 10. Jahrhunderts einen bedeutenden Schulbetrieb; die älteren illuminierten Handschriften wie der Heto-Adelheid-Codex (Stiftsbibliothek, Cod. 176; vgl. Beitrag Keller, Abb. 9) unterscheiden sich freilich von den jetzt geschaffenen deutlich.

Meier, Catalogus, Nr. 156. – DeWald, Einsiedeln, S. 84f., Abb. 29, 31 u. 40. – Bruckner, Scriptoria, Bd. 5, S. 19, 63, 88 u. 176, Taf. 4 u. 5. – Geelhaar, Einsiedler Handschriften, pass. mit Abb. 1 u. 2. – Fillitz, Buchmalerei in Einsiedeln, pass. mit Abb. 1 u. 2. – von Euw, Liber viventium, S. 190–192 u. 202f. (Lit.), Abb. 138. – Ausst.kat. Köln 1991, Nr. 29 (Anton von Euw, Lit.) mit Farbabb. 90. – Tischler, Einsiedeln, S. 172–174. – von Euw, Einsiedler Buchmalerei, S. 196–199, Abb. 18 u. 19, Farbtaf. 20 u. 21.

R.K.

IV. 58, fol 1r

IV. 58
Isidor von Sevilla, Etymologiae

Einsiedeln, 970–980
Pergament, 390 Seiten.
Mittelalterlicher Holzleder-Einband, mit Wildleder überzogen.
H. 33,8 cm, B. 29 cm.
Einsiedeln, Stiftsbibliothek, Cod. 167 (140)

Die Handschrift enthält eines der Hauptwerke Isidors, der von 599/600–636 Bischof von Sevilla war. Isidor ist eine der zentralen Gestalten für die Vermittlung antiken Kulturguts an das Mittelalter. In den 20 Büchern seiner Etymologien, auch 'Liber originum' genannt, versucht er mit Hilfe der vier grammatischen Begriffe der Etymologie, der Analogie, der Glosse und der Differenz, die einer semantischen Analyse der Begriffe dienen sollen, einen Überblick über das gesamte Wissen für alle Bereiche der geistigen und materiellen Kultur zu geben. Sein Werk hatte im Mittelalter außerordentlichen Erfolg und wurde viel gelesen. Der Codex enthält außer den Etymologien nach dem dritten Buch noch ein Excerptum aus Isidors inhaltlich verwandtem Werk 'De rerum natura', das wegen seiner runden Schemata auch 'Liber rotarum' genannt wird. Sechs solcher Diagramme, im späteren Teil der Handschrift noch fünf weitere und zwei Verwandtschaftstafeln dienen dazu, die inhaltlich schwierigen, in der Gelehrsamkeit des Mittelalters geschätzten Begriffsanalysen und -auffächerungen verständlicher zu machen.

Der Codex beginnt mit einem Widmungsbrief *ut valeas* Isidors an Bischof Braulio von Zaragoza (631 bis um 651), auf dessen Anregung Isidor sein Werk verfaßt hatte. Der Buchschmuck besteht aus dem Autorenbild (pag. 1), einem purpurfarbenen gemusterten Zierfeld und Zierbuchstaben zu Beginn des Widmungsbriefes (pag. 2) sowie 30 Zierbuchstaben, meist gelben, mit einfachen Ranken versehenen Gebilden, die grün oder seltener auch gelb gefüllt und von einem kleinen Purpurfeld umgeben sind. Sie wechseln mit einfachen roten, ohne jede Verzierung im Wechsel von gelb und grün gefüllten Anfangsbuchstaben. Trotz mehrerer Schreiber ist der Initialschmuck in der ganzen Handschrift vollkommen einheitlich und wird nur auf den letzten Seiten, wie oft in mittelalterlichen Handschriften, ärmer.

Das Widmungsbild (Abb.) zeigt links Braulio in grüner Kasel und Pallium unter einer Arkade thronend, die linke Hand wie diktierend zu Isidor ausgestreckt, der unter dem rechten Bogen, ebenso auf einem Thron sitzend, mit der Niederschrift seines Buches beschäftigt ist. Beide sind durch große gelbe Nimben ausgezeichnet, ihre Namen sind in weißer Schrift auf dem mit Kreuzen und Sternenmuster ornamentierten Purpurgrund eingetragen. Das Bild setzt die Darstellung im Gregor-Codex (Kat.Nr. IV.57) voraus: Das Bildschema ist das des diktierenden Bischofs mit Schreiber, obwohl Isidor als Bischof von Sevilla und als der im Mittelalter hochangesehene Gelehrte und Autor in keinerlei Abhängigkeitsverhältnis zu Braulio steht. Daß Isidors Werk der Anregung Braulios seine Existenz verdankt und Braulio so fast als Urheber erscheint, folgt einem literarischen Topos, wie er in spätantiken Buchprologen ausgesponnen wird. Der Maler hat sich bemüht, die Komposition und die Gesten der dargestellten Personen zu verdeutlichen. Die Figuren sind größer, füllen die Arkade besser aus; die Thronarchitektur ist bis zum unteren Bildrand herabgeführt; nur Isidors Füße schweben etwas unvermittelt in der Luft. Ein Rest der perspektivischen Seitenansicht seines Thrones ist noch zu erkennen. Die in der älteren Darstellung deutliche Nachwirkung des Schreiberbildes als Vorbild für die Darstellung Papst Gregors des Großen – seine nach rechts zu dem dort angebrachten Tintenhörnchen ausgestreckte Hand – ist jetzt als unpassend getilgt; die Veränderung des Bildschemas läßt sich jedoch an der ungewöhnlich steif hinter dem Kaselrand hervorkommenden rechten Hand Braulios noch ablesen.

Farbigkeit und Art malerischer Gestaltung sind dem älteren Bild ähnlich. Der Maler gibt die Figuren groß und schwer. Er zeigt dieselbe Vorliebe für Purpurfarbe, Grün und schmutziges, mit Hellgrün modelliertes Gelb. Gewandkurven legen sich in denselben blasenförmigen Formen über Knie und Unterkörper seiner sitzenden Figuren. Diese Linien sind mit kleinen weißen Vertikalstrichen wie mit Zähnen garniert. Die schweren Köpfe werden mit viel Rot, Grün und Grauschwarz im Gesicht modelliert, wobei die Farben möglichst unverbunden nebeneinander stehenbleiben. Auch jetzt ist die eine Nasenseite rot, die andere dunkel. Mit Rot und Schwarz werden die Augen umrandet.

Der Maler dürfte derselbe wie der des Gregor-Codex sein, sein Malstil ist unverändert. In die Komposition sind jedoch gewisse Erfahrungen der Arbeit an den älteren Bildern eingegangen, so daß diese zeitlich der Isidorhandschrift vorausgegangen sein müssen.

Meier, Catalogus, Nr. 167. – DeWald, Einsiedeln, S. 84–86, Abb. 33, 39 u. 41–42. – Bruckner, Scriptoria, Bd. 5, S. 177 f. u. öfter mit Abb. 14. – Geelhaar, Einsiedler Handschriften, pass. mit Abb. 3 u. 8–9. – Fillitz, Buchmalerei in Einsiedeln, pass. mit Abb. 3 u. 4. – von Euw, Liber viventium, S. 190–192 u. 203 f. (Lit.). – Tischler, Einsiedeln, S. 172–174. – von Euw, Einsiedler Buchmalerei, S. 199–201, Abb. 24–27 mit Farbtaf. 22.

R.K.

FREISING

IV. 59
Hieronymus, Kommentar zu Paulusbriefen

Metz (und Freising), 957–993/94
Pergament, 98 Blätter, zweispaltig.
H. 28,5 cm, B. 22,5 cm.
München, Bayerische Staatsbibliothek, Clm 6285

Über die Entstehung der Handschrift informiert eine in Capitalis rustica geschriebene, gleichzeitige Notiz in fehlerhaftem Latein, die auf fol. 2ra zwischen die Vorrede des Hieronymus und den eigentlichen Beginn seines Kommentars zum Galaterbrief eingeschaltet ist (Abb.): *Abrahamo ep(iscop)o venerabili imperitante, archicapellano ipsius Goteschalcho inserviente, Willihalmo scribente, obsequio s(an)c(t)ę Marię s(an)c(t)ique Corbiniani perseverandum insignis liber iste Mettis adeptus est* („Auf Befehl des verehrungswürdigen Bischofs Abraham, unter Mithilfe seines Erzkapellans Goteschalch und dank der Schreibtätigkeit des Willihalm ist dieses bedeutende Buch in Metz erworben worden im dauernden Gehorsam [oder: zum dauernden Dienst] gegenüber der hl. Maria und dem hl. Corbinian"). Um seine Dombibliothek zu bereichern, hatte Bischof Abraham von Freising (957–993/94) den Schreiber Willihalm (und vielleicht andere Freisinger Schreiber) nach Metz geschickt, damit er dort Bücher kopierte, die man in dem bayerischen Bistum noch nicht besaß. Die Notiz zeigt uns auf ungewöhnlich klare Weise, wie in der ottonischen Zeit Texte verbreitet wurden. Willihalm hat den Clm 6285 fast ganz allein geschrieben; nur auf wenigen Seiten tauchen vier andere Hände auf, von denen mindestens zwei lothringisch sind (fol. 21r, 27v, 67r, 74v, 77v). Willihalm dürfte auch, vielleicht nachdem er nach Freising zurückgekehrt war, ein Stück aus dem kirchenrechtlichen Handbuch 'De synodalibus causis' des Regino von Prüm (einen Canon einer angeblichen Synode von Rouen) und das Capitulare des Hausmeiers Karlmann (Concilium Germanicum) von 742/43 auf den letzten freien Seiten 97v und 98r nachgetragen haben; seine Schrift fällt hier etwas nachlässiger aus als in

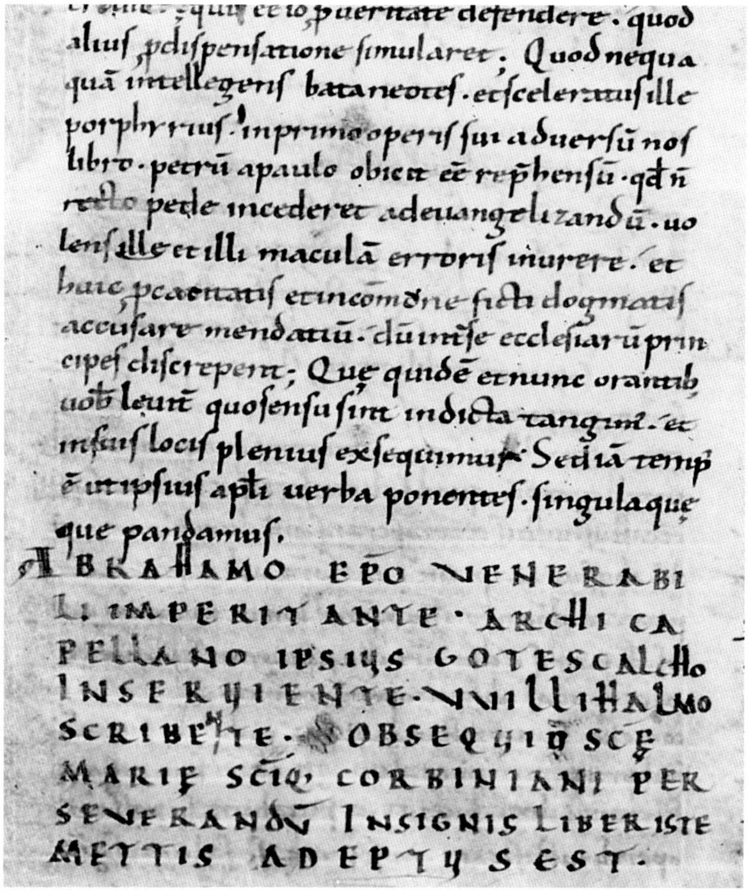

IV. 59, fol. 2r (Ausschnitt)

den vorangehenden Partien des Hieronymuskommentars. Zwei Zierinitialen auf fol. 1v und 39v, die an bodenseeische Muster erinnern, scheinen ebenfalls von ihm zu stammen. Beim Einbinden im späten Mittelalter klebte man in die Buchdeckel Streifen eines Freisinger Evangeliars des 9. Jahrhunderts, und für den hinteren Spiegel benutzte man ein heute weitgehend vom Deckel gelöstes Doppelblatt aus einem Freisinger Pontifikale oder Sakramentar, das ins mittlere Drittel des 11. Jahrhunderts zu datieren ist. Zusammen mit dem Großteil der übrigen Handschriften der Freisinger Dombibliothek kam der Codex im Gefolge der Säkularisation zu Beginn des 19. Jahrhunderts in die Münchner Bibliothek.

Daniel, Freisinger Dombibliothek, S. 141–143 Nr. 34. – Bischoff, Schreibschulen, Tl. 1, S. 124. – Vezin, Manuscrits, S. 311–313. – Mordek, Bibliotheca, S. 328f. – Glauche, Handschriften Freising, S. 144–146.

H.H.

IV. 60
Sakramentar des Abraham von Freising

Freising, viertes Viertel 10. Jahrhundert (983–994)
Pergament, 283 Blätter. – Deckfarben, Gold und Silber.
Moderner Wildledereinband über Holz. – Starke Schäden durch Feuchtigkeit, Oxydation des Silbers, blaue Farbflächen farblich verändert und häufig abgeplatzt.
H. 33,3 cm, B. 26 cm.
München, Bayerische Staatsbibliothek, Clm 6421

Die Handschrift enthält einen Kalender mit kurzen Exzerpten aus dem von Beda Venerabilis verfaßten Martyrologium, eine Litanei und – von anderer Hand geschrieben – das gregorianische Sakramentar mit Meßtexten (fol. 32r–283v); weitere Texte zur Sakramentenspendung und Benediktionen gibt es nicht. Zwischen Litanei und Sakramentar ist eine Reihe Nachträge eingefügt, zum Teil erst im 11. Jahrhundert.

Für Datierung und Lokalisierung ist entscheidend, daß im Kalender die Einsetzung Bischof

Abrahams von Freising (957–994) am 21. August 957 und der Tod Kaiser Ottos II. am 8. Dezember 983 von der ersten Hand eingetragen sind. Der Todestag Abrahams ist später nachgetragen worden, woraus sich eine Entstehung der Handschrift in den Jahren zwischen 983 und 994 ergibt. Auf Freising weisen auch die Hervorhebung des hl. Korbinian, des Patrons des Doms und des Bistums, in Kalender wie Litanei und die Auszeichnung seines Festes durch eine aufwendige Zierseite.

Der Buchschmuck besteht aus zwei Bildern zum Meßkanon und zu Ostern, acht großen Zierseiten, von denen einige die ganze Seite, mehrere nur Teile der Seite einnehmen, und zwar zum Concede quaesumus, zum Beginn des Sakramentars als Incipittitel, zur Vigil und zum Fest der Epiphanie, zu Ostern, zu Mariä Himmelfahrt, Mariä Geburt und zum Fest des hl. Korbinian (fol. 24v, 32r, 41v, 42v, 112r, 157r, 166r, 167v). Hinzu kommt eine Fülle kleinerer Initialen aus Gold und Silber, die regelmäßig auch mit farbigem Grund gefüllt sind. Vier Zierbuchstaben zeigen in unterschiedlicher Form Figuren, meist als bloße einfache Federzeichnungen; bei einigen sind die Nimben und Säume bereits in Gold ausgeführt, woraus man schließen kann, daß die Figuren auch farbig gemalt werden sollten: ein Täufling im Taufbecken mit dem Heiligen Geist zum Donnerstag nach Ostern (fol. 116r), die einen Kranz und einen Blumenstrauß haltende hl. Sabina zu ihrem Fest (fol. 162v), die stehende, sich mit ausgestreckten Armen nach vorn beugende Gottesmutter zu Mariä Geburt (fol. 163v) und – jetzt in Gold und Silber ausgeführt – ein aufrechtstehender Stier zum Fest des hl. Lukas (fol. 178r).

Die Bildseite zum Meßkanon (fol. 33v) verbindet mit der Te-igitur-Initiale aus Gold und Silber auf teils blauem, teils grünem Grund die Darstellung der Kreuzigung Christi, wie das in etwas anderer Form in der frühmittelalterlichen Kunst häufig geschehen ist. Christus hängt an einem großen grünen Astkreuz in langem weißen Gewand mit einem zusätzlichen goldgesäumten Obergewand, sein Haupt ist zwischen die Schultern herabgesunken, die Augen sind geschlossen, er ist tot. Lange braune Haare fließen über die Schultern herab. Ein goldener Kelch steht unter seinen Füßen, um sein Blut aufzufangen. Die Gewänder von Maria und Johannes sind wechselnd in kräftigem Blau, Grün und Weiß gegeben. Der Grund des Bildfeldes ist helles Purpur. Alle Figuren haben silberne Nimben, Christus mit einem einbeschriebenem goldenen Kreuz. Die dunkle Farbigkeit mit auffallend starken Kontrasten wird noch dadurch gesteigert, daß das breite Astkreuz Christi und die beiden stehenden Figuren mit dicken, goldenen Konturlinien umzogen sind, was sonst in der ottonischen Kunst unbekannt ist. Die Darstellung Christi im langen Gewand, meist in purpurfarbenem Kolobium mit Goldeinsätzen, ist im 10. Jahrhundert nicht ungewöhnlich und lange Zeit, z. B. in der Reichenauer Buchmalerei, noch üblich gewesen. Weißes Untergewand und Pallium begegnen sonst freilich nicht. Das Kreuz ist gelegentlich durch Astansätze als wachsendes und lebensspendendes Holz in heilsgeschichtlichem Sinne wiedergegeben (vgl. Kat.Nr. IV.15), jedoch niemals mit so großen, ausgesägten breiten Zacken, wie hier in die ornamentale Struktur des Bildes miteinbezogen worden.

Das Osterbild (fol. 111v, Abb.) ist ebenso wie auch einige Zierseiten der Handschrift ungerahmt und steht auf hellem Purpurgrund. Seine Mitte wird ganz von dem riesigen turmartigen Grabbau eingenommen, der heute fast weiß erscheint, da die blaue Farbe weitgehend verloren ist. Ein goldenes, von goldenen Ranken begleitetes Kreuz erhebt sich auf der Spitze seines Daches. Die schlafenden Wächter und die beiden ängstlich zurückschreckenden Frauen vorn links sind ganz an den Rand der Komposition gedrängt. Nur der Engel sitzt mit einem langen Stab und mit einem übergroßen Finger redend auf einem rechteckigen Stein, den man als die ausgehobene Tür des Grabbaus anzusehen hat. Innen werden das Leichentuch und das nach Io 20,7 gesondert liegende Schweißtuch sichtbar. Das Grab Christi war schon in der Spätantike in Gestalt eines Mausoleums dargestellt worden, die ottonische Kunst hat solche Architekturen vielfach variiert. Ein mehrstöckiges turmartiges Bauwerk begegnet etwa im Gero-Codex (Kat.Nr. IV.32) und in der Regensburger Buchmalerei, vor allem im Sakramentar Heinrichs II. Ein konkret vergleichbares Osterbild gibt es jedoch in der zeitgenössischen oder der vorausgehenden karolingischen Kunst nicht.

Die Zierseiten stehen zum Teil auf Purpurgrund, einige sind gerahmt, andere ohne Rahmen geblieben. Zweimal wird der mit Ranken gefüllte Zierbuchstabe von einer Arkade auf niedrigen Säulen überwölbt, die ebenso wie der Bogenlauf mit Ornamenten besetzt ist. Oberhalb des Bogens wird durch Purpur die Komposition zu einem Rechteck erwei-

IV. 60, fol. 111v

tert (fol. 42v, 112r). Besonderes Interesse verdienen die drei letzten Zierseiten. Zu Mariä Himmelfahrt ist das Anfangswort *Veneranda* zu einer großen, aufwendig gerahmten Vierpaßkomposition aus von goldenen und silbernen Ranken umspielten Buchstaben ausgebildet, die ihrerseits von einer Arkade umgeben ist. Im mittleren Kreis erscheint auf strahlend blauem Grund der Buchstabe R (fol. 157r). Zu Mariä Geburt gibt es eine ähnliche Dreipaßkomposition (fol. 162r) und zum Fest des hl. Korbinian (fol. 167v) einen Vierpaß unter reicher Verwendung von Gold, Silber und Farbe. Im mittleren Kreis erscheint das d (für *deus*), in den umgebenden Kreisen stehen in Goldschrift auf Purpurgrund die Worte QVI BEATI CORBINIANI. Solche Drei- und Vierpässe mit schwerem Rahmen sind in der ottonischen Kunst des 10. Jahrhunderts ohne Parallele. Erst die Regensburger Buchmalerei des frühen 11. Jahrhunderts wird ihre Bilder mit Schriftleisten und einem die Fläche gliedernden und zerteilenden schweren Rahmensystem als weitgehend geometrische Strukturen organisieren.

Für die Motive der Initialen hat man wie für die Schrift des Sakramentars auf Parallelen oder gar Vorbilder des Reichenauer Skriptoriums hingewiesen; Hartmut Hoffmann hat zwei der wichtigsten

Schreiber als Reichenauer bezeichnet. Zwar bestehen die Zierbuchstaben aus goldenen und silbernen Ranken und sind meist blau und grün gefüllt, doch bleiben diese Ranken auffallend lose geführt und offen; jedenfalls fehlt die mit Energie aufgeladene heftige Bewegung der Initialen der Ruodprecht-Gruppe. Gelegentlich kommen Verknotungen der Zierbuchstaben mit den Rahmenleisten vor, doch bleibt das zaghaft und ist kaum mit Reichenauer Lösungen zu vergleichen. Solche wie zufällig aufgenommenen Motive oder Gestaltungsformen dürften kaum auf einem direkten Kontakt zum Reichenauer Skriptorium beruhen, sondern sich aus einem allgemeinen im 10. Jahrhundert verbreitenden Reservoire von Motiven herleiten lassen. Das künstlerische Erscheinungsbild wird durch solche Anleihen jedenfalls kaum bestimmt. Das Freisinger Sakramentar erscheint künstlerisch weitgehend isoliert. Die auffallende Starkfarbigkeit und die recht groben Formen zeigen trotz allen Aufwands einen gewissen provinziellen Charakter. Aus der Freisinger Schreibschule des 10. Jahrhunderts ist sonst keine anspruchsvoll illuminierte Handschrift mit Bildern, Zierseiten und der Verwendung von Gold und Silber erhalten.

Das Sakramentar gelangte 1803 bei der Säkularisation des Hochstiftes Freising in die Hof- und Centralbibliothek nach München.

Daniel, Freisinger Dombibliothek, S. 93–98, Abb. 5. – Ausst.kat München 1981, Nr. 20 mit Abb. – Ausst.kat. München 1983, Nr. 16 (Hermann Hauke) mit Abb. – Hoffmann, Buchkunst, S. 334. – Ausst.kat. Freising 1989, Nr. II, 13 (Marianne Reuter) mit Farbtaf. S. 245. – Ausst.kat. Köln 1991, Nr. 15 (Anton von Euw) mit Farbabb. 52. – Kuder, Freisinger Buchmalerei, pass. mit Abb. 1, 3 u. 5–9.

R.K.

REGENSBURG

IV. 61
Graduale und Prosar

Regensburg, drittes Viertel 10. Jahrhundert (vor 962)
Pergament, 98 Blätter. – Farbe, Gold und Silber.
Weißer Schweinsledereinband von 1611 mit Wappen; Buchblock beschnitten. Starke Gebrauchsspuren, Pergamentverluste an den Seitenrändern und -ecken. – H. 29,2 cm, B. 24,4 cm.
Bamberg, Staatsbibliothek, Msc. Lit. 6 (olim Ed. III 7)

Die Handschrift enthält im Hauptteil, dem Graduale (fol. 1–72), Meßgesänge in der Ordnung des Kirchenjahres, beginnend mit dem ersten Adventssonntag, vor allem Sequenzen, die überwiegend von Notker Balbulus (um 840–912), dem großen St. Galler Dichter, stammen, aber auch eine Sequenz zum Fest des hl. Emmeram *Gaudens ecclesia*, die in Regensburg entstanden sein muß. Auf fol. 73–89 folgt ein Prosar, darauf ab fol. 89v eine Litanei, Laudes zur Ehre eines Königs und einer Königin und weitere Antiphonen, Tropen sowie mehrere Nachträge des 11. bis 12. Jahrhunderts. Auch in der Litanei wird der hl. Emmeram genannt. Im Graduale stehen über den in karolingischer Minuskel geschriebenen Texten Neumenzeichen, im Prosarteil am äußeren Rand. Die Handschrift ist ein frühes Beispiel für das sog. St. Galler Notationssystem, das wohl mit dem Großteil der Sequenzen unmittelbar aus einer St. Galler Vorlage übernommen ist.

Der Buchschmuck besteht aus einer Zierseite, die ursprünglich als Titelblatt diente (heute fol. 8v). Auf purpurfarbenem Grund steht in großen Kapitalbuchstaben: DOMENICA QUARTA ANTE NATALE D(omi)NI („Vierter Sonntag vor Geburt des Herrn"; Abb.). Der Rahmen ist mit farbigem Blattwerk gefüllt, wie er vor allem aus Handschriften der Hofschule Karls des Kahlen bekannt ist, deren bedeutendstes Werk, der Codex aureus, damals in St. Emmeram lag (München, Clm 14000). Der Beginn der Sequenz *Ad te levavi* (fol. 1r) ist durch eine fast ganzseitige Zierkomposition ausgezeichnet (Abb.). Einer Doppelarkade ist der Buchstabe A eingebunden, alles ist von Rankenwerk durchdrungen, einzelne Stellen sind blau und rot koloriert. Ein Pfau setzt rechts auf dem äußeren Arkadenbogen; die linke Ecke der Seite ist nicht erhalten; ein zweiter ist dort zu vermuten. Zwei kleine, kurz gewandete Figuren klettern oben im Rankenwerk; im Zwickel zwischen dem Arkadenbogen steht eine dritte, nur teilweise erhaltene Figur mit einem Buch in der Hand. Der schlechte Erhaltungszustand der Handschrift läßt eine eindeutige Deutung nicht zu.

Kleinere Initialen aus goldenen und silbernen Ranken zeichnen die Anfänge der einzelnen Sequenzen und sonstigen Anfänge aus: zu Weihnachten, Palmsonntag, Ostern, Himmelfahrt (vgl. Beitrag McKitterick, Abb. 11), Pfingsten und zum Beginn des Prosarteils. Im V(*iri gallilaei*) zu Christi Himmelfahrt sind in Federzeichnungen die kleinen Gestalten von vier zum Himmel aufblickenden, ste-

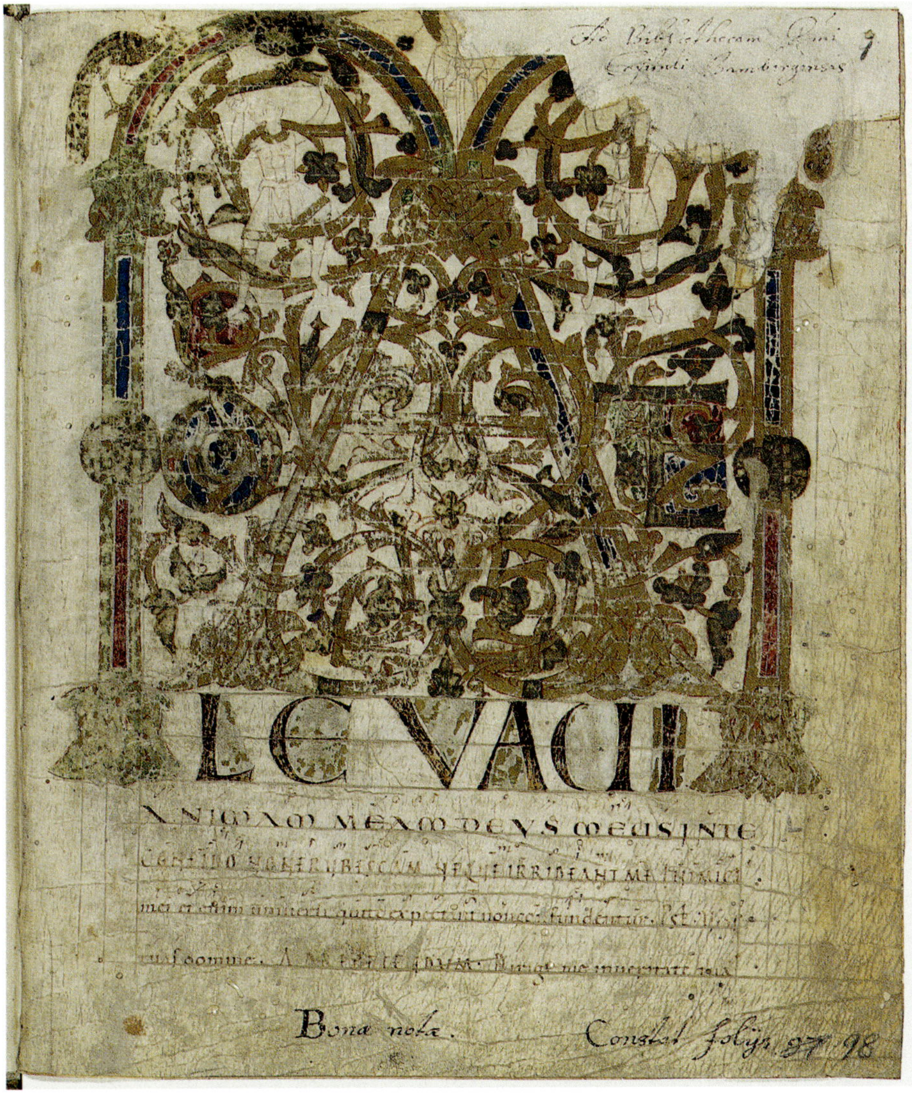

IV. 61, fol. 1r

henden Jüngern und des Engels hinzugefügt, der ihnen das Ereignis der Himmelfahrt erklärt. Es handelt sich um dieselbe Art farbloser Umrißzeichnungen wie bei den Figuren auf fol. 1v.

Die Handschrift ist das früheste Zeugnis Regensburger Buchmalerei in ottonischer Zeit aus der Mitte oder dem dritten Viertel des 10. Jahrhunderts. Will man die Anrufung in den Laudes *Serenissimo regi nostro* wörtlich nehmen, müßte sie noch vor der Kaiserkrönung Ottos des Großen 962 entstanden sein.

Der Codex stammt aus der Bamberger Dombibliothek, der Einband von 1611 zeigt die Wappen des Domkapitels, des damaligen Dompropstes Johann Christoph Neustetter (1570–1638) und des Domdechanten Hector von Kotzau (1578–1619).

Bischoff, St. Emmeram, S. 79. – Hoffmann, Buchkunst, S. 280f. (Lit.). – Joppich, Handschrift Bamberg, Lit. 6 (mit Abb. aller Seiten und Wiedergabe der Neumen, die Initialen nur schlecht erkennbar). – Ausst.kat. Regensburg 1987, Nr. 11 (Ulrich Kuder) mit Taf. 90. – Ausst.kat. Bamberg 1990, Nr. 17 (Bernhard Schemmel), Abb. 17.

R.K.

IV. 62
Sakramentar des heiligen Wolfgang

Regensburg, 993/94
Pergament, 340 Blätter. – Deckfarben, Gold und Silber.
H. 34 cm, B. 27 cm.
Verona, Biblioteca Capitolare, Cod. LXXXVII

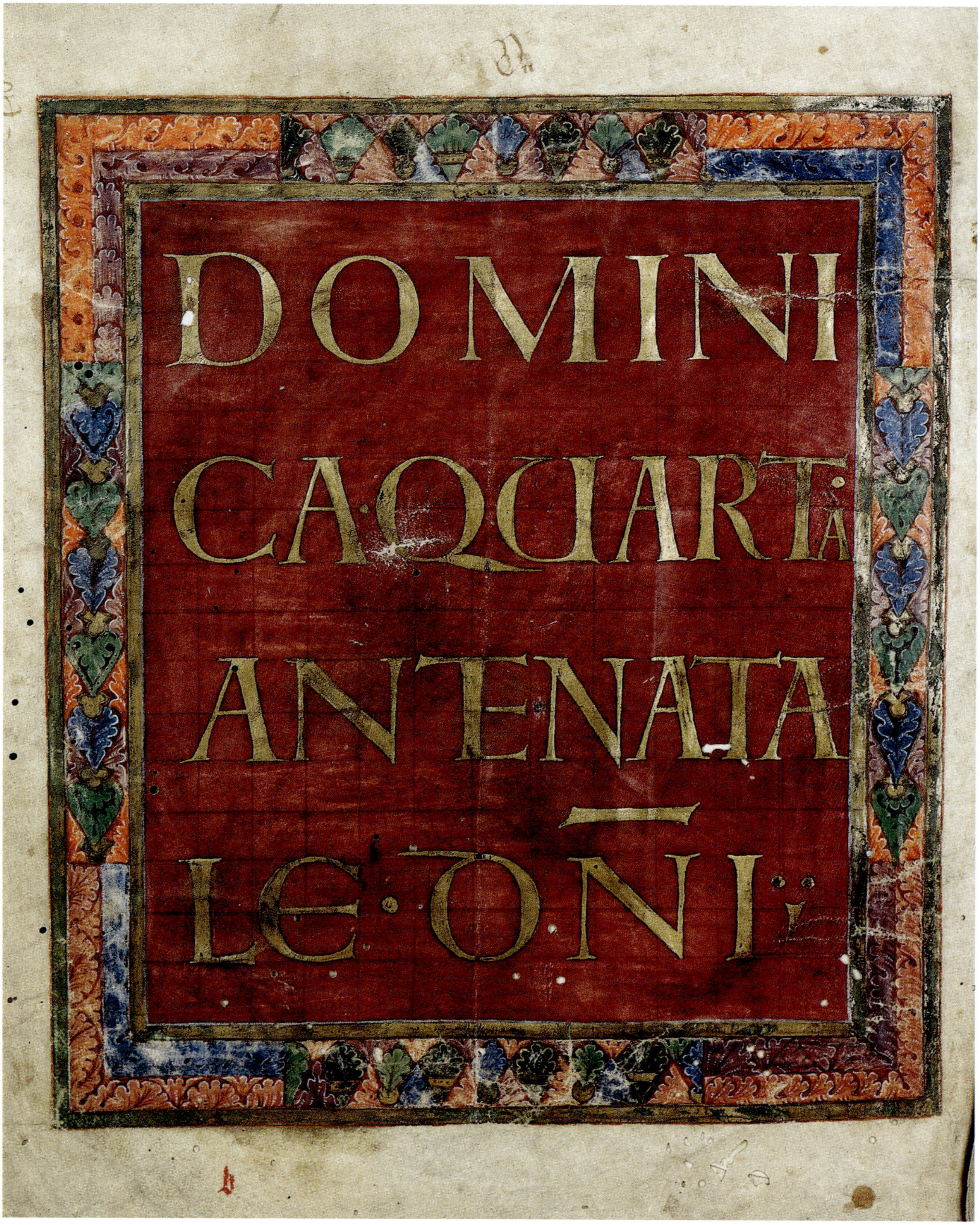

IV. 61, fol. 8v

IV. 62, fol. 14v

Die Handschrift enthält ein Kalendar und als Hauptteil ein Sakramentar, in dem Temporale und Sanctorale in der üblichen Weise vermischt sind. Der zentrale Text der Messe beginnt mit fünf Zierseiten in Gold-, zum Teil auch in Silberschrift auf Purpurgrund (fol. 12v–14v). Um Kreuze reich verschlungene Goldranken mit kleinen Silberblüten an den Enden auf Silbergrund bezeichnen den Anfang der Präfation Vere dignum und des Te igitur als Beginn des eigentlichen Kanons (fol. 13v und 14v, Abb.). Zwischen diesen üblicherweise in Sakramentaren hervorgehobenen Gebeten ist eine Purpurseite mit einem Christusmonogramm in einer Raute innerhalb eines großen Achtpaßrahmens eingeschoben. Es ist dies ein Motiv, das in Handschriften sonst nicht begegnet. Die Zierseiten haben aufwendige Rahmen, die teils mit Mäander gefüllt, teils mit gemalten aufgesetzten Edelsteinen verziert sind. Auch die einzelnen Meßtexte sind mit Gold-Silber-Initialen versehen. Bildliche Darstellungen hat die Handschrift ebensowenig wie das in Motivschatz und Stil der Zierbuchstaben ähnlich ausgestattete, ungefähr gleichzeitig in St. Emmeram entstandene Sakramentar der Vatikanischen Bibliothek, Vat. lat. 3806, das ebenfalls schon um die Jahrtausendwende nach Italien, und zwar nach Rom, gekommen sein muß. Zu nennen ist als frühes Werk der Regensburger Buchmalerei auch das Perikopenbuch der Schloßbibliothek in Pommersfelden, Ms. 340 mit zwei Zierseiten zu Beginn.

Die Entstehung des Sakramentars in Regensburg wird durch die Hervorhebung des Festes des hl. Emmeram und ein Gebet für *Wolfgang venerabili antiste nostro* im Exultet der Osternacht erwiesen. Wolfgang war Bischof von Regensburg in den Jahren 972–994. Andererseits ist im Kalender die 993 erfolgte Heiligsprechung des hl. Ulrich von Augsburg († 973) bereits von erster Hand eingetragen. Es kommen also nur die beiden Jahre 993/94 als Entstehungsdatum in Betracht. Dazu paßt, daß im Exultet auch für *Otto gloriosissimo rege nostro,* also für König Otto III. (983–996, Kaiser 996–1002), gebetet wird.

Die Handschrift muß schon im ersten Jahrtausend nach Verona gelangt sein, da damals die Erhebung Otberts von Verona zum Bischof (nachweisbar 992–1008) am 25. Oktober nachgetragen worden ist. Sie scheint aber wegen mehrerer deutscher Nekrologeinträge im Kalender nicht ursprünglich für einen italienischen Empfänger bestimmt gewesen zu sein.

Ebner, Missale, S. 288–291, Abb. 21 u. 22. – Swarzenski, Regensburg, S. 38–41 u. öfter. – Piazzi/Zivelonghi, Codici capitolari, S. 40f. mit Farbtaf. 1, 1–2. – Hoffmann, Buchkunst, S. 301f. (Lit.). – Ausst.kat. Regensburg 1987, Nr. 15 (Ulrich Kuder), Taf. 4 u. 93. – Ausst.kat. Hildesheim 1993, Bd. 2, Nr. II-41 (Ulrich Kuder) mit Farbabb.

R.K.

AUGSBURG

IV. 63
Münze Bischof Ulrichs von Augsburg

Augsburg, Denar (Pfennig), nach 955
Vs.: Kreuz mit einer Kugel in drei Winkeln. OVDALRICVS EP(iscopus)S.
Rs.: Kirchengebäude mit zwei Stufen (sog. Letternkirche), in der Kirche Münzmeistername AZZO. Äußere Umschrift AVG[usta] CIVITAS (Augsburg).
Silber. – Gew. 1,51 g, Dm. 22,6 mm.
Berlin, Münzkabinett SMPK, Inv.Nr. 1870 Dannenberg (ID 1229)

Während man früher angenommen hat, daß Bischof Ulrich (923–973) das Münzrecht als Auszeichnung für seine Verdienste bei der Abwehr der Ungarn 995 in der Lechfeldschlacht vor den Toren Augsburg erhalten hat, wurde in der neueren Forschung einen Beginn der Münzprägung schon vor 955 im Zusammenhang mit dem Aufstand Herzog Liudolfs gegen Otto I. 953 vermutet (Hahn, Stempelcorpus). In diesem Aufstand hielt Ulrich ebenso wie Herzog Heinrich von Bayern treu zum König. Beide münzten gemeinsam in Augsburg, da Herzog Heinrich zu dieser Zeit seine Hauptstadt und Münzstätte Regensburg an die Aufständischen verloren hatte. Die herzoglich-bischöfliche Münzallianz hatte zur Folge, daß Augsburg seit dieser Zeit den bayerischen Münztyp übernahm.

IV. 63

Aus der Zeit Ottos I. kennen wir überhaupt nur Münzen von vier Bischöfen: Brun von Köln (953–965), Bruder Ottos I. (Kat.Nr. IV.80), Udo (950–965) und Erchanbald (965–973) von Straßburg (Kat.Nr. IV.5 p–r) sowie Ulrich von Augsburg. Die Straßburger Bischöfe können auf ein vorottonisches Münzrecht verweisen, für Brun von Köln bietet das gleichzeitig geführte lothringische Herzogsamt eine Münzrechtsgrundlage. In diesem Licht ist die Privilegierung Ulrichs um so höher einzuschätzen: Er ist der einzige Bischof des Reichs, dem durch Otto eine eigene Münzprägung zugestanden wurde. Eine Urkunde mit der förmlichen Übertragung des Münzrechts ist nicht überliefert, hat aber möglicherweise existiert, denn 1061 bestätigte Heinrich IV. den Augsburger Bischöfen ihr auf die Zeiten des hl. Ulrich zurückgehendes Münzrecht.

Dannenberg, Münzen, Bd. 1, Nr. 1018. – Hahn, Bayerns Münzprägung, Nr. 131b1. – Hahn, Stempelcorpus. – Kluge, Münzgeschichte, Nr. 499.

B.K.

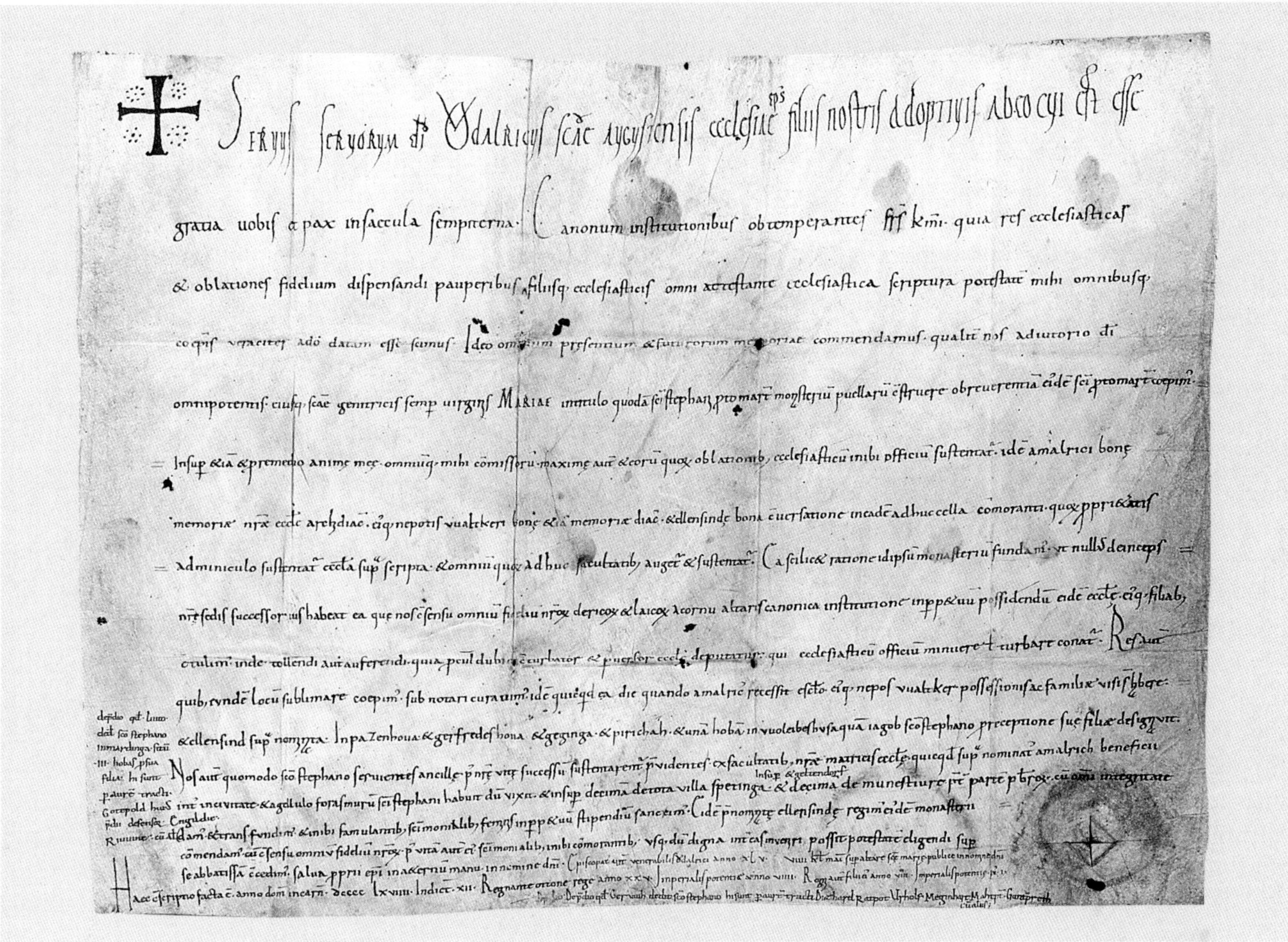

IV. 64

IV. 64
Urkunde Bischof Ulrichs über die Gründung eines Frauenklosters

Augsburg, 969
Original auf Pergament. – Durchgedrücktes Siegel, fehlt, zuerst von rechts und links, dann von oben und unten gefaltet. H. 42 cm, B. 55, 5 cm.
Augsburg, Staatsarchiv, KL. Augsburg – St. Stephan Urk.1

Die ausgestellte Urkunde ist das älteste im Original erhaltene Schriftstück auf den Namen eines Augsburger Bischofs und zugleich eine der frühesten Bischofsurkunden überhaupt. Zweifel an der Echtheit des Stücks in der älteren Forschung sind von Schröder (Alt-St. Stephan) und Schöffel zerstreut worden. (Zu einem neuerdings ausgesprochenen Verdikt vgl. Gawlik, S. 639–641). Mit dem Dokument beurkundet Bischof Ulrich die am 23. April 968 stattgefundene Gründung eines Kanonissenstifts bei der Kirche des hl. Stephan in Augsburg, bestätigt und erweitert die Besitzausstattung und regelt die Leitung des Klosters. Das bis ins 14. Jahrhundert vor den Mauern der Stadt gelegene Frauenstift St. Stephan ist das einzige unter den Stiften Augsburgs, das Domstift eingerechnet, von dem eine über die Verwüstung des Jahres 1026 durch Graf Welf II. zurückreichende Urkunde, noch dazu im Original, sorgsamst gehütet auf uns gekommen ist.

Der Text wird durch ein Kreuz als Anrufung Gottes (Invocatio) eingeleitet, das die Worte *in nomine domini* oder *in nomine sanctae et individuae trinitatis* symbolisieren soll. Es handelt sich um ein sog. Tatzenkreuz mit verbreiterten Balken und Abschlußstrichen an den Balkenenden. Solche Kreuze begegnen sowohl in gleichzeitigen Papsturkunden als auch auf Münzen der Zeit, wobei bei letzteren die Winkel mit Punkten oder Kugeln besetzt sein können (vgl. Steinhilber, S. 13, Taf. I; vgl. auch Kat.Nr. IV.63). Das Kreuz und die – in Anlehnung an Papst- und Kaiserurkunden – vergrößerte Schrift der ersten Zeile verleihen dem Dokument ein betont feierliches Aussehen. Auffällig ist das über der Zeile abgekürzt (*eps*) nachgetragene Wort *episcopus*. Bei der Betrachtung der Schriftfläche fällt auf, daß der Zeilenabstand durch blind eingedrückte Linien vorgegeben ist. In der oberen Hälfte ist die Schrift noch sehr großzügig verteilt, während in der zweiten Hälfte des Textes der Schreiber bzw. die Schreiberin bemerkte, daß der Platz nicht ausreichen würde und daher die Linien enger zusammenrückte. Die Textschrift zeigt eine Buchminuskel mit kursivem Einschlag, wie z. B. -ha- (Zeile 11: *habere*), -na- (Zeile 5: *monasterium*) und -ni- (Zeile 5: *Stephani*). Sie wurde nicht in einem Zug geschrieben, sondern erst bis *Regnante Ottone rege* (Zeile 3 von unten), um dann bis *in nomine domini* mit anderer Feder, aber wohl von der gleichen Hand fortgesetzt zu werden. Wegen des für das Siegel auszusparenden Platzes wurde der Passus ab *episcopatus* in die freie Zeile darüber eingetragen. Deutlich erkennt man an den Wachsspuren, den der Siegelrand hinterlassen hat, daß ein Teil der Beschriftung in der 7. Zeile von unten vom Siegel überdeckt wurde. Die Besiegelung erfolgte demnach nach der Vollendung des eigentlichen Urkundentextes. Noch im 10. Jahrhundert wurden am linken und unteren Rand sowie über der Zeile 7 von unten Notizen über Güterübertragungen eingetragen, wobei die unterste Zeile dem Siegel ausweichen mußte. Die Siegelstelle zeigt zwei kreuzweise angeordnete Einschnitte, umgeben von einem dunkel verfärbten Kreis mit ca. 6 cm Durchmesser. Hier befand sich das Siegel Bischof Ulrichs, von dem nur noch ein Exemplar an einer Urkunde Bischof Hermanns von Augsburg aus dem Jahr 1099 erhalten ist. Wahrscheinlich besaß Hermann, der erst kurz vorher zum Augsburger Bischof ernannt worden war, noch kein eigenes Siegel (Volkert).

Volkert, Reg. Bischöfe v. Augsburg. – Feist/Helleiner, Urkundenwesen. – Schröder, Alt-St. Stephan. – Schröder, Augsburger Kirche. – Schöffel, Bespr. Schröder, Alt-St. Stephan. – Volkert, Ulrichsurkunde. – Steinhilber, Münzgeschichte Augsburgs. – Ausst.kat. München 1979, S. 20f. – Weiß, Siegelurkunden, S. 9–25. – Steiner, Bayerische Bischofssiegel. – Gawlik, Bespr. Weiß, Siegelurkunden.

A.G.

WÜRZBURG

IV. 65
Seidenstickerei mit Adlerflug Alexanders des Großen

Deutschland, 10. Jahrhundert
Seidenstickerei auf leinwandbindigem Gewebe (Kette und Schuß Leinen, Z-Drehung, je 29–32 Kettfäden bzw. Schußeinträge/cm). Gestickt mit verschiedenfarbiger Seide, S-Drehung, in Spalt-, Stiel- und versetztem Flachstich.
H. 57,2 cm, B. 101,2 cm.
Würzburg, Mainfränkisches Museum, Inv.Nr. H 5604

Die in wunderbar leuchtenden Farben erhaltene Stickerei zeigt in einem querrechteckigen Bildfeld die sagenhafte Himmelfahrt Alexanders des Großen. Der König, mit Krone und fast priesterlichem Gewand, wird von zwei Adlern in die Lüfte getragen. Er hält, langen Szeptern ähnlich, zwei von Blattformen bekrönte Stäbe in den Armen – vermutlich ein Mißverständnis, denn nach der Überlieferung hat er die ausgehungerten Raubvögel durch an langen Spießen vor die Schnäbel gehaltene Leckerbissen in den Himmel steigen lassen. Am rechten Rand des Bildfeldes ist der Rahmen erhalten: Ein breites Bandornament aus verschlungenen und verknoteten Schlangen- und Vogeldrachen wird von zwei Inschriftleisten eingefaßt. Reste entsprechender Inschriften an den drei anderen Kanten des Stoffes zeugen davon, daß solche Rahmenbänder einst das ganze Feld umschlossen.

Von der langen Inschrift ist nicht mehr viel lesbar. Am rechten Rand steht außen [...]M CVM PAVCIS PROMERE VERSICUL[IS] („mit wenigen Versen will ich erzählen") und innen MIRACVLA POLI LIBVIT PRO SPIR[...] („es beliebte ihm, die Wunder des Himmels [...]"). Am unteren Rand meint man die Worte CELO und vielleicht auch CADERE RETRO erkennen zu können, während am linken Rand nochmals CELVM zu lesen ist. Zu Beginn der Zeile am oberen Bildrand ist vielleicht der Wortanfang DESIDE[...] zu erraten. Bernhard Bischoff hat 1955 die Inschriftenreste als Teile rhythmischer Fünfzehnsilber erkannt, sie richtig gelesen und mit frühmittelalterlichen Balladen in Zusammenhang gebracht. Beispielsweise ist das bisher älteste bekannte, auch nur fragmentarisch erhaltene mittellateinische Gedicht auf Alexander den Großen ebenfalls in diesem Versmaß abgefaßt (MGH Poetae

IV. 65

IV, Nr. 63). Der gestickte Text konnte bisher allerdings nicht identifiziert werden.

Bei der Stickerei, die rechts mit der äußeren Inschriftleiste abgeschlossen gewesen zu sein scheint, könnte es sich um ein einzelnes Bildfeld oder um das äußerste rechte Feld einer Serie gehandelt haben. Am ehesten wird sie als Wandschmuck gedacht gewesen sein, sei es allein oder in einem Zyklus. Der Flug Alexanders auf den Adlern oder Greifen ist immer wieder als Sinnbild für Hochmut und Überheblichkeit betrachtet worden. Die ganze Alexandergeschichte, und darin insbesondere die Himmelfahrt, war gleichzeitig aber als abenteuerliche Heldengeschichte äußerst beliebt und weit verbreitet. Der weltliche Charakter des umlaufenden Gedichtes scheint für die Stickerei eher letztere, positiv besetzte Deutung nahezulegen. Wann und wie es allerdings dazu kam, daß sie auf die Rückseite der großen Kiliansfahne des Würzburger Domes aufgenäht wurde, ist unbekannt. Nach der Evangelienharmonie des Otfrid von Weißenburg († nach 870) galten die Makedonen im Mittelalter als Vorfahren der Franken, so daß die Würzburger Bischöfe, die gleichzeitig Herzöge von Franken waren, ein Bild des tapferen Helden und Königs Alexander durchaus sinnvoll auf ihrer Fahne anbringen und ihn dort einen Ehrenplatz einnehmen lassen konnten (Pullmann, S. 112–114).

Die Seltenheit solcher Stickereien macht ihre zeitliche Einordnung und Lokalisierung schwierig. Die frontale und axialsymmetrische Darstellung des Themas erinnert an gewebte, zum Beispiel byzantinische Stoffe, wo auch die Gestalt der Adler und die detaillierte Musterfreudigkeit ihres Gefieders Vorbilder finden. Die Krone Alexanders kann mit derjenigen auf Bildern Ottos III. verglichen werden, die Tier-Flechtband-Ornamentik der Randborte – um ein Beispiel der gleichen Kunstgattung zu zitieren – mit Stickereien aus dem wikingerzeitlichen Grabfund von Mammen, Dänemark. Auch wenn die Buchstabenformen der Inschrift noch bis weit ins 12. Jahrhundert vorkommen, möchte man doch an einer Datierung des Würzburger Alexanderfluges ins ausgehende 10. Jahrhundert, vielleicht in die erste Hälfte des 11. Jahrhunderts, festhalten.

Mittelalterliche Textilforschung, S. 309 f. (Bernhard Bischoff). – Pullmann, Kiliansfahne, S. 87–115. – Borchardt, Würzburger Inschriften, Nr. 11, Abb. 7 (Lit.). – von Wilckens, Textile Künste, S. 175.

R.S.

TRIER

IV. 66
Diplom König Ottos I. für St. Maximin vor Trier

Mainz, 940 Juni 3
Original auf Pergament. – Durchgedrücktes Wachssiegel, zuerst von unten und oben gefaltet, dann von links und rechts zusammengeschlagen. – H. 36 cm, B. 57 cm.
Paris, Bibliothèque nationale de France, lat. 9264, Nr. 13

Nachdem die früheste urkundliche Überlieferung der Abtei St. Maximin bei der Zerstörung durch die Normannen im Jahre 882 vernichtet worden war, gelangte infolge der Französischen Revolution Teile des Archivs und der Bibliothek des Klosters über Würzburg, Hanau, Bayreuth und Mainz nach Paris, darunter die ältesten und meisten Kaiser- und Königsurkunden der Abtei.

Die reichsunmittelbare Abtei vor den Mauern der Stadt Trier erreichte während der ersten Hälfte des 10. Jahrhunderts wirtschaftlich ebenso wie auf monastisch-kulturellem Gebiet eine beispiellose Blüte. Das gute Verhältnis des Klosters zum königlichen Hof, das bereits unter Heinrich I. begründet war, dokumentiert sich einmal in der Erhebung Abt Ogos I. (934–945) zum Bischof von Lüttich (945–947), dann aber vor allem in der verhältnismäßig großen Zahl der von den sächsischen Herrschern ausgestellten Diplome (Wisplinghoff, S. 34). Führender Mitglieder der Ottonenfamilie wird im sog. Maximiner Diptychon gedacht und auch im vorliegenden Diplom (DO I 31) dürfte der die Corroboratio (Formel mit den Angaben der Beglaubigungsmittel der Urkunde) einleitende Passus *Utque nostrae recordatio memoriae in reliquum et per omne tempus inibi habeatur* („daß künftig und für alle Zeiten Unser gedacht werden soll") ebenfalls als Gebetsklausel aufzufassen sein (Wagner, S. 37 f.). Die tatkräftige Unterstützung der ottonischen Herrscher hatte ihren Grund in der Königstreue der Abtei, denn „St. Maximin war ein verläßlicher königlicher Stützpunkt in einem noch jungen Reichsteil Lothringen und trug mit seiner weit ausstrahlenden Reform zugleich zur Verklammerung der Reichskirche bei" (Kölzer, St. Maximin, S. 1018). Mit dem DO I 31 gewährte der König nach Fürsprache seines Bruders Heinrich (des späteren Herzogs von Bayern) sowie seines Schwiegersohns, Herzog Konrad des Roten, der stets für die Interessen des Klosters eingetreten ist, unter Berufung auf seine Vorgänger Königsschutz, Immunität und Reichsfreiheit und bestätigte den Besitz. Wenn der herrscherliche Schutz mit der Bemerkung zugesichert wird, *quatenus illorum quietudo nostro defendatur imperiali sceptro* („damit deren Freiheit mit unserem imperialen Szepter [im Sinne von Macht] verteidigt werde"), liegt dieser Formulierung kaum ein „imperialisierendes" Programm des Hofes zugrunde, vielmehr bedeutet *imperialis* soviel wie befehlend, gebieterisch, herrschend (Hoffmann, S. 68).

Der klösterliche Besitz stammt zum weitaus größten Teil aus der Zeit vor 893 (Wisplinghoff, S. 62). In der Zeit ihrer Reichsunmittelbarkeit bemühte sich die Abtei darum, die unter den Laienäbten entfremdeten oder verlehnten Güter zurückzugewinnen. Substantielle Neuerwerbungen aus königlicher Hand gab es nach den Schenkungen Arnulfs von 888 und zuletzt Heinrichs I. von 930 nicht mehr. Das DO I 31 ist die erste Besitzbestätigung nach der Reform von 934. Sie ist jedoch „höchst unvollständig und in wichtigen Teilen zu summarisch" (Wisplinghoff). Neben 18 einzelnen Orten wird das von Taben und Münsterappel abhängige Gut, der Besitz im Blies- und Bidgau, im Saulnois und jenseits des Rheins ohne spezifisierende Hinweise aufgeführt. *Marketiht* (Zeile 6 von unten), das heutige Mertert in Luxemburg (ca. 14 km südwestlich von Trier), stellt möglicherweise den ältesten Besitz von St. Maximin dar (Gießmann, S. 187). Der Name wird auf *mercatus* bzw. *mercatetum* als Bezeichnung für einen größeren Handelsplatz zurückgeführt (Gießmann, S. 184).

Litterae elongatae (verlängerte Schrift) umrahmen die Schriftfläche, graphische Symbole (Chrismon, Monogramm und Rekognitionszeichen) sowie das Siegel verleihen dem Schriftstück das unverwechselbare Gepräge eines königlichen Diploms. Im Gegensatz zum DO I 11 (Kat.Nr. VI.69), das einen nahezu quadratischen Zuschnitt aufweist, ist das DO I 31 mehr breit als hoch und entspricht damit dem Format, das in der königlichen Kanzlei der Karolinger, Ottonen und Salier das vorherrschend war. Der Schreiber des Diploms war Poppo C, ein gleichfalls namentlich nicht bekannter Kollege von Poppo A (vgl. Kat.Nr. VI.69). Wie dieser war auch er bereits in der Kanzlei König Heinrichs I. als Notar in Erscheinung getreten, um dann unter Otto I. von 936 bis 940 und noch einmal 965 in

IV. 66

dieser Stellung weiterhin tätig zu sein. Seine Schrift läßt sich mit Sicherheit von der anderer Notare unterscheiden, die in denselben Jahren in Diensten der königlichen Kanzlei standen. Mit Poppo A hat er die scharf geknickten Oberlängen gemeinsam, dagegen unterscheiden ihn von diesem die weit in die Breite gezogenen Ligaturen (Buchstabenverbindungen) von ct und st (etwa in Zeile 5 und 6 von oben). Augenfällige Unterschiede zu Poppo A sind auch beim Monogramm und Rekognitionszeichen festzustellen. Ersteres – ohne Vollziehungsstrich – ist gedrungener als z. B. in DO I 11 (Kat.Nr. VI.69), letzteres weicht in der Gestaltung der einzelnen Etagen ab. Die tachygraphischen Zeichen (Kurzschriftzeichen), denen der monogrammatisch gebildete Name des Kanzlers Poppo vorausgeht, sind mit *scripsi*(*t*) *et subscripsi*(*t*) aufzulösen; Poppo C hat also die Note für *notarius* weggelassen. Der in der Rekognitionszeile genannte Erzkanzler Ruotbert († 956) war 931 von König Heinrich I. zum Erzbischof von Trier erhoben worden und trat nach dem Regierungsantritt Ottos I. zwischen 937 und 952 auch als *archicapellanus* neben die Erzkapelläne Herolt von Salzburg, Wicfried von Köln und Hildbert bzw. Friedrich von Mainz. Das war völlig neu. Erst mit der Ernennung Bruns, des späteren Erzbischofs von Köln, zum Erzkapellan, wurde dieses Amt wieder in einer Hand vereinigt. Keines der von ihm geschriebenen Diplome hat Poppo C selbständig verfaßt, sondern stets nach Konzepten bzw. „Vorurkunden“ (Urkunden, die bei einem Beurkundungsgeschäft vorgelegen haben) gearbeitet. Im Falle des DO I 31 war es ein vom Kloster St. Maximin eingereichtes Konzept, das von dem Kanzleinotar zur vollgültigen Urkunde ausgestaltet wurde.

MGH DO I 31. – Böhmer, Reg. Imp., Bd. II,1, Nr. 87.

Sickel, Diplomata-Abtheilung. – Jäschke, Königskanzlei. – Fleckenstein, Hofkapelle, Tl. 2. – Wisplinghoff, St. Maximin. – Hoffmann, Otto der Große. – Lohrmann, Enumeratio bonorum. – Finck von Finckenstein, Bischof. – Kölzer, Urkundenfälschungen. – Gießmann, Besitzungen. – Wagner, Gebetsgedenken. – Kölzer, St. Maximin.

A.G.

IV. 67

IV. 67
Bergkristallsiegel Erzbischofs Radpods von Trier

Lotharingien, nach 883
Bergkristall, geschnitten; späterer Metallring und Aufhänger. Rundoval, Siegelplatte: H. 3,5 cm, B. 2,8 cm; Stärke in der Mitte 0,6 cm.

Hamburg, Museum für Kunst und Gewerbe, Inv.Nr. 1956.6

Umschrift: + RADPODVS AR(c)HIE(pisco)P(u)S. Radpod wurde 883 von Kaiser Karl III. dem Dicken zum Erzbischof, 895 von König Arnulf zum Erzkanzler der lothringischen Kanzlei und damit zum entscheidenden Ratgeber seines Sohnes König Zwentibold berufen. Er behielt sein Amt offenbar auch unter Ludwig IV. dem Kind und trat noch einmal als Erzkanzler im Jahre 893 in Erscheinung. Von ihm besiegelte Urkunden sind nicht bekannt; der älteste erhaltene Siegelabdruck eines Trierer Erzbischofs stammt erst von Erzbischof Heinrich I. aus dem Jahre 959.

Aus dem 9. und auch aus dem 10. Jahrhundert sind nur ganz wenige Bischofssiegel erhalten (vgl. Kat.Nr. II.17, II.18 u. IV.79). Soweit Urkunden in Original oder Kopie überliefert sind, lassen sie in der Regel nicht erkennen, ob sie besiegelt waren, da die Besiegelung anders als zu späterer Zeit üblicherweise im Text der Urkunde noch nicht angekündigt wurde. Typare, also Siegelstempel, sind noch seltener erhalten, da sie im Mittelalter und auch später aus Furcht vor damit anzufertigenden Urkundenfälschungen in der Regel beim Tode oder spätestens beim Begräbnis des Siegelführers zerstört wurden; häufig wurden die Bruchstücke noch mit ins Grab gegeben. Doch scheint das in der Frühzeit nicht so konsequent wie später beachtet worden zu sein. Vereinzelt haben sich Siegelstempel aus Bergkristall erhalten, die wie Edelsteine, möglicherweise zur Bezeichnung des Stifters, an kirchlichen Goldschmiedewerken angebracht wurden. Bekanntestes Beispiel bietet das Lothar-Kreuz im Aachener Domschatz mit einem Bergkristall-Intaglio König Lothars, der mit Lothar II. von Lotharingien (855–869) identifiziert wird. Im Halberstädter Domschatz gibt es eine Reliquientafel mit dem Kristallsiegel eines Abtes Theodulf aus dem 9. Jahrhundert.

Das Siegel Radpods zeigt, vertieft in den Bergkristall geschnitten, das Brustbild des Erzbischofs nach heraldisch links, den Kopf mit Tonsur und kurzgeschnittenem Haarkranz leicht erhoben. Die kleine Büste ist nach antiker Art mit einem Mantel bedeckt, der auf der Schulter geschlossen ist. Die ebenfalls in den Kristall eingeschnittene Inschrift läuft unten beginnend um die Figur herum, wobei die einzelnen Buchstaben nicht miteinander verbunden und in großen Abständen und etwas unregelmäßig in die Kristallplatte eingetieft sind. Der Kopf gibt sich in deutlicher Form als karolingisch zu erkennen. Das auffallende Profil mit der niedrigen Stirn, der waagerechten Augenbraue, der stark vortretenden Nase und Oberlippe mit einem vergleichsweise kleinen Kinn begegnet in ganz ähnlicher Form auf Metzer Elfenbeinreliefs aus der Mitte des 9. Jahrhunderts oder auf der in Metz entstandenen Reiterstatuette eines fränkischen Herrschers aus Bronze in Paris, die allgemein als Bildnis Karls des Großen angesehen wird, aber wohl erst in der Zeit Karls des Kahlen um 870 geschaffen worden ist.

Aus Metz, das im zweiten und dritten Viertel des 9. Jahrhunderts ein bedeutendes Zentrum karolingischer Kunst war, sind eine Reihe Bergkristallschnitte bekannt. Mehrere zeigen Kreuzigungsdarstellungen, eine große Kristallscheibe Szenen

IV. 68

aus der alttestamentlichen Geschichte der keuschen Susanna. Metz war Suffragan des Erzbistums Trier, so daß Radpod leicht einen Künstler von dort mit der Herstellung seines Siegels beauftragen konnte. Auch der Lothar-Intaglio wird dort entstanden sein.

Das Siegel zeigt den Kopf des Erzbischofs im Profil in der Tradition der antiken Gemmen. Bekanntlich hatten Karl der Große und seine unmittelbaren karolingischen Nachfolger bis zu Ludwig dem Kind (900–911) in den ersten Regierungsjahren antike Gemmen als Siegel benutzt, wie denn auch im Altertum Edelsteine mit vertieft geschnittenen Bildern und Inschriften, meist in Ringe gefaßt, in erster Linie zum Siegeln bestimmt waren und erst sekundär als Schmucksteine Verwendung fanden. Auch die Bischöfe führten in dieser Tradition, wie es in den Quellen öfter erwähnt wird, Siegelringe, die sie zunächst wohl nur wie in der Antike zum Versiegeln von Briefen nutzten. Zu einem nicht genauen Zeitpunkt gingen sie aber dazu über, neben und anstelle der Herrscher auch Urkunden auszustellen und diese später auch zu besiegeln. Seit dem Beginn des 10. Jahrhunderts benutzten die Könige als Siegel nicht mehr antike Steine, sondern jeweils eigens für sie geschaffene Typare mit ihrem eigenen Bildnis. Bis zum Königssiegel Ottos II. wurden sie offenbar noch in Bergkristall oder vergleichbare Steine geschnitten. Erst dann wurden Typare aus Metall üblich. Sie zeigten in der bisherigen Tradition grundsätzlich Profilbildnisse. Erst Otto der Große ging nach seiner Kaiserkrönung 962 zu einem Frontalbildnis über (vgl. Kat.Nr. III.1, III.3–4). Dieser Praxis folgten natürlich auch die Bischofssiegel.

Über die Provenienz des Siegeltypars Radpods ist nichts bekannt. Es dürfte zu einem unbekannten Zeitpunkt aus seinem Grabe entnommen worden sein oder die Jahrhunderte an einem kirchlichen Goldschmiedewerk nach Art des Lotharkreuzes überdauert haben. Um die Mitte des 20. Jahrhunderts befand es sich in französischem Privatbesitz, zuletzt in der Sammlung Crépy in Lille und wurde 1956 vom Museum in Hamburg erworben.

Die Abbildung zeigt den Siegelstempel seitenverkehrt, also so, wie Bild und Schrift in den mit Hilfe dieses Stempels zu fertigenden Wachsabdrücken an Urkunden zu sehen waren.

Mütherich, Bergkristallsiegel, pass. mit Abb. – Museum für Kunst und Gewerbe Hamburg, Nr. 89 (Wolfgang Eckhardt) mit Abb. – Ausst.kat. Trier 1984a, Nr. 19 (Franz Ronig) mit Abb. – Zu frühen Bischofssiegeln vgl. Zaisberger, Siegelurkunden u. Diederich, Siegel der Kölner Erzbischöfe.

R.K.

IV. 68
Kelch, Patene und Ring

Lothringen (Trier?), Mitte 10. Jahrhundert
Gold; Goldblech, getrieben; Goldfiligran, Granulation, Steinschmuck. – H. 5,3 cm, Kelch: Dm. 3,7 cm; Patene: Dm. 5 cm; Ring: Dm. 1,9–2,2 cm.
Trier, Kath. Kirchengemeinde Unserer Lieben Frauen und St. Laurentius

Der Kelch hat einen flach ausfahrenden, trichterförmigen Fuß, der am äußeren Rand von einem tordierten Draht gesäumt wird. Der Nodus ist kugelförmig. Auf ihm liegt ein breiter Ring mit aufgelegten Filigrandrahtschlaufen, der die verhältnismäßig große Kuppa trägt. Diese setzt breit und kugelförmig an, steigt dann steil auf und schließt an der Lippe mit einem schmalen Band aus Filigrandrahtschlaufen zwischen zwei Perldrähten ab. Die zugehörige Patene besitzt einen breiten Rand und einen sechspaßförmig eingetieften Boden. Die flache Fahne wird innen und außen von einem tordierten Draht eingefaßt, dem zwei weitere konzentrische Filigrandrahtringe im vertieften Innenfeld entsprechen. Der Ring hat eine breite Schiene, die innen flach und außen leicht gewölbt ist. Die Ringplatte trägt einen runden Stein in leicht erhöhter

Fassung, die von Perldraht und Granulation gerahmt wird.

Die charakteristische Form des Kelchs mit flachem Fuß und hoher, breit gewölbter Kuppa steht in der Tradition karolingischer Kelche, wie sie neben dem Lebuinuskelch in Deventer insbesondere der Grimfriduskelch in Washington überliefert. In Aufbau und Proportionen noch enger vergleichbar erscheint der goldene Henkelkelch im Schatz der Kathedrale von Nancy, der von der Überlieferung mit Bischof Gauzelin von Toul († 962) in Verbindung gebracht wird und auch in Einzelheiten wie den umlaufenden Filigrandrahtschlaufen weitreichende Entsprechungen bietet (vg. Beitrag Elbern, Abb. 5). Die Verwandtschaft erhält noch stärkeres Gewicht, wenn man auch die zugehörige Patene in Nancy mit einbezieht. Ihr flacher, breiter Rand mit rahmenden Filigrandrahtleisten und die fünfpaßförmige Vertiefung des Bodens stellen wohl die nächste Parallele für die Trierer Patene dar. Als weiteres, nur in Abbildung erhaltenes Werk ist ferner die Patene mit Vierpaß und Edelsteinbesatz aus der von Kaiser Arnulf von Kärnten dem Regensburger St. Emmeramkloster gestifteten Altarausstattung zu erwähnen, die im sog. Erhardbild des Uta-Codex dargestellt ist (München, Bayerische Staatsbibliothek, Clm 13601, fol. 4r; vgl. Beitrag Elbern, Abb. 2). Auch der dort abgebildete Kelch läßt sich formgeschichtlich mit dem Trierer Stück vergleichen. Da Kelch und Patene in Nancy zu den wichtigsten künstlerischen Voraussetzungen der Trierer Goldschmiedekunst unter Erzbischof Egbert (977–993) gehören, mag man hier zugleich ein wichtiges Bindeglied zwischen der älteren lothringischen Goldschmiedekunst und der Trierer Egbert-Werkstatt erkennen.

Ring, Kelch und Patene wurden im Jahre 1950 bei Ausgrabungen in der Trierer Liebfrauenkirche im Grab Erzbischof Ruotberts (931–956) gefunden. Angesichts der Kostbarkeit des Materials und der Sorgfalt der Ausführung wird man jedoch vermuten dürfen, daß sie nicht von Anfang an als Grabbeigaben bestimmt waren, sondern dem Bischof schon zu Lebzeiten zur Feier der Eucharistie auf Reisen dienten.

Ausst.kat. Essen 1956, Nr. 432 (Victor H. Elbern). – Elbern, Kelch im Mittelalter, S. 44f. u. 138, Nr. 34. – Ausst.kat. Trier 1984a, Nr. 20 (Franz J. Ronig). – Ausst.kat. Köln 1985, Bd. 1, Nr. C 35 (Anton von Euw). – Elbern, Eucharistischer Kelch.

M.P.

IV. 69
Nagelreliquiar

Lothringen (Trier), zweite Hälfte 10. Jahrhundert
Gold, Goldfiligran, Zellenschmelz, Zelleneinlagen, Steinschmuck. – Ein Teil des Steinschmucks und der Zelleneinlagen verloren, Fassungen teilweise verdrückt; Kragenplatte und profilierte Messingzarge mit Verschlußvorrichtung am unteren Ende des Nagelkopfes barock ergänzt; die originale Kragenplatte ringsum beschnitten und auf das barocke Unterlegblech genietet. – L. 21,4 cm.
Trier, Hohe Domkirche, Domschatzkammer

Die Form des Reliquiars nimmt auf die ursprünglich darin geborgene Reliquie Bezug, einen großen, aus einem Stück geschmiedeten Eisennagel mit stumpfem, pyramidenförmigem Kopf und viereckigem, sich verjüngendem Schaft. Sie stellt damit eines der frühesten erhaltenen Beispiele für den Typus des sog. Redenden Reliquiars dar, für den sich in Trier mit dem Andreas-Tragaltar Erzbischof Egberts (977–993) im Trierer Domschatz und der ebenfalls für Erzbischof Egbert angefertigten Hülle des Petrusstabs in Limburg (Kat.Nr. IV.81 b, Abb.) noch weitere, frühe Zeugnisse nachweisen lassen.

Der Kopf des Reliquiars besteht aus vier leicht geschwungenen, trapezförmigen Feldern und einer quadratischen Deckplatte, die jeweils symmetrisch mit einem Zentralstein und begleitenden Blattmotiven in Zelleneinlage verziert sind. Vier große, leere Kastenfassungen an den Seiten waren ursprünglich wohl mit Emailplättchen gefüllt. Der Schaft des Nagels weist an jeder Seite drei lange, schmale Zellenschmelzplättchen auf, die durch kleine Steine voneinander abgesetzt sind. Die abgeschrägten Kanten sind mit einem Band aus kreis- und rautenförmigen Zelleneinlagen geschmückt.

Die Goldschmiedearbeit zeichnet sich durch ihren klaren Aufbau und durch die ungewöhnliche Beschränkung der künstlerischen Mittel aus. Dabei kommt der unterschiedlichen Verwendung der Schmuckelemente besondere Bedeutung zu. So wird der große breite Kopf des Nagels vor allem von Zelleneinlagen und Steinschmuck bestimmt, der schlanke Schaft dagegen von flachen, langgestreckten Emails. Als verbindendes und vereinheitlichendes Element dienen die Ornamentbänder der abgeschrägten Kanten, die vom Kopf bis zur Spitze des Nagels verlaufen. Auch die Farbigkeit ist eingeschränkt. Als Grundfarbe der Emails dient überall ein tiefes transluzides Grün, für die Muster wird ausschließlich Blau und Weiß verwendet. Die Zelleneinlagen zeigen blaue und rote Glasstückchen im Wechsel.

Die Zelleneinlagen verbinden das Reliquiar mit einer Reihe von Goldschmiedearbeiten, die gegen Ende des 10. Jahrhunderts in Trier entstanden sind, darunter der Andreas-Tragaltar Erzbischof Egberts und der für Otto III. und seine Gemahlin Theophanu geschaffene Buchdeckel in Nürnberg, Germanisches Nationalmuseum (vgl. Beitrag Mayr-Harting, Abb. 13). In den weiteren Umkreis dieser vornehmlich für Erzbischof Egbert tätigen Werkstatt gehören ein mit Zelleneinlagen und Filigran verzierter Rahmen in Berlin, Kunstgewerbemuseum, und das sog. Servatiuskreuz in Maastricht. Doch läßt sich das Nagelreliquiar mit keinem dieser Werke näher verbinden. Weder die Fassungen der Steine noch die Muster und Motive der Zellenschmelzplättchen finden sich im Bereich der Egbert-Werkstatt wieder.

Die offenkundigen Unterschiede gegenüber der Egbert-Werkstatt und die ungewöhnliche Technik der Zelleneinlage, die ihre größte Blüte in karolingischer Zeit fand, haben zu der Vermutung geführt, daß auch das Nagelreliquiar selbst in karolingischer Zeit entstanden ist. Dem widerspricht jedoch der kunsthistorische Befund. So steht der kleinteiligen, dicht gedrängten, fast kaleidoskopisch wirkenden Gruppierung karolingischer Zelleneinlegearbeiten am Nagelreliquiar eine wesentlich straffere, spannungsvollere Anlage der Komposition gegenüber. Dabei erhält die einzelne Zelleneinlage stärkeres ästhetisches Gewicht. Sie tritt als eigenständiges Kompositionselement neben Goldgrund, Rahmen und Steinschmuck. In dieser Verselbständigung der Zelleneinlage gegenüber Steinschmuck und Grund schließt sich das Nagelreliquiar eng mit ottonischen Zelleneinlegearbeiten zusammen, wie sie neben den Goldschmiedearbeiten der Trierer Egbert-Werkstatt auch die Eckbeschläge auf dem Vorderdeckel des Evangelistars aus Poussay (Vogesen) in Paris (Bibliothèque nationale, lat. 10514) oder, in etwas anderer Form, die um 1000 entstandenen Beschläge des Buchdeckels aus Sion in London, Victoria and Albert Museum, zeigen. Auch die klare, straffe, Muster und Rahmen verspannende Stegführung der Emails läßt sich eher mit ottonischen als mit karolingischen Zellenschmelzarbeiten verbinden.

Wenn man den allerdings nicht zeitgenössischen, teilweise sogar erst neuzeitlichen Quellen Glauben

IV. 69

schenken will, so wurde die Trierer Nagelreliquie zweimal gekürzt: für Bischof Gerhard von Toul, der 963 durch seinen Verwandten, Erzbischof Brun von Köln, den Bruder Ottos des Großen, in Trier zum Bischof geweiht wurde, und für das Kloster Wilton in England, an dem Edgith, die Tochter König Edgars (959–975), durch den Trierer Kanoniker Benna erzogen wurde, der die Reliquienpartikel nach England gebracht haben soll. Die Inschrift auf dem Andreas-Tragaltar Erzbischof Egberts schließlich besagt, daß die Nagelreliquie zur Zeit Egberts im Innern des Tragaltars aufbewahrt wurde.

von Falke, Schmelzarbeiten, S. 5f. u. 8. – Ausst.kat. München 1950, Nr. 397 (Albert Boeckler). –Schnitzler, Schatzkammer, Nr. 5. – Kempf, Canonicus, S. 183f. u. 191. – Westermann-Angerhausen, Egbertwerkstatt, S. 32–34. – Westermann-Angerhausen, Egbertschrein, S. 215. – Ausst.kat. Trier 1984a, Bd. 1, Nr. 24 (Franz Ronig); Bd. 2, Nr. 24 (Norbert Jopek). – Westermann-Angerhausen, Nagelreliquiar. – Ronig, Egbert, Bd. 1, Nr. 39 (Andreas Weiner), Taf. 165 b – 168. – Wamers, Karoling. Email, S. 108.

M.P.

IV. 70
Theologische Sammelhandschrift

Trier, St. Maximin, drittes Viertel 10. Jahrhundert
Pergament, 243 Blätter. – H. 25 cm, B. 18 cm.
Göttingen, Niedersächsische Staats- und Universitätsbibliothek, Cod. ms. 4° Theol. 99

Der Codex wurde im dritten Viertel des 10. Jahrhunderts von acht Schreibern des Klosters St. Maximin in Trier geschrieben; die Hände sind großenteils aus weiteren Maximiner Codices bekannt. Man hat sich bei der Herstellung erhebliche Mühe gegeben: es wurde gutes Pergament dafür gewählt, die Ränder sind ziemlich breit und dürften, da die Lagenziffern teilweise abgeschnitten sind, ursprünglich noch reichlicher bemessen gewesen sein. Die Schrift ist sorgfältig und von beträchtlichem Niveau. Den vorderen Teil des Codex hat man mit mehreren, aufwendigen Initialen geschmückt, die allerdings noch ganz im Bann der Karolingerzeit stehen (fol. 1v, 4r, 5r, 31r, 37v); sie zeigen teilweise eine erstaunliche Übereinstimmung mit dem Buchschmuck des Parisinus latinus 9433, eines Sakramentars, das um 900 im nahen Echternach entstanden ist.

Der Codex ist ein Zeugnis der geistigen Erneuerung des ottonischen Mönchtums, die mit dem Namen der Gorzer Reform verbunden ist und in der das Trierer Kloster eine bedeutende Rolle gespielt hat (Adalbert, der erste Erzbischof von Magdeburg, war ursprünglich Mönch von St. Maximin). Der Codex enthält zunächst Alkuins 'De fide sanctae trinitatis' („Über den Glauben an die heilige Trinität"), dann kürzere Stücke und Exzerpte aus den Kirchenvätern, besonders aus Ambrosius, Augustin und Hieronymus. Auf fol. 4r (Abb.) endet das Kapitelverzeichnis zu Buch I von Alkuin. Es folgt in mennigroter Capitalis rustica: *In hoc codice continentur de fide s(an)c(t)ae trinitatis et de incarnation(e) Chr(ist)i lib)ri III* („In diesem Codex sind enthalten drei Bücher über den Glauben an die heilige Trinität und über die Fleischwerdung Christi"). Daran schließt sich der Text des ersten Kapitels an, der mit einer großen Zierinitiale (Q) beginnt.

Der Codex ist zunächst in St. Maximin geblieben. Dagegen spricht auch nicht das Gedicht, das eine fremde Hand, und zwar wohl niemand anders als Ekkehard IV. von St. Gallen, auf fol. 163v–164r etwa im zweiten Viertel des 11. Jahrhunderts eingetragen hat. Ekkehard IV. hat sich eine Zeitlang in Mainz aufgehalten und stand mit dem Mönch Johannes von St. Maximin in Verbindung, der ihm womöglich den Codex zugänglich gemacht hat. Später, in der zweiten Hälfte des 11. Jahrhunderts, fügte ein Schreiber, der auch an anderen Trierer Codices (Berlin, Staatsbibliothek, theol. qu. 683 und 690; Trier, Stadtbibliothek, 2209/2328) beteiligt war, auf fol. 1r ein Inhaltsverzeichnis und auf fol. 164r (anschließend an Ekkehards Gedicht) moralisierende Sprüche hinzu. Im 12. Jahrhundert trug eine vielleicht süddeutsche Hand auf fol. 163r, 164v, 196v–197r und 242v liturgische Gesangstexte mit Neumen ein. Gegen Ende des Mittelalters befand sich der Codex im Kloster Seligenstadt, wie ein getilgter, aber noch zu entziffernder Besitzvermerk auf fol. 1r erweist. Als letztes Blatt (fol. 243) ist eine Urkunde vom Beginn des 15. Jahrhunderts eingebunden, in der die drei Kölner, auch im Repertorium Germanicum nachweisbaren Kanoniker Godefridus de Hamerade von St. Severin, Iohannes de Colke von St. Aposteln und Iohannes Helman von Mariengraden genannt werden; ob man daraus auf eine Kölner Zeit des Codex schließen darf, ist fraglich.

Das Schicksal der Handschrift in der frühen Neuzeit ist unbekannt. 1856 wurde sie auf einer Auktion

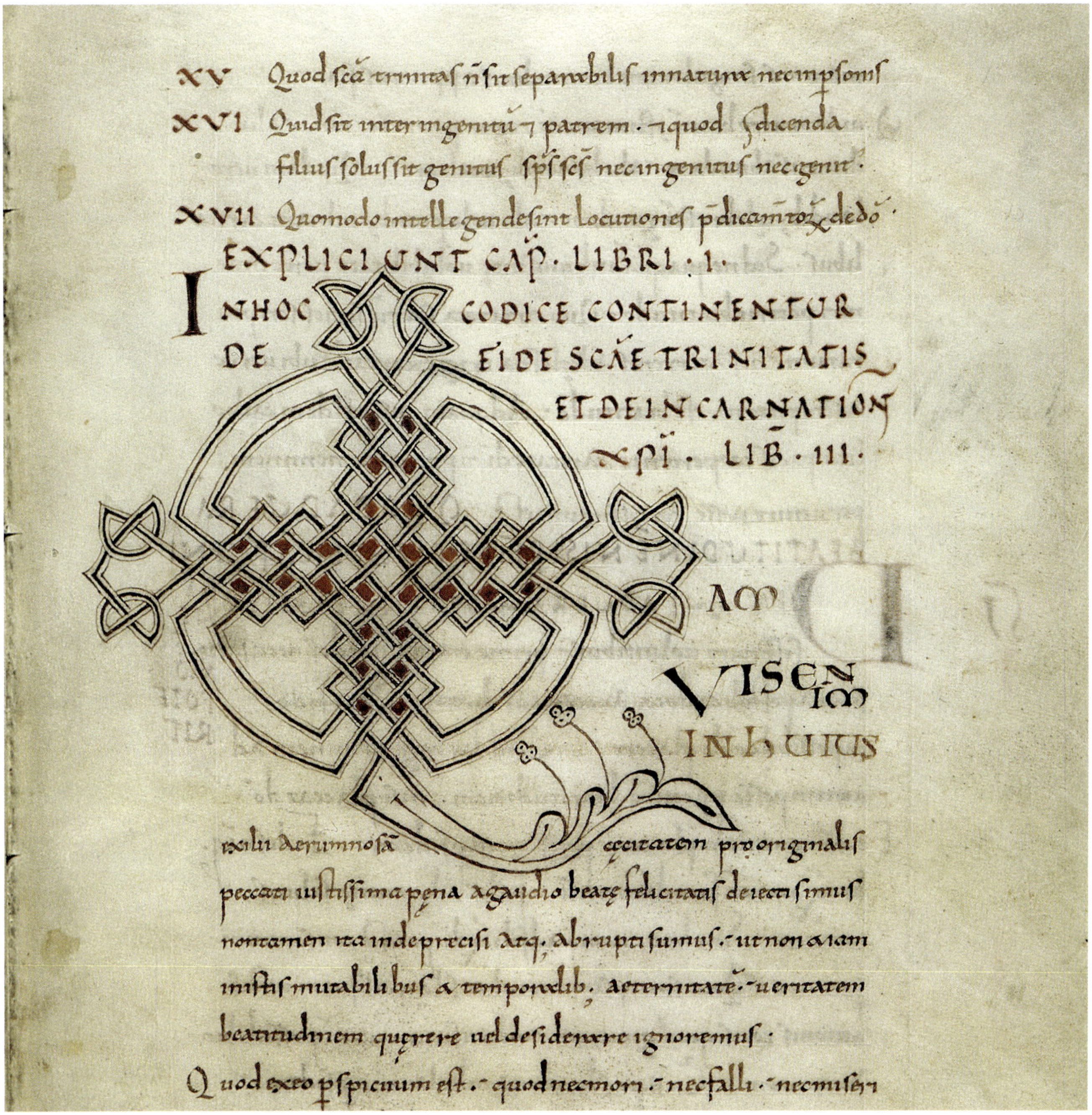

IV. 70, fol. 4r

in Frankfurt a.M. für die Universitätsbibliothek Göttingen gekauft.

MGH Poetae 5,3, S. 647 Nr. 4.

Meyer, Handschriften Göttingen, S. 346–349. – Ebel, Schäftlarner Handschrift, S. 108 Anm. 458. – Hoffmann, Buchkunst, S. 475 f.

H.H.

IV. 71
Fragment einer Bibel

Tours, um 845
Pergament; als Vorsatzblatt des Rückdeckels einer Inkunabel des 15. Jahrhunderts eingefügt. – Deckfarbenmalerei und Gold. H. 47 cm, B. 9 cm; Initiale: H. 8,5 cm, B. 6,5 cm.
Trier, Stadtbibliothek, Inv.Nr. Inc. 429 gr 2°

Es handelt sich bei dem hier gezeigten Fragment um die rechts beschnittene linke Spalte einer ursprünglich zweispaltig beschriebenen Pergamentseite im Format 48 x 34,5 cm mit dem Beginn des Apokalypsen-Textes; alle 52 Zeilen sind in der Höhe erhalten. Unter dem Titel *Incip(it) Apoc(alypsis)* befindet sich eine große A-Initiale im typischen Stil der Buchmalerei der Mitte des 9. Jahrhunderts aus der Abtei St. Martin im nordfranzösischen Tours. Die unterschiedlich breiten Arme des Zierbuchstabens sind mit Blattwerk und Palmettenmotiven verschiedener Farbigkeit gefüllt. In den Innenräumen des A entfalten sich symmetrische Rankengebilde, die an dünnen, roten Stengeln große Blätter tragen, unten durch zwei kleine Vögel belebt. Auch von der abgeplatteten Spitze des A hängen ähnliche Blätter herab.

Das Fragment entstammt einer karolingischen Bibelhandschrift aus altem Besitz der Abtei St. Maximin in Trier, die offenbar im 15. Jahrhundert zerschnitten und zum Einbinden damals moderner gedruckter Bücher verwandt wurde. 30 der insgesamt 74 aus St. Maximin in Trier erhaltenen Inkunabeln, d. h. Druckwerken vor 1500, enthalten solche Pergamentseiten oder Teile von ihnen als Makulaturreste. Seit Jahrzehnten sind in Büchern aus der Bibliothek von St. Maximin Fragmente dieser karolingischen Bibel-Handschrift entdeckt worden. Rund 70 solcher Stücke aus allen Teilen des Alten und Neuen Testaments sind inzwischen bekannt geworden, die größte Zahl in der Stadtbibliothek zu Trier. Sie besitzt heute 36 mehr oder weniger vollständig erhaltene Blätter, 9 halbe Blätter und 13 kleine Fragmente. Weitere finden sich in Berlin, Bloomington, London, Koblenz, an der Cornell-University in New York und bei den Dominikanern in Walberberg; die Blätter der Sammlung Ludwig, später im Getty Museum in Malibu, wurden inzwischen von der Stadtbibliothek Trier erworben (vgl. auch Kat.Nr. IV.72). Das Fragment der Apokalypse wurde 1987 entdeckt.

IV. 71

Die Reste dieser Bibel sind Zeugnisse eines der bedeutendsten editorischen und künstlerischen Unternehmen der karolingischen Zeit, die letztlich auf Reformbestrebungen Karls des Großen selbst zurückgehen. In seinem Auftrag war man in Tours seit der Abtszeit Alkuins (796–804), eines der bedeutendsten Gelehrten der Zeit, um die Verbesserung des lateinischen Bibeltextes und die Ausgabe großer, alle Bücher des Alten und Neuen Testaments in einem Band zusammenfassender Bibeln bemüht. In immer neuen Anläufen widmete man sich der als vorrangig angesehenen Aufgabe zur Reinigung des lateinischen Textes von allen Überlieferungsfehlern und der konsequenten und überzeugenden inneren und äußeren Gliederung der einzelnen Bibelausgaben. Bis zur Zerstörung der Abtei durch die Normannen 853 entstanden in Tours Bibelhandschriften für die großen Klöster und bedeutenden Kirchen des karolingischen Reichs. Das nach St. Maximin in Trier gelangte Exemplar muß im Buchschmuck seiner Initialen und der Ordnung der verschiedenen Texte der 845/46 für König Karl den Kahlen bestimmten sog. Viviansbibel (Paris, Bibliothèque nationale, ms. lat. 1) nahegestanden haben, wenn es im Gegensatz zu dieser herausragenden Prachthandschrift auch keine Bilder besaß und im Aufwand des Initialschmucks, namentlich der Verwendung von Gold und Silber, deutlich hinter ihr zurückblieb.

Die Initialen dieser Bibel haben in Trier im 10. Jahrhundert als Vorbild eines Teils der künstlerischen Ausstattung der in St. Maximin entstehenden

IV. 72

IV. 73, fol. 175v

zweibändigen Ausgabe der 'Moralia in Job' Nachfolge gefunden (Kat.Nr. IV.73). Die karolingische Kunst Tours sollte darüber hinaus zu einem der wichtigsten Quellbereiche der sich gegen Ende des ersten Jahrtausends unter der Herrschaft Erzbischof Egberts (977–993) in Trier entfaltenden großen ottonischen Malerei werden.

Aus der Reichsabtei St. Maximin in Trier, später im Gefolge der Säkularisation in die Stadtbibliothek Trier gelangt.

Nolden, St. Maximin, pass., Abb. 36. – Mayr-Harting, Buchmalerei, S. 399, Farbabb. 282. – Mütherich, Initialen, S. 138, Abb. 5. – Nolden, Trierer Fragmente, S. 163. – Allgemein zur touronischen Bibel aus St. Maximin: Nordenfalk, Turonische Buchmalerei, S. 287–295 mit Abb. – Laufner, St. Maximin, S. 23. – Mütherich, Touronische Bibel, pass. – von Euw/Plotzek, Sammlung Ludwig, Bd. 1, S. 43–48. – Ausst.kat. Trier 1984, Nr. 7/8 (Reiner Nolden) – Fischer, Bibelhandschriften, S. 265–267.

R.K.

IV. 72
Fragment einer karolingischen Bibel

Tours, um 845
Pergament, ein Blatt, in Passepartout fest aufgeklebt.
Deckfarbenmalerei. – H. 25,2 cm, B. 30 cm.
Berlin, Staatliche Museen zu Berlin, Kunstbibliothek, Kasten 4000, Bl. 01595

In der Berliner Kunstbibliothek werden zwei Fragmente einer touronischen Bibel bewahrt, die die Anfänge des Lukas- und Johannes-Evangeliums zeigen. Sie entstammen wie das Fragment der Stadtbibliothek in Trier derselben in 52 Zeilen zweispaltig geschriebenen und mit Anfangsbuchstaben verzierten Handschrift, die sich im Mittelalter in St. Maximin in Trier befand (Kat.Nr. IV.71). Beide Zierbuchstaben sind aus gerahmten hochrechteckigen, schmalen Feldern mit wechselnden Ornamentformen, überwiegend pflanzlichen Charakters, zusammengesetzt. Im Inneren der hier ausgestellten Q-Initiale stehen sich neben einem aufwachsenden Bäumchen zwei gegenständig aufgerichtete Ziegenböcke gegenüber. Die von dünnen roten Stengeln herabhängenden Blätter erinnern unmittelbar an Motivschatz und Formensprache des A der Apokalypse (Kat.Nr. IV.71).

Rand, Tours, S. 117, Nr. 125. – Nordenfalk, Turonische Buchmalerei, S. 290, Abb. 9 u. 10. – Mütherich, Touronische Bibel, S. 47, Abb. 5 u. 6. – Plotzek, Initialmalerei, S. 103–105, Abb. 2. – Im übrigen vgl. Lit. zu Kat.Nr. IV.71.

R.K.

IV. 73
Gregor der Große, Moralia in Job

Trier, drittes Viertel 10. Jahrhundert
Pergament, Bd. I: 187 Blätter, H. 46,5 cm, B. 36,5 cm; Bd. II: 211 Blätter, H. 46,5 cm, B. 35 cm.
Deckfarben, Gold und Silber.
Trier, Stadtbibliothek, Hs. 2209/2328 gr. 2° Band I

Die beiden Bände enthalten den im Mittelalter beliebten und verbreiteten, vor 595 vollendeten allegorischen und moralischen Kommentar Papst Gregors des Großen zum Buch Hiob. Das Werk war ursprünglich in einem Band gebunden, die Aufteilung in zwei Volumina stammt erst aus dem 19. Jahrhundert. Die Forschung hat insgesamt eine Beteiligung von sechs bis acht Schreibern und drei bis vier Malern postuliert, von denen sich einige auch in anderen in der Abtei St. Maximin geschriebenen Handschriften wiederfinden lassen.

Der Buchschmuck besteht aus zwei Zierseiten, die ursprünglich einander gegenüberstanden, heute aber auf die Anfänge der beiden Bände verteilt sind, und Zierbuchstaben zum Beginn aller 35 Bücher des Werkes (vgl. Beitrag McKitterick, Abb. 2). Die künstlerische Ausstattung ist für eine nichtliturgische, im wesentlichen in der Bibliothek zu nutzende wissenschaftliche Gebrauchshandschrift aufwendig und nur durch die Wertschätzung des Textes zu verstehen. Die Handschrift ist das Hauptwerk des Skriptoriums von St. Maximin und der Trierer Buchmalerei vor der großen Blütezeit der ottonischen Buchkunst, die mit dem Namen Erzbischof Egberts von Trier (977–993) verbunden ist.

Zwei grundlegend verschiedene Richtungen lassen sich innerhalb des Initialschmucks unterscheiden. Der größere Teil der Zierbuchstaben bedient sich geläufiger Gold-Silber-Ranken frühottonischer Zeit, die jedoch von schmalen, golden gerahmten, großen purpurfarbenen Feldern umgeben werden, was dem Buch ein ungemein prunkvolles Aussehen verleiht. Zwischen den Ranken gibt es kleine punktförmige Blüten.

Die beiden Zierseiten und andere Initialen sind dagegen aufs engste dem Vorbild karolingischer Malerei aus Tours verpflichtet, die den Mönchen von St. Maximin aus der touronischen Bibel (Kat.Nr. IV.71–72) ihrer Bibliothek und möglicherweise weiteren Handschriften vertraut war. Die zierliche Architektur der Titelblätter (Abb.) mit ihren umwickelten Säulen, die zarten Staudengewächse, die silhouettenhaft wiedergegeben kleinen Tiere – hier Pfauen und Ziegenböcke, die auf den Giebelschrägen stehen –, die vom Architekturgebälk herabhängenden silbernen Flaschen erinnern unmittelbar an die Kanontafeln zahlreicher touronischer Handschriften oder, spezieller noch, an die Seitenrahmungen mehrerer Blätter im Sakramentar in Autun (Bibliothèque de la ville, ms. 19 bis). Manche Initialen, deren Buchstabenstämme aus schmalen längsrechteckigen Feldern mit Blattwerkfüllung verschiedener Farbe zusammengesetzt sind, lassen sich kaum von touronischen Zierbuchstaben unterscheiden. Auch das im Fragment in Berlin überlieferte Q des Lukas-Evangeliums der älteren Bibelhandschrift (Kat.Nr. IV.72) kehrt in der Moralia-Handschrift wieder (Abb.). Nur die beiden Ziegenböcke sind getilgt, möglicherweise sogar erst nachträglich, wie die Radierspuren vermuten lassen.

Die Handschrift stammt aus der Abtei St. Maximin, wie ein nachmittelalterlicher Besitzeintrag und die Abschrift mehrerer auf das Kloster bezüglicher Urkunden des 11. Jahrhunderts beweisen. Auf der ersten Seite des heutigen zweiten Bandes ist um 1100 der älteste Bibliothekskatalog des Klosters eingetragen, der als Nr. 1 zwei große Bibelhandschriften nennt: *bibliothece due maiores perfecte* (eine war sicher die touronische Bibel, aus der sich eine Reihe Fragmente erhalten hat; vgl. Kat.Nr. IV.70–71). Mit 150 Titeln zeugt die Liste von der kulturellen Bedeutung der berühmten Abtei. Das Schicksal der Handschrift unmittelbar nach der Säkularisation ist unbekannt. 1877 wurde sie durch die Stadtbibliothek aus Privatbesitz erworben.

IV. 73, fol. 1r

Nordenfalk, Turonische Buchmalerei, S. 282. – Plotzek, Anfänge, S. 22f., Abb. 16 u. 17. – Plotzek, Initialmalerei, S. 102–106 u. 115, Abb. 1, 3, 21 u. 27. – Ausst.kat. Trier 1984, Nr. 10 (Gunther Franz). – Hoffmann, Buchkunst, S. 493f. – Mayr-Harting, Buchmalerei, S. 396–399, 308–309 u. 311, Abb. 281. – Ronig, Egbert, Bd. 1, Nr. 1, Taf. 1–5.

R.K.

MAINZ

IV. 74
Sakramentar aus St. Alban

Mainz oder St. Gallen, um 900
Pergament, 206 Blätter.
Goldmalerei auf Pergamentgrund, wenig Farbe.
Wildledereinband über Holzdeckeln aus dem Jahr 2000;
der alte Pappband des 19. Jahrhunderts jedoch erhalten.
H. 29 cm, B. 22,5 cm.

Mainz, Martinus-Bibliothek, Wissenschaftliche Diözesanbibliothek im Priesterseminar Mainz, Hs. 1

Der Hauptteil der Handschrift (bis fol. 156) ist ein Sakramentar, das für St. Alban in Mainz geschrieben, mit verschwenderischem Aufwand an Goldschrift und Zierseiten ausgestattet und in Form der St. Galler Initialkunst entweder in St. Gallen oder durch St. Galler Künstler in Mainz geschmückt worden ist. Dem Temporale, dem eine Reihe Heiligenfeste eingefügt ist, folgen ab fol. 130, vom ersten Schreiber geschrieben und mit denselben Schmuckformen und Initialen verziert, einige weitere Feste: das erst in karolingischer Zeit Bedeutung gewinnende Allerheiligenfest mit Vigil, das Fest der hl. Sergius und Bacchus, des hl. Augustinus und auch das des hl. Alban. Solche Anhänge mit in der Vorlage des Schreibers fehlenden Festtexten zu lokalen oder neuen Heiligenfesten begegnen allenthalben in mittelalterlichen liturgischen Handschriften. Es kann jedoch kein Zweifel bestehen, daß die große Zierseite zum Albanfest und der entsprechende Text zur ursprünglichen Ausstattung der Handschrift gehören.

Im ersten Teil sind zahlreiche Seiten, vor allem im Meßkanon und im Weihnachtsfestzyklus, in Goldschrift geschrieben. 21 Zierseiten zeigen ganzseitige Initial-Kompositionen aus goldenem Rankenwerk und goldenen, an den Ecken verflochtenen Rahmungen, die unmittelbar auf dem hellen Pergamentgrund stehen. Vielfach sind ihnen gegenüber ähnlich gerahmte Textseiten angeordnet. Außer den Hochfesten sind Stephanus, Johannes d. Ev., unschuldige Kinder, Johannes d. T., Petrus, Mariä Himmelfahrt, Martin, Allerheiligen und Alban durch solche Zierseiten, das Andreasfest durch eine auffallend große Initiale ausgezeichnet. Der Glanz dieses Goldschmucks auf Pergamentgrund, wobei die Goldleisten der Zierrahmen und Buchstaben durch dünne, aber sehr bestimmend wirkende Menniglinien eingefaßt sind, prägt auf weite Strecken das Erscheinungsbild der Handschrift.

Die Zierbuchstaben bestehen aus schmalen goldenen Leisten, in die nur wenige, aus braunem Grund ausgesparte kleine Flechtwerkfelder eingelassen sind. Gleichmäßig breite Ranken mit zierlichen Eckknospen und kleinen Blättern bilden harmonisch geordnete, meist symmetrisch organisierte große, staudenartige Kompositionen. Von besonderer Schönheit und Ausgewogenheit zeigt sich etwa die Zierseite zu Ostern (Abb.). Das unziale d endet

IV. 74, fol. 58r

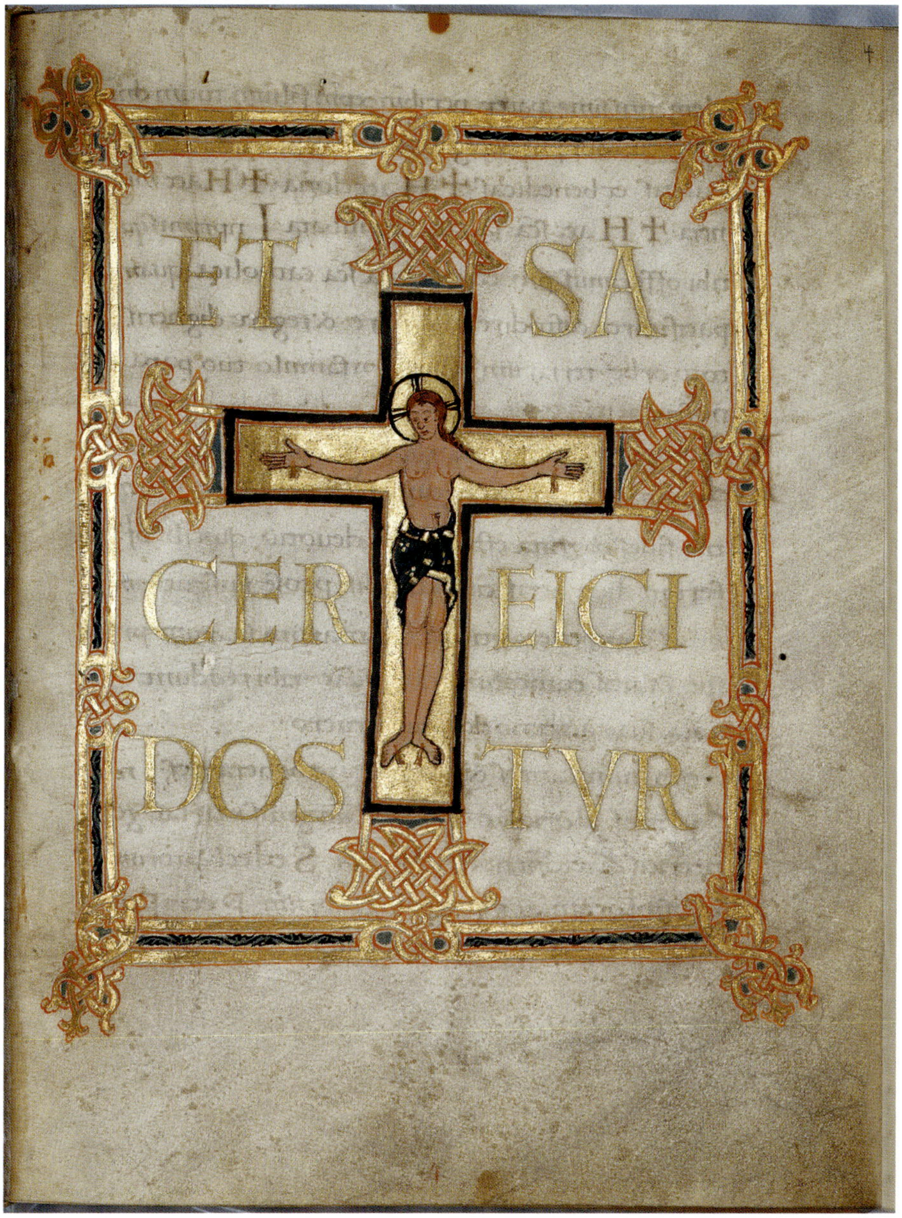

IV. 74, fol. 4r

häufig in einem Drachenkopf; sonst fehlen zoomorphe Elemente fast ganz. Zu den Zierseiten kommt eine Unzahl kleiner goldener Initialen zu den einzelnen Meßtexten. Bilder fehlen. Nur zur Te igitur-Seite gibt es die Darstellung des gekreuzigten Christus (Abb.). Jesus ist lebend, mit offenen Augen und aufgereckten Daumen, unbärtig und jugendlich dargestellt. Eine starke Anlehnung an das Vorbild karolingischer Christusdarstellungen ist deutlich. Die Begabung des ausführenden Buchkünstlers lag wohl ganz auf dekorativem Gebiet.

Ab fol. 156r ändert sich die Ausstattung der Handschrift radikal. Der erste Schreiber endet mit seinem Text oben auf der Seite. Gold wird nicht mehr verwandt. Initialen gibt es nicht mehr. Als Auszeichnungsschrift dienen ausschließlich rote Buchstaben. Nach den Feststellungen Hartmut Hoffmanns stammen jedoch die beiden Schreiber, die den Text bis fol. 190 fortsetzten, aus derselben Tradition wie der Hauptschreiber, also aus der Schule St. Gallens.

Die Handschrift muß im 10. Jahrhundert außerdem kurzfristig nach Fulda ausgeliehen oder durch Fuldaer Schreiber und Maler in Mainz ergänzt worden sein. Sie haben die letzten Textseiten ab fol. 191 geschrieben, das Einzelblatt fol. 21 mit einer typisch Fuldaer Initiale auf grünem Grund in goldgerahmtem Purpurfeld eingefügt, auf fol. 22r die goldene Initial-Komposition St. Galler Charakters durch blaue, grüne und purpurfarbene Farbe „bereichert". Eindeutig Fuldaer Herkunft ist auch die Zierseite zum Bonifatiusfest auf fol. 205v.

Schwer bestimmbar ist dagegen die Zierseite auf fol. 167r, einer Purpurseite mit d-Rankeninitiale. Der Text wiederholt die Messe zum ersten Sonntag nach Weihnachten von fol. 20r. Die Farbigkeit entspricht Fuldaer Gewohnheiten, die Initiale bedient sich jedoch St. Galler Formen, verbindet sich dann freilich in ihrem Bandgeschlinge wiederum mit Elementen Fuldaer Buchmalerei des 10. Jahrhunderts. Die Seite, die in der Forschung für viel Irritation gesorgt hat, nimmt eine Zwischenstellung zwischen der Kunst St. Gallens und Fuldas ein. Angeblich sichtbare Spuren einer Überarbeitung einer St. Galler Komposition durch Fuldaer Künstler lassen sich jedoch nicht feststellen. Eher handelt es sich um eine Kopie einzelner St. Galler Elemente durch einen Fuldaer Maler. Warum das Blatt, das inhaltlich ohnehin überflüssig und an dieser Stelle fehl am Platze war, in die Handschrift geraten ist, ist leider nicht mehr zu erkennen. Von Interesse ist es jedoch für die Geschichte der Fuldaer Malerei, die sich offenbar in ihrer ottonischen Anfangsphase mit Motiven und Formen der Buchmalerei der Bodenseeklöster konfrontiert sah.

Das Sakramentar stammt aus St. Alban in Mainz. Im Zusammenhang der Aufhebung der Abtei ist es in den Besitz des Domvikars und Kanonikers des Liebfrauenstiftes Johann Heinrich Juncker gelangt (1725–1807), der die Handschrift der Seminarbibliothek vermachte.

Merton, St. Gallen, S. 88–90. – Baron, Mainzer Buchmalerei, S. 122–125, Taf. 4.2–6. – Bloch, Col. Metr. 88, S. 88, Abb. 76–78 u. 80. – Hoffmann, Buchkunst, S. 159. – Otto, Mainzer Handschriften, S. 1f., Taf. 1. – Bepler/Schaaffwrede, Schätze, S. 18f. mit Farbabb.

R.K.

IV. 75
Lukas- und Johannes-Evangelium

Mainz oder St. Gallen, um 900
Pergament, 93 Blätter. – Deckfarben und Gold, wenig Silber. – Weißer Schweinsledereinband über Holz von 1723. Buchblock beschnitten. – H. 35 cm, B. 26 cm.
München, Bayerische Staatsbibliothek, Clm 11019

Die Handschrift enthält den Text des Lukas- und Johannes-Evangeliums mit Vorreden und Kapitelverzeichnissen zu Johannes sowie am Ende ein ausführliches Capitulare evangeliorum; der erste Teil des Evangeliars bildet die offenbar seit langem von dem Codex getrennte Handschrift in Weimar (Kat.Nr. IV.76). Der Buchschmuck besteht aus den Bildern der Evangelisten Lukas und Johannes sowie jeweils einer gegenüberstehenden gerahmten Initial-Zierseite in Gold (fol. 1v–2r, 46v–47r); die beiden folgenden Textseiten sind in Goldschrift geschrieben. Das Ende des Evangelientextes ziert als Schlußvignette jeweils eine seitenbreite, niedrige, staudenförmige Ranke in Gold und Silber. Zierbuchstaben zu den einzelnen Abschnitten der Evangelien kennt die Handschrift nicht; ihre Anfänge sind nur durch aus der Textspalte herausgerückte große, goldene Capitalis-Buchstaben bezeichnet.

Die Ornamentik der Initial-Zierseiten ist mit ihren goldenen Ranken und Rahmen aus verknoteten schmalen Goldleisten aufs engste mit dem Sakramentar verwandt, das für St. Alban in Mainz unter Verwendung von Formen der St. Galler Buchmalerei, möglicherweise in Mainz selbst, geschrieben worden ist (Kat.Nr. IV.74). Auch hier begleiten scharfrote Menniglinien beiderseits die Goldleisten, was für den künstlerischen Gesamteindruck der Zierseiten sehr bestimmend ist. Aus schmalen, riemenartigen, gleichbreiten Goldbändern sind symmetrische Kompositionen von großer Ausgewogenheit und harmonischer Schönheit entwickelt. Silber oder Farbe ist – außer Mennig – auf den Initial-Zierseiten nicht verwandt. Darin entspricht die Handschrift den Werken der St. Galler Sintram-Gruppe (vgl. Kat.Nr. IV.27 u. 29). Das Rankenwerk bleibt weitgehend abstraktes Bandgeflecht, das jedoch in Voluten zu kreisenden Verschlingungen geführt wird. Nur an den Enden werden kleine Blätter ausgebildet; zahlreiche Knospen streben von den gleichmäßig gebogenen Goldleisten weg. Kleine herzförmige Blätter wachsen aus kurzen Stielen hinter den Knospen oder aus den Endblättern heraus. Sie sind im Gegensatz zu allem übrigen Ranken- oder Rahmenwerk ohne Mennige-Einfassung geblieben. Die inneren und äußeren Goldleisten der Rahmenleiste werden in Abständen zu losen Knoten verschlungen; an den Ecken werden ähnliche Motive weit nach außen gezogen. Das Innere der Rahmen ist mit winzigen Flechtwerkeinsätzen in Zopfform gefüllt. Vegetabilische Formen gibt es im Gegensatz zu den Zierbuchstaben

IV. 75, fol. 1v

im Rahmen nicht. Der reine Farbklang des Goldes dieser Bandornamentik, die durch eine dünne, Ranken und Rahmen auf beiden Seiten begleitende Menniglinien verstärkt wird, steht leuchtend auf dem hellen, naturfarbenen Pergamentgrund.

Die den Initial-Zierseiten gegenüberstehenden Evangelistenbilder sind auf dieselbe Weise gerahmt. Vor Silbergrund, in den eine abstrakte, oben gebrochene Architekturkulisse eingestellt ist, sitzen Lukas (Abb.) und Johannes auf großen Thronen; neben ihnen liegt auf einem aufwendigen, perspektivisch gestalteten Pult ein aufgeschlagenes Buch, in der Hand halten sie die Feder. Merkwürdigerweise ist das Silber nur am Pult und an Teilen des Thrones oxydiert, während der stumpfe Bildgrund von dieser Veränderung unberührt geblieben ist. Beide Evangelisten blicken zu den aus weißblauem Gewölk über ihnen hervorbrechenden Symbolen auf. Der Stil der Malweise ist weich vertreibend, die Farbigkeit mild und gedämpft. Inkarnat und Untergewand des hl. Lukas sind weiß mit wenig Rosa und Grau, kaum vom Pergamentgrund zu unterscheiden; im Gesicht gibt es freilich viel grüne Schatten. Der Mantel ist von einer schwer zu benennenden

Farbe zwischen Rosa und Hellbraun, die Binnenzeichnung darin ist rotbraun, blaue Punkte dienen als Ziermotive.

Der Stil der Figuren und die weiche Malweise sind letztlich Werken der frühen Hofschule Karls des Kahlen verpflichtet, deren Kenntnis bereits im Goldenen Psalter St. Gallens (Stiftsbibliothek, cod. 22) vorbildhaft St. Galler Malweise geprägt hat. Auch dort ist bei einem Teil der Malereien die Farbigkeit auffallend zurückgenommen. Die Heftigkeit der sich kräuselnden Säume, die goldene Kante des Mantels des hl. Lukas, über dem hellen Untergewand durch eine Menniglinie noch forciert, findet freilich in der Kunst St. Gallens allenfalls in der Zeichnung der Verspottung des hl. Paulus (Stiftsbibliothek, cod. 64) eine Entsprechung.

Die beiden geteilten Handschriften des Evangeliars enthalten keine Hinweise auf ihren Entstehungsort. Sie entstammen jedoch ohne Zweifel demselben Skriptorium, in dem das Sakramentar für St. Alban (Kat.Nr. IV.74) hergestellt worden ist. Die künstlerischen Voraussetzungen liegen vielfach in der Formensprache und im Ornamentschatz der spätkarolingischen Initialen St. Gallens. Doch sind spezifische Formunterschiede unverkennbar. Dazu paßt die Feststellung Hartmut Hoffmanns, daß der Hauptschreiber des Sakramentars und des Evangeliars identisch sei, aber keinesfalls aus der Schreibschule St. Gallens hervorgegangen sein könne. Eine Entstehung beider Handschriften in Mainz ist deshalb nicht auszuschließen.

Die Handschrift befand sich nach Ausweis der Wappen auf dem Einband 1723 im Besitz der Passauer Bischöfe, und zwar des damals neugewählten Joseph Damian, Grafen von Lammberg, und gelangte mit der bischöflichen Bibliothek Passau 1803 nach der Säkularisation in die Hof- und Centralbibliothek in München.

Die Annahme indes, daß die beiden Elfenbeinreliefs aus der Hofschule Karls des Kahlen in München und Weimar (Goldschmidt, Nr. 44 u. 45) von Vorder- und Rückdeckel dieses Evangeliars stammten, ist in höchstem Maße unwahrscheinlich: Eine Hälfte der Handschrift hat einen Einband aus dem Jahre 1723, die andere war offenbar sehr lange ungebunden; das Münchener Elfenbeinrelief stammt aus einer Regensburger Privatsammlung des 18. Jahrhunderts, die Herkunft des Weimarer Stückes ist dagegen nicht bekannt; es kann aber nicht zusammen mit der Handschrift nach Weimar gelangt sein.

Goldschmidt, Elfenbeinskulpturen, Bd. 1, Nr. 44 u. 45 mit Abb. – Merton, St. Gallen, S. 90–92, Farbtafel 100 a, b. – Baron, Mainzer Buchmalerei, S. 125–128, Taf. 4.1. – Hoffmann, Buchkunst, S. 275. – Otto, Mainzer Handschriften, S. 2f., Taf. 2 u. 3. – Bierbrauer, Bayerische Staatsbibliothek, Nr. 231, Abb. VII, 490 u. 491.

R.K.

IV. 76
Matthäus- und Markus-Evangelium

Mainz oder St. Gallen, um 900
Pergament, 53 Blätter. – Gold, wenig Silber und wenig Farbe. fol. 1 und 53 stark abgenutzt und verschmutzt. Jetziger Einband mit Pergamentfragmenten eines Graduales der Zeit um 1500. – H. 35,6 cm, B. 27,5 cm.
Weimar, Herzogin Anna Amalia Bibliothek, Stiftung Weimarer Klassik, Fol. 1

Die Handschrift enthält den Text des Matthäus- und Markus-Evangeliums, drei allgemeine Vorreden zum Evangeliar, Prologe zu Matthäus, Markus und Lukas sowie Kapitelverzeichnisse zu Matthäus und Lukas. Die Evangelientexte sind nicht vollständig, mehrere Blätter fehlen. Der zweite Teil der Handschrift mit Lukas- und Johannes-Evangelium befindet sich in München (Kat.Nr. IV.75), die Vorstücke zum Lukas-Evangelium sind jedoch noch in der Weimarer Handschrift vorhanden.

Der Buchschmuck besteht aus zwölf zum ursprünglichen Bestand der Handschrift gehörigen Kanontafeln sowie einem Doppelblatt mit vier Kanontafeln aus einem stilistisch abweichenden, um 800 im Raum Salzburg / Mondsee entstandenen Evangliar. Von der originalen Ausstattung sind sonst nur die Initial-Zierseiten zu Matthäus (Abb.) und Markus (fol. 17r, 44r) erhalten; die vorhergehenden Blätter, die auf dem verso das Bild der Evangelisten gezeigt haben müssen, sind verloren. Initialen, zum Teil mit Tierköpfen, gibt es zu den Prologen fol. 2r, 4r, 6r, außerdem zwei seitenbreite, aus Gold und Silber bestehende Vignetten zum Schluß der Evangelientexte (fol. 43v u. 53v).

Die Initial-Zierseiten entsprechen mit ihren goldenen Bandwerk-Kompositionen und den charakteristischen Rahmenleisten völlig dem ersten Teil des Evangeliars, die Initium-Seite zu Markus der In principio-Seite zum Johannes-Evangelium in allen Einzelheiten. Im Liber-Blatt zum Matthäus-Evangelium ist der Wechsel von Knoten- und Rankenformen mit den charakteristisch allseits heraus-

IV. 76, fol. 17r

brechenden, kleinen ungerahmten herzförmigen Blättchen zu besonderer Perfektion gesteigert. Besonders schön sind die niedrigen, aus Ranken bestehenden goldenen und silbernen Schlußvignetten am Ende der Evangelientexte, die sich in Form von Stauden von einem mittleren Stamm in Voluten mit Knospen und Blättern über die ganze Breite des Schriftspiegels entwickeln.

Die Kanontafeln, soweit sie zum ursprünglichen Bestand der Handschrift gehören, sind fast ganz aus Gold und Silber mit wenig Mennig gestaltet. Über den Basisplatten erheben sich schmale Säulenschäfte, deren äußere mit kleinen Mäander- oder Flechtwerkformen geschmückt sind. Die hufeisenförmigen Bögen schneiden in das große, farbig gefüllte Tympanon ein, das die kleinen Arkaden durch einen großen Bogen überfängt. Bei einigen Blättern ist die Säulenarchitektur außen zu einem Rechteck erweitert. Stauden und Vögel, vor allem kleine Pfauen, sitzen auf den Bogenläufen. Fünf Kanontafeln zeigen im Tympanon zwischen Ranken Medaillons mit dem Bild Christi, Marias, der Hand Gottes, der Taube des Heiligen Geistes und dem Lamm mit einem Kreuznimbus.

Eine in der Literatur gelegentlich erörterte Herkunft aus St. Peter und Paul in Erfurt erscheint zweifelhaft. Die Handschrift war im Besitz David Gottfried Schöbers († in Gera 1778). 1779 wurde sie auf der Auktion der Schöberschen Bibliothek für die Herzogliche Bibliothek in Weimar erworben.

Merton, St. Gallen, S. 90–92, Taf. 99. – Baron, Mainzer Buchmalerei, S. 125 u. 129. – Rothe, Buchmalerei, S. 187 u. 237f., Farbtaf. 9. – Lülfing/Teitge, Handschriften, S. 112 mit Farbabb. – Hoffmann, Buchkunst, S. 275f. – Otto, Mainzer Handschriften, S. 2f., Taf. 3.2. – Kratzsch, Bibliothek Weimar, S. 9–14 mit Farbabb. – Bushey, Lateinische Handschriften, Nr. 1 (Druck in Vorbereitung).

R.K.

LOTHRINGEN

IV. 77
Deckel des Evangeliars aus St. Jakob in Lüttich

Lüttich, Anfang 10. Jahrhundert (Elfenbeinrelief);
Lüttich, 16. Jahrhundert (Rahmen)
Holz, vergoldetes Kupfer, Elfenbein. – H. 31 cm, B. 21,7 cm.
Darmstadt, Hessisches Landesmuseum,
Inv.Nr. Kg 54:208 b

Bevor die beiden Elfenbeintafeln im 16. Jahrhundert mit einem vergoldeten, rankengeschmückten Kupferrahmen zu einer Deckelseite verbunden wurden, dienten sie wahrscheinlich als Vorder- und Rückseite einer anderen, hochrechteckigen Handschrift, ein Format, das beispielsweise bei Antiphonaren gewählt wurde. Die abgegriffenen Elfenbeinreliefs zeigen in einem vielfach überschnittenen Akanthusrahmen die Maiestas Domini und Johannes d.T. Auf der linken Tafel thront Christus auf der Sphaira, die hier als Lorbeerkranz dargestellt ist, die Füße ruhen auf mehrfach gestuften Halbkreisen, die vielleicht Sphären oder Wolken andeuten sollen. Die Rechte Christi ist – mehr hinweisend als segnend – seitlich ausgestreckt, in der anderen Hand hält er ein aufgeschlagenes Buch mit der Inschrift DATA EST MIHI O(m)NIS POTESTAS IN CELO ET IN T(er)RA („Mir ist alle Gewalt gegeben im Himmel und auf Erden", Mt 28,18). Von zwei Bändern mit gegenständigen Akanthusblättern, die den Rahmen überschneiden, sind die vier Evangelistensymbole von der Maiestas abgetrennt. Rechts und links des Hauptes Christi sind die wie in einer Altarsituation an Ketten hängenden Buchstaben A und Ω dargestellt.

Der nach oben blickende Johannes d.T. der rechten Tafel weist mit seherischem Gestus auf seine Augen und hält in der anderen Hand eine Schriftrolle mit der Inschrift ASPICIENS A LONGE ECCE VIDEO D(omin)I POTENTIAM („Aufschauend sehe ich von weitem die Herrlichkeit Gottes"). Zwei kopfüber zu ihm herabschwebende Engel tragen einen Lorbeerclipeus mit der Hand Gottes. Johannes steht auf einer von Löwenklauen getragenen Fußbank und darunter, von einem weiteren Akanthusquerband abgetrennt, ist eine Darstellung der stillenden Mutter Erde (Terra) angebracht, die auf Akanthusblätter gebettet ist.

Formal und in vielen Punkten auch stilistisch sind die beiden Reliefs von einer Gruppe von Arbeiten der Jüngeren Metzer Schule abhängig, die heute in London, Paris und Coburg aufbewahrt werden (Goldschmidt, Nr. 85–87) und wohl um 900 entstanden sind. So sind die beiden herabstürzenden Engel und der von einem Eierstab begrenzte Palmettenakanthus auf dem Rahmen der Johannesplatte auf einer Kreuzigung von einem Buchdeckel der Pariser Bibliothèque nationale übernommen. Der nach innen unbegrenzte, dreiblättrige Akanthus des Rahmens der Maiestasplatte ist auf einer Kreuzigung im Victoria and Albert Museum zu sehen, die Gestalt des nach oben blickenden Johannes, der auf seine Augen weist, ist seitenverkehrt in einem Jünger auf einer Himmelfahrtsplatte der Veste Coburg vorgeprägt. Die querliegenden Leisten gehen auf die horizontalen Wolkenbänder innerhalb dieser Gruppe zurück. Auch die übergroßen Hände, die leicht gehäuften parallelen Falten und die frei schwingenden Tuchzipfel sind auf den Darmstädter Platten aufgenommen. Durch den Abrieb der Tafeln hat manches qualitätvolle Detail, wie die Evangelistensymbole oder die herabstürzenden Engel mit ihren nach oben bzw. nach unten wehenden Gewändern, an Deutlichkeit verloren. Im Gegensatz dazu wirken Elemente wie die Terra merkwürdig ungelenk. Vielleicht ist hier die Abwandlung eines möglichen Vorbildes, zum Beispiel der Eva der Londoner Kreuzigung, mißglückt. Adolph Goldschmidt verband das Darmstädter Diptychon mit einer Gruppe von Elfenbeinreliefs, die er nach Tournai lokalisierte und ebenfalls um 900 datierte. Zwar sind in dieser Gruppe um einen

IV. 77

Buchdeckel in der Schatzkammer der Kathedrale von Tournai einzelne formale Elemente den Darmstädter Tafeln vergleichbar, so die Darstellung des A und Ω, die wehenden Gewandsäume und eine Freude an der Verwendung längerer Textpassagen innerhalb der Darstellung, doch ist die Fältelung der Gewänder wesentlich schematischer und die Mißachtung von Körperproportionen in Tournai deutlich weiter fortgeschritten. Hermann Schnitzler versuchte wenig überzeugend, die Darmstädter Reliefs nach Köln zu lokalisieren. Warren Sanderson schlug aus hauptsächlich historischen und ikonographischen Gründen Trier als Entstehungsort vor. Letzeres basierte wesentlich auf den Untersuchungen Rosalie Greens, die nachweisen konnte, daß die Inschriften und Darstellungen der Darmstädter Tafeln sich direkt auf die Antiphon des ersten Adventssonntags und damit auf den der Erde verbundenen Johannes d.T., der Christus auf den Wolken thronend erblickt, beziehen. Mit diesem Gebet am Beginn des Kirchenjahres begann wohl das Antiphonar, das ursprünglich von den beiden Elfenbeinreliefs geschmückt wurde. Belegt ist dieses Gebet durch Amalarus von Metz († um 850), der in seinem Buch 'De ordine antiphonarii' die römische und die Metzer Version der Gebetsordnungen verglich. Diese Antiphon dürfte jedoch sowohl im Erzbistum Trier als auch im Bistum Metz, das bis vor die Tore Lüttichs reichte, als auch in Tournai und Lüttich in Gebrauch gewesen sein, so daß daraus keine Schlüsse auf eine genauere Lokalisierung gezogen werden können. Die enge stilistische Verbindung der Darmstädter Reliefs zur jüngeren Metzer Schule lassen sie dagegen als Verbindungsglieder zu stilistisch weiter entfernten Tafeln wie dem Buchdeckel in Tournai erscheinen. Als Ort für eine solche Vermittlung zwischen Metz und Tournai um 900 würde sich Lüttich anbieten.

Die Benediktinerabtei St. Jakobus in Lüttich wurde 1013 von Bischof Balderich gegründet, die Weihe fand 1030 statt. Bereits 1785 wurde die Abtei aufgehoben und 1788 die Bibliothek versteigert. Der Kölner Sammler Baron von Hüpsch (1730–1805) konnte auf dieser Auktion 45 Handschriften erwerben. Da das Evangeliar nicht im Versteigerungskatalog erwähnt wird, wird der Baron es schon vor der Versteigerung gekauft haben. Eine Lütticher Bibliothekssignatur, ein – wohl von Hüpsch – radierter Besitzereintrag und die Erwähnung im Bibliothekskatalog von St. Jakob von 1667 beweisen die alte Provenienz aus der Abtei. Baron von Hüpsch vererbte 1805 seine Sammlungen am Landgrafen Ludwig X. von Hessen-Darmstadt (1790–1830).

Goldschmidt, Elfenbeinskulpturen, Bd. 1, Nr. 162 (Lit.). – Schmidt, Evangeliar. – Volk, Baron von Hüpsch. – Green, Ivory. – Schnitzler, Kölner Elfenbeinplastik, S. 116. – Degen, Kunsthandwerk, S. 9. – Ausst.kat. Essen 1956, Nr. 451 (Victor H. Elbern). – Ausst.kat. Köln 1964, Nr. 53 (Peter Bloch) (Lit.). – Ausst.kat. Köln 1972, Bd. 1, Nr. F 7 (Anton von Euw). – Sanderson, Ivories. – Ausst.kat. Frankfurt 1976/77, Nr. 6. – Sanderson, Archbishop Radbod. – Ausst.kat. Darmstadt 1986, Bd. 2, Nr. 345 (Wolfgang Christian Schneider). – von Euw, Karl der Große, S. 32–34.

Th.J.

IV. 78
Segnender Christus

Fulda (?), drittes Viertel 10. Jahrhundert
Grobes Pergament. – Braune Federzeichnung.
H. 37,5 cm, B. 30,5 – 25 cm; H. der Christusfigur (einschließlich des Nimbus) 17,5 cm.
Hamburg, Dr. Jörn Günther-Antiquariat

Das Blatt stammt nicht aus einer mittelalterlichen Handschrift, sondern ist das Skizzenblatt eines ottonischen Künstlers. Das beweisen das ungewöhnlich grobe, dicke, in der Oberfläche nicht geglättete Pergament, das außerdem völlig unregelmäßig beschnitten ist, die bildliche Anordnung der Figur ohne Rücksicht auf die Größe des Pergamentstücks und die Kombination mit einem Ornamentstreifen. Nur die heutige Montage, bei der der linke leere, besonders grobe Teil des Pergamentes umgeschlagen ist, suggeriert eine Zentrierung der Christusfigur.

Christus steht als große Figur mit segnend vor dem Leib erhobener rechter Hand und mit Edelsteinen geschmücktem Buch in der Linken vor dem leeren Grund. Der Mantel ist über die Hüfte und rechte Körperseite gezogen und schwingt in zwei spitzen Tütenfalten auf beiden Körperseiten aus. Der Saum zieht sich schlängelnd schräg über die Beine, wobei das rechte Knie sich deutlich im Stoff abzeichnet. Auch der kräuselnde Saum der Tunika, in der sich über den Unterschenkeln spitze Dreiecke bilden, verläuft leicht schräg und wird in vier kleinen dekorativen Falten aufgebogen. Der Kopf Christi ist auffallend klein, seine linke Gesichtshälfte verkürzt, der Nimbus, ohne Kreuz, ist unregelmäßig eiförmig, die stark abfallenden Schultern sind schmal, die segnende Hand dagegen außergewöhnlich groß, die Unterschenkel kurz. Die Füße sind ganz grob und schematisch gezeichnet.

Die Figur ist ohne jede Vorzeichnung mit breiter Feder oder mit dünnen Pinselzügen großzügig, mit wenigen Strichen und mit einer gewissen Sorglosigkeit um die korrekte Wiedergabe der Details auf das Pergament aufgebracht. Nur bei der rechten Schulter Christi gibt es eine Korrektur. Es handelt sich offensichtlich nicht um eine um Genauigkeit bemühte Kopie (vgl. Kat.Nr. IV.21), sondern um eine schnell gezeichnete Skizze, was freilich nicht bedeuten muß, daß der Zeichner kein Vorbild hatte. Schon die Größe, aber auch die Art der Zeichenweise lassen es als unwahrscheinlich erscheinen, daß wir die Arbeit eines Buchmalers vor uns haben. Viel eher ist an einen Wandmaler zu denken, der zu eigenen Zwecken oder für den Auftraggeber die Christusfigur skizziert hat.

Am rechten Rand des Blattes befindet sich eine rechteckige, dekorative Leiste mit fünf Medaillons. Sie zeigt oben das Brustbild eines Königs mit Laubkrone ohne Nimbus, aber mit schräggehaltenem Szepter (ohne Knauf), darunter einen nach links springenden Löwen, dann einen Heiligen, der heute schlecht erhalten ist und deshalb nicht näher bestimmbar scheint, ein nach rechts springendes Tier mit hocherhobenem Schwanz und unten einen Heiligen mit Nimbus. Die sehr lebendig aufgefaßte Ranke ist mit ihren frei und allenthalben sprießenden Blattendungen und kleinen Trieben, die aus manschettenartigen Stegen hervorwachsen, aber auch ins Innere der Medaillons Abzweigungen entsenden, für eine hochrechteckige Füllung geschaffen, die man sich als senkrechte dekorative Rahmenleiste in der Wandmalerei, aber auch in der Kleinkunst an Goldschmiedewerken oder Elfenbeinarbeiten vorstellen kann.

Eine überzeugende Lokalisierung des Blattes ist trotz vielfacher Bemühungen in der Forschung bisher nicht gelungen, wobei man vorwiegend für die Ranke nach ähnlichen Formen gesucht hat. Der Vergleich mit den von Tieren bevölkerten Medaillonranken des goldenen Antependiums aus dem Basler Dom oder auf der goldenen Schwertscheide im Münsterschatz zu Essen (Kat.Nr. *III.21) verweist nur auf die Gattung solcher Rankenbildung. Hinweise auf die Kunst St. Gallens treffen nur allgemeine Ähnlichkeiten mit den Elfenbeinreliefs des Tuotilo (St. Gallen, Stiftsbibliothek, cod. 60); wirklich konkrete Übereinstimmungen gibt es weder in den Motiven noch in der stilistischen Grundhaltung. Für die Christusfigur führen alle Hinweise auf die Buchmalerei St. Gallens in die Irre. In den Zierleisten der Cathedra Petri, jenes herausragenden Werkes der Elfenbeinkunst, das unter Beteiligung Metzer Schnitzer für Karl den Kahlen gearbeitet und wohl anläßlich seiner Kaiserkrönung 870 dem Papst geschenkt worden ist, spielen die charakteristischen Manschetten in der Rankenbildung keine Rolle; niemals gehen aus ihnen vergleichbare Blütenstengel hervor. Die springenden Tiere finden am ehesten Entsprechungen in der Malerei des sog. Flabellums von Tournus, eines Werkes, das der Metzer Buchmalerei der Mitte des 9. Jahrhunderts außerordentlich nahe steht; doch sind die Ranken dort weniger differenziert, wird bei unmittelbarem Vergleich die viel spätere Entstehung der gezeichneten Ranke sofort deutlich, mag die Lebendigkeit ihrer springenden Tiere auch generell dem Erbe der karolingischen Kunst verpflichtet sein.

Der Gewandstil Christi mit den kantig-gebrochenen Säumen und den seitlich ausschwingenden Tütenfalten, die Art, wie diese fächerartigen Gewandstücke sich senkrecht vom Körper lösen und

IV. 78

wie plastische Formen des Leibes umspielt werden, findet am ehesten eine Entsprechung in der Fuldaer Buchmalerei, etwa bei der stehenden Christusfigur zwischen Engeln im Göttinger Sakramentar (Kat.Nr. IV.20) oder bei den Engeln und der Ekklesia im Festtagslektionar in Aschaffenburg (vgl. Beitrag Kahsnitz, Abb. 13). Die Skizze zeichnet sich freilich durch größere Frische der Formgebung vor aller Fuldaer Malerei aus. Die Schwierigkeiten einer genauen Zuordnung hängen ohne Zweifel damit zusammen, daß wir es nicht mit dem Werk eines Buchmalers zu tun haben und Zeichnungen anderer Künstler sonst nicht überliefert sind.

Das Blatt wurde erstmals 1949 auf der Ausstellung in Bern bekannt gemacht; woher Robert von Hirsch es erworben hatte, ist nicht bekannt. Damals Sammlung Robert von Hirsch, Basel, später Sammlung Dr. Peter und Irene Ludwig, Aachen, dann Los Angeles, The J. Paul Getty Museum.

Ausst.kat. Bern 1949, Nr. 69 (Otto Homburger). – Swarzenski, Monuments, S. 45, Abb. 98. – von Euw/Plotzek, Sammlung Ludwig, Bd. 1, S. 15–18 (Anton von Euw) mit Farbtaf. – Alexander, Illuminators, S. 85, Abb. 132. – Ausst.kat. Hamburg 1998, S. 14f. (Hans-Walter Stork) mit Abb. – Ausst.kat. New York 2000, Nr. 4 (Hans-Walter Stork) mit Farbabb.

R.K.

KÖLN

IV. 79
Siegel Erzbischof Bruns von Köln

Köln, wohl 962
Helles braunes Wachs mit Resten einer Wachswanne, an Urkunde durchgedrückt. – Oberfläche berieben, Gesicht weitgehend zerstört, Umschrift unten nur noch teilweise lesbar.
Dm. 5,2–5,4 cm.
Köln, Historisches Archiv der Stadt Köln, 1 HUA K/3a: 962 Dez. 25

IV. 79

Umschrift: + BRVNO ARC(hie)PISCOPVS.
Brun, der jüngste Bruder Ottos des Großen, war von 953–965 Erzbischof von Köln. Das Siegel zeigt ihn frontal als Büste in Kasel, mit dem erzbischöflichen Pallium und einem Evangelienbuch im Arm, nach den Gepflogenheiten der Zeit noch ohne Mitra. Die Umschrift, die oben mit einem Kreuz beginnt, läuft konzentrisch um das ganze Siegelrund.

Siegelführung der Kölner Erzbischöfe ist seit 941 gesichert, aber möglicherweise schon früher üblich gewesen. Das älteste erhaltene ist das des Erzbischofs Brun an der ausgestellten Urkunde. Daß Bruno einen Siegelstempel besaß, geht auch aus einer Urkunde vom 22. Mai 964 (?) hervor, in dem eine Besiegelung im Text angekündigt wird. In seinem Testament bestimmte er, daß sein Siegel der Abtei St. Pantaleon in Köln zufallen solle; auch sein Typar sollte also nicht, wie später generell üblich, vernichtet werden (vgl. Kat.Nr. IV.67).

Das frontale Bildnis des Erzbischofs kann nur im Zusammenhang mit dem Kaisersiegel Ottos des Großen gesehen werden. Seit seiner Kaiserkrönung am 2. Februar 962 führte Otto statt des bisherigen Profilbildnisses (vgl. Kat.Nr. III.3) eine frontale Büste im Bild, zunächst noch in künstlerisch bescheidener Gestaltung, seit etwa 965 aber in neuer, gestalterisch überzeugender Form, wie sie für seine ganze und seines Sohnes Ottos II. Regierungszeit maßgeblich bleiben sollte (vgl. Kat.Nr. III.4–6). Wie die Königssiegel zeigten auch die wenigen bekannten Bischofssiegel im 9. und 10. Jahrhundert die geistlichen Würdenträger in der Tradition der Gemmensiegel als Profilköpfe. Die Entscheidung für ein „neues Bild des Herrschers" (Keller) war 962 ein politisch motivierter Akt, der einen starken Einschnitt in der Tradition der Siegelführung darstellte. Er erregte ohne Zweifel in den Kreisen Aufsehen, zu denen Erzbischof Brun als Bruder des Kaisers und einer der führenden Bischöfe der Zeit gehörte. Man wird davon ausgehen können, daß Brun, dessen Siegel vor 962 wir nicht kennen, erst im Zusammenhang mit dem Bildwechsel seines Bruders das neue an dieser Urkunde abgedrückte Typar hat anfertigen lassen. Künstlerisch überragt es das erste Frontalbildnis Ottos erheblich, das den Kaiser nur in ganz flacher Figur darzustellen vermochte. Möglicherweise war der bessere Siegelschneider, der dem Erzbischof zur Verfügung stand, auch für seinen Bruder Anlaß, sich noch einmal um eine künstlerisch befriedigendere Form seines neu gewählten Siegelbildes zu bemühen.

Ewald, Rheinische Siegel, Bd. 1, S. 11, Taf. 1, 2. – Zaisberger, Siegelurkunden, S. 283. – Diederich, Siegel der Kölner Erzbischöfe, S. 94f. (Lit.) mit Farbabb.

R.K.

IV. 80
Münzen Erzbischof Bruns von Köln

a) Köln, Denar (Pfennig), 962–965
Vs.: Kreuz mit Kugeln in den Winkeln. OTTO IMP(erator) AVG(ustus).
Rs.: Im Feld dreizeilig S/COLONIA/A [Sancta Colonia Agrippina]. Äußere Umschrift BRVNO ARCHIEP(iscopu)S.
Silber. – Gew. 1,57 g, Dm. 20 mm.

Berlin, Münzkabinett SMPK, Inv.Nr. 1892 Dannenberg (ID 1231)

Dannenberg, Münzen, Bd. 1, Nr. 376. – Hävernick, Münzen, Nr. 50. – Kluge, Münzprägung, Nr. 7.

b) Köln, Denar (Pfennig), 962–965
Vs.: Kreuz mit Kugeln in den Winkeln. OTTO IMP(erator) AVG(ustus).
Rs.: Zweizeilige Inschrift BRVNO/ARCHIEP(iscopu)S.
Silber. – Gew. 1,25 g, Dm. 20,7 mm.

Berlin, Münzkabinett SMPK, Inv.Nr. 1870 Dannenberg (ID 1232)

Dannenberg, Münzen, Bd. 1, Nr. 377. – Hävernick, Münzen, Nr. 56. – Kluge, Münzgeschichte, Nr. 361.

Erzbischof Brun von Köln (953–965) ist der erste Erzbischof, dessen Name auf den Kölner Münzen erscheint. Da unter seinen Nachfolgern erst ab Pilgrim (1021–1036) wieder erzbischöfliche Münzen vorkommen, hat man angenommen, daß Brun seine Münzrechte sowohl seiner hohen Abkunft als Bruder Ottos I. als auch der von ihm bekleideten Stellung eines Herzogs von Lothringen verdankt. Letzteres dürfte dabei entscheidender gewesen sein, denn seine Amtsbrüder, die Metropoliten von Mainz und Trier, haben in der Zeit Ottos I. keine eigenen Münzen vorzuweisen, obwohl der Mainzer Stuhl gleichfalls von einem Mitglied der königlichen Familie, Ottos unehelichem Sohn Wilhelm (954–968), bekleidet wurde.

Die Numismatik hat Brun eine ganze Reihe von Münzen zugeschrieben, die z.T. als sehr zweifelhaft angesehen werden müssen. Als gesichert dürfen die Gepräge gelten, auf denen zugleich Otto I. genannt ist. Da Otto auf diesen Münzen den Kaisertitel trägt, kann die Münzprägung Bruns nur in dem kurzen Zeitraum von 962 (Kaiserkrönung Ottos I.) und 965 (Tod Bruns) erfolgt sein. Die Münzen Bruns sind gegenüber den allein den Namen seines kaiserlichen Bruders tragenden Kölner Münzen (vgl. Kat.Nr. IV.5 b–c) von großer Seltenheit.

Dannenberg, Münzen, Bd. 1. – Hävernick, Münzen. – Kluge, Münzgeschichte. – Kluge, Münzprägung.

B.K.

a

b

IV. 80

IV. 81
Petrusstab

a) Köln: Rom, 4. Jahrhundert (Elfenbeinbekrönung, Holzstab); Toul (?), 8. Jahrhundert (Herzblattmanschetten); Köln, Ende 14. Jahrhundert (Manschette mit Rautengravur); Köln, 16. Jahrhundert (Manschette mit Puttengravur).
Holz; Elfenbein, gedrechselt; Silber, vergoldet. – Gegossen, getrieben, graviert, ziseliert, Filigran. – In den Herzblättern der Metallmanschette die Füllungen aus Filigran und Almandinen (?) großenteils verloren.
L. 143,5 cm, Dm. (Elfenbeinknauf) 9,6 cm.

Köln, Domschatz, Inv.Nr. Clemen 1

b) Limburg: Rom, 4. Jahrhundert (Holzstab); Johann Michael Wilm, 1953 (moderne Fassung). – Holz; Silber vergoldet, Messing vergoldet, roter Samt, Bergkristalle, Smaragde, Elfenbein gefärbt. – Stab: L. ca. 135 cm, Dm. oben 2,5 cm; Fassung: L. 162 cm, Dm. Knauf 5,5 cm.

Limburg, Domschatz

c) Prag: Rom, 4. Jahrhundert (Holzstab); Prag, wohl 1354 (Goldhülle). – Holz; Silber vergoldet. – H. 19 cm.

Prag, Metropolitní Kapitula v Praze, Inv.Nr. K225

„Mit welchem Eifer, mit welcher Glut und mit welcher Freude er den Stab und die Kette des hl. Petrus nach Köln brachte, jenen aus Metz, diese aus Rom, das wissen alle" (Ruotger, Vita Brunonis, c. 31). Mit diesem Bericht Ruotgers, des Biographen des Kölner Erzbischofs Brun (953–965), Bruder von Kaiser Otto I., wird erstmals das bedeutendste Heiltum des Kölner Doms bis zur Erwerbung der Reliquien der Heiligen Drei Könige im Jahre 1164 erwähnt. Die noch heute im Kölner Domschatz erhaltene Reliquie besteht aus einem Holzstab, der im oberen Teil mit aus verschiedenen Zeiten stammenden Metallmanschetten verkleidet ist. Er endet in einer Elfenbeinbekrönung, die sich aus einem balusterförmigen, von Schaftringen begleiteten Sockelstück und einer abschließenden Kugel zusammensetzt. Über die Erwerbung des Stabes, seine Geschichte und seine liturgische und kirchenpolitische Bedeutung sind wir durch zahlreiche Quellen und seine wissenschaftliche ungewöhnlich gut unterrichtet, während die Kunstgeschichte das vermeintlich künstlerisch anspruchslose Objekt vernachlässigt hat.

Für die Kölner Kirche hatte Bruns Erwerbung in mehrfacher Hinsicht überragende Bedeutung. Die Kölner Bischofskirche war nachweislich seit Mitte des 7. Jahrhunderts dem Apostelfürsten Petrus geweiht, und dieses Patrozinium wurde über mehrere Neubauten bis heute beibehalten. Unmittelbare Auswirkung hatte die Reliquientranslation auf die Architektur des Vorgängerbaus der gotischen Kathedrale, den karolingischen „Alten Dom". Ruotger berichtet nämlich auch, daß Brun den Alten Dom erweitern ließ. Möglicherweise bezieht sich dies auf die nachgewiesene Anfügung von zwei Seitenschiffen, so daß der Alte Dom nun, wie die konstantinische Peterskirche in Rom, ein fünfschiffiges Langhaus besaß. Der enge Anschluß der Kölner Kirche an Rom hätte somit in der Architektur der Bischofskirche und im Besitz eines vermeintlich von Petrus selbst stammenden „Amtszeichens", des Petrusstabes, sichtbaren Ausdruck gefunden. Es scheint, daß Brun mit der Überführung des Petrusstabes aus Metz nach Köln darüber hinaus die apostolische Sukzession der Kölner Bischöfe und Erzbischöfe untermauern wollte.

Ob auch schon in dieser Zeit eine Gründung des Kölner Bistums durch einen Gesandten des hl. Petrus behauptet werden sollte, ist nicht zu klären. Jedenfalls ist die politische und kirchenpolitische Absicht, für die der Stab sichtbares Unterpfand war, deutlich. In der Konkurrenz der Erzbistümer Mainz, Trier und Köln um die Vorrangstellung im Reich war der „Beweis" einer frühen, letztlich auf Petrus zurückgehenden Gründung ein gewichtiges Argument. Eine Rolle mag auch gespielt haben, daß die Machtfülle des Kölner Erzbischofs und damit die Bedeutung des Erzbistums durch die Ernennung Bruns zum Herzog von Lothringen durch seinen Bruder Otto I. und mit seinem Amtsantritt als Kölner Metropolit im Jahre 953 erheblich gewachsen war. Die Reaktion aus Trier folgte schnell. Bald nach 960 wurde in Trier die Vita der hl. Eucharius, Valerius und Maternus niedergeschrieben. In ihr wird behauptet, daß diese von Petrus ausgesandt wurden, um den Norden zu missionieren. Maternus sei auf der Reise gestorben, aber von seinen Gefährten, die nach Rom zurückgekehrt seien und den Stab von Petrus erhalten hätten, wieder zum Leben erweckt worden. Maternus sei dann, nach Eucharius und Valerius, dritter Bischof von Trier gewesen. Eucharius und Valerius sind tatsächlich als die ersten Trierer Bischöfe im 3. Jahrhundert überliefert. Maternus jedoch war Bischof von Köln im frühen 4. Jahrhundert (313 u. 314 bezeugt). Der literarisch formulierte Besitzanspruch des Trierer Historiographen zeigt, welche Bedeutung dem Petrusstab in der Primatsfrage der beiden Erzbistümer zugemessen wurde. In späterer Zeit wurde die Trierer Legendenerzählung dann einfach für Köln adaptiert, immerhin mit dem wahren Kern, daß Maternus erster Kölner Bischof war.

Die Bemühungen Triers um die Erlangung des Stabes hatten teilweise Erfolg. Der Kölner Erzbischof Warin überließ 980 dem Trierer Amtsbruder Egbert auf Drängen Ottos II. einen Teil des Holzstabes, allerdings nicht die obere Hälfte mit der Metallmanschette und der elfenbeinernen Bekrönung. Egbert ließ für die Reliquie die heute im Limburger Domschatz aufbewahrte goldene Hülle anfertigen, deren Inschrift nochmals die Euchariuslegende wiederholt und berichtet, daß der Stab ursprünglich der Trierer Kirche gehört habe, aber vor den Hunnen mit dem Trierer Schatz nach Metz geflüchtet worden sei, wo Brun ihn sich dann angeeignet habe. Das Bildprogramm der Trierer Stabhülle läßt keinen Zweifel an den kirchenpolitischen Absichten aufkommen, die sich mit dem Besitz des Petrusstabes verbinden. Dargestellt sind Päpste und Trierer Bischöfe, deren Reihe bis auf Petrus zurückreicht, also die apostolische Sukzession der Trierer Metropoliten aufzeigt. Die in der Inschrift erwähnte angebliche Flüchtung des Stabes nach Metz soll den Widerspruch zwischen der Erwerbung des Stabes durch Brun in Metz und dem Trierer Besitzanspruch auflösen.

Der wahre Kern der Trierer Legendenerzählung ist also, daß sich der Petrusstab 953 in Metz befand. Alles andere ist erfundene Reaktion auf die Inbesitznahme durch Brun und die damit verbundenen Primatsansprüche der Kölner Erzbischöfe. Wie eine spätere Überlieferung bezeugt, war er um 930 im Besitz des Bischofs Gauzelin von Toul. Nach Toul wiederum sei er als Geschenk des hl. Petrus an Mansuetus, den ersten Bischof von Toul gelangt. Wenn hier auch, wie in Köln und Trier und wahrscheinlich als Reaktion auf die dort niedergeschrieben Erwerbungslegenden, die Petrusschenkung und die damit verbundene apostolische Bistumsgründung eingebracht werden, so scheint doch der erste einigermaßen sicher anzunehmende Aufenthaltsort des Petrusstabes Toul gewesen zu sein. Wann er dorthin gelangte, ist nicht zu klären. Da das Bistum Toul jedoch eine Gründung des späten 4. oder frühen 5. Jahrhunderts ist, könnte der Stab durchaus schon in dieser Zeit nach Toul gelangt sein.

Da weitere Quellen zu dem Stab fehlen, kann nur die Betrachtung seiner Schmuckformen dabei helfen, seine Geschichte vor der ersten Erwähnung um 930 zu klären. Der älteste Teil ist zweifellos die Elfenbeinbekrönung, die schon immer als Teil eines spätantiken Konsularstabes, also einer kaiserlichen Herrscherinsignie bezeichnet wurde. Eine mittelalterliche Entstehung der Elfenbeinbekrönung ist unwahrscheinlich. Es käme nur die Zeit zwischen dem späten 8. Jahrhundert und der Erwerbung durch Brun 953 in Frage. Zwar tauchen solche Stäbe auf Bildern karolingischer und ottonischer Herrscher auf, doch handelt es sich hierbei wohl bildlich um die Übernahme einer solchen Insignie aus spätantiken Konsulardiptychen. Auch der Befund am Stab selbst spricht dagegen. An der Oberseite der Kugel ist eine kreisförmige Einkerbung zu sehen und einige mit Holzdübeln verschlossene Löcher, die zeigen, daß die Kugel ursprünglich einen Aufsatz trug. Vielleicht handelte es sich dabei um eine kleine Kaiserbüste, wie sie auf vielen antiken Konsulardiptychen als Stabbekrönung vorkommt. Die Elfenbeinbekrönung des Petrusstabes ist somit der Rest des einzigen erhaltenen antiken Konsularstabes.

IV. 81 a

zu IV. 81 b

IV. 81 b

Die vergoldeten Metallmanschetten, die zwischen dem Elfenbeinaufsatz und dem Holzstab vermitteln, sind offensichtlich zu verschiedenen Zeiten entstanden. Ältester Teil ist das Mittelstück, das aus einem gedrückten Nodus und zwei Reihen von gegenständigen Herzblättern besteht. In den Zwickeln zwischen den Herzblättern sitzen kleine Pfeilblätter, deren Stiele aus den Randstegen hervorwachsen. Solche Efeuranken gehören schon in antiker Zeit zum beliebtesten Ornamentrepertoire und sind im gesamten römischen Einflußgebiet und in allen Kunstgattungen verbreitet. Überblickt man die Entwicklung des Ornamentmotivs bis in frühmittelalterliche Zeit, so sind zwei gegensätzliche Ausprägungen zu erkennen: zum einen die naturalistische Rankenform antiker Tradition, wie sie etwa noch bei den im 7. Jahrhundert entstandenen Schrankenplatten aus St. Peter in Metz oder als beliebtes Rahmenornament in der Buchmalerei bis zum 9. Jahrhundert vorkommt, zum andern die geometrische Herzform, die seit merowingischer Zeit als Fassung für Almandineinlagen diente, wie etwa beim um 450 n. Chr. entstandenen Schwert von Altlussheim (bei Oberhausen). Solche aneinandergereihten abstrakten Herzformen finden ebenfalls Eingang in die karolingische und ottonische Kunst, etwa als Rahmenmotive in der Buchmalerei der Ada-Gruppe oder als Schmuckmotiv in der Trierer ottonischen Goldschmiedekunst der Zeit Erzbischof Egberts. Beim Petrusstab sind beide Ornamenttraditionen verbunden. Die Efeuranke ist zwar noch erkennbar, doch es dominiert die geometrische Herzform. Tatsächlich dienten die Herzblätter als Fassung für Schmuckfüllungen, die aber bis auf zwei Plättchen mit Filigranschmuck verloren sind. Ob ursprünglich auch Almandine im Wechsel mit Filigranen in den Fassungen saßen, läßt sich nicht mehr feststellen.

Die charakteristische Verbindung zweier Ornamenttraditionen, der antik naturalistischen und der abstrakten der Völkerwanderungszeit bei den Metallmanschetten des Petrusstabes, hat ihre besten Parallelen in der frühkarolingischen Ornamentik. Auch das geometrisierte, aber doch an Streumuster erinnernde Filigran steht fränkischem Filigranschmuck wie etwa auf der Scheibenfibel aus Wittislingen (Kr. Dillingen) aus dem 7. Jahrhundert noch näher als den klassizistischen Ornamentformen der mit dem karolingischen Hof verbundenen Kunst des 9. Jahrhunderts. Die eigentümlich gedrückte Form des Nodus mit dem mittleren eingelegten Silberband hat eine unmittelbare Parallele in dem Nodus des aus Paris stammenden frühkarolingischen Grimfriduskelches in Washington, D.C.

Alles deutet also darauf hin, daß die mittleren Metallmanschetten des Petrusstabes in der zweiten Hälfte des 8. Jahrhundert entstanden sind. Entstehungsort wäre dann Toul, wo sich der Stab ja nach späterer Überlieferung bis zu seiner Schenkung nach Metz durch Bischof Gauzelin um 930 befand.

Falls Datierung und Lokalisierung zutreffen, wäre mit der Metallfassung des Petrusstabes ein bedeutendes Werk der Goldsschmiedekunst aus der Umbruchzeit zwischen merowingischer und karolingischer Kunst gewonnen, das zudem in einer Region entstanden ist, die zu den Kernbereichen der kirchlichen und weltlichen Neuorganisation im Frühmittelalter gehörte.

Demgegenüber treten die übrigen Teile der Metallfassung des Stabes an künstlerischer und historischer Bedeutung zurück. Den unteren Abschluß bildet eine glatte Manschette, die mit drei schmalen, gravierten Ornamentbändern geschmückt ist. Einfache Rautenformen mit Blattfüllungen im Wechsel mit Dreiecken mit Kreuzschraffur deuten auf eine Entstehung dieses Teils im 14. Jahrhundert oder frühen 15. Jahrhundert hin. Vielleicht hängt diese Ergänzung mit der Anfertigung der gotischen Hülle für den Petrusstab zusammen, die auf dem Pilgerblatt des Kölner Domschatzes von 1671 dargestellt ist und die in der Säkularisation unterging. Wahrscheinlich im 16. Jahrhundert wurde der obere Schaftring mit seiner anspruchslosen Blatt- und Puttenkopfgravur angefügt, ohne daß ein Anlaß dafür erkennbar wäre.

IV. 81 c

Für die Trierer Petrusstab-Reliquie ließ Erzbischof Egbert 980 eine Fassung erstellen, die zu den

Höhepunkten ottonischer Goldschmiedekunst gehört. Der Rang der Reliquie rechtfertigte die Ausstattung mit kostbarsten Materialien. Das Reliquiar wurde wohl nicht als Bischofsstab im eigentlichen Sinne verwendet, sondern eher wie eine Insignie hochmittelalterlicher Herrschaftslegitimation der Trierer Erzbischöfe.

Als Folge der Säkularisation von 1803 gingen Reliquie und Reliquiar in das Eigentum der Herzöge von Nassau über. Als deren Vermächtnis gehörten sie seit der Gründung des Bistums Limburg 1822 bzw. 1827 zu dessen Domschatz. Konservatorische Gründe führten 1953 zur Fertigung eines neuen Stabreliquiars, das sich in Form und Schmuck bewußt am Petrusstab-Reliquiar des Kölner Domschatzes orientiert. Die Reliquie ist am Halsring durch drei kleine Kristallplättchen sichtbar gemacht. Bis heute wird dieses neue Stabreliquiar am Fest Peter und Paul im Limburger Dom bei der Liturgie als Bischofsstab benutzt.

Die herausragende kirchenpolitische Bedeutung des Petrusstabes als Zeichen des durch Petrus legitimierten Bischofsamtes machte sich noch im 14. Jahrhundert einer der eifrigsten Reliquiensammler des Mittelalters zunutze. Kaiser Karl IV. erhielt 1354 in Trier ein 19 cm langes Stück des dort aufbewahrten Teils des Stabes und fügte es in dem im Prager Veitsdom aufbewahrten Bischofsstab des 997 ermordeten hl. Adalbert ein, des zweiten Bischofs des Bistums Prag. Die Reliquie ist noch erhalten, allerdings in einer späteren Silberfassung. Sie zeigt im Mittelteil gotische Lanzettfenster mit Maßwerkfüllung, durch die die Reliquie sichtbar ist. Die phantastischen Maßwerkformen erinnern an die im böhmischen Raum verbreitete barocke Nachgotik, gehören also wahrscheinlich erst dem 17. Jahrhundert. an.

Clemen, Dom zu Köln, S. 333–335 (Fritz Witte, ältere Lit.). – Ewig, Tradition. – Achter, Kölner Petrusreliquien. – Westermann-Angerhausen, Egbertwerkstatt. – Schulten, Domschatz, S. 13, Nr. 6. – Ausst.kat. Köln 1985, Bd. 2, E 21 (Rolf Lauer). – Westermann-Angerhausen, Spolie. – Ausst.kat. Hildesheim 1993, Bd. 2, IV-52 (Arne Effenberger). – Ronig, Egbert, Bd. 1, Nr. 43 (Arne Effenberger). – Bauer, Lotharingien, S. 342–465.

R.L. / G.H.

IV. 82
Maiestas Domini

Köln, 960–980
Elfenbein. – H. 21 cm, B. 12 cm, T. 0,7 cm.
Darmstadt, Hessisches Landesmuseum, Inv.Nr. Kg 54:209

Nach Ausweis der vier alten Befestigungslöcher diente diese Platte ursprünglich als Deckelschmuck eines Evangeliars. Die Hauptelemente des Bildschmucks innerhalb eines solchen Evangeliars sind hier auf der Außenseite in flachem Relief wiederholt. Im Zentrum ist die Maiestas Domini dargestellt, der auf dem Weltenrund thronende, von einer Mandorla umgebene Christus. Seine Rechte ist segnend erhoben, in der Linken trägt er das Buch des Lebens. Er ist umgeben von Darstellungen der vier Evangelisten mit ihren Symbolen. Die Evangelisten sind in unterschiedlichen Stadien des Schreibens in verschiedenen Körperhaltungen erfaßt, sie tragen keinen Heiligenschein und in den vor ihnen liegenden Büchern ist der Beginn des jeweiligen Evangeliums lesbar. Schreibpulte und Sessel sind von Evangelist zu Evangelist leicht variiert, die Hintergründe sind durch Vorhänge begrenzt. Die Halbfiguren der Evangelistensymbole, die frontal das Evangelium vorzeigen und sich der Maiestas im Zentrum zuwenden, sind in Halbkreise eingepaßt, die oberen zu Füßen, die unteren über dem Haupt des zugehörigen Evangelisten. Diese vier halbrunden Bildfelder sind durch einen schmalen Balken horizontal getrennt. Die Evangelisten ihrerseits sind vertikal durch einen dreimal so breiten, an den Seiten abgeschrägten Balken getrennt, so daß sich eine kreuzförmige Struktur ergibt, deren Zentrum die Maiestas bildet. Auf den Balken sind vier Attributionen Christi als Inschrift angegeben: LUX REX LEX PAX („Licht, König, Gesetz, Friede"). Gedanklich basieren sie auf Is 9,2,6 und 7, die im Introitus der zweiten Weihnachtsmesse aufgenommen sind, und vermutlich auf der inhaltlichen Ausrichtung der einzelnen Evangelien. So wird das himmlische Königtum Christi in einem Wortspiel charakterisiert, ähnlich dem etwas später am Niederrhein entstandenen Tragaltar in Darmstadt (Inv.Nr. Kg 54:221) mit den Figurengedichten *Rex/Lex* und *Dux/Lux*.

Das sehr flach ausgeführte Relief zeigt deutlich zahlreiche Unsicherheiten des Schnitzers: Die Halbkreisrahmen der Evangelistensymbole sind unregelmäßig, die Mandorla seitlich verzogen, und

IV. 82

Christus sitzt nicht auf, sondern vor seinem Thron. Unter anderem diese Unsicherheiten mögen Hermann Schnitzler dazu bewogen haben, in dem Relief eine Umsetzung einer Vorlage aus einem anderen Medium zu sehen. In der Tat stimmen die Evangelistenbilder eines Evangeliums aus St. Amand (Köln, Schnütgen-Museum, Inv.Nr. G 531), um 860 bis 880 entstanden, besonders die Evangelisten Johannes und Matthäus, weitgehend mit den Darstellungen der Elfenbeintafel überein. Neben solchen frankosächsischen Vorbildern müssen jedoch auch Vorbilder aus der Produktion der Hofschule Karls des Kahlen verfügbar gewesen sein, auf die sowohl die Maiestasdarstellung dieses Reliefs als auch die des gegen Ende des Jahrtausends in Köln entstandenen Evangeliars aus

St. Gereon (Köln, Historisches Archiv, Cod. W 312) mit der nur den Oberkörper Christi umfangenden, spitzovalen Mandorla formal zurückgehen. Anton von Euw sah dagegen eher einen heute verlorenen, franko-sächsischen Buchdeckel mit Elfenbeinschmuck als mögliches Vorbild. Obwohl aus der spätkarolingischen Zeit keine vergleichbaren Maiestas-Kompositionen als Elfenbeinrelief bekannt sind – allenfalls eine etwas ältere Maiestas auf dem Codex lat. 323 der Pariser Bibliothèque nationale (Goldschmidt, Bd. 1, Nr. 71a) zeigt eine vergleichbare Gestaltung der Mandorla um den Oberkörper Christi – erweist doch zum Beispiel die Komposition des Codex Aureus aus St. Emmeram (München, Bayerische Nationalbibliothek, Clm 14000) von 870, daß es zumindest in Treibarbeit mögliche Vorbilder aus der Zeit Karls des Kahlen für das Darmstädter Maiestasrelief gegeben haben muß.

Mögliche Zwischenschritte von solchen karolingischen Vorbildern zu den ältesten Kölner Elfenbeinreliefs aus der zweiten Hälfte des 10. Jahrhunderts sind nicht bekannt. Beziehungen der Maiestastafel bestehen zu einem Buchdeckel im Kölner Museum für Angewandte Kunst (Inv.Nr. B 2) mit Jesus im Kreis der Apostel und einer Tafel mit dem thronenden Christus und den hl. Viktor und Gereon im Schnütgen-Museum Köln (Kat.Nr. IV.83). Die Tafel mit Christus und Apostel weist eine weitgehende Übereinstimmung in den parallelen, schematischen Faltenverläufen, den Gewandsäumen, der Gesichtsbildung und dem flachen Relief mit der Darmstädter Tafel auf. Besonders die Gestalt Christi ist so ähnlich gestaltet, daß Anton von Euw sogar vom selben Bildschnitzer ausgeht. Das Archaische und Ungelenke der Darmstädter Maiestas ist allerdings nicht mehr so ausgeprägt, so daß eine etwas spätere Entstehung der Christus- und Aposteltafel anzunehmen ist. Selbst auf der erst um 1000 in Köln entstandenen Viktor- und Gereontafel im Schnütgen-Museum sind, wenn auch in ungleich höherer Qualität, noch einzelne Elemente der Maiestas-Tafel wiederzufinden (Kat.-Nr. IV.83). So bleibt die Form von Mandorla und Weltenthron in der älteren Tradition; auch erinnert die Gesichts- und Faltenbildung bei einigen der Heiligen im unteren Bereich noch entfernt an die Darmstädter Tafel. Die die Vertikale betonende Säule als Basis des Weltenthrons hat ein wenn auch weniger akzentuiertes Gegenstück in dem breiteren Balken mit der Lux/Lex-Inschrift hinter der Maiestas. Selbst Unsicherheiten in Details der Gestaltung sind noch erkennbar, etwa die überlangen Arme von Viktor und Gereon und das etwas hilflos auf dem Schoß Christi abgelegte Buch des Lebens.

So führt die Entwicklung der von karolingischen Vorbildern ausgehenden Kölner Elfenbeinschnitzerei von tastenden Versuchen innerhalb weniger Jahrzehnte zu plastischen und höchst qualitätvollen Arbeiten.

Goldschmidt, Elfenbeinskulpturen, Bd. 2, Nr. 72 (Lit.). – Schnitzler, Kölner Elfenbeinplastik. – Ausst.kat. Essen 1956, Nr. 455 (Victor H. Elbern). – Elbern, Erstes Jahrtausend, Tafelbd., Nr. 360. – Ausst.kat. Köln 1964, Nr. 8 (Hermann Schnitzler) (Lit.). – Ausst.kat. Köln 1972, Bd. 1, Nr. E 8 (Anton von Euw). – Ausst.kat. Frankfurt 1976/77, Nr. 11. – Ausst.kat. Darmstadt 1986, Bd. 2, Nr. 294 (Wolfgang Christian Schneider). – Schneider, Symmetrien, S. 206–208. – von Euw, Handschriften des Schnütgen-Museums, S. 24.

Th.J.

IV. 83
Buchdeckel mit Christus und den Heiligen Victor und Gereon

Köln, um 1000
Elfenbeinrelief, Eichenholz, Kupferblech vergoldet, Filigran, mit leeren Fassungen für Edelsteine und Emails (12. Jahrhundert).
Elfenbein; H. 17,7 cm, B. 9,8 cm; Rahmen H. 32 cm, B. 22,5 cm.
Köln, Museum der Stadt Köln, Schnütgen-Museum, Inv.Nr. B 98

Seltsam mutet die Kostbarkeit und die feine Schnitzarbeit des Elfenbeins in seinem später zugefügten Rahmen an. In der groben Filigranarbeit sind Felder abgeteilt, die an den Ecken des Elfenbeins nicht sauber aufeinanderstoßen. Wahrscheinlich mußte der Rahmen für das schon vorhandene Elfenbein passend gemacht werden. Getriebene Halbkugeln aus versilbertem Kupfer nehmen die Stelle von kostbaren Perlen ein. Von den jetzt leeren Fassungen waren die runden und ovalen wohl für Edelsteine, die viereckigen vermutlich für Emailplättchen gedacht. Es entsteht der Eindruck, daß die außerordentliche Elfenbeinarbeit, um das Jahr 1000 geschnitzt, rund anderthalb Jahrhunderte später in ihren jetzigen Rahmen versetzt wurde, vielleicht als Deckelschmuck für ein liturgisches Buch,

IV. 83

das in der Abtei St. Gereon in Gebrauch war. Offenbar war die Tafel für die Geschichte und den Kult des Gereonsklosters zu Köln wichtig genug, um sie über die Zeiten zu retten. Die bewegte Geschichte dieses Elfenbeins geht aber noch weiter in die Vergangenheit zurück; es ist nämlich gleich zweimal für eine eindrucksvolle Darstellung Christi als siegreichen Herrscher benutzt worden. Die jetzige Rückseite der fast bis zum Durchbruch beschnitzten, leicht abgeschliffenen Platte läßt noch eine thronende Christusgestalt zwischen den Apostelfürsten Petrus und Paulus erkennen. Dieses Bildwerk, im 6. Jahrhundert von einem byzantinischen Schnitzer geschaffen, war wahrscheinlich schon lange im Besitz der uralten Kölner Gedächtnisstätte der thebäischen Soldatenmärtyrer Victor und Gereon. Sie gehören zu einem großen Kreis von Heiligen, die vor allem in dem 515 vom Burgunderkönig Sigismund gegründeten Kloster St. Maurice d'Agaune im Rhonetal, aber auch in Bonn, Trier und Köln verehrt wurden. Nachrichten aus der Zeit um 450 zufolge soll eine ganze römische Legion in den Jahren 286 oder 303 einen Befehl des Kaisers Maximian verweigert haben, die Christen zu verfolgen. Statt dessen bekannten sie sich selbst zum Christentum, worauf sie den Märtyrertod erlitten. Die Soldaten kamen aus der Thebais in Ägypten, deshalb spricht man von den „thebäischen Märtyrern".

Um die Jahrtausendwende standen die Soldatenheiligen Victor und Gereon zusammen mit ihrem Anführer Mauritius beim sächsischen Kaiserhaus in hohem Ansehen. Damals wurde die byzantinische Elfenbeintafel umgedreht, um ein neues Bildwerk aufzunehmen, das direkten Bezug zu den Patronen der Kölner Gereonsabtei hatte. Zwei Engel tragen den gestirnten Himmelskreis, vor dem Christus erscheint. Er sitzt auf der runden Weltensphäre und setzt seine Füße auf den Erdenball, der auf einer Säule ruht. Hinter dieser Erscheinung Christi stehen uralte Vorstellungen von der römischen Siegesgöttin Viktoria, die auf einer Säule über der Weltkugel schwebt. Ihren Platz nimmt hier nun der siegreiche Himmelskönig ein, der den Tod bezwungen hat und das Buch des Lebens in seinem Schoß trägt. Zu ihm treten Victor und Gereon als Anführer der ganzen Schar von palmentragenden Märtyrern in eine vielschichtige Beziehung. Ihre Namen sind in die Heiligenscheine hinter den Soldatenhelmen eingeschrieben. Sie schauen zu Christus auf, der ihre Köpfe segnend berührt und sie so in seine himmlische Sphäre hineinnimmt. In einem Gestus der Demut und der Huldigung berühren beide Heiligen mit ihren Händen die Füße Christi auf der Weltkugel und sind auf diese Weise auch der irdischen Sphäre und der Schar ihrer Gefährten verbunden.

Die Beeinflussung durch byzantinische Vorbilder zeigt sich in der durchdachten und phantasievollen Wiederverwendung alter Bildformeln ebenso wie im eleganten Stil der meisterhaften Elfenbeinschnitzerei.

UB Stift St. Gereon, S. 453. – Goldschmidt, Elfenbeinskulpturen, Bd. 2, Nr. 47. – Volbach, Elfenbeinarbeiten, Nr. 136. – Schnitzler, Schatzkammer, Nr. 23. – Steenbock, Prachteinband, Nr. 45. – Ausst.kat. Köln 1972, Nr. E 10 (Anton von Euw). – Ausst.kat. Köln 1985, Bd. 2, Nr. E 32 (Jörg-Holger Baumgarten). – Schneider, Christus Victor. – Ausst.kat. Hildesheim 1993, Bd. 2, Nr. IV-55 (Rainer Kahsnitz).

H.W.-A.

IV. 84, fol. 28r

IV. 84
Psalter mit Kommentar

Köln, 993–996
Pergament, 184 Blätter. – Zeichnung in Rot.
Einband aus Pergament über Pappe, 18. Jahrhundert.
H. 34,6 cm, B. 25,8 cm.
Köln, Erzbischöfliche Diözesan- und Dombibliothek, Dom Hs. 45

Die Handschrift enthält in großer brauner Schrift, in der jeweils inneren Spalte geschrieben, den Text der Psalmen und der üblicherweise in Psalterhandschriften angefügten Cantica, die Glaubensbekenntnisse und eine Litanei. Voraus geht ein Kalendar (fol. 8r–-15v). Die äußeren Spalten sowie die oberen und unteren Ränder des Psalterteils und einiger Cantica sind durch in überwiegend roter, deutlich kleinerer Schrift geschriebene Kommentartexte gefüllt, deren Autoren bisher jedoch nicht alle bestimmt werden konnten.

Im Kalendar werden neben einigen süddeutschen zahlreiche Kölner Heilige genannt: Pantaleon, Gereon, Severin, Kunibert, Ursula, außerdem das Fest des hl. Liudger in Werden, das des hl. Florentius in Koblenz. Wichtig scheint eine Weihenotiz zum 4. Juli *Translatio et ordinatio et dedicatio basilicis* (!) *magni S. Martini episcopi*, worunter nur die Kirche Groß St. Martin verstanden werden kann, an der Erzbischof Brun zunächst ein Kollegiatsstift gegründet hatte, das später aber als Benediktinerabtei bestand. Der Psalter dürfte für diese Kirche bestimmt, vielleicht auch dort entstanden sein.

Für die Datierung wichtig ist vor allem, daß einerseits das Fest des 993 vom Papst heiliggesprochenen Ulrich von Augsburg vom ursprünglichen Schreiber eingetragen worden ist, daß andererseits die Litanei eine Bitte für König Otto enthält *et Oddonem regem perpetua prosperitate conservare digneris*, („und mögest Du König Otto in beständigem Gedeihen erhalten"), womit nach 993 nur Otto III. gemeint sein kann, der von 983–996 König und anschließend bis 1001 Kaiser war. Der Psalter dürfte also in den Jahren 993–996 entstanden sein.

Die Handschrift enthält als Buchschmuck sechs mennigfarbige, gerahmte Felder mit Zierbuchstaben (Abb.), zu denen später in geringerer Qualität noch zwei weitere hinzugefügt wurden. Sie zeichnen die liturgisch wichtigen Psalmen aus, mit denen die Matutin des Breviergebets an den Wochentagen begann, also Psalm 1, 26, 38, 68, 80, außerdem Psalm 109 und 114 als Beginn der Vesperpsalmen am Sonntag und Montag. Das System ist nicht konsequent durchgeführt worden, auch Psalm 101 ist durch ein Initialfeld geschmückt.

Man hat die Initialmalerei mit ihrem dicht verknoteten Flechtwerk aus riemenartigen Bandranken mit kleinen Knospenabzweigungen aus St. Gallen ableiten, ja die Handschrift dorthin lokalisieren wollen. Doch sind die Formen dafür zu unspezifisch, begegnen ähnliche Bildungen allenthalben in ottonischer Zeit, so daß bei der eindeutigen Evidenz, die der Kalender bietet, doch zunächst an Köln als Entstehungsort zu denken ist. Zu der sich im 11. Jahrhundert entwickelnden großen ottonischen Buchmalerei in Köln bestehen jedoch keine Verbindungen.

Der Psalter dürfte aus St. Martin stammen und zu einem unbekannten Zeitpunkt in die Dombibliothek gelangt sein.

Plotzek, Initialmalerei, S. 110–112, Abb. 14–19. – Ausst.kat. Köln 1985, Bd. 1, Nr. C 14 (Anton von Euw). – Hoffmann, Buchkunst, S. 466. – Kottje, Schreibstätten, S. 155 u. 160, Abb. 5. – Ausst.kat. Köln 1998, Nr. 40 (Joachim M. Plotzek, Lit.) mit Farbabb.

R.K.

KAPITEL V

Magdeburg – „Die königliche Stadt"

HANDELSPLATZ

V. 1
Diedenhofener Kapitular Karls des Großen

Kloster Weißenburg (Elsaß), erste Hälfte 9. Jahrhundert
Pergament, 63 Blätter. – H. 18,5 cm, B. 12 cm.

Wolfenbüttel, Herzog August Bibliothek, Cod. Guelf. 50.2 Aug. 4°, fol. 55v

Das von Karl dem Großen im Jahre 805 bei einem Aufenthalt in seiner Pfalz Diedenhofen (Thionville) erlassene Reformkapitular ist einer seiner bedeutendsten Erlasse dieser Art und hat die Form eines Capitulare missorum, d. h. es handelt sich um eine Anweisung an die Königsboten, die *missi dominici*. Das Diedenhofener Kapitular enthält die erste Erwähnung Magdeburgs als *Magadoburg* (Nr. 43, c. 7; Abb.) und die Information, daß dort ein Beauftragter des Königs namens Aito saß, der vor allem den Handel mit den Gebieten rechts der Elbe überwachen sollte. Karl hatte das Gebiet an der Mittelelbe seit ca. 784 für die Franken durch Stützpunkte gesichert. Magdeburg wurde als Grenzort zu den slawischen Gebieten ein wichtiger Stapelplatz für die Fernhändler, wenn auch erst die Liudolfinger eine endgültige Stabilisierung der Region erreichten.

Das Kapitular schärft ein, daß keine Waffen in die slawischen Gebiete exportiert werden dürfen und daß der Handel nur an bestimmten, namentlich genannten Plätzen, darunter eben Magdeburg, stattfinden sollte.

Die Wolfenbütteler Handschrift ist einer von 24 Codices, die das Diedenhofener Kapitular ganz oder teilweise überliefern, denn es handelt sich eigentlich um zwei Kapitularien, nämlich das 'Capitulare mere ecclesiasticum' und das 'Capitulare generale', letztere enthält das erwähnte Waffenexportverbot und Handelsbeschränkungen. Nach Mordek handelt es sich bei dem Wolfenbütteler Codex um eine „typische Gebrauchshandschrift in kleinem handlichem Format". Außer Kapitularien Karls enthält die Weißenburger Handschrift auch eine 'Lex salica'.

Duplex Capitulare Missorum, Nr. 43 u. 44.

Claude, Erzbist. Magdeburg, Bd. 1, S. 4f. – Verhulst, Art. Kapitular. – Mordek, Bibliotheca, S. 918–920.

M.H.

V. 2
Mittelalterlicher Siedlungkomplex am Johanniskirchhof

In den letzten Sätzen seiner Sachsengeschichte erwähnt Widukind von Corvey die Stadt Magdeburg, wo Otto der Große seine letzte Ruhestätte gefunden hat, als „Stadt, die dieser selbst herrlich hat erbauen lassen" (Widukind III, c. 76). Besonderes Interesse der Forschung seit 1876 hat dementsprechend der Dom und der Domplatz gefunden, die „Keimzelle" der frühmittelalterlichen Elbmetropole, unter dem die karolingerzeitliche Befestigung und die ottonische Pfalz mit ihren Kirchen und profanen Gebäuden verschüttet liegen.

Im Gegensatz zu den bis heute andauernden, hitzigen Diskussionen über die Pfalz finden die außerhalb des Dombereichs durchgeführten Flächengrabungen und Notbergungen kaum Beachtung. Auch die übrigen Areale der Magdeburger Altstadt bergen eine erstaunlich reiche archäologi-

V. 1, fol. 55v (Ausschnitt)

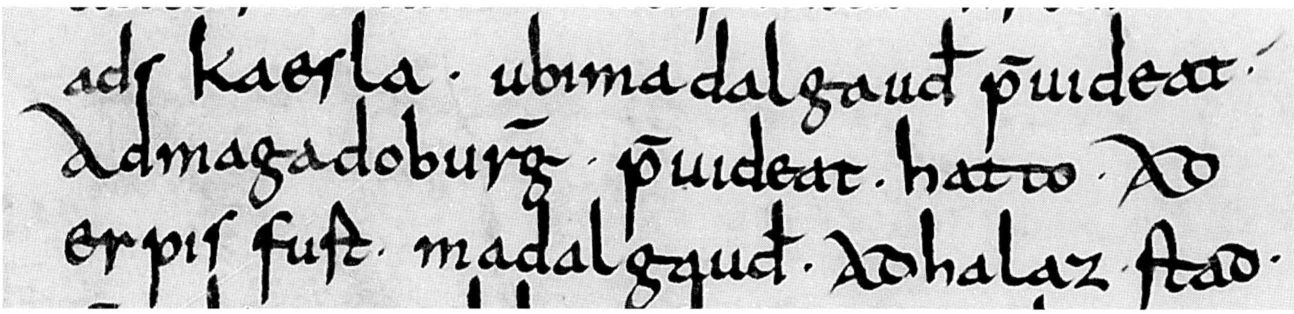

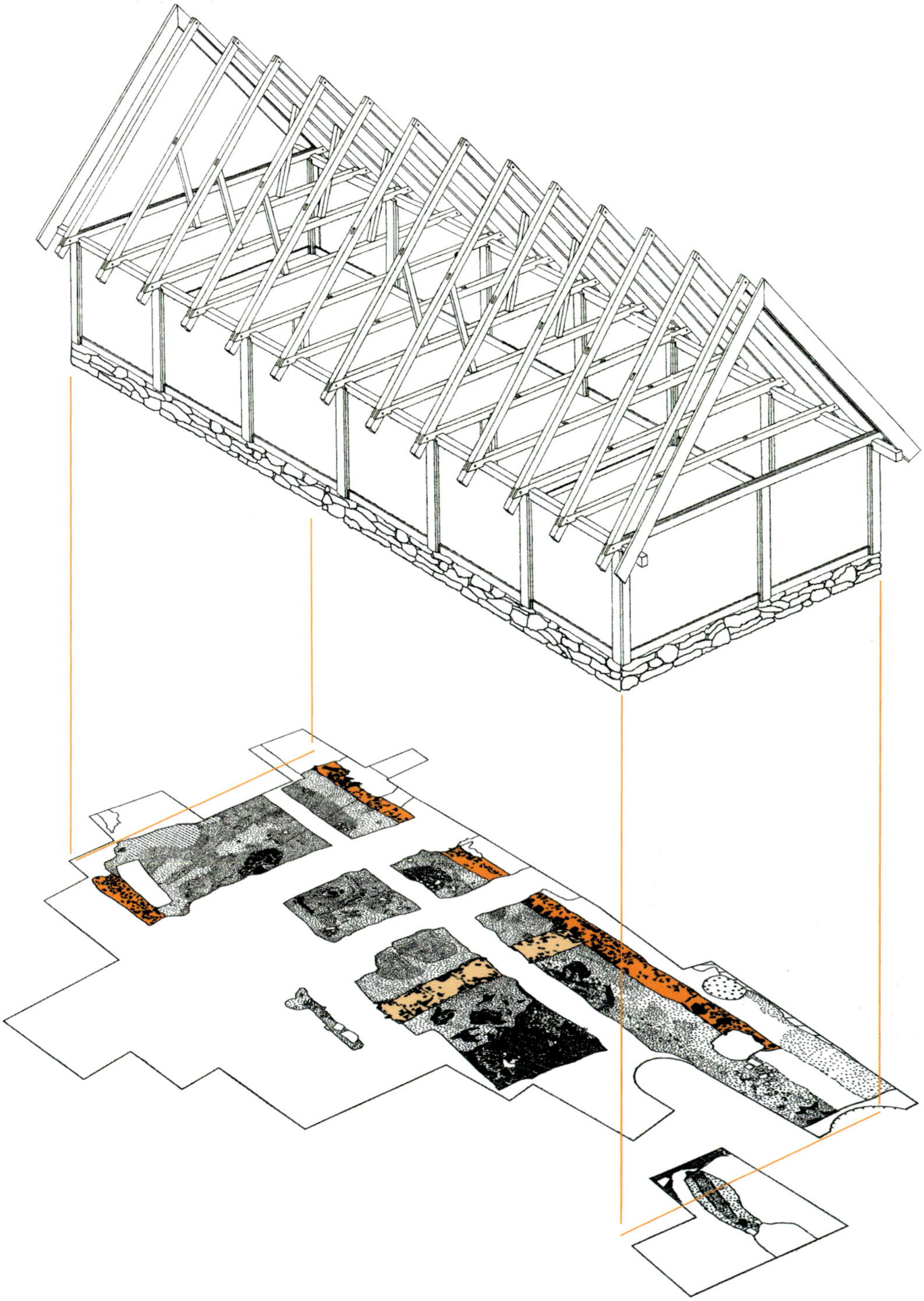

zu V. 2

sche Überlieferung, die durch die schriftlichen Quellen zur frühmittelalterlichen Metropole ergänzt werden.

Zu Beginn der stadtkernarchäologischen Untersuchungen in dem von Kriegsschäden stark zerstörtem Stadtkern stand von 1948 bis 1958 der Alte Markt und die umgebende Bebauung im Vordergrund. Frühe Kirchengründungen, Besitztümer eines Adligen und einsetzende Markttätigkeit spiegeln die Bedeutung dieser frühmittelalterlichen

Siedlungskonzentration wider. Wie der Alte Markt wird auch die zum Elbufer hin gelegene Johanniskirche zwar erst in der zweiten Hälfte des 12. Jahrhunderts schriftlich erwähnt, doch vermuteten Historiker ihre Wurzeln bereits im 10. Jahrhundert, die neuerdings für die Johanniskirche auch archäologisch nachweisbar sind. In der Nähe der Kirche lag vermutlich der Hof des Markgrafen Gero (937–965), der unweit der Kirche eine dem hl. Cyriakus geweihte Kapelle errichten ließ.

In der Regel entdeckten Archäologen im Untergrund der modernen Stadt Abfallgruben, Kloaken oder kleine, ursprünglich etwa hüfthoch in den Boden eingetiefte Wohn- und Wirtschaftsbauten, sog. Grubenhäuser. Etwa 30 m nordöstlich der Johanniskirche konnte der Ausgräber Ernst Nickel in ca. 2,50 m Tiefe einen besonderen Befund freilegen. Trotz tiefgründiger Störungen – verursacht durch Grabgruben auf dem Johanniskirchhof und durch Kanalschächte – haben sich Reste eines rechteckigen Gebäudes mit Steinfundamenten für einen Ständerbau auf Schwellbalken erhalten, ein Bautyp, der bis in das 12./13. Jahrhundert selten im frühstädtischen Umfeld auftrat. Das Gebäude wies eine rekonstruierbare Länge von mindestens 17,60 bis höchstens 21 m bei einer lichten Breite von 7,46 m auf. Die Ost- und Westabschlüsse waren vollständig den mittelalterlichen und neuzeitlichen Störungen zum Opfer gefallen, wie auch Teile der Nord- und fast die komplette Südwand nicht mehr vorhanden waren. Die Steinfundamente der Außenwände besaßen eine Stärke von 68 cm und waren an einer Stelle noch bis zu einer Höhe von 63 cm erhalten. Als Baumaterial verwendete man möglicherweise Gesteine aus dem tertiären Oberrotliegendem, die für den Steinbau in der Stadt eine bedeutende Rolle spielte. Die zweischalig errichteten Wände aus grob zugerichteteten Bruchsteinen waren als Lehmtrockenmauerwerk errichtet. Zweifellos läßt der unvollständige Grundriß viele Fragen zur Konstruktion offen, doch scheint eine Deutung als Hallenbau plausibel. Bei einer Größe von ca. 130–155 m^2 ist es denkbar, daß eine Raumteilung bestand. Doch Innenwände von Ständerbauten benötigen nicht zwingend ein Steinfundament, so daß Wände sich nicht mehr nachweisen lassen müssen. Die Nord-Süd-Mauer im Innern des Gebäudes stand nicht im Verband mit der Außenwand, sondern wurde erst später zur Raumunterteilung der „Halle" hinzugefügt. Mit einer Stärke von 80 cm ist sie deutlich breiter als die Außenwände. Denkbar ist, daß sie eine tragende Funktion hatte, die mit einem späteren Ausbau, vielleicht mit einem weiteren Stockwerk, in Verbindung stand. Der Fußboden bestand aus einem gestampften Lehmestrich, auf dem später Holzdielen verlegt wurden.

Viele Fragen, die sich die moderne Mittelalterarchäologie stellt, sind anhand der bisherigen Veröffentlichung der Altgrabung nicht zu klären. Ob beispielsweise die aufgehenden Wände des Ständerbaus als Fachwerk oder in Stabbauweise ausgeführt wurden, läßt sich nach dem Auswertungsstand nicht erschließen. Im westlichen Bereich war eine vermutlich offene Feuerstelle eingetieft, wobei unklar ist, ob sie für die hallenartige Konstruktion oder erst nach der baulichen Veränderung angelegt wurde. Auf einen hölzernen Vorgängerbaus weisen Pfostenlöcher im Hausinnern und offensichtlich auch grubenartige Eintiefungen (vgl. Beitrag Böttcher/Gosch, Abb. 9). Nach Nickel war das Hausinnere ursprünglich etwa 0,80 m eingetieft und lag damit ca. 20 cm unterhalb der Fundamente. Denkbar ist, daß dieses Niveau während der älteren Bebauung entstand und somit nicht mit den Steinfundamenten in Verbindung zu bringen ist.

Die Archäologen konnten mit ihrer Ausgrabung das „dramatische Ende" der Bebauung dokumentieren. Neben einer ca. 25 cm umfassenden Ascheschicht haben sich im westlichen Bereich unter dem Niveau der Steinfundamente 16–34 cm breite, 3–5 cm dicke, verbrannte Eichenholzbalken mit einer Länge von bis zu 1,96 m erhalten, die noch nach 1000 Jahren einen Brand dokumentieren. Die parallelliegenden Balken dienten ursprünglich als Holzdielen oder waren Bestandteil einer vertikal verbretterten Wand bzw. Stabwand. Anhand der verkohlten Hölzer konnte das Fälldatum der Eichen dendrochronologisch auf das Jahr 963 +/- 10 ermittelt werden. Genauso wie bei der Ascheschicht im Innern des Hauses läßt sich momentan auch nicht sicher festellen, in welcher Besiedlungsphase der Brand stattfand. Es zeichnet sich nach dem aktuellen Auswertungsstand ab, daß eine Feuersbrunst die ältere Holzbauphase mit Pfostenbauten und vermutlich Grubenhäusern beendete. In der Brandschicht lagen verkohlte Getreidekörner und Erbsen, aber auch Webgewichte und Spinnwirtel, die Vorratshaltung und handwerkliche Tätigkeiten belegen. Die zerscherbten Keramikgefäße präsentieren das typische Spektrum frühmittelalterlicher Keramik des 9. und 10. Jahrhunderts: wellenverzierte

Töpfe der Magdeburger Keramik und die slawische Ware der Ützer Gruppe mit Kammstrichverzierung.

Trotz aller Unwägbarkeiten liefert das erste naturwissenschaftlich gewonnene Datum für das frühmittelalterliche Magdeburg den Hinweis, daß der Ständerbau frühestens im letzten Drittel des 10. Jahrhunderts errichtet wurde. Wenn sich die stratigraphischen Überlegungen konkretisieren lassen, dann kommt Markgraf Gero als Erbauer nicht in Frage. Aufgrund der historischen Überlieferung wird sein Hof in der Nähe der Johanniskirche lokalisiert. Die hölzernen „Vorgängerbauten" des hallenartigen Ständerbaus belegen auch eine Besiedlung im Bereich des Johanniskirchhofes während des 10. Jahrhunderts. Nur weisen die archäologischen Befunde keine Indizien auf, die auf eine Verbindung zu Gero schließen lassen. Bereits im 12. Jahrhundert war der Ständerbau abgerissen, da zu dieser Zeit eine Grube in den Fußboden eingetieft wurde.

Nach dem derzeitigen Forschungsstand gehört das Magdeburger Haus zu den frühen „städtischen" Belegen dieser erst im Hochmittelalter sich durchsetzenden Bauweise. Ständerbauten mit ca. 130 m² Grundfläche sind auch noch im 12. und 13. Jahrhundert selten, häufiger tauchen sie erst im 15. Jahrhundert auf. Wahrscheinlich steht das „Magdeburger Haus" mit einsetzender Handelstätigkeit auf dem Alten Markt in Zusammenhang.

Nickel, „Alter Markt", S. 55–62. – Donat, Hof u. Dorf, S. 34–36 u. 181 Nr. 179. – Scheftel, Mittelalterlicher Holzbau, S. 50 u. 76. – Zimmermann, Pfosten, Ständer u. Schwelle, S. 33 Abb. 12, S. 43f. u. 104–114. – Donat, Gebesee, S. 35–38 u. 48–50.

H.P.

V. 2 a
Standbodengefäß

Zweite Hälfte 10. Jahrhundert
Magdeburg, Johanniskirchhof
Irdenware, rotbraun, geschmaucht, aus Fragmenten zusammengesetzt, ergänzt. – Oberfläche rauhwandig, zwei Reihen mit unregelmäßigen Kammstrichgruppen im Schulter- und Halsbereich, dünne, parallele Überarbeitungsspuren im Hals- und Schulterbereich, innen am Schulterumbruch umlaufende Riefe. – Rand schwach ausbiegend, Randabschluß gerundet, Flachboden mit Achsenabdruck der Töpferscheibe, hohe Schulter mit scharfem Umbruch, einschwingende Oberwand.

V. 2 a

H. 17,4 cm, Rdm. 17,1 cm, max. Dm. 17,6 cm, Bdm. 9,6 cm.
Magdeburg, Kulturhistorisches Museum,
Jkf 92,00/G,60/54,20–1

Das Gefäß fand sich in der Brandschicht südlich der West-Ost-Mauer zusammen mit den Töpfen der Magdeburger Gruppe (Kat.Nr. V.2 c u. d).

Einfache Randformen, horizontale kurze Kammstrichgruppen und eine braune Tonfärbung sind charakteristisch für die mittelslawische Keramik der Ützer Gruppe, die im 8. Jahrhundert auftaucht (vgl. dazu Kat.Nr. II.67). Feine Drehrillen nur auf Schulter und Hals belegen die Anwendung der langsam rotierenden Töpferscheibe bei der Nacharbeit von Rändern und Oberteilen der groben Gefäße. Die Mehrzahl der Gefäße sind Töpfe mit flachen Böden, deren Verzierung sich auf den Schulterbereich des häufig doppelkonischen Gefäßes beschränkt. Wie auch auf dem Johanniskirchhof finden sich Ützer und Magdeburger Keramik meist gemeinsam auf einem Fundplatz, wobei in der Elbmetropole und ihrem Umfeld die kammstrichverzierte slawische Ware gegenüber der wellenverzierten lokalen Keramik in der Minderzahl ist.

Nickel, „Alter Markt", S. 56 u. 116–118 Abb. 49 a, Taf. 49 c. – Brachmann, Stämme, S. 27–57. – Corpus archäologischer Quellen, 1. Lfg., Nr. 27/78 Abb. 53. – Schneider, Magdeburger Domgrabung, S. 326.

H.P.

V. 2 c, b

V. 2 b
Standbodengefäß

9./10. Jahrhundert
Magdeburg, Johanniskirchhof
Irdenware, braungrau, geschmaucht, aus Fragmenten zusammengesetzt, ergänzt. – Oberfläche rauhwandig, linksgerichtete Wellenlinienverzierung im Schulterbereich, im Schulter- und Halsbereich dünne, parallele Überarbeitungsspuren. – Rand ausbiegend, Randabschluß spitz auslaufend, nach außen verdickt, innen leicht gekehlt, Flachboden.
H. 19,5 cm, Rdm. 15,6 cm, max. Dm. 18,5 cm, Bdm. 8,8 cm.
Magdeburg, Kulturhistorisches Museum,
Jkf 97,20/N,80/54,25–1

Das Gefäß stammt aus der Brandschicht westlich der Nord-Süd-Mauer.

Nickel, „Alter Markt", S. 60 u. 85f. Abb. 28 d, Taf. 48 b. – Corpus archäologischer Quellen, 1. Lfg., Nr. 27/78, Abb. 44.

H.P.

V. 2 c
Standbodengefäß

Zweite Hälfte 10. Jahrhundert
Magdeburg, Johanniskirchhof
Irdenware, rotbraun, geschmaucht, aus Fragmenten zusammengesetzt, ergänzt. – Oberfläche rauhwandig, Wellenlinienverzierung im Schulterbereich, dünne, parallele Überarbeitungsspuren im Schulter- und Halsbereich. – Rand schwach ausbiegend, Randabschluß gerundet, Flachboden mit Quellrand.
H. 16,2 cm, Rdm. 13 cm, max. Dm. 16,7 cm, Bdm. 8,8 cm.
Magdeburg, Kulturhistorisches Museum,
Jkf 92,00/H,00/54,20–2

Das Gefäß wurde in der Brandschicht südlich der Ost-West-Mauer gefunden.

Nickel, „Alter Markt", S. 56 u. 86f. Abb. 28 c, Taf. 49 a.

H.P.

V. 2 d
Standbodengefäß

Zweite Hälfte 10. Jahrhundert
Magdeburg, Johanniskirchhof
Irdenware, braungrau, aus Fragmenten zusammengesetzt, ergänzt. – Oberfläche rauhwandig, linksgerichtete Wellenlinienverzierung im Schulterbereich, dünne, parallele Überarbeitungsspuren im Halsbereich. – Rand schwach ausbiegend, Randabschluß gerundet, Flachboden.
H. 16,6 cm, Rdm. 15,9 cm, max. Dm. 18.3 cm, Bdm. 8 cm.
Magdeburg, Kulturhistorisches Museum,
Jkf 92,00/H,00/54,20–1

Das Standbodengefäß lag in der Brandschicht südlich der Ost-West-Mauer.

Nickel, „Alter Markt", S. 56 u. 86f. Abb. 28 e, Taf. 49 b. – Corpus archäologischer Quellen, 1. Lfg., Nr. 27/28, Abb. 45.

H.P.

V. 2 c

V. 2 d

H. 23,5 cm, Rdm. 21 cm, max. Dm. 23 cm, Bdm. 13,5 cm.
Magdeburg, Kulturhistorisches Museum,
Jkf 21,80/M,00/53,90–48

Nickel, „Alter Markt", S. 50 u. 86f. Abb. 28 a, Taf. 48 c; Beil. Abb. 18.

H.P.

V. 2 e
Standbodengefäß

Zweite Hälfte 10. Jahrhundert
Magdeburg, Johanniskirchhof
Irdenware, rotbraun, innen geschmaucht, aus Fragmenten zusammengesetzt, ergänzt. – Oberfläche rauhwandig, Verzierung aus zwei unregelmäßig verlaufenden Linien im Schulterbereich, dünne, parallele Überarbeitungsspuren im Hals- und Schulterbereich. – Rand schwach ausbiegend, Randabschluß spitz zulaufend.
H. 21,3 cm, Rdm. 19,5 cm, max. Dm. 22,4 cm, Bdm. 10,9 cm.
Magdeburg, Kulturhistorisches Museum,
Jkf 93,90/K,15/54,10–1

Das Gefäß stammt aus der Brandschicht im Innern des Hauses.

Nickel, „Alter Markt", S. 60 u. 85f. Abb. 28 b, Taf. 48 a.

H.P.

V. 2 e

V. 2 f
Standbodengefäß

9./10. Jahrhundert
Magdeburg, Johanniskirchhof
Irdenware, graubraun, aus Fragmenten zusammengesetzt, ergänzt. – Oberfläche rauhwandig, unverziert, dünne, parallele Überarbeitungsspuren im Hals- und Randbereich. – Rand ausbiegend, Randabschluß verdickt, am Innenrand umlaufende Rille, Flachboden.

V. 2 f

V. 2 g
Standbodengefäß

10./11. Jahrhundert
Magdeburg, Johanniskirchhof
Irdenware, rotbraun, geschmaucht. – Oberfläche glattwandig, dreizoniges linksgerichtetes Wellenband, im Schulter- und Halsbereich nach unten durch ein waagerechtes Linienband abgeschlossen, dünne, parallele Überarbeitungsspuren am Rand. Rand ausbiegend, Randabschluß spitz ausgezogen, nach außen verdickt, kantig abgestrichen und gekehlt.
H. 21,8 cm, Rdm. 18,2 cm, max. Dm. 21 cm, Bdm. 10,7 cm.
Magdeburg, Kulturhistorisches Museum,
Jkf 23,00/L,00/54,00–121

Die Standbodengefäße Kat.Nr. V.2 f u. V.2 g stammen aus dem nordwestlichen Bereich des Johanniskirchhofes, der in ottonischer Zeit bereits besiedelt war. Der Ausgräber Ernst Nickel beschrieb „inein-

V. 2 g

andergreifende, nicht näher bestimmbare grubenartige Vertiefungen aus der Zeit zwischen dem 10. und 12. Jahrhundert, darüber und dazwischen spätere Grabanlagen".

Außer sächsischer und slawischer Keramik erscheint spätestens seit dem 9. Jahrhundert in Magdeburg eine lokale Ware. Neben ihrem Hauptvorkommen in der Elbmetropole streut die charakteristische Ware entlang der Elbauen nach Norden bis zur Havelmündung, nach Süden bis zur Saalemündung, wobei sie östlich der Elbe in geringerer Zahl nachgewiesen ist. Keramikfunde aus Siedlungen sind in der Regel stark zerscherbt. Nach den rekonstruierbaren Gefäßen kommen fast ausschließlich Töpfe mit geraden Böden, hohem Bauchumbruch und eingezogenem Hals vor, die als Koch- und Vorratsgefäße vielseitig einsetzbar waren. Die Magdeburger Ware zeichnet sich durch eine vorherrschend braune Färbung mit rötlichem Einschlag aus. Im 10. Jahrhundert wird die wellenbandverzierte Keramik gegenüber der unverzierten dominant. Bei langsamen Drehen der Töpferscheibe wurden Rand und Schulter der handgemachten Töpfe nachgeformt, anschließend mit einem Mehrfachzinken wellenförmig umlaufende Kammstrichmuster angebracht. Auffällig ist die regelhaft linksgerichtete Ausführung des Dekors. Neben den rauhwandigen Exemplaren der Magdeburger Ware (Kat.Nr. V.2 a–f) entstand im 10. Jahrhundert eine feingeschlämmte, glattwandigere Variante, deren Oberfläche sich, wie Nickel es treffend beschrieb, durch eine samtartige Weichheit auszeichnet (Kat. Nr. V.2 g). Viele Fragen zur Magdeburger Ware sind bisher noch ungeklärt, wobei ihre Erforschung durch ihre enge geographische Begrenzung erschwert ist. Beispielsweise kann momentan mangels datierender Funde weder beantwortet werden, in welchem Zeitraum die Keramik aufkommt, noch liegt bisher eine detaillierte Form- und Dekoranalyse der Standbodengefäße vor.

Nickel, „Alter Markt", S. 50, 82–89, 106–115 u. 111 Abb. 45 m; Beil. Abb. 18. – Brachmann, Stämme, S. 129–135. – Schneider, Magdeburger Domgrabung, S. 316–330.

H.P.

V. 2 h

V. 2 g (Detail)

V. 2 h
Flacher Deckel mit Griff

Zweite Hälfte 10. Jahrhundert (?)
Magdeburg, Johanniskirchhof
Irdenware, schwarzbraun. – Fragment eines flachen Deckels mit konischem Griff, durchlocht, und mit geradem Randabschluß. – Oberseite mit umlaufendem kreuzförmigem Stempelmuster.
Dm. 14,7 cm, erh. H. 3,5 cm.
Magdeburg, Kulturhistorisches Museum, Jkf 89,00/J,00/53,65–19

V. 2 i

In unmittelbarer Nähe zu einer Störung fand sich 55 cm unterhalb der Steinfundamente ein Deckel in einer grubenartigen Verfärbung mit Holzkohleschicht. Solche Deckel wurden ohne Töpferscheibe hergestellt, ihre Ränder durch ein Messer abgestochen. Ein flacher Knaufdeckel mit gleicher Stempelverzierung stammt von der Hildagsburg bei Wolmirstedt. Sternförmige Stempel wie bei dem Magdeburger Exemplar fanden auch noch Verwendung bei Deckeln aus sog. hoch- und spätmittelalterlicher Zieglerware, wie sie auf der Pfalz Werla und in Düna gefunden wurden.

Dunker, Hildagsburg, Taf. 56 Abb. 26 c. – Nickel, „Alter Markt", S. 124f. Abb. 52 b. – Stoll, Tondeckel, S. 341–343 Nr. 14 Abb. 5.6, S. 346. – Ring, Königspfalz Werla, Taf. 18.19. – Both, Düna, S. 71, Taf. 16, 21.6.

H.P.

V. 2 j

V. 2 i
Webgewichte

Zweite Hälfte 10. Jahrhundert
Magdeburg, Johanniskirchhof
Ton, gebrannt, rotbraun, braungrau, ein Exemplar aus Fragmenten zusammengesetzt. – Rundlich-oval mit zentraler Durchlochung, handgeformt.
Dm. 9–10,3 cm, H. 2,6–7,3 cm.
Magdeburg, Kulturhistorisches Museum, Jkf 92,60/H,60/54,19–1, Jkf 92,60/H,60/54,19–2, Jkf 92,80/H,60/54,15–1, Jkf 94,80/H,60/54,15–2, Jkf 94,80/H,60/54,15–3

Spinnen und Weben fand in Grubenhäusern statt, da in den eingetieften Bauten eine höhere Luftfeuchtigkeit herrschte, die für die Verarbeitung des spröden Flachses wichtig war. Die fünf Webgewichte lagen in der Brandschicht im Innern des Hauses, so daß sie offensichtlich in die ältere Bebauungsphase datieren. Am stehenden Webstuhl dienten Webgewichte zur Straffung der gebündelten Kettfäden. Riefen an den Gewichten stammen anscheinend von einer umwickelten Schnur zur Befestigung am Webstuhl.

Nickel, „Alter Markt", 125f. Abb. 52 d, e. – Zimmermann, Webhäuser.

H.P.

V. 2 j
Spinnwirtel

Zweite Hälfte 10.–12. Jahrhundert
Magdeburg, Johanniskirchhof
Ton, gebrannt, schwarzgrau. – Doppelkonischer Wirtel mit waagerechten Drehspuren auf einer Seite.
H. 1,6 cm, Dm. 2,8 cm.
Magdeburg, Kulturhistorisches Museum, Jkf 86,00/L,00/54,23–67.

Der Spinnwirtel kam aus einer Schicht oberhalb der Brandschicht. Um das Aufdrehen des gezwirnten Fadens zu verhindern, waren Wirtel auf einer Spindel aufgezogen.

Nickel, „Alter Markt", S. 126 Abb. 53 d.

H.P.

V. 2 k
Kamm

10. – erste Hälfte 13. Jahrhundert
Magdeburg, Johanniskirchhof
Rothirsch (?), Geweih, unvollständig, in mehrere Teile zerbrochen, geklebt. – Dreilagenkamm, einzeilig. – Griffleiste bogenförmig mit randbegleitender Rillenverzierung, im Querschnitt trapezförmig. – Plattenenden hornartig über den Bügel hinausragend, Deckleisten und Platte durch zwei eiserne Niete verbunden, Bohrung für den dritten Niet teilweise erhalten. – erh. L. 10,8 cm, H. 3,8 cm.
Magdeburg, Kulturhistorisches Museum
Jkf 92,20/H,40/55,15–1

V. 2 k

Der einzeilige Kamm stammt aus der Störungsschicht oberhalb des Baukomplexes Johanniskirchhof. Formal nahestehende Kämme sind überwiegend im Ostseeraum verbreitet. In Schleswig treten vergleichbare Exemplare noch in Schichten bis in die erste Hälfte des 13. Jahrhunderts auf. Die lange Benutzung des Magdeburger Kammes zeigt sich an den abgerundeten Zinken und an einer Gebrauchspatina. Eine durch Handschweiß verursachte, matt glänzende Patina bedeckt die gesamte Kammoberfläche.

Nickel, „Alter Markt", S. 56 u. 130f. Abb. 54 j. – Timpel, Dreilagenkämme, S. 99–101 u. 127f. – Ulbricht, Knochen, S. 47f. u. 69f. – Archäozoologische Untersuchung durch H. Prilloff.

H.P.

V. 2 l
Schläfen- oder Ohrring

Zweite Hälfte 10. Jahrhundert
Magdeburg, Johanniskirchhof
Silberdraht, fragmentiert. – Ein Ende nach außen umgebogen, ursprünglich leichte Verdickung (Rest einer Blechbeere ?). Dm. 2 cm, Stärke des Drahtes 1,5 mm.
Magdeburg, Kulturhistorisches Museum,
Jkf 97,60/M,20/54,10–1

Da das charakteristische, zur Außenseite gebogene S-Schleifende nicht (mehr) vorhanden ist, kann es sich bei dem Ringschmuck um einen Schläfenring, aber auch um einen einfachen Drahtohrring handeln. Silberne Schläfenringe waren kennzeichnend für slawischen Damenschmuck, die ins Haar geflochten oder an einem Stirnband befestigt wurden. Die Bezeichnung geht auf ihre Fundlage in Gräbern zurück, wo sie bei den Schläfen der Verstorbenen lagen.

Seit dem 10./11. Jahrhundert tritt dieser drahtförmige Ringschmuck verstärkt auf; bis in die Mitte des 12. Jahrhunderts kommt er besonders häufig in den Landschaften Sachsens und Thüringens vor. Exemplare mit einem Durchmesser unter 25 mm fanden überwiegend im 10. und 11. Jahrhundert Verwendung.

Der schlichte Silberring vom Johanniskirchhof stammt aus der Brandschicht, die aufgrund des dendrochronologischen Datums 963 +/- 10 Jahre offensichtlich noch in das 10. Jahrhundert zu datieren ist.

Nickel, „Alter Markt", S. 59f. u. 136 Abb. 57 m, Taf. 65 e. – Knorr, Handwerk, S. 90. – Matthies, Metallfunde, S. 42f., Nr. 1188, Abb. 27.6.

H.P.

V. 2 l

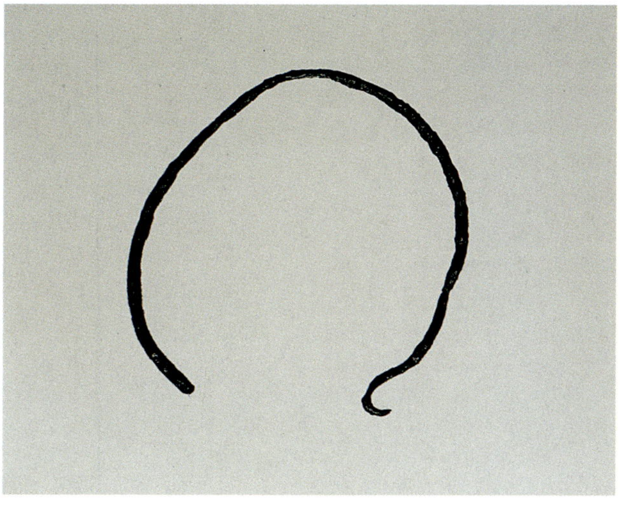

V. 2 m

V. 2 n

V. 2 o

V. 2 p

V. 2 m
Schere

Zweite Hälfte 10. Jahrhundert
Magdeburg, Johanniskirchhof
Eisen, korrodiert, fragmentiert. – Griffende spitz auslaufend, nach außen gebogen, Scherenblätter durch Niet verbunden.
erh. L. 12,5 cm.
Magdeburg, Kulturhistorisches Museum,
Jkf 91,00/H,00/53,95–9a

Die Gelenkschere stammt aus der Brandschicht, die mit verkohlten Eichenbrettern bedeckt war.

Nickel, „Alter Markt", S. 57 u. 134f. Abb. 56 s. – Heindel, Handwerkszeug, S. 249 Abb. 4.8 u. S. 253. – Matthies, Metallfunde, S. 53, Nr. 1151, Abb. 34.4.

H.P.

V. 2 n–s
Pflanzenreste

Zweite Hälfte 10. Jahrhundert
Magdeburg, Johanniskirchhof
*n) Verkohlter Saat-/Zwergweizen (*Tritium aestivo-compactum*)*
*o) Verkohlter Roggen (*Secale cereale*)*
*p) Verkohlte Gerste (*Hordeum vulgare*)*
*q) Verkohlter Hafer (*Avena satiiva*)*
*r) Verkohlte Erbsen (*Pisum sativum*)*
*s) Schwarzer Holunder (*Sambucus nigra*)*
Magdeburg, Kulturhistorisches Museum

V. 2 q

V. 2 r

V. 2 s

Während der Grabung sind nur die „augenfälligsten" Pflanzenreste geborgen worden, so daß die Auswahl nicht repräsentativ für Aussagen zu

V. 2 t

Ernährungsgewohnheiten und Anbau des Mittelalters ist. Weizen, Hafer, Gerste, Roggen und Erbsen sind verkohlt, der Schwarze Holunder hingegen unverkohlt überliefert. Möglicherweise haben sich die Samen am Boden eines Gefäßes erhalten. Die Erbsen wurden als voll gereifte Hülsen geerntet, die Samen nach der Trocknung aufbewahrt.

Nickel, „Alter Markt", S. 59–61 u. 142. – Lange, Pflanzenfunde, S. 244–246

H.P.

V. 2 t
Vier Flußmuscheln
(*Unio tumidus* RETZIUS)

Zweite Hälfte 10. Jahrhundert/11. Jahrhundert
Magdeburg, Johanniskirchhof
L. 4,5 cm, 5 cm, 6–7 cm.
Magdeburg, Kulturhistorisches Museum, Jkf 14,3/H,30/54,10–3, Jkf 94,80/H,60/54,15–7, Jkf 94,80/H,60/54,15–8

Die Flußmuscheln, von denen zwei Exemplare aus der Brandschicht stammen, sind eine heimische Art.

Nickel, „Alter Markt", S. 141. – Frdl. Bestimmung durch Dr. Hans Pellmann, Museum für Naturkunde, Magdeburg.

H.P.

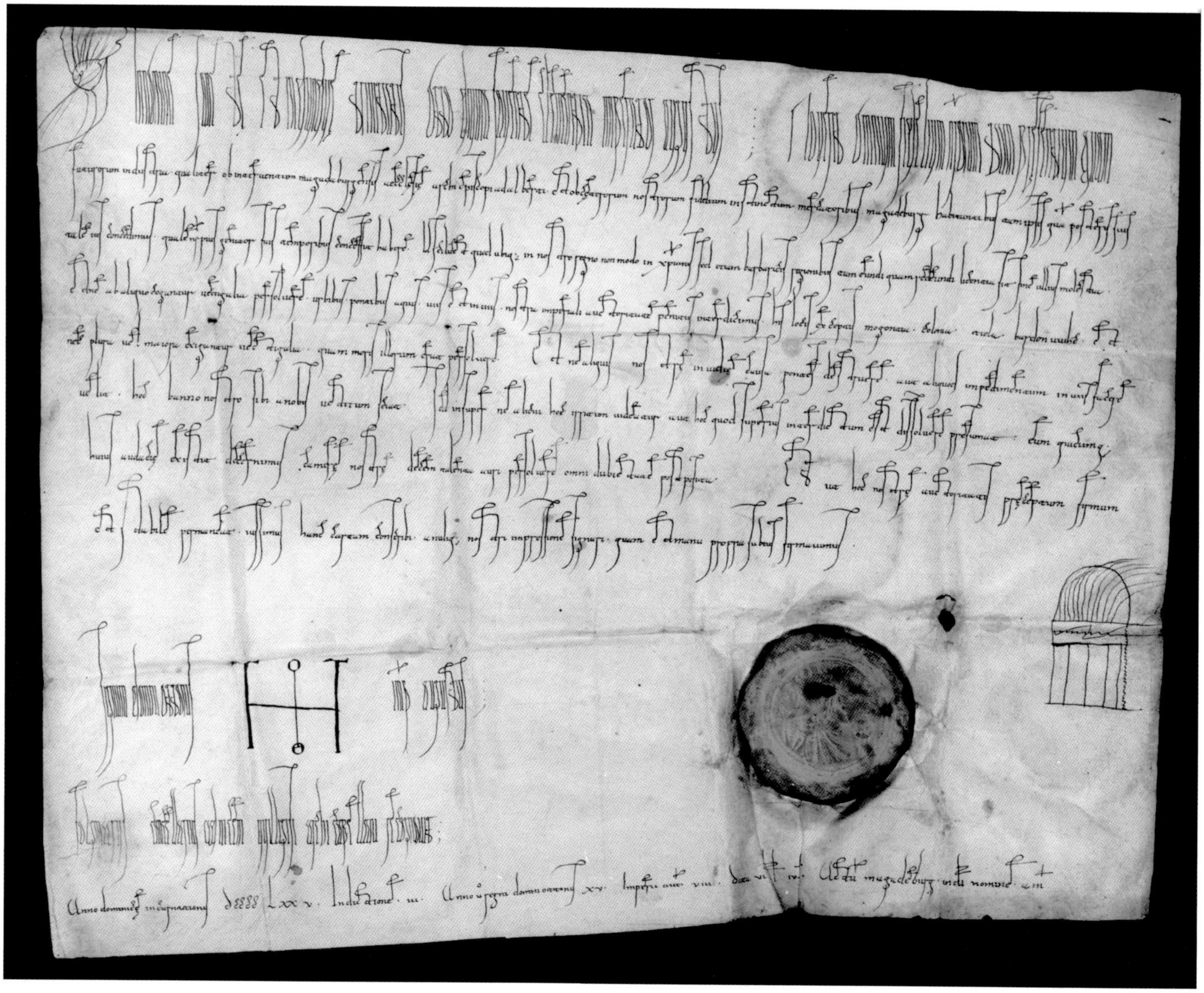

V. 3

PFALZ

V. 3
Diplom Kaiser Ottos II. für die Magdeburger Kaufleute

Magdeburg, 975 Juni 26
Pergament. – H. 48 cm, B. 60 cm.
Magdeburg, Landeshauptarchiv Sachsen-Anhalt, Rep. U, Tit. I, Nr. 43

Im Jahre 975 beging Kaiser Otto II. das Fest der Apostelfürsten Peter und Paul (29. Juni) in Magdeburg. Kurz zuvor erfolgte hier die Ausfertigung der Urkunde (DO II 112), mit der der Herrscher – so wie einst Otto I. – den in Magdeburg ansässigen Kaufleuten die Verkehrsfreiheit in seinem Reich verlieh und von allen Abgaben befreite. Davon ausgenommen blieben die Orte Mainz, Köln, Tiel und Bardowiek. Das Diplom enthält außerdem eine kaiserliche Strafandrohung, die sich gegen die Zerstörung von Brücken und Wegen richtet. Erzbischof Adalbert von Magdeburg erscheint in der Kaiserurkunde namentlich als Intervenient (Fürsprecher) der Kaufleute.

Erzbischof Adalbert hielt die kaiserlichen Verfügungen für die Kaufleute seiner Stadt offenbar für so wichtig, daß er das Diplom persönlich verfaßte und schrieb. Es weist daher fast dieselben Schriftmerkmale wie das DO I 366 auf, das bis auf die

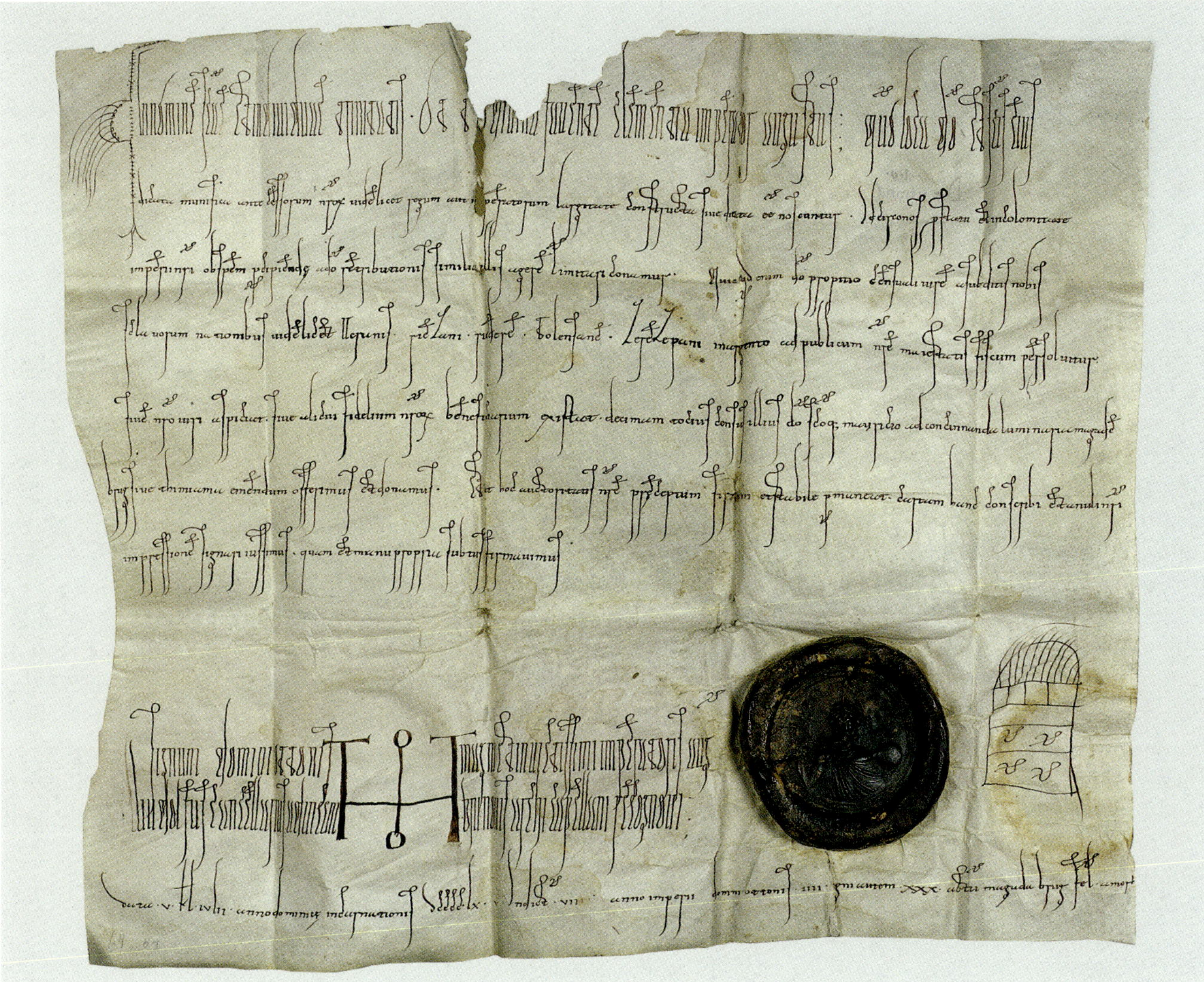

V. 4

Signumzeile (Beglaubigung) ebenfalls von Adalbert angefertigt worden war (Kat.Nr. V.26). Auffallend ist die große verlängerte Schrift in der ersten Zeile; die Buchstabenkörper erreichen dort eine Höhe von fast 3 cm. Demgegenüber ist die verlängerte Schrift im Schlußprotokoll nur etwa halb so groß ausgeführt. Die Buchstabenhöhe wurde hier durch vorgezeichnete blinde Linien begrenzt.

Die Anordnung des Schlußprotokolls entspricht den Gepflogenheiten dieses Diplomnotars. Die Signumzeile mit dem Herrschermonogramm (vgl. Kat.Nr. V.25) und die Rekognitionszeile (Nennung des Kanzlers und des Erzkapellans) befinden sich untereinander auf der linken Seite. Auf der rechten wurde mitten im freien Raum das kaiserliche Siegel angebracht, das so voll zur Wirkung gelangt. Am rechten Rand des Pergaments erscheint das relativ einfach gehaltene Rekognitionszeichen, das weit entfernt und damit unabhängig von der Rekognitionszeile eingetragen wurde (vgl. Kat.Nr. V.9). Am Beginn der Datierungszeile vergaß Adalbert, Platz für die Eintragung von Tag und Monat der Ausstellung zu lassen; er schrieb zuerst die Jahresmerkmale (Inkarnationsjahr, Indiktionszahl, Königs- und Kaiserjahr) und ließ das Tagesdatum erst an deren Ende folgen. Graphisch ist die Datierungszeile übersichtlich und abwechslungsreich gestaltet.

MGH DO II 112. – Lübke, Regesten, Tl. II, Nr. 181 a.

Sickel, Diplome Otto II., bes. S. 112 f.

W.H.

V. 4
Diplom Kaiser Ottos I. für das Mauritius-Kloster

Magdeburg, 965 Juni 27
Pergament. – H. 43 cm, B. 49 cm.
Magdeburg, Landeshauptarchiv Sachsen-Anhalt, Rep. U 1, Tit. I, Nr. 17

Nachdem Kaiser Otto I. Anfang 965 aus Italien, wo er sich mehr als drei Jahre lang aufgehalten hatte, in das nordalpine Reich zurückgekehrt war, beging er das Fest der Apostelfürsten Peter und Paul (29. Juni) an seinem bevorzugten Aufenthaltsort Magdeburg. Zwei Tage vor dem Apostelfest ließ der Kaiser weitere Zuwendungen an das von ihm gestiftete und geförderte St. Mauritius in Magdeburg beurkunden, das er zu einer erzbischöflichen Kirche erheben lassen wollte (vgl. Kat.Nr. V.9). Das vorliegende Diplom (DO I 295) dokumentiert die Schenkung des Zehnten vom Silberzins, den fünf unterworfene slawische Stämme, die Ukrer, Recanen, Redarier, Tollenser und Zirzipaner, zu entrichten hatten. Die daraus erzielten Einnahmen sollten für die Beleuchtung und die Verbesserung des Weihrauchs verwendet werden.

Die graphische Herstellung der Urkunde übernahm ein Hofgeistlicher, der von den Editoren der Urkunden Ottos I. die Sigle „Liudolf G" bekam. Er erscheint in der Überlieferung erstmals im Juli 963 und letztmalig im März 973 als Verfasser und Schreiber eines Diploms. Die meisten Herrscherurkunden, an deren Herstellung Liudolf G mitwirkte, wurden wie das DO I 295 für St. Mauritius in Magdeburg ausgestellt. Sein Schriftbild ist insgesamt sehr regelmäßig. Die verlängerte Schrift in der ersten Zeile ist etwas sorgfältiger ausgeführt als in der Signum- und Rekognitionszeile (Beglaubigung, Nennung des Notars und Erzkapellans) im Schlußprotokoll. Im Eingangsprotokoll bemühte sich Liudolf G, den Herrschernamen Otto (Zeile 1) durch größere Abstände zwischen den einzelnen Buchstaben hervorzuheben. Die relativ großen Zierschleifen an den Schäften von *f* und *s* sowie die etwas steif wirkenden *ct*- und *st*-Ligaturen (z. B. Zeile 2, Mitte: *constructa*) sind charakteristisch für die verlängerte Schrift und die diplomatische Minuskel dieses Notars. Hinzu kommt sein spezielles diplomatisches Abkürzungszeichen, das unten nicht spitz, sondern bogenförmig gebildet ist. Da Liudolf G den Ortsnamen Magdeburg am Ende der fünften (*magade*) und vor Beginn der sechsten Zeile (*brug*) nachtrug, wurde der ansonsten gerade linke Rand unterbrochen.

Im Schlußprotokoll schrieb Liudolf G die beiden Zeilen in verlängerter Schrift dicht untereinander. Auf diese Weise konnte er nicht nur die kaiserliche Signums-, sondern auch die Rekognitionszeile mit der namentlichen Nennung des Kanzlers Liudolf und des Erzkapellans Brun von Köln in enger Beziehung zu dem großen Herrschermonogramm darstellen. Beide Zeilen verbinden das Monogramm Ottos I. mit dem Blickfang des Schlußprotokolls, dem Kaisersiegel (vgl. Beitrag Keller, Abb. 3). Rechts davon und damit räumlich getrennt von der Rekognitionszeile plazierte Liudolf G sein Rekognitionszeichen. Er trug darin keine tachygraphischen Zeichen bzw. tironischen Noten (Kurzschriftzeichen; vgl. Kat.Nr. VI.69) ein, sondern versah die beiden unteren Etagen mit jeweils zwei diplomatischen Abkürzungszeichen. Bei der Angabe der verschiedenen Datierungsmerkmale war Liudolf G offenbar nur bei der Berechnung der Indiktionszahl unsicher. So änderte er die ursprünglich richtig vermerkte Indiktionszahl *VIII* in *VII* um, indem er das letzte Zahlzeichen tilgte. Mit dem üblichen Segenswunsch *feliciter amen* ließ Liudolf G die Kaiserurkunde enden.

MGH DO I 295. – Lübke, Regesten, Tl. II, Nr. 131.

Müller-Mertens, Reichsstruktur. – Huschner, Kirchenfest, bes. S. 34 u. 38. – Wagner, Gebetsgedenken, bes. S. 44.

W.H.

V. 5
Sachsenpfennige

Magdeburg, vor 942 bis etwa 990

a) *Vs.:* Kirchengebäude, darin Kreuz. „Umschrift" aus Strichen/Balken. – *Rs.:* Kleines Kreuz mit Kugeln in den Winkeln. „Umschrift" aus Strichen/ Balken.
Silber. – Gew. 1,45 g, Dm. 21,8 mm.

Berlin, Münzkabinett SMPK, Inv. 1842 Rühle (ID 1346)

Dannenberg, Münzen, Bd. 1, Nr. 1325.

b) *Vs.:* Kirchengebäude, darin Kreuz. „Umschrift" aus Strichen/Balken. – *Rs.:* Kleines Kreuz mit Kugeln in den Winkeln. „Umschrift" aus Strichen/Balken.
Silber. – Gew. 1,56 g, Dm. 22,7 mm.

Berlin, Münzkabinett SMPK, o.Nr. (ID 1348)

Dannenberg, Münzen, Bd. 1, Nr. 1325.

V. 5 a–g

c) Vs.: Kirchengebäude, darin Kreuz. „Umschrift" aus Strichen / Balken. – Rs.: Kleines Kreuz mit Kugeln in den Winkeln. „Umschrift" aus Strichen / Balken.
Silber. – Gew. 1,52 g, Dm. 21,8 mm.

Berlin, Münzkabinett SMPK, Inv. 1887 / 195, aus Fund Klein-Roscharden II (ID 1350)

Dannenberg, Münzen, Bd. 1, Nr. 1325.

d) *Vs.:* Kirchengebäude umgeben von Strichen / Balken. – *Rs.:* Kreuz umgeben von dreimal drei Balken, dazwischen zweimal ein kleines Kreuz und ein Ringel.
Silber. – Gew. 1,71 g, Dm. 20,3 mm.

Berlin, Münzkabinett SMPK, Inv. 1900 / 362 (ID 1351)

Dannenberg, Münzen, Bd. 1, Nr. 1329. – Kluge, Münzgeschichte, Nr. 50.

e) *Vs.:* Leer. – *Rs.:* Kreuz umgeben von 8 Balken, dazwischen ein Kreuz und ein Ringel (ohne Abb.).
Silber. – Gew. 1,07 g, Dm. 19,5 mm.

Berlin, Münzkabinett SMPK, o.Nr. (ID 1352)

f) *Vs.:* Kirchengebäude, darin ODDO. Das Ganze umgeben von Strichen / Balken. – *Rs.:* Kreuz mit Kugeln in den Winkeln umgeben von Strichen / Balken, die von einem Kreuz und zwei Ringeln unterbrochen sind.
Silber. – Gew. 1,06 g, Dm. 20,5 mm.

Berlin, Münzkabinett SMPK, Inv. 1842 Rühle (ID 1353)

Dannenberg, Münzen, Bd. 1, Nr. 1328.

g) *Vs.:* Kirchengebäude, darin OTTO. Das Ganze umgeben von Strichen / Balken. – *Rs.:* Kreuz mit Kugeln in den

Winkeln umgeben von Strichen/Balken, die von einem Kreuz und zwei Ringeln unterbrochen sind.
Silber. – Gew. 1,41 g, Dm. 21,6 mm.

Berlin, Münzkabinett SMPK, Inv. 1870 Dannenberg (ID 1354)

Dannenberg, Münzen, Bd. 1, Nr. 1327. – Kluge, Münzgeschichte, Nr. 49.

h) Obol (halber Pfennig) (ohne Abb.)

Vs.: Kirchengebäude mit Kreuz in der Mitte. An den Seiten durch drei Ringel unterbrochene „Umschrift" aus Strichen/Balken. – *Rs.:* Kreuz mit Kugeln in den Winkeln. „Umschrift" aus Strichen/ Balken.
Silber. – Gew. 0,65 g, Dm. 15,8 mm.

Berlin, Münzkabinett SMPK, Inv. 1878/926, aus Fund Witzmitz (ID 1355)

Dannenberg, Münzen, Bd. 1, Nr. 1326.

Die Sachsenpfennige sind in der Massenhaftigkeit ihres Vorkommens den Otto-Adelheid-Pfennigen (Kat.Nr. II.29) vergleichbar, wegen ihrer Schriftlosigkeit aber noch rätselhafter. Sie enthalten keine für die chronologische Einreihung oder für die Zuordnung zu einzelnen Münzstätten verwertbaren Informationen. Die Umschrift ist durch eine reine Ornamentik (Striche, Balken, Ringel, Kreuze) ersetzt. Lediglich auf den ältesten Stücken erscheint noch der Name OTTO (g) bzw. ODDO (f).

Man unterscheidet eine ältere Gruppe mit größerem Durchmesser (um 22 mm) und eine jüngere Gruppe mit geringerem Durchmesser (um 17 mm). Nur die ältere (hier behandelte) Gruppe ist ottonisch. Sie stellt die erste einheimische Prägung Sachsens dar. Insofern verdient der Name Sachsenpfennige gegenüber anderen Namensgebungen wie Wendenpfennige, Randpfennige oder Kreuzpfennige den Vorzug. Die polnische Numismatik hat lange den slawischen Ursprung der Sachsenpfennige verfochten.

Die Entstehung der Sachsenpfennige und die Einrichtung der Münzstätte Magdeburg stehen in engem zeitlichen Zusammenhang. Da 942 diese Münzstätte bereits existierte (DO I 46), müssen auch die Sachsenpfennige vor 942 beginnen. Historisch plausibel, aber numismatisch nicht beweisbar ist der Beginn schon unter König Heinrich I. (919–936), gesichert ist die Prägung erst für Otto I. (vgl. Beitrag Kluge).

In der Kaiserzeit Ottos I., spätestens aber mit der Neuordnung der sächsischen Währung ab 984 ist die Sachsenpfennigprägung auch auf andere Münzstätten an der Slawengrenze (Bremen/Hamburg, Bardowick?) ausgedehnt worden. In Magdeburg ist bis zur Münzumstellung auf die Magadaburg-Typen 990/95 (Kat.Nr. V.6) am Sachsenpfennigsystem festgehalten worden. Die Sachsenpfennige waren die klassische Münze des Slawenhandels, im Wikingerhandel sind sie dagegen weniger beliebt gewesen.

Dannenberg, Münzen, Bd. 1. – Kluge, Münzgeschichte. – Kilger, Pfennigmärkte. – Vgl. auch Kat.Nr. V.7.

B.K.

V. 6
Magadaburg-Münzen

Magdeburg, ab ca. 990/95

a) Otto III. (983–1002)

Magdeburg, Denar (Pfennig), ab 990/95
Vs.: Kreuz, in den Winkeln O-T-T-O. Außen +///+///+///+///. – *Rs.:* Kirchengebäude, darin durchgehendes Kreuz. +MAGADHABV.
Silber. – Gew. 1,61 g, Dm. 20,3 mm.

Berlin, Münzkabinett SMPK, Inv. 1924/214, aus Fund Vossberg (ID 1262)

Dannenberg, Münzen, Bd. 1, Nr. 640 u. Bd. 2, Nr. 1574. – Kilger, Pfennigmärkte, S. 199 f. Gruppe Mg A 1.

b) Otto III. (983–1002)

Magdeburg, Denar (Pfennig), ab 990/95
Vs.: Kreuz, in den Winkeln O-T-T-O. Äußere Umschrift +DI GR-A REX. – *Rs.:* Kirchengebäude der Otto-Adelheid-Pfennige. +MAGADABVRG
Silber. – Gew. 1,70 g, Dm. 20,0 mm.

Berlin, Münzkabinett SMPK, Inv. 1897/37, aus Fund Peisterwitz (ID 1252)

Dannenberg, Münzen, Bd. 1, Nr. 639. – Kluge, Münzgeschichte, Nr. 427. – Kilger, Pfennigmärkte, S. 199 f. Gruppe Mg A 3. – Kluge, Münzprägung, Nr. 12.

c) Otto III. (983–1002)

Magdeburg, Obol (halber Pfennig), ab 990/95
Vs.: Kreuz, in den Winkeln O-T-T-O. Äußere Umschrift DI GR-A REX. – *Rs.:* Kirchengebäude der Otto-Adelheid-Pfennige. +MAGADABV.
Silber. – Gew. 0,82 g, Dm. 16,4 mm.

Berlin, Münzkabinett SMPK, Inv. 1892 Dannenberg (ID 1258)

Dannenberg, Münzen, Bd. 1, Nr. 641. – Kilger, Pfennigmärkte, S. 199 f. Gruppe Mg A 30.

d) Anonym

Magdeburg, Denar (Pfennig), ab 995/1000
Vs.: Kirchengebäude der Otto-Adelheid-Pfennige. Entstellter Stadtname MAGADABVRG. – *Rs.:* Kleines Kreuz. Entstelltes und verkürztes IN NOMINE D(omi)NI AMEN („Im Namen des Herrn Amen").
Silber. – Gew. 1,51 g, Dm. 19,1 mm.

Berlin, Münzkabinett SMPK, Inv. 1903/555, aus Fund Gnesen (ID 1265)

Dannenberg, Münzen, Bd. 1, Nr. 643. – Kilger, Pfennigmärkte, S. 199 f. Gruppe Mg A 4.

Im letzten Jahrzehnt des 10. Jahrhunderts ist in Sachsen durch die Mitte der 980er Jahre eingeführten neuen Strukturen der Münzprägung eine deutliche Zunahme an Münzstätten festzustellen (vgl. Beitrag Kluge). Während bis 990/95 die Münzstätten anonym sind, so daß die damals allein gemünzten Sachsenpfennige und Otto-Adelheid-Pfennige keiner bestimmten Münzstätte zuzuweisen sind, treten nun auf den Münzen Ortsnamen oder Heiligennamen auf, die für ein Ortspatrozinium stehen. Dies gilt etwa für Halberstadt (Kat.Nr. II.29 n), Quedlinburg (Kat.Nr. II.29 l), Hildesheim (Kat.Nr. II.29 m) und auch für Magdeburg. Magdeburg könnte dabei zeitlich an der Spitze dieser Entwicklung stehen. Die neue, durch den Stadtnamen (*Magadaburg*) charakterisierte Phase der Magdeburger Münzprägung dürfte vermutlich zwischen 990 und 995 einsetzen. Sie verschmilzt die eigene ältere Tradition der Sachsenpfennige (a) mit dem Typ der Otto-Adelheid-Pfennige (b) und zeigt auch Anklänge an die Münzen Herzog Bernhards I. (d; vgl. Kat.Nr. II.14 u. II.29 o). Damit hört die Sachsenpfennigprägung alten Stils in Magdeburg auf.

Dannenberg, Münzen, Bd. 1. – Kluge, Münzgeschichte. – Kilger, Pfennigmärkte. – Kluge, Münzprägung.

B.K.

a

b

c

d

V. 6

V. 7
Münzfund von Leetze

10. Jahrhundert, verborgen um 985
Leetze, Kr. Salzwedel

a) Sachsenpfennige und Otto-Adelheid-Pfennige
Silber.

Berlin, Staatliche Museen zu Berlin, Museum für Vor- und Frühgeschichte (Inv. Ig. 5501) und
Münzkabinett SMPK, Inv. 1893/63–66

b) Denar (Pfennig) Herzog Konrads von Schwaben (982–997) aus Zürich
Silber. – Gew. 1,05 g, Dm. 18,5 mm.
Dannenberg, Münzen, Bd. 1, Nr. 995. – Hürlimann, Münzgeschichte, S. 17.
Berlin, Münzkabinett SMPK, Inv. 1893/67 (ID 1359)

Der 1893 in Leetze, Kr. Salzwedel, gehobene Münzschatz ist einer der ältesten Münzschatzfunde im Magdeburger Raum. Er spiegelt den sächsischen Währungsumbruch der 980er Jahre wider und ist zugleich ein Beleg dafür, daß Münzgeld nicht nur dem Fernhandel mit Wikingern und Slawen diente,

V. 7a

sondern auch im Lande selbst benutzt wurde. Ein noch früheres Zeugnis für den Gebrauch von Münzgeld im Gebiet um Magdeburg ist der leider nicht erhaltene Fund von Schernikau, Kr. Stendal (1907), der nur aus Sachsenpfennigen bestand und vielleicht schon in der Zeit Ottos I. in die Erde kam (Bahrfeldt).

Mit 201 Münzen zählt Leetze zu den mittelgroßen Schätzen. Neben 182 Sachsenpfennigen enthielt der Fund 16 der neuen Otto-Adelheid-Pfennige sowie zwei Kölner und eine schwäbische Münze. 175 Münzen sind erhalten (a, Auswahl). Die Münze Herzog Konrads von Schwaben aus Zürich (b) kann frühestens 982 geprägt worden sein, die Otto-Adelheid-Pfennige ab 984, so daß der Schatz wohl um 985 niedergelegt worden ist. Das Besondere dabei ist, daß den Münzen kein Schmuck oder sonstiges Hacksilber beigemischt war und daß die Münzen innerhalb des Gefäßes, in dem sie geborgen wurden, noch einmal in einem Lederbeutel ver-

V. 7b

wahrt waren – das einzige Beispiel dieser Art und die älteste lederne Geldbörse der Welt.

Dannenberg, Münzen, Bd. 3, S. 770–772. – Menadier, Geldbeutel. – Bahrfeldt, Randpfennige.

B.K.

V. 8
Diplom König Ottos I. für das Mauritius-Kloster

Wallhausen, 961 April 23
Pergament. – H. 42 cm, B. 53,5 cm.
Magdeburg, Landeshauptarchiv Sachsen-Anhalt, Rep. U 1, Tit. I, Nr. 14

Das Diplom (DO I 222a) dokumentiert eine der vielen Zuwendungen (vgl. Kat.Nr. V.4 u. V.9), die das Kloster St. Mauritius zu Magdeburg seit seiner Gründung 937 (vgl. Kat.Nr. V.25) von Otto I. erhalten hat. Der König übertrug dem Kloster den jährlich zu entrichtenden Zehnten von allen Slawen, die zu Magdeburg sowie zu den Burgen Frohse, Barby und Calbe (alle bei Schönebeck) gehörten bzw. dorthin Zuflucht nahmen. Als Motive Ottos I. für die Schenkung werden in der Urkunde die Liebe zu Gott, das Wohl des Herrschers und die Stabilität des Reichs, das eigene Seelenheil, das Seelenheil seiner zweiten Gemahlin Adelheid und das seines Sohnes Otto (II.) genannt. Die Aufführung dieser religiösen und politischen Beweggründe stand mit den laufenden Vorbereitungen auf eine längerfristige Heerfahrt Ottos I. nach Italien und Rom (Ende 961 – Anfang 965) in Zusammenhang.

V. 8

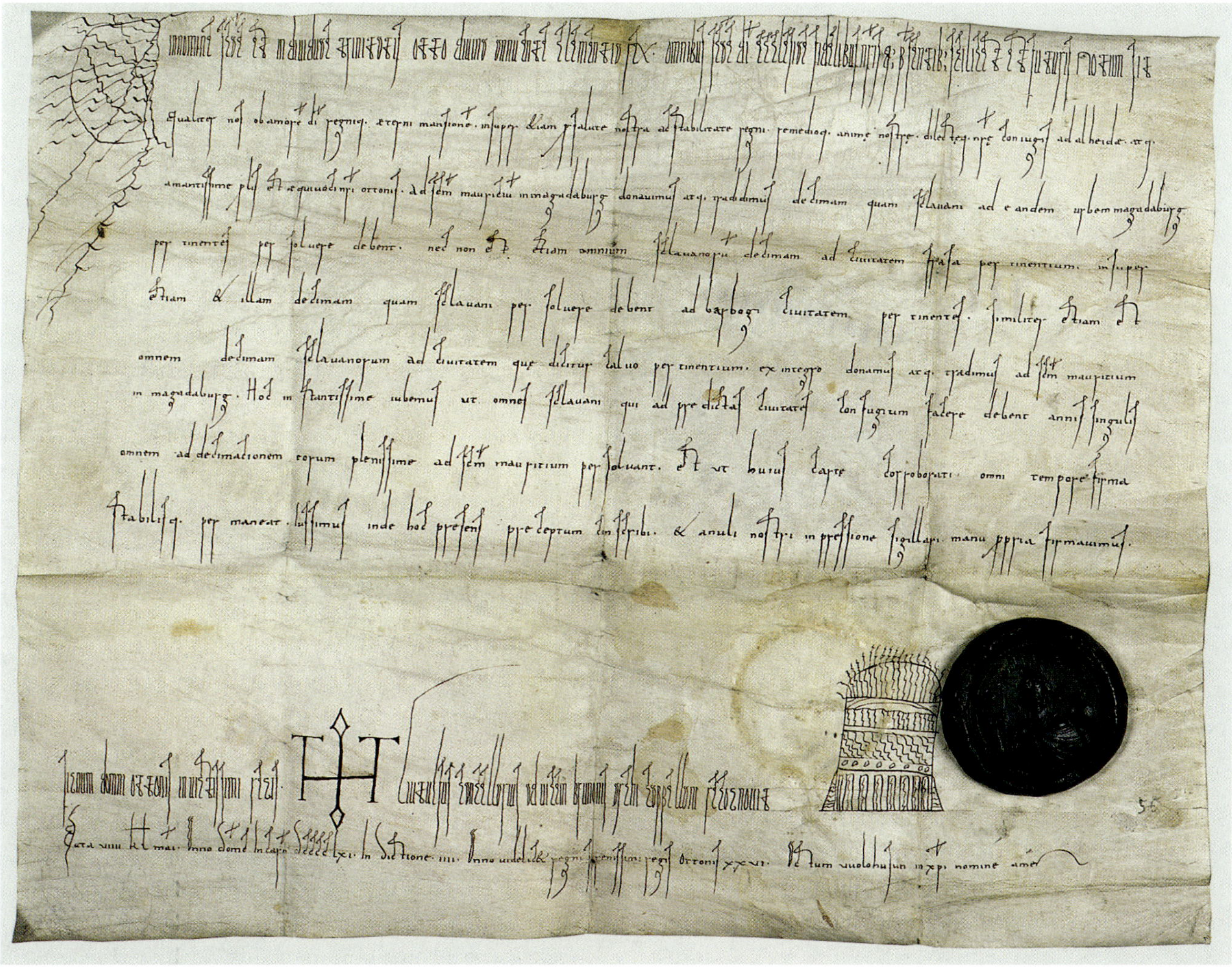

Geschrieben wurde das DO I 222a von dem Notar Liudolf F, das im Vergleich zu dessen Diplomen aus dem Jahre 956 (vgl. Kat.Nr. II.24 u. III.10) ein etwas verändertes Schriftbild aufweist. Das markante Chrismon (vgl. Kat.Nr. III.9) ist nun größer dargestellt und mit vielen Wellenlinien verziert, die verlängerte Schrift in der ersten Zeile ist gleichmäßiger ausgeführt. Liudolf F bemühte sich, die erste zusammen mit den anschließenden acht Zeilen, die in diplomatischer Minuskel geschrieben wurden, möglichst im „Blocksatz" zu präsentieren. Anders als im DO I 184 (Kat.Nr. III.10) werden die Ober- und Unterlängen bzw. die Schäfte der entsprechenden Buchstaben bei der diplomatischen Minuskel fast senkrecht nach oben oder unten geführt, ohne daß Bögen oder gebrochene Zierstriche folgen. Die Größe des Herrschermonogramms ist gegenüber 956 deutlich reduziert. Das Rekognitionszeichen mit seinen sieben unterschiedlich ausgefüllten Etagen hat Liudolf F in der Grundstruktur seit 959/60 nicht mehr verändert. Es bildete seither sein individuelles graphisches Zeichen, das er anfangs auch noch in Italien verwendete (vgl. Kat.Nr. III.11). Ebenso wie seine früheren architektonischen Skizzen (vgl. Kat.Nr. II.24) weist auch dieses Rekognitionszeichen keinerlei Kurzschriftzeichen bzw. Noten auf. Es zeigt den Ausschnitt eines horizontal mehrfach gegliederten Kircheninnenraumes. Die vertikalen Begrenzungslinien versah der Notar unten links und rechts mit äußeren Stützpfeilern. Innen ruht der Ausschnitt des Kircheninnenraumes auf acht Arkaden. In der Datierungszeile setzte Liudolf F die einzelnen Elemente jeweils durch Anfangsbuchstaben in verlängerter Schrift voneinander ab. Seit 958 berechnete der Notar alle Datierungsangaben fehlerlos. Das in der Datierung erscheinende Ausstellungsdatum (23. April 961) paßt allerdings nicht zu der Art und der Form des angebrachten Siegels. Es handelt sich um ein Kaisersiegel, das man erst seit 965 benutzte. Die Editoren der MGH gingen deshalb davon aus, daß das Diplom 961, als Otto I. noch König war, geschrieben und erst 965, nach dessen Rückkehr aus Italien als Kaiser, besiegelt worden sei.

MGH DO I 222 a. – UB Erzst. Magdeburg, Tl. I, Nr. 23. – Lübke, Regesten, Tl. II, Nr. 112 u. 113.

Huschner, Kommunikation, Kap. 3.3.1. u. 4.4.3.

W.H.

V. 9
Diplom Kaiser Ottos I. für das Mauritius-Kloster

Magdeburg, 965 Juli 9
Pergament. – Durchgedrücktes Wachssiegel, zuerst von rechts und links, dann von oben und unten gefaltet.
H. 52,5 cm, B. 57,5 cm.
Magdeburg, Landeshauptarchiv Sachsen-Anhalt, Rep. U 1, Tit. I, Nr. 21

Das heute im Landeshauptarchiv Magdeburg aufbewahrte Diplom (DO I 301) gehört zu der eindrucksvollen Reihe von Urkunden, die das Mauritius-Kloster und später das Erzstift Magdeburg von deutschen Königen und Kaisern, besonders aus sächsischem Hause, empfangen hat. Trotz vieler Ortswechsel von Magdeburg nach Burg Giebichstein und in die Moritzburg bei Halle, von dort nach Magdeburg und Berlin und schließlich wieder nach Magdeburg und z.T. ungünstiger Raumverhältnisse präsentiert sich uns das DO I 301 in einem guten bis sehr guten Erhaltungszustand. Die beiden Löcher in der mittleren Längsfalte bedingen keinen Textverlust, ebensowenig werden Bild und Umschrift des durchgedrückten Siegels aus braunem Wachs durch die beiden leichten Risse beeinträchtigt. Nach der Faltung hat der Siegelrand auf dem Pergament einen Abdruck hinterlassen.

Mit diesem bedeutsamen Pergament hat Otto I. dem Mauritius-Kloster Markt, Münze und Zoll übertragen „und damit die bevorzugte Stellung Magdeburgs entschieden gefördert" (Beck/Unger, S. 28, zugleich Faksimile des Diploms). Zusammen mit weiteren Markt- und Zollübertragungen hatte die Abtei erhebliche Einkünfte, so daß sie an Reichtum den alten Reichsklöstern wie Fulda und Hersfeld etwa gleichkam. Zwischen dem Gründungsjahr und 967 wurden insgesamt nicht weniger als 48 Königsurkunden für das Mauritius-Kloster ausgestellt, das damit an der Spitze aller Empfänger von königlichen Diplomen während der Regierungszeit Ottos I. steht (Claude, S. 55). Etwa die Hälfte aller Übertragungen erfolgte zwischen 960 und 967, als Otto I. den Plan zur Errichtung eines Erzbistums besonders intensiv verfolgte (Claude, S. 57).

Aus dem DO I 301 geht hervor, daß der Verkehr zum Markt nicht nur mit Wagen, Karren, zu Pferde oder zu Fuß erfolgte (*vel plaustris vel carrucis vel quibuscumque vehiculis adductis sive ab equitibus vel peditibus*), sondern dabei auch der Schiffsverkehr eine

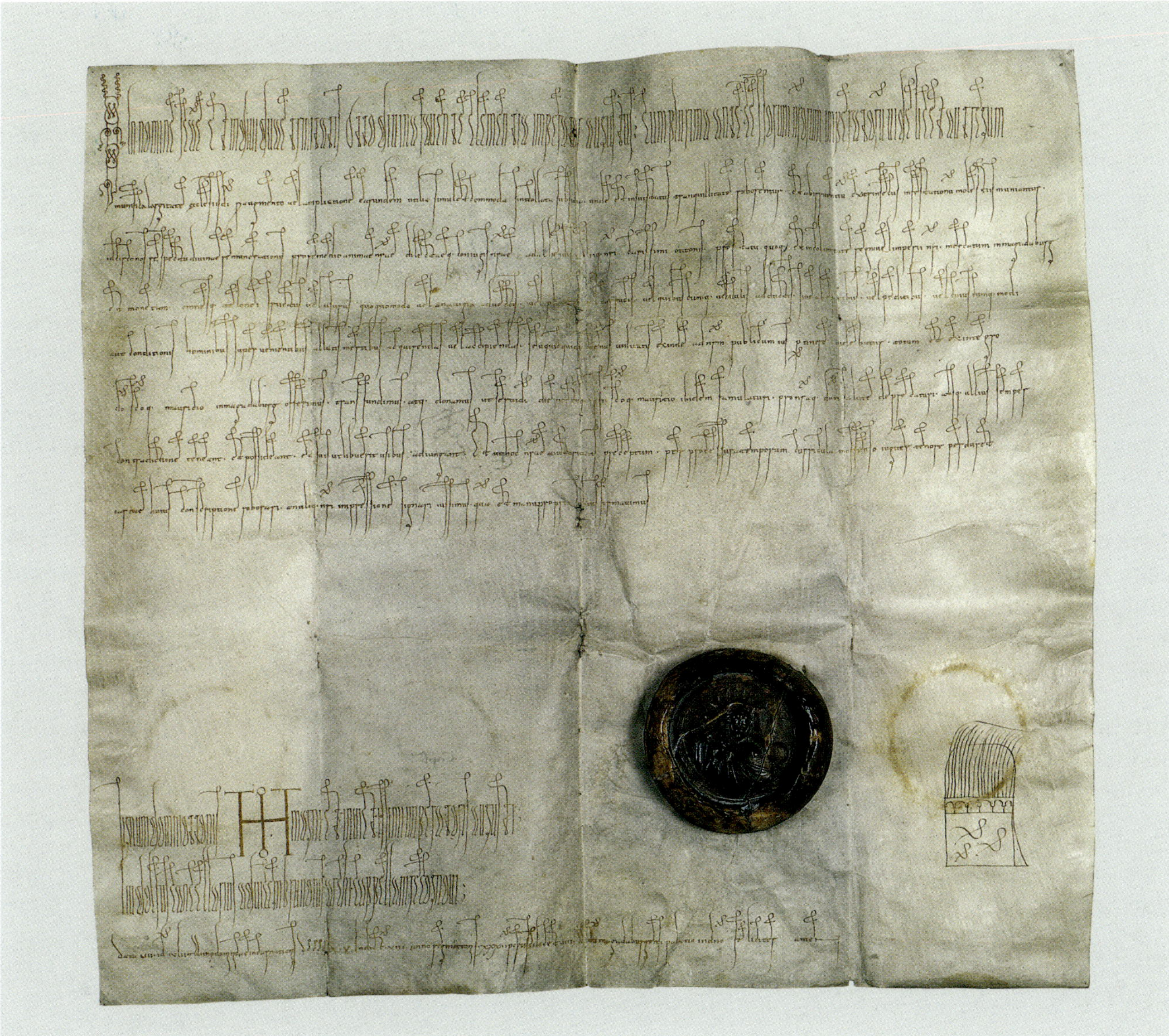

V. 9

nicht unwichtige Rolle gespielt haben muß (*a navigio advectis*). Darüber hinaus enthält das Diplom auch wichtige Aussagen über die rechtlichen Verhältnisse des Marktes und über die Zusammensetzung seiner Bewohner (Schwineköper, Königtum, S. 61). Über die Lokalisierung des Marktes selbst besteht in der Forschung Uneinigkeit (Nickel, „Alter Markt" u. Magdeburg; Schwineköper, Königtum; vgl. auch Beitrag Böttcher / Gosch).

Die Schrift des Diploms mit ihren Oberlängenverschleifungen, die manchmal wie Banner hinter den Schäften herflattern (vgl. Rück, S. 319 f.), ist regelmäßig und sorgfältig, sie stammt von einer sicheren Hand. Sie wird von Sickel dem unter Otto I. und Otto II. im Zeitraum von 965 bis 980 tätigen Notar Liudolf K zugeschrieben, der wie Liudolf G und Liudolf H in Lothringen (St. Maximin bei Trier?) geschult wurde und mit diesen nach Magdeburg gekommen ist, wo sie von Beginn an häufig und unter Otto II. fast ausschließlich für das Stift und spätere Erzstift arbeiteten. Bei der Einteilung der Schriftfläche hat Liudolf K dem Eschatokoll (Schlußformels der Urkunde) ebensoviel Raum zugestanden wie dem übrigen Urkundentext, so daß das betrachtende Auge durch diese klare Gliederung noch stärker auf die graphischen Symbole in den beiden Zonen gelenkt wird. Für die Gestaltung des stark stilisierten Invokationszeichens (Chrismon) nahm er sich ein Diplom Ludwigs des Deutschen zum Vorbild (DLD 57), dessen Original der Kanzlei eingereicht und am 30. Juni 965 bestätigt wurde (DO I 297). In leicht abgewandelter Form begegnet dieses Zeichen auch in dem gleichfalls von Liudolf K geschriebene DO I 310. Das Monogramm rührt ganz von der Hand des Notars her – wurde also nicht vom Herrscher „vollzogen" – und ist in den Text zwischen *Ottonis* und *imperatoris* eingegliedert. Im Gegensatz dazu hat sich das Rekognitionszeichen aus der Verbindung mit dem Text völlig gelöst, die „Nabelschnur" wurde also durchtrennt. Es ist dreistöckig und weist keine tironischen Noten bzw. notenähnlichen Zeichen mehr auf (vgl. dazu Kat.Nr. VI.69). Die mittlere Etage wurde als Architekturgebilde gezeichnet. Das Siegel tendiert zur Mitte hin und bildet das Gegengewicht zu den beiden Unterfertigungszeilen. Gegenüber dem Königssiegel (vgl. Kat.Nr. VI.69) wird der Herrscher nicht mehr als Krieger, sondern mit Krone, Szepter und Reichsapfel dargestellt, und zwar nicht mehr im Profil, sondern „in eine byzantinisierende, hieratische Frontalität" (Keller, S. 403) gewendet. Es handelt sich um den 5. Siegelstempel, der unter Otto I. von 965 bis 972 geführt und später von Otto II. übernommen wurde.

MGH DO I 301. – Böhmer, Reg. Imp., Bd. II,1, Nr. 402.

Stengel, Immunitäts-Privilegien. – Wentz, Archiv Erzst. Magdeburg. – Schwineköper, Anfänge Magdeburgs. – Fleckenstein, Hofkapelle, Tl. 2. – Claude, Erzbist. Magdeburg, Tl. 1. – Wentz/Schwineköper, Erzbist. Magdeburg. – Nickel, „Alter Markt". – Nickel, Magdeburg. – Schwineköper, Königtum. – Beck/Unger, Brief. – Müller-Mertens, Reichsstruktur. – Fried, Geldgeschichte Magdeburgs. – Kluge, Münzgeschichte. – Rück, Urkunde. – Kluge, Fernhandel. – Keller, Siegel.

A.G.

V. 10
Becherförmiges Gefäß mit abgerundetem Boden

9./10. Jahrhundert
Magdeburg, Domplatz
Irdenware, hell- bis dunkelbraungrau, stark ergänzt. Unverziertes becherförmiges steilwandiges Gefäß mit leicht einschwingenden Oberteil und wenig abgerundetem, linsenförmigem Standboden. Unterhalb des an einer Stelle hochgezogen Randes Durchbohrung der Gefäßwand von ca. 1 cm Dm.
H. 16,1 cm, Rdm. 11,7 cm, max. Dm. 12,1 cm, Bdm. ca 8 cm.
Magdeburg, Kulturhistorisches Museum, D/N47/W30/53,55–1

Im Rahmen der langjährigen Stadtkerngrabungen wurden von 1959–1968 zwei parallel verlaufende Befestigungsgräben nachgewisen, die ein Areal von ca. 2 ha zum Elbauenrand abgrenzten. Nach den bisherigen Erkenntnissen gehören sie zu der im Jahre 805 anzunehmden Burganlage. Über den nur kurze Zeit bestehenden Gräben folgt eine Humusschicht, so daß zwischen den Gräbern und der nächsten Bauphase mit Grubenhäusern ein größerer zeitlicher Abstand bestand. Die mehrfachen Überschneidungen der Häuser lassen auf eine längere Besiedlungsdauer schließen.

Der die Siedlungsschicht bedeckende Humus wird von einer Kalksteinschicht überlagert, die spätestens ab der Mitte des 10. Jahrhunderts entstand. Die Grubenhäuser gehören demnach in das späte 9. bzw. in das frühe 10. Jahrhundert. Während die aus den Grubenhäusern stammende Tonware auch Merkmale der slawischen Keramik zeigt, finden sich für unser Gefäß aus dem Grubenhaus 10 keine unmittelbaren Vergleichsobjekte.

Nickel, Vorottonische Befestigungen, S. 269. Abb. 22 a, S. 271 f. Abb. 23 a. – Nickel, Magdeburg.

G.B.

V. 11
Becherförmiges Gefäß

9./10. Jahrhundert
Magdeburg, Domplatz
Irdenware, graubraun bis schwarz (angeschwärzt). – Unverziertes, becherförmiges Gefäß mit Standboden und steiler unregelmäßiger Randlippe; Gefäßkörper zur Hälfte ergänzt.
H. 9,5 cm, Rdm. 8,9 cm, max. Dm. 10,9 cm, Bdm. 5,8 cm.
Magdeburg, Kulturhistorisches Museum, D/N55/W13/53,9–4

Dieses Gefäß, ebenfalls wie Kat.Nr. V.10 ohne unmittelbare Parallele, stammt aus dem Grubenhaus 16. In den Grubenhäusern wurden neben Gefäßen auch Webgewichte gefunden, so daß es sich um Webhäuser gehandelt haben wird, wie sie auch an anderen Herrschaftsstätten festgestellt wurden.

Nickel, Vorottonische Befestigungen, S. 269 Abb. 22 a, 22 n, S. 271 f. Abb. 23 b. – Nickel, Magdeburg.

G.B.

V. 13, 12, 10, 11

V. 12
Steilwandiges Gefäß

9./10. Jahrhundert
Magdeburg, Domplatz
Irdenware, hellbraun bis braungrau, teilweise angeschwärzt, grob gemagert. – Unverziertes hohes steilwandiges Gefäß mit leicht nach außen gezogener Randlippe, stark ergänzt, Oberfläche erscheint deshalb unregelmäßig.
H. 22,0 cm, Rdm. 16,5 cm, max. Dm. 17,3 cm, Bdm. 9,0 cm.
Magdeburg, Kulturhistorisches Museum, D/N176/W30/53–1

Das Gefäß stammt aus einem Grubenhaus der Grabung von 1965.

Unveröffentlicht. – Vgl.: Nickel, Magdeburg.

G.B.

V. 13
Standbodengefäß mit Kammstrichverzierung

9./10. Jahrhundert
Magdeburg, Domplatz
Irdenware, schwarzgrau. – Doppelkonisches Standbodengefäß mit hochliegendem gerundeten Umbruch; umlaufende Verzierung auf der kleinen Schulter aus unregelmäßigen Kreuzen, aus dreizinkigen Kammstrichen gebildet; Randlippe leicht abgesetzt, grob gemagert.
H. 21,0 cm, Rdm. 14,0 cm, max. Dm. 19,0 cm, Bdm. 9,5 cm.
Magdeburg, Kulturhistorisches Museum, D/N106,5/W39/53,1–1

Dieses Gefäß stammt ebenfalls aus einem Grubenhaus. Es ist der schon beschriebenen slawischen Keramik zuzuweisen (vgl. auch Kat.Nr. II.67 b).

Unveröffentlicht. – Vgl.: Nickel, Magdeburg.

G.B.

V. 14
Zwei Schlittknochen

9/10. Jahrhundert
Magdeburg-Altstadt, Domplatz, Pfalzbereich
a) Pferd, Knochen, Metacarpus: Schlittknochen mit einer geschliffenen Unterseite und einem leicht abgeschrägten Vorderteil – L. 22,1 cm, max. B. 4,9 cm;

V. 14

b) Pferd, Knochen, Metacarpus: Schlittknochen mit einer geschliffenen Unterseite und einem bugartig geschnitzten Vorderteil.
L. 22,6 cm, max. B. 4,9 cm.
Magdeburg, Kulturhistorisches Museum, D/N67/O4/53,8/5 (a); D/N76/03/53,8/5 (b)

Solche Schlittknochen fertigte man seit dem frühen Mittelalter aus den Mittelfußknochen von Pferd oder Rind an. Zur besseren Gleitfähigkeit wurde die Unterseite des Knochens glatt geschliffen und das Vorderteil mitunter bugartig geschnitzt. Die zum Teil durchlochten Exemplare schnallte man mit Riemen am Fuß fest. Bei Schlittknochen mit zwei größeren Bohrlöchern in der oberen Fläche war der Knochen vermutlich mit Zapfen an einem schmalen Holzbrett angebracht.

Nickel, Magdeburg.

G.G.

V. 15
Putzfragmente

10. Jahrhundert (?)
Magdeburg, Domplatz, Pfalzbereich
Kalkputz. – 28 Fragmente Wandputz mit verschiedenen Farben bemalt. Auf der Oberfläche grüne, blaue, rote und ocker Farbtöne; wegen der geringen Größe der Stücke trotz teilweise vorhandener Linien, Farbabsetzungen und Farbwechsel keine Muster rekonstruierbar.
L. max. 7,5 cm.
Magdeburg, Kulturhistorisches Museum, Inv.Nr. 95:2

Im Rahmen der Stadtkerngrabung wurden in den Jahren von 1965–1968 auf dem Domplatz steinerne Strukturen freigelegt, die der Ausgräber Ernst Nickel als die Überreste eines Gebäudes ansah. Er nahm an, damit das Palatium der Pfalz Ottos des Großen mit einer entsprechenden Aula gefunden zu haben. So sind sie in die bisherige wissenschaftliche Literatur eingegangen. Da aber eine detailierte Vorlage von Befunden und Funden noch nicht vorhanden ist, erfolgt seit 1998 eine erneute Bearbeitung der Grabungsdokumentation der Ausgrabung von Ernst Nickel. Dabei ergaben sich mehrere Bauphasen die auch andere Deutungen zulassen und verschiedene Zeithorizonte einbeziehen (vgl. Beitrag Ludowici). Die Auswertung, insbesondere des Fundmaterials, ist noch nicht abgeschlossen. Die bisherige Datierung der Putzfragmente ist nach momentanem Auswertungsstand in Frage gestellt. Trotzdem handelt es sich hier um einen Bereich der Pfalz, der durch eindeutige Funde aus dem 10. Jahrhundert belegt ist. Die älteren Befestigungs- und Siedlungsspuren sowie die Nähe zum ottonischen Dom, lassen keine andere Deutung zu, auch wenn wir vielleicht den oder die Steinbauten nicht als das Palatium Ottos des Großen ansehen dürfen.

Unveröffentlicht. – Vgl.: Nickel, Magdeburg. – Ausst.kat. Essen 1997, S. 187 Nr. II/10. – Ludowici, Ottonische aula regia.

G.B.

V. 16
Dachziegelfragmente

10./11. Jahrhundert
Magdeburg-Altstadt, Domplatz, Pfalzbereich
Baukeramik, acht Keramikfragmente aus rotem Ziegelton mit einem grauen Kern.
max. H. 3,8 cm, max. L. 13,0 cm, max. B. 10,5 cm, Ziegelstärke 2 cm.
Magdeburg, Kulturhistorisches Museum, Inv.Nr. 95:3

Die auf der Oberseite grüngelb glasierten Tonplatten sind auf der Unterseite glatt abgestrichen. Es handelt sich um Dachziegel, die seitlich mit einem Falz zur Auflage des danebenliegenden Ziegels versehen sind. Um dem Dachziegel eine größere Stabilität zu geben, verläuft in der Mitte eine in Längsrichtung angeordnete trapezförmige Rippe. Ein in die Rippe eingearbeiteter Hohlraum sollte das vom

V. 15

V. 16

aufliegenden Ziegel eingedrungenes Regenwasser aufnehmen und ableiten.

Die Fragmente, die aus Einfüllschichten über den Grundmauern des Monumentalgebäudes auf dem Domplatz stammen (vgl. Beitrag Ludowici u. Kat. Nr. V.15), belegen die Verwendung von Tonziegeln zur Dachabdeckung repräsentativer Steinbauten im Pfalzbereich für das 10./11. Jahrhundert. Gleichartige Dachziegelfragmente wurden schon 1926 bei der Freilegung der Ostkrypta des ottonischen Doms, die 1049 durch Erzbischof Hunfried geweiht wurde, und 1959 bei der Untersuchung älterer Schichten im gotischen Dom ausgegraben.

Koch, Ausgrabungen, S. 1–24, Taf. X. – Nickel, Magdeburg. – Vgl.: Beitrag Schubert/Leopold.

G.G.

V. 30, 18, 19 (oben), 17 (unten)

V. 17
Marmorfragmente

10. Jahrhundert (?)
Magdeburg-Altstadt, Domplatz, Pfalzbereich

a) Bruchstück von einem Bauteil aus weißem Marmor mit einer glatten profilierten Seitenfläche.
H. 4,0 cm, L. 8,0 cm, B. 6,0 cm.

b) Bruchstück von einer bläulichgrauen Marmorplatte mit geschliffenen Oberflächen.
H. 2,0 cm, L. 4,2 cm, B. 3,0 cm.

c) Weißes Marmorfragment mit Bearbeitungsspuren an der Längsseite.
H. 2,2 cm, L. 7,8 cm, B. 2,2 cm.

Magdeburg, Kulturhistorisches Museum, D/N76,75/O25/53,75 (a), (b) u. (c) ohne Nr.

Die Chronik Thietmars von Merseburg († 1018) berichtet, daß Otto I. zur Ausstattung seiner 955 begonnenen Kathedrale u. a. antike Architekturteile aus edlem Gestein aus Italien herbeischaffen ließ (vgl. Beitrag Schubert/Leopold u. Meckseper). Nach dem Brand des ottonischen Doms (1207) wurden sie in den gotischen Neubau (ab 1209) eingebaut. Einen Teil der Steinabfälle wird man dabei auch auf die Flächen vor den Dom geschüttet haben.

Bei den Ausgrabungen auf dem Domplatz (1959–1968) stießen die Archäologen an mehreren Stellen auf Bauteile und Absplisse aus Marmor. Da diese Fragmente in Einfüllschichten und Störungen über den ergrabenen Grundmauerresten, bzw. in ihrer Nähe lagen, konnten sie nicht immer genau datiert und einem bestimmtem Bauwerk zugeordnet werden.

Nickel, Magdeburg. – Vgl.: Beitrag Schubert/Leopold.

G.G.

V. 18
Marmorabsplisse

10. Jahrhundert (?)
Magdeburg-Altstadt, Domplatz, Pfalzbereich
Marmor. – max. H. 3,1 cm, max. L. 10,0 cm, max. B. 3,2 cm.
Magdeburg, Kulturhistorisches Museum, D/N73,9/O36/54,2

Drei Absplisse aus weißem Marmor, die von der Steinbearbeitung stammen. An zwei Abfallstücken ist eine behauene Fläche zu erkennen.

Nickel, Magdeburg.

G.G.

V. 19
Mosaiksteinchen

10. Jahrhundert (?)
Magdeburg-Altstadt, Domplatz, Pfalzbereich
Marmor. – H. 1,7 cm, Seiten 2,7 x 2,5 cm.
Magdeburg, Kulturhistorisches Museum, D/N70/O11/54,4/6

Kleines Mosaiksteinchen aus weißem Marmor mit geschliffener Oberfläche. Mit weißen und bunten Steinen wurden Bildwerke und Ornamente an Wänden und auf Fußböden angebracht. Diese Einlegearbeiten gehen auf eine antike Kunsttechnik zurück.

Nickel, Magdeburg.

G.G.

V. 20
Kugeltopf

10./11. Jahrhundert
Magdeburg-Altstadt, Domplatz, Pfalzbereich
Irdenware, rotbraun. – Kugeltopf mit unebener Oberfläche, grob gemagert, stark ergänzt, am Boden teilweise angeschmaucht.
H. 13,0 cm, Rdm. 10,2 cm, max. Dm. 10,2 cm.
Magdeburg, Kulturhistorisches Museum, D/N80,5/O29,2/54,3/1

Der Kugeltopf stammt aus einer Ofenanlage im Bereich von Grundmauerresten des ausgegrabenen Monumentalgebäudes auf dem Domplatz (vgl. Beitrag Ludowici).

Nickel, Magdeburg. – Ludowici, Ottonische aula regia.

G.G.

V. 20

V. 21
Standbodengefäß mit Wellenverzierung

10. Jahrhundert
Magdeburg-Altstadt, Domplatz, Pfalzbereich
Irdenware, rot- bis graubraun, z.T. angeschwärzt. – Standbodengefäß mit ausladenden nach schräg außen, scharf abgeschnittenen Rand. Unter dem Rand unregelmäßige waagerechte Wellenbandverzierung aus mehrzinkigen Kammstrichen. Abschluß auf der Schulter aus umlaufendem Linienband. Stark ergänzt.
H. 22,5 cm, Rdm. 20,5 cm, max. Dm. 24,0 cm, Bdm. 9,5 cm.
Magdeburg, Kulturhistorisches Museum, D/N71/O11/54,6-1

Dieses Gefäß ist ein typischer Vertreter der ottonenzeitlichen Standbodengefäße (vgl. Kat.Nr. II.63).

Unveröffentlicht. – Vgl. Nickel, Magdeburg.

G.B.

V. 21

V. 22

V. 22
Glöckchen

10. Jahrhundert (?)
Magdeburg-Altstadt, Domplatz, Pfalzbereich
Bronze. – Durchlochtes kleines Glöckchen mit ringförmigem Aufhänger aus Bronze. Unterer Teil des Glockenkörpers stark ausgebrochen und deformiert. Klöppel fehlt.
erh. H. 4,2 cm, max. Dm. 3,5 cm.
Magdeburg, Kulturhistorisches Museum, D/N91/54,4

Bronzeschlacke, Holzkohle und gebrannter Lehm, die im Rahmen der Ausgrabungen gefunden wurden, deuten darauf hin, daß im Pfalzbereich Bronzegießer tätig waren.

Nickel, Magdeburg. – Matthies, Metallfunde, Nr. 0784, Abb. 28.5.

G.G.

V. 23
Sporn

10. Jahrhundert
Magdeburg-Altstadt, Domplatz, Pfalzbereich
Eisen, geschmiedet. – Spitze und Bügel oberflächlich korrodiert, stellenweise deutliche Rostnarben und flächige Beschädigungen.
L. 16,5 cm, B. 9,8 cm, Stachel: L. 5,6 cm.
Magdeburg, Kulturhistorisches Museum, D/N 45, 00/W 34/54/10/1a

Der Bügel des aus einem Stück geschmiedeten Sporns hat eine deutlich asymmetrische U-Form; die Schenkel liegen in einer Ebene. Nur eine leichte Schwingung ist erahnbar. Die Schenkel haben einen abgerundet hochbogenförmigen Querschnitt, der sich zu den Enden hin abflacht. An den Bügelenden sitzen querrechteckige flache Nietplatten mit je zwei Nieten. Die inneren Enden der Niete, bei denen auf jeder Seite je eine Gegenbeschlagsplatte anzunehmen sind, sind nicht erhalten. Auf dem Scheitel des Bügels sitzt ein langer Stachel, der sich geringfügig keulenförmig verdickt. Auf dem stumpfen Abschluß des Stachelunterteils befindet sich eine kleine spike-artige Spitze. Der Sporn besitzt nur eine Verzierung: Kurz über der Stachelbasis sitzt eine schmale, kantige Rippe. Bemerkenswert ist die infolge der Korrosion deutlich erkennbare Herstellungsweise des Stückes: Am Bügelscheitel unter dem Stachelansatz sind deutlich lineare Schmiedestrukturen erkennbar, die darauf hinweisen, daß der Sporn aus einem Stück geschmiedet wurde. Diese Herstellungstechnik war ursprünglich für technisch einfachere Gebrauchsstücke und die Sporen im westslawischen Siedlungsraum typisch. Im karolingischen Reich und den unmittelbar angrenzenden Regionen wurde dagegen der Stachel bei etwa der Hälfte der Exemplare separat gefertigt und in den Bügel eingenietet. Im 10. Jahrhundert wurden die Stachel jedoch deutlich verlängert. Damit setzte sich die Konstruktionsweise des Schmiedens aus einem Stück allgemein durch. Vermutlich gelang es nicht, den jetzt deutlich längeren Stachel dauerhaft und zufriedenstellend fest mit dem Bügel zu verbinden.

Der Magdeburger Sporn gehört zu einer häufig belegten Form. Regionale Bezüge, die eine Eingren-

V. 23

V. 24

zung des Herstellungsraumes erlauben würden, lassen sich nicht nachweisen: Die Form kommt sowohl auf dem Gebiet des ottonischen Reichs als auch in Westskandinavien und in den westslawisch besiedelten Gebieten vor. Einzelne Belege stammen aus England, Kiew und Süditalien. Die Konstruktion der Befestigung mit Nieten ist eine eher im ottonischen Reich und in den Grabfunden Westskandinaviens nachgewiesene Herstellungstechnik.

Unveröffentlicht. – Vgl.: Żak, Ostrogi. – Kavnóvá, Slovanské ostruhy, S. 54–60 u. 102, Taf. XVI–XX. – Bialeková, Sporen. – Żak/Maćkowiak-Kotkowska, Studia. – Gabriel, Sakralkultur. – Kind, Reitausrüstung.

Th.K.

V. 24
Hammerfragment

10. Jahrhundert (?)
Magdeburg-Altstadt, Domplatz, Pfalzbereich
Eisen. – Halber eiserner Hammer mit einem annähernd rechteckigen Öhr zur Aufnahme des Holzstieles.
erh. L. 14,6 cm, H. 3,2 cm, B. 4,9 cm.
Magdeburg, Kulturhistorisches Museum, D/N68/O34/54,2

Der asymmetrische Hammerkörper weist eine leicht nach unten gewölbte Oberseite auf, die mit der geraden Unterseite und den Seitenflächen nach vorn zu einer Spitze auslaufen. Der intakte Hammer könnte zur Steinbearbeitung benutzt worden sein. Er wäre auch als Arbeitsgerät in einer Schmiedewerkstatt denkbar.

Nickel, Magdeburg. – Matthies, Metallfunde, Nr. 0584, Taf. 8.10.

G.G.

ERZBISTUM

V. 25
Diplom König Ottos I. für das Mauritius-Kloster

Magdeburg, 937 September 21
Pergament. – H. 51 cm, B. 60 cm.
Magdeburg, Landeshauptarchiv Sachsen-Anhalt, Rep. U 1, Tit. I, Nr. 1

Die Errichtung des Benediktinerklosters zu Ehren der hl. Mauritius und Innozenz und ihrer Gefährten erfolgte im Rahmen einer Versammlung des Königs mit vielen geistlichen und weltlichen Großen des Reichs 937 in Magdeburg. Für die Wahl der Hauptpatrone des neuen Klosters waren religiöse und politische Motive ausschlaggebend. Zur Zeit Ottos I. war der hl. Mauritius vor allem der Schutzpatron des Königs von Burgund, der zeitweilig auch Herrscher in Italien war. Da der Heilige auch schon in karolingischer Zeit als Schutzpatron für einen König in Italien gedient hatte, wies sein Kult ebenfalls in den südalpinen Bereich. Zusammen mit der auf Kaiser Konstantin (306–337) zurückgeführten Heiligen Lanze (vgl. Beitrag Schneidmüller, Abb. 4), die bereits Ottos Vater König Heinrich I. vom burgundischen Herrscher erhalten hatte, unterstrich der 937 in Magdeburg etablierte Kult der thebäischen Märtyrer den Anspruch König Ottos I. auf Oberherrschaft in den Gebieten des ehemaligen karolingischen Reichs.

Der Ausstellungstag des Diploms (DO I 14) gilt in der Forschung zugleich als Gründungsdatum des Klosters. In dem einleitenden erzählenden Abschnitt des Kontextes (Narratio) werden zunächst die religiösen Motive Ottos I. für die Kirchenstiftung genannt. Danach errichtete er sie aus Liebe zu Gott und allen Heiligen, zum Gedächtnis an seinen Vater, zu seinem eigenen Seelenheil, zu dem seiner Gemahlin (Edgith) und seiner Nachkommen. Otto I. und Edgith, zu deren Ausstattung Magdeburg gehörte, beabsichtigten offenbar, an ihrem bevorzugten Aufenthaltsort ein Kloster mit Grablege zu errichten, dessen Mönche sich besonders dem Gebet und der Pflege der Memoria für die Familienmitglieder widmen sollten. Anschließend wurden jene geistlichen Großen namentlich aufgeführt (Zeile 4), die an dem Gründungsvorgang mitgewirkt hatten. Ihre Präsenz diente vor allem der kirchenrechtlichen Absicherung der Klostergründung. Besonders wichtig war dafür die Zustimmung des Bischofs von Halberstadt, in dessen Diözese Magdeburg lag, sowie die des für Halberstadt zuständigen Erzbischofs von Mainz.

Die wirtschaftliche Grundlage seiner Stiftung sicherte Otto I. durch die Schenkung des Königshofes in Magdeburg mit den dazu gehörigen Gebäuden, Besitzungen und Rechten an mehr als dreißig Orten. Außerdem stellte Otto I. das Kloster unter königlichen Schutz. Der erste Abt Anno und die ersten zwölf Mönche des neuen Klosters kamen aus der Benediktinerabtei St. Maximin vor Trier (vgl. Kat.Nr. IV.66). Die Besitzungen und Rechte ihres Magdeburger Klosters wurden in den folgenden Jahren noch bedeutend erweitert (vgl. Kat.Nr. V.4, V.8 u. V.9).

Das Diplom wurde für die Betrachter hinsichtlich der Raumaufteilung und der graphischen Gestaltung sehr sorgfältig ausgeführt. Der heutige Gesamteindruck leidet unter den durch Tintenflecken verursachten Schäden (Zeile 1 bis 8). Für die Zeitgenossen Ottos I. war es eine auch optisch beeindruckende Urkunde. Der Notar Poppo A (vgl. Kat.Nr. VI.69), der lange zu den Hofgeistlichen gehörte, verankerte das DO I 14 graphisch und verbal noch stärker in der sakralen Sphäre als andere Diplome dieser Zeit. Er eröffnete es mit einem für ihn typischen großen und verzierten Chrismon (symbolische Anrufung Gottes; vgl. Kat.Nr. III.9). Die ersten drei Zeilen rückte er ein, um die optische Wirkung des Zeichens, das die Urkunde unter göttlichen Schutz stellte, durch den geschaffenen Freiraum zu erhöhen. Die C-förmige Grundfigur verklammert die in verlängerter Schrift ausgeführte erste Zeile, die vor allem das Eingangsprotokoll enthält, mit der zweiten, bei der die diplomatische Minuskel, die übliche Schriftform für den Kontext, einsetzt. Die auf diese Weise verbundenen zwei ersten Hauptteile der Urkunde umfassen genau zwölf Zeilen, was bei der Relevanz dieses Diploms kein Zufall sein dürfte: Die Zahl der Zeilen entspricht damit jener der Apostel. Die großzügigen Zeilenabstände in der oberen Hälfte des Pergaments (Zeile 1 bis 6) wurden in der unteren etwas verringert, um genügend Freiraum für ein repräsentativ angeordnetes Schlußprotokoll zu lassen.

Die mit der Invocatio, der Anrufung der Heiligen Dreifaltigkeit (*In nomine sanctae et individuae trinitatis*), beginnende erste Zeile wurde mit einer Initiale (*I*) eingeleitet. Ein etwas größer gestaltetes *O* als Anfangsbuchstabe von *Otto* kennzeichnet innerhalb des Eingangsprotokolls den Übergang zur Intitulatio, in der man den als Aussteller fungierenden Herrscher mit Namen, göttlicher Legitimationsformel (*divina favente clementia*) und Titel vorstellte. Sie endet mit einem markant ausgeführten *X* als letztem Buchstaben von *rex* (König). Da man CHRISTUS auch mit der griechischen Initiale *X* ('chi') abkürzte, war das gesamte Eingangsprotokoll durch zwei göttliche Symbole (*I* = IESUS und *X* = CHRISTUS) eingerahmt. Den Beginn des Kontextes in der Mitte der ersten Zeile machte der Notar durch das vergrößerte und einem Portal ähnliche *n*, dem Anfangsbuchstaben von *noverint*, deutlich sichtbar.

Im Vergleich zu anderen von ihm geschriebenen Urkunden gab sich der Notar ebenfalls beim Kontext besondere Mühe; die diplomatische Minuskel wirkt insgesamt zierlicher und abwechslungsreicher als sonst. Die Oberlängen der Buchstaben *b, d, h, l* mit ihren hart nach rechts geführten Zierstrichen und die Unterlängen der Buchstaben *g, p, q, r, s* ragen wie üblich in die Freiräume zwischen den Zeilen hinein. Die Zahl der geschwungenen Unterlängen vermehrte der Notar durch die Verlängerung der letzten Schäfte von *m* oder *n* unter die Zeile, womit ein folgendes *i* dargestellt wurde (z. B. Zeile 12, zweites Wort von links: *summi*). Die *ct-, et-, rt-* und *st*-Ligaturen sowie die Zierschleifen bei *c* und *t* sind elegant ausgeführt. Meistens verwendete der Notar das übliche diplomatische Abkürzungszeichen über den entsprechenden Worten. Daneben ließ er aber auch solche Abbreviaturen einfließen, die man in der Buchschrift benutzte. Markant ist vor allem seine Abkürzung für *-orum*, die einer *rx*-Ligatur ähnelt (z. B. Zeile 3, viertes Wort von rechts: *nostrorum*).

Im Schlußprotokoll ragen vor allem das Herrschermonogramm innerhalb der Signumzeile (Be-

V. 25

glaubigung) sowie das relativ große Rekognitionszeichen (Gegenzeichnung des Notars) in der Mitte optisch hervor. Das traf ebenfalls auf das rechts davon angebrachte Siegel zu, das heute nicht mehr existiert. Das nach dem Vorbild von Inschriften oder Initialen in Handschriften gestaltete Herrschermonogramm basierte seit Kaiser Ludwig dem Frommen (814–840) auf einem *H*-Gerüst. Im DO I 14 bilden die verstärkten Schäfte mit den oberen Querbalken die beiden *T*, die zusammen mit den beiden rhombusförmigen *O*, verbunden durch die mittlere Vertikale, den Herrschernamen OTTO darstellen. Die graphisch stark hervorgehobenen *T* begriff man zugleich als Symbole für das Kreuz, so daß der Herrschername wie im Eingangsprotokoll von Signa flankiert war, die eine enge Verbindung zu Christus assoziierten.

Im Zentrum des Schlußprotokolls plazierte der Notar sein Rekognitionszeichen (vgl. Kat.Nr. VI.69), das eine beachtliche Größe (H. ca. 8,5 cm, B. ca. 5,5 cm) aufweist. Er schloß es mittels der hoch aufragenden Konjunktion *et* (und) direkt an die Rekognitionszeile (*Poppo cancellarius advicem Friderici archicancellarii recognovi*; „Ich, der Kanzler Poppo, habe in Vertretung des Erzkanzlers Friedrich rekognosziert") an. In die vierte der insgesamt fünf Etagen trug der Notar vier Kurzschriftzeichen ein, die genauso wie im DO I 11 (Kat.Nr. VI.69) aufzulösen sind. Im Unterschied zur Signumzeile diente die Rekognitionszeile vor allem der Repräsentation von geistlichen Großen, die das Reich zusammen mit dem Herrscher regierten und an den dafür erforderlichen Beschlüssen und Entscheidungen maßgeblich beteiligt waren. Dieser repräsentativen Funktion entsprach es, wenn die Rekognitionszeile knapp unter der königlichen Signumzeile angeordnet, aber ebenfalls in litterae elongatae, der ranghöchsten Urkundenschrift, ausgeführt wurde.

Die einzelnen Elemente der Datierung (Ausstellungstag, Inkarnationsjahr, Indiktion, Königsjahr und Ausstellungsort) wurden in der vorliegenden Urkunde jeweils mit einem Buchstaben in verlängerter Schrift eingeleitet und durch Zwischenräume voneinander abgesetzt. Einen Hinweis auf den vergleichsweise hohen Bildungsstand des Notars bietet die korrekt ausgeführte Datierung. Dies zeichnete ihn vor vielen seiner „Kollegen" und Nachfolger aus. Als Tagesdatum für die Ausstellung wurde nicht zufällig der 21. September gewählt, das Fest des Apostels und Evangelisten Matthäus. Der Aposteltag bildete zugleich den feierlichen Auftakt für das Fest der hl. Mauritius und Innozenz, der Hauptpatrone der neuen Kirche in Magdeburg, am 22. September, das fortan alle liudolfingisch-ottonischen Herrscher besonders feierlich begingen.

MGH DO I 14. – UB Erzst. Magdeburg, Tl. 1, Nr. 1. – Lübke, Regesten, Tl. II, Nr. 52.

Uhlirz, Erzbist. Magdeburg, S. 122–127. – Stengel, Immunitäts-Privilegien, S. 142–146. – Studtmann, Pönformel. – Claude, Erzbist. Magdeburg, Bd. 1, S. 17–37. – Rück, Urkunde. – Huschner, Kirchenfest. – Rück, Bildberichte. – Ehlers, Königin.

W.H.

V. 26
Kaiser Otto I. verkündet die Gründung der erzbischöflichen Kirche in Magdeburg

Oberitalien (Ravenna?), 968 Oktober/November
Pergament. – H. 46 cm, B. 58 cm.
Magdeburg, Landeshauptarchiv Sachsen Anhalt, Rep. U 1, Tit. I, Nr. 31

Das kaiserliche Schreiben an die sächsischen Großen dokumentiert die letzten relevanten Schritte auf dem langen Weg zur Gründung des Magdeburger Erzbistums (vgl. Beitrag Althoff, Erzbistum u. Kat.Nr. V.27). Nachdem Erzbischof Hatto von Mainz und Bischof Hildeward von Halberstadt im Frühherbst 968 zu Ravenna ihr grundsätzliches Einverständnis zur Errichtung einer erzbischöflichen Kirche in Magdeburg erklärt hatten, war das wichtigste kirchenrechtliche Hindernis für die von Otto I. angestrebte Erzbistumsgründung überwunden. Mit Adalbert, der einst als Mönch dem Kloster St. Maximin vor Trier angehört und 961/62 erfolglos als Missionsbischof in der Kiewer Rus' gewirkt hatte, war in Italien zudem ein allseits akzeptierter Kompromißkandidat als Erzbischof von Magdeburg gefunden worden. Am 18. Oktober 968 hatte Papst Johannes XIII. Adalbert in Rom das Pallium, das äußere Zeichen für die erzbischöfliche Würde, verliehen und eine Urkunde darüber ausstellen lassen. Er beauftragte zwei päpstliche Legaten, Adalbert nach Magdeburg zu geleiten und ihn dort in sein erzbischöfliches Amt einzuführen (Inthronisation).

Die wichtigste Urkunde, die Adalbert auf seine Reise von Italien nach Magdeburg mitnahm, war jedoch nicht das päpstliche Privileg, sondern das an die geistlichen und weltlichen Großen Sachsens gerichtete kaiserliche Dokument (DO I 366). Da sowohl Otto I. als auch Otto II. noch längere Zeit in Italien blieben, benötigte der neue Erzbischof die nachdrückliche kaiserliche Unterstützung in schriftlicher Form, um sich in Sachsen legitimieren und den Aufbau der neuen Kirchenprovinz vornehmen zu können. Deshalb stellte man im DO I 366 zuerst Adalbert als jenen Geistlichen vor, der auf Rat des Erzbischofs von Mainz und des Bischofs von Halberstadt von Otto I. zum Metropoliten von Magdeburg bestimmt worden sei. Die sächsischen Großen wurden aufgefordert, der Wahl dieses Erzbischofs bei seiner Amtseinführung in Magdeburg einhellig durch Akklamation zuzustimmen. Über die Wahl Erzbischof Adalberts solle eine Urkunde ausgestellt werden, die von den bisher zur Kirchenprovinz Mainz gehörenden Bischöfen von Brandenburg und Havelberg zu unterschreiben sei. Beide sollten Erzbischof Adalbert überdies Treue und Gehorsam geloben. Damit die Wahl und Inthronisation Adalberts später nicht angefochten werden könne, solle der Metropolit sogleich seine erzbischöflichen Rechte wahrnehmen und die Bischöfe von Merseburg, Zeitz und Meißen weihen. Dies habe im Beisein der päpstlichen Lega-

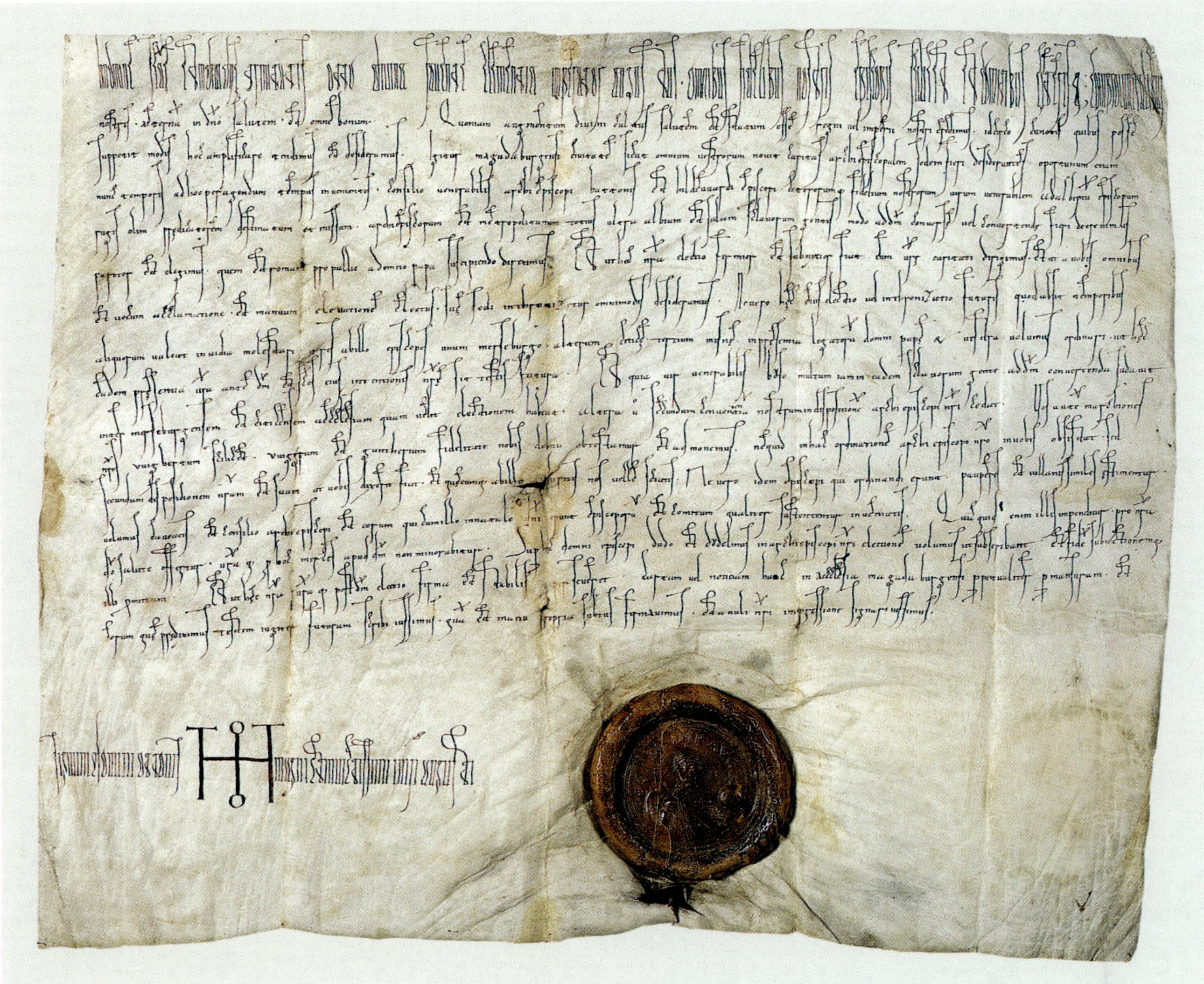

V. 26

ten zu erfolgen. Drei namentlich genannte Markgrafen forderte der Kaiser auf, die Erhebung des Erzbischofs ohne Widerstand zu akzeptieren. Sie hätten dessen Weisungen vielmehr so aufzufassen, als kämen sie vom Kaiser selbst. Den Markgrafen wurde zudem aufgetragen, dafür zu sorgen, daß die neuen Bischöfe eine angemessene Ausstattung erhielten, damit sie nicht für arme und gewöhnliche Dorfbewohner gehalten würden. Dies habe in Abstimmung mit dem Erzbischof und nach Beratung mit allen geistlichen und weltlichen Großen zu geschehen, die bei der Versammlung zu Weihnachten (in Magdeburg) zugegen sein würden. Abschließend ordnete Otto I. an, sein Schreiben und die Wahlurkunde auf ewig in der Magdeburger Kirche aufzubewahren.

Um das Gewicht des Dokuments zu unterstreichen, das den in Magdeburg versammelten sächsischen Großen gezeigt und vorgetragen werden sollte, wählte der Notar dafür eine besondere inhaltliche Struktur und gestaltete es in einer repräsentativen äußeren Form. Das eigentlich als Mandat (Befehl) angelegte Stück ergänzte der versierte Urkundenverfasser durch eine Arenga und eine Corroboratio (vgl. Kat.Nr. IV.66); beide Bestandteile verwendete man sonst nur in Diplomen. Mit der zusätzlichen Arenga unterstrich der Notar die besondere Bedeutung des Dokuments; die Corroboratio ermöglichte am Ende des Kontextes die verbale Ankündigung der kaiserlichen Beglaubigungsmittel, insbesondere des Siegels. Er wählte für seine Arbeit ein großes, fast weißes Pergamentstück aus.

Die Ränder und der Zeilenabstand sind relativ regelmäßig. Die verbale Anrufung Gottes, die Präsentation des kaiserlichen Ausstellers mit Namen (*Otto*), göttlicher Legitimationsformel (*divina favente clementia*) und Titel (*imperator augustus*) sowie die Grußformel an die Bischöfe, Grafen und anderen Großen in Sachsen nahm der Notar in die erste Zeile auf. Diese führte er komplett in der verlängerten und ranghöchsten Urkundenschrift aus. Im Vergleich zu den anderen Urkunden, die dieser Notar schrieb, gestaltete er hier auch die diplomatische Minuskel für den Kontext (Zeile 2 bis 16) variantenreicher. Das zeigt sich beispielsweise an der umfangreicheren Zahl von Zierschleifen an den Buchstaben *c, e, f, s* sowie an den Variationen zwischen senkrechten, schrägen und geschwungenen Schäften, besonders beim *d*. Für Abwechslung im Schriftbild sorgt zudem die Verwendung von Majuskeln (Zeile 2, 10, 12) und Lettern in verlängerter Schrift (Zeile 6, 7, 9, 15) für die Hervorhebung von Satzanfängen oder neuen Abschnitten, die durch größere Zwischenräume gekennzeichnet wurden. Das optische Zentrum des Diploms bildet das repräsentative Kaisersiegel, das eine Frontaldarstellung Ottos I. mit Krone, Szepter und Reichsapfel zeigt. Die von einem anderen Notar eingetragene Zeile mit dem Monogramm Ottos I. (vgl. Kat.Nr. V.25) führt den Blick des Betrachters geradewegs zum Siegel mit dem Bildnis des Herrschers. Die imaginäre Präsenz des Kaisers am Bestimmungsort des Dokuments, in Magdeburg, war auf diese Weise programmiert.

Man hat das vorliegende Dokument in der bisherigen Forschung vor allem als Ausdruck der dominierenden Rolle Ottos I. beim Gründungsvorgang des Magdeburger Erzbistums interpretiert. Anders als in den päpstlichen Urkunden sei hier der Anteil Ottos I. als der wichtigste dargestellt worden. Das DO I 366 entsprach aber mindestens ebenso, wenn nicht sogar in erster Linie, den Intentionen Erzbischof Adalberts, der das für ihn so wichtige Dokument persönlich in lateinischer Sprache verfaßte und bis auf die Signumzeile eigenhändig zu Pergament brachte. Er verschaffte sich auf diese Weise den notwendigen kaiserlichen Rückhalt für seine Akzeptanz in Sachsen und für die Durchsetzung der erforderlichen Maßnahmen bei der Errichtung der Magdeburger Kirchenorganisation vor Ort.

Wohl im November 968 reiste Erzbischof Adalbert zusammen mit den päpstlichen Legaten sowie mit Hatto von Mainz und Hildeward von Halberstadt in das nordalpine Reich. Im Gepäck hatte er das von ihm persönlich, möglicherweise erst unterwegs gestaltete kaiserliche Mandat, Schenkungsurkunden Ottos I. und Ottos II. für die erzbischöfliche Kirche von Magdeburg, Blankette (nur mit Signumszeile versehene Pergamente) für die neuen Bistümer Merseburg, Meißen und Zeitz (vgl. Kat.Nr. V.37), Papsturkunden, das Pallium und vermutlich auch Reliquien. Wahrscheinlich vollzog sich der Gründungsvorgang in Magdeburg weitgehend so, wie es im DO I 366 festgelegt worden war. Die Gründung des Magdeburger Erzbistums war damit rechtlich zum Abschluß gelangt.

MGH DO I 366. – UB Erzst. Magdeburg, Tl. 1, Nr. 67.

Claude, Erzbist. Magdeburg, Bd. 1, S. 117f. – Ausst.kat. Hildesheim 1993, Bd. 2, Nr. II-2 (Rainer Kahsnitz). – Keller, Siegel. – Huschner, Kommunikation, Kap. 4.2.

W.H.

V. 27
Papst Johannes XIII. verkündet die Erhebung Magdeburgs zum Erzbistum

Classe, 967 April 20, Kopie um 1100
Pergament und Papier, 178 (179) Blätter. – H. 24 cm, B. 15,5/16 cm.
Magdeburg, Landeshauptarchiv Sachsen Anhalt, Rep. Cop. 1a, fol. 9r–v

Die in Classe bei Ravenna ausgestellte Urkunde von Papst Johannes XIII. (965–972) über die Erhebung Magdeburgs zum Erzbistum ist nicht im Original überliefert. Die älteste bekannte Kopie ist in einem Privilegienbuch der erzbischöflichen Kirche von Magdeburg im 'Liber privilegiorum s. Mauricii' enthalten, das um die Wende vom 11. zum 12. Jahrhundert angelegt wurde. Über die graphischen bzw. äußeren Merkmale des verlorenen Originals läßt sich aus der Abschrift nichts entnehmen.

Die Papsturkunde dokumentiert einen der letzten und entscheidenden Schritte auf dem Wege zur Errichtung eines Erzbistums in Magdeburg, um die sich Otto I. seit etwa 955 bemühte (vgl. Beitrag Althoff, Erzbistum u. Kat.Nr. V.26). Außer an der Neuordnung der Kirchenorganisation an der nordöstlichen Grenze seines Reichs hatte der Herrscher auch ein sehr persönliches Interesse an der Rangerhöhung der Magdeburger Kirche: Sie sollte seine Grabkirche werden. Mit der Urkunde von Papst Johannes XIII. wurde nun der für die Magdeburger Erzbistumsgründung unerläßliche Beschluß einer Synode dokumentiert. Man faßte ihn auf einer großen Kirchenversammlung, die unter dem Vorsitz des Papstes und des Kaisers im April 967 in San Severo in Classe bei Ravenna tagte. Danach sollte die neue erzbischöfliche Kirche den gleichen Rang erhalten wie die schon bestehenden Erzbistümer (Köln, Mainz, Trier, Salzburg, Hamburg-Bremen) im nordalpinen Reich. Dem Metropoliten von Magdeburg wurden zudem die bisher zur Kirchenprovinz Mainz gehörenden Bischöfe von Brandenburg und Havelberg unterstellt, die das Recht erhielten, den Erzbischof zu weihen. Johannes XIII. gestattete dem Magdeburger Erzbischof außerdem, an geeigneten Orten, so in Merseburg, Zeitz und Meißen, Bischöfe zu ordinieren.

An der großen Versammlung von Classe nahmen fast 60 Erzbischöfe und Bischöfe teil. Sie kamen aus den Kirchenprovinzen Rom, Ravenna, Mailand und Aquileja. Nur zwei Bischöfe von ihnen hatten ihren Bischofssitz im nordalpinen Reich. Den kirchenrechtlich unabdingbaren Synodalbeschluß zur Gründung einer erzbischöflichen Kirche in Magdeburg faßten demnach fast ausschließlich geistliche Große aus Ober- und Mittelitalien. In der Papsturkunde wurden deshalb auch nur Erzbischöfe und Bischöfe aus Italien als Teilnehmer der Versammlung genannt (*Convenientibus archiepiscopis et episcopis circumquaque ex omnia Italia*). Nach einer Mitteilung in den 'Magdeburger Annalen' (Annales Magdeburgenses, a. 969) sei die Originalurkunde von allen Teilnehmern der Synode subskribiert worden. Die Abschrift weist jedoch nur die Subskriptionen des Papstes und des Patriarchen von Aquileja sowie das Signum Kaiser Ottos I. auf. Der Magdeburger Kopist, dem die originale Papsturkunde vorlag, vermerkte aber, daß diese noch von vielen anderen unterschrieben worden sei.

Otto I. mußte Johannes XIII. erhebliche Gegenleistungen erbringen, um den angestrebten Synodalbeschluß mit dessen Hilfe herbeizuführen. In der Papsturkunde würdigte man den Kaiser deshalb durch verschiedene ehrende Formulierungen. Sie enthält die kaum noch zu überbietende Würdigung Ottos I. als *omnium augustorum augustissimus imperator*. Er sei zudem der dritte Kaiser nach Konstantin dem Großen und Karl dem Großen gewesen, der die römische Kirche so außerordentlich erhöht habe. Gleichzeitig brachte man darin aber auch die päpstliche Interpretation des ottonischen Kaisertums und des Verhältnisses zwischen Papst und Kaiser zum Ausdruck. Die von päpstlicher bzw. römischer Seite beanspruchte Führungsrolle bei der Mission und der Erweiterung der Kirchenorganisation wurde dann in der Papsturkunde für den ersten Magdeburger Erzbischof vom 18. Oktober 968 noch deutlicher akzentuiert.

Auf der Grundlage des Synodalbeschlusses vom April 967 und der darüber ausgestellten Papsturkunde gelang es Otto I. im Oktober desselben Jahres, das letzte kirchenrechtliche Hindernis für die Errichtung einer erzbischöflichen Kirche in Magdeburg zu überwinden. Nachdem die in dieser Hinsicht hartnäckigsten Widersacher, der Erz-

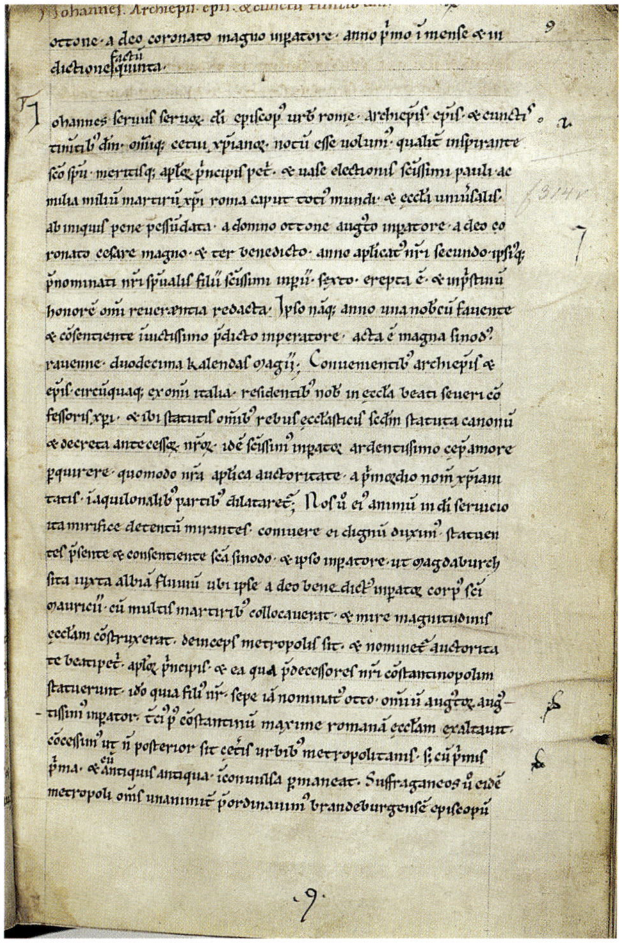

V. 27, fol 9r

bischof von Mainz und der Bischof von Halberstadt, 968 kurz nacheinander gestorben waren und die eingetretene Vakanz der Bistümer Otto I. die Möglichkeit eröffnete, den Nachfolgern – vor der für die Amtsübernahme notwendigen kaiserlichen Investitur – die notwendige Zustimmung zur Erzbistumsgründung abzuringen.

Zimmermann, Papsturkunden, Bd. 1, Nr. 177. – Böhmer, Reg. Imp., Bd. II,1, Nr. 413 u. 418.

Wolter, Synoden, S. 91–99. – Althoff, Magdeburg. – Hehl, Widerspenstiger Bischof.

W.H.

V. 28
Römisches Kapitell

Stadtrömisch (?), erste Hälfte 2. Jahrhundert n. Chr.
Magdeburg, südlich des Domchors
Marmor. – Akanthusblattspitzen und Eckvoluten abgebrochen.
H. 51,2 cm, unterer Dm. 39 cm.
Magdeburg, Kulturhistorisches Museum,
Inv.Nr. 01:2

Das in seinem Typus als römisch-korinthisch anzusprechende Kapitell wurde einst durch einen zweireihigen Akanthusblattkranz, aus dem auf jeder Kapitellseite mittig Caules (Stengel) mit eingerolltem Caulisknopf aufsteigen, und durch Eckvoluten geprägt. Auf seiner Oberseite befindet sich in der

V. 28

Mitte eine Öffnung (9 x 7,3 – 8,5 cm, 4,4 cm tief) und ein Gußkanal für einen einst in Blei eingegossen Dübel (Abb.).

Einzelheiten des technisch und künstlerisch hervorragend gearbeiteten Kapitells weisen aufgrund von Übereinstimmungen mit sicher datierten Kapitellen, z. B. in der Villa Hadriana/Tivoli, auf seine Entstehungszeit. Sie geben dagegen keine Hinweise auf den ursprünglichen Verwendungszusammenhang. Wegen der vergleichsweise geringen Größe des Kapitells dürfte kaum an einen Tempel, sondern eher an die Schauwand eines Theaters oder Profanbaus (Stadthaus, Villa?) gedacht werden.

Das Kapitell war bei einer Grabung 1926 südlich des Magdeburger Domchors ans Licht gekommen und dürfte mit großer Sicherheit dem von Otto dem Großen gegründeten Vorgängerbau des heutigen Doms angehört haben. Bischof Thietmar von Merseburg (975–1018) schrieb in seiner Chronik, der Kaiser habe kostbaren Marmor mit Gold und Edelsteinen nach Magdeburg hinführen lassen und befohlen, in alle Kapitelle der Säulen sorgsam Reliquien von Heiligen einzuschließen (Thietmar II, c. 17). Als Herkunftsort deutet Thietmar nur allgemein Italien an.

Noch im heutigen Dom und seinen Anbauten haben sich zahlreiche römisch-antike Säulenschäfte teils vollständig, teils nachträglich verkürzt erhalten, denen aufgrund des Durchmessers ihres Halsringes das Kapitell zwanglos aufgesessen haben könnte. Seine Dübelöffnung bot genügend Raum für die Aufnahme einer Reliquie.

Das römische Kapitell in Magdeburg vermittelt eine Ahnung von der einstigen architektonischen Pracht des ottonischen Doms und erlaubt zugleich Überlegungen zu den damit bezweckten Intentionen (vgl. Beitrag Meckseper).

Koch, Ausgrabungen. – Ausst.kat. Hildesheim 1993, Bd. 2, Nr. II-13 (Cord Meckseper). – Meckseper, Spolien.

C.M.

V. 28 (Detail)

V. 29
Architektonisches Bauteil

Antik-römisch (?)
Magdeburg, Domplatz
Marmor. – Teilweiser Ausbruch.
H. 38,2 cm, unterer Dm. 29,3 cm, oberer Dm. 31,5 cm.
Magdeburg, Kulturhistorisches Museum, Inv.Nr. 01:3

V. 29

Das runde Bauteil besitzt wegen seiner deutlich konischen Form eine ungewöhnliche Gestalt. Sie beweist ebenso wie die beidseitig saubere Abarbeitung der Endflächen, daß es sich nicht um ein Säulenfragment handeln kann. Auf der kleineren Fläche befindet sich ein Dübelloch (6 x 6,5 cm, 4 cm tief) mit Gußkanal. Die Oberfläche des Schafts ist fein bearbeitet, jedoch nicht poliert. Teilweise sich kreuzende Ritzspuren dürften nachträglich entstanden sein.

Marmormaterial, Dübelloch und Gußkanal vermögen Hinweise auf eine Herkunft aus dem mittelmeerischen Raum und eine Entstehung des Bauteils in klassisch-römischer oder spätantiker Zeit zu geben. Ungewiß muß allerdings der ursprüngliche architektonische Zusammenhang bleiben. Lediglich das Dübelloch weist auf eine Funktion des Bauteils, die bautechnisch gesichert werden mußte.

Ähnlich unklar ist die Bedeutung, die dem Bauteil in Magdeburg zukam. In einer Schuttschicht nördlich vor dem heutigen Doms zutage getreten, dürfte es zu dem Spolienkomplex gehört haben, den Otto der Große zum Bau seines einstigen Doms aus Italien heranschaffen ließ (vgl. Kat.Nr. V.28). Solange jedoch die zeitliche Abfolge der Bodenschichten des Domplatzes und die Gestalt des ottonischen Doms nicht genauer gesichert sind, bleibt vorerst auch die Frage nach dem Magdeburger Verwendungszusammenhang des Bauteils ohne Antwort.

Unveröffentlicht.

C.M.

V. 30
Marmorfragment

Abb. S. 344

10. Jahrhundert (?)
Magdeburg-Altstadt, Domplatz, Pfalzbereich
Marmor. – Dreieckiges Bauteil aus weißem Marmor mit einer glatt geschliffenen Oberfläche, glatten Seiten und einer unregelmäßig behauene Unterseite, vermutlich Teil eines Mosaikfußbodens.
max. H. 3,5 cm, Seiten 9,1 x 6,8 x 6,5 cm.
Magdeburg, Kulturhistorisches Museum, D/N106/00–46/Lf

Bei den Ausgrabungen auf dem Domplatz stieß man mehrfach auf Bauteile und Absplisse aus Marmor (vgl. Kat.Nr. V.17 u. V.18), darunter auch dieses dreieckige Fragment, das auf die Existenz eines Marmorfußbodens oder einer Wandinkrustation hindeuten könnte. Da diese Fragmente in Einfüllschichten und Störungen über den ergrabenen Grundmauerresten bzw. in ihrer Nähe lagen, konnten sie nicht immer genau datiert und einem bestimmtem Bauwerk zugeordnet werden. Ein Zusammenhang mit dem Spolienkomplex, den Otto der Große zur Ausstattung des Doms aus Italien beschaffen ließ, liegt nahe (vgl. Kat.Nr. V.28–29 u. Beitrag Meckseper).

Nickel, Magdeburg.

G.G.

V. 31
Evangeliarfragment

Magdeburg, zweite Hälfte 10. Jahrhundert
Pergament, 1 Blatt. – H. 31,9 cm, B. 22,8 cm.
Magdeburg, Landeshauptarchiv Sachsen-Anhalt, Sammlung 4, Fragm. 38

Das Blatt, auf dem der Text des Johannes-Evangeliums (Io 6,59–7,16) steht, stammt vermutlich (wie andere Stücke in der Fragmentesammlung des Archivs) vom Einband oder Umschlag eines spätmittelalterlichen oder frühneuzeitlichen Aktenstücks, Rechnungsbuchs oder dergleichen. Es wurde von einer tüchtigen Magdeburger Hand der zweiten Hälfte des 10. Jahrhunderts geschrieben. Die Initialen der Versanfänge sind, wenn es sich nicht um schlichte Kapitalen handelt, auf zweierlei Art ausgeschmückt: Entweder sind die Hohlräume mit farbigem Grund gefüllt, in dem weißes Blattornament ausgespart ist, oder die Buchstabenlinien sind verdickt, haben lilienartige Ausläufer und sondern Sprossen ab, die in dicken Punkten enden. Ähnliche Zierbuchstaben finden sich im Münchener Hrotsvith-Codex Clm 14485 (Kat.Nr. V.32). Das Blatt hat offenbar zu einem aufwendigen, sorgfältig gestalteten Codex gehört und ist als Zeuge einer ottonischen Magdeburger Buchproduktion bedeutsam, die sonst weitgehend verlorengegangen ist.

Unveröffentlicht.

H.H.

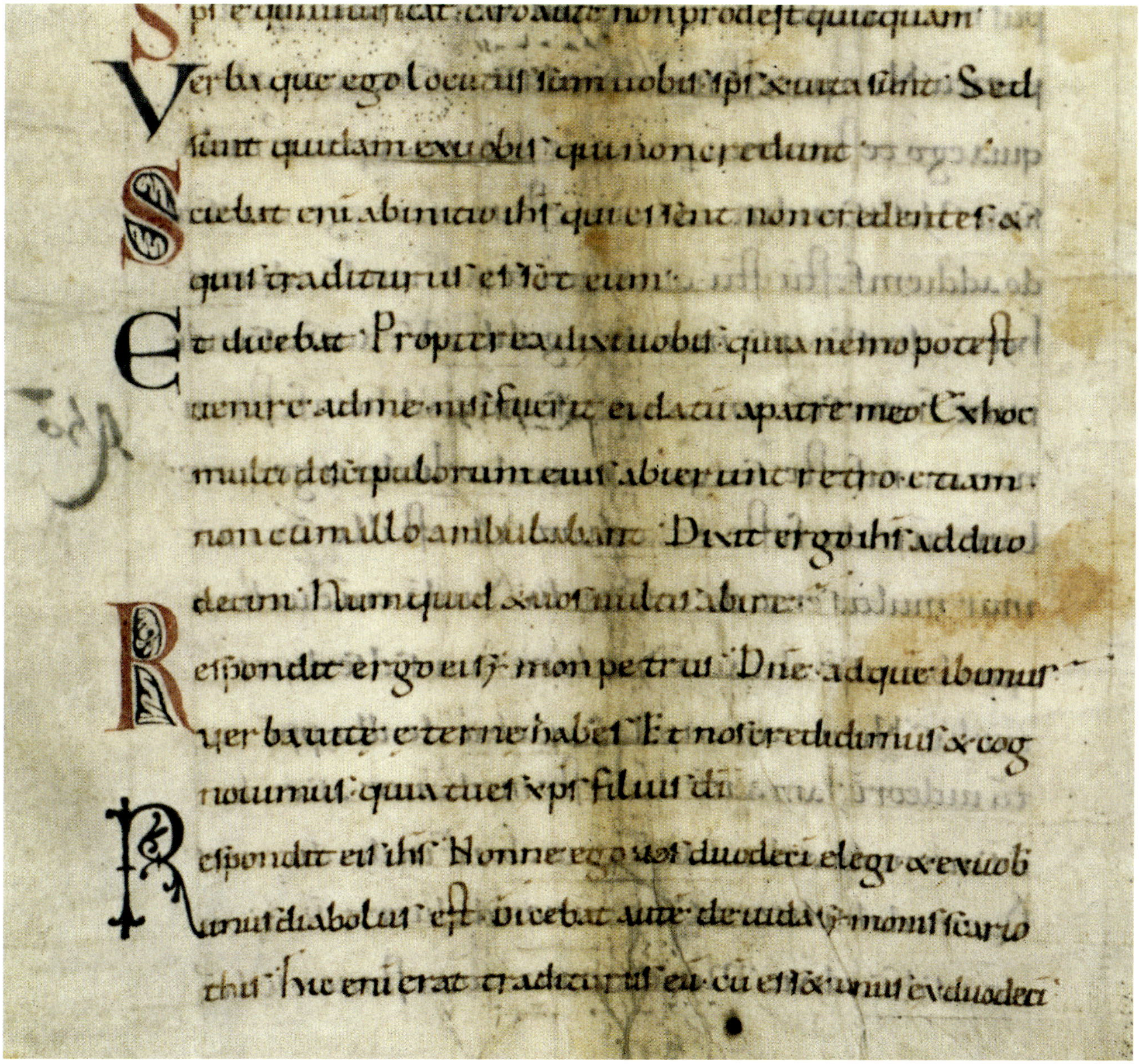

V. 31 (Auschnitt)

V. 32
Hrotsvith von Gandersheim, Werke

Magdeburg, letztes Viertel 10. Jahrhundert
Pergament, 150 bzw. 151 Blätter. – H. 23 cm, B 16 cm.
München, Bayerische Staatsbibliothek, Clm 14485

Der Codex enthält mit Ausnahme der Gründungsgeschichte des Stifts Gandersheim ('Primordia coenobii Gandeshemensis') alle überlieferten Werke der Hrotsvith von Gandersheim. Er wurde im letzten Viertel des 10. Jahrhunderts von sechs Magdeburger Händen geschrieben; die Schrift zeigt Übereinstimmung mit anderen Magdeburger Codices, vor allem mit der Handschrift 426 Helmst. der Herzog August Bibliothek in Wolfenbüttel (Kat.Nr. IV.14). Das Buch ist mit einer größeren Zahl von Zierbuchstaben geschmückt worden (fol. 1v, 23r, 26r usw.). Sie zeichnen sich dadurch aus, daß in und an ihnen Flächen farbig abgedeckt sind, in denen farbloses Blattwerk ausgespart ist. Besonders aufwendig ist fol. 3v gestaltet, wo Hrotsviths erster Text, die 'Historia nativitatis laudabilisque conversationis intactae dei genitricis' („Die Geschichte

V. 32, fol. 3v (Ausschnitt)

der Geburt und des lobenswerten Lebenswandels der unberührten Gottesmutter"), mit der folgenden Versanrede an Maria beginnt (Abb.): *Unica spes mundi dominatrix inclita cęli* („Einzige Hoffnung der Welt, erlauchte Herrscherin des Himmels").

Hrotsvith († nach 967) war nicht die einzige, wohl aber die bedeutendste Dichterin der Ottonenzeit. Sie war in dem vornehmen Damenstift Gandersheim erzogen worden und brachte dort, soweit wir wissen, auch ihr Leben zu. Sie hat Heiligenlegenden (wie die erwähnte 'Historia nativitatis') in lateinische Verse gebracht, christliche Dramen gedichtet und zwei historische Werke verfaßt, die 'Gesta Ottonis' und die schon genannten 'Primordia'. Die christlich akzentuierten Dramen, die ihren Stoff von Heiligenlegenden nahmen, sollten die heidni-

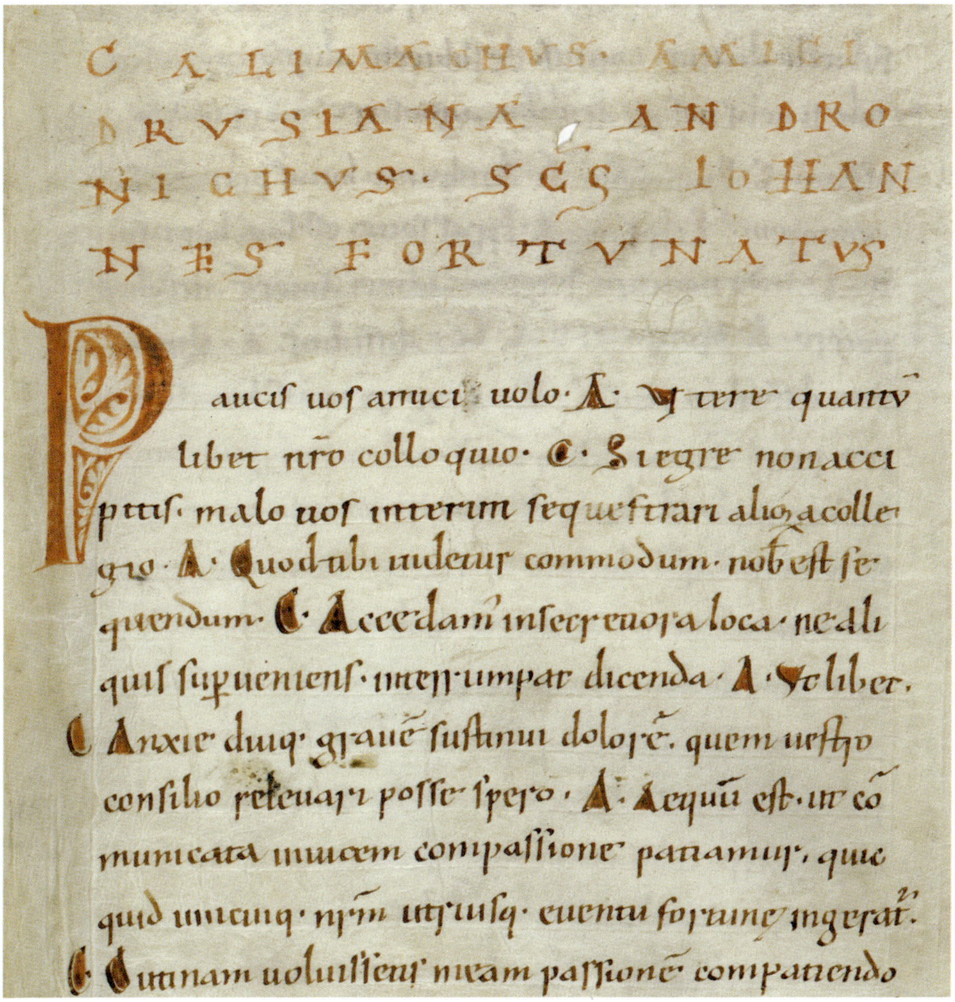

V. 32, fol. 95r (Ausschnitt)

schen Komödien des Terenz ersetzen und verdrängen, doch war ihnen dieser Erfolg nicht beschieden: Während Hrotsviths Werke anscheinend nur wenig abgeschrieben wurden, erfreute sich Terenz im Mittelalter auch weiterhin großer Beliebtheit (nicht zuletzt in Frauenklöstern). In den 'Gesta Ottonis' schilderte Hrotsvith in lateinischen Hexametern die Taten Ottos des Großen. Sie sind als zeitgenössisches Zeugnis sehr wertvoll, nicht nur wegen der hier überlieferten Fakten, sondern auch, weil die Verfasserin darin ihren Helden feierte und damit etwas von dem Geist spüren ließ, der in der liudolfingischen Gründung Gandersheim lebendig war.

Der Codex kam im Mittelalter in das Regensburger Kloster St. Emmeram. Vielleicht wird er hier bereits vor 993 in einem Bibliothekskatalog erwähnt, doch könnte man auch erwägen, daß erst Erzbischof Tagino von Magdeburg (1004–1012), der aus Regensburg stammte, ihn dorthin vermittelt hat. Wie dem aber sei, das Buch erhielt im späten Mittelalter in Regensburg seinen Einband, denn als Schutzblatt (hinter fol. 150) wurde ein Evangeliarfragment verwendet, das von zwei Regensburger Händen des frühen 11. Jahrhunderts geschrieben worden war. 1493 entdeckte Konrad Celtis den Codex in St. Emmeram und benützte ihn 1501 für den ersten Druck von Hrotsviths Werken. Infolge der Säkularisation zu Beginn des 19. Jahrhunderts gelangte die Handschrift an ihren heutigen Aufbewahrungsort. Sie stellt die älteste und großenteils auch die einzige Überlieferung für Hrotsviths Werke dar. Darüber hinaus hat sie eine erhebliche Bedeutung für das Schriftwesen und Geistesleben im ottonischen Magdeburg.

Zur Abbildung der Widmungsverse an Otto II. vgl. Beitrag Althoff, Geschichtsschreibung, Abb. 3.

V. 33, fol. 24r

Hrotsvith von Gandersheim, Opera.

Könnecke, Bilderatlas, S. 15. – Dressler, Cimelia monacensia, S. 20f. Nr. 16, Taf. 16. – Goetting, Hrotsvits Primordia. – Ausst.kat. Gandersheim 1973, S. 10 u. 12. – Rädle, Hrotsvit. – Bischoff, Paläographie, S. 277 u. 307 Anm. 6. – Düchting, Hrotsvit. – Ausst.kat. Hildesheim 1993, Bd. 2, Nr. VI-66 (Fidel Rädle). – Goullet, Hrotsvita, bes. S. XXIX–XXXVII.

H.H.

V. 33
Sakramentar mit Kalender

St. Gallen, zweite Hälfte 10. Jahrhundert
Pergament, 296 Blätter (davon 290 normal gezählt).
H. 24,5 cm, B. 17 cm.

Brüssel, Bibliothèque Royale de Belgique, Ms. 1814–16

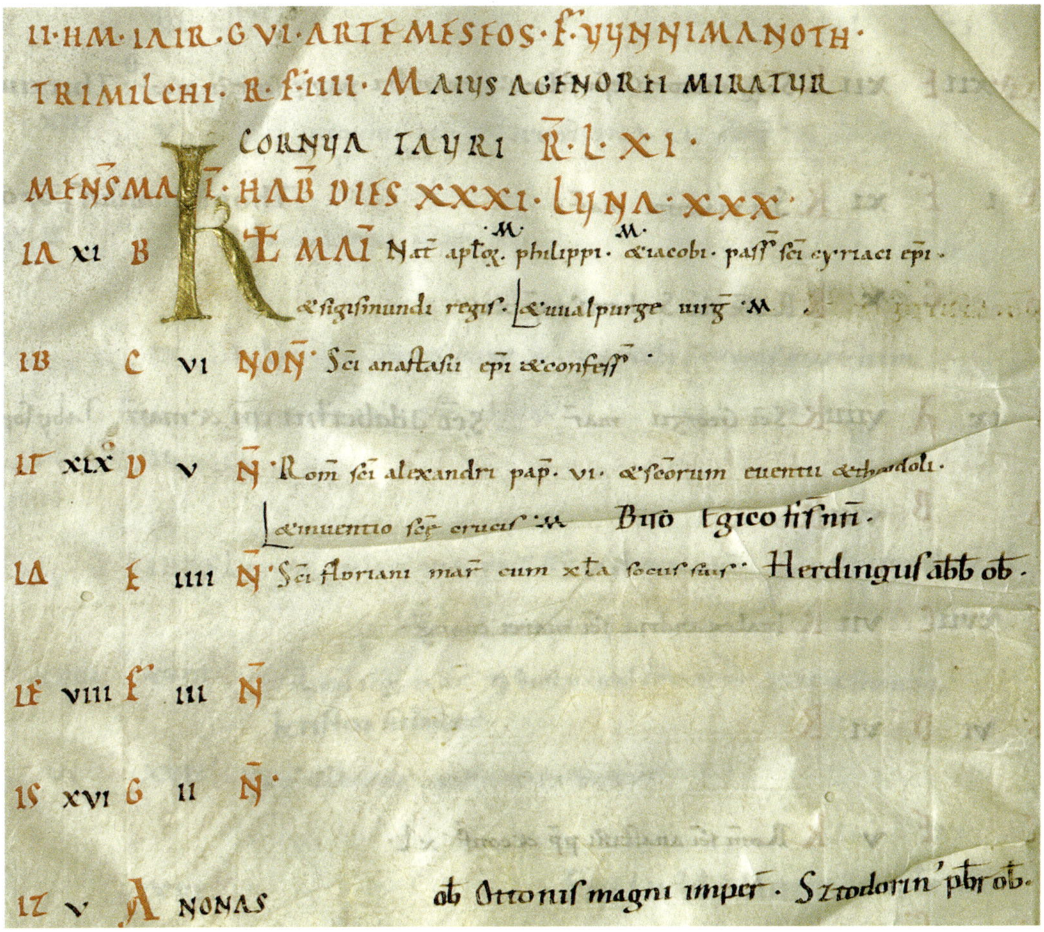

V. 33, fol. 6v (Ausschnitt)

Der Codex enthält im wesentlichen ein Sakramentar mit liturgischem Kalender. Er wurde in der zweiten Hälfte des 10. Jahrhunderts in St. Gallen geschrieben, ganz überwiegend von zwei Händen aus dem Skriptorium dieses Klosters; nur am Schluß (fol. 282r – 290v) beteiligte sich noch ein dritter, Reichenauer Schreiber. Der Codex wurde üppig mit größeren und kleineren goldenen Initialen ausgestattet; am Anfang des Sakramentars befinden sich drei prächtige Seiten mit Zierbuchstaben (fol. 24v–25v). Drei Miniaturen auf der Vorderseite eines vorn eingebundenen, unnumerierten Blatts (hl. Laurentius?), auf fol. 23v (Soldat mit Lanze = hl. Mauritius?) und 24r (Abb., Papst Gregor der Große?) sind nicht leicht zu deuten; sie dürften erst nachträglich im 10. oder 11. Jahrhundert hinzugefügt worden sein. Der Codex war offenbar ein „Exportstück", denn mehrere Einsprengsel (Akten der Regensburger Synode von 932, 'Benedictiones s. Hemmerami'), die gleichwohl zum ursprünglichen Bestand gehören, weisen darauf hin, daß er für einen Regensburger Empfänger bestimmt war. Tatsächlich hat er eine Zeitlang in Regensburg gelegen, wie Korrekturen einer Regensburger Hand verraten. Spätestens zu Beginn des 11. Jahrhunderts kam das Buch dann nach Magdeburg, wahrscheinlich durch Erzbischof Tagino (1004–1012), der vorher Propst der Alten Kapelle in Regensburg gewesen war. Im weiteren Verlauf des 11. Jahrhunderts gelangte der Codex, wie Einträge im Kalender bezeugen, auf unbekannte Weise in das Kloster Stablo. Dorthin verweisen auch zwei Sakramentarformeln auf der Rückseite des vorn eingebundenen, ungezählten Blatts, geschrieben von zwei Stabloer Händen (aus dem frühen und aus dem späteren 11. Jahrhundert), sowie drei Formeln für die Messe am Geburtstag (*dies natalis genuinus*) auf fol. 290v (ab Zeile 8), ebenfalls von einer Stabloer Hand des 11. Jahrhunderts. Der Codex wurde im Zug der Säkularisation um 1800 nach Paris und später in seine heutige Bibliotheksheimat nach Brüssel verbracht.

Der Kalender (fol. 1r–17v), geschrieben von einer sanktgallischen Hand, enthielt zunächst nur eine Heiligenschicht. Sie wurde zu Beginn des 11. Jahrhunderts, als sich der Codex im Magdeburger Dom befand, um zusätzliche Heiligennamen erweitert, vielfach wurde diesen ein M beigefügt, um das Interesse zu kennzeichnen, das man in Magdeburg an ihnen nahm. Außerdem wurde das M auch zu verschiedenen Heiligen der älteren Schicht hinzugefügt, die offenbar ebenso in Magdeburg besondere Verehrung genossen. Die Haupthand der Heiligenzusatzschicht trug auch einige Tote der ottonischen Zeit ein, darunter auf fol. 8v zum 20. 6. *Aedelberhtus archiepiscopus Magadeburgensis ecclesiae primus* („Aedelberht, der erste Erzbischof der Magdeburger Kirche"). Die übrigen Toteneinträge, die wohl zwischen 1004 und 1009 in den Kalender kamen, werden fast ausschließlich einer weiteren Magdeburger Hand verdankt. In dieser Totenschicht finden sich vor allem Magdeburger Domherren, Bischöfe aus dem Deutschen Reich, sächsische Adlige und Angehörige der Ottonenfamilie, wie vor allem Otto der Große (fol. 6v zum 7. 5.; Abb.). Eine weitere Hand schrieb Kaiser Otto III. zum 24. 1. (fol. 2r) ein – offenbar ein Nachtrag. Wiederum eine andere Hand notierte zum 7. 6. (fol. 8r) die *Ordinatio Heinrici regis secundi* („die [Königs]weihe König Heinrichs II.") – an diesem Tag sollte anscheinend im Magdeburger Dom für den König gebetet oder eine Messe gelesen werden. So dokumentiert der Kalender die Verbundenheit des Magdeburger Domklerus mit den Herrschern, dem geistlichen und dem weltlichen Adel.

van den Gheyn, Manuscrits, S. 221 f. Nr. 387. – Althoff/Wollasch, Totenbücher, bes. S. XXVIII–XXXIV. – Hoffmann, Buchkunst, S. 376–378. – Hehl, Konzilien, Tl. 1, S. 93–96 Nr. 7. – Ausst.kat. Köln 1991, S. 110 f. – Ausst.kat. Hildesheim 1993, Bd. 2, Nr. II-15 (Ulrich Kuder).

H.H.

V. 34
Komputistische Handschrift mit Magdeburger Kalendereinträgen

Mainz, erste Hälfte 9. Jahrhundert/zweite Hälfte 10. Jahrhundert
Pergament, 32 Blätter. – H. 32,5 cm, B. 21,5 cm.
Vatikanstadt, Biblioteca Apostolica Vaticana, Pal. lat. 1447

Die Handschrift wurde um 820 in Mainz geschrieben, offenbar im Kloster St. Alban, wie die Hervorhebung der PAS(sio) S(an)C(t)I ALBANI (21. Juni) und die DEDICAT(io) BASILICAE S(an)C(t)I ALBANI MART(yris) (1. Dezember) in dem Kalender (fol. 12r–17v) erweisen. In der zweiten Hälfte des 9. Jahrhunderts wurden in den Codex Teile der altsächsischen Genesis und der altsächsischen Heliand-Dichtung eingetragen. Da die hier beteiligten Hände nicht der Mainzer Schreibschule zugerechnet werden können, liegt es nahe, daß der Codex inzwischen nach Sachsen gewandert war. Diese Vermutung wird dadurch verstärkt, daß der Kalender in der zweiten Hälfte des 10. Jahrhunderts eine Reihe von Magdeburger Zusätzen erhielt, die wiederum nicht von einem Mainzer, sondern von einem oder zwei Magdeburger Schreibern stammen. Bei diesen Zusätzen handelt es sich erstens um einzelne Heilige, die zu ihrem Tag hinzugefügt und mit einem M (Magdeburg) versehen wurden, z. B. zum 6. Juni (fol. 14v) *M. S(an)c(t)i Vincentii ep(iscop)i.* Zweitens gehören hierzu zwei etwas längere Anmerkungen am Rand, nämlich fol. 14v (Abb.): *In Kalendis Iunii Magadaburg celebrat(ur) festivitas s(an)c(t)i Faustini ep(iscopi) et m(arty)r(is) socioru(m)que ei(us) Abundii, Gratiani et Sacerdotis, S(an)c(t)i Secundi m(arty)r(is) et Iuvini conf(essoris)* („Am 1. Juni wird in Magdeburg das Fest des hl. Bischofs und Märtyrers Faustinus und seiner Genossen Abundius, Gratianus und Sacerdos, des hl. Märtyrers Secundus und des Bekenners Iuvinus gefeiert"); und fol. 17v: *In Kalendis Dece(m)bris Maga(da)b(urg) festive celebratur solle(m)pnitas s(an)c(t)or(um) m(arty)r(um) Sabini, Latini et Superantis* („Am 1. Dezember wird in Magdeburg das Fest der hl. Märtyrer Sabinus, Latinus und Superans feierlich begangen"). Drittens schrieb eine Magdeburger Hand über die jeweilige Monatsseite den gängigen Vers, der die *dies aegyptiaci* („aegyptische Tage", d. h. Unglückstage) des betreffenden Monats nennt. Für die Anfangsphase der Magdeburger Liturgiegeschichte sind diese Zusätze von großer Bedeutung; sie stimmen größtenteils mit den Magdeburger liturgischen Daten in dem Brüsseler Codex 1814–16 überein (Kat.Nr. V.33). Viertens wurden mehrere Tote eingetragen; auch deren Namen scheinen überwiegend nach Sachsen zu weisen (so Bave zum 27.4, Ibet zum 4.5.).

Der Codex muß im weiteren Verlauf des Mittelalters wieder nach Mainz zurückgekehrt sein, denn laut einem Besitzvermerk auf fol. 3r gehörte er 1479 der dortigen Dombibliothek. Wohl im 16. Jahrhundert kam er in die Heidelberger Bibliothek und teilte deren Schicksal, als diese während des Dreißigjährigen Kriegs nach Rom verbracht wurde.

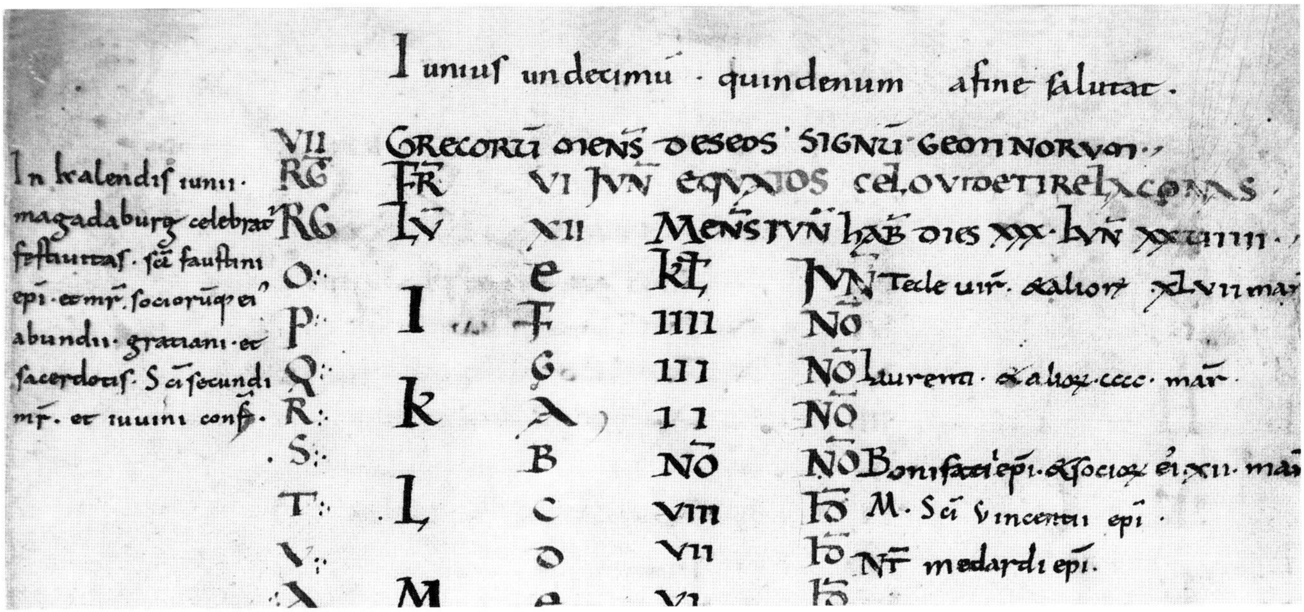

V. 34, fol. 14v (Ausschnitt)

Falk, Dombibliothek Mainz, S. 132–134. – Lindsay/Lehmann, Scriptorium, S. 20–22. – Möllenberg, Magdeburger Kalender. – Bischoff, Paläographische Fragen, S. 104f. – Hoffmann, Buchkunst, S. 260. – Ausst.kat. Heidelberg 1986, Textbd., S. 128 Nr. C 6.4 (Jan F. Hanselmann). – Schuba, Quadriviums-Handschriften, S. 257–261. – Heyne, Liturgiegeschichte, S. 7–26 u. 237–243. – Borst, Kalenderreform, S. 809.

H.H.

V. 35
Die Gruppe der Magdeburger Elfenbeintafeln

Mailand, zwischen 962 und 973 (wahrscheinlich 968)

Für den Magdeburger Dom ließ Otto der Große in Mailand ein außerordentlich kostbares Ausstattungsstück anfertigen, von dem sechzehn Elfenbeintäfelchen erhalten geblieben sind, darunter auch die zentrale Platte mit der Maiestas Domini, auf der der Kaiser seine Kirchenstiftung Christus darbringt. Wann Otto der Große seiner Kathedrale das kostbare Geschenk machen ließ, läßt sich nicht genau fixieren. Sicherlich war es nach 962, dem Jahr seiner Kaiserkrönung. Die Krone, die Otto in der Widmungsszene trägt (Kat.Nr. V.35 a), entspricht dem Typus seiner kaiserlichen Krone, die in der Weltlichen Schatzkammer in Wien erhalten ist. Wahrscheinlich ist auch eine Verbindung mit der Erhebung Magdeburgs zum Erzbistum im Jahre 968, um die sich der Kaiser viele Jahre bemüht hatte. Mag vielleicht der Kirchenbau des neuen Doms, den Otto der Große ab 955 an der Stelle der älteren, ebenfalls von ihm gestifteten Kirche errichten ließ, damals noch nicht vollendet gewesen sein, wenn man den Quellenberichten des 12. Jahrhunderts folgt, so waren der Hauptteil der Kirche und insbesondere der Chorbereich sicherlich fertig.

Wir wissen auch nicht, ob das kostbare Kirchenmöbel, wie Adolph Goldschmidt 1918 vermutete, die Verkleidung des Altars war oder auch die eines Ambos, der am Eingang des Chors, für alle sichtbar, seinen Platz hatte; möglich wäre auch eine Cathedra für den Erzbischof in der Tradition der Gold-Elfenbein-Throne, von denen sich der Karls des Kahlen als Cathedra S. Petri in St. Peter in Rom erhalten hat. Eine besondere Stelle läßt jedenfalls auch die Darstellung der Maiestas Domini mit dem stiftenden Kaiser erwarten. Derartige Szenen findet man normalerweise in monumentaler Darstellung etwa in der Apsiskonche einer Kirche. Auf einer Elfenbeintafel, montiert auf einem Einrichtungsgegenstand der Kirche, ist sie im Hochmittelalter ohne Vergleich. Wenn die Stiftung mit der Erhebung Magdeburgs zum Erzbistum zusammenhängt, so weiß man, daß Otto zu diesem Zeitpunkt

V. 35 a

fast ständig in Italien war. Von Oberitalien aus gab er wohl den Auftrag für dieses Objekt der Kircheneinrichtung, das zugleich auch Denkmal seiner Magdeburger Stiftung sein sollte.

Otto I. und sein Sohn Otto II. hatten zu Mailand offenbar eine besondere Beziehung: Die meisten der mit ihnen verbundenen Denkmale sind Mailänder Herkunft, die Situla, die einem Kaiser Otto gewidmet ist (Kat.Nr. VI.12), die kleine Elfenbeintafel, auf der die kaiserliche Familie huldigend vor Christus dargestellt ist (Kat.Nr. III.15) und schließlich die Situla, die der Erzbischof Gotfredus für den Besuch

V. 35 b

Ottos II. in Mailand im Jahre 980 vorbereitet hatte (Mailand, Domschatz). In S. Ambrogio steht über dem Hochaltar das Ciborium, auf dem in monumentaler Größe die Kaiser Otto I. und Otto II. und ihre Gemahlinnen huldigend dargestellt sind (vgl. Beitrag Schieffer, Abb. 8 u. 9). Am Beginn dieser im Hochmittelalter einzigartigen Bildnisreihe steht die Gruppe der Magdeburger Elfenbeintafeln.

Was immer dieses Objekt war, auf dem sie montiert waren, es war von kostbarer Erscheinung: Die durchbrochen gearbeiteten Elfenbeinplatten waren mit vergoldeten Kupferplatten unterlegt – Spuren der Oxidation sind auf der Rückseite einiger Täfelchen festzustellen –, die Platten mit ihren breiten glatten Rändern waren auch durch Metallbänder, wohl aus Edelmetall, vielleicht auch mit Steinbesatz, auf dem Träger festgehalten.

Von dem sehr umfangreichen Zyklus zur Heilsgeschichte von der Kindheit Jesu bis zu den Szenen der Auferstehung sind immerhin 16 Tafeln erhalten geblieben. Zwei weitere sind durch eine Miniatur bekannt: Auf den Längsseiten eines großen Reliquienschreines, den Kardinal Albrecht von Brandenburg anfertigen ließ, waren Tafeln der Magdeburger Gruppe eingelassen (Abb.). Zwei der vier Reliefs in der Miniatur des Halleschen Heiltumbuches, das der Kardinal zwischen 1526/27 hatte anlegen lassen, sind erhalten, von zwei weiteren hat man durch die sehr genaue Darstellung Kenntnis.

Es handelt sich bei dieser Stiftung auch um den größten Zyklus mit Darstellungen der Heilsgeschichte auf einem Objekt der Schatzkunst, das aus dem Mittelalter vor dem 11. Jahrhundert bekannt ist. Aufgrund der erhaltenen Szenen aus der Jugendgeschichte Jesu, seinem öffentlichen Wirken, der Passion und schließlich der Auferstehung läßt sich der ursprüngliche Umfang des Werkes mit 40 bis 50 Tafeln errechnen. Man bedenke, daß alle zentralen Themen der Heilsgeschichte fehlen, die Verkündigung Mariä, die Geburt Christi, seine Taufe, die entscheidenden Szenen der Passion und Auferstehung und der ihr folgenden Erscheinungen Jesu, ausgenommen die des ungläubigen Thomas, bis hin zur Himmelfahrt Christi, dagegen aber andere Szenen, die man nicht unbedingt erwarten würde, in verhältnismäßig großer Zahl zu sehen sind. Nur in der Buch- und Monumentalmalerei sind derart umfangreich Zyklen der Heilsgeschichte bekannt. Für die letztere wäre der karolingische Freskenzyklus in der Abteikirche Müstair am Ofenpaß das wichtigste Beispiel. Er führt aber nicht zuletzt auch in den lokalen Bereich, aus dem die Gruppe der Magdeburger Elfenbeine kam, nämlich nach Oberitalien. Hier hat man mit einer langen Tradition zu rechnen, die später auch für die ottonische Kunst in Deutschland eine außerordentlich wichtige Quelle bildete.

Diese Tradition ist auch die Voraussetzung für das stilistische Erscheinungsbild der Elfenbeintafeln. Das Aufreihen der figuralen Szene auf einem schmalen Bühnenstreifen und die Verbindung mit einer sehr vereinfachten Architektur hat dort ebenso seine Wurzeln wie die einfachen, statuarisch geschlossenen Figuren. In der oberitalienischen Elfenbeinkunst des 9. und frühen 10. Jahrhunderts haben auch die durchbrochenen Hintergründe, vor allem die mit pflanzlichen Mustern, ihre Voraussetzung (Visitatio, Auferweckung des Lazarus, Geißelung und Verurteilung Jesu; Kat.Nr. V. 35 f, e, o).

Die Szenen der Magdeburger Serie sind nicht in erzählender Weise dargestellt. Nicht selten sind sie verkürzt auf die Hauptpersonen der Handlung konzentriert, wobei Christus durch seine überragende Größe und durch seine Stellung in der Komposition als Lehrer, Richter, Gesetzgeber usw. hervorgehoben ist. Die anderen Figuren sind nach ihrem Rang größenmäßig abgestuft. Bei der Geißelung und Verurteilung (Kat.Nr. V.35 o) ist Jesus in einem langen Gewand übergroß gezeigt, die Auspeitschung ist nur symbolhaft angedeutet. In der Szene des zwölfjährigen Jesus im Tempel (Kat.Nr. V.35 c) ist er nicht nur die größte aller Figuren, er sitzt auf einer Cathedra, die in der Liturgie den Bischöfen vorbehalten war und ihn hier wohl als Lehrer besonders charakterisieren soll. Daß er auch im Hause des Pharisäers Simon (Kat.Nr. V.35 h) auf einem Thron sitzt und in der Szene der Ehebrecherin (Kat.Nr. V.35 n) auf einem Faldistorium, unterstreicht diese Art der inhaltlichen Interpretation.

Das aber bedeutet, historisch gesehen, daß die Szenen der Evangelien-Berichte im Sinne ihrer inhaltlichen Bedeutung gestaltet sind, jedenfalls so, wie die Theologie des 10. Jahrhunderts sie interpretierte, nicht aber im Sinne einer Schilderung eines bestimmten Ereignisses. In dieser Tendenz löst sich der Zyklus der Magdeburger Elfenbeine von älteren Traditionen. Im Freskenzyklus in Müstair lassen sich Ansatzpunkte erkennen, vor allem hinsichtlich der größenmäßigen Differenzierung der Handelnden. In der Konsequenz aber, wie dieser Gedanke herausgearbeitet wird, steht der Magdeburger Zyklus am Beginn der ottonischen Kunst, und nicht zuletzt deswegen kommt ihm besondere Bedeutung zu.

Adolph Goldschmidt hatte bei der großen Veröffentlichung der Magdeburger Gruppe in seinem Corpuswerk der Elfenbeinskulpturen des Hochmittelalters, mit der Zeit Karls des Großen beginnend, als Alternative zu einer Lokalisierung nach Mailand auch an die Reichenau gedacht; die wenigen Argumente, die dafür sprechen könnten, sind von der Forschung seit langem fallengelassen worden. Gelegentlich wird auf ikonographische Ähnlichkeiten einzelner Motive mit karolingischen Elfenbein-

V. 35 j

arbeiten, insbesondere aus Metz verwiesen, und daraus wurde auch die Möglichkeit einer Lokalisierung der Magdeburger Elfenbeintafeln nach Lothringen abgeleitet. Solchen Überlegungen steht aber die Gesamtheit der Argumente gegenüber, die für Oberitalien sprechen: die Thematik des großen Zyklus, die stilistischen Merkmale und auch einzelne Detailvergleiche. Die Voraussetzungen führen in Italien teilweise bis in die frühchristliche Zeit zurück.

Wichtiger ist die Frage nach Anregungen von der gleichzeitigen byzantinischen Kunst, die zum Teil auch für das stilistische Erscheinungsbild der Platten verantwortlich sein könnten. Zweifellos muß die Mailänder Werkstätte byzantinische Elfenbeine genau gekannt haben. Für die Tafel des stehenden

zu V. 35: Reliquienschrein im Halleschen Heiltumsbuch. Aschaffenburg, Hofbibliothek, Ms. 14, fol. 355v

Christus mit den Büsten der zwölf Apostel in Cleveland (Kat.Nr. VI.14) geben byzantinische Werke des 10. Jahrhunderts eine genaue Vorstellung vom Vorbild, das der Schnitzer benutzte. Der Künstler, der den Evangelisten Matthäus schuf (London, British Museum, Kat.Nr. VI.15), hat sogar versucht, eine byzantinische Vorlage genau zu kopieren. Die Vorbildlichkeit für diese beiden besonders markanten Beispiele ist aber nicht allgemein auf alle Platten der Magdeburger Gruppe übertragbar, sie ist darüber hinaus auch bei beiden Tafeln grundsätzlich verschieden: In dem einen Beispiel (in Cleveland) dreht es sich darum, daß ein ikonographisches Vorbild abgewandelt wurde, bei dem anderen (in London) ist eine stilistische Abhängigkeit gegeben.

Eine andere Frage wäre, ob die Art der Verkleidung eines liturgischen Objektes mit den leicht hochrechteckigen Platten auf einem direkten byzantinischen Vorbild beruhen könnte. Kurt Weitzmann vermutete, daß die byzantinischen Platten mit Darstellungen aus der Heilsgeschichte, wie dem ungläubigen Thomas in der Dumbarton Oaks Collection, Washington D.C., zu einer größeren, aus zwölf einzelnen Tafeln bestehenden Elfenbeinikone gehören könnten (RossWeitzmann, S. 42 ff.). Die in Frage kommenden Elfenbeintäfelchen haben annähernd dieselben Dimensionen wie die der Magdeburger Gruppe, und sie waren wohl auch durch über die breiten schmucklosen Ränder der Täfelchen gelegten Metallbänder auf einer Grundplatte fixiert. Andererseits gibt es aber auch ältere abendländische Beispiele für eine gleichartige Zusammenfügung von nahezu quadratischen Elfenbeintäfelchen: Die Herkulesplatten der Cathedra S. Petri (St. Peter, Rom) bieten dafür ein Beispiel; freilich ist ungeklärt, wann und wieso diese Platten mit dem Gold-Elfenbein-Thron zusammengefügt wurden, den Karl der Kahle anläßlich seiner Kaiserkrönung dem Papst 875 zum Geschenk machte.

Die punktuelle und verschiedenartige Orientierung an byzantinischen Vorbildern, wie sie die beiden Tafeln in Cleveland und in London zeigen, führt auch zu der Frage, wieso es in Mailand um 970/80 zu solchen direkten Auseinandersetzungen mit byzantinischen Werken kommen konnte. Spielt dabei vielleicht auch die politische Situation mit eine Rolle, einsetzend mit den Bemühungen Ottos des Großen, für seinen Sohn eine byzantinische Prinzessin als Gemahlin zu gewinnen bzw. dann mit der Persönlichkeit der Kaiserin Theophanu und dem durch sie geförderten Interesse an der hohen östlichen Kunst? Daß man für die Prunkausfertigung der Urkunde über die Schenkungen anläßlich der Vermählung (Kat.Nr. III.16) der Form einer byzantinischen Purpururkunde folgte und diese an Kostbarkeit noch zu überbieten versuchte und daß letzlich die Elfenbeintafel, darstellend die Krönung Ottos II. und der Theophanu durch Christus (Paris, Musée Cluny, Kat.Nr. III.17), auch byzantinischer Herkunft ist oder, eher noch, ein byzantinisches

V. 35 e

V. 35 f

V. 35 i

Vorbild kopierte, all das zeigt dieses Interesse an der byzantinischen Hofkunst deutlich.

An dem umfangreichen Werk müssen mehrere Schnitzer gearbeitet haben. Unter den erhaltenen Platten lassen sich drei Gruppen erkennen: Dem Meister der Maiestas Domini-Platte (Kat.Nr. V 35 a) und der Traditio legis (Kat.Nr.V. 35 b) können noch die wunderbare Brotvermehrung, die Heilung des Besessenen von Gerasa und die Szene des Rangstreites unter den Jüngern zugeschrieben werden (Kat.Nr. V.35 j, i, l). Zu der Platte mit der Geißelung und Verurteilung Jesu (Kat.Nr. V.35 o) gehört die Aussendung der Apostel, die Szene mit dem ungläubigen Thomas, die mit der Auferweckung des Jünglings von Naim, der Findung der Doppeldrachme im Maul des Fisches, der Visitatio, der Ehebrecherin und die Szene der reuigen Sünderin im Hause des Simon (Kat.Nr. V.35 m, p, g, k, f, n, h). Mit der Auferweckung des Lazarus (Kat.Nr. V.35 e) sind schließlich die Platten mit der Szene der Wunderheischenden und die des zwölfjährigen Jesus im Tempel zu verbinden (Kat.Nr. V.35 d u. c). Auch Charles T. Little sieht drei Gruppen von verschiedenen Händen, jedoch teilt er sie folgendermaßen ein: 1. Die wunderbare Brotvermehrung, die Geißelung und Verurteilung Christi, der ungläubige Thomas und die Erweckung des Lazarus; 2. die Visitatio; 3. alle übrigen Platten (Little, S. 174 f.).

Unklar ist, wann und warum das doch außerordentliche Werk, das in eindrucksvoller Weise seine Stiftung durch Otto den Großen zeigte, zerstört wurde. Einen wahrscheinlichen Zeitpunkt dafür liefert der Deckel des Codex Wittekindeus, den vier Täfelchen der Magdeburger Gruppe schmücken (Kat.Nr. V.35 b–e). Zu Recht wird der heutige Deckel mit der Neubindung des Codex im Jahre 1818 in Verbindung gebracht. In Beschreibungen des älteren Deckels aus dem 18. Jahrhundert wird für diesen auch Elfenbeinschmuck genannt, woraus man schließen kann, daß damit die vier Tafeln gemeint sind, die dann auf den neuen Deckel übertragen wurden. Auf dem Silberrahmen, der wohl die zentralen Elfenbeine umschloß und der zerstört wurde, war nicht nur der den Deckel stiftende Magdeburger Erzbischof dargestellt, sondern eine Inschrift nennt auch seinen Namen ENGILHARDUS ARCHIEPISCOPUS ME FIERI IUSSIT; Erzbischof Engilhard regierte 1052–1065. Da sein Vorgänger Erz-

V. 35 o

V. 35 p

bischof Hunfried (1013–1051) den ottonischen Domchor umbauen und erweitern ließ, wie die Chronik der Magdeburger Erzbischöfe berichtet, besteht Anlaß zu der Vermutung, daß im Zuge der Baumaßnahmen das von Kaiser Otto I. gestiftete Elfenbeinwerk zerstört und die Elfenbeinplatten für andere Zwecke verwendet wurden, wie eben zum Schmuck des Einbandes des Codex Wittekindeus.

Acht Elfenbeinplatten, d. h. die Hälfte der erhaltenen, haben aber Bohrlöcher in den Ecken der Rahmenleisten, nämlich die Maiestas Domini, die Auferweckung des Jünglings von Naim, Petrus findet den Zinsgroschen im Maul des Fisches, die Heilung des Besessenen von Gerasa, die wunderbare Brotvermehrung, der Rangstreit unter den Jüngern, die Geißelung und Verurteilung Jesu und der Sendungsauftrag an die Apostel. Dazu kommen noch die beiden von der Miniatur im Halleschen Heiltumsbuch des Kardinals Albrecht von Brandenburg bekannten Platten mit den Darstellungen der Hochzeit zu Kana und der Heilung des Blindgeborenen. Die Zahl dieser Platten verbietet es, sie alle unmittelbar mit dem Reliquienschrein des Kardinals Albrecht in Verbindung zu bringen, wie das Rudolf Berliner und später Charles T. Little zumindest für eine Platte, nämlich die Heilung des Besessenen von Gerasa, vorschlugen. Es muß einen älteren Gegenstand gegeben haben, den diese und vielleicht noch andere verlorene Platten der Magdeburger Gruppe schmückten, vor der Übertragung einiger davon auf den Reliquienschrein des 16. Jahrhunderts. Es muß auch geschehen sein, ehe die Maiestas-Platte in den Besitz des niederösterreichischen Stiftes Seitenstetten kam.

Die Tatsache, daß vielleicht nur ein Drittel des ursprünglichen Bestands der Elfenbeinplatten erhalten ist, verhindert jeden Versuch einer Rekonstruktion des ursprünglichen Objektes. Nur einige wenige Beobachtungen sind möglich: Unter den erhaltenen Täfelchen sind zwei, die nicht zur heilsgeschichtlichen Szenenfolge gehören, sehr wohl aber seit frühchristlicher Zeit zentrale Aussagen über den eschatologischen Christus sind: die Traditio legis und die Maiestas Domini. Sie zeichnen sich auch durch ihren symmetrischen Aufbau aus. Daraus kann geschlossen werden, daß beide eine Stellung in der Mitte gehabt haben müssen. Die zweite Beobachtung betrifft die Frage, welcher Art das Kirchenmöbel gewesen sein könnte. Die Täfelchen sind verhältnismäßig klein. Für ein Altarantependium oder für einen Ambo müßte man eine Höhe von mindestens 90 cm annehmen. Das aber würde bedeuten, daß man sich mindestens fünf Elfenbeinplatten übereinander vorzustellen hätte, was zur Folge hätte, daß die Gruppe für ein Antependium zu schmal gewesen wäre. Die Frontseite eines Ambos käme immerhin eher dafür in Frage. Möglich wäre aber vielleicht doch ein Bischofsthron mit einer Verkleidung, wie wir sie von der Maximians-Cathedra in Ravenna her kennen, also eine sehr prunkvolle Schenkung, wohl anläßlich der Erhebung Magdeburgs zum Erzbistum.

Goldschmidt, Elfenbeinskulpturen, Bd. 1, Nr. 2 u. 75; Bd. 2, Nr. 4–16. – Halm/Berliner, Hallesches Heiltum, Nr. 275 b. – Little, Magdeburg Ivory Group, S. 174f. – Zu den byzantinischen Elfenbeintafeln in Washington: Ross/Weitzmann, Dumbarton Oaks Collection, S. 43ff.

H.F.

V. 35 a
Maiestas Domini

Mailand, zwischen 962 und 973, wahrscheinlich 968
Elfenbein. – Relief allseits etwas geschmälert. In den Ecken der Rahmenleisten vier Bohrlöcher. – H. 12,9 cm, B. 11,3 cm.
New York, The Metropolitan Museum of Art, Bequest of George Blumenthal, Inv.Nr. 41.100.157

Der auf der Sphaira thronende, die Füße auf den Regenbogen setzende Christus blickt zu dem unten stehenden Kaiser, der ihm das Modell der von ihm gestifteten Kirche (Magdeburger Dom) darreicht. Er wird von einem nicht näher gekennzeichneten Heiligen präsentiert; hinter diesem ein Engel; rechts steht der hl. Petrus mit den Schlüsseln in den Händen, hinter ihm zwei weitere Heilige. In dem den Kaiser präsentierenden Heiligen wird mit Recht der hl. Mauritius gesehen. Petrus und Mauritius sind die beiden Heiligen, denen der Magdeburger Dom geweiht war. Der hl. Mauritius war aber auch der persönliche Schutzheilige des Kaisers.

Trotz der Bedenken, die gegen Porträttreue im Hochmittelalter vorgebracht werden, kann hinsichtlich des Antlitzes des Kaisers und der Krone, die er trägt, kein Zweifel darüber bestehen, daß Otto der Große hier in seiner kaiserlichen Würde gezeigt werden sollte. Vergleichbar ist die Darstellung des Kaisers auf dem Ciborium in S. Ambrogio in Mailand, wo er zusammen mit seinem Sohn, Kaiser Otto II., einem Mailänder Erzbischof huldigt (vgl. Beitrag Schieffer, Abb. 8). Otto II. ist durch den kurzen Backenbart gekennzeichnet, Otto I. trägt denselben langen Bart wie auf der Marburger Elfenbeintafel. Auf dem Ciborium tragen beide einfache Reifenkronen, entsprechend den im Domschatz von Monza erhaltenen: der Eisernen Krone der Lombardei und der Theodolindenkrone.

Auf der Magdeburger Elfenbeinplatte trägt der Kaiser eine offensichtlich viel reichere Krone. Drei Elemente sind für sie kennzeichnend: der Reifen, der hohe einfache Bügel, der sich von der Stirn zum Nacken zieht, und die die Ohren bedeckende Haube, die vergleichsweise aus dem päpstlichen Zeremoniell bekannt, aber auf dieselben Wurzeln zurückzuführen ist wie die herrscherliche Kronenhaube. Abgesehen von dem Kirchenmodell ist kein Detail des Reliefs so differenziert gestaltet wie eben diese Krone. Es muß also, wenn nicht alles täuscht, dem Herrscher hinsichtlich seiner Krone auf besondere Genauigkeit angekommen sein. Natürlich denkt man bei dem Typus der Krone mit ihrem auffälligen Hochbügel an die Reichskrone (Wien, Weltliche Schatzkammer). Die Krone selbst ist wahrscheinlich 967 anläßlich der Krönung Ottos II. zum Mitkaiser geschaffen worden. Der heutige Bügel, unter Konrads II. wohl 1027 entstanden, ersetzt einen älteren. Es ist sicherlich nicht richtig, hier die Frage nach einer Abbildung der Reichskrone selbst zu stellen. Die konkrete Wiedergabe bestimmter Objekte gibt es im Hochmittelalter nicht. Der Typus der Darstellung auf der Elfenbeintafel und der der ottonischen Reichskrone ist aber derselbe. Die kleine Reliefplatte hat, so gesehen, eine große Aussagekraft, sowohl was den Kaiser selbst betrifft als auch seine Stiftung, den Magdeburger Dom.

Die Tafel war lange Zeit im Besitz des Benediktinerstiftes Seitenstetten, Niederösterreich. Wann und wieso sie dorthin kam, darüber gibt es keine sichere Quelle. Es besteht aber die hohe Wahrscheinlichkeit, daß sie ein Geschenk des Erzbischofs Wichmann von Magdeburg (1152–1192) war. Wichmann wurde 1116 in Gleiß an der Ybbs (Niederösterreich) als Sohn des Grafen Gero von Seeburg-Gleiß geboren. Mehrfach sind bedeutende Gebietsschenkungen des Erzbischofs an das Kloster Seitenstetten urkundlich überliefert, im Stift selbst wurde Erzbischof Wichmann daher als zweiter Stifter verehrt. Die Eltern Wichmanns sind im Stift bestattet. Im Jahre 1184, im Zusammenhang mit einer Gesandtschaft im Auftrag Friedrich Barbarossas besuchte der Erzbischof Seitenstetten. Es ist wahrscheinlich, daß im Rahmen seiner Schenkungen auch das kostbare Elfenbein, vielleicht als Schmuck eines Codex, an das Stift kam.

1926 wurde die Platte verkauft und kam über Blumenthal schließlich 1941 in das Metropolitan Museum New York.

Goldschmidt, Elfenbeinskulpturen, Bd. 2, Nr. 16. – Little, Magdeburg Ivory Group, S. 104–122. – Fillitz/Pippal, Schatzkunst, Nr. 5. – Ausst.kat. Hildesheim 1993, Bd. 2, Nr. II-14 m (Hermann Fillitz). – Zu Wichmann und seinen Verbindungen mit Seitenstetten: Ausst.kat. Stift Lilienfeld 1976, Nr. 335 (Karl Gutkas). – Lechner, Babenberger Markgrafen, S. 317 Anm. 31.

H.F.

V. 35 b–e
Einband des Codex Wittekindeus

Leder. – In den Vorderdeckel sind vier Elfenbeinplatten der Magdeburger Elfenbeingruppe eingelassen und mit Platten aus Goldblech unterlegt. – H. 40 cm, B. 30 cm.

Berlin, Staatsbibliothek zu Berlin – Preußischer Kulturbesitz, Ms. theol. lat. fol.1

Der Deckel wurde wohl im Zusammenhang mit der Neubindung von Codices der Berliner Bibliothek 1818 geschaffen. Dabei wurden wahrscheinlich die vier Elfenbeintafeln des alten Einbandes wiederverwendet. Die rahmende, geritzte Ornamentleiste des Lederdeckels imitiert anscheinend eine ältere, vielleicht die des Deckels aus dem 11. Jahrhundert. Dieser Deckel war vom Magdeburger Erzbischof Engilhard (1052–1065) für den Codex Wittekindeus angeschafft worden. In der Silberrahmung war einer Beschreibung des 18. Jahrhunderts zufolge der Erzbischof als Stifter dargestellt mit der Inschrift: ENGILHARDUS ARCHIEPISCOPUS ME FIERI IUSSIT. In dieser Beschreibung und einer weiteren aus den Jahren 1780–1791 werden Elfenbeine als Schmuck des Deckels ausdrücklich erwähnt. Der Deckel des Erzbischofs Engilhard wurde wahrscheinlich im Zusammenhang mit den Franzosenkriegen zerstört, wohl nicht zuletzt zur Gewinnung des Edelmetalls. Der Codex kam mit den *Reliquiae Wittekindi Magni* im 15. Jahrhundert in die Johanneskirche in Herford, von dort schon im 17. Jahrhundert als Geschenk an den Großen Kurfürsten nach Berlin.

Goldschmidt, Elfenbeinskulpturen, Bd. 2, S. 17. – Boeckler, Codex Wittekindeus, S. 10f. – Ausst.kat. Köln 1991, Nr. 16 (Ursula Winter).

b) Traditio legis

Mailand, zwischen 962 und 973, wahrscheinlich 968
Elfenbein. – H. 12,7 cm, B. 11,7 cm.

Dargestellt ist die Übergabe der Schlüsselgewalt an Petrus und der Schriftrolle des Gesetzes an Paulus. Das Thema ist bereits auf Sarkophagen des 4. Jahrhunderts zu finden, ebenso in Apsisdekorationen wie schon in Alt-St. Peter, Rom. Auf der Stirnseite des ottonischen Ciboriums in S. Ambrogio, Mailand, ist die Szene ebenfalls dargestellt.

Christus steht auf dem Paradiesesberg, dem die vier Paradiesesflüsse entspringen. Die lappenartigen Fortsätze des Paradiesesberges statt der Flüsse zeigen, daß der Schnitzer ein Vorbild hatte, das er offensichtlich nicht genau verstand. Auf der Schriftrolle, die Christus in der linken Hand hält, steht die Inschrift: DOMINVS LEIEM DAT SMVLVS. Der Text *Dominus leiem dat* auch auf der Schriftrolle, die Jesus in der Hand hält, auf der Tafel (Kat. Nr. V.35 h), die am ehesten als die Szene der Sünderin im Hause des Simon (Lc 7,36–50) zu deuten ist. Diese Schrift ist von derselben Hand wie die auf der Traditio legis-Tafel. Was die Buchstabenfolge SMVLVS in der Inschrift der Traditio legis-Platte bedeuten soll, kann nicht gesagt werden. Goldschmidt las sie als „Saulus", was aber auch keine Erklärung ergibt.

Da das Wort *leiem* statt *legem* eine oberitalienische Eigenart ist (Prof. Dr. Kurt Smolak, Universität Wien), muß der Text in Mailand, noch vor der Übertragung des Objektes nach Magdeburg entstanden sein, d. h. zum originalen Bestand der Platte gehören.

Goldschmidt, Elfenbeinskulpturen, Bd. 2, Nr. 15. – Little, Magdeburg Ivory Group, S. 98–104. – Ausst.kat. Hildesheim 1993, Bd. 2, Nr. II-14 a (Hermann Fillitz).

c) Der zwölfjährige Jesus im Tempel

Mailand, zwischen 962 und 973, wahrscheinlich 968
Elfenbein. – H. 12,7 cm, B. 11,7 cm.

Das Thema der Darstellung ergibt sich vor allem aus der Inschrift in dem geöffneten Buch, das Jesus, auf einem Thron sitzend, mit beiden Händen hält: FILII QVI FECISTI NO (Lc 2,48: *Fili, quid fecisti nobis sic*; „Mein Sohn, warum hast du uns das getan?"). Der Evangelientext läßt Maria die Frage an Jesus

V. 35 c

stellen. Sie ist hier unbewegt in der Haltung der Sorge und des Schmerzes gezeigt. Es ist unsicher, ob der vor ihr Stehende den hl. Joseph oder eher einen der fragenden Schriftgelehrten darstellt.

Goldschmidt, Elfenbeinskulpturen, Bd. 2, Nr. 4. – Little, Magdeburg Ivory Group, S. 38–44. – Ausst.kat. Hildesheim 1993, Bd. 2, Nr. II-14 a (Hermann Fillitz).

d) Der wunderwirkende Jesus

Mailand, zwischen 962 und 973, wahrscheinlich 968
Elfenbein. – H. 12,7 cm, B. 11,8 cm.

Die Darstellung läßt sich nicht genau bestimmen. Sie wird auf Mt 15,30–33 (Goldschmidt) und auf Mt 14,34–36 (Little) bezogen. Details der Darstellung lassen sich teilweise auf die eine, teilweise auf die andere Szene beziehen. Dargestellt ist Christus, umgeben von den Aposteln und den heilsuchenden Kranken und Krüppeln. Links und rechts berühren zwei Kranke das Gewand Jesu; die beiden untersten Figuren sind nur bis zum Oberkörper gezeigt; sie halten in einer Hand einen rechteckigen Gegenstand, wahrscheinlich den Holzklotz, den auf vielen mittelalterlichen Darstellungen Krüppel zur Fortbewegung verwenden.

Goldschmidt, Elfenbeinskulpturen, Bd. 2, Nr. 10. – Little, Magdeburg Ivory Group, S. 63f. – Ausst.kat. Hildesheim 1993, Bd. 2, Nr. II-14 a (Hermann Fillitz).

e) Die Auferweckung des Lazarus

Mailand, zwischen 962 und 973, wahrscheinlich 968
Elfenbein. – H. 12,3 cm, B. 11,8 cm.

Auf dem Stein, den einer der Begleiter der Schwester des Lazarus vom hausförmigen Grabbau weggeschoben hat und den er mit einer Hand festhält, stehen die Worte, mit denen Jesus die Öffnung des Grabes befahl: TOLLITE LAPIDEM (Io 11,39). Der Duktus der Schrift ist der auf der Tafel des zwölfjährigen Jesus im Tempel vergleichbar. Entgegen der Vermutung Goldschmidts, der sie für eine spätere Zufügung hielt, könnte es sich hier um eine originale Inschrift handeln. Bei der Menge, die hinter Jesus steht, dürfte es sich nicht um die Apostel handeln, denn normalerweise sind sie auf den Platten der Magdeburger Gruppe größer dargestellt und tragen Gewänder, die dem Christi ähnlich sind.

Goldschmidt, Elfenbeinskulpturen, Bd. 2, Nr. 14. – Little, Magdeburg Ivory Group, S. 83–87. – Ausst.kat. Hildesheim 1993, Bd. 2, Nr. II-14 a (Hermann Fillitz).

H.F.

V. 35 f
Die Heimsuchung Mariä

Mailand, zwischen 962 und 973, wahrscheinlich 968
Elfenbein. – Der Rand ist auf allen Seiten leicht beschnitten. – H. 10,7 cm, B. 10,5 cm.
München, Bayerisches Nationalmuseum, Inv.Nr. 17/418.

Charles T. Little verwies auf die Vergleichbarkeit des Motivs der Umarmung der beiden Frauen mit einem kleinen Elfenbeinplättchen aus dem stilistischen Umkreis des Buchdeckels Ms. Barth. typ. 2 in der Stadtbibliothek Frankfurt a. M.; der Deckel befindet sich jetzt im Liebieghaus Frankfurt a. M. (Goldschmidt, Bd. 1, Nr. 75). Er postuliert daher für diese Platte ein karolingisches Vorbild. Das Motiv ist aber wesentlich älter, wie auch das Relief aus dem Plattenpaar von Genoels-Elderen zeigt (Goldschmidt, Bd. 1, Nr. 2). Auch der viel reichere architektonische Rahmen mit der großen Toröffnung und der Andeutung des Innenraums hinter den beiden heiligen Frauen spricht gegen ein Vorbild etwa aus Metz im 9. Jahrhundert, sondern für eine weiter zurückreichende italienische Tradition.

V. 35 d

1917 wurde sie zusammen mit der Tafel des Ungläubigen Thomas (Kat.Nr. V.35 p) und der Geißelung und Verurteilung Christi (Kat.Nr. V.35 o) von J. Berger, Pfarrer in Uttighofen, vom Museum erworben; seinen Angaben zufolge waren die drei Tafeln früher im Besitz des Augustiner-Chorherrenstiftes St. Nikola in Passau; nach dessen Auflösung seien sie über mehrere Besitzer in sein Eigentum gekommen.

Goldschmidt, Elfenbeinskulpturen, Bd. 1, Nr. 2 u. 75; Bd. 3, Nr. 303. – Little, Magdeburg Ivory Group, S. 32–38. – Little, Avori milanesi, S. 94. – Ausst.kat. Hildesheim 1993, Bd. 2, Nr. II-14 b (Hermann Fillitz).

H.F.

V. 35 g
Die Auferweckung des Jünglings von Naim

Mailand, zwischen 962 und 973, wahrscheinlich 968
Elfenbein. – In den Ecken der Randleisten vier Bohrlöcher. H. 12,6 cm, B. 11,8 cm.
London, The British Museum, Inv.Nr. MLA 1856,6–23,25

V. 35 g

Jesus und die ihm folgenden Gruppe der Jünger werden gegenüber der Bahre mit dem Toten dargestellt, der sich eben dem Befehl Jesu folgend aufsetzt; die Träger kommen aus dem Stadttor, das wie meistens auf mittelalterlichen Darstellungen durch zwei flankierende Tortürme gekennzeichnet ist. Unterhalb der Bahre erscheint klein die Mutter des Toten (Lc 7,12), vor ihr, noch etwas kleiner, ein Klageweib (?).

Goldschmidt, Elfenbeinskulpturen, Bd. 2, Nr. 6. – Little, Magdeburg Ivory Group, S. 50–55. – Ausst.kat. Hildesheim 1993, Bd. 2, Nr. II-14 c (Hermann Fillitz).

H.F.

V. 35 h

V. 35 h
Jesus im Hause des Simon

Mailand, zwischen 962 und 973, wahrscheinlich 968
Elfenbein. – Oberer Teil der Rahmenleisten und gesamte ornamentale Grundfläche der Platte abgeschnitten; die erhaltenen Teile der Rahmung stark verschmälert.
H. 8,5 cm, B. 9,1 cm.
Compiègne, Musée Antoine Vivenel, Inv.Nr. L 338

Goldschmidt bezog die Darstellung auf die Szene bei Mt 15,21–28 und Mc 7,24–30, in der die Kanaanäerin für ihre kranke Tochter bittet. Eher aber stellt diese Szene Lc 7,37–49 dar, da Jesus im Hause des Pharisäers Simon speist und eine reuige Sünderin ihm die Füße mit ihren Tränen wäscht und sie mit ihren Haaren trocknet. Für diese Deutung sprechen vor allem die beiden Gruppen der links und rechts Stehenden: Während die links hinter Jesus stehenden Jünger staunend und bewundernd die Szene beobachten, steht rechts offensichtlich die Gruppe der Pharisäer, angeführt von Simon, der vielleicht durch das kleine Buch, das er in der linken Hand hält, als Schriftgelehrter ausgewiesen ist. Ihr Anführer (Simon?) blickt offenbar auf die vor Jesus kniende Frau, die Hand ist diskutierend und fragend auf die von Jesus gehaltene Schriftrolle gerichtet, die sichtlich der Formulierung der Antwort Jesu dienen soll.

Mit Recht sieht Little in der Darstellung der reuigen Sünderin auf einem Beintäfelchen des Tragaltars im Schatz der Kathedrale von Namur (Goldschmidt, Nr. 61) aus dem 11. Jahrhundert eine vergleichbare Szene; diese ist durch die Inschrift: PECCATRIX eindeutig definiert.

Die Inschrift auf der Schriftrolle: DOMINUS LEIEM (sic) DAT („Der Herr gibt das Gesetz") ist von derselben Hand wie die der Traditio legis (Kat.Nr. V.35 b) und stimmt auch im Wortlaut mit dieser überein. Die Inschrift ist als original anzusehen, nicht als eine spätere Zufügung. Da einerseits die Tafel mit der Traditio legis aller Wahrscheinlichkeit nach schon um die Mitte des 11. Jahrhunderts zum Schmuck des Deckels verwendet wurde, den der Magdeburger Erzbischof Engilhard für den Codex Wittekindeus anfertigen ließ (vgl. Kat.Nr. V.35 b–e), müßten die gleichartigen und gleichlautenden Inschriften der beiden Tafeln noch vor dieser Zeit ergänzt worden sein. Das Wort *leiem* statt *legem* ist sicherlich nicht in Sachsen nachweisbar, wohl aber in Oberitalien bekannt (Hinweis Prof. Dr. Kurt Smolak, Universität Wien). Daher sind die Inschriften auf den beiden Tafeln mit deren Herstellung in Mailand zu verbinden.

Das bedeutet aber, daß die Szene, die der Evangelist Lukas schildert, hier im Sinne des gesetzgebenden Christus interpretiert wird. In der Beurteilung der Antwort, die der Pharisäer Simon auf die Frage Jesu nach den beiden Schuldnern gibt, gebraucht Jesus das Wort *iudicare* (Lc 7,43: *recte iudicasti*). So ließe sich die sonst völlig ungewöhnliche Inschrift auf der Schriftrolle – auch für diese gibt es im Text des Evangeliums keinen Hinweis – so erklären, daß Jesus hier als der Bringer des neuen Gesetzes gezeigt werden soll.

Goldschmidt, Elfenbeinskulpturen, Bd. 2, Nr. 7. – Little, Magdeburg Ivory Group, S. 55–60. – Ausst.kat. Hildesheim 1993, Bd. 2, Nr. II-14 d (Hermann Fillitz).

H.F.

V. 35 i
Die Heilung des Besessenen von Gerasa

Mailand, zwischen 962 und 973, wahrscheinlich 968
Elfenbein. – In den Ecken der Randleisten vier Bohrlöcher. Der Kopf des aus dem Mund des Besessenen auffahrenden Dämons ist abgebrochen und fehlt.
H. 12,8 cm, B. 11,8 cm.
Darmstadt, Hessisches Landesmuseum, Inv.Nr. Kg. 52:101

Die Szene zeigt die Austreibung des Dämons nach Mt 8,28–34.

Die Elfenbeintafel befand sich um 1800 in der Sammlung des Baron von Hüpsch, Köln.

Goldschmidt, Elfenbeinskulpturen, Bd. 2, Nr. 5. – Little, Magdeburg Ivory Group, S. 61–63. – Ausst.kat. Hildesheim 1993, Bd. 2, Nr. II-14 e (Hermann Fillitz).

H.F.

V. 35 k

V. 35 j
Die zweite wunderbare Brotvermehrung

Mailand, zwischen 962 und 973, wahrscheinlich 968
Elfenbein. – In den Ecken der Randleisten vier Bohrlöcher. Die Profilierung der Rahmenleiste von einer späteren Montierung. – H. 12,2 cm, B. 11,9 cm.
Paris, Musée du Louvre, Inv.Nr. OA 6310

Die Szene bezieht sich auf Mt 15,32–39 bzw. Mc 8,1–9. Die Darstellung Christi in der Szene ist ungewöhnlich. Er wird thronend gezeigt, die Hände weit geöffnet erhoben, vergleichbar dem über der Sphaira in der Mandorla thronenden Christus. Die Rückbeziehung auf die echatologische Erscheinung Christi und zur Eucharistie ist daher naheliegend (I Kor 11,26: „Denn so oft ihr von diesem Brot esset und von diesem Kelch trinket, verkündigt ihr des Herrn Tod, bis daß er kommt", vgl. Little S. 66, der diesbezüglich Schiller, Ikonographie, Bd. 1, S. 175 zitiert).

Goldschmidt, Elfenbeinskulpturen, Bd. 2, Nr. 9. – Little, Magdeburg Ivory Group, S. 64–69. – Ausst.kat. Hildesheim 1993, Bd. 2, Nr. II-14 f (Hermann Fillitz).

H.F.

V. 35 l

V. 35 k
Petrus fängt den Fisch mit den Doppeldrachmen für die Tempelsteuer

Mailand, zwischen 962 und 973, wahrscheinlich 968
Elfenbein. – In den Ecken der Randleisten vier Bohrlöcher.
H. 12,8 cm, B. 11,8 cm.

V. 35 m

Liverpool, National Museums and Galleries on Merseyside, Liverpool Museum, Inv.Nr. M 8062

Die Szene bezieht sich auf Mt 17, 24–27.

Goldschmidt, Elfenbeinskulpturen, Bd. 2, Nr. 11. – Little, Magdeburg Ivory Group, S. 69–72. – Ausst.kat. Hildesheim 1993, Bd. 2, Nr. II-14 g (Hermann Fillitz). – Gibson, Liverpool Ivories, Nr. 13.

H.F.

V. 35 l
Der Rangstreit unter den Jüngern

Mailand, zwischen 962 und 973, wahrscheinlich 968
Elfenbein. – In den Ecken der Randleisten vier Bohrlöcher.
H. 12,4 cm, B. 11,6 cm.

Paris, Musée du Louvre, Inv.Nr. OA 11372

Die Szene wurde früher als „Die Segnung der Kinder“ (Mt 19,13–15) bezeichnet. Da aber nur ein Kind dargestellt ist, zwischen Jesus und den Jüngern stehend, und die Geste Jesu eher als belehrend denn als segnend anzusehen ist, dürfte die Szene den Rangstreit zwischen den Jüngern darstellen, bei dem Jesus ein Kind zur Belehrung der Jünger mitten unter sie stellte (Mt 18,1–6 und Mc 9,36–37).

Diese Platte war auf dem Reliquienschrein des Kardinals Albrecht von Brandenburg montiert (vgl. Abb. S. 368), wiedergegeben auf fol. 355v des Halleschen Heiltumsbuches (1525/26).

Früher Paris, Sammlung Martin le Roy.

Goldschmidt, Elfenbeinskulpturen, Bd. 2, Nr. 12. – Halm/Berliner, Hallesches Heiltum, S. 58 Nr. 275 b, Taf. 153. – Little, Magdeburg Ivory Group, S. 72–74. – Ausst.kat. Hildesheim 1993, Bd. 2, Nr. II-14 h (Hermann Fillitz).

H.F.

V. 35 m
Der Sendungsauftrag an die Apostel

Mailand, zwischen 962 und 973, wahrscheinlich 968
Elfenbein. – In den Ecken der Rahmenleisten vier Bohrlöcher.
H. 12,8 cm, B. 11,7 cm.

Liverpool, National Museums and Galleries on Merseyside, Liverpool Museum, Inv.Nr. M 8061

Eine der wenigen Szenen, in der die Zwölfzahl der Apostel genau berücksichtigt ist, was wohl mit der Thematik der Darstellung zusammenhängt: In demütiger Haltung nehmen die Apostel einen Auftrag Jesu entgegen. Genau läßt sich die Szene nicht identifizieren, wird doch in den Evangelien mehrfach von einer Sendung der Apostel berichtet, so bei Mt 10,5, der Auftrag, in den Städten Israels zu predigen, und bei Mt 28,16–20, der große Sendungsauftrag nach der Auferstehung Christi.

Die Platte war auf dem Reliquienschrein des Kardinals Albrecht von Brandenburg montiert (vgl. Abb. S. 368), sie ist im Halleschen Heiltumsbuch von 1525/26 auf fol. 355v abgebildet.

Goldschmidt, Elfenbeinskulpturen, Bd. 2, Nr. 8. – Halm/Berliner, Hallesches Heiltum, S. 58 Nr. 275 b, Taf. 153. – Little, Magdeburg Ivory Group, S. 74–77. – Ausst.kat. Hildesheim 1993, Bd. 2, Nr. II-14 i (Hermann Fillitz). – Gibson, Liverpool Ivories, Nr. 11.

H.F.

V. 35 n

V. 35 n
Jesus und die Ehebrecherin

Mailand, zwischen 962 und 973, wahrscheinlich 968
Elfenbein. – Die Tafel ist auf allen vier Seiten verschmälert.
H. 10,8 cm, B. 10,2 cm.
Liverpool, National Museums and Galleries on Merseyside, Liverpool Museum, Inv.Nr. 8017

Die Szene spielt in einem Innenraum, dem Evangelientext zufolge im Tempel von Jerusalem. Jesus sitzt auf einem Faldistorium, seit der römischen Antike ein Amtssessel, die Füße hat er auf einen sehr hohen Fußschemel gesetzt, eigentlich ein Steinquader, der auf der sichtbaren Seite mit zwei Masken geschmückt ist. Dem Evangelientext folgend schreibt er mit dem Finger auf dem Boden, hier auf dem Scabellum (Fußschemel): „Wer unter euch ohne Sünde ist, der werfe den ersten Stein auf sie" (Io 8,7).

Goldschmidt, Elfenbeinskulpturen, Bd. 2, Nr. 13. – Little, Magdeburg Ivory Group, S. 77–82. – Ausst.kat. Hildesheim 1993, Bd. 2, Nr. II-14 j (Hermann Fillitz). – Gibson, Liverpool Ivories, Nr. 12.

H.F.

V. 35 o
Die Geißelung und Verurteilung Jesu

Mailand, zwischen 962 und 973, wahrscheinlich 968
Elfenbein. – Rahmenleisten auf allen vier Seiten verschmälert.
In den Ecken vier Bohrlöcher noch teilweise erhalten.
H. 10,7 cm, B. 10,8 cm.
München, Bayerisches Nationalmuseum, Inv.Nr. 17/420

1917 zusammen mit der Visitatio (Kat.Nr. V.35 f) und dem Ungläubigen Thomas (Kat.Nr. V.35 p) von J. Berger, Pfarrer in Uttighofen, vom Museum erworben; seinen Angaben zufolge waren die drei Tafeln früher im Besitz des Augustiner-Chorherrenstiftes St. Nikola in Passau; nach dessen Auflösung seien sie über mehrere Besitzer in sein Eigentum gekommen.

Goldschmidt, Elfenbeinskulpturen, Bd. 3, Nr. 302. – Little, Magdeburg Ivory Group, S. 87–90. – Ausst.kat. Hildesheim 1993, Bd. 2, Nr. II-14 k (Hermann Fillitz).

H.F.

V. 35 p
Christus erscheint dem ungläubigen Thomas

Mailand, zwischen 962 und 973, wahrscheinlich 968
Elfenbein. – Rahmenleisten auf allen vier Seiten verschmälert.
H. 10,6 cm, B. 10,8 cm.
München, Bayerisches Nationalmuseum, Inv.Nr. 17/419

Die Darstellung der Szene in einem Haus, dessen Inneres sich in mehreren Bogenöffnungen über brusthohen Mauern erschließt, findet eine enge Parallele im Sakramentar des Warmundus von Ivrea (um 1000); die Architektur selbst läßt sich mit der Szene der Beerdigung des Heiligen in der Apsis von San Vincenzo al Galliano vergleichen.

1917 zusammen mit der Tafel der Visitatio (Kat.Nr. V.35 f) und der Geißelung und Verurteilung Christi (Kat.Nr. V.35 o) von J. Berger, Pfarrer in Uttighofen, vom Museum erworben; seinen Angaben zufolge waren die drei Tafeln früher im Besitz des Augustiner-Chorherrenstiftes St. Nikola in Passau; nach dessen Auflösung seien sie über mehrere Besitzer in sein Eigentum gekommen.

Goldschmidt, Elfenbeinskulpturen, Bd. 3, Nr. 301. – Little, Magdeburg Ivory Group, S. 93–98. – Ausst.kat. Hildesheim 1993, Bd. 2, Nr. II-14 l (Hermann Fillitz).

H.F.

V. 36
Diplom König Ottos I. über die Gründung des Bistums Brandenburg

Magdeburg, 948 Oktober 1
Pergament. – H. 47 cm, B. 62 cm.
Brandenburg, Domstiftsarchiv und -bibliothek, B 1

Das Diplom (DO I 105) dokumentiert den Beschluß über die Gründung, Ausstattung und die Grenzen des Bistums Brandenburg, der wohl auf einer Versammlung Ottos I. mit geistlichen und weltlichen Großen Ende September/Anfang Oktober 948 in Magdeburg gefaßt wurde.

Es enthält eine konkrete Sprengelbeschreibung des neuen Bistums (Zirkumskriptionsurkunde), was nur noch in dem abschriftlich tradierten Diplom Ottos I. für das Bistum Havelberg (DO I 76) vorkommt. Außerdem führt eine ganze Reihe von heute noch existierenden Orten (Biederitz, Burg, Gommern, Möckern, Pechau, Pritzerbe, Ziesar) ihre urkundliche Ersterwähnung auf das DO I 105 zurück.

Der Notar, der von den Editioren der MGH die Sigle Brun E erhielt, bemühte sich, die Bedeutung des Dokuments durch eine sorgfältige und angemessene graphische Gestaltung zu unterstreichen. So verfuhr er schon bei der Raumaufteilung großzügig: Zwei Drittel des zur Verfügung stehenden Platzes verwendete er für das Eingangsprotokoll und den Kontext mit relativ regelmäßigen und nicht zu knappen Zeilenabständen; das untere Drittel reservierte er für das Schlußprotokoll. Dort plazierte er im unteren Bereich des Freiraumes die Zeile mit dem Signum des Königs links und die Rekognitionszeile mit der namentlichen Nennung des Kanzlers und des Erzkapellans in der Mitte, aber unter dem Niveau der Signumzeile. Das Rekognitionszeichen rückte er an den rechten Rand, links davon befand sich das heute verlorene königliche Siegel. Die Datierung wurde wie üblich am unteren Rand des Pergaments eingetragen.

In die erste Zeile mit der optisch hervorstechenden, verlängerten Schrift nahm der Notar nach dem Chrismon (symbolische Anrufung Gottes; vgl. Kat.Nr. III.9) nicht nur die verbale Anrufung Gottes und die Präsentation des königlichen Ausstellers mit Namen (*Otto*), göttlicher Legitimationsformel (*divina providente clementia*) und Titel (*rex*), sondern auch die gesamte Arenga auf. Arengen, die in der Regel eine übergeordnete politisch-theologische Begründung oder eine feierlich-religiöse Motivation für die Ausstellung von Herrscherurkunden beinhalten, sind in den Diplomen Ottos I. bis 962 ziemlich selten. Insofern unterstreicht die vollständig in der ersten Zeile des DO I 105 plazierte Arenga („Weil wir es der Mühe wert erachten, daß alle Gläubigen an der Verbreitung des Glaubens und der Vergrößerung der christlichen Kirche mitwirken, [...]") die Relevanz des Dokuments. Mit der zweiten Zeile beginnt der in diplomatischer Minuskel geschriebene Kontext. Sogleich an dessen Beginn, in der Narratio (erzählende Einleitung des Kontextes), werden jene geistlichen und weltlichen Großen namentlich als Fürsprecher aufgeführt, deren aktive Teilnahme an der Brandenburger Bistumsgründung als besonders wichtig angesehen wurde: Bischof Marinus von Bomarzo († 958), Legat von Papst Agapet II., Erzbischof Friedrich von Mainz († 954), zu dessen Kirchenprovinz das neue Bistum fortan gehörte, und Erzbischof Adaldag von

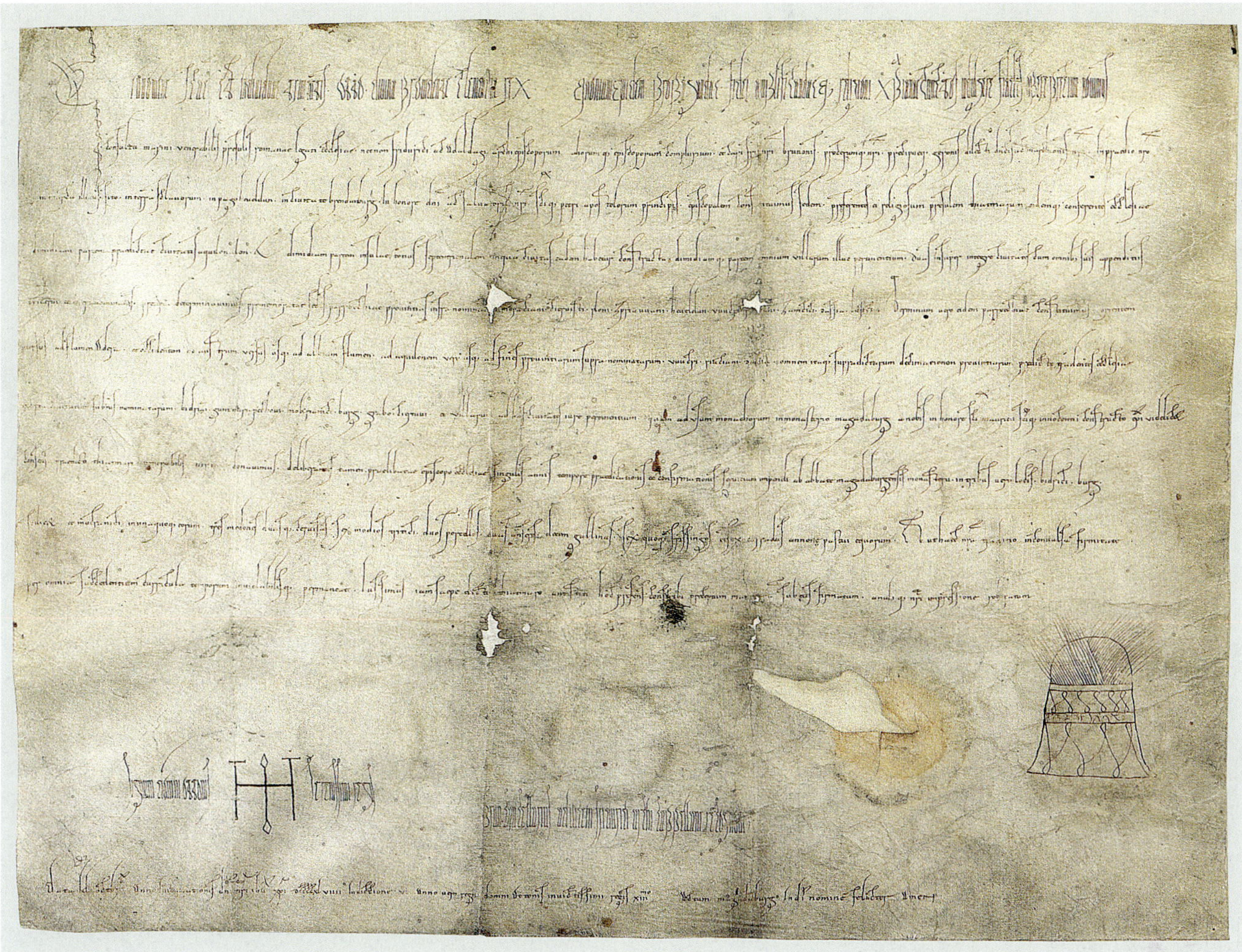

V. 36

Hamburg-Bremen (937–988), der sich besonders für die Mission im Norden engagierte. Außerdem wurden Brun, der jüngere Bruder Ottos I. und Kanzler am Königshof, sowie Gero, in dessen Herrschaftsbereich man das Bistum errichtete und dessen Zustimmung daher unabdingbar war, namentlich genannt, ferner weitere Bischöfe und weltliche Große und auch den zum ersten Bischof von Brandenburg erhobenen Geistlichen Thietmar, für den die Urkunde in erster Linie bestimmt war (Zeile 2). Im Anschluß folgt die Aufzählung der Besitzungen und Rechte, die Otto I. für die Ausstattung des Bistums zur Verfügung stellte, sowie eine genaue Beschreibung des Umfangs der Diözese mit ihren Grenzen.

Das Königssiegel fehlt (vgl. zum Königssiegel Ottos I. Kat.Nr. III.3). Das Monogramm in der Signumzeile (Beglaubigung), das den Herrschernamen *OTTO* symbolisiert, enthält den Vollziehungsstrich des Königs: die senkrechte Verbindung zwischen den beiden *O* in der Mitte des Monogramms. Das glockenförmige Rekognitionszeichen im DO I 105 entspricht den üblichen Formen aus der Zeit um 950. Es ist in fünf unterschiedlich große Etagen gegliedert. Die zweite Etage enthält tachygraphische Zeichen (Kurzschriftzeichen), die in Anlehnung an tironische Noten geformt wurden (vgl. Kat.Nr. VI.69). Sie sollten den Inhalt der Rekognitionszeile in verschlüsselter Form wiederholen. Im Unterschied zu früheren Diplomen Ottos I. (vgl. Kat.Nr. IV.6, IV.66 u. VI.69) besteht im DO I 105 keinerlei räumliche Verbindung mehr zwischen dem am rechten Rand eingetragenen Zeichen und der in der Mitte plazierten Rekognitionszeile.

Das Diplom wurde auf den 1. Oktober datiert, der im Jahre 948 auf einen Sonntag fiel. Die Jahresdatierung des Diploms ist jedoch uneinheitlich, d. h. das angegebene Jahr nach Christi Geburt (Inkarnationsjahr) *DCCCC XL VIIII* (949) stimmt nicht mit dem eingetragenen Regierungsjahr Ottos I. als König (*XIII*) und der aufgeführten Indiktionszahl (*VI*) überein. Aus der Perspektive der Neuzeit ist man vor allem auf die Angabe der Jahre nach Christi Geburt fixiert. So wurde das 900jährige Jubiläum der Brandenburger Bistumsgründung nicht 1848, sondern 1849 gefeiert. Die Geistlichen, die sich in der Königszeit Ottos I. als Diplomnotare betätigten, hatten aber gerade mit der Bestimmung des Inkarnationsjahres oft ihre Schwierigkeiten. Deshalb entschied sich der Editor der Urkunden Ottos I., jeweils das Königsjahr als entscheidendes Datierungsmerkmal zu betrachten und reihte das DO I 105 demzufolge in das Jahr 948 ein. Vor allem aus dem inhaltlichen Gründen hat man unlängst die Auffassung vertreten, daß das DO I 105, verbunden mit Fälschungsabsichten, erst 965 angefertigt worden sei. Die Frage, ob die äußeren Merkmale des DO I 105 für oder gegen dessen spätere Entstehung sprechen, könnte nach einer Untersuchung aller tradierten Diplome von Brun E und deren Vergleich mit orginalen Urkunden Ottos I. zwischen 948 und 965 beantwortet werden.

MGH DO I 105. – UB Erzst. Magdeburg, Tl. 1, Nr. 15. – Schößler, Reg. Brandenburg, Tl. 1, B 1, S. 429f.

Neumann, Arengen. – Assing, Bist. Brandenburg. – Schößler, Urkunde (Lit.). – Kurze, Erzbist. Brandenburg. – Assing, Gründung des Bist. Brandenburg.

W.H.

V. 37
Diplom Kaiser Ottos II. für Zeitz

Grone, 976 (?) August 1
Pergament. – H. 49 cm, B. 52 cm.
Naumburg, Domstiftsarchiv, Urkunde Nr. 1

Mit der Gründung des Erzbistums Magdeburg 967/68 war die Errichtung von Bistümern in Merseburg, Meißen und Zeitz verbunden. Die angemessene Ausstattung dieser neuen bischöflichen Kirchen konnte man von Italien aus, wo sich die beiden Kaiser Otto I. und Otto II. noch bis 972 aufhielten, nicht ohne weiteres regeln. Otto I. übertrug deshalb Erzbischof Adalbert von Magdeburg die Vollmacht, die erforderlichen Verhandlungen mit den betreffenden sächsischen Großen zu führen. Im kaiserlichen Schreiben von 968 wurden die Markgrafen, die in den Gebieten von Merseburg, Meißen und Zeitz amtierten, aufgefordert, zusammen mit dem Magdeburger Metropoliten und den Bischöfen für die Ausstattung der bischöflichen Kirchen zu sorgen (vgl. Kat.Nr. V.26). Das vorliegende Diplom (DO II 139) ist ein Indiz für die schwierigen und teilweise jahrelangen Verhandlungen. Es wurde auf einem mit Signumzeile (Beglaubigung) und Rekognitionszeichen versehenen Pergamentblankett (unbeschriebenes Urkundenformular) geschrieben, das noch aus der Regierungszeit Ottos I. stammte. Das Diplom dokumentiert die kaiserliche Schenkung der Städte (*civitates*) Altenburg und Zeitz, von neun Kirchen, darunter in Dornburg, Kirchberg und Memleben, sowie von mehr als dreißig Dörfern an die bischöfliche Kirche von Zeitz.

In welchem Jahr die vorliegende Urkunde geschrieben wurde, läßt sich nicht präzise bestimmen. Der Notar, der wahrscheinlich zur Empfängerseite gehörte, war in der Herstellung von Diplomen ungeübt und hatte überdies Schwierigkeiten mit der Datierung. Alle Jahresmerkmale sind nicht korrekt eingetragen. Als Inkarnationsjahr gab er 986 an, das Königsjahr Ottos II. weist auf 974, die Indiktionszahl (*VI*) auf 978. Das Jahr der Kaiserherrschaft fehlt völlig und die Reihenfolge der Datierungselemente (Indiktionszahl zuletzt) war nördlich der Alpen unüblich. Wegen dieser Konfusion in der Datierung hat man das DO II 139 gelegentlich sogar der Fälschung verdächtigt. Alle in dieser Kaiserurkunde namentlich aufgeführten Personen sprechen jedoch dafür, daß es sich um ein echtes Diplom Ottos II. handelt. Der Kaiser nahm die Schenkungen an die bischöfliche Kirche von Zeitz aus Liebe zu seiner Gemahlin Theophanu sowie auf Fürsprache des Erzbischofs Adalbert von Magdeburg (968–981), des Grafen Wigger und des Bischofs Hugo von Zeitz (968–979) vor. In der Rekognitionszeile führte man den 976 und 977 als Kanzler fungierenden Egbert auf. Wahrscheinlich hatte Erzbischof Adalbert das nur mit Signumzeile versehene Pergament 968 zusammen mit weiteren Blanketten aus Italien mit nach Magdeburg gebracht, um sie im Ergebnis der noch bevorstehenden Verhandlungen über die Ausstattung der neuen Bistümer entsprechend ausfüllen zu lassen. Da Bischof Hugo von Zeitz an der

V. 37

schriftlichen Fixierung der kaiserlichen Übertragungen besonders interessiert gewesen sein müßte, händigte ihm Adalbert zu gegebener Zeit vielleicht eines davon aus. Hugo dürfte dann für die Anfertigung der Kaiserurkunde gesorgt haben.

Der nur beim DO II 139 in der Überlieferung erscheinende Notar orientierte sich bei dessen Herstellung am Erscheinungsbild anderer Diplome aus der Zeit Ottos I. und Ottos II. Die verlängerte Schrift in der ersten Zeile ist allerdings unregelmäßig, mit deutlichen Schwankungen in der Buchstabenhöhe ausgeführt. Das trifft ebenfalls auf die Rekognitionszeile im Schlußprotokoll zu. Diese ist sogar größer als die Signumzeile gestaltet, die von dem unter Otto I. agierenden Notar Liudolf G (vgl. Kat.Nr. V.4) stammt. Im Schriftbild der diplomatischen Minuskel fallen besonders die Schäfte der Buchstaben *b, d, h, l* auf, die am oberen Ende eine Öse aufweisen. Das nach unten offene diplomatische Abkürzungszeichen erhielt durch eine zusätz-

V. 38

liche Zierschleife eine Form, die in ottonischen Diplomen nur selten vorkommt. Die Abstände zwischen den Zeilen werden gegen Ende des Kontextes geringer. Außerdem schrieb der Notar die letzten drei bis vier Zeilen dicht gedrängt. Vielleicht wollte er auf diese Weise nicht nur genügend Raum für das Schlußprotokoll lassen, sondern auch den Kontext im Umfang von genau zwölf Zeilen gestalten, der damit der Apostelzahl entsprechen würde. Die Datierungszeile wurde in der üblichen Schriftform ausgeführt und das Diplom mit dem Segenswunsch *feliciter amen* beendet.

MGH DO II 139. – Lübke, Regesten, Tl. II, Nr. 189.

Uhlirz, Erzbist. Magdeburg, S. 159f. – Sickel, Diplome Otto II., S. 140–142. – Wiessner, Bist. Naumburg, S. 734f. – Nagel, Domkapitel.

W.H.

V. 38
Diplom Kaiser Ottos II. für Merseburg

Frose, 974 August 30
Pergament. – H. 49 cm, B. 60 cm.
Merseburg, Domstiftsarchiv, Urkunde Nr. 2

Noch viele Jahre nach der Einrichtung der neuen Bistümer Meißen, Merseburg und Zeitz 968 (vgl. Kat.Nr. V.37) mußten sich deren Bischöfe um eine angemessene Ausstattung ihrer Kirchen bemühen. Giselher, der zweite Bischof von Merseburg (seit 970/71), agierte dabei ziemlich erfolgreich. Er verdankte die Förderung seines Bistums vor allem Kaiser Otto II. und Kaiserin Theophanu, zu denen er enge Beziehungen unterhielt. Giselher scheint häufig kaiserliche Aufträge ausgeführt und sogar zu den Beratern des Herrscherpaares gehört zu haben. In Urkunden Ottos II., die das Bistum Merseburg erhielt, hob man die treuen Dienste Bischof Giselhers wiederholt ausdrücklich hervor. Die Kaiserin Theophanu fungierte in diesen Urkunden zumeist als Petentin (Bittstellerin) oder Intervenientin (Fürsprecherin), so auch im vorliegenden Diplom (DO II 89). Darin wurde die Schenkung der Burg Zwenkau (südlich von Leipzig) mit allem Zubehör und einem unfreien Slawen namens Nezan, der die Burg möglicherweise verwaltete, an die bischöfliche Kirche von Merseburg dokumentiert. Zudem verlieh Otto II. der Kirche Giselhers die Immunitität für die Burg und deren Einzugsbereich.

Das Eingangsprotokoll und der Kontext wurden von einem Hofgeistlichen geschrieben, dem die Editoren der Urkunden Ottos I. und Ottos II. die Sigle Willigis B gaben. Er ist erstmals 972 in Italien eindeutig als Schreiber von Kaiserurkunden Ottos I. und Ottos II. nachweisbar. In den ersten beiden Jahren der selbständigen Regierung Ottos II. war Willigis B der wichtigste Diplomnotar am Kaiserhof. Das relativ einfach gehaltene Chrismon (vgl. Kat. Nr. III.9) füllte er innen mit diplomatischen Abkürzungszeichen aus. Die erste Zeile gestaltete Willigis B mit geübter Hand in der dafür vorgesehenen verlängerten Schrift. Das Ende des Eingangsprotokolls bzw. den Beginn des nächsten Urkundenabschnitts, der Arenga (Einleitung des Kontextes), kennzeichnete er in graphischer Hinsicht allerdings nicht. Den Kontext (Zeile 2 bis 10) schrieb der Notar in einer flüssigen diplomatische Minuskel. Willigis B verwendete dabei viele verschiedene Verzierungsvarianten. Die Oberlängen von *b, d, h, i, l* ließ er oft mit einem leichten eleganten Bogen nach rechts und die Unterlängen von *f, p, q, r, s* mit einem solchen nach links auslaufen. In der Mitte der fünften Zeile führte er die Unterlängen durch Hinzufügung von Zierstrichen bzw. -bögen deutlich tiefer in den Freiraum zwischen den Zeilen hinab als in den anderen Teilen der Urkunde. Die doppelt verschleifte *st*-Ligatur (z. B. in der Mitte der Zeile 8: *potestate*) gehört neben der einfachen ebenfalls zum Repertoire von Willigis B. Von den im Kontext vorkommenden Personennamen hob der Notar nur den der Kaiserin Theophanu durch eine Majuskel als Anfangsbuchstaben im Schriftbild besonders hervor.

Im Eschatokoll des DO II 89, das von einem anderen Notar stammt, sind Signum- und Rekognitonszeile (Beglaubigung und Gegenzeichnung des Notars) untereinander angeordnet und etwa gleich groß in verlängerter Schrift ausgeführt. Beim Herrschermonogramm (vgl. Kat.Nr. V.25) treten vor allem die beiden verstärkt gezeichneten *T* optisch hervor. Das Kaisersiegel, von dem nur noch ein kleiner Teil vorhanden ist, brachte man separat in der Nähe des rechten Randes der Urkunde an. Es konnte seine Wirkung auf die Betrachter so voll entfalten. Die Datierung ist fast vollständig korrekt und vor allem einheitlich. Die Angaben zum Inkarnations- und Kaiserjahr sowie zur Indiktion weisen übereinstimmend auf 974. Lediglich bei der Eintragung der Regierungsjahre Ottos II. als König vergaß der Notar offenbar, das römische Zahlzeichen *X* zu schreiben (*IIII* statt *XIIII*).

MGH DO II 89. – Lübke, Regesten, Tl. II, Nr. 176.

Schlesinger, Kirchengeschichte Sachsens, Bd. I, S. 50f. u. 58–60. – Nagel, Domkapitel.

W.H.

V. 39
Sog. Mantel Ottos des Großen

Byzanz und Deutschland, 10.–12. Jahrhundert
Gewandstoff: ungemusterter Samit in Köper 1/2 S-Grat. Kette: Seide, Z-Drehung, rohweiß, 2 Haupt- zu 1 Bindekettfaden; ca. 60 Haupt- und 30 Bindekettfäden/cm. Schuß: Seide, ohne erkennbare Drehung, rot; ca. 50 Passées/cm. Webbreite über 200 cm. – Saumbesatz: einfarbig gemustertes Seidengewebe. – Kette: Seide, Z-Drehung, rohweiß-beige, 2 Haupt- zu 1 Bindekettfaden; Stufung 1 Hauptkettfaden; 26–32 Haupt- und 13–16 Bindekettfäden/cm; Schuß: Seide, ohne erkennbare Drehung, helles weinrot, jede zweite Passée mit umgekehrter Schußfolge; Stufung 2 Passées; 59–78 Passées/cm. – Goldborten. – Rückenhöhe 142 cm, B. 256 cm.
Merseburg, Domstift (als Leihgabe in Halberstadt, Domschatz)

Das Gewand, das heute als Mantel Kaiser Ottos des Großen bezeichnet wird, ist mehr als einmal verändert worden. Heute ein halbkreisförmiger, offener

V. 39

Mantel, diente es einst als Meßgewand, und war dafür in der vorderen Mitte mit einer Naht zur sog. Glockenkasel geschlossen. Diese überall gleichmäßig lange, weite Form prägte die Kasel von ihren Anfängen bis etwa ins 13. Jahrhundert. Wahrscheinlich aus dem 12. Jahrhundert stammt auch die breite Goldborte, die dem Gewand als Rückenstab und schräg über die Schultern laufend als Gabelkreuz aufgesetzt worden ist. Es ist denkbar, daß es erst anläßlich einer Umarbeitung zur Kasel angebracht worden ist, denn die beiden roten Stoffe, aus denen das Gewand geschneidert ist, sind deutlich älter. Es handelt sich zum einen um einen ungemusterten Samit, das heißt um eine schwere, glänzend schußwirkende Seide, gewebt in derjenigen Technik, die als charakteristisch für die Stoffe etwa des 5. bis 13. Jahrhunderts bezeichnet werden darf. Mit der gleichen Technik können auch gemusterte Stoffe hergestellt werden, vielfarbig oder – wie bei Kat.Nr. VI.53 u. 54 – einfarbig und wie geritzt wirkend. Letzteres war, nach den erhaltenen Stoffen zu schließen, vom 10. bis 12. Jahrhundert besonders beliebt. Ein sehr typisches Beispiel dieser Stoffe ist auch für den äußeren Saumbesatz des Merseburger sog. Otto-Mantels verwendet worden. Er zeigt eines der beliebtesten Muster jener Zeit, aus gegenläufigen Wellenlinien, die spitzovale Felder bilden, die ihrerseits reihenweise abwechselnd zwei verschiedene abstrahiert-pflanzliche Füllungen enthalten. Die in Merseburg vorliegende spezifische Ausarbeitung des Musters, von dem mehrere Varianten bekannt sind, ist allerdings nur vereinzelt belegt. Beispielsweise findet sie sich in Grün am Einband des Codex Aureus aus Echternach (Nürnberg, Germanisches Nationalmuseum, KG 1138), der zwar in den 980er Jahren entstanden sein muß, in den aber erst um 1030 die heute zugehörige Handschrift eingebunden wurde. Aus dieser Zeit datiert auch die grüne Seide und analog diejenige am sog. Otto-Mantel. Wenn man annehmen will, daß der Saumbesatz bereits einer ersten ergänzenden Umarbeitung des Merseburger Gewandes zuzuordnen ist, könnte also immerhin der ungemusterte Hauptstoff wirklich noch aus der Zeit Ottos des Großen stammen. Ebensogut denkbar ist allerdings auch, daß die beiden roten Stoffe zeitgleich sind. Dann könnte es sich ursprünglich um ein Pluviale, einen halbkreisförmigen liturgischen Chormantel, gehandelt haben, sind solche doch verschiedentlich mit Saumstreifen geschmückt gewesen, so zum Beispiel dasjenige aus dem Grab des 1047 verstorbenen Papstes Clemens II. im Dom zu Bamberg. In diesem Fall müßte man annehmen, daß in Merseburg – wie auch anderswo häufig belegt – ein altehrwürdiges Gewand später mit einer verehrten und um den Dom verdienten Persönlichkeit in Zusammenhang gebracht worden ist. Weil das rote Gewand auch in keinem der hochmittelalterlichen Merseburger Domschatzverzeichnisse identifizierbar ist, muß die Frage, ob es seinen kaiserlichen Namen zu Recht trägt, also weiterhin offen bleiben.

Vom äußeren Saumbesatz wurden bereits im 19. Jahrhundert Teile aus antiquarischem Interesse abgetrennt. Sie befinden sich heute in den Sammlungen des Kunstgewerbemuseums Berlin (Inv.Nr. 78,458), des Textilmuseums Krefeld (Inv.Nr. 00139) und des Germanischen Nationalmuseums Nürnberg (Inv.Nr. Gew. 389).

Müller-Christensen, Grab, S. 59, 74 u. 80 Anm. 11. – Happach, Byzantinische Seidenstoffe, S. 24f. u. 30f., Abb. 1. – Schorta, Seidenstoffe, Nr. 133 (Lit.). – Zu den Saumbesatz-Fragmenten in Berlin, Krefeld u. Nürnberg: Hampe, Kat. Gewebesammlung GNM, Nr. 389. – Lessing, Gewebesammlung, Taf. 59 a. – von Wilckens, Seidenstoffe, Nr. 48. – Zum Clemens-Pluviale in Bamberg: Müller-Christensen, Grab, S. 40f. u. 64f., Abb. 22–24, Farbtaf. I.

R.S.

V. 40
Sakramentar mit Kalender

St. Gallen, zweite Hälfte 10. Jahrhundert
Pergament, 221 Blätter. – H. 22,5 cm, B. 19,2 cm.
Merseburg, Domstiftsbibliothek, Cod. 129

Sakramentar und Kalender wurden ganz überwiegend von einer kalligraphischen Hand in der zweiten Hälfte des 10. Jahrhunderts in St. Gallen geschrieben; eine zweite sanktgallische Hand, die zusammen mit der ersten tätig war, trug nur wenig dazu bei (fol. 28r Z. 13 – fol. 31v Z. 4 usw.). Eine dritte sanktgallische Hand lieferte noch im 10. Jahrhundert auf fol. 35v einen liturgischen Nachtrag. Das Sakramentar hat die in St. Gallen übliche, reiche, buchmalerische Ausstattung erhalten; bemerkenswert sind vor allem die Zierseiten 36v–38r. Der Codex kam später in das Domstift Merseburg, wie man vermutet hat, als Geschenk Kaiser Heinrichs II. Jedenfalls befand er sich zwischen 1009 und 1018 in den Händen Bischof Thietmars, des berühmten Chronisten (vgl. Kat.Nr. III.20). Dieser hat in den Zierbuchstaben T auf fol. 38r (Abb.) mit eigener Hand den folgenden Satz eingefügt: *Sacerdos dei, reminiscere Thietmari confratris tui, peccatoris et indigni* („Priester Gottes, erinnere dich deines sündigen und unwürdigen Mitbruders Thietmar") – es war die Bitte an einen Priester einer späteren Generation (den eigenen Nachfolger?), für ihn (Thietmar) zu beten und seiner in der Messe zu gedenken. Der Kalender (fol. 1v–8r), dessen vier erste Seiten bis auf geringe Reste verlorengegangen sind, enthielt zunächst nur eine sanktgallische Heiligenschicht. In Merseburg wurden dann weitere Heilige eingetragen, vor allem aber ließ Thietmar dem Kalender eine umfangreiche Nekrologschicht einverleiben. Er selbst vermerkte darin u. a. seine eigene Bischofsweihe (24. 4., fol. 1v), den Tod Erzbischof Taginos von Magdeburg (9. 6., fol. 3r) und den Geburtstag Kaiser Heinrichs II. (5. 5., fol. 2r). Insgesamt sind in dem Kalender über 700 Tote von

V. 40, fol 38r (Ausschnitt)

mehreren Händen eingetragen worden. Man hat hier zwei Hauptschichten feststellen wollen, eine erste um 1015/16, eine zweite, ergänzende Schicht, wenig später um 1017/18 eingetragen. Die erste Totenschicht soll den Bekanntenkreis Bischof Thietmars, die Ergänzungsschicht dagegen das ottonische Familiengedenken darstellen, welches vorher in Quedlinburg gepflegt und von Kaiser Heinrich II. nach Merseburg übertragen worden sei. Manches an dieser Hypothese ist fraglich; zumal für die Verlagerung der ottonischen Memoria von Quedlinburg nach Merseburg durch Kaiser Heinrich II. gibt es keinerlei Beweis. Bemerkenswert bleibt, wie sich in dem Totenkalender die Führungsschicht des ottonischen Reichs im 10. und frühen 11. Jahrhundert (aus sächsischer Sicht) widerspiegelt; hier zeigen sich die weitläufigen Beziehungen, über die Thietmar, der selber einer sächsischen Hochadelsfamilie angehörte, verfügt hat.

Das Sakramentar hat im 11. Jahrhundert in Merseburg eine Reihe von Nachträgen und Korrekturen erhalten. Auf fol. 8v notierte eine Hand, die auch an Thietmars Chronik (Kat.Nr. III.20) beteiligt war, Meßformeln zum Tag des hl. Romanus (9. 8.). Merseburger Korrekturen finden sich auf fol. 80v, 81r und 86r. Auf fol. 155v Meßformeln zu Christi Himmelfahrt von einer ungelenken Hand des 11. Jahrhunderts. Auf fol. 156r hat eine gute Hand etwa im zweiten Drittel des 11. Jahrhunderts ein paar Zeilen auf Rasur geschrieben. Umfangreiche Zusätze (fol.

9v–27v, 35r Zeile 10–15, fol. 203v letzte Zeile – fol. 205v, Recto eines Zettels zwischen fol. 217 und 218) werden einem Kalligraphen verdankt, der etwa im zweiten Drittel des 11. Jahrhunderts tätig gewesen ist und vermutlich aus einem nord- oder mitteldeutschen Skriptorium stammte.

Im übrigen scheint der Codex das Domstift Merseburg seit Thietmars Zeiten nicht verlassen zu haben.

Althoff/Wollasch, Totenbücher, bes. S. XX–XXVII. – Hoffmann, Buchkunst, S. 386. – Ausst.kat. Köln 1991, Nr. 28. – Ausst.kat. Hildesheim 1993, Bd. 2, Nr. IV-63 (Ulrich Kuder), Abb. S. 240.

H.H.

KAPITEL VI

Das ottonische Kaisertum in Europa

OBERITALIEN

Oberitalienische Kunst im 10. Jahrhundert

Anfang des 10. Jahrhunderts lebten unter Berengar I. († 924) in Oberitalien karolingische Traditionen fort. Berengar, Sohn des Markgrafen Eberhard von Friaul und seiner Gemahlin Gisela, Tochter Ludwigs des Frommen und Schwester Karls des Kahlen, wuchs an einem Hof auf, wo, wie das Testament des Vaters zeigt, Kunstwerke und Handschriften aller Art vorhanden waren. Die Schenkungen, die mit seinem Namen verbunden sind, wie das Berengarkreuz (Kat.Nr. *VI.9) und das Diptychon mit David und Gregor (Kat.Nr. VI.8), bezeugen das Interesse des Königs an Werken in Gold und Elfenbein, wenn auch einige von ihnen wohl aus dem väterlichen Erbe stammen. Der Einband des Codex Eusebianus (Kat.Nr. VI.10) ist durch eine Widmungsinschrift als Stiftung Berengars gesichert.

Für die Buchmalerei war die Lage in Oberitalien im 10. Jahrhundert weniger günstig. Zwar befanden sich dort ältere Handschriften, darunter Werke wie das Homiliar Gregors des Großen in Vercelli (Kat.Nr. VI.4), die um 980 auf der Reichenau in der Ruodprecht-Gruppe als Vorbilder dienten, aber das Fehlen älterer, traditionsreicher Skriptorien und die Überfälle der Ungarn und Sarazenen verzögerten die Wiederaufnahme der Produktion illuminierter Handschriften. Den Stand der Buchmalerei im letzten Viertel des 9. Jahrhunderts bezeugt der Psalter von Vercelli (Kat.Nr. VI.17), der kurz vor dem Ungarneinfall von 899 entstand. Seine farbigen Zeichnungen lassen den Einfluß karolingischer Werke des Bodenseegebietes aus der zweiten Hälfte des 9. Jahrhunderts erkennen. Nur das Kloster Bobbio, das von den Ungarn verschont blieb, konnte dank der kräftigen Impulse, die sein Skriptorium am Ende des 9. Jahrhunderts erfahren hatte, die Herstellung illuminierter Handschriften fortsetzen, wobei frankosächsische und Reimser Codices als Vorlagen benutzt wurden. Das Skriptorium von Bobbio wirkte bis zur Mitte des 10. Jahrhunderts, dann setzten die Zerstreuung der Besitzungen des Klosters und die Eingriffe der Bischöfe von Tortona der künstlerischen Tätigkeit ein Ende. Doch war die karolingische Tradition in der oberitalienischen Buchmalerei durch Bobbio gewahrt worden, so daß sie auf andere Zentren übergehen konnte.

Von der Mitte des 10. Jahrhunderts an belebte die enge Verbindung mit dem ottonischen Herrscherhaus die künstlerische Tätigkeit in Oberitalien. 951 hatte Otto I. das *Regnum Italiae* mit dem Reich vereinigt und sich mit der Witwe König Lothars, Adelheid, vermählt. In der Folgezeit sind häufige Aufenthalte Ottos und seines Sohnes in Italien bezeugt. Hier fanden die neuen Herrscher Werkstätten vor, die die wachsende Nachfrage nach Kunstwerken befriedigen konnten und auch eine Reihe wichtiger Kaiserbilder schufen. Ein monumentales Zeugnis für die Verbundenheit Oberitaliens mit den Herrscherhaus ist das Ciborium von S. Ambrogio in Mailand, das in seinen Reliefs Otto I. und Otto II. mit den Kaiserinnen Adelheid und Theophanu darstellt (Abb.; vgl. auch Beitrag Schieffer, Abb. 8 u. 9). Die Identifizierung der kaiserlichen Paare erlaubt die Datierung des Ciboriums zwischen 972 und 973, nach der Vermählung von Otto II. mit Theophanu (14. April 972) und vor dem Tod Ottos I. (7. Mai 973). Die Entstehung des Werkes steht wohl in Zusammenhang mit dem Aufenthalt der kaiserlichen Familie in der Lombardei, wo sie 968 und 971 in Pavia nachweisbar ist. Stilistisch ordnen sich die Stuckreliefs in die Mailänder Kunst der ottonischen Zeit ein.

Die Bedeutung Mailands als Herstellungsort von Kunstwerken für den kaiserlichen Hof dokumentiert sich anschaulich in einer Gruppe von Elfenbeinarbeiten, vor allem in den von Otto I. für den Magdeburger Dom bestimmten Elfenbeintafeln (Kat.Nr. V.35), zu denen auch ein Relief mit dem Bild des Kaisers als Stifter gehört (Kat.Nr. V.35 a). Eine Darstellung der Kaiserfamilie bietet das Elfenbein in Mailand, das Otto II. und Theophanu mit ihrem Sohn Otto III. zeigt (Kat.Nr. III.15). Die Mailänder Herkunft der Elfenbeinschnitzereien bezeugt die für einen Otto *augustus* und *cesar*, der wohl mit Otto II. oder Otto III. zu identifizieren ist, geschaffene Basilewsky-Situla (Kat.Nr. VI.12), da ein karolingisches Diptychon mit Passionsszenen aus dem Mailänder Dom (Kat.Nr. VI.11) als Vorbild benutzt wurde. Auch sonst läßt die Ikonographie der Gruppe die Beziehungen zu karolingischen Werken erkennen.

In einigen anderen Elfenbeinen wird die Beziehung zu Byzanz erkennbar. Sie sind mit der Person des Johannes Philagathos verbunden, dessen Stellung als italienischer Kanzler Ottos II. wie auch als Abt von Nonantola und Bischof von Piacenza die Entstehung von Werken wie der Elfenbeintafel mit Otto II. und Theophanu in Paris (Kat.Nr. III.17) in

Mailand, S. Ambrogio, Ciborium

Italien, vielleicht auch in Oberitalien, annehmen läßt.

Neben den Elfenbeinwerkstätten läßt sich im dritten Viertel des 10. Jahrhunderts in der Lombardei eine bedeutende Goldschmiedewerkstatt nachweisen, in der auch Monumentalbildwerke, wie der Kruzifix der Äbtissin Raingarda in Pavia, entstanden. Dieser steht am Beginn einer Reihe von Großkruzifixen, zu der etwa der Kruzifix von Vercelli (erstes Viertel 11. Jahrhundert) und der Kruzifix von Casale Monferrato (zweite Hälfte 12. Jahrhundert) gehören.

Im späten 10. Jahrhundert tritt die Rolle der italienischen Zentren unter den für die Ottonen tätigen Werkstätten zurück, wenngleich der Ruhm der italienischen Künstler noch durch jenen *Johannes nomine, natione et lingua italus* („mit Namen Johannes, von Geburt und Sprache Italier") bezeugt wird, den Otto III. nach Aachen berief.

Für die Kunst in Mailand sind Werke der Buchmalerei zu nennen, vor allem die ambrosianischen Psalter-Handschriften, deren Datierung zwar umstritten ist, die aber in dem schöpferischen Klima, das die lombardische Hauptstadt in diesen Jahrzehnten bestimmte, ihren besten Platz finden. Der Psalter in München (Kat.Nr. VI.19) zeigt in farbigen Zeichnungen die endgültige Durchsetzung eines linearen Stils, in dem sich byzantinischer Einfluß erkennen läßt und der sich in der Folgezeit in Oberitalien auch in Zentren wie Ivrea, Novara, Novalesa und Monza ausbreitete. Auf dieser Grundlage entwickelte sich um 1000 in der Mailänder Buchmalerei unter dem Einfluß ottonischer Vorbilder eine Ornamentik, die in dem Schmuck des sog. Sakramentars Erzbischof Ariberts II. (Kat.Nr. VI.20) eines ihrer bedeutendsten Werke hervorbrachte.

Die lombardische Buchmalerei wirkte in ottonischer Zeit auch außerhalb Italiens, wie sich in Fleury (St-Benoît-sur-Loire) zeigt, wo ein Mailänder Künstler, der mit dem in der 'Vita Gauzlini' erwähnten Nivardus identifiziert worden ist, tätig war. Zu den Werken, die er am Anfang des 11. Jahrhunderts schuf, gehören ein für den kapetingischen König Robert den Frommen bestimmtes Evangelistar der ehem. Sammlung Gagnières und das Sakramentar von Beauvais (Kat.Nr. VI.41), das Verbindungen mit der ottonischen Reichenauer Schule erkennen läßt. Im weiteren Verlauf des 11. Jahrhunderts verstärkten sich die Einflüsse aus dem Osten, denen Oberitalien stets offen stand, und es beginnt die neue romanische Kunst.

Boeckler, Miniaturen, S. 65–67. – Nordenfalk, Milanese Artist. – Peroni, Crocifisso della badessa Raingarda. – Peroni, Plastica nel S. Ambrogio. – Little, Magdeburg Ivories. – Peroni, L'oreficeria ottoniana. – Little, Avori Milanesi. – Nordenfalk, Milano. – Peroni, Magdeburgo e Milano. – Bertelli, Situazione dell'arte. – Fillitz, Europäische Wurzeln.

F.C.

VI. 1
Odilo von Cluny, Epitaphium Adalheidae

Südwestdeutschland (?), erste Hälfte 11. Jahrhundert
Pergament, 61 Blätter. – H. 18,3 cm, B. 11,7 cm.
Wien, Österreichische Nationalbibliothek, Cod. 622

Der Codex, der mit zwei guten Initialen ausgestattet ist (fol. 3v [Abb.], 26v), enthält das 'Epitaphium

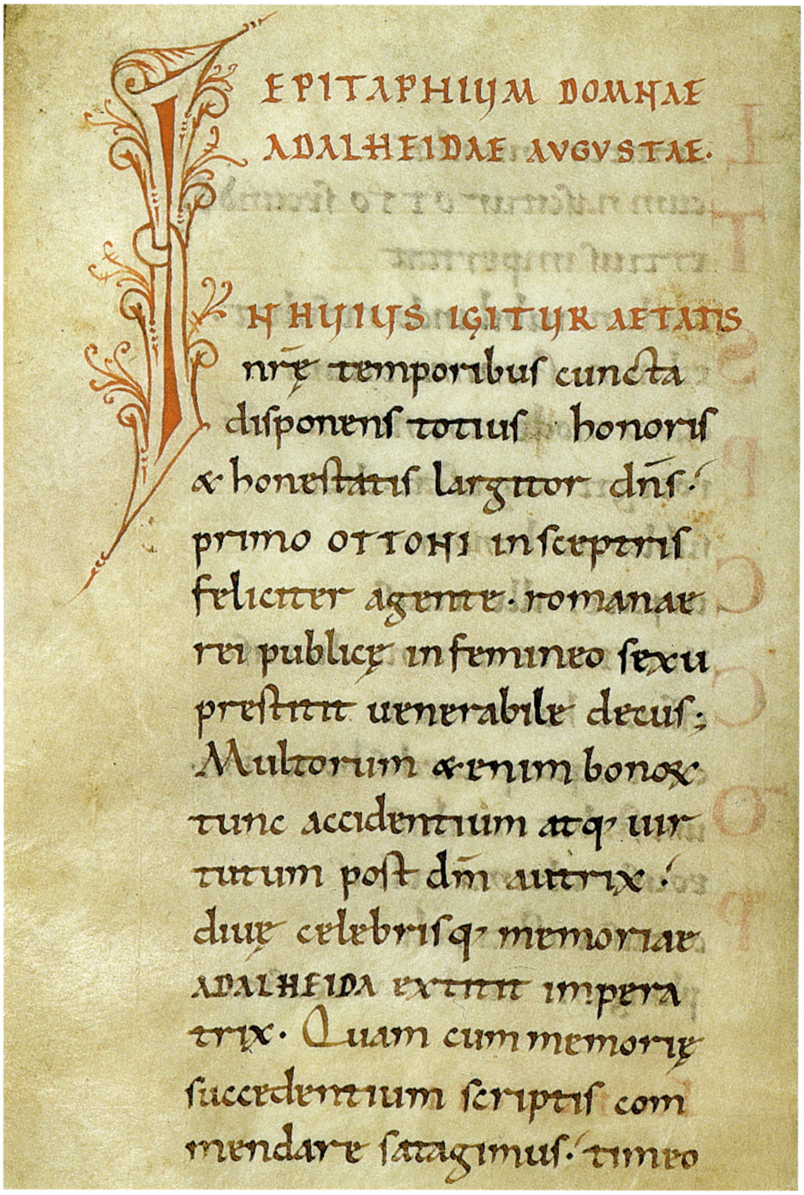

VI. 1, fol. 3v

Ottonis', ein Gedicht auf Otto den Großen (fol. 1v–3r), das 'Epitaphium Adalheidae' (fol. 3v–26r) und eine 'Vita Mariae Aegyptiacae' (fol. 26v–61v). Er wurde von einer tüchtigen Hand in der ersten Hälfte des 11. Jahrhunderts geschrieben, anscheinend in Südwestdeutschland, und bietet für die zwei Epitaphien die älteste Überlieferung. Der Codex gehört zu einer Gruppe von Handschriften, in denen die beiden Stücke vereinigt sind, das Epitaphium auf die Kaiserin Adelheid jedoch ohne den Widmungsbrief an Abt Andreas von San Salvatore bei Pavia und ohne die (späteren) 'Miracula'. Georg Heinrich Pertz hat behauptet, dieser Zweig der Überlieferung habe von Kloster Peterlingen (in der Schweiz) seinen Ausgang genommen, doch gibt es dafür keinerlei Anhaltspunkt.

Abt Odilo von Cluny hat die Kaiserin Adelheid in ihren letzten Lebensjahren ein- oder zweimal getroffen; auch will er von ihr „viele Worte des Heils gehört und sehr viele Geschenke empfangen" haben. Vermutlich ist Adelheid niemals nach Cluny gekommen, doch war sie den Cluniazensern sehr gewogen, denn sie gründete mit deren Hilfe die drei Klöster Peterlingen, San Salvatore bei Pavia und Selz (im Elsaß). Nach dem Tod der Kaiserin am 16. Dezember 999 und wahrscheinlich auch erst nach dem Tod Kaiser Ottos III. am 23./24. Januar 1002 schrieb Odilo sein 'Epitaphium Adalheidae' (die Nichterwähnung Kaiser Heinrichs II. ist für die Datierung des Werks belanglos).

Der hl. Hieronymus hatte die Gedächtnisschriften, die er befreundeten Verstorbenen gewidmet hatte, *epitaphium* genannt (eigentlich bedeutet das Wort soviel wie Rede oder Inschrift am Grab). Daran knüpfte Odilo an. Adelheid war in seiner Darstellung ein leuchtendes Vorbild sowohl durch ihr Handeln im öffentlichen Raum als auch durch ihr Verhalten im häuslichen Bereich; künftige Kaiserinnen und Königinnen sollten sich dieses zum Vorbild nehmen. Odilo schrieb im Stil der Hagiographie über Adelheid, obwohl diese noch nicht zur Ehre der Altäre erhoben worden war (das geschah erst am Ende des 11. Jahrhunderts). Von ihrem Leben scheint Odilo nicht viel gewußt zu haben; er verbrämt den Mangel, indem er um so ausführlicher ihre christlichen Tugenden preist. Ihre Ehen mit dem italienischen König Lothar und dann mit Otto dem Großen werden, was die Fakten betrifft, ziemlich kurz abgehandelt; auf den kundigen Leser von heute wirkt es fast schon komisch, daß sie Otto zum Kaiser in Rom gemacht haben soll (*Ottonem* [...] *Rome prefecit cesarem*). Die Zwistigkeiten, in die sie mit ihrem Sohn Otto II. und ihrer Schwiegertochter Theophanu verwickelt war, ertrug sie demütig und geduldig. Mehr Raum gönnt Odilo den drei Klostergründungen der Adelheid und ihrer Reise nach Burgund kurz vor ihrem Tod. Hier hat sie zwischen ihrem Neffen, dem burgundischen König Rudolf III., und seinen Großen vermittelt. Außerdem pilgerte sie zu bevorzugten Kirchen und beschenkte diese. Alles in allem ergibt sich das Bild einer fast heiligen Frau, die als Herrscherin besondere Verehrung genoß.

Der Wiener Codex war im 14. Jahrhundert im Besitz des Dominikanerklosters zu Freiburg im Breisgau und wurde damals an Heinrich von Ligerz, den Bibliothekar von Kloster Einsiedeln, ausgeliehen (Vermerk auf dem hinteren Innendeckel). Seit 1576 läßt er sich in der Wiener Hofbibliothek nachweisen; wie er dorthin gekommen ist, ist nicht bekannt.

Epitaphium Ottonis, S. 281–283 u. 680. – Lebensbeschreibung der Kaiserin Adelheid.

Tabulae codicum, S. 108. – Kunze, Maria Aegyptiaca, S. 38. – Corbet, Saints ottoniens, S. 59–64 u. 81–110. – Berschin, Biographie, S. 177–183.

H.H.

VI. 2
Theologische Sammelhandschrift mit dem Indiculus loricatorum

Italien, 10. Jahrhundert
Pergament, 129 Blätter. – H. 28,7 cm, B. 20 cm.
Bamberg, Staatsbibliothek, Msc. Patr. 107

Der Codex enthält in der Hauptsache theologische Schriften der Spätantike und des frühen Mittelalters (Augustin, Julian von Toledo, Justus von Urgel, Alkuin). Er wurde im 10. Jahrhundert in Italien (genauer wahrscheinlich in Mittelitalien) geschrieben. Um 980 war er im Besitz eines Mannes, der entweder zum deutschen Kaiserhof gehörte oder mindestens zu diesem in Beziehung stand. Später gelangte er in die Bibliothek des Bamberger Doms, wohl als Geschenk Kaiser Heinrichs II. oder durch dessen Vermittlung, und kam zu Beginn des 19. Jahrhunderts in die heutige Staatsbibliothek.

In den Jahren 980 bis 983 trug eine vermutlich italienische Hand auf dem ursprünglich freigebliebenen fol. 1r ein Verzeichnis von Panzerreitern (*loricati*) ein, die auf Befehl Kaiser Ottos II. an einem Feldzug in Italien teilnehmen sollten (Abb.). Die Liste ist eine singuläre und daher äußerst wertvolle historische Quelle. Wir können ihr zuverlässige, sonst kaum verfügbare Zahlen und exakte Angaben über die Zusammensetzung eines deutschen Heers entnehmen, das über die Alpen ziehen sollte. Der z.T. schwer lesbare Text beginnt mit den Worten: *Herke(m)baldus ep(iscopu)s C loricatos m(ittat). Abbas de Morebach secu(m) ducat XX. Ep(iscopu)s Balzzo m(ittat) XX* ... („Bischof Herkembald [Erchanbald von Straßburg] soll 100 Gepanzerte schicken. Der Abt von Murbach [im Elsaß] soll 20 mit sich führen. Bischof Balzo [Balderich von Speyer] soll 20 schicken ..."). Insgesamt werden 19 Bischöfe, zwölf Äbte und etwa 20 weltliche Große genannt, die ca. 2100 Panzerreiter stellen sollen. Nicht vertreten sind darunter die Sachsen, entweder weil sie schon im Vorjahr mit dem Kaiser nach Italien gezogen waren (s.u.) oder weil sie zur Grenzverteidigung gegen die Slawen und Dänen in der Heimat bleiben sollten.

Die Interpretation des Dokuments hängt wesentlich von der Datierung ab. Es gibt dafür drei Vorschläge: 980, 981 und 983. Das letzte Jahr ist am schlechtesten begründet, 981 am wahrscheinlichsten (gegen 980 spricht vor allem, daß Bischof Dietrich von Metz, der in diesem Jahr den Kaiser nach

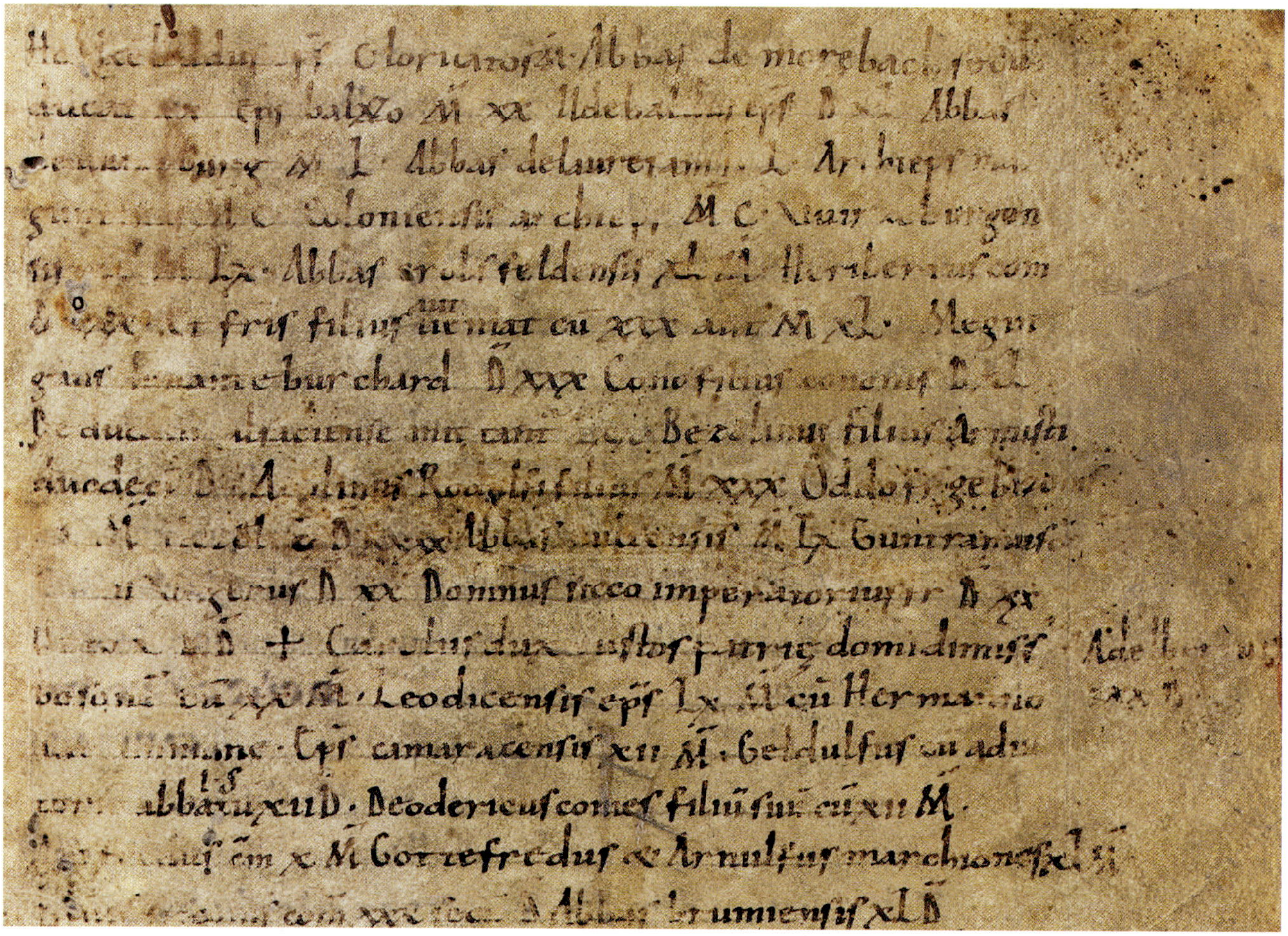

VI. 2, fol. 1r (Ausschnitt)

Italien begleitet hat, in der Liste fehlt). Wenn der Ansatz zu 981 zutrifft, handelt es sich um Verstärkungen, die der bereits mit einem Heer in Italien weilende Kaiser aus dem Reich nördlich der Alpen angefordert hat. Sollte dagegen die Liste bereits 980 aufgezeichnet worden sein, so hätten wir es mit dem ursprünglichen Aufgebot zu dieser Heerfahrt zu tun. Von den 2100 Panzerreitern des Verzeichnisses entfallen drei Viertel auf die geistlichen Fürsten, nur ein Viertel sollten die weltlichen Großen stellen. Auch wenn dieses Zahlenverhältnis nicht typisch gewesen sein sollte, macht die Liste deutlich, daß der Beitrag der Kirchenfürsten zum kaiserlichen Heer in der ottonischen Zeit sehr bedeutend war. Fraglich ist, ob die absoluten Zahlen, die hier für die kirchlichen Kontingente genannt werden, eine im hohen Mittelalter gültige, allgemeine Norm darstellten. Das anzunehmen wird schwierig, wenn man den Ansatz zu 981 favorisiert, denn dann müßte Otto II. 980 im wesentlichen ohne kirchliche Kontingente (die nach dieser Rechnung ja erst 981 aufgeboten wurden) nach Italien gezogen sein – was eher unwahrscheinlich ist.

Waitz, Verfassungsgeschichte, S. 133–139. – Handschriften Bamberg, Bd. 1,1, S. 492–494. – Uhlirz, Jahrbücher, Bd. 1, S. 247–253. – Uhlirz, Fürstentag, bes. S. 283 f. – Auer, Kriegsdienst, bes. S. 371–382. – Werner, Heeresorganisation, Nr. III. – Zielinski, Reichsepiskopat, S. 12–16. – Hoffmann, Bamberger Handschriften, S. 161 f.

H.H.

VI. 3
Münzen des Regnum Italiae

Berengar II. und Adalbert als Könige von Italien (951–962)

a) Verona, Berengar II. (951–962)

a

b

c

d

e

f

g

h

VI. 3 a–h

Vs.: Kreuz. BERENGARIVS REX („Berengar König"). – *Rs.:* Kleines Kreuz. Äußere Umschrift VE/RO/NA.
Silber. – Gew. 1,43 g, Dm. 21,1 mm.

Berlin, Münzkabinett SMPK, Inv. 1842 Rühle

Corpus Nummorum Italicorum, Bd. VI, Taf. XXIII.9.

b) Pavia, Berengar II. und sein Sohn Adalbert (951–962)

Vs.: +BERENGARIVS, im Mittelfeld REX. – *Rs.:* Zweizeilig PA/PIA. Äußere Umschrift ALBERTVS REX („Adalbert König").
Silber. – Gew. 1,53 g, Dm. 19,4 mm.

Berlin, Münzkabinett SMPK, Inv. 1881/512 (aus Fund Paretz)

Corpus Nummorum Italicorum, Bd. IV, Taf. XL.7.

Otto I. als Kaiser (962–973)

c) Mailand, Denar (Pfennig), 962–973

Vs.: Im Feld die Buchstaben O-T-T-O ins Kreuz gestellt. Äußere Umschrift +INPERATOR. – *Rs.:* Vierzeilige Inschrift. AVG/+ME/IOLA/NIV (Vs. u. Rs.: Otto imperator augustus. Mediolanum [Mailand]).
Silber. – Gew. 1,42 g, Dm. 19,5 mm.

Berlin, Münzkabinett SMPK, Inv. 1879 Grote (ID 1237)

Corpus Nummorum Italicorum, Bd. V, Taf. II.15.

d) Pavia, Denar (Pfennig), 962–973

Vs.: Im Feld der Name OTTO. Äußere Umschrift IMPERATOR. – *Rs.:* Im Feld zweizeiliger Stadtname PA/PIA. Äußere Umschrift AVGVSTVS.
Silber. – Gew. 1,23 g, Dm. 17,8 mm.

Berlin, Münzkabinett SMPK, Inv. 1976/59 (ID 1239)

Corpus Nummorum Italicorum, Bd. IV, Taf. XL.8.

e) Verona, Denar (Pfennig), 962–973

Vs.: Kleines Kreuz. OTTO IMPERATOR. – *Rs.:* Kleines Kreuz. VE/RO/NA.
Silber. – Gew. 0,89 g, Dm. 20,6 mm.

Berlin, Münzkabinett SMPK, o. Inv.Nr. (ID 1242)

Corpus Nummorum Italicorum, Bd. VI, Taf. XXIII.10.

Kaiser Otto I. und Otto II. als Mitkönig/Mitkaiser (962–973)

f) Pavia, Denar (Pfennig), 967–973

Vs.: Im Feld der Name OTTO. Äußere Umschrift INPERATOR (Otto imperator = Otto I.). – *Rs.:* Zweizeiliger Stadtname PA/PIA. Äußere Umschrift OTTO PIVS REX („Otto frommer König" = Otto II.).
Silber. – Gew. 1,22 g, Dm. 17,8 mm.

Berlin, Münzkabinett SMPK, o. Inv.Nr. (ID 1244)

Corpus Nummorum Italicorum, Bd. IV, Taf. XL.9.

g) Lucca, Denar (Pfennig), 962–967

Vs.: Im Feld der Name OTTO. Äußere Umschrift INPERATOR. – *Rs.:* Zweizeiliger Stadtname LV/CA. Äußere Umschrift OTTO PIVS REX.
Silber. – Gew. 0,97 g, Dm. 16,4 mm.

Berlin, Münzkabinett SMPK, Inv. 1862 Friedländer (ID 1245)

Corpus Nummorum Italicorum, Bd. XI, Taf. IV.25.

h) Mailand, Denar (Pfennig), 967–973

Vs.: Im Feld der Name OTTO. Äußere Umschrift +OTTO ET ITEM. – *Rs.:* Vier Zeilen Schrift. DIO/+IMPE/–/LEIME/LAN (Otto et item imperatores/Mediolanum [Mailand]).
Silber. – Gew. 1,55 g, Dm. 20,9 mm.

Berlin, Münzkabinett SMPK, Inv. 1881/418 (ID 1243)

Corpus Nummorum Italicorum, Bd. V, Taf. II.16.

Die Einbindung des *Regnum Italiae* in das Reich Ottos des Großen läßt sich an den Münzen ablesen. Nicht die Erringung der italischen Königswürde 951, sondern erst die Kaiserkrönung von 962 ist zur Etablierung einer neuen Währung mit Namen Ottos genutzt worden. Zwischen 951 und 962 war die Übertragung des italischen Königtums an Berengar und seinen Sohn Adalbert mit deren Münzrecht verbunden (a u. b), ein Indiz für eine „vollgültige" Königsherrschaft der beiden. Die vier Jahre des zweiten Italienzuges machten eine eigene Münzprägung Ottos als politische Deklaration für das Ende der Königsherrschaft Berengars und Adalberts ebenso erforderlich wie die administrativen Aufgaben und militärischen Unternehmungen im Lande. Im Äußeren wurde die Art der bisherigen italienischen Denare beibehalten. Die überlieferten Münzen zeigen uns, daß neben der Hauptstadt Pavia auch Mailand, Lucca und Verona als Münzorte für Otto tätig waren. Eine Besonderheit der reichsitalischen Münzprägung Ottos I. ist die Berücksichtigung des Mitkönig- und Mitkaisertums Ottos II. (e–g). Hierin dürften sich byzantinische Einflüsse widerspiegeln. Die Nennung der Mitkaiser gehört zu den festen Gepflogenheiten auf den Münzen der byzantinischen Imperatoren (vgl. Kat.Nr. VI.44–45).

Corpus Nummorum Italicorum, Bd. IV, V, VI u. IX.

B.K.

VI. 4
Homiliar von Vercelli

(Süd-?)Italien, erstes Viertel 9. Jahrhundert
Pergament, II + 270 (268) + II' Blätter.
Deckfarbenmalerei mit Gold und Silber.
H. 28,2 cm, B. 22 cm.
Vercelli, Archivio e Biblioteca Capitolare, Cod. CXLVIII (8)

Die am Ende unvollständige Handschrift enthält die Homilien Gregors des Großen zu den Evangelien. Der Text ist von einer Hand in zwei Kolumnen in vorkarolingischer Minuskel geschrieben, Incipit und Explicit in goldener Unziale. Ausgestattet ist sie mit einem Widmungsbild und einer Darstellung Gregors des Großen sowie reichem Initialschmuck.

VI. 4, fol. 7v

Das doppelseitige Widmungsbild (fol. 7v–8r; Abb.) zeigt in mit Flechtwerk verzierten Rahmen auf Purpurgrund links den Diakon Davidpertus, der, geführt vom hl. Petrus, dem rechts thronenden Christus die Handschrift darbringt. Christus ist frontal dargestellt und hält in der linken Hand einen Rotulus, die Rechte ist segnend erhoben. Im Kreuznimbus erscheint die Inschrift LUX, zu seiten des Kopfes die Worte REX REGUM. Das Autorenbild zeigt den hl. Gregor unter einer mit Flechtwerk verzierten Arkade (fol. 9v). Im Text bezeichnen 82 mit Flechtwerk und Tierformen ausgestattete Initialen die Anfänge der einzelnen Perikopen und Homilien; unter ihnen befinden sich zwei figürliche, die den auf einem Löwen stehenden Christus (fol. 72r) und das Agnus Dei (fol. 185r) darstellen. Als Farben sind Orange, Grün, Rosa, Braun, zweimal auch Purpur verwendet worden.

Aufgrund der Schrift ist das Homiliar dem Skriptorium des Klosters Nonantola zugeschrieben worden, wobei auf einige Handschriften der zweiten Hälfte des 8. Jahrhunderts verwiesen wurde, die sich in der Bibliothek des Klosters befanden. Deren Entstehung in Nonantola wurde lange für

VI. 4, fol. 8r

sicher gehalten und erst in neueren Untersuchungen in Frage gestellt (Palma). Aufgrund von textlichen und paläographischen Indizien wurden sie vielmehr nach Süditalien lokalisiert. Da die Ornamentik und die Initialen des ihnen zugeordneten Homiliars auch keine Entsprechungen in Handschriften finden, die sicher in Nonantola entstanden sind, ist seine Entstehung in einem anderen Skriptorium Italiens zu suchen, aber wohl auch in Süditalien.

Das Homiliar ist im Inventar der Dombibliothek von Vercelli von 1426 verzeichnet. Seine ältere Geschichte ist unbekannt, sie weist nach Oberitalien, wo sich die Handschrift im 11. Jahrhundert befunden hat, wie die Schrift einiger Nachträge zeigt. Daß Werke dieser Art in Oberitalien vorhanden waren, wird schon um 980 dadurch erwiesen, daß die Reichenauer Ruodprecht-Gruppe eine entsprechende Handschrift zu ihren Vorlagen zählte, wie das Widmungsbild des Poussay-Evangelistars (Paris, Bibliothèque nationale, lat. 10514, fol. 3v–4r) und die Miniaturen des Wormser Missalefragments (Paris, Bibliothèque de l'Arsenal, ms. 610, fol. 25v, 55v) zeigen. Die engen Verbindungen der Reichenau mit Italien, die durch ihre zahlreichen Besitzungen bezeugt werden, kommen in der Ruodprecht-Gruppe besonders deutlich zum Ausdruck.

Micheli, L'enluminure, S. 105 u. 106 Anm. 1. – Ausst.kat. Rom 1953, S. 35f. Nr. 49 (Giovanni Muzzioli). – Gabrielli, Miniature. – Boeckler, Ottonische Kunst, S. 333. – de Francovich, S. Giovanni a Müstair, S. 40f. u. 47. – Belting, Codex 73, S. 206. – Bloch, Dedikationsbild, S. 482 u. 486. – Bologna, Pittura italiana, S. 28f. – Ausst.kat. Aachen 1965, Nr. 462 (Dietrich Kötzsche). – Bischoff, Handschriftenüberlieferung, S. 33. – Belting, Kunstgeschichte Italiens, S. 129–132. – Viale, Duomo di Vercelli, S. 17 u. 22 Nr. 5. – Braunfels, Karolinger, S. 92f., 370 Taf. XL u. 378f. Taf. 129–130. – Wettstein, Fresque romane, S. 26, 29f., 33–36 u. 52. – de' Maffei, Roma, S. 259–263, 267–269, 271, 274–275, 283 Anm. 18 u. S. 284 Anm. 47. – Mütherich, Malerei der Ottonenzeit, S. 125. – Morelli/Palma, Produzione libraria, S. 28 Anm. 13. – Bertelli, Traccia, S. 72–74. – Bischoff, Manoscritti Nonantolani, S. 120–124. – Palma, „Tipo di Nonantola", S. 147 Anm. 23. – von Euw, Gero-Codex, S. 214. – Etaix, Répertoire, S. 125, 136, 137 u. 144 Anm. 38. – Ausst.kat. Brescia 2000, S. 160f. Nr. 230 (Valentina Longo).

F.C.

VI. 5
Elfenbeintafel mit dem heiligen Gregor

Oberitalien (Trient?), erste Hälfte 9. Jahrhundert
Elfenbein, in Holzrahmen, verkleidet mit jüngeren Platten aus vergoldetem Kupfer. – H. 23 cm, B. 10 cm.
Trient, Castello del Buonconsiglio, Monumenti e collezioni provinciali, Inv.Nr. Museo nazionale 1590

Der Heilige sitzt frontal, in der rechten Hand hält er die Schreibfeder, mit der linken stützt er das geöffnete Buch auf das linke Bein. Der Innenraum ist durch die Säule, den gebrochenen Architrav und die Vorhänge angegeben. Die Brechung des Giebels ist als Umsetzung aus der illusionistischen, spätantiken Raumdarstellung, wie sie noch auf dem Diptychon von Muse und Dichter (Monza, Domschatz, vgl. Volbach, Nr. 68) erkennbar ist, zu verstehen. Die Umsetzung in das Flächige ist für die Tendenzen des 9. und 10. Jahrhunderts in Oberitalien charakteristisch (vgl. Kat.Nr. VI.6).

Auf dem Rückdeckel der Handschrift ist noch die originale Metallrahmung mit einer Niello-Inschrift erhalten; die Elfenbeinplatte, deren Platz im Holzdeckel erkennbar ist, ist verloren. Die Handschrift ist ein 'Sacramentarium Gregorianum' und ein 'Martyrologium'. Bernhard Bischoff lokalisiert sie nach Trient und datiert sie in das erste bis zweite Viertel des 9. Jahrhunderts (Bischoff, S. 183); Franz Unterkirchner beansprucht die Handschrift für Säben (Unterkircher, S. 54f.). Wie schon die Architektur verweist, setzt das Relief ein Vorbild wohl des 6. Jahrhunderts voraus, dem es, vor allem was die Figur betrifft, in hohem Grade nachkommt (vgl. Kat.Nr. VI.8). So wäre auch die Möglichkeit gegeben, daß das Vorbild für den hl. Gregor, der in einer für ihn nicht üblichen Weise dargestellt ist, eine andere Person, etwa einen Evangelisten, wiedergab.

Der Codex befand sich vor 1919 in Wien, Kaiserliche Hofbibliothek, unter der Signatur Cod. 700.

Goldschmidt, Elfenbeinskulpturen, Bd. 1, Nr. 21. – Fillitz, Relief, S. 50. – Ausst.kat. Aachen 1965, Nr. 539 (Dietrich Kötzsche). – Volbach, Elfenbeinarbeiten, Nr. 225. – Fillitz, Milano, S. 258f. – Ausst.kat. Brescia 2000, Nr. 368 (Carlo Bertelli). – Zur Handschrift: Unterkircher, Sakramentar, S. 54ff. – Bischoff, Schreibschulen, Tl. 2, S. 183.

H.F.

VI. 6
Elfenbeintafeln mit den vier Evangelisten

Oberitalien, 9. Jahrhundert
Elfenbein. – Matthäus: H. 13,4 cm, B. 9 cm; Markus: H. 13,3 cm, B. 9 cm; Lukas: H. 13,4 cm, B. 9,2 cm; Johannes: H. 13,4 cm, B. 9,3 cm.
Lyon, Musée des Beaux Arts, Palais Saint-Pierre, Inv.Nr. D 314-1-4

Dargestellt sind die vier Evangelisten in variierter Pose beim Schreiben des Evangeliums. Die jeweiligen Anfangssätze sind in die geöffneten Bücher eingraviert. Über die obere Begrenzungsleiste der Rahmung, in die der Name des Evangelisten eingefügt ist, ist sein Symbol eingesetzt, freilich mit der Gesamtkomposition kaum zu einer Einheit gebracht.

Für die vier Darstellungen wurden zwei spätantike Diptychontafeln verwendet, und zwar so, daß Matthäus und Markus übereinander auf einer Tafel angeordnet waren, ebenso Lukas und Johannes auf der anderen. Adolph Goldschmidt zeigt die Rekonstruktion dieser Anordnung (Goldschmidt, Taf. LXXX). Es gibt allerdings keine Anhaltspunkte, wann die Tafeln auseinandergesägt wurden.

Die beiden Tafeln wurden von zwei verschiedenen Schnitzern geschaffen, die sich stilistisch unterscheiden: Während der des Matthäus und Markus mit einer gewissen Körperlichkeit und verhältnis-

VI. 5

mäßig weichen Übergängen in der Gewandung auf Eigenheiten eines antiken Vorbilds antwortet, folgt der Schnitzer der beiden anderen Bildfelder konsequenter der Linearität und Zweischichtigkeit, die für den „langobardischen" Stil charakteristisch sind. Für die kompositionsgleichen Matthäus und Markus ist ein Vorbild in der Art des Engels auf der Elfenbeinplatte mit den Frauen am Grabe vorauszusetzen (Mailand, Castello Sforzesco; Volbach, Elfenbeinarbeiten, Nr. 111, Taf. 60). Bei allen vier Darstellungen sind die rahmende Architektur und die Möbel ins Lineare und Ornamentale umgesetzt. Am deutlichsten ist noch bei Lukas der gebrochene Architrav als Veränderung einer spätantiken, illusionistischen Raumdarstellung zu erkennen (vgl. auch Kat.Nr. VI.5). Gegenüber Vorschlägen zu einer Datierung der vier Platten in das 10. Jahrhundert scheint eine in das 9. Jahrhundert (erste Hälfte?) er-

VI. 6 a–d

VI. 7

wägenswert. Aus dieser Zeit ist eine kleine Zahl von Objekten erhalten, für die der Rückgriff auf Vorbilder des 5. und 6. Jahrhunderts charakteristisch ist.

Goldschmidt, Elfenbeinskulpturen, Bd. 1, Nr. 170–173. – Fillitz, Relief, S. 49–56. – Fillitz, Milano, S. 264. – Ausst.kat. Köln 1995/96, Nr. 267 (Roland Krischel).

H.F.

VI. 7
Die Fußwaschung und die Kreuzigung Christi

Oberitalien, erste Hälfte 10. Jahrhundert (?)
Elfenbein. – H. 22,5 cm, B. 9,5 cm.
Bonn, Rheinisches Landesmuseum, Inv.Nr. A 809

Aufgrund der Vertiefung in der Rückseite ist die Tafel als wiederverwendeter Teil eines spätantiken Diptychons bestimmbar, da derartige Ausnehmungen zur Aufnahme einer Wachsschicht für Schreibzwecke dienten.

In der oberen Hälfte der Tafel ist die Fußwaschung des hl. Petrus durch den links stehenden Christus gezeigt, er hat die rechte Hand sprechend erhoben; Petrus, auf einer Art Thron sitzend, breitet die Arme weit aus. Er setzt den rechten Fuß in das in der Mitte stehende Becken, das mit einem Pfeifenornament geschmückt ist. Hinter der Szene aufgereiht sind neun Apostel, die heftig zu diskutieren scheinen. Der untere Teil zeigt die Kreuzigung Christi. Christus trägt eine lange Tunika. Das Kreuz flankieren Maria und Johannes Ev., zwischen ihnen und dem Kreuz befindet sich – erheblich kleiner – Longinus, der mit der Lanze die Seite Christi durchsticht, und Stephaton, der den Schwamm zum Mund Christi führt; über dem Querbalken sind zwei Medaillons mit Personifikationen von Luna und Sol, umgekehrt angeordnet als sonst üblich. Auffallend ist außerdem, daß beide gleichgerichtet sind, d. h., daß Sol sich vom Kreuz abwendet. Am unteren Ende des Kreuzschaftes ist das Gewand Christi wiedergegeben.

Die beiden Darstellungen lassen eine zweite Platte, mit Szenen der Auferstehung Christi – vielleicht die Frauen am Grabe – und die Himmelfahrt Christi erwarten.

Mit der Darstellung der Fußwaschung ist dieselbe Szene der Elfenbeintafel des Reliquienkastens Heinrichs I. im Schatz der Stiftskirche Quedlinburg zu vergleichen (vgl. Beitrag Effenberger, Abb. 4). Beide gehen auf ein Vorbild in der Art des Plattenpaares im Mailänder Domschatz zurück, wo die Szene seitenverkehrt wiederzufinden ist (Kat.Nr. VI.11). Damit ergibt sich die Berechtigung, die vorliegende Tafel ebenso wie die Gruppe auf dem Quedlinburger Reliquienkasten nach Oberitalien zu lokalisieren. Wenn Goldschmidt auch Vergleichsmomente zu dem Buchdeckel des lat. 9454 der Pariser Bibliothèque nationale sieht, dann liefert das ein

VI. 8

Argument mehr für die Herkunft der Tafel aus Oberitalien (Goldschmidt, Nr. 38).

Goldschmidt, Elfenbeinskulpturen, Bd. 1, Nr. 37. – Ausst.kat. Aachen 1965, Nr. 545 (Dietrich Kötzsche). – Ausst.kat. Augsburg 1973, Nr. 61 (Hermann Fillitz). – Fillitz, Milano, S. 270. – Ausst.kat. Brescia 2000, Nr. 366 (Carlo Bertelli). – Zur Handschrift Paris, lat. 9454: Fillitz, Buchmalerei in Einsiedeln, S. 58f. – Zum Heinrichskasten: Ausst.kat. Berlin 1992/93, Nr. 9.

H.F.

VI. 8
Konsular-Diptychon mit David und Gregor

Weströmisch, Anfang 6. Jahrhundert;
in der ersten Hälfte des 9. Jahrhunderts in Oberitalien (Mailand?) umgeschnitzt in König David und den hl. Gregor
Elfenbein.
H. 34,5 cm, B. 11 cm.
Monza, Museo del Duomo, Inv.Nr. 88

Die beiden schlanken, rechteckigen Platten zeigen den Konsul einmal sitzend auf der *Sella curulis*, dem Amtsstuhl, einmal stehend; in der rechten Hand hält er die *mappa*, das Tuch, mit dem der Konsul die Zirkusspiele eröffnete. Bekleidet ist er auf beiden Tafeln mit der *Tunica* und der *Toga picta*. Die Szene ist beide Male von zwei flankierenden Säulen und einem bekrönenden Bogenfeld, in das eine Muschel eingesetzt ist, umfangen. Diptychen mit vergleichbaren Darstellungen aus dem 6. Jahrhundert sind mehrfach erhalten. Derartige Tafelpaare aus Elfenbein wurden zur Amtseinführung des Konsuls hergestellt.

Um 900 wurden die beiden Reliefs umgearbeitet: Die Frisur des stehenden Konsuls wurde zu einer Kleriker-Tonsur, aus dem Amtsstab des Konsuls ein Kreuzstab; bei dem sitzenden Konsul wurde die Bekrönung seines Szepters in eine neutrale Form gebracht; in das Gebälk, das auf Säulen ruht, wurden die neuen Namen eingefügt: DAVID REX und S(an)C(tu)S GREGOR. Außerdem ist in die Fläche hinter dem hl. Gregor der Beginn des Graduale-Textes eingraviert: + GREGORIVS P(re)SVL MERITIS IN NOMINE DIGNVS VNDE GENVS DVCIT SVMMVM CONSCENDIT HONOREM („Bischof Gregor, der durch seine Verdienste wie durch seinen Namen würdig ist, dem da, woher er stammte, die größte Verehrung zugekommen ist"). Nach David Talbot Rice sollen über der Figur des König David noch Spuren einer Inschrift zu erkennen sein. Bei der Veränderung des spätrömischen Diptychons wurden die Architekturteile und die Amtssessel ihres gegenständlichen Charakters entkleidet; sie wurden wie Bildfelder mit dichten Pflanzenornamenten gefüllt. Neben die Säulen sind schmale Streifen mit Pflanzendekor eingefügt.

1914, als Adolph Goldschmidt den ersten Band seines Corpuswerks der Elfenbeine publizierte, war in das Deckelpaar noch ein kostbares Graduale aus purpurgefärbtem Pergament mit Gold- und Silberschrift eingelegt (Monza, Domschatz, gleiche Inv.Nr. wie das Plattenpaar). Die genaue Entsprechung der Maße (H. 33,3 cm, B. 10,5 cm) zu denen der Elfenbeintafeln berechtigt die Folgerung, daß die Umarbeitung des Konsular-Diptychons mit der Entstehung des Graduale unmittelbar zusammenhängt. Die Handschrift wird von paläographischer Seite in das zweite Drittel des 9. Jahrhunderts datiert. Die Kostbarkeit der Handschrift, der Purpurcodex und die Wahl seines Einbandes lassen einen langobardischen König als Besitzer des Codex erwarten. Sofern eine Datierung der Handschrift es gestattete, wäre an König Berengar I. zu denken, den Stifter des größten Teils des Domschatzes von Monza.

Ein weiteres Beispiel für die Umwandlung eines Konsular-Diptychons in die Darstellung eines Heiligen bietet der Deckel der cim. 2 der Prager Kapitelsbibliothek. Auch hier wurde die Gestalt des thronenden Konsuls (vgl. Volbach, Elfenbeinarbeiten, Nr. 40) in eine des hl. Petrus umgewandelt (Goldschmidt, Bd. 2, Nr. 195).

Goldschmidt, Elfenbeinskulpturen, Bd. 1, Nr. 168. – Fillitz, Relief, S. 54. – Merati, Monza, S. 47. – Rice, Duomo di Monza. – Ausst.kat. Paderborn 1999, Bd. 2, Nr. XI.32 (Gudrun Bühl). – Ausst.kat. Brescia 2000, Nr. 364.

H.F.

*VI. 9
Sog. Berengarkreuz

Oberitalien, Anfang 10. Jahrhundert
Gold, Filigran, Perlen, Steinschmuck. – Verschluß der Vierung auf der Rückseite ergänzt, ein Teil der Steine und Perlen erneuert, Ringzarge des Vierungsmedaillons ersetzt; angehängter Amethyst-Kameo in Empirefassung am unteren Kreuzarm nachträglich hinzugefügt, dabei offenbar die Orientierung des Kreuzes verändert. – H. 23 cm, B. 22,3 cm.
Monza, Museo del Duomo

Das verhältnismäßig kleine Kreuz hat die Form eines einfachen, nahezu gleichschenkligen Kreuzes mit kreisrunder, einbeschriebener Vierung, geraden Armen und dreiteilig profilierten Enden. Es besteht aus einer Grundplatte, die mit Lichtöffnungen versehen ist, und einer Trägerplatte mit reichem Stein- und Perlschmuck, die auf umlaufenden Filigranarkaden ruht. Das Zentrum der Komposition bildet die erhöht gefaßte, kreisrunde Vierung. Von ihr gehen auf den Kreuzbalken vier schmale, mit abwechselnd Steinen und paarweise versetzten Perlen verzierte Goldblechstreifen aus, die auf kleinen Goldblechröhren sitzen und ebenfalls mit Lichtöffnungen für den Steinschmuck versehen sind. An den Seiten und an den Enden werden sie von niedriggefaßten Steinen und Perlen in einfachem Wechsel begleitet. Stabilität erhält das Kreuz durch ein doppeltes Stangenskelett, das an den Schmalseiten aus den Filigranarkaden austritt. Die

VI. 9

Mittelstreifen der Kreuzarme besitzen an den äußeren Enden jeweils ein Scharnier. Klappt man sie auf, läßt sich das Vierungsmedaillon abnehmen.

Aufbau und Komposition des Kreuzes stehen in der Tradition karolingischer Gemmenkreuze in der Art des sog. Ardennenkreuzes in Nürnberg, Germanisches Nationalmuseum, wo ebenfalls von einer hochgefaßten Mitte auf den vier Balken eine Reihe hochgefaßter Steine ausgeht, die an den Seiten von niedriggefaßten Steinen begleitet wird. Einen ähnlichen dreibahnigen Aufbau mit erhöhten Mittelsteinen und umlaufenden, niedrigeren Rahmenleisten zeigte auch das verlorene Gemmenkreuz Karls des Kahlen aus dem Schatz von Saint-Denis. In etwas abgewandelter Form kehrt das Schema auf dem von König Alfons III. im Jahre 908 gestifteten Siegeskreuz im Schatz der Kathedrale von Oviedo wieder, wo auch die hochgefaßten Edelsteinplateaus auf den Kreuzarmen eine typengeschichtliche Parallele finden.

Von diesen karolingischen Vorbildern mit ihrer fließend bewegten, von der Mitte ausstrahlenden und an den Enden volutenartig oder tropfenförmig ausschwingenden Form unterscheidet sich das Kreuz jedoch durch seinen geradlinigeren, in sich geschlosseneren und kompakteren Aufbau. Es stellt damit ein wichtiges Bindeglied zwischen den karolingischen und den stärker konzentrisch angelegten, die Balken nach außen abschließenden Kreuzen der Zeit um die Jahrtausendwende dar.

Die kunstgeschichtliche Einordnung des Kreuzes bereitet erhebliche Schwierigkeiten. Lassen sich die hochgefaßten Schmuckplatten, die umlaufenden Filigranarkaden und die Blattfassungen der Edelsteine von spätkarolingischen Vorbildern ableiten, so finden sich andere Elemente seiner künstlerischen Ausstattung ausschließlich an ottonischen Goldschmiedearbeiten wieder. Dies gilt vor allem für die kleinen Goldblechröhrchen, die auf den hochgefaßten Mittelrechtecken und der Vierung die Edelsteinfassungen frei tragen. Sie kommen in dieser Form sonst nur noch auf den Platten der Wiener Reichskrone und auf den älteren, offenbar wiederverwendeten Teilen des Giselakreuzes in München, Schatzkammer der Residenz, vor. Auch die Lichtöffnungen für den Steinschmuck und die Filigranornamentik der Rückseite finden an den Innenseiten der Reichskrone ihre nächsten Parallelen, so daß die künstlerischen Voraussetzungen der Krone wohl vor allem in Oberitalien zu suchen sind.

Das Kreuz wird vielfach mit jenem identifiziert, das in einer Aufzählung der von König Berengar I. (888–915) dem Dom zu Monza gestifteten Gegenstände vom Beginn des 10. Jahrhunderts als „Kreuz, das der König auf der Brust zu tragen pflegte" erwähnt wird. Doch kann es sich dabei kaum um das vorliegende Kreuz gehandelt haben, da die Lichtöffnungen auf der Rückseite einer Verwendung als Brustkreuz wiedersprechen. Vielmehr dürfte das Kreuz in seiner komplizierten, ganz durchlichteten Konstruktion von Anfang an als Hängekreuz bestimmt gewesen sein.

Zastrow/de Meis, Oreficeria, S. 27, Taf. 19 u. 20. – Caramel, Testimonianze paleocristiane, S. 234–236, Taf. 4, Abb. 100. – Merati, Duomo di Monza, S. 275. – Conti, Tesoro del Duomo, Nr. 31. – Jülich, Gemmenkreuze, S. 148–150, Abb. 11. – Frazer, Oreficerie, S. 43–45, Abb. 39 u. 40. – Schulze-Dörrlamm, Kaiserkrone, S. 44 u. 91, Abb. 14 u. 63. – Fillitz, Bemerkungen zur Reichskrone, S. 333.

M.P.

VI. 10
Buchdeckel des Codex Eusebianus

Oberitalien, Anfang 10. Jahrhundert (?)
Eichenholz; Silberblech, getrieben, punziert und teilweise vergoldet.
Große Teile der Reliefs verloren, Goldblech stellenweise verdrückt, kleinere Ausbrüche im Relief, jüngere Befestigungsnägel, Vergoldung teilweise abgerieben; Vorderdeckel mit Spuren von rotem Siegellack, an den Schmalkanten Reste des ledernen Buchrückens, Pergamentreste an der Deckelinnenseite.
H. 26 cm, B. 16 cm u. 16,3 cm.
Vercelli, Archivio e Biblioteca Capitolare

Geschichte und Bedeutung des Einbands sind der getriebenen Inschrift auf dem Rückdeckel zu entnehmen: + PRESVL HIC EVSEBIVS SCRIP/SIT SOLVITQ(ue) VETVSTAS: REX BE/RENGARIVS SED REPARAVIT IDEM/ [ARGE]NTVM POSTQUAM FVLVO/ [DEPRO]MPSIT ET AVRO: ECCL(esi)AE/ [PRAES]VL OPTVLIT IPSE T[VAE] („Dieser Bischof Eusebius schrieb dieses Buch und das Alter nagte daran. Aber König Berengar ließ es wiederherstellen. Nachdem er es in Silber und rotgelbem Gold hervorgebracht hatte, brachte er es deiner Kirche, o Bischof, dar"). Die Inschrift bezieht sich auf eine Handschrift, die bis 1910 in die Deckel eingebunden war und seither separat verwahrt wird: das sog. Evangeliar des hl. Eusebius von Vercelli († 371), eine Handschrift der zweiten Hälfte des 4. Jahrhunderts, die tatsächlich durch Bischof Eusebius nach Vercelli gelangt sein könnte. Unter König Berengar I. (888–915) oder Berengar II. (950–961) wurde sie mit einem neuen Einband versehen, der zu den wenigen Zeugnissen der Goldschmiedekunst des 10. Jahrhunderts in Oberitalien gehört.

Vorder- und Rückdeckel sind mit teilweise vergoldetem Silberblech verkleidet, das auch die Kantenflächen der beiden Eichenholzbretter bedeckt und an drei Seiten bis auf die Rückseite der Deckelplatte weitergeführt ist. Der Vorderdeckel zeigt eine Darstellung der Maiestas Domini in getriebenem Relief, die von einer umlaufenden Perlbandleiste eingefaßt wird. Christus thront auf einem mit Edelsteinbändern verzierten Himmelsbogen. Er wird von einer mit Blatt- und Perlstäben gerahmten Mandorla umschlossen. Die heute verlorene linke Hand hielt wohl ein Buch, die rechte ist in einer Redegeste erhoben. In den Zwickelfeldern erscheinen Darstellungen der vier Evangelistensymbole mit Flügeln und Büchern.

VI. 10

Das Mittelfeld des Rückdeckels zeigt den hl. Bischof Eusebius stehend als Frontalfigur, in der Linken das Buch, die Rechte redend erhoben. Er trägt die Tonsur und ist durch das Pallium in seiner bischöflichen Würde gekennzeichnet. Zu seiner Rechten und zur Linken ist eine senkrecht verlaufende, geteilte Inschrift angebracht: EVSEB(ius) EP(iscopu)S („Bischof Eusebius"). Das Bildfeld wird von einer umlaufenden Perlbandleiste gerahmt, die seitlich von Blattranken mit traubenförmigen Enden und geflochtenen Dreipässen in den Zwickeln begleitet wird.

In den Formen und Motiven des Rankenornaments, dem geschlossenen Umriß der Figuren und der geradlinigen, fast graphisch angelegten Faltengebung mit geringer Binnenabstufung treten charakteristische Merkmale der älteren, langobardischen Tradition in Oberitalien in Erscheinung. Wenn auch unmittelbare Parallelen fehlen, so scheint es kunstgeschichtlich doch nicht ausgeschlossen, daß der Einband schon zur Zeit König Berengars I. am Beginn des 10. Jahrhunderts entstanden ist. In der älteren Literatur wurde demgegenüber zumeist Berengar II. als Stifter des Einbands angesehen. Historisch läßt sich der Einband jedenfalls eher mit Berengar I. verbinden, der Vercelli nach einem Streit mit Bischof Liutward (879/80–899) im Jahre 886 mit berittenen Truppen geplündert hatte und die Bischofskirche unter dessen Nachfolger Bischof Sebastian mehrfach mit großzügigen Stiftungen und Privilegien versah.

Brizio, Catalogo, S. 94. – Steenbock, Prachteinband, Nr. 28. – Viale, Duomo di Vercelli, S. 24f. Nr. 9. – Ordano, Storia Vercellese, S. 161–166. – Ausst.kat. Hildesheim 1993, Bd. 2, Nr. IV-60 (Martina Pippal). – Piglione, Oreficerie, S. 423–426.

M.P.

VI. 11

VI. 11
Diptychon mit Szenen der Passion und Auferstehung Christi

Oberitalien (Mailand ?), 9. Jahrhundert
Elfenbein, in jüngerem Silberrahmen mit teilweise niellierter Ornamentik. – H. 33,5 cm, B. 14 cm.
Mailand, Tesoro del Duomo

Auf der linken Tafel sind dargestellt: die Fußwaschung; die Verurteilung Christi und seine Abführung zur Kreuzigung; Judas bringt die Silberlinge dem Hohenpriester zurück und erhängt sich, ganz unten die Wächter am Grabe. Auf der rechten Tafel: die Frauen am Grabe (Mt 28,1); Jesus erscheint den beiden Marien (Mt 28,9); der Sendungsauftrag an die Apostel (Mt 28,16 f.) und der ungläubige Thomas (Io 20,26 f.).

Fallweise wurden die beiden Tafeln auch in das 5. Jahrhundert datiert, sicherlich aber müssen die Szenen der beiden Tafeln ein frühchristliches Vorbild gehabt haben. Das Vorbild wäre in der Art der Täfelchen mit Szenen aus der Passion und Auferstehung Christi in London, British Museum (Volbach, Nr. 116) vorzustellen. Bei den Passionsszenen vermißt man zentrale Themen, vor allem Abendmahl und Kreuzigung, denen gegenüber die eher peripheren Judas-Szenen eine ganze Zeile füllen. Auf sie folgt sofort die Darstellung der Wächter am Grabe. Normalerweise wird diese Szene mit der ersten der obersten Tafel, den Frauen am Grabe, in einer Darstellung zusammengefaßt.

Das Diptychon war alter Besitz von S. Ambrogio in Mailand; in einer Handschrift des 12. Jahrhunderts wird es dort bereits erwähnt.

Wessel, Passionsdiptychon. – Volbach, Elfenbeinarbeiten, Nr. 232. – Fillitz, Milano, S. 264f.

H.F.

VI. 12
Situla (Weihwasserkessel)

Mailand, zwischen 967 und 983
Elfenbein. – Der obere Abschlußstreifen, der auch zur Fixierung des Henkels diente, fehlt.
H. 17,8 cm, oberer Dm. 12,2 cm.
London, Victoria and Albert Museum, Inv.Nr. A 18–1933

VI. 12 (Detail)

In zwei Reihen, durch Inschriftbänder getrennt, sind die wichtigsten Szenen der Passion und der Auferstehung Christi dargestellt, von der Fußwaschung bis zur Kreuzigung Christi, dabei auch die Szenen von Judas, der die Silberlinge dem Hohenpriester übergeben will und sich erhängt, von den Frauen am Grabe bis hin zu der des ungläubigen Thomas. Die beiden oberen Inschriftleisten sind mit Texten nach dem 'Carmen paschale' des spätantiken Dichters Sedulius gefüllt, die unterste lautet: AVXIT EZECHIE TER Q(u)INOS Q(u)I PATER ANNOS + OTONI AVGVSTO PLVRIMA LVSTRA LEGAT. CERNVVS ARTE CVPIT MEMORARI CESAR ALIPTES K („Möge der Vater, der das Leben des Ezechiel um dreimal fünf Jahre verlängerte, dem Kaiser Otto sehr viele Lustren [Zeitabschnitte von fünf Jahren] verleihen. Möge der Kaiser, des Kunstwerks bewußt, des Aliptes eingedenk sein. K."). Die Übersetzung von Aliptes kann „Schnitzer" oder „Salbender" bedeuten. Beide Übersetzungen sind möglich: Für die als Schnitzer spricht der Hinweis auf das Kunstwerk, das der reich geschnitzte Weihwasserkessel darstellt; für die Übersetzung als Salbenden, d. h. desjenigen, der die Krönung (oder auch Festkrönung) des Herrschers vollzieht, vgl. auch die zweite Situla im Mailänder Domschatz, die vom Mailänder Bischof Gotfredus für den Einzug Ottos II. in Mailand 980 vorbereitet wurde (Goldschmidt, Nr. 1). Für das „K", mit dem der Text der Inschrift schließt, gibt es keine überzeugende Erklärung.

VI. 12

Die Prophezeiung, daß Gott dem Ezechias noch 15 Lebensjahre gewähren wolle (Es 38,5), ist auch auf einer der Platten der Reichskrone (Wien, Weltliche Schatzkammer), die für Otto den Großen 962 oder wahrscheinlicher anläßlich der Krönung Ottos II. zum Mitkaiser 967 geschaffen wurde, bildlich gestaltet. Das 'Carmen paschale', von dem Texte in der Inschriftleisten der Situla stammen, könnte darauf hinweisen, daß die Situla für die Feier des Osterfestes bestimmt war, d. h. für einen Aufenthalt eines Kaisers Otto – in Frage käme dafür Otto I. oder wahrscheinlicher Otto II. – während des Osterfestes in Mailand vorbereitet war.

Stilistisch ist die Situla in die Gruppe der von Erzbischof Gotfredus gestifteten Situla und der kleinen Elfenbeintafel aus der Sammlung Trivulzio (Mailand, Castello Sforzesco, Kat.Nr. III.15) einzuordnen. Da die beiden Objekte zwischen 979 und 983/84 zu datieren sind, ist wohl auch die Londoner Situla am ehesten mit den letzten Lebensjahren Kaiser Ottos II. zu verbinden.

Der größere Teil der szenischen Darstellungen hat das karolingische Diptychon mit Szenen der Passion und Auferstehung Christi des Mailänder Domschatzes (Kat.Nr. VI.11) zum Vorbild. Für die anderen hat der Künstler andere Vorlagen gehabt; so gibt es zu der Szene der Erscheinung Jesu vor den Jüngern nach der Auferstehung ein Elfenbein der Jüngeren Metzer Schule als Parallele (Boston, Museum of Fine Arts; Swarzenski, S. 2 ff.).

1856 in der Sammlung Spitzer in Aachen, dann Dr. Chaffers und S. Attenborough, beide England, dann Sammlung Basilewsky, Paris (nach der die Situla allgemein benannt wird), von dort in den Besitz Zar Alexanders III., schließlich über die Eremitage St. Petersburg (damals Leningrad) 1933 vom Victoria and Albert Museum, London erworben.

Goldschmidt, Elfenbeinskulpturen, Bd. 2, Nr. 3. – Beckwith, Basilewsky Situla. – Little, Avori milanesi, S. 88–92. – Ausst.kat. Hildesheim 1993, Bd. 2, Nr. II-30 (Hermann Fillitz). – Crivello/Grazzini, Aliptes. – Vgl.: Swarzenski, Carolingian Ivory.

H.F.

VI. 13
Maiestas Domini

Mailand, um 970/80; barocke Fassung Trier, drittes Viertel 17. Jahrhundert (wahrscheinlich Werkstatt Peter Boy)
Elfenbein. – In mit Leder überzogenem Buchdeckel mit Rahmung aus vergoldetem Silber und Maleremail-Medaillons, darstellend die Evangelisten, montiert (das linke, obere Medaillon nahezu ganz zerstört). – H. 12,8 cm, B. 12 cm.
Luxemburg, Großherzögliches Palais

Dargestellt ist der in der Mandorla über der Sphaira thronende Christus, umgeben von den vier Evangelistensymbolen. Ein breiter und tiefer Rahmen, gefüllt mit Palmetten, umschließt das Bildfeld.

Das Elfenbein ist von demselben Schnitzer geschaffen wie die Elfenbeintafel in Cleveland, Museum of Art (Kat.Nr. VI.14). Mit diesen beiden Tafeln bilden noch die im Pariser Louvre (Kat.Nr. VI.16) und in der British Library in London (Kat.Nr. VI.15) eine Gruppe. Diese ist werkstattgleich mit den sog. Magdeburger Elfenbeintafeln; zu vergleichen wäre etwa der Christus der Tafel in Cleveland mit dem der Traditio legis der Magdeburger Gruppe. Ob die Elfenbeintafeln um die Luxemburger Maiestas zu einem größeren Verband gehörten oder ob ihre Reliefs einzeln zum Schmuck von Handschriften oder ähnlichem bestimmt waren, kann nicht festgestellt werden. Ebensowenig ist etwas über einen Stifter bekannt.

Die Handschrift, auf deren Deckel die Elfenbeintafel montiert ist, wird mit Trierer Handschriften des 10. Jahrhunderts verglichen. Sie stammt aus der Trierer Erzbischöflichen Kapelle. Wann und wie sie in den Besitz der Großherzöge von Luxemburg kam, läßt sich nicht feststellen.

VI. 13

Ronig, Evangeliar. – Ausst.kat. Hildesheim 1993, Bd. 2, Nr. IV-34 (Hermann Fillitz).

H.F.

VI. 14
Christus, umgeben von den Büsten der zwölf Apostel

Mailand, um 970/80
Elfenbein. – H. 18,2 cm, B. 10,1 cm.
Cleveland, The Cleveland Museum of Art, Inv.Nr. 1967.65

Der frontal auf einer Bodenplatte stehende Christus hat die rechte Hand segnend erhoben, in der linken hält er ein Buch. Zu beiden Seiten, der Kante der Rahmung folgend, befinden sich je sechs kleine Büsten, die durch keine Hinweise identifizierbar sind, doch liegt es aufgrund der Zwölfzahl und der Vergleichbarkeit mit byzantinischen Darstellungen nahe, sie als die zwölf Apostel anzusprechen.

Die Darstellung setzt ein byzantinisches Vorbild in der Art des Lektionars cod. Graec. 21 der St. Pe-

VI. 14

tersburger Bibliothek voraus und, wohl noch näherkommend, der byzantinischen Elfenbeintafel im Louvre, Paris (Goldschmidt/Weitzmann, Byz. Elfenbeinskulpturen, Nr. 100; auf S. 55 Abb. 27 die zitierte Miniatur). Die byzantinischen Beispiele unterscheiden sich von der Tafel in Cleveland inhaltlich dadurch, daß bei ihnen die Aussendung der Apostel (Mt 28,18f.; Mc 16,15) gezeigt ist, formal, daß die Apostel ganzfigurig dargestellt sind, aber so dicht gestaffelt, daß von den hinter den beiden vordersten stehenden nur die Köpfe und die Rücken zu sehen sind.

Ob es sich bei der Tafel in Cleveland um ein Einzelstück handelt oder ob sie zu einer Reihe gleichartiger Tafeln gehört, womit vielleicht auch die Thematik näher bestimmbar wäre, ist nicht feststellbar. Immerhin aber weichen die Dimensionen der Mailänder Christus-Tafel nur geringfügig von denen in Paris (Kat.Nr. VI.16) und London (Kat.Nr. VI.15) ab; mit ihnen sind auch die breiten, tiefen Rahmen gemeinsam. Stilistisch bestehen freilich Unterschiede, vor allem zu dem Londoner Matthäus. Der Schnitzer der Tafel ist identisch mit dem der Luxemburger Maiestas-Platte (Kat.Nr. VI.13).

Die Tafel befand sich früher in Paris, Sammlung Chalandon.

Goldschmidt, Elfenbeinskulpturen, Bd. 2, Nr. 18. – Wixom, Ivory Book Cover. – Little, Avori milanesi, S. 94f. – Ausst.kat. New York 1997, Nr. 324 (William D. Wixom).

H.F.

VI. 15
Der Evangelist Matthäus

Mailand, um 970/80
Elfenbein. – H. 18,5 cm, B. 10,7 cm.
London, The British Library, Harley 2889

Der frontal stehende Heilige wendet den Kopf nach links bis ins strenge Profil. Im linken Arm hält er ein geöffnetes Buch, das er mit der rechten Hand festhält. Auf den Seiten des Buches der Text: VOCA OPERARIOS ET REDE ILL(is) MERCEDE(m) (Mt 20,8 „Rufe die Arbeiter und gib ihnen den Lohn"). Aufgrund dieses Bibelzitates wird die Figur als Evangelist Matthäus angesehen. Die Figur kopiert genau ein byzantinisches Vorbild, das dem Johannes des byzantinischen Triptychons, ehemals Sammlung Harbaville (Paris, Louvre; Goldschmidt/Weitzmann, Byz. Elfenbeinskulpturen, Bd. 2, Nr. 33) entsprach. Das Triptychon wird in die Mitte des 10. Jahrhunderts datiert. An der Herkunft aus der Mailänder Werkstatt, der auch die Kat.Nr. V.35, VI.13, VI.14 und VI.16 entstammen, ist trotz der singulären Stellung der Tafel als exakte Kopie eines byzantinischen Vorbildes für die Figur des Heiligen nicht zu zweifeln. Die Gleichartigkeit der Rahmung, die Plazierung der Figur im Bildfeld und ihre ausgeprägte Plastizität bezeugen diese Gemeinsamkeit.

Goldschmidt, Elfenbeinskulpturen, Bd. 2, Nr. 19. – Little, Avori milanesi, S. 95.

H.F.

VI. 16
Der Evangelist Johannes (?)

Mailand, um 970/80
Elfenbein. – H. 18 cm, B. 11 cm.
Paris, Musée du Louvre, Inv.Nr. MR 375

Der Evangelist steht frontal, die rechte Hand im Redegestus erhoben, in der linken hält er eine Schriftrolle, die bis zum unteren Bildrand herabfällt. In der rechten, oberen Ecke ist sehr klein der Adler, Symbolfigur des Evangelisten Johannes, dargestellt. Das Bildfeld wird von einer sehr breiten und tiefen Rahmenleiste umfangen, die mit Blattwerk gefüllt ist.

Die an sich seltene Darstellung eines Evangelisten mit Schriftrolle statt Buch, ohne Schreibgerät und mit dem sehr kleinen Symbol ganz in der Ecke des Bildfeldes wird mit Hinweisen auf byzantinische Anregungen erklärt.

Die Tafel gehört zu der Gruppe mit der Maiestas-Tafel in Luxemburg, der Christus-Tafel in Cleveland, Museum of Art, und der Matthäus-Tafel in London, British Library (Kat.Nr. VI.13–15).

Goldschmidt, Elfenbeinskulpturen, Bd. 2, Nr. 20. – Little, Magdeburg Ivories, S. 446. – Little, Avori milanesi, S. 95. – Ausst.kat. Paris 1991, S. 150f. (Danielle Gaborit-Chopin).

H.F.

VI. 15

VI. 16

VI. 17
Psalter mit Glossen

Vercelli, letztes Viertel 9. Jahrhundert
Pergament, 292 Blätter. – Kolorierte Federzeichnungen.
H. 36 cm, B. 29,5 cm.
Vercelli, Archivio e Biblioteca Capitolare, Cod. LXII (2)

Die Handschrift besteht aus unterschiedlichen Teilen, die zwischen dem 9. und 11. Jahrhundert entstanden sind. Der Psalter nimmt darin die fol. 19r–177v ein. Er wurde für die Kathedrale von Vercelli geschrieben, wie sich aus der Litanei (fol. 165v–166r) ergibt, in der die Verceller Heiligen Secundus, Teonestus, Eusebius, Emilianus, Evasius, Onoratus, Discolius, Julius, Eusebia und Restituta genannt werden. Die Handschrift ist bereits in einem Inventarfragment der Kapitelsbibliothek von Vercelli aus der zweiten Hälfte des 14. Jahrhunderts (um 1361) verzeichnet.

Der Psalter enthält das 'Psalterium Gallicanum', dem Tituli psalmorum und Gebetsformeln beigefügt sind. Er ist mit Glossen versehen, die – wenngleich mit Varianten – denen des Psalters aus Mondsee (Montpellier, Bibliothèque de l'Université, Ms. 409) entsprechen, der vor 788 – wahrscheinlich für den Bayernherzog Tassilo – geschrieben wurde. Der Glossentext dürfte zwischen dem 5. und 7. Jahrhundert, möglicherweise in Irland entstanden sein.

Psaltertext und Glossen sind in karolingischer Minuskel geschrieben und lassen die Zusammenarbeit mehrerer Schreiber erkennen. Die ornamentale Ausstattung beschränkt sich auf eine Flechtband-

VI. 17, fol. 22v

initiale mit Blattmotiven zu Ps 1 (fol. 19r). Der Bildschmuck besteht aus zehn Federzeichnungen, von denen acht mit Blau, Rot, Gelb, Rosa und Grün koloriert sind (fol. 22v [Abb.], 36v, 46r, 53r, 107r, 124r, 138v, 148r); zwei (fol. 60r und fol. 65r) blieben unkoloriert. Sieben Zeichnungen dienen zur Illustration der Bußpsalmen (Ps 6, 31, 37, 50, 101, 129, 142). Sie zeigen Christus entweder thronend oder als Brustbild in einem Medaillon mit einem oder mehreren Gläubigen, die sich ihm betend oder bittend zuwenden (fol. 22v, 46r, 53r, 65r, 107r, 138v, 118r). Es ist dasselbe Bildschema, das auch für die Illustrationen zu Ps 6, 37, 50, 129 des um 1000 entstandenen Warmund-Psalters (Ivrea, Biblioteca Capitolare, Ms. LXXXV [30], fol. 30r, 73v, 90r, 204r) verwendet wurde. Ähnlich wie die Bußpsalmen ist auch der messianische Ps 21 illustriert (fol. 36v), während das Bild zu Ps 44 in Anlehnung an Vers 10 Christus thronend mit der „Königin der Psalmen“ zeigt (fol. 60r; Abb.). Vor Ps 118 findet sich ferner eine Darstellung zweier betender Geistlicher, die sich der Hand Gottes zuwenden (fol. 124r). Hinzu kamen ursprünglich wohl noch weitere Miniaturen, die sich auf den heute verlorenen Blättern zwischen fol. 117 und 118 (zu Ps 109) und zwischen fol. 148 und 149 (zu Ps 143) befanden.

Die Miniaturen des Psalters lassen stilistische Beziehungen zur Buchmalerei nördlich der Alpen erkennen, wie sie in der zweiten Hälfte des 9. Jahrhunderts in St. Gallen und auf der Reichenau zu finden ist. Bestimmende Elemente dieser Kunst sind die Verwendung kolorierter Federzeichnungen

VI. 17, fol. 60r

auf unkoloriertem Grund und der flächenhafte Charakter der Darstellungen. Die engste Verwandtschaft ergibt sich zu einigen Reichenauer Handschriften, die im letzten Drittel des 9. Jahrhunderts entstanden sind, so der Berner Prudentius (Bern, Burgerbibliothek, Ms. 264) und das Martyrologium des Wandalbert (Vatikanstadt, Biblioteca Apostolica Vaticana, Reg. lat. 438). Eine Erklärung für diese Beziehungen bietet die Persönlichkeit Bischof Liutwards, der von 880 bis 899 Bischof von Vercelli war. Der aus Schwaben stammende Erzkanzler Kaiser Karls III. wurde auf der Reichenau erzogen, unterhielt auch in der Folgezeit rege Verbindungen dorthin und knüpfte darüber hinaus Beziehungen nach St. Gallen.

Der Psalter bezeugt beispielhaft den hohen künstlerischen Rang, der in einem bischöflichen Skriptorium in Oberitalien vor den verheerenden Einfällen der Ungarn, die Vercelli im Jahre 899 heimsuchten, erreicht wurde. Zugleich belegt er die Verbreitung jenes flächenhaften Stils im oberitalienischen Raum, der für die letzte Phase der karolingischen Buchmalerei charakteristisch ist.

Brizio, Catalogo, S. 102. – Gabrielli, Miniature, S. 303 u. 307. – Ausst.kat. Rom 1953, Nr. 53 (Giovanni Muzzioli). – de Francovich, S. Giovanni a Müstair, S. 46 u. 50 Anm. 29. – Viale, Duomo di Vercelli, S. 17f. u. 22f. Nr. 6. – Evans, Drawings, S. 25 Taf. 29. – Wettstein, Fresque romane, S. 31–34. – Unterkircher, Psalter v. Mondsee, S. 13–15, 18–20 u. 27f. – Bischoff, Schreibschulen, Tl. II, S. 59. – Bertelli, Sant'Ambrogio, S. 25 u. 47. – Gibson, Glossed Psalters, S. 89 u. 97f. – Ferraris, Chiese 'stazionali', S. 6, 109–111 Anm. 18 u. S. 214 Anm. 321.

F.C.

VI. 18
Homiliar

Bobbio, zweites Viertel 10. Jahrhundert
Pergament, 228 Blätter. – Deckfarbenmalerei mit Gold und Silber. – H. 33 cm, B. 27 cm.
Turin, Biblioteca Nazionale Universitaria, Ms. F. II. 20

Die Handschrift stammt aus der alten Klosterbibliothek in Bobbio, wie ein Besitzeintrag auf fol. 4v belegt, der zwischen 1456 und 1459 durch den Mönch Gregor von Crema niedergeschrieben wurde: *Iste liber est monachorum congegrationis Sanctae Iustinae de observantia ordinis sancti Benedicti residentium in monasterium Sancti Columbani de Bobio. Scriptus sub numero 120* („Dieses Buch gehört den Mönchen der Kongregation der hl. Justina vom Orden des hl. Benedikt im Kloster St. Columban zu Bobbio. Verzeichnet unter Nr. 120"). Weitere Besitzeinträge aus dem 15. Jahrhundert finden sich am oberen Rand von fol. 1r und fol. 5r (Abb.).

Inhaltlich wie kodikologisch besteht die Handschrift aus zwei Teilen (fol. 1–178 und fol. 179–228), die ursprünglich getrennt waren. Der erste Teil enthält Predigten zu den Episteln, denen der 78. Brief des hl. Augustinus vorangestellt ist, der zweite Teil enthält ein karolingisches Homiliar des 10./11. Jahrhunderts.

Der Text ist – offenbar von mehreren Händen – in karolingischer Minuskel geschrieben. Die Überschriften sind in Capitalis rustica ausgeführt, ebenso ein Teil der Predigtanfänge, die entweder durch rote oder schwarze Capitalen in einer Höhe von zwei bis drei Zeilen hervorgehoben sind. Der Buchschmuck besteht aus einer Zierseite (fol. 5r) und zwei Initialen (fol. 8v, 9v).

Die Initial-Zierseite fol. 5r zeigt die charakteristischen Merkmale der Hauptgruppe der frankosächsischen Buchmalerei, wie sie sich in der zweiten Hälfte des 9. Jahrhunderts in Nordfrankreich entwickelt hatte (Abb.). Zusammen mit Schmuckformen, die aus der späten Reimser Buchmalerei übernommen sind, finden sie sich in einer Gruppe von Handschriften wieder, die in der ersten Hälfte des 10. Jahrhunderts in Bobbio entstand. Zu den bedeutendsten unter ihnen gehören neben dem Homiliar in Turin ein Missale aus Bobbio (Mailand, Biblioteca Ambrosiana, Ms. D 84 inf.) vom Anfang des 10. Jahrhunderts und ein mit Ornamentschmuck versehenes Exemplar der 'Vita Columbani' des Jonas von Bobbio (Turin, Biblioteca Nazionale, Ms. F. IV. 12) aus dem zweiten Viertel des 10. Jahrhunderts. Daß in Bobbio karolingische Vorbilder vorhanden waren, beweist das zur Hauptgruppe der frankosächsischen Buchmalerei gehörende Sakramentarfragment in Wien (Österreichische Nationalbibliothek, Cod. 958), das seit dem Ende des 9. Jahrhunderts in der Abtei nachweisbar ist. Eine seiner Zierseiten, der Beginn des Meßkanons (fol. 5v), stellt die unmittelbare Vorlage für das Turiner Homiliar dar.

VI. 18, fol. 5r

Die Wiederaufnahme karolingischer, insbesondere frankosächsischer Vorbilder in Bobbio um die Wende vom 9. zum 10. Jahrhundert zeigt das Weiterleben der karolingischen Tradition in Oberitalien, wie es gleichzeitig etwa auch in Echternach und Corvey festzustellen ist. Das Skriptorium von Bobbio bot damit vielleicht auch Vorbilder für andere oberitalienische Zentren des 10. Jahrhunderts.

Cipolla, Codici bobbiesi, S. 17 u. 164–166, Taf. LXXIV–LXXV. – Beer, Monumenta palaeographica, S. 67. – Hermann, Handschriften in Wien, S. 77. – Boeckler, Miniaturen, S. 66. – Micheli, L'enluminure, S. 148 u. 197. – Ausst.kat. Paris 1950, Nr. 15. – Gengaro/Cogliati Arano, Miniature, S. 383. – Mercier, Homélies, S. 71 Anm. 3, 72 f., 75, 98 Nr. 28 (sigel Tu) u.

VI. 19, fol. 154v

S. 127–144. – Unterkircher, Cod. Vindobonensis, Bd. 2, S. 19. – Wettstein, Fresque romane, S. 37f. – Unterkircher, Canon Missae, S. 34 Anm. 11. – Segre Montel, Manoscritti, S. 28f. Nr. 19. – Segre Montel, Antichi codici, S. 68. – Lomartire, Miniatura, S. 547. – Lomartire, Miniature bobbiesi, S. 436f.

F.C.

VI. 19
Ambrosianischer Psalter

Mailand, letztes Drittel 10. Jahrhundert
Pergament, 236 Blätter. – Kolorierte Federzeichnungen.
H. 24,7 cm, B. 17,2 cm.
München, Bayerische Staatsbibliothek, Clm 343

Die Handschrift enthält eine sog. diakritische Rezension des Psalters, die auf der Mailänder Version des altlateinischen Psalmentextes (*Vetus Latina*) fußt, wie sich aus der Abfolge der Hymnen für die Hauptfeste im ambrosianischen Kalender (fol. 211v–231v) ergibt. Dem Psalter sind Vorreden vorangestellt, die Psalmen werden durch *Tituli psalmorum* (Psalmüberschriften) eingeleitet und durch Gebete abgeschlossen, es folgen die üblichen Cantica und ambrosianische Hymnen. Derselben Textredaktion gehören die Psalterien Vat. lat. 82 und 83 der Vatikanischen Bibliothek an. Aufgrund ihres Textes sind diese drei Handschriften nach Mailand zu lokalisieren.

Der Münchner Psalter ist in einer kalligraphisch ausgeprägten Minuskelschrift von einem einzigen Schreiber geschrieben worden. Als Auszeichnungsschriften dienen Capitalis quadrata, Capitalis rustica und Unziale.

Die künstlerische Ausstattung der Handschrift besteht aus einer Miniatur, die David mit vier Schreibern unter einer Arkade (fol. 12v) zeigt, einer Reihe von Initial-Zierseiten am Beginn des Psalters (fol. 16r–18r) und 14 Initialen, die den Psaltertext in 15 Gruppen zu jeweils zehn Psalmen einteilen (fol. 29r, 40v, 52v, 67v, 79r, 88r, 101r, 116v, 128v, 137v, 154v, 175r, 181v [Abb.] u. 191v). Die figürlichen Initialen zeigen Heilige oder christologische Themen, die sich zum Teil auf die Tituli psalmorum beziehen. Von besonderem Interesse ist die Initiale auf fol. 154v (Abb.), die möglicherweise die Übergabe der Handschrift durch einen Bischof an Christus darstellt. Dies verweist auf eine Entstehung im bischöflichen Umfeld, wahrscheinlich sogar auf ein eigens für den Bischof arbeitendes Skriptorium.

Die Rahmen der Zierseiten verweisen auf frankosächsische Vorbilder. Das Davidbild des Psalters geht, genau wie die entsprechende Miniatur im Psalter Vat. lat. 83 (fol. 12v), auf eine spätantike, graeco-italische Vorlage zurück, ebenso wie das Davidbild des Vespasian-Psalters (London, British Library, Cotton Vespasianus A.I., fol. 30v), der um 720 in Canterbury entstand. Zugrunde liegt ein byzantinischer Psalter des 6. Jahrhunderts (Wright), wie er um die Mitte des 9. Jahrhunderts auch für das Davidbild des Kludov-Psalters (Moskau, Historisches Museum, Ms. 129, fol. 1v) verwendet wurde. Byzantinischer Einfluß tritt auch in einer Reihe von stilistischen Besonderheiten der Miniaturen und figürlichen Initialen zutage. Sie zeigen, daß neben frankosächsischen Handschriften auch mittelbyzantinische Vorbilder bei die Ausstattung des Psalters eine Rolle gespielt haben.

Während die Lokalisierung der drei Handschriften nach Mailand nie in Zweifel gezogen wurde, ist ihre Datierung umstritten. So hat die paläographische Untersuchung zu einer Einordnung an das

VI. 19, fol. 181v

Ende des 9. Jahrhunderts geführt. Dem widerspricht jedoch der kunsthistorische Befund. Bei dem Münchner Psalter handelt es sich vermutlich um eine unmittelbare Kopie des um einige Jahrzehnte älteren Psalters Vat. lat. 83, der sich jedoch technisch und stilistisch deutlich von ihm unterscheidet. Vielmehr läßt die künstlerische Ausstattung des Münchner Psalters Beziehungen zu anderen Mailänder Handschriften der zweiten Hälfte des 10. Jahrhunderts erkennen, darunter dem Psalter Vat. lat. 82, der eine weniger aufwendige Ausgabe des ambrosianischen Psalters darstellt, ferner dem Sakramentar von Lodrino (Mailand, Biblioteca Ambrosiana, Ms. A 24 inf.) und der Handschrift Ms. 569 der Stiftsbibliothek St. Gallen, die eine Vita des hl. Ambrosius ('De Vita et meritis pontificis Ambrosii') enthält. Die kolorierten Federzeichnungen des Münchner Psalters bilden zudem die stilistischen Voraussetzungen für die Miniaturen im Gebetbuch Erzbischof Arnulfs II. (London, British Library, Egerton 3763), das zwischen 998 und 1018 in Mailand entstand.

VI. 20, fol. 74v

Über die ältere Geschichte des Münchner Psalters ist nichts bekannt. Im 12. Jahrhundert befand er sich noch in der Lombardei, da damals auf fol. 1r ein Zehntverzeichnis der Pfarrei von Vimercate eingetragen wurde. Wie aus einer Notiz auf fol. 236v hervorgeht, gelangte die Handschrift durch Matthias Schelling am 24. Dezember 1580 in die Bibliothek des Herzogs von Bayern.

Toesca, Pittura in Lombardia, S. 44. – Toesca, Arte Italiana, S. 449f. – Boeckler, Miniaturen, S. 66. – Schneider, Cantica, S. 102–107. – Ausst.kat. Bern 1949, Nr. 162 (Albert Boeckler). – Steger, David, Nr. 20. – CLLA, Nr. 590. – Fischer, Bibelausgaben, S. 55 u. 56 Anm. 64. – Wright, Vespasian Psalter, S. 72. - Mütherich, Malerei, S. 148 Taf. 61. – Fischer, Altlateinische Bibeltexte, S. 411. – Santucci/Paredi, Miniature. – Kahsnitz, Werdener Psalter, S. 125 u. 176. – Nees, Bespr. Santucci/Paredi, Miniature. – Ausst.kat. München 1983, Nr. 10 (Dieter Kudorfer). – Ferrari, Manoscritti, S. 261–264. – Nordenfalk, Milano, S. 110. – Ausst.kat. Köln 1992/93, Nr. 9 (zu Vat. Lat. 83, Valentino Pace).

F.C.

VI. 20
Ambrosianisches Sakramentar

Mailand, Anfang 11. Jahrhundert
Pergament, 140 Blätter. – Kolorierte Federzeichnungen mit Gold und Silber. – H. 23,5 cm, B. 17 cm.
Mailand, Biblioteca e Archivio del Capitolo Metropolitano, Ms. II. D. 3.2

Der Inhalt belegt die Mailänder Herkunft der Handschrift, die für den bischöflichen Gebrauch bestimmt war. Im Gegensatz zu anderen Sakramentaren ambrosianischen Typs enthält sie ausschließlich Gebete, Präfationen und Meßformulare für den Bischof. Die Handschrift ist unvollständig; es fehlen ein Quaternio zwischen den heutigen fol. 63 und 64 sowie, nach fol. 140, die Meßformulare für die Heiligenfeste von Juli bis Oktober. Die erhaltenen Teile zeigen die in Mailand übliche Verbindung von Sanctorale und Temporale, wie sie bereits das 'Sacramentarium Bergomense' (Bergamo, Curia Vescovile, Cod. 242; CLLA, Nr. 505) aufweist, das im zweiten Drittel des 9. Jahrhunderts in Mailand entstanden ist.

Die Handschrift ist eines der ältesten erhaltenen Beispiele für den Typus des ambrosianischen Sakramentars und zugleich das einzige aus der Zeit vor dem 11. Jahrhundert, für dessen künstlerische Ausstattung in nennenswertem Umfang Gold und Silber verwendet wurde, was seiner Bestimmung für den bischöflichen Gebrauch entspricht.

Die Ausstattung der Handschrift umfaßt außer den Schmuckseiten zu Präfation (fol. 100r) und Canon (fol. 102r) mehrere Initialseiten (fol. 1v, 24v, 74v [Abb.], 94r [Abb.], 97v) sowie zahlreiche kleinere Initialen, unter denen die auf fol. 98v besonders hervorzuheben sind. Die Te igitur-Initiale am Beginn des Meßkanons zeigt eine Darstellung des Gekreuzigten ohne Nebenfiguren (fol. 102r). Sie ist als kolorierte Federzeichnung ausgeführt; das Inkarnat wird durch Aussparen der Farbe auf dem Pergamentuntergrund gebildet. Der Ornamentschmuck der Handschrift wird durch Ranken mit lanzett- und sichelförmigen Blättern und kelchförmigen Blüten gekennzeichnet, die auf Vorbilder der Reichenauer Buchmalerei, insbesondere auf Handschriften der sog. Eburnant-Gruppe (ca. 960–970) zurückgehen. Diese Merkmale verbinden das Sakramentar mit dem Gebetbuch Erzbischof Arnulfs II. (London, British Library, Egerton 3763), das zwischen 998 und 1018 in Mailand geschrieben wurde. Wie auch der

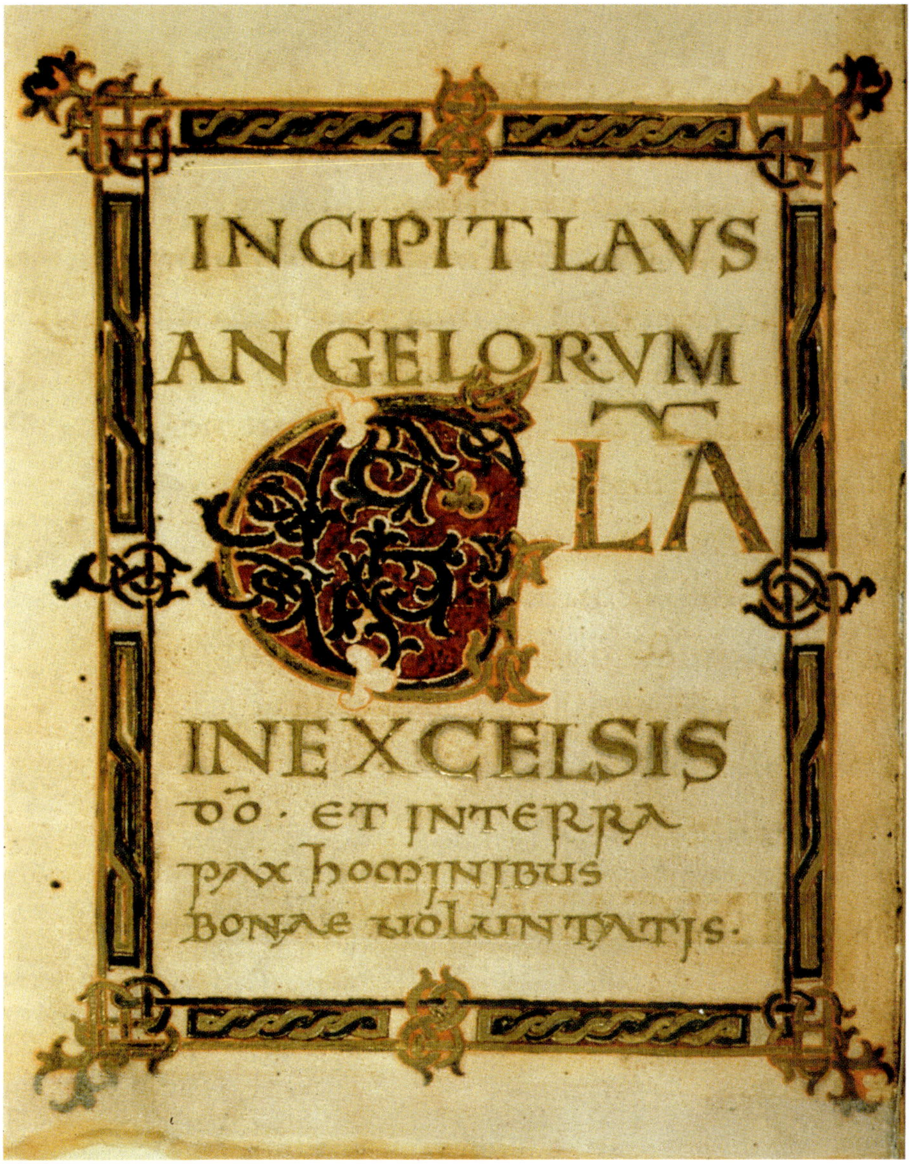

VI. 20, fol. 97v

paläographische Befund bestätigt, sind beide Werke in demselben Skriptorium entstanden, das an der Wende vom 10. zum 11. Jahrhundert in Mailand für den Erzbischof tätig war und sich in der Ornamentik auf Vorbilder der ottonischen Buchmalerei stützte. Die übliche Datierung des Sakramentars in die Amtszeit Bischof Ariberts von Mailand (1018–1045) ist damit unhaltbar geworden.

Die Handschrift ist auch unter dem Namen Sakramentar von S. Satiro bekannt, da im Kanon für den Gründonnerstag (fol. 69r) und in der Missa canonica (fol. 103v) der Name des hl. Satyrus, des Bruders des hl. Ambrosius, genannt ist, der in anderen ambrosianischen Sakramentaren fehlt. Doch scheint sich die Handschrift nie direkt in der Kirche S. Satiro in Mailand befunden zu haben. Sie wurde wahrscheinlich immer im Mailänder Dom aufbewahrt, da sie schon 1445 in einem Inventar der Handschriften und kirchlichen Ausstattungsstücke verzeichnet ist.

Nordenfalk, Milanese Artist, S. 375. – Bloch, Hornbacher Sakramentar, S. 108. – Paredi, Miniature del Sacramentario. – Paredi, Sacramentario di Ariberto (Ed.). – dell'Oro, Sacramentario. – Turner, Prayer-Book, S. 383–389. – Nordenfalk, Miniature ottonienne, S. 50 u. 53. – CLLA, Nr. 530. – Wettstein, Fresque romane, S. 40 u. 41. – Mütherich, Malerei der Ottonenzeit, S. 125f. – Hoffmann, Buchkunst, S. 52. – Nordenfalk, Milano, S. 110. – Paredi, Sacramentario di Ariberto.

F.C.

ROM UND DAS PAPSTTUM

VI. 21
Diptychon aus Rambona

Italien (Marken ?), Anfang 10. Jahrhundert
Elfenbein, Eisenscharniere. – H. 31 cm, B. 13,7 cm.
Vatikanstadt, Musei Vaticani, Inv.Nr. 62442

Die linke Tafel des Diptychons ist in drei Zonen geteilt: zuoberst der segnende Christus im Clipeus, der von zwei Engeln getragen wird; im großen Mittelfeld die Kreuzigung Christi mit Maria und Johannes Ev., über dem Querbalken des Kreuzes zwei Halbfiguren mit brennenden Fackeln, durch Inschriften als Sol und Luna gekennzeichnet; über ihnen eine breite Inschriftleiste: EGO SVM IHS NAZARENVS; der Text setzt sich in der Tafel am oberen Schaftende des Kreuzes fort: REX IVDEORVM. Unterhalb der ausgebreiteten Arme Christi auf dem Querbalken des Kreuzes MVLIER EN und DISSIPVLE ECCE. Die Texte beziehen sich auf das Johannes-Evangelium, das die Worte Jesu an Maria und an Johannes berichtet (Io 19,19 und 19,26–27). Unter den Terrainwellen am Fuß des Kreuzes die kapitolinische Wölfin mit Romulus und Remus; Inschrift: ROMVLVS ET REMVLVS A LVPA NVTRITI.

Auch das Bildfeld der rechten Tafel ist in drei Zonen geteilt. Allerdings sind die beiden oberen annähernd gleich hoch, die unterste sehr schmal. Im obersten Feld ist die thronende Maria mit dem Kinde dargestellt, flankiert von zwei Seraphim auf Rädern entsprechend der Vision des Ezechiel, wobei die Räder von einem Schlingenkreuz durchflochten sind (vgl. dazu die Reliquienbursa aus St. Peter in Salzburg, heute New York, Metropolitan Museum). Im darunter befindlichen Feld die hl. Gregor, Silvester und Flavian in liturgischer Gewandung, der links stehende hat die Arme im Gebetsgestus geöffnet, die beiden anderen halten in der linken Hand ein Buch, die rechte haben sie segnend erhoben. Sie stehen auf doppelriemigen Ranken, welche die Fläche zwischen ihnen füllen. Im untersten Feld eine in Proskynese liegende, nimbierte Gestalt mit einem Palmzweig und einer brennenden Fackel in den Händen. Drei Inschriftleisten: CONFESSORIS D(omi)NI S(an)CTIS GREGORIVS SILVESTRIS FLAVIANI CENOBIO RAMBONA AGELTRVDA CONSTRVXI/QVOD EGO ODELRICVS INFIMVS D(omi)NI SERBVS ET ABBAS/ SCVLPIRE MINIBIT IN DOMINO AMEN. Diese Inschrift nennt Ageltruda als Erbauerin der neuen Klosterkirche von Rambona. Sie war Gemahlin Herzog Widos von Spoleto, der seit 889 König von Italien war; 891 wurde er von Papst Stephan V. zum Kaiser gekrönt.

Auch der Sohn Widos, Lambert, wurde ein Jahr nach dessen Kaiserkrönung am 30. April 892 von Papst Formosus in Ravenna zum (Mit-)Kaiser gekrönt. Ende 896 oder Anfang 897 begleitete ihn Ageltruda nach Rom (Hofmeister, S. 413). Ein Privileg Berengars I. aus dem Jahre 898 bestätigte Ageltruda den Besitz des Territoriums von Rambona in der Nähe von Ancona. Über den in der Inschrift ebenfalls genannten Abt Odelricus ist nichts bekannt. Wolfgang Fritz Volbach sieht in dem Liegenden des untersten Streifens möglicherweise ihn dargestellt (vgl. Biblioteca Apostolica Vaticana. Museo Sacro, Guida V. Avori medioevali, Vatikanstadt 1942, S. 11). Zumindest der erste Teil der Inschrift ist als die Dedikation der Abteikirche zu verstehen, die dem hl. Flavian von Konstantinopel geweiht war, dem in den Marken ein eigener Kult galt. So gesehen geben die beiden Bildfelder die Malereien der Apsis in der Klosterkirche wieder. Daß im Relief einer Elfenbeintafel die Apsisausmalung einer Kirche festgehalten wurde, dafür gibt es auch ein weiteres Beispiel in den Elfenbeintafeln des St. Gallener cod. 53 (Menz-von der Mühll; allgemein zum Thema der Wiedergabe von Apsisausmalungen Gerke, S. 206).

Die Tafel mit der Kreuzigung Christi erinnert an den Typus der fünfteiligen Diptychen, bei denen einer oberen schmalen Leiste mit einem von Engeln oder Genien getragenen Clipeus mit dem glorifizierten Christus oder Kaiser die zentrale Darstellung folgt. Für die Darstellung der kapitolinischen Wölfin unterhalb des Kreuzes Christi ist kein weiteres Beispiel bekannt. Adolph Goldschmidt schlug vor, in ihr einen Hinweis auf die Kaiserwürde Widos von Spoleto zu sehen. Die Wölfin wurde im frühen Mittelalter als *mater Romanorum* („Mutter der Römer") bezeichnet (Erler, S. 125 f.). Die dargestellte Wölfin muß aber wohl auch in einer Beziehung zu den beiden darüber befindlichen christologischen Szenen gesehen werden. Ihre Darstellung folgt nicht der kapitolinischen Wölfin, sondern einem Münzbild aus der späten Kaiserzeit, auf dem sie gleichartig mit abgestemmten Beinen und zurückgewandtem Kopf gezeigt wird (Erler, Abb. 2).

VI. 21

Die unmittelbare Verbindung der beiden Tafeln zu einem Diptychon ist jüngeren Datums. Ursprünglich schmückten sie wohl Vorder- und Rückdeckel eines Codex. So wäre ihre auffallend unterschiedliche Gliederung ebenso verständlich wie die sich nicht aufeinander beziehende Thematik.

Charles Rufus Morey wollte aufgrund der unteren reich durchbrochenen Abschlußleisten, für die er Vergleichsbeispiele in vorderasiatischer und ägyptischer Architektur zu finden glaubte, für das Diptychon ein koptisches Vorbild annehmen. Vergleichbare Lösungen bei koptischen oder islamischen Elfenbeinarbeiten sind aber nicht gegeben.

Anfang des 18. Jahrhunderts waren die beiden Platten im Besitz von Filippo Buonarotti in Florenz.

Goldschmidt, Elfenbeinskulpturen, Bd. 1, Nr. 181 a, b. – Morey, Oggetti di avorio, S. 60 ff. – Fillitz, Relief, S. 48 f. – Erler, Lupa. – Nestori, Rambona. – Zu den Vergleichsstücken: Hofmeister, Markgrafen, S. 411–413. – Gerke, Spätantike. – Menz-von der Mühll, St. Galler Elfenbeine, S. 405.

H.F.

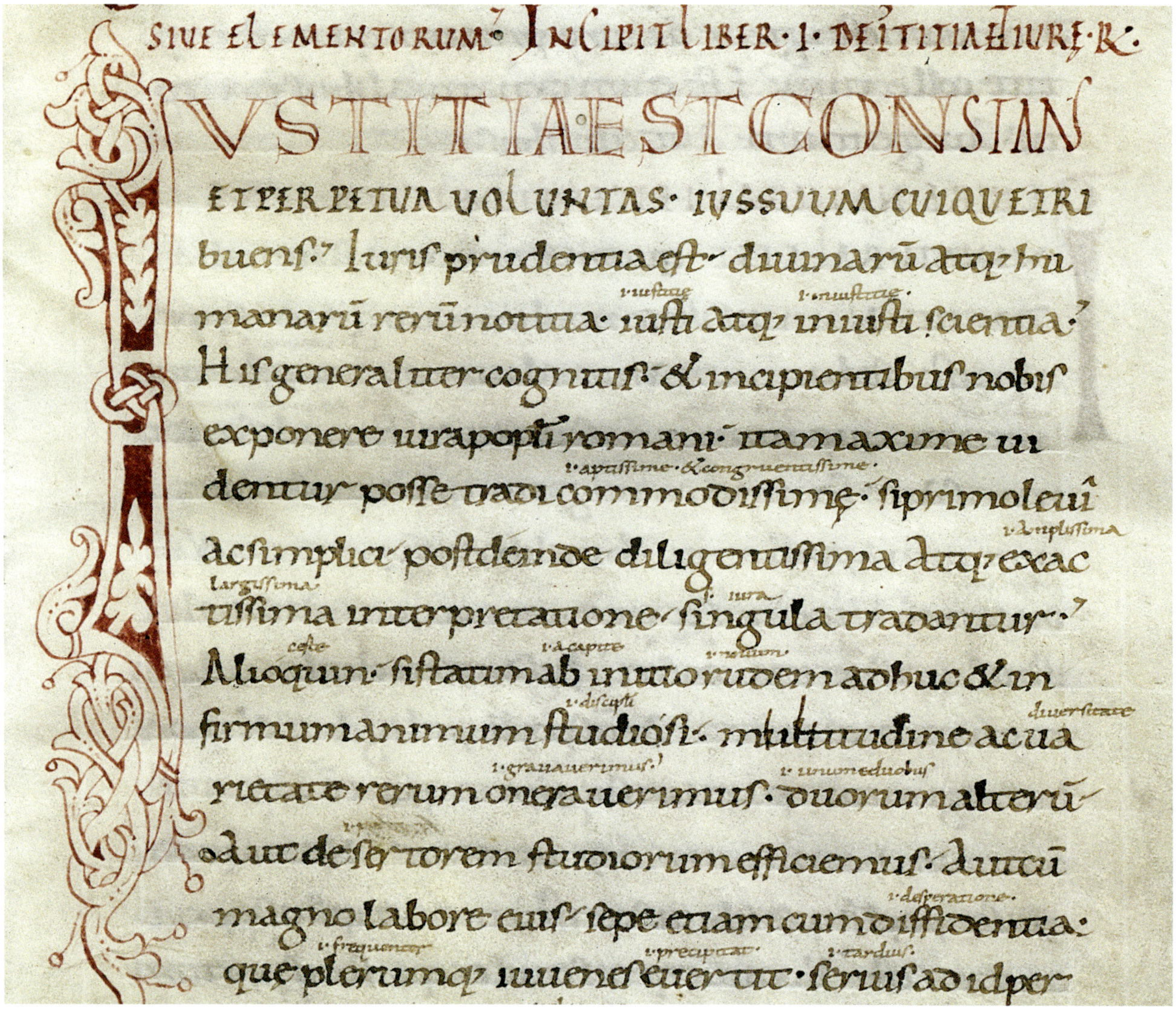

VI. 22, fol. 4r (Ausschnitt)

VI. 22
Kaiser Justinian, Institutiones

Rom, ca. 960–970
Pergament, 124 Blätter. – H. 24,3 cm, B. 18,3 cm.
Bamberg, Staatsbibliothek, Msc. Jur. 1

Der Codex (fol. 1v–124r Z. 16) ist im dritten Viertel des 10. Jahrhunderts von zwei Händen in sorgfältiger Romanesca, d. h. in der in Rom und Umgebung üblichen Schrift, geschrieben worden. Er wurde mit mehreren großen Initialen (fol. 2v, 4r, 27r) geschmückt, die in rot-violetter Tinte gezeichnet bzw. damit gefüllt sind und auf bodenseeischen Mustern fußen: Die Buchstaben laufen in Ranken aus, die sich verknoten, aus ihren Blättern sprießen dünne Fäden mit kleinen, kreisförmigen Enden; auf dunklem Grund sind Blattmotive ausgespart. Mit dem Bamberger Codex eng verwandt und mit gleichen Initialen ausgestattet ist das Ms. 9219 der Bibliothèque Royale in Brüssel, das in der zweiten Hälfte des 10. Jahrhunderts entstanden zu sein scheint. Nach Bernhard Bischoff soll dessen Schrift in den Umkreis von Rom verweisen, doch sind bodenseeische Züge (Reichenau?) nicht zu verkennen (eine Hand des Brüsseler Codex hat auch das Lektionarfragment in Hannover, Kestner-Museum 3962, geschrieben, mit beneventanischer Fragemarkierung). Die beiden Handschriften in Bamberg und Brüssel bezeugen jedenfalls die Ausstrahlung der bodenseeischen Buchkunst der Ottonenzeit bis nach Mittelitalien.

Den Hauptinhalt des Codex Jur. 1 bilden die 'Institutiones', ein Teil des 'Corpus Iuris Civilis' des Kaisers Justinian; in der Zeit vor der Renaissance des römischen Rechts um 1100 sind sie als Ganzes äußerst selten überliefert. Auf fol. 4r beginnt das erste Buch der 'Institutiones' (Abb.): *Iustitia est constans et perpetua voluntas ius suum cuique tribuens* („Die Gerechtigkeit ist der beständige und dauernde Wille, der jedem sein Recht erteilt"). Noch im 10. Jahrhundert sind von italienischen Händen in den Codex mehrere kleine Texte eingetragen worden, die das römische Recht und den Kaiser betreffen, so auf fol. 1r die ältere römische Pfalzrichterliste und ein kurzes Stück aus dem Codex Kaiser Justinians, auf fol. 124v ein Encomium (Lobrede) auf diesen Kaiser aus der 'Historia Langobardorum' des Paulus Diaconus (I, c. 25). Eine Mainzer Hand fügte im letzten Viertel des 10. Jahrhunderts auf fol. 124r eine Rechtsentscheidung (*capitulum*) hinzu, die Otto der Große 971 in Pavia getroffen hatte. Wahrscheinlich war der Codex inzwischen in den Besitz des Herrschers gelangt, wenn auch schwer zu sagen ist, was den Kaiser bzw. seine Hofkapellane an dem Gesetzbuch Justinians interessiert hat – ein Problem, das sich ähnlich auch sonst bei der Rezeption der antiken Literatur in dem so anders gearteten Früh- und Hochmittelalter stellt.

Zu Beginn des 11. Jahrhunderts ist die Handschrift vermutlich aus dem ottonischen Erbe durch Vermittlung Kaiser Heinrichs II. in die Bamberger Dombibliothek gekommen. Im Zuge der Säkularisation zu Beginn des 19. Jahrhunderts fand sie ihre Heimstatt in der heutigen Staatsbibliothek am Ort.

Handschriften Bamberg, Bd. 1,2, S. 119–127. – Dolezalek, Handschriften zum Recht, Bd. 1. – Schramm/Mütherich, Denkmale, S. 151 Nr. 92. – Bischoff, Italienische Handschriften, S. 176. – Hoffmann, Buchkunst, S. 232. – Martini, Area grafica romanesca, S. 127f. – Mütherich, Brüsseler Handschrift. – Hoffmann, Bamberger Handschriften, S. 139–141. – Ausst.kat. Aachen 2000/01, S. 111 Nr. 13 (Anton von Euw).

H.H.

VI. 23
Fragment einer Schrankenplatte

Rom, 731–741 oder 795–816
1910 von Ludwig Pollak in Rom erworben, Fundstelle unbekannt
Marmor. – H. 114,5 cm, B. noch 66 cm.
Berlin, Staatliche Museen zu Berlin, Skulpturensammlung und Museum für Byzantinische Kunst, Inv.Nr. 6588

VI. 23

Das Fragment bildete einstmals das Mittelstück einer ca. 2,10 bis 2,20 m langen Schrankenplatte; zwei in den Grotten von St. Peter zu Rom aufbewahrte Bruchstücke konnten Alejandros Marcos Pous und Eugenio Russo als zugehörig nachweisen, obwohl alle drei Fragmente nicht mehr Bruch an Bruch zusammenpassen. Die vollständige Schrankenplatte (Abb.) wies vier Arkaden auf, die ringsum von einem profilierten Rahmen aus jeweils drei glatten Leisten und zwei breiten Bändern eingefaßt waren. Die Arkaden bestehen aus Säulen mit spiralförmig kannelierten Schäften, einfachen Würfelbasen und Kapitellen mit dreifach übereinander gelegten Blattwedeln, deren obere zusammengewachsen sind und eine Art Abakus oder Kämpfer bilden. Die Rundbögen sind mit einer Wellenlinie und wechselseitig eingefügten Punkten verziert. Unter den Arkaden stehen Lebensbäume in Gestalt stilisierter Palmen mit symmetrisch angeordneten, weintraubenförmigen Fruchtständen und spiralför-

zu VI. 23

migen Ranken, die rechts und links von den Stämmen abzweigen.

Die Plattenfragmente gehörten zu einer monumentalen Schrankenanlage, die einen Teil des Presbyteriums der alten Petrusbasilika im frühen Mittelalter abschloß. Das Presbyterium, in dessen Zentrum das Petrusgrab lag, hatte im Laufe der Zeit mehrere tiefgreifende Umgestaltungen erfahren. Die erste Anlage aus konstantinischer Zeit bestand aus einem Ciborium, das die freistehende Apostelmemoria umgab. Das Ciborium wurde von vier etwa 4,75 m hohen und kostbar mit Weinranken verzierten Spiralsäulen gebildet, die als Spolien des 3. Jahrhunderts angeblich von Konstantin dem Großen (324–337) nach Rom gebracht worden waren (von Bernini an den Vierungspfeilern der Peterskirche wieder eingefügt). Der rückseitige Architrav endete seitlich über zwei weiteren Spiralsäulen, die innerhalb der Apsislaibung standen. Zwischen den vier Ziboriumssäulen, die den Apostelschrein umgaben, waren wohl eherne Gitter eingelassen; die seitlichen Interkolumnien konnten mit Vorhängen verschlossen werden.

Diese erste Memoria des hl. Petrus ließ Papst Gregor I. der Große (590–604) durch eine neue Anlage ersetzen: Innerhalb und vor der Apsis wurde ein erhöhtes Podium errichtet, auf das zwei seitliche Treppen hinaufführten. Unterhalb der Anlage verlief ein halbkreisförmiger Gang, eine Ringkrypta, die den Pilgern den Zugang zu dem jetzt innerhalb des Podiums verborgenen Petrusgrab gewährte. Unmittelbar über der Apostelmemoria errichtete der Papst ein Ziborium aus vier mit Silber verkleideten Säulen sowie einen Altar, um unmittelbar über dem Leib des hl. Petrus die Messe feiern zu können (*ut super corpus beati Petri missas celebrarentur*), wie der 'Liber Pontificalis (Bd. 1, S. 312, Z. 9–10) vermerkt. Die sechs von der konstantinischen Anlage übernommenen Spiralsäulen erhielten mitsamt ihren Postamenten einen neuen Standort vor den beiden Treppenwangen.

Nach dem 'Liber Pontificalis' (Bd. 1, S. 417, Z. 5–9) wurde diese Anlage unter Gregor III. (731–741) um weitere sechs Spiralsäulen bereichert, die der byzantinische Exarch von Ravenna, Eutychios, dem Papst geschenkt hatte. Diese Säulen standen in einer zweiten Reihe vor der älteren gregorianischen Presbyteriumsanlage – drei zur Linken und drei zur Rechten – und waren mit einem Gebälk überspannt, das auf silbergetriebenen Reliefs die Darstellungen Christi und der Apostel auf der einen sowie der Gottesmutter und heiliger Jungfrauen auf der anderen Seite zeigte. Ein Grundrißplan der alten Peterskirche von Tiberio Alfarano († 1596) aus dem Jahre 1571 (Stich von 1589–1590) gibt noch die Standspuren der Zwölf-Säulen-Anlage des Presbyteriums an, obwohl die vordere Säulenreihe bereits um 1507 abgebrochen und zwei der Spiralsäulen in das Oratorium Johannes' VII. versetzt worden waren.

Das Presbyterium von Alt-St. Peter ist unter Leo III. (795–816) weiter ausgebaut worden. Der 'Liber Pontificalis' berichtet: *fecit presbiterio noviter totum in marmorum pulchritudinis sculptum compte erectum* („er errichtete das Presbyterium gänzlich neu mit schön verzierten Marmorarbeiten"; Bd. 2, S. 8). Beim Abriß der alten und beim Bau der neuen Peterskirche wurden untere Teile der Presbyteriumsanlage, so zwei der Postamente, welche die hinteren Spiralsäulen trugen, überbaut und sind dadurch erhalten geblieben. Von einer ganz ähnlichen Schrankenplatte hat sich ein Negativabdruck in der Putzschicht einer jüngeren Mauer („muro m-n") erhalten, wodurch deren Standort gesichert ist. Es ist jedoch unklar, ob bereits unter Gregor III. oder erst unter Leo III. die Interkolumnien zwischen der hinteren Säulenreihe – vielleicht in Zusammenhang mit einer Veränderung der Treppenläufe – durch Schrankenplatten in der Art unseres Fragments geschlossen worden sind. Über das Aussehen der Anlage konnte trotz zahlreicher Rekonstruktionsversuche bis heute keine ausreichende Klarheit erlangt werden. Die aus den drei Fragmenten rekonstruierte Schranke kann frühestens in der Zeit Gregors III. entstanden sein, doch ist eine Datierung in die Zeit Leos III. nicht auszuschließen.

Duchesne/Vogel, Liber Pontificalis.

Volbach, Bildwerke, S. 8, Nr. 6588. – Kautzsch, Schmuckkunst, S. 54, Abb. 85 (Fragmente St. Peter). – Marcos, Basílica de San Pedro, S. 156. – Corpus della scultura altomedioevale, Bd. 7,1, S. 96; Bd. 7,2, S. 28. – Russo, Presbitero di S. Pietro, S. 24–28 u. 31f., Abb. 17 (Fotomontage aller drei Fragmente). – Effenberger/Severin, Museum Nr. 117 (Arne Effenberger). – Ausst.kat. Hildesheim 1993, Bd. 2, Nr. III-7 (Arne Effenberger). – Ausst.kat. Frankfurt 1994, Nr. VII-12 (Bettina Gündelhöfer). – Ausst.kat. Paderborn 1999, Nr. IX.6 (Arne Effenberger). – Ausst.kat. Rom 2000/01, S. 196, Abb. 7; S. 645, Nr. 349 (Eugenio Russo). – Zur Schrankenanlage von Alt-St. Peter: Corpus Basilicarum, Bd. 5, S. 201–205 u. 263–267 (mit älterer Lit.). – de Blaauw, Cultus, Bd. 2, S. 530–551. – Bauer, Frammentazione litugica, S. 390–393 u. 441–443.

A.E.

VI. 24
Decretales Pseudo-Isidorianae, Konstantinische Schenkung

Oberitalien, ca. 1000 und ca. 1020
Pergament, 149 Blätter. – H. 33 cm, B. 22 cm
(fol. 3–6: H. 27,5, B. 19,5 cm).
Bamberg, Staatsbibliothek, Msc. Can. 4

Die pseudoisidorischen Dekretalen, die den größten Teil des Codex ausmachen (fol. 17r–140r), wurden fast ganz von einem wohl oberitalienischen Schreiber um 1020 geschrieben. Drei weitere, gleichzeitige Hände fügten einen Vorspann mit einem Papstkatalog, einer Liste der Mailänder Erzbischöfe und einem Inhaltsverzeichnis hinzu. In den ersten Faszikel wurde ein etwas kleineres Heft von vier Blättern (fol. 3–6) eingebunden, auf denen die Konstantinische Schenkung und als Nachtrag das Sicherheitsversprechen stehen, das Otto der Große wahrscheinlich 960 dem Papst gegeben hat, beides um das Jahr 1000 geschrieben, aber von zwei verschiedenen, italienischen Händen. Am Schluß des Codex (fol. 146v–149r) kamen im späteren 11. Jahrhundert, eingetragen von drei Händen, weitere kanonistische Texte hinzu. Am Rand von fol. 17r ist zu lesen: *Istum librum sibi adquisivit Anselmus episcopus* („Dieses Buch hat sich Bischof Anselm erworben"); gemeint ist ein italienischer Bischof des 11. Jahrhunderts, doch kommen hier mehrere Personen dieses Namens in Frage. Das Buch gelangte im Mittelalter auf unbekanntem Weg in die Bamberger Dombibliothek und zu Beginn des 19. Jahrhunderts im Zuge der Säkularisation an seinen heutigen Ort.

Die sog. Konstantinische Schenkung, eine Fälschung zugunsten des Papsttums aus der zweiten Hälfte des 8. oder der ersten Hälfte des 9. Jahrhunderts, hat in dem Bamberger Codex eine ungewöhnliche Form. Normalerweise ist diese Urkunde – und das scheint auch ihre ursprüngliche Gestalt gewesen zu sein – als Kopie überliefert; daher wird die an-

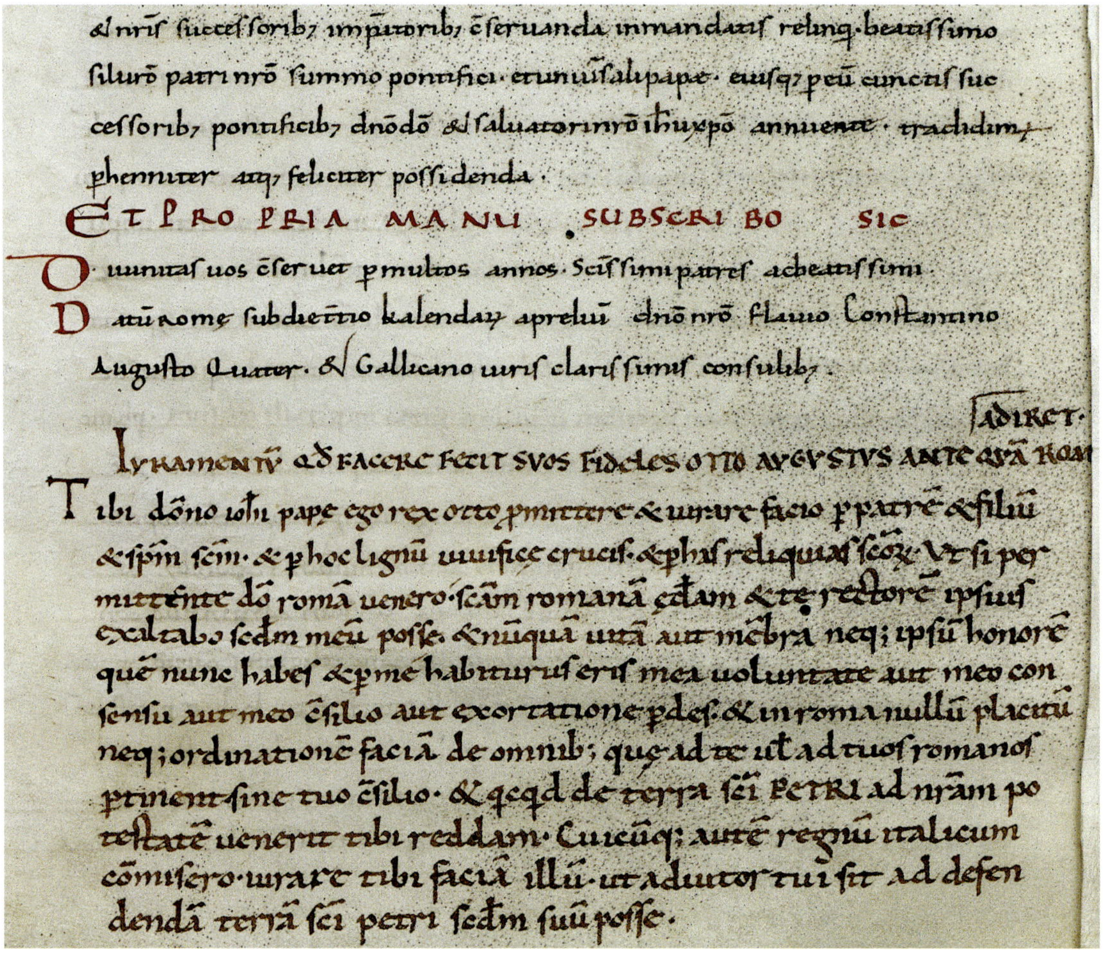

VI. 24, fol. 6v (Ausschnitt)

geblich eigenhändige Unterschrift Kaiser Konstantins des Großen (die als authentisch vollzogene ja nicht vorhanden ist) von den Kopisten mit den Worten *Et subscriptio imperialis* („und [es folgt] die kaiserliche Unterschrift") angekündigt. In dem Codex Can. 4 liest man statt dessen in roter Tinte: *Et propria manu subscribo sic* („Mit eigener Hand unterschreibe ich folgendermaßen"; Abb.). Natürlich ist auch diese Fassung in der Bamberger Handschrift bloß als Kopie überliefert, jedoch scheint sie auf ein (angebliches) Original zurückzugehen. Die Vorlage des Bamberger Hefts dürfte daher eine Prunkausfertigung der Konstantinischen Schenkung gewesen sein, die man 962 in Rom hergestellt hat, um Otto den Großen mit einem angeblichen Original Konstantins des Großen zu beeindrucken und so die Ansprüche des Papstes bei seinen Verhandlungen mit dem Kaiser zu untermauern (vgl. Kat.Nr. *VI.25).

Auf fol. 6v steht unter der Konstantinischen Schenkung, nicht ursprünglich zugehörig, sondern von anderer Hand nachgetragen, ein *Iuramentu(m) quod facere fecit suos fideles Otto augustus antequa(m) Rom(am) adiret* („Der Eid, den der Augustus Otto seine Getreuen leisten ließ, bevor er nach Rom kam"; Abb.). Die Überschrift ist irreführend. Was folgt, ist nicht der Eid, den Ottos Gesandte vermutlich im Dezember 961 dem Papst im Namen ihres Herrschers schworen, sondern das davon zu unterscheidende Versprechen des Königs, daß seine Beauftragten, wenn er nach Rom kommen werde, für ihn einen solchen schwören sollen. Dieses Versprechen scheint Otto den Gesandten Papst Johannes' XII. gegeben zu haben, als sie ihn 960 aufsuchten, um ihn zum Romzug zu bewegen. Der König selbst schwor im 10. Jahrhundert einen Eid nicht persönlich, sondern ließ sich durch seine „Getreuen" vertreten. Inhaltlich ist der Unterschied zwischen Ottos Versprechen von 960 und dem (anderweitig überlieferten) Eid seiner Gesandten (von Dezember 961?) sonst nicht groß. Beide Male geht es darum, daß der König dem Papst nicht nach Leib und Leben trachten, auch sonst nichts gegen ihn unternehmen, die römische Kirche schützen und die Rechte des Papstes in Rom und im Kirchenstaat respektieren wird. Die Garantieerklärung für den Papst gehörte zu den rechtlichen Formalitäten, die zur Kaiserkrönung Ottos des Großen im Februar 962 führten.

MGH Const. 1, Nr. 10. – Böhmer, Reg. Imp., Bd. II,5, Nr. 287.

Handschriften Bamberg, Bd. 1,1, S. 858–860. – Fuhrmann, Konstantinische Schenkung, bes. S. 123–151. – Drabek, Verträge, S. 64f. – Bischoff, Italienische Handschriften, S. 176 Anm. 16. – Goez, Eidesleistung, S. 521f. – Kolmer, Eide, S. 218f. – Hoffmann, Bamberger Handschriften, S. 121f.

H.H.

*VI. 25
Sog. Ottonianum

(Urkunde Kaiser Ottos des Großen für die römische Kirche)

Rom/Fulda?, 962, 13. Februar
Pergamentrotulus, purpurgefärbt. – H. 101 cm, B. 40 cm.
Vatikanstadt, Archivio Segreto Vaticano, AA. Arm. I-XVIII, 18

Am 13. Februar 962, elf Tage nach seiner Kaiserkrönung, erteilte Otto der Große in Rom der römischen Kirche ein Privileg, in dem er ihr und Papst Johannes XII. den Bestand des Kirchenstaates zusicherte, seine Beziehungen zum Papst regelte und Bestimmungen für dessen Wahl traf. Von dieser Urkunde ist ein normales Original in der üblichen, schmucklosen Form nicht erhalten, wohl aber eine Prunkausfertigung, die offensichtlich noch im Jahr 962 von einem Fuldaer Schreiber hergestellt worden ist. Das geschah vermutlich in Rom, wo Abt Hatto II. von Fulda, der zu den Politikern und Beratern um den Kaiser gehörte, im Februar 962 nachzuweisen ist. Er dürfte einen seiner Mönche, der mitgezogen war, mit dem Schreiben beauftragt haben. Seit der Überreichung an den Empfänger hat die Urkunde zum päpstlichen Archiv gehört und dementsprechend dessen Geschicke geteilt.

Das Ottonianum ist eine lange Pergamentrolle (Rotulus), die mit Purpurfarbe eingefärbt worden ist (ob es sich um echten Purpur oder um eine Imitation handelt, scheint bislang nicht untersucht worden zu sein). Auf den so präparierten Grund wurde der Urkundentext in Goldtinte aufgetragen. An den Rändern läuft eine Bordüre entlang, auf die in Abständen Medaillons mit einem Kreuzmuster verteilt sind, dazwischen Ranken und anderes vegetabiles Ornament, dezent, aber künstlerisch nicht aufwendig. Vorbild für eine solche Ausschmückung waren vermutlich byzantinische Kaiserurkunden, wenngleich es Purpurprivilegien in Goldschrift vereinzelt in Italien schon vor dem Ottonianum gegeben zu haben scheint.

Inhaltlich knüpft das Ottonianum an eine lange Reihe von Privilegien an, die die fränkischen Herrscher den Päpsten seit der Mitte des 8. Jahrhunderts

VI. 25 (Ausschnitt)

gegeben hatten. Ausgangspunkt ist die Pippinsche Schenkung von 754 gewesen. In den 200 Jahren zwischen Pippin und Otto dem Großen ist der Text dieser sog. Kaiserpakten dann nachhaltig erweitert und verändert worden, doch da von den betreffenden Urkunden sich vor dem Ottonianum allein diejenige Ludwigs des Frommen von 817 erhalten hat, ist es schwierig, die Pakten im 9. und frühen 10. Jahrhundert etappenweise zu rekonstruieren. Wir wissen nicht, wie die Privilegien, die der Papst 962 vorweisen konnte (außer dem 'Ludovicianum'), im einzelnen ausgesehen haben, und wir wissen erst recht nicht, was man davon dem Kaiser und seinen Beratern vorgelegt hat. Der Text, den Otto der Große 962 bestätigte (oder geringfügig abänderte), war jedenfalls das Ergebnis einer langen und keineswegs konsequenten oder gar logisch einwandfreien Entwicklung gewesen; nicht zu Unrecht hat man das Ottonianum ein „geographisches und politisches Monstrum" genannt (Haller). Wie die Vorurkunden bestimmt und bestätigt Ottos Privileg in der Hauptsache die Ausdehnung des Kirchenstaates. Dieser sollte sich praktisch über ganz Mittelitalien und große Teile Ober- und Unteritaliens erstrecken – auf dem Pergament, denn die Wirklichkeit sah viel bescheidener aus. Otto der Große verbriefte hier dem Papst umfangreiche Gebiete, die dieser nie wirklich besessen hatte. Der Kaiser seinerseits hatte wohl auch gar nicht die Absicht und tat jedenfalls nichts, um der römischen Kirche das Fehlende noch zu verschaffen; er handelte in dieser Hinsicht wiederum nicht anders als seine Vorgänger, die ebenfalls mehr versprochen hatten, als sie gehalten haben – auch hier also eine merkwürdige Kontinuität. Der Widerspruch zwischen „Pergament und Praxis" blieb im 10. Jahrhundert folgenlos. Erst zu Beginn des 13. Jahrhunderts berief sich Innozenz III. auf die territorialen Bestimmungen der Kaiserpakten und zog daraus politische Konsequenzen.

Zu weiteren Abbildungen des Ottonianums vgl. Beitrag Keller, Abb. 10 a u. b.

MGH DO I 235. – MGH Const. 1, Nr. 12. – Böhmer, Reg. Imp., Bd. II,5, Nr. 305.

Haller, Papsttum, Bd. 2, S. 208f. u. 551–553. – Stengel, Geschichte, S. 218–248. – Drabek, Verträge, S. 67–72. – Schramm/Mütherich, Denkmale, S. 140 Nr. 65, Abb. S. 276. – Hoffmann, Buchkunst, S. 170f. – Brühl, Diplomatik, Bd. 2, S. 601–619.

H.H.

VI. 26
Blick in das Langhaus von Alt-Sankt Peter, Rom

Domenico Tasselli (zugeschrieben), Rom, bald nach 1605
Papier, aquarellierte Federzeichnung. – H. 42,3 cm, B. 56,6 cm.
Vatikanstadt, Biblioteca Apostolica Vaticana, Arch. Cap. S. Pietro, A 64 ter, fol. 12r

Spätestens seit dem 15. Jahrhundert war die päpstliche Hauptkirche von St. Peter immer weniger imstande, dem Winddruck und den immensen Last- und Schubkräften ihrer kolossalen Architektur standzuhalten. Die drohende Baufälligkeit und der aufziehende Geist der Renaissance bewegten Papst Nikolaus V. (1447–1455) zu dem Entschluß, die Basilika zunächst an Chor und Langhaus zu erneuern und somit in eine modernere, würdigere Kirche zu verwandeln. Doch kam das Vorhaben immer wieder ins Stocken. Erst mit der Thronbesteigung Giulianos della Rovere als Papst Julius II. (1503–1513) war das Schicksal des spätantiken Baus besiegelt: Abriß und Neubau.

1506 wurde der Grundstein gelegt, ab 1507 verschwanden sukzessive die Apsis, das Querhaus und das östlich sich anschließende Langhaus. Zugleich wuchs der am Chor (d. h. im Westen) begonnene Neubau Bramantes, Raffaels und Michelangelos. Daneben blieb bis zum Pontifikat Papst Pauls V. Borghese (1605–1621) ein im großen und ganzen unversehrter Rumpf des Langhauses und das Atrium aufrecht stehen. Dieses mehr und mehr verfallende Rudiment wurde in der kurzen Zeit zwischen 1605 (Abdeckung des Daches) bis 1611 (Abriß der alten Fassade) abgetragen und machte dem Langhaus von Neu-St. Peter Platz.

Das Aquarell gehört zu einer Serie von Bauaufnahmen der im Jahre 1605 noch aufrecht stehenden Teile von Alt-St. Peter. Die sowohl antiquarisch als auch kirchenpolitisch motivierte Dokumentation entstand auf päpstlichen Befehl hin und wurde von dem „Chronisten" des Abbruchs, dem Kanoniker, Notar und Kapitel-Archivar Giacomo Grimaldi (1568–1623) verfaßt. Mit dem 1620 datierten Cod. Barb. Lat. 2733 (Vatikanstadt, Biblioteca Apostolica Vaticana) hinterließ er ein umfangreiches Inventar von Alt-St. Peter. Grimaldi, der auf der Baustelle mit dem Protokollieren von Wandmalereien, Einrichtungsgegenständen, Altartranslozierungen, Graböffnungen, Exhumierungen usw. Tag und Nacht unter widrigsten Bedingungen beschäftigt

VI. 26

war, verpflichtete zu seiner Entlastung einige Zeichner, darunter Domenico Tasselli, dem die wohl an Ort und Stelle vorskizzierte, später am Zeichentisch sorgfältig ausgearbeitete Aufnahme einhellig zugeschrieben wird. Sie befindet sich heute im sog. Album von St. Peter, einem 1841 eingerichteten Klebeband. Grimaldi kopierte diese und andere Vorlagen, ergänzt um ausführliche Annotationen und Legenden, in den bereits genannten Codex. Der Rang dieser detaillierten Quelle ist um so höher anzusetzen, als wir kaum andere, und noch weniger bildliche Nachrichten über die Ausstattung von Alt-St. Peter besitzen.

Die Zeichnung zeigt in der Art eines perspektivischen Schnittes einen Einblick von der (fortgelassenen) Fassadenwand in das Langhaus nach Westen bis zum 1538 auf Höhe der elften Säulenstellung errichteten *muro divisorio*, einer Scheidmauer, die den Rumpf der Basilika gegen die Baustelle abtrennen sollte. Das Langhaus wird gebildet von zwei abgestuften nördlichen (in der Zeichnung rechts) und zwei südlichen Seitenschiffen, die jeweils von einem gemeinsamen Pultdach zusammengefaßt werden, sowie dem basilikal überhöhten Mittelschiff mit seinem offenen Dachstuhl. Kolonnaden tragen die Mittelschiffwände, Arkaden scheiden die Seitenschiffe. Ein marmorner Bodenbelag ist nur schematisch angedeutet. Der Aufriß der Hochwände wird horizontal gegliedert von einem Band verschiedenfarbiger Spoliensäulen mit ihren ebenfalls uneinheitlichen Basen und Kapitellen, einem auskragenden, aus antiken Fragmenten zusammengesetzten Konsolgesims mit einem durch Gitter gesicherten Laufgang und dem Obergaden mit seinen möglicherweise im 13. Jahrhundert vergrößerten Rundbogenfenstern sowie ganzfigurigen Heiligendarstellungen. Die riesigen Wandflächen zwischen Säulen- und Fensterzone trugen ein auf das Lot der Säulen abgestimmtes System von insgesamt 92 szenischen Bildfeldern sowie – um diese untereinander zu Zyklen zu verbinden und in der gebauten Architektur kompositorisch zu verankern – ein zweiregistriges Rahmengerüst. Die Rahmengevierte waren nach Ausweis aller Quellen in Malerei fingiert und nicht, wie häufig angenommen, plastisch aufstuckiert. Dabei wurde innerhalb des Rahmensystems ein perspektivischer Verkürzungsmodus angewandt, der sich auf den durch das Mittelportal eintretenden Pilger ausrichtete. Die Bildfelder zeigten über zwei Medaillon-Friesen mit Papstbildnissen (aus dem 5. und 13. Jahrhundert) in zwei Registern Szenen aus dem Alten Testament (nördliche Hochwand) und Szenen aus dem Leben Jesu (südliche Hochwand). Ob bis ins 7./8. Jahrhundert anstelle des christologischen Themas die Apostelgeschichte mit der Petrus-Vita die Südwand schmückte, ist ungewiß. Entstammen dürfte dieses Dekorationssystem – ungeachtet späterer Restaurierungen und Erneuerungen – dem 4. Jahrhundert oder, m. E. wahrscheinlicher, der Regierungszeit Papst Leos des Großen (440–461). Darauf deuten gut datierbare Vergleichsbeispiele für derartig gerahmte Wandgestaltungen sowie eine Nachricht im 'Liber Pontificalis' (Bd. 1, S. 238 f.) hin.

An liturgischen Einrichtungen erkennt man zahlreiche Altäre, eine Vielzahl von Grabdenkmälern sowie eine Orgel aus dem 15. Jahrhundert.

Der im 17. Jahrhundert aufgezeichnete Zustand der „Rest-Basilika" von Alt-St. Peter vermittelt eine allgemeine, aber gültige Vorstellung von dem ehrwürdigen Bauwerk. Die autoritative Vorbildwirkung der spätantiken-frühmittelalterlichen Malereien in Alt-St. Peter, jener Memorial- und Pilgerkirche, die über dreizehn Jahrhunderte das Stadtbild Roms prägte, kann gar nicht zu hoch veranschlagt werden.

Duchesne/Vogel, Liber Pontificalis.

Waetzoldt, Kopien, S. 12–14, 20 u. 70f. Nr. 931. – Corpus Basilicarum, Bd. 5, S. 170, 173, 221 u. 246–251. – Arbeiter, Alt-St. Peter. – Kessler, Old St. Peter, Bd. 1, S. 119–146 (Lit.). – Ausst.kat Hildesheim 1993, Bd. 2, Nr. III-6 (Ursula Nilgen). – Kessler, Medieval Church Decoration. – Pöpper, Langhausdekorationen (Lit.). – Ausst.kat. Paderborn 1999, Nr. IX.4 (Ursula Nilgen). – Kessler, Decorazione, S. 263–270, bes. S. 266 (Lit.).

Th.P.

DAS ANGELSÄCHSISCHE REICH

VI. 27
Reliquienkreuz

Angelsächsisch, letztes Viertel 10. Jahrhundert (Kruzifix); Niederrhein, um 1000 (Goldschmiedearbeit)
Holzkern; Walroßzahn, geschnitzt; Goldblech, getrieben, Goldfiligran, Zellenschmelz.
Montierung der Goldbleche teilweise erneuert; Fehlstellen am rechten und am unteren Kreuzarm der Rückseite sowie an den Inschriftenleisten der Schmalseiten; Goldreliefs der Rückseite stark verdrückt; Kopf und Lendenschurz des Kruzifixes etwas abgegriffen, Daumen abgebrochen, Befestigungsstifte an den Wundmalen modern; kleinere Ausbrüche am Nimbus.
H. 18,5 cm, B. 13,65 cm, T. 1,4 cm.
London, Victoria and Albert Museum, Inv.Nr. 7943–1862

Das verhältnismäßig kleine lateinische Kreuz war, wie die noch erhaltene Öse am oberen Kreuzarm zeigt, ursprünglich zum Aufhängen bestimmt. Es dürfte einst als Hängekreuz über einem Altar gedient haben. Die Vorderseite ist mit Goldfiligran, Zellenschmelz und einem in Walroßzahn geschnitzten Kruzifix geschmückt. Die Rückseite zeigt figürliche Darstellungen in flach getriebenem Relief.

Der Filigranbeschlag der Vorderseite ist aus fünf Teilen zusammengesetzt: den vier Längsstücken der Kreuzarme und dem quadratischen Beschlag der Vierung. Die Goldblechplatten sind dabei jeweils so gearbeitet, daß sie das in Walroßzahn geschnitzte Kruzifix aussparen, unter dem sich das Reliquiensepulkrum des Kreuzes befindet. An den Enden der Kreuzarme sind kreisrunde Zellenschmelzplättchen mit Darstellungen der vier Evangelistensymbole angebracht. Alle vier sind in Halbfigur wiedergegeben und halten Buchrollen als Attribute. Den Abschluß des oberen Kreuzarms bilden zwei längsrechteckige Zellenschmelzplättchen mit der Inschrift IHS NASARENVS („Jesus von Nazareth"). Die Inschriftenleisten der Schmalseiten sind nur unvollständig erhalten, darunter ein wohl nachträglich ergänzter Streifen mit dem Namen Jesu Christi (IHS XPS). Die übrigen Fragmente lassen sich nur noch lückenhaft ergänzen: [REL]IQVIE LIGNI [...] LQD [...] O ET CAMIN [...] AM [...] I SIME [O] NIS ET MAR[...]. Die Nennung einer Kreuzreliquie am Anfang und der Name des hl. Simeon deuten darauf hin, daß sich die Inschrift auf die ursprünglich im Kreuz geborgenen Reliquien

VI. 27

bezog. Der Goldblechbeschlag der Rückseite ist aus einem Stück gearbeitet. Er zeigt fünf kreisrunde Medaillons, die durch kleine Scheiben miteinander verbunden sind. In der Mitte erscheint das Lamm Gottes mit dem Kreuzstab, auf den Kreuzarmen die vier Evangelistensymbole, die in Anordnung und Typus die Darstellungen der Vorderseite variieren. Die Zwickelflächen zwischen den Medaillons sind mit Blattpalmetten gefüllt.

Unter den erhaltenen Kreuzen des frühen Mittelalters sind nur zwei, die in ihrer Form wie auch in ihrem Typus mit dem flachen Goldrelief auf der Rückseite – anstelle der sonst üblichen Gravierungen – eine unmittelbare Parallele bieten. Es sind die beiden Reliquienkreuze der Gräfin Gertrud aus dem Welfenschatz in Cleveland, The Cleveland Museum of Art, die jedoch erst erheblich später, etwa um die Mitte des 11. Jahrhunderts, entstanden sind. Zeitlich näher steht das sog. Servatiuskreuz im Schatz der St. Servatiuskirche in Maastricht, das jedoch anstelle figürlicher Darstellungen getriebene Inschriften auf der Rückseite zeigt. Es gehört in den weiteren Umkreis jener Gruppe von Goldschmiedearbeiten, die gegen Ende des 10. Jahrhunderts für Erzbischof Egbert (977–993) in Trier geschaffen wurden. Nach Trier, in den Umkreis der Egbert-Werkstatt, führt auch die ungewöhnliche Technik des flach getriebenen Reliefs. Sie hat ihre nächsten Vorbilder und Parallelen in der für Erzbischof Egbert angefertigten Hülle des Petrusstabreliquiars im Limburger Domschatz (vgl. Kat.Nr. IV.81 b, Abb.) sowie in dem für die Kaiserin Theophanu und den jungen Otto III. entstandenen Buchdeckel des Goldenen Evangeliars aus Echternach in Nürnberg, Germanisches Nationalmuseum (vgl. Beitrag Mayr-Harting, Abb. 13).

Für die kunstgeschichtliche Einordnung der Goldschmiedearbeit bestimmend ist jedoch die Ornamentik des Filigrans. Sie verbindet das Kreuz technisch, motivisch und formal mit Werken wie dem zwischen 973 und 981 datierten Älteren Mathildenkreuz im Essener Domschatz, dem aus der Zeit um 1000 stammenden Lotharkreuz im Aachener Domschatz oder den älteren, wohl ebenfalls schon gegen Ende des 10. Jahrhunderts entstandenen Teilen am Vortragekreuz der Äbtissin Theophanu (1039–1058) im Essener Domschatz – alles Werke, die am Niederrhein oder in Köln selbst lokalisiert worden sind. Man wird annehmen dürfen, daß die Goldschmiedearbeit des Kreuzes ebenfalls in diesem Umkreis entstanden ist.

Das Walroßzahnkruzifix des Kreuzes ist dagegen eindeutig ein Werk der angelsächsischen Kunst. Typus und Stil finden ihre nächsten Entsprechungen in einer Reihe angelsächsischer Handschriften des ausgehenden 10. Jahrhunderts, allen voran ein Pontifikale aus der Abtei Sherbone im Südwesten Englands (Paris, Bibliothèque nationale, lat. 943), dessen Federzeichnungen dem Walroßzahnkruzifix besonders nahe stehen. Entferntere Verwandte sind eine etwas früher entstandene Gregorhandschrift (Oxford, St. John's College, Ms. 28) sowie der sog. Ramsey Psalter (London, British Library, Harley 2904), der vor allem für den Typus des Gekreuzigten Parallelen bietet.

Die Aussparung der Goldbeschläge und die über die einzelnen Goldplatten hinweg verlaufende Filigrandrahtrahmung zeigen, daß das Kruzifix nicht nachträglich mit dem Kreuz verbunden wurde, sondern von Anfang an zu dessen Ausstattung gehörte. Es muß bereits vorhanden gewesen sein, als mit der Ausführung der Goldschmiedearbeit begonnen wurde.

Auf welchem Weg das Kruzifix auf den Kontinent gelangte – sei es als Geschenk, durch die Wanderung von Werkstätten oder die Verbindungen der Klöster untereinander – läßt sich nicht mehr feststellen. Auch über seine ursprüngliche Bestimmung ist nichts bekannt. Die rauh belassene Oberfläche an Nimbus und Fußbank sowie die dort angebrachten Bohrungen lassen jedoch erkennen, daß an diesen Stellen ursprünglich mit einem Metallbeschlag gerechnet worden war.

Aus der Sammlung Soltykoff, Paris (Versteigerungskatalog 1861, Nr. 44); John Webb, London; 1862 vom South Kensington Museum erworben.

Mitchell, Gold Cross, Taf. 1 u. 2. – Goldschmidt, Elfenbeinskulpturen, Bd. 4, Nr. 3, Taf. 1. – von Falke/Schmidt/Swarzenski, Welfenschatz, S. 41f. – Harding Randall, Pectoral Cross, S. 163. – Swarzenski, Monuments, S. 49, Taf. 63, Abb. 142. – Okasha, Inscriptions, S. 137f. Nr. 158 mit Abb. – Beckwith, Ivory Carvings, S. 41 u. 122, Nr. 20, Abb. 47. – Ausst.kat. London 1984, Nr. 118 (Leslie Webster). – Williamson, Treasury, S. 96. – Wilson, Angelsächsische Kunst, S. 194f., Abb. 270. – Fillitz, Goldschmiedekunst, S. 174.

M.P.

Ottonische und angelsächsische Metallgussarbeiten

Die überlieferten dynastischen und diplomatischen Verbindungen zwischen Ottonen und Angelsachsen, die mit einem beträchtlichen Austausch an Geschenken einhergingen (vgl. Leyser), bilden den historischen Hintergrund für die künstlerischen Beziehungen zwischen Südengland und dem ottonischen Reich. In den letzten Jahren hat sich die Diskussion darüber vor allem auf eine bestimmte Gruppe von gegossenen Metallarbeiten aus beiden Gebieten konzentriert. Sie weisen eine Reihe verbindender Merkmale auf.

Stilistisch ist der Schmuck dieser Arbeiten durch eine Vielfalt von symmetrisch angelegten Ornamenten aus zoomorphen oder pflanzlichen Formen charakterisiert. Zumeist handelt es sich um bewohnte Ranken oder Lebensbaummotive, vollplastische kauernde Tiere sowie Tiermasken und Köpfe. Die Mehrzahl der kontinentalen Werke dieser Gruppe, zumeist Kerzenleuchter, hat eine liturgische Funktion, doch gehört auch eine Reihe von Fibeln dazu. Außerdem zeigen die neueren ottonischen Funde, wie die Beschläge aus Mainz und Magdeburg (Kat.Nr. VI.35), bei denen es sich um profane Gegenstände handelt, daß der künstlerische Schmuck hier nicht ausschließlich auf liturgisches Gerät beschränkt war. Verwandte Arbeiten, die in England gefunden wurden, stellen hingegen zumeist Beschläge oder Bestandteile von profanen Gewändern dar. Dabei bleibt offen, ob die drei in England gefundenen Deckel, deren ursprüngliche Bestimmung unsicher ist, einst zu einem liturgischen Gegenstand gehörten. Das einzige sonst erhaltene Werk aus diesem Bereich, das liturgischen Zwecken diente, ist das Kännchen aus der Sammlung Londesborough in London (Kat.Nr. VI.29), dessen Provenienz unbekannt ist. Doch handelt es sich dabei, wie unten ausgeführt, sehr wahrscheinlich um ein auf dem Kontinent gearbeitetes Stück. Selbst wenn man daher berücksichtigt, daß der erhaltene Bestand angelsächsischen Kirchengeräts aus Metall wesentlich geringer ist als im ottonischen Reich, so sind die funktionalen, technischen und morphologischen Unterschiede doch zu groß, um eine unmittelbare Verbindung zu erlauben.

Im Mittelpunkt der Diskussion um die kunstgeschichtliche Einordnung der Werke stehen seit jeher die beiden Leuchter aus Kremsmünster (Kat.Nr. VI.30). Von Falke und Meyer lokalisierten sie nach Lothringen. Später wurden die Leuchter mit angelsächsischen Arbeiten des 10. Jahrhunderts verglichen. In der Tat kommen Merkmale wie die plastische Ausbildung im Relief, das Tier- und Akanthusornament und der durchbrochen gearbeitete Grund, wie er an diesen oder anderen Metallarbeiten der Gruppe begegnet, in der angelsächsischen Metallkunst des späten 10. Jahrhunderts vor; hier vor allem wird ihr Einfluß greifbar. Die Tatsache jedoch, daß alle diese Elemente auch an einem unvollendeten Bronzeguß aus Mainz auftreten, der sicher ein lokales Produkt ist, deutet darauf hin, daß diese Formen und Motive in ottonischen Werkstätten des späten 10. Jahrhunderts vollkommen gebräuchlich waren. Daß dieser Stil im ottonischen Bereich entwickelt wurde und gleichermaßen auf karolingische wie auf angelsächsische Einflüsse zurückgriff, wird durch eine kleine Anzahl vergoldeter Bronzefibeln bekräftigt. Sie zeigen Tiermasken und sich prozessionsartig bewegende Kreaturen, wie sie an den Leuchtern aus Kremsmünster und einigen anderen Werken der Gruppe erscheinen. Entsprechungen an angelsächsischen Werken lassen sich dazu jedoch nicht nachweisen.

Zum Vergleich mit den Arbeiten der Gruppe wurde häufig das kleine liturgische Gefäß im British Museum in London (Kat.Nr. VI.29) herangezogen. In seinen am Gefäßkörper aufgelegten Reliefs, der Vollvergoldung, dem stilisierten Palmettenornament vor punktiertem Hintergrund, seinen Lebensbaum- und Tiermotiven, den Tiermasken und dem langhalsigen Tier, das die Tülle bildet, läßt es eine eindeutige Verwandtschaft zu ottonischen Werken des Kontinents erkennen. Keines dieser kennzeichnenden Merkmale findet sich jedoch auf angelsächsischen Metallarbeiten dieser Zeit. Sogar das Lebensbaummotiv des Kännchens mit seiner knappen, geschlossenen Form ist weit entfernt von den eher impressionistisch aufgefaßten, komplizierten Bildungen des Winchesterstils, wie sie an dem Deckel aus Canterbury (Kat.Nr. VI.28) und vielen angelsächsischen Riemenenden des 10. Jahrhunderts vorkommen. Es scheint sich daher bei dem liturgischen Kännchen nicht um ein angelsächsisches, sondern vielmehr um ein von Angelsachsen importiertes Werk zu handeln, wie es Abt Aetherius und Thegn Wulfmær König Edgar von ihrem Aufenthalt am Hofe Kaiser Ottos im Jahre 972 mitbrachten. Eine andere Möglichkeit wäre, daß das Kännchen im 19. Jahrhundert vom Kontinent in die Sammlung von Lord Londesborough gelangte. Weitere Hinweise ottonischen Einflusses auf angelsächsische Metallarbeiten können in der Verwendung von niellierten Silbereinlagen an den Tierkörpern und an der Plinthe des Deckels aus Canterbury gesehen werden. Diese charakteristische Technik hat sich an keinem anderen Werk der angelsächsischen Metallkunst dieser Zeit erhalten. Sie ist jedoch ein auffallendes Kennzeichen der ottonischen Arbeiten.

Englische und ottonische Künstler schöpften jeweils aus künstlerischen und technischen Traditionen der Karolingerzeit. Dies macht sich besonders in der Verwendung reich gegliederter Akanthusranken und den stark reliefierten Oberflächen bemerkbar. Durch die zahlreichen überlieferten Schenkungen und Kontakte zwischen beiden Reichen im Laufe des 10. Jahrhunderts scheinen diese Traditionen in wechselseitigem Einfluß aufrechterhalten und erweitert worden zu sein. Dabei wurden kontinentale Künstler von den freien Gußtechniken und dem starken, durchbrochen gearbeiteten und bewohnten Blattwerk der angelsächsischen Metallkunst angeregt, während die hockenden Löwen und die Tiermasken, die Versilberung und Vergoldung ottonischer Arbeiten Neues für das Repertoire angelsächsischer Künstler bot.

von Falke/Meyer, Leuchter. – Wilson, Anglo-Saxon Metalwork. – Leyser, Ottonen. – Wamers, Metallschmuck. – Fillitz/Pippal, Schatzkunst. – Lasko, Ars Sacra.

L.W.

VI. 28
Deckel (von einem Rauchfaß oder einer Lampe?)

Angelsächsisch, Ende 10. Jahrhundert
Canterbury, Palace Street: Bodenfund
Kupferlegierung (Bronze), gegossen, Silbereinlagen, graviert und nielliert. – H. 11,7 cm, L. des Sockels (ohne Haltevorrichtung) 5,2 cm.
London, The British Museum, Inv.Nr. MLA 1927, 11–16,1

Der Deckel hat die Form eines quadratischen Türmchens mit kleinen Dreiecksgiebeln und einem pyramidenförmigen Dach, das von einem bikonischen Knauf bekrönt wird. An den Sockelecken befindet sich jeweils eine ringförmige Haltevorrichtung. Das Rahmenwerk, die quadratische Plinthe und die dekorativen Elemente des Turms sind mit niellierten Silbereinlagen verziert. Der durchbrochen gearbeitete Schmuck der Wände besteht aus Paaren von Vögeln oder tierartigen Wesen. Von einem Feld abgesehen, werden sie von Akanthusblättern begleitet. Ein Tier ist frontal gezeigt, die übrigen im Profil und mit geöffneten Mäulern. Ihre Flügel oder Schenkel sind mit Silbereinlagen verziert, das Pflanzenornament besteht aus Palmetten und Blattranken.

Die Dachgiebel enthalten Vögel oder Tierwesen in zusammengekauerter oder rückwärts gewandter Haltung, drei davon haben ineinandergeschlungene, blattförmige Schwänze. Die Dachflächen zeigen je zwei übereinander hockende Kreaturen, deren Köpfe nach außen gerichtet sind. Sie haben blattartige Schwänze oder sind durch Akanthusblätter getrennt. Die Blattranken und Tierköpfe treten plastisch hervor und bezeichnen so die Ecken des Dachs. Oberschenkel und Flügel der Tiere sind wiederum mit niellierten Silbereinlagen versehen, ebenso die oberen Fläche des bikonischen Knaufs.

Der elegante Schmuck dieses eindrucksvollen Werks zeigt eine Abwandlung des Lebensbaummotivs. Dies muß jedoch nicht auf eine liturgische Funktion des Gegenstandes hindeuten, denn das Motiv begegnet auch an gleichzeitigen angelsächsischen Werken aus dem profanen Bereich, so etwa an Riemenenden oder an Schwertzubehör. Im allgemeinen gilt der Deckel, zusammen mit zwei sehr ähnlichen angelsächsischen Deckeln derselben Zeit aus Pershore (Worcestershire) und London, als Teil eines Rauchfasses. Diese Zuordnung hat jedoch stets Fragen aufgeworfen. Die Durchbohrungen in den Haltevorrichtungen sind zu klein, um den Deckel an Ketten, die am unteren Teil befestigt wurden, nach oben und unten zu bewegen, wie dies bei anderen architektonisch geformten Rauchfässern der Fall ist. Das einzige sicher erhaltene angelsächsische Rauchfaß (9. Jahrhundert) folgt dem Typus einer offenen Schale, für die kein Deckel erforderlich war; die wenigen Rauchfässer, die in angelsächsischen Handschriften und auf Elfenbeintafeln dargestellt sind, zeigen eine runde Form. Wenn die genannten Deckel von Rauchfässern stammen sollten, ist es außerdem eigenartig, daß untere Teile nicht erhalten sind. Die Diskussion um die Funktion dieser Werke wurde jüngst durch die Funde dreier viel kleinerer, jedoch sehr ähnlicher Stücke neu entfacht. Zwei davon stammen aus Thetford (Norfolk), eines aus den Midlands. Ihre geringe Größe läßt es ausgeschlossen erscheinen, daß sie als Deckel von Rauchfässern oder Lampen dienten, obwohl zwei von ihnen Haltevorrichtungen an den Sockelecken aufweisen. Man wird die Frage nach der ursprünglichen Bestimmung der Werke daher erneut zu untersuchen haben. Welche Funktion das Stück auch gehabt haben mag, es ist außergewöhnlich anspruchsvoll gefertigt und von hoher künstlerischer Vollendung. Die Technik des durchbrochen gearbeiteten Gusses ist für viele angelsächsische Metallarbeiten der zweiten Hälfte des 10. und des frühen 11. Jahrhunderts typisch, wie zahlreiche Riemenenden und andere Werke bezeugen.

Auch wenn der Deckel aus Canterbury mit den im Typus verwandten Werken eine ähnliche architektonische Form und einige Schmuckelemente teilt, fehlt diesen seine besondere künstlerische Wirkung. Bezeichnend ist, daß es sich um den einzigen angelsächsischen Bronzeguß dieser Zeit handelt, der mit Silbereinlagen versehen ist. Darüber hinaus ist die Kühnheit seiner technischen Ausführung außergewöhnlich, insbesondere die Art, wie spätangelsächsische Traditionen des sog. Winchesterstils umgesetzt sind: Ein Geflecht aus lebenden Kreaturen umkleidet raffiniert das architektonische Gerüst des Turms und wird nicht einfach als Ober-

VI. 28

flächenschmuck behandelt. Diese Tierwesen und das Akanthusblattwerk, in dem sie wohnen, haben ihre nächsten Parallelen in Metallarbeiten, Elfenbeinschnitzereien und Handschriften des späten 10. Jahrhunderts. Das Blattwerk und die impressionistische Darstellungsweise der Tiere zeigen einen deutlichen Abstand zu der akkuraten Genauigkeit in Werken des frühen 10. Jahrhunderts, wie etwa der Lebensbeschreibung des hl. Cuthbert in Cambridge (Kat.Nr. III.14). Dagegen lassen sich die engsten Parallelen zu dem schematisierten Palmettenfries an den Silbereinlagen der Plinthe im Rahmenornament des Pontifikales aus Sherborne (Paris, Bibliothèque nationale, lat. 943, fol. 4v, 6v) und im Herbarium des Pseudo-Apuleius in der British Library (Cotton Vittellius C III, fol. 11v, 19r) finden, beides Handschriften aus Canterbury, die um 1000 entstanden sind.

Antiquaries of London, S. 351–358. – Wilson, Anglo-Saxon Metalwork, S. 43–47, Nr. 9 (Lit.), Taf. XII–XIV. – Ausst.kat. London 1984, Nr. 73 (Catherine Haith, Lit.), Taf. 22. – Ausst.kat. Hildesheim 1993, Bd. 2, Nr. V-45 (Egon Wamers).

L.W.

VI. 29

VI. 29
Liturgisches Kännchen

Wohl ottonisch, Ende 10. Jahrhundert
Kupferlegierung (Bronze), gegossen, vergoldet und graviert, Henkel angelötet; Beschädigungen an Henkel und Fuß.
H. (mit Henkel) 7,1 cm, max. Dm. 4,1 cm.
London, The British Museum, Inv.Nr. MLA AF 3175

Das Gefäß besteht aus einem birnenförmigen Körper mit Henkel, kurzer geschwungener Tülle, ausgestelltem Fuß und einem mit Scharnier versehenen Deckel (heute verloren). Gefäßkörper, Tülle und Fuß sind in einem Stück im Wachsausschmelzverfahren gegossen. Der schlanke, gewundene Henkel scheint vor der Vergoldung des gesamten Gegenstandes angelötet worden zu sein. Der kegelförmige Fuß wird oben von einem schlichten Ring abgeschlossen. Er ist mit einem umlaufend gravierten Blattfries vor einem leicht punzierten Hintergrund verziert. Den Gefäßkörper schmücken 18 Reliefs, die in zwei Reihen angeordnet sind. Zehn der Reliefs bestehen aus nahezu identischen Vogelpaaren, die mit aufgesperrtem Schnabel in einer stilisierten Akanthusblattstaude sitzen. Zwischen den Vogelmotiven befinden sich sieben Tiermasken; oberhalb der Tülle erscheint ein einzelner pickender Vogel auf einem Blattzweig. Die Tülle wird durch das geöffnete Maul eines Mischwesens mit linsenförmigen Augen, Halsmähne und spiralförmig gravierten Schultern gebildet. Seine Flügel enden in einem Dreieck, das möglicherweise ausgebreitete Schwanzfedern wiedergeben soll. Der schlanke Henkel ist aus zwei tierartigen Wesen geformt: Ein Tierkopf mit linsenförmigen Augen tritt aus dem Deckelscharnier hervor und schluckt eine Schlange, die sich schlaufenförmig zurückwindet.

Dieser einzigartige Gegenstand gilt traditionell als angelsächsische Arbeit, insbesondere weil seine einfachen Lebensbaummotive Ähnlichkeiten zu Werken der südenglischen Buchmalerei und Metallkunst des sog. Winchesterstils aufweisen. Der Schmuck des Gefäßes zeigt jedoch auch enge Verbindungen zur ottonischen Kunst und unterscheidet sich technisch von anderen spätangelsächsischen Bronzegußarbeiten. Obwohl symmetrisch angelegte Vogelpaare mit Blattwerk in der Metallkunst wie auch in anderen Bereichen des sog. Winchesterstils vorkommen, unterscheidet sich das im Grunde einfache Motiv auf dem Gefäß deutlich von den kunstvoll ineinander verwobenen Formen, die typisch für die angelsächsische Kunst sind. Näher steht es ottonischen Werken wie etwa den durchbrochen gearbeiteten Goldblechen am Egbertschrein in Trier (977–993). Die kompakten Blattformen und die untersetzten Körper, die diese Wesen und das Vogelmotiv oberhalb der Tülle auszeichnen, sind darüber hinaus sehr eng mit dem in Silber gegossenen und vergoldeten Verschluß am Einband des Sakramentars Heinrichs II. in München (Bayerische Staatsbibliothek, Clm 4456; Regensburg, vor 1014) verwandt. Eine Reihe weiterer Metallgußarbeiten, die man in Deutschland gefunden hat, darunter ein Beschlag aus Mainz, belegen die unabhängige Verbreitung dieser Stilelemente außerhalb Englands. Dies wird noch durch weitere Hinweise bestätigt. So ist die charakteristisch zugespitzte Knospe mit bekrönendem Rund nicht im Motivschatz des Winchesterstils zu finden. Sie ist jedoch in ottonischen Handschriften und Metallarbeiten weit verbreitet, z. B. an dem Ende des 10. Jahrhunderts entstandenen Magdeburger Beschlagfragment (Kat. Nr. VI.35) und am Basler Antependium in Paris (1002–1024, vgl. Beitrag Elbern, Abb. 3). Die angefügten Tiermasken und das Wesen mit aufgesperrtem Maul, aus dem die Tülle gebildet ist, haben ihre nächsten Parallelen nicht in englischen Werken, wie Kendrick meint, sondern in ähnlichen Details an den Sockeln der Leuchter in Kremsmünster und Würzburg (Kat.Nr. VI.30 u. VI.33). Für die Masken ist auch eine Gruppe ottonischer Emailfibeln zu nennen. Diese Vergleiche werden durch die einfache Palmettenranke um den Fuß bekräftigt, die wiederum keine angelsächsischen Parallelen hat, sondern in karolingischen und ottonischen Zusammenhängen vorkommt, etwa an der Unterseite der Tropfschale der Leuchter aus Kremsmünster und im Folchard-Psalter (St. Gallen, Stiftsbibliothek, Cod 23, fol. 135) aus dem späten 9. Jahrhundert. Der leicht punzierte Hintergrund dieser Ranke ist ebenfalls charakteristisch für ottonische Arbeiten. Er begegnet am Rückdeckel des Helmstedter Evangeliars (Kat.Nr. IV.14 a) sowie am Magdeburger Beschlagfragment und dem Leuchter in Bonn (Kat. Nr. VI.32). Der zoomorphe Henkel bestätigt diese Einordnung. Das Motiv eines Lebewesens, das ein anderes schluckt, weist zwar Anklänge an angelsächsische Initialen des frühen 10. Jahrhunderts auf, kommt jedoch nicht in der englischen Metallkunst des 10. und 11. Jahrhunderts vor. Es hat hingegen eine auffallende Parallele im Rahmenschmuck des Dedikationsbildes in dem vor 985 entstandenen Egbert-Codex (Trier, Stadtbibliothek, Cod. 24, fol. 2r) und wiederum am Magdeburger Beschlagfragment. In die gleiche Richtung weist auch der technische Befund. Obwohl durchbrochen gearbeitete Gußwerke im Wachsausschmelzverfahren in der spätangelsächsischen Kunst verbreitet sind, kommt die Technik, Reliefs auf einen Untergrund oder einen Gefäßkörper aufzulegen, dort nicht vor. Sie ist vielmehr mit dem Herstellungsverfahren eng verwandt, das an den Leuchtern in Kremsmünster, Oberkirchen und Würzburg sowie in den Metallwerkstätten Bischof Bernwards von Hildesheim (993–1022) verwendet wurde. Die vollständige Vergoldung eines Gegenstandes begegnet ebenfalls sehr selten an vollplastischen angelsächsischen Bronzegußarbeiten, sie ist jedoch die Regel an entsprechenden kontinentalen Werken. Zusammenfassend läßt sich sagen, daß das Gefäß trotz seiner Gemeinsamkeiten mit dem sog. Winchesterstil die engsten Beziehungen zu ottonischen Metallarbeiten und Handschriften des späten 10. und des frühen 11. Jahrhunderts aufweist. Sie sprechen besonders stark für eine Entstehung des Kännchens in diesem Umkreis.

Das Kännchen wird erstmals 1857 als Bestandteil der Sammlung von Lord Londesborough erwähnt.

Fairholt, Miscellanea, S. 4, Taf. XXI. – Kendrick, Cruet. – Kendrick, Viking Art, S. 41, Taf. XXXVI.3. – Wilson, Anglo-Saxon Metalwork, S. 43f. u. 46, Nr. 147 (Lit.), Taf. XLII. – Ausst.kat. London 1984, Nr. 72 (Catherine Haith, Lit.), Taf. 22. – Wamers, Metallschmuck, Fig. 31f. – Ausst.kat. Speyer 1992, S. 115f. Vitrine 1, A 20–21 (Mechthild Schulze-Dörrlamm). – Ausst.kat. Hildesheim 1993, Bd. 2, Nr. V-44 (Egon Wamers).

L.W.

VI. 30
Leuchterpaar

Ottonisch, spätes 10. Jahrhundert
Kupfer, ursprünglich vollvergoldet, Silbereinlagen, Niello, Eisendorne; Sockel, Nodi und Lichtteller gegossen, röhrenförmige Schäfte aus gebogenen Metallblechen mit zusammengelöteten Enden, Reliefschnitt; Beschädigungen und Restaurierungen, starke Abreibungen. – H. 48,8–49,2 cm; ohne Eisendorn 40,8–41,0 cm, Dm. des Sockels 11,0–11,8 cm.
Kremsmünster, Benediktinerstift, Schatzkammer

Die Leuchterschäfte erheben sich auf pyramidenförmigen Sockeln, die urprünglich auf drei Füßen ruhten (heute verloren). Sie haben oben, unten und in der Mitte von Ringen eingefaßte Nodi und sind von runden Lichttellern bekrönt, aus denen jeweils ein Dorn ragt. Diese bilden die Enden von Eisenstäben, die vom Sockel aufwärts durch die hohlen Schäfte führen. Dabei handelt sich eindeutig um einen Ersatz aus späterer Zeit. Einer der oberen Nodi wurde ebenfalls später ausgetauscht. Beschädigungen sind an dem daran anschließenden Lichtteller sowie an vielen Silbereinlagen zu verzeichnen. Die unteren Abschnitte der Schäfte sind durch Benutzung stark abgerieben.

Die Sockel wurden in einem Stück gegossen (Abb. Detail). Sie haben geschwungene, ursprünglich mit Silbereinlagen versehene Ränder. Auf den drei Sockelfirsten hockt jeweils ein nach außen gerichtetes Tier mit rückwärts gewandtem Kopf, mandelförmigen Augen, kurzen Ohren und offenem Maul. Augenbrauen und Oberschenkel waren ursprünglich mit niellierten Silbereinlagen versehen, die Rückgrate sind mit länglichen Silberstreifen ein-

VI. 30 (Detail)

gelegt. In der Mitte jeder Seite befindet sich zwischen diesen Tieren ein ähnliches, jedoch kleineres, das zum Schaft gerichtet ist und den Kopf zurückwendet. Die Oberschenkel sind mit Silbereinlagen versehen, die Schwänze winden sich um den Körper. Unmittelbar über diesen Tieren befindet sich am oberen Abschluß des Sockels jeweils eine Löwenmaske mit linsenförmigen Augen; Brauen und Nasen haben niellierte Silbereinlagen. Die Nodi sind von Perlbandringen eingefaßt und mit je vier Rankenmedaillons geschmückt, die einen schreitenden Löwen zeigen. Die mit Silberauflagen versehenen Tiere stehen jeweils vor einem Blattzweig mit abschließender Palmette, der aus den Rankenmedaillons entwächst. Zwei spiralförmige Ornamentbänder schmücken die Schaftröhren. Eines besteht aus gelötetem Silberblech mit fortlaufender niellierter Akanthusranke, das andere aus einem herausgeschnitten flachen Relief mit Tierfries. Die Tiere beißen jeweils in das Schwanzende ihres Vorgängers, der Schwanz selbst windet sich um den Hals des Beißers. Die flachen, nach unten leicht zulaufenden Lichtteller sind mit angelöteten Silberblechen verkleidet; sie zeigen an der Unterseite eine niellierte Palmettenranke, am äußeren Rand einen stilisierten Rankenfries.

Die Leuchter lassen sich erstmals im Inventar Abt Sigmars von Kremsmünster (1013–1040) als *II candelabra auro et argento parata* („zwei mit Gold und Silber verzierte Leuchter") nachweisen. Es sind die ältesten, die aus dem Mittelalter erhalten sind. Sie stehen am Anfang einer Reihe verwandter, in Metall gegossener Leuchter. Ihre Ikonographie bezieht sich unmittelbar auf die liturgische Funktion. An diesen und einigen anderen Leuchtern, so etwa dem aus Oberkirchen (Kat.Nr. VI.31) und den kunstvoll in Silber gearbeiteten im Hildesheimer Domschatz, richten Kreaturen am Sockel ihren Blick zur Kerzenflamme, oder sie klimmen, wie am Leuchter aus Bonn (Kat.Nr. VI.32), prozessionsartig den Schaft empor. Sie sind ein Symbol der Schöpfung, die zum Licht strebt, d. h. zu Christus.

Stilistisch und technisch sind die Leuchter aus Kremsmünster häufig mit südenglischen Metallarbeiten des 10. und frühen 11. Jahrhunderts verglichen worden, welche die typische Verbindung aus Tieren in Bronzeguß und Akanthusornament zeigen. Diesem Schmuck liegt sicherlich gemeinsames karolingisches Formgut zugrunde. Darüber hinaus sind unmittelbare angelsächsische Kontakte mit ottonischen Werkstätten möglich. Die engsten stilistischen und technischen Verbindungen bestehen jedoch eindeutig zu ottonischen Handschriften und Metallarbeiten. Der Gebrauch von Kupfer und die Vollvergoldung sind ungewöhnlich für die angelsächsische Metallkunst. Auch die anspruchsvollen, als Hochrelief im Wachsausschmelzverfahren gegossenen Tiere der Sockel kommen sonst nur im ottonischen Reich, nicht jedoch in England vor. Andere Werke aus dieser Zeit, wie etwa ein Rohguß aus Mainz, machen deutlich, daß die höchst kunstvollen Gußarbeiten der Hildesheimer Werkstatt Bischof Bernwards nicht aus dem Nichts entstanden sind, sondern auf bereits bestehenden Kenntnissen und handwerklichen Traditionen aufbauten. Stilistisch zeigen sich die zurückgewandten Tiere an den Leuchtersockeln aus Kremsmünster mit denen am Leuchter in Oberkirchen (Kat.Nr. VI.31) verwandt. Den drei Arbeiten sind außerdem die Silbereinlagen an den Tierkörpern und das niellierte Akanthusornament auf Silber gemeinsam. Einfache fortlaufende Blattranken wie jene an den Schäften kommen im Motivschatz der angelsächsischen Kunst nicht vor, begegnen hingegen sehr ähnlich in einigen Trierer Handschriften des späten 10. Jahrhunderts, die mit dem Meister des 'Registrum Gregorii' in Verbindung gebracht werden (z. B. Chantilly, Musée Condé, ms. 40, ex. 1447, fol. 74v, und Paris, Bibliothèque nationale, lat. 8851, fol. 116v).

VI. 30

Die übrige Tierornamentik bestätigt diese Auffassung. Die sich um den Schaft windende, prozessionsartige Folge von ineinander verbissenen Tieren hat eine Parallele im Widmungsbild des Codex Egberti (Trier, Stadtbibliothek, Cod. 24; Reichenau, vor 985) und eine weitere, noch engere, wie Wilson bemerkte, in den Tierdarstellungen einer Gruppe ottonischer Bronze- und Emailfibeln aus etwa derselben Entstehungszeit. Dieser Gesamteindruck wird auch von den in Ranken eingefaßten, schreitenden Löwen an den ursprünglichen Nodi bestärkt, die, wie von Jenny vorschlug, gut mit einem ähnlichen Wesen an der Essener Schwertscheide des frühen 11. Jahrhunderts (Kat.Nr. *III.21) verglichen werden können. Als weitere enge Parallele ließe sich eine im späten 10. oder frühen 11. Jahrhundert entstandene ottonische Emailscheibe aus Sitten anführen. Alle diese Anhaltspunkte legen eine Entstehung der Leuchter in einem künstlerischen Zentrum des ottonischen Reichs nahe, wo mögliche angelsächsische Einflüsse zusammen mit karolingischen Traditionen und ausgeprägter lokaler Kunstfertigkeit verbunden wurden.

von Falke/Meyer, Leuchter, S. 2 u. 97 Nr. 2, Taf. 2. – von Jenny, Leuchterpaar. – Wilson, Enamelled disc-brooch. – Wilson, Anglo-Saxon Metalwork, S. 46. – Fillitz/Pippal, Schatzkunst, Nr. 3, Fig. 3.1, 3.3–3.5, Taf. 2–4 u. 317. – Ausst.kat. Speyer 1992, S. 124f. Vitrine 1, B 24 (Mechthild Schulze-Dörrlamm). – Ausst.kat. Hildesheim 1993, Bd. 2, Nr. V-41 (Martina Pippal, Lit.).

L.W.

VI. 31
Leuchterfuß

Ottonisch, spätes 10. oder frühes 11. Jahrhundert
Kupferlegierung, gegossen und vollvergoldet, Silbereinlagen, graviert und nielliert, Eisendorn.
H. 24 cm, H. des Dorns 13 cm.
Schmallenberg-Oberkirchen, Kath. Pfarrei St. Gertrud

Der Leuchterfuß besteht aus einem pyramidenförmigen Sockel, der auf drei Beinen ruht. Er wird von einem mit Ringen eingefaßten Knauf bekrönt, über dem sich der eiserne Dorn erhebt. Die Leuchterbeine sind facettiert und enden in stark nach oben gebogenen, klauenartigen Füßen. Der untere Abschluß des Sockels ist bogenförmig geschwungen. Auf jedem der drei Sockelfirste hockt ein vollplastisch gegossenes Tier, das nach außen gerichtet ist und den Kopf mit geöffnetem Maul und heraushängender Zunge zurückwendet. Die löwenartigen Wesen tragen üppige Mähnen und sind mit krallenartigen Füßen versehen. In ihre Oberschenkel sind tropfenförmige Silberplatten eingelegt, die ein einfaches Palmettenmuster zeigen. Zwischen diesen Tieren befindet sich in der Mitte jeder Seite ein palmettenförmiges Feld in flachem Relief, das mit Silberauflagen versehen und mit gravierten und niellierten Blattranken verziert ist. Darüber ist eine dreieckige Silbereinlage mit niellierter Blattpalmette angebracht. Der Knauf ist in der Mitte mit einem Silberstreifen belegt, der mit einem Fries aus tropfenförmigen Motiven graviert ist. Der eiserne Dorn ist im Schnitt dreieckig und scheint ursprünglich zu sein.

Der kleine Leuchterfuß läßt eine enge Beziehung zu den Sockeln der Leuchter aus Kremsmünster (Kat.Nr. VI.30) erkennen. Mit ihnen teilt er den vollplastischen Guß im Wachsausschmelzverfahren, die in Bögen geschwungenen Enden, die zum Licht emporgewandten Löwen und die niellierten Silbereinlagen. Die Löwen stehen mit ihren üppigen Mähnen und den herausragenden Zungen ihrem natürlichen Vorbild näher als die Tiere an den Leuchtern in Kremsmünster. In ihren weit geöffneten Mäulern, herausgestreckten Zungen und gesträhnten Mähnen zeigen sie sich offensichtlich den vielgestaltigen Kreaturen einiger Reichenauer Handschriften des späten 10. Jahrhunderts verwandt, vor allem jenen im Egbert-Psalter (Cividale, Museo Archeologico Nazionale, cod. 136, fol. 21r, 67r, 135v, 136r), im Egbert-Codex (Trier, Stadtbibliothek, Cod. 24, fol. 2r) und im Evangeliar Ottos III. (München, Bayerische Staatsbibliothek, Clm 4453, fol. 140r). Besonders kennzeichnend ist auch das verflochtene Blattwerk mit herzförmigen und spitzbogigen Formen aus offenen Schlaufen sowie die spitzblättrigen Knospen. Diese Motive gehen zum Teil auf frankosächsische Handschriften zurück. Eindeutigere angelsächsische Entsprechungen finden sich in Initialen des Harley-Psalters (London, British Library, Harley 603) und anderen Handschriften des späten 10. Jahrhunderts. Die Kombination dieser Elemente läßt sich zwar in ottonischen Handschriften mehrerer künstlerischer Zentren finden, sie scheint jedoch insbesondere für einige Fuldaer Handschriften vom Ende des 10. Jahrhunderts typisch zu sein, wie z. B. das Sakramentar in Köln (Kat.Nr. IV.22).

Wamers hat darauf aufmerksam gemacht, daß der Leuchter in Oberkirchen wie die verwandten

VI. 31

VI. 32

Werke aus Kremsmünster südenglische Einflüsse aufweist. Er verwies dabei auf Werke des sog. Winchesterstils wie den Deckel aus Canterbury (Kat.Nr. VI.28) und bezog in seine Überlegungen die bekannten engen Kontakte zwischen dem ottonischen Reich und Südengland ein. Offensichtlich bestehen zwischen diesen ottonischen und englischen Metallarbeiten wechselseitige Beziehungen. Morphologisch und technisch läßt sich der Leuchter jedoch in erster Linie jenen aus Kremsmünster und anderen ottonischen Leuchtern anschließen. Zu angelsächsischen Bronzegußarbeiten ist das Verhältnis weniger eng. Die stilistische Verwandtschaft zu ottonischen Handschriften bestärkt die im wesentlichen ottonische Prägung des Leuchters.

von Falke/Meyer, Leuchter, S. 3 u. 97 Nr. 3, Taf. 7. – von Jenny, Leuchterpaar, S. 298, Fig. 116 d–e u. 117. – Fillitz/Pippal, Schatzkunst, S. 66. – Ausst.kat. Hildesheim 1993, Bd. 2, Nr. V-42 (Egon Wamers).

L.W.

VI. 32
Leuchter

Ottonisch, erste Hälfte 11. Jahrhundert
Kupferlegierung, gegossen und vollvergoldet, gravierte Silbereinlagen, Eisendorn; Beschädigungen und Restaurierungen am Sockel. – H. 26,8 cm.

Bonn, Rheinisches Landesmuseum, Inv.Nr. 36.601

Der zylindrische Schaft erhebt sich über einem kleeblattförmigen Sockel, der auf drei Beinen ruht; er hat unten, oben und in der Mitte einen eingefaßten Nodus und wird von einem nach unten zulaufenden Lichtteller bekrönt, aus dem der Dorn ragt. Der Leuchter zeigt schwere Beschädigungen aus älterer Zeit. Bei einem der drei spitzovalen Blattformen des Sockels und dem zugehörigen Bein handelt es sich um nachmittelalterliche Ergänzungen; ein weiteres Bein wurde grob restauriert. Die Beine sind im Schnitt dreieckig und haben klauenartige Füße. Breite, mit Silber eingelegte Rahmen umgeben die länglichen Blattformen des Sockels, aus deren spitz zulaufenden Enden Tierköpfe herausragen. Diese sind zum Leuchterschaft gewandt und haben kleine wulstige und geöffnete Mäuler mit herausgestreckten Zungen, linsenförmige Augen und kleine runde Ohren. Pupillen, Lippen und Augenbrauen sind mit Punzierungen betont. Das Binnenfeld der Sockelblätter ist mit einer Blattstaude geschmückt, die sich vor einem zart punzierten Hintergrund abhebt. Zwischen diesen blattartigen Segmenten befindet sich jeweils ein nach unten spitz zulaufendes Feld mit einer Blattpalmette mit punziertem Dekor sowie eine Scheibe mit Vierpaßfüllung. Der Schaft ist mit drei vertikalen Bildstreifen versehen, die durch den mittleren Nodus unterbrochen werden. Sie zeigen eine Folge von Tieren, deren Flügel senkrecht nach unten weisen. Ihre blattförmigen Schwänze winden sich jeweils um den Hals des nachfolgenden Tieres. Die Darstellungen sind seitlich von eingelegten Silberstreifen getrennt. Der Lichtteller wird von drei geflügelten zweibeinigen Kreaturen mit groben Mäulern, linsenförmigen Augen und Stummelohren gestützt.

Das sorgfältig gearbeitete Stück wiederholt in etwas veränderter Kombination Elemente, die sich auch an anderen Werken der hier besprochenen Gruppe finden. Dazu zählen der Schaft mit drei Nodi, die klauenförmigen Füße, die Silbereinlagen, die rückwärts gewandten Köpfe mit geöffneten Mäulern, die sich an den Rand klammernden Tiere und eine prozessionsartige Folge von Wesen mit umschlingenden Schwänzen. Hinzu kommen weitere Merkmale: Der kelchförmige Lichtteller und der kleeblattförmige Sockel sind morphologisch mit einem Leuchter in Braunschweig aus dem späten 11. Jahrhundert verbunden. Der Sockel steht dem eines heute in Bremen aufbewahrten Leuchters nahe. Der Wechsel von Silberplattierungen und sich am Schaft erstreckenden Folgen von Tierdarstellungen verbindet den Leuchter ikonographisch und stilistisch mit den beiden Leuchtern aus Kremsmünster (Kat.Nr. VI.30), obwohl die Streifen an diesen spiralförmig und nicht vertikal angeordnet sind. Die Tierfolgen der Leuchter in Bonn und Kremsmünster sind nahe verwandt mit den aneinandergereihten, den Schwanz um den Hals der nachfolgenden Kreatur windenden Darstellungen einiger emaillierter ottonischer Scheibenfibeln. Hier wie dort werden die Körperformen durch feine Punzierungen hervorgehoben. Dieser detaillierten Ausführung entspricht das elegante und charakteristische Blattwerk am Sockel. Ähnlich plastisches, fast barock erscheinendes Blattwerk begegnet am Rückdeckel des Evangeliars aus Helmstedt (Kat.Nr. IV.14 a). Auch dort sind zarte Punzierungen verwendet, um einen kontrastierenden, matten Hintergrundeffekt zu erzielen.

Die älteste Mitteilung über die Provenienz des Leuchters hat früher zu dem Vorschlag geführt, daß er möglicherweise aus den Klosterwerkstätten in Werden stamme. Dies bleibt jedoch eine Vermutung.

Erworben in Schwarzenberg bei Freimersheim oder Asterlagen, in der Nähe von Duisburg.

von Falke/Meyer, Leuchter, S. 4 u. 97 Nr. 13, Taf. 14. – Wilson, Anglo-Saxon Metalwork, S. 46. – Ausst.kat. Essen 1999, Nr. 39 (Ingeborg Krueger, Lit.).

L.W.

VI. 33
Leuchterfuß

Ottonisch, vielleicht Trier, frühes 11. Jahrhundert
Kupferlegierung, gegossen und ursprünglich vollvergoldet, Silbereinlagen, graviert und nielliert, Eisendorn;
starke Abreibungen und geringfügige Beschädigungen.
H. 15 cm, H. des Dorns 7,8 cm, L. jeder Seite 12 cm.
Würzburg, Mainfränkisches Museum, Inv.Nr. A 32 667

Der Leuchterfuß besteht aus einem niedrigen pyramidenförmigen Sockel, der auf drei Beinen ruht. Er wird von einem abgeflachten kugelförmigen Nodus bekrönt, über dem sich ein eiserner Dorn erhebt. Die Beine sind im Schnitt dreieckig und haben hochgebogene, klauenartige Tierfüße. Sie zeigen an den Seiten trapezförmige Silbereinlagen, die mit niellierten Ranken geschmückt sind. Vom oberen Ende der Beine löst sich jeweils der Oberkörper eines Tieres, das die Sockelecke umklammert und hineinbeißt. Die Tiere haben kleine Mäuler, linsenförmige Augen, kurze Ohren und Mähnen. Drei ovale Felder führen auf der Oberfläche des Sockels vom Knauf zu den Ecken. Sie sind von breiten Rahmenleisten umgeben, in die ursprünglich Silberstreifen eingelegt waren. An einigen Stellen haben sich Reste davon erhalten. Sie lassen Spuren einer V-förmigen Niellierung erkennen. Innerhalb jedes gerahmten Feldes befindet sich ein hockendes, nach außen gerichtetes Tier mit aufgesperrtem Maul und herausgestreckter Zunge. Der Körper ist unter Flü-

VI. 33

Vögel, die sich verneigen, finden Parallelen in Corveyer Handschriften der zweiten Hälfte des 10. Jahrhunderts, wie etwa in den Evangeliaren aus Helmstedt (Kat.Nr. IV.14 b, fol. 87r, Abb.) und Quedlinburg (Kat.Nr. IV.9, fol. 16v u. 158r). Besonders erwähnenswert sind die geflügelten Tiere in den ovalen Feldern. Sie erinnern an ähnliche Wesen am Sockel des Trierer Leuchters und an die Tiere am Lichtteller des Leuchters in Bonn (Kat.Nr. VI.32). Die feinen niellierten Ranken sind technisch und stilistisch mit dem verflochtenen Blattwerk am Oberkirchener Leuchter verwandt. Die geschwungenen Blattranken mit ihren charakteristischen kleinen Ausbuchtungen, punktierten und linearen Details finden vor allem Entsprechungen in einigen Trierer und Reichenauer Handschriften des späten 10. Jahrhunderts, z. B. in einem Epistolar in Berlin (Staatsbibliothek, theol. lat. fol. 34; Trier, 980–990), das reich an solchem Blattwerk ist.

Aus der Pfarrkirche in Stetten, Kreis Main-Spessart.

von Falke/Meyer, Leuchter, S. 3 u. 97 Nr. 7, Taf. 8. – Ausst.kat. Frankfurt 1987/88, Nr. 2 (Hildegard Hoos). – Trenschel, Meisterwerke, Nr. 14 (Hanswernfried Muth).

L.W.

geln verborgen, die mit tränenförmigen Silbereinlagen mit einem geometrischen Muster in Niello verziert sind. Sie enden in einem palmettenförmigen Schweif. Zwischen den ovalen Feldern erstreckt sich jeweils ein flacheres dreieckiges Feld, das durchbrochen gearbeitet ist und ein Lebensbaummotiv enthält: zwei Vögel mit langen Hälsen unter einem Rankenbaum. Der Nodus hat eine Einfassung am Sockel und eine mittlere Einkerbung, in die ursprünglich wahrscheinlich ein Silberstreifen eingelegt war. Der Eisendorn hat einen schwellenden Sockel und scheint erneuert zu sein, wie Reparaturen an der Unterseite des Leuchters zeigen.

Der Leuchterfuß gehört zur selben Gruppe wie jene in Kremsmünster und Oberkirchen (Kat.Nr. VI.30 u. VI.31). Er ist wie diese mit niellierten Silbereinlagen und zurückgewandten Tieren mit weit geöffnetem Maul versehen, folgt jedoch insgesamt einer etwas anderen Ikonographie und stilistischen Richtung. Das Lebensbaummotiv begegnet innerhalb dieser Gruppe auch an einem Leuchter des 11. Jahrhunderts aus Trier. Das kräftige, gefurchte Blattwerk und die charakteristischen langhalsigen

VI. 34
Leuchter

Ottonisch, erste Hälfte 11. Jahrhundert
Kupferlegierung, gegossen, ursprünglich vollvergoldet mit Silbereinlagen, Eisendorn.
H. 36,3 cm, B. des Sockels 10,3 cm.
Zürich, Schweizerisches Landesmuseum, Inv.Nr. LM 3354

Der zylindrische Schaft erhebt sich über einem pyramidenförmigen Sockel, der auf drei Füßen ruht. Er hat unten, oben und in der Mitte einen eingefaßten Nodus und ist von einem trichterförmigen Lichtteller bekrönt, aus dem der Dorn ragt. Die Füße sind facettiert und zeigen Spuren leichter Punzierungen. An den drei Ecken hockt jeweils ein geflügeltes Wesen mit zwei Füßen und einem sich ringelnden Schwanz, den Körper nach außen gerichtet, den Kopf zurückgewandt. Es hat linsenförmige Augen, kleine Ohren und scheint, wie alle übrigen Kreaturen am Leuchter, mit heute verlorenen Silbereinlagen geschmückt gewesen zu sein. Dazwischen erscheinen paarweise angeordnete

VI. 34

Tiere: zwei sich zuwendende Vierfüßler zu seiten einer Palmette, zwei einander den Rücken zukehrende Vögel mit zurückgewandten Köpfen, die von einer Pflanze fressen, zwei einander gegenüberstehende Vögel mit ineinander verschlungenen Hälsen und zurückgewandten Köpfen. Die bikonischen Nodi sind mit zungenförmigen Einkerbungen verziert, die durch einen mittleren, mit punzierten Mustern geschmückten Streifen voneinander getrennt sind. Beide Abschnitte des Schaftes sind jeweils oben und unten von quer verlaufenden Metallbändern begrenzt und in Längsrichtung abwechselnd mit Kanneluren und streifenförmigen Feldern verziert. Letztere trugen ursprünglich Silbereinlagen. Den Lichtteller zieren stilisierte Akanthusblätter, die von Y-förmigen Umrahmungen mit Vertiefungen für Silbereinlagen umgeben sind.

Der Leuchter teilt viele morphologische und dekorative Elemente mit anderen Leuchtern der hier besprochenen Gruppe. Gleichzeitig führen die Kannelierungen am Schaft und die zungenförmigen Einkerbungen der Nodi eine klassizistische Strenge ein. Der Aufbau des Sockels und der Schmuck zeigen enge Verbindungen zu einem Trierer Leuchter. Hier wie dort finden sich die zugespitzten unteren Enden des Sockels sowie die Lebensbaummotive, die durch die bekannten geflügelten und zweibeinigen Tiere voneinander getrennt sind. Diese Übereinstimmungen lassen erkennen, daß beide auf ein gemeinsames Vorbild zurückgehen. Die Verwendung von Silbereinlagen am Schaft sowie an den Körpern und Flügeln der Tiere verbindet den Leuchter in Zürich jedoch auch, wie Fillitz bemerkte, mit den älteren Werken in Kremsmünster, Oberkirchen und Würzburg (Kat.Nr. VI.30, VI.31 u. VI.33). Von besonderem Interesse sind in diesem Zusammenhang die drei Sockelfelder. Die (verlorenen) Silbereinlagen erinnern in hohem Maße an Tiere und Vögel eines Evangeliars, das in die Mitte des 10. Jahrhunderts datiert und nach Corvey lokalisiert wird. Die Anfangsseite zum Johannes-Evangelium (Baltimore, Walters Art Gallery, ms. W.751, fol. 137r) zeigt Tiere, die wohl von Darstellungen an Metallarbeiten angeregt sind, wie die silbernen Felder an ihren Körpern und Gliedmaßen nahelegen. Insbesondere sind die Vierfüßler der Miniatur eng mit denen des Leuchters verwandt. Auf den Kanontafeln derselben Handschrift in Reims (Kat.Nr. IV.10, fol. 6v, Abb.) begegnen langhalsige Vögel mit zurückgewandten Köpfen. Ihre Hälse und andere Details wurden mit Silber hervorgehoben. Auch hier scheint man Metallarbeiten nachgeahmt zu haben. Darstellungen wie diese finden am Leuchter einen Widerhall in den Vögeln mit langen, ineinander verschlungenen Hälsen und Silbereinlagen. Eine noch engere Parallele ist in einer anderen Corveyer Handschrift anzutreffen: Im Evangeliar aus Helmstedt (Kat.Nr. IV.14 b) kommt ein sehr ähnliches Vogelpaar mit verschlungenen Hälsen vor (fol. 87r). Die charakteristisch tief eingefurchten Akanthusranken des Lichttellers und des Sockels sind ebenfalls kennzeichnend für Corveyer Handschriften dieser Zeit. Beispiele dafür sind das Evangeliar aus Quedlinburg (Kat.Nr. IV.9, fol. 16v u. 158r) und das bereits erwähnte Evangeliar aus Reims (fol. 6v). In der Metallkunst zeigt sich dieses tief eingeschnittene Blattwerk auch an den Bronzetüren Bischof Bernwards in Hildesheim, z. B. an der Tafel mit der Darstellung des Noli me tangere. Sie bestätigt sein Fortbestehen im frühen 11. Jahrhundert.

Aus der Pfarrkirche in Bremgarten, Kanton Aargau, Schweiz.

von Falke/Meyer, Leuchter, S. 3 u. 97 Nr. 11, Taf. 12. – Fillitz/Pippal, Schatzkunst, S. 66.

L.W.

VI. 35
Beschlagfragment

Ottonisch, spätes 10. Jahrhundert
Magdeburg, Spiegelbrücke: Abfallgrube mit Keramik des 10. Jahrhunderts
Kupferlegierung, gegossen, auf der verzierten Seite vergoldet. H. 5,4 cm, L. 5,4 cm.
Magdeburg, Kulturhistorisches Museum, Spbr. 9–14/15; 12/53, 85; 117

Der Beschlag ist dünn gegossen und zeigt einige Risse, seine unteren Enden sind abgebrochen. Er scheint ursprünglich eine Dreipaßform gehabt zu haben. Am oberen Abschluß befindet sich eine rechteckige Befestigungsöse für einen Riemen oder einen Haken. Der verbliebene untere Rand ist scharf nach innen gebogen. In den seitlichen Feldern darüber befinden sich zwei Nietlöcher. Dargestellt sind jeweils zwei Paare vogelähnlicher Wesen. Sie flankieren eine gerippte, stilisierte Pflanze, die von einer spitzen Knospe mit anschließendem Rund bekrönt ist. Die unteren, nur zum Teil erhaltenen Tiere verschlingen die Schwänze der oberen.

VI. 35

Letztere haben lange Hälse, die winkelförmig gerippt sind, kurze Ohren, aufgesperrte Schnäbel und linsenförmige Augen. Der Hintergrund ist schwach punziert.

Die geringe Stärke des Beschlags deutet darauf hin, daß er nicht dafür bestimmt war, starker Belastung standzuhalten. Dies scheint den von Wamers vorgeschlagenen Gebrauch als Pferdeschmuck oder Schwertgehänge auszuschließen. Wahrscheinlicher ist, daß er zum Zubehör oder Verschluß eines Gewandes oder sogar zu einem Kasten gehörte. Stilistisch teilt er, wie Warmers ebenfalls feststellte, einige Merkmale mit dem kleinen liturgischen Kännchen (Kat.Nr. VI.29). Insbesondere die gezackten Hälse der geflügelten Tiere, ihre Stellung zu seiten einer Pflanze, die in einer zugespitzten Knospe mit abschließendem Rund endet, und die Verwendung eines leicht punzierten Hintergrunds verbinden die beiden Werke miteinander. Genauso bezeichnend sind jedoch auch die anderen Beziehungen, die zu ottonischen Arbeiten bestehen. Die ausgeprägt strukturierten Hälse der Tiere kommen insbesondere in Reichenauer Handschriften des späten 10. Jahrhunderts vor, die mit Erzbischof Egbert von Trier in Verbindung gebracht werden. Dies gilt ebenso für die prozessionsartige Abfolge der Tiere, die jeweils den Schwanz des Vorgängers schlucken.

Auch die Knospe mit der ihr eigenen zugespitzten und bekrönten Form sowie der punzierte Hintergrund sind charakteristisch für ottonische Kunstwerke. Diese Parallelen bekräftigen die Zuschreibung des Stückes an eine kontinentale Werkstatt.

Nickel, Abfallgrube. – Wamers, Ornament. – Ausst.kat. Hildesheim 1993, Bd. 2, Nr. V-49 (Egon Wamers, Lit.).

L.W.

DAS WESTFRÄNKISCHE REICH

VI. 36
Richer von Saint-Remi, Historien

Reims, 991–998
Pergament, 57 Blätter (ausgestellt: fol. 38/43).
H. 24,3 cm, B. 15 cm.
Bamberg, Staatsbibliothek, Msc. Hist. 5

Der Codex enthält auf fol. 1r–55v und 57v die Historien des Mönches Richer von Saint-Remi, außerdem zwei nachgetragene Briefe Papst Silvesters II. aus dem Jahr 1000 (JL 3913, 3922) auf fol. 56v. Die Bamberger Handschrift ist ein Autograph, wie die zahlreichen Korrekturen, Änderungen und Einschübe, die alle von der Hand des Grundtextes stammen, erweisen. Richer widmete sein Werk Erzbischof Gerbert von Reims, der von 991 bis 998 amtierte, und damit ist auch die Entstehungszeit des Codex gegeben. Gerbert wurde 999 Papst und nannte sich Silvester II. Richers Historien gelangten damals in seinen Besitz (das ergibt sich aus den nachgetragenen Papstbriefen). Später, vermutlich nach Silvesters II. Tod († 1003) und wahrscheinlich durch Vermittlung Kaiser Heinrichs II., kam das Buch in die Bamberger Dombibliothek und von dort zu Beginn des 19. Jahrhunderts in die heutige Staatsbibliothek.

Richers Historien knüpfen an die Annalen des Erzbischofs Hinkmar von Reims (9. Jahrhundert) und des Reimser Domherrn Flodoard an (Kat.Nr. I.2); von dem letzteren, dessen Erzählung von 919 bis 966 reicht, hat Richer zu einem großen Teil auch das Faktenmaterial für die erste Hälfte seines Werks übernommen. Er hat dabei auf das annalistische Prinzip, d. h. auf die Jahreszahlen und bis zu einem gewissen Grad auf die chronologische Folge, verzichtet. Sein Thema sind, wie er im Vorwort schreibt, die *congressus Gallorum* („die Kämpfe der Gallier"). Richers Gallienbegriff geht auf Cäsar zurück, zugleich identifiziert er aber die (antiken) Gallier mit den (frühmittelalterlichen) Franken. Er will die Geschichte des westfränkisch-französischen Reichs schreiben, das aus dem Zerfall des Großreichs Karls des Großen entstanden war, und zwar von Karl dem Einfältigen (893–929) bis zu Hugo Capet (987–996). Er tut dies freilich unter dem Reimser Blickwinkel, so daß unversehens nicht etwa die Könige, sondern die beiden Reimser Erzbischöfe Adalbero (969–989) und Gerbert zu seinen Helden werden. Für die Zeit von 978 bis 997 sind seine Historien neben Gerberts Briefen die wichtigste Quelle zur Geschichte des französischen Königtums.

In Buch III, c. 69–71 (= fol. 38r/v, Abb.) erzählt Richer von dem Überfall des westfränkischen Königs Lothar auf Aachen im Sommer 978. Der westfränkische Herrscher und der deutsche Kaiser Otto II. waren Vettern; Lotharingien (das Land westlich des Rheins) war zwischen ihnen strittig. Obwohl er an sich der Schwächere war, griff Lothar an und wollte offenbar den ungerüsteten und nichtsahnenden Otto in Aachen gefangennehmen. Der Kaiser konnte nur mit knapper Not fliehen, während Lothar die Aachener Pfalz plünderte. Dabei drehten die Westfranken „den erzenen Adler, der mit ausgebreiteten Flügeln auf dem Gipfel des Palasts von Karl dem Großen angebracht worden war, nach Osten um. Denn die Deutschen (*Germani*) hatten ihn nach Westen gedreht, womit sie andeuteten, sie könnten mit ihrer Reiterei die Franzosen (*Galli*) einmal besiegen." Thietmar von Merseburg erzählt im Gegenteil, daß der Adler immer in das Reich des herrschenden Königs, unter den Ottonen also nach Osten geblickt habe und von Lothar dann nach Westen gedreht worden sei (Chronik III, c. 8); wer von den beiden Geschichtsschreibern recht hat, läßt sich heute nicht mehr entscheiden. Abgesehen von der Beute, die er machen konnte, erreichte Lothar nichts weiter, als daß Otto II. noch im selben Jahr einen Rachefeldzug unternahm und bis nach Paris vorstieß.

Richer von Saint-Remi, Historiae.

Kortüm, Richer von Saint-Remi. – Hoffmann, Historien.

H.H.

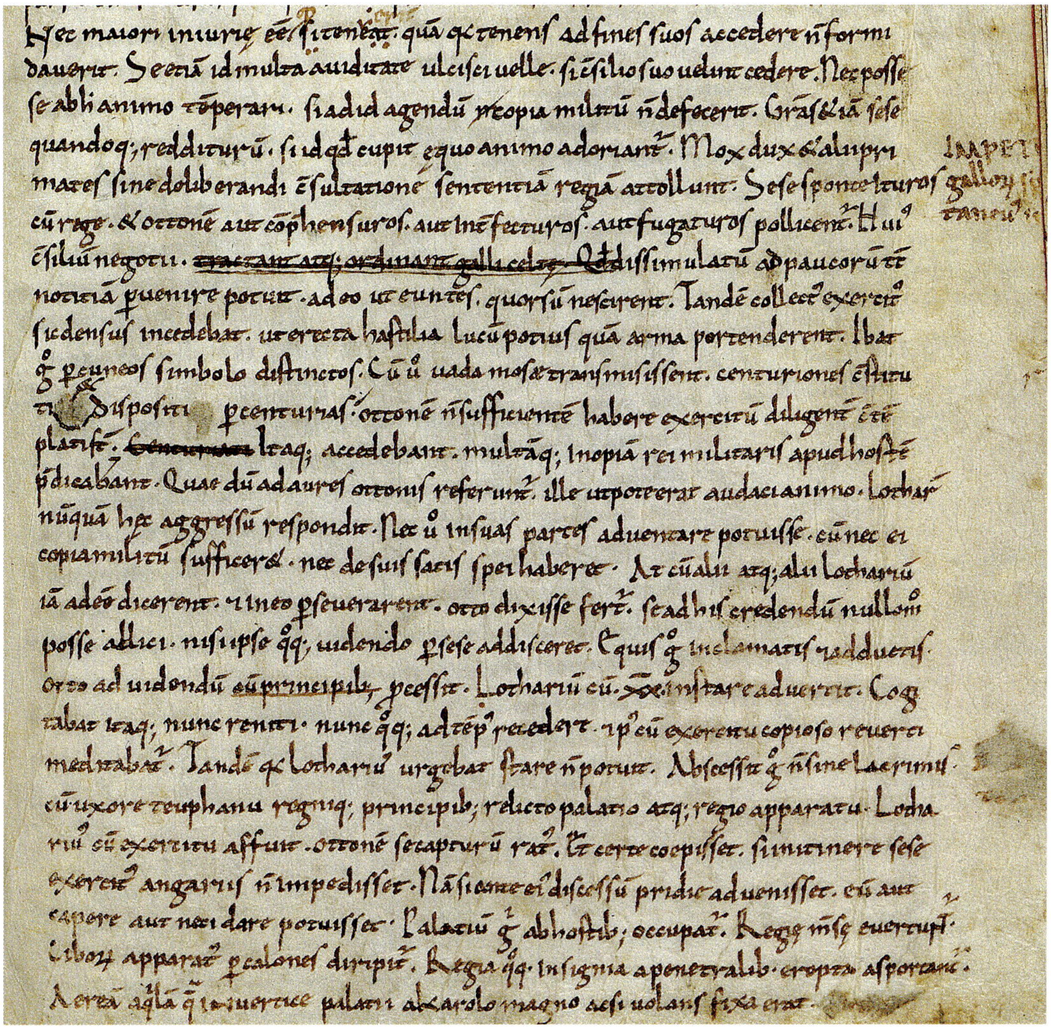

VI. 36, fol. 38r (Ausschnitt)

VI. 37
Adso von Montier-en-Der, De ortu et tempore Antichristi

Exeter, 11. Jahrhundert
Pergament, 365 Blätter. – H. ca. 30 cm, B. ca. 21 cm.
Cambridge, Corpus Christi College, Parker Library, Ms. 190, fol. 281r–291r

Adso wurde 910/15 im Jura als Sohn adliger Eltern geboren und als *puer oblatus* dem Kloster Luxeuil übergeben. 934 wurde er Lehrer des Klosters St. Èvre in Toul, ein Jahr später ging er nach Montier-en-Der in der Diözese Châlons, einem Eigenkloster des Bischofs von Toul, wo er 968 Abt wurde. Wegen seiner Bildung und seines Stils geschätzt, verfaßte er insgesamt sechs Heiligenviten und Miraculatexte bzw. schrieb sie um. Er starb 992 auf einer Pilgerreise ins Heilige Land.

Am berühmtesten von allen Werken Adsos ist sein Traktat über das Kommen des Antichristen, den er zwischen 945 und 954 auf Wunsch der westfränkischen Königin Gerberga, der Schwester Ottos des Großen, verfaßte. Die Schrift beginnt mit einem an Gerberga gerichteten Prolog (Abb.) und endet mit einer Passage, in der der Autor sich nochmals an die Königin wendet. Adsos Auffassung vom Erscheinen des Antichristen ist wenig originell; er hat gewissenhaft ältere Texte dazu kompiliert, allerdings ist die Form, die er dem Werk gab, nämlich die einer Vita, ungewöhnlich. Adsos Zielsetzung war, seine Auftraggeberin zu beruhigen und ihr eine positive Zukunftsperspektive zu geben, indem er schildert, daß die Herrschaft der fränkischen

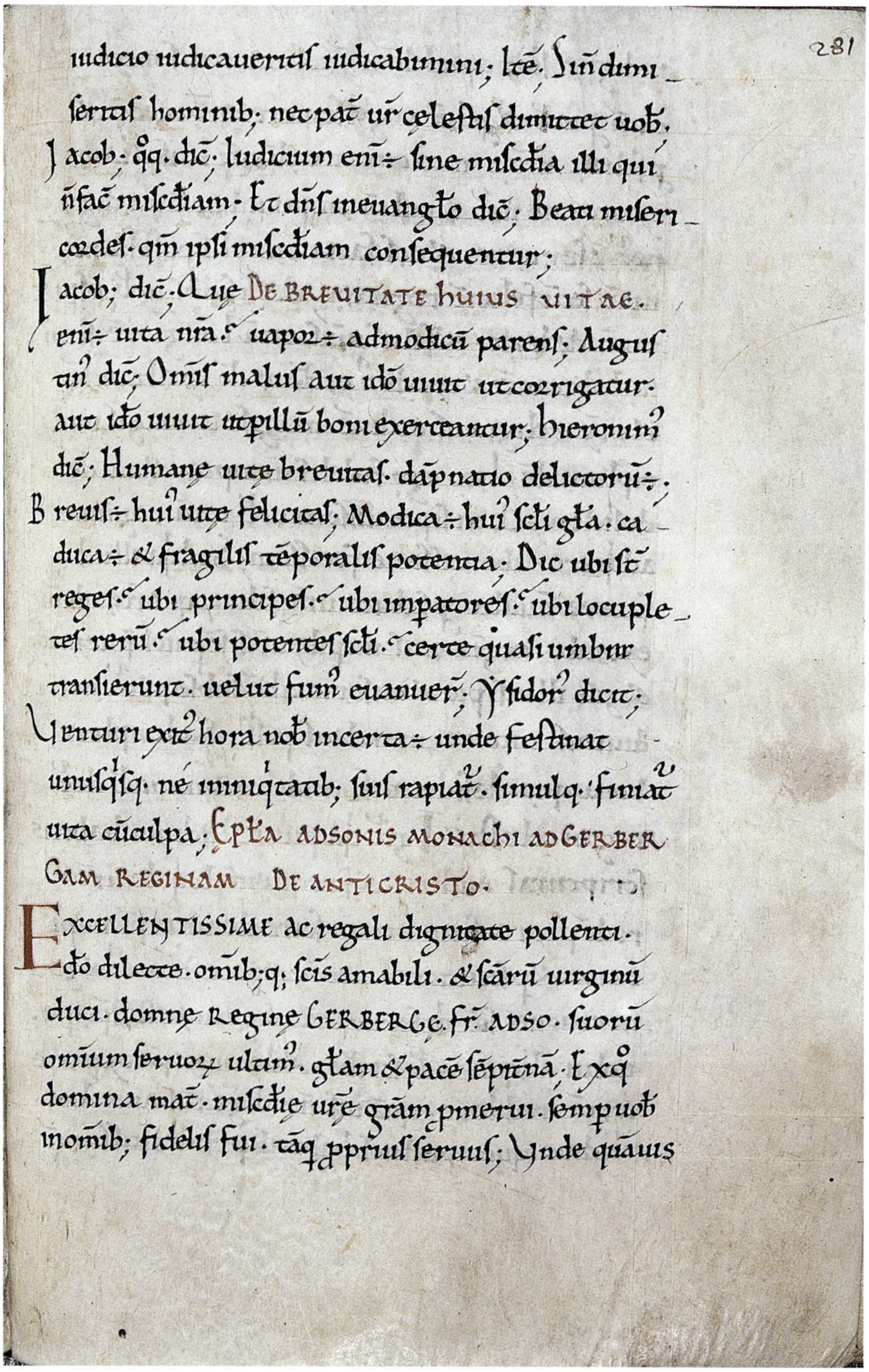

VI. 37, fol. 281r

Könige bis zum Ende des von Karl dem Großen erneuerten römischen Reichs, d. h. bis zum Erscheinen des Antichristen dauern werde – angesichts der bedrohlichen Situation, in der sich die westfränkischen Karolinger in ihrem Kampf gegen die aufstrebenden Kapetinger zu der Zeit befanden, eine hoffnungsvolle Botschaft für Gerberga. In der Forschung ist lange darüber gestritten worden, ob Adso mit den *reges Francorum* nur die westfränkischen Karolinger gemeint hat oder ob er noch die Gesamtheit der fränkischen Könige darin sah (zuletzt Werner). Inzwischen ist die Kontroverse über diese beiden Hypothesen wohl endgültig zugunsten der erstgenannten Interpretation entschieden (Schneidmüller, Adso von Montier-en-Der; Moehring).

Bei dem Cambridger Codex aus Exeter handelt es sich um eine Sammelhandschrift, die überwiegend Bußbuchtexte enthält.

Adso von Montier-en-Der, Antichrist.

James, Catalogue, S. 452–463. – Konrad, Antichristvorstellung. – Schneidmüller, Adso von Montier-en-Der. – Schneidmüller, Karolingische Tradition, S. 61–64. – Werner, Art. Adso. – Moehring, Weltkaiser, S. 144–148.

M.H.

VI. 38
Canones

(Regino von Prüm, 'Libri duo de synodalibus causis'; Akten des Konzils von Ingelheim 948 u. a.)

Deutschland, zweite Hälfte 10. Jahrhundert
Pergament, 143 Blätter. – H. 28 cm, B. 21 cm.
Stuttgart, Württembergische Landesbibliothek, HB VI 114

Der Codex enthält in erster Linie das kirchenrechtliche Handbuch des Regino von Prüm 'Libri duo de synodalibus causis' („Zwei Bücher über Synodalangelegenheiten"). Diese um die Wende vom 9. zum 10. Jahrhundert entstandene Sammlung kirchlicher Rechtssätze, die für die Praxis der kirchlichen Rechtsprechung gedacht war, erfreute sich während des 10. Jahrhunderts im ostfränkisch-deutschen Reich einer gewissen Beliebtheit. Außerdem gehören zum ursprünglichen Bestand des Codex weitere Rechtstexte, darunter vor allem die Akten der Ingelheimer Synode von 948.

Der Codex wurde in der zweiten Hälfte des 10. Jahrhunderts von zwei Händen geschrieben (nach 952, denn der jüngste Text sind die Canones der Augsburger Synode dieses Jahres). Die eine Hand ist als norddeutsch bezeichnet, als Heimatskriptorium der anderen Kloster Hersfeld vorgeschlagen worden, doch ist das vorerst unsicher. Die Glosse *budilon* am Rand von fol. 85r, die von der Texthand stammen könnte und jedenfalls ungefähr gleichzeitig ist, scheint mittelfränkisch, rheinfränkisch oder niederdeutsch zu sein. Eine dritte Hand hat um 1030 den älteren Bestand ausgebessert (fol. 1v, 3r–4r usw.) und auf fol. 62v den Bericht über das Seligenstädter Konzil von 1023 eingetragen; der Schreiber war vielleicht im Konstanzer

VI. 38, fol. 131v (Ausschnitt)

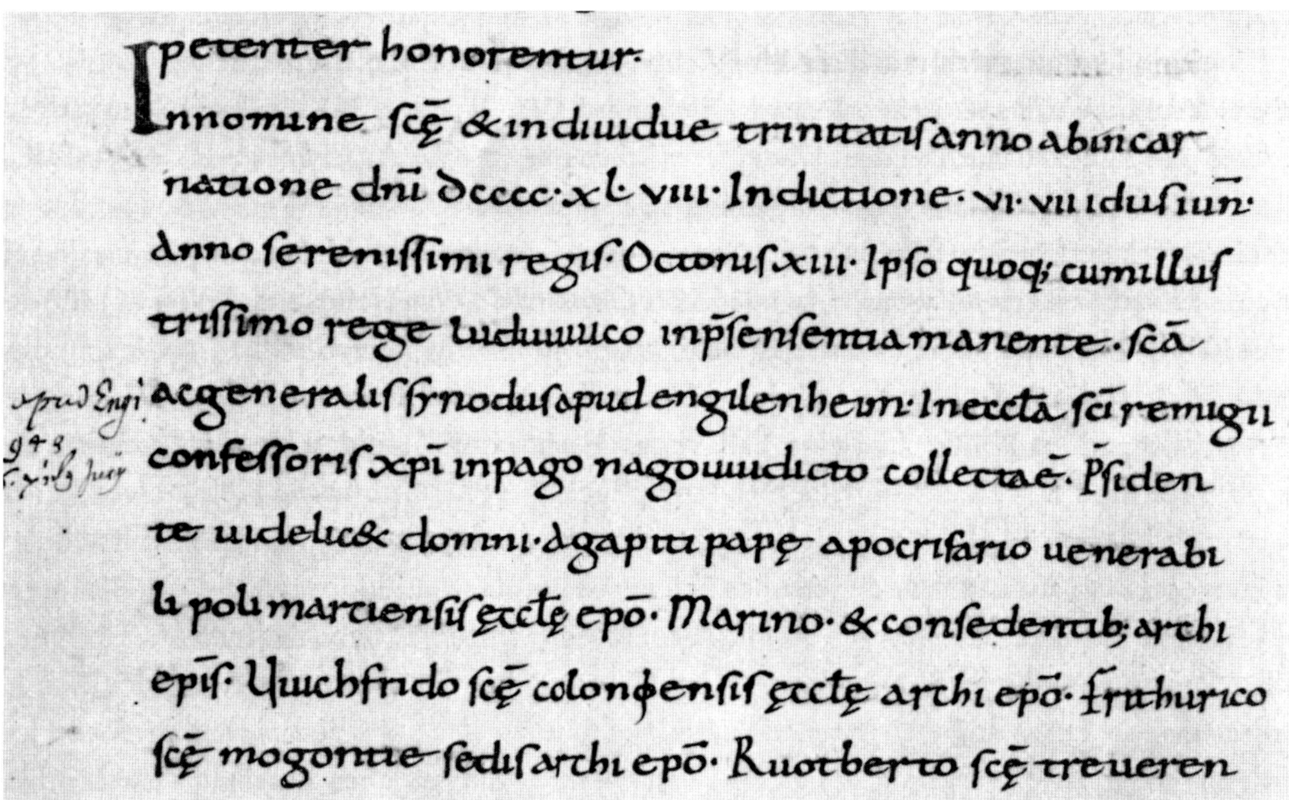
petenter honorentur·
In nomine sc̄ę & indiuiduę trinitatis anno ab incar
natione dn̄i dcccc·xl·viii· Indictione· vi· vii idus iun·
anno serenissimi regis Octonis xiii· Ipso quoq; cum illus
trissimo rege ludouuico in p̄sensentia manente· sc̄a
ac generalis synodus apud engilenheim· In ęccl̄a sc̄i remigii
confessoris xp̄i in pago nagouuicto collectae· P̄siden
te uidelic& domni· agapiti papę apocrisario uenerabi
li poli marciensis ęccl̄ę ep̄o· Marino· & consedentib; archi
epis· Uuichfrido sc̄ę colon̄ensis ęccl̄ę archi ep̄o· frithurico
sc̄ę mogontię sedis archi ep̄o· Ruotberto sc̄ę treueren

VI. 39

Domskriptorium zuhause. 1630 befand sich der Codex im Kloster Weingarten, wohin er aus der Konstanzer Dombibliothek gekommen sein könnte. Für diese Herkunft soll auch der spätmittelalterliche Streichlinieneinband sprechen, der allerdings recht einfach und daher nicht ohne weiteres zu lokalisieren ist. Der Weingartener Besitzvermerk von 1630 steht auf Rasur; von dem radierten Text ist noch *aurelio* zu lesen, womit vielleicht Kloster Hirsau gemeint ist.

Die Ingelheimer Synode des Jahres 948 war die bedeutendste, die unter Otto dem Großen und in seinem Beisein im ostfränkisch-deutschen Reich stattgefunden hat. Der Text der Synodalakten beginnt in dem Stuttgarter Codex, der die älteste Überlieferung bietet, auf fol. 131v (Abb.) mit den Worten: *anno serenissimi regis Octonis XIII, ipso quoque cum illustrissimo rege Luduuuico in praesensentia* (sic!) *manente, sancta ac generalis synodus apud Engilenheim in ecclesia sancti Remigii confessoris Christi in pago Nagouui dicto collecta est* („Im 13. Jahr des erlauchtesten Königs Otto, als er selbst und der ruhmvollste König Ludwig anwesend waren, ist die heilige und allgemeine Synode zu Ingelheim in der Kirche des hl. Remigius, des Bekenners Christi, im sog. Nahegau versammelt worden"). Zu dem Konzil waren fast der gesamte deutsche Episkopat, ein päpstlicher Legat, mehrere französische Bischöfe und der französische König Ludwig IV. gekommen. Das Hauptthema war der Streit um das Erzbistum Reims. Dort standen sich damals zwei Prätendenten gegenüber, ein Anhänger des französischen Königs und ein Parteigänger des Herzogs Hugo von Franzien. Um der Entscheidung mehr Gewicht zu verleihen, hatte Otto der Große den päpstlichen Legaten hinzugebeten. Ungewöhnlich war, daß die Synode, die über diese französische Angelegenheit entschied, auf deutschem Boden tagte. Darin spiegelte sich das politische Kräfteverhältnis wider. Da Otto sowohl mit Ludwig IV. als auch mit Herzog Hugo verschwägert war, konnte er gleichsam in einem Familienzwist den Schiedsrichter spielen. Das Ergebnis dürfte von vornherein festgestanden haben: Ludwigs Kandidat Artold bekam das Erzbistum zugesprochen. Die Synode befaßte sich noch mit weiteren Themen, u. a. mit eherechtlichen Fragen und mit Eingriffen von Laien in kirchliche Angelegenheiten. Wahrscheinlich wurde auch die Gründung der Bistümer Havelberg und Brandenburg beraten, wenn nicht geradezu beschlossen; ihnen war die Aufgabe zugedacht, die Slawen zwischen Elbe und Oder dem Christentum zu gewinnen.

Hehl, Konzilien, Tl. 1, S. 135–163, bes. S. 146.

Autenrieth, Handschriften in Stuttgart, S. 116f. – Fuhrmann, Ingelheim, S. 161. – Hoffmann, Buchkunst, S. 200f. – Wolter, Synoden, S. 45–52. – Hoffmann, Handschriftenfunde, S. 98 Anm. 59.

H.H.

VI. 39
Siegel König Lothars von Frankreich

Westfränkisches Reich, vor 966
Braunes Wachs mit Wachswanne; Siegel an Urkunde durchgedrückt. – Gesicht berieben, Umschrift am Ende nur undeutlich abgedrückt.
Rund, Dm. 4 cm.
Gent, Bisdomsarchief, Carton 2, No. 2: 966 Mai 5

Umschrift: LOTHARIVS + REX FRANCO(rum). König Lothar von Frankreich (954–986) war Sohn des westfränkischen Königs Ludwig IV. und seit 966 mit Emma, der Tochter der Kaiserin Adelheid aus erster Ehe mit König Lothar von Italien, also der Stieftochter Ottos des Großen, verheiratet. Zunächst führte er in der Tradition der älteren Karolinger zwei Siegel mit Profilkopf, von denen es Abdrücke an Urkunden von 954 oder 958 gibt. An der ausgestellten Urkunde begegnet zum ersten und einzigen Mal ein Siegel mit dem frontalen Brustbild des Königs. Seine Büste nimmt fast die ganze Höhe des Siegelrunds ein. Das Schriftband läuft, durch eine Linie vom Bildfeld abgegrenzt, nur seitlich und oben um die Figur. König Lothar trägt eine Krone mit vier Lilienaufsätzen, die bis in den Schriftrand hineinragen. Mit dem vor der Brust scharf abgewinkelten rechten Arm hält der König schräg vor dem Leib ein dünnes Szepter, das in einer Blüte ausläuft, mit der anderen, im Abdruck nur undeutlich erkennbar, einen sich nach oben zu verdickenden Stab.

Da Frontalbildnisse bis in die sechziger Jahre des 10. Jahrhunderts auf Siegeln vollkommen unüblich waren und sich Herrscher wie Bischöfe in der Tradition antiker Gemmenbilder im Profil darstellen ließen, kann das französische Königssiegel nur als Reaktion auf den Bildwechsel im Kaisersiegel Ottos des Großen verstanden werden, der sich ab 962 en face auf seinen Siegeln darstellen ließ – in den ersten Jahren noch in künstlerisch recht bescheidener Ausführung, ab 965 dann aber in endgültiger Form, die bis zum Tode unverändert bleiben und noch von Otto II. weitergeführt werden sollte (Kat.Nr. III.4–5). Die Nachahmung des Siegels seines Schwiegervaters beschränkt sich bei Lothar aber auf diese grundsätzliche Wahl der Bildfigur, allenfalls noch auf das Verhältnis von Bild und Umschrift. Die Ausgestaltung ist im einzelnen anders. Der Schriftrand wird durch eine Linie vom Bildfeld abgegrenzt, was für spätere mittelalterliche Siegel typisch ist, bei den ottonischen Herrschersiegeln aber noch nicht begegnet. Die Insignien sind andere, die Form der Krone deutlich unterschieden. Auf den Globus ist zugunsten eines zweiten Stabszepters verzichtet, wie denn später die französischen Könige generell zwei Szepter, aber keinen Globus führten, und zwar in ununterbrochener Tradition seit Heinrich I. (1031–1060). Die für die künstlerische Form und das majestätische Erscheinungsbild des Kaisers im Kaisersiegel Ottos des Großen entscheidende symmetrische Ausbreitung beider Arme mit dem neben dem Körper gehaltenen Szepter und dem hocherhobenen Globus wird im Lotharsiegel nicht aufgenommen. Die Arme werden vor der Brust gehalten, die Figur bleibt geschlossen, wird nicht wie bei Otto in der Fläche ausgebreitet.

An einer Urkunde, angeblich vom selben Tag, dem 5. Mai 966 (D 25), ist ein Siegel von einem offenbar wesentlich später, nach dem künstlerischen Erscheinungsbild wohl im 12 Jahrhundert gefälschten Nachschnitt mit erweiterter, um das ganze Bildfeld laufender Inschrift abgedrückt (Halphen / Lot, Taf. II.2).

Halphen/Lot, Actes de Lothaire, S. XLIX–LIII, Taf. III.3, D 26. – Bautier, Échanges, S. 196–199 u. Abb. 4. – Verhulst, Lothaire, S. 9f. u. pass. – Dalas, Seaux des rois, Nr. 46 u. Abb. – Schneidmüller, Familienpolitik, S. 350, Abb. 1. – Keller, Ottonische Herrschersiegel, S. 6 Anm. 10. – Keller, Neues Bild, S. 195, Abb. 15.

R.K.

VI. 40
Sog. Kriegsfahne der Gerberga

Laon (?), um 960
Seidenstickerei aus roter, grüner, braun-oranger, beiger und schwarzer Seide und Goldfaden in Spalt- und Stielstich sowie Anlegetechnik auf ockerfarbenem (einst rotem), leinwandbindigem Seidengewebe.
H. 37 cm, B. 37 cm.
Köln, Hohe Domkirche, Schatzkammer, Inv.Nr. Clemen 132

Die kleine quadratische Seidenstickerei gehört zu den wenigen Textilien der Ottonenzeit, die man nicht nur mit bestimmten Personen, sondern – wie Friedrich Wilhelm Oedinger erkannt hat – auch mit einem konkreten Ereignis in Verbindung bringen kann. Dargestellt ist in der Mitte der triumphierende Weltenherrscher Christus, stehend und mit Kreuzstab und Buch, und als IHS XPS bezeichnet. Über ihm erscheint die Hand Gottes, beschriftet mit DEXTERA; flankiert wird er von den Erzengeln SCS MICHAEL und SCS GABRIEL. Medaillons mit den Büsten der Personifikationen von Sonne und Mond, SOL und LVNA, vervollständigen das ikonographische Programm. Vermittler zur unteren Hälfte des Tuches, zur irdischen Welt, sind zwei stehende männliche Heilige, beide mit einem Buch in der Hand und angetan mit priesterlicher Gewandung, Dalmatik und Kasel. Bezeichnet sind sie als SCS [I]LARIVS (hl. Hilarius) und SCS [B]AS[O] (hl. Baso). Bei letzterem handelt es sich um einen nur in der Gegend von Laon, genauer gesagt nur im Frauenkloster von Saint-Jean verehrten Lokalheiligen; seine Gemahlin Salaberga war die Gründerin des Klosters, in dem der an einem 7. Mai verstorbene Baso auch begraben liegt. Mit Hilarius ist vermutlich nicht der Bischof von Poitiers, sondern der-

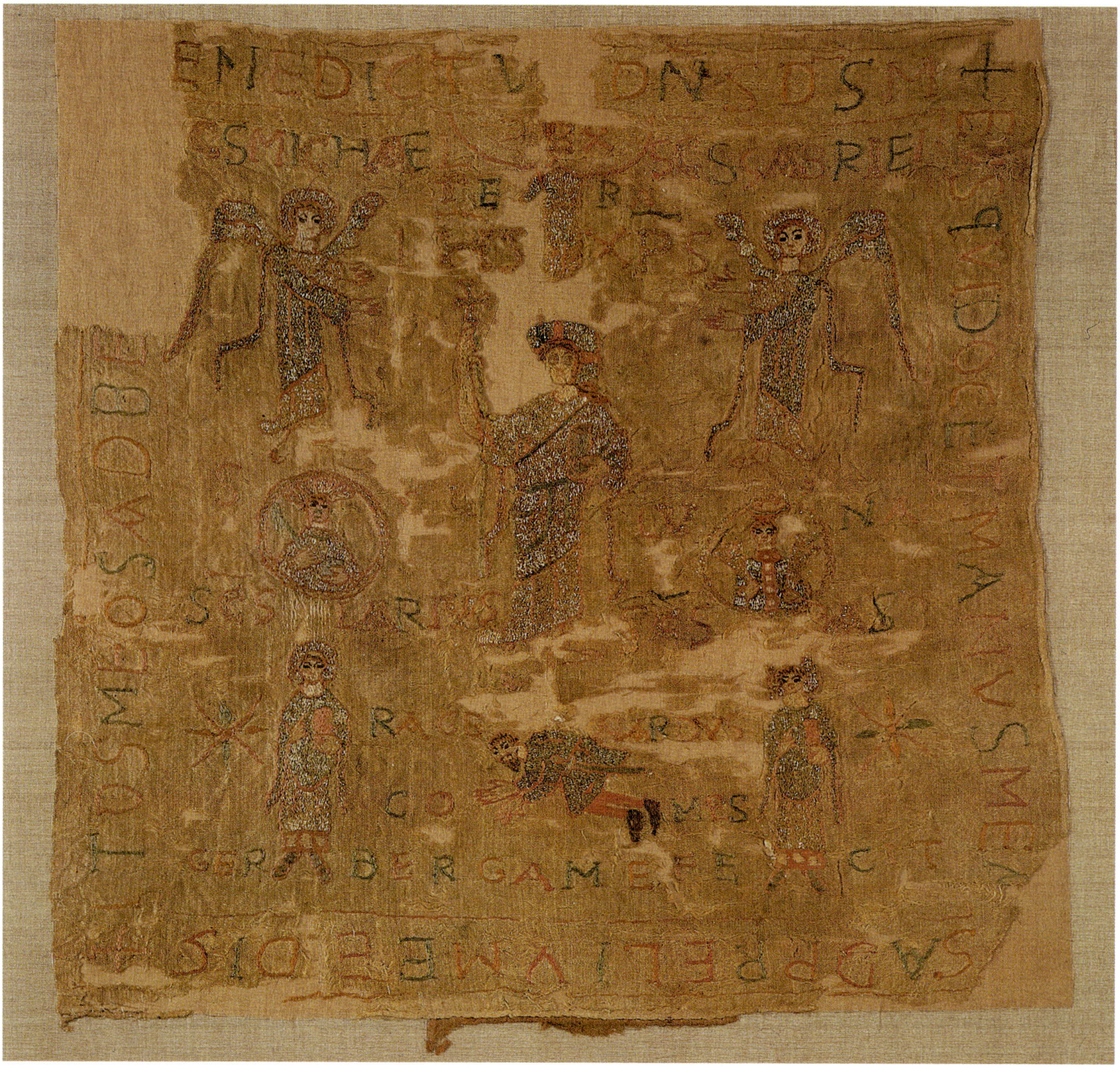

VI. 40

jenige von Arles gemeint, der am 5. Mai 449 gestorben ist, aber ebenfalls am 7. Mai, dem Tag seiner Beisetzung, gefeiert wurde. Zwischen den beiden Heiligen schließlich ist auf der Kölner Stickerei ein Krieger in kurzem Waffenrock und mit umgebundenem Schwert dargestellt, der sich Christus zu Füßen geworfen hat. Die Inschrift nennt ihn RAGENARDVS COMES. Das ganze Tuch wird gerahmt von den Anfangsversen von Psalm 143, [+ B]ENEDICTV[S] D(omi)N(u)S D(eu)S M + EVS QVI DOCET MANVS MEA [+] S AD PRELIVM ET DIG + ITOS MEOS AD BE[LLUM] („Gelobt sei der Herr mein Gott, der meine Hände den Kampf lehrt und meine Fäuste den Krieg").

Den Schlüssel zum Darstellungsprogramm liefert aber die Inschrift GERBERGA ME FECIT, mit der eine Frau namens Gerberga als Stickerin, zumindest als Bestellerin des Tuches bezeichnet wird. Sie war die Schwester Ottos des Großen und Erzbischof Bruns von Köln, in erster Ehe mit Herzog Giselbert von Lotharingien, nach seinem Tod in zweiter Ehe mit König Ludwig IV. von Frankreich

VI. 40 (Detail)

verheiratet. Dieser überschrieb ihr im Jahre 951 das Kloster Saint-Jean in Laon. 954, zum zweiten Mal Witwe geworden, schloß Gerberga sich eng an ihren Bruder Brun an, und gemeinsam kämpften sie gegen Reginar III., Grafen von Hennegau, der als Neffe Giselberts Anspruch auf den Titel eines Herzogs von Lotharingien und auf ihr Witwengut erhob. Es war schließlich Gerbergas und Bruns Bruder, Otto I., der 958 über Reginar zu Gericht saß, ihn seiner Besitztümer entkleidete und in die Verbannung nach Böhmen schickte.

Auf diese Ereignisse beziehen sich die Darstellungen auf dem Tuch, und der Kniefall des Grafen Reginar muß dementsprechend als Geste der Unterwerfung gedeutet werden (Abb. Detail). Er hat nichts mit der häufig ähnlichen Haltung eines Stifters zu tun. Der 7. Mai, gemeinsamer Festtag der hl. Hilarius und Baso, wird ein wichtiges Tagesdatum im Streit mit Reginar gewesen sein, so daß Gerberga den Sieg über den Grafen der Fürbitte der beiden nur in Laon – und insbesondere in ihrem dortigen Eigenkloster – gemeinsam auftretenden Heiligen zuschreiben konnte. Die kleine Stickerei darf somit am ehesten als eine Siegesfahne, eine Art Gedenkbild oder Votivgabe zum Gedenken an die von Christus und den Heiligen gewährte Unterstützung, verstanden werden. Sticktechnisch unspektakulär kann sie sehr wohl von Gerberga selbst oder in ihrem unmittelbaren Umkreis hergestellt worden sein.

Das Tuch wurde 1864 im Schrein der Heiligen Drei Könige gefunden, bei den Gebeinen des hl. Gregor von Spoleto. Dessen Reliquien sind unter Erzbischof Brun nach Köln gekommen. Ob bereits er die Stickerei zur Umhüllung der Gebeine zweckentfremdete oder ob dies später, vielleicht im Wissen um die Verbindung von sowohl Reliquien wie Stickerei mit Brun, geschah, kann aber nicht mehr entschieden werden.

Clemen, Dom zu Köln, Nr. 132. – Oedinger, Kriegsfahne. – von Euw, Kriegsfahne. – Schulten, Domschatz, Nr. 95. – von Wilckens, Textile Künste, S. 173 f. – Becks/Lauer, Schatzkammer, Nr. 166.

R.S.

VI. 41
Sakramentar von Beauvais

Fleury (Benediktinerabtei Saint-Benoît-sur-Loire), erstes Viertel 11. Jahrhundert
Pergament, 10 Blätter. – Deckfarbenmalerei mit Gold und Silber. – H. 23,2 cm, B. 17,8 cm.
Los Angeles, The J. Paul Getty Museum of Art, Ms. Ludwig V. 1 (83.MF.76)

Die nur fragmentarisch erhaltene Handschrift enthält Präfation und Canon (fol. 1r–7v) sowie die Meßformulare für Weihnachten, Ostern und Himmelfahrt (fol. 7v–10v). Die Nennung der Heiligen Lucianus, Maxianus, Julianus und Justus im *Libera nos* des Meßkanons weist darauf hin, daß das Sakramentar für die Kathedrale von Beauvais bestimmt war, die dem hl. Lucianus, dem Schutzpatron der Diözese, geweiht war. Anhand der erhaltenen Teile ist anzunehmen, daß es sich ursprünglich um ein Festtagssakramentar gehandelt hat, das nur die Messen für die höchsten kirchlichen Feiertage enthielt.

Die künstlerische Ausstattung umfaßt außer zwei Purpurseiten mit dem Vere dignum und Te igitur zu Präfation (fol. 1v) und Kanon (fol. 2v) eine Schriftseite auf Purpurgrund (fol. 1r), eine Zierseite (fol. 9r) und drei Initialen (fol. 7v, 8v, 10r). Auf der Kanonseite ist die Kreuzigung Christi mit Maria und Johannes zu seiten des Kreuzes dargestellt (fol. 2v, Abb.). Die ornamentale Ausstattung der Handschrift zeichnet sich durch Ranken mit lanzett- und

VI. 41, fol. 2v

sichelförmigen Blättern und kelchförmigen Blüten aus, die auf Vorbilder der sog. Eburnant-Gruppe (ca. 960–970) der Reichenauer Buchmalerei zurückgehen.

Ornamentik und Schrift verbinden die Handschrift aufs engste mit dem Evangelistar der ehem. Sammlung Gaignières (Paris, Bibliothèque nationale, lat. 1126), aus dessen Widmungsversen (fol. 1v) hervorgeht, daß es von einem *Robertus devotus* zu Ehren der Jungfrau Maria gestiftet wurde. Der Stifter wird allgemein mit dem westfränkischen König Robert dem Frommen (996–1031) identifiziert. Das Widmungsgedicht enthält ferner eine Fluchformel gegen jeden, der die Handschrift von ihrem Bestimmungsort entwendet. Dem Dieb wird angedroht, sein Schicksal mit Judas in der Hölle zu teilen. Die gleiche Fluchformel findet sich im Kolophon zweier Handschriften wieder, die Abt Abbo (988–1004) dem Kloster Fleury stiftete (Orléans, Bibliothèque municipale, Ms. 70; Ms. 127). Da die Abteikirche von Fleury der Jungfrau Maria geweiht war und die Abtei zwischen 1004 und 1030 von Abt Gauzelin, einem engem Vertrauten Roberts des Frommen, geleitet wurde, darf angenommen werden, daß das Gaignières-Evangelistar wie auch das Sakramentar von Beauvais in Fleury entstanden sind.

Das Widmungsgedicht des Gaignières-Evangelistars schließt mit dem Hinweis, daß sein Schreiber aus Italien stamme: *Venit ab Italia quidam qui scripserat illum / omnia quae studiis pervincit regna coruscis* („Der jenen Band schrieb, kam aus Italien, das alle Königreiche durch seine glänzenden Künste übertrifft"). In der Tat lassen beide Handschriften sowohl in ihrer künstlerischen Ausstattung wie auch in ihrer Schrift enge Beziehungen zu dem Gebetbuch Erzbischof Arnulfs II. (London, British Library, Egerton 3763) und vor allem zu dem sog. ambrosianischen Sakramentar (Kat.Nr. VI.20) erkennen. Beide Handschriften sind daher wohl das Werk eines Mailänder Malers, der in Fleury tätig war. Er wird von Nordenfalk mit jenem Maler Nivardus aus der Lombardei gleichgesetzt, dem Abt Gauzelin die Ausführung eines Kruzifixes übertrug und der im Kloster noch andere Kunstwerke geschaffen hat (Andreas von Fleury, c. 65).

Über die ältere Geschichte des Sakramentars ist nichts bekannt. Seit dem 19. Jahrhundert befand es sich in verschiedenen Privatsammlungen, zuletzt in der Sammlung Dyson Perrins in London und in der Sammlung Ludwig in Aachen.

Andreas von Fleury, Vita Gauzlini.

Nordenfalk, Milanese Artist, S. 375–378. – Bloch, Hornbacher Sakramentar, S. 108–112. – Nordenfalk, Miniature ottonienne, S. 53–55. – Wettstein, Fresque romane, S. 54f. - Mütherich, Malerei der Ottonenzeit, S. 125f., 190 u. 196. – von Euw/Plotzek, Sammlung Ludwig, Bd. 1, S. 219–222. – Hoffmann, Buchkunst, S. 52. – Nordenfalk, Milano, S. 110. – Mostert, Library of Fleury, S. 108 Nr. BF386. – Kren/Teviotdale, Masterpieces, Nr. 3 (Elizabeth C. Teviotdale).

F.C.

BYZANZ

VI. 42
Liudprand von Cremona, Werke; Regino von Prüm, Chronik

Freising und Oberitalien, 962–993/94
Pergament, 198 Blätter. – H. 24,5 cm, B. 17,5 cm.
München, Bayerische Staatsbibliothek, Clm 6388

Der Codex besteht aus drei Teilen. I: fol. 1r–8r Liudprand von Cremona, 'Historia Ottonis'; II: fol. 8v–85v Liudprand von Cremona, 'Antapodosis'; III: fol. 86r–198r Regino von Prüm, Chronik mit Fortsetzung des Adalbert von Magdeburg. Teil III hat eine eigene Lagenzählung, ist also unabhängig von Teil II entstanden. Mit Teil I ist Reginos Chronik insofern verbunden, als die Hand, die die 'Historia Ottonis' geschrieben hat, auch in Teil III auftaucht (fol. 86r/v). Teil I ist später als Teil II entstanden, denn fol. 8r (die erste Seite der zweiten Lage) war ursprünglich frei geblieben und wurde erst nachträglich mit dem Schluß der 'Historia Ottonis' gefüllt, weil für diese der Platz auf den eigentlich dafür bestimmten, vorangestellten fol. 1–7 nicht ausreichte. Während die Teile I und III von Freisinger Schreibern stammen, wird Teil II vier oder fünf oberitalienischen Händen verdankt, die wahrscheinlich in Liudprands Umgebung zu suchen sind. Der Codex ist für die Überlieferung der Werke Liudprands von Cremona und Reginos von Prüm von großer Bedeutung. Offenbar war Bischof Abraham von Freising an diesen Geschichtsbüchern interessiert und ließ sie deshalb anschaffen. Daß er die 'Historia Ottonis' mit eigener Hand abgeschrieben habe, ist freilich bislang nur eine wenig begründete Vermutung.

Liudprand, geboren um 920, hatte zunächst zum Hof König Berengars II. (von Ivrea) gehört, war von ihm 949 als Gesandter nach Byzanz geschickt worden, entzweite sich dann jedoch mit ihm, floh zu Otto dem Großen und wurde von diesem 961 zum Bischof von Cremona ernannt. Sein Hauptwerk ist der 'Liber antapodoseos', das „Buch der Vergeltung", in dem er die Geschichte Italiens mit Ausblicken auf Byzanz, die Provence, Burgund und das ostfränkische Reich vom Ende des 9. Jahrhunderts bis 950 voller Animosität gegen König Berengar II. erzählt. Dank seiner Vertrautheit mit dem Griechi-

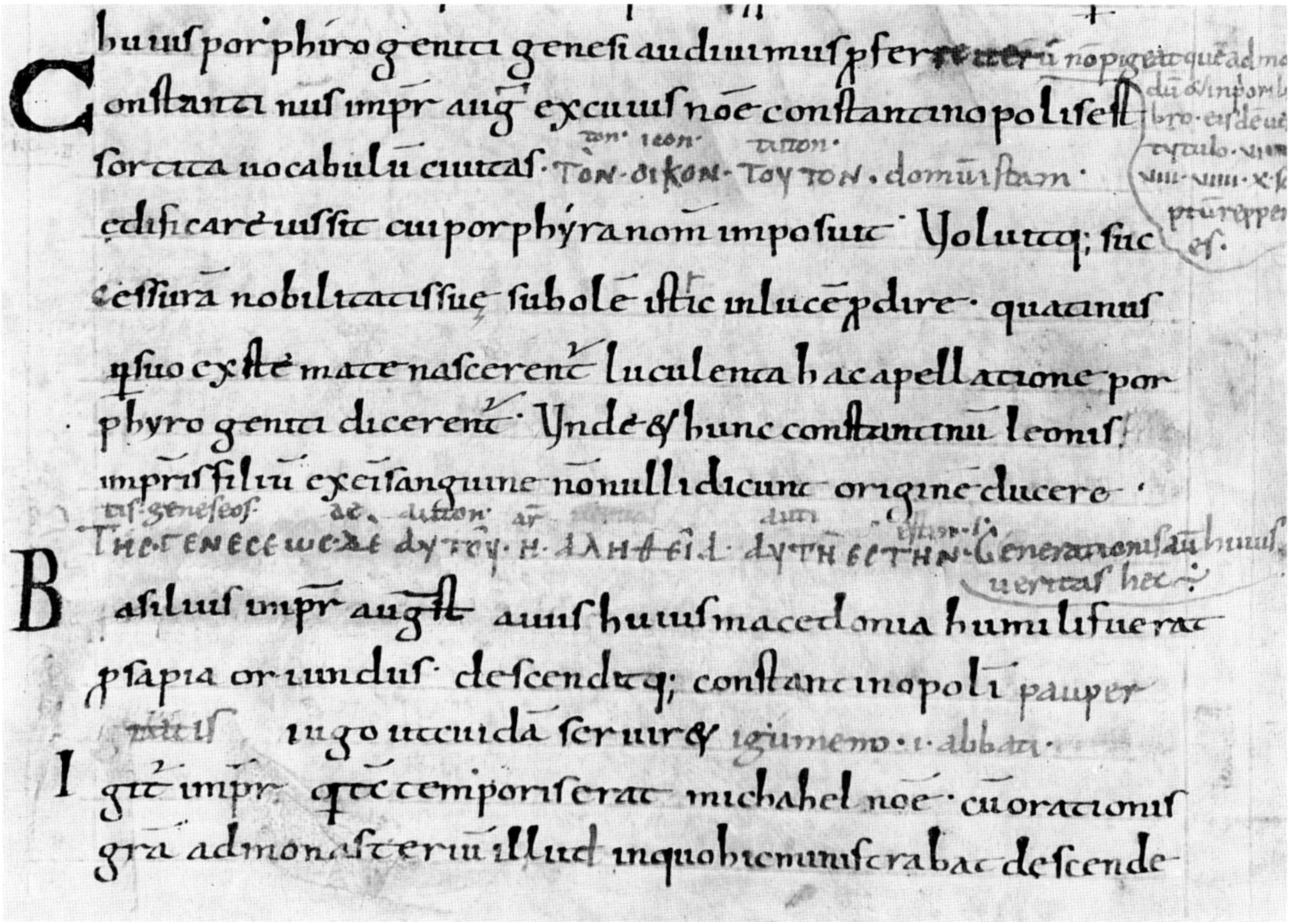

VI. 42, fol. 50v (Ausschnitt)

schen und den Verhältnissen in Byzanz nahm er unter den Schriftstellern der Ottonenzeit eine Ausnahmestellung ein. In seine 'Antapodosis' streute er wiederholt griechische Brocken oder ganze griechische Sätze ein; sie mußten freilich, damit sie den abendländischen Lesern verständlich waren, sowohl in lateinischer Lautschrift als auch in lateinischer Übersetzung wiedergegeben werden. In Buch III, c. 31 berichtete er über die Geburt und den Beinamen des Kaisers Konstantin Porphyrogennetos. Im Clm 6388 (fol. 50v, Abb.) schließt diese Erzählung mit dem Satz:

tis geneseos de auton ar̄ (veritas) auti estin i(d est)

ΤΗϹ ΓΕΝΕϹΕѠϹ ΔΕ ΑΥΤΟΥ Η ΑΛΗΘΕΙΑ ΑΥΤΗ ΕϹΤΗΝ

Generationis autem huius veritas hec est

(„dies ist die Wahrheit seiner Geburt").

In der lateinischen Lautschrift (phonetischen Transkription) stand *veritas* über ΑΛΗΘΕΙΑ und wurde, weil am falschen Platz, wieder radiert; es fehlt dort statt dessen *alitia*. Falsch ist *auton* (es müßte *autou* oder *autu* heißen). Außerdem ist *ar̄* (= *articulus*, womit der im Lateinischen nicht übersetzbare, griechische Artikel ἡ gemeint ist) verfehlt, denn an dieser Stelle erwartet man eigentlich *i* oder *hi* (als lautliches Äquivalent des griechischen ἡ). Mängel dieser Art erwecken (zusammen mit weiteren Gründen) Zweifel an der neuerlichen Hypothese, Liudprand selbst habe die Graeca (und einiges andere) in den Clm 6388 eingetragen und daher sei der Codex zu wesentlichen Teilen ein Autograph. Nicht vor dem Ende des 11. Jahrhunderts ist auf fol. 86v ein Herrscherkatalog geschrieben worden, offenbar in Freising.

Im Zuge der Säkularisation kam der Codex zu Beginn des 19. Jahrhunderts aus der Freisinger Dombibliothek in die Münchener Bibliothek.

Zu weiteren Abbildungen der Handschrift vgl. Beitrag Althoff, Geschichtsschreibung, Abb. 4 u. Beitrag Chrysos, Abb. 2.

Liudprand von Cremona, Werke. – Liudprandi Cremonensis, Opera.

Müller-Mertens, Regnum Teutonicum, S. 99–105. – Daniel, Freisinger Dombibliothek, S. 105 f. Nr. 28 u. S. 146 Nr. 38. – Bischoff, Italienische Handschriften, S. 183. – Staubach, Graecae Gloriae, Abb. 4. – Chiesa, Liudprando.

H.H.

VI. 43
Griechisch-lateinische Paulusbriefe

Reichenau, 4. Viertel 9. Jahrhundert
Pergament. – 136 Blätter. – H. 20 cm, B. 18 cm.
Cambridge, Trinity College Library, Ms. B.17.1

Die Handschrift enthält die 13 Paulusbriefe, wobei allerdings die ersten drei Kapitel des Römerbriefes bis Vers 3,19 fehlen. Von der ersten Lage ist nur ein Blatt erhalten, fol. 7r–v. Die erste Lage umfaßte ursprünglich auch den Rest des zum Anfang dieses Abschnitts gehörenden Textes. Beim Neubinden der Handschrift in früher Neuzeit wurde Lage 14 versehentlich nach fol. 102v eingefügt und damit die Textfolge unterbrochen. Das Blatt, das bei richtiger Anordnung als fol. 103 hätte folgen sollen, wurde als fol. 111 eingebunden. Darauf hatte bereits Richard Bentley, Rektor des Trinity College in Cambridge, aufmerksam gemacht, der die Handschrift 1718 – wie auf dem Vorsatzblatt vermerkt – erwarb.

Der zweisprachige Text ist durchgängig zweispaltig angeordnet: Die äußere Spalte gibt den lateinischen, die innere Spalte den griechischen Wortlaut wieder. Der Schreiber, der die Linierung ausführte, legte auch die Spaltenbreite fest. Da die griechischen Majuskeln größer sind als die lateinischen Minuskeln, ist die Spalte für den griechischen Text viel breiter angelegt (65 mm) als jene für den lateinischen Text (58 mm). Die Titelzeilen sind sparsam mit roter Tinte geschrieben. Beide Spalten, die lateinische und die griechische, stammen von der Hand desselben Schreibers – ebenso die in der griechischen Spalte stellenweise anzutreffenden lateinischen Interlinearübersetzungen. Insgesamt waren an der Handschrift wahrscheinlich fünf Schreiber beteiligt.

Der griechische Text entstammt einer Handschrift des Neues Testaments, die in der Bibelwissenschaft als Handschrift „F" bekannt ist. Der lateinische Text folgt der Vulgata-Übersetzung des Hieronymus. Die Reichenauer Handschrift ist eine Schwesterhandschrift des Dresdner 'Codex Boernerianus' aus St. Gallen. Die Schreiber beider Handschriften scheinen sich derselben zweisprachigen Vorlage bedient zu haben, um den griechischen Text zu kopieren. Der Codex aus St. Gallen enthält allerdings noch eine alte lateinische Übersetzung der Paulusbriefe, die sog. 'Vetus Latina' aus der Zeit vor Hieronymus. Die Schreiber der Reichenauer Handschrift ersetzten die alte lateinische Übersetzung durch die neuere, die Vulgata. Einige Textstellen, die in der neueren lateinischen Übersetzung dem Griechischen nicht so gut entsprachen, wurden jedoch in alter Übersetzung beibehalten. Der Reichenauer Codex enthält auch eine Abhandlung über die Taufe des Hrabanus Maurus, Erzbischof von Mainz (fol. 139v–141v).

Der zweisprachige Reichenauer Codex ist um so mehr von Bedeutung und Interesse, als aus dem 9. und 10. Jahrhundert nur wenige Handschriften mit griechischem Text erhalten sind. Daß solche Handschriften, die Kenntnisse des Griechischen voraussetzen, überhaupt existieren, ist einigen Historikern zufolge irischen Gelehrten wie Johannes Scotus Eriugena zu verdanken, der zweifellos des Griechischen mächtig war. Möglich ist auch, daß Besucher aus Byzanz oder von dort zurückkehrende fränkische Gesandte alte Handschriften nach St. Gallen oder auf die Reichenau mitbrachten. Im 9. und 10. Jahrhundert wurden verschiedentlich Eheschließungen fränkischer Prinzessinnen mit byzantinischen Prinzen ins Auge gefaßt. In Vorbereitung darauf erhielten die jungen Damen Griechischunterricht – auch wenn keine der geplanten Eheschließungen je zustande kam. Einige süddeutsche Klöster unterhielten vermutlich Verbindungen zu griechischen Klöstern jenseits der Alpen, in Rom. Außerdem kamen im Laufe des 9. Jahrhunderts Missionare aus dem Osten in den Westen, darunter auch der bedeutende Slawenmissionar, der hl. Methodius, der wahrscheinlich die Reichenau besuchte.

Zweisprachige Handschriften wie der Reichenauer Codex mit den Paulusbriefen bezeugen, daß es Gelehrte gab, die ein besonderes Interesse an der griechischen Sprache hatten, daß es Schreiber gab, die fähig waren, das Griechische korrekt zu schreiben, und nicht zuletzt, daß man sich sorgsam darum bemühte, den Kanon der Heiligen Schrift unverfälscht zu überliefern. Ähnliche Interessen, wenngleich in schwächerer Ausprägung, sind auch

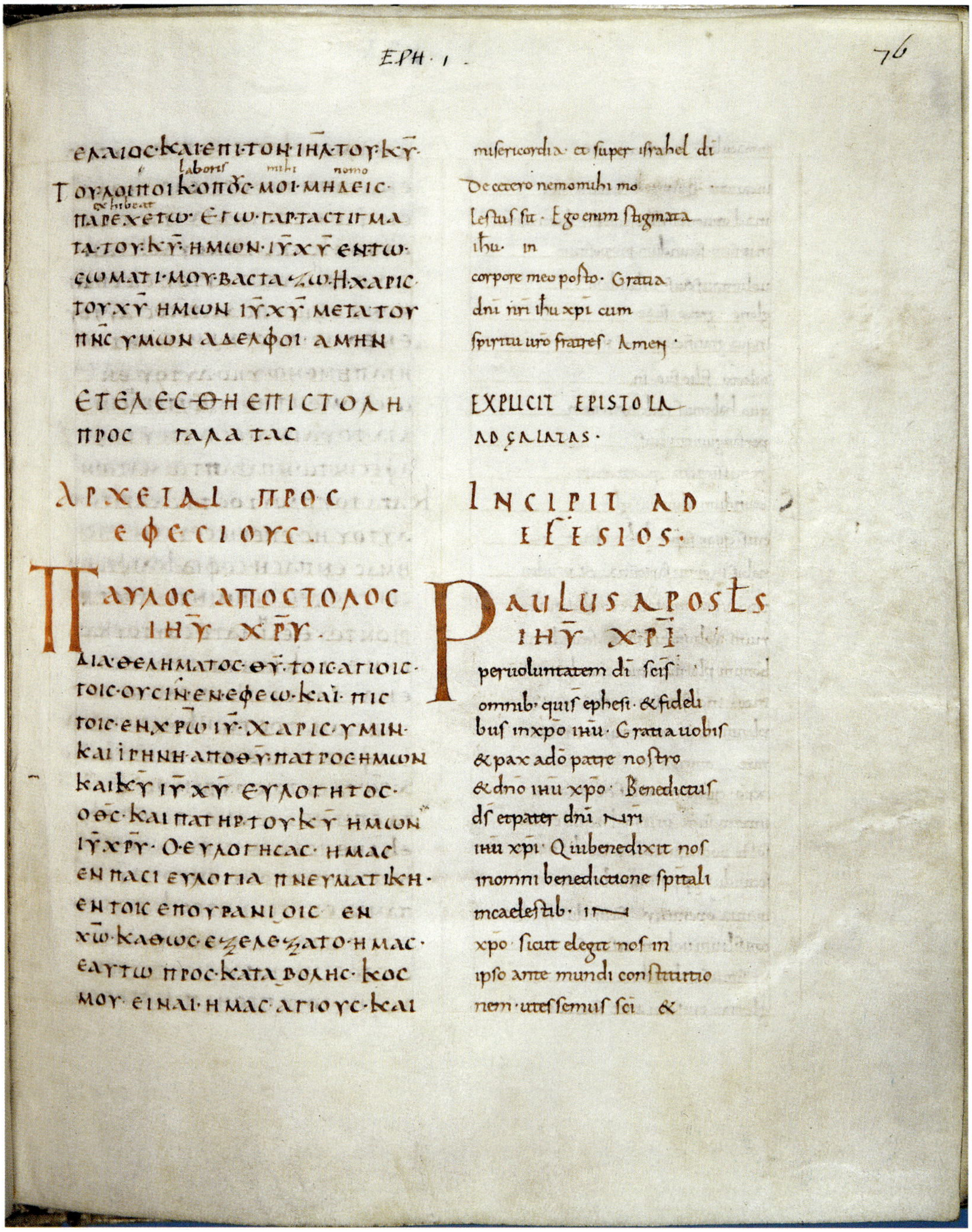

VI. 43, fol. 76r

in Werken aus anderen Gebieten des ottonischen Reichs erkennbar. So verfaßte Froumond von Tegernsee gegen Ende des 10. Jahrhunderts eine griechische Grammatik, die in einer allgemeinen Sammlung verschiedener Grammatiken enthalten ist. Obwohl es für die Kenntnis griechischer Originaltexte nur sehr wenige Belege gibt, waren doch zahlreiche griechische Werke in lateinischer Übersetzung weit verbreitet, vor allem theologische Werke, moralische Abhandlungen, Exegesen und Geschichtswerke der großen griechischen Kirchenväter.

Scrivener, Codex Augiensis. – James, Western manuscripts, S. 544–546. – Codex Boernerianus. – Hatch, Cod. Augiensis. – Frede, Paulushandschriften, S. 80–87. – Holder/Preisendanz, Reichenauer Handschriften, Bd. III,2, S. 21f., 247, 272 u. 291. – Berschin, Mittelalter. – Kaczynski, Greek manuscripts. – Elliott, Bibliography, S. 56f.

R.McK.

a

b

c

d

VI. 44

VI. 44
Münzen Kaiser Konstantins VII. Porphyrogennetos (913–959)

a) mit Romanos I. (920–944) oder Romanos II. (945–963)

Konstantinopel, Solidus, 931–944 oder 945
Vs.: Thronender Christus, mit der Linken das Buch auf den Knien haltend, die Rechte zum Segensgestus erhoben. +IhS XPS REX REGNANTIVM („Jesus Christus König der Könige"). – *Rs.:* Nebeneinander stehend: links in kleinerer Figur Konstantin VII. (oder Romanos II.), rechts in größerer Figur Romanos I. (oder Konstantin VII.). Beide halten einen Reichsapfel in der einen Hand und umfassen mit der anderen gemeinsam ein Patriarchenkreuz. Umschrift aus lateinischen und griechischen Buchstaben (wie auch auf allen folgenden Münzen) CONSTANMTINOS CE ROMAN EN XW b R („Konstantin und Romanos durch die Gnade Gottes Kaiser/Basileus der Römer").
Gold. – Gew. 4,20 g, Dm. 21,8 mm.

Berlin, Münzkabinett SMPK, Inv. 1909/188 (ID 1148)

Morrisson, Monnaies byzantines, Typ 37/Cp/AV/12–13. – Grierson, Byzantine Coins, Typ 10. – Sear, Byzantine Coins, Nr. 1749.

b) mit Romanos I. und dessen Sohn Christophoros (921–931)

Konstantinopel, Solidus, ca. 921 oder 930
Vs.: Thronender Christus, mit der Linken das Buch auf den Knien haltend, die Rechte zum Segensgestus erhoben. +IhS XPS REX REGNANTIVM. – *Rs.:* Romanus I. in der Mitte mit Szepter. Links und rechts in kleinerer Figur Konstantin VII. und Christophorus, der älteste Sohn Romanus I. ROMAN CONST ET XPISTOF b R („Romanus, Konstantin und Christoph Kaiser der Römer").
Gold. – Gew. 4,39 g, Dm. 21,3 mm.

Berlin, Münzkabinett SMPK, Inv. 1912/668 (ID 1149)

Regling, Goldsolidus. – Morrisson, Monnaies byzantines, Typ 37/Cp/AV/1. – Grierson, Byzantine Coins, Typ 8. – Sear, Byzantine Coins, Nr. 1742.

c) Konstantin VII. Porphyrogennetos allein

Konstantinopel, Solidus, 945
Vs.: Brustbild Christi mit der Linken das Buch vor der Brust haltend. +IhS XPS REX REGNANTIVM. – *Rs.:* Brustbild Konstantins VII. mit langem Bart. Er trägt Krone und das perlenbesetzte Kaisergewand (Loros) und hält in der Rechten den mit einem Andreaskreuz geschmückten Globus. +CONSTANT' AVT' CRAT' b' R' („Konstantin Herrscher/Autokrator und Kaiser der Römer").
Gold. – Gew. 4,36 g, Dm. 20 mm.

a

b

c

VI. 45

Berlin, Münzkabinett SMPK, Inv. 1912/736 (ID 1150)

Morrisson, Monnaies byzantines, Typ 37/Cp/AV/11. – Grierson, Byzantine Coins, Typ 13. – Sear, Byzantine Coins, Nr. 1747.

d) MIT SEINEM SOHN ROMANOS II. (945–963)

Konstantinopel, Solidus, 945–959
Vs.: Brustbild Christi mit der Linken das Buch vor der Brust haltend. +IhS XPS REX REGNANTIVM. – *Rs.:* Nebeneinander und gemeinsam ein Andreaskreuzstab umfassend links Konstantin VII., rechts sein Sohn Romanos II.; Konstantin ist mit dem Loros bekleidet, während sein Sohn die Chlamys trägt. CONSTANT' CE ROMAN' AVGG b R („Konstantin und Romanos Augusti Kaiser der Römer").
Gold. – Gew. 4,38 g, Dm. 22,0 mm.

Berlin, Münzkabinett SMPK, Inv. 28224 (ID 1151)

Morrisson, Monnaies byzantines, Typ 37/Cp/AV/15–22. – Grierson, Byzantine Coins, Typ 15. – Sear, Byzantine Coins, Nr. 1751.

Zum Kaisertum der Antike gehörten Goldmünzen. Allein dem Kaiser war der Gebrauch dieses Edelmetalls in der Münzprägung vorbehalten. Seit der Neubegründung des abendländischen Kaisertums durch Karl den Großen im Jahre 800 hat sich nur Ludwig der Fromme (814–840) dieses Mediums kaiserlicher Repräsentation bedient. Otto der Große hat es nicht benutzt, wie er auch – im Gegensatz zu Karl dem Großen – zur Kaiserkrönung des Jahres 962 keine besondere Münze als „metallene Urkunde" aufgelegt hat. Um so ausgiebiger haben dagegen die Kaiser in Byzanz auf Goldmünzen ihre Kaiserwürde bekundet und dabei auch Familienmitglieder und Mitkaiser berücksichtigt. So zeigt die Goldmünze (a) den legitimen Kaiser Konstantin VII. mit dem Ursupator und Mitkaiser Romanos I. oder mit seinem Sohn Romanos II., seit 945 Mitregent und seit 959 Alleinherrscher; die Münze (b) sogar drei Kaiser: Konstantin VII., Romanos I. sowie dessen Sohn und Mitkaiser Christophoros. Die Münzbilder sind außerdem stark durch Christus- und Mariendarstellungen bestimmt.

Byzantinische Goldmünzen waren im Westen bekannt und begehrt, wie Schriftquellen, Funde und die Übernahme byzantinischer Vorbilder in die Münzprägung seit Heinrich II. (1002–1024) zeigen. Otto I. hat sich davon nur insofern inspirieren lassen als seine italienischen Münzen teilweise Otto II. als Mitkaiser nennen (Kat.Nr. VI.3 f–h). Mit der Mitgift der Theophanu, der Braut Ottos II. und Nichte Kaiser Johannes Tzimiskes, dürften 972 größere Mengen byzantinischer Goldmünzen in den Schatz der Ottonen gelangt sein.

Regling, Goldsolidus. – Morrisson, Monnaies byzantines. – Grierson, Byzantine Coins. – Sear, Byzantine Coins.

B.K.

VI. 45
Goldmünzen byzantinischer Kaiser

a) KAISER NIKEPHOROS II. PHOKAS (963–969)

Konstantinopel, Nomisma Tetarteron, 963–969
Vs.: Brustbild Christi als Pantokrator mit der Linken das Buch vor der Brust haltend. +IhS XPS REX REGNANTIVM. – *Rs.:* Nebeneinander die Brustbilder der Mutter-

gottes links und des Kaisers rechts, gemeinsam ein Patriarchenkreuz zwischen sich haltend. Griechische gekürzte Umschrift +THEOTOS b' HTH NICHF DESP („Möge die Gottesmutter dem Herrscher Nikephoros beistehen").
Gold. – Gew. 4,04 g, Dm. 21,6 mm.

Berlin, Münzkabinett SMPK, Inv. 1842 Rühle (ID 1152)

Morrisson, Monnaies byzantines, Typ 40/Cp/AV/6. – Grierson, Byzantine Coins, Typ 6.

b) Kaiser Johannes I. Tzimiskes (969–976)

Konstantinopel, Nomisma Tetarteron, 969–976
Vs.: Brustbild Christi als Pantokrator mit der Linken das Buch vor der Brust haltend. +IhS XPS REX REGNANTIVM. – *Rs.:* Links der Kaiser im Loros ein Patriarchenkreuz haltend, rechts die Muttergottes mit ihrer Hand die Krone des Kaisers berührend. Darüber klein die Hand Gottes. Griechische gekürzte Umschrift +THEOTOS b' HTH IW DESP („Möge die Gottesmutter dem Herrscher Johannes beistehen").
Gold. – Gew. 3,92 g, Dm. 20,0 mm.

Berlin, Münzkabinett SMPK, Inv. 8878 (ID 1153)

Morrisson, Monnaies byzantines, Typ 40/Cp/AV/5–6. – Grierson, Byzantine Coins, Typ 6 a. – Sear, Byzantine Coins, Nr. 1789.

c) Kaiser Basileios II. Bulgaroktonos (976–1025) mit Konstantin VIII.

Konstantinopel, Nomisma Histamenon
Vs.: Brustbild Christi als Pantokrator mit der Linken das Buch vor der Brust haltend. +IhS XPS REX REGNANTIVM. – *Rs.:* Nebeneinander und gemeinsam ein Andreaskreuzstab umfassend links Basileios II., rechts Konstantin VIII. Basileios II. ist mit dem Loros bekleidet, während Konstantin die Chlamys trägt. + bASIL C CONSTANTI b' RM („Basileus und Konstantin Kaiser der Römer").
Gold. – Gew. 4,42 g, Dm. 24,7 mm.

Berlin, Münzkabinett SMPK, Inv. 28223 (ID 1154)

Morrisson, Monnaies byzantines, Typ 42/Cp/10–12. – Grierson, Byzantine Coins, Typ 3 h. – Sear, Byzantine Coins, Nr. 1797.

B.K.

VI. 46
Elfenbeinrelief mit den Aposteln Andreas und Petrus

Konstantinopel, Mitte 10. Jahrhundert
Elfenbein. – H. 24,5 cm, B. 13 cm.
Wien, Kunsthistorisches Museum, Kunstkammer, Inv.Nr. 8136

Auf einem niedrigen Podest, dessen Vorderseite durch eine Reihe Arkaden mit Hufeisenbögen durchbrochen ist und das von zwei kleinen pyramidenstumpfartigen Füßen getragen wird, stehen die Apostel Andreas und Petrus mit segnend vor dem Leib erhobener rechter Hand und einer Schriftrolle in der Linken; die Rechte des Andreas liegt in der Mantelschlinge. Ihre Namen sind neben ihren Häuptern in den Grund der Platte eingraviert: O ΑΓΙΟC ΑΝΔΡΕΑC (ὁ ἅγιος Ἀνδρέας, „der heilige Andreas"), O ΑΓΙΟC ΠΕΤΡΟC (ὁ ἅγιος Πέτρος, „der heilige Petrus"). Beide haben das rechte Bein zur Seite gestellt, Oberschenkel und Knie zeichnen sich im Gewand unterschiedlich ab, und den linken Fuß vorgesetzt, als wollten sie in dieselbe Richtung nach rechts gehen. Petrus wendet sich in einer körperlichen Drehung jedoch zu Andreas zurück. In der ungewöhnlich tief ausgeschnittenen Elfenbeinplatte sind ihre Körper plastisch modelliert; das größte Volumen erreichen die Gestalten an den Außenkanten; gegeneinander, zur Mitte hin, nimmt die Plastizität ab – einer der Kunstgriffe des Bildschnitzers, um die Wendung der beiden Apostel zueinander zu verdeutlichen.

Ein stoffreiches Pallium hüllt die Figuren ein; lange, schräge, gratige, vielfach die ganze Höhe der Figuren durchmessende Faltenstege ziehen sich über ihren Leib hin. In einem feinen Spiel differenzieren sich diese fächerförmig über dem Standbein entfaltenden Mantelzüge, bei Petrus ganz dicht zusammengeschoben, bei Andreas wegen der anderen Art der Manteldrapierung höher hinaufgezogen und sich so zu breiteren Faltenfächern öffnend. Das sich nur in geringer Tiefendimension entfaltende, aber in größter Subtilität geordnete Relief der Gewandzüge korrespondiert mit einer der antiken Skulptur entlehnten kunstvollen, innerkörperlich reich bewegten Ponderation. Besonders eindrucksvoll ist das an antike Darstellungen des Göttervaters Zeus gemahnende Haupt des Andreas mit den weichen Haar- und Bartmassen.

Im Archäologischen Museum in Venedig gibt es eine offenbar zugehörige Elfenbeinplatte mit den Aposteln Johannes und Paulus. Größe, Bildung des Rahmens, Form des Podestes, Gestalt und Inhalt der Inschrift stimmen so genau überein, daß die Platten ursprünglich zusammengehört haben müssen. Sie waren vielleicht Teil eines Ensembles, dessen Zentrum eine thronende oder stehende Christusfigur gebildet haben mag. Eine zweite Elfenbeintafel im Grünen Gewölbe in Dresden, die

VI. 46

ebenfalls Johannes und Paulus zeigt und sich im übrigen nur geringfügig von der in Venedig unterscheidet, muß wegen der Identität der Apostel einem gleichartigen, aber eben einem zweiten Ensemble dieser Art angehört haben, für dessen Aussehen und ikonographisches Programm wir freilich in den erhaltenen Elfenbeinwerken keinen Anhaltspunkt finden können.

Die Tafeln gehören zu den edelsten Werken byzantinischer Elfenbeinkunst und zum Kernbereich der sog. Romanos-Gruppe, die nach einem Relief mit der Krönung des jugendlichen Kaisers Romanos II. (Mitkaiser seit 945, Alleinherrscher 959–963) und seiner Gemahlin Eudokia († 949) benannt ist (Paris, Cabinet des médailles). Gewandstil, Schlankheit und körperliche Beweglichkeit der Figuren weisen die Apostelplatten innerhalb der Romanos-Gruppe noch stärker in die Nähe einer Tafel, auf der Christus den Kaiser Konstantin VII. Porphyrogennetos krönt und die wohl in den Jahren um 945 entstanden ist, als Konstantin zum zweiten Mal Alleinherrscher wurde (Moskau, Puschkin Museum). Versuche, den Kaiser des Pariser Reliefs mit Romanos IV. (1068–1071) zu identifizieren und einen Teil der Werke der Romanos-Gruppe, darunter auch die Apostelafeln, in die Mitte des 11. Jahrhunderts zu datieren, haben sich in der Forschung nicht behaupten können und sind von Anthony Cutler inzwischen mit gewichtigen Argumenten widerlegt worden.

Auch die Apostelreliefs sind für einen Kaiser Konstantin gefertigt worden, den man sinnvollerweise nur mit dem gelehrten und traditionsbewußten, auch feinsinnigen Konstantin VII. identifzieren sollte. Er war Kaiser von 913–921/22, wurde dann durch den Emporkömmling Romanos I. Lakapenos, den er als Mitkaiser dulden mußte, bis zu dessen Tode im Dezember 944 von der Herrschaft weitgehend verdrängt und regierte von 945–959 noch einmal als Alleinherrscher, freilich zunehmend durch Krankheit geschwächt.

In den Inschriften der Apostelafeln werden die Heiligen um Hilfe und Gnade für einen Kaiser Konstantin gebeten. Die Inschrift über ihren Köpfen ist in erhabenen Buchstaben aus der Substanz des Elfenbeins herausgearbeitet worden, eine überaus aufwendigen Technik, die nur bei besonders qualitätvollen byzantinischen Schnitzereien begegnet: ωC ΑΥΤΑΔΕΛΦΟΙ ΜΥCΤΟΛΕΚΤΑΙ ΤωΝ ΑΝω ΝΕΜΟΙΤΕ ΛΥΤΡΟΝ ΔΕCΠΟΤΗ ΚωΝCΤΑΝΤΙΝω (ὡς ἀυταδελφοὶ μυστολεκταὶ τῶν ἄνω νέμοιτε λύτρον δεσπότῃ Κωνσταντίνῳ – „Ihr leiblichen Brüder, die ihr die göttlichen Mysterien verkündet, erwerbt dem Kaiser Konstantin Vergebung"). Auf der zugehörigen Tafel in Venedig werden Paulus und Johannes um Hilfe bei der Befreiung von Leid gebeten. Petrus und Andreas waren nach Mt 4,18 leibliche Brüder. Auf einem zeitgleichen und stilistisch sehr verwandten Triptychon im Palazzo Venezia in Rom gibt es eine ähnlich klingende Anrufung um Hilfe für einen Konstantin, die in ihrer individuellen Form über die traditionelle Formulierung solcher Gebete um Bitte und Erlösung deutlich hinausgeht und deshalb oft auf die schwere Erkrankung Konstantins VII. bezogen worden ist.

Es ist nicht bekannt, ob es in Konstantinopel spezielle Hofwerkstätten für Elfenbeinarbeiten gegeben hat. Doch zeigen die Werke der Romanos-Gruppe die Qualitäten von klassizistischer Zurückhaltung in Bewegung, Gesten, Gewandstil und jener äußersten Verfeinerung aller künstlerischen Mittel, die als typische Kennzeichen von Hofkunst angesehen werden können. Natürlich kann es sich auch um Aufträge des Hofes an frei in der Stadt arbeitende Elfenbeinschnitzer gehandelt haben. Mehrere der schönsten Arbeiten der Romanos-Gruppe sind jedoch für die Kaiser und gerade für Konstantin VII. Porphyrogennetos geschaffen worden.

Wann die Tafeln in Wien und Venedig in den Westen gelangt sind, ist nicht bekannt. Offenbar stammen sie beide aus Oberitalien, anscheinend aus Venedig. Die Wiener Tafel wurde nach den Forschungen von de Juliis wahrscheinlich 1585 durch den Grafen Ricardo Romoli Riccardi in Venedig erworben und blieb lange im Besitz der Familie in Florenz; im 18. Jahrhundert gehörte sie dem Subdiakon und Marchese Gabriel Riccardi. Nach dem Verkauf der Riccardi-Sammlung 1811 wird sie 1821 zum erstenmal in kaiserlichem Besitz in Wien erwähnt. Das zugehörige Relief, das sich heute in Venedig befindet, stammt aus dem Besitz der Abtei S. Giovanni di Verdura bei Padua, wo es ebenfalls bereits im 18. Jahrhundert belegt ist. Beide Platten wurden im Jahre 1759 zusammen von Antonio Francesco Gori publiziert.

Goldschmidt/Weitzmann, Byz. Elfenbeinskulpturen, Bd. 2, Nr. 44, Taf. 19. – De Juliis, Collezione Riccardi, S. 144–156. – Cutler, Hand of the Master, S. 125 u. 132 f., Abb. 139 u. 150. – Ausst.kat. New York 1997, Nr. 89 (Ioli Kalavrezou) mit Farbabb. – Ausst.kat. Mailand 2000/01, Nr. 13 (Giudo Tigler, vor allem zur Provenienz).

R.K.

VI. 47
Mitteltafel eines Triptychons

Konstantinopel, 10. Jahrhundert
Elfenbein, geschnitzt. – H. 14 cm, B. 11 cm.
Berlin, Staatliche Museen zu Berlin, Skulpturensammlung und Museum für Byzantinische Kunst, Inv.Nr. 2394

„Auf Befehl des Präsuls Bertold wird der gesamte Evangelientext in würdiger Verehrung mit einem Einband umschlossen." So lautet die auf dem Rahmen der byzantinischen Reliefikone umlaufende lateinische Inschrift. Wann genau sie eingeritzt wurde und wer sich hinter der Gestalt des Bertold verbirgt, entzieht sich unserer Kenntnis. Dennoch sind zweierlei Schlüsse naheliegend: Die ehemals als Mitteltafel eines Triptychons gearbeitete byzantinische Elfenbeinikone wurde in romanischer Zeit für einen Einband wiederverwendet. Sie war also bald nach ihrer Entstehung in Konstantinopel in den Westen gelangt und dort ihres ursprünglichen Zwecks enthoben, aber weiterhin in ehrwürdiger Verwendung geblieben.

Zwei geritzte Linien begrenzen die umlaufende Inschrift; die Plazierung der Buchstaben nimmt Rücksicht auf Bohrungen, die für die Montage der Flügel des ehemaligen Triptychons vonnöten waren. Die vier Bohrlöcher in den Ecken des Bildfeldes zeugen dagegen von der sekundären Verwendung der Tafel auf einem Buchdeckel.

Die Darstellung reiht sich motivisch in die große Gruppe der Ikonen im sog. Maria-Hodegetria-Typus ein (vgl. Kat.Nr. IV.2, IV.15 u. VI.51). Das Motiv der auf das Kind weisenden Gottesmutter geht bekanntlich auf ein „Urbild" einer im Kloster der Hodegon („Wegführer") in Konstantinopel aufbewahrten Ikone zurück, welche bei der Eroberung der Stadt 1453 zerstört wurde. Die zahlreichen Wiederholungen dieses Muttergottesbildes in allen Kunstgattungen bezeugen dessen Beliebtheit und hohe Verehrung (vgl. auch Kat.Nr. VI.51). Neben der hier vertretenen Darstellung in Büstenform kennen wir die Varianten mit einer ganzfigurigen, stehenden oder sitzenden Maria, die von weiteren Brustbildern oder Engelsgestalten umgeben oder flankiert sein kann.

Im Falle der Berliner Hodegetria finden sich in den vier Ecken die Halbfiguren von Johannes dem Vorläufer (Prodromos), Petros, Paulos und Thomas. Ein scharfkantig geschnitztes Zickzackband umschließt die Begleitfiguren und rahmt in verdreifachter Form das zentrale Bild. Maria, annähernd frontal zum Betrachter gewandt, trägt auf dem linken Arm das Kind. Mit ihrer vor der Brust erhobenen Rechten weist sie auf ihren Sohn. Christus hält gleichfalls seine Rechte im Segens- oder Sprechgestus erhoben, während er mit der Linken eine geschlossene Rolle umfaßt.

In stilistischer, besser in schnitztechnischer Hinsicht hat unsere Berliner Hodegetria wenig mit den 25 im entsprechenden Halbfiguren-Typus überlieferten Werken gemein. Sie steht vielmehr denjenigen Tafeln nahe, die den Typus der ganzfigurigen Hodegetria in höchster Qualität wiedergeben und heute in Hamburg, Utrecht, New York, Lüttich und Karlsruhe aufbewahrt werden. Bereits Goldschmidt und Weitzmann hoben die motivische Übereinstimmung mit der Ikone in Utrecht hervor und machten auf die mit der New Yorker Hodegetria identische Haltung des rechten Arms Christi aufmerksam, der nicht in der ansonsten üblichen Gewandschlinge liegt. In der Tat ergibt ein näherer Vergleich die größten Übereinstimmungen mit der Ikone in New York. Wir treffen auf nahezu entsprechende Formulierungen der Gesichtsmerkmale mit den „schweren" Oberlidern, die sich nur geringfügig wölben und deshalb um so mehr auf dem Augapfel lasten; der Mund Marias, der ein wenig über die Breite der Nase hinausgeht, läßt zwar kaum ein Lächeln entstehen, bewirkt aber einen vergleichsweise freundlichen Ausdruck. Dagegen erscheinen die Gesichter auf den verwandten Tafeln streng, zumindest aber neutral. Schließlich trägt das Kind auf den Werken in New York und Berlin die von Cutler treffend beschriebenen Züge eines „koboldhaften Schelms". Der voluminöse Oberkopf kann zudem als charakteristisches Detail bezeichnet werden, das unsere Hodegetria mit der ebenfalls in Berlin befindlichen Seitentafel mit dem Erzengel Michael verbindet.

Das raffinierte, in der Herstellung aufwendige Zickzackband findet sich auf vier weiteren byzantinischen Elfenbeinarbeiten. Von Goldschmidt und Weitzmann wurde das Ornament als ein typisches Merkmal der sog. Romanos-Gruppe bezeichnet, obschon wir es gleichartig auf zwei Werken antreffen, die der sog. Nikephoros-Gruppe zugeordnet wurden. Auch wenn dies hinsichtlich der Datierung der Werke keinen Unterschied bewirkt, so wird damit die Schwäche der Kriterien, die eine Zuweisung in die postulierten „Kunst-Gruppen" ergaben, offenkundig und die jüngst geäußerte Kritik an der „alten Ordnung" bestätigt.

VI. 47

Anthony Cutler konnte schließlich einen außerstilistischen Anhaltspunkt nennen, der die Gruppe, der unsere Hodegetria-Tafel angehört, mit der Elfenbeintafel in Paris verbindet, die ein von Christus gekröntes Kaiserpaar namens Romanos und Eudokia zeigt: Die Namensbeischrift auf der genannten Hodegetria-Ikone in Lüttich weist eine mit den Inschriften der Romanos-Tafel identische, leicht stilisierte Buchstabenbildung auf. Daß die kunsthistorisch eminent wichtige Romanos-Tafel nicht im 11. Jahrhundert entstanden ist, sondern Romanos II. zeigt und damit zwischen 945 und 949 datiert, muß nicht erneut dargelegt werden (vgl. Kat.Nr. VI.46).

Interessant ist die von Cutler formulierte Überlegung, daß die genannten Elfenbeinikonen mit der stehenden Hodegetria, welche auch im Format die anderen Arbeiten weit überragen, vielleicht von den konstantinopolitanischen Patriarchen in Auftrag gegeben worden sind, was freilich pure Hypothese bleiben muß. Doch ließe sich dieser Gedanke in Verbindung mit der lateinischen Inschrift auf der Berliner Hodegetria-Ikone bestens weiterführen: Dann wäre womöglich unsere Tafel von einem Patriarchen in Konstantinopel um die Mitte des 10. Jahrhunderts beauftragt und aus dessen Besitz wenig später an einen „Kollegen" im Westen des Reichs übereignet worden.

1898 wurde die Elfenbeintafel aus der Sammlung v. Sallet erworben und ist davor in der Sammlung Possenti, Fabriano, nachweislich.

VI. 48

Vöge, Elfenbeinbildwerke, S. 13f., Nr. 18. – Volbach, Elfenbeinbildwerke, S. 9f. – Goldschmidt/Weitzmann, Byz. Elfenbeinskulpturen, Bd. 2, Nr. 50. – Effenberger/Severin, Museum, Nr. 127 (Hans-Georg Severin). – Cutler, Hand of the Master, S. 237f. u. pass. – Ausst.kat. New York 1997, Nr. 307 (Sarah Taft). – Ausst.kat. Hildesheim 1998, S. 111f. Nr. 51 (Gudrun Bühl). – Ausst.kat. Braunschweig 1999, Nr. 7 (Gudrun Bühl). – Beuckers, Mittelalterliche Elfenbeinarbeiten, S. 25–29, Nr. 1.

G.B.

VI. 48
Rosettenkasten

Konstantinopel, 10. Jahrhundert
Bein über Holztafeln. – H. 12 cm, B. 42 cm, T. 17,5 cm.
Xanten, Kath. Propsteigemeinde St. Viktor, Domschatzkammer, Inv.Nr. B1

Umrahmt von Randleisten mit den charakteristischen byzantinischen Blütenrosetten in kreisrunden Rahmen zeigt der längliche Kasten auf allen vier Seiten und dem flachen Deckel insgesamt 18 figürliche Schnitzereien, jeweils mit einer einzelnen Gestalt, die sich jedoch mehrfach wiederholt. Die meisten Figuren stellen Josua oder Krieger aus dem biblischen Buch Josua dar, die freilich nur in Kenntnis der vollständigen byzantinischen Illustrationen des Buches Josua zu identifizieren sind: den sitzenden Josua, dem der König von Ai als Gefangener vorgeführt wird, einen Krieger, der Josua die Nachricht von der Flucht der Armoriterkönige überbringt, hier jeweils verkürzt auf die Hauptperson der Szene; beide Darstellungen begegnen dreimal. Dazwischen gibt es dreimal den Kampf des Herakles mit den nemäischen Löwen und zweimal den auf dem Löwenfell sitzenden nachdenkenden Herakles. Solche Vermischung biblischer und antiker Gestalten finden sich in dem dekorativen Bildschmuck byzantinischer Kästen häufig.

Die noch rund 100 erhaltenen Elfenbein- oder Beinkästen dieser Art zeigen überwiegend mythologische und biblische Szenen oder Figuren, wobei auch bei den biblischen Themen die Helden des Alten Testaments im Vordergrund des Interesses standen. Die Kästen dienten zunächst sicherlich privatem Gebrauch, gelangten aber im Westen in der Regel bald in Kirchenschätze, wo sie zur Aufbewahrung von Reliquien verwandt wurden. Mehrere solcher Rosettenkästen sind auch aus deutschen Kirchenschätzen bekannt. Ein ähnliches Stück gelangte aus Kranenburg am Niederrhein in das Metropolitan Museum in New York; der Kasten im Museum in Darmstadt soll aus St. Maximin in Trier stammen.

Goldschmidt/Weitzmann, Byz. Elfenbeinskulpturen, Bd. 1, Nr. 10 (Lit.), Taf. V. – Weitzmann, Greek Mythology, S. 161, Abb. 189. – Cutler, Hand of the Master, S. 242, Abb. 246. – Grote, St. Victor, Nr. 2 mit Farbabb.

R.K.

VI. 49
Elfenbeindiptychon

Konstantinopel, Mitte 10. Jahrhundert
Elfenbein. – Bei der Christustafel fehlen zwei Ornamentstreifen, bei der Marientafel eine; Gesicht Mariens und Davids nur teilweise erhalten. – H. jeweils 26 cm, B. jeweils 11 cm.
Halberstadt, Domschatz, Inv.Nr. 59

Die beiden oben halbrund abschließenden Tafeln waren ursprünglich durch Scharniere verbunden; ihre glatte Innenseite diente zur Aufnahme von schriftlichen Eintragungen, im liturgischen Bereich meist Listen von Personen, derer beim Gebet gedacht werden sollte. Spuren von Schrift sind offenbar nicht erhalten. Die allein beschnitzten Außenseiten zeigen jeweils ein Kreuz. Es ist von schmalen, nach außen abfallenden Rahmen eingefaßt, die an den Enden der Arme kleine, fast kreisförmige Voluten ausbilden. Die drei oberen Kreuzarme enden in einer rosettenförmigen Blüte. Der untere, viel längere Arm steht auf einem Medaillon auf. In den Kreuzungspunkten gibt es kleinere Medaillons mit den Büsten Christi und Mariens, bezeichnet als $\overline{\text{IC}}$ $\overline{\text{XC}}$ und $\overline{\text{MΘ}}$ (Ἰεσοῦς Χριστός – Μήτερ Θεοῦ – „Jesus Christus und Mutter Gottes"). Das große Medaillon unterhalb Christi zeigt den hl. Thomas A ΘωMAC (ἅγιος Θωμᾶς), das unter der Gottesmutter den Propheten David O ΠΡΟΦ ΔΑΔ (ὁ προφήτης Δαυΐδ).

Das Kreuz ist hier nicht als Leidenswerkzeug Christi, sondern als christliches Siegeszeichen, als Symbol des in der Passion errungenen Triumphes Christi, seiner Weltherrschaft und seiner Wiederkunft verstanden, wie es sich in der Spätantike herausgebildet hatte und in dieser Bedeutung auch im Kaiserzeremoniell und in der kaiserlichen Ikonographie eine zentrale Rolle spielte. Schon bevor man begonnen hatte, Christus am Kreuzesstamm selbst darzustellen, hatte man seine Büste im Clipeus über dem Kreuz oder in seiner Mitte dargestellt, hatte man Büsten auch der Gottesmutter und anderer Heiligen hinzugefügt, nicht selten auch das Bild des Kaisers im Zentrum oder auf den Kreuzesarmen angebracht. Ein zwischen Gotha und Washington geteiltes, ebenfalls oben halbrund schließendes, etwa gleichzeitiges Diptychon zeigt im Zentrum des jeweils mit Edelsteinen besetzten Kreuzes auf dem einen Flügel die frontale Büste Christi und auf dem anderen den sich ihm verehrend zuwendenden byzantinischen Kaiser. Die Blütenrosetten auf den Armen deuten in traditioneller Form auf den lebensspendenden Charakter, auf das Kreuz als Lebensbaum. Wie sehr das Kreuz in dieser Form der seit der Spätantike eng verbundenen christlichen und kaiserlichen Sphäre der Triumphsymbole angehörte, zeigt die in den Grund eingeschnittene Umschrift, deren erste Worte freilich der Beschädigung der Platte zum Opfer gefallen sind: $\overline{\text{IC}}$ $\overline{\text{XC}}$ NIKA (Ἰεσοῦς Χριστὸς νικᾷ – „Jesus Christus siegt"). Es ist der zentrale Freudenruf aus den Kaiser-Laudes, mit dem im Osten wie im Westen die Erscheinung des Kaisers bei besonderen zeremoniellen Anlässen geehrt wurde: *Christus vincit, Christus regnat, Christus imperat* heißt es in der lateinischen Formulierung, die der vollständigen griechischen Form genau folgt: „Christus siegt, Christus regiert, Christus herrscht".

Vergleichbare Kreuze mit Medaillonbildern Christi und der Gottesmutter finden sich mehrfach auf byzantinischen Elfenbeindiptychen oder auf den Außenflügeln von Triptychen (vgl. Kat.Nr. II.16). Auf dem Halberstädter Diptychon ist das Triumphzeichen in edler Stilisierung, die Verbindung seiner Arme mit den Blütenrosetten in besonderer Harmo-

VI. 49

nie und Ausgeglichenheit gestaltet. Das gilt auch für die feinen, den inneren Rahmen umgebenden und die Medaillons einfassenden Zickzackornamente, die auch an anderen Werken der Romanos-Gruppe begegnen (Kat.Nr. VI.46 u. VI.47).

Wann die Tafeln in den Domschatz zu Halberstadt gelangt sind, ist nicht überliefert. In der Schenkungsurkunde, mit der der Halberstädter Bischof Konrad von Krosigk im Jahre 1208 seine aus der Beute des Vierten Kreuzzuges stammenden byzantinischen Schatzkammerstücke dem Halberstädter Dom schenkte, tauchen sie nicht auf. Es besteht also durchaus die Möglichkeit, daß sie wie viele byzantinische Elfenbeinreliefs bereits in ottonischer Zeit in den Westen gekommen ist.

Die Elfenbeinreliefs wurden bereits in früher Zeit in Stücke zersägt, um die Wände mehrere Reliquienkästchen damit zu verzieren. Von deren Metallbändern stammen die ausgehobenen Vertiefungen und wohl auch die zahlreichen Bohrlöcher. Die sechs erhaltenen Teile wurden 1887 wieder zu einem Diptychon zusammengefügt und auf einer Holzplatte montiert.

Goldschmidt/Weitzmann, Byz. Elfenbeinskulpturen, Bd. 2, Nr. 60 (Lit.) mit Taf. XXIV. – Ausst.kat. Berlin 1977, Nr. 12 u. 13 (Arne Effenberger) mit Abb. – Flemming/Lehmann/ Schubert, Domschatz, S. 249, Abb. 113. – Flemming, Schatzkunst, S. 73f., Taf. 9 u. 10. – Cutler, Hand of the Master, S. 229 u. 235, Abb. 239.

R.K.

*VI. 50
Elfenbeinrelief mit Kreuzigung Christi

Konstantinopel, zweite Hälfte 10. Jahrhundert (?)
Elfenbein. – H. 23,1 cm, B. 14,6 cm.
Hannover, Kestner-Museum, Inv.Nr. 411

VI. 50

Christus hängt mit waagerecht ausgestreckten Armen und nach oben zeigenden Daumen fast wie stehend an den Balken des Kreuzesholzes; seine Füße ruhen auf einem schrägabfallenden, sehr hoch angebrachten Fußbrett, dessen Vorderseite mit einer Perlenreihe geschmückt ist. Der Leib ist kräftig, das von einem Nimbus hinterfangene Haupt ist zur Seite geneigt, die Augen sind geschlossen. Zwei halbfigurige Engel stürzen von oben mit ausgebreiteten Armen herab. Die Gottesmutter und Johannes stehen als schmale Figuren seitlich, Maria mit betend erhobenen Händen fast wie eine Profilfigur; Johannes wird durch eine der rahmenden Säulen überschnitten. In der die ganze Breite des Bildfeldes füllenden Bodenwelle ist ein maskenhaft erscheinender menschlicher Kopf schematisch eingeschnitten – Hinweis auf den traditionell unter dem Kreuz Christi erscheinenden Schädel Adams, dessen Grab auf Golgatha vermutet wurde. Neben dieser legendarischen Verbindung vom Grab des Urvaters mit der Kreuzigungstätte des Menschensohnes werden auch im theologischen Verständnis Ursünde und Kreuzestod verknüpft, macht das auf vielen byzantinischen Darstellungen über den Schädel Adams herabfließende Blut des Herrn die Erlösung des Menschengeschlechts und die Tilgung von Adams Schuld sinnfällig deutlich. Außerordentlich dünne gedrehte Säulen mit menschlichen Köpfen als Kapitellen rahmen das Bildfeld. Sie tragen einen durchbrochenen Baldachin, der seitlich durch große Blattbüschel bereichert ist.

Im Museum der Stadt Paris existiert ein Elfenbeinrelief gleicher Größe und gleicher Rahmung mit der Darstellung der auf einem reichen, mit Edelsteinen geschmückten Thron sitzenden Gottesmutter mit dem Jesuskind. Die Tafel muß als Pendant zu der Hannoveraner angesehen werden, wenn auch Reste irgendeiner technischen Verbindung durch Scharniere oder sonstige Spuren ehemaliger Montierung nicht erkennbar sind. Die Verbindung des auf dem Schoße seiner Mutter sitzenden kleinen Jesuskindes mit der Darstellung der Kreuzigung, also von Inkarnation und Erlösungstat, ist in der byzantinischen und westlichen mittelalterlichen Kunst geläufig.

Beide Reliefs werden der Nikophoros-Gruppe zugerechnet, die eine große Zahl byzantinischer Elfenbeinarbeiten des 10. und wohl auch des 11. Jahrhunderts umfaßt. Sie gehören stilistisch zusammen, auch wenn das namengebende Werk, eine von Kaiser Nikophoros II. Phokas (963–969) gestiftete Tafel in S. Francesco in Cortona, heute nicht mehr mit ihnen verbunden werden kann. Mit der Romanos-Gruppe haben sie die präzise Figurenbegrenzung und sorgfältige plastische Modellierung gemein. Die Stilisierung der Gesichter und die Körperbildung zielt jedoch weniger auf edle, die Leiblichkeit zurückdrängende Gemessenheit und Hieratisierung. Die Köpfe sind rundlicher, die Figuren untersetzter, der Typ der dargestellten Personen gröber und realitätsnäher. Die stämmige, kräftige Gestalt des am Kreuz hängenden Christus vertritt diesen Zug der sog. Nikophoros-Gruppe in charakteristischer Weise.

Ulrike Koehnen hat jedoch unlängst auf zahlreiche ikonographische und motivische, sonst in der byzantinischen Kunst ungewöhnliche Züge auf den beiden zusammengehörigen Tafeln aufmerksam gemacht. Ohne Parallelen scheinen in der östlichen Kunst die Menschenkopf-Kapitelle zu sein. Eine Entstehung in Konstantinopel im 10. Jahrhundert ist auch früher mehrfach in Zweifel gezogen worden. Doch fehlt es in der Forschung bisher noch an jeder überzeugenden Einordnung in konkrete Phasen oder gar bestimmte Schulen westlicher Kunst. Damit bleibt die aufgeworfene Frage der zeitlichen Entstehung vorerst ungeklärt.

Über die ältere Geschichte des Reliefs ist nichts bekannt. Es wurde mit der Sammlung des Senators und Buchdruckereibesitzers Friedrich Culemann (1811–1886) nach dessen Tod 1887 von der Stadt Hannover erworben. Die Pariser Tafel läßt sich ebenfalls nur bis in die Zeit um 1856 zurückverfolgen.

Goldschmidt/Weitzmann, Byz. Elfenbeinskulpturen, Bd. 2, S. 83, Taf. XXXIII. – Stuttmann, Mittelalter, Nr. 99, Abb. S. 181. – Ausst.kat. Köln 1985, Bd. 3, Nr. G 10 (Rolf Lauer) mit Abb. – von Boetticher, Culemann, S. 127. – Cutler, Hand of the Master, S. 98 u. 106, Abb. 114. – Ausst.kat. Hildesheim 1998, Nr. 65, Farbabb. 108. – Koehnen, Westliche Werkstätten, S. 201–206, 220, 222 u. 226, Taf. 19.

R.K.

VI. 51
Bucheinband mit byzantinischem Elfenbeinrelief

Konstantinopel, zweite Hälfte 10. Jahrhundert; silberner Rahmen mit Gravierungen: Niedersachsen, 1535
Relief oben links verloren und durch eine glatte Elfenbeinplatte ersetzt; am Mittelrelief Spuren von Vergoldung in den Nimben und an der Ärmelmanschette Mariens; im Rahmen typische Befestigungslöcher der Querleisten byzantinischer Triptychen; die heute angeschnittene, ursprünglich senkrechte Durchbohrung in der Mitte des oberen Rahmens Rest einer ursprünglichen Aufhängevorrichtung. – H. 27 cm, B. 22 cm; mittleres Elfenbeinrelief H. 12,8 cm, B. 11,6 cm; drei Reste der ehemals zugehörigen Triptychonflügel in den Ecken, jeweils H. 3,8 cm, B. 4,2–4,4 cm.
Jena, Thüringer Universitäts- und Landesbibliothek, Ms. El. f. 3

Auf der mittleren Elfenbeinplatte ist innerhalb eines schmalen, kantigen Rahmens Maria in Halbfigur dargestellt; auf dem rechten Arm hält sie die schwere Figur des Jesusknaben, der mit Tunika und stoffreichem Pallium bekleidet ist, eine Buchrolle auf seinen Oberschenkel stützt und die rechte Hand segnend vor der Brust der Mutter ausgestreckt hat. Seine Füße ruhen, mit Sandalen bekleidet, auf der unteren Rahmenleiste auf. Mutter und Kind blicken sich nicht an, sondern schauen beide in unterschiedlicher Richtung aus dem Bild heraus. Maria umfaßt den Knaben mit ihrer linken Hand an Unterschenkel und Kniekehle und sichert seine Stellung mit der ausgestreckten Rechten, deren Finger ungewöhnlich lang in der vorderen Reliefebene liegen. Sonne und Mond sind in abstrakter Form im Bildgrund angegeben. Sie sind als alte, aus der Kaiserikonographie stammende Symbole der Weltherrschaft dem Mensch gewordenen Gottessohn zugeordnet.

Die drei kleinen, fast quadratischen Reliefs zeigen unten zwei Kirchenväter mit dem Omophorion byzantinischer Bischöfe, wohl Nikolaus und Johannes Chrysostomos, und oben rechts einen Apostel, wohl Paulus, dem eine Petrusdarstellung entsprochen haben muß. Die Reliefs sind Reste von Triptychonflügeln, auf denen Büsten von Heiligen angebracht waren. Die Flügel zeigen auf der Rückseite Reste eines Kreuzes; auf den Kirchenväterreliefs ist das untere, auf der Paulusplatte das obere Ende erhalten (zu Kreuzen auf den Rückseiten solcher Flügel vgl. Kat.Nr. II.16). Ursprünglich waren auf jedem Flügel drei Büsten übereinander angebracht; die jeweils mittleren sind offenbar verloren.

Wir haben es mit der typischen Verwendung eines byzantinischen Triptychons durch westliche mittelalterliche Künstler zu tun. Die byzantinischen Flügelaltärchen aus Elfenbein waren Ikonen und dienten der privaten Andacht. Da man im Westen tragbare Bilder dieser Art in ottonischer Zeit nicht kannte und wohl überhaupt keinen Bedarf für solche Objekte privater Andacht hatte, hat man die Klappaltärchen zerteilt, die Flügel zersägt und zum Schmuck von Buchdeckeln verwandt. Die Herstellung kostbarer Buchdeckel für liturgische Handschriften, besonders aus Elfenbein und Edelsteinschmuck, mit Gold oder Silber, war eine der vornehmsten Aufgaben der westlichen Schatzkunst im frühen und hohen Mittelalter, während man im Osten interessanterweise Elfenbeinreliefs zum Schmuck von Buchdeckeln offenbar nicht verwandt hat. Bei der hier besprochenen Tafel wurde die Mitteltafel ins Zentrum gesetzt, die Flügel wie Edelsteine als kleine Reliefs in den Rahmen eingefügt.

VI. 51

Der breite Metallrahmen der Handschrift stammt zwar erst von 1535. Es spricht aber alles dafür, daß die Elfenbeinreliefs bereits in ottonischer Zeit auf die um 1000 entstandene Handschrift versetzt wurden. Reste eines älteren Silberbeschlags und Fragmente einer byzantinischen oder orientalischen Seide mit gegenständigen Pferden auf der Rückseite zeugen von der Existenz eines alten Prachteinbandes, der wahrscheinlich wegen Beschädigung 1535 in seinem Metallschmuck erneuert werden mußte. Um 1000 war die Kombination von Elfenbein und Metallrahmen verbreitet; im 16. Jahrhundert war solcher Schmuck von Büchern, schon die Anfertigung von Metalldeckeln, auf jeden Fall aber die Zufügung von Elfenbeinreliefs, völlig ungewöhnlich. Auch das deutet darauf hin, daß wir es nur mit einer Reparatur des älteren Einbandes zu tun haben, die die Existenz des vorhandenen Elfenbeinschmucks voraussetzt.

Innerhalb der 25 bis heute erhaltenen byzantinischen Elfenbeinreliefs mit der Halbfigur der Muttergottes im Typ der Hodegetria (vgl. Kat.Nr. IV.15, VI.47, auch IV.2), die nach der Berechnung von Anthony Cutler rund ein Zehntel aller überhaupt überlieferten byzantinischen Elfenbeine darstellen, steht die Jenaer Tafel in Motiv und Stil dem Buchdeckelrelief eines Evangelistars des 12. Jahrhunderts in Stuttgart und der aus einem Relief ausgeschnittenen Halbfigur Mariens in der Eremitage in St. Petersburg besonders nahe (Goldschmidt/Weitzmann, Nr. 87 u. 81). Bei allen drei spielt, wenn auch mit Varianten, die nach vorn die Gruppe begrenzende Hand Mariens in der Komposition eine wichtige Rolle. Mutter und Kind blicken in ähnlicher Weise mürrisch aus dem Bildfeld heraus. Auch die großen, auffallend nach vorn geklappten, abstehenden Ohren des Kindes finden sich auf diesen Schnitzereien, was keineswegs für alle byzantinischen Marienreliefs gilt. Etwas geschmeidiger ist die Formgebung auf einer Platte der Berliner Museen, die auch in der Handhaltung Mariens zu der feineren byzantinischen Manier eines zurückhaltend dezenten Hinweisgestus durch die vor der Brust leicht gebogene Hand der Gottesmutter zurückkehrt (Cutler, Abb. 199, 209).

Das zum Schmuck des Buchdeckels zerteilte Triptychon dürfte schon im 10. Jahrhundert nach Niedersachsen gelangt sein. Das nur mit einigen Zierseiten ausgestattete Evangeliar könnte nach den Feststellungen von Hartmut Hoffmann um die Jahrtausendwende in Quedlinburg entstanden sein. Es muß spätestens zu Beginn des 13. Jahrhunderts in dem 992 gegründeten Benediktinerinnen-Kloster Stötterlingenburg im Bistum Halberstadt gewesen sein, wie die in die Handschrift eingefügte Abschrift einer auf das Kloster bezüglichen Urkunde von 1207–1233 beweist. Auf der Rückseite des Bucheinbandes befindet sich unter einer Hornplatte eine Miniatur mit dem Martyrium des hl. Laurentius, des Patrons von Stötterlingenburg, wohl aus der Mitte des 13. Jahrhunderts. Der hl. Laurentius erscheint auch auf der linken Seite des 1535 erneuerten Metallbeschlags, hier in Gegenüberstellung mit Johannes Ev. Unter dem Elfenbein ist die Auferstehung Christi, darüber Christus als Weltenrichter auf dem Regenbogen thronend mit den für die Menschheit betenden kleinen Figuren der knienden Gottesmutter und Johannes d.T. in der Bildformel der sog. Deesis dargestellt. Der Elfenbeinschmuck dürfte auch in der jetzigen Verteilung auf dem Vorderdeckel der Handschrift zum ursprünglichen Einband des Evangeliars aus der Zeit der Jahrtausendwende gehört haben. Das Kloster Stötterlingenburg wurde erst 1565 aufgelöst. Der Codex muß sich jedoch bereits 1547 in der kurfürstlich sächsischen Bibliothek in Wittenberg befunden haben, mit der es in die Universitätsbibliothek Jena gelangte.

Goldschmidt/Weitzmann, Byz. Elfenbeinskulpturen, Bd. 2, Nr. 87a mit Abb. 24. – Ausst.kat. Berlin 1977, Nr. 16 (Johanna Flemming), Taf. 9. – Flemming, Prachteinband, pass. mit Abb. – Flemming, Schatzkunst, S. 76f. u. 80–83, Farbtaf. 13 u. 15–18. – Cutler, Hand of the Master, S. 179, Abb. 201. – Kratzsch, Schätze der Buchmalerei, Nr. 2 (ausführlich mit Lit.; im Druck). – Zur Handschrift: Hoffmann, Handschriftenfunde, S. 151, Anm. 3. – Zur byzantinischen oder orientalischen Seide: von Wilckens, Seidengewebe, S. 439f. mit Anm. 47.

R.K.

VI. 52
Löwenstoff

Ostpersien (?), 9.–10. Jahrhundert

Gemusterter Samit in Köper 1/2 Z-Grat mit 3 Schußsystemen. Kette: Seide, ohne erkennbare Drehung, purpurrot, 1 drei- oder vierfacher Haupt- zu 1 Bindekettfaden; Stufung 2 drei- oder vierfache Hauptkettfäden; 17–18 drei- oder vierfache Haupt- und 17–18 Bindekettfäden/cm. Schuß: Seide, ohne erkennbare Drehung, purpurrot, dunkelblau, orangerot (nur streifenweise eingewebt); Stufung 4–5 Passées; 34–35 Passées/cm. Die Kette verläuft quer zum Muster. – 5 Fragmente, das größte H. 19,5 cm, B. 90 cm, mustergemäß montiert.

Maastricht, Basiliek van Sint Servaas, Schatkamer, Inv.Nr. 2

Die einst prachtvolle Seide mit majestätisch schreitenden Löwen ist 1863 im Schrein des hl. Servatius gefunden worden. Die einzelnen Fragmente bildeten die breite Einfassung eines weiteren Seidengewebes, gehörten also zu einer Art großer Decke, die allerdings bei ihrer Auffindung bereits zerschnitten war. Zwei Teile davon dienten der Umhüllung der Gebeine des hl. Martin von Tongeren, die seit dem ausgehenden 15. Jahrhundert im Servatiusschrein verwahrt werden. Im Zusammenhang mit einer Restaurierung der Stoffe in Oosterhout, Niederlande (1972), wurden die Deckenfragmente auseinandergetrennt; seither werden die zwei verschiedenen Stoffe separat verwahrt. Nach einer erneuten Konservierung 1990 in Riggisberg, Schweiz, wurden die Streifen des Löwenstoffes neu montiert, wobei durch überlappende Anordnung der Fragmente zumindest ein Löwe vollständig rekonstruiert werden konnte. Die Tiere, jedes ca. 22 cm lang, schreiten mit hocherhobenem Schwanz und gemäßigten Schrittes vor einem etwas sperrigen Baum nach rechts, den Kopf frontal dem Betrachter zugewandt. Ein hoher Grad von Stilisierung zeichnet die Darstellung aus, doch Details wie die zottige Bauchpartie oder der Mähnenkranz, der das Gesicht rahmt, verraten viel Verständnis für die Charakteristika des Tieres. Die Löwen sind in Reihen hinter- und übereinander angeordnet und quer zur Kettrichtung, also liegend gewebt.

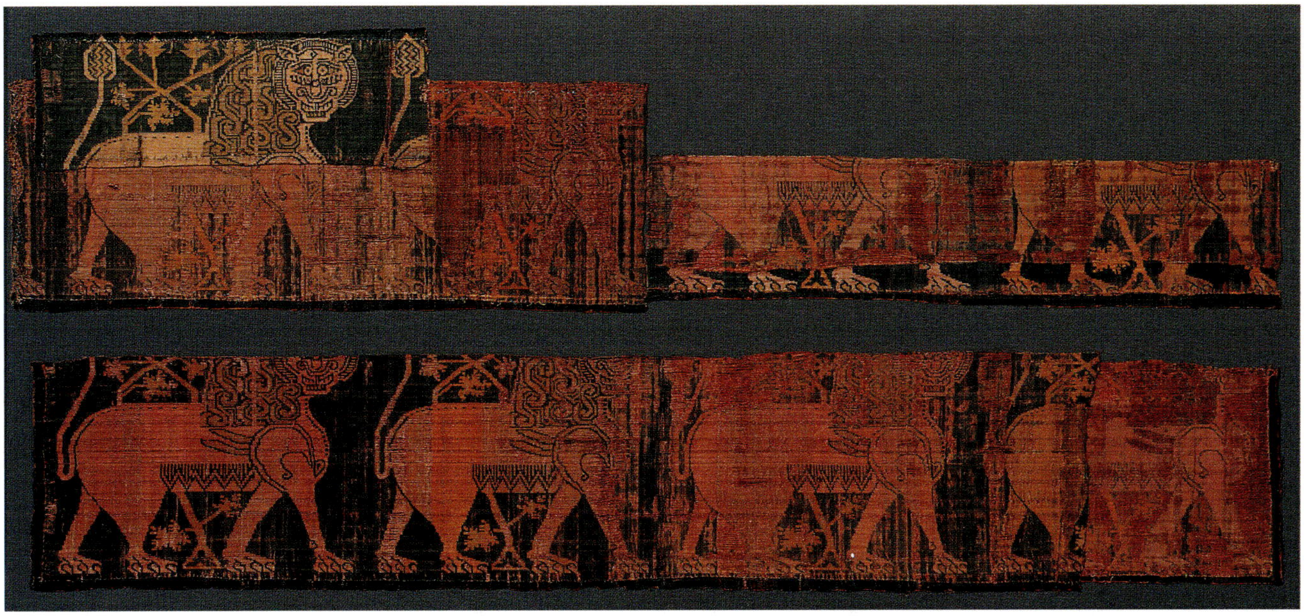

VI. 52

Monumentale Löwenstoffe gehören zu den berühmtesten Erzeugnissen der byzantinischen Seidenweberei. Ihre bis zu einem Meter großen Tierdarstellungen sind ungerahmt auf die Fläche gesetzt, oft symmetrisch zu seiten einer griechischen Inschrift, die die regierenden Kaiser nennt. Besonders eindrücklich und dem Maastrichter Gewebe durch das frontal in die Fläche gedrehte, von einem schraffierten Haarband gerahmte Löwenhaupt vergleichbar ist die Seide, die im Siegburger Anno-Schrein gefunden wurde und die inschriftlich in die von 921 bis 931 währende gemeinsame Regierungszeit von Romanos I. Lakapenos und seinem Sohn Christophoros datiert ist. Verschiedene technische Einzelheiten wie zum Beispiel Kettmaterial und Kettdichte unterscheiden den Maastrichter Löwenstoff allerdings von den byzantinischen. Ähnliche Merkmale finden sich dagegen an Geweben, die weiter östlich entlang der Seidenstraße, in Zentralasien, entstanden sind. Dazu gehört auch ein Stoff in der Sammlung der Abegg-Stiftung in Riggisberg, der ein Muster von in Reihen abwechselnd nach rechts und links schreitenden Tigern zeigt und in das 7. oder 8. Jahrhundert datiert werden kann. Anders als auf den Löwenstoffen aus Byzanz und in Maastricht ist das Muster hier allerdings nicht liegend gewebt, und es wurde nachweislich ein primitiverer Webstuhl verwendet als bei jenen. Das Gewebe in Maastricht nimmt also eine Zwischenstellung ein zwischen der byzantinischen und der zentralasiatischen Seidenweberei. Es ist vielleicht als Bindeglied zu verstehen, geht vielleicht aber auch – insbesondere was die Darstellung betrifft – unabhängig von beiden und gleich wie diese auf ältere sassanidische Vorbilder zurück.

Ein Fragment der Seide gelangte noch im 19. Jahrhundert in das Berliner Kunstgewerbemuseum (Inv.Nr. 88,196).

Stauffer, Textilien, Nr. 3 (Lit.). – von Wilckens, Textile Künste, S. 52. – Zum Fragment in Berlin: von Wilckens, Seidenstoffe, Nr. 35 (Lit.). – Zu den Seidengeweben in Siegburg und Riggisberg: Lessing, Gewebesammlung, Taf. 62–64. – Otavsky, Seidenstraße, S. 31–33. – Schorta, Webtechnik, S. 51–52 u. 80.

R.S.

VI. 53
Seidenfragmente mit Vogelpaaren und Büstenmedaillons

Byzanz (?), 10. Jahrhundert
Gemusterter Samit in Köper 1/2 S-Grat mit 3 Schußsystemen. Kette: Seide, Z-Drehung, gelb, 1 Haupt- zu 1 Bindekettfaden; Stufung 1 Hauptkettfaden; 20–21 Haupt- und 20–21 Bindekettfäden/cm. Schuß: Seide, ohne erkennbare Drehung, zweimal gelb, rot (nur streifenweise eingewebt), jede zweite Passée mit umgekehrter Schußfolge; Stufung 2 Passées; 59 Passées/cm. – Zwei Fragmente: a) H. 13,3 cm, B. 17 cm; b) H. 11,7 cm, B. 18,4 cm.
Emmerich, Kath. Kirchengemeinde St. Martin, Schatzkammer

VI. 53

Die beiden Seidenfragmente waren ursprünglich zu einem Reliquienbeutel zusammengenäht und mit dem Rest eines feingemusterten Leinenstoffes gefüttert. Spuren der ehemaligen Verarbeitung sind auch in der heutigen Montage noch erkennbar. Der Beutel stammt aus dem wichtigsten Reliquiar der Emmericher Stiftskirche, der sog. Willibrordiarche. Diese soll mit ihren ältesten Teilen im frühen 11. Jahrhundert entstanden sein, vielleicht in Zusammenhang mit der 1040 erfolgten Neugründung der Stiftskirche St. Martin. Das Beutelchen hingegen scheint entweder älter gewesen oder damals aus älteren Stoffstücken hergestellt worden zu sein. Seine Musterung aus zwei gleichen oder ganz gering unterschiedenen Farbnuancen, ergänzt durch eine Kontrastfarbe, läßt sich jedenfalls anschließen an Stoffe, die einfarbige, wie geritzt wirkende Musterung mit kräftig kontrastfarbigen Elementen kombinieren: Es sei an eine Seide des ausgehenden 9. Jahrhunderts in New York, Pierpont Morgan Library (Vorderspiegel von Ms. M. 1; vgl. dazu Kat. Nr. VI.54) verwiesen und an die sog. Ebbo-Kasel in Sens, die ins 10. Jahrhundert datiert werden kann. Die Musterung der beiden Fragmente in Emmerich bestätigt eine solche Datierung. In unregelmäßigen Feldern, die aus einem kleinteiligen Rautengrund ausgespart sind, stehen paarweise einander zugewandte Vögel. Ihr charakteristischer kegelförmiger Umriß findet sich vergleichbar auf mehreren Stoffen, z. B. auf der bereits genannten Seide in New York.

Als Besonderheit jedoch stehen auf der Emmericher Seide kleine Büstenmedaillons zwischen den

Vogelpaaren. Die abgebildete Figur ist barhäuptig und hält vor der Brust gekreuzt in jeder Hand einen Stab mit viereckigem Ende. Worum es sich dabei genau handelt – vielleicht ein Szepter – ist bisher nicht wirklich erklärt, ebenso wie auch die Darstellung als Ganzes noch nicht gedeutet werden konnte. Einen Hinweis gibt möglicherweise ein Seidenstoff in Bamberg, auf dem, ähnlich klein und vignettenartig, aber durch ihre Krone identifizierbar, Kaiserbüsten stehen. Auch sie halten zwei Szepter in den Armen – ein Motiv, das sicher durch die webtechnisch begründete Symmetrie begünstigt worden ist. Es ist denkbar, daß die Emmericher wie die Bamberger Büstenmedaillons am Ende einer Reihe stehen, deren Anfang Stoffe mit großformatigem Kaiserbild bilden. Mit großer Wahrscheinlichkeit in hochpolitischer Absicht gewebt, zeigen diese den Herrscher reitend, in der althergebrachten Pose des siegreichen Feldherrn, oder fast porträthaft und an Münzbilder erinnernd.

Lemmens/de Wird, Kunstschätze, Nr. 2 g (Brigitta Schmedding u. Ruth Gasthaus-Wencker). – Schorta, Seidenstoffe, Nr. 83. – Zur Augsburger Ulrichkasel: Ausst.kat. München 1998/99, Nr. 67 (Regula Schorta). – Schorta, Seidenstoffe, Nr. 7. – Zu den Seiden in New York, Sens und Bamberg: Ausst.kat. Paris 1992/93, Nr. 286 (Marielle Martiniani-Reber). – Schorta, Seideneinband, S. 175 f. – Schorta, Seidenstoffe, Nr. 46, 143 u. 177.

R.S.

VI. 54
Seidenstoff mit Vögeln

Byzanz, 10. Jahrhundert
Einfarbig gemusterter Samit in Köper 1/2 S-Grat.
Kette: Seide, Z-Drehung, hellbeige, 2 Haupt- zu 1 Bindekettfaden; 5 Stufungen verteilt auf 8 Hauptkettfäden in meist regelmäßigem Rhythmus 2–2–2–1–1; 36 Haupt- und 18 Bindekettfäden/cm. Schuß: Seide, ohne erkennbare Drehung, rot, rot mit Stich ins Violette, jede zweite Passée mit umgekehrter Schußfolge; Stufung 2 Passées; 57–58 Passées/cm.
Drei Fragmente: a) H. 10,8 cm, B. 37,2 cm; b) H. 9,5 cm, B. 27,6 cm; c) H. 7 cm, B. 12,2 cm.
Berlin, Staatliche Museen zu Berlin, Kunstgewerbemuseum, Inv.Nr. 1882,1171

Die oft nur kleinen Abschnitte prächtiger Seidenstoffe, die sich als kostbare Umhüllungen von Reli-

VI. 54

quien erhalten haben, vermitteln heute noch am ehesten ein Bild von der Vielfalt und dem Reichtum der byzantinischen Stoffe, die im 10. Jahrhundert im ostfränkischen Reich zugänglich waren. In den Altären oder Reliquiaren trocken verwahrt und vom Licht geschützt, haben sie ihre leuchtende Farbigkeit und den schimmernden Seidenglanz fast unverändert bewahrt. Dies gilt auch für die zwei nur geringfügig verschiedenen Rottöne, in denen das Muster der drei Fragmente aus Quedlinburg gehalten ist. Die subtile Abstufung läßt das Muster je nach Lichteinfall mehr oder weniger leicht lesbar erscheinen: ein zurückhaltend-vornehmer Effekt, der – wie viele andere erhaltene Seidenstoffe belegen – offenbar seit dem 10. Jahrhundert sehr geschätzt worden ist (vgl. Kat.Nr. V.39 u. VI.53).

In einem feinen Rautennetz aus Reihen von kleinen Herzen, die in großen Verbindungsscheiben zusammenlaufen, stehen reihenweise abwechselnd Vögel oder große, blattförmige Bäume. Die Bäume wachsen aus kleinen, geperlten Podesten, die Vögel sind abwechselnd nach links bzw. rechts gewendet, haben einen Körper, der kegelförmig in einen spitzen Schwanz ausläuft, eng angelegte Flügel und große Klauen. Sie tragen ein ringförmiges Kleinod im Schnabel und Schmuckbinden um den Hals, deren Enden über dem Rücken flattern.

In farbenprächtiger Ausführung ist dieser Vogeltyp auf einem Seidengewebe erhalten, das im sog. Lindauer Evangeliar der Pierpont Morgan Library in New York (Ms. M. 1) als Spiegel eingeklebt ist und in das ausgehende 9. Jahrhundert datiert wird. Die bunten Vögel wechseln dort mit Ton in Ton gehaltenen Palmetten und Rosettblüten, einem der frühesten Nachweise der einfarbigen, wie geritzt wirkenden Musterung. Den Quedlinburger Reliquienhüllen in der monochromen Farbigkeit unmittelbar vergleichbar, zeichnerisch aber deutlich ungelenker, fast degeneriert, ist ein Gewebe, das heute noch einem Seeoner Evangelistar als Einbandhülle dient (Bamberg, Staatsbibliothek, Cod. Msc. Bibl. 95). Es ist der Handschrift, die Heinrich II. vor 1014 dem Bamberger Dom schenkte, ursprünglich zugehörig und kann somit als obere zeitliche Grenze zur Einordnung der Quedlinburger Fragmente dienen.

von Wilckens, Seidenstoffe, Nr. 40. – Schorta, Seidenstoffe, Nr. 50. – Zu den Seiden in New York und Bamberg: Schorta, Seideneinband, S. 175 f. – Schorta, Seidenstoffe, Nr. 46 u. 143.

R.S.

VI. 55
Seidene Umhüllung der Reliquien des heiligen Abundius

Ostpersien (?), 10. Jahrhundert
Gemusterter Samit in Köper 1/2 S-Grat mit 4 Schußsystemen. Kette: Seide, starke Z-Drehung, Bindekette beige, Hauptkette beige, dunkelbraun, rosa (unregelmäßig gestreift), 1 Haupt- zu 1 Bindekettfaden; Stufung 1 Hauptkettfaden; 18–22 Haupt- und 18–22 Bindekettfäden/cm. Schuß: Seide, ohne erkennbare Drehung, hellbeige, grün (beide nur streifenweise eingewebt), gelbbeige, rötliches beige, jede zweite Passée mit umgekehrter Schußfolge; Stufung 2 Passées; 28–30 Passées/cm.
H. 92–94 cm, B. 111–112 cm.
Hildesheim, Dom-Museum, Inv.Nr. D 1997–4

Reliquien wurden im Mittelalter nie ungeschützt in ihre kostbaren Behälter gelegt. In der Regel waren sie zusätzlich von Stoff umhüllt, manchmal von mehreren Schichten, und oft handelt es sich um kostbare Gewebe, die auf diese Weise die Jahrhunderte überdauert haben. Im Vergleich mit ihrem noch viel wertvolleren Inhalt mußten sie allerdings zurücktreten, weshalb sie häufig mit ihrer Schmuck- oder Vorderseite nach innen, den Reliquien zugewandt, gebraucht worden sind. Hinzu kommt, daß es sich bei ihnen nicht selten um wiederverwendete Stücke handelt.

Beides trifft auf die Seide zu, die 1997 im Epiphanius-Schrein gefunden worden ist. In einen ledernen Beutel gezwängt, kam dort ein großes Leinentuch und in diesem wiederum ein großes Seidenstück zum Vorschein, das Knochen und Knochenfragmente sowie Zähne enthielt. Nach Ausweis der mit Tinte aufgesetzten Inschrift S(ancti) ABVNDII M(a)R(tiri) auf der Rückseite des Gewebes handelt es sich dabei um Reliquien des heiligen Diakons und Märtyrers Abundius. Zwischen den Gebeinen fanden sich auch drei Bruchstücke des Siegels von Bischof Gerdag von Hildesheim (990–992), das dem Bündel einst zur Beglaubigung aufgedrückt worden war (Kat.Nr. II.17).

Bei dem großen, gemusterten Seidenstück handelt es sich um ein einst vierfarbiges Gewebe in Samit-Bindung mit einem Muster aus kleinen perlgerahmten Medaillons von ca. 11 cm Durchmesser, in denen je ein in Dreiviertelansicht gegebener Adler steht. Große Palmettblüten füllen die Zwickel zwischen den Medaillons. Sie erinnern an ähnliche Formen auf der rotgrundigen Seide im Lindauer Evangeliar (New York, Pierpont Morgan Library, Ms. M. 1; vgl. auch Kat.Nr. VI.53–54), die noch aus

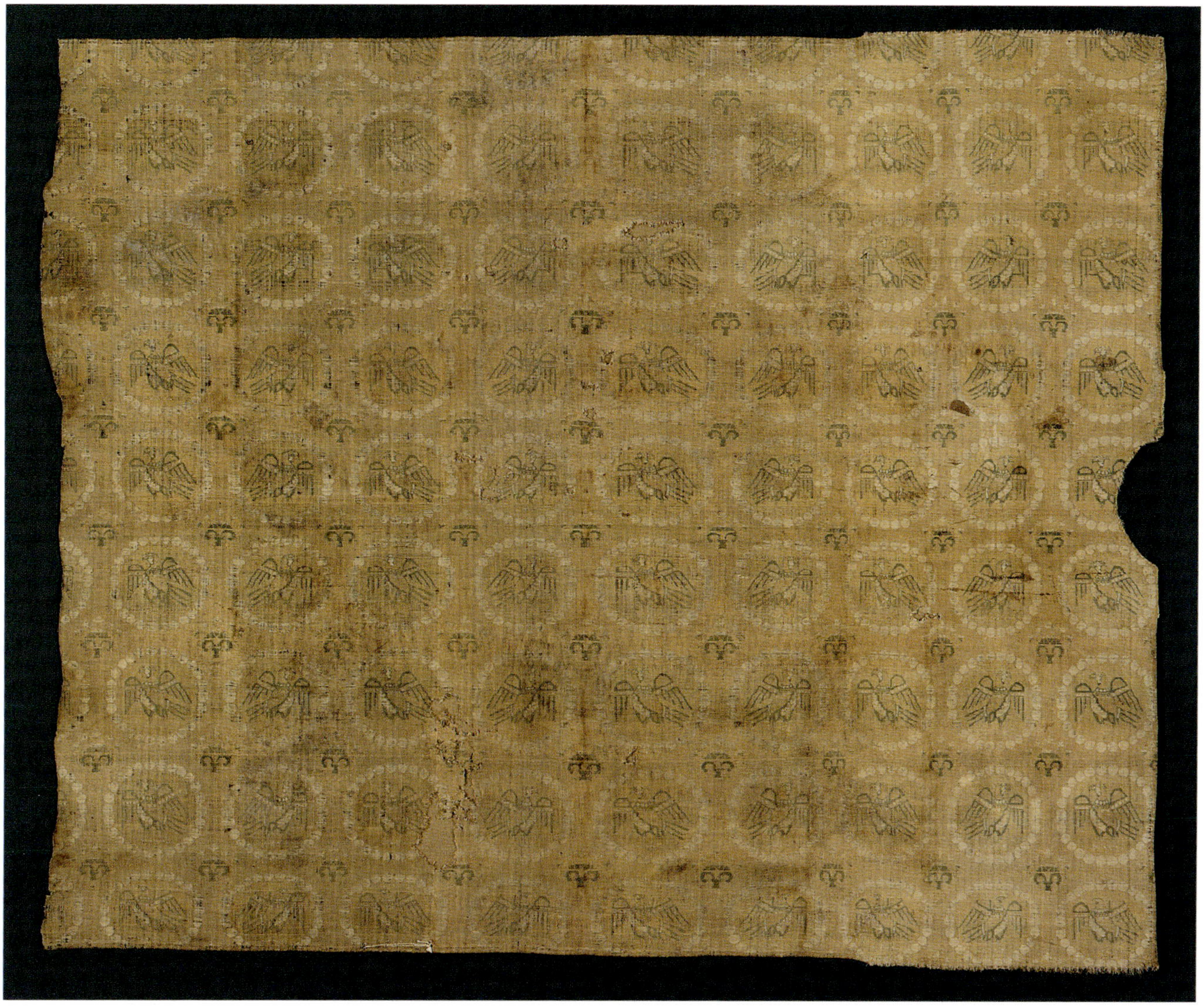

VI. 55

dem 9. Jahrhundert stammt, während die Gestalt der flügelschlagenden Raubvögel bereits auf Stoffe des 11. Jahrhunderts vorausweist. Eine enge Parallele finden die Adler auf der in das 10. Jahrhundert zu datierenden sog. Ebbo-Kasel in Sens. Die dunkelbraunen Kettfäden und der einst rote, wegen der Verwendung eines wenig stabilen Farbstoffes heute fast bis zur Unkenntlichkeit entfärbte Grund heben die Hildesheimer Abundius-Seide aber von den byzantinischen Vergleichsbeispielen ab und lassen eine Entstehung weiter östlich, vielleicht in Ostpersien vermuten.

Die Form des ausgebreiteten Stoffstücks deutet auf ein Vorder- oder Rückenteil eines Gewandes, auf dem das Muster allerdings nicht stehend, sondern liegend angeordnet gewesen ist. Bei den Säumen an den Seiten- und Schulterkanten handelt es sich in der Tat um sorgfältig versäuberte Nahtzugaben. Hals- und Armausschnitte scheinen dagegen nie fertiggestellt worden zu sein, sonst müßten wesentlich deutlichere Spuren einstiger Nähte oder Besätze sichtbar sein. Es scheint, als hätte man den Seidenstoff zu verarbeiten begonnen, das Vorhaben dann aber abgebrochen – aus welchen Gründen auch immer.

Offenbar unter Bischof Gerdag ist das Seidengewebe schließlich als Reliquienhülle verwendet worden. Leider scheint keiner der beiden heiligen Diakone mit Namen Abundius in Hildesheim besonders verehrt worden zu sein, und kein Ereignis der kurzen Amtszeit Bischof Gerdags läßt sich mit einem von ihnen in Verbindung bringen. Ob auch die Inschrift auf dem Seidengewebe aus Gerdags Regierungszeit stammt, soll hier nicht weiter untersucht werden. An der Zusammengehörigkeit von Siegel und Seidengewebe besteht aber angesichts ihrer übereinstimmenden Datierung kein Zweifel.

Schorta, Textiles found. – Zu den Seiden in New York und Sens: Ausst.kat. Paris 1992/93, Nr. 286 (Marielle Martiniani-Reber). – Schorta, Seidenstoffe, Nr. 143 u. 177.

R.S.

BULGARIEN

VI. 56

VI. 56
Liturgischer Diskos

Konstantinopel, vor 971
Preslav: vor dem Südtor der Zitadelle
Gold, gehämmert, getrieben, graviert.
In Fundlage zu einem Viertel zusammengefaltet, bei der anschließenden Restaurierung wieder in die ursprüngliche Form gebracht. – Gew. 336 g, Dm. 20,5 cm.
Sofia, Natsionalen Arkheologicheski Muzei, Inv.Nr. 3770

Die aus fast reinem Gold gefertigte Schale zeigt auf ihrem vertieften Grund ein graviertes, aus Doppellinien gebildetes lateinisches Kreuz, das auf einem Fuß aus stilisierten Blättern steht. Die Spitzen der geschweiften, am Ende verbreiterten Kreuzarme sind mit kleinen Doppelkreisen verziert, die jeweils einen größeren Doppelkreis an den eingezogenen Balkenenden flankieren. Ein weiterer Doppelkreis betont das Zentrum des Kreuzes. Der Rand des Tellers, der von einem kräftigen Wulst abgeschlossen wird, ist mit einer umlaufenden griechischen Inschrift versehen, die in Höhe des rechten Kreuzarmes mit einem Kreuz beginnt: † ΛΑΒΕΤΕ ΦΑΓΕΤΕ ΤΟΥΤΟ ΕСΤΙΝ ΤΟ СѠΜΑ ΜΟΥ ΤΟ ΥΠΕΡ ΥΜѠΝ ΚΛѠΜΕΝΟΝ ΕΙС ΑΦΕСΙΝ ΑΜΑΡΤΙѠΝ („Nehmt, eßt, das ist mein Leib, der für euch gebrochen wird zur Vergebung der Sünden"). Der auf den Einsetzungsworten Jesu beim Letzten Abendmahl (Mt 26, 26–28) basierende Text entstammt der in früh- und mittelbyzantinischer Zeit maßgeblichen Liturgie Basileios' des Großen († 379) und weist den Teller damit eindeutig als liturgischen Diskos aus. Auf ihm wurde im ersten Teil des orthodoxen Gottesdienstes das Opfer vorbereitet: Stücke ungesäuerten Weizenbrotes wurden in der vorgeschriebenen Ordnung auf dem Diskos verteilt und eines davon als „Opferlamm" mit einem lanzenförmigen Messer „geschlachtet". Dies und die Art der Austeilung der Kommunion unterscheiden sich wesentlich vom katholischen Ritus. Ein wohl ehedem zugehöriger Kelch (Poterion) mit entsprechender liturgischer Inschrift, der den Diskos zu einem „Diskopoterion" ergänzte, hat sich leider nicht erhalten.

Als der Teller 1949 vor dem Südtor der den Palastbezirk von Preslav umschließenden Zitadellenmauer gefunden wurde, ließen die Fundumstände auf eine Plünderung schließen: Der Dieb hatte den Golddiskos offenbar aus einer der Palastkirchen entwendet und – des leichteren Transports wegen – auf ein Viertel zusammengefaltet, dann aber vor dem Südtor verloren. Als Zeitpunkt für diese Ereignisse kommt am ehesten die Eroberung Preslavs durch den byzantinischen Kaiser Johannes Tzimiskes (969–976) im Jahre 971 in Betracht. Der Diskos selbst dürfte dabei erst einige Jahre zuvor – wohl unter Zar Peter I. (927–969) – gleich den Hauptstücken des Preslav-Schatzes (Kat.Nr. VI.58) als kostbares Geschenk des byzantinischen Kaiserhofes nach Preslav gelangt sein, wofür in Verbindung mit dem edlen Material die griechische Inschrift spricht. Ein vor Ort produzierter Diskos hätte eine kyrillische Inschrift mit dem entsprechenden Text in Kirchenslawisch erhalten, wie es Ende des 9. Jahrhunderts in der bald darauf autokephalen Kirche Bulgariens eingeführt wurde.

Die markante Form des gravierten Kreuzes mit geschweiften Armen und Kreisen an den Spitzen ist typisch für byzantinische Altar- und Prozessionskreuze des 10./11. Jahrhunderts. Die bereicherte Form mit zusätzlichen größeren Kreisen an den Balkenenden findet sich bei einem Kreuz aus Ephesos in Wien (Kunsthistorisches Museum, Antikensammlung, Inv.Nr. VI 3072) und bei zwei Kreuzen in Athen (Benaki Museum, Inv.Nr. 11442; Kanellopoulos Museum, Inv.Nr. 625), die ebenfalls dieser Zeit angehören. Einen besonders engen Vergleich bietet darüber hinaus ein kleines nielliertes Kreuz in Washington, D.C. (Dumbaton Oaks Collection, Inv.Nr. 53.12.93), das an den Kreuzbalken und den großen Kreisen ebenfalls begleitende, hier niellierte Linien aufweist und das durch eine Inschrift auf 960/63 datierbar ist. Entsprechend mit Kreisen geschmückte Kreuze mit Blattwerkfuß zieren auch die getriebenen oder gravierten Rückseiten der makedonenzeitlichen Staurotheken (Kreuzreliquiare) in Limburg (964/65), Venedig, St. Petersburg, Monopoli und St. Marienstern (allesamt Ende 10./Anfang 11. Jahrhundert).

Der aufgezeigte Vorbilderkreis legt zusammen mit dem archäologischen Befund eine Datierung in die Zeit Zar Peters I. nahe und revidiert die ältere Einordnung ins 9. Jahrhundert. Vermutlich in den kaiserlichen Hofwerkstätten in Konstantinopel entstanden, bezeugt der Diskos den engen politisch-kirchlichen und kulturellen Austausch zwischen dem Byzantinischen Reich und Bulgarien, zugleich aber auch die kostbare Ausstattung der Kirchen in der ruhmreichen Residenz der bulgarischen Zaren.

Ausst.kat. Paris 1980, Nr. 223. – Ausst.kat. Genf 1988, Nr. 24. – Mango/Bouras, Art. Paten. – Stancheva, Preslav, S. 17f. – Zu den Vergleichsstücken: Noll, Altertum, Nr. B.15. – Ross, Jewelry, S. 73f., Nr. 74. – Ausst.kat. Brüssel 1982, Nr. 16 u. 18. – Ausst.kat. Köln 1984, Nr. 17. – Ausst.kat. New York 1997, Nr. 22–26, 30, 37, 38 u. 110. – Ausst.kat. St. Marienstern 1998, Nr. 271.

H.K.

VI. 57
Reliquienkreuz aus Pliska

Vermutlich Konstantinopel, zweite Hälfte 9./10. Jahrhundert
Pliska, westliches Stadttor: südlich des südöstlichen Turmes
Gold, Niello, Holz, Knochen. – Äußeres Kreuz: H. 4,2 cm, B. 3,2 cm, mittleres Kreuz: H. 4,0 cm, B. 3 cm, inneres Kreuz: H. 3,7 cm, B. 2,7 cm, Gew. 42 g.
Sofia, Natsionalen Arkheologicheski Muzei, Inv.Nr. 4882

Das sog. Pliska-Kreuz gehört zu den herausragenden Goldschmiedearbeiten des Byzantinischen Reichs, die sich bis heute erhalten haben. Es gelangte vermutlich als Geschenk nach Bulgarien, nachdem sich das Erste Bulgarische Reich (681–1018) im Jahre 864 der Orthodoxie angeschlossen hatte. Der 1973 gefundene Reliquienbehälter besteht aus drei ineinander geschachtelten Kreuzen, von denen die äußeren beiden aus 22-karätigem Gold, das innere aus Holz und darauf befestigten Knochen gefertigt sind. Letzteres wurde als Partikel vom „Wahren Kreuz Christi" verehrt. Mittels einer großen Öse am äußeren Kreuz konnte dieses Reliquiar als Pektoralkreuz vor der Brust getragen werden. Die beiden Goldkreuze sind ungeachtet der geringen Größe mit teils vielfigurigen christologischen Szenen in Niello verziert, einer Technik, bei der ein schwarzes Material aus einem oder mehreren Metallsulfiden (hier vermutlich Silber- und Kupfersulfid) in gravierte Vertiefungen eines Metalls, meist Gold, Silber oder Bronze, eingeschmolzen wird.

Inschriften: Äußeres Kreuz: XEPE (statt XAIPE, „Sei gegrüßt", Verkündigung), H ΓENA (statt H ΓENNHCIC, „Die Geburt"), Vorderseite mittleres Kreuz: $\overline{\text{IC}}$ $\overline{\text{XC}}$ (abgekürzt für: IHCOC XPICTOC, „Jesus Christus", oberer Kreuzbalken), IΔE O Y[ι]OC [σου] („Sieh, dies ist dein Sohn") und IΔOY H M[ητ]HP [σου] („Sieh, dies ist deine Mutter", Querbalken des Kreuzes, die letzten vier Buchstaben sind zusammengezogen), TOΠOC KPANIOY („Schädelstätte", unterer Kreuzbalken, die letzten beiden Buchstaben sind in gängiger Form übereinander angeordnet), Rückseite mittleres Kreuz: H AΓIA ΘEOT[οκος] („Die heilige Gottesgebärerin", Maria flankierend), O XPYCOCTOM[ος] „Der Chrysostomos", oberer Kreuzbalken), NHKOΛA[ος] (richtig: NIKOΛAOC, „Nikolaus") und BACHΛH[ος] (statt BACIΛHOC, „Basileos" (von Caesarea), Querbalken), ΓPHΓOP[ιος] („Gregorios" [von Nazianz], unterer Kreuzbalken).

VI. 57

Die Vorderseite des äußeren, durch zwei Scharniere verbundenen Goldkreuzes zeigt oben die Verkündigung, auf den Kreuzarmen links die Geburt Christi, rechts die Darbringung im Tempel. Den unteren Kreuzbalken nimmt die Taufe Christi ein, während im Kreuzmittelpunkt, eingerahmt von einem Medaillon, die Verklärung Christi, flankiert von Moses und Elias, erscheint. Auf der Rückseite stellt die Anastasis auf dem unteren Kreuzbalken den Abstieg Christi in die Vorhölle dar, das bevorzugte ostkirchliche Osterbild. Christus steht über dem besiegten Hades und zieht Adam, hinter dem Eva erscheint, aus dem Grab. Den größten Raum nimmt jedoch die Himmelfahrt Christi ein: Im Kreuzmittelpunkt steht Maria mit erhobenen Händen zwischen zwei Palmen, begleitet von den zwölf Aposteln auf den Querarmen, von denen zehn ganzfigurig, von den anderen beiden nur die Köpfe dargestellt sind. Darüber schwebt Christus in einer von vier Engeln getragenen ovalen Mandorla. Das mittlere, kleinere Kreuz ist am oberen Ende mit dem Scharnier des äußeren Kreuzes verbunden und zeigt auf der Vorderseite die Kreuzigung Christi und auf der Rückseite eine ganzfigurige stehende Maria im Typus der Nikopoia („die Siegerwirkende"). Sie ist als Hagia Theotokos („Heilige Gottesgebärerin") inschriftlich bezeichnet und wird flankiert von Medaillonbüsten der orthodoxen Kirchenväter Johannes Chrysostomos, Basileios von Caesarea, Gregorios von Nazianz sowie Nikolaos. Die Kreuzigung zeigt Christus im langen, ärmellosen Gewand, dem Kolobion, mit ausgestreckten Armen, den Kopf zur rechten Seite geneigt, die Füße auf ein Suppedaneum genagelt. Maria und Johannes stehen ganzfigurig an den Enden der Querarme, auf sie beziehen sich die Anempfehlungsworte „Sieh, dies ist dein Sohn" und „Sieh, dies ist deine Mutter" (nach Io 19,26 f.). Eine Tafel (*tabula ansata*) trägt die Abkürzung $\overline{\text{IC}}$ $\overline{\text{XC}}$ (Jesus Christus), darüber befinden sich Darstellungen von Sonne und Mond. Das Kreuz steht über einem angedeuteten Hügel (Golgatha) mit dem Schädel Adams, dem die griechische Inschrift ΤΟΠΟΣ ΚΡΑΝΙΟΥ („Schädelstätte") beigefügt ist. Neben der Kreuzform als solcher betont die Kreuzigungsszene die Funktion des mittleren Kreuzes als eigentlichem Reliquienbehälter, dessen Inhalt durch die senkrechte Öffnung im langen Gewand Christi sichtbar ist und „damit Teil des Bildes selbst wurde und ihm eine gesteigerte Authentizität verlieh" (Mietke, S. 54).

Das Pliska-Kreuz gehört zu einer Gruppe von Reliquiaren, deren bedeutendstes die Fieschi-Morgan-Staurothek im New Yorker Metropolitan Museum ist, die von Kartsonis in das erste Viertel des 9. Jahrhunderts datiert wurde. In gleicher Technik, jedoch auf silbervergoldetem Grund, zeigt diese auf der Unterseite des Schiebedeckels die Verkündigung, die Geburt, die Kreuzigung und die Anastasis. Das sog. Vicopisano-Kreuz in Pisa ist ebenfalls technisch, ikonographisch und stilistisch so eng verwandt, daß Dontcheva die Gruppe der gleichen Hand zuschrieb, wohingegen Kartsonis lediglich eine enge Werkstatttradition annimmt. Dem mittleren Pliska-Kreuz nahestehend sind die beiden silbernen, niellierten Pektoralkreuze im Benaki Museum Athen und das Reliquiar im Museum of Art, Rhode Island School of Design, Providence, USA. Als Produktionsort für das Pliska-Kreuz vermutet Dontcheva die Hauptstadt Konstantinopel aufgrund der die Maria flankierenden Kirchenväter-Medaillons und der ikonographischen Besonderheit des kreuztragenden Apostels Andreas in der Himmelfahrt, der die Kirche von Konstantinopel gegründet haben soll. Das „Wahre Kreuz Christi" war 635 nach der Eroberung des Heiligen Landes in die Hauptstadt verbracht worden, die zum Zentrum der Kreuzverehrung und Partikelverteilung wurde. Der Zuschreibung an eine Konstantinopler Werkstätte widersprechen nicht die Schreibfehler, die durchweg auch bei qualitätvollen Werken auftreten.

Dontcheva, Croix pectoral. – Kartsonis, Anastasis, S. 94–125. – Ausst.kat. New York 1997, Nr. 225 (Sarah Taft). – Mietke, Pilgerandenken. – Zu den Vergleichsstücken: Palli, Höllenfahrt Christi, Taf. 19 b. – Georgoula, Greek Jewellery, Nr. 124 u. 125.

A.B.

VI. 58
Der Schatz von Preslav

Nahe der bulgarischen Kleinstadt Preslav wurde 1978 beim Pflügen der sog. Schatz von Preslav entdeckt, der sich aus über 170 Goldschmiedearbeiten zusammensetzt. Es handelt sich um goldene, vergoldete, silberne, teils emaillierte Schmuckstücke, Gewandapplikationen, Diademplatten, Gefäßteile und ein Bergkristallsiegel aus byzantinischen und bulgarischen Werkstätten sowie einen Gemmenring und zwei Löffel aus frühbyzantinischer Zeit. In gemeinsamer Fundlage befanden sich 15 Silbermünzen der byzantinischen Kaiser Konstantin VII. Porphyrogennetos und Romanos II. (gemeinsame Regierungszeit 945–959).

Nachdem die Bulgaren unter Fürst Boris I. (852–889) 864 das Christentum angenommen hatten, übernahm die Stadt Preslav im Jahre 893 von dem etwa 35 km entfernt liegenden Pliska die Rolle als Hauptstadt des Ersten Bulgarischen Reichs (681–1018). Die Einführung der kyrillischen Schrift und Gottesdienste in slawischer Sprache trugen zur religiösen und nationalen Eigenständigkeit Bulgariens zwischen den einflußreichen christlichen Nachbarn, dem karolingischen bzw. ottonischen Reich im Westen und dem Byzantinischen Reich im Osten, bei. Während der Regierungszeit des Zaren Symeon I. (893–927), der am Hof von Konstantinopel erzogen worden war, befand sich Bulgarien auf dem kulturellen und machtpolitischen Höhepunkt, im „Goldenen Zeitalter". Mit der höfischen Kultur in Konstantinopel als Vorbild entwickelte sich Preslav zu einer der bedeutendsten Städte, in denen prachtvoll ausgestattete Steinbauten wie die Palastanlage und die „Goldene Rundkirche" entstanden. Die Beziehungen zum Byzantinischen Reich waren jedoch auch von kriegerischen Auseinandersetzungen geprägt, bei denen Symeon die oströmische Kaiserkrone zu erlangen suchte. Zar Peter I. (927–969) festigte unter seiner Herrschaft den anfänglichen Frieden mit Byzanz durch die Heirat mit der byzantinischen Kaiserenkelin Maria-Irene Lakapena, mit der zahlreiche Gefolgsleute und byzantinischer Lebensstil nach Preslav kamen. Die stets wechselhaften Beziehungen gipfelten jedoch in der Eroberung und Plünderung Preslavs durch den byzantinischen Kaiser Johannes Tzimiskes (969–976) im Jahre 971, in deren Verlauf die Juwelen aus dem Palastbereich gebracht und in einer nahegelegenen Hüttensiedlung versteckt wurden.

Der Schatz von Preslav, von dem in der Ausstellung nur ein Teil gezeigt werden kann, ist hinsichtlich seines Umfangs und der Qualität der Objekte sowie seiner gesicherten Datierung und Provenienz einzigartig, da aus dem ehemaligen Byzantinischen Reich und seiner Hauptstadt keine vergleichbaren Hortfunde bekannt sind. Er vermittelt einen Eindruck von der Pracht des byzantinischen Hofes im 10. Jahrhundert, die bereits im Mittelalter geradezu legendär war und auch in Bulgarien und im ottonischen Reich als Vorbild angesehen wurde.

A.B.

VI. 58 a
Halsschmuck

Konstantinopel (?), erste Hälfte/Mitte 10. Jahrhundert
Gold, Zellenemail, Perlen, Bergkristall, Amethyst, Glas; gezogener Draht. – Zwei Anhänger fehlen ganz oder teilweise; bei einem der keulenförmigen Anhänger eine Perle vermutlich ersetzt; zahlreiche Emails gebrochen, die Farben teilweise verändert, Zellen stellenweise ausgebrochen; leichte Verschmutzungen durch Erdreste; einige Emails der Medaillons in ihrer Fassung verschoben.
H. ca. 22 cm, B. 30,65 cm, lichter Dm. des Halsbandes ca. 10 cm, Gew. 227,0 g.
Preslav, Arkheologicheski Muzei „Veliki Preslav", Inv.Nr. 3381/1

Dieser einzigartige Halsschmuck ist nicht nur aufgrund von Material und Größe, sondern auch wegen der beidseitigen Emaildekoration und der hervorragenden handwerklichen Ausführung bemerkenswert. Das Halsband besteht aus elf flachen, trapezförmigen und zwei rechteckigen, auf einer Seite halbrund abgeschlossenen Elementen, die durch Scharniere verbunden sind und ein leicht konisches Band ergeben, das sich der Halsform anpaßt. Sieben Elemente mit beidseitig gefaßten Zellenemails, die von Perldraht und an den Seiten von doppeltem Kordeldraht umgeben werden, alternieren mit sechs goldenen Drahtelementen, die die Wirkung von Flechtband haben, jedoch aus schlaufenförmig gebogenen Drahtringen zusammengesetzt sind. An 15 Runddrahtösen aus einer stabileren, augenscheinlich stärker silberhaltigen Legierung hängen sieben von Perldraht und Perlenreihen umrahmte, mandelförmige Anhänger mit beidseitigen Emaileinlagen an jeweils zwei V-förmig angebrachten einfachen Fuchsschwanzketten. In den Zwischenräumen befinden sich heute noch zwölf kürzere Anhänger. Sie bestehen aus auf Draht aufgefädelten Perlen und enden in keulenförmigen Filigranperlen, Bergkristall- bzw. Glasperlen und einer Amethystperle.

Die Zellenemails besitzen einen transluziden grünen Hintergrund, dessen Farbtöne variieren. Daneben wurden die transluziden Farben Dunkelblau und Purpurrot sowie opakes Rot, Weiß, Gelb und Türkis verwendet. Auf dem Halsband sind alternierend Vögel mit Zweigen im Schnabel und Palmetten, auf den Endstücken eine aus vier Pelten (C-förmige Ornamente) gebildete Raute dargestellt. Im Zentrum der einen Schauseite befindet sich eine Maria Orans mit erhobenen Händen, die auf dem

VI. 58 a

mittleren Anhänger der anderen Seite wiederholt wird. Die mandelförmigen Anhänger dieser Seite sind mit Palmetten, die übrigen mit Vögeln verziert (ein Anhänger ist heute vertauscht). Vermutlich wurden die Anhänger auf einem textilen Untergrund aufgenäht, damit sie gut zur Geltung kamen.

Eine erhaltene Parallele zu diesem qualitätvollen Halsschmuck gibt es nicht, jedoch stehen die Emails und Goldschmiedearbeiten denjenigen eines Armreifenpaares in Thessaloniki nahe, das ebenfalls mit Vögeln, Palmetten sowie Rosetten verziert ist. Zur gleichen Gruppe dürfte auch – entgegen der von den Ausgräbern vorgeschlagenen Datierung in das 6. Jahrhundert – ein silberner Ring mit goldenem, grüngrundigem Zellenemail gehören, das einen Vogel darstellt.

Ein Seidenstoff-Fragment in Sens zeigt ein Brustbild (der obere Kopfteil fehlt) mit einem vergleichbaren Halsschmuck, von dem sieben mandelförmige Anhänger herabhängen, das als Kaiserdarstellung interpretiert wurde. Wenn es sich bei dem Dargestellten tatsächlich um einen Kaiser handelt – Bildnisse auf verwandten Stoffen werden als weibliche Figuren gedeutet – würde dies die These stützen, daß der Halsschmuck als Teil des Herrscherornats anzusprechen ist, dem sicher auch die Pendilien-Kugeln (Kat.Nr. VI.58 c) und das Diadem (Kat.Nr. VI.58 b) zuzuordnen wären, und der vermutlich als kaiserliches Geschenk für den Zaren nach Preslav kam. Die Werkstatt, in der der Halsschmuck angefertigt wurde, dürfte in Konstantinopel vermutet werden.

A

B

C

D

E

VI. 58 b

Totev, Preslav Treasure, S. 38–52, Fig. 13–22. – Ausst.kat. New York 1997, Nr. 227 (Joseph D. Alchermes). – Zum Armreifenpaar in Thessaloniki: Ausst.kat. New York 1997, Nr. 165 (Sarah T. Brooks). – Zum Silberring mit Email: Ausst.kat. Athen 1984/85, Nr. 52 (Nikolaos Drandakis). – Zum Seidenstoff in Sens: Ausst.kat. Paris 1992/93, Nr. 128 (Marielle Martiniani-Reber).

A.B.

VI. 58 b
Fünf emaillierte Goldplatten

Konstantinopel (?), erste Hälfte/Mitte 10. Jahrhundert
Gold, Senkemail. – Beschädigungen an den Plattenrändern und Fehlstellen in den Goldblechen, zahlreiche Zellen des Emails ganz oder teilweise ausgefallen, einige Zellenstege vom Grund gelöst; Erdreste auf den Rückseiten.
H. (A–E) 5,35 cm, 5,39 cm, 5,34 cm, 5,37 cm, 5,37 cm,
B. 4,48 cm, 4,41 cm, 4,45 cm, 4,45 cm, 4,43 cm,
T. etwa 0,13 cm, Gew. 5,9 g, 6,2 g, 6,7 g, 6,3 g, 7,0 g.
Preslav, Arkheologicheski Muzei „Veliki Preslav", Inv.Nr. 3381/2

Die fünf rechteckigen, oben halbrund abgeschlossenen Goldblechplatten annähernd gleicher Größe sind mit Darstellungen in Senkemail verziert. Eine Platte zeigt die „Greifen-" oder „Himmelfahrt Alexanders des Großen" (D), der in einem stilisierten zweirädrigen Wagen steht. Der mit Krone und Loros ausgestattete Alexander wird von zwei nach außen gewandten, den Kopf nach innen gerichteten Greifen gen Himmel gezogen und hält ihnen mit beiden Händen Köder vor. Die Wagenräder der Biga sind rechts und links unten am Ende der Radachse angedeutet, während die Deichsel die Szene teilt. Auf den übrigen vier Platten sind ein Greif mit Tierkopfschwanz (A), ein geflügelter Löwe (B) und zwei Senmurven (C, E), Mischwesen sassanidischer Tradition mit Hundekopf, Löwenpranken, Flügeln und Pfauenschwanz, dargestellt. Letztere bilden ein gegenständiges Paar, variieren jedoch in der Farbgebung.

Mindestens zwei weitere Platten mit den Pendants zu Löwe und Greif sind vermutlich zu ergänzen. Die von Totev vorgeschlagene Rekonstruktion als siebenteiliges Diadem mit einer zusätzlichen trapezförmigen Abschlußplatte auf jeder Seite beruht auf dem Vergleich mit russischen Parallelen wie dem auch ikonographisch eng verwandten Diadem aus Sakhnovka / Ukraine aus dem 11. / 12. Jahrhundert. Der ebenfalls als Diadem rekonstruierten „Monomachos-Krone" (1042–1050) im Budapester Nationalmuseum fehlen derartige Abschlüsse.

Die aus zwei Blechen unterschiedlicher Legierung gefertigten Platten waren wahrscheinlich mittels der Löcher an den Rändern, die nicht korrespondieren, auf einem ledernen oder textilen Träger aufgenäht. Vielleicht handelt es sich bei dem Diadem um einen Teil des herrscherlichen Ornats des Zaren oder seiner Gemahlin, dem auch die Pendilien-Kugeln (Kat.Nr. VI.58 c) und der Halsschmuck (Kat.Nr. VI.58 a) zuzuordnen wären. Dafür spricht auch die Ikonographie der Platten: Alexander der Große wurde seit der Zeit Konstantins des Großen (324–337), der die Kirche als staatstragendes Element in das römische Reich einband, als „idealer Herrscher" angesehen. Im sog. Alexanderroman des anonymen Pseudo-Kallisthenes aus dem 3. Jahrhundert n. Chr. werden die Herrschaft Alexanders und seine legendäre Himmelfahrt positiv im christlichen Sinne gedeutet. Bereits im 4. Jahrhundert n. Chr. ins Lateinische übersetzt und im Mittelalter weit verbreitet, bot er die Grundlage für zahlreiche Darstellungen in der byzantinischen, aber auch der westlichen Kunst des Mittelalters (vgl. Kat.Nr. IV.65), wobei sich die Darstellungen mittelbyzantinischer Zeit auf die „Himmelfahrt Alexanders" konzentrieren. Eine ikonographisch und stilistisch enge Parallele bietet ein Bleisiegel aus der Sammlung Schlumberger, das sicherlich ähnlich datiert werden muß. Jedoch handelt es sich bei dem inschriftlich bezeichneten Wagenlenker um den Propheten Elias, der sich einzig durch die fehlende Krone und die leeren Hände von Alexander unterscheidet.

Die Fabelwesen der übrigen Emailplatten gehören zum ikonographischen Repertoire aller Kunstgattungen in mittelbyzantinischer Zeit. Im Kontext der „Himmelfahrt Alexanders" des Großen lassen sie sich als Symbole christlicher Herrscherikonographie interpretieren, verbunden mit einer unheilabwehrenden Wirkung.

Die äußerst qualitätvollen, kleinteiligen Emails mit Zellen von zum Teil weniger als 1 mm Durchmesser sind in zehn Farben bzw. Farbtönen ausgeführt, von denen die opaken Farben Rot, Weiß und Gelb sowie transluzides Grün bei allen Emails, die übrigen eingeschränkt verwendet wurden (Dunkelblau: Nr. A, E, C; Mittelblau: Nr. B, D, E; Hellblau: Nr. C; Türkis: Nr. A, B, D; Cremeweiß: Nr. C, D; Fleischfarbe: Nr. E, alle Farben opak).

VI. 58 c

Totev, Preslav Treasure, S. 20–37, Fig. 6–12. – Zum Diadem aus Sakhnovka: Bondar', Drevnee zoloto, o.S. – Zum Bleisiegel der Slg. Schlumberger: Schlumberger, Archéologie Byzantine, S. 260.

A.B.

VI. 58 c
Zwei kugelförmige Anhänger mit Emaildekoration

Konstantinopel (?), erste Hälfte/Mitte 10. Jahrhundert
Gold, Zellenemail, blaues Glas; vermutlich gezogener Draht. Einige Emailzellen ausgebrochen, das Goldblech stellenweise leicht eingedrückt. – H. 3,25 u. 2,89 cm, Dm. ca. 2,9 u. 2,95 cm, Gew. 20,9 u. 20,3 g.

Preslav, Arkheologicheski Muzei „Veliki Preslav", Inv.Nr. 3381/16

Die zwei gleichförmigen, leicht gedrückten Kugeln mit einer Öse an der Oberseite sind verziert durch je fünf langovale Emailfelder, die von Perldraht gerahmt werden, und fünf glatten, leicht konkav gewölbten langovalen Goldflächen. Zwei getriebene Halbkugeln wurden zusammengelötet (die Lötnaht ist deutlich sichtbar), dann die Emails aufgesetzt. Auf der Oberseite ist je eine zum Ansatz hin spitz auslaufende Goldöse angelötet, die in einem kleinen Perldrahtring auf einer goldenen Platte von ca. 1,3 cm Dm. endet. Auf der Unterseite der Kugeln ist mittig jeweils ein blauer gewölbter Glascabochon in einer einfachen Kastenfassung, die durch zwei Perldrähte mit dazwischenliegenden elf bzw. 13 Granalien bereichert werden. Die Granalien sitzen wiederum auf winzigen Perldrahtringen. Auf den geteilten Emailflächen mit transluzidgrünem Grund stehen sich jeweils zwei Blüten in opakem Email gegenüber: Die unteren besitzen einen weißen Stengel, hellblaue Außenblätter und ein gelbes Innenblatt. Bei den oberen Blüten sind Stengel- und Innenblattfarbe vertauscht.

Aufgrund von bulgarischen und byzantinischen Münzbildern kann man vermuten, daß die kostbaren Kugeln den Abschluß der Pendilien einer Krone bildeten und somit zum herrschaftlichen Ornat des in Preslav residierenden bulgarischen Zaren oder seiner Gemahlin gehörten, dem wahrscheinlich auch der Halsschmuck (Kat.Nr. VI.58 a) und die Diademplatten (Kat.Nr. VI.58 b) zuzuordnen sind.

Totev, Preslav Treasure, S. 58, Fig. 26. – Ausst.kat. New York 1997, Nr. 229 (Joseph D. Alchermes).

A.B.

VI. 58 d
Ohrringpaar mit Emaildekoration

Konstantinopel (?), erste Hälfte/Mitte 10. Jahrhundert
Gold, Goldgranulation, Zellenemail, Perlen; Tragebügel aus gezogenem Draht, an den Enden geschmiedet.
Ohrring A fehlen die Emaileinlagen der Rückseite und einige der Anhänger; Klebstoffreste einer nicht dokumentierten Restaurierung; bei Ohrring B die halbrunde Emails, Mittelmedaillon und zwei Anhänger verloren, Tragebügel und Rahmung verbogen, letztere gebrochen; die meisten Emails mit kleineren Ausbrüchen; die rahmenden Perlenreihen bis auf eine verloren.
Ohrring A: H. 11,0 cm, B. 4,82 cm, Gew. 42,0 g;
Ohrring B: H. 6,82 cm, B. 5,17 cm, Gew. 11,0 g (B);
Anhänger: H. 2,84 cm, B. 1,38, Gew. 5,0 g.
Preslav, Arkheologicheski Muzei „Veliki Preslav“, Inv.Nr. 3381/8 (vollständiger Ohrring A), 3381/2819–1 (Ohrring B) u. 3381/2798 (Anhänger Ohrring B)

Die prachtvollen Ohrringe bestehen aus einem großen Tragebügel und gebogenem Zierelement, in dem beidseitig Emails gefaßt sind. Hohle ovale Goldkugeln leiten zum Tragebügel über, der auf der einen Seite fest in der Kugel verlötet ist, auf der anderen Seite durch Haken und Öse geschlossen wird. Die Emails wurden ursprünglich oben und unten durch heute verlorene Perlenreihen begleitet, die durch Ösen geführt waren. Freistehende Dreiecksgranulation an der Unterseite alterniert mit drei Ösen zur Befestigung von Anhängern, während auf der Oberseite vier würfelförmig angeordnete Granalien zu einem runden Medaillon mit Emaileinlagen überleiten. Es wird von Perldraht sowie heute noch 26 auf Golddraht aufgezogenen Perlen gerahmt und von einer großen Goldöse mit aufsitzendem Perldrahtring und Perle bekrönt. Die drei Anhänger bestehen aus drei bzw. fünf von Perldraht gerahmten Mandelformen mit eingelegten Emails, die unten mit einer Perle abschließen und ursprünglich ebenfalls von Perlenreihen umgeben waren. Der bis auf einige fehlende Emaileinlagen gut erhaltene Ohrring A aus dem Preslav-Schatz wurde bislang als Einzelstück angesehen, läßt sich aber durch zwei Fragmente, bestehend aus Tragebügel, einem Teil der Rahmung und einem bisher nicht publizierten Anhänger, zu einem Paar ergänzen.

Die Zellen- bzw. Cloisonnéemails sind vorrangig in Grün und verschiedenen Blautönen sowie Weiß gehalten. Das Mittelmedallion zeigt auf transluzidgrünem Grund einen Pfau in Vorderansicht mit nach rechts gewandtem Kopf (das rückwärtige Email ist verloren). Hinter seinem Körper mit ausgestellten Flügeln erscheint das stilisierte Rad aus neun Federn. Körper und Federn sind in kleine Zellen aufgeteilt, die mit Email in den Hauptfarben sowie transluzidem Wasserblau und Purpur (Schnabel und Auge) gefüllt sind. Das Email ist heute in der Fassung um etwa 45 Grad verschoben (Restaurierung). Das eine gebogene Emailplättchen ist mit einer Weintraubenranke auf heute größtenteils opak erscheinendem, früher wahrscheinlich transluzid-dunkelblauem Grund verziert. Die mandelförmigen Emails der insgesamt vier erhaltenen Anhänger sind mit je vier mandelförmigen, opakweißen Zellen auf transluzid-grünem bzw. auf der anderen Seite transluzid-blauem Grund verziert (zwei Plättchen sind vermutlich bei einer Restaurierung vertauscht worden). Die Hintergrundfarben der Vorderseite sind im Medaillon Grün, in der Mitte Blau, an den Anhängern wiederum Grün. Das Blau der rückwärtigen Anhänger-Emails läßt auf

VI. 58 d

VI. 58 e

eine umgekehrt alternierende Farbgebung auf der Ohrring-Rückseite schließen.

Das Ohrringpaar gehört zu einer Gruppe mittelbyzantinischer Ohrgehänge mit Emaileinlagen. Neben den Kat.Nr. VI.58 d–e gehören drei Paare und ein Einzelstück in Athen, je ein Paar in Herakleion/Kreta und London sowie Fragmente in Athen, Moskau und Korinth dazu. Das sog. Risano-Fragment im Ashmolean Museum Oxford scheidet aufgrund der beiden seitlichen Ösen als Mittelmedaillon für einen Ohrring des hier vorliegenden Typus aus. Neben denjenigen der Sammlung Stathatos in Athen, die mit Münzen des 10. Jahrhunderts zusammen gefunden worden sein sollen (Kunsthandel), sind die Ohrringe aus Preslav die einzigen, die aus einer archäologischen Grabung stammen und durch ihren terminus ante quem 971 sowie die beigefundenen Münzen zuverlässig datiert sind.

Ausst.kat. Paris 1980, Nr. 163 u. 166. – Totev, Preslav Treasure, S. 54–58, Fig. 24. – Ausst.kat. New York 1997, Nr. 228 A (Joseph D. Alchermes). – Zu den Vergleichsstücken: Davidson, Minor Objects, Nr. 2637. – Bank, Cloisonnéemails, S. 242 (Hinweis von David Buckton). – Ausst.kat. London 1994, Nr. 142 (David Buckton). – MacGregor, Catalogue, Nr. 112.1.

A.B.

VI. 58 e
Ohrringpaar mit Emaildekoration

Konstantinopel (?), erste Hälfte/Mitte 10. Jahrhundert
Gold, Granulation, Zellenemail, Perlen; gezogener Draht. Ohrring A fehlen zwei Anhänger und das Mittelmedaillon, das Email der Vorderseite weist Ausbrüche auf; B ist in zwei Teile zerbrochen, das Emailplättchen stark beschädigt, ein Emailplättchen, drei seitliche und ein Teil des mittleren Anhängers fehlen; beide verbogen, die rahmenden Perlenreihen verloren.
Vollständiger Ohrring A: H. 8,34 cm, B. 4,5 cm, Gew. 16,0 g; Ohrring B: H. ca. 8,0 cm, B. ca. 5,0 cm, Dm. Mittelmedaillon 1,7 cm, Gesamtgew. 19,5 g.
Preslav, Arkheologicheski Muzei „Veliki Preslav", Inv.Nr. 3381/9 bzw. 3381/2817 (alte Nr.; Ohrring A), 3381/2818 (halbrundes Element), 3381/2819–2 (Tragebügel mit einer Goldkugel), 3381/2800–1 (Emailplättchen)

Das Ohrringpaar aus dem Preslav-Schatz gehört zur gleichen Gruppe emaillierter Ohrringe wie Kat. Nr. VI.58 d. Auf Gold emaillierte Plättchen wurden beidseitig in einen rechteckigen gebogenen Rahmen eingefügt, der den Ohrringkörper bildet und ursprünglich beidseitig von auf Draht aufgezogenen, durch Ösen geführte Perlenreihen gerahmt wurde. Das darüber auf vier würfelförmig angeordneten Granalien angebrachte, beidseitig mit emaillierten Rosettenmotiven verzierte Mittelmedaillon besaß ebenfalls eine Perlenrahmung, wie sie bei Kat.Nr. VI.58 d erhalten ist. Im Gegensatz zu jenem Ohrring wird der Tragebügel beim vorliegenden Objekt nicht mittels Haken und Öse geschlossen, sondern unter leichter Spannung in das Goldkügelchen eingesteckt. Bisher unpubliziert blieb das Emailplättchen mit Pfauenpaar (Inv.Nr. 3381/ 2800–1), das zum fragmentarischen Ohrring B gehört. Sieben Anhänger in Form von doppelkonischen Goldkügelchen und abschließenden Perlen verzierten die Ohrringe, deren mittlerer wegen seiner stabileren Befestigung durch ein Scharnier größer gewesen sein muß.

Je ein voneinander abgewandtes Hunde- und Pfauenpaar, die durch Palmetten getrennt sind, schmücken die gebogenen Emailplättchen der Ohrringe. Erstere sind eng verwandt mit denen eines kretischen Ohrringpaars (10. Jahrhundert) aus der Sammlung Stathatos im Athener Nationalmuseum. Derartige Darstellungen von Hunden, Löwen und Mischwesen, wie Greifen und Senmurven (Hundekopf, Löwenpranken, Flügel und Pfauenschwanz, vgl. Kat.Nr. 58 b), finden sich nicht nur auf Emails wie dem sog. Risano-Fragment in Oxford oder einem Greifenmedaillon in Paris, sondern auch vielfach in der zeitgenössischen Glyptik und Textilkunst. Dieses Phänomen, zu dem auch die in allen mittelbyzantinischen Kunstgattungen meist ornamental eingesetzten kufischen arabischen Schriftzeichen gehören, muß einer „orientalisierenden" Strömung zugeschrieben werden, die vermutlich von der Hauptstadt Konstantinopel ausging.

Die Emails (Zellen- oder Cloisonné-Email) wurden in den transluziden Farben Grün, Purpur, Hellblau, Dunkelblau, Gelb sowie opakem Weiß und Dunkelrot hergestellt. Vermutlich war die Hintergrundfarbe wie bei dem vorangegangenen Exponat alternierend Blau und Grün. Jüngst wurde die Zusammensetzung eines blauen transluziden Fragments untersucht, wobei die von Freestone an einigen Beispielen festgestellte Entsprechung byzantinischer Emails des 9.–12. Jahrhunderts und römischer Tesserae (Mosaiksteinchen), die vermutlich wiederverwendet wurden, für diese Probe nicht vollständig bestätigt werden konnte (weitere Analysen und eine Publikation von Heike Bronk und Antje Bosselmann sind in Vorbereitung).

Ausst.kat. Paris 1980, Nr. 164 u. 165. – Totev, Preslav Treasure, S. 54–58, Fig. 25. – Ausst.kat. New York 1997, Nr. 228 B (Joseph D. Alchermes). – Zu den Vergleichsstücken: Coche de la Ferté, Slg. Stathatos, S. 24. – Ausst.kat. Paris 1992/93, Nr. 124 (Jannic Durand). – MacGregor, Catalogue, Nr. 112.1.

A.B.

VI. 58 f
Ohrringpaar mit Perlen, Glas- und Edelsteinen

Konstantinopel (?), erste Hälfte/Mitte 10. Jahrhundert
Gold, Goldfiligran, Perlen, Smaragde, Amethyste, grüne und rote Glasflüsse (Granate?). – Bei A fehlt der mittlere Stein, bei B drei Perlen, der Tragebügel nahe der Einsteckperle gebrochen.
Ohrring A: H. 9,75 cm, B. 4,0 cm, Gew. 26,2 g;
Ohring B: H. 9,95 cm, B. 3,95 cm, Gew. 25,8 g.
Preslav, Arkheologicheski Muzei „Veliki Preslav",
Inv.Nr. 3381/7

Das prunkvolle Ohrringpaar besteht aus einem gebogenen, hohl gearbeiteten Zierelement, an das sich jeweils eine Perle über einem Perldrahtring anschließt. Diese sind oben wiederum von einem Perldrahtring bekrönt und leiten zum Tragebügel über, der auf der einen Seite eingesteckt wird. Beide Seiten des Zierelements sind durch drei abwechselnd grüne und rote Cabochons in Kastenfassungen mit ausgesägten Böden sowie durch Filigran aus senkrecht gestelltem Flachdraht und Kordeldraht verziert. Auf Golddraht aufgezogene große Perlen rahmen die Ober- und Unterseite. Die drei langen Anhänger bestehen aus unten vernietetem, oben in Doppelösen befestigtem Draht, auf den abwechselnd Perlen, Goldringelchen sowie grüne und rote Steine aufgefädelt sind. Der mittlere wird hervorgehoben durch ein aus Perlen gebildetes Kreuz. Oberhalb des gebogenen Zierelements des Ohrrings erhebt sich über einer Öse und einer kleinen Goldkugel ein weiteres Kreuz aus vier Perlen, die auf Drahtstifte aufgesteckt sind (bei B sind die zwei seitlichen Perlen verloren).

VI. 58 f

VI. 58 g

Ein vergleichbares Paar goldener Ohrringe mit Perlen von fast 100 g Gesamtgewicht in der Dumbarton Oaks Collection (Washington, D.C.) weist beträchtliche technische und stilistische Übereinstimmungen mit Schmuckstücken des Preslav-Schatzes auf: Perlenverarbeitung und mittlere Ösen besitzen Entsprechungen zum hier vorliegenden Ohrringpaar sowie zu Kat.Nr. VI.58 h und der Verschlußöse des Halsschmucks (Kat.Nr. VI.58 a). Es ist anzunehmen, daß die Objekte gleichzeitig, wenn nicht sogar in der gleichen Werkstatt (Konstantinopel?), entstanden sind.

Totev, Preslav Treasure, S. 62–64, Fig. 29. – Zum Ohrringpaar in Washington: Temple, Byzantine Art, Nr. 12 (Barbara Deppert-Lippitz).

A.B.

VI. 58 g
Ohrringpaar mit Filigran und Perlen

Konstantinopel (?), erste Hälfte/Mitte 10. Jahrhundert
Gold, Perlen; gezogener Draht.
Bei A fehlen 29 Perlen und die Perlenreihe um das Mittelmedaillon, bei B sind Mittelmedaillon und 33 Perlen verloren, bei beiden fehlen einige Stifte zur Befestigung der Perlen; Erdreste; Spuren einer alten (vermutlich mittelalterlichen) und einer modernen Reparatur.
Ohrring A: H. 12,32 cm, B. 5,30 cm, Gew. 34,3 g;
Ohrring B: H. 11,91 cm, B. 5,27 cm, Gew. 30,6 g.
Preslav, Arkheologicheski Muzei „Veliki Preslav“, Inv.Nr. 3381/5

Auf einem großen, ovalen Tragebügel, der mit Haken und Öse geschlossen wird, sitzen im unteren Bereich sieben durch Perldrahtringe getrennte Filigranperlen: Jeweils sechs Perldrahtringe mit auf Stifte aufgesteckten Perlen im Zentrum sind zu einer ovalen Kugel angeordnet, die durch einen Perldrahtdring unterteilt wird. Der keulenförmige Anhänger ist im unteren Teil wie die Filigranperlen, allerdings hier aus acht Perldrahtringen, aufgebaut und auf der Unterseite mit einer Perle abgeschlossen. Den Übergang zum unteren Teil des Ohrrings bilden ein Perldrahtring, vier mit Perlen versehene kleinere Perldrahtringe sowie ein Zylinder aus fünf Perldrähten und vier doppelten Kordeldrähten.

Auf der Innenseite erhebt sich über einer querliegenden, zylinderförmigen, von Perldrähten gerahmten Öse ein Mittelmedaillon, das aus einem mandelförmigen, auf die Spitze gestellten Blechstreifen besteht, der von Perldrähten gerahmt wird. Von diesem gehen radial doppelt geführte Drähte aus, die im unteren Teil zu Ösen gebogen sind und darüber kleine Perlen aufnehmen, die durch Auseinanderbiegen der Drähte befestigt wurden. Die Ösen, die im unteren Bereich entstanden, nahmen eine nicht mehr erhaltene Perlenreihe auf, die das Medaillon rahmte. Innerhalb des Medaillons sind acht Perlen auf Draht zu einem Kreuz angeordnet. Ohrringe dieser Größe wurden vermutlich nicht im Ohrläppchen getragen, sondern am Kopfputz befestigt oder vielleicht über die Ohrmuschel gehängt, wobei das Medaillon auf dem Ohrläppchen zu liegen kam. Die Ohrringe sind hinsichtlich der ovalen Grundform und Details wie den Filigranperlen ähnlich wie die Ohrringe mit Perlen (Kat.Nr. VI.58 h) aufgebaut, jedoch zeichnen sie sich durch den fest montierten, keulenförmigen Anhänger aus. Obwohl sie vermutlich aus derselben Werkstatt wie die übrigen hier gezeigten Objekte des Preslav-Schatzes stammen (Konstantinopel?), ist der ihnen zugrunde liegende Ohrringtypus in zahlreichen Varianten für den Balkanraum charakteristisch. Jedoch belegen Funde aus Korinth die Verbreitung auch im Byzantinischen Reich im 10./11. Jahrhundert.

Totev, Preslav Treasure, S. 59f., Fig. 27 a, b. – Zu vergleichbaren Typen: Davidson, Minor Objects, Nr. 2031–2033. – Văžarova, Slawen, Taf. 18.

A.B.

VI. 58 h
Goldene Ohrringe mit Perlen

Konstantinopel (?), erste Hälfte/Mitte 10. Jahrhundert
Gold, Perlen, Filigran.
Die Aufhängeöse des mittleren Anhängers von Ohrring A verloren (durch einen modernen Drahtring aus Messing ersetzt), zahlreiche Perlen, einige Stifte zur Befestigung der Perlen, das Mittelmedaillon und zwei Anhänger fehlen; von Ohrring B nur ein aus zwei Ringen bestehendes Fragment erhalten.
H. 10,74 cm, B. 4,95 cm, Gew. 30,0 g.
Preslav, Arkheologicheski Muzei „Veliki Preslav“, Inv.Nr. 3381/6 (Ohrring A), 3381/6B (Fragment)

Der Ohrring, von dessen Gegenstück lediglich zwei Ringe erhalten sind, ist ähnlich wie Kat.Nr. VI.58 g aufgebaut, besitzt aber nicht den fest montierten Anhänger. Die Grundform des Ohrrings ist oval, jedoch ist der Tragebügel, der durch Haken und Öse geschlossen wird, nicht durchgehend fortgeführt. Er wird im unteren Bereich von einer Filigranperle auf jeder Seite, die analog der Kat.Nr. VI.58 g aufgebaut sind, abgelöst, die zu sieben Ringen überleitet. Deren Verbindungen werden durch je ein Goldkügelchen von etwa 2 mm Dm. in den Zwickeln verstärkt. Die drei erhaltenen Anhänger des Ohrrings sind aus gleichartigen, etwas kleineren Goldringen gefertigt, die kreuzförmig angeordnet sind und mit Drahtstiften abschließen, auf denen ursprünglich Perlen vernietet waren. Zwei zusätzliche Ösen lassen auf zwei weitere (gleichartige?) Anhänger schließen. Im Zentrum der Kreise und der Perldrahtringe der Filigranperlen befinden sich auf Drahtstifte aufgesteckte Perlen. Auf der Innenseite des Ohrrings ist eine kleine Goldkugel mit darauf befindlichem Perldrahtring zu erkennen, die zu einem heute verlorenen Mittelmedaillon überleitete (vgl. Kat.Nr. VI.58 g).

Für die Ohrringe gibt es keine Parallele, jedoch gleichen die Ringe des Zierteils, die aus zwei Perldrahtringen und einem Blechstreifen auf der Innenseite aufgebaut sind, der Verschlußöse des Halsschmucks (Kat.Nr. VI.58 a) und denen eines Ohrringpaars in der Dumbarton Oaks Collection in Washington, D.C., was für einen gleichen Werkstattzusammenhang sprechen könnte.

Totev, Preslav Treasure, S. 59f., Fig. 28. – Zum Ohrringpaar in Washington: Temple, Byzantine Art, Nr. 12 (Barbara Deppert-Lippitz).

A.B.

VI. 58 i
Rautenförmiger Anhänger

Konstantinopel (?), erste Hälfte/Mitte 10. Jahrhundert
Gold, Perlen, Amethyste, grüner Glasfluß, bronzener Scharnierstift. Ein Teil der rahmenden Perlenreihe sowie Steine und Aufhängeöse fehlen.
H. 6,99 cm, B. 5,94 cm, T. 0,45 cm, Gew. 29,2 g.
Preslav, Arkheologicheski Muzei „Veliki Preslav“, Inv.Nr. 3381/4

Der rautenförmige Anhänger ist aus zwei senkrecht gestellten, am oberen Rand gekerbten Blechstreifen aufgebaut, die eine große ovale Kastenfassung rahmen, die wiederum von vier navettförmigen

Kastenfassungen an den Seiten und vier Perlen an den Spitzen der Raute umgeben wird. Zwischen den Blechstreifen verläuft eine Reihe von auf Drahtstifte aufgesteckten, unregelmäßig geschliffenen Amethysten, die an den Rautenspitzen durch mandelförmige Kastenfassungen unterbrochen werden. 19 Ösen am Außenrand dienen zur Aufnahme eines Drahtes, auf den Perlen aufgezogen waren, von denen noch zehn erhalten sind. Zur heute verlorenen Aufhängeöse, die mit einem Scharnier befestigt war, leitet eine Perle über, die von gekerbtem Goldblech gerahmt wird. Vom Scharnier sind nur noch zwei Bestandteile erhalten, in denen sich Reste des Bronzestiftes befinden. Die Fassungen enthalten eine gräuliche Füllmasse, die zum Unterfüttern und Kleben der Steine diente.

Der rautenförmige und die beiden runden Anhänger (Kat.Nr. VI.58 j) gehörten sicherlich zum selben Schmuckstück, auch wenn an Details wie der Randkerbung eine andere Hand zu erkennen ist. Die Rekonstruktion als Anhänger einer aus Goldperlen gebildeten Kette bleibt jedoch hypothetisch.

Totev, Preslav Treasure, S. 69–75, Fig. 33 u. 39.

A.B.

VI. 58 h

VI. 58 j
Zwei runde Anhänger

Konstantinopel (?), erste Hälfte/Mitte 10. Jahrhundert
Gold, Perlen, Smaragde.
Steine der mittleren Kastenfassungen ausgefallen; beiden Anhängern fehlt die gesamte äußere Perlenreihe samt Draht, bei B sind die die Kastenfassung umgebenden Perlen verloren; bei B Aufhängeöse leicht verbogen.
Anhänger A: H. 6,61 cm, B. 5,16 cm, T. 0,56 cm, Gew. 33,7 g;
Anhänger B: H. 6,45 cm, B. 5,05 cm, T. 0,53, Gew. 32,0 g.
Preslav, Arkheologicheski Muzei „Veliki Preslav“, Inv.Nr. 3381/3 A u. B

Die beiden gleichförmigen Anhänger sind ähnlich der vorangegangenen Kat.Nr. VI.58 i aufgebaut, aber im Gegensatz zu dieser besitzen sie eine runde Form. Im Zentrum befindet sich eine heute leere, runde Kastenfassung, die von zwei am oberen Rand seitlich alternierend gekerbten Blechstreifen gerahmt wird. Zwischen diesen befinden sich zwei Reihen von auf Draht aufgesteckten Perlen und zylinder- bzw. prismenförmigen Smaragden (Perlen bei B verloren). Den äußeren Abschluß bildete ursprünglich wie beim rautenförmigen Anhänger (Kat.Nr. VI.58 i) eine auf Draht aufgezogene Perlenreihe, von der jedoch nur noch die Ösen zeugen. Zur Aufhängung dient eine kräftige, hohl gearbeitete Öse, die durch ein Scharnier mit zwei Ösen des Anhängers verbunden ist. Bei einem Anhänger besitzt diese Öse 13 viereckige, heute leere Vertiefungen, in denen Steineinlagen zu vermuten sind. Die

VI. 58 i–j

Cordoba, Große Moschee, Gebetsnische

runden Anhänger bildeten mit ihrem rautenförmigen Gegenstück gewiß ein Ensemble, jedoch ist die Rekonstruktion mit einer Kette aus Goldperlen nur hypothetisch. Bei A hat sich in der mittleren Kastenfassung gräuliche Füll- bzw. Klebemasse erhalten, die noch die runde Form des Steines oder Glassteines wiedergibt. Ein kleiner Rest Goldfolie läßt vermuten, daß der Stein mit Metallfolie hinterlegt war, um die Farbwirkung und Leuchtkraft zu erhöhen.

Totev, Preslav Treasure, S. 69–75, Fig. 34–35 u. 39.

A.B.

DAS KALIFAT VON CORDOBA ZUR ZEIT DER ERSTEN BEIDEN KALIFEN (912–976)

Als der Gelehrte Ibn Ḥawqal in der Mitte des 10. Jahrhunderts auf einer Reise durch die islamische Welt die Iberische Halbinsel besuchte, hielt er Cordoba mit seinen vortrefflichen Moscheen und Märkten für die größte Stadt des Mittelmeerraums. Tatsächlich bescherten die Omayyaden ᶜAbd ar-Raḥmān III. (912–961) und sein Sohn und Nachfolger al-Ḥakam II. (961–976) Cordoba eine wirtschaftliche und kulturelle Blüte, nachdem die Muslime seit 200 Jahren auf der Iberischen Halbinsel regierten. Im Jahre 711 hatten sie die Meerenge von Gibraltar überquert und das damals westgotische Gebiet unter ihre Kontrolle gebracht, so daß der aus Syrien stammende Omayyadenprinz ᶜAbd ar-Raḥmān I. († 788) in der Bischofsstadt Cordoba die Macht ergreifen und in *al-Andalus*, wie das Gebiet nun genannt wurde, eine Verwaltung nach syrischem Vorbild errichten konnte. ᶜAbd ar-Raḥmān III., der die Christen in den Norden der Halbinsel zurückdrängte und in Nordafrika Fuß faßte, nahm im Jahre 929 den Kalifentitel an, den seine Vorfahren in Damaskus geführt hatten.

Das politische Zentrum von Cordoba erstreckte sich am Ufer des Guadalquivir nahe der alten römischen Brücke und umfaßte die festungsartige Residenz, den Alcázar, und die Große Moschee, die im späten 8. Jahrhundert auf dem Gelände der westgotischen Kirche San Vicente unter Verwendung von römischen und westgotischen Spolien errichtet worden war. Im 10. Jahrhundert investierten die Kalifen ein Drittel der jährlichen Staatseinnahmen in ehrgeizige Bauprojekte: ᶜAbd ar-Raḥmān III. dokumentierte seinen neuen Kalifenstatus durch den Neubau des 23 m hohen Minaretturms der Großen Moschee. Al-Ḥakam II. ließ eine neue Gebetsnische errichten (Abb.) und die quadratische Bethalle zum Flußufer hin auf eine Länge von 114 m erweitern, so daß jetzt zusammen mit dem vorgelagerten Moscheehof ein Areal von rund 14 000 m² als Bet- und Versammlungsort zur Verfügung stand. Die Große Moschee war berühmt als religiöser und geistiger Mittelpunkt des islamischen Westens. Die nahe Palastbibliothek ermöglichte die Auseinandersetzung mit der antiken Wissenschaft und die Entwicklung von Medizin, Mathematik und Astronomie.

Rund 10 km nordwestlich von Cordoba ließ ᶜAbd ar-Raḥmān III. unter der Leitung des Kronprinzen al-Ḥakam die Palaststadt Madinat az-Zahrāʾ erbauen (vgl. Beitrag Valdés, Abb. 6). Der Kalifenpalast dominierte das auf einer Fläche von 112 ha in drei Terrassen organisierte Hanggelände am Fuße der Sierra Morena. Auf der mittleren Terrasse wurde zwischen 953 und 957 neben den Wohnungen bedeutender Amtsträger der Empfangssaal errichtet, der sich mit der 38 m langen Arkadenfassade auf einen ausgedehnten Garten mit zentralem Wasserbecken öffnete. In dem mit Marmorreliefs verkleideten dreischiffigen Zentralraum empfing ᶜAbd ar-Raḥmān III. Gesandte aus Nordafrika, Nordspanien, Südfrankreich und schließlich im Juni 956 den Gesandten Ottos des Großen, Johannes aus dem lothringischen Kloster Gorze.

Bei den Baumaßnahmen und der Entwicklung der höfischen Kunst stützten sich ᶜAbd ar-Raḥmān III. und al-Ḥakam II. auf eine neue Elite, in der Sklaven nichtarabischer Herkunft eine große Rolle spielten. Mit einem ausgeprägten Sinn für Perfektion überwachten diese die Bauarbeiten, verwalteten den Staatsschatz und beaufsichtigten die Münze, die jetzt erstmals auch Golddinare prägte. Unter ihrer Aufsicht vervollkommneten die Werkstätten von Madinat az-Zahrāʾ die Seidenweberei und fertigten Luxuswaren aus Elfenbein und Edelmetall. Den beiden Kalifen war weniger daran gelegen, ihr Staatsgebiet im Heiligen Krieg gegen die „Ungläubigen" auszudehnen, als sich als Mäzene von Kunst und Wissenschaft in die Runde der großen Herrscher einzureihen.

Lévi-Provençal/Balbás, España musulmana. – Cabrera, Abdarrahman III. – Ausst.kat. New York 1992. – Ewert/von Gladiss, Islam.

A.v.G.

VI. 59
Johannes von St. Arnulf, Vita Iohannis Gorziensis

St. Arnulf bei Metz, Ende 10. Jahrhundert
Pergament, 96 Blätter. – H. 20,4 cm, B. 15,4 cm.
Paris, Bibliothèque nationale de France, lat. 13766, fol. 49v–96v

Der von 967 bis 984 bezeugte Abt Johannes von St. Arnulf in Metz begann bald nach dem Tod seines gleichnamigen Freundes Johannes von Gorze dessen Vita zu verfassen; obwohl unvollendet geblieben, ist sie die ausführlichste Mönchsvita des frühen und hohen Mittelalters. Johannes von Gorze war von 959 bis zu seinem Ableben wohl am 7. März 974 Abt des Klosters gewesen. Daß die Vita nicht vollendet wurde, erklärte die 'Historia s. Arnulfi Metensis' des 13. Jahrhunderts mit dem vorzeitigen Tod des Verfassers (MGH SS 24, S. 544). Möglicherweise hat der Abt von St. Arnulf aber auch ein zweites Mal die Arbeit am Werk abgebrochen, denn bereits vor 978 hatten ihn die Bischöfe von Metz und Utrecht zur Wiederaufnahme der

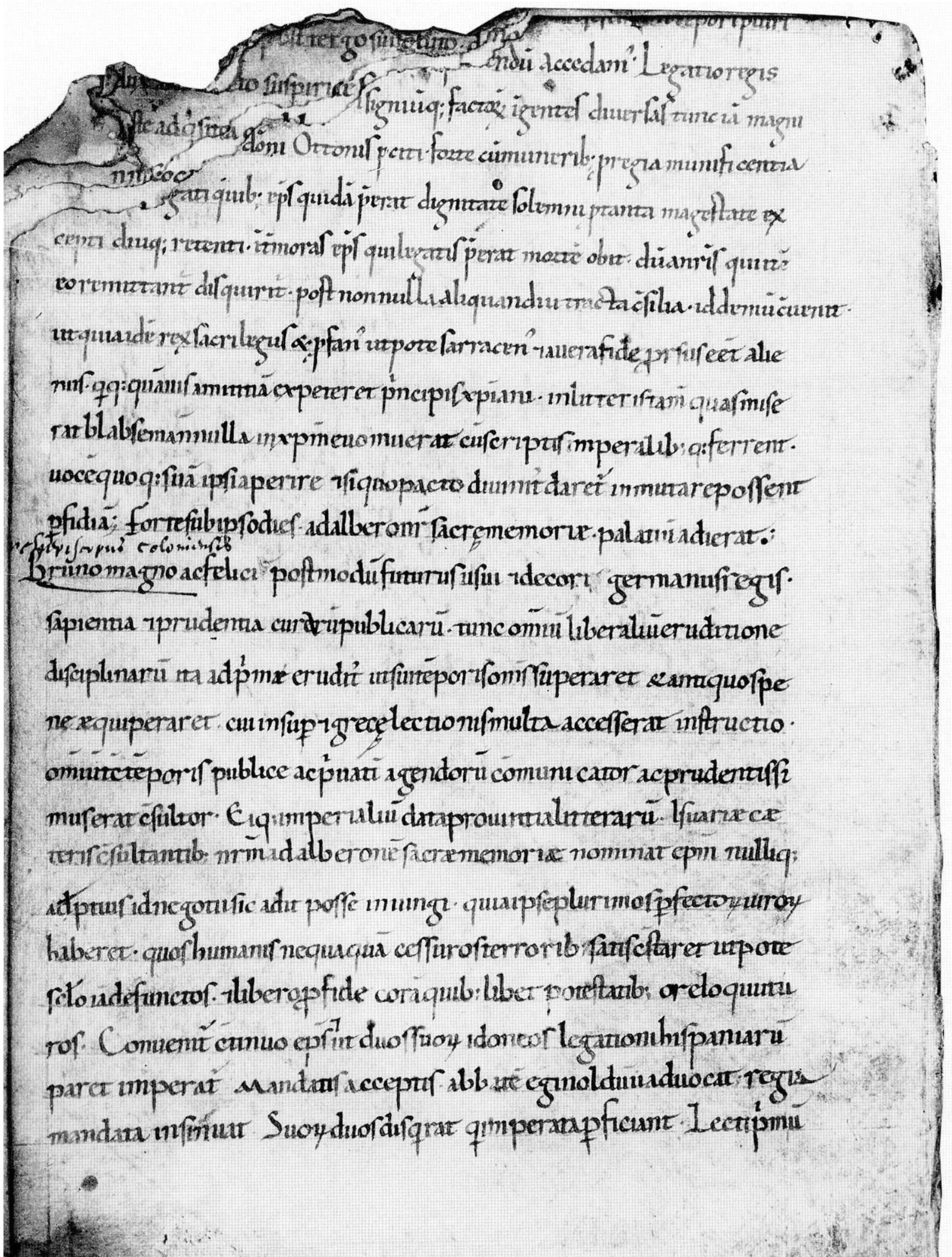

VI. 59, fol. 89v

Arbeit ermuntern müssen. Über die Jahre von Johannes Gorzer Abtszeit erfahren wir aus der Vita nichts, nur über seine Zeit als Mönch, in die auch seine Gesandtschaftsreise an den Kalifenhof von Cordoba fällt.

Johannes, ein Bauer aus Vandières bei Metz, entschied sich erst als erwachsener Mann für ein geistliches Leben. Er gehörte zu jenen Mönchen, die 933/34 das Kloster Gorze neu begründeten, und brachte in verschiedenen Klosterämtern insbesondere seine landwirtschaftlichen Kenntnisse ein, war aber wegen seiner schroffen und asketischen Art nicht bei allen beliebt.

Der Kalif ᶜAbd ar-Raḥmān III. nahm zu Otto I. Kontakt auf, um ihn für ein Bündnis zu gewinnen. Otto war durch den Erwerb Reichsitaliens zu einer wichtigen Macht im Mittelmeerraum geworden, zugleich waren die Omayyaden in Spanien durch

Auseinandersetzungen mit den Fatimiden geschwächt. Brun, Bruder Ottos I. und Erzkapellan, wandte sich an den Bischof von Metz wegen einer geeigneten Person für eine Gesandtschaftsreise dorthin (fol. 89v, Abb.). Nachdem sich zwei vom Bischof bestimmte Brüder geweigert hatten zu reisen, stellte sich endlich Johannes zur Verfügung und brach Ende 953/Anfang 954 auf. Es ist in der Forschung umstritten, ob der minutiöse Bericht darüber in der Vita von Johannes selbst stammt und als Einfügung zu gelten hat oder ob er von Johannes von St. Arnulf verfaßt wurde. Der Weg der Gesandtschaft läßt sich jedenfalls genau erkennen, denn Johannes reiste über Langres, Dijon, Lyon nach Avignon und von da über Barcelona nach Cordoba, nicht ohne unterwegs von Räubern überfallen worden zu sein. Die Verhandlungen in Cordoba gestalteten sich aufgrund der sehr unterschiedlichen Kulturen äußerst schwierig (vgl. Beitrag Valdés). Die Vita bricht aber leider an der Stelle ab, als Johannes nach diplomatischen Verwicklungen, ausgelöst durch ein zu harsches Schreiben Ottos an den Kalifen mit Beleidigungen des Islam, und nach monatelangem Aufenthalt in Cordoba sowie einer inzwischen bei Otto I. angeforderten zweiten Gesandtschaft endlich 956 vor dem Kalifen erscheint und die kriegerische Macht Ottos I. rühmt. Aus anderer Quelle wissen wir, daß Johannes bald wohlbehalten nach Lothringen zurückkehrte, eine Allianz zwischen Otto I. und ᶜAbd ar-Raḥmān III. aber nicht zustande kam. Diese erste Darstellung einer Reise ins islamische Spanien im Früh- und Hochmittelalter ist jedenfalls eine geistesgeschichtlich bedeutende und spannende Quelle.

Die Ende des 10. Jahrhunderts vielleicht in St. Arnulf entstandene Handschrift ist der einzige erhaltene Codex des Werkes und enthält außerdem noch die 'Vita s. Glodesindis' und zugehörige 'Miracula'; es ist umstritten, ob diese von Johannes von Gorze (vgl. Jacobsen) oder Johannes von St. Arnulf verfaßt worden sind.

Zu einer weiteren Abbildung der Handschrift vgl. Beitrag Valdés, Abb. 1.

Johannes von St. Arnulf/Metz, Vita Iohannis.

Jean de Saint-Arnoul, La vie de Jean. – Jacobsen, Johannes von Gorze. – Goez, Johannes von Gorze.

M.H.

VI. 60
Säulenkapitell

Al-Andalus (Cordoba), Mitte 10. Jahrhundert
Marmor. – H. 33 cm, Dm. Abakus 31 cm.
Berlin, Staatliche Museen zu Berlin, Museum für Islamische Kunst, Inv.Nr. I. 5053

Das Akanthuskapitell zeigt zwei Blattkränze und vier diagonal gestellte Voluten mit langen Hüllblättern, die in Rosetten enden. Das römische Vorbild ist unverkennbar, obschon der klare Aufbau mit Voluten und Helices durch eine dekorative Blattfülle ersetzt wird. Die am Abakus umlaufende arabische Inschrift hebt das Kapitell aus der Masse der anonymen Erzeugnisse heraus. In der Baukunst der spanischen Omayyaden waren Inschriften an Kapitellen und Säulenbasen nicht ungewöhnlich. Nachdem schon die syrischen Omayyaden davon Gebrauch gemacht hatten, machte ᶜAbd ar-Raḥmān II. in Cordoba den Anfang, indem er seinen Namen auf einem Kapitell für den ersten Erweiterungsbau der Großen Moschee einmeißeln ließ.

Das Kapitell nennt in der im zeitgemäßen Kufi-Duktus ausgeführten Abakusinschrift ᶜAbd ar-Raḥmān III.:

„Im Namen Gottes, Segen von Gott für den Führer der Gläubigen. / Möge Gott ihn lange leben lassen, ᶜAbd ar-Raḥmān ibn Muḥammad. / [Dies gehört zu dem] was er anfertigen ließ unter der Leitung / seines Sklaven Šunaif, hergestellt von Fatḥ, dem Marmorspezialisten."

Als Bauherr erscheint ᶜAbd ar-Raḥmān III., der mit der Proklamation des Kalifats von Cordoba den Titel „Führer der Gläubigen" angenommen hatte. Weitere Kapitelle mit seinem Namen sind zwischen 952 und 960 datiert und können – wie das gezeigte Kapitell – mit dem Bau der Palaststadt Madinat az-Zahrāᵓ in Verbindung gebracht werden. Der in der Inschrift genannte Šunaif war ein Sklave nichtarabischer Herkunft, der wie viele seiner Schicksalsgefährten am Kalifenhof zu Amt und Würden gekommen war. Er war Bauverwalter in Madinat az-Zahrāᵓ und führte die Bauaufsicht am Empfangssaal, der nach dem reichen Reliefschmuck Salón Rico („Reicher Saal") genannt wird. Die in vierjähriger Bauzeit errichtete fünfschiffige Halle bildete mit ihrem ausgedehnten Garten den Mittelpunkt der Palaststadt. Eine Säulenbasis und ein Pilasterkapitell des Salón Rico, beide datiert 953–954, tragen ebenfalls den Namen des Šunaif.

VI. 60

An der Ausstattung des Empfangssaals arbeiteten mehrere Steinmetze, darunter der auf dem Kapitell genannte Marmorspezialist Fatḥ, der als einer der begabtesten Meister mehr als 40 Jahre lang bei den kalifalen Bauprojekten mitwirkte und zuletzt am Erweiterungsbau der Großen Moschee von Cordoba unter al-Ḥakam II. eingesetzt war. Die Nennung seines Namens in der Abakusinschrift spricht für die hohe gesellschaftliche Stellung, die er erlangt hatte. Auf der Abakusplatte zeichnete er mit Winkel und Zirkel, den typischen Geräten des Steinmetzen, das Schema des Kapitellaufbaus.

Kühnel, Omayadische Kapitelle, S. 82 ff. – Ausst.kat. Berlin 1995/96, Nr. 38 (Almut von Gladiss). – Cressier, Capiteles. – Mus. f. Islamische Kunst Berlin, S. 91 f. (Almut von Gladiss).

A.v.G.

VI. 61
Säulenkapitell

Al-Andalus (vermutlich Cordoba), drittes Viertel 10. Jahrhundert
Marmor. – H. 30 cm, Dm. Abakus 26,6 cm.
Berlin, Staatliche Museen zu Berlin, Museum für Islamische Kunst, Inv.Nr. I. 4657

Unter den antikisierenden Kapitellen, die sich aus *al-Andalus* erhalten haben, sind zahlreiche Kompositkapitelle, bei denen die Volutenzone durch ein Zierband, meist einen Perlstab, von den Blattkränzen des Kalathos (Kelch) abgesetzt ist. Die im östlichen Mittelmeerraum verbreitete Kapitellform taucht in *al-Andalus* im 10. Jahrhundert auf und wird erstmals durch einige Kapitelle des Empfangssaals von Madinat az-Zahrā᾽ repräsentiert, von denen eines eine Abakusinschrift aufweist.

Bei dem ausgestellten Kapitell erstreckt sich oberhalb des Perlstabs ein die Voluten übergreifender Blattwulst. Das Blattwerk wird durch die eng aufeinanderfolgenden Bohraugen in ein abstraktes Akanthusnetz überführt, das durch vertikale Rippen gegliedert ist. Der ornamentale Kapitellstil setzte sich, vermutlich unter byzantinischem Einfluß, zur Zeit al-Ḥakams II. durch. Er kennzeichnet beispielsweise ein Kapitell, das in der Abakusinschrift die Namen des Bauherrn al-Ḥakam II., der Bauleiters Ṣādiq und des Steinmetzen Fatḥ sowie das Jahr 972–973 überliefert (Kuwait, Nationalmuseum), ebenso wie ein Kapitell mit Resten einer arabischen Inschrift, das in der Pfarrkirche von Obejo verbaut ist. An den Kapitellen der christlichen Kirchen wird die Auflösung des überkommenen Blattdekors wesentlich radikaler gehandhabt.

Im Unterschied zu den geläufigen Kompositkapitellen, wie sie auch in al-Ḥakams II. Erweiterungsbau der Großen Moschee von Cordoba verwendet wurden, zeigt das ausgestellte Kapitell am Abakus ein Palmettblatt in westgotischer Kerbschnittechnik. Während man für den ersten Moscheebau Spolien römischer und westgotischer Herkunft verwendet hatte, entwickelte man für die zwischen 833 und 848 vorgenommene erste Erweiterung und für die Baumaßnahmen des 10. Jahrhunderts eigene Kapitelle im korinthischen Stil, wobei man sich einerseits von den in situ vorhandenen römischen Baugliedern und andererseits von byzantinischen Baugliedern des östlichen Mittelmeerraums leiten ließ. Die unterschiedlichen Marmorsorten der in den kalifalen Bauten wiederverwendeten Säulen verweisen auf weitreichende Beziehungen. Von Cordoba aus verbreitete sich der neue Akanthusstil in die anderen Städte Südspaniens bis hin in das heutige Portugal.

Kühnel, Omayadische Kapitelle, S. 82 ff. – Ausst.kat. Berlin 1995/96, Nr. 39 (Almut von Gladiss). – Núnez, Madinat al-Zahra, S. 83 ff. – Ausst.kat. Paris 2000/01, Nr. 73 a, b (Marthe Bernus-Taylor).

A.v.G.

VI. 61

VI. 62
Schmuckkästchen aus Elfenbein

Cordoba oder Madinat az-Zahrā᾽, Ende 961 oder 962
Elfenbein, gschnitzt mit Beschlägen.
H. 7 cm, B. 9,5 cm, T. 4,5 cm.
London, Victoria and Albert Museum, Inv.Nr. 301–1866

Der Kasten zeigt eine feine Schnitzarbeit mit tief unterschnittenem und stellenweise dekorativ durchstochenem Blattwerk. Auf der Vorderseite bildet die Verschlußlasche die Symmetrieachse der Rankenkomposition. Die seitlichen Blattranken sind andererseits symmetrisch um verflochtene Rankenzüge entwickelt. Der durch Beschläge gegliederte Deckeldekor setzt die Symmetrieachsen fort und nutzt die größere Fläche für vergleichsweise reiches Rankenwerk, in dem neben Gabel- und Palmettblättern auch die vom zeitgenössischen Baudekor bekannten vierblättrigen Sternrosetten auftauchen.

Die in den Deckelleisten plazierte arabische Widmungsinschrift, die im Duktus des blühenden Kufi ausgeführt ist, gilt einer Tochter des Kalifen:

VI. 62

„Im Namen Gottes. Dies ist, was hergestellt wurde für die edle Tochter, die Frau Tochter ᶜAbd ar-Raḥmāns, des Führers der Gläubigen. Gottes Erbarmen sei mit ihm und Sein Wohlgefallen."

Die auch von einer weiteren Elfenbeinarbeit bekannte Segensformel weist darauf hin, daß das Kästchen unmittelbar nach dem Tode ᶜAbd ar-Raḥmāns III., der im Oktober 961 im Alter von 70 Jahren starb, vollendet wurde. Es stammt vermutlich aus der Hofwerkstatt von Madinat az-Zahrāʾ, die auf den Elfenbeinarbeiten allerdings erst ab 966 ausdrücklich erwähnt wird.

Nach seiner Thronbesteigung bestellte al-Ḥakam II. Ḍurrī aṣ-Ṣaġīr, einen seiner Sklaven, zum Verwalter des kostbaren Materials und zum Vorsteher der Hofwerkstatt und ließ von ihm drei Behälter für seine baskische Lieblingsfrau Subḥ, Mutter des früh verstorbenen Prinzen ᶜAbd ar-Raḥmān und des Prinzen Hišām, anfertigen. Die Kästchen dienten zur Aufbewahrung von Schmuck, die Dosen zur Aufbewahrung von Parfümsubstanzen.

Die für die Frauen des Kalifenhofs bestimmten Elfenbeinarbeiten zeigen ausschließlich Rankenwerk, während die Erzeugnisse für die männlichen Mitglieder der Dynastie auch figürliche Motive aufweisen. So erscheinen auf der unter Ḍurrī aṣ-Ṣaġīr für al-Ḥakam II. hergestellten Pyxis heraldisch aufgefaßte Adler als Herrschaftssymbole (London, Victoria and Albert Museum). Eine Pyxis für al-Ḥakams jüngsten Bruder al-Muġira trägt nicht nur das als Machtsymbol bewährte Tierkampfmotiv, sondern auch figürliche Darstellungen, die auf das goldene Zeitalter anspielen, das viele Zeitgenossen mit dem Kalifat von Cordoba in Verbindung brachten (Paris, Louvre).

Beckwith, Caskets, S. 6f. – Kühnel, Islam. Elfenbeinskulpturen, Nr. 20. – Ausst.kat. Granada/New York 1992, Nr. 2 (Renata Holod).

A.v.G.

VI. 63
Elfenbeinbehälter für Spielsteine

Cordoba oder Madinat az-Zahrāʾ, Mitte 10. Jahrhundert (vor 961)
Elfenbein, geschnitzt mit späteren Beschlägen.
L. 46,5 cm, Dm. 9 cm.
Burgos, Museo de Burgos, Inv.Nr. 244

Der zylindrische Behälter hat die Jahrhunderte im Kloster von Santo Domingo de Silos (bei Burgos)

VI. 63

überstanden, in dem er sich seit dem Mittelalter befand. Aufgeklappt zeigen die beiden Hälften jeweils fünf halbkugelige Vertiefungen, die durch Kreismotive verbunden sind. Die begleitenden, gegenständig angeordneten Blattmotive sind vom zeitgenössischen Baudekor angeregt und in feiner Schnitzarbeit ausgeführt. Die arabische Widmungsinschrift verläuft jeweils gleichlautend an den spitz zulaufenden Enden des Behälters und gilt einer Tochter des Kalifen:

„Dies ist, was angefertigt wurde für die Edle, die Frau Tochter ᶜAbd ar-Raḥmāns, des Führers der Gläubigen."

Der Behälter entstand zu Lebzeiten des Kalifen ᶜAbd ar-Raḥmān III. und ist damit der älteste einer Reihe von Elfenbeinarbeiten aus der Zeit des Kalifats von Cordoba. Wie die zahlreich erhaltenen Pyxiden wurde er unmittelbar aus dem Stoßzahn des Elefanten geschnitten. Durch Vasallen in Nordafrika nahm der Kalif Einfluß auf den Saharahandel, aus dem er sich Gold und Elfenbein für seine Hofhaltung in Cordoba verschaffte.

Im Leben des Kalifen hatte es viele Frauen gegeben, darunter christliche Sklavinnen. Die Christin Marchán, die „große Dame" gerufen wurde, war die Mutter des im Jahre 915 geborenen Kronprinzen al-Ḥakam sowie von zwei weiteren Söhnen und zwei Töchtern. Insgesamt 13 Söhne und 16 Töchter wurden dem Kalifen durch den marokkanischen Historiker Ibn ᶜIḏārī im 14. Jahrhundert zugewiesen. Während die historischen Quellen über die Prinzen einiges zu berichten wissen, schweigen sie zu den Prinzessinnen, denen ein zurückgezogenes Dasein am Hofe bestimmt war. Daß ihnen Luxuswaren aus der Palastwerkstatt per Inschrift ausdrücklich gewidmet wurden, spricht für einen ungewöhnlichen Respekt gegenüber den weiblichen Mitgliedern des Hofes.

Der Behälter diente vermutlich zur Aufbewahrung von Spielsteinen für das Manqala-Spiel, das in Andalusien ebenso wie das Schachspiel besonders geschätzt wurde. Diese Brettspiele wurden bald im übrigen Europa bekannt, wo sie eine regelrechte Spielleidenschaft entfachten, wie die zahlreichen Spielsteinfunde zeigen.

Gómez-Moreno, Arte árabe español, S. 298. – Kühnel, Islam. Elfenbeinskulpturen, Nr. 19. – Ausst.kat. Granada/New York 1992, Nr. 1 (Renata Holod). – Ausst.kat. Barcelona 1999/2000, Nr. 119. – Ausst.kat. Madrid 2000, S. 236 f. (Manuel Casamar Perez).

A.v.G.

VI. 64

VI. 64
Wirkereifragment

Cordoba (?), 10.–11. Jahrhundert
Seidenwirkerei in abgewandelter Leinwandbindung über 2,2,1,1 Kettfäden. Kette: Seide, Z-Drehung, weiß; 36–45 Kettfäden/cm. Schuß: Seide, schwache Z-Drehung, weiß, beige, olivegrün, hellblau, dunkelblau, karminrot, schwarz, und Goldfaden (Häutchengold um Z-gedrehte Seidenseele); 21–33 Schußeinträge/cm.
H. 19 cm, B. 23 cm.
Madrid, Instituto de Valencia de Don Juan, Inv.Nr. 2071

Spätestens mit der Errichtung des omayyadischen Emirats Cordoba im Jahre 755 (A. H. 138) gelangten auch syrische Textilhandwerker nach Spanien. Stark geprägt von den Vorbildern und Rivalen im östlichen Mittelmeerraum entwickelte sich eine blühende Textilindustrie, die zunächst neben der byzantinischen und islamisch-orientalischen, später neben der italienischen Seidenproduktion ohne weiteres zu bestehen vermochte.

Zu den frühesten sicher zuordenbaren spanischen Geweben gehören feine Wirkereien, zum Beispiel eine mit eingewebter arabischer Inschrift, die den Kalifen Hišām II. (976–1013) nennt. Die Wirkereibänder waren an beiden Enden als Schmuckstreifen in das lange und außerordentlich feine Turbantuch eingewebt, auf der gleichen feinen Seidenkette wie das Grundgewebe. Solche Wirkereieinsätze waren in Spanien noch weit bis in das 13. Jahrhundert hinein nicht selten und wurden, wie der Ornat des hl. Valerius in Barcelona zeigt, nicht nur in glatte, sondern auch in reichgemusterte Stoffe eingearbeitet.

Auch das ausgestellte kleine Wirkereifragment mit einer Reihe von Medaillons zwischen horizontalen Bändern gehört zu einer Bordüre, die ursprünglich wohl in ein ungemustertes Grundgewebe eingearbeitet worden ist. Darauf deutet der ungewöhnliche Rhythmus der Kettfäden hin, der dadurch begründet ist, daß am Übergang von der einen zur anderen Technik die Fadendichte angepaßt werden mußte: Im Grundgewebe arbeiteten die Kettfäden höchstwahrscheinlich alle einzeln.

Das klar gezeichnete und in wenigen Farben gehaltene Muster zeigt naiv wiedergegebene einzelne Pfauen in goldgrundigen Medaillons. Deren Rahmen sind mit streng stilisierten Palmettranken belegt und zwischen ihnen stehen Zwickelmotive mit ebenso stark verfremdeten Palmetten um einen achtzackigen Stern aus Punktband. Die horizontale Bordüre ist aus stilisierten pflanzlichen Elementen zusammengesetzt, die zumindest teilweise sowohl im Positiv wie im Negativ gelesen werden können. Die Wirkerei ist sehr sorgfältig und exakt ausgeführt, und die Schüsse folgen so gut wie nie den

VI. 65

Umrissen der Motive, sondern stehen konsequent rechtwinklig zur Kette.

Über die Herkunft der Pfauenwirkerei ist nichts Sicheres bekannt. Sie soll aus einer Kirche in den Pyrenäen stammen, und in der Tat finden sich unmittelbar vergleichbare Wirkereifragmentchen in Roda de Isábena (Huesca). Ob dies ausreicht, die Entstehung der Wirkereien auch dort anzunehmen, bleibt allerdings fraglich. In Betracht gezogen werden muß – nicht zuletzt wegen der hohen Qualität der webtechnischen Ausführung – auch die Hauptstadt des Kalifates, Cordoba, mit ihren Hofwerkstätten.

Ausst.kat. Granada/New York 1992, Nr. 20 (Cristina Partearroyo). – von Wilckens, Fatimidische Gewebe, S. 162. – Ausst.kat. Madrid 2000, S. 251–254 (Cristina Partearroyo, Lit.). – Zum Schleier Hishams II.: Ausst.kat. Granada/New York 1992, Nr. 21 (Cristina Partearroyo). – Zum Ornat des hl. Valerius: Flury-Lemberg/Illek, Gewebe, S. 56–117 u. 237–255.

R.S.

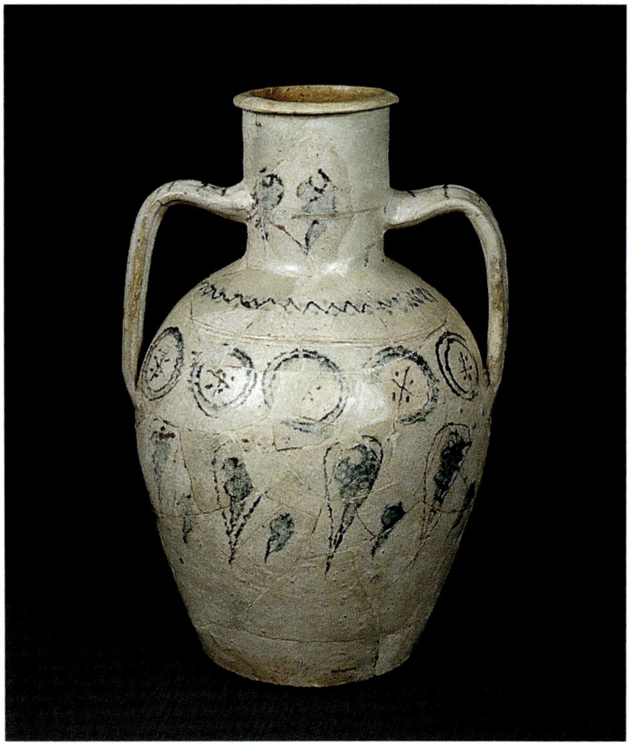

VI. 66

VI. 65
Weihrauchbrenner

Cordoba, zweite Hälfte 10. Jahrhundert
Bronze. – H. 16,5 cm, Dm. 10,5 cm.
Cordoba, Museo Arqueológico Provincial, Inv.Nr. D 92/6

Der in zwei Teilen gegossene Weihrauchbrenner wurde zusammen mit zwölf anderen Bronzen bei Ausgrabungen in einem Wohnhaus an der Plaza de Chirinos im Zentrum von Alt-Cordoba gefunden. Der zylindrische Räuchertiegel für das Holzkohlefeuer, in dem die exotischen Aromata verbrannt wurden, hat einen mittels Scharnier abklappbaren Kuppeldeckel. Hier bietet die durch den Dreipaßbogen gekennzeichnete Arkadenfolge, die von der Baukunst Cordobas angeregt ist, den Rahmen für die funktionell bedingte Durchbruchsarbeit. Das offene, jeweils achsensymmetrisch angelegte Rankenwerk verläuft in unterschiedlich geschwungenen Bögen, denen neben den typischen Palmett- und Dreiblattmotiven auch Vogelfiguren einbeschrieben sind, wie sie bei zeitgenössischen Elfenbeinarbeiten vorkommen. Als Deckelbekrönung dient eine üppige Sternrosette mit gekanteter Spitze.

Am Tiegel entsprechen den durchbrochen gearbeiteten Deckelfeldern sechs Rundmedaillons mit Tiermotiven. Durch die sich gegenüberstehenden Pfauen, Löwen und Steinböcke (Gazellen) werden jeweils zwei benachbarte Medaillons zusammengefaßt. Die Darstellungen, die zum Repertoire der Metallarbeiten aus *al-Andalus* gehören, werden von den schweren Henkeln des Weihrauchbrenners, die offensichtlich auf eine nachträglich Montage zurückgehen, beeinträchtigt.

Der Typus des auf drei bikonischen oder kugeligen Füßen ruhenden Tiegels mit Kuppeldeckel war, wie Ausgrabungsfunde zeigen, zur Zeit der syrischen Omayyaden in den östlichen Mittelmeerländern verbreitet. Das Fundstück aus Cordoba, das 200 Jahre später entstanden ist, erweist sich demgegenüber als eine Arbeit von erstaunlichem Raffinement, der nur die unproportionierten Henkel und die Stabfüße mit verdickten Enden altertümliche Züge verleihen. Die zusammen mit dem Weihrauchbrenner gefundenen großen Kohlebecken haben ähnliche Füße.

Im 9. Jahrhundert hatte die Oberschicht von Cordoba die Orientalisierung von *al-Andalus* mit großem Engagement betrieben. Orientalischer Kleider- und Schmuckluxus und eine exotische Duftkultur hoben den Lebensstil. Im 10. Jahrhundert verfaßte Abū l-Qāsim az-Zahrāwī, Leibarzt al-Ḥakams II. und später im übrigen Europa unter dem Namen Abucasis als Verfasser der 'Chirurgica' berühmt, eine Abhandlung über die Kosmetik, in der er den Aromastoffen einen günstigen Einfluß auf das Wohlbefinden des Menschen zusprach. Entsprechende Segenswünsche erscheinen in der arabischen Inschrift am Deckelrand des Weihrauchbrenners.

Lévi-Provençal/Balbás, España musulmana, S. 760f. – Ausst.kat. New York 1993/94, Nr. 50 (M.L.S.).

A.v.G.

VI. 66
Henkelkrug

Madinat az-Zahrā᾿, zweite Hälfte 10. Jahrhundert
Keramik mit Inglasurmalerei.
H. 41,5 cm, größter Dm. 26 cm.
Cordoba, Museo Arqueológico Provincial, Inv.Nr. MA/MV/2004

Die Henkelgefäße nehmen die Formen antiker Amphoren und Weinkrüge auf. Der ausgestellte Krug ist größer als die meisten Gefäße aus der Palaststadt, die eine Höhe von knapp 40 cm erreichen. Der weiße Malgrund, der für die Keramik aus Madinat az-Zahrā᾿ kennzeichnend ist, besteht aus einer blei- und zinnhaltigen Glasurmasse. Die locker gestreuten Tropfen- und Blattmotive sind mit grüner Kupferfarbe (Kupferoxid oder Kupfersulfat) ausgemalt und mit einer stark manganhaltigen Farbe schwarz umrandet. Der feine Ton, der die bemalte Keramik der Palaststadt kennzeichnet, stammt aus der bedeutenden Lagerstätte von Cuaternario, die sich im Süden von Madinat az-Zahrā᾿ am Ufer des Guadalquivir erstreckt.

González García, Piezas cerámicas, S. 11ff.

A.v.G.

VI. 67
Keramikschale

Madinat az-Zahrā᾿, zweite Hälfte 10. Jahrhundert
Keramik mit Inglasurmalerei. – H. 7 cm, Dm. 28,5 cm.
Cordoba, Museo Arqueológico Provincial, Inv.Nr. MA/MV/1034

VI. 67

VI. 68

VI. 68
Becher

Madinat az-Zahrā', 2. Hälfte 10. Jahrhundert
Keramik mit Inglasurmalerei. – H. 10,5 cm, Dm. 10,5 cm.
Cordoba, Museo Arqueológico Provincial, Inv.Nr. MA/MV/2009

Neben der großformatigen Feinkeramik wurden in der Palaststadt auch einfache Becher und Henkeltassen hergestellt, die die alltägliche Gebrauchsware vertreten. Die Verzierung beschränkt sich auf einige stilisierte Blätter, die vom Rand abhängend erscheinen.

Unveröffentlicht.

A.v.G.

In Madinat az-Zahrā' wurde in der Mitte des 10. Jahrhunderts eine Feinkeramik mit grüner und schwarzbrauner Malerei entwickelt, die bei den Ausgrabungen auf der oberen Terrasse in großen Mengen gefunden wurde und demnach als Gebrauchsgeschirr der Residenzbewohner gedeutet werden kann. Flache Schalen mit einem Durchmesser von 28 bis 30 cm sind besonders häufig. Sie besitzen einen feinen, roten Scherben und zeigen auf der weißen, stark bleihaltigen Glasur eine beeindruckende Malerei, die in der Schalenmitte zur Geltung kommt.

Beliebt sind epigraphische Motive wie die Segensformel *baraka* und die Herrschaftsformel *al-mulk*. Auf der ausgestellten Schale erscheint diese in einem kraftvollen, schnörkellosen Kufi-Duktus. *Al-mulk* („die Herrschaft") ist als Abkürzung des beliebten Glaubenssatzes *al-mulk li-Llāh* („Gottes ist die Herrschaft") zu verstehen. Unter den Kalifen nahm sie den Charakter einer Herrschaftsdevise an. Das durch ein Kreisband eingefaßte Schriftfeld zeigt außerdem Namensinschriften, die sich vermutlich auf die Werkstatt, in der die Schale hergestellt wurde, beziehen.

Aranda, Ceramica decorada, S. 127ff. – Barceló, Vajilla califal omeja, S. 291ff.

A.v.G.

DÄNEMARK

Als Otto I. im Jahr 936 den Thron bestieg, waren die Länder im Norden und ihre Bewohner längst keine Unbekannten mehr. Zwar existierten zu dieser Zeit die späteren Königreiche Dänemark, Schweden und Norwegen politisch und namentlich noch nicht. Aber bereits Einhard, der Biograph Karls des Großen, hatte in der Lebensbeschreibung des karolingischen Herrschers aus dem 9. Jahrhundert die Dänen und Sueonen (Schweden) erwähnt. Die Franken bezeichneten sie allgemein als „Nordmannen". Mit der Eroberung der sächsischen und slawischen Stammesgebiete durch Karl den Großen gab es zudem seit 804 eine gemeinsame Grenze entlang des sog. Danewerks, einem Verteidigungswall, der die Halbinsel Jütland vom kontinentalen Reichsgebiet trennte.

Dieses Grenzgebiet war immer wieder Schauplatz militärischer Auseinandersetzungen zwischen den Dänen und ihren südlichen Nachbarn. Überhaupt waren die „Nordmannen" wegen ihrer Raub- und Eroberungszüge gefürchtet, die sie seit etwa 800 von Skandinavien aus in alle Himmelsrichtungen unternahmen. In England und Irland gelang es ihnen, die eroberten Gebiete für längere Zeit zu beherrschen, in der Normandie wurden sie ab 911 langfristig seßhaft. Im Gebiet des heutigen Deutschland waren es vor allem die Städte in Küstennähe und entlang der großen Flüsse, die unter den Wikingereinfällen zu leiden hatten.

Gleichzeitig bot die gemeinsame Grenze im Norden aber auch zahlreiche Möglichkeiten für einen wirtschaftlichen und kulturellen Austausch. Diese Aspekte rückten in der Folgezeit immer mehr in den Vordergrund. Sie verstärkten die Beziehungen zwischen dem dänischen und dem ottonischen Reich im 10. Jahrhundert.

In Skandinavien existierte in dieser Zeit eine Vielzahl von Siedlungsplätzen, an denen regionaler, aber auch überregionaler Handel betrieben wurde. Zu den Zentren des Warenumschlags gehörten etwa der schwedische Ort Birka, nicht weit entfernt vom heutigen Stockholm, und Haithabu bei Schleswig, unmittelbar am Grenzwall des Danewerks gelegen. Die wirtschaftliche Bedeutung des Platzes beruhte auf seiner verkehrsgünstigen Lage an der schmalsten Stelle der jütischen Halbinsel zwischen Nord- und Ostsee. In Haithabu traf im 9. und 10. Jahrhundert deutsche und dänische Geschichte unmittelbar aufeinander. Eigentlich zum dänischen Gebiet gehörend und vermutlich auch Sitz eines dänischen „Königs", gelang es Heinrich I., die Siedlung zu erobern und seit den Jahren um 934 eine politische Oberhoheit zu installieren, deren formale Gestalt im einzelnen jedoch ungeklärt ist. Bis in das Ende des 10. Jahrhunderts hatte die Herrschaft mit wechselvollen Inhalten Bestand. Die archäologischen Funde belegen aber, daß zumindest der wirtschaftliche Austausch nicht unter den politischen und militärischen Krisen litt.

In das 10. Jahrhundert fiel die Hauptphase der dänischen Reichsbildung. Sie ist eng verknüpft mit dem Namen König Harald Blauzahns. Ihm gelang es, die politische Macht über „ganz Dänemark" zu erlangen, ein Gebiet, das das heutige Königreich und die südschwedischen Provinzen Schonen und Halland umfaßte. In der Zeit seiner Regierung von etwa 958 bis 987 wurde eine große Zahl monumentaler Bauwerke errichtet. Sie dokumentieren den Aufbau einer umfangreichen politischen und militärischen Machtstruktur.

Zu den wichtigsten Bauten zählen die Monumente von Jelling in Mitteljütland. Harald ließ dort zwei mächtige Grabhügel und eine hölzerne Kirche

Runen-Bildstein von Jelling

errichten. Zwei große Gedenksteine mit Inschrift belegen, daß dieser Ort mit König Gorm und Königin Thyra, den Eltern Haralds, verknüpft war. Zumindest König Gorm soll in einem der Hügel bestattet worden sein, bevor ihn sein Sohn Harald, der vermutlich 965 in Mainz getauft wurde, in eine christliche Bestattung in der Kirche umbetten ließ. Der Runen-Bildstein von Jelling dokumentiert die Taten Haralds (Abb.). Die Inschrift besagt, er habe „Dänemark ganz und Norwegen gewonnen und die Dänen (zu) Christen gemacht". Die Bilder zeigen eine Christusfigur auf einer Seite und einen Drachen oder Löwen im Kampf mit einer Schlange auf der anderen Seite. Der große Jelling-Stein gilt als das bedeutendste politische und religiöse Monument im Dänemark seiner Zeit.

Die Unternehmungen zur Christianisierung des Nordens stellten einen wichtigen Faktor innerhalb der Kontakte zum karolingischen wie zum ottonischen Reich dar, wenn auch die Aussage, Harald habe die Dänen zu Christen gemacht, nicht überbewertet werden darf. Die Anfänge gehen in das 9. Jahrhundert zurück, als Erzbischof Ebo von Reims und nach ihm der Mönch und spätere Hamburger Erzbischof Ansgar mehrere erfolgreiche Missionsreisen in den Norden, u. a. nach Haithabu und Birka, unternahmen. In Haithabu und Ribe, einem in Südjütland an der Nordseeküste gelegenen Handelsplatz, sollen um 850 sogar die ersten Kirchen errichtet worden sein. Im 10. Jahrhundert ist die Missionierung im Norden vor allem mit der Person des Erzbischofs Unni von Hamburg-Bremen († 936) und mit seinem Nachfolger Adaldag (937–988) verknüpft.

Die Erfolge der Missionierung fanden im Jahr 948 ihren Ausdruck in der Einrichtung von Bistümern in Haithabu, Ribe und Århus, ebenfalls in Jütland gelegen. Neben den schriftlichen Quellen, die naturgemäß parteilich von der gelungenen Christianisierung berichten, belegen auch archäologische Funde das Eindringen des christlichen Glaubens in die nordische Welt.

Der zunehmende Einfluß geistiger und kultureller Ideen des karolingischen und ottonischen Reichs spiegelt sich darüber hinaus in vielerlei Hinsicht wider. Die materiellen Hinterlassenschaften aus Siedlungen, Gräbern oder Schatzfunden belegen beispielsweise die Aufnahme kontinentaler Trachtsitten, vor allem durch die weibliche Bevölkerung. Die Einflüsse zeigen sich in neuartigen Schmuckformen wie den Scheibenfibeln oder den Zungenfibeln. Auch einzelne Handwerkstechniken, wie die Anwendung von Filigran und Granulation für kostbaren Schmuck, lassen sich auf kontinentale Einflüsse zurückführen.

Doch trotz der Annäherung des Nordens an das christlich geprägte ottonische Reich bleibt dieser noch für längere Zeit eine im alten Glauben und einheimischen Traditionen verhaftete Welt. Dazu gehören neben anderem die „heidnischen" Götter mit den Symbolen ihrer Verehrung (Thorshämmer) und die eigenen Kunststile (Tierornamentik). Die archäologischen und die schriftlichen Quellen zeigen für das 10. Jahrhundert die nordische Welt im Umbruch, in der sich Altes zu behaupten und Neues zu etablieren suchte.

Zettel, Normannen. – Hoffmann, Beziehungen. – Düwel, Handel u. Verkehr. – Capelle, Wikinger. – Sawyer, Wikinger.

H.E.

*VI. 69
Diplom König Ottos I. für die Kirche von Hamburg

Werla, 937 Juni 30
Original verloren (Pergament. – Durchgedrücktes Wachssiegel, der Höhe nach 6fach, dann 3fach gefaltet. H. 50, 4 cm, B. 54 cm).
ehem. Stade, Niedersächsisches Staatsarchiv, Rep. 1 Nr. 8

Das Diplom hat eine wechselvolle Wanderung erlebt. Bis zu seiner Auslieferung an die schwedische Regierung nach Stade im Jahre 1651 wurde das Archiv des Erzbistums Hamburg-Bremen in der Schatzkammer im Bremer Dom hinter einer eisenbeschlagenen Tür aufbewahrt. Anfang des 12. Jahrhunderts wurde das Archiv vermutlich nach Hamburg überführt, als die Erzbischöfe ihren Sitz dorthin zurückverlegten. Um 1201 wurde es – unter Protest des hamburgischen Domkapitels – wieder nach Bremen gebracht. 1864 holte man die Urkunden von Stade nach Hannover. Am 8./9. Oktober 1943 wurde durch Phosphorbomben ein Fünftel der Bestände des Staatsarchivs Hannover vernichtet, dazu kam im März 1946 die Schädigung weiterer Archivalien durch das Hochwasser der Leine. Von den Urkunden des Bremer Domstifts bis 1569 gingen mit wenigen Ausnahmen 1921 Stücke verloren. Das Original des Diploms (DO I 11) ist unauffindbar, eine Durchzeichnung aus dem 19. Jahrhundert

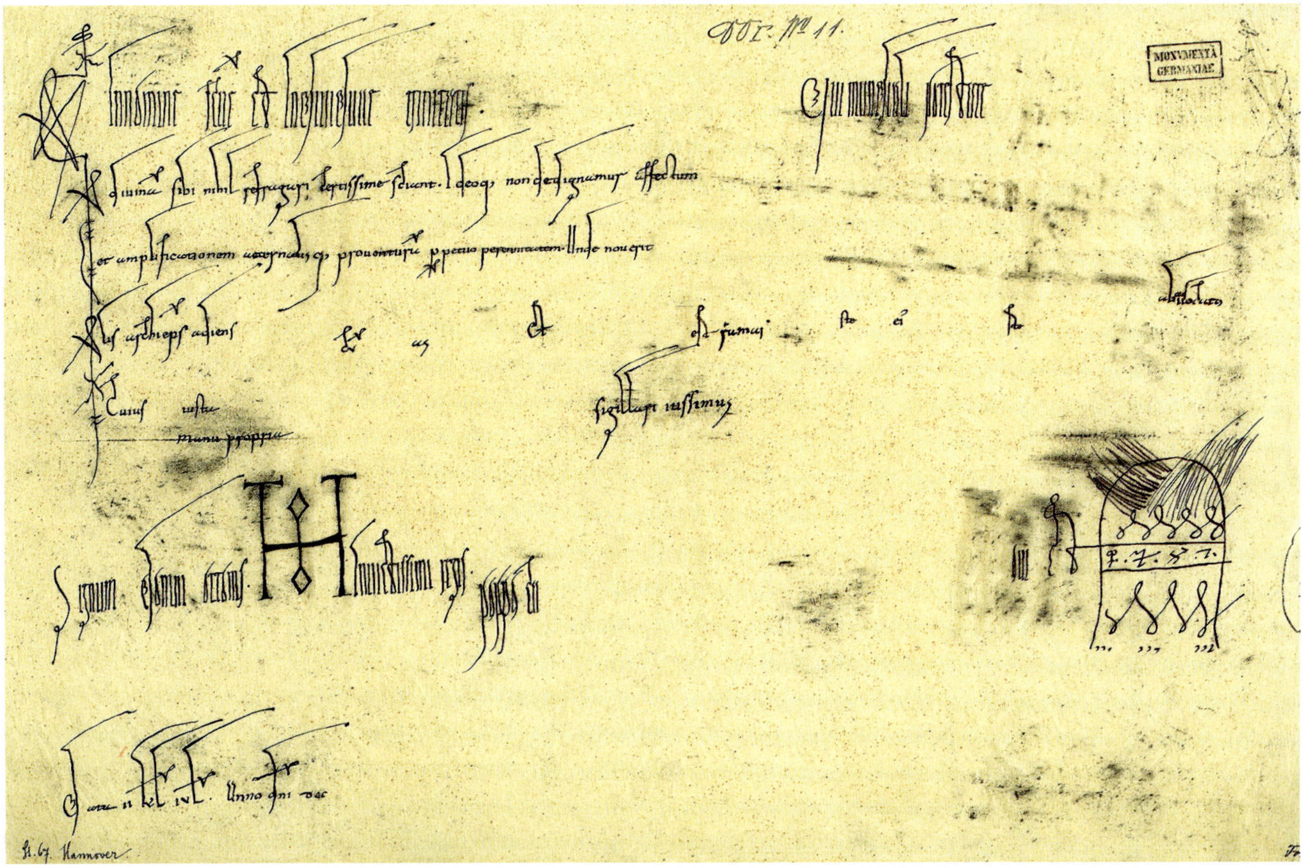

VI. 69 (Durchzeichnung)

gibt das Erscheinungsbild der Urkunde wieder (MGH, Archiv, A 121; Abb.).

Der Text des in Werla ausgestellten Diploms (DO I 11) ist in mehrfacher Hinsicht beachtenswert und wurde in der Forschung mittlerweile ausführlich diskutiert. Schon die gereimte, den Kontext der Urkunde in der ersten Zeile mit den Worten *Quia mundiali potestate praediti* einleitende Formel (Arenga) verleiht ihm ein besonderes Gesicht. Sie findet keine Entsprechung in den übrigen Arengen der Diplome Ottos I. und wird auch unter seinen Nachfolgern nur zweimal wiederholt (DO II 61 und DF I 213). Gedanklich weist sie auf die folgende Petitio (Bittstellung) Adaldags hin, der vor das Angesicht des Königs getreten ist, um für die in seinem Sprengel gelegenen Klöster Freiheit und Schutz (*libertatem et tuitionem*) zu erbitten, wie sie die übrigen Klöster im Reich besaßen. Die Eigenklöster, über die Adaldag gebot, sollten also das beste Recht dieser Art erhalten. Unter Bezugnahme auf diese Bitte gewährt Otto I. dem Erzstift und den Klöstern Ramelsloh (*Rhamaslahun*) (obwohl dieses in der Diözese Verden lag), Bremen (*Bremun*), Bassum (*Bircisinum*) und Bücken (*Bukkiun*) jene Rechte, welche die fränkischen Könige (*anteriores Francorum reges*) verliehen haben. Aus dem weiteren Wortlaut geht hervor, daß es sich vornehmlich um die Immunität (Freiheit von fremder herrschaftlicher Gewalt) handelte. Die Angaben über den davon erfaßten Personenkreis sind in sozial- und verfassungsgeschichtlicher Hinsicht sehr aufschlußreich. Zunächst wird die Gerichtsbarkeit des erzbischöflichen Vogtes über die Liten (an fremde Schollen gebundene Halbfreie) und Kolonen ([An-]Siedler) geregelt, einschließlich des Verbots für den öffentlichen Richter (*iudex publicus*), die Hörigen dieser Kirche mit Banngewalt zu zwingen (*quocumque banno constringat*), zur Zahlung von Gerichtsgefällen zu verpflichten (*aliquam iusticiam facere cogat*) oder im Falle eines großen Diebstahls (von Vieh und anderen beweglichen Wertsachen) (*ob capitis furtum*) ein Todesurteil (*capitis banno*) zu fällen. Diese dem öffentlichen Richter abgesprochenen Rechte gehen in die Vollmacht des erzbischöflichen

Vogtes über. Sollte der Vogt nicht imstande sein, einen klösterlichen Liten oder Kolonen zu richten (*corrigere*), dann müsse er ihn dem ordentlichen Richter, d. h. dem Grafen überantworten. Wollte jemand von den *liberti* (eine Art von Minderfreien) sich mit Zustimmung seiner Erben in den Stand eines *iamundling* (von einem *libertus* nur wenig verschiedener Minderfreier), Liten oder Kolonen begeben, sollte er von keiner Macht (*a qualibet potestate*) daran gehindert werden. Vermutlich ist mit der *potestas* die mächtige Grafenfamilie der Billunger gemeint. Abschließend gestattet der König dem Erzbischof Adaldag, die *liberti* und Jamundlinge zur Heer- und Hoffahrt aufzubieten, und verleiht dem Klerus der Hamburger Kirche das Recht der freien Bischofswahl.

Die mittelalterlichen Königs- und Kaiserurkunden wurden „aus dem Willen zur Repräsentation von Macht und Legitimität" (Rück, Urkunden, S. 26) gestaltet und dürften normalerweise zunächst öffentlich verlesen, d. h. nach liturgischer Art rezitiert, übersetzt und zur Betrachtung gezeigt worden sein, um auf ihren sakralen Charakter hinzuweisen. Das vorliegende Diplom weist eine von Litterae elongatae (verlängerte Schrift) eingerahmte Schriftfläche auf, die in hierarchischen Zonen angeordnet ist. Graphische Symbole markieren die Anfangs- und Schlußteile und akzentuieren die plakative Funktion der Urkunde. Das Chrismon, die symbolische Invokation (Anrufung Gottes) am Beginn der Urkunde – ursprünglich wahrscheinlich ein Zeichen, das bei der Verlesung des Textes in Worte umgesetzt wurde – stellt sich uns in reichlich verschnörkelter C-Form als Kürzel für Christus dar. Im Anschluß an den Kontext steht inmitten der mit dem Wort *Signum* eingeleiteten Zeile, in welcher der Herrscher mit dem Attribut der Hoheit und Macht (*invictissimi regis*) genannt ist, unmittelbar nach seinem Namen das Monogramm, das ursprüngliche Beglaubigungszeichen des Königs. Nach neueren Untersuchungen soll die von zwei T eingerahmte mittlere Vertikale, die an ihrem oberen und unteren Ende je ein rhombenförmiges O trägt, die Heilige Lanze darstellen (Rück, Bildberichte, S. 22; Worm, S. 191). Es spricht manches dafür, daß den zu einer graphischen Einheit verbundenen Buchstaben grundsätzlich eine spirituelle Bedeutung zukommt, und so dürfte das noch immer zu den ungelösten Rätseln zählende Zeichen auch hier mehr als nur eine Wiedergabe des Herrschernamens (Otto) sein. Der Text verkündet, daß der Herrscher das Dokument eigenhändig unterzeichnete und den Befehl zur Besiegelung gab. Seit Karl dem Großen bestand die Unterzeichnung aus dem „Vollziehungsstrich". Im vorliegenden Fall ist es die horizontale Verbindungslinie, die sich im Duktus (Strichführung) und in der Farbe der Tinte von den übrigen Elementen des Gerüsts unterscheidet. Man darf davon ausgehen, daß der Akt vor der Übergabe der Urkunde innerhalb eines zeremoniellen Rahmens öffentlich vollzogen wurde. Mit dem Monogramm korrespondiert das Rekognitionszeichen, welches sich am Ende der auf einer niedrigeren Stufe als die Signumzeile eingetragenen Unterfertigungszeile des für die deutsche Kanzlei zuständigen Kanzlers Poppo hervorhebt. Als für den „Geschäftsgang" Verantwortlicher rekognoszierte er im Namen des für Sachsen, Franken, Schwaben, Bayern und Lothringen fungierenden Erzkanzlers bzw. Erzkapellans Erzbischof Friedrich von Mainz (*advicem Friderici archicancellarii recognovi*). Poppo, der bereits unter Heinrich I. als Kanzler hervorgetreten ist, war ein Verwandter des Königshauses. Unter Otto I. führte er die Geschäfte bis zum Jahre 941 und erhielt dann zum Dank für seinen Dienst das Bistum Würzburg. Dem Rekognitionszeichen, das unter den Karolingern zum „magischen Zeichen par excellence" (Rück, Diplomatische Semiotik, S. 27) wurde, liegt nach neueren Überlegungen (Rück, Bildberichte, pass.) die Vorstellung vom Haus Gottes als Tor zum Himmel zugrunde. Das aus dem sub-Bogen von *subscripsi* entwickelte Symbol ist je nach Schreiber in unterschiedlichen Formen dargestellt. Im vorliegenden Diplom bietet es sich als eine in mehrere Etagen gegliederte Arkade dar, die mit dem vorausgehenden *et* nur noch durch eine „Nabelschnur" (Rück, Diplomatische Semiotik, S. 28) verbunden ist. Der Giebel ist von Schleifen in Form einer Acht sowie nach rechts und links hinausragenden Strahlen besetzt, das Erdgeschoß mit kleinen Strichen und Schleifen gefüllt. Im mittleren Stockwerk finden sich nach dem in einer Art Monogramm wiedergegebenen Namen des Kanzlers Poppo tachygraphische Zeichen (*notae*), die auf M. Tullius Tiro, einen Freigelassenen Ciceros, zurückgehen. Ihr Gebrauch hielt sich in den Kanzleien der Merowinger und Karolinger, doch sie verwilderten später, um schließlich nach der Kaiserkrönung Ottos I. ganz zu verschwinden. Nach Sickel (S. 457) und Mentz (S. 284) bedeuten die Zeichen, die nurmehr eine schlechte Nachbildung der tironischen Noten darstellen, *no-*

tarius scripsi(t) et [subscripsi(t). Unter der Kanzlerschaft Poppos (936 November 4 – 940 September 15) begegnen diese Zeichen fast in jedem Diplom. Rechts neben dem Rekognitionszeichen befindet sich als Beglaubigungszeichen das Königssiegel (vgl. Kat.Nr. V.36 u. III.3). Im Siegelbild soll offensichtlich die „Präsenz des Herrschers" auch für die Zeit seiner Abwesenheit verdeutlicht werden (Keller, Ottonische Herrschersiegel, S. 40). Der Gestaltung der Schriftfläche lagen neben pragmatischen selbstverständlich auch Kriterien der Repräsentation zugrunde. Unter der Kanzlerschaft Poppos lassen sich fünf Notare unterscheiden, die bereits der Hofkapelle Heinrichs I. angehört hatten. Im allgemeinen hielten sie an den überlieferten Formen fest und bildeten diese nur in unwesentlichen Punkten fort. Poppo A, der zu den namentlich nicht bekannten Notaren zählt und daher durch eine Buchstabensigle unterschieden wird, war der Schreiber des DO I 11. Er läßt sich in der Kanzlei bis zum Jahr 941 (DO I 33) nachweisen und schrieb auch das DO I 14 (Kat.Nr. V.25). Seine Schrift mit den scharf geknickten Oberlängen zieht die Blicke derart auf sich, daß in der Tat das Bild „eines mit gesenkten Lanzen voranstürmenden Reiterheeres" (Rück, Bildberichte, S. 7) evoziert werden kann. Die raumgreifenden Ober- und Unterlängen bedingen hohe Zeilenabstände; auch das gehört zum Bild der „mächtigen" Urkunde. Poppo A schrieb nach einem Konzept, und es spricht manches dafür, daß es – wie wahrscheinlich auch im Falle des ebenfalls für die Hamburger Kirche ausgestellten DO I 13 vom 8. August 937 – von Adaldag, dem Empfänger des Diploms verfaßt wurde, der unter Otto I. von 936 September 13 bis 937 Februar 4 als *cancellarius* bzw. *notarius* in Erscheinung trat und anschließend zum Erzbischof von Hamburg-Bremen aufgestiegen ist. Kein Erzbischof hat so lange wie er sein Amt innegehabt (937–988), keiner durch seinen Einfluß auf die Reichs- und Kirchenpolitik der Ottonen so viele Erfolge für sein Erzbistum verbuchen können. Seine Maßnahmen in Verbindung mit der ottonischen Politik schufen die Grundlage für die Christianisierung des Nordens. Durch die Gründung der drei Bistümer Schleswig, Ribe und Århus 947/48 griff das Erzbistum über die Grenzen des Reichs nach Dänemark aus. Um 968 wurde ihm auch das Bistum Oldenburg unterstellt. Das DO I 11 bildet zusammen mit dem DO I 13 den Grundstein für die Rechtsentwicklung und den Güterstand im Erzbistum. Der zeitliche Zusammenhang dieser Privilegierungen des jungen Herrschers mit der Entstehung des Moritzklosters in Magdeburg legt es nahe, „auch die Förderung des Hamburg-Bremer Erzstiftes in den Gesamtplan der Ost- und Nordostpolitik Ottos I. einzufügen" (Schwarzwälder, S. 110).

Zur abgebildeten Durchzeichnung der Urkunde: In der Zeit vor der Fotokamera konnten Reproduktionen nur durch Nachzeichnungen oder Durchzeichnungen auf transparentem Pergamentpapier hergestellt werden. Theodor Sickel (1826–1908), Leiter der Diplomata-Abteilung der MGH, legte minuziös fest, wie seine Mitarbeiter dabei vorzugehen hätten: „Wie sind nun die Facsimiles für unsere Zwecke anzufertigen? Der Schriftkundige wird stets nicht allein auf die Form der Buchstaben achten, sondern ebenso sehr auf den Ansatz der Feder, auf den Ductus..."

Die Durchzeichnung stammt von Karl Foltz (1852–1879), den Sickel besonders schätzte.

MGH DO I 11. – Böhmer, Reg. Imp., Bd. II,1, Nr. 67.

Sickel, Diplomata-Abtheilung. – Hirsch, Gerichtsbarkeit, S. 111–113. – Mentz, Tironische Noten. – Schwarzwälder, Bremen. – Weise, Staatsarchiv Stade. – Fleckenstein, Hofkapelle, Tl. 2. – Riedmann, Deperditum. – Reinecke, Erzbist. Bremen. – Wenskus, Königsurkunden. – Rück, Urkunden. – Rück, Bildberichte. – Rück, Diplomatische Semiotik. – Keller, Ottonische Herrschersiegel. – Keller, Siegel. – Worm, Heilige Lanze.

Herrn Prof. David Ganz (University of London, King's College) danke ich für seine Bemühungen um die Entzifferung der Noten im Rekognitionszeichen.

A.G.

VI. 70
Sog. Jellingbecher

Skandinavisch, Mitte 10. Jahrhundert
Jelling, Amt Vejle, Jütland, Dänemark: Kammergrab im Nordhügel
Silber, gegossen und graviert; Reste von Vergoldung und Niello.
Vollständig erhalten mit zeitlich unbestimmbaren Reparaturspuren. – H. 4,3 cm.
Kopenhagen, Nationalmuseet, Inv.Nr. CCCLXXII

Der Becher besteht aus einem leicht konischen Gefäßoberteil, der Kuppa, einem kurzen Stengel mit

VI. 70

knopfartiger Verdickung (Nodus) und einem scheibenförmigen Fuß. In die Außenseite des Gefäßes sind die Linien des Tierdekors eingraviert und anschließend mit Niello verziert. Niello, eine Masse aus Kupfer und / oder Silber vermischt mit Schwefel, verfärbt sich beim Erhitzen schwarz. Dies verstärkt die Kontraste des Musters gegenüber dem hellen Untergrund und war daher eine beliebte Verzierungstechnik für Edelmetallarbeiten. Auf dem Becher fanden sich zudem Spuren von Vergoldung.

Das Muster zeigt zwei Tiere, deren langgezogene Körper miteinander verschlungen sind. Die Köpfe werden mit einem großen Auge sowie einer aufgerissenen Schnauze und betontem, spiralig eingerolltem Oberkiefer dargestellt. Der bandförmige Körper ist gepunktet wiedergegeben, die Beine enden in klauenartigen Füßen. Die Gestaltung dieser Tiere wurde namengebend für den sog. Jellingstil, einer Ausprägung der nordischen Tierornamentik, die im Verlauf der ersten Hälfte des 10. Jahrhunderts auftritt.

Der Becher stammt aus dem hölzernen Kammergrab im Nordhügel von Jelling. Als man es Anfang des 19. Jahrhunderts erstmals untersuchte, stellte man fest, daß offenbar ein Teil der Beigaben sowie der Tote selbst aus dem Grab entfernt worden waren. Es wird vermutet, daß König Gorm, der Vater Harald Blauzahns, ursprünglich dort begraben lag. Nach der Taufe Haralds um das Jahr 965 und nach der Errichtung einer Kirche in der Nähe des Hügels ließ dieser seinen Vater in ein Grab unter dem Chor der Kirche umbetten. Damit sollte womöglich der neue Glauben manifestiert werden. Harald Blauzahn hatte auf dem Runen-Bildstein von Jelling stolz verkünden lassen, er habe die Dänen zu Christen gemacht (vgl. Abb. S. 509).

Die Funktion und die mögliche Symbolik des Bechers sind umstritten. Einige Forscher halten ihn für einen christlichen Kelch, wie er beim Abendmahl verwendet wird. Dem steht jedoch die einheimisch nordische Verzierung entgegen. Andere Forscher sehen in ihm einen profanen Trinkbecher. Im nordischen Fundmaterial dieser Zeit stellt er ein einzigartiges Fundstück dar.

Schultz, Jellingbægeret, Fig. 1, 6. – Krogh, Viking Age monuments, Abb. 26, 27 u. 28. – Ausst.kat. Paris/Berlin/Kopenhagen 1992/93, Nr. 191 (Henriette Lyngstrøm u. Else Roesdahl).

H.E.

VI. 71 a

VI. 71
Riemenende und Riemenhalter

Skandinavisch, Mitte 10. Jahrhundert
Jelling, Amt Vejle, Jütland, Dänemark: Kammergrab unter der Kirche
a) Riemenende: Silber mit Resten von Vergoldung, gegossen und graviert, in den Ornamentlinien Niello.
Vollständig erhalten mit Abriebspuren. – L. 7,5 cm.
b) Riemenhalter: Silber mit Resten von Vergoldung, in den eingravierten Ornamentlinien Niello, im hohl gearbeiteten Kopf Lederreste.
Vollständig erhalten. – L. 2,5 cm.
Kopenhagen, Nationalmuseet

Unter der heutigen Steinkirche von Jelling wurden bei Ausgrabungen drei hölzerne Vorgängerbauten entdeckt, die alle abgebrannt waren. Zeitgleich mit der ältesten Holzkirche war eine ebenfalls hölzerne Grabkammer im Innern der Kirche angelegt worden. Darin fanden sich Skelettreste eines erwachsenen Mannes, zusammen mit einigen Beigaben aus Metall. Möglicherweise handelte es sich bei dem Toten um den umgebetteten Leichnam König Gorms, Vater Harald Blauzahns.

Das Riemenende (a) besitzt zwei vollplastisch gearbeitete Tierköpfe. Sie unterscheiden sich ein wenig in ihrer Ausführung, gehören aber beide mit ihren großen runden bzw. ovalen Augen und den betonten Oberkiefern zu den Tierfiguren des Jellingstils. Die Konturen sowie die Verzierung des zwischen ihnen liegenden Metallstabes sind im Anschluß an den Guß nachgraviert und die Linien mit Niello ausgefüllt (vgl. Kat.Nr. VI.70). Am Metall fanden sich zudem Spuren von Vergoldung.

Das Riemenende diente als Abschlußzier eines ledernen Gürtels. Daher trägt einer der Tierköpfe in seiner Schnauze eine Nietplatte, an der der Ledergurt befestigt werden konnte. Das gegenüberliegende Ende hing frei nach unten. Der Tierkopf, der eine Kugel im Maul trägt, bildete den Abschluß des Gehänges.

Der Riemenhalter (b) besteht aus einem einzelnen plastisch gestalteten Tierkopf, dessen Machart große Ähnlichkeit mit den Tierköpfen des Riemenendes aufweist. Er besitzt wie diese große ovale Augen, stark hervorgehobene Brauen und einen betonten Oberkiefer. Dieser ist spiralförmig eingerollt, wie es einer der Tierköpfe des Riemenendes auch zeigt. Im Inneren des hohl gearbeiteten Kopfes fanden sich lederne Reste. Am Kopfende hat sich ein silberner Nietstift erhalten.

Der Riemenhalter war entweder ein Zierbeschlag eines ledernen Gürtelendes oder diente, soweit die Lederfragmente eine Rekonstruktion erlauben, zur Sicherung eines Gurtes. Das eine Ende wurde mit Hilfe des Niets an dem Beschlag befestigt, das andere Ende konnte frei durch den hohlen Tierkopf durchgesteckt werden.

Beide Objekte, Riemenende und Riemenhalter, gehörten aufgrund des gleichartigen Ornaments und der übereinstimmenden technischen Ausführung vermutlich zu demselben Trachtzubehör. Aufällig ist auch die stilistische Ähnlichkeit zu den Tierfiguren des Silberbechers, den man im „ersten"

VI. 71 b

VI. 72 a

VI. 72 b

Grab des Königs im Nordhügel gefunden hat. Dies spricht zumindest für eine etwa zeitgleiche Herstellung der drei Objekte. Ob sie allerdings König Gorm bereits zu seinen Lebzeiten gehörten oder im Zuge der Umbettung niedergelegt wurden, ist nicht eindeutig zu sagen. Neben den beiden Gürtelteilen stammen aus dem Grab unter der Kirche noch spiralig gewundene, goldene Drähte, die als kostbare Verzierung eines textilen Stoffes gedient haben. Auch hier ist unklar, ob er zur Tracht des Toten gehört hat oder erst bei der Neubestattung in die Grabkammer gelegt wurde.

Krogh, Viking Age monuments, Fig. 22–24. – Ausst.kat. Paris/Berlin/Kopenhagen 1992/93, Nr. 192 (Fritze Lindahl).

H.E.

VI. 72
Zwei Gußformen aus Speckstein

Skandinavisch, 9./10. Jahrhundert
Haithabu, Gem. Busdorf, Schleswig-Holstein: Siedlungsfund

a) Gußform für einen Kreuzanhänger: Speckstein. Steinblock fragmentiert, die Eintiefung für den Guß vollständig. – Specksteinblock: L. 11 cm, B. 5,1 cm, D. 3,7 cm; L. des Kreuzes (innen) 2,33 cm, B. 2,26 cm, T. ca. 0,36 cm.

b) Gußform für einen Thorshammer-Anhänger: Speckstein. Steinblock fragmentiert, die Eintiefung für den Guß vollständig. – Specksteinblock: L. 7,8 cm, B. 3,7 cm, D. 2 cm; L. des Hammers (innen) 1,9 cm, B. 1,3 cm, T. ca. 0,3 cm.

Schleswig, Stiftung Schleswig-Holsteinische Landesmuseen, Archäologisches Landesmuseum, Bearb.Nr. 6554 (a) u. 6542 (b)

Speckstein, der in Nordeuropa vorwiegend in Norwegen und Südwestschweden vorkommt, ist ein sehr weicher Stein. Mit eisernen Werkzeugen wie Meißeln oder Messern läßt er sich leicht bearbeiten. Daher wird er häufig für die Herstellung von Gußformen verwendet, aber auch Gefäße aus Speckstein und Objekte anderer Funktion werden hergestellt. Allein in Haithabu wurden über 3400 Objekte aus Speckstein mit einem Gewicht von mehr als 540 kg geborgen. Das Rohmaterial, größere oder kleinere Specksteinbrocken, gelangte als Handelsware dorthin und wurde entweder am Ort selbst verwendet oder von Haithabu aus weitervermarktet.

Die Hohlform für den Guß von Kreuzanhängern befindet sich auf der breiten Seite des ursprünglich rechteckigen Specksteinblocks (a). An einer der schmalen Seiten ist eine Eintiefung für den Guß eines Stangenbarrens teilweise erhalten, an der gegenüberliegenden Schmalseite findet sich eine weitere Eintiefung von etwa 2 cm Länge.

In der Form konnten Miniaturkreuze aus unterschiedlichen Materialien gegossen werden. Aus Haithabu sind mehrere Kreuzanhänger aus Bronze bekannt, jedoch stimmt keines der Kreuze in seiner Größe mit dieser oder einer der drei anderen dort gefundenen Gußformen dieses Typs überein. Kreuzanhänger sind in ganz Skandinavien verbreitet, die Mehrzahl aber stammt von schwedischen Fundorten. Sie wurden überwiegend aus Silber oder Bronze hergestellt, jedoch kommen auch Anhänger aus Eisen oder Blei/Zinn vor. Die edelmetallenen Stücke stammen aus Gräbern und aus Schatzfunden; die Anhänger aus Buntmetall dagegen nur aus Gräbern oder, wie in Haithabu, aus dem Fundmaterial einer Siedlung.

Umstritten ist, ob die Kreuzanhänger durchweg als christliche Symbole gedeutet werden können, ihre Besitzer also bereits Christen waren, oder ob sie eher allgemein als glückbringende Amulette zu interpretieren sind. Die Mehrzahl der Anhänger gehörte jedenfalls in eine Zeitphase, für die schriftliche Zeugnisse von erfolgreichen Missionierungsversuchen im Norden berichten (vgl. Kat.Nr. VI.69). Und auch einzelne archäologische Funde zeigen, daß an multikulturellen Plätzen wie Haithabu tatsächlich Christen lebten (vgl. Kat.Nr. II.70).

Der Steinblock für den Guß von Thorshammer-Anhängern (b) besitzt an einem Ende eine Durchbohrung. Möglicherweise diente er ursprünglich einem Zweck, für den er unbrauchbar geworden war, und wurde dann erst als Gußform benutzt. Wie häufig zu beobachten, trägt auch dieser Specksteinblock mehrere Eintiefungen: die oben beschriebene für einen Anhänger in Form eines Hammers und eine zweite, auf der gegenüberliegenden Seite, für die Herstellung eines länglichen Barrens.

In der Form wurden Miniaturanhänger aus Bronze, Silber oder einer Legierung aus Blei und Zinn gegossen. In Haithabu fanden sich Thorshammer-Anhänger aus Bronze und größere Exemplare aus Silber, doch paßt keiner zu den vier vorhandenen Gußformen dieser Art. Von anderen wikingischen Fundplätzen sind solche Anhänger auch aus Eisen bekannt. Sie wurden zu mehreren an eisernen Ringen aufgereiht. Neben diesen kleinen, in der Regel nur etwa 2,5 cm langen Miniaturanhängern gibt es einzelne sehr prachtvolle und entsprechend große Exemplare aus Silber. Zum Teil sind sie aufwendig verziert, einige sogar mit Filigran und Granulation (vgl. Kat.Nr. VI.73).

Der Hammer gilt in der nordischen Götterwelt als Attribut des Gottes Thor, mit dem er Blitz und Donner erzeugte (*Mjöllnir*). Thor ist der Beschützer der Götter- wie der Menschenwelt. Die Anhänger wurden vermutlich als Amulette und Zeichen der Verehrung des Gottes getragen. Dafür spricht, daß sie sich häufig in Gräbern fanden: Als persönlicher Besitz der Toten mochten sie ihnen auf dem Weg ins Jenseits nützlich sein. Manche Forscher vertreten die Ansicht, daß das zahlreiche Auftreten der „heidnischen" Anhänger im 10. und 11. Jahrhundert eine Reaktion auf das sich ausbreitende Christentum gewesen sei.

Resi, Specksteinfunde, S. 58–67, Abb. 60.1. u. 61.5.

H.E.

VI. 73
Thorshammer

Skandinavisch, Ende 10. Jahrhundert
Unbekannter Fundort, „Schonen", Schweden: Einzelfund
Silber, Dekor aus Filigran und Granulation aufgelötet auf vorgepreßtem Deckblech, planes Bodenblech. – L. 5,1 cm.
Stockholm, Statens Historiska Museum,
Inv.Nr. SHM 9822:810

Der Anhänger in Form eines Thorshammers gehört zu den Prachtexemplaren dieses Typs. Auf einem silbernen Bodenblech ist ein vorgepreßtes silbernes Deckblech aufgelötet; darin waren der schön gestaltete Raubvogelkopf, der den Aufhänger schmückt, und die Kontur des Hammers vorgearbeitet. Anschließend hat man das Stück mit Filigran und Granulation aufwendig verziert: Die Spiralen, die Bögen und der Schnabel des Tierkopfes sowie sämtliche Randeinfassungen sind aus Drähten gearbeitet, die Zwischenräume mit kleinen Drahtringen und Kügelchen ausgefüllt. Für das Formen des Deckblechs benötigte man einen sog. Preßmodel mit dem Muster des späteren Schmuckstücks. Obwohl mittlerweile eine große Zahl bronzener

VI. 73

VI. 74

Modeln gefunden wurde, die man für die verschiedenartigsten wikingischen Filigranarbeiten benutzt hat, ist keines in Form eines Thorshammers darunter (Kat.Nr. VI.77 b u. c) Jedoch gibt es eine Reihe von Anhängertypen, deren Aufhänger vergleichbare Raubvogelköpfe besitzen (Kat.Nr. VI.76 b).

Einzeln getragene Thorshammer-Anhänger sind seit Ende des 9. Jahrhunderts und dann besonders im 10. bis in das 11. Jahrhundert in ganz Skandinavien verbreitet. Die meisten Stücke fanden sich in Dänemark und Schweden. Sie stammen aus Hortfunden oder Siedlungen; sie wurden den Toten auch in das Grab mitgegeben. Sie sind in schlichterer Ausführung in Bronze, Blei/Zinn, Bernstein oder Eisen gearbeitet. Silberne und goldene Exemplare waren dagegen aufwendiger verziert. Filigranarbeiten, wie der schonische Thorshammer, haben sich aber überhaupt nur in drei vollständigen Exemplaren erhalten.

Der Hammer (*Mjöllnir*) ist das Attribut des Gottes Thor. Dieser wurde, wie zahlreiche mit „Thor" oder „Tor" verknüpfte Ortsnamen in Skandinavien belegen, sehr verehrt, besonders von der bäuerlichen Bevölkerung, die durch seinen Beistand reiche Ernten erhoffte. Das Symbol des Gottes trug man als Anhänger im Miniaturformat vermutlich ebenso zu seiner Verehrung wie als eigenen Glücksbringer, denn Thor galt als Beschützer der Götter- und der Menschenwelt. Das Auftreten der zahlreichen Thorshammer-Anhänger zu einer Zeit, als die schriftlichen Quellen bereits von ersten Erfolgen der christlichen Mission im Norden berichten, wird in der Forschung als „heidnische" Abwehrreaktion interpretiert, doch ist diese Sichtweise nicht unumstritten.

Strömberg, Eisenzeit, Bd. 2, S. 90, Taf. 74.12. – Hårdh, Depotfunde, Bd. 2, S. 77, Nr. 164, Taf. 55.X. – Ausst.kat. Paris/ Berlin/Kopenhagen 1992/93, Nr. 181 (Ingmar Jansson). – Staecker, Thor's hammer.

H.E.

VI. 74
Spielfigur

Skandinavisch, 10./11. Jahrhundert
Roholte, Amt Præstø, Seeland, Dänemark: Einzelfund
Bernstein. – Vollständig erhalten. – H. 4,7 cm, B. 3,3 cm.
Kopenhagen, Nationalmuseet, Inv.Nr. C 24292

Dargestellt ist eine menschliche Figur mit Kopf, Oberkörper und Armen. Sie wird interpretiert als Bildnis eines Mannes, der sich mit beiden Händen an einen langen Bart greift. Vergleichbare Figürchen stammen aus dem schwedischen Lund, dort aus Walroßzahn, und von einem ukrainischen Fundort, dort aus Bronze. Auf Island wurde eine Figur aus Walbein gemeinsam mit 24 halbkugeligen Spielsteinen aus Walroßzahn und einem Würfel aus Knochen gefunden. Diese bildeten einen vollständigen Satz für ein Brettspiel (*hneftafl*), das in der mittelalterlichen isländischen Literatur beschrieben wird.

Fraglich ist, ob diese Figuren Menschen oder eine nordische Gottheit darstellten. Ihnen fehlen charakterisierende Merkmale, wie etwa eine kleine Bronzefigur des Gottes Freyr sie aufweist: Neben dem Spitzbart hat diese einen langen Schnurrbart und einen erigierten Penis als Zeichen der Fruchtbarkeit. Für die Spielfiguren bleibt jedoch die Symbolik unklar. Sollte es sich tatsächlich um männliche Figuren handeln, fällt auf, daß der sonst an Männerbildnissen dargestellte Schnurrbart bei ihnen fehlt.

Bernstein ist das versteinerte Harz alter Kiefernwälder, die seit mehreren Millionen Jahren unter dem Meeresspiegel versunken sind. Man findet ihn an den Stränden der englischen Südostküste, an der Südwestküste Jütlands und vor allem an den Küsten des Baltischen Meeres. Als recht weicher Werkstoff läßt sich Bernstein gut schneiden und mit Feilen oder Bohrern bearbeiten. Seit Jahrtausenden wird er gesammelt und verhandelt, aus dem Rohmaterial werden Schmuck, Amulette, Perlen oder anderes hergestellt (vgl. Kat.Nr. II.34–35). Im wikingerzeitlichen Skandinavien ist die Produktion von Bernsteinperlen und -anhängern, Spielsteinen, Ringen oder kleinen Amuletten auf allen größeren Siedlungsplätzen nachgewiesen, darunter auch in Haithabu und Birka.

Roesdahl, Spil, Nr. 75. – Ausst.kat. Paris/Berlin/ Kopenhagen 1992/93, Nr. 77 (Henriette Lyngstrøm). – Kokvedgaard, Zeiten, Amulets, Fig. 11.

H.E.

VI. 75
Nadel mit Tierkopf

Skandinavisch, zweite Hälfte 10. Jahrhundert
Haithabu, Gem. Busdorf, Schleswig-Holstein: Einzelfund
Bronze, gegossen.
Vollständig erhalten, Abriebspuren. – L. 16,2 cm.
Schleswig, Stiftung Schleswig-Holsteinische Landesmuseen, Archäologisches Landesmuseum, Inv.Nr. HB 79 C 62

Die Nadel besteht aus dem unverzierten Nadelschaft und einem vollplastisch ausgearbeiteten Tierkopf als oberem Abschluß. Dessen auffälligstes Merkmal ist seine weit aufgerissene Schnauze mit je zwei mächtigen Zähnen im Ober- und Unterkiefer. Aus dem Gaumen heraus rollt eine lange Zunge bis vor die „Reißzähne"; sie ist dort zu einer Öse umgeschlagen. Die Augen sind abgeflacht kugelig, die Ohren spitz nach oben ausgezogen. Auf dem Hinterkopf befindet sich eine Art Nackenschopf, vielleicht eine Mähne. Haut oder Fell des Tieres werden durch ein schuppenartiges Muster am Nacken angedeutet.

Die Nadel diente zum Zusammenstecken eines Umhangs oder Mantels. In jedem Fall mußte der Stoff sehr grob sein, denn die Nadel ist mit einer Dicke bis zu 0,6 cm relativ stark. An der Öse oder einem darin eingehängten Ring konnte ein Band

VI. 75

befestigt werden, das nach dem Durchstechen des Stoffes um die Nadelspitze herumgewickelt wurde, so daß der Stoff nicht abrutschte. Gewandnadeln wurden von Frauen wie von Männern getragen. In Haithabu fanden sich mehrere Nadeln aus Bronze mit schlichterem Kopf. Zwar erreichen sie mit 12 bis 15 cm Länge beinahe die Größe der Tierkopfnadel, doch bleibt diese in ihrer Ausführung ein exklusives Einzelstück.

Die Verzierung von Trachtschmuck mit Tierornamentik gehörte zu den wesentlichen Elementen der wikingerzeitlichen Kunst. Dabei sind die Tiere in der Regel zoologisch nicht bestimmbar. Der Tierkopf aus Haithabu zeigt große Ähnlichkeit zu einer Tierfigur auf dem Runen-Bildstein aus Jelling und anderen Objekten, die dem sog. Mammenstil angehören. Dieser ist eine Ausprägung der nordischen Tierornamentik, die in der zweiten Hälfte des 10. Jahrhunderts auftritt. Auf dem Jellingstein ist die Figur als Vierfüßler im Kampf (?) mit einer Schlange dargestellt. Die Forschung bezeichnet ihn als Greif bzw. Drache oder Löwe, und vielleicht stellt auch die Haithabuer Nadel einen Drachenkopf dar.

Schleswig-Holstein in archäolog. Funden, S. 116. – Horn Fuglesang, Axehead. – Elsner, Wikinger Museum, Abb. S. 9.

H.E.

VI. 76
Sog. Schatz von Hiddensee

Skandinavisch, Mitte – zweite Hälfte 10. Jahrhundert
Insel Hiddensee, Mecklenburg-Vorpommern

a) Scheibenfibel: Gold, Dekor aus Filigran und Granulation auf vorgepreßtem Deckblech aufgelötet, leicht nach innen gewölbtes Bodenblech mit Nadelkonstruktion und Öse.
Vollständig bis auf einzelne Dekorteile, die Einlage in der zentralen Fassung und die Nadel fehlen, der Achshalter wurde bei einer Reparatur auf das Bodenblech genietet. – Dm. 8,0 cm.

b) zehn kreuzförmige Anhänger: Gold, Dekor aus Filigran und Granulation auf vorgepreßten Deckblechen aufgelötet, plane Bodenbleche, die röhrenförmigen Aufhänger in die Anhänger integriert.
Vollständig bis auf einzelne Dekorteile, teilweise deformiert. L. 6,8–6,9 cm, B. 6,4–6,5 cm (3 Ex.); L. 6,4–6,6 cm, B. 6,4–6,5 cm (3 Ex.); L. 5,1 cm, B. 4,7–4,9 cm (4 Ex.).

c) vier Zwischenglieder: Gold, Dekor aus Filigran und Granulation auf vorgepreßten Deckblechen aufgelötet, plane Bodenbleche, die röhrenförmigen Aufhänger in die Anhänger integriert.
Vollständig bis auf einzelne Dekorteile, teilweise deformiert. L. 2,1 cm, B. 1,2 cm.

d) Halsring: Gold, aus vier dickeren Drähten gearbeitet, Verschluß geschmiedet und mit Punzeindrücken verziert, Haken mit spiralig aufgerolltem Ende.
Im ursprünglichen Fundzustand zusammengebogen, vollständig. – Dm. (innen) 11,5–12,1 cm; D. 0,8 cm.

Stralsund, Kulturhistorisches Museum, Inv.Nr. 1873:499a–d u. f–g; 1873:450; 1874:39a–b; 1874:91; 1874:92; 1874:162; 1874:176

Alle sechzehn Fundstücke dieses Schatzes stammen vom Strand bei Neuendorf auf der Insel Hiddensee, westlich von Rügen gelegen. Sie wurden im Verlauf mehrerer Jahre dort gefunden, nachdem sie wohl von zwei Sturmfluten in den Jahren 1872 und 1874 freigespült worden sind. Ihre tatsächlichen Fundumstände ließen sich jedoch bis heute nicht vollständig aufklären. Die Schmuckstücke gehören, trotz ihres Fundortes im damals slawischen Gebiet, in die nordische Kunst der Wikingerzeit. Dies belegen vergleichbare Fibeln und Anhänger von zahlreichen skandinavischen Fundplätzen. Jedoch bleibt ungeklärt, welche Umstände den Schatz an seinen späteren Fundort geführt haben.

Die Schmuckstücke zeigen in ihrer Gestaltung und ihrer technischen Ausführung eine hohe Qualität und bezeugen die Kunstfertigkeit der Goldschmiede in dieser Zeit. Eng verknüpft mit der Qualität ist die Frage nach dem ehemaligen Besitzer oder der Besitzerin. Immer wieder wird gemutmaßt, der dänische König Harald Blauzahn selbst oder ein Mitglied seiner Familie habe diese Stücke getragen bzw. ihre Herstellung in Auftrag gegeben. In jedem Fall muß es sich um eine hochrangige Persönlichkeit gehandelt haben, denn immerhin wurden allein für die erhaltenen 16 Objekte etwa 600 g Gold verarbeitet.

Die große Scheibenfibel (a) konnte von einem Mann oder einer Frau getragen werden. Der Halsring (d) gehörte aufgrund seines geringen Durchmessers vermutlich eher einer Frau oder einem Kind. Die kreuzförmigen Anhänger (b) und die Zwischenglieder (c) bildeten eine oder mehrere Ketten. Ursprünglich war ihre Stückzahl wohl größer, zumindest fehlen für die vorhandenen kreuzförmigen Anhänger genügend Zwischenglieder, die als eine Art Abstandhalter funktionierten. Die erhaltenen Schmuckstücke wurden alle in einer Werkstatt gearbeitet. Dies zeigt sich anhand zahlreicher herstellungstechnischer Details.

VI. 76

Die Scheibenfibel (a) trägt ein symmetrisch angeordnetes vierteiliges Tierornament. Dargestellt sind in der Aufsicht vier Tierköpfe, die sich um eine kreuzförmige Fassung im Zentrum der Fibel gruppieren. Darin war ursprünglich eine grüne Masse, vermutlich Glas, enthalten. An jeden Tierkopf schließt sich ein Körper an, dessen Einzelteile – Hals, Vorderschenkel mit Vorderbeinen, Rücken, Hinterschenkel mit Hinterbeinen und langer Schwanz – zu einer komplizierten, aber vollständigen Tierfigur über- und untereinander gelegt sind.

Bei der Herstellung der Fibel war das Muster mit Hilfe eines sog. Preßmodels in ein dünnes Goldblech eingedrückt und anschließend mit Drähten und Kügelchen verziert worden. Dieses Deckblech wurde auf ein tragendes Bodenblech aufgelötet, das zudem die Nadelkonstruktion sowie eine Öse, wohl zum Anhängen kleiner Ziergehänge, trug. Die Qualität der Arbeit zeigt sich auch darin, daß selbst die gebogenen Blechstreifen, die zur Befestigungsvorrichtung auf der Rückseite gehören, mit geperlten Drähten eingefaßt waren, obwohl sie für den Betrachter unsichtbar blieben.

Insgesamt sind bisher über 50 Fibeln mit einem solchen Tierornament, das drei- oder vierteilig gestaltet sein kann, bekannt (vgl. Kat.Nr. VI.78). Die Hiddenseer Fibel stellt aufgrund ihrer sorgfältigen Ausführung, ihrer Größe und des kostbaren Materials das mit Abstand hochwertigste Stück dar. Sie wird von der Forschung namengebend verwendet, um dieses charakteristische Ornament als Muster vom „Typ Hiddensee" zu beschreiben. Offen ist, wo die Fibel hergestellt wurde. Obwohl mittlerweile auch eine größere Zahl von Modeln zur Herstellung derartiger Fibeln zutage kam (Kat.Nr. VI.77 a), paßt bisher keiner zum Hiddenseer Prunkstück.

Die zehn Anhänger (b) weichen in ihrer Größe und ihrem Dekor zwar voneinander ab, gehen jedoch auf die gleiche Grundform zurück: ein Kreuz, das sich wiederum aus vier aneinandergestellten Kreuzen zusammensetzt. Alle Anhänger besitzen darüber hinaus eine röhrenförmige Aufhängevorrichtung, die als Raubvogelkopf gestaltet ist. Die zweiteilige Konstruktion besteht wie bei der Fibel aus einem vorgepreßten Deckblech, das den jeweiligen Filigran- und Granulationsdekor trägt (vgl. Kat.Nr. VI.77 b u. c), und einem planen Bodenblech. Zwei der drei größten Anhänger besitzen als einzige auf ihrer Rückseite an ihrem unteren Ende eine Öse. Alle drei sind zudem mit Perldrähten auf der Rückseite verziert, ebenso zwei der vier kleineren Anhänger. Bei allen übrigen ist die Rückseite unverziert.

Sechs Anhänger, die größten Stücke, tragen auf der Schauseite ein regelmäßiges Flechtbandmuster. Das Flechtband besteht aus bis zu fünf parallelen Drähten. Granulationskügelchen werden nur für die Verzierung des Raubvogelkopfes verwendet. Dieser zeichnet sich durch große Augen und einen hakenförmig gebogenen Schnabel aus. Ein mehr oder weniger komplexes Brezelmuster aus Filigran ziert den Aufhänger oberhalb der Vogelaugen. Auffällig ist die Ähnlichkeit der Tierköpfe mit denen auf der Scheibenfibel. Von den vier kleineren Anhängern tragen zwei ebenfalls ein Flechtdekor, jedoch nicht als fortlaufendes Band gestaltet, sondern in einzelne Knoten aufgeteilt. Granulation dient hier zum Ausfüllen der Musterzwischenräume. Die zwei anderen Anhänger sind ausschließlich mit Granulationskügelchen verziert. Auch die kleineren Anhänger besitzen trotz ihres schlichteren Dekors einen schön ausgearbeiteten Raubvogelkopf mit Augen, Augenbrauen und Schnabel.

Bisher sind über 40 Exemplare von vergleichbaren kreuzförmigen Anhängern aus verschiedenen skandinavischen Fundkomplexen bekannt. Sie sind jedoch alle aus Silber hergestellt und durchweg kleiner als die goldenen Anhänger aus Hiddensee. Schwer zu deuten ist ihr symbolischer Gehalt, besonders die Frage, inwieweit ihre Form auf das christlich geprägte Kreuz zurückgeht. Die kreuzförmigen Anhänger, die mehrheitlich aus Fundkomplexen der zweiten Hälfte des 10. Jahrhunderts und später stammen, treten in einer Zeit auf, in der der christliche Glaube im Norden langsam Fuß faßte. Anhänger und andere Objekte mit eindeutig christlicher Symbolik kommen häufig vor und wurden sogar im Norden hergestellt. Die Erfolge der Missionierung, deutlich in der Taufe des Königs Harald Blauzahn selbst, sprechen für die Aufnahme fremder christlicher Motive in den eigenen Formenschatz. Gleichzeitig sind die Raubvogelköpfe der Anhänger einheimische Motive, die auf „heidnischen" Objekten wie den Thorshämmern ebenfalls auftreten (Kat.Nr. VI.73).

Die vier Zwischenglieder (c) tragen einen Flechtbanddekor aus Drähten, der sich bis auf den röhrenförmigen Anhänger erstreckt. Ihre Herstellung entspricht den übrigen Filigranarbeiten des Fundes: Auf ein vorgepreßtes Deckblech wurden die Drähte aufgelegt und das Ganze auf einem planen Bodenblech verlötet. Modeln für kleine Objekte dieser Art sind aus dem bisherigen Fundmaterial nicht bekannt. Die Zwischenglieder dienten als eine Art Abstandhalter, um einen besseren Halt der kreuzförmigen Kettenglieder zu gewährleisten.

Der Halsring (d) ist mit einem Gewicht von über 150 g das schwerste Objekt des Schatzfundes. In Versuchen des Goldschmieds R. Links, Schleswig, konnte gezeigt werden, daß er aus insgesamt vier dickeren Golddrähten hergestellt worden ist. Dafür wurden zuerst je zwei Drähte zu einem Kordeldraht miteinander verzwirnt und dann in einem zweiten Schritt die beiden Kordeldrähte ebenfalls miteinander verdreht. Die Ringenden wurden ausgeschmiedet und mit kleinen stempelartigen Werkzeugen, sog. Punzen, dekoriert. Für den Verschluß wurde das eine Ende hakenförmig umgebogen; es läuft in einer Spirale aus. Am gegenüberliegenden Ringende befindet sich eine passende Aussparung. Versuche zur Trageweise zeigten, daß ein solcher Ring genügend Elastizität besaß, um ihn so weit aufzubiegen, daß er um den Hals gelegt werden konnte. Der Halsring war bei seiner Auffindung zusammengebogen. Dies läßt sich bei zahlreichen Ringen in skandinavischen Schatzfunden beobachten und ist darauf zurückzuführen, daß die Stücke meist in einem Gefäß vergraben worden sind. Um auch die größeren Objekte durch die Öffnung stecken zu können, wurden sie entsprechend verkleinert. Der verbogene Halsring deutet darauf hin, daß auch die Goldfunde von der Insel Hiddensee ursprünglich dort vergraben waren.

Paulsen, Goldschatz. – Corpus archäologischer Quellen, 2. Lfg., S. 87f., Nr. 41/221, Taf. 41/221.1–16. – Ausst.kat. Speyer 1992, S. 171–174 (Mechthild Schulze-Dörrlamm), Farbtaf. 172f. – Ausst.kat. Paris/Berlin/Kopenhagen 1992/93, Nr. 265 (Joachim Herrmann). – Eilbracht, Filigrankunst, S. 196f. Nr. 129–138, S. 199 Nr. 166–169 u. S. 212 Nr. 242.

H.E.

VI. 77
Preßmodeln aus Haithabu

Skandinavisch, zweite Hälfte 10. Jahrhundert
Haithabu, Gem. Busdorf (Kr. Schleswig-Flensburg): Hafenfund

a) Runder Preßmodel: Kupferlegierung, massiv gegossen. Leichte Korrosion; Reste schwarzer Patina auf Vorder- und Rückseite. – H. 1,9 cm, Dm. 6,85 cm, Gew. 254,6 g.

b) Kreuzförmiger Preßmodel mit Flechtbanddekor: Kupferlegierung, massiv gegossen. – Korrodierte Oberfläche; Reste schwarzer Patina auf Vorder- und Rückseite der Öse. L. 4,6 cm, B. 4,4 cm, Gew. 29,54 g.

c) Kreuzförmiger Preßmodel mit Granulationsdekor: Kupferlegierung, massiv gegossen; Reste schwarzer Patina auf Vorder- und Rückseite. – L. 4,2 cm, B. 3,95 cm, Gew. 25,07 g.

Schleswig, Stiftung Schleswig-Holsteinische Landesmuseen, Archäologisches Landesmuseum, Inv.Nr. Hb Hafen G 2a ta

VI. 77 a

Die aus massiver Bronze gegossenen Preßmodeln zeichnen sich durch ein erhabenes Musterrelief auf der meist gewölbten Oberfläche bei einer planen Unterseite aus. Hergestellt wurden sie durch Guß, entweder im Wachsausschmelzverfahren oder mit Hilfe einer zweiteiligen Form. Bei der ersten Möglichkeit wird ein Wachsmodell mit Lehm umhüllt und anschließend durch Erhitzen zum Schmelzen gebracht, so daß ein Hohlraum zum Eingießen der Bronze entsteht. Die zweite Möglichkeit bedarf der Herstellung einer zweiteiligen Lehmform, in der durch ein solides Modell der entsprechende Hohlraum ausgespart ist, in den dann die Bronze gegossen wird. Nach dem Erkalten erfolgt die Nachbearbeitung des bereits in der Gußform vorgegebenen Musterreliefs mittels Punze und Gravierstichel zur Erzielung einer größeren Deutlichkeit des Musters. Abschließend wird der Preßmodel poliert, um eine glatte Oberfläche herzustellen.

Bei Preßmodeln handelt es sich um Werkzeuge, die zur Herstellung von filigran- und granula-

VI. 77 b

VI. 77 c

tionsverziertem Preßblechschmuck dienten, wie er durch den Schatz von Hiddensee (Kat.Nr. VI.76) in sehr prachtvoller Ausführung bekannt geworden ist. Zu einigen Preßmodeln aus dem Hafen von Haithabu finden sich dort motivgleiche, jedoch nicht maßgenaue Schmuckstücke. Diese bestehen aus zwei aufeinandergelöteten Blechen: dem planen, etwas dickeren, stabilisierenden Unterblech und dem etwas dünneren, durch den Preßmodel gewölbten und reliefierten Oberblech aus Edelmetall. Zum Formen des Oberblechs wurde ein dünn gehämmertes Edelmetallblech mit Hilfe eines Stiftes bzw. Modellierhölzchens oder einer Punze in das Preßmodelrelief gerieben, um sowohl eine standardisierte Größe und Form des Schmuckstücks zu erzielen als auch durch das eingeschnittene Relief ein grobes Muster vorzugeben, das anschließend mit Filgran und Granulation detaillierter ausgeführt wurde. Von diesen sehr speziellen Werkzeugen wurden 1979 im Hafenbecken von Haithabu insgesamt 41 Exemplare unterschiedlicher Formen und Motive gefunden, die ehemals in einem Beutel oder anderem organischen Behältnis aufbewahrt wurden.

Mit Hilfe des runden Preßmodels (a) wurden die Oberbleche von Preßblechfibeln gewölbt. Deutlich zu erkennen sind die in der Draufsicht wiedergegebenen, nach innen gerichteten Köpfe der vier ineinandergeschlungenen Tierleiber.

Bei Preßmodel (b) tragen die Kreuzarme an den Kreuzungspunkten jeweils ein vierpaßartiges Relief. Auf dem Preßblechschmuck wurden diese anschließend mittels Filigran als Flechtbänder angegeben.

Bei Preßmodel (c) ist der Kreuzkorpus plan belassen, da die Dekoration des Preßbleches aus gleichwertig nebeneinander gesetzten Granalien ohne weitere Muster- oder Reliefausprägungen gestaltet ist.

Die Verbreitung der Preßmodeln und somit die Produktion von Preßblechschmuck beschränkt sich auf das altdänische Herrschaftgebiet und kann somit als südskandinavisches Charakteristikum der Wikingerzeit angesehen werden. Preßmodeln fanden sich ausschließlich in administrativen Zentren, die sich durch bestimmte Funktionen auszeichnen. Es handelt sich stets um Zentralplätze, die eine über den gewöhnlichen agrarischen Betrieb hinausreichende Organisationsform aufwiesen und die aufgrund der bereits fortgeschrittenen sozialen Differenzierung die Etablierung eines neuen Handwerker- und Händlerstands und dadurch eine spezialisierte Schmuck-Produktion ermöglichten. In diesen Zentren hielten sich die Könige auf, etwa König Harald Blauzahn; sie standen im Blickpunkt der Missionsbestrebungen und waren in späterer Zeit Stätten der Münzprägung. Die Gebundenheit der Preßmodeln an administrative Zentren zeigt die

Absicht einer gezielten Produktion und einer vermutlich ebenso gesteuerten Verteilung der damit gefertigten Schmuckstücke. Die Produktion war bewußt auf bestimmte Zentren konzentriert, möglicherweise um einen bestimmten Personenkreis, der sich nur an diesen Orten fand, mit den Schmuckstücken auszustatten. Hinsichtlich ihres wissenschaftlichen Wertes dienen die Preßmodeln einerseits zur Illustration der Oberblechfertigung des Preßblechschmucks und andererseits als Zeugnisse für die vom altdänischen Herrschaftsgebiet ausgehende Schmuckproduktion.

Duczko, Kungar. – Lønborg, Metalbearbejdning. – Eilbracht, Filigrankunst, S. 163f. – Armbruster, Goldschmiedewerkzeug.

S.K.

VI. 78

VI. 78
Scheibenfibel

Skandinavisch, zweite Hälfte 10. Jahrhundert
Sperrestrup, Amt Frederiksborg, Seeland, Dänemark: Einzelfund
Gold, Dekor aus Filigran und Granulation auf vorgepreßtem Deckblech aufgelötet, nach innen gewölbtes Bodenblech mit Nadelkonstruktion und Öse mit Goldring.
Vollständig bis auf Teile des Randdekors. – Dm. 4,58–4,64 cm.
Kopenhagen, Nationalmuseet, Inv.Nr. 20540

Die Scheibenfibel trägt ein symmetrisch angeordnetes Tierornament vom sog. Typ Hiddensee. Dargestellt sind in der Aufsicht vier Tierköpfe, die sich in der Fibelmitte einander zuwenden. An jeden Kopf schließt sich ein Körper an, dessen Einzelteile – Hals, Vorderschenkel mit Vorderbeinen, Rücken, Hinterschenkel mit Hinterbeinen und langer Schwanz – zu einem komplizierten Muster über- und untereinander gelegt sind. Wie bei anderen Filigranfibeltypen (Kat.Nr. VI.81) ist auch hier auf das Bodenblech ein vorgepreßtes Deckblech gelötet worden. Die darin vorgearbeiteten Tierkörper wurden anschließend mit Drähten verziert, Schenkel und Tierköpfe mit Kügelchen ausgefüllt. Der Rand der Fibel ist ebenfalls mit Drähten belegt, die Zwischenräume des Musters sind mit kleinen Filigranelementen flächig bedeckt.

Bisher wurden über 50 solcher Scheibenfibeln mit Tierornamenten, die drei- oder vierteilig gestaltet sein können, gefunden. Sie sind durchweg aus Silber gearbeitet; nur zwei goldene Exemplare, das hier beschriebene und ein weiteres von der Insel Hiddensee (vgl. Kat.Nr. VI.76 a), sind bis jetzt bekannt. Alle Fibeln stammen aus Horten oder sind Einzelfunde; in Gräbern treten sie nicht auf. Die Fundkomplexe zeigen, daß diese Fibeln überwiegend in der zweiten Hälfte des 10. Jahrhunderts hergestellt worden sind. Auch die für die Herstellung notwendigen Preßmodeln, mit denen das Muster in das Deckblech eingedrückt wurde, sind von mehreren nordischen Fundorten bekannt (vgl. Kat.Nr. VI.77 a). Im Fall der Fibel aus Sperrestrup stammt möglicherweise ein exakt passender Model aus dem dänischen Veljeby auf der Insel Lolland. Die filigranverzierten Scheibenfibeln mit Tierornamenten sind mit Durchmessern zwischen 5,5 und 8 cm sehr groß. Sie dienten zum Verschließen eines Mantels oder eines Umhangs und konnten von Frauen wie von Männern getragen werden. Die Fibel aus Sperrestrup fällt zwar eher klein aus, aber aufgrund ihres Materials kann sie als ein hervorragendes Stück dieser Fibelgruppe gelten. Dazu paßt, daß sogar die Blechstreifen für die Befestigungskonstruktion mit Perldrähten eingerahmt sind, obwohl die Rückseite dem Betrachter verborgen blieb.

Skovmand, Skattefund, S. 114f., fig. 25. – Duczko, Scandinavian dies, Fig. 3. – Eilbracht, Filigrankunst, S. 211 Nr. 238.

H.E.

VI. 79
Zungenfibel

Skandinavisch, 10. Jahrhundert
Salby, Amt Fünen, Fünen, Dänemark: Einzelfund
Silber mit Resten von Vergoldung, gegossen und partiell graviert, plane Rückseite mit Nadelkonstruktion und Öse, darin zerdrückter Silberring. – Vollständig, die Nadel fehlt. L. 12,9 cm, B. 4,0–4,7 cm.
Kopenhagen, Nationalmuseet

Die massive Silberfibel ist mit einem regelmäßigen Bandgeflecht verziert: Eine stärker hervortretende Struktur besteht aus der umlaufenden Randkerbung, von der wellenförmige, kleine Ranken, sieben auf jeder Längsseite, rechtwinklig zur Mitte ziehen. Die Mittelachse der Fibel wird durch acht rautenförmige Dekorelemente betont. Unter dieses Hauptmuster ist ein dichtes, symmetrisches Bandgeflecht gelegt. Die Bänder überziehen, diagonal über- und untereinander herlaufend, die gesamte Fläche. An ihren Schnittpunkten erweitern sie sich hakenförmig. Dort tragen sie jeweils einen kleinen Zierpunkt. Unklar ist, ob mit diesem Element Augen angedeutet werden, das Bandgeflecht also ein Tierornament stilisiert. Auf der Rückseite besitzt die Fibel eine Gravur aus zwei Schlangen.

Die Form der Fibel leitet sich von karolingischen Vorbildern ab. In diesem Kunstkreis dienten die zungenförmigen Schmuckstücke jedoch als Riemenenden, das sind metallene Zierabschlüsse lederner Gurte. Karolingische Riemenzungen gelangten einzeln in den Norden oder waren Teil eines Sets, das zusätzlich aus einer Schnalle, zwei ovalen Beschlägen und einem kleeblattförmigen Riemenverteiler bestand. Derartige Beschlagsätze gehörten zur ledernen Tragevorrichtung der Schwerter. Wie die Einzelstücke waren sie vermutlich Beutegut aus den Raubzügen der Wikinger.

Im Norden erhielten die fremdartigen Riemenzungen eine neue Funktion, indem man sie zu Anhängern oder Fibeln umarbeitete. Darüber hinaus diente ihre Form als Vorbild für die lokale Herstellung derartiger Schmuckstücke, wie es die Fibel aus Salby dokumentiert. Zungenfibeln wurden nach dem Zeugnis der Grabfunde von Frauen als Verschluß des leinenen Hemdes oder eines wollenen Umhangs getragen. Die Salby-Fibel diente wegen ihrer beträchtlichen Größe wohl zum Zusammenhalten eines Umhangs bzw. Mantels. An dem zerdrückten Ring waren möglicherweise kleine Anhänger oder Zierkettchen befestigt (vgl. Kat.Nr. VI.81).

Brøndsted, Graves, Nr. 74, Fig. 49. – Wamers, Zungenfibel, Abb. 16 u. 17.

H.E.

VI. 79

VI. 80
Scheibenfibel

Skandinavisch (?), 10. Jahrhundert
Haithabu, Gem. Busdorf, Schleswig-Holstein: Einzelfund „von der Hochburg“
Gold, Dekor aus Filigran und Granulation auf einzelnen vorgepreßten Deckblechen aufgelötet, planes Bodenblech mit Nadelkonstruktion und Öse.
Fibel und Dekor vollständig, Nadel fehlt. – Dm. 3,6–3,9 cm.
Schleswig, Stiftung Schleswig-Holsteinische Landesmuseen, Archäologisches Landesmuseum, Inv.Nr. KS 10596

VI. 80

Der stilistische Vergleich des Musters führt zu einer Datierung der Fibel in das 10. Jahrhundert. Es ist jedoch nicht zu sagen, ob es sich um ein einheimisch wikingisches Schmuckstück oder um ein Importstück aus dem ottonischen Kunstkreis handelt. Vielleicht stellte die Fibel ein Geschenk an eine einflußreiche Persönlichkeit dar, die in Haithabu residierte. Kostbare Geschenke auf dem Hintergrund politischer oder religiöser Verbindungen waren nichts Ungewöhnliches. Die kontinentalen Schriftquellen berichten immer wieder von der Anwesenheit hochrangiger dänischer Gesandtschaften am karolingischen und ottonischen Hof. Bei diesen Anlässen gehörte der gegenseitige Austausch von Gaben zum Ritual.

Capelle, Metallschmuck, Nr. 67, Taf. 29.4. – Vierck, Sachkultur, S. 390–398, Abb. 186.6. – Elsner, Wikinger Museum, S. 59. – Eilbracht, Filigrankunst, S. 221 Nr. 312.

H.E.

Die ovale Scheibenfibel stellt mit ihrem Muster ein Unikat innerhalb des nordischen Filigranschmucks dar. Es besteht aus einem von oben gesehenen Tier, das sich aus dem Kopf mit Buckelaugen und Schnabel, dem bandförmigen Körper sowie den beiden Vorderschenkeln mit Vorderbeinen und den zwei Hinterschenkeln mit Hinterbeinen zusammensetzt. Der Schwanz des Tieres ist bogenförmig um den Körper herumgelegt. Das Tier richtet sich gegen eine stilisierte Palmette, so daß es aussieht, als „sauge" es an der Blüte. Einzelne Teile des Musters sind durch kleine vorgepreßte Deckbleche herausgearbeitet, die auf die plane Bodenplatte aufgelötet waren. Diese Bleche wurden anschließend sorgfältig mit Drähten verziert. Ebenso sind die Zwischenräume mit Drahtringen und teilweise darin eingelegten Kügelchen ausgefüllt.

Die Fibel gehörte zum Trachtschmuck einer Frau. Sie besitzt auf der Rückseite neben der Nadelkonstruktion eine Öse, an der zusätzlicher Hängezierat befestigt werden konnte (vgl. Kat.Nr. VI.81). Durch die damit vorgegebene Ausrichtung steht das Muster für den Betrachter auf dem Kopf, die Trägerin konnte es jedoch „richtig" sehen.

Die Fibel wurde bereits 1855/56 von Ziegeleiarbeitern entdeckt und gelangte in den Familienbesitz des damaligen Firmeninhabers. Eine Namensgravur auf der Rückseite stammt aus dieser Zeit.

VI. 81
Scheibenfibel

Skandinavisch, 10. Jahrhundert
Insel Sejerø, Amt Holbæk, Seeland, Dänemark: Hortfund
Silber, Dekor aus Filigran und Granulation auf vorgepreßtem Deckblech aufgelötet, planes Bodenblech mit Nadelkonstruktion und Öse, darin Silberring mit angehängten Silberkettchen.
Fibel fast vollständig, die Miniaturanhänger der Ketten fehlen bzw. sind deformiert. – Dm. 3,54–3,56 cm.
Kopenhagen, Nationalmuseet, Inv.Nr. 18197

Die kleine Scheibenfibel trägt ein sog. Terslev-Muster, das sorgfältig in Filigran und Granulation ausgeführt ist. Es besteht aus fortlaufend verschlungenen Doppelbrezeln, in die ein Quadrat bzw. eine Raute eingestellt ist. Innen formen die Brezelbögen einen Kreis, im Zentrum befindet sich ein kreuzförmiges Element. Den Namen erhielt dieses Muster nach einem dänischen Fundort, an dem mehrere Silberanhänger entdeckt wurden, die das im Norden insgesamt weit verbreitete, charakteristische Muster aufweisen. Die kegelförmige Wölbung auf der Schauseite der Fibel kommt zustande, indem man auf dem Bodenblech ein reliefartig gestaltetes Deckblech auflötete. Darin war das Muster mit Hilfe eines Preßmodels bereits vorsichtig eingedrückt worden. Anschließend wurden die einzel-

VI. 81

nen Teile des Musters mit Drähten und Kügelchen verziert (vgl. Kat.Nr. VI.82 a).

Mit Hilfe der kleinen Scheibenfibel konnte ihre Besitzerin das Hemd am Halsansatz bzw. oberhalb der Brust schließen. Diese Fibeln treten am Ende des 9. Jahrhunderts und dann vor allem im 10. Jahrhundert in ganz Skandinavien auf. Ihre Form geht auf westeuropäische Einflüsse zurück. Ungewöhnlich ist, daß sich sowohl die Nadel aus Silber als auch drei angehängte Zierkettchen, die noch zwischen 19 und 24 cm lang sind, erhalten haben. Eine der Ketten trägt am Ende einen Ring mit zwei filigranverzierten Miniaturperlen, die zweite Kette einen Ring mit einem brezelförmigen Miniaturobjekt (Fibel?). Damit liefert das Stück ein recht vollständiges Bild vom Aussehen und der Trageweise solcher Gewandspangen. Allein der Fibeltyp mit Terslev-Muster ist bisher durch etwa 50 silberne Fundstücke mit Filigran und Granulation vertreten.

Die Fibel aus Sejerø stammt aus einem Hortfund. Darin waren weitere vollständige Schmuckstücke aus Silber, Münzen und sog. Hacksilber, also zerschnittene Objekte, deponiert. Der Hort hatte ein Metallgewicht von über 1800 g. Er war nach Ausweis der Münzen vermutlich in den Jahren zwischen 960 und 970 im Boden vergraben und mit einem Stein abgedeckt worden.

Skovmand, Skattefund, S. 103–107, Fig. 22. – Ausst.kat. Paris/Berlin/Kopenhagen 1992/93, Nr. 142 (Henriette Lyngstrøm u. Jørgen Steen Jensen). – Eilbracht, Filigrankunst, S. 203 Nr. 189.

H.E.

VI. 82 a, b

VI. 82
Zwei Modeln aus Bronze

Skandinavisch, 10. Jahrhundert
Stora Uppåkra, Schonen, Schweden: Einzelfund

a) scheibenförmiger Model: Bronze, gegossen. – Vollständig, am Rand beschädigt. – Dm. 3,4–3,5 cm.

b) rechteckiger Model: Bronze, gegossen. – Vollständig erhalten. – L. 3,9 cm, B. 2,8 cm.

Lund, Universitets Historiska Museum, Inv.Nr. U 524 (a), U 3255 (b)

Der bronzene Model (a) besitzt einen leicht kegelförmig gewölbten Querschnitt. Die Rückseite ist plan, die Schauseite zeigt das Muster des späteren Schmuckstücks. Modeln dieser Art dienten dem Gold- und Silberschmied als technisches Hilfsmittel zur Ornamentierung eines dünnen Edelmetallblechs, das auf den Model aufgelegt und entlang der Konturen des Musters sorgsam eingedrückt wurde (vgl. Kat.Nr. VI.77). Das reliefierte Blech verwendete man u. a. bei der Herstellung filigranverzierter Gewandspangen: Durch zusätzlich aufgelegte Drähte (Filigran) und Kügelchen (Granulation) erhielt das Muster seine endgültige Gestalt. Das Blech, an dem auch die Befestigungsvorrichtung der Spange angebracht war, wurde zur Stabilisierung auf einer planen Bodenplatte aufgelötet.

Das Muster des scheibenförmigen Models besteht aus einem zweiteiligen, brezelförmigen Geflecht, das spiegelsymmetrisch gestaltet ist. Eine in das Geflecht eingezogene Raute verbindet die Brezeln miteinander. Die Mittelpartie wird ebenfalls durch ein kleines rautenförmiges Element betont. Um den Rand des Models läuft eine schmale Abschlußleiste.

Das zweiteilige Flechtbandmuster mit eingeschriebener Raute stellt eine Variante des im 10. Jahrhundert im Norden weit verbreiteten Terslev-Musters dar (vgl. Kat.Nr. VI.81). Zu dem Model existiert eine in der Größe und im Muster sehr gut passende Fibel von einem südschwedischen Fundort. Sie ist aus Silber gearbeitet und sorgfältig mit Filigran verziert. Uppąkra, der Fundplatz des bronzenen Models, liegt davon nur etwa 70 km entfernt. Möglicherweise ist dies einer der seltenen Fälle, bei denen sich der Produktionsort eines an anderer Stelle gefundenen Schmuckstücks tatsächlich lokalisieren läßt.

Der flache, bronzene Model (b) hat eine plane Rückseite, an der noch die Gußnaht erhalten ist. Das schwer zu entziffernde Muster auf der Vorderseite zeigt Elemente der nordischen Tierornamentik. Zu erkennen sind zwei im Profil gesehene Tierköpfe links und rechts der Mittelachse, an die sich die ineinander verschlungenen Körperteile anschließen, die jedoch nicht vollständig wiedergegeben sind. Der Rand des Models wird von einer Leiste eingefaßt.

Die knotenartige Gestaltung der Körper erinnert an die Tierfiguren des sog. Borrestils, eines nordischen Tierstils, der bereits im 9. Jahrhundert auftritt und bis in das 10. Jahrhundert nachgewiesen werden kann. Die beiden Tierköpfe besitzen aber eine weit aufgerissene Schnauze mit spiralig eingerolltem Oberkiefer, wie sie erst bei den Tierfiguren des sog. Jellingstils auftritt. Dieser Stil entwickelt sich im 10. Jahrhundert; das namengebende Fundstück, ein kleiner Becher aus dem Nordhügel in Jelling (Kat.Nr. VI.70), ist vermutlich um die Mitte des 10. Jahrhunderts entstanden.

Der Model besitzt an beiden Schmalseiten eine hervorstehende Verdickung, vielleicht eine Art Haken. Unklar ist, ob es sich bei diesem Stück um einen echten Preßmodel handelt, mit dem Edel-

VI. 83

metallbleche ornamentiert wurden. Dagegen sprechen die auf der Rückseite stehengelassene Gußnaht sowie die beiden hakenartigen Verdickungen. Vielleicht stellt das Stück eher ein echtes Modell dar, mit dessen Hilfe das Muster beispielsweise in tönerne Gußformen eingedrückt werden konnte. Auf diese Weise ließen sich beliebig viele gegossene Objekte mit einem identischen Dekor herstellen. Solche Modelle sind aus der Wikingerzeit mehrfach bekannt, bestehen aber häufig nicht aus Bronze, sondern aus einer weniger wertvollen Blei/Zinn-Legierung.

Capelle, Modeln, S. 221–224, Abb. 1 u. 2.

H.E.

VI. 83
Schatzfund von Ocksarve

Verborgen nach 999
Kirchspiel Hemse, Gotland
Silbergegenstände und Münzen
Visby, Gotlands Fornsal, Länsmuseet på Gotland (Dauerleihgabe Statens Historiska Museum und Kungl. Myntkabinettet, Stockholm), Inv.Nr. SHM 33128

Auf dem Bauernhof Ocksarve auf der schwedischen Insel Gotland wurde im Mai 1997 ein Silberschatz mit einem Gewicht von etwas mehr als 5 kg entdeckt, der zu 90 Prozent aus Silbergegenständen (Barren, Stangen, geflochtene Drähte, Ringe,

Schmuck) und zu 10 Prozent aus Silbermünzen bestand. 1998/99 sind weitere 50 Münzen gefunden worden.

Von den insgesamt 416 Münzen stammen 393 aus dem Gebiet des ottonischen Reichs, davon allein 210 aus Sachsen: 198 Otto-Adelheid-Pfennige sowie Münzen aus Magdeburg (2), Hildesheim (2), Lüneburg? (3), Dortmund (4) und Stade (1). Die übrigen Münzen kommen aus Lothringen (46 – Köln, Metz, Deventer), Franken (65 – Mainz, Worms, Würzburg), Schwaben (53 – Konstanz, Straßburg, Augsburg, Esslingen), Bayern (11 – Regensburg, Neuburg), Reichsitalien (6 – Pavia, Verona) oder sind unbestimmt deutsch (2). Außerdem fanden sich englische (8), böhmische (7), nordische (2) sowie islamische (5) und byzantinische (1) Prägungen. Jüngste Münzen sind drei Denare Bischof Alwichs von Straßburg (999–1001), so daß der Schatz um die Jahrtausendwende in die Erde gekommen sein dürfte. Er veranschaulicht eindrucksvoll die Dominanz deutschen, insbesondere sächsischen Münzsilbers in den skandinavischen Schatzfunden, wobei in diesem Fall die Anteile arabischer und englischer Münzen geringer sind als wir sie sonst aus den Schätzen der Jahrtausendwende kennen. Aufgrund dieser individuellen Fundstruktur kann man vermuten, daß die Münzen von einem gotländischen *farmannabonde* (Fahrmann, Bauern-Kaufmann, Bauern-Händler) auf einer, höchstens zwei Fahrten in das Reich wahrscheinlich im Elbegebiet zusammengebracht worden sind, wobei der Gotländer dort auch mit einem aus Süddeutschland stammenden Kaufmann gehandelt haben muß.

Die besondere Zusammensetzung des Schatzes ergibt sich auch aus seinen Silbergegenständen. Sie sind zu zehn Paketen kombiniert, von denen vier hauptsächlich aus Silberstangen, sechs hauptsächlich aus Spiralen bestehen. Einige Münzen waren in diese Pakete hineingesteckt worden, die auf diese Weise auf bestimmte Gewichte von 3 bis zu 4 Mark Silber gebracht worden sind. Die Hauptmenge der Münzen war lose im Schatz verstreut. Von den zehn Paketen haben vier ein Gewicht zwischen 194 und 202 Gramm und stellten offenbar jeweils eine Silbergewichtsmark dar. Man kann diese Pakete daher wohl als eine Art „Großgeld" des wikingerzeitlichen Fernhandelsbetriebs werten.

Ein Schatzgefäß war nicht nachweisbar, der Schatz ist vermutlich ohne Behältnis in einem Haus aufbewahrt worden. In Ocksarve, d. h. auf demselben Bauernhof, sind bereits 1886 und 1920 zwei große wikingerzeitliche Münzschatzfunde zutage getreten. Schatz I ist früher (um 850), Schatz II später (um 1120) verborgen worden. Fast könnte man glauben, daß jede Generation gotländischer Bauern-Kaufleute einen eigenen Schatz zusammenbringen wollte und dabei den Schatz der Vorfahren nicht berührte.

Jonsson, Ocksarve, S. 5f. (Vorbericht, detaillierte Publikation durch Jan Peder Lamm, Kenneth Jonsson u. Majvor Östergren in Vorbereitung).

K.J.

DIE KIEWER RUS'

*VI. 84
Schatz von Gnezdovo

10. Jahrhundert
Gnezdovo bei Smolensk (Rußland)
106 Schmuckstücke aus Silber, gegossen bzw. getrieben, teils vergoldet, mit Niello, Filigran, Granulation; einige aufgezogene Glasperlen. – Weitgehend vollständig erhalten.
20 silberne Münzanhänger und Münzfragmente, jüngstes Prägedatum 953/54. – Ein Paar leicht beschädigte bronzene Schalenfibeln und ein stark fragmentiertes Eisenschwert wohl nicht zum Hort, sondern zu unbeobachteten Gräbern gehörig.

a) 2 Halsringe: Ein offener Knotenring von herausragender Größe, aus Blechröhren aufgebaut, mit 6 großen melonenförmigen Blechknoten und zwei gleichartigen als Endknoten bestückt, auf den Knoten goldene Medaillons mit vierteiligen, zu Kreuzen zusammengesetzten Filigran-Doppelspiralen; Umfang 130 cm, Dm. 31,5 cm (bei 36 cm Endüberlappung), Reifenstärke 1,5 cm, Knoten-Dm. 3,5 cm; Gew. 710 g; skandinavisch, westlich geprägt. – Ein offener Knotenring, massiv, achtkantig facettiert, mit feinen Stempelmustern und 4 kleinen, kubooktaedrischen Knoten sowie 2 großen Kubooktaedern als Endknoten; slawisch, orientalisch geprägt; Dm. 21,8 cm.

b) 4 geschlossene halsringförmige „Grivnen" aus verschiedenartig gewundenen Drähten, die Enden mit einem Umschlagknoten verknüpft; slawisch; Dm. 17,5–27,5 cm; Gew. 293 g, 388 g, 457 g.

c) Ein Paar Schläfenringe aus Draht, die Enden mit einem Umschlagknoten verknüpft, mit aufgezogenen grünen und roten Glasperlen; slawisch, typisch in der Fundregion; Dm. 6,2 bzw. 7,2 cm.

VI. 84

d) Eine aus Perldraht gewickelte Perle; L. 1,5 cm, Dm. 1,2 cm.

e) 47 Blechperlen: 8 Perlen mit Filigranvoluten und spärlichem Granalienbesatz; skandinavisch, westeuropäisch geprägt; L. 1,1–1,9 cm, Dm. 1,2–1,7 cm. – 15 glatte Perlen; slawisch; L. 1,1 cm, Dm. 1,1 cm. – 21 Perlen mit Granulation, zumeist in Dreiecksfeldern ausgelegt; slawisch; L. 1,1–3,3 cm, Dm. 1,0–2,3 cm. – 3 aufwendig durchbrochene Blechperlen mit Granulation; slawisch, orientalisch geprägt; L. 2,5–3,1 cm, Dm. 1,6–1,8 cm. – 2 große, ovale Perlen mit granaliengesäumten Blechbuckeln; slawisch, orientalisch geprägt; L. 2,1 cm, Dm. 1,5 cm.

f) 2 gegossene Rundfibeln unterschiedlicher Ausführung mit Tierornamentik in der Fläche und mit plastischen Tierfiguren besetzt, die sich einem überragenden helm- bzw. kronenartigen Knopf im Zentrum zuwenden; die Grundkonzeption der Darstellung zeigt das Quadrat im Kreis mit Tieren in kreuzförmig unterteilender Aufstellung am Paradies- oder Weltenberg, auf der größeren Fibel findet man den „Wilden Bergwidder", das lebenspendende Ahnentier turkmongolischer Mythologie Mittelasiens, auf der kleineren Fibel erscheinen die Tiere teilweise in synkretistischer Umdeutung als „Hirsche" am Paradieseshügel bei den Quellen des Lebensbrunnens christlicher Jenseitserwartung versammelt; an der größeren Fibel sind drei Kettchen aus Perldraht-Achterschlingen erhalten, die am Ende rautenförmige Klapperbleche mit Drahtzier aus Doppelvoluten zeigen; ostskandinavisch, mit synkretistischer Ikonologie aus Elementen Mittelasiens und Westeuropas; Dm. 8,0 bzw. 6,2 cm, H. mit Kettchen 31 cm.

g) 23 gegossene Anhänger: 19 Anhänger mit durchbrochener skandinavischer Tierornamentik, teils mit einzelnen Greiftieren im Borrestil, teils mit symmetrischen Tierpaaren im Jellingstil; Einzelgestalten, hier ohne Bildkontext, aber ikonologisch als Tiere der Schöpfung bestimmbar, ursprünglich christlich-mediterraner Herkunft, gewinnen sie nach ihrer Rezeption im Norden anscheinend bald die Qualität allgemeiner Heilssymbole; skandinavisch; H. 2,8–4,4 cm, B. 2,4–4,1 cm. – Ein Anhänger als bärtige Gesichtsmaske im Hochrelief, hervorstechend die als stürzender Raubvogel ausgearbeitete Stirn- und Nasenberge des Helmes (Grima); Darstellung Odins oder doch „Christus als Sieghelfer" (?) in skandinavischer

Rezeption; skandinavisch; H. 4,8 cm, B. 3,5 cm. – Ein ovaler Anhänger mit Pflanzenornament; orientalisch-steppennomadisch; H. 2,6 cm, B. 2,4 cm;. – Ein runder Anhänger mit dem Motiv „sitzender Mann hält zwei Vögel am Hals umklammert" (Greifenflug Alexanders des Großen); orientalisch-steppennomadisch; H. 2,5 cm, B. 1,9 cm. – Ein geöster, schildförmiger Gürtelbeschlag mit Pflanzenornament; orientalisch-steppennomadisch; H. 3,0 cm, B. 2,7 cm.

h) 24 Blechanhänger: 7 runde Anhänger mit unterschiedlich zusammengestellten Filigranvoluten und spärlicher Granalienfüllung; vertreten sind drei- und vierteilige Muster aus Doppelspiralen (adossierenden Pelten), die an den Berührungspunkten mit kleinen Blechklammern verbunden sind, einmal ist das vierteilige Peltenkreuz mit einem zentralen Dreipaßknoten aus Filigrandraht kombiniert; zwei der Anhänger zeigen die Voluten in vegetabiler Anordnung als Lebensbaum; skandinavisch, westeuropäisch geprägt; H. 2,6–4,2 cm, B. 2,2–3,4 cm. – Ein runder Anhänger mit vier untereinander verklammerten Filigran-Medaillons, die jeweils ein getrepptes Filigrankreuz enthalten, Kreuzzwickel und Zentrum sind mit Einzelgranalien besetzt, in den vier Außenzwickeln erscheinen Dreipaßknoten aus Filigrandraht; skandinavisch, westeuropäisch geprägt; H. 4,1 cm, B. 3,3 cm. 2 rundschildartige Anhänger, jeweils mit granalienbelegtem Buckel als Zentrum eines Wirbelmusters aus Filigranbögen im Wechsel mit bogenförmig angeordneten Perlrand-Granalien; auf der Rückseite eine streifenförmige Blechöse; skandinavisch; Dm. 2,9 cm; – Ein Anhänger als reich dekorierte Frauenfigur im Hochrelief; erhalten ist die über einer Patrize gepreßte Oberseite der Figur, deren Binnenzeichnung als detailreiche Prunkversion mit Filigran und Granulation ausgelegt ist, drei Filigrandrähte säumen die Konturlinie; das früher angelötete Unterseitenblech mit der hinter Kopf/Frisur integrierten Hängeöse ist anscheinend abgefallen; die Darstellung zeigt das Brustbild einer thronend gedachten Herrscherin/Göttin mit Juwelenkragen (Maniakion), edelsteinbesetzten Säumen des vorn offen getragenen Mantels (Chlamys als Mandyas), Diadem mit doppeltem Scheitelband über einer seitlich aufgesteckten Prunkfrisur oder einer mitraartigen Kopfbedeckung mit Pendilien; ein sekundär eingeschlagenes Loch oberhalb der Basiskante diente am ehesten einer verlorenen Behängung mit Kettchen und Klapperblechen; skandinavisch, nach byzantinisch-orientalischer Anregung; H. 2,3 cm, B. 1,9 cm. – Ein runder Anhänger mit granulierter Prunköse und Bildseite, deren Motiv (auf die Perspektive des Trägers bezogen) eine orientalische Blüte zeigt, die im gegebenen skandinavisch-slawischen Milieu als stürzender Vogel (Raubvogel oder Heilig-Geist-Taube) rezipiert worden ist; skandinavisch oder slawisch, nach orientalischer Anregung; H. 4,4 cm, B. 3,7 cm. 2 runde, gewölbte Anhänger mit zentralem Buckel und unterschiedlichem Granulationsdekor aus Dreiecken; slawisch, orientalisch geprägt; H. 2,9 cm, B. 2,4 cm. – 10 Lunulae mit Prunkösen, Filigransaum und geometrischem Granulationsdekor in der Fläche und auf den Ösen, integriert unterschiedlich geordnete Gruppen von granulatgesäumten Blechbuckeln; ostslawisch; H. 2,5–6,0 cm, B. 2,9–9,0 cm.

VI. 84 h

i) Rechteckige Blechkapsel (Kaptorga) mit Perldrahtschlaufe zum Aufhängen, Granulation auf der Fläche dreieckig und rautenförmig ausgelegt, an der röhrenförmigen Trageöse drei plastische Tierköpfchen mit großen Ohren, an der Unterkante zahlreiche Kettchen mit rautenförmigen Klapperblechen eingehängt; osteuropäisch, orientalisch geprägt; H. mit Schlaufe und Kettchen 11,0 cm; H. der Kapsel 4,1 cm, B. 5,1 cm.

j) 20 Münzanhänger und Münzfragmente: Unter den Münzen sind neben einer angelsächsischen nur orientalische Prägungen vertreten, und zwar 1 indische, 3 sassanidische (6. Jahrhundert), 1 byzantinische (8. Jahrhundert) und 14 islamische Dirham (8. und 10. Jahrhundert, die jüngste von 953/54).

k) Ein Paar bronzene Schalenfibeln vom Typ JP. 51; skandinavisch; H. 11,2 cm, B. 7,5 cm.

l) Eisernes Schwert, stark fragmentiert; L. noch ca. 46 cm.

St. Petersburg, Staatliche Eremitage, Inv.Nr. 994/1–104

Westlich vom heutigen Smolensk liegt am nördlichen Ufer des Dnjepr das Dorf Gnezdovo. Hier befinden sich zwei Burgwälle mit vorgelagerten offenen Siedlungen und Gräberfeldern, in denen man früher ca. 5000 Grabhügel zählte. Dieser Siedlungskomplex von „Gnezdovo" ist das in den altrussischen Chroniken genannte Smolensk des 10. Jahrhunderts und gehörte mit Kiew, Ljubeč, Polock, Izborsk, Nowgorod, Ladoga, Beloozero, Rostov und Murom zu den zehn ersten Städten der Rus'. Gnezdovo lag am „Weg von den Warägern zu den Griechen" und kontrollierte Beginn und Ende des wichtigen Dnjeprweges im Schnittpunkt der großen, transkontinentalen Flußwege, das waren hauptsächlich die Wolchow-Lovat-Dnjepr-Achse von der Ostsee über Ladoga und Nowgorod nach Kiew und Miklagarđr / Byzanz, aber auch Zugänge von Nordwesten über die Westliche Dvina (Düna) und von Osten über den Wolgaweg. Hier war ein wichtiger Stützpunkt der wikingerzeitlichen skandinavischen Osteuropafahrer, der Krieger- und Kauffahrergenossenschaften („Waräger"), die sich mitunter auch als fürstliche Gefolgschaften unter Vertrag nehmen ließen und sich im Laufe der Zeit anscheinend mit dem finnischen, baltischen und ostslawischen Stammesadel zu einer mutmaßlich slawisierten Oberschicht verbanden. Wenigstens im 10. Jahrhundert wird man das Milieu aber besser als ethnisch durchlässig und „tolerant" zu kennzeichnen haben. Unter den archäologisch beurteilbaren Gräbern fallen immerhin 27 Prozent durch eine skandinavische Beigabe auf, während man nur 13 Prozent für skandinavisch und überwiegend der Oberschicht zugehörig hält, 31 Prozent gelten als slawisch, die allermeisten sind jedoch nicht näher zuweisbar. Das überaus seltene Vorkommen von Schalenfibeln, als den unverwechselbaren Ausstattungsstücken skandinavischer Frauentracht, bestärkt die Vermutung, daß nicht nur „Waräger", sondern auch ansässig gewordene Skandinavier hauptsächlich mit einheimischen Frauen Lebensgemeinschaften eingegangen sind.

Der Silberschatz ist Rußlands berühmtester wikingerzeitlicher Hortfund. Er wurde 1868 entdeckt und ist ohne nähere Fundbeschreibung als ein anscheinend zusammengehöriger Komplex ins Museum gelangt. Doch gibt es einige Bestandteile, nämlich ein stark fragmentiertes Schwert, ein bronzenes Schalenfibelpaar und ein Paar Schläfenringe mit Glasperlenbesatz, die trotz gleicher Zeitstellung vermutlich einen anderen funktionalen Zusammenhang haben und deswegen separat beurteilt werden müssen. Von diesen Teilen abgesehen, besteht der Hort gänzlich aus unzerstückeltem Silberschmuck.

In seinen Bestandteilen spiegelt der Hort die weiten Verbindungen und Beziehungen der skandinavischen Osteuropafahrer wider, und er beleuchtet hierdurch hervorragend die zentrale Bedeutung des Platzes im Handels- und Verkehrsgefüge Osteuropas. Etwa 40 Prozent der Schmuckstücke sind mutmaßlich skandinavischer Herkunft. Dazu gehören insbesondere die Rundfibeln mit plastischen Tierfiguren, die gegossenen Anhänger im Borre- und Jellingstil, der gegossene Maskenanhänger sowie ein Paar rundschildartiger Blechanhänger mit Wirbelmuster. Eine Serie runder Blechanhänger und eine gleichgroße Serie von Blechperlen mit Filigranvoluten zeigen Merkmale karolingisch-ottonischer, d. h. „westlicher" Prägung. Das gilt auch für die Medaillons auf den melonenförmigen Knoten an einem Halsring von herausragender Größe. Demgegenüber gelten etwa 60 Prozent der Schmuckstücke als ostslawische Erzeugnisse, so die gewundenen halsringartigen „Grivnen" und die für das Dnjepr-Gebiet typischen Lunula-Anhänger mit reichem geometrischem Granulationsdekor. Doch sind die letzteren, wie verschiedene Formen gleichartig verzierter Blechperlen und runder Anhänger, zumindest orientalisch geprägt, wenn nicht überhaupt gänzlich orientalisch-steppennomadischer Provenienz, wie das jedenfalls für die rechteckige Blechkapsel (*Kaptorga*), für drei gegossene Anhänger und eine Serie geöster orientalischer Münzen gelten muß. Die Bezeichnung des mutmaßlichen Herstellungsgebietes will freilich einschränkend so verstanden sein, daß zwischen echten Importstücken und deren handwerklicher Rezeption kaum zu unterscheiden ist.

Der Hort enthält ein unzerstückeltes, vielteiliges Schmuckensemble, das als herausgehobene Ausstattung einer einzelnen Persönlichkeit gewertet werden kann, denn es handelt sich eben keineswegs „lediglich" um gehortetes Edelmetall. Die Bestandteile lassen sich ohne weiteres zu vier bis fünf, jeweils nach Herkunfsgebieten aus Perlen und Anhängern gemischten, wohlproportioniert bestückten Kettensträngen gruppieren. Sie waren einzeln oder auch alle miteinander als breiter Pektoralschmuck zwischen den plastisch gezierten Rundfibeln ausgehängt, die ihrerseits als Hauptstücke sakraler Sinngebung zu werten sind. Das ist von Bedeutung, denn es führt näherhin zur Vorstellung der ursprünglichen Funktion.

In diesem Sinne ist der Hort als Schmuck oder genauer als „Ornat" einer Fürstin aufzufassen, wie er sich im Bildnis des überaus seltenen Frauenfigürchen-Anhängers aus Gnezdovo (Abb.) und dessen Parallelversionen spiegelt, die in Trønninge (bei Holbæk auf Seeland, Dänemark) und Aska Frälsegąrd (bei Hagebyhöga in Östergötland, Schweden) gefunden worden sind, wo einschlägig diskutierte Feinbeobachtungen durch Birgit Arrhenius (1969) und Władysław Duczko (1989) den Schluß zulassen, daß es sich um Thronbilder der Göttin Freyja nach dem Vorbild byzantinischer Herrscherinnen handelt. So wird man im Umkehrschluß besser sagen: Der Hort spiegelt die gedachte Ausstattung der imperialen bzw. göttlichen Erscheinung, in deren Nachfolge die fürstliche Besitzerin eine tragende gesellschaftliche Rolle spielen wollte.

Etwas abseits dieser Spekulation stehen Zugehörigkeit und Integrationsweise der rechteckigen Blechkapsel (*Kaptorga*), die in ihrem orientalischen Ursprungsgebiet zur Gruppe der Amulettbehälter (*Phylakteria*) gehörte, die segensreiche Koransprüche enthielten und normalerweise gleichfalls auf der Brust getragen wurden.

Abgehoben vom Schmuckensemble gilt es ferner, die halsringartigen Knotenringe zu werten, denn sie werden üblicherweise der Männerwelt zugeordnet. Insbesondere der einzigartige Halsring von übernatürlicher Größe (a) ist aber kein für irdische Dimensionen angemessenes „Schmuckstück", sondern am ehesten ein Götter- oder Herrschaftszeichen, auf das vielleicht Eide geleistet werden sollten, wie es die nordischen Sagas schildern. Im gegebenen Milieu wird das am ehesten bedeuten, daß die fragliche Dame ein sakrales Amt verwaltete, von dem man gewöhnlich voraussetzt, daß es dem ranghöchsten Mann zustand.

Die gewundenen „Halsringe" sind hingegen ohnehin keine Schmuckstücke, sondern geldwerte Äquivalente, sog. Grivnen (Gewichtsgeld). Sie konnten beispielsweise von der Fürstin als Ehrengeschenke ausgeteilt werden, wie es etwa im altenglischen Heldenepos 'Beowulf' (Vers 2016–2024) heißt: „Manchmal durchschritt die berühmte Königin [...] den ganzen Festsaal, [...] so manchem Mann gab sie einen Goldreif, [...] mit Ziernieten glänzend besetzte Kostbarkeiten verteilte sie an die Helden."

Ganz separat zu beurteilen sind ferner die drei im vorstehenden Kontext unpassenden Fundstücke: das Schwert, die Schalenfibeln und die Schläfenringe: Das Schwert ist nämlich eine exklusive Männerbeigabe, die eigentlich nur aus einem skandinavischen Kriegergrab stammen kann, das keinen näheren Zusammenhang mit dem Hort hat. – Das Schalenfibelpaar vom doppelschaligen Typ JP.51 vertritt eine zahlreich und weiträumig vorkommende Standardform in der Trachtausstattung skandinavischer Frauen und wäre eine typische Grabbeigabe. Daß deren Trägerin zugleich Inhaberin des Hortes gewesen sein könnte, wird man zwar nicht ausschließen, aber doch für sehr unwahrscheinlich halten müssen. – Die Schläfenringe sind hingegen eine typische Ausstattung zur Tracht, die man in der Fundregion bei den Smolensk-Polocker Krivičen am Oberlauf von Düna, Dnjepr und Wolga findet. Von der skandinavischen Dame mit den Schalenfibeln können sie nicht getragen worden sein. Sollten sie aber der Inhaberin des Hortes gehört haben, so hätte man daraus zu folgern, daß dies eine einheimische Dame war und daß sie mit der im Hort vertretenen Ausstattung Rang und Amt einer „skandinavischen Fürstin" bekleidete.

Guščin, Remesla, S. 53–57, Abb. 11–15, Taf. 1–4. – Korzuchina, Russkie klady, S. 87 f., Nr. 23. – Stenberger, Gotland, Bd. 1, S. 94, 156, 160, 162, 185, 194, 196, 198, 212, 215 u. 284, Abb. 14, 54 u. 72. – Arbman, Handwerk. – Arrhenius, Almandin. – Vierck, Religion. – Davidan/Ščukin, Skandinavier, Nr. 57–81 (Olga I. Davidan). – Schletzer, Silberschmuck, S. 19–45. – Duczko, Granulation Work, S. 35, 39, 50, 54 u. 66, Abb. 47, 59 u. 79. – Jansson, Orientalischer Import. – Mühle, Gnezdovo. – Duczko, Kontakt. – Poppe, Art. Gnezdovo. – Ausst.kat. Paris/Berlin/Kopenhagen 1992/93, Nr. 304 (Olga I. Davidan u. Ingmar Jansson). – Mühle, Art. Gnezdovo. – Eilbracht, Filigrankunst, Nr. 25–27, 58 f. u. 79 f. – Wamers, Greiftierstil, S. 218–223.

I.G.

UNGARN

VI. 85
Prunksäbel

10. Jahrhundert
Tarcal-Rimai dűlő, Ungarn
Eisen, Silber, vergoldet. – Gemeinsame Länge der Bruchstücke der Klinge: 80,2 cm, B. 2,5 cm; Griffknauf L. 5 cm, B. 3,2 cm; Griffring L. 4 cm, B. 5,2 cm; Aufhängeösen L. 5 cm, B. 3,2 cm bzw. L. 2,8 cm, B. 1,8 cm.
Budapest, Magyar Nemzeti Múzeum, Inv.Nr. 8/1895. 8–10, 75–79

Der Säbel ist nur fragmentarisch erhalten. Sein Griffdorn neigt sich zur Schneide hin, die kahnförmige Parierstange endet in einem Knopf und ist zerbrochen. Die Klinge ist schwach gebogen und im unteren Drittel zweischneidig geschliffen. Die Verzierungen auf Griff und Scheide sind aus gepreßtem Silberblech: Vom birnenförmigen Griffknauf ist nur die eine Hälfte erhalten, das untere Ende ist abgebrochen. Seine Verzierung bilden Palmetten-

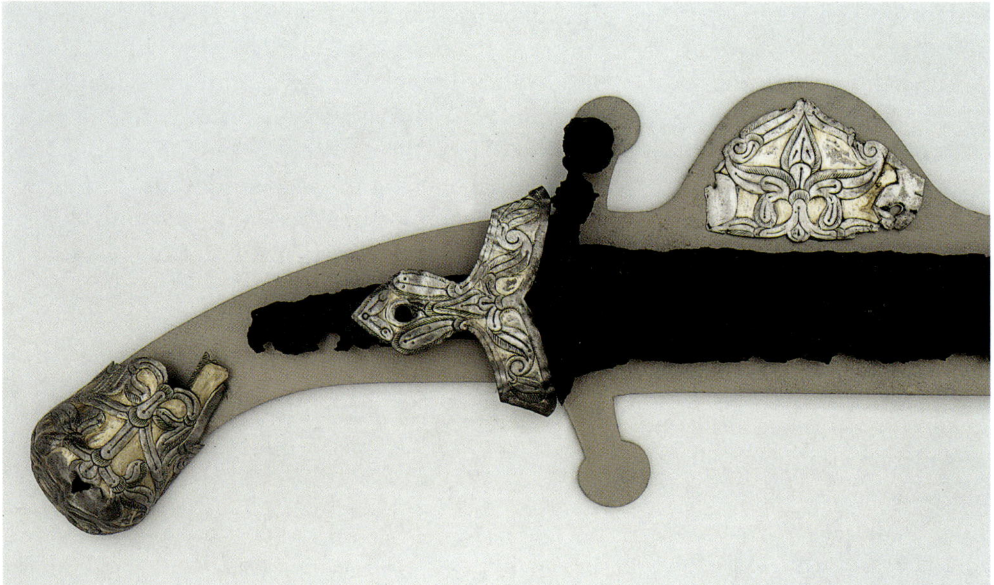

VI. 85 (Detail)

sträuße in Rankenrahmen. Der obere Rand der Palmettenblätter ist schraffiert, ihre Äderung gibt ein Punktlinienmuster an. Der Hintergrund ist vergoldet und vertieft getrieben. Die Form des Griffrings folgt der Form der Parierstange, er ist doppelt gebogen und endet oben in einem blattförmigen Niethalterauswuchs. Der Silbernagel zur Befestigung des Beschlags auf der hölzernen Griffplatte ist verloren. Auf den Palmettenverzierungen erscheint ähnlich wie bei der Taschendeckplatte die Dreierpunktlinien-Verzierung. Die dreieckigen Zierden der Aufhängerösen sind unvollständig, beide schmückt ein dreiteiliger Palmettenstrauß.

Die landnehmenden Ungarn fertigten die Beschläge von Scheide und Griff ihrer besonders fein gearbeiteten und als Würdezeichen geltenden Säbel aus Gold oder vergoldetem Silber und verzierten sie mit Palmettenmustern. Die kleine Zahl derartiger Funde weist darauf hin, daß solche prächtigen Waffen nur von ranghöchsten Führerpersönlichkeiten getragen werden durften (vgl. Kat.Nr. IV.37–IV.38). Die überwiegende Mehrheit solcher Prunksäbel (ebenso wie die Taschendeckplatten und andere Würdezeichen) fand sich in den nordostungarischen Gräbern Vornehmer. Zu ihnen gehört auch der Säbel von Tarcal, dessen abgenutzte und reparierte Verzierungen auf langen Gebrauch verweisen. Ähnlich verzierte Säbel sind aus dem Gebiet des Chazaren-Khaganates bekannt, vor allem aus dem Kaukasusgebiet. Diese Säbel sind nah verwandt mit dem goldbeschlagenen Säbel, der heute in der Wiener Schatzkammer aufbewahrt wird und einst zu den Machtinsignien ungarischer Großfürsten gehörte.

Die Verzierungen des Säbels eines Vornehmen aus Tarcal entstanden in derselben Werkstatt wie seine Taschendeckplatte (Kat.Nr. VI.86), Gürtel- und Pferdegeschirrbeschläge (Kat.Nr. VI.87). Sie sind alle stark abgenutzt, was nicht nur auf sehr langen Gebrauch hinweist, sondern auch darauf, daß dieser Vornehme sämtliche rangbezeichnenden Gegenstände nicht nach und nach, sondern gleichzeitig von seinem Herrn erhielt.

Hampel, Alterthümer, Bd. 2, S. 595–602. – Fettich, Metallkunst, S. 74.

L.R.

VI. 86
Taschendeckplatte

10. Jahrhundert
Tarcal-Rimai dűlő, Ungarn
Silber vergoldet, Kupfer. – H. 13,4 cm, B. max. 12,4 cm.
Budapest, Magyar Nemzeti Múzeum, Inv.Nr. 8/1895. 74

Die Taschendeckplatte besteht aus einer silbervergoldeten Vorder- und einer kupfernen Rückseite, die durch die Niete eines gegossenen Silberbandes auf der Vorderseite miteinander befestigt werden. Von einem schraffierten Feld ausgehende Punktlinien zieren das Silberband, in der Taschenachse sind unten und oben je ein Palmettenstrauß zu sehen. Die Verzierung der Vorderseite besteht aus flachstieligen, Schlaufen bildenden Ranken, die Palmettensträuße umgeben. Die Ränder der Palmettenblätter bilden schraffierte Felder, ihre Äderung wird von einer gebogenen Linie angedeutet, auf deren Spitze und beiden Seiten sich je ein Punkt befindet. Letztere ist das Meisterzeichen einer mittelasiatisch-postsassanidischen Goldschmiedewerkstatt. Sein Auftauchen auf Gegenständen in Ungarn bedeutet, daß ein Teil der ungarischen Goldschmiede des 10. Jahrhunderts Erben und Fortsetzer dieser Werkstatttraditionen waren. Bei der Herstellung der Taschendeckplatte wurde das Muster mit einem spitzen Werkzeug in das Silberblech eingraviert und dann mit dem Punzeisen nachbearbeitet und verfeinert. Die Reliefwirkung des Musters erreichte man durch Zurücktreiben des Hintergrunds und Vergoldung. Die Befestigungsstelle der Aufhänge- und Verschlußriemen findet sich an beiden Enden der Symmetrieachse der Taschendeckplatte, wo sich die Rückseite in 2,8 cm Breite von der Vorderseite trennt und an beiden Stellen je zwei Silberniete den Riemen zwischen den Platten befestigten. Starke Abnutzungs- und Reparaturspuren sowie Lücken im Rahmensilberband deuten auf lange Benutzung hin.

Die Taschendeckplatte wurde in der ersten Hälfte des 10. Jahrhunderts in der Goldschmiedewerkstatt eines nordostungarischen Fürstenhofes gefertigt. Ihr Muster und ihre Herstellungstechnik lassen Parallelen zu Stücken aus demselben Gebiet (Karos, Rakamaz) zu, vermutlich sind alle als Werke derselben Werkstatt zu betrachten.

Die ungarischen Männer trugen kleine Gebrauchsgegenstände (Feuerstahl, Feuerstein) in einer Le-

VI. 86

VI. 87

dertasche auf der rechten Seite ihres Gürtels. Die Deckplatte der Tasche war selten mit Bronze- oder silbervergoldeten Beschlägen bzw. einer zusammenhängenden Platte (Taschendeckplatte) verziert. Die Taschendeckplatten sind charakteristische rangbezeichnende Gegenstände aus der Zeit der ungarischen Landnahme. Es gibt sehr wenige von ihnen, bis heute kennen wir insgesamt nur 26 Stück. Wahrscheinlich sind auch die wenigen Exemplare aus wikingischen bzw. ostfinnougrischen Gräberfeldern Werke ungarischer Goldschmiede. Nach Meinung einiger Forscher waren die Taschendeckplatten auszeichnende Machtinsignien für die Vornehmen im Dienst der Fürstenfamilie. Die palmettenverzierten Exemplare sind herausragende Stücke der ungarischen Goldschmiedekunst des 10. Jahrhunderts, aber es sind auch völlig unverzierte bekannt. Vermutlich stellte nicht das Maß der Verzierung der Taschendeckplatte oder ihr künstlerisches Niveau das Rangkennzeichen dar, sondern überhaupt die Tatsache, diese tragen zu dürfen. Der Motivschatz der Deckplatten, zu einem endlosen Netz geflochtene Palmetten, ruft Motive östlicher Textilien in Erinnerung. Diesen Musterschatz können die Ungarn noch in ihrem östlichen Ursprungsland kennengelernt haben. Der einstige Besitzer der Taschendeckplatte von Tarcal war auch aufgrund seiner sonstigen Würdezeichen ein hochrangiger Mann, vielleicht war er einer jener Vornehmen in der ersten Hälfte des 10. Jahrhunderts, die Mitglieder des Militärgefolges der ungarischen Großfürsten und Führer der Streifzüge waren. In der Nähe dieses Grabes, das bei einer Weinpflanzung entdeckt wurde, fand man auch drei weitere, angeblich beigabenlose Gräber.

Hampel, Alterthümer, Bd. 2, S. 596–598. – Fettich, Metallkunst, S. 73 f.

L.R.

VI. 87
Zierbeschläge

10. Jahrhundert
Tarcal-Rimai dűlő, Ungarn
Silber, vergoldet. – H. 3,4 cm, B. 3,2 cm.
Budapest, Magyar Nemzeti Múzeum, Inv.Nr. 8/1895. 51–54

Die Verzierungen der gegossenen Silberbeschläge bilden aneinandergelehnte Palmettensträuße, die von Blättern mit schattierten Rändern umrahmt sind. Das Muster wurde nach dem Guß durch Gravieren verfeinert. Sein Hintergrund ist vergoldet. Auf der Rückseite der Beschläge dienen vier Niete der Befestigung. Die Bestimmung der Beschläge ist unbekannt. Es wird vermutet, daß sie die Prunkkleidung zierten, aber vorstellbar ist auch, daß sie auf dem breiten Behälter für den gespannten Bogen als Verzierung saßen.

Da das Grab bei landwirtschaftlichen Arbeiten gefunden wurde und die genaue Lage der Fundstücke somit nicht mehr zu rekonstruieren war, ist die Funktion dieser Stücke auch weiterhin unklar. Ähnliche Beschläge sind auch aus einem reichen Männergrab von Rakamaz nahe Tarcal bekannt, das aber von den Entdeckern ebenfalls zerwühlt wurde.

Fettich, Metallkunst, S. 74.

L.R.

VI. 88
Taschenschließe

10. Jahrhundert
Tiszaeszlár-Bashalom, Ungarn: Gräberfeld II, Grab 3
Bein. – L. 7,4 cm, B. 1,6 cm.
Budapest, Magyar Nemzeti Múzeum, Inv.Nr. 7/1948. 18

Geschnitzte Beinplatte mit geschwungenem Rand, gerundeten Enden und Palmettenverzierung, in der Mitte ein größeres und an beiden Enden je ein kleineres rundes Loch. Wahrscheinlich diente sie als Verschlußplatte einer oben geschlossenen Leder- oder Textiltasche.

Ausst.kat. Budapest 1996, S. 190 Fig. 12 (István Fodor).

L.R.

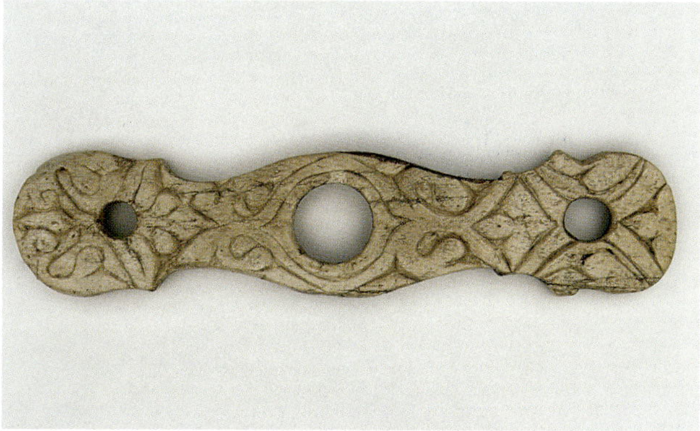

VI. 88

VI. 89
Taschendeckplatte

10. Jahrhundert
Szolnok-Strázsahalom, Ungarn
Silber, vergoldet; Bronze. – H. 14,3 cm, B. 12,2 cm.
Budapest, Magyar Nemzeti Múzeum, Inv.Nr. 58/1912. 1

Der Deckel der heute zerfallenen Ledertasche wurde zwischen zwei Blechen befestigt. Das vordere war ein vergoldetes Silberblech mit Palmettenverzierung, das hintere Blech gleicher Größe und Form war aus Kupfer. Beide Bleche (und der zerstörte Lederdeckel der Tasche) waren durch 18 Silbernieten miteinander befestigt. Die gesamte Fläche der Vorderseite des Silberblechs ist mit einem reich wuchernden Pflanzenmuster bedeckt. Von den stark aufgewölbten Blättern und den vier Ecken aus beginnt je ein Blätterstrauß, die sich mit ihren spiralförmig zurückbiegenden oder gerade endenden Spitzen miteinander verknüpfen. Dieses komplizierte Pflanzenmuster ist die Darstellung des Lebensbaumes, der in der Glaubenswelt der landnehmenden Ungarn das ganze Weltall bedeckt. Im Motivschatz der ungarischen Goldschmiedekunst der Landnahmezeit sind – auch im Falle der Taschendeckplatten – die früheren, aus organischen Stoffen gefertigten Vorbilder klar zu erkennen.

Die ungarischen Goldschmiede verwendeten die Motive der Seidenstoffe, Stickereien, Lederprägungen und Leder- oder Filzapplikationen. Die Methode, die Taschen mit einer zusammenhängenden Platte zu bedecken, verwendeten die Ungarn vor allem nach der Einnahme ihrer späteren Heimat im Karpatenbecken (895–900). Früher waren die Deckel der Ledertaschen nur mit einigen kleineren Beschlägen verziert. Eine Erinnerung an diese Tra-

VI. 89

dition stellt auch die hier gezeigte Deckplatte von Szolnok dar, in deren Mitte und an den vier Ecken stark erhabene ovale Buckel sitzen, Reminiszenzen an die Beschläge mit Edelsteineinlagen an den Ecken und in der Mitte der einstigen Taschen mit Einzelbeschlägen. Der von Blattmustern umgebene, tiefliegende Hintergrund war reich vergoldet. Das aus dem edel goldgelb gefärbten Hintergrund hervorspringende, silberweiß glänzende Muster bot dem Betrachter einst einen prächtigen Anblick. Die

VI. 90 (Vorderseite)

VI. 90 (Rückseite)

mit überlegener technischer Kenntnis gestaltete Vorderseite wurde bei der Herstellung zuerst auf ein Bett aus Pech gelegt und der Hintergrund aufgrund des vorgezeichneten Musters tiefer eingetrieben. Danach wurden die Mittellinie, die Rippe der Blätter sowie die Buckel in der Mitte und an den Ecken noch mehr aus der Ebene des Bleches hervorgehoben. Die Linien und die Äderung der Blätter wurden mit dem Stichel weiter betont. Die Blattränder und die Bandfelder am Ansatz der Blattsträuße wurden mit eingeritzten Linien ausgefüllt. Die Musterung ist von einem am Rand des Bleches umlaufenden, von einer Punktreihe umgebenen Randband mit glatter Oberfläche eingefaßt. Auf ihm wurden – in symmetrischer Anordnung – die 18 kleinen, runden Löcher für die Niete eingeschlagen. Bevor der Gegenstand ins Museum gelangte, waren die silbernen Kugelkopfniete aus ihren Löchern herausgefallen.

Die Taschendeckplatte von Szolnok-Strázshalom wurde 1912 bei Dammbauarbeiten gefunden. Die mit ihr zusammen ins Museum gelangten Gegenstände weisen darauf hin, daß bei den Erdarbeiten ein kleines Gräberfeld mit vier bis fünf Gräbern gestört wurde, in dem ein wohl reicher Mann und seine Familienmitglieder bestattet waren. Von den Beigaben sind nur einige Gürtelbeschläge, blattförmige Silberplättchen sowie die zu einem Frauenfestkleid gehörende Hemdkragenverzierung und ein Stiefelbeschlag erhalten. Die Zeit der Bestattungen wird durch einen 920–921 in aš-Šaš emittierten Dirham des Samaniden-Emirs Nāsir ibn Aḥmad datiert.

Fettich, Metallkunst, S. 81.

L.R.

VI. 90
Gürtelzunge

10. Jahrhundert
Ladánybene-Benepuszta, Ungarn
Silber, vergoldet; Niello. – L. 4,5 cm, B. 2,5 cm.
Budapest, Magyar Nemzeti Múzeum, Inv.Nr. 9/1846. f

Die Gürtelzunge aus Silberguß zeigt auf der Vorderseite einen geflügelten Greif im Perlenreihenrahmen und von Pflanzenelementen umgeben. Auf der Rückseite ist eine sich in einen Kranz neigende Ranke dargestellt, umgeben von einer Rippe mit Nielloeinlage. Nielloverzierung findet sich auch auf den Darstellungen der Vorderseite: auf beiden Schenkeln des Tieres, bei der Umrißlinie von Kopf und Auge sowie auf den drei Blättern. Die Gürtelzunge wurde mit einem vierfach gegliederten, von Nieten durchbrochenen und mit Perldraht eingerahmten Fortsatz am Lederriemen befestigt. Der Gegenstand ist stark abgenutzt, der Perldrahtrahmen und die Nielloeinlage sind an der Spitze schon abgewetzt. Der Hintergrund der Motive war vergoldet. Die Gürtelzunge ist vermutlich keine ungarische Arbeit. Wegen der Nielloeinlage halten die ungarischen Forscher sie für das Werk eines Wikingermeisters, doch wurden Nielloverzierungen im 10. Jahrhundert nicht nur von den Wikingern, sondern auch in Byzanz hergestellt. Die Gestaltung des Tieres und der in den Kranz geneigten Ranke deutet auf eine byzantinische oder nach byzantinischen Traditionen arbeitende italienische Werkstatt hin.

Der Fundkomplex mit der Gürtelzunge hat wissenschaftsgeschichtliche Bedeutung. Er war der erste ungarische Grabfund der Landnahmezeit, der

VI. 91

in ein Museum gelangte. Das reiche Männergrab von Ladánybene-Benepuszta, über dem der Wind den Sand abgetragen hatte, wurde 1834 von Hirten gefunden. Ihren Angaben zufolge lagen neben dem Skelett auch Pferdeknochen, Pferdegeschirr und Säbel, die aber nicht ins Museum kamen. Erhalten blieben auch silbervergoldete Gürtelbeschläge, Pferdegeschirrzierrat, Beschläge unbekannten Zwecks und Münzen (italische Silberdenare). Der im Alter von mehr als 60 Jahren verstorbene Mann muß aufgrund der fragmentarisch erhaltenen Würdezeichen wohl eine bedeutende Persönlichkeit gewesen sein, ein Mitglied der Stammes- oder Sippenaristokratie. Sein Grab wurde vermutlich in den 960er Jahren ausgehoben, er konnte also seinem Alter nach Teilnehmer der ungarischen Landnahme und der darauffolgenden Streifzüge gewesen sein. Da wir seinen genauen Fundort nicht kennen, läßt sich nicht entscheiden, ob er einsam bestattet oder in einem Gräberfeld zur Ruhe gebettet wurde.

Hampel, Alterthümer, Bd. 2, S. 472–476. – Fettich, Metallkunst, S. 67–72.

L.R.

VI. 91
Beschlagstücke und Riemenzunge

10. Jahrhundert
Nagyősz (Tomnatic, Rumänien)
Silber, vergoldet. – Gürtelbeschläge: B. 3,3 cm, H. 2,9 cm, Riemenzungen: L. 8 cm, B. 2,9 cm.
Budapest, Magyar Nemzeti Múzeum, Inv.Nr. 108/1898. 1–4

Die drei Gürtelbeschläge sind aus Silber im Schalenguß hergestellt. Sie haben eine ovale Form, die Oberfläche wird durch eine Fünfblattpalmette in fünfeckig konstruierter Umrahmung gebildet, mit glatten vorgewölbten Blättern. Der Hintergrund des Musters war vergoldet. Von den drei Gürtelbeschlägen gehörte ein breiterer zum Gürtelteil, der die Hüfte umfaßte, und die anderen beiden zum linksseitig bis zum Knie herabhängenden Riementeil. Sie waren mittels dreier auf der Rückseite angelöteter Niete am Ledergürtel befestigt. Die schildförmige Hauptriemenzunge besteht ebenfalls aus gegossenem, vergoldetem Silber. Das Grundmotiv der Verzierung sind Wellenlinienranken auf beiden Längsseiten, die sich in der Längsachse treffen und aus denen seitlich drei Blattpaare abzweigen. Auf der rankenumschlossenen Fläche befinden sich zwei verschiedene Palmettensträuße. Die Beschläge sind abgenutzt, beschädigt und waren lange Zeit in Gebrauch. Sonstige Funde des Männergrabes mit den Gürtelbeschlägen, das bei landwirtschaftlichen Arbeiten zerstört wurde, blieben nicht erhalten.

Fettich, Metallkunst, S. 87.

L.R.

VI. 92
Schnalle, Beschläge und Riemenzunge eines Männergürtels

10. Jahrhundert
Tiszakécske-Okécske, Nagyszék, Ungarn
Silber, vergoldet. – Schnallen: L. 5 cm, B. 2,3 cm; breite durchbrochene Gürtelbeschläge: B. 2,91 cm, H. 2,1 cm; schmale Gürtelbeschläge: B. 2,2 cm. H. 2,1 cm; Riemenzungen L. 5,3 cm, B. 2,2 cm.
Budapest, Magyar Nemzeti Múzeum, Inv.Nr. 7/1931. 1–4

Aus einem bei landwirtschaftlichen Arbeiten gestörten Männergrab gelangten 13 Stücke einer Gürtelgarnitur aus vergoldetem Silberguß ins Ungarische Nationalmuseum. Von der offensichtlich unvollständigen Gürtelgarnitur sind folgende Stücke erhalten geblieben: eine gebogene Gürtelschnalle mit Dorn (der inzwischen verschollen ist) auf einer Achse, mit Scharnier an das Riemenschlaufenblech angeschlossen. Am Rand der Riemenschlaufe läuft ein Grat entlang, im inneren Feld erheben sich vor dem vergoldeten Hintergrund je zwei halbkreisförmige, miteinander verbundene, stilisierte Blumenmuster. An den vier Ecken auf der Rückseite des Schnallenbeschlags sitzt je ein Niet, mit dessen Hilfe dieser auf dem Ledergürtel befestigt wurde.

Die sieben breiten, durchbrochenen Gürtelbeschläge waren einst auf dem um die Hüfte reichenden Gürtelteil befestigt. Durch den unten befindlichen viereckigen Durchbruch zog man einst die Aufhängeriemen der am Gürtel getragenen Waffen und Geräte hindurch. In den unteren beiden Ecken der Beschläge sitzt eine runde und oben in der Mitte eine herzförmige Verzierung mit einer rhom-

VI. 92

bischen Vertiefung in der Mitte. An den Beschlagrändern werden die Muster seitlich durch ein tropfenförmiges und unten in der Mitte durch ein Punktkreismotiv voneinander getrennt. Der eingetiefte Hintergrund der Beschläge ist vergoldet. Auf ihrer Rückseite dienten drei Niete der Befestigung auf dem Ledergürtel.

Die vier schmalen Beschläge zierten einst den bis zum linken Knie herabhängenden Teil des Gürtels. Ihr Muster ähnelt dem der breiten durchbrochenen Beschläge, hier aber liegen die drei Muster näher beieinander, und das Punktkreismotiv sitzt in der Beschlagmitte. Auch hier ist der Hintergrund vergoldet. Auf der Rückseite sind die drei Niete zur Befestigung zu sehen.

Die Hauptriemenzunge war einst am herabhängenden Gürtelende befestigt. Die am Rand umlaufende, kaum hervorgehobene Rippe wird von dem in der Mitte am oberen, geraden Ende eingetieften Tropfenmuster unterbrochen. Die Verzierung ähnelt der des Schnallenbeschlags: insgesamt drei aus je zwei Kreisbogen bestehende einfache Blattmuster mit einem Punktkreismotiv in der Mitte. Die drei Muster trennt eine waagerechte Reihe von je drei Punktkreisformen.

Die besten Parallelen zu den Verzierungen der Gürtelgarnitur finden sich im Gebiet der archäologischen Saltovo-Kultur am Don. Deshalb meint ein Teil der ungarischen Forscher, daß die Gürtelbeschläge von Tiszakécske noch in den östlichen Quartieren der Ungarn entstanden sein könnten. Ihr Besitzer mag einer der Kämpfer gewesen sein, die das Karpatenbecken besetzten. Die Ungarn benutzten im 10. Jahrhundert mehrere Arten von Güteln. Der häufigste Gürteltyp hatte etwa eine Länge von 1,5 m und war mit Beschlägen verschiedener Form verziert (vgl. Kat.Nr. IV.45). Außer der Schnalle mit Riemenschlaufe befestigte man auf dem Hüftteil des Gürtels breite Beschläge, die oft durchbrochen waren und durch deren Öffnungen man die Aufhängeriemen für den linksseitig getragenen Säbel und Bogenbehälter und die rechtsseitig getragene Tasche und den Köcher zog. Das Ende des Gürtels hing an der linken Hüfte bis ans Knie herab. Dort befanden sich die schmalen Beschläge und am Ende die Hauptriemenzunge. Der in zeitgenössischen byzantinischen Quellen „bulgarisch“ genannte Gürtel war mit seinen Metallbeschlägen an sich schon eine Rangbezeichnung, aber seine Rolle wurde durch das Material und die Zahl der Beschläge noch weiter differenziert. Häufig befanden sich nur 15–20 Beschläge auf einem Gürtel, bei vollständig verzierten Gürteln betrug ihre Zahl 40–50. In der älteren Forschung wurde die Ansicht vertreten, der beschlagene Gürtel sei das Symbol des freien Kämpfers und die Zeremonie der Umgürtung zugleich auch die Männerweihe gewesen. Allerdings ist dafür die Zahl der Funde aber viel zu niedrig, um den vollständigen Bestand an freien Männern abzudecken. In 143 Fundorten des ungarischen Siedlungsgebietes des 10. Jahrhunderts wurden insgesamt nur 184 beschlagene Gürtel gefunden, deren territoriale Verteilung zudem ungleichmäßig ist. Kleinere oder größere Gruppen von Fundstellen mit Gräbern, die beschlagene Gürtel enthielten, können auf Zentren lokaler Stammesfürsten und Sippenoberhäupter hinweisen, denn die Träger solcher Verzierungen waren teils Mitglieder der Aristokratie, teils vielleicht die Führer verschiedenen Ranges aus deren Gefolge. Die meisten Gräber mit beschlagenen Gürteln wurden in Nordostungarn gefunden, in dem Gebiet, das in der ersten Hälfte des 10. Jahrhunderts das Quartiergebiet des Großfürsten und seines Gefolges war. Mit der Umgestaltung der ungarischen Gesellschaft seit dem letzten Drittel des 10. Jahrhunderts werden beschlagene Gürtel immer seltener.

Fettich, Metallkunst, S. 64. – Ausst.kat. Budapest 1996, S. 353f. (István Fodor). – Révész, Heritage, S. 48–50.

L.R.

VI. 93
Steigbügelpaar

10. Jahrhundert
Beregszász (Beregovo, Ukraine) – Kishegy
Eisen, Silber. – H. 17,5 cm, B. 13,6 cm.
Budapest, Magyar Nemzeti Múzeum, Inv.Nr. 51/1900. 23–24

Das Steigbügelpaar gehört zu einem Typ, bei dem die quadratische Öse zum Durchziehen des Riemens nicht von den Bügelschenkeln getrennt ist, sondern sich an deren verbreitertem Treffpunkt befindet. Ösenöffnung und Außenränder der flachen Bügelschenkel wurden bogenförmig ausgeschmiedet. Am Treffpunkt von Schenkeln und Sohle sitzen vorspringende, verdickte Buckel. Die Sohlen sind konkav ausgebildet, ähnlich den übrigen ungarischen Steigbügeln des 10. Jahrhunderts (vgl. Kat. Nr. IV.46). Das ist ein Zeichen dafür, daß die Benut-

VI. 93

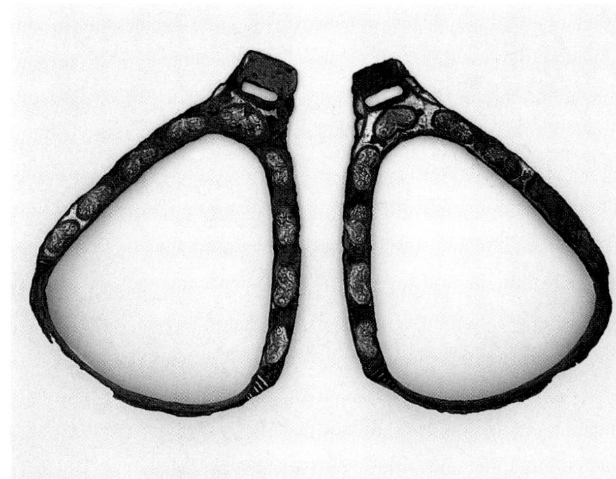

VI. 94

zer kein steifes Schuhwerk mit harter Sohle trugen, sondern weichsohlige Leder- oder Filzstiefel (vgl. dazu Kat.Nr. IV.55). Mit deren Hilfe konnten sie ihre Füße im Steigbügel stabil halten und während des Abschießens der Pfeile sogar den Zügel gleiten lassen. Unten war die Sohle des Steigbügels noch durch drei Eisenrippen verstärkt. Auf den Steigbügeln waren auf beiden Seiten Silberbleche befestigt. Das Muster wurde in das erhitzte Eisen graviert und das Silberblech dann mit dem Hammer in die entstandenen Vertiefungen eingetrieben. Einst war fast die gesamte Fläche des Steigbügels mit Silberblech verziert, das heute jedoch größtenteils herausgefallen ist. Die Tauschierung wird an den Innenrändern von breiten Silberblechen gebildet, von denen einander folgende Spirallinien ausgehen. Den Außenrand schloß eine seiner Form angepaßte bogige Blechverzierung ab. Silberblech bedeckt auch den Buckel am Treffpunkt der Schenkel mit der Sohle. In die Riefen auf dem schmalen Rand der Steigbügelsohlen wurden Silberdrähte eingetrieben.

Die Musterung des Steigbügelpaars von Beregszász ist einmalig im ungarischen Fundmaterial der Landnahmezeit und spiegelt vermutlich nördlichen (Wikinger-) Geschmack wider.

Das reiche Männergrab mit den Steigbügeln wurde 1890 beim Erdtransport entdeckt. Im Grab lag noch ein Prunksäbel, dessen Griff mit Silberbändern und dessen Scheide mit Gold- und Silberbeschlägen verziert war. Zur Bewaffnung gehörten auch sieben Pfeilspitzen in einem Köcher mit Eisenstäben. Erhalten blieben auch einige von den Gürtel und Kleidung zierenden vergoldeten Silberbeschlägen. Einzigartig ist eine silbervergoldete Mützenspitze mit Palmettenverzierung. Im Grab befanden sich auch Pferdeknochen. Zum Pferdegeschirr gehörten außer den Steigbügeln auch eine Trense mit Silbereinlagen.

Hampel, Alterthümer, Bd. 2, S. 623–626.

L.R.

VI. 94
Steigbügelpaar

10. Jahrhundert
Ungarn, unbekannter Fundort
Eisen; Silber; Kupfer vergoldet. – H. 16,3 cm, B. 12,2 cm.
Budapest, Magyar Nemzeti Múzeum, Inv.Nr. 16/1922

Das birnenförmige Steigbügelpaar hat trapezförmige Ösen mit quadratischer Öffnung zum Durchziehen des Riemens. Die Schenkel sind flach und breit, die Sohlen konkav gebogen. Beide Seiten von Öse und Schenkeln zieren Einlagen aus bogenförmigen Silberblechen. Auf den Vorderseiten wurden zwischen die Silberbleche eingetiefte, herzförmige Felder mit Palmettenverzierung aus vergoldetem Kupfer eingepaßt. In Rinnen am Rand der gebogenen Sohle wurden Silberdrähte eingetrieben.

Die Prunksteigbügel von einem unbekannten ungarischen Fundort kaufte das Ungarische Nationalmuseum 1922 vom Metropolitan Museum in New York an. Dieser Steigbügeltyp war der ge-

VI. 95

bräuchlichste bei den Ungarn im 10. Jahrhundert. Seltener verwendeten sie auch die Steigbügel mit Schlaufenöse, die eine uralte, archaische Variante vertraten. Erst in der Mitte des 10. Jahrhunderts tauchten – vor allem bei der Ausrüstung der Reiter mit neuer Bewaffnung westlichen Typs mit zweischneidigem Schwert – die trapezförmigen Steigbügel mit Schulter auf. Außer den Formvarianten zeigen die Steigbügel aus ungarischen Gräbern des 10. Jahrhunderts aber auch andere interessante Merkmale. Vor allem die Kämpfer verwendeten mit Vorliebe Exemplare unterschiedlicher Größe, bei denen immer der linke der kleinere war, weil in diesen der Stiefel beim Aufsteigen noch leicht hineingesteckt werden konnte. In bedrängter Situation aber, wenn der Ritt im Galopp beginnen mußte, ließ sich der rechte Steigbügel nur noch mit dem Fuß suchen, weshalb er weit größer bemessen war. Ebenso verwendeten die Kämpfer ausgesprochen große Steigbügel, um bei einem drohenden Sturz gefahrlos, ohne daß sich die Füße verhakten, vom Pferd abspringen zu können. Frauen, Kinder und Männer von Rang banden sich dagegen ausgesprochen kleine Steigbügel an den Sattel. In diese konnte man nur die Stiefelspitze stecken, die sich beim Fall nicht im Steigbügel festklemmte, so daß das Pferd den Reiter nicht zu Tode schleifen konnte. Zum letzteren Typ gehört auch das hier gezeigte Steigbügelpaar.

Dienes, Ungarn, S. 87.

L.R.

VI. 95
Armband mit Tierkopfenden

10. Jahrhundert
Unbekannter Fundort
Gold. – D. 0,6 cm, Dm. 8 cm.
Budapest, Magyar Nemzeti Múzeum, Inv.Nr. N. 123

Das Armband ist aus vier je zweifach gedrehten Golddrähten geflochten und an den Enden offen. Auf beide Enden wurden gegossene Hülsen mit Tierköpfen gelötet. Die Entdecker haben das Armband entzweigebrochen. Es ist keine ungarische Arbeit; ähnliche Armbänder (vor allem aus Silber) sind aus Skandinavien und dem Baltikum bekannt. Dem hiesigen Exemplar sehr ähnliche Stücke fanden sich in Westungarn, in einem Verwahrfund von Zsennye. Von den Zsennyer Funden nimmt die Forschung an, daß sie ein in Ungarn niedergelassener reicher Wikinger oder slawischer Vornehmer mit ins Karpatenbecken gebracht haben könnte. Wahrscheinlich ist auch das hier gezeigte Armband auf ähnliche Weise nach Ungarn gelangt.

Unveröffentlicht.

L.R.

VI. 96
Fingerring

10. Jahrhundert
Kom. Szabolcs-Szatmár-Bereg, Ungarn: unbekannter Fundort
Gold. – Dm. 2,4 cm.
Budapest, Magyar Nemzeti Múzeum, Inv.Nr. 57/1889

In der Mitte des Blechreifs des dicken Fingerrings saß einst eine Perlenreihe. An den Rändern befindet sich noch heute ein zum Ährenmuster gedrehter Filigrandraht. Der Ringkopf besteht aus einer flachen Fassung aus Goldblech, deren vier eingebogene Ausläufer einst die Einlage hielten. Am Rand der in Kreuzform eingebogenen Ausläufer läuft ein doppelter Filigrandraht um, der eine Kleeblattform ergibt. An den Spitzen der Ausläufer sitzt je ein granuliertes Goldkügelchen. Rings um die Seiten der Fassung wurden zehn hohle Goldkügelchen aufgelötet, von denen drei fehlen. In der Fassung mag einst eine Einlage aus Glaspaste gesessen haben, die im Laufe der Jahrhunderte zerfallen ist. Die Verzierung des Ringes zeigt byzantinischen Charakter.

VI. 96

Aus diesem Grund läßt sich nicht entscheiden, ob der Schmuck aus byzantinischen Gebieten oder aus einer nach dortigen Traditionen arbeitenden ungarischen Werkstatt stammt. Ähnliche Gold- oder Silberfingerringe trugen in Ungarn im 10. Jahrhundert gleichermaßen reiche Frauen wie Männer.

Hampel, Alterthümer, Bd. 2, S. 58f.

L.R.

VI. 97
Anhänger

10. Jahrhundert
Tiszaeszlár-Bashalom, Ungarn: Gräberfeld II, Grab 2
Silber, vergoldet; Glas. – L. 4,3 cm, B. 1,35 cm.
Budapest, Magyar Nemzeti Múzeum, Inv.Nr. 7/1948. 5

Es handelt sich bei diesem Objekt um einen pyramidenstumpfförmigen Silbergegenstand von unbekannter Bestimmung, vielleicht ein Griff oder eine Fassung. Die Fläche ist mit einem gravierten Palmettenmuster verziert, der Hintergrund ist punziert und vergoldet. An den Seiten befanden sich halbkugelige, dunkelblaue Glaseinlagen, von denen nur noch eine erhalten ist, auf die übrigen weisen nur die Stellen der Fassungen hin.

Ausst.kat. Budapest 1996, S. 189f. Fig. 8 (István Fodor).

L.R.

VI. 98
Brustkreuzreliquiar mit Reliefschmuck

10. Jahrhundert
Tiszafüred-Nagykenderföldek, Ungarn
Bronze. – H. 8,7 cm, B. 3,5 cm.
Budapest, Magyar Nemzeti Múzeum, Inv.Nr. 78. 2. 1. A

Das aus Bronze gegossene zweiteilige Brustkreuzreliquiar lateinischer Form besteht aus zwei Teilen, die durch zwei Metallachsen oben und unten miteinander verbunden wurden. An der obigen wurde auch die breite, gerippte Bandöse befestigt, durch deren Ring die Halskette gezogen wurde. Auf der Vorderseite des Kreuzes ist das Relief des gekreuzigten Christus zu sehen, mit einem Kreuznimbus um sein leicht nach rechts geneigtes Haupt. Die ursprünglich detailliert ausgearbeitete Fläche des Gesichtes ist stark abgenutzt. Die Arme des Gekreuzigten sind waagerecht ausgebreitet, den Körper bedeckt ein Hemd mit Halsausschnitt und darüber ein ärmelloses, in senkrechten Falten herabfallendes, knöchellanges Obergewand (*Colobium*). Er

VI. 97

VI. 98 (Vorderseite)

VI. 98 (Rückseite)

steht barfuß mit geschlossenen Knöcheln auf einem trapezförmigen Fußbrett (*Suppedaneum*). Auf der Rückseite des Kreuzes ist die Jungfrau Maria in Ornantenhaltung ebenfalls als Relief dargestellt. Ihren durch ein langes Tuch bedeckten Kopf umgibt eine Glorie, sie trägt ein langes, in senkrechten Falten herabfallendes Ärmelkleid. Beide Seiten des Kreuzes sind stark abgenutzt.

Das Kreuz wurde im Gebiet des Byzantinischen Reichs hergestellt, eventuell in Bulgarien, und mag durch den Handel nach Ungarn gelangt sein. Aus schriftlichen Quellen geht eindeutig hervor, daß die Ungarn schon vor der Landnahme im Karpatenbecken (895) in ihren Quartieren im Osten das Christentum durch byzantinische Missionspriester kennengelernt haben. Grundsätzlich bedeutet das Vorkommen der Kreuzdarstellung oder gar eines Brustkreuzes in einzelnen Gräbern nicht, daß sich ihre Besitzer zum christlichen Glauben bekannt haben. Brustkreuze, die dem von Tiszafüred ähneln, kommen in den ungarischen Gräbern aus der zweiten Hälfte des 10. Jahrhunderts immer vor. Diese Gräber bzw. die Gräberfelder, in denen sie liegen, zeigen überwiegend aber noch heidnischen Ritus. Die Steppenvölker waren für fremde Kultureinflüsse immer offen; religiöse Vielfalt und Toleranz waren natürlich und üblich. Das Kreuz, das sie im übrigen auch an den in ihrer Glaubenswelt so wichtigen Lebensbaum erinnerte, verstanden sie als ein Symbol der möglichen helfenden Kräfte aus dem Jenseits, und so wurde es bisweilen auch getragen.

Ein hervorragendes Beispiel dafür ist das Gräberfeld von Tiszafüred, wo bei Erdarbeiten das Brustkreuz gefunden wurde, denn die Beigaben und Bestattungssitten der bei der Fundrettung freigelegten 115 Gräber belegen eindeutig, daß die Gemeinschaft, die das Gräberfeld benutzte, aus Heiden bestand.

Ausst.kat. Budapest 1996, S. 290–292, Fig. 3 (István Fodor).

L.R.

POLEN

VI. 99
Tonpokal

Erste Hälfte 10. Jahrhundert
Spławie, Woiwodschaft Poznań (Großpolen): Burgwall
Ton. – H. 24 cm, Kelchdm. 20,5 cm, Fußh. 14,0 cm.
Posen, Muzeum Archeologiczne, Inv.Nr. 1992:20

Die als „kleine Pokale auf hohlem Fuß" bezeichneten Gefäße gehören zu den seltenen Gefäßformen aus der Zeit des Frühmittelalters. Aus dem Gebiet Westslawiens ist bisher eine Anzahl von einigen Dutzend völlig erhaltenen oder zum großen Teil rekonstruierten Exemplaren dieser Art bekannt geworden; wesentlich häufiger werden sie jedoch durch die Freilegung der für sie charakteristischen Füße identifiziert. Ihre Chronologie bezieht sich auf den gesamten frühmittelalterlichen Zeitraum, und ihre Genese wird sogar mit der auf die frühe römische Kaiserzeit zurückgehenden Keramik verbunden. Wie durch dendrochronologische Untersuchungen nachgewiesen werden konnte, ist der Pokal aus Spławie zwischen 900 und 940 entstanden. Das Gefäß lag in einem Gebäude im Wallteil einer vorpiastischen Burg, die Sitz eines lokalen Herrschers war.

Buko, Keramik, S. 281 f. – Brzostowicz, Burgwall (Vorläufige Zusammenfassung der Ergebnisse von archäologischen Rettungsgrabungen aus den Jahren 1991–1992). – Kara/Krąpiec, Dendrochronologische Untersuchungen, S. 317 n.

A.K.

VI. 99

VI. 100

VI. 101

VI. 100
Schmuckanhänger (Ohrring)

Mitte 10. Jahrhundert
Ochle, Woiwodschaft Poznań (Großpolen), 1943 entdeckt
Silber. – Gesamtl. 6,3 cm, Bügeldm. 2,0 cm, Gew. 2,8 g.
Posen, Muzeum Archeologiczne, Inv.Nr. 1943:145

Das Ohrgehänge mit Anhängern an Ketten besteht aus einem halbrunden Drahtbügel mit einem gerade abgeschnittenen und einem leicht breitgeschlagenen und als Öse gewickeltem Ende. Im unteren Bügelteil wurden drei Perlen gleichmäßig aufgefädelt. Die Abschnitte zwischen ihnen sind mit Filigrandraht umwickelt. Die Perlen sind glatt und mit Rhombusgranulation verziert. Auf die Perlen wurden Schleifen aus Silberband aufgelegt; ein zusätzliches Querband dieses Typs verbindet die beiden oberen Perlen. Die Bänder aus Silberstreifen sind mit Granulation belegt. Im unteren, bogenförmigen Bügelteil sind drei Ösen angebracht – eine für die Perle und zwei Seitenösen für die Enden der Schleife, an denen die Ketten mit Anhängern befestigt sind. Die Anhänger in Form von langgestreckten Rauten (sog. Gänsefüße) sind nur auf einer Seite verziert. Sie wurden wie Schläfenringe getragen. Der bei Bewegung entstehende Klang läßt vermuten, daß sie eine über die reine Zierfunktion hinausgehende Bedeutung hatten. Sie kommen meistens in Schatzfunden, seltener auf Gräberfeldern vor. Die geographische Verbreitung umfaßt das Gebiet Großpolens, Westpommerns und Oderpommerns, vereinzelt das Gebiet Südpolabiens. Es handelt sich also zweifellos um ein pommerisch-großpolnisches Produkt.

Ślaski/Tabaczyński, Silberschätze, S. 46f. – Kočka-Krenz, Schmuck, S. 73f., Karte 23.

A.K.

VI. 101
Halsring

9. Jahrhundert
Gwiazdowo, Woiwodschaft Poznań (Großpolen)
Silber. – Gew. 90,05 g, Dm. 13,6 cm, max. Drahtd. 2,2 mm.
Posen, Muzeum Archeologiczne, Inv.Nr. TPN 1860:47

Bei dem Halsschmuck handelt es sich um einen Halsring aus drei doppelt tordierten Drähten mit deutlich gelockerter Verdrehung in der Ringmitte und massiv verbundenen, als Platten (Klammern) gehämmerten Enden in Form eines Langovals. Eine der Platten ist mit einem S-förmigen Haken beendet, die zweite ist abgebrochen und war ursprünglich vermutlich als tränenförmiges Öhrchen geformt. Beide Klammern sind mit einem Ornament verziert, das mit einem Stempel (ein Band aus Strichen und Dreiecken mit einem Kreis in der Mitte) aufgeprägt worden ist. Vom 9. bis 12. Jahrhundert waren sie charakteristische Schmuckstücke in Pommern, Oderpommern und Waoria sowie Großpolen und Mecklenburg. Etwas einfachere Formen waren für Sachsen, Thüringen, Schlesien und Masowien typisch. Die Halsringe dieser Art gehörten zweifellos zu den Schmuckstücken der herrschenden Klasse, was auch die schriftlichen Überlieferungen bestätigen (Nestor; Gallus Anonymus).

Ślaski/Tabaczyński, Silberschätze, S. 23 f. – Kočka-Krenz, Schmuck, S. 104–109, Karte 51.

A.K.

VI. 102

BÖHMEN

VI. 102
Zierbeschläge eines Reliquienkästchens

Zweite Hälfte 10. Jahrhundert
Libice: inneres Burgwallareal
Zinn, gegossen, mit einem wahrscheinlich eisernem Nägelchen ausgestattet. – Schwach korrodiert, in zwei zusammenpassenden Bruchstücken erhalten.
L. 3,05 cm und 2,3 cm, B. des Rähmchens 0,8 cm.
Prag, Národní muzeum, Inv.Nr. H 1 309 558 a, b

Es handelt sich um zwei deformierte Fragmente des unteren Teils eines flachen Rahmens von trapezoider Gestalt; die Basis des Trapezes könnte 4 cm lang gewesen sein. Das größere Bruchstück hat auf der Rückseite ein Profil mit einem darin steckenden Nagel, der zur Befestigung des Rahmens an einem Reliquienkästchen diente. Auf der Vorderseite sind die beiden Ränder des Rähmchens fein geperlt. Die beiden unteren Ecken des Rähmchens und die Mitte der unteren Leiste schmückt je eine plastische Rosette mit geperltem Rand. Auf der Rückseite des größeren Fragmentes ist ein Rest der in Majuskel geschriebenen Inschrift [...]ONICIS erhalten, was auf einen Heiligennamen hindeuten könnte. Die beschriebenen Rosetten sind noch ganz von karolingischem Gepräge, sie waren im böhmischen Gebiet des 9. und 10. Jahrhundert verbreitet. Die beiden obengenannten Fragmente wurden im Presbyterium einer ottonischen Kirche in der slavnikischen Residenz im inneren Burgwall von Libice gefunden.

Turek, Libice, S. 44, Taf. 7.1 u. 9.4. – Turek, Vzdělanosti, Abb. 37.

J.P.-J.

VI. 103
Eiserner Stilus

Zweite Hälfte 10. Jahrhundert
Libice: inneres Burgwallareal
Eisen. – Oberfläche korrodiert (Rost), Spitze abgebrochen, Spatel etwas beschädigt. – L. 9,65 cm, Dm. in der Mitte 0,3 cm.
Prag, Národní muzeum, Inv.Nr. H 1 314 889

Eisernes Schreibgerät mit trapezförmigem Spatel. Der Griff ist oben unter dem Spatel verbreitert und vom Spatel abgesetzt. Solche Griffel dienten zum Schreiben auf der Wachstafel. Sie sind antiken Ursprungs und wurden im Frühmittelalter überwiegend von den Geistlichen benutzt. Der Stilus wurde bei der ottonischen Kirche auf dem Mörtelboden im westlichen Flügel des Umgangs, der sich um die Kirche ausbreitete, in der slavnikidischen Residenz Libice gefunden. Möglicherweise befand sich hier eine Schule. Im Areal der ottonischen Kirche, die Fürst Slavník, Vater des hl. Adalbert Vojtěch, in der zweiten Hälfte der 50er Jahre des 10. Jahrhunderts bauen ließ (und deren Patrozinium nicht bekannt

VI. 103

ist), wurden noch zwei weitere eiserne Griffel gefunden. Einer befand sich in der ehem. Sakristei bei der Apsis, ein weiterer lag auf dem Mörtelboden nicht weit südlich davon, wo man ein Priesterhaus vermuten darf. Der vierte bisher bekannte Libicer Stilus kam in der Vorburg bei einem wahrscheinlich als Priesterhaus zu deutenden Gebäude der Marienkirche, die ab dem 10. Jahrhundert in der Libicer Vorburg stand, zum Vorschein.

Turek, Libice, S. 48f., Taf. 7.9–10 u. 8.4. – Turek/Hásková/Justová, Reka Cidlina, Abb. 44 u. 59.1.

J.P.-J.

VI. 104
Fragment eines Grabsteins

Zweite Hälfte 10. Jahrhundert
Libice: inneres Burgwallareal
Sandstein. – Fragmentarisch erhalten. – Fragment 17 x 18 cm, max. erhaltene D. der Platte 8,9 cm, H. der eingeritzten Buchstaben 4,75 cm („S") – 5,42 cm („T"), B. der gemalten waagerechten schwarzen Linien 0,5–0,85 cm.
Prag, Národní muzeum, Inv.Nr. H 1 231 315 B

Drei zusammengesetzte Bruchstücke von der linken oberen Ecke einer Grabstele mit glatter Oberfläche, deren Rückseite sich nicht erhalten hat. Die Fragmente wurden im slavnikidischen Fürstensitz Libice beim südlichen Transept (Querschiff) der einschiffigen ottonischen Kirche gefunden. Auf dem Bruchstück sind in zwei Reihen Reste der gemeißelten Inschrift erhalten, die voneinander durch drei waagerechte, mit schwarzer Farbe gemalte Linien getrennt sind. Die obere Reihe wird von einem Band aus drei schwarzen gemalten Linien eingesäumt, sie beginnt mit den Buchstaben TV. Den Anfang der zweiten Textreihe bilden die Buchstaben STF, ein Abkürzung der antikisierenden Titulatur *stolata femina* als Bezeichnung einer vornehmen Frau, die das Recht hatte, eine Stola (altrömisches langes weißes, mit Borten verziertes Ärmelgewand) zu tragen. Im Zusammenhang mit diesem Fund wurden noch die Fragmente einer zweiten Grabstele gefunden, die in gleicher Weise mit gemeißelten ausgehauenen Majuskeln, unter denen sich die Abkürzung CP für die Titulatur *clarissima puella*, d. h. erlauchteste junge Frau, befindet. Beide Damen waren Mitglieder der fürstlichen Familie der Slavnikiden, die in Libice ab der Mitte des 10. Jahrhunderts bis zum Jahre 995 lebte und die hier neben der Kirche eine Familienbegräbnisstätte eingerichtet hatte. In Libice hat der hl. Adalbert Vojtěch, Sohn des Fürsten Slavník, seine Jugend verbracht, der um das Jahr 956 (möglicherweise in Libice) geboren wurde und hier bis zu seiner Ausbildung in der Magdeburger Domschule im Jahre

VI. 104

VI. 105

VI. 106

972 lebte. Der hl. Adalbert ist für sein Volk der dritte böhmische Heilige (nach dem hl. Wenzel und der hl. Ludmila), der zweite Prager Bischof (982–994) und der erste tschechische Europäer.

Turek, Pohřebiště, S. 255, 289 u. 312 (Text). – Turek, Hroby, S. 125, 130, 146 u. 150, Taf. 20.1–2. – Turek, Slavníkovcia, S. 119 (Zeichnung).

J.P.-J.

MÄHREN

VI. 105
Goldenkugelknopf mit gepreßtem vegetabilem Ornament

9. Jahrhundert
Mikulčice: Grab 380
Gold, getrieben, punziert. – Gut erhalten, um die Schlinge leicht deformiert. – H. 2,5 cm, Dm. 2,3 cm.
Brünn, Archeologický ústav Akademie věd České republiky, Inv.Nr. 594–606/57

Der Kugelknopf stammt aus dem Grab eines im Mittelschiff der „3. Kirche" von Mikulčice, der Basilika, begrabenen Erwachsenen. Der Tote lag in einem mit Eisen beschlagenen Sarg und gehörte höchstwahrscheinlich zur Fürstenfamilie der Mojmíriden.

Der kugelförmige Mantel des Knopfs ist durch ein Arkadenmotiv in drei Felder geteilt, die mit Palmettenornament auf punziertem Hintergrund gefüllt sind. Die Öse aus gekantetem Draht ist mit zwei Kränzchen aus gekerbtem Draht umgewickelt. Die aus Kupferblech, vergoldetem Blech, Silber- und z.T. Goldblech gepreßte Kugelknöpfe stellten einen charakteristischen Bestandteil des Gewandes höherer Gesellschaftsschichten Großmährens dar. Es kann nicht eindeutig belegt werden, ob sie zum Heften der Oberkleidung dienten oder als Verzierung aufgenäht waren. Sie kommen in Männer- wie in Frauengräbern vor, meistens auf Höhe der Schlüsselbeine, je zwei oder mehrere Exemplare. Verbreitet sind sie besonders im Umfeld großer Zentren des großmährischen Reichs des 9. Jahrhunderts im Marchgebiet – aus Mikulčice, Staré Město und Pohansko bei Břeclav, wo sie für Erzeugnisse lokaler kunstgewerblicher Werkstätten gehalten werden.

Klanica, Práce klenotníku, Tab. 3.4.

L.P.

VI. 106
Großer Silberkugelknopf mit gepreßtem vegetabilem Ornament

9. Jahrhundert
Mikulčice: Grab 780
Silber, getrieben, punziert. – Gut erhalten.
H. 3,7 cm, Dm. 3,1 cm.
Brünn, Archeologický ústav Akademie věd České republiky, Inv.Nr. 594–415/59

Der Kugelknopf gehörte wohl einer erwachsenen Frau (?), die in der Gräbergruppe nordöstlich des Palastes begraben war. Er wurde zusammen mit einem identischen Exemplar entdeckt.

VI. 107

Der kugelförmige Mantel des Knopfs ist durch ein Arkadenmotiv in drei Felder geteilt, die mit Palmettenornamenten auf punziertem Hintergrund gefüllt sind. Die Drahtöse ist mit einem einfachen Kränzchen umwickelt. Der Kugelknopf gehört zum charakteristischen Kleidungszubehör der sozial höhergestellten Bewohner Großmährens im späten 9. Jahrhundert. Der größere Durchmesser des Kugelknopfs und das zerfallene, schematisierte Ornament werden für einen Beleg der späten Datierung gehalten. Es ist fraglich, ob diese Schmuckstücke in Mähren erst in der ersten Hälfte des 10. Jahrhunderts hergestellt werden konnten. Wahrscheinlicher ist es, daß ihre Produktion in den unruhigen Zeiten am Ende des 9. Jahrhunderts und besonders nach dem Untergang Großmährens am Anfang des 10. Jahrhunderts in andere Zentren der Goldschmiedeproduktion, z. B. nach Böhmen, übertragen wurde.

Unveröffentlicht.

L.P.

VI. 107
Goldohrring mit neun Körbchen

9. Jahrhundert
Mikulčice: Grab 250
Gold, Filigran. – Gut erhalten.
H. 3,7 cm, B. 1,7 cm.
Brünn, Archeologický ústav Akademie věd České republiky,
Inv.Nr. 594–1400/56

Der paarige Ohrring wurde gemeinsam mit einigen traubenförmigen Ohrringen und einem bronzenen Kugelknopf im Grab einer erwachsenen Frau an der Nordwestecke der „3. Kirche“ von Mikulčice, der Basilika, entdeckt.

Auf dem unteren Bogen des Ohrrings mit zwei selbständigen Körbchen ist eine flache rhombische Traube aus 9 Körbchen aufgehängt. Ohrringe mit Körbchen aus Filigrandraht gehören zum Schmuck des sog. byzantinisch-orientalischen Charakters. Sie kommen auf Gräberfeldern der großen Zentren Großmährens, sowie in Böhmen, z. B. in Kouřim oder Žalov, und in der Slowakei vor. Sie sind für das späte 9. Jahrhundert charakteristisch, obwohl ihre Produktion in der ersten Hälfte des 10. Jahrhunderts nicht ausgeschlossen werden kann. Für die relativ späte Datierung spricht das häufige Vorkommen der mit einer S-förmigen Schlinge beendeten Exemplare.

Unveröffentlicht.

L.P.

VI. 108
Goldener traubenförmiger Ohrring

9. Jahrhundert
Mikulčice: Grab 469
Gold, Granulation. – Gut erhalten. – H. 2,8 cm, B. 1,5 cm.
Brünn, Archeologický ústav Akademie věd České republiky,
Inv.Nr. 594–860/57

Der Ohrring wurde gemeinsam mit einem weiteren, ähnlichen Exemplar und einem silbernen Kugelknopf im Grab einer älteren Frau östlich der Apsis der „3. Kirche“ von Mikulčice, der Basilika, entdeckt.

Der Ohrring ist mit einer beidseitigen Traube mit vier Reihen kleiner Pyramiden aus Granulation verziert. Der untere Bogen des Ohrrings ist mit vier Reihen grober Granulation versehen und endet an

VI. 108

VI. 109

beiden Enden mit einem Filigrankränzchen. Der obere Bogen ist aus gekantetem Draht hergestellt.

Dieser Ohrringtyp gehört zum Typus des byzantinisch-orientalischen Schmucks, der für höhere Gesellschaftsschichten der Hauptzentren Großmährens in der zweiten Hälfte des 9. Jahrhunderts typisch ist. Das Überleben traubenförmiger Ohrringe im 10. Jahrhundert ist nicht ausgeschlossen, wo sie z. B. im Inventar der Bijelo Brdo-Kultur durch Abgießen imitiert wurden.

Unveröffentlicht.

L.P.

VI. 109
Granulierter Silberfingerring

9. Jahrhundert
Mikulčice: Grab 322
Silber, Glas, Granulation. – Leicht beschädigt. – H. 3,1 cm, Dm. 1,7 cm.

Brünn, Archeologický ústav Akademie věd České republiky, Inv.Nr. 594–99/57

Der massiv silberne Fingerring stammt aus dem Grab eines jungen Mannes östlich der Apsis der „3. Kirche" von Mikulčice, der Basilika. Sein halbkreisförmiger Knopf ist mit Dreiecken aus grober Granulation verziert. Inmitten des Knopfes ist in einer einfachen Fassung ein blauer Glasfluß eingesetzt. Die mit Granulation verzierten Fingerringe gehören in die Gruppe des prachtvollen byzantinisch-orientalischen Schmucks, der vor allem in den großmährischen Zentren verbreitet war. Datiert werden sie meistens in das späte 9. Jahrhundert.

Poulík, Mikulčice, Tab. 7.

L.P.

VI. 110
Plakette mit Männergesicht

9. Jahrhundert
Mikulčice: Grab 974
Vergoldete Bronze, getrieben. – Leicht beschädigt, ergänzt. – Dm. 4,1 cm.
Brünn, Archeologický ústav Akademie věd České republiky, Inv.Nr. 594–711/68

VI. 110

Die Plakette stammt aus dem Grab eines älteren Mannes, das im Raum der Palisadenumzäunung in der Flur „Klášteřisko" im Suburbium des Burgwalls entdeckt wurde. Der Bau wird für eine heidnische Kultumfriedung gehalten. Die Plakette lag über dem linkem Oberarmknochen des Verstorbenen, im Grab wurde außerdem ein Messer zur Holzbearbeitung mit hakenförmig gebogener Klinge, ein Rasiermesser und andere Gegenstände entdeckt. Der behaarte Mann auf der Plakette hat ausgeprägte Augen, Nase und Schnurrbart, um den Hals wahrscheinlich einen Spiralbarren, der auf den Zusammenhang mit der Byzanz hindeuten könnte. Der Fund ist durch seine Größe der berühmten Plakette mit dem Falkner aus Staré Město ähnlich und kann nur ungefähr in das 9./10. Jahrhundert datiert werden.

Klanica, Mikulčice, S. 493 u. 533, Abb. 10.8; 27.

L.P.

ANHANG

Bibliographie

Quellen

Adam von Bremen, Bischofsgeschichte
Adam von Bremen: Bischofsgeschichte der Hamburger Kirche. Adami Bremensis Gesta Hammaburgensis ecclesiae pontificum, in: Quellen des 9. und 10. Jahrhunderts zur Geschichte der Hamburgischen Kirche und des Reiches, übertr. v. Werner Trillmich (Ausgewählte Quellen zur deutschen Geschichte des Mittelalters. Freiherr vom Stein-Gedächtnisausgabe 11), Darmstadt 1961, S. 137–499.

Adam von Bremen, Gesta Hammaburgensis ecclesiae
Adam von Bremen: Hamburgische Kirchengeschichte (Magistri Adam Bremensis Gesta Hammaburgensis ecclesiae pontificum), hrsg. v. Bernhard Schmeidler (MGH SS rer. Germ. [2]), Hannover 1917, Nachdr. 1993.

Adso von Montier-en-Der, Antichrist
Adso von Montier-en-Der: De ortu et tempore Antichristi, hrsg. v. Daniel Verhelst (Corpus Christianorum. Continuatio Mediaeualis 45), Turnhout 1976.

Andreas von Fleury, Vita Gauzlini
Robert-Henri Bautier u. Gillette Labory: Vie de Gauzlin, abbé de Fleury (Sources d'histoire médiévale 3), Paris 1969.

Duplex Capitulare Missorum
Duplex Capitulare Missorum in Theodonis Villa datum, in: Capitularia regum Francorum, hrsg. v. Alfred Boretius (MGH Capit. 1), Hannover 1883, Nachdr. 1984, S. 121–122.

Einhard, Vita Karoli Magni
Einhardi Vita Karoli Magni, hrsg. v. Oswald Holder-Egger (MGH SS rer. Germ. [25]), Hannover 1911, Nachdr. 1965.

Epitaphium Ottonis
Epitaphium Ottonis, hrsg. v. Karl Strecker (MGH Poetae 5 / 1–3), Leipzig / Berlin / München 1937–1939 u. 1979, Tl. 2 S. 281–283 u. Tl. 3 S. 680.

Flodoard von Reims, Annales
Flodoard von Reims: Annales, hrsg. v. Philippe Lauer (Collection des textes pour servir à l'étude et à l'enseignement de l'histoire 39), Paris 1905.

Flodoard von Reims, Historia
Flodoard von Reims: Historia Remensis ecclesiae, hrsg. v. Martina Stratmann (MGH SS 36), Hannover 1998.

Helmold von Bosau, Slawenchronik
Helmold von Bosau: Slawenchronik. Helmoldi presbyteri Bozoviensis Chronica Slavorum, übertr. v. Heinz Stoob (Ausgewählte Quellen zur deutschen Geschichte des Mittelalters. Freiherr vom Stein-Gedächtnisausgabe 19), Darmstadt 1963.

Hrabanus Maurus, De institutione
Hrabanus Maurus: De institutione clericorum libri tres, Studien u. Edition v. Detlev Zimpel (Freiburger Beiträge zur mittelalterlichen Geschichte 7), Frankfurt / M. 1996.

Hrotsvith von Gandersheim, Opera
Hrotsvithae Opera, hrsg. v. Paul von Winterfeld (MGH SS rer. Germ. [34]), Berlin 1902.

Isidor von Sevilla, Etymologiae
Isidori Hispalensis Episcopi: Etymologiarum sive Originum, ed. v. Wallace M[artin] Lindsay, 2 Bde., Oxford 1911.

Jean de Saint-Arnoul, La vie de Jean
Jean de Saint-Arnoul: La vie de Jean, abbé de Gorze, hrsg. u. übers. v. Michel Parisse, Paris 1999.

Johannes v. St. Arnulf/Metz, Vita Iohannis
Auctore Iohanne abbate S. Arnulfi: Vita Iohannis, in: [Annales, chronica et historiae aevi Carolini et Saxonici], hrsg. v. Georg Heinrich Pertz (MGH SS 4), Hannover 1841, Nachdr. 1982, S. 335–377.

Lebensbeschreibung der Kaiserin Adelheid
Die Lebensbeschreibung der Kaiserin Adelheid von Abt Odilo von Cluny (Odilonis Cluniacensis abbatis Epitaphium domine Adelheide auguste). Festschrift zur Jahrtausendfeier der Kaiserkrönung Ottos des Großen (Mitteilungen des Instituts für Österreichische Geschichtsforschung, Erg.-bd. 20), Tl. 2, hrsg. v. Herbert Paulhart, Graz / Köln 1962.

Lebensbeschreibungen der Königin Mathilde
Die Lebensbeschreibungen der Königin Mathilde (Vita Mathildis reginae antiquior – Vita Mathildis reginae posterior), hrsg. v. Bernd Schütte (MGH SS rer. Germ. 66), Hannover 1994.

Liudprand von Cremona, Werke
Die Werke Liudprands von Cremona (Liudprandi Opera), hrsg. v. Joseph Becker (MGH SS rer. Germ. [41]), Hannover 1915.

Liudprandi Cremonensis, Opera
Liudprandi Cremonensis Opera omnia. Antapodosis, Homelia paschalis, Historia Ottonis, Relatio de legatione Constantinopolitana, hrsg. v. Paolo Chiesa (Corpus Christianorum. Continuatio Mediaeualis 156), Turnhout 1998.

Otto von Freising, Chronica
Ottonis episcopi Frisingensis Chronica sive Historia de duabus civitatibus, hrsg v. Adolf Hofmeister (MGH SS rer. Germ. [45]), Hannover 1912, Nachdr. 1984.

Regino von Prüm, Libri duo de synodalibus causis
Libri duo de synodalibus causis et disciplinis ecclesiasticis, hrsg. v. Friedrich G. A. Wasserschleben, Leipzig 1840, Nachdr. 1964.

Richer von Saint-Remi, Historiae
Richer von Saint-Remi: Historiae, hrsg. v. Hartmut Hoffmann (MGH SS 38), Hannover 2000.

Rimbert: Leben Ansgars
Rimbert, Leben Ansgars. Rimberti Vita Anskarii, in: Quellen des 9. und 10. Jahrhunderts zur Geschichte der Hamburgischen Kirche und des Reiches, übertr. v. Werner Trillmich (Ausgewählte Quellen zur deutschen Geschichte des Mittelalters. Freiherr vom Stein-Gedächtnisausgabe 11), Darmstadt 1961, S. 3–133.

Ruotger, Vita Brunonis
Ruotgers Lebensbeschreibung des Erzbischofs Bruno von Köln (Ruotgeri Vita Brunonis archiepiscopi Coloniensis), hrsg. v. Irene Ott (MGH SS rer. Germ. N.S. 10), Köln / Graz 1951.

Thietmar von Merseburg, Chronik
Die Chronik des Bischofs Thietmar von Merseburg und ihre Korveier Überarbeitung (Thietmari Merseburgensis episcopi Chronicon), hrsg. v. Robert Holtzmann (MGH SS rer. Germ. N.S. 9), Berlin 1935.

Widukind von Corvey, Sachsengeschichte
Die Sachsengeschichte des Widukind von Korvei (Widukindi monachi Corbeiensis Rerum gestarum Saxonicarum libri III), hrsg. v. Paul Hirsch in Verbindung mit Hans-Eberhard Lohmann (MGH SS rer. Germ. [60]), Hannover ^{5}1935, Nachdr. 1989.

Literatur

Achter, Kölner Petrusreliquien
Irmingard Achter: Die Kölner Petrusreliquien und die Bautätigkeit Erzbischof Brunos (953–965) am Kölner Dom, in: Elbern, Erstes Jahrtausend, Bd. 2, S. 948–991.

Alexander, Illuminators
Jonathan J[ames] G[raham] Alexander: Medieval Illuminators and their Methods of Work, New Haven / London 1992.

Althoff, Art. Thietmar
Gerd Althoff: Art. Thietmar von Merseburg, in: LexMA, Bd. 8, München / Zürich 1997, Sp. 694–696.

Althoff, Magdeburg
Gerd Althoff: Magdeburg – Halberstadt – Merseburg. Bischöfliche Repräsentation und Interessenvertretung im ottonischen Sachsen, in: Althoff / Schubert, Herrschaftsrepräsentation, S. 267–293.

Althoff, Widukind von Corvey
Gerd Althoff: Art. Widukind von Corvey, in: LexMA, Bd. 9, München / Zürich 1998, Sp. 76–78.

Althoff/Schubert, Herrschaftsrepräsentation
Herrschaftsrepräsentation im ottonischen Sachsen, hrsg. v. Gerd Althoff u. Ernst Schubert (Vorträge und Forschungen 46), Sigmaringen 1998.

Althoff/Wollasch, Totenbücher
Die Totenbücher von Merseburg, Magdeburg und Lüneburg, hrsg. v. Gerd Althoff u. Joachim Wollasch (MGH Libri memoriales et necrologia N.S. 2), Hannover 1983.

Andrieu, Ordines Romani
Michel Andrieu: Les Ordines Romani du Haut Moyen Âge, Bd. 1: Les manuscrits, Louvain 1957.

Angenendt, Kaiserherrschaft
Arnold Angenendt: Kaiserherrschaft und Königstaufe. Kaiser, Könige und Päpste als geistliche Patrone in der abendländischen Missionsgeschichte (Arbeiten zur Frühmittelalterforschung 15), Berlin / New York 1984.

Antanavičius, Balno kilpos
Darius Antanavičius: Balno kilpos Lietuvoje X–XIV a., in: Lietuvos TSR Mokslu akademijos darbai, Ser. A, 1 (54), 1976, S. 69–81.

Antiquaries of London
Proceedings of the Society of Antiquaries of London, Ser. 2, 21, 1907.

Anton, Art. Ordo
Hans Hubert Anton: Art. Ordo, III: Krönungsordines, in: LexMA, Bd. 6, München / Zürich 1993, Sp. 1439–1441.

Aranda, Ceramica decorada
José Escudero Aranda: La ceramica decorada en „verde y manganeso“ de Madinat al-Zahra', in: Cuadernos de Madinat al-Zahra' 2, 1988 / 90, S. 127ff.

Arbeiter, Alt-St. Peter
Achim Arbeiter: Alt-St. Peter in Geschichte und Wissenschaft. Abfolge der Bauten, Rekonstruktionen, Architekturprogramm, Berlin 1988; zugl. Phil. Diss., Hamburg 1982.

Arbman, Handwerk
Holger Arbman: Skandinavisches Handwerk in Rußland zur Wikingerzeit, in: Meddelanden fran Lunds Universitets Historiska Museum 1959, S. 110–135.

Arenhövel, Hezilo-Radleuchter
Willmuth Arenhövel: Der Hezilo-Radleuchter im Dom zu Hildesheim. Beiträge zur Hildesheimer Kunst des 11. Jahrhunderts unter besonderer Berücksichtigung der Ornamentik, Berlin 1975.

Arlt, Liturgischer Gesang
Wulf Arlt: Liturgischer Gesang und gesungene Dichtung im Kloster St. Gallen, in: Das Kloster St. Gallen im Mittelalter. Die kulturelle Blüte vom 8. bis zum 12. Jahrhundert, hrsg. v. Peter Ochsenbein, Darmstadt 1999, S. 137–165.

Armbruster, Goldschmiedewerkzeug
Barbara Regine Armbruster: Goldschmiedewerkzeug aus Haithabu (Busdorf, Kr. Schleswig). Preßmodel zur Herstellung von Edelmetallschmuck der Wikingerzeit, in: Internationale Fachkonferenz der DFG in Verbindung mit dem Archäologischen Landesmuseum Schleswig „Haithabu und die frühe Stadtentwicklung im nördlichen Europa" (Schleswig 25. – 27. September 1998) (Studien des Archäologischen Landesmuseums 7) (im Druck).

Arrhenius, Almandin
Birgit Arrhenius: Zum symbolischen Sinn des Almandin im früheren Mittelalter, in: Frühmittelalterliche Studien 3, 1969, S. 47–59.

Arslan, Arte del primo millennio
Arte del primo millennio, Atti del II° Convegno per lo studio dell'arte dell'alto medioevo tenuto presso l'Università di Pavia nel settembre 1950 (Pavia, 13 – 18 settembre 1950), hrsg. v. Edoardo Arslan, Turin o.J. [1950].

Assing, Bist. Brandenburg
Helmut Assing: Wurde das Bistum Brandenburg wirklich 948 gegründet?, in: Jahrbuch für Brandenburgische Landesgeschichte 49, 1998, S. 7–18.

Assing, Gründung des Bist. Brandenburg
Helmut Assing: Das Bistum Brandenburg wurde wahrscheinlich doch erst 969 gegründet, in: Jahrbuch für Brandenburgische Landesgeschichte 51, 2000, S. 7–29.

Auer, Kriegsdienst
Leopold Auer: Der Kriegsdienst des Klerus unter den sächsischen Kaisern, in: Mitteilungen des Instituts für Österreichische Geschichtsforschung 79, 1971, S. 316–407.

Ausst.kat. Aachen 1965
Ausst.kat. Karl der Große. Werk und Wirkung [Aachen, 26. Juni – 19. September 1965], Aachen 1965.

Ausst.kat. Aachen 2000/01
Ausst.kat. Federstrich. Liturgische Handschriften der ehemaligen Stiftsbibliothek, hrsg. vom Domkapitel Aachen [Red. Eva Hürtgen; wiss. bearb. v. Anton von Euw] [Aachen, Domarchiv, 3. Dezember 2000 – 25. Februar 2001], Aachen 2000.

Ausst.kat. Athen 1984/85
Ausst.kat. Ekthese gia ta ekato Chronia tes Christianikes Archaiologikes Etaireias (1884–1984), hrsg. vom Byzantinischen und Christlichen Museum, Athen [Athen, 6. Oktober 1984 – 30. Juni 1985], Athen 1984.

Ausst.kat. Augsburg 1973
Ausst.kat. Suevia Sacra. Frühe Kunst in Schwaben [Augsburg, Rathaus, 30. Juni – 16. September 1973], Augsburg 1973.

Ausst.kat. Bamberg 1990
Ausst.kat. Staatsbibliothek Bamberg. Handschriften, Buchdruck um 1500 in Bamberg, E. T. A. Hoffmann, Katalog bearb. v. Bernhard Schemmel [Bamberg, Staatsbibliothek 1990], Bamberg 1990.

Ausst.kat. Bamberg 2000/01
Ausst.kat. Das Buch mit 7 Siegeln. Die Bamberger Apokalypse, hrsg. v. Gude Suckale-Redlefsen u. Bernhard Schemmel [Bamberg, Residenz, 26. November 2000 – 31. Januar 2001], Luzern 2000.

Ausst.kat. Barcelona 1999/2000
Ausst.kat. Cataluña en la época carolingia. Arte y cultura antes del románico (siglos IX y X) [Red. Jordi Camps] [Barcelona, Museo Nacional d'Art de Cataluñya, 16. Dezember 1999 – 27. Februar 2000], Barcelona 1999.

Ausst.kat. Berlin 1975/76
Ausst.kat. Zimelien. Abendländische Handschriften des Mittelalters aus den Sammlungen der Stiftung Preußischer Kulturbesitz Berlin, bearb. v. Tilo Brandis in Zusammenarbeit mit Gerhard Achten [Berlin, Staatliche Museen Berlin-Dahlem, 13. Dezember 1975 – 1. Februar 1976], Wiesbaden 1975.

Ausst.kat. Berlin 1977
Ausst.kat. Byzantinische Kostbarkeiten aus Museen, Kirchenschätzen und Bibliotheken der DDR. Spätantike – Byzanz – Christlicher Orient, Red. Arne Effenberger [Berlin, Staatliche Museen zu Berlin, Frühchristlich-byzantinische Sammlung (Bodemuseum), Februar – April 1977], Berlin 1977.

Ausst.kat. Berlin 1989
Ausst.kat. Europa und der Orient 800–1900, hrsg. v. Gereon Sievernich u. Hendrik Budde [Berlin, Martin-Gropius-Bau, 28. Mai – 27. August 1989], Gütersloh / München 1989.

Ausst.kat. Berlin 1992/93
Ausst.kat. Der Quedlinburger Schatz, hrsg. v. Dietrich Kötzsche [Berlin, Kunstgewerbemuseum, Staatliche Museen zu Berlin – Preußischer Kulturbesitz, 31. Oktober 1992 – 30. Mai 1993], Berlin 1993.

Ausst.kat. Berlin 1995/96
Ausst.kat. Schätze der Alhambra. Islamische Kunst aus Andalusien [Red. Almut von Gladiss] [Berlin, Kulturforum, 29. Oktober 1995 – 3. März 1996], Mailand 1995.

Ausst.kat. Bern 1949
Ausst.kat. Kunst des frühen Mittelalters, bearb. v. Albert Boeckler u. Otto Homburger [Bern, Kunstmuseum, 19. Juni – 31. Oktober 1949], Bern 1949.

Ausst.kat. Braunschweig 1995
Ausst.kat. Heinrich der Löwe und seine Zeit. Herrschaft und Repräsentation der Welfen 1125–1235, 3 Bde., hrsg. v. Jochen Luckhardt u. Franz Niehoff [Braunschweig, Herzog Anton Ulrich-Museum, 6. August – 12. November 1995], München 1995.

Ausst.kat. Braunschweig 1999
Ausst.kat. Glanz der Ewigkeit. Meisterwerke aus Elfenbein der Staatlichen Museen zu Berlin [Gesamtleitung u. Konzeption Regine Marth] [Braunschweig, Herzog Anton Ulrich-Museum, 26. August – 7. November 1999], Braunschweig 1999.

Ausst.kat. Brescia 2000
Ausst.kat. Il futuro dei Longobardi. L'Italia e la costruzione dell'Europa di Carlo Magno, catalogo della mostra, hrsg. v. Carlo Bertelli u. Gian Pietro Brogiolo [Brescia, Monastero di Santa Giulia, 18. Juni – 19. November 2000], Mailand / Brescia 2000.

Ausst.kat. Brüssel 1982
Ausst.kat. Splendeur de Byzance [Red. Jacqueline Lafontaine-Dosogne] [Brüssel, Musées royaux d'art et d'histoire Bruxelles, 2. Oktober – 2. Dezember 1982], Brüssel 1982.

Ausst.kat. Budapest 1996
Ausst.kat. The Ancient Hungarians, hrsg. v. István Fodor [Budapest, Hungarian National Museum, 16. März – 31. Dezember 1996], Budapest 1996.

Ausst.kat. Budapest/Berlin [u. a.] 2000/02
Ausst.kat. Europas Mitte um 1000. Beiträge zur Geschichte, Kunst und Archäologie, 3 Bde., hrsg. v. Alfried Wieczorek u. Hans-Martin Hinz, Stuttgart 2000.

Ausst.kat. Corvey 1966
Ausst.kat. Kunst und Kultur im Weserraum 800–1600, 2 Bde. [Corvey, 28. März – 15. September 1966], Münster [3]1967.

Ausst.kat. Darmstadt 1986
Ausst.kat. Symmetrie in Kunst, Natur und Wissenschaft [Gesamtred. Bernd Krimmel], 2 Bde. [Darmstadt, Mathildenhöhe, 1. Juni – 24. August 1986], Darmstadt 1986.

Ausst.kat. Duisburg 1983
Ausst.kat. Duisburg und die Wikinger. 1100 Jahre Duisburg 883–1983 [Duisburg, Niederrheinisches Museum, 16. Januar – 10. April 1983], Duisburg 1983.

Ausst.kat. Erlangen 1993
Ausst.kat. Cimelia Erlangensia. Aus den Schätzen der Universitätsbibliothek. Ausstellung im 250. Jahr der Friedrich-Alexander-Universität, bearb. v. Hans-Otto Keunecke [u. a.] [Erlangen, Universitätsbibliothek, 7. Mai – 4. Juni 1993] (Schriften der Universitätsbibliothek Erlangen-Nürnberg 24), Erlangen 1993.

Ausst.kat. Essen 1956
Ausst.kat. Werdendes Abendland an Rhein und Ruhr [Essen, Villa Hügel, 18. Mai – 15. September 1956], verb. Aufl. Essen [4]1956.

Ausst.kat. Essen 1990/91
Ausst.kat. Vergessene Zeiten. Mittelalter im Ruhrgebiet, 2 Bde., hrsg. v. Ferdinand Seibt, Gudrun Gleba u. Heinrich Theodor Grütter [u. a.] [Essen, Ruhrlandmuseum, 26. September 1990 – 6. Januar 1991], Essen 1990.

Ausst.kat. Essen 1997
Ausst.kat. Transit Brügge – Novgorod. Eine Straße durch die europäische Geschichte, hrsg. v. Ferdinand Seibt, Ulrich Bosdorf u. Heinrich Theodor Grütter [Essen, Ruhrlandmuseum, 15. Mai – 21. September 1997], Bottrop [u. a.] 1997.

Ausst.kat. Essen 1999
Ausst.kat. Das Jahrtausend der Mönche. KlosterWelt Werden 799–1803, hrsg. v. Jan Gerchow [Essen, Ruhrlandmuseum; Schatzkammer der Propsteikirche Werden, 26. März – 27. Juni 1999], Köln 1999.

Ausst.kat. Frankfurt 1976/77
Ausst.kat. Elfenbeinarbeiten von der Spätantike bis zum hohen Mittelalter. Aus der Sammlung Hüpsch des Hessischen Landesmuseums Darmstadt, Anton von Euw [hrsg. v. Herbert Beck] [Frankfurt, Liebieghaus, Museum Alter Plastik, 5. November 1976 – 27. Februar 1977], Frankfurt / M. 1976.

Ausst.kat. Frankfurt 1987/88
Ausst.kat. Kerzenleuchter aus acht Jahrhunderten, hrsg. v. Hildegard Hoos [Frankfurt / M., Museum für Kunsthandwerk, 2. Dezember 1987 – 31. Januar 1988], Frankfurt / M. 1987.

Ausst.kat. Frankfurt 1994
Ausst.kat. 794 – Karl der Große in Frankfurt am Main. Ein König bei der Arbeit. Ausstellung zum 1200-Jahre-Jubiläum der Stadt Frankfurt, hrsg. v. Johannes Fried, Rainer Koch, Lieselotte Saurma-Jeltsch u. Andreas Thiel [Frankfurt, Historisches Museum, 18. Mai – 28. August 1994], Sigmaringen 1994.

Ausst.kat. Freising 1989
Ausst.kat. Freising. 1250 Jahre geistliche Stadt, 2 Bde. [Red. Sigmund Benker] [Freising, Diözesanmuseum, 10. Juni – 19. November 1989] (Diözesanmuseum für christliche Kunst des Erzbistums München und Freising, Kataloge und Schriften 9 u. 12), München 1989 u. 1994.

Ausst.kat. Fulda 1982
Ausst.kat. Die Mal- und Schreibschule des Klosters Fulda im 9. Jahrhundert, bearb. v. Winfried Böhne [Fulda, Stadtschloß, 11. Februar – 7. März 1982], Fulda 1982.

Ausst.kat. Gandersheim 1973
Ausst.kat. Die Dichterin Roswitha und die Gandersheimer Stiftsbibliothek [Gandersheim, Martin-Luther-Haus, 1973], Bad Gandersheim 1973.

Ausst.kat. Genf 1988
Ausst.kat. Trésors d'Art Médiéval Bulgare, VIIe-XVIe siècle [Red. Elka Bakalova] [Genf, Musée d'Art et d'Histoire 1988], Bern 1988.

Ausst.kat. Granada/New York 1992
Ausst.kat. Al-Andalus: The Art of Islamic Spain, hrsg. v. Jerrilynn D[enise] Dodds [Granada, Alhambra, 18. März – 7. Juni 1992; New York, The Metropolitan Museum of Art, 1. Juli – 27. September 1992], New York 1992.

Ausst.kat. Güstrow 1995
Ausst.kat. 1000 Jahre Mecklenburg. Geschichte und Kunst einer europäischen Region, hrsg. v. Johannes Erichsen [Güstrow, Schloß, 23. Juni – 15. Oktober 1995], Rostock 1995.

Ausst.kat. Hamburg 1998
Ausst.kat. Blicke in verborgene Schatzkammern. Mittelalterliche Handschriften und Miniaturen aus Hamburger Sammlungen [Hamburg, Museum für Kunst und Gewerbe, 26. Juni – 26. Juli 1998] (Schriften aus dem Antiquariat Dr. Jörn Günther, Hamburg 1), Hamburg 1998.

Ausst.kat. Hamburg 1999/2000
Ausst.kat. Goldgrund und Himmelslicht. Die Kunst des Mittelalters in Hamburg, 3 Bde., hrsg. v. Uwe M. Schneede [Hamburg, Kunsthalle, 19. November 1999 – 5. März 2000], Hamburg 1999.

Ausst.kat. Hamburg 2000
Ausst.kat. The Art of the Book from the Middle Ages to the Renaissance. Journey through a Thousand Years. John J. Burns Library, Boston u. Antiquariat Dr. Jörn Günther, Hamburg 2000.

Ausst.kat. Hannover 1994
Ausst.kat. Schätze des Harzes. Archäologische Untersuchungen zum Bergbau- und Hüttenwesen des 3. bis 13. Jahrhunderts nach Christus, hrsg. v. Günter Wegner [Hannover, Forum des Landesmuseums, 15. Juli – 9. Oktober 1994] (Begleithefte zur Ausstellung der Abteilung Urgeschichte des Niedersächsischen Landesmuseums 4), Oldenburg 1994.

Ausst.kat. Heidelberg 1986
Ausst.kat. Bibliotheca Palatina, Textbd., hrsg. v. Elmar Mittler in Zusammenarbeit mit Walter Berschin [u. a.]; Bildbd., hrsg. v. Elmar Mittler in Zusammenarbeit mit Vera Trost u. Markus Weis [Heidelberg, Heiliggeistkirche, 8. Juli – 2. November 1986], Heidelberg 1986.

Ausst.kat. Hildesheim 1993
Ausst.kat. Bernward von Hildesheim und das Zeitalter der Ottonen, 2 Bde., hrsg. v. Michael Brandt u. Arne Eggebrecht [Hildesheim, Dom- und Diözesanmuseum, 15. August – 28. November 1993], Hildesheim / Mainz 1993.

Ausst.kat. Hildesheim 1998
Ausst.kat. Byzanz. Die Macht der Bilder, hrsg. v. Michael Brandt u. Arne Effenberger [Hildesheim, Dom- und Diözesanmuseum, 1998], Hildesheim 1998.

Ausst.kat. Kiel 2000
Ausst.kat. Glauben. Nordelbiens Schätze 800–2000 [Kiel, Rantzaubau des Schlosses, 30. April – 30. Juli 2000], hrsg. v. Johannes Schilling, Neumünster 2000.

Ausst.kat. Köln 1964
Ausst.kat. Die Sammlungen des Baron von Hüpsch. Ein Kölner Kunstkabinett um 1800 [Köln, Schnütgen-Museum, 10. August – 18. Oktober 1964], Köln 1964.

Ausst.kat. Köln 1972
Ausst.kat. Rhein und Maas. Kunst und Kultur 800–1400. Eine Ausstellung des Schnütgen-Museums, der Stadt Köln und der belgischen Ministerien für französische und niederländische Kultur, 2 Bde., hrsg. v. Anton Legner [Köln, Kunsthalle, 14. Mai – 23. Juli 1972; Brüssel, Königliche Museen für Kunst und Geschichte, 15. September – 31. Oktober 1972], Köln 1972.

Ausst.kat. Köln 1975
Ausst.kat. Monumenta Annonis. Köln und Siegburg, Weltbild und Kunst im hohen Mittelalter, hrsg. v. Anton Legner [Köln, Schnütgen-Museum, 30. April – 27. Juli 1975], Köln 1975.

Ausst.kat. Köln 1984
Ausst.kat. Der Schatz von San Marco in Venedig [hrsg. v. Hansgerd Hellenkämpfer] [Köln, Römisch-Germanisches Museum, 1984], Mailand 1984.

Ausst.kat. Köln 1985
Ausst.kat. Ornamenta Ecclesiae. Kunst und Künstler der Romanik, 3 Bde., hrsg. v. Anton Legner [Köln, Josef-Haubrich-Kunsthalle, 1985], Köln 1985.

Ausst.kat. Köln 1991
Ausst.kat. Vor dem Jahr 1000. Abendländische Buchkunst zur Zeit der Kaiserin Theophanu. Eine Ausstellung des Schnütgen-Museums zum Gedenken an den 1000. Todestag der Kaiserin Theophanu am 15. Juni 1991 und ihr Begräbnis in St. Pantaleon zu Köln, hrsg. v. Anton von Euw [u. a.] [Köln, Schnütgen-Museum, 12. April – 16. Juni 1991], Köln 1991.

Ausst.kat. Köln 1992/93
Ausst.kat. Bibliotheca Apostolica Vaticana. Liturgie und Andacht im Mittelalter [Köln, Erzbischöfliches Diözesanmuseum, 9. Oktober 1992 – 10. Januar 1993], Stuttgart 1992.

Ausst.kat. Köln 1995/96
Ausst.kat. Lust und Verlust. Kölner Sammler zwischen Trikolore und Preußenadler, hrsg. v. Hiltrud Klier u. Günther Zehnder [Köln, Josef-Haubrich-Kunsthalle, 28. Oktober 1995 – 28. November 1996], Köln 1995.

Ausst.kat. Köln 1998
Ausst.kat. Glaube und Wissen im Mittelalter. Die Kölner Dombibliothek, hrsg. v. Joachim M. Plotzek, Katharina Winnekes, Stefan Kraus u. Ulrike Surmann [Köln, Erzbischöfliches Diözesanmuseum, 7. August – 15. November 1998], Köln 1998.

Ausst.kat. Leiden 1987/88
Ausst.kat. Goed gezien. Tien eeuwen wetenschap in handschrift en druk [Leiden, Rijksmuseum van Oudheden, 30. Oktober 1987 – 17. Januar 1988], Leiden 1987.

Ausst.kat. London 1984
Ausst.kat. The Golden Age of Anglo-Saxon Art 966–1066, hrsg. v. Janet Backhouse, Derek Howard Turner u. Leslie Webster [London, British Museum, 1984], London 1984.

Ausst.kat. London 1994
Ausst.kat. Byzantium. Treasures of Byzantine Art and Culture from British Collections, hrsg. v. David Buckton [London, British Museum, 1994], London 1994.

Ausst.kat. Madrid 2000
Ausst.kat. Dos milenios en la Historia de España: Año 1000, Año 2000 [Madrid, Centro Cultural de la ville, 2000], Madrid 2000.

Ausst.kat. Mailand 2000/01
Ausst.kat. Restituzioni 2000. Capolavori restaurati [Vicenza, Gallerie di Palazzo Leoni Montanari, 2000; Pinacoteca di Brera, 2000–2001], Mailand 2000–2001.

Ausst.kat. Marburg 1928
Ausst.kat. Religiöse Kunst aus Hessen und Nassau. Kritischer Gesamtkatalog der Ausstellung Marburg 1928, Textbd. u. 2 Tafelbde., hrsg. v. Hermann Deckert, Robert Freyhan u. Kurt Steinbart [Marburg, Kunstinstitut der Universität, Sommer 1928], Marburg / L. 1932.

Ausst.kat. Marburg/Eisenach 1992
Ausst.kat. Hessen und Thüringen. Von den Anfängen bis zur Reformation. Eine Ausstellung des Landes Hessen [Red. Renate Petzinger] [Marburg, Landgrafenschloß, 27. Mai – 26. Juli 1992; Eisenach, Wartburg, 26. August – 25. Oktober 1992], Marburg/L. 1992.

Ausst.kat. St. Marienstern 1998
Ausst.kat. Zeit und Ewigkeit. 128 Tage in St. Marienstern, hrsg. v. Judith Oexle, Markus Bauer u. Marius Winzeler [Kloster Marienstern, 13. Juni – 18. Oktober 1998], Halle/S. 1998.

Ausst.kat München 1950
Ausst.kat. Ars sacra. Kunst des frühen Mittelalters, bearb. v. Albert Boeckler [München, Bayerische Staatsbibliothek, Juni – Oktober 1950], München 1950.

Ausst.kat. München 1979
Aus 1200 Jahren. Das Bayerische Hauptstaatsarchiv zeigt seine Schätze [hrsg. v. Albert Liess] [München, Bayerisches Hauptstaatsarchiv, 16. Oktober – 16. Dezember 1979] (Ausstellungskataloge der Staatlichen Archive Bayerns 11), München 1979.

Ausst.kat. München 1981
Bernhard Bischoff: Kalligraphie in Bayern. Achtes bis zwölftes Jahrhundert. Ausstellung anläßlich der Tagung des Comité International de Paléographie [München, Bayerische Staatsbibliothek, 15. – 18. September 1981] (Bayerische Staatsbibliothek, Ausstellungskataloge 25), Wiesbaden 1981.

Ausst.kat. München 1983
Ausst.kat. Thesaurus librorum. 425 Jahre Bayerische Staatsbibliothek [München, Bayerische Staatsbibliothek, 18. August – 1. Oktober 1983], Wiesbaden 1983.

Ausst.kat. München 1998/99
Ausst.kat. Rom und Byzanz. Schatzkammerstücke aus bayerischen Sammlungen, hrsg. v. Reinhold Baumstark [München, Bayerisches Nationalmuseum, 20. Oktober 1998 – 14. Februar 1999], München 1998.

Ausst.kat. New York 1977/78
Ausst.kat. Age of Spirituality. Late Antique and Early Christian Art, third to seventh centuries, hrsg. v. Kurt Weitzmann [New York, The Metropolitan Museum of Art, 19. November 1977 – 12. Februar 1978], New York 1979.

Ausst.kat. New York 1993/94
Ausst.kat. The Art of Medieval Spain, A.D. 500–1200 [New York, The Metropolitan Museum of Art, 18. November 1993 – 13. März 1994], New York 1993.

Ausst.kat. New York 1997
Ausst.kat. The Glory of Byzantium. Art and Culture of the Middle Byzantine Era A.D. 843–1261, hrsg. v. Helen C. Evans u. William D. Wixom [New York, The Metropolitan Museum of Art, 11. März – 6. Juli 1997], New York 1997.

Ausst.kat. Paderborn 1999
Ausst.kat. 799 – Kunst und Kultur der Karolingerzeit. Karl der Große und Papst Leo III. in Paderborn, 3 Bde., hrsg. v. Christoph Stiegemann u. Matthias Wemhoff [Paderborn, Erzbischöfliches Diözesanmuseum, 23. Juli – 1. November 1999], Mainz 1999.

Ausst.kat. Paris 1950
Ausst.kat. Trésors des Bibliothèques d'Italie (IVe–XVIe siècles) [Paris, Bibliothèque Nationale, 1950], Paris 1950.

Ausst.kat. Paris 1980
Ausst.kat. La Bulgarie médiévale. Art et civilisation [Paris, Grand Palais, 1980], Paris 1980.

Ausst.kat. Paris 1991
Ausst.kat. Le Trésor de Saint-Denis, hrsg. v. Danielle Gaborit-Chopin [Paris, Musée du Louvre, 12. März – 17. Juni 1991], Paris 1991.

Ausst.kat. Paris 1992/93
Ausst.kat. Byzance. L'art byzantin dans les collections publiques françaises, hrsg. v. Jannic Durand [Paris, Musée du Louvre, 3. November 1992 – 1. Februar 1993], Paris 1992.

Ausst.kat. Paris/Berlin/Kopenhagen 1992/93
Ausst.kat. Wikinger – Waräger – Normannen. Die Skandinavier und Europa 800–1200 [Red. Else Roesdahl] [Paris, Grand Palais, 2. April – 20. Juli 1992; Berlin, Altes Museum, 2. September – 15. November 1992; Kopenhagen, Nationalmuseet, 26. Dezember 1992 – 14. März 1993], Berlin 1992.

Ausst.kat. Paris 2000/01
Ausst.kat. Les Andalousies de Damas à Cordoue, hrsg. v. Institut du monde arabe Paris [Paris, Institut du monde arabe, 28. November 2000 – 15. April 2001], Paris 2000.

Ausst.kat. Regensburg 1987
Ausst.kat. Regensburger Buchmalerei. Von frühkarolingischer Zeit bis zum Ausgang des Mittelalters. Ausstellung der Bayerischen Staatsbibliothek München und der Museen der Stadt Regensburg [Regensburg, 16. Mai – 9. August 1987] (Bayerische Staatsbibliothek, Ausstellungskataloge 39), München 1987.

Ausst.kat. Rom 1953
Ausst.kat. Mostra storica nazionale della miniatura, Red. Giovanni Muzzioli [Rom, Palazzo Venezia, 1953], Florenz 1953.

Ausst.kat. Rom 1999/2000
Ausst.kat. Romei & Giubilei. Il pellegrinaggio medievale a San Pietro (350–1350), hrsg. v. Mario d'Onofrio [Rom, Palazzo Venezia, 29. Oktober 1999 – 26. Februar 2000], Mailand 1999.

Ausst.kat. Rom 2000/01
Ausst.kat. Aurea Roma. Dalla città pagana alla città cristiana, hrsg. v. Serena Ensoli u. Eugenio La Rocca [Rom, Palazzo delle Esposizioni, 22. Dezember 2000 – 20. April 2001], Rom 2000.

Ausst.kat. Speyer 1992
Ausst.kat. Das Reich der Salier 1024–1125 [Speyer, Historisches Museum der Pfalz, 23. März – 21. Juni 1992], Sigmaringen 1992.

Ausst.kat. Stift Lilienfeld 1976
Ausst.kat. 1000 Jahre Babenberger in Österreich [Stift Lilienfeld, 15. Mai – 31. Oktober 1976] (Katalog des Niederösterreichischen Landesmuseums N.F. 66), Wien 1976.

Ausst.kat. Stockholm 1987/88
Ausst.kat. Gyllene Böcker. Nyförvarv och nyupptäckter [Red. Ulf Abel] [Stockholm, Nationalmuseum, 13. Dezember 1987 – 6. März 1988] (Nationalmuseums utställningskatalog 504), Stockholm 1988.

Ausst.kat. Stuttgart 1977
Ausst.kat. Die Zeit der Staufer. Geschichte – Kunst – Kultur, 4 Bde., hrsg. v. Reiner Haussherr [Stuttgart, Altes Schloß und Kunstgebäude, 26. März – 5. Juni 1977], Stuttgart 1977.

Ausst.kat. Trier 1984
Ausst.kat. Kostbare Bücher und Dokumente aus Mittelalter und Neuzeit [Kat. u. Ausst. Gunther Franz unter Mitarbeit v. Reiner Nolden] [Trier, Stadtbibliothek und Stadtarchiv, 1984] (Ausstellungskataloge der Trierer Bibliotheken 8), Trier 1984.

Ausst.kat. Trier 1984a
Ausst.kat. Schatzkunst Trier, 2 Bde., [Trier, Räume am Domkreuzgang u. ehem. Domschule, 26. März – 1. November 1984] (Treveris sacra. Kunst und Kultur der Diözese Trier 3 u. 4), Trier 1984 u. 1991.

Ausst.kat. Unna 2000/01
Ausst.kat. Zeitreise Hellweg. Spuren einer Straße durch die Jahrtausende, hrsg v. Reinhild Stephan-Maaser [Unna, Hellweg-Museum, 5. November 2000 – 1. April 2001], Essen 2000.

Ausst.kat. Utrecht 1996
Ausst.kat. The Utrecht Psalter in Medieval Art. Picturing the Psalms of David, hrsg. v. Koert van der Horst [u. a.] [Utrecht, Museum Catharijneconvent, 31. August – 17. November 1996], Utrecht / London 1996.

Ausst.kat. Wien 1998/99
Ausst.kat. Schätze der Kalifen. Islamische Kunst zur Fatimidenzeit, hrsg. v. Wilfried Seipel [Wien, Kunsthistorisches Museum (Künstlerhaus), 16. November – 21. Februar 1999], Wien 1998.

Ausst.kat. Wolfenbüttel 1972
Ausst.kat. Die Heiratsurkunde der Kaiserin Theophanu, 972, April 14, Rom [Wolfenbüttel, Niedersächsisches Staatsarchiv, 1972] (Veröffentlichungen der Niedersächsischen Archivverwaltung, Beiheft 16), Göttingen 1972.

Autenrieth, Handschriften in Stuttgart
Johanne Autenrieth: Die Handschriften der ehemaligen Hofbibliothek Stuttgart (Die Handschriften der Württembergischen Landesbibliothek 2), Bd. 3, Wiesbaden 1963.

Bachmann, Erz
Hans-Gert Bachmann: Zur frühen Blei- und Silbergewinnung in Europa, in: Steuer / Zimmermann, Montanarchäologie, S. 29–36.

Bachmann, Metallerzeugung im Harz
Hans-Gert Bachmann: Zur Metallerzeugung im Harz während des Früh- und Hochmittelalters, in: Segers-Glocke, Industrielandschaft, S. 129–139.

Bahrfeldt, Randpfennige
Emil Bahrfeldt: Die Randpfennige von Schernikau, in: Berliner Münzblätter 36, 1915, S. 221–223.

Bálint, Ungarn
Csanád Bálint: Die Ungarn, in: Ders.: Archäologie der Steppe – Steppenvölker zwischen Volga und Donau vom 6. bis zum 10. Jahrhundert, hrsg. von Falko Daim, Wien / Köln 1989, S. 195–235.

Bank, Cloisonnéemails
Alice Vladimirovna Bank: Dve peregorodčatye emali iz Chersonesa [Zwei Cloisonnéemails von der Chersones], in: Iskusstvo zapadnoj Evropy i Vizantii [Die Kunst in Westeuropa und Byzanz], hrsg. v. Viktor N. Grashchenkov, Aleksei I. Komech u. Michail J. Libman, Moskau 1978, S. 237–244.

Barceló, Vajilla califal omeja
Miquel Barceló: Al-mulk, el verde y el blanco, la vajilla califal omeja de Madinat al-Zahra', in: La cerámica altomedieval en el sur de al-Andalus, Granada 1993, S. 291–299.

Baron, Münzprägung
Alain Baron: Die Münzprägung der Bischöfe, Kaiser und Könige in Straßburg (751–1123), Phil. Diss., Wien 1987.

Baron, „Otto"
Alain Baron: „Otto" nicht „Udo". Ein neues Licht in die deutsche Prägung des 10. Jahrhunderts, in: Litterae Numismaticae Vindobonensis 3, 1987, S. 311–317.

Baron, Mainzer Buchmalerei
Edith Baron: Mainzer Buchmalerei in karolingischer und frühottonischer Zeit, in: Jahrbuch für Kunstwissenschaft 1930, S. 107–129.

Bauer, Frammentazione litugica
Franz Alto Bauer: La frammentazione liturgica nella chiesa romana del primo medioevo, in: Rivista di Archeologia Cristiana 75, 1999, S. 390–393 u. 441–443.

Bauer, Corvey
Gerd Bauer: Corvey oder Hildesheim? Zur ottonischen Buchmalerei in Norddeutschland, 2 Bde., Phil. Diss., Hamburg 1977.

Bauer, Lotharingien
Thomas Bauer: Lotharingien als historischer Raum (Rheinisches Archiv 136), Köln / Weimar / Wien 1997; zugl. Phil. Diss., Trier 1995.

Bautier, Échanges
Robert-Henri Bautier: Échanges d'influences dans les chancelleries souveraines du moyen âge, d'après les types des sceaux de majesté, in: Académie des inscriptions et belles-lettres. Comptes-rendus des séances, 1968 (Januar – März), S. 192–221.

Beck/Unger, Brief
Friedrich Beck u. Manfred Unger: ... mit Brief und Siegel. Dokumente aus Archiven der Deutschen Demokratischen Republik, hrsg. v. der Staatlichen Archivverwaltung der DDR, Leipzig 1979.

Becks/Lauer, Schatzkammer
Leonie Becks u. Rolf Lauer: Die Schatzkammer des Kölner Domes (Meisterwerke des Kölner Domes 6), Köln 2000.

Beckwith, Basilewsky Situla
John Beckwith: The Basilewsky Situla (Victoria and Albert Museum, Museum monograph 21), London 1963.

Beckwith, Caskets
John Beckwith: Caskets from Cordoba, Victoria and Albert Museum, London 1960.

Beckwith, Ivory Carvings
John Beckwith: Ivory Carvings in Early Medieval England 700–1200, London 1972.

Beer, Prudentius-Codex
Ellen J. Beer: Überlegungen zu Stil und Herkunft des Berner Prudentius-Codex 264, in: Florilegium Sangallense. Festschrift für Johannes Duft zum 65. Geburtstag, hrsg. v. Otto P. Clavadetscher [u. a.], St. Gallen / Sigmaringen 1980, S. 15–70.

Beer, Monumenta palaeographica
Rudolf Beer: Monumenta palaeographica Vindobonensia. Denkmäler der Schreibkunst aus der Handschriftensammlung des Habsburg-Lothringischen Erzhauses, Bd. 2, Leipzig 1913.

Belting, Codex 73
Hans Belting: Der Codex 73 in Monte Cassino und die cassinesische Kunst vor Desiderius, in: Zeitschrift für Kunstgeschichte 25, 1962, S. 193–212.

Belting, Kunstgeschichte Italiens
Hans Belting: Probleme der Kunstgeschichte Italiens im Frühmittelalter, in: Frühmittelalterliche Studien 1, 1967, S. 94–143.

Bepler/Schaaffwrede, Schätze
Schätze als Alltag. Dokumente aus kirchlichen Archiven und Bibliotheken, hrsg. v. Jochen Bepler u. Hans Otto Schaaffwrede, Regensburg 2001.

Berghaus, Commentationes Numismaticae
Commentationes Numismaticae 1988. Festgabe für Gert und Vera Hatz zum 4. Januar 1988 dargebracht [hrsg. v. Peter Berghaus], Hamburg 1988.

Berghaus, Klein-Roscharden
Peter Berghaus: Die Münzen von Klein-Roscharden, in: Oldenburger Jahrbuch 51, 1951, S. 196–206.

Berschin, Biographie
Walter Berschin: Biographie und Epochenstil im lateinischen Mittelalter (Quellen und Untersuchungen zur lateinischen Philologie des Mittelalters 12), Bd. 4: Ottonische Biographie. Das hohe Mittelalter 920–1220 n. Chr., 1. Halbbd.: 920–1020 n. Chr., Stuttgart 1999.

Berschin, Eremus
Walter Berschin: Eremus und Insula. St. Gallen und die Reichenau im späten Mittelalter. Modell einer lateinischen Literaturlandschaft, Wiesbaden 1987.

Berschin, Homiliar
Walter Berschin: Zum Homiliar Aug. XVI, in: Freiburger Diözesan-Archiv 93 (= 3.F., 25) 1973, S. 234–237.

Berschin, Mittelalter
Walter Berschin: Griechisch-lateinisches Mittelalter. Von Hieronymus zu Nikolaus von Kues, Bern / München 1980.

Bertelli, Città del vescovo
La città del vescovo dai Carolingi al Barbarossa, hrsg. v. Carlo Bertelli (Il millennio ambrosiano 2), Mailand 1988.

Bertelli, Sant'Ambrogio
Carlo Bertelli: Sant'Ambrogio da Angilberto II a Gotofredo, in: Bertelli, Città del vescovo, S. 16–81.

Bertelli, Situazione dell'arte
Carlo Bertelli: Situazione dell'arte in Italia, in: Il secolo di ferro: mito e realtà del secolo X (Spoleto, 19–25 aprile 1990) (Settimane di studio del Centro Italiano di studi sull'alto medioevo 38), Spoleto 1991, S. 681–721.

Bertelli, Traccia
Carlo Bertelli: Traccia allo studio delle Fondazioni medievali dell'arte italiana, in: Storia dell'arte italiana, Bd. 5: Giulio Bollati: Dal Medioevo al Quattrocento, Tl. 2: Dal Medioevo al Novecento, Turin 1983, S. 5–163.

Beuckers, Mittelalterliche Elfenbeinarbeiten
Mittelalterliche Elfenbeinarbeiten aus der Sammlung des Badischen Landesmuseums, bearb. v. Klaus G[ereon] Beuckers (Bestandskataloge des Badischen Landesmuseums), Karlsruhe 1999.

Beumann, Art. Gernrode
Helmut Beumann: Art. Gernrode; Gero I., in: LexMA, Bd. 4, München / Zürich 1989, Sp. 1348–1349.

Beumann, Art. Thietmar
Helmut Beumann: Art. Thietmar, Bischof von Merseburg, in: Verfasserlexikon, Bd. 9, Berlin / New York 1995, Sp. 795–801.

Beumann, Urkundenwesen
Helmut Beumann: Beiträge zum Urkundenwesen der Bischöfe von Halberstadt (965–1241), in: Archiv für Urkundenforschung 16, 1939, S. 1–101.

Bialeková, Sporen
Darina Bialeková: Sporen von slawischen Fundplätzen in Pobedim (Typologie und Datierung), in: Slovenská Archeológia 25, 1977, S. 103–158.

Biblioteca nazionale
Biblioteca Nazionale Centrale, Firenze, hrsg. v. Maria Siponta De Salvia Baldini (Associazione fra le Casse di Risparmio Italiane), Florenz 1990.

Bierbrauer, Bayerische Staatsbibliothek
Katharina Bierbrauer: Die vorkarolingischen und karolingischen Handschriften der Bayerischen Staatsbibliothek (Kataloge der illuminierten Handschriften der Bayerischen Staatsbibliothek in München 1), Bd. 1, München 1990.

Binding, Reliquiengräber
Günther Binding: Quellen, Brunnen und Reliquiengräber in Kirchen, in: Zeitschrift für Archäologie des Mittelalters 3, 1975, S. 37–56.

Bingener, Blei- u. Vitriolhandel
Andreas Bingener: Silber-, Kupfer-, Blei- und Vitriolhandel in der Harzregion – Käufer, Märkte und Verkehrswege des Mittelalters, in: Segers-Glocke, Industrielandschaft, S. 146–152.

Bischoff, Festländische Handschriften
Bernhard Bischoff: Katalog der festländischen Handschriften des neunten Jahrhunderts (mit Ausnahme der wisigotischen) (Veröffentlichungen der Kommission für die Herausgabe der mittelalterlichen Bibliothekskataloge Deutschlands und der Schweiz), Tl. 1: Aachen-Lambach, Wiesbaden 1998.

Bischoff, Handschriftenüberlieferung
Bernhard Bischoff: Panorama der Handschriftenüberlieferung aus der Zeit Karls der Großen (1965), in: Bischoff, Mittelalterliche Studien, Bd. 3, S. 5–38.

Bischoff, Heliand
Bernhard Bischoff: Die Schriftheimat der Münchener Heliand-Handschrift, in: Bischoff, Mittelalterliche Studien, Bd. 3, S. 112–119.

Bischoff, Italienische Handschriften
Bernhard Bischoff: Italienische Handschriften des neunten bis elften Jahrhunderts in frühmittelalterlichen Bibliotheken außerhalb Italiens, in: Atti del convegno internazionale „Il libro e il testo", Urbino, 20–23 settembre 1982, hrsg. v. Cesare Questa u. Renato Raffaelli, Urbino 1984, S. 169–194.

Bischoff, Manoscritti Nonantolani
Bernhard Bischoff: Manoscritti Nonantolani dispersi d'epoca Carolingia, in: La Bibliofilia 85, 1983, S. 100–124.

Bischoff, Mittelalterliche Studien
Bernhard Bischoff: Mittelalterliche Studien. Ausgewählte Aufsätze zur Schriftkunde und Literaturgeschichte, 3 Bde., Stuttgart 1966, 1967 u. 1981.

Bischoff, Nonnenhandschriften
Bernhard Bischoff: Die Kölner Nonnenhandschriften und das Skriptorium von Chelles, in: Bischoff, Mittelalterliche Studien, Bd. 1, S. 16–34.

Bischoff, Paläographie
Bernhard Bischoff: Paläographie des römischen Altertums und des abendländischen Mittelalters (Grundlagen der Germanistik 24), Berlin ^{2}1986.

Bischoff, Paläographische Fragen
Bernhard Bischoff: Paläographische Fragen deutscher Denkmäler der Karolingerzeit, in: Bischoff, Mittelalterliche Studien, Bd. 3, S. 73–111.

Bischoff, Schatzverzeichnisse
Mittelalterliche Schatzverzeichnisse (Veröffentlichungen des Zentralinstituts für Kunstgeschichte in München 4), Tl. 1: Von der Zeit Karls des Großen bis zur Mitte des 13. Jahrhunderts, hrsg. v. Bernhard Bischoff, München 1967.

Bischoff, Schreibschulen
Bernhard Bischoff: Die südostdeutschen Schreibschulen in der Karolingerzeit, Tl. 1: Die bayrischen Diözesen; Tl. 2: Die vorwiegend österreichischen Diözesen (Sammlung bibliothekswissenschaftlicher Arbeiten, Heft 49), Wiesbaden ^{3}1974 u. 1980.

Bischoff, St. Emmeram
Bischoff, Bernhard: Literarisches und künstlerisches Leben in St. Emmeram (Regensburg) während des frühen und hohen Mittelalters, in: Studien und Mitteilungen zur Geschichte des Benediktiner-Ordens und seiner Zweige 51, 1933, S. 102–142 (Wiederabdruck in: Bischoff, Mittelalterliche Studien, Bd. 2, S. 77–115).

BKD Kreis Gardelegen
A[dolf] Parisius: Beschreibende Darstellung der älteren Bau- und Kunstdenkmäler des Kreises Gardelegen (Beschreibende Darstellung der älteren Bau- und Kunstdenkmäler der Provinz Sachsen und angrenzender Gebiete 20), Halle/S. 1897.

de Blaauw, Cultus
Sible de Blaauw: Cultus et Decor. Liturgia a architettura nella Roma tardoantica e medievale. Basilica Salvatoris, Sanctae Mariae, Sancti Petri, 2 Bde. (Studi e testi 355/356), Vatikanstadt 1994; zugl. Phil. Diss., Leiden 1987.

Bloch, Col. Metr. 88
Peter Bloch: Das Sakramentar Col. Metr. 88 in der Schatzkammer, in: Kölner Domblatt 21/22, 1963, S. 81–88, Abb. 64–80.

Bloch, Dedikationsbild
Peter Bloch: Zum Dedikationsbild im Lob des Kreuzes des Hrabanus Maurus, in: Elbern, Erstes Jahrtausend, Bd. 1, S. 471–494.

Bloch, Essener Leuchter
Peter Bloch: Der Stil des Essener Leuchters, in: Elbern, Erstes Jahrtausend, Bd. 1, S. 534–548.

Bloch, Hornbacher Sakramentar
Peter Bloch: Das Hornbacher Sakramentar und seine Stellung innerhalb der frühen Reichenauer Buchmalerei (Basler Studien zur Kunstgeschichte 15), Basel 1956; zugl. Phil. Diss., Basel 1954.

Boeckler, Codex Wittekindeus
Albert Boeckler: Der Codex Wittekindeus, Leipzig 1938.

Boeckler, Fragmente
Albert Boeckler: Zwei St. Galler Fragmente, in: Festschrift für Hans Jantzen, Berlin 1951, S. 37–46.

Boeckler, Miniaturen
Albert Boeckler: Abendländische Miniaturen bis zum Ausgang der romanischen Zeit (Tabulae in usum scholarum 10), Berlin/Leipzig 1930.

Boeckler, Ottonische Kunst
Albert Boeckler: Ottonische Kunst in Deutschland, in: I problemi comuni dell'Europa post-carolingia (Spoleto 6–13 aprile 1954) (Settimana di studio del Centro italiano sull'alto medioevo 2), Spoleto 1955, S. 329–353, Taf. I–XX.

Boeckler, Reichenauer Buchmalerei
Albert Boeckler: Die Reichenauer Buchmalerei, in: Die Kultur der Abtei Reichenau. Erinnerungsschrift zur zwölfhundertsten Wiederkehr des Gründungsjahres des Inselklosters 724–1924, hrsg. v. Konrad Beyerle, 2. Halbbd., München 1925, S. 956–998.

Boeckler, Schöne Handschriften
Albert Boeckler: Schöne Handschriften aus dem Besitz der preußischen Staatsbibliothek, Berlin 1931.

Böhmer, Reg. Imp., Bd. II,1
Johann Friedrich Böhmer: Regesta Imperii, Bd. II: Sächsisches Haus 919–1024, 1. Abt.: Die Regesten des Kaiserreiches unter Heinrich I. und Otto I. 919–973, neu bearb. v. Emil von Ottenthal mit Ergänzungen v. Hans H. Kaminsky, Hildesheim 1967.

Böhmer, Reg. Imp., Bd. II,5
Johann Friedrich Böhmer: Regesta Imperii, Bd. II: Sächsische Zeit, 5. Abt.: Papstregesten 911–1024, bearb. v. Harald Zimmermann, verb. u. erg. Aufl. Wien/Köln/Weimar ^{2}1998.

Böhne, Erzbischof Egbert
Winfried Böhne: Erzbischof Egbert von Trier und die Fuldaer Schreib- und Malschule des 10. Jahrhunderts, in: Archiv für mittelrheinische Kirchengeschichte 42, 1999, S. 97–121.

von Boetticher, Culemann
Manfred von Boetticher: Leben und Wirken des Senators Friedrich Culemann: – „Sammelleidenschaft" im Hannover des 19. Jahrhunderts, in: 100 Jahre Kestner-Museum Hannover 1889–1989, hrsg. v. Ulrich Gehrig, Hannover 1989, S. 19–33.

Boewe-Koop, Antiphonar
Edith Boewe-Koob: Das Antiphonar der Essener Handschrift D3 in der Universitäts- und Landesbibliothek Düsseldorf (Quellen und Studien 7), Münster 1997.

Bologna, Pittura italiana
Fernando Bologna: La pittura italiana delle origini, Rom 1962.

Bóna, Ungarische Kampftechnik
István Bóna: Die ungarische Kampftechnik in den Feldzügen gegen Europa, in: Ausst.kat. Berlin/Budapest [u. a.] 2000/02, Bd. 1, S. 225–230.

Bondar', Drevnee zoloto
Ivan V. Bondar': Drevnee zoloto iz sobranija Muzeja Istoričeskich Dragocennostej USSR (Orfèvrerie ancienne de la collection du Musée des Trésors historiques d'Ukraine), Moskau 1975.

Bonner, St. Cuthbert
Gerald Bonner: St. Cuthbert at Chester-le-Street, in: St. Cuthbert, his Cult and his Community to AD 1200, hrsg. v. Gerald Bonner [u. a.], Southampton 1989, S. 387–395.

Borchardt, Würzburger Inschriften
Die Würzburger Inschriften bis 1525. Auf der Grundlage des Nachlasses von Theodor Kramer unter Mitarbeit v. Franz Xaver Herrmann bearb. v. Karl Borchardt (Die Deutschen Inschriften 27. Münchner Reihe 7), Wiesbaden 1988.

Borst, Kalenderreform
Arno Borst: Die karolingische Kalenderreform (MGH Schriften 46), Hannover 1998.

Both, Düna
Frank Both: Düna, Tl. 2: Untersuchungen zur Keramik des 1. bis 14. nachchristlichen Jahrhunderts (Materialhefte zur Ur- und Frühgeschichte Niedersachsens A 24), Hannover 1996.

Boutémy, Manuscrits pré-romans
André Boutémy: Manuscrits pré-romans du pays mosan, in: Joseph de Borchgrave d'Altena: L'art mosan. Journées d'études, Paris, Février 1952 (Bibliothèque générale de l'école Pratique des Hautes études, Section 6), Paris 1953, S. 51–70.

Boutémy, Style franco-saxon
André Boutémy: Quel fut le foyer du style franco-saxon?, in: Mélanges d'archéologie et d'histoire 2, 1951 (Congrès de Tournai 1949), S. 749–773.

Boutémy, Style de Saint-Amand
André Boutémy: Le style franco-saxon, style de Saint-Amand, in: Scriptorium 3, 1949, S. 260–264.

Brachmann, Stämme
Hansjürgen Brachmann: Slawische Stämme an Elbe und Saale. Zu ihrer Geschichte und Kultur im 6. bis 10. Jahrhundert auf Grund archäologischer Quellen (Schriften zur Ur- und Frühgeschichte 32), Berlin 1978.

Brahme, Münzprägung
Sven Brahme: Zum Beginn der Münzprägung in Lüneburg. Stempeluntersuchungen am Typ Dbg. 585, in: Nordisk Numismatisk Medlemsblad 1986, S. 167–195.

Braunfels, Karolinger
Wolfgang Braunfels: Die Welt der Karolinger und ihre Kunst (Kulturgeschichte in Einzeldarstellungen), München 1968.

British Museum, Reproductions
British Museum. Reproductions from Illuminated Manuscripts, Ser. 1, London [2]1910.

Brizio, Catalogo
Anna Maria Brizio: Catalogo delle cose d'arte e di antichità d'Italia, Rom 1935.

Broadley, Gernrode
Hugh T. Broadley: A Reconstruction of the Tenth-Century Church of St. Cyriacus in Gernrode, in: Marsyas 6, 1950–1953, S. 25–34.

Brockner, Buntmetallgewinnung
Wolfgang Brockner: Frühe Buntmetallgewinnung in der Harzregion, in: Berichte zur Denkmalpflege in Niedersachsen 12, 1992, S. 151–153.

Brockner, Silbergewinnung
Wolfgang Brockner: Archäometrische Untersuchungen an ausgewählten Grabungsfunden zur Erhellung der frühen Silbergewinnung in der Harzregion, in: Segers-Glocke, Industrielandschaft, S. 39–41.

Brockner/Haack, Archäometrische Untersuchungen
Wolfgang Brockner, Udo Haack, Jean Lévêque u. Dietrich Klemens: Archäometrische Untersuchungen und Blei-Isotopenverhältnismessungen an Bernwardtür und Bernwardsäule von Hildesheim, in: Archäologisches Korrespondenzblatt 26, 1996, S. 347–356.

Brockner/Klappauf, Spätantike Metallgewinnung
Wolfgang Brockner u. Lothar Klappauf: Spätantike Metallgewinnung und -verarbeitung, in: Steuer/Zimmermann, Montanarchäologie, S. 177–182.

Brøndsted, Graves
Johannes Brøndsted: Danish inhumation graves of the Viking Age, in: Acta Archaeologica 7, 1936, S. 81–228, Taf. I–XI.

Bruck, Handschriften
Die Malereien in den Handschriften des Königreichs Sachsen, hrsg. v. Robert Bruck (Aus den Schriften der Königlich-Sächsischen Kommission für Geschichte 11), Dresden 1906.

Bruckner, Scriptoria
Albert Bruckner: Scriptoria medii aevi Helvetica. Denkmäler schweizerischer Schreibkunst des Mittelalters, Bd. 5: Schreibschulen der Diözese Konstanz, Stift Einsiedeln, Kirchen und Klöster der Kantone Uri, Schwyz, Glarus, Zug, Genf 1943.

Brühl, Diplomatik
Carlrichard Brühl: Aus Mittelalter und Diplomatik. Gesammelte Aufsätze, 2 Bde., Hildesheim/München/Zürich 1989.

Brühl, Purpururkunden
Carlrichard Brühl: Purpururkunden, in: Festschrift für Helmut Beumann zum 65. Geburtstag, hrsg. v. Kurt-Ulrich Jäschke u. Reinhard Wenskus, Sigmaringen 1977, S. 1–21.

Brzostowicz, Burgwall
Monika Brzostowicz: Frühmittelalterlicher Burgwall in Spławie,

Gem. Kołaczkowo, Woi. Poznań. Vorläufige Zusammenfassung der Ergebnisse von archäologischen Rettungsgrabungen aus den Jahren 1991–1992, in: Wielkopolskie Sprawozdania Archeologiczne 2, 1993, S. 115–132.

Buckton, Reliquary
David Buckton: The Oppenheim or Fieschi-Morgan Reliquary in New York, and the Antecedent of Middle Byzantine Enamel, in: Abstracts of the Eighth Annual Byzantine Studies Conference, Chicago 1982, S. 35–36.

Buddensieg, Ottonische Buchmalerei
Tilmann Buddensieg: Zur ottonischen Buchmalerei und Elfenbeinskulptur in Sachsen, in: Dettweiler / Köllner / Riedl, Studien zur Buchmalerei, S. 93–114.

Buddensieg, Steinkopf
Tilmann Buddensieg: Ein ottonischer Steinkopf in Fulda, in: Jahrbuch der Hamburger Kunstsammlungen 5, 1960, S. 7–30.

Buko, Keramik
Andrzej Buko: Ceramica wczesnopolska wprowadzenie do badan [Frühpolnische Keramik], Breslau 1990 [englische Zusammenfassung].

Busch, Funde
Ralf Busch: Frühgeschichtliche Funde aus dem Braunschweiger Land (Veröffentlichungen des Braunschweiger Landesmuseums 6), Braunschweig 1976.

Busch, Mittelalter
Ralf Busch: Mittelalter, in: Von den Sachsen zur Hammaburg. Bilder aus Hamburgs Frühzeit, hrsg. v. Ralf Busch (Veröffentlichungen des Helms-Museums 50), Neumünster 1987, S. 33–35.

Busch, Schatzfund
Ralf Busch: Der Schatzfund von Haddien, Gde. Wangerland, Landkreis Friesland (im Druck).

Bushey, Lateinische Handschriften
Betty Bushey: Die lateinischen Handschriften bis 1600 (Bibliographien und Kataloge der Herzogin Anna Amalia Bibliothek) (im Druck).

Butzmann, Handschriften
Hans Butzmann: Die mittelalterlichen Handschriften der Gruppen Extravagantes, Novi und Novissimi (Kataloge der Herzog August Bibliothek Wolfenbüttel, Die Neue Reihe 15), Frankfurt / M. 1972.

Cabrera, Abdarrahman III
Abdarrahman III y su época, hrsg. v. Emilio Cabrera (Colección Viana 3), Cordoba 1991.

Caillet, L'ivoire d'Otton
Jean-Pierre Caillet: L'ivoire d'Otton et Théophano au musée de Cluny (Paris) et les pièces de son groupe: état de la recherche, in: von Euw / Schreiner, Kolloquium Theophanu, S. 31–48.

Caillet, Musée de Cluny
Jean-Pierre Caillet: L'Antiquité classique. Le haut Moyen Âge et Byzance au musée de Cluny, Paris 1985.

Capelle, Metallschmuck
Torsten Capelle: Der Metallschmuck von Haithabu. Studien zur wikingischen Metallkunst (Die Ausgrabungen in Haithabu 5), Neumünster 1968.

Capelle, Modeln
Torsten Capelle: Zwei wikingische Modeln aus Stora Uppąkra, in: Fynden i centrum. Keramik, glas och metall frąn Uppąkra, Red. Birgitta Hąrdh (Uppąkrastudier 2. Acta Archaeologica Lundensia, Ser. 8°, 30), Stockholm 1999, S. 221–224.

Capelle, Schouwen
Torsten Capelle: Die karolingischen Funde von Schouwen (Nederlandse oudheden 7), Leiden 1978.

Capelle, Wikinger
Torsten Capelle: Kultur- und Kunstgeschichte der Wikinger (Grundzüge 63), Darmstadt 1986, ²1988.

Caramel, Testimonianze paleocristiane
Luciano Caramel: Dalle testimonianze paleocristiane al mille, in: Luciano Caramel u. Mario Mirabella Roberti: L'arte dall'età romana al Rinascimento (Storia di Monza e della Brianza 4), Bd. 1, Mailand 1976, S. 83–271.

Chiesa, Liutprando
Paolo Chiesa: Liutprando di Cremona e il codice di Frisinga Clm 6388 (Corpus Christianorum. Autographa Medii Aevi 1), Turnhout 1994.

Christ, Karolingische Bucheinbände
Karl Christ: Karolingische Bibliothekseinbände, in: Festschrift Georg Leyh. Aufsätze zum Bibliothekswesen und zur Forschungsgeschichte, dargebracht zum 60. Geburtstag am 6. Juni 1937 von Freunden und Fachgenossen, Leipzig 1937, S. 82–104.

Christ, Kloster Fulda
Karl Christ: Die Bibliothek des Klosters Fulda im 16. Jahrhundert. Die Handschriften in Verwendung (Zentralblatt für Bibliothekswesen, Beiheft 64), Leipzig 1933.

Chroust, Schreibkunst
Monumenta Palaeographica. Denkmäler der Schreibkunst des Mittelalters. Schrifttafeln in lateinischer und deutscher Sprache, hrsg. v. Anton Chroust, 3. Reihe, 18. Lfg., Leipzig 1937.

Cipolla, Codici bobbiesi
Carlo Cipolla: Codici bobbiesi della Biblioteca Nazionale Universitaria di Torino (Collezione Paleografica Bobbiese 1), Mailand 1907.

CLA
Codices latini antiquiores. A palaeographical guide to latin mauscripts prior to the ninth century, hrsg. v. Elias Avery Loewe, 12 Tle., Oxford 1934, ²1972.

CLLA
Klaus Gamber: Codices Liturgici Latini Antiquiores, 2 Bde. (Spicilegium Friburgense 1), Freiburg / Br. 1968; Supplement, Erg.-bd. u. Reg.-bd. (Spicilegium Friburgense 1 A), Freiburg / Br. 1988.

Claude, Erzbist. Magdeburg
Dietrich Claude: Geschichte des Erzbistums Magdeburg bis in das 12. Jahrhundert, 2 Bde. (Mitteldeutsche Forschungen 67), Köln / Wien 1972 u. 1975.

Clemen, Dom zu Köln
Paul Clemen: Der Dom zu Köln (Die Kunstdenkmäler der Rheinprovinz 6,3. Die Kunstdenkmäler der Stadt Köln 1,3), überarb. Aufl. Düsseldorf ²1938.

Coche de la Ferté, Slg. Stathatos
Étienne Coche de la Ferté: Collection Hélène Stathatos, Bd. 2: Les Objets Byzantins et Post-byzantins, Limoges 1957.

Codex Boernerianus
Der Codex Boernerianus der Briefe des Apostels Paulus (Msd. Dresd. A 145B) in Lichtdruck nachgebildet. Mit einem Vorwort v. Alexander Reichardt, Leipzig 1909.

Codex dipl. Fuld.
Codex diplomaticus Fuldensis, hrsg. v. Ernst Friedrich Johann Dronke, Kassel 1850, Nachdr. Aalen 1962.

Conti, Tesoro del Duomo
Roberto Conti: Il Tesoro. Guida alla conoscenza del Tesoro del Duomo di Monza, Monza ²1983.

Corbet, Saints ottoniens
Patrick Corbet: Les saints ottoniens. Sainteté dynastique, sainteté royale et sainteté féminine autour de l'an Mil (Beihefte der Francia 15), Sigmaringen 1986.

Corpus archäologischer Quellen, 1. Lfg.
Corpus archäologischer Quellen zur Frühgeschichte auf dem Gebiet der Deutschen Demokratischen Republik (7. bis 12. Jahrhundert), hrsg. v. Joachim Herrmann u. Peter Donat, 1. Lfg.: Bezirke Rostock (Westteil), Schwerin und Magdeburg, Text- u. Tafelbd., Berlin 1973.

Corpus archäologischer Quellen, 2. Lfg.
Corpus archäologischer Quellen zur Frühgeschichte auf dem Gebiet der Deutschen Demokratischen Republik (7. bis 12. Jahrhundert), hrsg. v. Joachim Herrmann u. Peter Donat, 2. Lfg.: Bezirke Rostock (Ostteil), Neubrandenburg, Text- u. Tafelbd., Berlin 1979.

Corpus archäologischer Quellen, 3. Lfg.
Corpus archäologischer Quellen zur Frühgeschichte auf dem Gebiet der Deutschen Demokratischen Republik (7. bis 12. Jahrhundert), hrsg. v. Joachim Herrmann u. Peter Donat, 3. Lfg.: Bezirke Frankfurt, Potsdam, Berlin, Text- u. Tafelbd., Berlin 1979.

Corpus Basilicarum
Richard Krautheimer, Spencer Corbett u. Alfred K. Frazer: Corpus Basilicarum Christianarum Romae. The Early Christian Basilicas of Rome (sec. IV-IX), 5 Bde. (Monumenti di antichità cristiana 2), Vatikanstadt / Rom / New York 1937–1980.

Corpus Nummorum Italicorum
Corpus Nummorum Italicorum. Primo tentativo di un catalogo generale delle monete medievali e moderne coniate in Italia o da Italiani in altri paesi, Vol. 4: Lombardia (zecche minori), Vol. 5: Lombardia (Milano), Vol. 6: Veneto (zecche minori), Dalmazia-Albania, Vol. 11: Toscana (zecche minori), Rom 1910–1943.

Corpus della scultura altomedioevale
Corpus della scultura altomedioevale, Bd. 7: La diocesi di Roma; Bd. 7,1: La IV regione ecclesiastica, hrsg. v. Letizia Pani Ermini, Spoleto 1974; Bd. 7,2: La diocesi di Roma, Spoleto 1974.

Coupland, Carolingian arms
Simon Coupland: Carolingian arms and armor in the ninth century, in: Viator 21, 1990, S. 29–50.

Cressier, Capiteles
Patrice Cressier: Los capiteles del Salón Rico: un aspecto del discurso arquitectónico califal, in: Madinat al-Zahra'. El Salón de Abd al-Rahman III, hrsg. v. Antonio Vallejo Triano, Cordoba 1995.

Crivello/Grazzini, Aliptes
Fabrizio Crivello u. S. Grazzini: „Aliptes est, ut quidam dicunt, sculptor". Osservazioni sulla situla Basilewsky, in: Annali della Scuola Normale Superiore di Pisa – Classe di Lettere e Filosofia, Ser. 4, 1, 1999, S. 199–220.

Cutler, Hand of the Master
Anthony Cutler: The Hand of the Master. Craftsmenship, Ivory and Society in Byzantium (9th–11th Centuries), Princeton 1994.

Cutler, Romanos Ivory
Anthony Cutler: The Date and Significance of the Romanos Ivory, in: Mouriki, Byzantine East, Latin West, S. 605–610.

Dalas, Seaux des rois
Martine Dalas: Les seaux des rois et de régence (Corpus des sceaux français du moyen âge 2), Paris 1991.

Daniel, Freisinger Dombibliothek
Natalia Daniel: Handschriften des zehnten Jahrhunderts aus der Freisinger Dombibliothek. Studien über Schriftcharakter und Herkunft der nachkarolingischen und ottonischen Handschriften einer bayerischen Bibliothek (Münchener Beiträge zur Mediävistik und Renaissance-Forschung 11), München 1973.

Dannenberg, Münzen
Hermann Dannenberg: Die deutschen Münzen der sächsischen und fränkischen Kaiserzeit, 4 Bde., Berlin 1876–1895; Tafelbd. Berlin 1876.

Davidan/Ščukin, Skandinavier
Olga I. Davidan u. Mark B. Ščukin: Die Skandinavier und die Rus', in: Ausst.kat. Duisburg 1983, S. 71–82.

Davids, Empress Theophano
The Empress Theophano. Byzantium and the West at the turn of the first Millennium [Papers presented at a symposium held at the castle of Herne in the Netherlands in May 1991], hrsg. v. Adelbert Davids, Cambridge [u. a.] 1995.

Davidson, Minor Objects
Gladys R. Davidson: The Minor Objects (Corinth. Results of Excavations, conducted by the American School of Classical Studies in Athens 12), Princeton / N.J. 1952.

Debes, Zimelien
Leipziger Zimelien. Bücherschätze der Universitätsbibliothek, hrsg. v. Dietmar Debes, Weinheim 1989.

Degen, Kunsthandwerk
Kurt Degen: Frühmittelalterliches Kunsthandwerk (Führer des Hessischen Landesmuseums 2), Darmstadt 1955.

Deicke, Erzlagerstätten
Matthias Deicke: Geologie und Erzlagerstätten des Harzes, in: Segers-Glocke, Industrielandschaft, S. 42–46.

Deicke/Ruppert, Frühe Metallgewinnung
Matthias Deicke u. Hans Ruppert: Frühe Metallgewinnung und Umweltbelastung im Harz – Umweltgeochemische Aspekte, in: Segers-Glocke, Industrielandschaft, S. 78–82.

Dekówna, Glasbecher
Maria Dekówna: Glasbecher, in: Michael Müller-Wille: Das Bootkammergrab von Haithabu (Berichte über die Ausgrabungen in Haithabu 8), Neumünster 1976, S. 63–66.

Deshman, Anglo-Saxon Art
Robert Deshman: Anglo-Saxon Art after Alfred, in: The Art Bulletin 56, 1974, S. 176–200.

Dettweiler/Köllner/Riedl, Studien zur Buchmalerei
Studien zur Buchmalerei und Goldschmiedekunst des Mittelalters. Festschrift für Karl Hermann Usener zum 60. Geburtstag am 19. August 1965, hrsg. v. Frieda Dettweiler, Herbert Köllner u. Peter Anselm Riedl, Marburg/L. 1967.

Deutiger, Rahewin
Roman Deutinger: Rahewin von Freising. Ein Gelehrter des 12. Jahrhunderts (MGH Schriften 47), Hannover 1999.

Diederich, Siegel der Kölner Erzbischöfe
Toni Diederich: Die Siegel der Kölner Erzbischöfe von Bruno I. bis Herrmann II., in: von Euw/Schreiner, Kaiserin Theophanu, Bd. 1, Köln 1992, S. 89–108.

Dienes, Ungarn
István Dienes: Die Ungarn um die Zeit der Landnahme, Budapest 1972.

Dodwell/Turner, Reichenau
Charles Reginald Dodwell u. Derek Howard Turner: Reichenau Reconsidered. A Re-Assessment of the Place of Reichenau in Ottonian Art (Warburg Institute Surveys 2), London 1965.

Dolezalek, Handschriften zum Recht
Gero Dolezalek: Verzeichnis der Handschriften zum römischen Recht bis 1600. Materialsammlung, System und Programm für elektronische Datenverarbeitung, 4 Bde., Frankfurt/M. 1972.

Donat, Gebesee
Peter Donat: Gebesee – Klosterhof und königliche Reisestation des 10.–12. Jahrhunderts (Weimarer Monographien zur Ur- und Frühgeschichte 34), Stuttgart 1999.

Donat, Hof u. Dorf
Peter Donat: Haus, Hof und Dorf in Mitteleuropa vom 7.–12. Jahrhundert. Archäologische Beiträge zur Entwicklung und Struktur der bäuerlichen Siedlung (Schriften zur Ur- und Frühgeschichte 33), Berlin 1980.

Dontcheva, Croix pectoral
Ludmila Dontcheva: Une croix pectoral-reliquaire en or récemment trouvée à Pliska, in: Cahiers Archéologiques 25, 1976, S. 55–66.

Drabek, Verträge
Anna M. Drabek: Die Verträge der fränkischen und deutschen Herrscher mit dem Papsttum von 754 bis 1020 (Veröffentlichungen des Instituts für Österreichische Geschichtsforschung 22), Wien/Köln/Graz 1976.

Dressler, Cimelia monacensia
Fridolin Dressler: Cimelia monacensia. Wertvolle Handschriften und frühe Drucke der Bayerischen Staatsbibliothek München, Wiesbaden 1970.

Drögereit, Wunstorf
Richard Drögereit: Zur Frühgeschichte des Stiftes Wunstorf, in: Jahrbuch der Gesellschaft für niedersächsische Kirchengeschichte 63, 1965, S. 24–34.

Duchesne/Vogel, Liber Pontificalis
Le Liber Pontificalis, hrsg. v. Louis Duchesne, 2 Bde. (Bibliothèque des École Françaises d'Athènes et de Rome), Paris 1886 u. 1892; Tl. 3, hrsg. v. Louis Duchesne, Paris 1957; Ergänzungen u. Korrekturen, hrsg. v. Cyrille Vogel, Paris [2]1957, Nachdr. Bde. 1–3, Paris 1981.

Duczko, Granulation Work
Wladyslaw Duczko: The Filigree and Granulation Work of the Viking Period. An analysis of the material from Björkö (Birka. Untersuchungen und Studien 5), Stockholm 1985; zugl. Phil. Diss., Uppsala 1985.

Duczko, Kontakt
Wladyslaw Duczko: Østlig kontakt, in: Skalk, Heft 4, 1989, S. 11–15.

Duczko, Kungar
Wladyslaw Duczko: Kungar, thegnar, tegnebyar, juveler och silverskatter. Om danskt inflytande i Sverige under senvikingatid, in: Tor 27 (2), 1995, S. 625–662.

Duczko, Scandinavian dies
Wladyslaw Duczko: Scandinavian dies of the Viking Age, in: Outils et ateliers d'orfèvres des temps anciens, textes rassemblés par Christiane Eluère (Antiquités nationales, mémoire 2), Saint-Germain-en-Laye 1993, S. 185–190.

Düchting, Hrotsvit
Reinhard Düchting: Art. Hrotsvit v. Gandersheim, in: LexMA, Bd. 5, München/Zürich 1991, Sp. 148–149.

Düwel, Brunshausen
Klaus Düwel: Gotisches in Brunshausen, in: Wentileseo. I Germani sulle sponde del Mare Nostrum, hrsg. v. Alessandro Zironi, Padua 2001 (im Druck).

Düwel, Handel u. Verkehr
Der Handel der Karolinger- und Wikingerzeit. Bericht über die Kolloquien der Kommission für die Altertumskunde Mittel- und Nordeuropas in den Jahren 1980 bis 1983, hrsg. v. Klaus Düwel, Herbert Jankuhn, Harald Siems u. Dieter Timpe (Untersuchungen zu Handel und Verkehr der vor- und frühgeschichtlichen Zeit in Mittel- und Nordeuropa 4. Abhandlungen der Akademie der Wissenschaften in Göttingen, Phil.-Hist. Kl. 3.F., 156), Göttingen 1987.

Dumas, L'Église de Reims
Auguste Dumas: L'Église de Reims au temps des luttes entre Carolingiens et Robertins (888–1027), in: Revue d'histoire de l'Église de France 30, 1944, S. 5–38.

Dunker, Hildagsburg
Hans Dunker: Die Hildagsburg. Der Burgwall von Elben, Kreis Wolmirstedt, in: Abhandlungen und Berichte für Naturkunde und Vorgeschichte 8 (5), 1953, S. 191–233.

Ebel, Schäftlarner Handschrift
Anke Ebel: Clm 17142. Eine Schäftlarner Miscellaneen-Handschrift des 12. Jahrhunderts (Münchener Beiträge zur Mediävistik und Renaissance-Forschung 6), München 1970.

Ebner, Missale
Adalbert Ebner: Quellen und Forschungen zur Geschichte und Kunstgeschichte des Missale Romanum im Mittelalter. Iter Italicum, Freiburg / Br. 1896.

Eckhard, Codices
Tobias Eckhard: Codices manuscripti Quedlinburgenses, quibus accesserunt variantes lectiones e codice perantiquo suplitii severi de vita S. Martini, itemque inscriptiones in cella et basilica S. Martini, dicta eius de Trinitate, Quedlinburg 1723.

Eckhardt, Alte Kunst
Wolfgang Eckhardt: Alte Kunst im Weserland. Aus der Landesausstellung „Kunst und Kultur im Weserraum", Corvey 1966, Köln 1967.

Effenberger/Severin, Museum
Arne Effenberger u. Hans-Georg Severin: Das Museum für Spätantike und Byzantinische Kunst, Mainz 1992.

Eggenberger, Codex 17
Christoph Eggenberger: Das Evangeliar Codex 17 der Stiftsbibliothek Einsiedeln. Ein Werk der spätkarolingisch-frühottonischen Buchmalerei des Klosters St. Gallen, in: Unsere Kunstdenkmäler, Mitteilungsblatt für die Mitglieder der Gesellschaft für schweizerische Kunstgeschichte 34, 1983, S. 168–175.

Eggenberger, Psalterium aureum
Christoph Eggenberger: Psalterium aureum Sancti Galli. Mittelalterliche Psalterillustration im Kloster St. Gallen, Sigmaringen 1987.

Ehlers, Heinrich I.
Joachim Ehlers: Heinrich I. in Quedlinburg, in: Althoff / Schubert, Herrschaftsrepräsentation, S. 235–266.

Ehlers, Königin
Joachim Ehlers: Die Königin aus England. Ottos des Großen erste Gemahlin, Magdeburg und das Reich, in: Sachsen und Anhalt 22, 1999 / 2000, S. 27–55.

Eilbracht, Filigrankunst
Heidemarie Eilbracht: Filigran- und Granulationskunst im wikingischen Norden. Untersuchungen zum Transfer frühmittelalterlicher Gold- und Silberschmiedetechniken zwischen dem Kontinent und Nordeuropa (Zeitschrift für Archäologie des Mittelalters, Beiheft 11), Köln / Bonn 1999; zugl. Phil. Diss., Münster 1993 / 94.

Eisenlohr, Urkunden
Erika Eisenlohr: Von ligierten zu symbolischen Invokations- und Subskriptionszeichen in frühmittelalterlichen Urkunden, in: Graphische Symbole in mittelalterlichen Urkunden. Beiträge zur diplomatischen Semiotik, hrsg. v. Peter Rück (Historische Hilfswissenschaften 3), Sigmaringen 1996, S. 167–262.

Eisenschmidt, Kammergräber
Silke Eisenschmidt: Kammergräber der Wikingerzeit in Altdänemark (Universitätsforschungen zur prähistorischen Archäologie 25), Bonn 1994.

Eizenhöfer/Knaus, Liturgische Handschriften
Leo Eizenhöfer u. Hermann Knaus: Die liturgischen Handschriften der Hessischen Landes- und Hochschulbibliothek Darmstadt (Die Handschriften der Hessischen Landes- und Hochschulbibliothek Darmstadt 2), Wiesbaden 1968.

Elbern, Beinkästchen
Victor H. Elbern: Das Beinkästchen im Essener Münsterschatz, in: Aachener Kunstblätter 44, 1973, S. 87–100.

Elbern, Bernwardinische Kunst
Victor H. Elbern: Hildesheim vor Bernward. Über die Voraussetzungen der bernwardinischen Kunst in Hildesheim, in: Gosebruch / Steigerwald, Bernwardinische Kunst, S. 15–26.

Elbern, Elfenbeinkästen
Victor H. Elbern: Vier karolingische Elfenbeinkästen. Historische, symbolische und liturgische Elemente in der spätkarolingischen Bildkunst, in: Zeitschrift des Deutschen Vereins für Kunstwissenschaft 20, 1966, S. 1–16.

Elbern, Erstes Jahrtausend
Das erste Jahrtausend. Kultur und Kunst im werdenden Abendland an Rhein und Ruhr, 2 Textbde. u. 1 Tafelbd., hrsg. v. Victor H. Elbern, Düsseldorf 1962 u. 1964.

Elbern, Eucharistischer Kelch
Victor H. Elbern: Der eucharistische Kelch im frühen Mittelalter. Neue Funde und Forschungen, in: Arte medievale, Ser. 2 (9), 1995, S. 1–48.

Elbern, Kelch im Mittelalter
Victor H. Elbern: Der eucharistische Kelch im frühen Mittelalter, Berlin 1964.

Elbern, Kunst der Ottonenzeit
Victor H. Elbern: Die bildende Kunst der Ottonenzeit zwischen Maas und Elbe, in: Elbern, Erstes Jahrtausend, Bd. 2, 1014–1042.

Elbern, Passionsdiptychon
Viktor H. Elbern: Das sogenannte Passionsdiptychon im Essener Münsterschatz, in: Elbern, Erstes Jahrtausend, Bd. 2, 1080–1092.

Elbern, Phylakterion
Victor H. Elbern: Ein frühmittelalterliches Phylakterion aus Balhorn / Paderborn und sein Umkreis, in: Archäologisches Korrespondenzblatt 31, 2001 (im Druck).

Elbern, Reliquienkästchen
Victor H. Elbern: Scrinium eburneum avibus et animalibus circumsculptum. Ein neues romanisches Reliquienkästchen, in: Aachener Kunstblätter 50, 1982, S. 160–171.

Elliott, Bibliography
James K. Elliott: A Bibliography of Greek New Testament Manuscripts (Society for New Testament Studies, Monograph Series 109), Cambridge ²2000.

Elsner, Wikinger Museum
Hildegard Elsner: Wikinger Museum Haithabu. Schaufenster einer frühen Stadt, Neumünster ²1994.

Engelmann, Buchmalerei
Ursmar Engelmann: Reichenauer Buchmalerei. Initialen aus einem Lektionar des frühen 10. Jahrhunderts, Freiburg / Basel / Wien 1971.

Engels, Reisebericht
Peter Engels: Der Reisebericht des Ibrāhīm ibn Yaʿqūb (961–966), in: von Euw / Schreiner, Kaiserin Theophanu, Bd. 1, Köln 1991, S. 413- 422.

Erdmann, Bergkristalle
Kurt Erdmann: Neue Islamische Bergkristalle, in: Ars Orientalis 3, 1959, S. 200–205.

Erdmann/Jacobsen/Kosch/von Winterfeld, Gernrode
Wolfgang Erdmann, Werner Jacobsen, Clemens Kosch u. Dethard von Winterfeld: Neue Untersuchungen an der Stiftskirche zu Gernrode, in: Gosebruch / Steigerwald, Bernwardinische Kunst, S. 245–285.

Erler, Lupa
Albert Erler: Lupa, Lex und Reiterstandbild im mittelalterlichen Rom. Eine rechtsgeschichtliche Studie (Sitzungsberichte der wissenschaftlichen Gesellschaft an der Johann Wolfgang Goethe-Universität Frankfurt am Main 10, 4), Wiesbaden 1972.

Escher, Basler Bibliotheken
Die Miniaturen in den Basler Bibliotheken, Museen und Archiven, hrsg. v. Konrad Escher, Basel 1917.

Etaix, Répertoire
Raymond Etaix: Répertoire des manuscrits des homélies sur l'Évangile de saint Grégoire le Grand, in: Sacris Erudiri 36, 1996, S. 107–145.

von Euw, Bibelhandschriften
Anton von Euw: Die Bibelhandschriften des Klosters Einsiedeln vom 10. bis 11. Jahrhundert, in: Die Bibel in der Schweiz. Ursprung und Geschichte, hrsg. v. der Schweizerischen Bibelgesellschaft, Basel 1979, S. 63–77.

von Euw, Cod. 121
Anton von Euw: Beschaffenheit und künstlerische Ausstattung der Handschrift, in: Codex 121 Einsiedeln. Graduale und Sequenzen Notkers von St. Gallen. Kommentar (zur Faksimile-Ausgabe), hrsg. v. Odo Lang, Weinheim 1991, S. 1–68.

von Euw, Einsiedler Buchmalerei
Anton von Euw: Die Einsiedler Buchmalerei zur Zeit des Abtes Gregor (964–996), in: Studien und Mitteilungen zur Geschichte des Benediktinerordens und seiner Zweige 107, 1996, S. 183–241.

von Euw, Figurenkapitelle
Anton von Euw: Figurenkapitelle in der mittelalterlichen Buchmalerei, in: Form und Stil. Festschrift für Günther Binding zum 65. Geburtstag, hrsg. v. Stefanie Lieb, Darmstadt 2001, S. 21–31.

von Euw, Gero-Codex
Anton von Euw: Der Darmstädter Gero-Codex und die künstlerisch verwandten Reichenauer Prachthandschriften, in: von Euw / Schreiner, Kaiserin Theophanu, Bd. 1, Köln 1991, S. 191–225.

von Euw, Handschriften des Schnütgen-Museums
Anton von Euw: Die Handschriften und Einzelblätter des Schnütgen-Museums Köln. Bestandskatalog, Köln 1997.

von Euw, Heiratsurkunde
Anton von Euw: Ikonologie der Heiratsurkunde der Kaiserin Theophanu, in: von Euw / Schreiner, Kaiserin Theophanu, Bd. 2, Köln 1991, S. 175–191.

von Euw, Karl der Große
Anton von Euw: Karl der Große als Förderer des Kirchengesanges. Das Gregorianische Antiphonar, seine Überlieferung in Wort und Bild, in: Congaudent angelorum chori. Festschrift für Roman Bannwart OSB zum 80. Geburtstag, hrsg. v. Therese Bruggisser-Lanker u. Bernhard Hangartner (Schriftenreihe der Musikhochschule Luzern 1), Luzern 1999, S. 15–40.

von Euw, Kriegsfahne
Anton von Euw: Zur Ikonographie der sog. Kriegsfahne im Kölner Domschatz, in: Kölner Domblatt 21 / 22, 1963, S. 37–48.

von Euw, Leiden Perizoni Fol. 17
Anton von Euw: Eine illuminierte St. Galler Handschrift mit Kriegsliteratur, Leiden Perizoni Fol. 17, in: Die Abtei St. Gallen und Polen. Wissenschaftliche Tagung in Krakau, 19. November 1999 (Seminarium Opactwo St. Gallen a Polska, Kraków, 19 listopada 1999, hrsg. v. Jercy Wyrozumskí u. Werner Vogler, Krakau 2001 (im Druck).

von Euw, Liber viventium
Anton von Euw: Liber viventium Fabariensis. Das karolingische Memorialbuch von Pfäfers in seiner liturgie- und kunstgeschichtlichen Bedeutung (Studia Fabariensia 1), Bern / Stuttgart 1989.

von Euw, Sakramentar
Anton von Euw: Das Sakramentar von St. Paul, in: Die Abtei Reichenau. Neue Beiträge zur Geschichte und Kultur des Inselklosters, hrsg. v. Helmut Maurer, Sigmaringen 1974, S. 363–387.

von Euw, St. Galler Kunst
Anton von Euw: St. Galler Kunst im frühen und hohen Mittelalter, in: Das Kloster St. Gallen im Mittelalter. Die kulturelle Blüte vom 8. bis zum 12. Jahrhundert, hrsg. v. Peter Ochsenbein, Darmstadt 1999, S. 167–204.

von Euw/Plotzek, Sammlung Ludwig
Anton von Euw u. Joachim M. Plotzek: Die Handschriften der Sammlung Ludwig, 4 Bde., Köln 1979–1985.

von Euw/Schreiner, Kaiserin Theophanu
Kaiserin Theophanu. Begegnung des Ostens und Westens um die Wende des ersten Jahrtausends. Gedenkschrift des Kölner Schnütgen-Museums zum 1000. Todesjahr der Kaiserin, 2 Bde., hrsg. v. Anton von Euw u. Peter Schreiner, Köln 1991.

von Euw/Schreiner, Kolloqium Theophanu
Kunst im Zeitalter der Kaiserin Theophanu. Akten des internationalen Kolloquiums, veranstaltet vom Schnütgen-Museum Köln, 13. – 15. Juni 1991, hrsg. v. Anton von Euw u. Peter Schreiner, Köln 1993.

Evans, Drawings
Michael Wingfield Evans: Medieval Drawings, London / New York [u. a.] 1969.

Ewald, Rheinische Siegel
Wilhelm Ewald: Rheinische Siegel (Publikationen der Gesellschaft für rheinische Geschichtskunst 27), Bd. 1: Die Siegel der Erzbischöfe von Köln, 948–1795, Bonn 1906.

Ewert/von Gladiss, Islam
Christian Ewert, Almut von Gladiss, Karl-Heinz Golzio u. Jens-Peter Wisshak: Denkmäler des Islam. Von den Anfängen bis zum 12. Jahrhundert (Hispania Antiqua), Mainz 1997.

Ewig, Tradition
Eugen Ewig: Kaiserliche und apostolische Tradition im mittelalterlichen Trier, in: Trierer Zeitschrift 24–26, 1956/58, S. 147–186.

Fairholt, Miscellanea
Frederick William Fairholt: Miscellanea graphica: antiquities in the possession of Lord Londesborough, London 1857.

Faksimile der Dresdner Handschrift
Die Dresdner Handschrift der Chronik des Bischofs Thietmar von Merseburg, mit Unterstützung der Königlich Sächsischen Sammlungen für Kunst und Wissenschaft, der König-Johann-Stiftung und der Zentraldirektion der Monumenta Germaniae historica in Faksimile [hrsg. v. Ludwig Schmidt], Dresden 1905.

Falk, Dombibliothek Mainz
Franz Falk: Die ehemalige Dombibliothek zu Mainz, ihre Entstehung, Verschleppung und Vernichtung; nach gedruckten und ungedruckten Quellen (Centralblatt für Bibliothekswesen, Beiheft 18), Leipzig 1897.

von Falke, Goldschmuck
Otto von Falke: Der Mainzer Goldschmuck der Kaiserin Gisela, Berlin 1913.

von Falke, Schmelzarbeiten
Otto von Falke: Deutsche Schmelzarbeiten des Mittelalters, in: Otto von Falke u. Heinrich Frauberger: Deutsche Schmelzarbeiten des Mittelalters und andere Kunstwerke der Kunst-Historischen Ausstellung zu Düsseldorf 1902, Frankfurt/M. 1904, S. 1–122.

von Falke/Meyer, Leuchter
Otto von Falke u. Erich Meyer: Romanische Leuchter und Gefäße. Gießgefäße der Gotik (Denkmäler Deutscher Kunst [Sektion 5]. Bronzegeräte des Mittelalters 1), Berlin 1935.

von Falke/Schmidt/Swarzenski, Welfenschatz
Otto von Falke, Robert Schmidt u. Georg Swarzenski: Der Welfenschatz. Der Reliquienschatz des Braunschweiger Domes aus dem Besitze des Herzoglichen Hauses Braunschweig-Lüneburg, Text- u. Tafelbd., Frankfurt/M. 1930.

Faymonville, Münster zu Aachen
Karl Faymonville: Das Münster zu Aachen (Die Kunstdenkmäler der Rheinprovinz 10,1), Düsseldorf 1916.

Feist/Helleiner, Urkundenwesen
Valerie Feist u. Karl Helleiner: Das Urkundenwesen der Bischöfe von Augsburg von den Anfängen bis zur Mitte des XIII. Jahrhunderts (897–1248), in: Archivalische Zeitschrift 37, 1928, S. 38–88.

Feldtkeller, Stiftergrab
Hans Feldtkeller: Das Stiftergrab in der Domruine zu Walbeck. Zu dem Fund des Stucksarkophages des Graf Lothar II. † 964, in: Jahrbuch der Denkmalpflege in der Provinz Sachsen und in Anhalt 1933/34, S. 48–56.

Feldtkeller, Stiftskirche
Hans Feldtkeller: Die Stiftskirche zu Walbeck im Kreise Gardelegen. Ein Bauwerk des 10. Jahrhunderts, Burg 1937.

Ferrari, Manoscritti
Mirella Ferrari: Manoscritti e cultura, in: Milano e i milanesi prima del mille (VIII–X secolo), Atti del 10° Congresso internazionale di studi sull'alto medioevo (Milano, 26–30 settembre 1983), Spoleto 1986, S. 241–275.

Ferraris, Chiese 'stazionali'
Giuseppe Ferraris: Le Chiese 'stazionali' delle rogazioni minori a Vercelli dal sec. X al sec. XIV, hrsg. v. Giorgio Tibaldeschi (Biblioteca della Società Storica Vercellese), Vercelli 1995.

Fettich, Landnahmezeit
Nándor Fettich: Zur Archäologie der ungarischen Landnahmezeit, in: Archæologiai Értesitö 45, 1931, S. 48–112 [ungarisch], S. 305–329 [deutsch].

Fettich, Metallkunst
Nándor Fettich: Die Metallkunst der landnehmenden Ungarn (Archaeologia Hungarica 21), Text- u. Tafelbd., Budapest 1937.

Filipowiak, Kulturproblematik
Władysław Filipowiak: Die Kulturproblematik in Wollin vom 9. bis zum 12. Jahrhundert, in: Rapports du IIIe Congrès Internacional d'Archeologie Slave (Bratislava 7–14 Septembre 1975), Bd. 1, Bratislava 1979, S. 243–257.

Filipowiak, Kulturzentren
Władysław Filipowiak: Slawische Kulturzentren zwischen Odermündung und Rügen, in: 824 Jahre Christianisierung Rügens. Symposionsbericht, hrsg. v. Katharina Coblenz (Altenkirchener Schriftenreihe 1), Altenkirchen 1993, S. 19–36.

Filipowiak, Wolin – Jomsborg
Władysław Filipowiak: Wolin – Jomsborg. En Vikingetids-Handelsby i Polen, Roskilde 1991.

Filipowiak/Gundlach, Wolin-Vineta
Władysław Filipowiak u. Heinz Gundlach: Wolin-Vineta. Die tatsächliche Legende vom Untergang und Aufstieg der Stadt, Rostock 1992.

Fillitz, Bemerkungen zur Reichskrone
Hermann Fillitz: Bemerkungen zur Datierung und Lokalisierung der Reichskrone, in: Zeitschrift für Kunstgeschichte 56, 1993, S. 313–334.

Fillitz, Buchmalerei in Einsiedeln
Hermann Fillitz: Der Beginn der Buchmalerei in Einsiedeln, in: Kunsthistorische Forschungen: Otto Pächt zu seinem 70. Geburtstag, hrsg. v. Artur Rosenauer u. Gerold Weber, Salzburg 1972, S. 55–61.

Fillitz, Europäische Wurzeln
Hermann Fillitz: Die europäischen Wurzeln der ottonischen Kunst in Sachsen, in: Schneidmüller/Weinfurter, Neuanfänge, S. 321–343.

Fillitz, Goldschmiedekunst
Hermann Fillitz: Ottonische Goldschmiedekunst, in: Ausst.kat. Hildesheim 1993, Bd. 1, S. 173–190.

Fillitz, Milano
Hermann Fillitz: Avori di epoca altomedioevale nell'Italia del nord, in: Milano, una capitale da Ambrogio ai Carolingi,

hrsg. v. Carlo Bertelli (Il millennio Ambrosiano), Mailand 1987, S. 258–275 .

Fillitz, Reichskrone
Hermann Fillitz: Studien zur römischen Reichskrone, in: Jahrbuch der Kunsthistorischen Sammlungen in Wien 50, 1953, S. 23–52.

Fillitz, Relief
Hermann Fillitz: Die Spätphase des „langobardischen" Stils. Studien zum oberitalienischen Relief des 10. Jahrhunderts, in: Jahrbuch der Kunsthistorischen Sammlungen in Wien 54, 1958, S. 7–72.

Fillitz/Pippal, Schatzkunst
Hermann Fillitz u. Martina Pippal: Schatzkunst. Die Goldschmiede- und Elfenbeinarbeiten aus österreichischen Schatzkammern des Hochmittelalters, Salzburg/Wien 1987.

Finck von Finckenstein, Bischof
Albrecht Graf Finck von Finckenstein: Bischof und Reich. Untersuchungen zum Integrationsprozeß des ottonisch-frühsalischen Reiches (919–1056) (Studien zur Mediävistik 1), Sigmaringen 1989.

Findeisen, Denkmalpflege
Peter Findeisen: Geschichte der Denkmalpflege in Sachsen-Anhalt. Von den Anfängen bis in das erste Drittel des 20. Jahrhunderts, Berlin 1990.

Fingernagel, Handschriften Berlin
Andreas Fingernagel: Die illuminierten lateinischen Handschriften deutscher Provenienz der Staatsbibliothek Preußischer Kulturbesitz Berlin, 8. bis 12. Jahrhundert (Staatsbibliothek Preußischer Kulturbesitz, Kataloge der Handschriftenabteilung, 3. Reihe: Illuminierte Handschriften 1), Wiesbaden 1991.

Fischer, Altlateinische Bibeltexte
Bonifatius Fischer: Zur Überlieferung altlateinischer Bibeltexte im Mittelalter (1975), in: Fischer, Bibelhandschriften, S. 404–421.

Fischer, Bibelausgaben
Bonifatius Fischer: Bibelausgaben des frühen Mittelalters (1963), in: Fischer, Bibelhandschriften, S. 35–100.

Fischer, Bibelhandschriften
Bonifatius Fischer: Lateinische Bibelhandschriften im frühen Mittelalter (Vetus Latina. Die Reste der altlateinischen Bibel. Aus der Geschichte der lateinischen Bibel 11), Freiburg/Br. 1985.

Fischer, Lateinische Evangelien
Bonifatius Fischer: Die lateinischen Evangelien bis zum 10. Jahrhundert (Vetus Latina. Aus der Geschichte der lateinischen Bibel 13), Bd. 1: Varianten zu Matthäus, Freiburg/Br. 1988.

Fleckenstein, Hofkapelle
Josef Fleckenstein: Die Hofkapelle der deutschen Könige, Tl. 1: Grundlegung. Die karolingische Hofkapelle; Tl. 2: Die Hofkapelle im Rahmen der ottonisch-salischen Reichskirche (Schriften der MGH 16), Stuttgart 1959 u. 1966.

Flemming, Prachteinband
Johanna Flemming: Byzantinische Elfenbeinskulpturen an einem Prachteinband in der Universitätsbibliothek Jena, in: Beiträge zur byzantinischen und osteuropäischen Kunst des Mittelalters, hrsg. v. Heinrich Leopold Nickel (Berliner byzantinistische Arbeiten 46), Berlin 1977, S. 47–59 mit Abb.

Flemming, Schatzkunst
Johanna Flemming: Byzantinische Schatzkunst, Berlin 1979.

Flemming/Lehmann/Schubert, Domschatz
Johanna Flemming, Edgar Lehmann u. Ernst Schubert: Dom und Domschatz zu Halberstadt, Leipzig 1976, Leipzig [3]1990.

Fliege, Handschriften Quedlinburg
Jutta Fliege: Die Handschriften der ehemaligen Stifts- und Gymnasialbibliothek Quedlinburg in Halle (Arbeiten aus der Universitäts- und Landesbibliothek Sachsen-Anhalt in Halle a. d. Saale 25), Halle/S. 1982.

Flügel, Giselaschmuck
Katharina Flügel: Einige Bemerkungen zum sogenannten Giselaschmuck, in: Forschungen und Berichte der Staatlichen Museen zu Berlin 23, 1983, S. 12–15.

Flury-Lemberg/Illek, Gewebe
Mechthild Flury-Lemberg u. Gisela Illek: Spuren kostbarer Gewebe (Riggisberger Berichte 3), Riggisberg 1995.

Först, Goldschmuck
Elke Först: Der Goldschmuck von Haddien, Gde. Wangerland, Landkreis Friesland, in: Hammaburg N.F. 12, 1998, S. 133–141.

de Francovich, S. Giovanni a Müstair
Géza de Francovich: Il ciclo pittorico della chiesa di San Giovanni a Münster (Müstair) nei Grigioni, in: Arte lombarda 2, 1956, S. 28–50.

Frazer, Oreficerie
Margaret English Frazer: Oreficerie altomedievali, in: Il duomo di Monza, hrsg. v. Roberto Conti, Bd. [2]: I tesori, Monza 1989, S. 15–48.

Frede, Paulushandschriften
Hermann Josef Frede: Altlateinische Paulus-Handschriften (Vetus Latina. Aus der Geschichte der lateinischen Bibel 4), Freiburg/Br. 1964.

Frenzel/Kempter, Erzbergbau u. Erzverhüttung
Burkhard Frenzel u. Heike Kempter: Der Einfluß von Erzbergbau und Erzverhüttung auf die Umweltbedingungen des Harzes in der Vergangenheit, in: Segers-Glocke, Industrielandschaft, S. 72–77.

Frey, Pennigsberg
Katrin Frey: Die Keramik und die Kleinfunde vom Pennigsberg, in: Pennigsberg. Untersuchungen zu der slawischen Burg bei Mittenwalde und zum Siedlungswesen des 7./8. bis 12. Jahrhunderts am Teltow und im Berliner Raum, hrsg. v. Felix Biermann (im Druck).

Frick, Scheibenfibeln
Hans-Jörg Frick: Karolingisch-ottonische Scheibenfibeln des nördlichen Formenkreises, in: Offa 49/50, 1992/93, S. 243–463.

Fried, Fulda
Johannes Fried: Fulda in der Bildungs- und Geistesgeschichte des früheren Mittelalters, in: Schrimpf, Kloster Fulda, S. 3–38.

Fried, Geldgeschichte Magdeburgs
Wolfgang Fried: Bemerkungen zur Münz- und Geldgeschichte Magdeburgs bis zum 12. Jahrhundert, in: Numismatische Hefte

59. Begleitheft zur V. Bezirksmünzausstellung zu Ehren des 40. Jahrestages der Deutschen Demokratischen Republik, Potsdam 1989, S. 15–21.

Fuhrmann, Ingelheim
Horst Fuhrmann: Die Synoden von Ingelheim, in: Ingelheim am Rhein. Forschungen und Studien zur Geschichte Ingelheims, hrsg. v. Johanne Autenrieth, Stuttgart 1964, S. 147–173.

Fuhrmann, Konstantinische Schenkung
Horst Fuhrmann: Konstantinische Schenkung und abendländisches Kaisertum. Ein Beitrag zur Überlieferungsgeschichte des Constitutum Constantini, in: Deutsches Archiv für Erforschung des Mittelalters 22, 1966, S. 63–178.

Fundschau, Alamannisch-fränkische Zeit
[Fundschau, Alamannisch-fränkische Zeit], in: Fundberichte aus Schwaben N.F. 18 (2) 1967, S. 128–157.

Gabriel, Alte Götter
Ingo Gabriel: Die alten Götter, in: Ausst.kat. Budapest / Berlin [u. a.] 2000 / 02, Kat.-bd., S. 135–140.

Gabriel, Christentum
Ingo Gabriel: Christentum und Heidentum, in: Starigard / Oldenburg. Ein slawischer Herrschersitz des frühen Mittelalters in Ostholstein, hrsg. v. Michael Müller-Wille, Neumünster 1991, S. 279–297.

Gabriel, Sakralkultur
Ingo Gabriel: Hof- und Sakralkultur sowie Gebrauchs- und Handelsgut im Spiegel der Kleinfunde von Starigard / Oldenburg, in: Bericht der Römisch-Germanischen Kommission 69, 1988, S. 103–291.

Gabriel, Stammesreligion
Ingo Gabriel: Slawische Stammesreligion, Kulturfaszination, Zerstörung des Oldenburger Bistums, in: Ausst.kat. Hildesheim 1993, Bd. 2, S. 329–346.

Gabriel, Starigard
Ingo Gabriel: Starigard / Oldenburg. Hauptburg der Slawen in Wagrien, 5. Fürstliches Gräberfeld mit Sakralbauten / Siedlungsbestattungen / Streufunde menschlicher Knochen (Offa-Bücher), Neumünster (in Vorb.).

Gabriel, Tonfigur
Ingo Gabriel: Eine Tonfigur aus dem slawischen Oldenburg in Holstein. Götterbild, Zauberpuppe, Spielzeug?, in: Die Heimat 85, 1978, S. 365–379.

Gabrielli, Miniature
Noemi Gabrielli: Le miniature delle Omelie di San Gregorio (Codice n. CXLVIII della Biblioteca Capitolare vercellese), in: Arslan, Arte del primo millennio, S. 301–311.

Gamber, Normannenreiter
Ortwin Gamber: Kataphrakten, Clibanarier, Normannenreiter, in: Jahrbuch der Kunsthistorischen Sammlungen in Wien 64 [N.F. 28], 1968, S. 7–44 mit 72 Abb.

Gamper/Knoch-Mund/Stähli, Handschriften in Schaffhausen
Rudolf Gamper, Gaby Knoch-Mund u. Marlies Stähli: Katalog der mittelalterlichen Handschriften der Ministerialbibliothek Schaffhausen, Zürich 1994.

Gandert, Klein-Roscharden
Otto-Friedrich Gandert: Die oldenburgischen Silberschatzfunde von Klein-Roscharden (Kreis Cloppenburg), in: Oldenburger Jahrbuch 51, 1951, S. 151–195.

Gawlik, Bespr. Weiß, Siegelurkunden
Alfred Gawlik: Bespr. Peter Weiß: Frühe Siegelurkunden in Schwaben (10.–12. Jahrhundert) (Elementa diplomatica 6), Marburg / L. 1997, in: Deutsches Archiv für Erforschung des Mittelalters 56 (2), 2000, S. 639–641.

Geelhaar, Einsiedler Handschriften
Christian Geelhaar: Drei Einsiedler Handschriften aus der Zeit Abt Gregors (964–994), in: Zeitschrift für schweizerische Archäologie und Kunstgeschichte 26, 1969, S. 8–20.

Geibig, Schwert
Alfred Geibig: Beiträge zur morphologischen Entwicklung des Schwertes im Mittelalter. Eine Analyse des Fundmaterials vom ausgehenden 8. bis zum 12. Jahrhundert aus Sammlungen der Bundesrepublik Deutschland (Offa-Bücher 71), Neumünster 1991.

Geisler, Wiesenau
Horst Geisler: Ausgrabung auf dem slawischen Burgwall „Grodisch" bei Wiesenau, Kr. Eisenhüttenstadt, in: Ausgrabungen und Funde 15 (3), 1970, S. 156–165.

Gengaro/Cogliati Arano, Miniature
Maria Luisa Gengaro u. Luisa Cogliati Arano: Miniature lombarde. Codici miniati dall'VIII al XIV secolo, Mailand 1970.

Georgi, Heiratsurkunde
Wolfgang Georgi: Ottonianum und Heiratsurkunde 962 / 972, in: von Euw / Schreiner, Kaiserin Theophanu, Bd. 2, Köln 1991, S. 135–160.

Georgoula, Greek Jewellery
Elektra Georgoula: Greek Jewellery from the Benaki Museum Collection, Athen 1999.

Gerke, Spätantike
Friedrich Gerke: Spätantike und frühes Christentum (Kunst der Welt 34), Baden-Baden 1967.

Gessler, Helm
Eduard August Gessler: Der Helm von Chamoson (Wallis), in: 37. Jahresbericht des Schweizerischen Landesmuseum in Zürich 38, 1929, S. 48–58.

van den Gheyn, Manuscrits
Joseph van den Gheyn: Eriture sainte et liturgie (Catalogue des manuscrits de la Bibliothèque Royale de Belgique 1), Brüssel 1901.

Gibson, Glossed Psalters
Margaret Gibson: Carolingian Glossed Psalters, in: The Early Medieval Bible: its production, decoration and use, hrsg. v. Richard Gameson (Cambridge Studies in Palaeography and Codicology 2), Cambridge 1994, S. 78–100.

Gibson, Liverpool Ivories
Margaret Gibson: The Liverpool Ivories: late antique and medieval ivory and bone carving in Liverpool Museum and the Walter Art Gallery, London 1994.

Gießmann, Besitzungen
Thomas Gießmann: Besitzungen der Abtei St. Maximin vor Trier im Mittelalter. Überlieferung, Gesamtbesitz, Güterbesitz in ausgewählten Regionen, Trier 1990.

Glaeske, Erzbischöfe
Günter Glaeske: Die Erzbischöfe von Hamburg-Bremen als Reichsfürsten 937–1258 (Quellen und Darstellungen zur Geschichte Niedersachsens 60), Hildesheim 1962.

Glauche, Handschriften Freising
Günter Glauche: Katalog der lateinischen Handschriften der Bayerischen Staatsbibliothek München. Die Pergamenthandschriften aus dem Domkapitel Freising, Tl. 1: Clm 6201–6316, Wiesbaden 2000.

Glocker, Verwandte
Winfrid Glocker: Die Verwandten der Ottonen und ihre Bedeutung in der Politik. Studien zu Familienpolitik und zur Genealogie des sächsischen Kaiserhauses (Dissertationen zur mittelalterlichen Geschichte 5), Köln / Wien 1988; zugl. Phil. Diss., München 1986 / 87.

Goetting, Art. Brunshausen
Hans Goetting: Art. Brunshausen, § 2: Historisches, in: RGA, Bd. 4, Berlin / New York 1981, S. 21–23.

Goetting, Brunshausen
Hans Goetting: Das Fuldaer Missionskloster Brunshausen und seine Lage, in: Die Harz-Zeitschrift. Für den Verein für Geschichte und Altertumskunde 5 / 6, 1953 / 54, S. 9–27.

Goetting, Gandersheim
Das Benediktiner(innen)kloster Brunshausen, das Benediktinerinnenkloster St. Marien vor Gandersheim, das Benediktinerkloster Clus, das Franziskanerinnenkloster Gandersheim, bearb. v. Hans Goetting (Germania Sacra N.F. 8. Das Bistum Hildesheim 2), Berlin / New York 1974.

Goetting, Hrotsvits Primordia
Hans Goetting: Das Überlieferungsschicksal von Hrotsvits Primordia, in: Festschrift für Hermann Heimpel zum 70. Geburtstag am 19. September 1971, Bd. 3, Göttingen 1972, S. 94–100.

Goetting/Kühn, Heiratsurkunde
Hans Goetting u. Hermann Kühn: Die sog. Heiratsurkunde der Kaiserin Theophanu (DO II 21), ihre Untersuchung und Konservierung, in: Archivalische Zeitschrift 64, 1968, S. 11–24, Abb. 3–5.

Goetz, Grundherrschaft
Hans-Werner Goetz: Die Grundherrschaft des Klosters Werden und die Siedlungsstrukturen im Ruhrgebiet im frühen und hohen Mittelalter, in: Vergessene Zeiten. Mittelalter im Ruhrgebiet, hrsg. v. Ferdinand Seibt, Gudrun Gleba u. Heinrich Theodor Grütter [u. a.], Bd. 2, Essen 1990, S. 80–88.

Goetz, Otto v. Freising
Hans-Werner Goetz: Das Geschichtsbild Ottos von Freising. Ein Beitrag zur historischen Vorstellungswelt und zur Geschichte des 12. Jahrhunderts (Archiv für Kulturgeschichte, Beihefte 19), Köln / Wien 1984.

Goez, Eidesleistung
Werner Goez: „... iuravit in anima regis": Hochmittelalterliche Beschränkungen königlicher Eidesleistung, in: Deutsches Archiv für Erforschung des Mittelalters 42, 1986, S. 517–554.

Goez, Johannes von Gorze
Werner Goez: Abt Johannes von Gorze, in: Ders.: Lebensbilder aus dem Mittelalter. Die Zeit der Ottonen, Salier und Staufer, überarb. u. erw. Aufl. Darmstadt ²1998, S. 53–65.

Goldschmidt, Elfenbeinskulpturen
Adolph Goldschmidt: Die Elfenbeinskulpturen, Bd. 1 u. 2: Aus der Zeit der karolingischen und sächsischen Kaiser, 8.–11. Jahrhundert; Bd. 3 u. 4: Aus der romanischen Zeit, 11.–13. Jahrhundert (Denkmäler deutscher Kunst), Berlin 1914, 1918, 1923 u. 1926.

Goldschmidt, Sächsischer Buchdeckel
Adolph Goldschmidt: Ein sächsischer Buchdeckel aus ottonischer Zeit, in: Festschrift zum sechzigsten Geburtstag von Paul Clemen: 31. Oktober 1926 [hrsg. v. Wilhelm Worringer], Düsseldorf 1926, S. 277–280.

Goldschmidt/Weitzmann, Byz. Elfenbeinskulpturen
Adolph Goldschmidt u. Kurt Weitzmann: Die byzantinischen Elfenbeinskulpturen des 10. bis 13. Jahrhunderts, Bd. 1: Kästen; Bd. 2: Reliefs, Berlin 1930 u. 1934.

Gómez-Moreno, Arte árabe español
Manuel Gómez-Moreno: El arte árabe español hasta los Almohades, arte mozárabe (Ars Hispaniae 3), Madrid 1951.

González García, Piezas cerámicas
F. González García u. a.: Estudio arqueométrico de piezas cerámicas de Madinat al-Zahra', in: Cuadernos de Madinat al-Zahra' 4, 1999, S. 11ff.

Gosebruch/Steigerwald, Bernwardinische Kunst
Bernwardinische Kunst. Bericht über ein wissenschaftliches Symposium in Hildesheim vom 10.10. bis 13.10.1984, hrsg. v. Martin Gosebruch u. Frank Neidhart Steigerwald (Schriftenreihe der Kommission für Niedersächsische Bau- u. Kunstgeschichte bei der Braunschweigischen Wissenschaftlichen Gesellschaft 3), Göttingen 1988.

Goullet, Hrotsvita
Monique Goullet: Hrotsvita, Théâtre (Collection Auteurs latins du moyen âge [11]), Paris 1999.

Grebe, Brandenburg
Klaus Grebe: Die Brandenburg vor 1000 Jahren, Potsdam 1991.

Grebe, Brandenburger Dominsel
Klaus Grebe: Die Ergebnisse der Ausgrabungen auf der Brandenburger Dominsel, in: 1050 Jahre Brandenburg. Beiträge zur Geschichte und Kultur, hrsg. vom Domstift und vom Historischen Verein Brandenburg [Red. Gerda Arndt], Brandenburg (Havel) 1998, S. 6–13.

Grebe, Importkeramik
Klaus Grebe: Zur südlichen Importkeramik des 10. und 11. Jahrhunderts im Havelgebiet, in: Veröffentlichungen des Museums für Ur- und Frühgeschichte Potsdam 12, 1979, S. 219–248.

Grebe, Körperbestattung
Klaus Grebe: Der Übergang von der Brand- zur Körperbestattung im Havellergebiet, in: Den Bogen spannen. Festschrift für Bernhard Gramsch zum 65. Geburtstag, hrsg. v. Erwin Cziesla

(Beiträge zur Ur- und Frühgeschichte Mitteleuropas 20), Weißbach 1999, S. 461–470.

Green, Ivory
Rosalie B. Green: A tenth-century Ivory with the Reponse Aspiciens a longe, in: The Art Bulletin 28, 1946, S. 112–114.

Grieg, Gjermundbu-funnet
Siegurd Grieg: Gjermundbu-funnet. En høvdingegrav fra 900-arene (Norske Oldfunn 8), Oslo 1947.

Griep, Knochenkruzifixe
Hans-Günther Griep: Zwei Knochenkruzifixe vom Kanstein bei Langelsheim, in: Harz-Zeitschrift 21, 1969, S. 157–162.

Grierson, Byzantine Coins
Philip Grierson: Catalogue of the Byzantine Coins in the Dumbarton Oaks Collection and in the Whittemore collection, Bd. 3,2: Basil I to Nicephorus Phocas (878–1081), Washington 1973.

Grimm, Entwicklung der Keramik
Paul Grimm: Zur Entwicklung der frühmittelalterlichen deutschen Keramik in den Bezirken Halle und Magdeburg, in: Prähistorische Zeitschrift 37, 1959, S. 72–100.

Grimm, Mittelalterliche Keramik
Paul Grimm: Zur Entwicklung der mittelalterlichen Keramik in den Harzlandschaften, in: Zeitschrift des Harzvereins für Geschichte und Altertumskunde 64, 1933, S. 1–38.

Grote, St. Victor
Udo Grote: Der Schatz von St. Viktor. Mittelalterliche Kostbarkeiten aus dem Xantener Dom, Regensburg 1998.

Gugel, Handschriften Fulda
Klaus Gugel: Welche erhaltenen mittelalterlichen Handschriften dürfen der Bibliothek des Klosters Fulda zugerechnet werden? (Fuldaer Hochschulschriften 23 a), Tl. 1: Die Handschriften, Frankfurt/M. 1995.

Guščin, Remesla
Aleksandr S. Guščin: Pamjatniki chudožestvennogo remesla Drevnej Rusi X–XIII vv., Moskau/Leningrad 1936.

Gussone, Trauung
Nikolaus Gussone: Trauung und Krönung. Zur Hochzeit der byzantinischen Prinzessin Theophanu mit Kaiser Otto II., in: von Euw/Schreiner, Kaiserin Theophanu, Bd. 2, S. 161–173.

Györffy, Landnahme
György Györffy: Die Landnahme der Ungarn aus historischer Sicht, in: Ausgewählte Probleme europäischer Landnahmen des Früh- und Hochmittelalters. Methodische Grundlagendiskussion im Grenzbereich zwischen Archäologie und Geschichte, hrsg. v. Michael Müller-Wille u. Reinhard Schneider (Vorträge und Forschungen 41), Sigmaringen 1994, S. 67–79.

Gyula, Bogenköcher
László Gyula: A kenézlöi honfoglaláskori íjtegez [Der altungarische Bogenköcher von Kenézlö], in: Folia Archaeologica 7, 1955, S. 111–122.

Gyula, Magyars
László Gyula: The Magyars. Their Life and Civilisation, Budapest 1996.

HDA
Handwörterbuch des deutschen Aberglaubens, 10 Bde., hrsg. v. Hanns Bächtold-Stäubli u. Eduard Hoffmann-Krayer, Berlin/Leipzig 1927–1942, Nachdr. Berlin/New York 1987.

Hårdh, Depotfunde
Birgitta Hąrdh: Wikingerzeitliche Depotfunde aus Südschweden. Probleme und Analysen (Acta archaeologica Lundensia, Ser. 4°,9), Bonn/Lund 1976.

Hävernick, Münzen
Walter Hävernick: Die Münzen von Köln vom Beginn der Prägung bis 1304 (Die Münzen von Köln 1), Köln 1935.

Hahn, Bayerns Münzprägung
Wolfgang Hahn: Moneta Radasponensis. Bayerns Münzprägung im 9., 10. und 11. Jahrhundert, Braunschweig 1976.

Hahn, Große Rebellion
Wolfgang Hahn: Numismatische Zeugnisse zur Großen Rebellion 953–55, in: Berghaus, Commentationes Numismaticae, S. 73–79.

Hahn, Stempelcorpus
Wolfgang Hahn: Beiträge zu einem Stempelcorpus der bayerischen Münzen des 10. und 11. Jahrhunderts, Tl. 4: Die Augsburger Münzprägung in den Jahren ca. 950–978, in: Jahrbuch für Numismatik und Geldgeschichte 31/32, 1981/82, S. 117–126.

Haller, Papsttum
Johannes Haller: Das Papsttum. Idee und Wirklichkeit, 5 Bde., Stuttgart 1950–1953.

Halm/Berliner, Hallesches Heiltum
Philipp Maria Halm u. Rudolf Berliner: Das Hallesche Heiltum Man. Aschaffenb. 14 (Deutscher Verein für Kunstwissenschaft, Jahresgabe 1931), Berlin 1931.

Halphen/Lot, Actes de Lothaire
Recueil des actes de Lothaire et de Louis V rois de France, 954–987 (Chartes et diplômes relatifs à l'histoire de France), hrsg. v. Louis Halphen u. Ferdinand Lot, Paris 1908.

Hampe, Kat. Gewebesammlung GNM
Theodor Hampe: Katalog der Gewebesammlung des Germanischen Nationalmuseums, Tl. 1: Gewebe und Wirkereien, Zeugdrucke, Nürnberg 1896.

Hampel, Alterthümer
József Hampel: Alterthümer des frühen Mittelalters in Ungarn, 3 Bde., Braunschweig 1905.

Handschriften Bamberg
Friedrich Leitschuh u. Hans Fischer: Katalog der Handschriften der Königlichen Bibliothek zu Bamberg, Bd. 1,1 u. 1,2, Bamberg 1895–1906; Bd. 1,3, Bamberg 1908.

Happach, Byzantinische Seidenstoffe
Friederike Happach: Byzantinische Seidenstoffe und Stickereien im Domschatz zu Halberstadt, in: Textilkunst im Orient und in Europa, hrsg. v. Burchard Brentjes (Wissenschaftliche Beiträge der Martin-Luther-Universität Halle-Wittenberg 1981/5 [I 13]), Halle/S. 1981, S. 24–39.

Harding Randall, Pectoral Cross
Richard H. Harding Randall: An Eleventh-Century Ivory

Pectoral Cross, in: Journal of the Warburg and Courtauld Institute 25, 1962, S. 159–171.

Harrsen, Pierpont Morgan Library
Meta Harrsen: Central European Manuscripts in the Pierpont Morgan Library (Medieval and Renaissance Manuscripts in the Pierpont Morgan Library. Central Europe), New York 1958.

Haseloff, Meisterwerke
Arthur Haseloff: Die mittelalterliche Kunst, in: Oskar Doering u. Georg Voss: Meisterwerke der Kunst aus Sachsen und Thüringen, Magdeburg o.J. [1905], S. 87–110.

Hatch, Cod. Augiensis
William Henry Paine Hatch: On the relationship of Codex Augiensis and Codex Boernerianus of the Pauline Epistles, in: Harvard Studies in Classical Phililogy 60, 1951, S. 187–199.

Hatz, Otto-Adelheid-Pfennige
Vera Hatz: Zur Frage der Otto-Adelheid-Pfennige. Versuch einer Systematisierung auf Grund des schwedischen Fundmaterials, in: Commentationes de nummis saec. IX-XI in Suecia repertis (Kungliga Vitterhets Historie och Antikvitets Akademien Handlingar, Antikvariska, Ser. 9), Bd. 1, Stockholm 1961, S. 107–144.

Hatz/Zwicker/Gale, Otto-Adelheid-Pfennige
Gert Hatz, Vera Hatz, Ulrich Zwicker, Noel u. Zofia Gale: Otto-Adelheid-Pfennige. Untersuchungen zu Münzen des 10./11. Jahrhunderts (Commentationes de nummis saec. IX–XI in Suecia repertis N.S. 7), Stockholm 1991.

Haussherr, Bronzekruzifix
Reiner Haussherr: Ein Bronzekruzifix in Hermannsburg, in: Niederdeutsche Beiträge zur Kunstgeschichte 4, 1965, S. 55–62.

Hecht, Wandmalerei
Josef und Konrad Hecht: Die frühmittelalterliche Wandmalerei des Bodenseegebietes, 2 Bde., Sigmaringen 1979.

Hegerhorst, Verhüttungsrelikte
Karin Hegerhorst: Der Harz als frühmittelalterliche Industrielandschaft – Archäometrische Untersuchungen an Verhüttungsrelikten aus dem Westharz, Phil. Diss., TU Clausthal, Clausthal-Zellerfeld 1998.

Hehl, Konzilien
Die Konzilien Deutschlands und Reichsitaliens 916–1001 (MGH Conc. 6,1.2), Tl. 1: [916–960], hrsg. v. Ernst-Dieter Hehl unter Mitarbeit v. Horst Fuhrmann, Hannover 1987; Tl. 2: hrsg. v. Ernst-Dieter Hehl (im Druck).

Hehl, Widerspenstiger Bischof
Ernst-Dieter Hehl: Der widerspenstige Bischof. Bischöfliche Zustimmung und bischöflicher Protest in der ottonischen Reichskirche, in: Althoff/Schubert, Herrschaftsrepräsentation, S. 295–344.

Heindel, Handwerkszeug
Ingo Heindel: Zur Definition und Typologie einfacher eiserner Handwerkszeuge aus dem westslawischen Siedlungsgebiet, in: Zeitschrift für Archäologie 24, 1990, S. 243–268.

Heine, Burgen
Hans-Wilhelm Heine: Frühe Burgen und Pfalzen in Niedersachsen von den Anfängen bis zum frühen Mittelalter (Wegweiser zur Vor- und Frühgeschichte Niedersachsens 17), Hildesheim 1991.

Heinemann, Wolfenbüttel
Otto von Heinemann: Die Handschriften der Herzoglichen Bibliothek zu Wolfenbüttel, 2. Abt.: Die Augusteischen Handschriften, Bd. 4: Cod. Guelferbytanus 77.4 Aug. 2° bis 34 Augusteus 4°, Wolfenbüttel 1990.

Heinemeyer, Art. Werla
Karl Heinemeyer: Art. Werla, in: LexMA, Bd. 9, München/Zürich 1998, Sp. 1–2.

Heinrich, Skelettreste
Dirk Heinrich: Untersuchungen an Skelettresten wildlebender Säugetiere aus dem mittelalterlichen Schleswig. Ausgrabung Schild 1971–1975 (Ausgrabungen in Schleswig 9), Neumünster 1991.

Helssig, Katalog Leipzig
Rudolf Helssig: Die lateinischen und deutschen Handschriften (Kataloge der Handschriften der Universitätsbibliothek Leipzig 4), Tl. 1: Die theologischen Handschriften, Leipzig 1936.

Henning, Gefangenenfesseln
Joachim Henning: Gefangenenfesseln im slawischen Siedlungsraum und der europäische Sklavenhandel im 6. bis 12. Jahrhundert. Archäologisches zum Bedeutungswandel von „sklābos-sakāliba-sclavus“, in: Germania 70 (2. Halbbd.), 1992, S. 403–426.

Hensel, Wikinger
Wiethold Hensel: Kultur und Kunst im frühmittelalterlichen Pommern, in: Herrmann, Wikinger u. Slawen, S. 264–288.

Herfert, Schwerter
Peter Herfert: Frühmittelalterliche Schwerter aus dem Strelasund und dem Einzugsgebiet der Peene, in: Jahrbuch der Bodendenkmalpflege in Mecklenburg 1977, S. 247–261.

Hermann, Handschriften in Wien
Hermann Julius Hermann: Die illuminierten Handschriften und Inkunabeln der Nationalbibliothek in Wien (Beschreibendes Verzeichnis der illuminierten Handschriften in Österreich 8), Bd. 1: Die frühmittelalterlichen Handschriften des Abendlandes, Leipzig 1923.

Herrmann, Arkona
Joachim Herrmann: Arkona auf Rügen, Tempelburg und politisches Zentrum der Ranen vom 9. bis 12. Jahrhundert. Ergebnisse der archäologischen Ausgrabungen 1969–1971, in: Zeitschrift für Archäologie 8, 1974, S. 177–209.

Herrmann, Burgwälle
Joachim Herrmann: Die vor- und frühgeschichtlichen Burgwälle Gross-Berlins und des Bezirkes Potsdam (Handbuch vor- und frühgeschichtlicher Wall- und Wehranlagen, Tl. 2. Schriften der Sektion für Vor- und Frühgeschichte. Deutsche Akademie der Wissenschaften 9), Berlin 1960.

Herrmann, Kultur
Joachim Herrmann: Materielle und geistige Kultur, in: Herrmann, Slawen in Deutschland, Berlin 1985, S. 278–325.

Herrmann, Religion
Joachim Herrmann: Religion und Kult, in: Herrmann, Slawen in Deutschland, Berlin 1985, S. 309–325.

Herrmann, Rügenslawen
Joachim Herrmann: Rügenslawen, Wilzen und Obodriten, in: Herrmann, Wikinger u. Slawen, S. 291–328.

Herrmann, Slawen
Joachim Herrmann: Slawen und Wikinger als Händler und Krieger, in: Herrmann, Wikinger u. Slawen, S. 58–80.

Herrmann, Slawen in Deutschland
Die Slawen in Deutschland. Geschichte und Kultur der slawischen Stämme westlich von Oder und Neiße vom 6. bis 12. Jahrhundert. Ein Handbuch. Neubearb., hrsg. v. Joachim Herrmann (Veröffentlichungen des Zentralinstituts für Alte Geschichte und Archäologie der Akademie der Wissenschaften der DDR 14), Berlin 1972, neubearb. Aufl. 1985.

Herrmann, Tempelstätten
Joachim Herrmann: Einige Bemerkungen zu Tempelstätten und Kultbildern im nordwestslawischen Gebiet, in: Archeologia Polski 16, 1971, S. 522–540.

Herrmann, Westslawen
Joachim Herrmann: Zwischen Hradschin und Vineta. Frühe Kulturen der Westslawen, Leipzig / Jena / Berlin ³1981.

Herrmann, Wikinger u. Slawen
Wikinger und Slawen. Zur Frühgeschichte der Ostseevölker, hrsg. v. Joachim Herrmann in Verb. mit Aarni Erä-Esko, Berlin 1982.

Heußner/Westphal, Untersuchungen
Karl-Uwe Heußner u. Torsten Westphal: Dendrochronologische Untersuchungen an Holzfunden aus frühmittelalterlichen Burgwällen zwischen Elbe und Oder, in: Frühmittelalterlicher Burgenbau in Mittel- und Osteuropa. Tagung, Nitra vom 7. bis 10. Oktober 1996, hrsg. v. Joachim Henning u. Alexander T. Ruttkay, Bonn 1998, S. 223–234.

Heyne, Liturgiegeschichte
Sirka Heyne: Studien zur Mainzer und Fuldaer Liturgiegeschichte (Quellen und Abhandlungen zur mittelrheinischen Kirchengeschichte 73), Mainz 1996; zugl. Phil. Diss., Göttingen 1990.

Hiebaum, Gemmensiegel
Gerta Hiebaum: Gemmensiegel und andere in Steinschnitt hergestellte Siegel des Mittelalters (Veröffentlichungen des historischen Seminars der Universität Graz 9), Graz / Wien / Leipzig 1931.

Hillebrecht, Berg- u. Hüttenwesen
Marie-Luise Hillebrecht: Der Wald als Energielieferant für das Berg- und Hüttenwesen, in: Segers-Glocke, Industrielandschaft, S. 83–86.

Hirsch, Gerichtsbarkeit
Hans Hirsch: Die hohe Gerichtsbarkeit im deutschen Mittelalter, Reichenberg 1922.

Hofmeister, Markgrafen
Adolf Hofmeister: Markgrafen und Markgrafschaften im italischen Königreich in der Zeit von Karl dem Großen bis auf Otto den Großen (774–962), in: Mitteilungen des Instituts für österreichische Geschichtsforschung, 7. Erg.-bd., Innsbruck 1906, S. 215–435.

Hoffmann, Beziehungen
Erich Hoffmann: Beiträge zur Geschichte der Beziehungen zwischen dem deutschen und dem dänischen Reich für die Zeit von 934 bis 1035, in: 850 Jahre St.-Petri-Dom zu Schleswig, 1134–1984, hrsg. v. Christian Radtke u. Walter Körber (Schriften des Vereins für Schleswig-Holsteinische Kirchengeschichte Reihe 1, 33), Schleswig 1984, S. 105–132.

Hoffmann, B. Bischoff
Hartmut Hoffmann: Bernhard Bischoff und die Paläographie des 9. Jahrhunderts, in: Deutsches Archiv für Erforschung des Mittelalters 55, 1999, S. 549–590.

Hoffmann, Bamberger Handschriften
Hartmut Hoffmann: Bamberger Handschriften des 10. und des 11. Jahrhunderts (MGH Schriften 39), Hannover 1995.

Hoffmann, Buchkunst
Hartmut Hoffmann: Buchkunst und Königtum im ottonischen und frühsalischen Reich (Schriften der MGH 30), Text- u. Tafelbd., Stuttgart 1986.

Hoffmann, Essen
Hartmut Hoffmann: Das Skriptorium von Essen in ottonischer und frühsalischer Zeit, in: von Euw / Schreiner, Kolloqium Theophanu, S. 113–153.

Hoffmann, Handschriftenfunde
Hartmut Hoffmann: Handschriftenfunde (MGH Studien und Texte 18), Hannover 1997.

Hoffmann, Historien
Hartmut Hoffmann: Die Historien Richers von Saint-Remi, in: Deutsches Archiv für Erforschung des Mittelalters 54, 1998, S. 445–532.

Hoffmann, Igi v. Halberstadt
Hartmut Hoffmann: Igi von Halberstadt – Nadda von Gernrode – Rochus von Ilsenburg, in: Deutsches Archiv für Erforschung des Mittelalters 48, 1992, S. 83–111.

Hoffmann, Otto der Große
Hartmut Hoffmann: Zur Geschichte Ottos des Großen, in: Deutsches Archiv für Erforschung des Mittelalters 28, 1972, S. 42–73.

Holder/Preisendanz, Reichenauer Handschriften
Alfred Holder u. Karl Preisendanz: Die Reichenauer Handschriften (Handschriften der Badischen Landesbibliothek), Wiesbaden 1973.

Horn Fuglesang, Axehead
Signe Horn Fuglesang: The axehead from Mammen and the Mammen style, in: Mammen. Grav, kunst og samfund i vikingetid, hrsg. v. Mette Iversen (Viborg Stiftsmuseum raekke 1. Jysk Arkæologisk Selskabs Skrifter 28), Århus 1991, S. 83–107.

Horn Fuglesang, Crucifixion iconography
Signe Horn Fuglesang: Crucifixion iconography in Viking Scandinavia, in: Proceedings of the Eighth Viking Congress (Århus 24. – 31. August 1977), hrsg. v. Hans Bekker-Nielsen,

Peter Foote u. Olaf Olsen (Medieval Scandinavia Supplements 2), Odense 1981, S. 73–94.

Hubay, Gandersheimer Evangeliar
Ilona Hubay: Zur Lebensgeschichte des Gandersheimer Evangeliars, in: Jahrbuch der Coburger Landesstiftung 7, 1962, S. 93–98.

Hubay, Handschriften
Ilona Hubay: Die Handschriften der Landesbibliothek Coburg (Kataloge der Landesbibliothek Coburg 5), Coburg 1962.

Hürlimann, Münzgeschichte
Hans Hürlimann: Züricher Münzgeschichte, Zürich 1966.

Humann, Münsterkirche zu Essen
Georg Humann: Die Kunstwerke der Münsterkirche zu Essen, Text- u. Tafelbd., Düsseldorf 1904.

Huschner, Kirchenfest
Wolfgang Huschner: Kirchenfest und Herrschaftspraxis. Die Regierungszeiten der ersten beiden Kaiser aus liudolfingischem Hause (936–983), Tl. 1: Otto der Große (936–973), in: Zeitschrift für Geschichtswissenschaft 41 (1), 1993, S. 24–55.

Huschner, Kommunikation
Wolfgang Huschner: Transalpine Kommunikation im Mittelalter (in Vorb.).

Hyland, Horses
Ann Hyland: The Horses in the Middle Ages, Stroud 1999.

Jacobsen, Flodoard von Reims
Peter Christian Jacobsen: Flodoard von Reims. Sein Leben und seine Dichtung „De triumphis Christi“ (Mittellateinische Studien und Texte 10), Leiden / Köln 1978.

Jacobsen, Johannes von Gorze
Peter Christian Jacobsen: Die Vita des Johannes von Gorze und ihr literarisches Umfeld, in: L'abbaye de Gorze au Xe siècle, hrsg. v. Michel Parisse u. Otto Gerhard Oexle, Paris 1993, S. 25–50.

Jäschke, Bischofschronik
Kurt-Ulrich Jäschke: Die älteste Halberstädter Bischofschronik (Untersuchungen zu mitteldeutschen Geschichtsquellen des hohen Mittelalters 1. Mitteldeutsche Forschungen 62,1), Köln / Wien 1970.

Jäschke, Königskanzlei
Kurt-Ulrich Jäschke: Königskanzlei und imperiales Königtum im zehnten Jahrhundert, in: Historisches Jahrbuch 84, 1964, S. 288–333.

Jakobs, Reichenau-Oberzell
Dörthe Jakobs: Sankt Georg in Reichenau-Oberzell. Der Bau und seine Ausstattung. Bestand, Veränderungen, Restaurierungsgeschichte, 3 Bde. (Forschungen und Berichte der Bau- und Kunstdenkmalpflege in Baden-Württemberg 9), Stuttgart 1999.

Jakobs, Wandmalereien in Reichenau
Dörthe Jakobs: Die Wandmalereien von St. Georg in Reichenau-Oberzell. Untersuchung – Dokumentation – Kontroversen, in: Wandmalerei des frühen Mittelalters. Bestand, Maltechnik, Konservierung, hrsg. v. Matthias Exner (ICOMOS – Hefte des Deutschen Nationalkomitees 23), München 1998, S. 161–190.

James, Catalogue
Montague Rhodes James: A descriptive catalogue of the manuscripts in the Library of Corpus Christi College, Cambridge, Bd. 1, Cambridge 1912.

James, Western manuscripts
Montague Rhodes James: The Western manuscripts in the Library of Trinity College Cambridge: a discriptive catalogue, Bd. 1, Cambridge 1900.

Jammer, Münzprägung
Vera Jammer: Die Anfänge der Münzprägung im Herzogtum Sachsen (10. und 11. Jahrhundert) (Numismatische Studien 3–4), Hamburg 1952.

Jammers, Neumenhandschriften
Ewald Jammers: Die Essener Neumenhandschriften der Landes- und Stadt-Bibliothek Düsseldorf (Veröffentlichungen der Landes- und Stadtbibliothek Düsseldorf, Heft 1), Ratingen 1952.

Jankuhn/Schietzel/Reichstein, Handelsplätze
Handelsplätze des frühen und hohen Mittelalters, hrsg. v. Herbert Jankuhn, Kurt Schietzel u. Hans Reichstein (Archäologische und naturwissenschaftliche Untersuchungen an ländlichen und frühstädtischen Siedlungen im deutschen Küstengebiet vom 5. Jahrhundert v. Chr. bis zum 11. Jahrhundert n. Chr. 2), Weinheim 1984.

Jansen, Svantevit-Figur
Henrik M. Jansen: Die Svantevit-Figur aus Svendborg, in: Wesse, Archäologie des Ostseeraumes, S. 565–569.

Janson, Templum nobilissimum
Henrik Janson: Templum nobilissimum. Adam av Bremen. Uppsalatemplet och konfliktlinjerna i Europa kring ar 1075 (Avhandlingar fran Historiska Institutionen i Göteborg 21), Göteborg 1998.

Jansson, Orientalischer Import
Ingmar Jansson: Wikingerzeitlicher orientalischer Import in Skandinavien, in: Bericht der Römisch-Germanischen Kommission 69, 1988, S. 564–647.

von Jenny, Leuchterpaar
Wilhelm Albert von Jenny: Ein Leuchterpaar der ottonischen Zeit aus Stift Kremsmünster, in: Neue Beiträge zur Kunstgeschichte des 1. Jahrtausends, 2. Halbbd.: Frühmittelalterliche Kunst, hrsg. v. Andreas Alföldi [u. a.] (Forschungen zur Kunstgeschichte und Christliche Archäologie 1,2), Baden-Baden 1954, S. 285–308.

JL
Philipp Jaffé: Regesta pontificum romanorum, hrsg. v. Samuel Loewenfeld mit Ferdinand Kaltenbrunner u. Paul Ewald, Leipzig 1885–1888.

Jörn, Westharzer Bergbau
Erhard und Rudolf Jörn: Der Beginn des Westharzer Bergbaus auf Silber und die Schaffung der Otto-Adelheid-Pfennige (Wiedaer Hefte 5), Wieda 1997.

Jonsson, Ocksarve
Kenneth Jonsson: A Third Viking-Age hoard from Ocksarve, Gotland, in: International Numismatic Newsletter 31, 1998, S. 5–6.

Jonsson/Malmer, Sigtuna Papers
Sigtuna Papers. Proceedings of the Sigtuna Symposium on Viking Age Coinage (1–4 June 1989), ed. v. Kenneth Jonsson u. Brita Malmer (Commentationes de nummis saec. IX–XI in Suecia repertis N.S. 6), Stockholm / London 1990.

Joppich, Handschrift Bamberg, Lit. 6
Die Handschrift Bamberg, Staatsbibliothek Lit. 6, hrsg. v. Godehard Joppich (Monumenta paläographica Gregoriana 2), Münsterschwarzach 1986.

Jülich, Gemmenkreuze
Theo Jülich: Gemmenkreuze. Die Farbigkeit ihres Edelsteinbesatzes bis zum 12. Jahrhundert, in: Aachener Kunstblätter 54 / 55, 1986 / 87, S. 99–258.

de Juliis, Collezione Riccardi
Giuseppe de Juliis: Le vicende degli antichi avori della collezione Riccardi, in: Commentari 1978 (1–4), S. 144–156.

Junkelmann, Reiter Roms, Tl. 2
Marcus Junkelmann: Die Reiter Roms, Tl. 2, in: Kulturgeschichte der Antiken Welt 49, 1991.

Junkelmann, Reiter Roms, Tl. 3
Marcus Junkelmann: Die Reiter Roms, Tl. 3, in: Kulturgeschichte der Antiken Welt 53, 1992.

Kaczynski, Greek manuscripts
Bernice M. Kaczynski: Greek manuscripts in the carolingian age: the St. Gall manuscripts (Speculum anniversary monographs 13), Cambridge / Mass. 1988.

Kahl, Wendentum
Hans-Dietrich Kahl: Heidnisches Wendentum und christliche Stammesfürsten. Ein Blick in die Auseinandersetzungen zwischen Gentil- und Universalreligion im abendländischen Hochmittelalter, in: Archiv für Kulturgeschichte 44, 1962, S. 72–119.

Kahsnitz, Berufung der Evangelisten
Rainer Kahsnitz: Mathaeus ex ore Christi scripsit. Zum Bild der Berufung und Inspiration der Evangelisten, in: Mouriki, Byzantine East, Latin, West Art, S. 169–176.

Kahsnitz, Kostbares Evangeliar
Rainer Kahsnitz: Inhalt und Aufbau der Handschrift. Die Bilder, in: Das Kostbare Evangeliar des Heiligen Bernward, hrsg. v. Michael Brandt, München 1993, S. 18–55.

Kahsnitz, Svanhild
Rainer Kahnsitz: Die Essener Äbtissin Svanhild und ihr Evangeliar in Manchester, in: Beiträge zur Geschichte von Stadt und Stift Essen 85, 1970, S. 13–80.

Kahsnitz, Werdener Psalter
Rainer Kahsnitz: Der Werdener Psalter in Berlin: Ms. theol. lat. fol. 358. Eine Untersuchung zu Problemen mittelalterlicher Psalterillustration (Beiträge zu den Bau- und Kunstdenkmälern im Rheinland 24), Düsseldorf 1979.

Kalavrezou-Maxeiner, Eudokia
Ioli Kalavrezou-Maxeiner: Eudokia Makrembolitissa and the Romanos Ivory, in: Dumbarton Oaks Papers 31, 1977, S. 305–325.

Kara/Krąpiec, Dendrochronologische Untersuchungen
M. Kara u. Marek Krąpiec: Möglichkeiten der Datierung mittels dendrochronologischer Methode sowie der Zustand dendrochronologischer Untersuchungen der Burgwälle aus dem Gebiet Großpolens, Niederschlesiens und Kleinpolens, in: Polnische Gebiete im X. Jahrhundert und ihre Bedeutung bei der Bildung der neuen Karte von Europa, Red. Henryk Samsonowicz, Krakau 2000, S. 317ff.

Karpp, Essen
Gerhard Karpp: Bemerkungen zu den mittelalterlichen Handschriften des adeligen Damenstifts in Essen (9.–19. Jahrhundert), in: Scriptorium 45, 1991, S. 163–204.

Kartsonis, Anastasis
Anna D. Kartsonis: Anastasis. The Making of an Image, Princeton 1986.

Kautzsch, Schmuckkunst
Rudolf Kautzsch: Die römische Schmuckkunst in Stein vom 6. bis zum 10. Jahrhundert, in: Römisches Jahrbuch für Kunstgeschichte 3, 1939, S. 3–73.

Kavánová, Slovanské ostruhy
Blanca Kavánová: Slovanské ostruhy na území Československa [Slawische Sporen auf dem Gebiet der Tschecheslowakei] (Studie archeologického ústavu Československé Akademie věd v Brně Rocník IV, 3), Prag 1976 [deutsche Zusammenfassung].

Keibel-Maier, Baugeschichte Brunshausen
Maria Keibel-Maier: Bemerkungen zur Baugeschichte der ehemaligen Klosterkirche in Brunshausen, in: Berichte über die Tätigkeit der Bau- und Kunstdenkmalpflege in den Jahren 1985–1986, hrsg. v. Hans-Herbert Möller (Niedersächsische Denkmalpflege 12), Hannover 1987, S. 79–97.

Keller, Machabaeorum pugnae
Hagen Keller: Machabaeorum pugnae. Zum Stellenwert eines biblischen Vorbildes in Widukinds Deutung der ottonischen Königsherrschaft, in: Iconologia sacra. Mythos, Bildkunst und Dichtung in der Religions- und Sozialgeschichte Alteuropas. Festschrift für Karl Hauck zum 75. Geburtstag, hrsg. v. Hagen Keller u. Nikolaus Staubach (Arbeiten zur Frühmittelalterforschung 23), Berlin / New York 1994, S. 417–437.

Keller, Neues Bild
Hagen Keller: Das neue Bild des Herrschers. Zum Wandel der „Herrschaftsrepräsentation" unter Otto dem Großen, in: Schneidmüller / Weinfurter, Neuanfänge, S. 189–211.

Keller, Ottonische Herrschersiegel
Hagen Keller: Ottonische Herrschersiegel. Beobachtungen und Fragen zu Gestalt und Aussage und zur Funktion im historischen Kontext, in: Bild und Geschichte. Studien zur politischen Ikonographie. Festschrift für Hansmartin Schwarzmaier zum 65. Geburtstag, hrsg. v. Konrad Krimm u. Herwig John (Veröffentlichung der Kommission für Geschichtliche Landeskunde Baden-Württemberg), Sigmaringen 1997, S. 3–51.

Keller, Siegel
Hagen Keller: Zu den Siegeln der Karolinger und der Ottonen. Urkunden als 'Hoheitszeichen' in der Kommunikation des Königs mit seinen Getreuen, in: Frühmittelalterliche Studien 32, 1998, S. 400–441.

Keller, Siegel Ottos III.
Hagen Keller: Die Siegel und Bullen Ottos III., in: Ausst.kat. Berlin/Budapest [u. a.] 2000/02, Bd. 2, S. 767–773.

Keller, Widukinds Bericht
Hagen Keller: Widukinds Bericht über die Aachener Wahl und Krönung Ottos I., in: Frühmittelalterliche Studien 29, 1995, S. 390–453.

Kempf, Canonicus
Theodor Konrad Kempf: Benna Trevirensis canonicus de Sancti Paulini patrocinio, in: Mainz und der Mittelrhein in der europäischen Kunstgeschichte. Studien für Wolfgang Fritz Volbach zu seinem 70. Geburtstag, hrsg. v. Friedrich Gerke (Forschungen zur Kunstgeschichte und christlichen Archäologie 6), Mainz 1966, S. 179–196.

Kendrick, Cruet
Thomas Dowing Kendrick: An Anglo-Saxon Cruet, in: The Antiquaries Journal 17, 1938, S. 377–381.

Kendrick, Viking Art
Thomas Dowing Kendrick: Late Saxon and Viking Art, London 1949.

Kessler, Decorazione
Herbert L[eon] Kessler: La decorazione della basilica medievale di San Pietro, in: Ausst.kat. Rom 1999/2000, S. 263–270.

Kessler, Medieval Church Decoration
Herbert L[eon] Kessler: Old St. Peter's as the Source and Inspiration of Medieval Church Decoration (Erstveröffentlichung 1989), in: Ders.: Studies in pictural narrative, London 1994, S. 452–468.

Kessler, Old St. Peter
Herbert L[eon] Kessler: „Caput et speculum omnium ecclesiarium": Old St. Peter's and Church Decoration in Medieval Latium, in: Italian Church Decoration of the Middle Ages and Early Renaissance. Functions, Forms and Regional Traditions. Ten Contributions to a Colloquium held at the Villa Spelman, Florence, hrsg. v. William Tronzo (Villa Spelman colloquia 1), Bologna 1989, S. 119–146.

Keynes, Aethelstan's Books
Simon Keynes: King Aethelstan's Books, in: Learning and Literatur in Anglo-Saxon England. Studies presented to Peter Clemoes on the Occasion of his Sixty-Fifth Birthday, hrsg. v. Michal Lapidge u. Helmut Gneuss, Cambridge 1985, S. 143–201.

Kilger, Pfennigmärkte
Christoph Kilger: Pfennigmärkte und Währungslandschaften. Monetarisierungen im sächsisch-slawischen Grenzland ca. 965–1120 (Commentationes de nummis saeculorum IX–XI in Suecia repertis N.S. 15), Stockholm 2000.

Kind, Reitausrüstung
Thomas Kind: Archäologische Funde von Teilen der Reitausrüstung aus Europa und ihr Beitrag zur Kultur- und Sozialgeschichte der Ottonenzeit, in: Europa im 10. Jahrhundert. Archäologie einer Aufbruchszeit. Internationale Tagung Magdeburg, 4. – 7. Oktober 2000, hrsg. v. Joachim Henning u. Matthias Puhle, Mainz 2001.

Kirchenbauten, vorroman.
Vorromanische Kirchenbauten. Katalog der Denkmäler bis zum Ausgang der Ottonen, bearb. v. Friedrich Oswald, Leo Schaefer u. Hans Rudolf Sennhauser (Veröffentlichungen des Zentralinstituts für Kunstgeschichte in München 3,1), München 1966–1971, Nachdr. München 1990.

Kirchenbauten, vorroman., Nachtragsbd.
Vorroman. Kirchenbauten, Nachtragsbd., bearb. v. Werner Jacobsen, Leo Schaefer u. Hans Rudolf Sennhauser (Veröffentlichungen des Zentralinstituts für Kunstgeschichte in München 3,2), München 1991.

Kjærum/Olsen, Oldtidens ansigt
Oldtidens ansigt. Faces of the past, Til Hendes Majestæt Dronning Margrethe II., hrsg. v. Poul Kjærum u. Rikke Agnete Olsen, Kopenhagen 1990.

Klanica, Mikulčice
Zdeněk Klanica: Mikulčice – Klášteřisko, in: Památky archeologické 76 (2), 1985, S. 474–539.

Klanica, Práce klenotníku
Zdeněk Klanica: Práce klenotníků na slovanských hradištích (Studie archeologického Ustavu Československé Akademie věd v Brně Ročník 2,6), Prag 1974.

Klappauf, Harz
Lothar Klappauf: Zur Bedeutung des Harzes und seiner Rohstoffe in der Reichsgeschichte, in: Siedlungen und Landesausbau zur Salierzeit, hrsg. v. Horst Wolfgang Böhme (Publikationen zur Ausstellung „Die Salier und ihr Reich"), Tl. 1, Sigmaringen 1991, S. 211–232.

Klappauf, Montanwirtschaft
Lothar Klappauf: Drei Jahrtausende Harzer Montanwirtschaft, in: Archäologie in Deutschland 1, 2001, S. 28–32.

Klappauf, Spuren deuten
Lothar Klappauf: Spuren deuten – Frühe Montanwirtschaft im Harz, in: Segers-Glocke, Industrielandschaft, S. 19–27.

Klappauf/Linke, Düna
Lothar Klappauf u. Friedrich-Albert Linke: Düna, Bd. 1: Das Bachbett vor Errichtung des repräsentativen Steingebäudes. Grundlagen zur Siedlungsgeschichte (Materialhefte zur Ur- und Frühgeschichte Niedersachsens 22), Hildesheim 1990.

Klappauf/Linke, Montanarchäologie im Harz
Lothar Klappauf und Friedrich-Albert Linke: Montanarchäologie im westlichen Harz, in: Nachrichten aus Niedersachsens Urgeschichte 66 (1), 1997, S. 21–53.

Klappauf/Linke/Brockner, Montanarchäologie
Lothar Klappauf, Friedrich-Albert Linke u. Wolfgang Brockner: Interdisziplinäre Untersuchungen zur Montanarchäologie im Westharz, in: Zeitschrift für Archäologie 24, 1990, S. 207–242.

Klein, Churer Münzprägung
Ulrich Klein: Die Churer Münzprägung vom 8. bis zum Ende des 13. Jahrhunderts, in: Schweizer Numismatische Rundschau 73, 1994, S. 111–155.

Klein, Konstanzer Münzprägung
Ulrich Klein: Die Konstanzer Münzprägung vom Ende des 9. bis zur Hälfte des 12. Jahrhunderts, in: Freiburger Diözesan Archiv 109, 1989, S. 213–266.

Klein, Münzprägung
Ulrich Klein: Die Münzprägung im südwestlichen Schwaben. Stand und Aufgaben der Forschung, in: Kluge, Fernhandel, S. 89–109.

Klemm, Handschriften
Elisabeth Klemm: Die romanischen Handschriften der Bayerischen Staatsbibliothek, Tl. 1: Die Bistümer Regensburg, Passau und Salzburg (Kataloge der illuminierten Handschriften der Bayerischen Staatsbibliothek in München 3), Wiesbaden 1980.

Kluge, ADELDEIDA
Bernd Kluge: ADELDEIDA und ATEAHLHT. Das Rätsel der Otto-Adelheid-Pfennige, in: Kaiserin Adelheid und ihre Klostergründung in Selz, Kolloquium Selz 15. – 17. 10. 1999 (im Druck).

Kluge, CNG
Bernd Kluge: Conspectus Nummorum Germaniae Medii Aevi (CNG). Kommentierter Typenkatalog der deutschen Münzen des Mittelalters. Von den Anfängen bis zur Ausbildung der regionalen Pfennigmünze, von 880 bis um 1140, Tl. 5: Das Erzbistum Trier, in: Geldgeschichtliche Nachrichten 35/198, 2000, S. 184–196.

Kluge, Fernhandel
Bernd Kluge: Fernhandel und Geldwirtschaft. Beiträge zum deutschen Münzwesen in sächsischer und salischer Zeit. Ergebnisse des Dannenberg-Kolloquiums 1990 (Römisch-Germanisches Zentralmuseum, Monographien 31. Berliner Numismatische Forschungen N.F. 1. Publikationen zur Ausstellung „Die Salier und ihr Reich"), Sigmaringen 1993.

Kluge, Münzgeschichte
Bernd Kluge: Deutsche Münzgeschichte von der späten Karolingerzeit bis zum Ende der Salier (ca. 900 bis 1125) (Römisch-Germanisches Zentralmuseum, Monographien 29), Sigmaringen 1991.

Kluge, Münzprägung
Bernd Kluge: OTTO REX/OTTO IMP. Zur Bestandsaufnahme ottonischer Münzprägung, in: Schneidmüller/Weinfurter, Neuanfänge, S. 85–112.

Kluge, Otto-Adelheid-Pfennige
Bernd Kluge: Überlegungen zu den Otto-Adelheid-Pfennigen. Stempelkritische Untersuchungen der Typen Hatz II (Dbg. 1166, 1170) und AMEN (Dbg. 1171), in: Jonsson/Malmer, Sigtuna Papers, S. 167–181.

Kluge, Stempeluntersuchung
Bernd Kluge: „Hatz I/Dbg. 1164". Eine Stempeluntersuchung zu den Otto-Adelheid-Pfennigen vom Kopftyp, in: Berghaus, Commentationes Numismaticae, S. 103–124.

Kluge-Pinsker, Schach
Antje Kluge-Pinsker: Schach und Trictrac. Zeugnisse mittelalterlicher Spielfreude in salischer Zeit (Römisch-Germanisches Zentralmuseum, Monographien 30. Publikationen zur Ausstellung „Die Salier und ihr Reich"), Sigmaringen 1991.

Knorr, Handwerk
Heinz A. Knorr: Handwerk und Gewerbe, in: Herrmann, Slawen in Deutschland, Berlin 1972, S. 73–103.

Knorr, Steigbügel
Heinz A. Knorr: Der Steigbügel von Pritzerbe, Kr. Brandenburg, in: Ausgrabungen und Funde 3 (3), 1958, S. 111–113.

Koch, Ausgrabungen
Alfred Koch: Die Ausgrabungen im Dom zu Magdeburg im Jahre 1926. Der ottonische Dom, in: Montagsblatt der Magdeburgischen Zeitung, Sondernummer zu Nr. 68, 1926.

Koch, Urkunde
Peter Koch: Urkunde, Brief und öffentliche Rede. Eine diskurstraditionelle Filiation im 'Medienwechsel', in: Das Mittelalter 3 (1), 1998, S. 13–44.

Koch, Metallfunde
Ursula Koch: Die Metallfunde der frühgeschichtlichen Perioden aus den Plangrabungen 1967–1981 (Der Runde Berg bei Urach 5. Heidelberger Akademie der Wissenschaften, Kommission für Alamannische Altertumskunde, Schriften 10), Text- u. Tafelbd., Heidelberg 1984.

Koch, Perioden
Ursula Koch: Die frühgeschichtlichen Perioden auf dem Runden Berg, in: Der Runde Berg bei Urach, hrsg. v. Helmut Bernhard (Führer zu archäologischen Denkmälern in Baden-Württemberg 14), Stuttgart 1991, S. 83–127.

Kočka-Krenz, Schmuck
Hanna Kočka-Krenz: Nordslawischer-westslawischer Schmuck im Frühmittelalter, Posen 1993 [polnisch].

Koehler, Buchmalerei
Wilhelm Koehler: Buchmalerei des frühen Mittelalters. Fragmente und Entwürfe aus dem Nachlaß, hrsg. v. Ernst Kitzinger u. Florentine Mütherich (Veröffentlichungen des Zentralinstituts für Kunstgeschichte 5), München 1972.

Koehler, Karolingische Miniaturen
Wilhelm Koehler: Die karolingischen Miniaturen, Bd. 1: Die Schule von Tours (Text- u. Tafelbd.); Bd. 2: Die Hofschule Karls des Großen; Bd. 3,1: Die Gruppe des Wiener Krönungsevangeliars; Bd. 3,2: Metzer Handschriften; Bd. 4: Die Hofschule Kaiser Lothars, Berlin 1930 u. 1933; 1958; 1960; 1971.

Kölzer, St. Maximin
Theo Kölzer: Trier, St. Maximin. Geschichtlicher Überblick, in: Die Männer- und Frauenklöster der Benediktiner in Rheinland-Pfalz und Saarland, bearb. v. Friedhelm Jürgensmeier (Germania Benedictina 9), St. Ottilien 1999, S. 1010–1027.

Kölzer, Urkundenfälschungen
Theo Kölzer: Studien zu den Urkundenfälschungen des Klosters St. Maximin vor Trier (10.–12. Jahrhundert) (Vorträge und Forschungen, Sonderbd. 36), Sigmaringen 1989.

Koenen, Westliche Werkstätten
Ulrike Koenen: „Byzantinische" Elfenbeine aus westlichen Werkstätten und ihre Rezeption im 19. Jahrhundert. Untersuchungen zu drei Elfenbeintafeln mit thronender Maria, in: Chartulae. Festschrift für Wolfgang Speyer [hrsg. v. Ernst Dassmann] (Jahrbuch für Antike und Christentum, Erg.-bd. 28), Münster 1998.

Könnecke, Bilderatlas
Bilderatlas zur Geschichte der deutschen Nationallitteratur. Eine

Ergänzung zu jeder deutschen Literaturgeschichte, nach den Quellen bearb. v. Gustav Könnecke, Marburg / L. [2]1895.

Kötzschke, Rheinische Urbare
Rheinische Urbare. Sammlung von Urbaren und anderen Quellen zur rheinischen Wirtschaftsgeschichte, hrsg. v. Rudolf Kötzschke, Bd. 2: Die Urbare der Abtei Werden a.d. Ruhr, A: Die Urbare vom 9.–13. Jahrhundert, Bonn 1906.

Koktvedgaard Zeiten, Amulets
Miriam Koktvedgaard Zeiten: Amulets and amulet use in Viking Age Denmark, in: Acta Archaeologica 68, 1997, S. 1–74.

Kolčin/Janin/Jamščikov, Novgorod
Boris Aleksandrovič Kolčin, Valentin Lavrent'evič Janin u. Savelij Vasil'evič Jamščikov: Drevnij Novgorod. Prikladnoe iskusstvo i archeologija, Moskau 1985.

Kolmer, Eide
Lothar Kolmer: Promissorische Eide im Mittelalter (Regensburger Historische Forschungen 12), Kallmünz / Opf. 1989.

Konrad, Antichristvorstellung
Robert Konrad: De ortu et tempore Antichristi. Antichristvorstellung und Geschichtsbild des Adso von Montier-en-Der (Münchener historische Studien, Abteilung mittelalterliche Geschichte 1), Kallmünz 1964.

Korth, Kruzifixfund
Wolfgang Korth: Ein Kruzifixfund vom Kanstein bei Langelsheim, in: Harz-Zeitschrift 8, 1956, S. 139–141.

Kortüm, Richer von Saint-Remi
Hans-Henning Kortüm: Richer von Saint-Remi. Studien zu einem Geschichtsschreiber des 10. Jahrhunderts (Historische Forschungen 8), Wiesbaden / Stuttgart 1985.

Korzuchina, Russkie klady
Galjia Fedorovna Korzuchina: Russkie klady IX–XIII vv., Moskau / Leningrad 1954.

Košnar, Vikinskym
Lumir Košnar: Ke vztahům mezi vikinským a západoslovanským prostředím [Die Beziehungen zwischen Wikingern und Westslawen], in: Praehistorica 18 (=Varia Archaelogica 5), 1991, S. 25–84 [deutsche Zusammenfassung].

Kottje, Schreibstätten
Raymund Kottje: Schreibstätten und Bibliotheken in Köln Ende des 10. Jahrhunderts, in: von Euw / Schreiner, Kaiserin Theophanu, Bd. 1, Köln 1991, S. 153–163.

Kraft, Ordinariatsbibliothek
Benedikt Kraft: Die Handschriften der Bischöflichen Ordinariatsbibliothek in Augsburg, Augsburg 1934.

Kratzsch, Schätze der Buchmalerei
Irmgard Kratzsch: Schätze der Buchmalerei aus der Thüringer Universitäts- und Landesbibliothek Jena, Jena 2001.

Kratzsch, Bibliothek Weimar
Konrad Kratzsch: Kostbarkeiten der Herzogin Anna Amalia Bibliothek Weimar, Leipzig 1993.

Kraume/Hatz, Otto-Adelheid-Pfennige
Emil Kraume und Vera Hatz: Die Otto-Adelheid-Pfennige und ihre Nachprägungen, in: Hamburger Beiträge zur Numismatik 15, 1961, S. 13–23 (11 Tab.).

Krause, Runica-Inschrift
Wolfgang Krause: Die Runica-Inschrift von Brunshausen, in: Studien zur europäischen Vor- und Frühgeschichte, hrsg. v. Martin Claus, Werner Haarnagel u. Klaus Raddatz, Neumünster 1968, S. 349–353.

Kren/Teviotdale, Masterpieces
The Masterpieces of the J. Paul Getty Museum [Bd. 1]: Illuminated Manuscripts, Texts by Thomas Kren u. Elisabeth C. Teviotdale [u. a.], London 1997.

Kresten, Chrysographie
Otto Kresten: Zur Chrysographie in den Auslandsschreiben der byzantinischen Kaiser, in: Römische historische Mitteilungen 40, 1998, S. 139–196.

Krogh, Viking Age monuments
Knud J. Krogh: The royal Viking-Age monuments of Jelling in the light of recent archaeological excavations. A preliminary report, in: Acta Archaeologica 53, 1982 (1983), S. 183–216.

Krüger, Pennigsberg
Bruno Krüger: Zur ältesten Besiedlung des Pennigsberges bei Mittenwalde, Kreis Königs Wusterhausen, in: Märkische Heimat 4, 1960, Sonderheft [Festschrift für Karl Hohmann zum 75. Geburstag], S. 49–55.

Krüger, Sterben
Klaus Krüger: Sterben, Bestattung, Nachleben und Armenfürsorge in ottonischer Zeit, in: Wittmann, Memleben, S. 41–60.

Krug, Aulos-Kameo
Antje Krug: Der Aulos-Kameo im Kaiserinnenschmuck, in: Festschrift für Hermann Fillitz zum 70. Geburtstag, hrsg. v. Martina Pippal, Rudolf Preimesberger, Florentine Mütherich u. Artur Rosenauer (= Aachener Kunstblätter 60, 1994), Köln 1994, S. 29–36.

Krug, Gemmen
Antje Krug: Antike Gemmen und das Zeitalter Bernwards, in: Ausst.kat. Hildesheim 1993, Bd. 1, S. 161–172.

Krug, Mainzer Goldschmuck
Antje Krug: Der sogenannte „Mainzer Goldschmuck der Kaiserin Gisela". Fundgeschichte und Erwerb, in: Jahrbuch der Berliner Museen 41, 1999, S. 7–24.

Kuder, Freisinger Buchmalerei
Ulrich Kuder: Die ottonische Freisinger Buchmalerei, in: Ausst.kat. Freising 1989, Bd. 2, S. 48–72.

Kühnel, Islam. Elfenbeinskulpturen
Ernst Kühnel: Die islamischen Elfenbeinskulpturen VIII.–XIII. Jahrhundert, Berlin 1971.

Kühnel, Omayadische Kapitelle
Ernst Kühnel: Omayadische Kapitelle aus Cordova, in: Berliner Museen. Berichte aus den Preußischen Kunstsammlungen 49, 1928, S. 82–86.

Küppers/Mikat, Münsterschatz
Leonhard Küppers u. Paul Mikat: Der Essener Münsterschatz, Essen 1966.

Kunze, Maria Aegyptiaca
Konrad Kunze: Studien zur Legende der heiligen Maria Aegyptiaca im deutschen Sprachgebiet (Philologische Studien und Quellen 49), Berlin 1969; zugl. Phil. Diss., Freiburg/Br. 1966.

Kurze, Erzbist. Brandenburg
Dietrich Kurze: Otto I. und die Gründung des Erzbistums Brandenburg: 948, 949 oder 965?, in: Jahrbuch für Brandenburgische Landesgeschichte 50, 1999, S. 12–30.

Kurze, Monastero al Monte Amiata
Wilhelm Kurze: Il monastero di San Salvatore al Monte Amiata e la sua proprietà terriera, in: L'abbazia di San Salvatore al Monte Amiata. Documenti storici – architettura – proprietà, hrsg. v. Wilhelm Kurze u. Carlo Prezzolini, Florenz 1988, S. 4–9.

Lamm, Gläser
Carl Johan Lamm: Mittelalterliche Gläser und Steinschnittarbeiten aus dem Nahen Osten (Forschungen zur Islamischen Kunst 5), Berlin 1929/30.

Lammers, Bilderkreis
Ein universales Geschichtsbild der Stauferzeit in Miniaturen. Der Bilderkreis zur Chronik Ottos von Freising im Jenenser Codex Bose q. 6, in: Alteuropa und die moderne Gesellschaft. Festschrift für Otto Brunner, Göttingen 1963, S. 170–214.

Lampe, Bernsteinkreuz
Willi Lampe: Ein Bernsteinkreuz und Bernsteinanhänger von Usedom, in: Ausgrabungen und Funde 36 (3), 1991, S. 129–134.

Lampe, Entstehung Merseburgs
Willi Lampe: Die archäologischen Grundlagen der Entstehung Merseburgs (Wissenschaftliche Beiträge der Martin-Luther-Universität Halle-Wittenberg 25 [L 1]), Halle/S. 1966.

Landsberger, Folchart-Psalter
Franz Landsberger: Der St. Galler Folchart-Psalter. Eine Initialenstudie, St. Gallen 1912.

Lange, Bodendenkmalpflege
Bernhard Lange: Bodendenkmalpflege in den Kiesabbaugebieten der Elbniederung des Magdeburger Raumes, in: Jahresschrift für mitteldeutsche Vorgeschichte 69, 1986, S. 225–234.

Lange, Pflanzenfunde
Elisabeth Lange: Mittelalterliche Pflanzenfunde aus Magdeburg, in: Zeitschrift für Archäologie 21, 1987, S. 243–256.

Lasko, Ars Sacra
Peter Lasko: Ars Sacra 800–1200 (The Pelican History of Art), New Haven/London 1972, London [2]1994.

Last, Bewaffnung
Martin Last: Die Bewaffnung der Karolingerzeit, in: Nachrichten aus Niedersachsens Urgeschichte 41, 1972, S. 77–93.

Laufner, St. Maximin
Richard Laufner: Vom Bereich der Trierer Klosterbibliothek St. Maximin im Hochmittelalter, in: Armaria Trevirensia. Beiträge zur Trierer Bibliotheksgeschichte, hrsg. v. Hubert Schiel, Trier 1960, S. 7–35.

Lechner, Babenberger Markgrafen
Die Babenberger Markgrafen und Herzöge von Österreich 976–1246, hrsg. v. Karl Lechner (Veröffentlichungen des Instituts für Österreichische Geschichtsforschung 23), Wien/Köln/Graz 1976.

Leciejewicz, Funktion
Lech Leciejewicz: Zur politischen Funktion der heidnischen Kultstätten bei den Westslawen, in: Wesse, Archäologie des Ostseeraumes, S. 315–320.

Legner, Annozeit
Anton Legner: Bildkunst der Annozeit, Kruzifixe, in: Ausst.kat. Köln 1975, S. 133–146.

Lehmann, Cyriakuskirche
Edgar Lehmann: Die Cyriakuskirche zu Gernrode, in: Ausst.kat. Hildesheim 1993, Bd. 2, S. 437–441.

Leich, De diptychis
Johann Heinrich Leich: De diptychis veterum et de diptycho eminentissimi Quirini diatripe, Leipzig 1743.

Lemmens/de Wird, Kunstschätze
Kunstschätze aus dem St.-Martini-Münster in Emmerich, hrsg. anläßlich der Ausstellung „Der Münsterschatz von Emmerich" [Emmerich, 3. September – 3. Oktober 1977], bearb. v. Gerard Lemmens u. Guido de Wird, Emmerich 1977.

Lennartsson, Metallarbeiten
Monika Lennartsson: Karolingische Metallarbeiten mit Pflanzenornamentik, in: Offa 54/55, 1997/98, S. 431–619.

Leopold, Ausgrabungen
Gerhard Leopold: Archäologische Ausgrabungen an Stätten der ottonischen Herrschaft (Quedlinburg, Memleben, Magdeburg), in: Althoff/Schubert, Herrschaftsrepräsentation, S. 33–76.

Leopold, Memleben
Gerhard Leopold: Die Kirche des 10. Jahrhunderts in Memleben, in: Wittmann, Memleben, S. 135–144.

Leopold, Stiftskirche
Gerhard Leopold: Die Stiftskirche der Königin Mathilde in Quedlinburg. Ein Vorbericht zum Gründungsbau des Damenstifts, in: Frühmittelalterliche Studien 25, 1991, S. 145–170.

Leopold/Schubert, Memleben
Gerhard Leopold u. Ernst Schubert: Otto III. und die Sachsen. Die ottonische Kirche in Memleben. Geschichte und Gestalt, in: von Euw/Schreiner, Kaiserin Theophanu, Bd. 2, S. 371–382.

Lessing, Gewebesammlung
Die Gewebesammlung des Königlichen Kunstgewerbemuseums, hrsg. v. Julius Lessing, Berlin 1900.

Lévi-Provençal/Balbás, España musulmana
Evaristo Lévi-Provençal u. Leopoldo Torres Balbás: España musulmana hasta la caída del califato de Córdoba. Instituciones y vida social e intelectual. Arte califal (Historia de España 5), Madrid [2]1965.

LexMA
Lexikon des Mittelalters, 9 Bde., München/Zürich 1980–1998.

Leyser, Battle
Karl Joseph Leyser: The Battle at the Lech, 955. A Study in Tenth-Century Warfare, in: History 50, 1965, S. 1–25.

Leyser, Germany
Karl Joseph Leyser: Medieval Germany and its Neighbours 900–1250 (History Series 12), London 1982.

Leyser, Ottonen
Karl Joseph Leyser: Die Ottonen und Wessex, in: Frühmittelalterliche Studien 17, 1983, S. 73–97.

Lies, Baggerfunde
Hans Lies: Baggerfunde aus dem Elbkieswerk Magdeburg-Salbke, in: Jahresschrift für mitteldeutsche Vorgeschichte 47, 1963, S. 101–120.

Lindsay/Lehmann, Scriptorium
Wallace M[artin] Lindsay u. Paul Lehmann: The (Early) Mayence Scriptorium, in: Wallace M[artin] Lindsay: Palaeographia Latina, Bd. 4, Oxford 1925.

Linke, Kanstein
Friedrich-Albert Linke: Abschließende Untersuchungen auf dem Kanstein bei Langelsheim, Ldkrs. Goslar, in: Harz-Zeitschrift 36, 1984, S. 117–127.

Linke, Kunzenloch
Friedrich-Albert Linke: Kunzenloch – Die Grabung, in: Ausst.kat. Hannover 1994, S. 60.

Little, Avori milanesi
Charles T. Little: Avori milanesi del X secolo, in: Bertelli, Città del vescovo, S. 82–101.

Little, Magdeburg Ivories
Charles T. Little: From Milan to Magdeburg. The Place of the Magdeburg Ivories in Ottonian Art, in: Milano e i milanesi prima del mille (VIII-X secolo), Atti del 10° Congresso internazionale di studi sull'alto medioevo (Milano, 26 – 30 settembre 1983), Spoleto 1986, S. 441–451.

Little, Magdeburg Ivory Group
Charles T. Little: The Magdeburg Ivory Group. A Tenth Century New Testament Narrative Cycle, Phil. Diss., New York 1977.

Lønborg, Metalbearbejdning
Bjarne Lønborg: Vikingetidens metalbearbejdning (Odense University Studies in History and Social Sciences 203. Fynske Studier 17), Odense 1998.

Lohrmann, Enumeratio bonorum
Dietrich Lohrmann, Formen der Enumeratio bonorum in Bischofs-, Papst- und Herrscherurkunden (9.-12. Jahrhundert), in: Archiv für Diplomatik 26, 1980, S. 281–311.

Lomartire, Miniatura
Saverio Lomartire: Voce Bobbio. Miniatura, in: Enciclopedia dell'arte medievale, Bd. 2, Rom 1992, S. 543–549.

Lomartire, Miniature bobbiesi
Saverio Lomartire: Miniature bobbiesi. Excursus, in: La pittura in Italia. L'altomedioevo, hrsg. v. Carlo Bertelli, Mailand 1994, S. 432–440.

Lotter, Juden
Friedrich Lotter: Die Juden zwischen Rhein und Elbe im Zeitalter Bernwards von Hildesheim, in: Ausst.kat. Hildesheim 1993, Bd. 1, S. 225–230.

Lotter, Vita Brunonis
Friedrich Lotter: Die Vita Brunonis des Ruotger. Ihre historiographische und ideengeschichtliche Stellung (Bonner historische Forschungen 9), Bonn 1958.

Ludowici, Ottonische aula regia
Babette Ludowici: Ottonische aula regia oder unbekannter Kirchenbau? Ein Arbeitsbericht zum Stand der Auswertung der Grabungen von 1959–1968 auf dem Magdeburger Domplatz, in: Archäologisches Korrespondenzblatt 30, 2000, S. 445–460.

Ludowici, Pfalz Ottos I.
Babette Ludowici: Archäologische Quellen zur Pfalz Ottos I. in Magdeburg. Erste Ergebnisse der Auswertung der Grabungen 1959 bis 1968 auf dem Magdeburger Domplatz, in: Schneidmüller / Weinfurter, Neuanfänge, S. 71–84.

Lübke, Regesten
Christian Lübke: Regesten zur Geschichte der Slaven an Elbe und Oder (vom Jahr 900 an), 5 Tle. (Osteuropastudien der Hochschulen des Landes Hessen. Reihe I. Gießener Abhandlungen zur Agrar- und Wirtschaftsforschung des europäischen Ostens 131, 133, 134, 152, 157), Berlin 1984–1988.

Lülfing/Teitge, Handschriften
Hans Lülfing u. Hans-Erich Teitge: Handschriften und alte Drucke. Kostbarkeiten aus Bibliotheken der DDR, Leipzig 1981.

Lutze, Bilderhandschriften
Eberhard Lutze: Die Bilderhandschriften der Universitätsbibliothek Erlangen (Katalog der Handschriften der Universitätsbibliothek Erlangen 6), Erlangen 1936.

MacGregor, Catalogue
Arthur MacGregor: A Summary Catalogue of the Continental Archaeological Collections (Roman Iron Age, Migration Period, Early Medieval) (British Archeological Reports, International Series 674), Oxford 1997.

MacGregor, Skeletal Materials
Arthur MacGregor: Bone, Antler, Ivory and Horn. The Technology of Skeletal Materials since the Roman Period, London / Sydney / Totowa 1985.

de' Maffei, Roma
Fernanda de' Maffei: Roma, Benevento, San Vincenzo al Volturno e l'Italia settentrionale, in: Commentari 24, 1973, S. 255–284.

Mango/Bouras, Art. Paten
Marlia Mundell Mango u. Laskerina Bouras: Art. Paten and Asteriskos, in: The Oxford Dictonary of Byzantium, Bd. 3, New York [u. a.] 1991, S. 1594–1595.

Marcos, Basílica de San Pedro
Alejandro Marcos (Pous): Consideraciones en torno al aspecto del presbiterio realzado de la Basílica de San Pedro in Vaticano, in: Cuadernos de trabajos de la Escuela Española de Historia y Arquelogía en Roma 9, 1957, S. 145–165.

Marth, Goldene Tafel
Regine Marth: Der Schatz der Goldenen Tafel (Museum Kestnerianum 2), Hannover 1994.

Martini, Area grafica romanesca
Paola Supino Martini: Roma e l'area grafica romanesca (secoli X–XII) (Biblioteca di scrittura e civiltà 1), Alessandria 1987.

Marx, Seminar-Bibliothek
J[acob] Marx: Handschriftenverzeichnis der Seminar-Bibliothek zu Trier (Veröffentlichungen der Gesellschaft für Trierische Geschichte und Denkmalpflege 4. Trierisches Archiv, Erg.-heft 13), Trier 1912.

Mathes, Faksimile Ausgabe
Faksimile Ausgabe mit Kommentar v. Wolfgang Mathes, Stuttgart 1984.

Matthies, Metallfunde
Jan Matthies: Die mittelalterlichen Metallfunde aus der Altstadt von Magdeburg, 3 Tle., Berlin 1991 [ungedruckte Diplomarbeit].

Maurer, Herzog
Helmut Maurer: Der Herzog von Schwaben. Grundlagen, Wirkungen und Wesen seiner Herrschaft in ottonischer, salischer und staufischer Zeit, Sigmaringen 1978.

Mayr-Harting, Buchmalerei
Henry Mayr-Harting: Ottonische Buchmalerei. Liturgische Kunst im Reich der Kaiser, Bischöfe und Äbte (Belser Kulturgeschichte und Ikonographie), Stuttgart 1991.

Meckseper, Spolien
Cord Meckseper: Antike Spolien in der ottonischen Architektur, in: Antike Spolien in der Architektur des Mittelalters und der Renaissance, hrsg. v. Joachim Poeschke, München 1996, S. 179–204.

Meier, Catalogus
Gabriel Meier: Catalogus codicum manu scriptorum qui in bibliotheca monasterii Einsidlensis O.S.B. servantur, Bd. 1, Einsiedeln/Leipzig 1899.

Menadier, Brakteatenstempel
Julius Menadier: Der Brakteatenstempel von Haverbjerg, in: Menadier, Münzen, Bd. 3, S. 29–39.

Menadier, Geldbeutel
Julius Menadier: Ein niedersächsischer lederner Geldbeutel des zehnten Jahrhunderts, in: Menadier, Münzen, Bd. 3, S. 60–61.

Menadier, Hochzeitspfennig
Julius Menadier: Der Hochzeitspfennig Herzog Heinrich des Löwen, in: Menadier, Münzen, Bd. 1, S. 86–221.

Menadier, Münzen
Julius Menadier: Deutsche Münzen. Gesammelte Aufsätze zur Geschichte des deutschen Münzwesens, 4 Bde., Berlin 1891–1898.

Menadier, Otto-Adelheidpfennige
Julius Menadier: Die Otto-Adelheidpfennige, in: Menadier, Münzen, Bd. 3, S. 170–246, Einleitung, S. I–XXVIII.

Menghin, Inschriftschwerter
Wilfried Menghin: Neue Inschriftenschwerter aus Süddeutschland und die Chronologie karolingischer Spathen auf dem Kontinent (Vorzeit zwischen Main und Donau. Erlanger Forschungen A 26), Erlangen 1980.

Mentz, Tironische Noten
Arthur Mentz: Die tironischen Noten. Eine Geschichte der römischen Kurzschrift, in: Archiv für Urkundenforschung 17, 1942, S. 155–303.

Menz-von der Mühll, St. Galler Elfenbeine
Marguerite Menz-von der Mühll: Die St. Galler Elfenbeine um 900, in: Frühmittelalterliche Studien 15, 1981, S. 387–434.

Merati, Duomo di Monza
Augusto Merati: Il duomo di Monza e il suo tesoro, Monza 1982.

Merati, Monza
Augusto Merati: Il Tesoro del Duomo di Monza, Monza 1963.

Mercier, Homélies
XIV Homélies du IXe siècle d'un auteur inconnu de l'Italie du Nord, hrsg. v. Paul Mercier (Sources Chrétiennes 161), Paris 1970; zugl. Phil. Diss., Lyon 1966.

Merton, St. Gallen
Adolf Merton: Die Buchmalerei in St. Gallen vom neunten bis zum elften Jahrhundert, Leipzig ^{2}1923.

Messerer, Byzantinische Frage
Wilhelm Messerer: Zur byzantinischen Frage in der ottonischen Kunst, in: Byzantinische Zeitschrift 52, 1959, S. 32–60.

Mesterházy, Landnahme
Károly Mesterházy: Die Landnahme der Ungarn aus archäologischer Sicht, in: Ausgewählte Probleme europäischer Landnahmen des Früh- und Hochmittelalters. Methodische Grundlagendiskussion im Grenzbereich zwischen Archäologie und Geschichte, hrsg. v. Michael Müller-Wille u. Reinhard Schneider (Vorträge und Forschungen 41), Tl. 2, Sigmaringen 1994, S. 23–65.

Meyer/Burckhardt, Universitätsbibliothek Basel
Gustav Meyer u. Max Burckhardt: Die mittelalterlichen Handschriften der Universitätsbibliothek Basel, Abt. B: Theologische Pergamenthandschriften, Bd. 1, Basel 1960.

Meyer, Kapitelle u. Kämpfer
Ruth Meyer: Frühmittelalterliche Kapitelle und Kämpfer in Deutschland. Typus – Technik – Stil, hrsg. u. erg. v. Daniel Herrmann (Denkmäler deutscher Kunst), Berlin 1997.

Meyer, Handschriften Göttingen
Wilhelm Meyer: Die Handschriften in Göttingen (Verzeichnis der Handschriften im Preussischen Staate 1/1,2), [Abt. 1]: Hannover, [Bd. 1]: Die Handschriften in Göttingen, Tl. 2, Berlin 1893.

MGH
Monumenta Germaniae historica inde ab a.C. 500 usque ad a. 1500, Hannover [u. a.] 1826 ff.

MGH Conc.
MGH Legum [Leges]. Sektion 3: Concilia, 5 Bde., 4 Suppl., Hannover 1893 ff. [nicht abgeschlossen].

MGH Const. I
Constitutiones et acta publica imperatorum et regum inde ab a. DCCCCXI usque ad a. MCXCVII (911–1197), hrsg. v. Ludwig Weiland (MGH Const. I), Hannover 1893, Nachdr. Hannover 1999.

MGH DH I/DO I/DO II
Die Urkunden Konrad I., Heinrich I. und Otto I. (Conradi I., Henrici I. et Ottonis I. Diplomata), hrsg. v. Theodor Sickel, Hannover 1879–1884, Nachdr. 1997.

MGH Poetae
MGH Antiqitates. Poetae latini medii aevi.

MGH Poetae 4
Poetae Latini aevi Carolini, Tl. 1, hrsg. v. Paul v. Winterfeld; Tl. 2: [Rhythmi aevi Merovingici et Carolini], hrsg. v. Karl Strecker; Tl. 3: Suppl., hrsg. v. Karl Strecker, Hannover 1899, 1914 u. 1923, Nachdr. 2000 [Bd. 1 u. 2] u. 1998.

MGH Poetae 5
Die Ottonenzeit, Tl. 1 u. 2, hrsg. v. Karl Strecker unter Mitarbeit v. Norbert Fickermann, Hannover 1937–1939, Nachdr. 1978; Tl. 3: [Ergänzungen, Nachträge, Register], hrsg. v. Gabriel Silagi in Verbindung mit Bernhard Bischoff, Hannover 1979.

Micheli, L'enluminure
Geneviève L. Micheli: L'enluminure du haut moyen âge et les influences irlandaises. Histoire d'une influence, Brüssel 1939 [1941].

Mietke, Pilgerandenken
Gabriele Mietke: Wundertätige Pilgerandenken, Reliquien und ihr Bildschmuck, in: Ausst.kat. Hildesheim 1998, S. 40–55.

Migne, PG
Patrologia cursus completus, series graeca, ed. v. Jacques-Paul Migne, 161 Bde., Paris 1857–1866.

Migne, PL
Patrologia cursus completus, series latina, ed. v. Jacques-Paul Migne, 221 Bde., Paris 1841–1864.

Milde, Handschriften
Wolfgang Milde: Mittelalterliche Handschriften der Herzog August Bibliothek in 120 Abbildungen (Kataloge der Herzog August Bibliothek, Sonderbd. 1), Frankfurt/M. 1972.

Mitchell, Gold Cross
H. P. Mitchell: English or German? A Pre-Conquest Gold Cross, in: The Burlington Magazine 47, 1925, S. 324–330, S. 331 Taf. II.

Moehring, Weltkaiser
Hannes Moehring: Der Weltkaiser der Endzeit. Entstehung, Wandel und Wirkung einer tausendjährigen Weissagung (Mittelalter-Forschungen 3), Stuttgart 2000.

Möllenberg, Magdeburger Kalender
Walter Möllenberg: Der angeblich älteste Magdeburger Kalender, in: Geschichts-Blätter für Stadt und Land Magdeburg 60, 1925, S. 117–119.

Mordek, Bibliotheca
Hubert Mordek: Bibliotheca capitularium regum Francorum manuscripta. Überlieferung und Traditionszusammenhang der fränkischen Herrschererlasse (MGH Hilfsmittel 15), Hannover 1995.

Morelli/Palma, Produzione libraria
Mirella Morelli u. Marco Palma: Indagini su alcuni aspetti materiali della produzione libraria a Nonantola nel secolo IX, in: Scrittura e civiltà 6, 1982, S. 23–98.

Morey, Oggetti di avorio
Charles Rufus Morey: Gli oggetti di avorio e di osso del Museo Sacro Vaticano (Catalogo del Museo Sacro della Biblioteca Apostolica Vaticana 1), Vatikanstadt 1936.

Morrisson, Monnaies byzantines
Cécile Morrisson: Catalogue des monnaies byzantines de la Bibliothèque Nationale, Bd. 2: De Philippicus a Alexis III. (711–1204), Paris 1970.

Mostert, Library of Fleury
Marco Mostert: The library of Fleury. A provisional list of manuscripts (Middeleeuwse Studies en Bronnen 3), Hilversum 1989.

Mouriki, Byzantine East, Latin, West Art
Byzantine East, Latin, West Art. Art-Historical Studies in Honour of Kurt Weitzmann, hrsg. v. Duola Mouriki, Princeton 1995, S. 169–176.

Mühle, Art. Gnezdovo
Eduard Mühle: Art. Gnezdovo, in: RGA, Bd. 12, Berlin/New York 1998, S. 250–254.

Mühle, Gnezdovo
Eduard Mühle: Gnezdovo – das alte Smolensk? Zur Deutung eines Siedlungskomplexes des ausgehenden 9. bis beginnenden 11. Jahrhunderts, in: Bericht der Römisch-Germanischen Kommission 69, 1988, S. 358–410.

von Müller, Reitausrüstung
Adriaan von Müller: Waffen und Reitausrüstung, in: Neue Forschungsergebnisse vom Burgwall in Berlin-Spandau, hrsg. v. Adriaan von Müller u. Klara von Müller-Muci (Archäologisch-historische Forschungen in Spandau 5. Berliner Beiträge zur Vor- und Frühgeschichte N.F. 9), Berlin 1999, S. 19–40.

Müller-Christensen, Grab
Sigrid Müller-Christensen: Das Grab des Papstes Clemens II. im Dom zu Bamberg, München 1960.

Müller-Mertens, Regnum Teutonicum
Eckhard Müller-Mertens: Regnum Teutonicum. Aufkommen und Verbreitung der deutschen Reichs- und Königsauffassung im früheren Mittelalter (Forschungen zur mittelalterlichen Geschichte 15), Köln 1970.

Müller-Mertens, Reichsstruktur
Eckhard Müller-Mertens: Die Reichsstruktur im Spiegel der Herrschaftspraxis Ottos des Großen. Mit historiographischen Prolegomena zur Frage Feudalstaat auf deutschem Boden, seit wann deutscher Feudalstaat? (Forschungen zur mittelalterlichen Geschichte 25), Berlin 1980.

Müller-Wille, Gräberfeld
Michael Müller-Wille: Das wikingerzeitliche Gräberfeld von Thumby-Bienebek (Kr. Rendsburg-Eckernförde) (Offa-Bücher 62), Tl. 2, Neumünster 1987.

Müller-Wille, Ulfberht-Schwert
Michael Müller-Wille: Ein neues ULFBERHT-Schwert aus Hamburg. Formenkunde, Herkunft (Offa-Bücher 27), Neumünster 1970.

Mütherich, Bergkristallsiegel
Florentine Mütherich: Das Bergkristallsiegel des Erzbischofs Radpod von Trier, in: Festschrift für Erich Meyer zum sechzigsten Geburtstag, 29. Oktober 1957. Studien zu Werken in den Sammlungen des Museums für Kunst und Gewerbe Hamburg, hrsg. v. Carl Georg Heise, Hamburg 1959, S. 68–74.

Mütherich, Brüsseler Handschrift
Florentine Mütherich: Die Brüsseler Handschrift MS 9129 aus dem Aachener Münster, in: Litterae medii aevi. Festschrift für Johanne Autenrieth zu ihrem 65. Geburtstag, hrsg. v. Michael Borgolte u. Herrad Spilling, Sigmaringen 1988, S. 109–116.

Mütherich, Erneuerung
Florentine Mütherich: Die Erneuerung der Buchmalerei am Hof Karls des Großen, in: Ausst.kat. Paderborn 1999, Bd. 3, S. 560–609.

Mütherich, Hrabanus Maurus
Florentine Mütherich: Die Fuldaer Buchmalerei in der Zeit des Hrabanus Maurus, in: Hrabanus Maurus und seine Schule. Festschrift der Rabanus Maurus Schule 1980, hrsg. v. Winfried Böhne, Fulda 1980, S. 94–125.

Mütherich, Initialen
Florentine Mütherich: Die Initialen der touronischen Bibel von St. Maximin, in: Ausst.kat. Trier 1984a, Bd. 2, S. 137–146.

Mütherich, Malerei
Florentine Mütherich: Malerei bis zum Ausgang des 11. Jahrhunderts, in: Das Mittelalter (Propyläen Kunstgeschichte 5), Tl. 1, hrsg. v. Hermann Fillitz , Berlin 1969, S. 127–152.

Mütherich, Malerei der Ottonenzeit
Florentine Mütherich: Malerei, in: Louis Grodecki, Florentine Mütherich, Jean Taralon u. Francis Wormald: Die Zeit der Ottonen und Salier (Universum der Kunst), München 1973, S. 85–225.

Mütherich, Ottonian Art
Florentine Mütherich: Ottonian Art. Changing Aspects, in: Romanesque and Gothic Art. Acts on the Twentieth International Congress of the History of Art (Studies in Western Art), Bd. 1, Princeton / N.J. 1963, S. 27–39.

Mütherich, Touronische Bibel
Florentine Mütherich: Die touronische Bibel von St. Maximin in Trier, in: Kunsthistorische Forschungen Otto Pächt zu seinem 70. Geburtstag, hrsg. v. Artur Rosenauer u. Gerold Weber, Salzburg 1972, S. 44–54.

Mus. f. Islamische Kunst Berlin
Museum für Islamische Kunst, Staatliche Museen zu Berlin – Preußischer Kulturbesitz, Mainz 2001.

Mus. f. Kunst u. Gewerbe Hamburg
Ausst.kat. Museum für Kunst und Gewerbe Hamburg, München 1980.

Nagel, Domkapitel
Roswitha Nagel: Das Domkapitel der Vereinigten Domstifte zu Naumburg und Merseburg und des Kollegiatsstifts Zeitz – Überlegungen zu seiner schriftlichen Überlieferung in den stiftischen Archiven und Bibliotheken, in: Sachsen und Anhalt 22, 1999 / 2000, S. 239–265.

Naß, Annalista Saxo
Klaus Naß: Die Reichschronik des Annalista Saxo und die sächsische Geschichtsschreibung im 12. Jahrhundert (MGH Schriften 41), Hannover 1996.

Naß, Art. Widukind
Klaus Naß: Art. Widukind von Corvey, in: Verfasserlexikon, Bd. 10, Berlin / New York, ^{2}1999, Sp. 1000–1006.

Naß, Fulda u. Brunshausen
Klaus Naß: Fulda und Brunshausen. Zur Problematik der Missionsklöster in Sachsen, in: Niedersächsisches Jahrbuch für Landesgeschichte 59, 1987, S. 1–62.

Nau, Kaiser Otto I.
Elisabeth Nau: Kaiser Otto I. und Herzog Burkhard II. von Schwaben, in: Beiträge zur süddeutschen Münzgeschichte. Festschrift zum 75-jährigen Bestehen des Württembergischen Vereins für Münzkunde, Stuttgart 1976, S. 53–57.

Naumann, Catalogus
Emil Wilhelm Robert Naumann: Catalogus librorum manuscriptorum qui in Bibliotheca Senatoria Civitatis Lipsiensis asservantur, Grimma 1838.

Naumann, Handschriften in Leipzig
Robert Naumann: Die Malereien in den Handschriften der Stadtbibliothek zu Leipzig, Leipzig 1855.

Nees, Bespr. Santucci/Paredi, Miniature
Lawrence Nees: Bespr. Luigi Santucci u. Angelo Paredi: Miniature altomedievali lombarde (Fontes Ambrosiani 59), Mailand 1978, in: Speculum 55, 1980, S. 831–834.

Nestori, Rambona
Aldo Nestori: Rambona e la sua Abbazia (Publicazioni della Facoltà di lettere e filosofia 23), Rom 1984.

Neumann, Arengen
Ronald Neumann: Die Arengen in den Urkunden Ottos des Großen, in: Archiv für Diplomatik 24, 1978, S. 292–358.

Nickel Abfallgrube
Ernst Nickel: Eine Abfallgrube des 10. Jahrhunderts in Magdeburg, in: Prähistorische Zeitschrift 40, 1962, S. 259–268.

Nickel, „Alter Markt"
Ernst Nickel: Der „Alte Markt" in Magdeburg (Schriften der Sektion für Vor- und Frühgeschichte 18. Ergebnisse der archäologischen Stadtkernforschung in Magdeburg 2), Berlin 1964.

Nickel, Hallenbau
Ernst Nickel: Ein mittelalterlicher Hallenbau am Alten Markt in Magdeburg (Schriften der Sektion für Vor- und Frühgeschichte 8. Ergebnisse der archäologischen Stadtkernforschung in Magdeburg 1), Berlin 1960.

Nickel, Magdeburg
Ernst Nickel: Magdeburg in karolingisch-ottonischer Zeit, in: Zeitschrift für Archäologie 7, 1973, S. 102–142.

Nickel, Vorottonische Befestigungen
Ernst Nickel: Vorottonische Befestigungen und Siedlungsspuren auf dem Domplatz in Magdeburg. Vorbericht, in: Prähistorische Zeitschrift 43 / 44, 1965 / 66, S. 237–278.

Nickel, Gernrode
Heinrich L. Nickel: Byzanzbezüge in der Architektur der Stiftskirche zu Gernrode, in: Byzantinischer Kunstexport. Seine gesellschaftliche und künstlerische Bedeutung für die Länder Mittel- und Osteuropas (Wissenschaftliche Beiträge der Martin-Luther-Universität Halle-Wittenberg 1978 / 13 [K4]), Halle / S. 1978, S. 59–69.

Nilgen, Weltchronik
Die Illustrationen der Weltchronik Ottos von Freising, in: Ausst.kat. Freising 1989, Bd. 2, S. 79–123.

Niver, Franco-Saxon School
Charles Mather Smith Niver: A study of certain of the more important manuscripts of the Franco-Saxon School, Extract from Harvard University Graduate School of Arts and Sciences, Summaries of Theses, Cambridge / Mass. 1941.

Nolden, St. Maximin
Reiner Nolden: Über Fragmente karolingischer Bibeln aus St. Maximin, in: Stadtbibliothek Trier. Karolingische Beda-Handschrift aus St. Maximin. KulturStiftung der Länder – Patrimonia, Heft 17), Trier 1990, S. 35–41.

Nolden, Trierer Fragmente
Reiner Nolden: Über die Trierer Fragmente der touronischen Bibel von St. Maximin, in: Ausst.kat. Trier 1984a, Bd. 2, S. 147–166.

Noll, Altertum
Vom Altertum zum Mittelalter. Spätantike, altchristliche, völkerwanderungszeitliche und frühmittelalterliche Denkmäler der Antikensammlung, bearb. v. Rudolf Noll (Führer durch das Kunsthistorische Museum Wien 8), Wien 1958.

Nordenfalk, Kanontafeln
Carl Nordenfalk: Die spätantiken Kanontafeln. Kunstgeschichtliche Studien über die eusebianische Evangelien-Konkordanz in den vier ersten Jahrhunderten ihrer Geschichte (Die Bücherornamentik der Spätgotik 1), Text- u. Tafelbd., Göteborg 1938.

Nordenfalk, Karolingisches Sakramentar
Carl Nordenfalk: Ein karolingisches Sakramentar aus Echternach und seine Vorläufer, in: Acta archaeologica 2, 1931, S. 207–244, Taf. XII u. XIII.

Nordenfalk, Milanese Artist
Carl Nordenfalk: A Travelling Milanese Artist in France at the Beginning of the Eleventh Century, in: Arslan, Arte del primo millennio, S. 374–380.

Nordenfalk, Milano
Carl Nordenfalk: Milano e l'arte ottoniana: problemi di fondo sinora poco osservati, in: Bertelli, Città del vescovo, S. 102–123.

Nordenfalk, Miniature ottonienne
Carl Nordenfalk: Miniature ottonienne et ateliers capétiens, in: Art de France 4, 1964, S. 44–59.

Nordenfalk, Turonische Buchmalerei
Carl Nordenfalk: Beiträge zur Geschichte der turonischen Buchmalerei, in: Acta archaeologica 7, 1936, S. 281–304.

Nordman, Ottonische Miniatur
Carl Axel Nordman: Eine ottonische Miniatur im Nationalmuseum Finnlands, in: Konsthistorisk Tidskrift 22, 1953, S. 51–60.

Núnez, Madinat al-Zahra
Antonia Martínez Núnez: Epígrafes a nombre de al-Hakam en Madinat al-Zahra', in: Cuadernos de Madinat al-Zahra' 4, 1999, S. 83ff.

von Oechelhäuser, Heidelberg
Adolf von Oechelhäuser: Die Miniaturen der Universitätsbibliothek zu Heidelberg, Tl. 1, Heidelberg 1887.

Oedinger, Kriegsfahne
Friedrich Wilhelm Oedinger: SCS LARIVS – SCS BASO. Zur Herkunft der Kriegsfahne im Kölner Domschatz, in: Kölner Domblatt 12 / 13, 1957, S. 86–90.

Oesterreicher, Herrschaft Banz
Paul Oesterreicher: Geschichte der Herrschaft Banz, Th. 2, Bamberg 1833.

Oexle, Totenannalen
Otto Gerhard Oexle: Die Überlieferung der fuldischen Totenannalen, in: Schmid, Klostergemeinschaft, Bd. 2,2, München 1978, S. 447–504.

Okasha, Inscriptions
Elisabeth Okasha: Hand-List of Anglo-Saxon Non-Runic Inscriptions, Cambridge 1971.

Olsen, Jelling Stone
Olaf Olsen: The victorious Christ on the Great Jelling Stone, in: Kjærum / Olsen, Oldtidens ansigt, S. 194–195.

Opelt, Missa graeca
Ilona Opelt: Die Essener „Missa Greca" der liturgischen Handschrift Düsseldorf D 2, in: Jahrbuch der österreichischen Byzantinistik 23, 1974, S. 77–88.

Opfermann, Fuldaer Sakramentar
Bernhard Opfermann: Das Fuldaer Sakramentar, in: Fuldaer Geschichtsblätter. Zeitschrift des Fuldaer Geschichtsvereins 28, 1936, S. 74–80 u. 91–95.

Opfermann, Inhalt
Bernhard Opfermann: Der Inhalt der Fuldaer Sakramentarhandschriften, in: Fuldaer Geschichtsblätter. Zeitschrift des Fuldaer Geschichtsvereins 33, 1957, S. 148–152.

Ordano, Storia Vercellese
Rosaldo Ordano: Bricole di storia Vercellese, in: Bollettino storico Vercellese 19, 1990, S. 161–169.

dell'Oro, Sacramentario
Ferdinando dell'Oro: Il Sacramentario di Ariberto, in: Ephemerides liturgicae 74, 1960, S. 3–35.

Oswald, Gernrode u. Frose
Friedrich Oswald: Beobachtungen zu den Gründungsbauten Markgraf Geros in Gernrode und Frose, in: Kunstchronik 18, 1965, S. 29–37.

Otavsky, Entlang der Seidenstraße
Entlang der Seidenstraße. Frühmittelalterliche Kunst zwischen Persien und China in der Abegg-Stiftung, hrsg. v. Karel Otavsky (Riggisberger Berichte 6), Riggisberg 1998.

Otavsky, Seidenstraße
Karel Otavsky: Stoffe von der Seidenstraße. Eine neue Sammlungsgruppe in der Abegg-Stiftung, in: Otavsky, Entlang der Seidenstraße, S. 119–214.

Ott, Krone u. Krönung
Joachim Ott: Krone und Krönung. Die Verheißung und

Verleihung von Kronen in der Kunst von der Spätantike bis um 1200 und die geistige Auslegung der Krone, Mainz 1998.

Otto, Mainzer Handschriften
Rita Otto: Zu Mainzer Handschriften des frühen Mittelalters, in: Mainzer Zeitschrift. Mittelrheinisches Jahrbuch für Archäologie, Kunst und Geschichte 81, 1986, S. 1–12.

von Padberg, Christentum
Lutz E. von Padberg: Festigung und Ausbau des lateinischen Christentums. Die ottonische Mission bei den Westslawen und Ungarn, in: Ausst.kat. Budapest/Berlin [u. a.] 2000/02, Bd. 2, S. 671–675.

Pächt, Buchmalerei
Otto Pächt: Buchmalerei des Mittelalters. Eine Einführung, hrsg. v. Dagmar Thoss u. Ulrike Jenni, München 1984.

Palazzo, Livres liturgiques
Eric Palazzo: Histoire des livres liturgiques: Le moyen âge; des origines au XIIIe siècle, Paris 1993.

Palazzo, Sacramentaires
Eric Palazzo: Les sacramentaires de Fulda. Étude sur l'iconographie et la liturgie à l'époque ottonienne (Liturgiewissenschaftliche Quellen und Forschungen 77), Münster 1994.

Palli, Höllenfahrt Christi
Elizabetta Lucchesi Palli: Der syrisch-palästinensische Darstellungstypus der Höllenfahrt Christi, in: Römische Quartalschrift 1962, S. 250–267.

Palma, „Tipo di Nonantola"
Marco Palma: Alle origini del „tipo di Nonantola": nuove testimonianze meridionali, in: Scrittura e civiltà 7, 1983, S. 141–149.

Paredi, Miniature del Sacramentario
Angelo Paredi: Le miniature del Sacramentario di Ariberto, in: Studi in onore di Carlo Castiglioni, Prefetto dell'Ambrosiana (Fontes Ambrosiani 32), Mailand 1957, S. 697–717.

Paredi, Sacramentario di Ariberto
Angelo Paredi: Il Sacramentario di Ariberto: un capolavoro dell'arte milanese, in: Ca' de sass 125, marzo 1994, S. 74–80.

Paredi, Sacramentario di Ariberto (Ed.)
Angelo Paredi: Il Sacramentario di Ariberto. Edizione del ms. D 3,2 della Biblioteca del Capitolo Metropolitano di Milano, in: Miscellanea Adriano Bernareggi, Promossa da Mons. Giuseppe Piazzi. Testi e studi offerti alla memoria di Mons. A. Bernareggi arcivescovo vescovo di Bergamo nel quinto anniversario della morte, hrsg. v. Luigi Cortesi (Monumenta Bergomensia 1), Bergamo 1958, S. 329–488.

Paulsen, Axt u. Kreuz
Peter Paulsen: Axt und Kreuz in Nord- und Nordosteuropa, erw. u. verb. Aufl. Bonn ²1956.

Paulsen, Goldschatz
Peter Paulsen: Der Goldschatz von Hiddensee, in: Mannus 26, 1934, S. 82–115.

Peacock, Black stones
David P. S. Peacock: Charlemagne's black stones: the re-use of roman columns in early medieval Europe, in: Antiquity 71, 1997, S. 709–715.

Pedersen, Viking-age burials
Anne Pedersen: Similar finds – different Meanings? Some preliminary thoughts on the Viking-age burials with riding equipment in Scandinavia, in: Burial & Society. The Chronological and Social Analysis of Archaeological Burial Data, hrsg. v. Claus Kjeld Jensen u. Karen Høilund Nielsen, Århus 1998, S. 171–183.

Penniman, Pictures
Thomas Kenneth Penniman: Pictures of Ivory and other Animal Teeth, Bone and Antler. With a brief commentary on their use in identification (Occasional Paper on Technology 5), Oxford 1952.

Peroni, Crocifisso della badessa Raingarda
Adriano Peroni: Il crocifisso della badessa Raingarda a Pavia e il problema dell'arte ottoniana in Italia, in: Vortagstexte 1970 (Kolloquium über spätantike und frühmittelalterliche Skulptur 2), Mainz 1971, S. 75–109.

Peroni, L'oreficeria ottoniana
Adriano Peroni: L'oreficeria ottoniana in Lombardia e le testimonianze del Crocefisso di proporzioni monumentali, in: Milano e i milanesi prima del mille (VIII–X secolo), Atti del 10° Congresso internazionale di studi sull'alto medioevo (Milano, 26 – 30 settembre 1983), Spoleto 1986, S. 317–332.

Peroni, Magdeburgo e Milano
Adriano Peroni: Magdeburgo e Milano: precisazioni e questioni aperte sugli avori ottoniani milanesi e sul ciborio di S. Ambrogio, in: Der Magdeburger Dom, ottonische Gründung und staufischer Neubau. Bericht über ein wissenschaftliches Kolloquium vom 7.10. bis 11.10.1986, hrsg. v. Ernst Ullmann (Schriftenreihe der Kommission für niedersächsische Bau- und Kunstgeschichte bei der Braunschweigischen Wissenschaftlichen Gesellschaft 5), Leipzig 1989, S. 82–87.

Peroni, Plastica nel S. Ambrogio
Adriano Peroni: La plastica in stucco nel S. Ambrogio di Milano. Arte ottoniana e romanica in Lombardia, in: Vortragstexte 1972 (Kolloquium über spätantike und frühmittelalterliche Skulptur 3), Mainz 1974, S. 59–119.

Pfister, Art. Analogiezauber
Friedrich Pfister: Art. Analogiezauber, in: HDA, Bd. 1, Berlin/Leipzig 1927, Sp. 385–395.

Pfister, Art. Bildzauber
Friedrich Pfister: Art. Bild und Bildzauber, in: HDA, Bd. 1, Berlin/Leipzig 1927, Sp. 1282–1298.

Piazzi/Zivelonghi, Codici capitolari
Alberto Piazzi u. Giuseppe Zivelonghi: La tradizione veronese nelle miniature dei codici capitolari. Biblioteca capitolare, Verona 1984.

Piglione, Oreficerie
Cinzia Piglione: Le grandi oreficerie, in: Piemonte Romanico, hrsg. v. Giovanni Romano (Arte in Piemonte 8), Turin 1994, S. 421–444.

Plotzek, Anfänge
Joachim M. Plotzek: Anfänge der ottonischen Trier-Echternacher Buchmalerei, in: Wallraf-Richartz-Jahrbuch 32, 1970, S. 7–36.

Plotzek, Initialmalerei
Joachim M. Plotzek: Zur Initialmalerei des 10. Jahrhunderts in Trier und Köln, in: Aachener Kunstblätter 44, 1973, S. 101–128.

Podlaha, Bibliothek
Anton Podlaha: Die Bibliothek des Metropolitankapitels (Topographie der historischen und kunsthistorischen Denkmale im Königreiche Böhmen 2,2), Prag 1904.

Pöpper, Langhausdekorationen
Thomas Pöpper: Untersuchungen zum System der Langhausdekorationen von Alt-St. Peter und Alt-St. Paul in Rom, Phil. Mag.-Arbeit, Univ. Münster 1996 [unveröffentlicht].

Poppe, Art. Gnezdovo
Andrzej Poppe: Art. Gnezdovo, in: LexMA, Bd. 4, München / Zürich 1989, Sp. 1524–1525.

Posse, Siegel
Otto Posse: Die Siegel der deutschen Kaiser und Könige von 751 bis 1913, 5 Bde., Dresden 1909–1913.

Pothmann, Zeremonialschwert
Das Zeremonialschwert der Essener Domschatzkammer, hrsg. v. Alfred Pothmann (Veröffenlichungen des Instituts für kirchengeschichtliche Forschung des Bistums Essen, Quellen und Studien 4), Münster 1995.

Poulík, Mikulčice
Josef Poulík: Mikulčice. Sídlo a pevnost knížat velkomoravských, Prag 1975.

Prochno, Schreiberbild
Joachim Prochno: Das Schreiber- und Dedikationsbild in der deutschen Buchmalerei (Die Entwicklung des menschlichen Bildnisses 2), Bd. 1: Bis zum Ende des 11. Jahrhunderts (800–1100), Leipzig 1929.

Pullmann, Kiliansfahne
Gisela Pullmann: Die Kiliansfahne im Mainfränkischen Museum in Würzburg, Phil. Mag.-Arbeit, Würzburg 1975 [unveröffentlicht].

Rädle, Hrotsvit
Fidel Rädle: Art. Hrotsvit von Gandersheim, in: Verfasserlexikon, Bd. 4, Berlin / New York 1983, Sp. 196–210.

Rand, Tours
Edward Kenneth Rand: The Earliest Book of Tours: with supplementary descriptions of other manuscripts of Tours (Studies in the Script of Tours 2. The Medieval Academy of America, Publication 20), Cambridge / Mass. 1934.

RByzK
Reallexikon der byzantinischen Kunst, 5 Bde., hrsg. v. Klaus Wessel unter Mitwirkung v. Marcell Restle, Stuttgart 1966 ff. [nicht abgeschlossen].

Regling, Goldsolidus
Kurt Regling: Ein Goldsolidus des Romanus I., in: Zeitschrift für Numismatik 33, 1922, S. 274–279.

Rehren/Klappauf, Bleiglätte
Thilo Rehren u. Lothar Klappauf: ... ut oleum aquis. Vom Schwimmen des Silbers auf Bleiglätte, in: Metalla 2 (1), 1995, S. 19–28.

Reimann/Büttner, Volksdemokratische Länder
Georg Reimann u. Horst Büttner: Mittelalterliche Buchmalerei in Sammlungen volksdemokratischer Länder, Leipzig 1961.

Reinecke, Erzbist. Bremen
Karl Reinecke: Studien zur Vogtei- und Territorialentwicklung im Erzbistum Bremen (937–1184) (Stader Geschichts- und Heimatverein, Einzelschriften 23), Stade 1971.

Rensing, Essener Münsterschatz
Theodor Rensing: Zwei ottonische Kunstwerke des Essener Münsterschatzes, in: Westfalen. Hefte für Geschichte, Kunst und Volkskunde 40, 1962, S. 44–58.

Resi, Specksteinfunde
Heid Gjöstein Resi: Die Specksteinfunde aus Haithabu (Berichte über die Ausgrabungen in Haithabu 14), Neumünster 1979, S. 9–167.

Révész, Heritage
László Révész: The archaeological heritage of the ancient Hungarians, in: Ausst.kat. Budapest 1996, S. 37–52.

RGA
Reallexikon der Germanischen Altertumskunde, 17 Bde., hrsg. v. Johannes Hoops (bis Bd. 4) u. Heinrich Beck, völlig neu bearb. u. stark erw. Aufl. unter Mitw. zahlr. Fachgelehrter in Zusammenarb. mit Holger Arbmann, Berlin / New York 1973 ff. [nicht abgeschlossen].

Rice, Duomo di Monza
David Talbot Rice: Il Tesoro del Duomo di Monza, Monza 1966.

Richter/Schönfelder, Sacramentarium Fuldense
Gregor Richter u. Albert Schönfelder: Sacramentarium Fuldense saeculi X. Cod. theol. 231 der K. Universitätsbibliothek zu Göttingen. Text und Bilderkreis. Festgabe des historischen Vereins der Diözese Fulda zum 50-jährigen Priesterjubiläum von Georg Kardinal Kopp (Quellen und Abhandlungen zur Geschichte der Abtei und der Diözese Fulda 9), Fulda 1912.

Riedmann, Deperditum
Josef Riedmann: Über ein Deperditum König Ottos I. für Erzbischof Adaldag von Hamburg-Bremen, in: Mitteilungen des Instituts für Österreichische Geschichtsforschung 78, 1970, S. 73–83.

Riek, Sirgensteinfelsen
Gustav Riek: Ein magdalénienzeitlicher Rastpatz unter der Südwand des Sirgensteinfelsens (Markung Weiler, Kr. Ulm), in: Fundberichte aus Schwaben N.F. 15, 1959, S. 30–42.

Ring, Heißluftheizungen
Edgar Ring: Heißluftheizungen im Harzgebiet, in: Harz-Zeitschrift 37, 1985, S. 37–48.

Ring, Heißluftheizungen in Heideklöster
Edgar Ring: Der Kuhlenhitter von Ebstorf. Heißluftheizungen in Heideklöstern und in Lüneburg, in: „In Treue und Hingabe". 800 Jahre Kloster Ebstorf [Red. Marianne Elster u. Horst Hoffmann] (Schriften zur Uelzener Heimatkunde 13), Ebstorf 1997, S. 159–172.

Ring, Königspfalz Werla
Edgar Ring: Die Königspfalz Werla. Die mittelalterliche Keramik (Forschungen und Berichte des Braunschweigischen Landesmuseums 1), Braunschweig 1990.

Ringholz, Reliquien
Odilo Ringholz: Das älteste Verzeichnis der Reliquien und Altäre in der Stiftsbibliothek zu Einsiedeln, in: Anzeiger für Schweizerische Geschichte 1, 1898, S. 11–16.

Roesdahl, Spil
Else Roesdahl: Spil eller tro, in: Kjærum / Olsen, Oldtidens ansigt, S. 186.

Rollason, St. Cuthbert
David Rollason: St. Cuthbert and Wessex. The Evidence of Cambridge. Corpus Christi College M.S. 183, in: Bonner, St. Cuthbert, S. 413–424.

Ronig, Egbert
Egbert, Erzbischof von Trier 977–993. Gedenkschrift der Diözese Trier zum 1000. Todestag, hrsg. v. Franz J. Ronig unter Mitarbeit v. Andreas Weiner u. Rita Heyen, 2 Bde. (Trierer Zeitschrift für Geschichte und Kunst des Trierer Landes und seiner Nachbargebiete, Beiheft 18), Trier 1993.

Ronig, Evangeliar
Franz Ronig: Das Evangeliar im Großherzoglichen Palast von Luxemburg. Ein Beitrag zur Geschichte und zur Kunstgeschichte, in: Ausst.kat. 100 Joer Lëtzebuerger Dynastie, Luxemburg 1991, S. 103–114.

Ross, Jewelry
Marvin Chauncey Ross: Jewelry, Enamels, and Art of the Migrationperiod (Catalogue of the Byzantine and Early Mediaeval Antiquities in the Dumbarton Oaks Collection), Washington D.C. 1965.

Ross/Weitzmann, Dumbarton Oaks Collection
Marvin Chauncey Ross u. Kurt Weitzmann: Catalogue of the Byzantine and Early Mediaeval Antiquities in the Dumbarton Oaks Collection, Bd. 3: Ivories and steatites, Washington 1972.

Rothe, Buchmalerei
Edith Rothe: Buchmalerei aus zwölf Jahrhunderten. Die schönsten illuminierten Handschriften in den Bibliotheken und Archiven der Deutschen Demokratischen Republik, Berlin 1966.

Rück, Bildberichte
Peter Rück: Bildberichte vom König. Kanzlerzeichen, königliche Monogramme und das Signet der salischen Dynastie (Elementa diplomatica 4), Marburg / L. 1996.

Rück, Diplomatische Semiotik
Peter Rück: Beiträge zur diplomatischen Semiotik, in: Graphische Symbole in mittelalterlichen Urkunden. Beiträge zur diplomatischen Semiotik (Historische Hilfswissenschaften 3), Sigmaringen 1996, S. 13–47.

Rück, Pergamentforschung
Peter Rück: Zum Stand der hilfswissenschaftlichen Pergamentforschung, in: Pergament. Geschichte, Struktur, Restaurierung, Herstellung, hrsg. v. Peter Rück (Historische Hilfswissenschaften 2), Sigmaringen 1991, S. 13–23.

Rück, Urkunde
Peter Rück: Die Urkunde als Kunstwerk, in: von Euw / Schreiner, Kaiserin Theophanu, Bd. 2, S. 311–333.

Rück, Urkunden
Peter Rück: Urkunden als Plakate des Mittelalters. Medien der Herrschaftspräsentation, in: Mitteilungen der Deutschen Forschungsgemeinschaft 4, 1990, S. 26–27.

Russo, Presbitero di S. Pietro
Eugenio Russo: La recinzione del presbitero di S. Pietro in Vaticano dal VI all'VII secolo, in: Rendiconti della Pontificia Accademia Romana di Archeologia 55 / 56, 1982–1984 (1985), S. 3–33.

Rybakov, Nowgorod
Boris Aleksandrovič Rybakov: Die Kultur des mittelalterlichen Nowgorod, in: Herrmann, Wikinger u. Slawen, S. 240–262.

Sachse, Stahl
Manfred Sachse: Damaszener Stahl. Mythos, Geschichte, Technik, Anwendung, Bremerhaven 1989.

Sanderson, Archbishop Radbod
Warren Sanderson: Archbishop Radbod, Regino of Prüm and Late Carolingian Art and Music in Trier, in: Jahrbuch der Berliner Museen N.F. 24, 1982, S. 41–61.

Sanderson, Ivories
Warren Sanderson: A Group of Ivories and some Related Works from Late Carolingian Trier, in: The Art Bulletin 1974, S. 159–174.

Santucci/Paredi, Miniature
Luigi Santucci u. Angelo Paredi: Miniature altomedievali lombarde (Fontes Ambrosiani 59), Mailand 1978.

Sauerland/Haseloff, Egbert-Psalter
Heinrich Volbert Sauerland u. Arthur Haseloff: Der Psalter Erzbischof Egberts von Trier, Codex Gertrudianus in Cividale (Festschrift der Gesellschaft für nützliche Forschungen zu Trier zur Feier ihres hundertjährigen Bestehens), Trier 1901.

Sawyer, Wikinger
Die Wikinger. Geschichte und Kultur eines Seefahrervolkes, hrsg. v. Peter Sawyer, Stuttgart 2000.

Scheftel, Mittelalterlicher Holzbau
Michael Scheftel: Mittelalterlicher Holzbau in den Städten des niederdeutschen Raumes und der angrenzenden Küstengebiete, in: Lübecker Schriften zur Archäologie und Kulturgeschichte 20, 1990, S. 7–100.

Schieffer, Art. Ruotger
Rudolf Schieffer: Art. Ruotger von Köln, in: Verfasserlexikon, Bd. 8, Berlin / New York ²1992, Sp. 400–402.

Schiller, Ikonographie
Gertrude Schiller: Ikonographie der christlichen Kunst, 5 Bde., Gütersloh 1966–1991; Bd. 1 ²1969.

Schilp, Männerkloster
Thomas Schilp: Männerkloster und Frauenstift. Werden und Essen, in: Ausst.kat. Essen 1999, S. 74–79.

Schindler, Ausgrabungen
Reinhard Schindler: Ausgrabungen in Alt Hamburg. Neue Ergebnisse zur Frühgeschichte der Hansestadt, Hamburg 1957.

Schlesinger, Kirchengeschichte Sachsens
Walter Schlesinger: Kirchengeschichte Sachsens im Mittelalter, 2 Bde. (Mitteldeutsche Forschungen 27), Köln / Graz 1962.

Schlesinger, Königspfalz
Walter Schlesinger: Zur Geschichte der Magdeburger Königspfalz, in: Blätter für deutsche Landesgeschichte 104, 1968, S. 1–31.

Schleswig Holstein in archäolog. Funden
Schleswig-Holstein in 150 archäologischen Funden, hrsg. vom Archäologischen Landesmuseum der Christian-Albrechts-Universität Kiel, Neumünster 1986.

Schletzer, Silberschmuck
Dieter u. Reinhold Schletzer: Alter Silberschmuck der Turkmenen. Ein Beitrag zur Erforschung der Symbole in der Kultur der Nomaden Innerasiens, Berlin 1983.

Schlumberger, Archéologie Byzantine
Gustave Schlumberger: Mélanges d'archéologie byzantine, Paris 1895.

Schmale, Art. Adam v. Bremen
Franz-Josef Schmale: Art. Adam von Bremen, in: Verfasserlexikon, Bd. 1, Berlin / New York ²1978, Sp. 50–54.

Schmid, Klostergemeinschaft
Karl Schmid: Die Klostergemeinschaft von Fulda im früheren Mittelalter. Bestandteil des Quellenwerkes „Societas et Fraternitas", 3 Bde. (Münstersche Mittelalterschriften 8), München 1978.

Schmidt, Evangeliar
Adolph Schmidt: Ein Evangeliar aus St. Jakob in Lüttich, in: Zentralblatt für Bibliothekswesen 42, 1925, S. 265–268.

Schmidt, Gero-Codex
Adolf Schmidt: Die Miniaturen des Gero-Codex. Ein Reichenauer Evangelistar des 10. Jahrhunderts. Handschrift 1948 der Landesbibliothek zu Darmstadt (Bilderhandschriften der Landesbibliothek zu Darmstadt), Leipzig 1924.

Schmidt, Reichenauer Evangelistar
Adolf Schmidt: Das Reichenauer Evangelistar Handschrift CXC der Stadtbibliothek zu Leipzig, in: Die Bibliothek und ihre Kleinodien. Festschrift zum 250-jährigen Jubiläum der Leipziger Stadtbibliothek, hrsg. v. Johannes Hofmann, Leipzig 1927, S. 22–41.

Schmidt, Schwert
Jens-Peter Schmidt: Ein Schwert mit VLFBERHT-Inschrift aus Alt Galow, Landkreis Uckermark, in: Archäologie in Berlin und Brandenburg 1990–1992 (1995), S. 68–69.

Schmidt, Hedwigsgläser
Robert Schmidt: Die Hedwigsgläser und die verwandten fatimidischen Glas- und Kristallschnittarbeiten, in: Schlesiens Vorzeit in Bild und Schrift N.F. 6, 1912, S. 53–78.

Schneider, Helm
H. Schneider: Der Helm von Niederrealta. Ein neuer mittelalterlicher Helmfund in der Schweiz, in: Waffen- und Kostümkunde. Zeitschrift der Gesellschaft für historische Waffen- und Kostümkunde 9, 3.F., 1967 (= Bd. 26 der Gesamtfolge), S. 77–90.

Schneider, Cantica
Heinrich Schneider: Die altlateinischen biblischen Cantica (Texte und Arbeiten, 1. Abt., Heft 29 / 30), Beuron 1938; zugl. Phil. Diss., Freiburg / Br. 1935.

Schneider, Magdeburger Domgrabung
Johannes Schneider: Die Funde der Magdeburger Domgrabung. Mit einem Exkurs über die frühmittelalterliche Magdeburger Gruppe, in: Jahresschrift für mitteldeutsche Vorgeschichte 68, 1985, S. 297–338.

Schneider, Christus Victor
Wolfgang Christian Schneider: Christus Victor in der Roma Caelestis. Antike Siegesmotivik im ottonischen Kölner „Thebäer-Elfenbein", in: von Euw / Schreiner, Kaiserin Theophanu, Bd. 1, Köln 1991, S. 227–249.

Schneider, Symmetrien
Wolfgang Christian Schneider: Semantische Symmetrien in mittelalterlichen Handschriften und Beinschnitzwerken, in: Ausst.kat. Darmstadt 1986, Bd. 1, S. 197–231.

Schneidmüller, Adso von Montier-en-Der
Bernd Schneidmüller: Adso von Montier-en-Der und die Frankenkönige, in: Trierer Zeitschrift 40 / 41, 1977 / 78, S. 189–199.

Schneidmüller, Familienpolitik
Bernd Schneidmüller: Ottonische Familienpolitik und französische Nationsbildung im Zeitalter der Theophanu, in: von Euw / Schreiner, Kaiserin Theophanu, Bd. 2, Köln 1991, S. 345–359.

Schneidmüller, Karolingische Tradition
Bernd Schneidmüller: Karolingische Tradition und frühes französisches Königtum. Untersuchungen zur Herrschaftslegitimation der westfränkisch-französischen Monarchie im 10. Jahrhundert, Wiesbaden 1979.

Schneidmüller/Weinfurter, Neuanfänge
Ottonische Neuanfänge. Symposion zur Ausstellung „Otto der Große, Magdeburg und Europa", hrsg. v. Bernd Schneidmüller u. Stefan Weinfurter, Mainz 2001.

Schniek, Warmluftheizungen
Rüdiger Schniek: Mittelalterliche Warmluftheizungen in Norddeutschland und Dänemark. Ergänzende Bemerkungen zum neueren Stand der Forschung, in: Offa 56, 1999, S. 171–181.

Schnitzler, Frühottonisches Kunstwerk
Hermann Schnitzler: Ein frühottonisches Kunstwerk des Essener Münsterschatzes, in: Dettweiler / Köllner / Riedl, Studien zur Buchmalerei, S. 115–118.

Schnitzler, Kölner Elfenbeinplastik
Hermann Schnitzler: Die Inkunabeln der Kölner Elfenbeinplastik, in: Beiträge zur Kunst des Mittelalters. Vorträge des 1. Deutschen Kunsthistorikertages auf Schloß Brühl, Berlin 1950, S. 112–118.

Schnitzler, Nachträge
Hermann Schnitzler: Nachträge zur spätkarolingischen und frühottonischen Goldschmiedekunst, in: Festschrift für Peter Metz, hrsg. v. Ursula Schlegel u. Claus Zoege von Manteuffel, Berlin 1965, S. 99–114.

Schnitzler, Schatzkammer
Hermann Schnitzler: Rheinische Schatzkammer, Bd. 1, Düsseldorf 1957.

Schnorr von Carolsfeld/Schmidt, Katalog
Franz Schnorr von Carolsfeld u. Ludwig Schmidt: Katalog der Handschriften der kgl. öffentlichen Bibliothek zu Dresden, 4 Bde., Leipzig 1882–1923, korr. Neudr. Dresden 1982.

Schöffel, Bespr. Schröder, Alt-St. Stephan
Paul Schöffel: Bespr. Alfred Schröder: Alt-St. Stephan in Augsburg. Gründung, Verfassung, älteste Quellen (Germania Sacra, Serie B 1,2), Augsburg 1928, in: Zeitschrift für bayerische Landesgeschichte 3, 1930, S. 93–96.

Schößler, Reg. Brandenburg
Regesten der Urkunden und Aufzeichnungen im Domstiftsarchiv Brandenburg, Tl. 1: 948–1487, bearb. v. Wolfgang Schößler (Veröffentlichungen des Brandenburgischen Landeshauptarchivs Potsdam 36), Weimar 1998.

Schößler, Urkunde
Wolfgang Schößler: Die Urkunde über die Gründung des Bistums Brandenburg im Jahr 948, in: 1050 Jahre Brandenburg. Beiträge zur Geschichte und Kultur, Brandenburg (Havel) 1998, S. 14–31.

Schoknecht, Fundberichte
Ulrich Schoknecht: Kurze Fundberichte 1987, Bezirk Neubrandenburg, in: Jahrbuch für Bodendenkmalpflege in Mecklenburg 1988, S. 285–320, Taf. 35–44.

Schoknecht, Götterfigur
Ulrich Schoknecht: Eine slawische Götterfigur aus Gatschow, Kr. Demmin, und ein Kästchenbeschlag aus Pasewalk, in: Ausgrabungen und Funde 39, 1994, S. 129–136.

Schorta, Seideneinband
Regula Schorta: Der Seideneinband des Bamberger Evangelistars (Msc. Bibl. 95), in: Ausst.kat. Bamberg 2000/01, S. 175–176.

Schorta, Seidenstoffe
Regula Schorta: Monochrome Seidenstoffe des Hohen Mittelalters. Untersuchungen zu Webtechnik und Musterung, Berlin 2001; zugl. Phil. Diss., Bern 1995.

Schorta, Textiles found
Regula Schorta: The textiles found in the shrine of the patron saints of Hildesheim cathedral, in: Bulletin du CIETA 77, 2000, S. 45–56.

Schorta, Webtechnik
Regula Schorta: Beobachtungen zu frühmittelalterlichen Webtechniken anhand von zehn Seidenstoffen der Abegg-Stiftung, in: Otavsky, Entlang der Seidenstraße, S. 43–94.

Schramm, Kaiser u. Könige
Percy Ernst Schramm: Die deutschen Kaiser und Könige in Bildern ihrer Zeit. 751–1190, Neuaufl., hrsg. v. Florentine Mütherich unter Mitarbeit v. Peter Berghaus [u. a.], München 1983.

Schramm/Mütherich, Denkmale
Percy Ernst Schramm u. Florentine Mütherich: Denkmale der deutschen Könige und Kaiser. Ein Beitrag zur Herrschergeschichte von Karl dem Großen bis Friedrich II. (Veröffentlichungen des Zentralinstituts für Kunstgeschichte in München 2), München 1962, erg. Aufl. ²1981.

Schrimpf, Bücherverzeichnisse
Gangolf Schrimpf: Mittelalterliche Bücherverzeichnisse des Klosters Fulda und andere Beiträge zur Geschichte der Bibliothek des Klosters Fulda im Mittelalter (Fuldaer Studien 4), Frankfurt/M. 1992.

Schrimpf, Kloster Fulda
Kloster Fulda in der Welt der Karolinger und Ottonen, hrsg. v. Gangolf Schrimpf (Fuldaer Studien, Schriftenreihe der Theologischen Fakultät 7), Frankfurt/M. 1996.

Schröder, Alt-St. Stephan
Alfred Schröder: Alt-St. Stephan in Augsburg. Gründung, Verfassung, älteste Quellen (Germania Sacra, Serie B 1,2), Augsburg 1928.

Schröder, Augsburger Kirche
Alfred Schröder: Das Schicksal der ältesten Archivbestände der Augsburger Kirche, in: Archiv für die Geschichte des Hochstifts Augsburg 6, 1929, S. 677–694.

Schuba, Quadriviums-Handschriften
Ludwig Schuba: Die Quadriviums-Handschriften der Codices Palatini Latini in der Vatikanischen Bibliothek [Cod. Pal. Lat. 1340–1458] (Kataloge der Universitätsbibliothek Heidelberg 2), Wiesbaden 1992.

Schuba, Texttradition
Ludwig Schuba: Reichenauer Texttradition im Petershausener Sakramentar, in: Bibliothek und Wissenschaft 12, 1979, S. 115–140.

Schubert, Magdeburg
Ernst Schubert: Magdeburg statt Memleben?, in: Bau- und Bildkunst im Spiegel internationaler Forschung. Festschrift zum 80. Geburtstag von Edgar Lehmann, bearb. v. Erhard Drachenberg [u. a.], Berlin 1989.

Schürmann, Rezeption
Brigitte Schürmann: Die Rezeption der Werke Ottos von Freising im 15. und frühen 16. Jahrhundert (Historische Forschungen 12), Wiesbaden 1986.

Schütte, Untersuchungen
Bernd Schütte: Untersuchungen zu den Lebensbeschreibungen der Königin Mathilde (MGH Studien und Texte 9), Hannover 1994.

Schulten, Domschatz
Walter Schulten: Der Kölner Domschatz, Köln 1980.

Schultz, Jellingbægeret
Carl Georg Schultz: Jellingbægeret – vor ældste kristne kalk?, in: Kuml 1952, S. 187–198.

Schulze, Monasterium
Hans K. Schulze: Monasterium in monte constructum. Quedlinburger Urkundenstudien, in: Sachsen und Anhalt 22, 1999/2000, S. 57–79.

Schulze, Stift Gernrode
Hans K. Schulze: Das Stift Gernrode. Unter Verwendung eines

Manuskripts von Reinhold Specht. Mit einem kunstgeschichtlichen Beitrag über die Stiftskirche von Günter W. Vorbrodt [S. 91–129] (Mitteldeutsche Forschungen 38), Köln / Graz 1965.

Schulze, Kriegergrab
Mechthild Schulze: Das ungarische Kriegergrab von Aspres-lès-Corps. Untersuchungen zu den Ungarneinfällen nach Mittel-, West- und Südeuropa (899–955 n. Chr.) mit einem Exkurs: Zur Münzchronologie altungarischer Gräber, in: Jahrbuch des Römisch-Germanischen Zentralmuseums Mainz 31, 1984, S. 473–514.

Schulze-Dörrlamm, „Juwelenkragen"
Mechthild Schulze-Dörrlamm: Ein „Juwelenkragen" des späten 11. bis frühen 12. Jahrhunderts aus St. Justina im Pustertal (Osttirol), in: Archäologisches Korrespondenzblatt 24, 1994, S. 103–115.

Schulze-Dörrlamm, Kaiserkrone
Mechthild Schulze-Dörrlamm: Die Kaiserkrone Konrads II. Eine archäologische Untersuchung zu Alter und Herkunft der Reichskrone (Römisch-Germanisches Zentralmuseum, Monographien 23), Sigmaringen 1991.

Schulze-Dörrlamm, Mainzer Schatz
Mechthild Schulze-Dörrlamm: Der Mainzer Schatz der Kaiserin Agnes aus dem mittleren 11. Jahrhundert. Neue Untersuchungen zum sog. Giselaschmuck (Römisch-Germanisches Zentralmuseum, Monographien 24), Sigmaringen 1991.

Schulze-Dörrlamm, Reichskleinodien
Mechthild Schulze-Dörrlamm: Zierelemente der salischen Reichskleinodien, in: Jahrbuch des Römisch-Germanischen Zentralmuseums Mainz 45, Tl. 2, 1998, S. 679–710, Taf. 83–98.

Schulze-Dörrlamm, Schmuck
Mechthild Schulze-Dörrlamm: Schmuck der spätottonischen bis frühsalischen Zeit (ca. zweite Hälfte 10. und erste Hälfte des 11. Jahrhunderts), in: Ausst.kat. Speyer 1992, S. 110–113.

Schwarzwälder, Bremen
Herbert Schwarzwälder: Entstehung und Anfänge der Stadt Bremen. Ein Beitrag zur Geschichte des norddeutschen Städtewesens (Veröffentlichungen aus dem Staatsarchiv der Freien Hansestadt Bremen 24), Bremen 1955.

Schwenk, Brun von Köln
Peter Schwenk: Brun von Köln (925–965). Sein Leben, sein Werk und seine Bedeutung, Espelkamp 1995; zugl. Phil. Diss., München 1993.

Schwineköper, Anfänge Magdeburgs
Berent Schwineköper: Die Anfänge Magdeburgs, in: Studien zu den Anfängen des europäischen Städtewesens, hrsg. v. Theodor Mayer (Vorträge und Forschungen 4), Konstanz 1958, S. 389–450.

Schwineköper, Königtum
Berent Schwineköper: Königtum und Städte bis zum Ende des Investiturstreits. Die Politik der Ottonen und Salier gegenüber den werdenden Städten im östlichen Sachsen und in Nordthüringen (Vorträge und Forschungen, Sonderbd. 11), Sigmaringen 1977.

Scrivener, Codex Augiensis
An exact transcript of the Codex Augiensis, a Graeco-Latin manuscript of S. Paul's epistles, deposited in the library of Trinity College, Cambridge, hrsg. v. Frederick Henry Scrivener, Cambridge / London 1859.

Sear, Byzantine Coins
Davis R. Sear: Byzantine Coins and their values, verb. u. erw. Aufl. London [2]1987.

Seebach, Werla
Carl-Heinrich Seebach: Die Königspfalz Werla. Die baugeschichtlichen Untersuchungen (Göttinger Schriften zur Vor- und Frühgeschichte 8), Neumünster 1967.

Segers-Glocke, Industrielandschaft
Auf den Spuren einer frühen Industrielandschaft. Naturraum – Mensch – Umwelt im Harz, hrsg. v. Christiane Segers-Glocke (Arbeitshefte zur Denkmalpflege in Niedersachsen 21), Hameln 2000.

Segre Montel, Antichi codici/Turin
Costanza Segre Montel: I più antichi codici decorati e miniati del fondo bobbiese della Biblioteca Nazionale di Torino (sec. VI–XII), in: Presenza Benedettina nel Piacentino. 480 / 1980, Atti delle giornate di studio, Bobbio-Chiaravalle della Colomba 27–28 giugno 1981 (Archivum Bobiense-Studia 1), Bobbio 1982, S. 63–74.

Segre Montel, Manoscritti
Costanza Segre Montel: I manoscritti miniati della Biblioteca Nazionale di Torino, Bd. 1,1: Manoscritti latini dal VII alla metà del XIII secolo, Turin 1980.

Seitz, Blankwaffen
Heribert Seitz: Blankwaffen. Ein waffenhistorisches Handbuch. Geschichte und Typenentwicklung im europäischen Kulturbereich (Bibliothek für Kunst- und Antiquitätenfreunde 4), Braunschweig 1968.

Shalem, Fountains
Avinoam Shalem: Fountains of Light. The Meaning of Medieval Islamic Rock Crystal Lamps, in: Muqarnas 11, 1994, S. 1–11.

Shalem, Islam Christianized
Avinoam Shalem: Islam Christianized. Islamic Portable Objects in the Medieval Church Treasuries of the Latin West (Ars Faciendi. Beiträge und Studien zur Kunstgeschichte 7), Frankfurt / M. 1996; zugl. Phil. Diss., Edinburgh 1995.

Sickel, Diplomata-Abtheilung
Theodor Sickel: Programm und Instructionen der Diplomata-Abtheilung, in: Neues Archiv der Gesellschaft für ältere deutsche Geschichte 1, 1876, S. 427–482.

Sickel, Diplome Otto II.
Theodor Sickel: Erläuterungen zu den Diplomen Otto II. (Mitteilungen des Instituts für österreichische Geschichtsforschung, Erg.-bd. 2), Innsbruck 1886.

Skovmand, Skattefund
Roar Skovmand: De danske skattefund fra Vikingetiden og den ældste Middelalder indtil omkring 1150, in: Aarbøger for Nordisk Oldkyndighed og Historie 1942.

Ślaski/Tabaczyński, Silberschätze
Jacek Ślaski u. Stanislaw Tabaczyński: Frühmittelalterliche Silberschätze Großpolens, Warschau / Breslau 1959.

Smeyers, Buchmalerei
Maurits Smeyers: Flämische Buchmalerei. Vom 8. bis zur Mitte des 16. Jahrhunderts. Die Welt des Mittelalters auf Pergament, Stuttgart 1999.

du Sommerard, Les arts au moyen-âge
Alexandre du Sommerard: Les arts au moyen âge en ce qui concerne principalement le Palais Romain de Paris, l'Hôtel de Cluny issu de ses ruines et les objets d'art de la collection classée dans cet hôtel, 5 Bde., Paris 1838–1846.

Sot, Flodoard de Reims
Michel Sot: Un historien et son église au Xe siècle: Flodoard de Reims, Paris 1993.

Spilling, Fuldaer Skriptorium
Herrad Spilling: Das Fuldaer Skriptorium zur Zeit des Hrabanus Maurus, in: Hrabanus Maurus. Lehrer, Abt und Bischof, hrsg. v. Raymund Kottje u. Harald Zimmermann (Akademie der Wissenschaften und der Literatur Mainz, Abhandlungen der Geistes- und Sozialwissenschaftlichen Klasse, Einzelveröffentlichung 4), Wiesbaden 1982, S. 165–181.

Spilling, Karolingische Minuskel
Herrad Spilling: Die frühe Phase karolingischer Minuskel in Fulda, in: Schrimpf, Kloster Fulda, S. 249–284.

Spiong, Wüstung Mechelmeshusen
Sven Spiong: Die Wüstung Mechelmeshusen bei Klein Schneen im Landkreis Göttingen. Archäologische Auswertung der Ausgrabung 1987, in: Nachrichten aus Niedersachsens Urgeschichte 62, 1993, S. 183–225.

Staecker, Kruzifixanhänger
Jörn Staecker: Rex regum et dominus dominorum. Die wikingerzeitlichen Kreuz- und Kruzifixanhänger als Ausdruck der Mission in Altdänemark und Schweden (Lund Studies in Medieval Archaeology 23), Stockholm 1999.

Staecker, Thor's hammer
Jörn Staecker: Thor's hammer – Symbol of Christianization and Political Delusion, in: Lund Archaeological Review 5, 1999, S. 89–104.

Stancheva, Preslav
Magdalina Stancheva: Veliki Preslav, Sofia 1993.

Staubach, Graecae Gloriae
Nikolaus Staubach: Graecae Gloriae. Die Rezeption des Griechischen als Element spätkarolingisch-frühottonischer Hofkultur, in: von Euw / Schreiner, Kaiserin Theophanu, Bd. 1, S. 343–367.

Stauffer, Textilien
Annemarie Stauffer: Die mittelalterlichen Textilien von St. Servatius in Maastricht (Schriften der Abegg-Stiftung Riggisberg 8), Riggisberg 1991.

Steenbock, Prachteinband
Frauke Steenbock: Der kirchliche Prachteinband im frühen Mittelalter. Von den Anfängen bis zum Beginn der Gotik, Berlin 1965.

Steffens, Ausgrabungen
Heino-Gerd Steffens: Die Ausgrabungen in der Großen Reichenstraße zu Hamburg (1953–54), in: Hammaburg 4 (9/10), 1953/55, S. 105–118.

Steger, David
Hugo Steger: David rex et propheta. König David als vorbildliche Verkörperung des Herrschers und Dichters im Mittelalter, nach Bilddarstellungen des achten bis zwölften Jahrhunderts (Erlanger Beiträge zur Sprach- und Kunstwissenschaft), Nürnberg 1961.

Steiner, Bayerische Bischofssiegel
Die Entwicklung der bayerischen Bischofssiegel von der Frühzeit bis zum Einsetzen des spitzovalen Throntyps, bearb. v. Robert Steiner (Quellen und Erörterungen zur bayerischen Geschichte N.F. 40), München 1998; zugl. Phil. Diss., München 1982/83.

Steinhilber, Münzgeschichte Augsburgs
Dirk Steinhilber: Geld- und Münzgeschichte Augsburgs im Mittelalter, in: Jahrbuch für Numismatik und Geldgeschichte 5/6, 1954/55, S. 5–142 mit 9 Taf.

Stenberger, Gotland
Mårten Stenberger: Die Schatzfunde Gotlands der Wikingerzeit, 2 Bde., Stockholm 1958 u. 1947.

Stengel, Geschichte
Edmund E. Stengel: Abhandlungen und Untersuchungen zur mittelalterlichen Geschichte, Köln / Graz 1960.

Stengel, Immunitäts-Privilegien
Edmund E. Stengel: Diplomatik der deutschen Immunitäts-Privilegien vom 9. bis zum Ende des 11. Jahrhunderts (Die Immunität in Deutschland bis zum Ende des 11. Jahrhunderts. Forschungen zur Diplomatik und Verfassungsgeschichte 1), Innsbruck 1910.

Steuer, Feinwaagen
Heiko Steuer: Feinwaagen und Gewichte als Quellen zur Handelsgeschichte des Ostseeraums, in: Jankuhn / Schietzel / Reichstein, Handelsplätze, S. 273–292.

Steuer, Gewichtsgeldwirtschaften
Heiko Steuer: Gewichtsgeldwirtschaften im frühgeschichtlichen Europa. Feinwaagen und Gewichte als Quellen zur Währungsgeschichte, in: Düwel, Handel u. Verkehr, S. 405–527.

Steuer, Kriegsführung
Heiko Steuer: Bewaffnung und Kriegsführung der Sachsen und Franken, in: Ausst.kat. Paderborn 1999, Beitragsbd., S. 310–322.

Steuer, Waagen
Heiko Steuer: Waagen und Gewichte aus dem mittelalterlichen Schleswig. Funde des 11. bis 13. Jahrhunderts aus Europa als Quellen zur Handels- und Währungsgeschichte (Zeitschrift für Archäologie des Mittelalters, Beiheft 10), Köln / Bonn 1997.

Steuer/Zimmermann, Montanarchäologie
Montanarchäologie in Europa. Berichte zum Internationalen Kolloquium „Frühe Erzgewinnung und Verhüttung in Europa" in Freiburg im Breisgau vom 4. bis 7. Oktober 1990, hrsg. v. Heiko Steuer u. Ulrich Zimmermann (Archäologie und Geschichte. Freiburger Forschungen zum ersten Jahrtausend in Südwestdeutschland 4), Sigmaringen 1993.

Stoess, Mainzer(?) Prägungen
Christian Stoess: Mainzer(?) Prägungen der Ottonenzeit(?). Eine Untersuchung zu der Gruppe Dbg. 778/779, in: Jonsson / Malmer, Sigtuna Papers, S. 311–316.

Stoll, Tondeckel
Hans-Joachim Stoll: Tondeckel aus der Altstadt von Magdeburg, in: Varia Archaeologica. Wilhelm Unverzagt zum 70. Geburtstag dargebracht, hrsg. v. Paul Grimm (Deutsche Akademie der Wissenschaften zu Berlin, Schriften der Sektion für Vor- und Frühgeschichte 16), Berlin 1964, S. 336–346.

Storm, Bronzetüren
Ursula Storm: Die Bronzetüren Bernwards zu Hildesheim, Phil. Diss., Berlin 1966.

Strömberg, Eisenzeit
Märta Strömberg: Untersuchungen zur jüngeren Eisenzeit in Schonen. Völkerwanderungszeit – Wikingerzeit, 2 Bde. (Acta Archaeologica Lundensia, Ser. 4°,4), Bonn 1961.

Studtmann, Pönformel
Joachim Studtmann: Die Pönformel der mittelalterlichen Urkunden, in: Archiv für Urkundenforschung 12, 1932, S. 307–311.

Stuttmann, Mittelalter
Ferdinand Stuttmann: Mittelalter, Bd. 1: Bronze, Email, Elfenbein (Bildkataloge des Kestner-Museums Hannover 8), Hannover 1966.

Stuttmann, Reliquienschatz
Ferdinand Stuttmann: Der Reliquienschatz der Goldenen Tafel des St. Michaelisklosters in Lüneburg, Berlin 1937.

Swarzenski, Regensburg
Georg Swarzenski: Die Regensburger Buchmalerei des X. und XI. Jahrhunderts. Studien zur Geschichte der deutschen Malerei des frühen Mittelalters (Denkmäler der süddeutschen Malerei des frühen Mittelalters, Th. 1), Leipzig 1901.

Swarzenski, Carolingian Ivory
Hanns Swarzenski: An unknown Carolingian Ivory, in: Bulletin of the Museum of Fine Arts 50, 1952, S. 2–7.

Swarzenski, Monuments
Hanns Swarzenski: Monuments of Romanesque Art. The Art of Church Treasures in North-Western Europe, London 1954, London / Chicago ²1967.

Szameit, VLFBERHT-Schwert
Erik Szameit: Ein VLFBERHT-Schwert aus der Donau bei Aggsbach, Niederösterreich, in: Archaeologia Austriaca 76, 1992, S. 215–221.

Tabulae codicum
Tabulae codicum manu scriptorum praeter Graecos et orientales in bibliotheca Palatina Vindobonensi asservatorum, Bd. 1, Wien 1864.

Teitge/Stelzer, Staatsbibliothek
Hans-Erich Teitge u. Eva-Maria Stelzer: Kostbarkeiten der Deutschen Staatsbibliothek (Berlin), Leipzig 1986.

Temple, Manuscripts
Elżbieta Temple: Anglo-Saxon Manuscripts, 900–1066 (A Survey of manuscripts illuminated in the British Isles), London 1976.

Temple, Byzantine Art
Early Christian and Byzantine Art: textiles, metalwork, frescoes, manuscripts […], hrsg. v. Richard Temple, London 1990.

Mittelalterliche Textilforschung
Probleme der mittelalterlichen Textilforschung. Wissenschaftliche Arbeitstagung des Zentralinstituts für Kunstgeschichte in München anläßlich der Ausstellung „Sakrale Gewänder des Mittelalters" im Bayerischen Nationalmuseum (15.–17. August 1955), in: Kunstchronik 8 (11), 1955, S. 305–330.

Theune-Großkopf, Streitäxte
Barbara Theune-Großkopf: Streitäxte, in: Ausst.kat. Speyer 1992, S. 95–96.

Tiefenbach, Art. Brunshausen
Heinrich Tiefenbach: Art. Brunshausen, § 1: Sprachliches, in: RGA, Bd. 4, Berlin / New York 1981, S. 20–21.

Timpel, Dreilagenkämme
Wolf-Dieter Timpel: Die Dreilagenkämme aus Haithabu. Studien zu den Kämmen der Wikingerzeit im Nordseeküstengebiet und Skandinavien, Phil. Diss., Göttingen 1969 [ungedruckt].

Tischler, Einsiedeln
Matthias M. Tischler: Die ottonische Klosterschule in Einsiedeln zur Zeit Abt Gregors. Zum Bildungsprofil des heiligen Wolfgang, in: Studien und Mitteilungen zur Geschichte des Benediktinerordens und seiner Zweige 107, 1996, S. 93–181.

Tode, Burg „Kanstein"
Alfred Tode: Burg „Kanstein" bei Langelsheim am Harz, in: Führer zu vor- und frühgeschichtlichen Denkmälern 35, Mainz 1978, S. 199–208.

Tode, Untersuchungen
Alfred Tode: Die Untersuchungen auf dem „Kanstein" bei Langelsheim am Harz, Kr. Gandersheim [Zusammenfassung der Vorberichte], in: Neue Ausgrabungen und Forschungen in Niedersachsen 5, 1970, S. 219–234.

Toesca, Arte Italiana
Pietro Toesca: Storia dell'Arte Italiana, Bd. 1: Il Medioevo, Turin 1927.

Toesca, Pittura in Lombardia
Pietro Toesca: La pittura e la miniatura in Lombardia. Dai più antichi monumenti alla metà del Quattrocento (Biblioteca di storia dell'arte N.S. 7) (Milano 1912), Turin ³1987 [edizione con Nota introduttiva e Nota bibliografica a cura di Enrico Castelnuovo e con Aggiornamento (bibliografico) 1987 a cura di Riccardo Passoni].

Totev, Preslav Treasure
Totju Totev: The Preslav Treasure [hrsg. v. Alexander Alexandrov], Sumen [1993].

Tremp, Vita Hludowici
Ernst Tremp: Die Überlieferung der Vita Hludowici imperatoris des Astronomus (MGH Studien und Texte 1), Hannover 1991.

Trenschel, Meisterwerke
150 Meisterwerke aus dem Mainfränkischen Museum Würzburg, hrsg. v. Hans-Peter Trenschel, Würzburg 1997.

Turek, Hroby
Rudolf Turek: Libice. Hroby na libickém vnitřním hradisku [Libice / Cidlina. Gräber im inneren Burgwallareal], in: Sborník Národního muzea v Praze Řada A: Historie [Acta musei nationalis Pragae Ser. A: Historie] 32, 1978, S. 1–152.

Turek, Libice
Rudolf Turek: Libice nad Cidlinou. Monumentální stavby vnitřního hradiska [Libice. Die monumentalen Bauten im inneren Burgwallareal], in: Sborník Národního muzea v Praze Řada A: Historie [Acta musei nationalis Pragae Ser. A: Historia] 35, 1981, S. 1–72.

Turek, Pohrebiste
Rudolf Turek: Libice. Pohřebiště na vnitřním hradisku [Libice. Das Gräberfeld im inneren Burgwallareal], in: Sborník Národního muzea v Praze Řada A: Historie [Acta musei nationalis Pragae Ser. A: Historia] 30, 1976, S. 249–316.

Turek, Slavníkovcia
Rudolf Turek: Slavníkovcia jejich panství [Slavnikiden und ihre Herrschaft], Königsgratz 1982.

Turek, Vzdelanosti
Rudolf Turek: Pocátky ceské vzdelanosti [Die Anfänge der böhmischen Bildung], Prag 1988.

Turek/Hásková/Justová, Reka Cidlina
Rudolf Turek, Jarmila Hásková u. Jarmila Justová: LIVBVZ METROPOLIS. Tam, kde reka Cidlina tratí své jméno [LIVBVZ METROPOLIS. Dort, wo der Fluß Cidlina seinen Namen verliert], Libice / Cidlina 1981.

Turner, Prayer-Book
Derek Howard Turner: The Prayer-Book of Archbischop Arnulph II of Milan, in: Revue Bénédictine 70, 1960, S. 360–392.

Tweddle, Anglian Helmet
Dominic Tweddle: The Anglian Helmet from Coppergate (The Archaeology of York 17), London 1992.

UB Abtei S. Salvatore am Montamiata
Codex diplomaticus Amiatinus. Urkundenbuch der Abtei S. Salvatore am Montamiata von den Anfängen bis zum Regierungsantritt Papst Innozenz III. (736–1198), 4 Bde., hrsg. v. Wilhelm Kurze, Tübingen 1974–1998.

UB Erzst. Magdeburg
Urkundenbuch des Erzstifts Magdeburg, Tl. 1: 937–1192, bearb. v. Friedrich Israel u. Walter Möllenberg (Geschichtsquellen der Provinz Sachsen und des Freistaates Anhalt, Neue Reihe 18), Magdeburg 1937.

UB Hochst. Halberstadt
Urkundenbuch des Hochstifts Halberstadt und seiner Bischöfe, Tl. 1: Bis 1236, hrsg. v. Gustav Schmidt (Publikationen aus den K. Preußischen Staatsarchiven 17), Leipzig 1883.

UB Stift St. Gereon
Peter Joerres: Urkundenbuch des Stiftes St. Gereon zu Köln, Bonn 1893.

Uhlirz, Erzbist. Magdeburg
Karl Uhlirz: Geschichte des Erzbistums Magdeburg unter den Kaisern aus sächsischem Hause, Magdeburg 1887.

Uhlirz, Fürstentag
Mathilde Uhlirz: Der Fürstentag zu Mainz im Februar – März 983, in: Mitteilungen des Instituts für Österreichische Geschichtsforschung 58, 1950, S. 267–284.

Uhlirz, Jahrbücher
Karl Uhlirz: Jahrbücher des Deutschen Reiches unter Otto II. und Otto III., 2 Bde., Berlin 1902.

Ulbricht, Knochen
Ingrid Ulbricht: Die Verarbeitung von Knochen, Geweih und Horn im mittelalterlichen Schleswig (Ausgrabungen in Schleswig 3), Neumünster 1984.

Unterkircher, Canon Missae
Franz Unterkircher: Interpretatio Canonis Missae in codice Vindobonensi 858, in: Ephemerides liturgicae 41, 1977, S. 32–50.

Unterkircher, Cod. Vindobonensis
Franz Unterkircher: Karolingisches Sakramentar Fragment, Codex Vindobonensis 958 der Österreichischen Nationalbibliothek, Faksimile-Ausgabe (Codices selecti phototypice impressi 25), Bd. 2: Einführung, Graz 1971.

Unterkircher, Psalter v. Mondsee
Franz Unterkircher: Die Glossen des Psalters von Mondsee (vor 788) (Montpellier, Faculté de Médicine Ms. 409), Freiburg / Br. 1974.

Unterkircher, Sakramentar
Franz Unterkircher: Das karolingische Sakramentar von Trient für Säben geschrieben?, in: Der Schlern 51, 1977, S. 54–60.

Váňa, Mythologie
Zdeněk Váňa: Mythologie und Götterwelt der slawischen Völker. Die geistigen Impulse Ost-Europas, Stuttgart 1992.

Važarova, Slawen
Živka N. Važarova: Slavjani i Prabalgari (Po danni na nekropolite ot VI–XI v. na teritorijata na Balgarija) [Slawen und Protobulgaren (nach Angaben aus den Gräberfeldern aus dem 6. bis 11. Jahrhundert im Landesgebiet Bulgariens)], Sofia 1976 [deutsche Zusammenfassung].

Verbruggen, Warefare
Jan F[rans] Verbruggen: The art of warefare in Western Europe during the Middle Ages from the eighth century to 1340, Amsterdam 1977.

Verfasserlexikon
Die deutsche Literatur des Mittelalters. Verfasserlexikon, begr. v. Wolfgang Stammler, fortgeführt v. Karl Langosch, völlig neu bearb. Aufl., hrsg. v. Kurt Ruh [Bd. 1–8] u. Kurt Wachinger [Bd. 9–10], Berlin / New York ^{2}1978–1999.

Verhulst, Art. Kapitular
Adriaan Verhulst: Art. Diedenhofener Kapitular, in: LexMA, Bd. 3, München / Zürich 1986, Sp. 998–999.

Verhulst, Lothaire
Adriaan Verhulst: Note sur deux chartes de Lothaire, roi de France, pour l'abbaye de Saint-Bavon à Gand, in: Bulletin de la commission royale d'histoire 45, 1989, S. 1–23.

Vezin, Manuscrits
Jean Vezin: Les manuscrits en Lotharingie autour de l'an mil, in: Religion et culture autour de l'an mil. Royaume capétien et Lotharingie. Actes du colloque Hugues Capet 987–1987 (Auxerre, 16 – 27 juin). La France de l'an mil, hrsg. v. Dominique Iogna-Prat u. Jean-Charles Picard, Paris 1990, S. 309–314.

Viale, Duomo di Vercelli
Vittorio Viale: Opere d'arte preromanica e romanica del duomo di Vercelli, Vercelli 1967.

Vierck, Religion
Hayo Vierck: Religion, Rang und Herrschaft im Spiegel der Tracht, in: Ausst.kat. Sachsen und Angelsachsen, hrsg. v. Claus Ahrens [Hamburg, Helms-Museum, 18. November 1978 – 28. Februar 1979] (Veröffentlichung des Helms-Museums 32), Hamburg 1978, S. 271–283.

Vierck, Sachkultur
Hayo Vierck: Mittel- und westeuropäische Einwirkungen auf die Sachkultur von Haithabu / Schleswig, in: Jankuhn / Schietzel / Reichstein, Handelsplätze, S. 366–422.

Vike, Brynjevev-metallografisk
Vergard Vike: Brynjevev-metallografisk analyse av brynjemateriale ved Oldsaksamlingen I Oslo. Universitet I Oslo, Avdeling for konserveringsstudier 2000 (im Druck).

Vöge, Elfenbeinbildwerke
Wilhelm Vöge: Die Elfenbeinbildwerke (Beschreibung der Bildwerke der christlichen Epochen 1), Berlin 1900.

Vogel/Elze: Le pontifical romano-germanique
Le pontifical romano-germanique du dixième siècle, hrsg. v. Cyrille Vogel u. Reinhard Elze (Studi e testi 296), Bd. 3: Introduction générale, Vatikan 1972.

Vogler, Stiftsarchiv St. Gallen
Werner Vogler: Kostbarkeiten aus dem Stiftsarchiv St. Gallen in Abbildungen und Texten, St. Gallen 1987.

Vogt, Museum
Heinz-Joachim Vogt: Museum für Ur- und Frühgeschichte Potsdam, in: Archäologische Denkmale und Funde. 25 Jahre Bodendenkmalpflege in der Deutschen Demokratischen Republik, hrsg. v. Werner Coblenz, Berlin 1979, S. 67–118.

Vogt, Produktionsinstrumente
Hans-Joachim Vogt: Archäologische Beiträge zur Kenntnis der landwirtschaftlichen Produktionsinstrumente der Slawen in den brandenburgischen Bezirken, in: Ethographisch-Archäologische Zeitschrift 16, 1975, S. 491–503.

Vogt, Wiesenau
Heinz-Joachim Vogt: Altslawische Ackerbaugeräte vom Gelände des Burgwalles „Grodisch" in Wiesenau, Kr. Eisenhüttenstadt, in: Veröffentlichungen des Museums für Ur- und Frühgeschichte Potsdam 10, 1976, S. 205–220.

Voigtländer, Restaurierung
Klaus Voigtländer: Die Stiftskirche zu Gernrode und ihre Restaurierung 1858–1872. Mit Beiträgen von Hans Berger u. Edgar Lehmann, Berlin 1980.

Voigtländer, Stiftskirche zu Quedlinburg
Klaus Voigtländer: Die Stiftskirche St. Servatii zu Quedlinburg. Geschichte ihrer Restaurierung und Ausstattung, Berlin 1989.

Voigtländer, Westbau
Klaus Voigtländer: Zur oberen Gestalt des ottonischen Westbaus in Gernrode. Einleitendes zum Westbau, in: architectura 1992, S. 14–23.

Voigtländer, Westbau in Gernrode
Klaus Voigtländer: Nochmals zum ottonischen Westbau der Stiftskirche zu Gernrode. Die Frage der Türschwellen- und Deckenhöhen im Emporenbereich, in: Zeitschrift des Deutschen Vereins für Kunstwisssenschaft 44 (1), 1990, S. 43–52.

Volbach, Bildwerke
Wolfgang Fritz Volbach: Mittelalterliche Bildwerke aus Italien und Byzanz (Staatliche Museen zu Berlin. Bildwerke des Kaiser Friedrich-Museums), Berlin / Leipzig ^{2}1930.

Volbach, Elfenbeinarbeiten
Wolfgang Fritz Volbach: Elfenbeinarbeiten der Spätantike und des frühen Mittelalters (Römisch-Germanisches Zentralmuseum zu Mainz, Kataloge vor- und frühgeschichtlicher Altertümer 7), Mainz ^{3}1976 (OA 1952).

Volbach, Elfenbeinbildwerke
Wolfgang Fritz Volbach: Die Elfenbeinbildwerke (Die Bildwerke des Deutschen Museums 1), Berlin / Leipzig 1923.

Volk, Baron von Hüpsch
Paulus Volk: Baron von Hüpsch und der Verkauf der Lütticher St. Jakobsbibliothek (1788), in: Zentralblatt für Bibliothekswesen 42, 1925, S. 201–217.

Volkert, Reg. Bischöfe v. Augsburg
Die Regesten der Bischöfe und des Domkapitels von Augsburg, Bd. 1: Von den Anfängen bis 1152, bearb. v. Wilhelm Volkert. Mit einer Einleitung v. Friedrich Zoepfl (Veröffentlichungen der Schwäbischen Forschungsgemeinschaft bei der Kommission für Bayerische Landesgeschichte, Reihe 2b), Augsburg 1985.

Volkert, Ulrichsurkunde
Wilhelm Volkert: Die Gründungsgüter des Frauenstifts bei St. Stephan in Augsburg. Die Ulrichsurkunde von 969 und die Entwicklung der Herrschaftsverhältnisse im Gebiet des Landkreises Augsburg (Beiträge zur Heimatkunde des Landkreises Augsburg 5), Augsburg 1969.

Waetzoldt, Kopien
Stephan Waetzoldt: Die Kopien des 17. Jahrhunderts nach Mosaiken und Wandmalereien in Rom (Veröffentlichungen der Bibliotheca Hertziana, Römische Forschungen 18), Wien / München 1964.

Wagner, Gebetsgedenken
Wolfgang Wagner: Das Gebetsgedenken der Liudolfinger im Spiegel der Königs- und Kaiserurkunden von Heinrich I. bis zu Otto III., in: Archiv für Diplomatik 40, 1994, S. 1–78.

Waitz, Bamberger Handschrift
Georg Waitz: Über eine Bamberger Handschrift des Iordanis, Paulus u.s.w., in: Archiv der Gesellschaft für ältere deutsche Geschichtskunde 9, 1847, S. 673–703.

Waitz, Verfassungsgeschichte
Georg Waitz: Deutsche Verfassungsgeschichte, Bd. 8, Kiel 1878.

DeWald, Einsiedeln
Ernest T. DeWald: The Art of the Scriptorium of Einsiedeln, in: The Art Bulletin 7, 1925, S. 79–90.

Wamers, Bootkammergrab
Egon Wamers: König im Grenzland. Neue Analyse des Bootkammergrabes von Haidaby, in: Acta Archaeologica 65, 1994, S. 1–56.

Wamers, Greiftierstil
Egon Wamers: Zwischen Salzburg und Oseberg. Zu Ursprung und Ikonographie des nordischen Greiftierstils, in: Völker an Nord- und Ostsee und die Franken. Akten des 48. Sachsensymposiums in Mannheim 1997 (7. – 11. September 1997), hrsg. v. Uta von Freeden, Ursula Koch u. Alfried Wieczorek (Kolloquien zur Vor- und Frühgeschichte 3. Mannheimer Geschichtsblätter N.F., Beiheft 2), Bonn 1999, S. 195–228.

Wamers, Jellingstein
Egon Wamers: …ok Dani gærdi kristna. Der große Jellingstein im Spiegel ottonischer Kunst, in: Frühmittelalterliche Studien 34, 2000, S. 132–158.

Wamers, Karolingisches Email
Karolingisches Email nördlich der Alpen. Ein archäologischer Überblick, in: Zeitschrift des Deutschen Vereins für Kunstwissenschaft 52/53, 1998/99, S. 93–108.

Wamers, Lesefunde
Egon Wamers: Die frühmittelalterlichen Lesefunde aus der Löhrstraße (Baustelle Hilton II) in Mainz mit Beiträgen v. Peter Berghaus u. Christian Stoess (Mainzer archäologische Schriften 1), Mainz 1994.

Wamers, Metallschmuck
Frühmittelalterliche Funde aus Mainz. Zum karolingisch-ottonischen Metallschmuck und seinen Verbindungen zum Angelsächsischen Kunsthandwerk, in: Schriften des Frankfurter Museums für Vor- und Frühgeschichte 9, 1986, S. 29–56.

Wamers, Zungenfibel
Egon Wamers: Eine Zungenfibel aus dem Hafen von Haithabu, in: Das archäologische Fundmaterial IV (Berichte über die Ausgrabungen in Haithabu 19), Neumünster 1984, S. 63–127.

Webinger, Art. Puppe
Alfred Webinger: Art. Puppe, in: HDA, Bd. 7, Berlin/Leipzig 1935/36, Sp. 388–400.

Weidemann, Burg
Konrad Weidemann: Burg, Pfalz und Stadt als Zentren der Königsherrschaft am Nordharz, in: Führer zu vor- und frühgeschichtlichen Denkmälern 35, Mainz 1978, S. 11–50.

Weiller, Münzen
Raymond Weiller: Die Münzen von Trier (Publikationen der Gesellschaft für Rheinische Geschichtskunde 30), Bd. 1,1: Beschreibung der Münzen, 6. Jahrhundert – 1307, Düsseldorf 1988.

Weise, Staatsarchiv Stade
Erich Weise: Geschichte des Niedersächsischen Staatsarchivs in Stade nebst Übersicht seiner Bestände (Veröffentlichungen der Niedersächsischen Archivverwaltung 18), Göttingen 1964.

Weiß, Siegelurkunden
Peter Weiß: Frühe Siegelurkunden in Schwaben (10.–12. Jahrhundert) (Elementa diplomatica 6), Marburg/L. 1997.

Weitzmann, Greek Mythology
Kurt Weitzmann: Greek Mythology in Byzantine Art (Studies in Manuscript Illumination 4), erg. Aufl. Princeton ^{2}1984.

Wenskus, Königsurkunden
Reinhard Wenskus: Die soziale Entwicklung im ottonischen Sachsen im Lichte der Königsurkunden für das Erzstift Hamburg-Bremen, in: Institutionen, Kultur und Gesellschaft im Mittelalter. Festschrift für Josef Fleckenstein zu seinem 65. Geburtstag, hrsg. v. Lutz Fenske, Sigmaringen 1984, S. 501–514.

Wentz, Archiv Erzst. Magdeburg
Gottfried Wentz: Bischofs- und Domkapitelsarchiv im Erzstift Magdeburg, in: Geschichts-Blätter für Stadt und Land Magdeburg 74/75, 1939/1941, S. 3–24.

Wentz/Schwineköper, Erzbist. Magdeburg
Das Erzbistum Magdeburg, Bd. 1,1: Das Domstift St. Moritz in Magdeburg. Im Auftrage des Max-Planck-Instituts für Geschichte bearb. v. Gottfried Wentz u. Berent Schwineköper (Germania Sacra. Die Bistümer der Kirchenprovinz Magdeburg 4), Berlin/New York 1972.

Wentzel, Brautschatz
Hans Wentzel: Das byzantinische Erbe der ottonischen Kaiser. Hypothesen über den Brautschatz der Theophano, in: Aachener Kunstblätter 40, 1971, S. 15–39 u. 43, 1972, S. 11–96.

Wenzel, Hören
Horst Wenzel: Hören und Sehen, Schrift und Bild. Kultur und Gedächtnis im Mittelalter, München 1995.

Werner, Art. Adso
Karl-Ferdinand Werner: Art. Adso von Montier-en-Der, in: LexMA, Bd. 1, München/Zürich 1980, Sp. 169–170.

Werner, Heeresorganisation
Karl Ferdinand Werner: Heeresorganisation und Kriegführung im deutschen Königreich des 10. und 11. Jahrhunderts, in: Ders.: Structures politiques du monde franc (VIe–XIIe siècles): etudes sur les origines de la France et de l'Allemagne (Collected studies series CS 93), London 1979.

Werner, Cimelia
Wilfried Werner: Cimelia Heidelbergensia. 30 illuminierte Handschriften der Universitätsbibliothek Heidelberg, Wiesbaden 1975.

Wesenberg, Bildwerke
Rudolf Wesenberg: Frühe mittelalterliche Bildwerke. Die Schulen rheinischer Skulptur und ihre Ausstrahlung, Düsseldorf 1972.

Wesenberg, Steinkopffragment
Rudolf Wesenberg: Das ottonische Steinkopffragment in Fulda, in: Wallraf-Richartz-Jahrbuch 28, 1966, S. 7–14.

Wesse, Archäologie des Ostseeraumes
Studien zur Archäologie des Ostseeraumes: von der Eisenzeit zum Mittelalter. Festschrift für Michael Müller-Wille, hrsg. v. Anke Wesse, Neumünster 1998.

Wessel, Passionsdiptychon
Klaus Wessel: Das Mailänder Passionsdiptychon. Ein Werk der karolingischen Renaissance, in: Zeitschrift des deutschen Vereins für Kunstwissenschaft 5, 1951, S. 125–138.

Westermann-Angerhausen, Egbertschrein
Hiltrud Westermann-Angerhausen: Überlegungen zum Trierer Egbertschrein, in: Trierer Zeitschrift 40/41, 1977/78, S. 201–220.

Westermann-Angerhausen, Egbertwerkstatt
Hiltrud Westermann-Angerhausen: Die Goldschmiedearbeiten der Trierer Egbertwerkstatt (Trierer Zeitschrift für Geschichte

und Kunst des Trierer Landes und seiner Nachbargebiete [4]), Trier 1973; zugl. Phil. Diss., Münster 1972.

Westermann-Angerhausen, Essener Schwert
Hiltrud Westermann-Angerhausen: Zur Entstehungszeit und zum Stil des Schmucks am Schwert der Essener Äbtissinen, in: Pothmann, Zeremonialschwert, S. 108–115.

Westermann-Angerhausen, Nagelreliquiar
Hiltrud Westermann-Angerhausen: Das Nagelreliquiar im Trierer Egbertschrein – Das „künstlerisch edelste Werk der Egbertwerkstätte"?, in: Festschrift für Peter Bloch zum 11. Juli 1990, hrsg. v. Hartmut Krohm u. Christian Theuerkauff, Mainz 1990, S. 9–23.

Westermann-Angerhausen, Spolie
Hiltrud Westermann-Angerhausen: Spolie und Umfeld in Egberts Trier, in: Zeitschrift für Kunstgeschichte 50, 1987, S. 305–336.

Westermann-Angerhausen, Theophanu
Hiltrud Westermann-Angerhausen: Spuren der Theophanu in der ottonischen Schatzkunst, in: von Euw / Schreiner, Kaiserin Theophanu, Bd. 2, S. 193–218.

Westphal, Münsterschatzschwert
Herbert Westphal: Die Untersuchung des Essener Münsterschatzschwertes. Methoden und Ergebnisse, in: AdR-Schriftenreihe zur Restaurierung und Grabungstechnik, 1996 (2), S. 83–84.

Westphal, Schwert
Herbert Westphal: Die Restaurierung und Untersuchung eines karolingischen Schwertes, in: Arbeitsblätter für Restauratoren 1980 (2), Gruppe 1: Eisen, S. 141–148.

Westphal, Waffen
Herbert Westphal: Franken oder Sachsen? Untersuchungen an frühmittelalterlichen Waffen (im Druck).

Wettstein, Fresque romane
Janine Wettstein: La fresque romane. Études comparatives (Bibliothèque de la Société Française d'Archéologie 2), Bd. 1: Italie-France-Espagne, Genf 1971.

Wiechmann, Edelmetalldepots
Ralf Wiechmann: Edelmetalldepots der Wikingerzeit in Schleswig-Holstein. Vom „Ringbrecher" zur Münzwirtschaft (Offa-Bücher 77), Neumünster 1996, S. 3F3F3F.

Wiechmann, „Ringbrecher"
Ralf Wiechmann: Vom „Ringbrecher" zur Münzwirtschaft, in: Archäologie in Deutschland 3 (3), 1998.

Wießner, Bist. Naumburg
Heinz Wießner: Das Bistum Naumburg. Die Diözese (Germania Sacra, N.F. 35,2. Die Bistümer der Kirchenprovinz Magdeburg 1,2), Berlin / New York 1998.

von Wilckens, Fatimidische Gewebe
Leonie von Wilckens: Fatimidische Gewebe mit gewirktem Dekor im Vergleich mit spanischen und sizilischen, in: Islamische Textilkunst des Mittelalters. Aktuelle Probleme (Riggisberger Berichte 5), Riggisberg 1997, S. 157–171.

von Wilckens, Seidengewebe
Leonie von Wilckens: Zur Verwendung von Seidengeweben des 10. bis 14. Jahrhunderts in Bucheinbänden, in: Zeitschrift für Kunstgeschichte 53, 1990, S. 425–442.

von Wilckens, Seidenstoffe
Leonie von Wilckens: Mittelalterliche Seidenstoffe (Staatliche Museen zu Berlin – Kunstgewerbemuseum, Bestandskataloge 18), Berlin 1992.

von Wilckens, Textile Künste
Leonie von Wilckens: Die textilen Künste von der Spätantike bis um 1500, München 1991.

Willerding, Ernährung
Ulrich Willerding: Ernährung, in: Segers-Glocke, Industrielandschaft, S. 66–69.

Willerding, Umweltrekonstruktion
Ulrich Willerding: Umweltrekonstruktion auf der Grundlage botanischer Befunde, in: Berichte zur Denkmalpflege in Niedersachsen 12, 1992, S. 154–157.

Williamson, Treasury
The Medieval Treasury. The Art of the Middle Ages in the Victoria and Albert Museum, hrsg. v. Paul Williamson, London 1986.

Wilson, Angelsächsische Kunst
David M[ackenzie] Wilson: Angelsächsische Kunst. Frühchristliche Kultur vom 7. bis 11. Jahrhundert, Stuttgart 1986.

Wilson, Anglo-Saxon Art
David M[ackenzie] Wilson: Anglo-Saxon Art from the Seventh Century to the Norman Conquest, New York 1984.

Wilson, Anglo-Saxon Metalwork
David M[ackenzie] Wilson: Anglo-Saxon Ornamental Metalwork 700–1100 in the British Museum (Catalogue of Antiquities of the Later Saxon Period 1), London 1964.

Wilson, Enamelled disc-brooch
David M[ackenzie] Wilson: An enamelled disc-brooch, in: The British Museum Quarterly 21, 1957, S. 52–54.

Wisplinghoff, St. Maximin
Erich Wisplinghoff: Untersuchungen zur frühen Geschichte der Abtei S. Maximin bei Trier von den Anfängen bis etwa 1150 (Quellen und Abhandlungen zur mittelrheinischen Kirchengeschichte 12), Mainz 1970.

Witthöft, Metalle
Harald Witthöft: Die Rolle der Metalle in der Geschichte des frühen und hohen Mittelalters, in: Segers-Glocke, Industrielandschaft, S. 121–128.

Wittmann, Memleben
Memleben. Königspfalz – Reichskloster – Propstei, hrsg. v. Helge Wittmann (Begleitpublikation zur historischen Dauerausstellung „Memleben – Sterbeort Kaiser Ottos des Großen"), Petersberg 2001.

Wixom, Ivory Book Cover
William David Wixom: An Ottonian Ivory Book Cover, in: Bulletin Cleveland Museum of Art, November 1968, S. 273–289.

Wojtasik, Bursztynowe
Jerzy Wojtasik: Znaleziska bursztynowe ze stanowiska 4 w Wolinie, in: Materiały Zachodnio-Pomorskie 3, 1957, S. 99–160.

Wojtasik, Bursztynowe w Wolinie
Jerzy Wojtasik: Materiały bursztynowe ze Srebrnego Wzgorza w Wolinie, in: Materiały Zachodnopomorskie 32, 1986, S. 139–153.

Wolfram, Mitteleuropa
Herwig Wolfram: Die Geburt Mitteleuropas. Geschichte Österreichs vor seiner Entstehung 378–907, Berlin 1987.

Wolter, Synoden
Heinz Wolter: Die Synoden im Reichsgebiet und in Reichsitalien von 916 bis 1056 (Konziliengeschichte, Reihe A: Darstellungen), Paderborn [u. a.] 1988.

Worm, Heilige Lanze
Peter Worm: Die Heilige Lanze. Bedeutungswandel und Verehrung eines Herrschaftszeichens, in: Arbeiten aus dem Marburger Hilfswissenschaftlichen Institut, hrsg. v. Erika Eisenlohr u. Peter Worm (Elementa diplomatica 8), Marburg / L. 2000, S. 179–216.

Wormald, Coronation Oathbooks
Francis Wormald: The So-called Coronation Oath-Books of the Kings of England, in: Essays in Honor of Georg Swarzenski, hrsg. v. Oswald Goetz, Berlin 1951, S. 233–237.

Wright, Vespasian Psalter
David H. Wright: The Vespasian Psalter (British Museum Cotton Vespasian A.I) (Early English Manuscripts in Facsimile 14), Kopenhagen / London / Baltimore 1967.

Ypey, Flügellanzen
Jaap Ypey: Flügellanzen in niederländischen Sammlungen. Vor-und Frühgeschichte des unteren Niederrheins (Quellenschriften zur westdeutschen Vor- und Frühgeschichte 10), Bonn 1982.

Zaisberger, Siegelurkunden
Friederike Zaisberger: Die Frühzeit der geistlichen Siegelurkunden in Deutschland (10. und 11. Jahrhundert), in: Mitteilungen des Instituts für österreichische Geschichtsforschung 74, 1966, S. 257–291.

Żak, Ostrogi
Jan Żak: Najstarsze ostrogi zachodniosłowiańskie Wczesnosredniowiecznie ostrogi o zaczepach haczykowato zagiętych do wnętrza, Warschau 1959.

Żak/Maćkowiak-Kotkowska, Studia
Jan Żak u. Lidia Maćkowiak-Kotkowska: Studia nad uzbrojeniem srodkowoeuropejskim VI–X wieku. Zachodniobałtyjskie i słowianskie ostrogi o zaczepach haczykowato zagiętych do wnętrza (Uniwersytet im Adama Mickiewiecza w Poznaniu, Seria Archeologia 31), Posen 1988.

Zastrow/de Meis, Oreficeria
Oleg Zastrow u. Salvo de Meis: Oreficeria in Lombardia dal VI al XIII secolo. Croci e crocifissi (I tesori dell'arte in Italia 4), Como 1975.

Zeller, Kirchenbauten
Adolf Zeller: Die Kirchenbauten Heinrichs I. und der Ottonen in Quedlinburg, Gernrode, Frose und Gandersheim (= Königl. Technische Hochschule zu Berlin, Louis-Boissonnet-Stiftung 1907), Berlin 1916.

Zettel, Normannen
Horst Zettel: Das Bild der Normannen und der Normanneneinfälle in westfränkischen, ostfränkischen und angelsächsischen Quellen des 8. bis 11. Jahrhunderts, München 1977.

Zielinski, Reichsepiskopat
Herbert Zielinski: Der Reichsepiskopat in spätottonischer und salischer Zeit (1002–1125), Bd. 1, Wiesbaden 1984.

Zimmermann/Staub, Buchkunst
Erich Zimmermann u. Hans Staub: Buchkunst des Mittelalters. Zimelien der Hessischen Landes- und Hochschulbibliothek Darmstadt, Wiesbaden 1980.

Zimmermann, Papsturkunden
Papsturkunden 896–1046, 2 Bde., hrsg. v. Harald Zimmermann, Wien ^{2}1989.

Zimmermann, Fulda
Heinrich Ernst Zimmermann: Die Fuldaer Buchmalerei in karolingischer und ottonischer Zeit, in: Kunstgeschichtliches Jahrbuch der K.K. Central-Kommission für Erforschung und Erhaltung der Kunst- und historischen Denkmale 4, 1910, S. 1–104.

Zimmermann, Pfosten, Ständer u. Schwelle
Wolf Haio Zimmermann: Pfosten, Ständer und Schwelle und der Übergang vom Pfosten- zum Ständerbau – Eine Studie zu Innovation und Beharrung im Hausbau, in: Probleme der Küstenforschung im südlichen Nordseegebiet 25, 1998, S. 9–241.

Zimmermann, Webhäuser
Wolf Hajo Zimmermann: Archäologische Befunde frühmittelalterlicher Webhäuser. Ein Beitrag zum Gewichtswebstuhl, in: Jahrbuch der Männer vom Morgenstern 61, 1982, S. 111–144.

Zomer, Women's Gallery
Hiltje F. H. Zomer: The So-called Women's Gallery in the Medieval Church: An Import from Byzantium, in: Davids, Empress Theophano, S. 290–306.

Verzeichnis der Leihgaben nach Aufbewahrungsorten

Zwei Schlittknochen: V.14
Zwei Schöpfkellen: II.66
Zwei verzierte Gefäße von einem slawischen Gräberfeld: II.67

Landeshauptarchiv Sachsen-Anhalt
Diplom König Heinrichs I. für seine Gemahlin, DH I 20, Rep. U 9 A 1a Nr. 2: III.9
Diplom König Ottos I. für das Mauritius-Kloster, DO I 14, Rep. U 1, Tit. I, Nr. 1: V.25
Diplom König Ottos I. für St. Peter in Quedlinburg, DO I 184, Rep. U 9. A Ia, Nr. 9: III.10
Diplom König Ottos I. für das Mauritius-Kloster, DO I 222 a u. b, Rep. U 1, Tit. I, Nr. 14: V.8
Diplom Kaiser Ottos I. für das Mauritius-Kloster, DO I 295, Rep. U 1, Tit. I, Nr. 17: V.4
Diplom König Ottos I. für das Mauritius-Kloster, DO I 301, Rep. U 1, Tit. I, Nr. 21: V.9
Diplom Kaiser Ottos II. für die Magdeburger Kaufleute, DO II 112, Rep. U1 / 2 I Nr. 43: V.3
Evangeliarfragment, Rep U 1/2, Slg. 4, Nr. 38: V.31
Kaiser Otto I. verkündet die Gründung der erzbischöflichen Kirche in Magdeburg, DO I 366, Rep. U 1 I, Nr. 31: V.26
Papst Johannes XIII. verkündet die Erhebung Magdeburgs zum Erzbistum, M. Kop. 1 a fol. 9 (C): V.27
Siegel Kaiser Ottos II., sog. 1. Kaisersiegel, DO II 18, Rep. U I. Tit. I, Nr. 28: III.5
Siegel Kaiser Ottos I., sog. 3. Kaisersiegel, DO I 331, Rep. U I, Tit. I. Nr. 23: III.4
Siegel Kaiser Ottos II., sog. 4. Kaisersiegel, DO II 78, Rep. U 9 A I a, Nr. 16: III.6
Urkunde Bischof Bernhards von Halberstadt; Halberstadt, Rep. U 5 IX Nr. 1a: II.18

Mailand
Biblioteca e Archivio del Capitolo Metropolitano
Ambrosianisches Sakramentar, ms. II. D. 3.2: VI.20

Civiche Raccolte d'Arte Applicata ed Incisioni, Castello Sforzesco
Elfenbeinrelief mit Maiestas Domini (sog. Trivulzio-Tafel): III.15

Tesoro del Duomo
Elfenbeindiptychon mit Passionsszenen: VI.11

Mainz
Martinus-Bibliothek, Wissenschaftliche Diözesanbibliothek im Priesterseminar Mainz
Sakramentar aus St. Alban, Hs. 1: IV.74

Marburg
Hessisches Staatsarchiv Marburg
Königssiegel Otto I., DO I 2, Urkunde R I a Fulda, Stiftsarchiv: 936 Oktober 14: III.3

Merseburg
Domstift (als Leihgabe in Halberstadt, Dommuseum)
Sog. Mantel Ottos des Großen: V.39

Domstiftsarchiv
Diplom Kaiser Ottos II. für Merseburg, DO II 89, Urkunde Nr. 2: V.38

Domstiftsbibliothek
Sakramentar mit Kalender (Merseburger Totenbuch), Cod. 129: V.40

Montpellier
Bibliothèque Interuniversitaire, Section Médecine
Flodoard von Reims, Annalen, H 151: I.2

Monza
Museo del Duomo
Konsulardiptychon mit David und Gregor: VI.8
Sog. Berengarkreuz: *VI.9

München
Bayerische Staatsbibliothek
Ambrosianischer Psalter, Clm 343: VI.19
Evangeliarfragment, Clm 11019: IV.75
Hieronymuskommentar Bischof Abrahams von Freising aus Metz, Clm 6285: IV.59
Hrotsvith von Gandersheim, Werke, Clm 14485: V.32
Liudprand von Cremona, Werke; Regino von Prüm, Chronik, Clm 6388: VI.42
Sakramentar Bischof Abrahams von Freising (957–93), Clm 6421: IV.60

Bayerisches Nationalmuseum
Magdeburger Elfenbeintafel: Der ungläubige Thomas: V.35 p
Magdeburger Elfenbeintafel: Heimsuchung Mariae: V.35 f
Magdeburger Elfenbeintafel: Geißelung und Verurteilung Christi: V.35 o

Münster
Nordrhein-Westfälisches Staatsarchiv
Diplom König Ottos I. für Corvey, DO I 3, Kaiserurkunden 35, ehem. Corvey 35 C: IV.6
Siegel König Heinrichs I., DH I 3, Kaiserurkunden 31, ehem. Corvey 25 B: III.1

Naumburg
Domstiftsarchiv
Diplom Kaiser Ottos II. für Zeitz, DO II 139: V.37

New York
The Metropolitan Museum of Art
Magdeburger Elfenbeintafel: Maiestas Domini: V.35 a

The Pierpont Morgan Library
Quedlinburger Evangeliar, M. 755: IV.9

Nürnberg
Germanisches Nationalmuseum
Elfenbeintafel mit einem Adler (?): IV.25

Oldenburg
Landesmuseum für Natur und Mensch
Schatzfund I von Klein Roscharden: II.27

Oranienbaum
Landeshauptarchiv Sachsen-Anhalt, Abt. Oranienbaum
Diplom König Ottos I. für Gernrode, DO I 229, U 1 I Nr. 6: II.10

Oslo
Kulturhistoriske Museer, Oldsaksamlingen
Ringpanzerfragment von Gjermundbu: IV.51

Oxford
Bodleian Library
Ältere Mathildenvita, Laud. misc. 633: *I.6

Abbildungsnachweis

Zu den abgekürzt zitierten Titeln vgl. die Bibliographie

Aachen, Domkapitel, Foto: Pit Siebigs: IV.1
Aachen, Domschatzkammer, Foto: Domkapitel, Ann Münchow: IV.2
Aschaffenburg, Hofbibliothek: zu V.35
Augsburg, Diözesanmuseum St. Afra: IV.18
Augsburg, Staatsarchiv: Foto: Lichtbildarchiv älterer Urkunden (LBA 7087), Marburg: IV.64

Bad Gandersheim, Ev.-luth. Stiftskirchengemeinde St. Anastasius u. St. Innocentius, Foto: Jutta Brüdern, Braunschweig: III.28
Bamberg, Staatsbibliothek: II.19; IV.61; VI.2; VI.22; VI.24; VI.36
Basel, Öffentliche Bibliothek der Universität Basel: IV.28
Berlin, Staatliche Museen zu Berlin – Preußischer Kulturbesitz, Kunstbibliothek, Foto: Dietmar Katz: IV.72
Berlin, Staatliche Museen zu Berlin – Preußischer Kulturbesitz, Kunstgewerbemuseum, Foto: Jürgen Liepe: III.18 a-b; Foto: Saturia Linke: III.18 c; VI.54
Berlin, Staatliche Museen zu Berlin – Preußischer Kulturbesitz, Münzkabinett, Foto: Reinhard Saczewski: II.14; II.28 b–c; II.29 a–o; III.2; III.7; III.8 b; IV.5 a–i, IV.5 l; IV.5 n; IV.5 p–t; IV.63; IV.80 a–b; V.5 a–d; V.5 f-g; V.6 a–d; V.7 a–b; VI.3 a-h; VI.44 a–d; VI.45 a–c
Berlin, Staatliche Museen zu Berlin – Preußischer Kulturbesitz, Museum für Islamische Kunst, Foto: G. Niedermeiser: VI.60–61
Berlin, Staatliche Museen zu Berlin – Preußischer Kulturbesitz, Skulpturensammlung und Museum für Byzantinische Kunst, Foto: Jürgen Liepe: VI.23; VI.47
Berlin, Staatliche Museen zu Berlin – Preußischer Kulturbesitz, Museum für Vor- und Frühgeschichte, Foto: Claudia Plamp: II.28 a; IV.54
Berlin, Staatsbibliothek zu Berlin – Preußischer Kulturbesitz, Handschriftenabteilung: IV.17; IV.19; Foto: Dom-Museum Hildesheim, Torsten Schoepe: V.35 b-e
Bonn, Rheinisches Landesmuseum: VI.7; VI.32
Brandenburg, Domstiftsarchiv und -bibliothek: Foto: Hans Uwe Salge: V.36
Brandenburg, Museum im Frey-Haus, Foto: Hartmut Hilgenfeld: II.40; II.41
Braunschweig, Herzog Anton Ulrich-Museum, Foto: Bernd-Peter Keiser: III.27
Brünn, Archeologický ústav Akademie věd České republiky: VI.105-VI.110
Brüssel, Bibliothèque Royale de Belgique: I.3; V.33
Budapest, Magyar Nemzeti Múzeum: IV.37; IV.39–43; IV.45; IV.47; VI.85–98
Burgos, Museo de Burgos: VI.63

Cambridge, The Master and Fellows of Corpus Christi College, Parker Library: III.14; VI.37
Cambridge, Trinity College Library: VI.43
Cleveland, The Cleveland Museum of Art, Gift of the John Huntington Art and Polytechnic Trust, 1967.65: VI.14
Coburg, Kunstsammlungen der Veste Coburg: III.12 a–b
Compiègne, Musée Antoine Vivenel, Foto: Dom-Museum Hildesheim, Torsten Schoepe: V.35 h
Cordoba, Mesquita (große Moschee), Foto: Juan Antonio Fernández-Oronoz Nieto, Madrid: Abb. S. 496
Cordoba, Museo Arqueológico Provincial, Foto: 1993 The Metropolitan Museum of Art, New York, Bruce White: VI.65; Foto: John Patterson, Madrid: VI.66–68

Darmstadt, Hessische Landes- und Hochschulbibliothek: IV.32
Darmstadt, Hessisches Landesmuseum: IV.77; IV.82; Foto: Dom-Museum Hildesheim, Torsten Schoepe: V.35 i
Dresden, Sächsische Landesbibliothek, Staats- und Universitätsbibliothek, Foto: Abt. Deutsche Fotothek: III.20, Bogen 1; Abt. Deutsche Fotothek, R. Richter: III.20, Bogen 4
Düsseldorf, Nordrhein-Westfälisches Hauptstaatsarchiv: II.23
Düsseldorf, Stadtmuseum, Foto: Walter Klein: IV.49
Düsseldorf, Universitäts- und Landesbibliothek, Foto: A. Glaser: III.22–23

Einsiedeln, Stiftsbibliothek: IV.27; IV.57–58
Emmerich, Kath. Kirchengemeinde St. Martin, Schatzkammer, Foto: Stefan Kube, Greven: VI.53
Erlangen, Universitätsbibliothek Erlangen-Nürnberg, Handschriftenabteilung: IV.16
Essen, Domschatzkammer: III.21; Foto: M. Engelbrecht: III.24 b; III.25–26; Foto: Manfred Sachse, Mönchengladbach: zu III.21 (Rek.)

Florenz, Biblioteca Nazionale Centrale: IV.34
Fulda, Dommuseum, Foto: Erich Gutberlet: IV.23
Fulda, Hessische Landesbibliothek, Foto: Erwin Roth: III.19

Gent, Bisdomsarchief, Foto: Paul M. R. Maeyaert: VI.39
Göppingen, Städtisches Naturkundliches Museum, Foto: Hans-Wulf Kunze, Magdeburg: IV.38; IV.46
Goslar, Goslarer Museum, Foto: Volker Schadach: II.37
Goslar, Niedersächsisches Landesamt für Denkmalpflege, Arbeitsstelle für Montanarchäologie, Foto: C. S. Fuchs: II.38 b; II.38 e; II.39 a; II.39 k
Göttingen, Niedersächsische Staats- und Universitätsbibliothek: IV.20; IV.70

Halberstadt, Domschatz, Foto: Landesamt für Denkmalpflege Sachsen-Anhalt, Reinhard Ulbrich: VI.49
Halle (Saale), Landesamt für Archäologie Sachsen-Anhalt, Landesmuseum für Vorgeschichte, Foto: A. Hörentrup: II.12; II.68
Halle (Saale), Universitäts- und Landesbibliothek Sachsen-Anhalt, Foto: Hans-Wulf Kunze, Magdeburg: III.31–33
Hamburg, Dr. Jörn Günther – Antiquariat: IV.78
Hamburg, Helms-Museum, Foto: Klaus Elle: II.25 a–c
Hamburg, Museum für Hamburgische Geschichte: II.73
Hamburg, Museum für Kunst und Gewerbe: IV.67
Hannover, Kestner-Museum, Foto: Lindner: II.13; II.15–16; VI.50
Hannover, Niedersächsisches Hauptstaatsarchiv: II.24
Heidelberg, Universitätsbibliothek: IV.33
Helsinki, Suomen Kansallismuseo, Foto: Markku Haverinen: IV.12
Hildesheim, Dom-Museum, Foto: Rheinisches Bildarchiv, Rolf Zimmermann: II.17; Foto: Abegg-Stiftung, Riggisberg, Christoph von Viràg: VI.55

Jelling, Jellingstein, Foto: Kopenhagen, Nationalmuseet: Abb. S. 509
Jena, Thüringer Universitäts- und Landesbibliothek, Foto: Fotozentrum der FSU Jena, P. Cott: I.5; VI.51

Karlsruhe, Badische Landesbibliothek: IV.31
Kassel, Universitätsbibliothek – Landesbibliothek und Murhardsche Bibliothek: IV.21
Köln, Erzbischöfliche Diözesan- u. Dombibliothek: IV.22; IV.84
Köln, Historisches Archiv der Stadt Köln, Foto: Rolf Zimmermann: IV.79
Köln, Hohe Domkirche, Schatzkammer, Foto: Dombauarchiv Köln, Matz und Schenk: IV.81a; VI.40
Köln, Schnütgen-Museum, Foto: Rheinisches Bildarchiv: IV.83
Kopenhagen, Nationalmuseet: VI.70–71; VI.74; VI.78–79; VI.81
Kremsmünster, Stift Kremsmünster, Foto: Norbert Artner: VI.30

Leiden, Universiteitsbibliotheek: IV.26
Leipzig, Universitätsbibliothek „Bibliotheca Albertina", Foto: Foto Friedrich, Markanstädt: IV. 8; IV.13; IV.15
Lille, Archives Départementales du Nord, Foto: J.-L. Thieffry: IV.4
Limburg, Domschatz, Foto: Jutta Brüdern, Braunschweig: IV.81 b
Liverpool, National Museums and Galleries on Merseyside, Liverpool Museum, Foto: Dom-Museum Hildesheim, Torsten Schoepe: V.35 h. V.35 k, V.35 m, V.35 n
London, The British Library: I.1; III.13; IV.7; IV.35; VI.15
London, The British Museum: III.24 a; VI.28–29; Foto: Dom-Museum Hildesheim, Torsten Schoepe: V.35 g
London, Victoria & Albert Museum, Foto: V & A Picture Library: VI.12; VI.27; VI.62
Los Angeles, The J. Paul Getty Museum of Art, Foto: Ellen Rosenbery: VI.41
Lucca, Biblioteca Capitolare Feliniana: IV.3
Lund, Universitets Historiska Museum, Foto: Bengt Almgren: VI.82
Luxemburg, Großherzögliches Palais, Foto Jochen Herling: VI.13
Lyon, Musée des Beaux-Arts, Foto: Photo Basset: VI.6 a–d

Maastricht, Basiliek van Sint Servaas, Schatkamer, Foto: Abegg-Stiftung, Riggisberg, Christoph von Viràg: VI.52
Madrid, Instituto de Valencia de Don Juan: VI.64
Magdeburg, Kulturhistorisches Museum, Foto: Hans-Wulf Kunze: II.38 h; II.66; V.15–19; V.28; V.30; VI.35; Foto: Christian Richters, Münster: II.1; II.9; II.11; Foto: Jutta Rödling: II.39 g; II.59; II.62–65; II.67; V.2 a-t; V.10–14; V.20–24; V.29
Magdeburg, Landeshauptarchiv Sachsen-Anhalt, Foto: Hans-Wulf Kunze: II.18; III.4–6; III.9–10; V.3–4; V.8–9; V.25; V.27; V.31; Foto: Lichtbildarchiv älterer Urkunden (LBA 16044), Marburg: V.26
Mailand, Biblioteca e Archivio del Capitolo Metropolitano di Milano: VI.20
Mailand, Civiche Raccolte d'Arte Applicata, Castello Sforzesco, Foto: Scala, Florenz: III.15
Mailand, S. Ambrogio, Foto: Sandro Scarioni: Abb. S. 393
Mailand, Tesoro del Duomo, Foto: Veneranda Fabbrica del Duomo: VI.11
Mainz, Martinus-Bibliothek, Wissenschaftliche Diözesanbibliothek im Priesterseminar Mainz, Foto: M. Hankel: IV.74
Marburg, Hessisches Staatsarchiv, Foto: Lichtbildarchiv älterer Urkunden (LBA 1483): III.3
Merseburg, Domstift (als Leihgabe in Halberstadt, Dommuseum), Foto: Landesamt für Denkmalpflege Sachsen-Anhalt, Reinhard Ulbrich: V.39
Merseburg, Domstiftsarchiv: V.38
Merseburg, Domstiftsbibliothek: V.40
Montpellier, Bibliothèque Interuniversitaire, Section Médecin, Service Photo: I.2
Monza, Museo del Duomo: VI.8–9
München, Bayerische Staatsbibliothek: IV.59–60; IV.75; V.32; VI.19; VI.42
München, Bayerisches Nationalmuseum, Foto: Dom-Museum Hildesheim, Torsten Schoepe: V.35 f; V.35 o; V.35 p
Münster, Nordrhein-Westfälisches Staatsarchiv: IV.6; Foto: Lichtbildarchiv älterer Urkunden, Marburg (LBA 5091): III.1

Naumburg, Domstiftsarchiv: V.37
New York, The Metropolitan Museum of Art, Bequest of George Blumenthal, 1941, Photo 1986: V.35 a
New York, The Pierpont Morgan Library: IV.9
Nürnberg, Germanisches Nationalmuseum: IV.25

Oldenburg, Landesmuseum für Natur und Mensch, Foto: Wolfgang Knust: II.27 a-n
Oranienbaum, Landeshauptarchiv Sachsen-Anhalt, Abt. Oranienbaum, Foto: Hans-Wulf Kunze, Magdeburg: II.10
Oslo, Universitets kulturhistoriske museer, Institutt for arkeologi, kunsthistorie og numismatikk, Foto: Eirik Irgens Johnsen: IV.51
Oxford, The Bodleian Library, University of Oxford: I.6

Paris, Bibliothèque nationale de France: IV.66; VI.59
Paris, Musée du Louvre, Foto: Dom-Museum Hildesheim, Torsten Schoepe: V.35 j; V.35 l; Foto: Photo RMN, D. Arnaudet: VI.16
Paris, Musée national du Moyen Age, Thermes & Hôtel de Cluny; Foto: Photo RMN: III.17
Posen, Muzeum Archeologiczne, Foto: Piotr Namiota: VI.99–101
Prag, Metropolitní kapitula v Praze: IV.81 c
Prag, Národní Muzeum: VI.102–104
Preslav, Natsionalen Istoriko-arkheologicheski Reservat s Muzei »Veliki Preslav«, Foto: A. Bosselmann: VI.58 b; VI58 f–j, Foto: 1997 The Metropolitan Museum of Art, New York, Bruce White: VI.58 a;VI.58 c–e

Quedlinburg, Ev. St. Servatii Domgemeinde, Schatzkammer, Foto: Bildarchiv Preußischer Kulturbesitz, Ann Münchow: III.30

Reims, Bibliothèque Municipale, Foto: Robert Meulle: IV.10

Schaffhausen, Stadtbibliothek, Ministerialbibliothek, Foto: Rolf Wessendorf: II.21
Schladen, Heimathaus Alte Mühle, Foto: Hans-Wulf Kunze: II.2–3 (gesamt u. Detail)
Schleswig, Stiftung Schleswig-Holsteinische Landesmuseen, Archäologisches Landesmuseum, Foto: Bildarchiv Archäologisches Landesmuseum und Wikinger Museum Haithabu 2001: II.26; II.30–32; II.69–70; II.74; IV.48; IV.55; VI.72 a-b; VI.75; VI.77 a-c; VI.80
Schmallenberg-Oberkirchen, Kath. Pfarrkirche St. Gertrud; Foto: Diözesanmuseum Paderborn, Ansgar Hoffmann: VI.31
Siena, Archivio di Stato, Foto: Fabio Lensini: III.11
Sofia, Natsionalen Arkheologicheski Muzei na Bálgarskata Akademija na Naukite: VI.56–57
St. Gallen, Stiftsarchiv, Foto: Regina Kühne: IV.24
St. Petersburg, Staatliche Eremitage, Foto: Dr. Wladyslaw Duczko, Uppsala: VI.84h
Stockholm, Statens Historiska Museum: VI.73
Stralsund, Kulturhistorisches Museum, Foto: Brandenburgisches Landesamt für Denkmalpflege, Wünsdorf, D. Sommer: II.33; Foto: Römisch-Germanisches Zentralmuseum, Mainz, Foto: Volker Isenhardt: VI.76
Stuttgart, Landesdenkmalamt Baden-Württemberg, Foto: Dörthe Jakobs: IV.36
Stuttgart, Württembergische Landesbibliothek: II.22
Stuttgart, Württembergisches Landesmuseum: IV.44; IV.53; IV.56; Münzkabinett: III.8 a; IV.5 o

Trient, Castello del Buonconsiglio, Monumenti e collezioni provinciali: VI.5
Trier, Bibliothek des Bischöflichen Priesterseminars: IV.30
Trier, Domschatzkammer, Foto: Amt für kirchliche Denkmalpflege, Rita Heyen: IV.69
Trier, Kath. Kirchengemeinde Unser Lieben Frauen u. St. Laurentius, Foto: Amt für kirchliche Denkmalpflege, Rita Heyen: IV.68
Trier, Stadtbibliothek: IV.71; IV.73
Turin, Biblioteca Nazionale Universitaria (mit Genehmigung des Ministero per i Beni e le attività culturali), Foto: foto MG di Castagno: VI.18

Vatikanstadt, Archivio Segreto Vaticano: VI.25
Vatikanstadt, Biblioteca Apostolica Vaticana: V.34; VI.26
Vatikanstadt, Musei Vaticani: VI.21
Vercelli, Archivio e Biblioteca Capitolare, Foto: Paolo Robino, Forno: VI.4, VI.10, VI.17
Verona, Biblioteca Capitolare: IV.62
Visby, Gotlands Fornsal, Länsmuseet pą Gotland, Foto: Raymond Hejdström: VI.83

Walbeck, Ruine der Stiftskirche, Foto: Hans-Wulf Kunze, Magdeburg: zu II.11
Weimar, Herzogin Anna Amalia Bibliothek, Stiftung Weimarer Klassik, Foto: Sigrid Geske: IV.76
Wien, Institut für Ur- und Frühgeschichte der Universität: IV.52 a–f
Wien, Kunsthistorisches Museum, Kunstkammer: VI.46
Wien, Österreichische Nationalbibliothek, Bildarchiv: I.4; VI.1
Wolfenbüttel, Braunschweigisches Landesmuseum, Abt. Vor- und Frühgeschichte, Foto: I. Simon: II.4–8; II.36 a-d; III.29
Wolfenbüttel, Braunschweigisches Landesmuseum, Abt. Vor- und Frühgeschichte (Leihgabe im Stadtmuseum Goslar), Foto: Hannover, Niedersächsisches Landesamt für Denkmalpflege, C. S. Fuchs: II.39 c; II.39 i
Wolfenbüttel, Braunschweigisches Landesmuseum, Abt. Vor- und Frühgeschichte (Leihgabe in Clausthal-Zellerfeld, Oberharzer Bergwerksmuseum): II.60-II.61
Wolfenbüttel, Herzog August Bibliothek: II.20; IV.11; IV.14 a-b; IV.29; V.1
Wolfenbüttel, Niedersächsisches Staatsarchiv, Foto: Bernd-Peter Keiser, Braunschweig: III.16
Wolin, Pracownia Archeologiczna Instytutu Archeologii i Etnologii PAN, Foto: Grzegorz Solecki, Pracownia Fotograficzna PKZ, Szczecin: II.34–35; II.71–72
Wünsdorf, Brandenburgisches Landesamt für Denkmalpflege und Archäologisches Landesmuseum: II.42–58
Würzburg, Mainfränkisches Museum: IV.65; VI.33

Xanten, Kath. Propsteigemeinde St. Viktor, Foto: Michael Saint-Mont, Düsseldorf: VI.48

Zürich, Schweizerisches Landesmuseum: IV.5 j (Neg.-Nr. COL-14261–14262), IV.5 k (Neg.-Nr. COL-14263–14264), IV.5 m (Neg.-Nr. COL 14265–14266); IV.50 (Neg.-Nr. COL-12832); VI.34 (Neg.-Nr. COL-12772)

Zeichnungen – Karten – Pläne:

VI.69: MGH München, Karl Folz (Archiv A 121)
zu II.1: Rekonstruktion nach G. Leopold, Umzeichnung durch Stefan Breitling, Technische Universität Berlin

zu II.33: Archäologisches Landesmuseum Mecklenburg-Vorpommern, Schloß Wiligrad,
Peter Herfert
zu II.38 u. II.39: Goslar, Niedersächsisches Landesamt für Denkmalpflege, Arbeitsstelle für Montanarchäologie, Lothar Klappauf
zu V.2: Magdeburg, Kulturhistorisches Museum, Jeanette Lieberwirth
zu VI.23: Berlin, Staatliche Museen zu Berlin – Preußischer Kulturbesitz, Skulpturensammlung und Museum für Byzantinische Kunst

Reproduktionen:

VI.38: aus: Ingelheim am Rhein. Forschungen und Studien zur Geschichte Ingelheims, hrsg. v. Johanne Autenrieth, Stuttgart 1964, S. 161: VI.38
VI.84: aus: Ausst.kat.: Paris/Berlin/Kopenhagen 1992/93, S. 20
zu II.12: aus: Feldtkeller, Stiftskirche, Taf. 2
zu II.58: aus: Jens-Peter Schmidt, Ein Ulfberht-Schwert aus Alt-Galow, Gemeinde Schöneberg, Kreis Uckermark, in: Veröffentlichungen des Brandenburgischen Landesmuseums für Ur- und Frühgeschichte, 28 (1994), S. 225
zu IV.36: aus: Jakobs, Reichenau-Oberzell, S. 483